R. Ackers

Kommentar zum Schweizerischen Zivilgesetzbuch

unter Mitwirkung von

Dr. R. Bär
Professor an der Universität Bern

Dr. W. F. Bürgi
Professor an der Hochschule St. Gallen

Dr. A. Egger
Professor an der Universität Zürich

Dr. A. Escher
Professor an der Universität Zürich

Dr. A. Escher
Handelsgerichtsschreiber in Zürich

Dr. P. Gauch
Professor an der Universität Freiburg
(Schweiz)

Dr. M. Gutzwiller
Professor an der Universität Freiburg
(Schweiz)

Dr. R. Haab
Professor an der Universität Basel

Dr. A. Homberger
Professor an der Universität Bern

Dr. P. Jäggi
Professor an der Universität Freiburg
(Schweiz)

Dr. P. Liver
Professor an der Universität Bern

Dr. U. Nordmann-Zimmermann
Lausanne

Dr. K. Oftinger
Professor an der Universität Zürich

Dr. H. Oser
Bundesrichter in Lausanne

Dr. W. Scherrer
Professor an der Universität Basel

E. Schmid
Bundesrichter in Lausanne

Dr. W. Schönenberger
Bundesrichter in Lausanne

Dr. A. Siegwart
Professor an der Universität Freiburg
(Schweiz)

Dr. W. von Steiger
Professor an der Universität Bern

Dr. A. Simonius
Professor an der Universität Basel

Dr. A. Troller
Professor an der Universität Freiburg
(Schweiz)

Dr. D. Zobl
Rechtsanwalt in Zürich

IV. Band:
Das Sachenrecht

Dritte Auflage

ZÜRICH 1980
SCHULTHESS POLYGRAPHISCHER VERLAG AG

Die Dienstbarkeiten und Grundlasten

(Art. 730 bis 792)

Erster Band:

Die Grunddienstbarkeiten

Neubearbeitung in zweiter, ergänzter und verbesserter Auflage

von

Dr. Peter Liver

Em. Professor der Universität Bern

ZÜRICH 1980
SCHULTHESS POLYGRAPHISCHER VERLAG AG

© Copyright 1980 by Schulthess Polygraphischer Verlag AG Zürich
ISBN 3 7255 2015 1
Buchdruckerei Berichthaus Zürich
Printed in Switzerland

Vorwort

Zur ersten Neubearbeitung

Die erste Lieferung dieses Kommentars mit der Einleitung, den Vorbemerkungen und den ersten 48 NN. zu Art. 730 ist 1951 erschienen, die zweite 1952. Viel Arbeit, die nicht verschoben werden konnte, namentlich auch gesetzgeberische Aufgaben, haben die Vollendung des vorliegenden Bandes allzulange verzögert. Inzwischen ist das Dienstbarkeitsrecht durch Lehre und Rechtsprechung, in den letzten Jahren besonders auch durch die Praxis des Bundesgerichtes, in wesentlichen Punkten fortgebildet worden. In diesem Kommentar vertretene Lehrmeinungen von grundsätzlicher und praktischer Bedeutung haben dadurch Anerkennung gefunden, weshalb die kritische Auseinandersetzung mit der früheren Praxis in diesen Punkten etwas an Aktualität eingebüßt hat.

Um den heutigen Stand der Lehre und Rechtsprechung nachzuweisen, waren recht umfangreiche Nachträge nötig, namentlich zu den ersten Lieferungen. Auf sie (S.656ff.) möchte ich hier ausdrücklich aufmerksam machen.

Eine Besonderheit dieses Kommentars ist die starke Benutzung der Lehre und Praxis unserer Nachbarstaaten, nicht nur in der Erläuterung der Prinzipien des Dienstbarkeitsrechtes, sondern auch zur Lösung praktischer Einzelfragen. In dieser Weise wird die Rechtsvergleichung besser genutzt als durch die Einschiebung isolierter rechtsvergleichender Abschnitte. Die beste Hilfe bot dem Verfasser die italienische Rechtswissenschaft, für welche das Sachenrecht und das Dienstbarkeitsrecht im besonderen zu den beliebtesten und am intensivsten bearbeiteten Rechtsgebieten gehören, denen sich seit langem die hervorragendsten Gelehrten unter den Zivilisten und Romanisten mit bewunderungswürdigem Erfolg zugewendet haben und ihnen auch heute eine Pflege angedeihen lassen, die sie in keinem anderen Lande genießen.

Eine ganz andere Eigenart unseres Kommentars ergab sich aus der Besonderheit des Stoffes. Dieser wurzelt zum guten Teil in den lokalen Siedlungsverhältnissen und in der dadurch bedingten Bodennutzung. Er ist eng verflochten mit den nachbarrechtlichen Beziehungen. Wie im Nachbarrecht auf Grund der Vorbehalte des ZGB in den Art. 686, 688, 695, 697, 709 kommen hier das kantonale Recht und der Ortsgebrauch auf Grund des Vorbehaltes im Art. 740 stark zur Geltung. Der Verfasser hat sich bemüht, diesen Stoff in seiner ganzen Vielgestaltigkeit und Eigentümlichkeit zu erfassen und hervortreten zu lassen. Dazu bedurfte es einer umfangreichen Heranziehung der kantonalen Rechtsquellen und der Praxis kantonaler Gerichte.

Mit der Kommentierung des Rechtes der Grunddienstbarkeiten ist nicht nur diese Kategorie von Dienstbarkeiten bis ins einzelne bearbeitet, sondern auch der allgemeine Teil des Dienstbarkeitsrechtes überhaupt. Dies entspricht der Technik unseres Gesetzes, die darin besteht, die Hauptkategorie der Erscheinungen eines Rechtsgebietes verhältnismäßig eingehend zu regeln und diesen Regeln auch die übrigen Kategorien zu unterstellen, soweit für sie nicht besondere Vorschriften aufgestellt werden. Im gleichen Verhältnis steht anderseits das Dienstbarkeitsrecht zum Grundeigentumsrecht, dessen Bestimmungen ihm ausdrücklich oder stillschweigend in verschiedener Hinsicht zugrunde gelegt sind und deshalb in erheblichem Umfang mitbehandelt werden mußten.

Flerden, am 1. August 1968   Peter Liver

Vorwort zur zweiten Bearbeitung

Die Eigenart dieses Kommentars, auf die im Vorwort zu meiner ersten Bearbeitung hingewiesen wurde, ist in der neuen Auflage erhalten und verstärkt. Das Hauptanliegen aber war mir, das Buch auf den derzeitigen Stand der Lehre und Praxis zu bringen.

Meine Ausführungen, vor allem soweit sie von grundsätzlicher Bedeutung für das Servitutenrecht und darüber hinaus für das Sachenrecht überhaupt sind, haben sich zu einem guten Teil in der Rechtsprechung des Bundesgerichts und kantonaler Gerichte sowie in der gesamten schweizerischen Literatur zum Sachenrecht niederzuschlagen vermocht. Starke Beachtung haben sie auch in der Grundbuchpraxis gefunden, besonders dank ihrer reichen Verwertung in der Schweizerischen Zeitschrift für Beurkundungs- und Grundbuchrecht. Mit ihnen haben sich auch selbständige Veröffentlichungen, namentlich gute Berner und Zürcher Dissertationen in größerer Zahl, in fruchtbarer Weise befaßt und auseinandergesetzt. Die Zitate aus dem Kommentar sind in der Lehre und Praxis sehr zahlreich. Damit ihre Stellen-Angaben auch in der neuen Auflage zutreffen, sind die Randziffern nicht verändert worden. Doch ist der unter vielen von ihnen stehende Text erweitert und verbessert worden, auch durch neue Abschnitte, die mit der littera a zur Randziffer bezeichnet sind. Damit sind die recht umfangreichen Nachträge der Vorauflage, namentlich zu den ersten Lieferungen, in den Text hineingenommen und durch die seitherigen Urteils- und Literatur-Veröffentlichungen ergänzt worden. Von meinen eigenen Veröffentlichungen erwähne ich hier nur meine Darstellung des Eigentumsrechts in dem Sammelwerk Schweiz. Privatrecht, Band V 1 (1977). Bei der Erscheinungsweise in Lieferungen konnten in der Vorauflage Verweisungen nach vorn nicht angebracht werden. Sie und überhaupt alle Verweisungen sind nun zur Verbesserung der Übersicht über Bemerkungen zur gleichen oder ähnlichen Sache an verschiedenen zum Teil weit auseinander liegenden Stellen stark vermehrt worden. Weiter ausgebaut wurde auch das Sachregister. Ich hoffe, mit diesen Ergänzungen die Brauchbarkeit des so umfangreichen Werkes erhöht zu haben.

Ob die Möglichkeit der Fortsetzung des Kommentars (Nutznießung, «andere Dienstbarkeiten» und Grundlasten) noch besteht, muß ich an meinem 77. Geburtstag dahingestellt sein lassen.

Flerden, am 21. August 1979   Peter Liver

Inhaltsverzeichnis

	Seite
Vorwort	V
Abkürzungen	XI

Zweite Abteilung

Die beschränkten dinglichen Rechte

Einundzwanzigster Titel

Die Dienstbarkeiten und Grundlasten

	Seite
Einleitung	1–64

Erster Abschnitt

Die Grunddienstbarkeiten (Art. 730—744)

	Art.	Seite
Vorbemerkungen		64–71
A. Gegenstand	730	71–147
B. Errichtung und Untergang		
I. Errichtung		
1. Eintragung	731	147–193
2. Vertrag	732	193–225
3. Errichtung zu eigenen Lasten	733	226–242
II. Untergang		
1. Im allgemeinen	734	242–295
2. Vereinigung	735	295–304
3. Ablösung durch den Richter	736	305–365
C. Inhalt		
I. Umfang		
1. Im allgemeinen	737	365–430
2. Nach dem Eintrag	738	430–464
3. Bei veränderten Bedürfnissen	739	464–480
4. Nach kantonalem Recht und Ortsgebrauch	740	480–499

		Art.	Seite
II. Last des Unterhaltes		741	499–519
III. Veränderungen der Belastung			
1. Verlegung		742	519–563
2. Teilung			
a) Des berechtigten Grundstückes		743	564–588
b) Des belasteten Grundstückes		744	588–603
Sachregister			604–632

Abkürzungen

(Abkürzungen, die auch der auf dem betreffenden Gebiet wissenschaftlich tätige Jurist nicht versteht, wie sie heute üblich sind, wurden vermieden.)

Aarg. Vjschr.	Vierteljahrsschrift für aargauische Rechtsprechung, 1901–1946
Aarg. G&VE	Aargauische Gerichts- und Verwaltungsentscheide, 1947ff.
ABGB	Allgemeines Bürgerliches Gesetzbuch für Österreich, vom 1. Juni 1811
Allg. PrLR	Allgemeines Landrecht für die preußischen Staaten, vom 7. Februar 1894
Arch. f. d. civ. Pr.	Archiv für die civilistische Praxis
Basler Jur. Mitt.	Basler Juristische Mitteilungen
Bern. Notar	Der bernische Notar. Zeitschrift des Verbandes bernischer Notare (seit 1960)
BezG	Bezirksgericht
BlZR	Blätter für zürcherische Rechtsprechung (Fortsetzung der Handelsgerichtlichen Entscheidungen, 1882 bis 1901)
BGB	Bürgerliches Gesetzbuch für das Deutsche Reich, vom 18. August 1896
BGHZ	Entscheidungen des deutschen Bundesgerichtshofes in Zivilsachen, Amtliche Sammlung 1951ff.
BBl	Bundesblatt der Schweizerischen Eidgenossenschaft
BR	Bundesrat
BVR	Bernische Verwaltungsrechtsprechung (seit 1976)
C.c. fr.	Code civil français, vom 21. März 1804
C.c. it.	Codice civile italiano, vom 16. März 1942 (a. C.c. it. vom Jahre 1865)
CGB	Civilgesetzbücher der Kantone vor 1912
E	Entwurf (bundesrätlicher Entwurf 1904)
Eidg. EntG	Bundesgesetz über die Enteignung, vom 30. Juni 1930
Eidg. WRG	Bundesgesetz über die Nutzbarmachung der Wasserkräfte, vom 22. Dezember 1916
EGzZGB	Einführungsgesetze der Kantone zum Schweizerischen ZGB
EBG	Entscheidungen des Schweizerischen Bundesgerichtes. Amtliche Sammlung I = Staats- und Verwaltungsrecht; II = Zivilrecht; III = Betreibungs- und Konkursrecht; IV = Strafrecht
Erl.	Erläuterungen zum Vorentwurf des ZGB von Eugen Huber, 2. Aufl. 1914 in 2 Bänden
ExpKomm.	Protokolle der Großen Expertenkommission zur Beratung des VE, 1901 bis 1903 (mit dem Datum der Sitzung bezeichnet)
Graubünden PKG	Praxis des Kantonsgerichts Graubünden, seit 1942. Von 1882 bis 1933 Zivilurteile des KtG; 1912 bis 1933 Entscheide des Kantonsgerichtsausschusses; von 1935/36 bis 1941/42 Gerichts- und Verwaltungspraxis (4 Bde.)
JdTr	Journal des Tribunaux, Lausanne 1853ff.
KtG	Kantonsgericht

Kant. WRG	Wasserrechtsgesetze der Kantone
KassG	Kassationsgericht
Max.	Maximen. Grundsätzliche Entscheidungen des ObG des Kantons Luzern, 11 Bde. seit 1882
MBVR	Monatsschrift für bernisches Verwaltungsrecht und Notariatswesen, seit 1903. Fortgesetzt seit 1976 als Bernische Verwaltungsrechtsprechung (BVR)
NR	Nationalrat
ObG	Obergericht, kantonales
Pr.	Die Praxis des Bundesgerichts. Sammlung des Verlages Helbing & Lichtenhahn, Basel
PrGB	Privatrechtliches Gesetzbuch des Kantons Zürich 1853–1855, zum Teil rev. 1887
RGZ	Entscheidungen des deutschen Reichsgerichts in Zivilsachen
Rep.	Repertorio di Giurisprudenza Patria. Tessinische Sammlung und Besprechung eidgenössischer und kantonaler Entscheidungen aus dem Zivilrecht und den übrigen Rechtsgebieten, seit 1867
St. Gallen G&VPr	St. Gallische Gerichts- und Verwaltungspraxis, seit 1951
SJZ	Schweizerische Juristen-Zeitung, seit 1904
Sem. jud.	La semaine judiciaire. Gerichtspraxis des Kantons Genf, seit 1879
StR	Ständerat
StenBull.	Amtliches stenographisches Bulletin der Bundesversammlung
VerwEntsch.	Verwaltungsentscheidungen der Bundesbehörden, seit 1927. Fortsetzung der Sammlung «Das Bundesrecht» von Walther Burckhardt und der früheren von R. L. v. Salis
VE	Vorentwurf
Weiß	Sammlung eidgenössischer und kantonaler Entscheidungen zum ZGB und OR, erste Folge 1912–1921, zweite Folge 1922–1937
ZBJV	Zeitschrift des bernischen Juristenvereins, seit 1864
ZBGR	Schweizerische Zeitschrift für Beurkundungs- und Grundbuchrecht, seit 1920
ZSR	Zeitschrift für schweizerisches Recht, seit 1852, n. F. 1882ff.
ZblSt&GV	Schweizerisches Zentralblatt für Staats- und Gemeindeverwaltung, seit 1900

Zweite Abteilung

Die beschränkten dinglichen Rechte

Einundzwanzigster Titel

Die Dienstbarkeiten und Grundlasten

Einleitung

Inhaltsübersicht

A. **Die beschränkten dinglichen Rechte**

  I. Terminologie, N. 1.

  II. Der Begriff, N. 2–5.
    1. Die dinglichen Rechte. 2. Die beschränkten dinglichen Rechte.

  III. Der Erwerb der beschränkten dinglichen Rechte als sog. konstitutive Sukzession, N. 6–11.

  IV. Numerus clausus der Arten von beschränkten dinglichen Rechten, N. 12.

  V. Andere dingliche Rechte, N. 13–16.

  VI. Die Objekte der beschränkten dinglichen Rechte, N. 17–27.
    1. Sachen. 2. Miteigentumsanteile. 3. Selbständige und dauernde Rechte, welche in das Grundbuch aufgenommen sind. 4. Andere dingliche Rechte und Forderungen. 5. Herrenlose Sachen. 6. Sachen, die zum Verwaltungsvermögen des Staates oder der Gemeinden gehören, und Sachen im Gemeingebrauch.

  VII. Beschränkte dingliche Rechte an eigener Sache, N. 28–34.

  VIII. Die Rangordnung der beschränkten dinglichen Rechte, N. 35–54.

B. **Dienstbarkeiten und Grundlasten, N. 55.**

Einleitung

C. Die Dienstbarkeiten

I. Der Begriff, N. 56–58.

II. Arten, N. 59–60.

III. Numerus clausus, N. 61–67.

IV. Anwendbarkeit der Bestimmungen über den Inhalt und die Beschränkungen des Grundeigentums, N. 68–70.

V. Der Rechts- und Besitzesschutz, N. 71–79.
1. Besitzesschutz. 2. Rechtsschutz.

VI. Dienstbarkeiten und gesetzliche Eigentumsbeschränkungen. Legalservituten, N. 80–105.

VII. Öffentlich-rechtliche Dienstbarkeiten, N. 106–121.
1. Auferlegte öffentlich-rechtliche Dienstbarkeiten. 2. Dienstbarkeiten mit öffentlich-rechtlicher Zweckbestimmung. 3. Staatsdienstbarkeiten.

VIII. Einige besondere Nutzungs- und Gebrauchsrechte an Grundstücken, N. 122–128.
1. Das Nutzungsrecht in den Genossenschaften mit Teilrechten. 2. Kirchenstuhl- und Grabstellenrechte. 3. Die ehehaften Tavernen- oder Realwirtsrechte.

IX. Dienstbarkeiten und obligatorische Rechte gleichen Inhalts, N. 129–147.

X. Realobligationen, N. 148–163.

Literatur: BARASSI Ludovico, I diritti reali nel nuovo Codice civile, Milano 1943; I diritti reali limitati, in particolare l'usufrutto e le servitù, neue Ausgabe Mailand 1947 (zitiert: BARASSI); BAUDRY-LACANTINERIE G. et CHAUVEAU M., Traité théorique et pratique de droit civil VI: Des biens, 3. Aufl. 1905, dazu Ergänzungsband V von J. BONNECASE, 1930; BAUR Fritz, Sachenrecht, 10. Aufl. 1978; BIONDI Biondo, Le servitù prediali nel diritto romano (corso di lezioni), Milano 1946, Le servitù (Trattato di diritto civile e commerciale XII) 1967; BRANCA G., Servitù prediali (Commentario del Codice civile a cura di A. Scialoja e G. Branca) 4ª ed. 1967; BUTERA Antonio, Libro della proprietà (Il C. c. it. commentato), 2 Bde., Turin 1941; BONFANTE Pietro, Servitù e obbligazione, Riv. del dir. commerciale 16 II (1918) und in Scritti giuridici III, S. 355ff., Turin 1926; CROME Carl, System des Deutschen Bürgerlichen Rechts, 3. Bd.: Rechte an Sachen und an Rechten, 1905; DERNBURG Heinrich, System des Römischen Rechts, der Pandekten 8. Aufl., bearbeitet von Sokolowski, 2 Bde., 1911/12 (zitiert: DERNBURG, Röm.R.); Das bürgerliche Recht des Deutschen Reichs und Preußens, 3. Bd., Das Sachenrecht, 3. Aufl. 1904 (zitiert: DERNBURG, Bürgerl.R.); EHRENZWEIG Armin, System des österreichischen Privatrechts, 6. Aufl. des Werkes von Krainz-Pfaff-Ehrenzweig, I 2, Das Sachenrecht, 2. Aufl. 1957; ELVERS R., Die römische Servitutenlehre, 1856; ENNECCERUS-NIPPER-

DEY, Lehrbuch des Bürgerl. Rechts, 1. Bd., Einleitung, Allgemeiner Teil, 13. Bearbeitung, 1931; FRIEDRICH H.P., Zum Inhalt der Nutzungsdienstbarkeiten, Festschrift z. schweiz. Juristentag Basel 1963; GIERKE Otto, Deutsches Privatrecht (im Syst. Hdb. der Deutschen Rechtswissenschaft) II, 1905; GROSSO G. e DEIANA G., Le servitù prediali, 3ᵃ ed., 2 vol. (Trattato di diritto civile italiano XIV 1, sotto la direzione di F. Vassalli), Torino, UTET 1963; GUHL Theo, Die Verselbständigung der dinglichen Rechte im schweiz. ZGB, Festgabe der Jur. Fakultät Bern für Eugen Huber, 1919; Persönliche Rechte mit verstärkter Wirkung, Festgabe der Jur. Fakultät Bern für das schweiz. Bundesgericht, 1924; HAAB Robert, Das Sachenrecht, Einleitung und Erste Abteilung, im vorliegenden Kommentar, 2. umgearbeitete Auflage des Kommentars von C. Wieland, 1977; HECK Philipp, Grundriß des Sachenrechts, 1930; HEUSLER Andreas, Institutionen des Deutschen Privatrechts (im Syst. Hdb. der Deutschen Rechtswissenschaft) I 1885, II 1886; HOMBERGER A., Das Sachenrecht, III. Abt., 2. umgearbeitete Aufl. dieses Teils des Kommentars von C. Wieland, 1938; HUBER Eugen, System und Geschichte des schweizerischen Privatrechts I 1886, II 1888, III 1889, IV 1893; Zum schweiz. Sachenrecht, 3 Vorträge mit Anmerkungen (Abh. z. schweiz. Recht 58) 1914; Die Eigentümerdienstbarkeit, ein Beitrag zu ihrer Rechtfertigung, Festgabe für Fitting, 1902; Erläuterungen zum Vorentwurf des Eidg. Justiz- und Polizeidepartements, 2 Bde., 2. Aufl. 1914; JENNY Franz, Der öffentliche Glaube des Grundbuches nach dem schweiz. ZGB (Abh. zum schweiz. Recht, n.F. 17) 1926; KLANG Heinrich, Kommentar zum Allgemeinen Bürgerlichen Gesetzbuch II, Sachenrecht, 2. Aufl. 1948; KOHLER Joseph, Beiträge zum Servitutenrecht, Arch. f. d. civ. Pr. 87 (1897), S. 157ff.; Lehrbuch des Bürgerlichen Rechts I (Allg. Teil) 1906, II 2 (Sachenrecht) 1919; LEEMANN Hans, Kommentar zum schweiz. ZGB, Bd. IV, Sachenrecht, I. Abt., 2. Aufl. 1920, II. Abt. 1925 (Verlag Stämpfli, Bern); LIVER Peter, Über die Formen der Begründung und Übertragung von dinglichen Rechten an Grundstücken, ZBGR 26 (1945) S. 65ff.; Gesetzliche Eigentumsbeschränkungen und Dienstbarkeiten in der Gesetzgebung und Lehre Frankreichs, Deutschlands, der Schweiz und Italiens, Festgabe für Max Gutzwiller «Ius et Lex», 1959; Die Servitut in der Eigentumsordnung und Eigentumslehre der deutschen, französischen und italienischen Rechtsgeschichte, ZSR n. F. 85 (1966) und Abhandlungen zur schweizerischen und bündnerischen Rechtsgeschichte, Chur 1970, S. 292ff.; Das Eigentum (Schweiz. Privatrecht V 1 (1977), zit. m. Eigentum; MESSINEO Francesco, Le servitù, Milano 1949 (zitiert: MESSINEO); MILANI Francesco, Distinzioni delle servitù prediali, Milano 1948; MUTZNER Paul, Kommentar zum ZGB (Verlag Stämpfli, Bern), Anwendungs- und Einführungsbestimmungen (Schlußtitel) I. Abschnitt, Art. 1–50, 2. Aufl., 1926; System und Geschichte des schweiz. Privatrechts von Eugen Huber, 2. umgearbeitete Aufl., 3 Lieferungen, 1932–1937; NEUENSCHWANDER Urs, Die Leistungspflichten der Grundeigentümer im franz. Code civil und im schweiz. ZGB unter bes. Berücksichtigung des Nachbarrechts, Diss. iur. Bern, 1966; OSTERTAG Fritz, Kommentar zum schweiz. ZGB

Einleitung

(Verlag Stämpfli, Bern), Sachenrecht III. Abt., 2. Aufl., 1917; PETER Hans, Wandlungen der Eigentumsordnung und der Eigentumslehre seit dem 19. Jahrhundert, Diss. jur. Zürich 1949 (Zürcher Beitr. z. Rechtsw., n. F. 160); PFISTER Heinrich, Der Inhalt der beschränkten dinglichen Rechte, insbes. der Dienstbarkeit, Diss. iur. Basel 1933, Teildruck ZSR n. F. **52** (1933) S. 325ff.; PIOTET P., Dienstbarkeiten und Grundlasten, Schweiz. Privatrecht V 1, 1977; PLANCKS Kommentar zum BGB, 3. Bd., Sachenrecht, 5. Aufl., bearbeitet von E. Brodmann und O. Strecker, 1933; PLANIOL M., RIPERT G., PICARD M., Traité pratique de droit civil français, 3. Bd., Les biens, 1926 (zitiert: PLANIOL-RIPERT-PICARD); PLANIOL M., RIPERT G., BOULANGER J., Traité élémentaire de droit civil I, 3. Aufl., 1946; nun Traité de droit civil, 4 Bde. 1956–1959; REGELSBERGER Ferdinand, Pandekten 1. (einziger) Bd., 1893; ROSSEL Virgile et MENTHA F.-H., Manuel du Droit Civil Suisse, 3 Bde., 2. Aufl. 1922 (mit Anhang 1922–1930); RUGGIERO R. DE e MAROI F., Istituzioni di Diritto Privato, 2 Bde., 6./7. Aufl., 1947/48; STAUDINGERS Kommentar zum BGB, 3. Bd., Sachenrecht, erläutert von K. Kober, 9. Aufl., 1926; STOBBE Otto, Handbuch des Deutschen Privatrechts I, 3. Aufl. 1893, II 1 und 2, in 3. Aufl. neu bearbeitet von H. O. LEHMANN, 1896/97; TUHR Andreas von, Der Allgemeine Teil des Deutschen Bürgerlichen Rechts, 3 Bde. (im Syst. Hdb. der Deutschen Rechtswissenschaft), 1910/18 (zitiert: v. TUHR, BGB); Allgemeiner Teil des Schweiz. Obligationenrechts, 2. Aufl., hg. von A. Siegwart, 1942/44, 3 Aufl. von H. Peter u. A. ESCHER, 1974, 1979 (zitiert: v. TUHR, OR); TUOR Peter, Das Schweizerische Zivilgesetzbuch, 9. Aufl. von B. Schnyder, 1979; WESTERMANN Harry, Sachenrecht, 5. Aufl., 1966; WIELAND Carl, Das Sachenrecht des Schweiz. ZGB, 1. Aufl. des vorliegenden Kommentars, 1909; WINDSCHEID Bernhard, Lehrbuch des Pandektenrechts, 9. Aufl., bearbeitet von Theodor Kipp, 1906; WOLFF Martin, Lehrbuch des Bürgerlichen Rechts von Enneccerus, Kipp, Wolff, 3. Bd., Das Sachenrecht, 9. Bearbeitung, 1932; ZOBL Manfred, Der zulässige Inhalt von Dienstbarkeiten, Diss. iur. Zürich 1976.

A. Die beschränkten dinglichen Rechte

I. Terminologie

1   In der Einteilung des Sachenrechts scheidet das ZGB von den Bestimmungen über das Eigentum (erste Abteilung) diejenigen über die beschränkten dinglichen Rechte. Sie bilden die zweite Abteilung, während in der dritten Abteilung das Recht des Besitzes und des Grundbuches untergebracht ist. In dieser Gliederung sind die beschränkten dinglichen Rechte in ihrer Gesamtheit dem Eigentum gegenübergestellt. Keine der großen Kodifikationen unserer Nachbarstaaten hat sie in dieser Weise zusammengefaßt und danach die Haupteinteilung des Sachenrechtes vorge-

nommen. Aber in der Wissenschaft war diese Einteilung der Sachenrechte in das Eigentum und in die beschränkten dinglichen Rechte durchaus üblich (WINDSCHEID I, § 165, S. 851; REGELSBERGER, S. 200). Die letzteren galten als dingliche Rechte an fremder Sache (iura in re aliena) und wurden in der Regel auch so bezeichnet. Eugen HUBER gab der Bezeichnung «beschränkte dingliche Rechte» den Vorzug, und zwar, weil – wie er in den Erläuterungen (II, S. 27) sagt – «nach der modernen Ausgestaltung einzelner hierher gehöriger Institute auch an der eigenen Sache die Last oder Gerechtigkeit bestehen kann». Im französischen Text wird nicht von den «droits réels limités», sondern von den «autres droits réels» gesprochen, da jener Ausdruck der französischen Rechtssprache fremd ist. In den italienischen Text dagegen wurde die Bezeichnung «diritti reali limitati» aufgenommen. Der C. c. it. verwendet ihn nicht; der italienischen Rechtswissenschaft aber ist er geläufig, vgl. nur den Titel des Buches von Ludovico BARASSI: «I diritti reali limitati» (1937, neue Ausgabe 1947).

II. Begriff

1. Die dinglichen Rechte. Über das Wesen dieser Rechte und die verschiedenen Auffassungen davon vgl. HAAB, in diesem Kommentar N. 51ff. der Einleitung. Das Merkmal, welches die dinglichen Rechte von anderen Rechten an Sachen unterscheidet, ist die **Unmittelbarkeit der Sachherrschaft**. Der Herrschaft, welche den Inhalt des dinglichen Rechtes ausmacht, ist die Sache selbst unterworfen. Die Sache ist belastet. Im Gegensatz zum obligatorischen Recht ist nicht eine bestimmte Person zu einem Verhalten verpflichtet, durch welches die Sachherrschaft ermöglicht würde. Wo immer die Sachherrschaft darin besteht, daß eine bestimmte Person zu einem Tun verpflichtet ist, durch welches die Ansprüche aus der Sachherrschaft befriedigt werden, liegt kein dingliches Recht vor; da wird nicht die Sache selbst beherrscht, sondern der Wille einer verpflichteten Person, durch deren pflichtgemäße Willensbetätigung die Sachherrschaft sich verwirklicht. Diese besteht in Relation auf eine Person; durch deren Willensgebundenheit wird sie ermöglicht: Es liegt ein relatives oder obligatorisches Recht vor. Die Unmittelbarkeit fehlt.

Aus der Unmittelbarkeit der Sachherrschaft folgt deren **Wirkung gegenüber jedermann**. Das dingliche Recht gehört zu den absoluten Rechten wie das Persönlichkeitsrecht und das Recht an einem immateriellen Gut. Die unmittelbare Sachherrschaft schließt notwendigerweise die Befugnis zur Abwehr ihrer Beeinträchtigung gegen jedermann in sich. Indem die Rechtsordnung die unmittelbare Sachherrschaft anerkennt, verbietet sie jedermann deren Beeinträchtigung. Aus der rechtlichen Anerkennung des dinglichen Rechtes ergibt sich das gegen jedermann gerichtete Verbot, es zu verletzen. In der Durchsetzung dieses Verbots liegt die Wirkung des dinglichen Rechtes gegen jedermann.

Siehe v. THUR I, S. 203ff.; REGELSBERGER, Pandekten, S. 200; UNGER, System des allg. österreichischen Privatrechts I, 5. Aufl. (1892), S. 511ff., HECK, S. 2; DERNBURG, Röm. R. I, S. 36; DE RUGGIERO-MAROI I, S. 78ff.; BARASSI L., I diritti reali limitati, 1947, S. 7, 48ff.; I diritti reali nel nuovo Codice civile, 1943, S. 1ff.; SCUTO C., Istituzioni di diritto privato[4] I, 2, S. 451ff.; s. auch N. 225 zu Art. 730 und N. 5 zu Art. 737.

LEEMANN, Einleitung N. 17; ROSSEL et MENTHA, II, S. 289; EBG **40** II 453ff. = Pr. 4 Nr. 25; **92** II 229 = Pr. **56** Nr. 38; LIVER P., Eigentumsbegriff und Eigentumsordnung, Gedenkschrift Gschnitzer (1969) u. Privatr. Abh. S. 149ff.

Diese Bestimmung des Begriffs des dinglichen Rechts stimmt im Ergebnis mit den Ausführungen von HAAB (Einleitung, N. 51ff.) überein; sie weicht von ihnen nur dadurch ab, daß sie nicht aus der Kombination zweier verschiedener Auffassungen gewonnen wird, sondern die Wirkung gegen jedermann (das entscheidende Merkmal nach der einen Auffassung) als mit der unmittelbaren Sachherrschaft (dem entscheidenden Merkmal nach der anderen Auffassung) notwendig gegebene Folge betrachtet.

Immer wieder wird die Lehre aufgegriffen, daß, weil es Rechtsverhältnisse nur zwischen Personen gebe, das dingliche Recht nur ein Rechtsverhältnis erga omnes sein könne (Absolutheit) und im Verbot der Störung bestehe, so daß das, was gestört werden könnte, gar nicht die Sachherrschaft als dingliches Recht im Sinne der Verfügung sein könnte, die nach Art. 641 ZGB den Gebrauch und die Nutzung umfaßt. Diese Lehre, die den Spott Joseph KOHLERS erregt hat, ist am schärfsten und überzeugendsten widerlegt worden von SANTI Romano, Frammenti di un Dizionario giuridico (1947) p. 54, 100ss. Vgl. auch LARENZ K., Zur Struktur der «subjektiven Rechte», Sontis-Festgabe 1977, S. 129ff.

4   **2. Die beschränkten dinglichen Rechte.** Im Gegensatz zum Eigentum als dem dinglichen Vollrecht haben sie eine partielle, begrenzte Sachherrschaft zum Inhalt. Diese Sachherrschaft hat die gleiche dingliche Natur wie das Eigentum, aber sie umfaßt nicht alle vom Gesetz zugelassenen Herrschaftsbefugnisse über die Sache, sondern ist beschränkt auf eine bestimmte einzelne Herrschaftsbefugnis oder einen begrenzten Komplex dieser Befugnisse, der nie so umfassend sein kann, daß er nicht am Eigentum, so stark es zurückgedrängt sein mag, seine unübersteigbare Schranke finden würde. Beschränkt ist also nicht die dingliche Wirksamkeit, sondern der Umfang der Herrschaft. Die Bezeichnung «beschränkt dingliche Rechte», die uns immer wieder begegnet, sollte deshalb endlich aus dem Sprachgebrauch verschwinden.

5   Die beschränkten dinglichen Rechte des ZGB sind die Dienstbarkeiten, die Grundlasten und die Pfandrechte. Die Dienstbarkeiten sind Gebrauchs- und Nutzungsrechte. Die Pfandrechte sind Wertrechte. Die Sachherrschaft des Pfandgläubigers besteht im Recht, die Verwertung der Sache durchzusetzen, um sich aus dem Erlös zu befriedigen. Eine unmittelbare Sachherrschaft ist dies, weil sie ausgeübt werden kann, ohne daß eine Handlung des Schuldners oder des Pfandeigentü-

mers erforderlich ist. Auch die Befugnisse des Pfandgläubigers, sich gegen Verminderung des Wertes des Pfandgegenstandes zu sichern, geben ihm eine unmittelbare Sachherrschaft, können aber wegen ihrer sekundären Funktion nicht bestimmend sein für die rechtliche Natur des Pfandrechtes. Die Grundlasten können nach der gegebenen Definition des dinglichen Rechtes nur insofern dingliche Rechte sein, als die Ansprüche aus ihnen ohne eine Leistung des Grundlastschuldners befriedigt werden können. Dies trifft jedenfalls auf die Befugnis des Gläubigers zu, sich Befriedigung aus dem Wert des Grundstückes zu verschaffen. Das ist, wenn nicht die einzige, so doch die wesentliche in einer unmittelbaren Sachherrschaft sich auswirkende Befugnis des Grundlastgläubigers. Durch sie erhält die Grundlastberechtigung den Charakter des Wertrechts und wird auf die gleiche Linie wie die Pfandrechte gestellt. Nach HAAB (Einleitung, N. 56) überwiegt bei den Grundlasten der Wertrechtscharakter. LEEMANN, Vorbemerkungen zum dritten Abschnitt, N. 4, 5, 9, 20, 23 betont ebenfalls ihren Wertrechtscharakter. v. TUHR, BGB I S. 136 und Allg. Teil des BGB in der Enzyklopädie, hg. von Kohlrausch u. Kaskel, 3. Aufl. 1928, S. 10, zählt die Reallasten zu den Wertrechten. Siehe auch N. 225ff. zu Art. 730.

Andere beschränkte dingliche Rechte als Dienstbarkeiten, Grundlasten und Pfandrechte behandelt das ZGB in der zweiten Abteilung des Sachenrechts nicht.

III. Der Erwerb des beschränkten dinglichen Rechtes als sog. Konstitutive Sukzession

Beschränkte dingliche Rechte können auch originär erworben werden (z.B. an herrenlosen Sachen, im übrigen durch Ersitzung). In der Regel werden sie dem Berechtigten vom Eigentümer der zu belastenden Sache durch Rechtsgeschäft eingeräumt. Sie bewirken eine Beschränkung des Eigentümers in der Ausübung seines Eigentums. Deshalb ist vorausgesetzt, daß diesem die Eigentumsbefugnisse, in denen er sich eine Beschränkung auferlegt, auch wirklich zustehen. Infolgedessen ist der Erwerb des beschränkten dinglichen Rechtes derivativ, aus dem Eigentum abgeleitet. Dieser Sachverhalt wird als konstitutive Sukzession bezeichnet. v. TUHR, BGB II 1, S. 62ff.; REGELSBERGER, Pandekten S. 443f.; BARASSI, S. 24 und 67; MESSINEO, S. 87f. Der derivative Erwerb ist eine Sukzession. Aber die Besonderheit der hier vorliegenden Sukzession besteht darin, daß sie nicht in der Übertragung eines Rechtes besteht, sondern in dessen Begründung. Sie wird deshalb als konstitutive Sukzession bezeichnet. Dieser Begriff wird verschieden ausgelegt. BARASSI L., Diritti reali e possesso I (1952), p. 409s., nennt dies mit Recht una deformata e contradittoria «successione».

Dazu unterscheiden sich zwei einander entgegengesetzte Auffassungen von grundsätzlicher Bedeutung. Nach der einen besteht die Begründung des beschränkten dinglichen Rechtes darin, daß eine bestimmte Eigentumsbefugnis verselbständigt und auf den Inhaber des beschränkten dinglichen Rechtes übertragen wird. Danach wären die beschränkten dinglichen Rechte «verselbständigte Eigentumssplitter». Das ist die Auffassung, welche GIERKE für die Eigentumsordnung des deutschen Mittelalters vertritt. DPrR II, S. 359. Die andere Auffassung geht von einem anderen Eigentumsbegriff aus. Für sie ist das Eigentum nicht ein Bündel von Einzelbefugnissen, von denen einzelne aus ihm gelöst und verselbständigt werden könnten, «sondern es ist heute seinem formalen Begriffe nach ein **abstraktes**, von der Summe der in ihm enthaltenen Befugnisse verschiedenes und daher überall gleiches Recht» (GIERKE, DPrR II, S. 361). Diese Auffassung liegt auch unserem geltenden Recht zugrunde.

8   Das Eigentum wird dadurch, daß beschränkte dingliche Rechte an der gleichen Sache bestehen, nicht zu einem unvollständigen Eigentum. Die Eigentumsherrschaft ist nicht zwischen dem Eigentümer und den Inhabern beschränkter dinglicher Rechte geteilt, sondern durch die Belastung der Sache mit diesen Rechten nur **beschränkt**, zurückgedrängt. Sie ist stets totale Sachherrschaft innerhalb der ihr durch den Bestand der beschränkten dinglichen Rechte gesetzten Schranken und umfaßt daher alle Herrschaftsbefugnisse, welche ohne Verletzung der beschränkten dinglichen Rechte ausgeübt werden können. Der gesamte Herrschaftsraum – bildlich gesprochen – wird, soweit die beschränkten dinglichen Rechte ihn freilassen, vom Eigentum eingenommen; die Sachherrschaft des Eigentümers dehnt sich kraft ihrer potentiellen Totalität aus, wenn und soweit die Herrschaft der dinglich Berechtigten zurückweicht. Diese potentielle Totalität des Eigentums nennt man **Elastizität** (HAAB, N. 18 zu Art. 641; WIELAND, Bem. 1 zu Art. 641; LEEMANN, N. 6 zu Art. 641; v. TUHR, BGB II 1, S. 83; GIERKE, DPrR II, S. 359, 361, bes. 365, 598f.; EHRENZWEIG, S. 127; BARASSI, S. 45, 66; PIOTET, S. 524). Wenn ein dingliches Recht eingeschränkt wird oder erlischt, bedarf es keiner Rückübertragung auf den Eigentümer, damit sein Eigentum die bisher dem dinglich Berechtigten zugestandenen Befugnisse wieder mitumfaßt; die Errichtung des Wegrechtes als Dienstbarkeit schließt den Eigentümer von der Ausübung der inhaltlich gleichen Befugnis nicht aus, da diese nicht auf den dinglich Berechtigten übertragen wird, sondern zu dessen Gunsten ein Benutzungsrecht begründet wird, neben dem die gleiche Befugnis vom Eigentümer ausgeübt werden kann, soweit sie mit ihm vereinbar ist; besteht die Dienstbarkeit in einem Bauverbot, liegt in ihrer Begründung nicht die Übertragung des Rechts zu bauen auf den Dienstbarkeitsberechtigten. Das beschränkte dingliche Recht ist deshalb nicht eine Eigentumsteilherrschaft; es ist eine vom Eigentum nicht nur dem Umfang nach, sondern qualitativ verschiedene Sachherrschaft.

9   Mißverständlich ist deshalb auch die Bezeichnung der Belastung mit dinglichen Rechten als «**démembrement**» im französischen Recht (CHÉNON E., Les démembrements de la propriété foncière en France avant et après la révolution[2], 1923), was für die Servituten auch von PLANIOL-RIPERT-BOULANGER, Traité élémentaire, Nr. 3650, S. 1189, bemerkt wird. In Deutschland wird das beschränkte dingliche

Recht von der Wissenschaft vielfach als verselbständigter Teilinhalt des Eigentums vorgestellt. WOLFF, Sachenrecht, § 51 II, S. 155; GIERKE, DPrR II, S. 359; v. TUHR, BGB II 1, S. 63, wo gesagt wird, wenn man den Ausdruck Teilung auf die konstitutive Zerlegung eines Rechtes anwenden wolle, könne man von einer qualitativen Teilung sprechen. Aber damit wird das beschränkte dingliche Recht nicht begrifflich bestimmt, sondern inhaltlich dahin umschrieben, daß es aus dem Eigentum abgezweigt sei und dessen Inhalt mindere, was nicht ausschließt, daß das Eigentum begrifflich mit der Beschränkung durch dingliche Rechte nicht tangiert wird und die beschränkten dinglichen Rechte begrifflich nicht partielle Eigentumsrechte, sondern vom Eigentum qualitativ verschiedene Rechte sind. Dies wird von HECK, § 21, S. 79, erkannt und hervorgehoben.

Mit besonderer Entschiedenheit und Eindringlichkeit wird die begriffliche Verschiedenheit von Eigentum und beschränkten dinglichen Rechten in der italienischen Literatur gegenüber vereinzelten anderen Lehrmeinungen herausgearbeitet und die Auffassung, daß eine Teilung, Aufsplitterung des Eigentums (smembramento, frazionamento) vorliege, abgelehnt. BARASSI, S. 43ff.; BUTERA A., Della proprietà II, 1941 (Kommentar), S. 7ff.; DE RUGGIERO-MAROI, Istituzioni I, S. 556; ARRANGIO-RUIZ, Jus in re aliena (Dizionario pratico del diritto privato III 2, S. 122); LÜBTOW U. V., Schenkungen der Eltern an ihre minderjährigen Kinder und der Vorbehalt dinglicher Rechte (1949), S. 50f. [10]

In der schweizerischen Rechtslehre ist die Teilungshypothese namentlich von LEEMANN, N. 6 der Vorbemerkungen zu Art. 641, abgelehnt worden. Eugen HUBER unterscheidet in seinem Vortrag über die Teilung des Eigentums körperliche Teilung, Funktionsteilung und Wertteilung; aber die beschränkten dinglichen Rechte zählt er nicht zu den Erscheinungen des geteilten Eigentums, so weit er diesen Begriff auch faßt, sondern schließt sie davon ausdrücklich aus: «Das Eigentum wird eben nicht geteilt, sondern belastet oder eingeschränkt» (Zum schweizerischen Sachenrecht, S. 6 und S. 20). Wir schließen uns aus den hievor dargelegten Gründen dieser Auffassung an. Ebenso PIOTET, S. 523f. [11]

IV. Der numerus clausus der Arten von beschränkten dinglichen Rechten

Dafür sei auf HAAB, Einleitung, N. 59 und 60 verwiesen. Die Frage, welchen Geltungsbereich und welche Geltungskraft das ZGB diesem Grundsatz gegeben habe, stellt sich mit Bezug auf die Arten von dinglichen Rechten, welche die Kategorie der beschränkten dinglichen Rechte ausmachen, und mit Bezug auf die einzelnen Rechte, welche zu einer jeden jener Arten gehören. An dieser Stelle kann die Frage nur lauten, ob noch andere beschränkte dingliche Rechte als Dienstbarkeiten, Grundlasten und Pfandrechte errichtet werden können, welche unter die Bestimmungen der zweiten Abteilung des Sachenrechts fallen. Diese Frage ist zu verneinen. In anderen Kodifikationen haben zwischen den Dienstbarkeiten und dem [12]

Einleitung

Eigentum besondere beschränkte dingliche Rechte mit umfassendem Inhalt ihre eigene Stellung erhalten, im BGB das Erbbaurecht (§ 1012 bis 1017), im C. c. it. die Superficies (Baurecht) und die Emphyteusis (Art. 952 bis 977); auch das französische Recht läßt die Begründung von Baurechten zu, ohne daß sie zu den Servituten gezählt würden; das österreichische Recht behandelt das Erbpacht- und das Baurecht ebenfalls als eine besondere Kategorie von Rechten, geschieden von den Dienstbarkeiten. Unser Recht hat die Begründung von Erbpachtverhältnissen ausgeschlossen und dem Baurecht seinen Platz unter den Dienstbarkeiten angewiesen (wie es sich dem Dienstbarkeitsrecht einfügt, ist eine an anderer Stelle zu behandelnde Frage). Mit den Dienstbarkeiten, Grundlasten und Pfandrechten ist deshalb der Kreis der beschränkten dinglichen Rechte des Sachenrechts geschlossen. EGB **52** II 37 = Pr. **15** Nr. 27.

V. Andere dingliche Rechte

13 Eugen HUBER, Zum schweiz. Sachenrecht, S. 60ff., hat dem Eigentum und den beschränkten dinglichen Rechten weitere Befugnisse an die Seite gestellt, welche er als dinglich bezeichnet, namentlich Ansprüche, «die sich gegen jeden Eigentümer der von dem dinglichen Recht, das für den Ansprecher begründet werden soll, ergriffenen Sache richtet». Gemeint sind damit der Anspruch auf Einräumung des Eigentums (gesetzliches Vorkaufsrecht des Miteigentümers und vorgemerktes rechtsgeschäftliches Vorkaufs-, Kaufs- und Rückkaufsrecht), des Notweges, Notbrunnens und Durchleitungsrechts sowie des gesetzlichen Pfandrechts nach Art. 837. Ferner spricht HUBER von einer dinglichen Verfügungsmacht in den Fällen, «wo jemand über eine Sache ein Verfügungsrecht hat, das jedermann gegenüber wirksam ist, ohne daß ihm das Eigentum oder ein beschränktes dingliches Recht an der Sache zusteht» (Willensvollstrecker, Erbschaftsliquidatoren und -verwalter, der Treuhänder im Sinne von Art. 860 ZGB, «vor allem ist aus dem Familienrecht die Verfügungsmacht des Ehemannes über das Frauengut hierher zu rechnen», S. 72). Daß dem Berechtigten in keinem dieser Fälle Eigentum oder ein beschränktes dingliches Recht zusteht, betont der Autor selber. Die hier namhaft gemachten Befugnisse liegen also außerhalb des Kreises der dinglichen Rechte der zweiten Abteilung des Sachenrechts. Auch außerhalb des Begriffs der dinglichen Rechte, wie wir ihn bestimmt haben, liegen insbesondere die sog. dinglichen Ansprüche. Der Anspruch, das ist das Recht, eine Leistung zu verlangen, steht im Gegensatz zum dinglichen Recht, d.h. der unmittelbaren Sachherrschaft; er gehört ins Obligationenrecht, nicht ins Sachenrecht. Siehe dazu hinten (C VI, IX und X).

14 Unter den Begriff des dinglichen Rechtes fallen dagegen die Nutzungsrechte des Ehemannes an den zum eingebrachten Gut der Frau gehörenden Sachen (Art. 201) und der Eltern an den Sachen des Kindesvermögens (Art. 292), welche das Gesetz aber von der Nutznießung schon in der Bezeichnung deutlich unterscheidet

(Eugen HUBER, Zum schweiz. Sachenrecht, S. 45ff., 56/57), weil für sie der familienrechtliche Charakter wesentlich ist («Durchtränkung mit dem familienrechtlichen Moment», Eugen HUBER, a.a.O. S. 46). Sie sind Beispiele von dinglichen Rechten außerhalb des Sachenrechtes.

Als dingliches Recht (nicht als eine bloße Tatsache), das dem Sachenrecht angehört, aber vom Eigentum und den beschränkten dinglichen Rechten dem Wesen nach verschieden ist, hat der Besitz zu gelten. Siehe v. TUHR, BGB I, S. 137ff.; TUOR, Das Schweizerische Zivilgesetzbuch⁵, S. 425; GIERKE, DPrR II, S. 213; KIPP zu Windscheid I, §§ 148–155, S. 793f.   15

Den dinglichen Herrschaftsrechten am nächsten stehen Berechtigungen zum Erwerb des Eigentums oder eines beschränkten dinglichen Rechtes, welche einer bestimmten Person ausschließlich zustehen und durch Aneignung ausgeübt werden. Solche Aneignungsrechte werden begründet durch die Verpachtung des Jagd- und Fischereirechts sowie durch die Erteilung der Bergbauberechtigung; kraft Gesetzes hat der Grundeigentümer das Recht, überragende Äste und eindringende Wurzeln zu kappen und für sich zu behalten oder die an den überragenden Ästen wachsenden Früchte (Anries) sich anzueignen (Art. 687); der zur Herausgabe einer Sache verpflichtete gutgläubige Besitzer hat das Recht, «was er verwendet hat, wieder wegzunehmen, soweit dies ohne Beschädigung der Sache selbst geschehen kann» (Art. 939 Abs. 2) und erwirbt an den weggenommenen Sachen, wenn sie Bestandteile der fremden Sache geworden waren, mit der Abtrennung das Eigentum (OSTERTAG, N. 14 zu Art. 939). Diese und teilweise noch weitere derartige Befugnisse werden in der Literatur zum BGB als dingliche Erwerbsrechte bezeichnet. ENNECCERUS-NIPPERDEY, Lehrbuch I, § 73 I 3a; WOLFF, § 2 III 3 und § 79 II; GIERKE, DPrR II, S. 601, eingehend STOBBE-LEHMANN, Handbuch des DPrR II 1, S. 446ff.; v.TUHR, BGB I, § 8 (Aneignungsrechte), § 9 (Anwartschaft) scheidet sie von den Herrschaftsrechten, zu denen die Sachenrechte gehören, besonders deutlich. Auch nach dem ZGB werden sie vom Begriff der beschränkten dinglichen Rechte nicht mitumfaßt.   16

RAISER L., Dingliche Anwartschaften, 1961, und BAUR F., Sachenrecht, 10.Aufl. 1978, § 3 II 3, S. 22f. behandeln folgende Tatbestände als Hauptbeispiele von dinglichen Anwartschaften: 1. Die Stellung des Käufers unter Eigentumsvorbehalt; 2. die Stellung des Erwerbers nach der Auflassung, aber vor der Eintragung; 3. die Stellung des Hypothekars vor Entstehung der gesicherten Forderung.   16a

Auf Grund der herrschenden, aus Deutschland übernommenen Konstruktion des Eigentumsvorbehaltes (Tradition unter Suspensivbedingung) könnte auch die Anwartschaftstheorie übernommen werden. Sie ist aber mit unserer gesetzlichen Regelung (konstitutive Wirkung der Eintragung in das EV-Register) unvereinbar und sollte endlich einmal aufgegeben werden zugunsten der Auffassung, welche Eugen HUBER vertreten hat und Emil BECK (Der Eigentumsvorbehalt nach dem schweiz. ZGB, Diss. Bern 1916, Abh. z. schweiz. R. 72) eingehend begründet hat, nämlich der, daß die Tradition resolutiv bedingt ist durch das Rücktrittsrecht des

Verkäufers im Sinne des Art. 214 Abs. 3 OR. Die Eintragung ins EV-Register macht dieses Recht wirksam gegenüber jedem Erwerber des Eigentums oder eines dinglichen Rechtes an der Sache, der vom EV Kenntnis hat. Da der Käufer danach mit der Tradition resolutiv bedingtes Eigentum erhält, fehlt für eine Anwartschaft jedes Bedürfnis und jede Grundlage. Siehe LIVER P., Das Eigentum, § 52, S. 328ff., bes. S. 340ff.

Dagegen dürfte die Theorie der dinglichen Anwartschaft anwendbar sein auf den Erwerber des Eigentums oder eines dinglichen Rechtes an einem Grundstück nach der Einschreibung in das Tagebuch sowie nach der Vormerkung gemäß Art. 960 Ziff. 1. Vgl. dazu LIVER P., ZBJV **96** (1961) S. 449 und **98** (1962) S. 431ff. und Das Eigentum § 5 IV: Die dingliche Anwartschaft auf das Eigentum, S. 22f.

VI. Die Objekte der beschränkten dinglichen Rechte

17 **1. Sachen.** Die beschränkten dinglichen Rechte bestehen in einer inhaltlich beschränkten unmittelbaren Sachherrschaft. Ihre Objekte sind Sachen. Nutznießung und Pfandrechte können an beweglichen wie an unbeweglichen Sachen bestehen. Außer der Nutznießung haben alle Dienstbarkeiten und die Grundlasten Grundstücke zum Objekt.

18 **2. Miteigentumsanteile.** Miteigentumsanteile können nur mit solchen beschränkten dinglichen Rechten belastet werden, welche ausgeübt werden können, ohne daß die gemeinsame Benutzung der Sache durch alle Miteigentümer beschränkt wird. Ausgeschlossen ist deshalb im allgemeinen die Belastung mit Grunddienstbarkeiten, Baurechten, Quellenrechten, irregulären Personaldienstbarkeiten und auch mit dem Wohnrecht. Möglich ist die Belastung mit Wertrechten, also mit Pfandrechten und Grundlasten, ferner mit der Nutznießung. HAAB, N. 12 zu Art. 646; LEEMANN, N. 28ff. zu Art. 646.

19 Zur Begründung des ausschließlichen Benutzungsrechtes eines jeden Miteigentümers an einem Teil der gemeinsamen Sache, z.B. an einem Stockwerk eines Wohnhauses, können zugunsten eines jeden Miteigentumsanteils die übrigen Anteile mit der Dienstbarkeit belastet werden, die ausschließliche Benutzung des betreffenden Teiles der Sache zu dulden. Als Recht ist diese Dienstbarkeit mit jedem Miteigentumsanteil verbunden. Vgl. GUHL, Die Verselbständigung der dinglichen Rechte (Festgabe für Eugen Huber, 1919), S. 68f.; LEEMANN, SJZ **10**, S. 353ff.; GONVERS-SALLAZ, Le registre foncier, N. 7 zu Art. 114. Sie ist, wie HAAB, N. 17 zu Art. 675, sagt, mit den Miteigentumsanteilen subjektiv-dinglich verknüpft. Ebenso Eidg. GB-Amt 1931, ZBGR **17**, S. 22. Diese Dienstbarkeit wird allgemein, siehe außer den zitierten Stellen LEEMANN, N. 39 zu Art. 781, für eine irreguläre Personaldienstbarkeit gemäß Art. 781 gehalten. Als subjektiv-dingliches Recht ist die Dienstbarkeit jedoch eine Grunddienstbarkeit. Herrschendes Grundstück ist ein Miteigentumsanteil. Der Miteigentumsanteil an einer Liegenschaft wird ja im Rechtsverkehr allge-

mein als Grundstück behandelt (LEEMANN, N. 5 zu Art. 646; HAAB, N. 10 zu Art. 646). Dies ist jetzt im Art. 655 Abs. 2 Ziff. 4 ausdrücklich gesagt. Dieses Rechtsverhältnis, welches sich insbesondere bei der Umwandlung des Stockwerkeigentums in die dem ZGB entsprechende, eintragungsfähige Form ergibt, zeigt, daß ein Miteigentumsanteil auch mit Grunddienstbarkeiten und irregulären Personaldienstbarkeiten belastet werden kann. Auch der Errichtung eines Wohnrechtes an dem Miteigentumsanteil mit ausschließlichem Benutzungsrecht an einem Stockwerk steht nichts entgegen. Voraussetzung der Begründung solcher Dienstbarkeiten ist, daß die Benutzung der Sache zwischen den Miteigentümern ausgeschieden ist. Vgl. dazu Eugen HUBER, Erläuterungen II, S. 73f.; SCHNEIDER Benno, Das schweizerische Miteigentumsrecht, Diss. Bern 1973 (Abh. zum schweiz. Recht) § 22: Die Belastbarkeit von Miteigentumsanteilen mit beschränkten dinglichen Rechten; § 23: Die subjektiv-dingliche Verknüpfung von Miteigentumsanteilen mit beschr. dingl. Rechten und mit dem Eigentum an Grundstücken; MENGIARDI Reto, Die Errichtung beschränkter dinglicher Rechte zugunsten und zu Lasten von Miteigentumsanteilen und Stockwerkeigentumseinheiten, Diss. iur. Bern 1972 (Abh. z. schweiz. Recht. Dazu m. Eigentum, S. 61 sowie hienach N. 22 und 48 zu Art. 730, N. 2 zu Art. 743. – Anderer Meinung PIOTET, S. 525 N. 15.

3. Selbständige und dauernde Rechte, welche in das Grundbuch aufgenommen sind. Selbständige und dauernde Rechte des Bundeszivilrechts sowie des kantonalen Privatrechts (wie Korporationsteilrechte) und des kantonalen und eidgenössischen öffentlichen Rechtes (verliehene Wasserrechte) können Objekte dieser Rechte sein, weil sie, wenn sie in das Grundbuch aufgenommen sind, im Rechtsverkehr als Grundstücke behandelt werden (Art. 655, 943, GBVo. Art. 7ff., Eidg. WRG Art. 59). 20

4. Andere dingliche Rechte und Forderungen. Der Verpfändung und Belastung mit einer Nutznießung sind neben Forderungen auch dingliche Rechte fähig, welche nicht in das Grundbuch aufgenommen sind, wenn sie nur übertragbar, also selbständig sind. Dies ist gesetzlich so geordnet in den Art. 745, 773ff., 899ff. Damit werden Rechte und Forderungen als Gegenstände von beschränkten dinglichen Rechten den Sachen gleichgestellt. Das Gesetz behandelt sie in dieser Hinsicht als bewegliche Sachen, res incorporales. Hiezu sei auf die eingehenden Erörterungen von HAAB, N. 40ff. der Einleitung verwiesen. Aber dadurch daß Rechte und Forderungen als Sachen behandelt werden, werden sie nicht zu Sachen, so wenig als die in das Grundbuch aufgenommenen dauernden selbständigen Rechte Liegenschaften sind, sondern sie werden bloß als Gegenstände beschränkter dinglicher Rechte den gleichen Vorschriften wie die Sachen unterstellt. Das beschränkte dingliche Recht an ihnen ist keine Sachherrschaft, sondern nur eine der Sachherrschaft analoge Herrschaft, welche die gleiche Natur hat wie das Recht, an dem sie besteht und das sie beschränkt, so daß ein beschränktes Recht an einer Forderung auch nur eine Forderung sein kann. Von einem beschränkten dinglichen Recht an einer Forde- 21 rung kann also nicht im eigentlichen, sondern nur in übertragenem Sinne die Rede sein. Vgl. dazu v. TUHR, BGB I, S. 157f.; ENNECCERUS-NIPPERDEY, § 70 I 5, S. 213f.; WOLFF, § 120 I, S. 420f.; LEEMANN, N. 3 zu Art. 774, Vorbemerkungen zu Art. 899ff. Näher dargelegt in m. Eigentum, S. 15.

22 **5. Herrenlose Sachen.** Herrenlose Sachen können Objekt beschränkter dinglicher Rechte sein, weil diese Rechte nicht das Eigentum belasten, sondern die Sache und dadurch das Eigentum beschränken. GIERKE, DPrR II, S. 598; LEEMANN, N. 7 zu Art. 730; BARASSI, S. 11, 23, 25, 54.

Allgemein ist anerkannt, daß die beschränkten dinglichen Rechte weiterbestehen, wenn das Eigentum an der dienenden Sache durch Dereliktion aufgegeben wird. Nur mit diesen Lasten kann die Sache wieder zu Eigentum (durch Aneignung) erworben werden. HAAB, N. 13 zu Art. 666; LEEMANN, N. 12 zu Art. 666; PLANCK-STRECKER, N. 6 zu § 928; WOLFF, § 63 I, S. 193; BARASSI, S. 56ff. Das Bundesgericht erklärt es als «zweifellos, daß durch den Untergang des Eigentums infolge von Dereliktion die Grunddienstbarkeit als solche nicht untergeht, weil sie als selbständiges dingliches Recht vom Eigentum unabhängig ist». EBG **50** II S. 235 = Pr. **13** Nr. 133 = ZBGR **6**, S. 38.

23 Auch die Errichtung eines beschränkten dinglichen Rechtes an einer herrenlosen Sache ist rechtlich durchaus möglich. Wenn die Aneignung der herrenlosen Sache durch das kantonale Recht ausgeschlossen ist, kommt zwar auch die Aneignung eines beschränkten dinglichen Rechtes nicht in Frage, doch kann eine Dienstbarkeit durch Vertrag mit dem Gemeinwesen, unter dessen Herrschaft die Sache, z. B. der Kultur nicht fähiges Land, steht, wohl erworben werden (vgl. Art. 944), soweit die Zweckbestimmung der Sache gemäß öffentlichem Recht dies, wie im allgemeinen die Errichtung von privaten Wasserrechten an öffentlichen Gewässern, nicht ausschließt. Im Sinne von Art. 664 herrenloses Land steht indessen nach kantonalem öffentlichem Recht in der Regel im Eigentum des Staates oder der Territorialgemeinde. Der originäre Erwerb von beschränkten dinglichen Rechten kann deshalb nur an Sachen in Betracht kommen, welche durch Dereliktion herrenlos geworden und dadurch nicht von Gesetzes wegen ins Eigentum des Staates oder der Territorialgemeinde gefallen sind.

24 Wenn durch Aneignung das Eigentum an einer solchen Sache erworben werden kann (Art. 658), kann es auch vorkommen, daß dem die Aneignung einer Dienstbarkeit oder Grundlast vorgezogen wird. Die Ausübung mit dem Willen, damit das Recht zu erwerben, bewirkt den Erwerb. Wenn sich der Rechtserwerbswille nicht im Besitz am belasteten Grundstück äußert, bedarf er der Kundgabe auf andere Weise; am zuverlässigsten dokumentiert er sich im Grundbucheintrag. BARASSI, S. 59 und bes. ELVERS, Die römische Servitutenlehre, 1856, S. 29 und 752ff.; vgl. auch LEUENBERGER, Vorlesungen über das bernische Privatrecht II, S. 134. Weitere Literatur im Artikel «Nemini res sua servit» von R. DE RUGGIERO im Dizionario pratico del diritto privato.

6. Sachen, die zum Verwaltungsvermögen des Staates oder der Gemeinden 25
gehören, und Sachen im Gemeingebrauch. Soweit das Gemeinwesen über diese
Sachen unbeschadet des öffentlichen Dienstes, in dem sie stehen, verfügen kann und
soweit es sie unbeschadet der Erfüllung seiner öffentlichen Aufgaben diesem Dienst
oder dem Gemeingebrauch entziehen kann, stehen sie unter dem privaten Recht.
Unter diesen Voraussetzungen ist, wie die Veräußerung auch die Belastung mit
dinglichen Rechten zulässig. Die Belastung mit einer Dienstbarkeit kann mit dem
öffentlichen Dienst und mit dem Gemeingebrauch durchaus vereinbar sein, ist es
doch sogar möglich, daß nur ein beschränktes Gebrauchsrecht an einer Sache dem
öffentlichen Dienst gewidmet ist oder den Charakter des Gemeingebrauchs hat,
während das Eigentum einer Privatperson zusteht. Vgl. z.B. ObG Luzern, ZBGR **6**,
S. 240ff. (öffentlicher Weg). Auch die Widmung von Sachen zum öffentlichen Dienst
oder Gemeingebrauch auf Grund eines persönlichen Rechtes (Miete, Pacht) oder
eines dinglichen Rechtes (Baurecht) kommt vor.

Sachen des Verwaltungsvermögens können, solange sie unmittelbar im Dienste 26
einer öffentlichen Aufgabe stehen, nicht veräußert und nicht verpfändet werden.
Wenn die Verpfändung durch Gemeinden mit der Bewilligung der Regierung oft
vorgekommen ist, hat diese Bewilligung für den Gläubiger die Wirkung einer
gewissen kantonalen Garantie gehabt. Ein seltener Fall ist die Verpfändung eines
Verwaltungsgebäudes des Bundes zur Sicherung der Kaufpreisrestanz, BBl 1923 II
S. 734.

Das Bundesgesetz über die Schuldbetreibung gegen Gemeinden und andere
Korporationen des kant. öffentl. Rechts vom 4. Dez. 1947 hat die Verpfändung und
die Pfändung ausgeschlossen. Es ist der Ausdruck eines allgemeinen Grundsatzes,
der auch auf der Stufe des Kantons und des Bundes gilt. EBG **99** II 131 = Pr. **63**
Nr. 33; **102** I b 8ff.; **103** II 227 = Pr. **65** Nr. 32. Dazu LIVER P., ZBJV **115** (1979)
S. 260ff.

Die Eintragung von beschränkten dinglichen Rechten an Grundstücken, die
nicht im Privateigentum stehen, und solchen, die dem öffentlichen Gebrauch dienen,
ist im Art. 944 ausdrücklich vorgesehen. EBG **60** II 484 = Pr. **24** Nr. 42. ZBGR **33**,
S. 35ff.: Treppen-Überbaurecht auf einer Straßenparzelle in der Stadt Bern. Siehe
auch LEEMANN, N. 22 zu Art. 664; HAAB, N. 17 zu Art. 664; FLEINER Fritz, Institutionen (1939) S. 333. Vgl. in diesem Kommentar hinten N. 106ff. und N. 121ff. zu
Art. 731 sowie Das Eigentum, S. 129ff.

Nach der Wasserrechtsgesetzgebung des Bundes und der Kantone können Was- 27
serkraftrechte nur durch Konzession, deren Dauer gesetzlich beschränkt ist, begründet werden (HAAB, N. 23 zu Art. 664). Eine Verfügung des Gemeinwesens über die
Wasserkräfte durch die Errichtung von Dienstbarkeiten ist dadurch ausgeschlossen.
Zahlreich sind jedoch die in früherer Zeit begründeten privaten Nutzungsrechte an
öffentlichen Gewässern, welche als ehehafte Wasserrechte (Wasserkraftrechte für
Mühlen und andere Radwerke, Bewässerungsrechte) und ehehafte Fischereirechte

den Charakter von Dienstbarkeiten haben und unter dem Schutze der Eigentumsgarantie stehen. EBG **63** I 111 = Pr. **26** Nr. 150 = ZBGR **18**, S. 278ff. (Schaffhausen), welchem Entscheid das (unveröffentlichte) Urteil des BG vom 17./18. Mai 1935 i.S. Aluminium-Industrie AG Neuhausen gegen Kanton Schaffhausen zugrunde liegt; EBG **27** II 672ff. (Luzern); Aarg. Vjschr. **3** (1903) Nr. 121, **28** (1928) Nr. 59; SJZ **44**, S. 278ff. (Aarg. Obergericht) und dazu EBG **74** I 50 = Pr. **37** Nr. 43; EBG **60** II 484 = Pr. **24** Nr. 42 (Wallis); EBG **41** II 146 = Pr. **4** Nr. 70 (Zivilrechtliche Klage auf Feststellung eines privaten Wasserrechts an einem öffentlichen Gewässer), Urteil der Vorinstanz in den Entscheidungen des KtG St.Gallen 1897 Nr. 8, S. 26–37, mit wiederholtem Hinweis auf EBG **12** (1886) S. 495, wiedergegeben auch von Karl HAFF, Wasserkraftrecht (1951), S. 34. EBG **46** II 283 = Pr. **9** Nr. 54, **76** II 129 = Pr. **39** Nr. 136. Sehr eingehendes, materialreiches Urteil des bern. Obergerichts, welches die Möglichkeit des Erwerbs von privaten Rechten an öffentlichen Sachen auf Grund des bernischen CGB und des Wasserbaugesetzes von 1857 verneint und äußerste Zurückhaltung in der Anerkennung überkommener privater Wasserrechte bekundet: ZBJV **36** (1900) S. 222ff.; Fischereigerechtigkeit: ZBGR **4**, S. 38f.; Verw.-Entsch. der B.-beh. **6**, S. 105 = ZBGR **25**, S. 102f.; ZBGR **25**, S. 112; GMÜR R., Die Abgrenzung des Fischereiregals von den privaten Fischenzen im Kanton Bern, Diss. jur. Bern 1949, S. 57 und 58ff. LIVER P., Die ehehaften Wasserrechte in der Schweiz, Festschrift Gieseke, Karlsruhe 1958, und Privatrechtliche Abhandlungen (1972) S. 465ff.

VII. Beschränkte dingliche Rechte an eigener Sache

28 Beschränkte dingliche Rechte bestehen weiter, wenn ihr Inhaber das Eigentum am belasteten Grundstück erwirbt und wenn sie vom Eigentümer dieses Grundstückes erworben werden. Die Vereinigung bewirkt ihren Untergang nicht. Diese Regelung hat auch das BGB getroffen, §§ 889, 1063. Auch die Begründung von beschränkten dinglichen Rechten an eigener Sache ist möglich, allerdings nicht die Begründung aller beschränkten dinglichen Rechte. Das ZGB sieht die Errichtung von Eigentümerschuldbriefen und Eigentümergülten (Art. 859), das BGB die Begründung der Eigentümergrundschuld (§ 1196) durch einseitiges Rechtsgeschäft vor. Das ZGB hat (im Gegensatz zum BGB) die gleiche Möglichkeit auch für die Grunddienstbarkeiten eröffnet (Art. 733). Diese Bestimmung findet aber auch Anwendung auf das Baurecht, das Quellenrecht und die «anderen Dienstbarkeiten» (irregulären Personaldienstbarkeiten) gemäß Art. 781 sowie auf die Grundlasten. LEEMANN, N. 15ff. zu Art. 733. Nicht vorgesehen hat das Gesetz die Begründung der Eigentümernutznießung und des Eigentümerwohnrechts. Eugen HUBER, Zum schweizerischen Sachenrecht, S. 75.

29 In seiner Abhandlung, Die Eigentümerdienstbarkeit, Ein Beitrag zu ihrer Rechtfertigung (Festschrift der Jur. Fakultät Bern für Fitting), 1902, hat Eugen HUBER

dargelegt, daß die Eigentümerdienstbarkeit sowohl mit der quantitativen als mit der qualitativen Bestimmung des Eigentumsrechtes vereinbar sei. Auf Grund der letzteren führt er (S. 45) aus: «Wenn der Eigentümer der Qualität nach das absolute Recht an der Sache besitzt, so stehen ihm nicht nur die einzelnen Eigentumsbefugnisse als Verfügungs- und Nutzungsgewalt über die gegebene Sache zu, sondern er besitzt über diese die Herrschaft auch in dem Sinne, daß er aus ihr machen kann, was er will und nach der Rechtsordnung möglich ist. Daraus folgt, daß er auch ein Recht an eigener Sache zu bilden vermag, allein dieses Recht ist alsdann nicht, wie bei der zweiten Auffassung (scil. der quantitativen Bestimmung des Eigentums) ein abgelöstes Stück von der Summe der Eigentümerbefugnisse, sein Recht wird um das Recht an der eigenen Sache, das er gebildet hat, nicht ärmer, sein Eigentum bleibt nach wie vor die absolute oder oberste Herrschaft über die Sache. Was er mit der Ausscheidung einer Berechtigung erreicht, ist vielmehr die Schaffung eines eigenen Wertes, den er entweder als ius in re aliena an einen Dritten abgibt oder auch als Recht an eigener Sache für sich behalten kann. Die Schaffung eines solchen eigenen Wertes an und aus dem Eigentumsgegenstand ist nun freilich bloß in der Art und in dem Umfange möglich, wie es die objektive Rechtsordnung ermöglicht oder zuläßt...»

Nachdem das ZGB die Begründung von dinglichen Rechten an eigener Sache und deren Weiterbestand trotz Vereinigung geordnet hat, kann die Möglichkeit dieser Rechte nicht mehr zur Diskussion stehen, denn sie ist verwirklicht. Es kann auch kein Zweifel daran bestehen, daß diese Ordnung gerechtfertigten Bedürfnissen entspricht und sich praktisch bewährt hat. Vgl. N. 17 der Vorbemerkungen vor Art. 730. 30

Daß dieser Ordnung die Entscheidung zugunsten einer bestimmten Auffassung des Eigentums, etwa der bloß quantitativen Unterscheidung zwischen Eigentum und beschränkten dinglichen Rechten, wie TUOR, S. 533, annimmt, zugrunde liege, trifft nach den wiedergegebenen Ausführungen Eugen HUBERS nicht zu. Vgl. indessen auch dessen Bemerkungen in den Vorträgen zum schweizerischen Sachenrecht, S. 74. 31

Mit der Bestellung einer Eigentümerdienstbarkeit wird ja auch kein materielles Rechtsverhältnis begründet; es entsteht dadurch kein wirkliches Recht und keine wirkliche Belastung. Der Eigentümer des «belasteten» Grundstückes bleibt, solange ihm auch das «herrschende» Grundstück gehört, in der Ausübung seines Eigentums vollständig frei; sein Eigentum ist in keiner Weise beschränkt. Die Benutzung des «belasteten» Grundstückes, welche die Dienstbarkeit zum Inhalt hat, stünde ihm als Eigentümer selbstverständlich frei, auch wenn diese Dienstbarkeit nicht bestellt worden wäre. Nulli res sua servit! Mit der Errichtung der Eigentümerdienstbarkeit wird lediglich die Form des künftig gegebenenfalls entstehenden materiellen Rechtsverhältnisses antizipiert und dessen Rang fixiert. Wenn die Subjekte des Eigentums an den beiden Grundstücken sich zweien (Ausdruck Gierkes), gewinnt die Form ihren Inhalt und das formale Rechtsverhältnis seine materielle Existenz. Die grundbuchliche Form hält dem künftigen materiellen Recht den mit ihrer 32

Einleitung

Begründung gegebenen Rang frei. Darin liegt neben dem Vorteil der Antizipierung der Form durch einseitiges Rechtsgeschäft die Hauptfunktion der Bestellung von Eigentümerdienstbarkeiten. Eugen HUBER sieht denn auch in der Begründung der Eigentümerdienstbarkeit die Möglichkeit, «von vornherein die Errichtung einer Dienstbarkeit von zunächst nur formalem Bestande zu gestatten. Wirkung der Eintragung an dem eigenen Grundstücke des Berechtigten muß dabei sein, daß, sobald das Eigentum am dienenden von demjenigen am herrschenden Grundstück sich trennt, die materielle Rechtskraft der Dienstbarkeit zur Geltung kommt» (Erläuterungen II, S. 142). Vgl. auch TUOR, S. 535.

33   Auch die Errichtung eines Eigentümergrundpfandrechtes hat die gleiche Wirkung. Darüber hinaus aber wird mit ihr der Grundstückswert in einem bestimmten Betrag als Rechtsobjekt konstituiert, dessen Inhalt sich kraft Gesetzes mit dem des Pfandrechts deckt. Dieses Objekt steht dem Eigentümer des Grundstückes zu. Ein beschränktes dingliches Recht als subjektives Recht besteht nicht. Ein solches kann dem Eigentümer gegen sich selbst nicht zustehen. Es entsteht auch hier erst mit der Zweiung der Subjekte, und zwar entsteht es dadurch mit dem Inhalt, der sich aus dem Eintrag und Titel ergibt. Die Zweiung vollzieht sich, wenn ein vom Grundeigentümer verschiedenes Rechtssubjekt hinzutritt, sei es, daß diesem als Grundpfandgläubiger das Objekt übertragen oder daß es ihm verpfändet wird (Faustpfand) oder daß es zu seinen Gunsten mit Beschlag belegt wird (Pfändung). Vor der Zweiung der Subjekte wird das Eigentümerpfandrecht in der Pfandverwertung wie eine leere Pfandstelle behandelt, d.h. ignoriert; der Erlös wird nach Art. 815 **den wirklichen Pfandgläubigern** nach ihrem Range zugewiesen. Siehe GIERKE, DPrR II, S. 921ff. Über die verschiedenen in der schweizerischen Literatur vertretenen Auffassungen verhältnismäßig ausführlich TUOR, S. 535ff. SOTTUNG Rudolf, Die Pfändung der Eigentümergrundschuld (Prozeßrechtl. Abh. 23, 1967), charakterisiert die Eigentümergrundschuld des BGB im wesentlichen übereinstimmend mit der hier vertretenen Auffassung. Siehe S. 19f. und zusammenfassend S. 50. Über die Behandlung von Eigentümergrundpfandtiteln in der Pfändung EBG **91** III 69ff., Erw. 4 = Pr. **55** Nr. 28.

34   Die Eigentümerdienstbarkeit wird im einzelnen unten, in den Erläuterungen zu den Art. 733 und 735, besprochen.

VIII. Die Rangordnung der beschränkten dinglichen Rechte

35   Ist die gleiche Sache mit verschiedenen beschränkten dinglichen Rechten belastet, von denen eines oder mehrere in ihrem vollen Umfang nur ausgeübt werden können, wenn die Ausübung eines oder mehrerer anderer unterlassen oder beschränkt wird, muß es eine Regel geben, nach der sich bestimmt, welche Rechte vor welchen anderen zurückzutreten haben. Sonst besteht eine Kollision von Rechten, deren Verhinderung eine notwendige Funktion der Rechtsordnung ist.

Beschränkte dingliche Rechte

36 Im nachbarlichen Verhältnis beschränkt das Gesetz das Eigentum soweit, daß es ausgeübt werden kann, ohne mit dem in gleicher Weise beschränkten Recht des Nachbarn zu kollidieren. Die an der gleichen Sache dinglich Berechtigten stehen dagegen nicht wie die Eigentümer benachbarter Liegenschaften gleichberechtigt nebeneinander. Die beschränkten dinglichen Rechte werden durch Verfügungen des Eigentümers als Belastungen seiner Sache begründet. Mit ihrem Bestande ist die Beschränkung des Eigentums gegeben.

Die Zurückdrängung des Eigentums ist die notwendige Folge der Belastung der Sache mit einem beschränkten dinglichen Recht. Die Frage nach der gesetzlichen Rangordnung kann sich im Verhältnis zwischen Eigentum und beschränktem dinglichem Recht gar nicht stellen. Daß das beschränkte dingliche Recht vor dem Eigentum den Vorrang hat, ist selbstverständlich. Es ergibt sich nicht aus einer besonderen Regelung des Rangverhältnisses, sondern aus dem Begriff des beschränkten dinglichen Rechtes.

37 Aus dem Sachverhalt, daß die beschränkten dinglichen Rechte als Belastungen der Sache durch Verfügungen des Eigentümers begründet werden, läßt sich aber auch der **Grundsatz der Alterspriorität für das Rangverhältnis der Dienstbarkeiten untereinander** ableiten.

Sowenig als der (frühere) Eigentümer eine Sache, die er einem anderen zu Eigentum übertragen hat, durch eine weitere Verfügung einem Dritten übereignen kann, vermag er das beschränkte dingliche Recht, das er durch die erste Verfügung begründet hat, durch Bestellung eines weiteren beschränkten dinglichen Rechtes aufzuheben, einzuschränken oder zu beeinträchtigen. Daraus ergibt sich der folgende Rechtssatz: Von zwei Rechten, die miteinander nicht vereinbar sind, weil die Benutzung der Sache, welche das eine zum Inhalt hat oder dem Eigentümer auferlegt, mit der Benutzung der Sache, welche das andere zum Inhalt hat oder dem Eigentümer auferlegt, im Widerspruch steht, **hat das jüngere dem älteren zu weichen**. Das ist der Grundsatz der Alterspriorität: prior tempore potior jure. EBG **57** II 262 = Pr. **20** Nr. 133. A.M. PIOTET, S. 528 (theoretisch).

38 Dieser Grundsatz gilt im Verhältnis zwischen verschiedenen Dienstbarkeiten an der gleichen Sache. Dienstbarkeiten gleichen Inhaltes brauchen miteinander zwar keineswegs notwendig zu kollidieren. Das inhaltlich gleiche Wegrecht kann von verschiedenen dinglich Berechtigten (neben dem Eigentümer) ausgeübt werden, ebenso können inhaltlich gleiche Aussichtsdienstbarkeiten als Baubeschränkungen zugunsten verschiedener Berechtigter bestehen, ohne daß Kollisionen entstehen. Dagegen kann die Ausübung eines Baurechtes durch den Bestand von anderen Baurechten, von Wegrechten, Durchleitungsrechten, Weiderechten, Bauverboten und Baubeschränkungen ganz oder teilweise verunmöglicht sein; ebenso die Ausübung eines Quellenrechtes durch ein Baurecht oder ein Recht zur Ausbeutung von Baumaterialien. EBG **57** II 260 = Pr. **20** Nr. 133. Da hat das ältere Recht den Vorzug.

Einleitung

39 Dasselbe gilt im Verhältnis zwischen Dienstbarkeiten und Grundlasten. So kann das ältere Quellenrecht als Dienstbarkeit den Wasserbezug auf Grund der jüngeren Grundlast unmöglich machen. Sie verdrängt diese. Zur Rangordnung vorgemerkter Forderungsrechte PIOTET, S. 530.

40 Auch im Verhältnis zwischen Grundlasten untereinander kann die Rangordnung nach der Alterspriorität zur Geltung kommen, wenn die verschiedenen Grundlasten zur Belieferung mit den gleichen Erträgnissen oder Erzeugnissen des Grundstückes verpflichten, welche hiezu nicht ausreichen. Wenn der Ertrag der Quelle, mit deren Wasser verschiedene Grundlastberechtigte zu beliefern sind, dauernd zurückgegangen ist, ist er nicht gleichmäßig zu verteilen, sondern kommt den Inhabern der jüngeren Rechte nur soweit zu, als er die auf die älteren entfallende Menge noch übersteigt. A.M. theoretisch PIOTET, S. 527.

41 Maßgebend für die Bestimmung der Rangordnung ist also der Zeitpunkt der Entstehung der einzelnen Rechte. Sind diese durch Eintragung in das Grundbuch entstanden, entscheidet das Datum, unter dem das Recht eingetragen ist. Dies ist zwar nicht das Datum der das Recht begründenden Eintragung, sondern das der Einschreibung in das Tagebuch, da die Wirkung der Eintragung auf diesen Zeitpunkt zurückbezogen wird (Art. 972). Unter mehreren am gleichen Tage angemeldeten Rechten bestimmt sich der Rang nach der Tageszeit des Einganges und der Einschreibung in das Tagebuch, wenn nicht ein anderes Rangverhältnis vereinbart ist (GBVo. Art. 27). Ranggleichheit verschiedener Rechte ist danach nicht ausgeschlossen. Sie kann jedoch nur zulässig sein, wenn sich die verschiedenen Rechte nicht gegenseitig ausschließen, sondern alle mit entsprechender gegenseitiger Beschränkung des Umfanges oder in zeitlicher Alternierung ausgeübt werden können.

42 Eine vom Grundsatz der Alterspriorität abweichende Rangvereinbarung ist mit allseitiger Zustimmung der Inhaber von dadurch betroffenen dinglichen Rechten möglich.

43 Davon abgesehen ist die Begründung von Dienstbarkeiten und Grundlasten mit beliebigem festem Rang unter Ausschluß des Nachrückungsrechtes nicht möglich. Die Eigentümerdienstbarkeit und auch die Eigentümergrundlast sind jedoch das Mittel, mit welchem der Eigentümer diesen Rechten auf den Zeitpunkt, in dem sie wirksam werden (siehe oben N. 32), den Vorrang vor allen inzwischen begründeten weiteren beschränkten dinglichen Rechten sichern kann. HAAB, Einleitung, N. 65; LEEMANN, N. 25 der Einl. zur II. Abt., N. 24 zu Art. 812 und N. 32 zu Art. 783. Darin liegt nicht eine Ausnahme, sondern eine Bestätigung des Grundsatzes der Alterspriorität, da ja die Eigentümerdienstbarkeiten und -grundlasten formell, buchmäßig, mit der Eintragung entstehen.

44 Im Pfandrecht kommt der Begründung von Eigentümerschuldbriefen und Eigentümergülten die gleiche Wirkung hinsichtlich der Rangordnung zu. Aber hier bedarf es zur Erzielung dieser Wirkung nicht der Errichtung von Eigentümerpfand-

rechten, denn «Grundpfandrechte können in zweitem oder beliebigem Rang errichtet werden, sobald ein bestimmter Betrag als Vorgang bei der Eintragung vorbehalten wird» (Art. 813). Entsteht durch Löschung eines Pfandrechtes eine Lücke, hat der nachfolgende Grundpfandgläubiger keinen Anspruch, in sie nachzurücken (Art. 814). Das ist das System der festen Pfandstelle, das allerdings durch Nachrückungsvereinbarungen (Art. 814 Abs. 3) durchbrochen werden kann. Der Rang der Grundpfandrechte wird danach nicht bestimmt durch den Zeitpunkt ihrer Begründung, sondern durch die Pfandstelle, die sie einnehmen. Darin liegt insofern nicht eine Preisgabe, sondern nur eine Modifikation des Grundsatzes der Alterspriorität, als auch Grundpfandrechten nur dann eine bessere Rangstellung, als dem Zeitpunkt ihrer Errichtung entspricht, angewiesen werden kann, wenn eine leere Pfandstelle da ist, welche nach dem Grundsatz der Alterspriorität geschaffen worden ist. «Im Grunde genommen besteht zwischen den beiden Systemen keine große Verschiedenheit; denn das Lokusprinzip stellt nichts anderes dar, als den mit strengem Grundbuchformalismus durchgeführten Grundsatz der Alterspriorität» (HOMBERGER, N. 4 zu Art. 972).

45 Der Vorbehalt eines Vorganges in bestimmtem Betrag hat den Zweck, dem an der vorbehaltenen Pfandstelle später errichteten Pfandrecht den Vorrang zu sichern. Auch das Grundpfandrecht, welches an der Stelle eines getilgten vorgehenden Pfandrechtes errichtet wird (Art. 814 Abs. 2), erhält dessen Rang. Der daraus sich ergebende Vorrang vor früher errichteten Pfandrechten besteht auch im Verhältnis zu Dienstbarkeiten und Grundlasten, welche nach Begründung der Pfandstelle, aber vor deren Besetzung oder Wiederbesetzung mit einem Pfandrecht errichtet worden sind. Hätte die Dienstbarkeit oder Grundlast in diesem Falle den Vorrang, könnte der Rangvorbehalt dadurch entwertet werden. Man denke nur an die Bestellung einer Nutznießung, eines Baurechts, eines Quellenrechts, einer Bau- oder Gewerbebeschränkung. In der Literatur wird das Rangverhältnis zwischen Grundpfandrechten einerseits, Dienstbarkeiten und Grundlasten anderseits, einhellig in diesem Sinne beurteilt: GUHL, System der festen Pfandstelle, SJZ 11, S. 34ff.; LEEMANN, N. 22 zu Art. 812, N. 11 und 19 zu Art. 813/14; OSTERTAG, N. 9 zu Art. 973; WIELAND, Bem. 6 zu Art. 812; NUSSBAUM H., Dienstbarkeiten und Grundlasten in Konkurrenz mit Grundpfandrechten, ZBGR 19, S. 1ff., 65ff., bes. S. 67f.

46 Gibt der Grundpfandgläubiger seine Zustimmung zu der Errichtung einer Dienstbarkeit oder Grundlast, liegt darin der Verzicht auf den Vorrang seines Pfandrechtes und von dessen Pfandstelle (Art. 812 Abs. 2, GBVo. Art. 37 Abs. 3). Die Gültigkeit der Zustimmung ist nicht abhängig von der Einhaltung einer besonderen Form (LEEMANN, N. 17 zu Art. 812). Soll der Dienstbarkeit oder Grundlast der Vorrang vor einem Eigentümerpfandrecht oder vor einer leeren Pfandstelle gesichert werden, bedarf es hiezu der Zustimmung des Eigentümers (LEEMANN, N. 16 zu Art. 812; WIELAND, Bem. 10 zu Art. 812). Der Eigentümer ist es ja aber, der die Dienstbarkeit oder Grundlast bestellt. Diese Verfügung des Eigentümers schließt die

Einleitung

Zustimmung zu ihr selbstverständlich in sich. Aber eine Zustimmung im Sinne des Verzichtes auf den Vorrang des Eigentümerpfandrechts oder der leeren Pfandstelle kann darin nicht erblickt werden, wenigstens dann nicht, wenn der Eigentümer ein Eigentümerpfandrecht errichtet oder sich einen Vorgang vorbehalten hat, weil er damit den Willen bekundet hat, diesen Pfandstellen den Vorrang zu sichern. GUHL, Besprechung von EBG **56** III 215 = Pr. **20** Nr. 41, ZBJV **67**, S. 419ff.

47 Ist dagegen eine leere Pfandstelle durch Tilgung eines vorgehenden Pfandrechtes (Art. 814 Abs. 2, GBVo. Art. 63) entstanden und errichtet der Eigentümer hierauf eine Dienstbarkeit oder Grundlast, wird es regelmäßig nicht der wirkliche Wille der Parteien sein, dem Pfandrecht, das später anstelle des getilgten errichtet wird, den Vorrang zu belassen; wenn der Eigentümer dieses Pfandrecht mit Vorrang begründen würde (und infolgedessen die vorher errichtete Dienstbarkeit oder Grundlast in der Pfandverwertung gelöscht würde), müßte darin ein Verstoß gegen den Grundsatz von Treu und Glauben gesehen werden. Es würde der Billigkeit besser entsprechen und läge auch im Interesse einer Vereinfachung der Grundbuchführung, wenn in diesem Falle die Dienstbarkeit oder Grundlast den Vorrang erhielte (vgl. NUSSBAUM, a.a.O., S. 68). Dieses Ergebnis ließe sich aber eben nur damit begründen, daß der Vertrag über die Errichtung einer Dienstbarkeit oder Grundlast den übereinstimmenden Willen der Parteien enthalte, diesem Recht den Vorrang vor einem an leerer Pfandstelle später errichteten Grundpfand zu geben. Die gesetzliche Ordnung, nach welcher die Pfandstelle den Rang des Grundpfandes bestimmt, und welche im Grundbuch dadurch zum Ausdruck kommt, daß anstelle des getilgten vorgehenden Grundpfandes eine leere Pfandstelle einzutragen ist (GBVo. Art. 63), begründet indessen doch wohl die Vermutung, daß das später begründete Grundpfand den Rang der Pfandstelle behält, so daß der vorher errichteten Dienstbarkeit oder Grundlast der Vorrang nur durch ausdrückliche Parteivereinbarung gegeben werden kann.

48 Daß aber der Grundeigentümer und der Grundpfandgläubiger bei der Errichtung eines Pfandrechtes an vorgehender leerer Pfandstelle nach der Begründung einer Dienstbarkeit oder Grundlast kaum die Auffassung haben werden, daß diese Rechte den nachgehenden Rang haben (so wenig wie dies die Auffassung der Parteien bei der Begründung dieser Rechte ist), zeigt, daß die Bestimmung des Ranges der Grundpfandrechte durch die Pfandstelle auch gegenüber Dienstbarkeiten und Grundlasten nicht in jeder Hinsicht zu befriedigen vermag.

49 Zur praktischen Auswirkung kommt das Rangverhältnis zwischen Grundpfandrechten einerseits, Dienstbarkeiten und Grundlasten anderseits, sowie das Rangverhältnis zwischen Grundlasten und Dienstbarkeiten, das erstere ausschließlich, das letztere mit der angeführten Ausnahme, bei der Grundpfandverwertung. Der Grundpfand- bzw. Grundlastgläubiger hat das Recht, zu verlangen, daß Lasten mit schlechterem Range gelöscht werden, wenn sich zeigt, daß sich dadurch seine Deckung verbessert (Art. 812 Abs. 2). Ob dies zutrifft, zeigt sich, wenn das Grundstück in der Zwangsversteigerung einmal mit der Last und dann ohne die Last

ausgeboten wird. Das ist der Doppelaufruf gemäß SchKG Art. 142, VZG Art. 56 und 104. «Reicht das Angebot für die Liegenschaft mit dieser Last zur Befriedigung des Gläubigers nicht aus und erhält er ohne sie bessere Deckung, so ist er berechtigt, die Löschung der Last im Grundbuch zu verlangen.» «Bleibt nach seiner Befriedigung ein Überschuß, so ist dieser in erster Linie bis zur Höhe des Wertes der Last zur Entschädigung der Berechtigten zu verwenden» (SchKG Art. 142). Es hat also «der aus der Dienstbarkeit oder Grundlast Berechtigte gegenüber nachfolgenden Eingetragenen für den Wert der Belastung Anspruch auf vorgängige Befriedigung aus dem Erlöse» (Art. 812 Abs. 3). Der Wert der Last ist, wenn es eine Grundlast ist, in bestimmtem Betrag im Grundbuch anzugeben (Art. 783 Abs. 2). Er kann auch bei der Eintragung von Dienstbarkeiten im Grundbuch angegeben werden, wenn die Parteien ihn ausnahmsweise im Errichtungsvertrag festsetzen (GBVo. Art. 37).

Von ihrem Rang gegenüber Grundpfandrechten und Grundlasten kann es also abhängen, ob Dienstbarkeiten und Grundlasten ihre Existenz in der Grundpfandverwertung bewahren können und dem Erwerber des Grundstückes überbunden werden, oder ob sie gelöscht werden. EBG **39** II 698 = Pr. **3** Nr. 28; **57** II 260 = Pr. **20** Nr. 133; **59** III 70 = Pr. **22** Nr. 77 = ZBGR **22**, S. 97ff.; **70** III 13 = Pr. **33** Nr. 44.

In der Rangordnung der dinglichen Rechte stehen auch vorgemerkte 50 persönliche Rechte (Art. 959). Sie erhalten ihren Rang durch das Datum der Vormerkung, welches das Datum der Einschreibung in das Tagebuch ist. Die Vormerkung verleiht ihnen «Wirkung gegenüber jedem später erworbenen Rechte» (Art. 959 Abs. 2). Später errichtete Dienstbarkeiten und Grundlasten haben ihnen, soweit sie ihre Ausübung beeinträchtigen, zu weichen (HOMBERGER, N. 23 zu Art. 959, OSTERTAG, N. 29 zu Art. 959); der Vorkaufs-, Kaufs- oder Rückkaufsberechtigte kann gegebenenfalls ihre Löschung verlangen (LEEMANN, N. 76 zu Art. 681; HAAB, N. 46 zu Art. 681/82).

Eine Sonderstellung in der Rangordnung kann beschränkten dinglichen Rechten, 51 die das Gesetz unmittelbar begründet (gesetzliche Pfandrechte gemäß Art. 836, öffentlich-rechtliche Grundlasten gemäß Art. 784 Abs. 1) oder die auf Grund eines gesetzlichen Anspruches errichtet werden, zukommen. Zu den letzteren gehören die öffentlich-rechtlichen Grundlasten gemäß Art. 784 Abs. 2 sowie die Legalservituten im Sinne der Ausführungen unter C. VI hienach. Diese stehen den durch Expropriation und den im Verfahren der Güterzusammenlegung und Umlegung von Bauland begründeten Dienstbarkeiten nahe.

Die durch Expropriation erworbene Dienstbarkeit hat den Vorrang vor allen 52 anderen beschränkten dinglichen Rechten. Diese dürfen sie nicht in der Ausübung beeinträchtigen oder in der Existenz gefährden, haben also zurückzutreten. Wertmäßig bleiben sie doch gewahrt, da für ihre Entwertung Entschädigung zu leisten ist. Auf disen Fall kommen die Bestimmungen des Expropriationsrechtes über die Stellung der am Grundstück dinglich Berechtigten zur Anwendung. Der Vorrang der durch Expropriation begründeten Dienstbarkeit ist somit vollkommen begründet.

Einleitung

53 In der Güterzusammenlegung (wie auch bei der Umlegung von Bauland und im Quartierplanverfahren) ist gegenüber der sich aus ihr ergebenden Aufhebung von Dienstbarkeiten die Begründung von solchen eine Ausnahme. Die neu begründete Dienstbarkeit muß aber, um ihren Zweck zu erfüllen, insbesondere vor den Grundpfandrechten den Vorrang erhalten können. Innerhalb der Neuordnung der dinglichen Rechte, welche mit der Neuzuteilung verbunden ist, läßt sich dies ohne Verletzung der zurücktretenden Rechte bewerkstelligen. Vgl. dazu NUSSBAUM H., ZBGR **19**, S. 5ff.

54 Die zwangsweise Begründung von Legalservituten (C. VI hienach) gegen volle Entschädigung ist der Expropriation sehr ähnlich. Auch die Legalservituten bedürfen ihrem Zwecke gemäß des gleichen Vorranges wie die durch Expropriation begründeten Dienstbarkeiten und erhalten ihn unter der Voraussetzung, daß die Werteinbuße der dadurch im Range beeinträchtigten Rechte durch Entschädigung ausgeglichen wird. Siehe hinten N. 69, 88, 102f.

B. Dienstbarkeiten und Grundlasten

55 Das ZGB hat die Dienstbarkeiten und die Grundlasten im gleichen Titel geordnet, obwohl die Grundlasten nach der Art der mit ihnen gegebenen Sachherrschaft den Pfandrechten näher stehen als den Dienstbarkeiten. Im übrigen aber sind Grundlasten und Dienstbarkeiten in mancher Hinsicht übereinstimmend geregelt. Sie berühren sich im Zweck, dem Berechtigten Erträgnisse des belasteten Grundstückes zu verschaffen, in der Möglichkeit der Ausgestaltung als Personalrechte und als Realrechte und in der Unterstellung unter die gleiche Rangordnung. Der Gesetzgeber, der davon abgesehen hat, gemeinsame Bestimmungen für alle Dienstbarkeiten aufzustellen, mußte konsequenterweise um so mehr darauf verzichten, gemeinsame Regeln für Dienstbarkeiten und Grundlasten zu formulieren. Siehe oben N. 5. Näheres über die Grundlasten im allgemeinen in der Einleitung zum dritten Abschnitt.

C. Die Dienstbarkeiten

I. Der Begriff

56 Die Dienstbarkeit unterwirft eine Sache einer beschränkten Herrschaft, welche in einem Nutzungs- oder Gebrauchsrecht besteht. Das Wort Dienstbarkeit bringt zum Ausdruck, daß die Sache einer anderen Person als dem Eigentümer dienstbar gemacht ist, bezeichnet also die passive Seite des Rechtsverhältnisses. In der Rechtssprache dient das Wort Dienstbarkeit auch zur Bezeichnung der aktiven Seite des Rechtsverhältnisses und hat dann den Sinn von Dienstbarkeitsrecht. In diesem Sinn ist die Dienstbarkeit die beschränkte unmittelbare Sachherrschaft, welche in einem Benutzungsrecht besteht. GERBER C.F. v., System des DPrR, 16. Aufl. 1890, S. 277: «... denn so sehr auch der Begriff der Dienstbarkeit, wie ihn das heutige Recht auffaßt, in der Hauptsache ein durch seine innerliche Wahrheit notwendiger ist, so setzt doch seine Erkenntnis ein Bewußtsein der juristischen Natur der dinglichen Rechte und besonders des Eigentums in seiner Art voraus, in welcher es dem älteren deutschen Recht abgeht.»

Zum umfassenden Begriff der Servitut im justinianischen und im modernen Recht (im Unterschied zum klassischen römischen Recht): BIONDI Biondo, Le servitù prediali nel diritto romano (lezioni) 2ª ed. 1954, p. 61 (gegen Ferrini, Bonfante u.a.); KASER Max, Röm. Privatrecht II (1959) S. 20: Leistungen der byzantinischen Rechtsschulen sind die Erweiterung des Servitutenbegriffs, die Trennung der superficies von den Servituten und die Konstruktion der Emphyteusis.

Vgl. LIVER P., Gesetzl. Eigentumsbeschränkungen und Dienstbarkeiten in der Gesetzgebung und Lehre..., Festgabe Max GUTZWILLER, 1959; Die Servitut in der Eigentumsordnung und Eigentumslehre..., ZSR n. F. 85 (1966), Abhandlungen z. schweiz. u. bündn. Rechtsgeschichte (1970) S. 292ff.; Das Eigentum (Schweiz. Privatrecht V 1, 1977), S. 17f. und 194ff.; N. 20ff. zu Art. 740.

Nach Inhalt und Umfang sind die Dienstbarkeiten sehr mannigfaltig und vielgestaltig. Besonders durch die Einbeziehung der Nutznießung und des Baurechtes hat das ZGB den Umfang des Dienstbarkeitsbegriffes außerordentlich stark ausgedehnt. Deshalb gibt es kaum irgendwelche Regeln, die für alle Arten von Dienstbarkeiten Geltung haben und nur für sie. Als solche Regel könnte etwa der Grundsatz des Art. 737, daß das Recht «in möglichst schonender Weise auszuüben sei», angeführt werden, der aber als Ausdruck eines allgemeinen Prinzips (Art. 2 ZGB) auf jedes, auch das obligatorische und das durch Gesetz begründete Recht zum Gebrauch einer fremden Sache Anwendung findet. Einheitlich hätten die Entstehung und der Untergang der Dienstbarkeiten geregelt werden können; unnötigerweise ist aber diese Einheitlichkeit bei der Beratung des Entwurfes durch eine Ausnahmebestimmung über die Begründung der Grunddienstbarkeiten durchbrochen worden. Es hat deshalb seinen guten Grund, daß das Gesetz allgemeine Bestimmungen über die Dienstbarkeiten in ihrer Gesamtheit nicht enthält. Solche Vorschriften wären nur möglich und auch nützlich gewesen, wenn neben dem Baurecht auch die Nutznießung und das Wohnrecht für sich geregelt worden wären, so daß unter den Titel Dienstbarkeiten nur die Grunddienstbarkeiten und die beschränkten persönlichen Dienstbarkeiten gefallen wären. Der Dienstbarkeitsbegriff des ZGB hat eine bloß klassifikatorische Funktion, die aber um so wichtiger ist, als er eben sämtliche beschränkten dinglichen Rechte, die nicht Grundlasten oder Pfandrechte sind, umfaßt und damit für die Einteilung des Sachenrechtes grundlegend ist.

58 Gegen die Bestimmung der Dienstbarkeit als **Benutzungsrecht** ist eingewendet worden, daß die Ausübung der negativen Dienstbarkeiten, welche den Eigentümer der belasteten Sache zu einer Unterlassung verpflichten, nicht eine Benutzung der Sache genannt werden könne. Darin liegt mehr eine sprachliche als materielle Kritik, die aber auch als solche nicht durchschlägt, da man vom Dienstbarkeitsberechtigten, der zu seinem Nutzen so auf das Grundstück einwirkt, daß von diesem in bestimmter Weise nicht Gebrauch gemacht wird, wohl sagen kann, er benutze dieses Grundstück. Die Benutzung schließt nicht nur den Gebrauch in sich, sondern auch jede andere Einwirkung auf den Gebrauch der belasteten Sache zum Nutzen des Berechtigten. DERNBURG, Röm. Recht I, S. 414, Bürgerl. R., S. 482 («sich die physischen Eigenschaften einer Sache dienstbar machen»). ZBGR **35**, S. 107f. Nr. 29: Verpflichtung, einen Mammutbaum stehen zu lassen.

II. Arten

59 Der Begriff der Dienstbarkeit umfaßt persönliche Dienstbarkeiten und Grunddienstbarkeiten. Im klassischen römischen Recht waren die Servituten Prädialservituten (Grunddienstbarkeiten). Erst das justinianische Recht hat auch die persönlichen Dienstbarkeiten (ususfructus, usus, habitatio, operae servorum et animalium) als Servituten anerkannt und damit den umfassenden Begriff der Servitut des gemeinen Rechts geschaffen. SOHM-MITTEIS-WENGER, Institutionen[17], S. 325 Anm. 1; JÖRS-KUNKEL, Römisches Privatrecht[3], S. 145; FERRINI Contardo, Delle servitù stabilite dalla legge I S. 13ff., Nr. 10ff.; BARASSI L., Diritti reali limitati, S. 103ff., Nr. 41ff. Während der C.c.fr. und der C.c.it. wenigstens den Namen Servitut wieder auf die Prädialservituten oder Grunddienstbarkeiten beschränkt haben, hat das ZGB den Begriff noch erweitert durch Einbeziehung des Baurechts und der irregulären Personaldienstbarkeiten, die es im gleichen Abschnitt wie die Nutznießung unter dem Titel «Nutznießung und andere Dienstbarkeiten» regelt. Auch das deutsche BGB kennt neben der Nutznießung beschränkte persönliche Dienstbarkeiten, denen aber nicht die gleiche Bedeutung wie den «anderen Dienstbarkeiten» des ZGB zukommt, weil sie unvererblich und dem Grundsatz nach nicht übertragbar sind.

60 Die Dienstbarkeiten des ZGB sind nach Arten wie folgt eingeteilt:

A. **Grunddienstbarkeiten.** Sie stehen dem jeweiligen Eigentümer eines Grundstückes zu. Das belastete ist einem «herrschenden» Grundstück dienstbar gemacht. Man spricht von subjektiv-dinglichen Rechten, weil die Berechtigung mit dem Eigentum am herrschenden Grundstück verknüpft ist.

B. **Persönliche Dienstbarkeiten.** Sie stehen einer individuell bestimmten Person als solcher (nicht der Person als dem jeweiligen Eigentümer eines Grundstückes) zu.

a) Als eigentliche Personaldienstbarkeiten sind sie mit der Person des Berechtigten unlösbar verbunden (subjektiv-persönliche Rechte), also nicht vererblich und nicht übertragbar. Dazu gehören die Nutznießung und das Wohnrecht.

b) Als irreguläre Personaldienstbarkeiten sind sie mit der Person des Berechtigten nicht unlösbar verbunden, sondern können vererblich und übertragbar sein.

α) Das Baurecht und das Quellenrecht sind vererblich und übertragbar, wenn es nicht anders vereinbart ist.

β) Die «anderen Dienstbarkeiten», die den gleichen Inhalt haben können wie die Grunddienstbarkeiten, aber zugunsten einer beliebigen Person oder Gemeinschaft bestellt sind, sind vererblich und übertragbar, wenn dies vereinbart ist.

III. Numerus clausus

Die Zahl der Arten von beschränkten dinglichen Rechten gemäß den Bestimmungen der zweiten Abteilung des Sachenrechtes ist geschlossen (siehe oben N. 12). Dasselbe gilt für die Zahl der Kategorien von Dienstbarkeiten und von Grundlasten. Es können nur solche Dienstbarkeiten und solche Grundlasten begründet werden, welche die Begriffsmerkmale aufweisen, die sich mit denjenigen einer gesetzlich bestimmten Kategorie von Dienstbarkeiten oder Grundlasten decken. Die Begründung einer Dienstbarkeit oder Grundlast, welche nicht einer dieser Kategorien zugewiesen werden kann, ist ausgeschlossen. Eine Grundlast kann nur eine Personal- oder eine Realgrundlast mit dem in Art. 782 (für die privatrechtlichen Grundlasten) bestimmten und umgrenzten Inhalt sein. Eine Dienstbarkeit kann nur entweder eine Grunddienstbarkeit, eine Nutznießung, ein Wohnrecht, ein Baurecht, ein Quellenrecht oder eine «andere Dienstbarkeit» gemäß Art. 781 (irreguläre Personaldienstbarkeit oder beschränkte persönliche Dienstbarkeit) sein. Werden die gesetzlich bestimmten und allein zugelassenen Kategorien von Dienstbarkeiten als Dienstbarkeitstypen bezeichnet, so ist das Dienstbarkeitsrecht vom Typenzwang beherrscht. Dies besagt, daß im Dienstbarkeitsrecht, wie im Sachenrecht überhaupt, im Gegensatz zum Obligationenrecht die Vertragsfreiheit nicht gestaltendes Prinzip ist. Ein Vertrag, mit dem ein Recht zur Benutzung einer Sache vereinbart wird, welches in keine der gesetzlichen Dienstbarkeitskategorien fällt, ist deswegen nicht unwirksam, aber die Wirkung ist auf das obligationenrechtliche Verhältnis beschränkt; ein dingliches Recht kann ein solcher Vertrag nicht begründen. In diesem Sinne ist die Geltung der Vertragsfreiheit im Sachenrecht begrenzt.

Die Einschränkung der dinglichen Rechte in Typen von geschlossener Zahl hat verschiedene Gründe. Einmal ist es das Erfordernis der Publizität, welches sie notwendig macht. Die beschränkten dinglichen Rechte belasten die Sache, so daß diese nur mit diesen Lasten Gegenstand des Rechtsverkehrs sein kann. Der Erwerber der Sache und der Erwerber neuer dinglicher Rechte an ihr soll nur mit gesetzlich bestimmt umschriebenen Arten von Lasten rechnen müssen, welche im Grundbuch,

Einleitung

dem Publizitätsinstrument des Grundstücksverkehrs, in übersichtlicher Anordnung nach wenigen Typen zur Darstellung gebracht und durch Stichworte näher bezeichnet werden können. Deren Typisierung in geschlossener Zahl wird auch durch das Gebot ihrer Respektierung durch jedermann gefordert. Vgl. Burckhardt W., Die Organisation der Rechtsgemeinschaft, S. 29f.; Barassi, S. 61f.

63   Die Zulassung beliebiger beschränkter dinglicher Rechte, deren Inhalt und Dauer der Parteivereinbarung anheimgestellt wäre, würde aber auch der Zerrüttung des Eigentums Vorschub leisten. Dieses könnte seines Inhaltes dauernd entleert werden, so daß ihm bloß eine nominelle Existenz belassen wäre. Nähere Ausführungen dazu unter der folgenden N. und in N. 3 der Vorbemerkungen zu Art. 730 sowie in N. 7ff. zu Art. 730.

64   Innerhalb der mit der geschlossenen Zahl von Kategorien der Dienstbarkeiten gegebenen Grenzen hat das ZGB der Vertragsfreiheit den ausgedehntesten Raum freigegeben. Von den einzelnen möglichen Dienstbarkeiten haben nur die Nutznießung, das Wohnrecht, das Baurecht und das Quellenrecht einen gesetzlich festgelegten Inhalt. Nur die Nutznießung und das Wohnrecht sind jedoch nach Inhalt, Zuständigkeit und Dauer durch das Gesetz so eindeutig bestimmt, daß ihnen Typizität zukommt: Ein Recht ist dadurch, daß es sich als Nutznießung oder als Wohnrecht charakterisiert, in jeder genannten Hinsicht bestimmt. Für das Baurecht und das Quellenrecht gilt dies insofern nicht, als diese Rechte sowohl als persönliche Dienstbarkeiten als auch als Grunddienstbarkeiten begründet werden können. Die Nutznießung und das Wohnrecht aber können nur als Personaldienstbarkeiten begründet werden. Wegen ihres umfassenden Inhaltes schränken sie das Eigentum so stark ein, daß sie nicht unbeschränkte Dauer haben können, sondern mit dem Ende der Person des Berechtigten untergehen müssen. Es ist deshalb ausgeschlossen, daß ihnen entsprechende Dienstbarkeiten, welche das Eigentum ebenso stark beschränken, als irreguläre Personaldienstbarkeiten oder als Grunddienstbarkeiten, deren Dauer gesetzlich nicht begrenzt ist, begründet werden können. Siehe Art. 730 N. 7ff.

65   Den einzelnen Grunddienstbarkeiten und den einzelnen irregulären Personaldienstbarkeiten fehlt dagegen jede Typizität. Sie können jede beliebige Benutzung des belasteten Grundstückes in bestimmter Hinsicht zum Gegenstand haben, und das inhaltlich gleiche Recht kann wie als Grunddienstbarkeit auch als irreguläre Personaldienstbarkeit begründet werden. Die Zahl der einzelnen Grunddienstbarkeiten und der einzelnen irregulären Personaldienstbarkeiten ist nicht geschlossen. Eugen Huber, Zum Sachenrecht, S. 55f.; Wieland, Vorbemerkungen zum Sachenrecht, N. 1f.; Vorbemerkungen zur zweiten Abteilung, N. 4a; Leemann I, Einleitung, N. 29ff.; Haab, Einleitung, N. 59f.; Tuor, S. 530f.

66   Mit dieser Ordnung der dinglichen Rechte stellt sich das ZGB grundsätzlich auf den Boden des gemeinen römischen Rechtes und in Gegensatz zum alten deutschen Recht, welchem das Allgemeine Preußische Landrecht gefolgt war, indem es

«Ansprüche jeder Art auf eine Sache durch Besitz oder Eintragung dinglich werden ließ» (DERNBURG, Bürgerl. Recht III, S. 194). Anderseits steht das ZGB, indem es nur am numerus clausus der gesetzlich bestimmten Kategorien von dinglichen Rechten festhielt, aber innerhalb der Kategorie der Grunddienstbarkeiten jedes diesem Begriff entsprechende Recht zuläßt, ferner die Kategorie der irregulären Personaldienstbarkeiten mit gleichem Umfang der Vertragsfreiheit in der Begründung der einzelnen darunter fallenden Rechte aufgenommen und aus dem früheren Recht deutscher Herkunft die Grundlasten übernommen hat und die Vormerkung persönlicher Rechte an Grundstücken im Grundbuch vorsieht, dem praktischen Ergebnis nach der deutsch-rechtlichen Ordnung recht nahe. Hierin unterscheidet es sich von den Kodifikationen Frankreichs und Italiens, die zwar auch nicht nur bestimmte Typen von Grunddienstbarkeiten zulassen, aber irreguläre Personaldienstbarkeiten und Grundlasten ausschließen, in praktisch sehr bedeutsamer Weise.

Vgl. zum römischen Recht: JÖRS-KUNKEL, Römisches Privatrecht, S. 144f.; 67
RABEL, Grundzüge des römischen Privatrechts (Enzyklopädie von Holtzendorff-Kohler I, S. 448f.; BIONDI B., Le servitù prediali nel diritto romano (Lezioni), S. 39ff. (§ 4 La tipicità). Zum deutschen Privatrecht: GIERKE, DPrR II, S. 359f., 608ff.; STOBBE I, S. 627ff.; HEUSLER, Inst. I, S. 378f., II, S. 13ff. Zum französischen Recht: PLANIOL-RIPERT-BOULANGER, Traité élémentaire I, Nr. 2606, 3712ff., 3788. Zum italienischen (und römischen) Recht: BARASSI, S. 103ff.; MESSINEO, S. 30ff., N. 11. Zum Recht des BGB (und allgemein): WOLFF, § 2 II, S. 5; HECK, § 23, S. 87ff.; v. TUHR, BGB I, S. 137, II, S. 179f.; CROME, System III, S. 11; PLANCK-BRODMANN, Vorbem., S. 7ff.

IV. Anwendbarkeit der Bestimmungen über den Inhalt und die Beschränkungen des Grundeigentums

Diese Bestimmungen begrenzen die Sachherrschaft räumlich und inhaltlich im 68
Interesse des Friedens und des die möglichst volle Nutzung der Liegenschaften ermöglichenden Ausgleichs zwischen den Nachbarn sowie zur Wahrung des allgemeinen Wohles gegenüber der Willkür des Einzelnen in der Verfolgung seiner Interessen. Diese Schranken des Eigentums sind auch den beschränkten dinglichen Rechten gesetzt. Der Eigentümer kann an seiner Sache nur beschränkte dingliche Rechte begründen, die sich nach Umfang und Inhalt der Befugnis innerhalb der Schranken des Eigentums halten. Daraus folgt notwendig die Anwendbarkeit der Bestimmungen über den Inhalt und die Beschränkungen der Sachnutzung des Eigentümers auf die Sachnutzung des Dienstbarkeitsberechtigten. Insofern ist der formale Grundsatz, daß vorbehältlich abweichender Vorschriften die Bestimmungen über das Eigentum auch auf die beschränkten dinglichen Rechte sinngemäß Anwendung finden, durchaus begründet. HAAB, N. 8 zu Art. 641; WIELAND, Bem. 3 zu Art. 641; LEEMANN II, Einleitung, N. 23.

Einleitung

69 Die gesetzliche Verpflichtung des Grundeigentümers zur Einräumung einer Legalservitut (siehe Z. VI hienach) wirkt auch gegenüber den dinglich beschränkt Berechtigten; doch haben diese Anspruch auf die Entschädigung entsprechend der Beeinträchtigung, welche ihnen aus dem Vorrang der Legalservitut erwächst (N. 54, 88, 102f.).

70 Für den Schaden, welcher durch eine gegen die Schranken des Grundeigentums verstoßende Rechtsausübung verursacht wird, haften die Inhaber beschränkter dinglicher Rechte gemäß Art. 679 (Verantwortlichkeit des Grundeigentümers), so z.B. der Nutznießer, der Inhaber eines Baurechtes, eines Quellenrechtes, eines Rechtes zur Ausbeutung auf Baumaterialien, Torf, Mineralien u. dgl. HAAB, N. 12 zu Art. 679; WIELAND, Vorbem. 3 zur zweiten Abt.; BACHMANN, Die nachbarliche Überschreitung des Grundeigentums (Abh. z. schweiz. R., n. F. 123), Diss. jur. Bern 1937, S. 149. Anderer Auffassung ist LEEMANN N. 27ff. zu Art. 679 und N. 24 der Einleitung zur zweiten Abt., der es für unzulässig hält, den am Grundstück dinglich Berechtigten, sofern er nicht Eigentümer der baulichen Anlage ist, von der die Schädigung ausgeht, der Kausalhaftung gemäß Art. 679 zu unterwerfen, dies aber auch als unnötig bezeichnet, weil die Haftung des Grundeigentümers aus Art. 679 in jedem Fall bestehe. Vgl. betr. die Passivlegitimation auch L'HUILLIER, Referat Schweiz. Juristentag 1952, ZSR n.F. **71**, S. 60aff.; STARK Emil W., Das Wesen der Haftpflicht des Grundeigentümers nach Art. 679 ZGB (Zürcher Habilitationsschrift) 1952, S. 69ff. und 205 ff. Eingehend auch N. 69ff. und 205ff. zu Art. 737.

V. Der Rechts- und Besitzesschutz

Eingehender N. 126ff. zu Art. 737

71 **1. Besitzesschutz.** Die Dienstbarkeiten, deren Ausübung eine tatsächliche Herrschaft über die belastete Sache, mag es auch nur die Herrschaft über einen kleinen Teil des belasteten Grundstückes sein, mit sich bringt, geben dem Berechtigten Besitz an der Sache. Dies trifft auf alle Dienstbarkeiten mit Ausnahme der negativen Dienstbarkeiten zu. Der Sachbesitz des Dienstbarkeitsberechtigten genießt wie jeder andere Besitz den Schutz gegen verbotene Eigenmacht gemäß den Art. 926ff. ZGB. Dem Dienstbarkeitsberechtigten stehen das Recht der Selbsthilfe zur Abwehr von Angriffen (Art. 926), die Klage aus Besitzesentziehung (Art. 927) und die Klage aus Besitzesstörung (Art. 928) zu sowie die entsprechenden Rechtsbehelfe des Befehlsverfahrens (Gesuch um Erlaß einer einstweiligen Verfügung im summarischen Verfahren vor dem Einzelrichter gemäß kantonalem Zivilprozeßrecht), welche die Besitzesschutzklage praktisch weitgehend überflüssig machen. BlZR **11** (1912) Nr. 66, **12** Nr. 34, **30** Nr. 146; EBG **83** II 141ff. und dazu ZBJV **95** (1957) S. 33ff.; SJZ **25**, S. 25; **28**, S. 97; ZBJV **78**, S. 184; Besitzesstörung durch Amtsverbot; EBG **60** II 484 = Pr. **24** Nr. 42 (Die Provokationsklage ist keine Besitzesstörung); Besitzesschutz im Baueinspracheverfahren, BlZR **31** Nr. 29; **44**

Nr. 72. Der Tatbestand der Besitzesentziehung kann insbesondere gegenüber dem Nutznießer einer beweglichen Sache gegeben sein, während gegenüber dem an einem Grundstück Berechtigten die Hinderung an der Ausübung der Dienstbarkeit regelmäßig eine Besitzesstörung sein wird, da die Sache dem Dienstbarkeitsberechtigten ja nicht entzogen werden kann. Doch hat das Bundesgericht einen Umbau auf dem belasteten Grundstück, durch welchen die vertragsgemäße Ausübung eines Wegrechtes unmöglich gemacht wurde, als Besitzesentziehung behandelt, EBG **73** II 27ff. = Pr. **36** Nr. 54. Die Unterscheidung hat jedoch keine praktische Bedeutung.

Die negative Dienstbarkeit (Bau-, Pflanzungs-, Gewerbebeschränkung) gibt dem Berechtigten keinen Besitz an der belasteten Sache. Deshalb gibt ihm das Gesetz, um ihn des Besitzesschutzes teilhaftig werden zu lassen, Rechtsbesitz, indem es «dem Sachbesitz bei Grunddienstbarkeiten und Grundlasten die tatsächliche Ausübung des Rechtes gleichstellt» (Art. 919 Abs. 2), HOMBERGER, Kommentar, Art. 919 N. 21; OSTERTAG, Kommentar, Art. 919 N. 25. **72**

Nicht nur Grunddienstbarkeiten, sondern auch beschränkte persönliche Dienstbarkeiten können zu den negativen Dienstbarkeiten gehören; soweit dies zutrifft, besteht auch für sie das Bedürfnis nach Anerkennung des Rechtsbesitzes. Da auf sie die Bestimmungen über die Grunddienstbarkeiten ergänzende Anwendung finden (Art. 781 Abs. 3), ist auch Art. 919 Abs. 2 auf sie zu beziehen. Die gegenteilige Meinung OSTERTAGS (a.a.O.) ist kaum haltbar. Siehe auch LEEMANN, N. 27 zu Art. 781. **73**

2. Rechtsschutz. Die Dienstbarkeit bedarf des Schutzes gegen Bestreitung ihres Bestandes, gegen Anmaßung eines beschränkten dinglichen oder gesetzlichen Rechtes am belasteten Grundstück, welches ihre Ausübung verunmöglichen oder beeinträchtigen würde sowie gegen Behinderung ihrer Ausübung, insbesondere durch tätlichen Widerstand und durch Errichtung von Hindernissen und gegen jede Widerhandlung gegen das mit der negativen Dienstbarkeit gegebene Unterlassungsgebot. Gegen diese Rechtsverletzung war nach dem gemeinen Recht die actio confessoria gegeben. **74**

Das ZGB enthält keine besonderen Bestimmungen über den Schutz des Dienstbarkeitsrechtes. Infolgedessen gelten hiefür die Vorschriften über das Eigentum. Analoge Anwendung findet also in erster Linie Art. 641 Abs. 2. Vgl. dazu HAAB, N. 31ff. Das BGB hat ausdrücklich auf die negatorische Klage des § 1004 verwiesen (§ 1027, 1065, 1090 Abs. 2). **75**

Art. 641 Abs. 2 gibt dem Eigentümer den Herausgabeanspruch (rei vindicatio) und den Eigentumsfreiheitsanspruch (actio negatoria). Der Herausgabeanspruch steht dem Nutznießer zu gegen jeden, der ihm die Nutznießungssache vorenthält; ebenso dem Wohnberechtigten, dem ein ausschließliches Wohnrecht zusteht. Wird dem Inhaber einer Grunddienstbarkeit oder einer beschränkten Personaldienstbarkeit die Ausübung seines Rechtes verwehrt, dürfte darin eher der der ungerechtfertigten Einwirkung als der der Vorenthaltung der Sache analoge Tatbestand liegen, so **76**

Einleitung

daß der negatorische Anspruch gegeben ist (PLANIOL-RIPERT-PICARD, Nr. 987, S. 922). Mit der Negatorienklage schützt sich der Dienstbarkeitsberechtigte gegen jede Behinderung in der Ausübung seines Rechtes, auch gegen eine drohende Verletzung (HAAB, N. 41 zu Art. 641). Sie geht auf Beseitigung des mit dem Dienstbarkeitsrecht nicht verträglichen Zustandes, gegebenenfalls auf Unterlassung der Störung. ZBJV **78**, S. 184; BlZR **42** Nr. 48; EBG **53** II 108 = Pr. **16** Nr. 95; **53** II 445 = Pr. **17** Nr. 32 (zu Art. 46 Eidg. WRG); **64** II 411 = Pr. **28** Nr. 33; AppH Bern (1954) SJZ **51**, S. 161f. Über die Anforderungen an den Beweis künftiger Verhinderung der Beeinträchtigung in der Ausübung der Dienstbarkeit: EBG in ZBGR **21**, S. 47ff. Mit der Unterlassungs- oder Beseitigungsklage kann die Klage auf Schadenersatz verbunden werden, soweit deren besondere Voraussetzungen gegeben sind.

77 Gegen die übliche Bezeichnung dieser Klage des Dienstbarkeitsberechtigten als konfessorische Klage im Unterschied zur entsprechenden Klage des Eigentümers ist nichts einzuwenden, obwohl sie der actio confessoria des gemeinen Rechts nur zum Teil entspricht. Wird das Recht des Dienstbarkeitsberechtigten als solches bestritten, steht diesem nämlich nicht die actio confessoria zu. Diese wird im geltenden Recht in dieser Funktion ersetzt durch die Feststellungsklage. BlZR **26** Nr. 112; **42** Nr. 48.

78 Beruft sich der Gegner auf ein ihm zustehendes beschränktes dingliches oder gesetzliches Recht (Eigentumsbeschränkung) am belasteten Grundstück, mit dem die Ausübung der Dienstbarkeit nicht vereinbar wäre, kann ihm mit der negativen Feststellungsklage begegnet werden. SJZ **28**, S. 97 (Luzern, ObG, Justizkomm.), auch betr. die Verteilung der Beweislast auf Grund der negativen Feststellungsklage.

79 Ist das behauptete gegnerische Recht im Grundbuch eingetragen, kann auf Berichtigung des Grundbuches geklagt werden (Art. 975). Diese Klage erfüllt eine negatorische Funktion (HAAB, Art. 641 N. 54; HOMBERGER, N. 4 und 30 zu Art. 975).

VI. Dienstbarkeiten und gesetzliche Eigentumsbeschränkungen. Legalservituten

(Betr. landwirtschaftliche Dienstbarkeiten und gesetzliche Eigentumsbeschränkungen Art. 740 N. 20ff.)

80 Nach der heute wohl herrschenden Auffassung werden die gesetzlichen Schranken, innerhalb welcher nach Art. 641 der Eigentümer nach seinem Belieben über die Sache verfügt, als «dem Eigentum immanent» betrachtet (HAAB, N. 2ff. zu Art. 641). Daraus wird gefolgert, daß es gesetzliche Eigentumsbeschränkungen nicht geben könne (HAAB, N. 18 zu Art. 641). Dieser Schluß ist richtig, wenn man auf den Inhalt und Umfang des Eigentums abstellt. Danach ist das Eigentum nicht allgemeingültig definierbar. Die Schranken der Rechtsordnung (Art. 641 Abs. 1), welche den Inhalt und Umfang des Eigentums bestimmen, sind verschieden je nach Ort und Zeit und

vor allem verschieden für die einzelnen Kategorien von Sachen (Grundstück und Fahrnis, Grundstücke im Baugebiet und in dessen Zonen, landwirtschaftliche, forstwirtschaftliche Liegenschaften, der Kultur nicht fähiges Land usw.). Danach ist der Inhalt des Eigentums nicht allgemeingültig bestimmbar, auch nicht mit Geltung für ein bestimmtes Rechtsgebiet, wie das schweizerische, sondern er läßt sich nur mit Bezug auf einen konkreten Gegenstand feststellen, da ja die in Frage stehenden gesetzlichen Vorschriften keineswegs auf alle Sachen oder auch nur auf alle beweglichen Sachen oder alle Grundstücke anwendbar sind. Die Auflösung des Eigentumsbegriffs in «modifizierte qualitativ unterschiedliche Zuordnungspositionen» postulierte Hermann SCHULTZE v. LASAULX im Arch.f.d. civ.Pr. **151** (1950/51) S. 453f. Siehe dagegen LIVER P., Eigentumsbegriff und Eigentumsordnung, Gedenkschrift Franz Gschnitzer (1969) und Privatrechtl. Abh. S. 162ff. sowie Das Eigentum, S. 1–10.

So verschieden der Inhalt der vollen Sachherrschaft von Staat zu Staat und innerhalb der Rechtsordnung eines Staates in bezug auf die einzelnen Kategorien von Sachen sein mag, ist diese Sachherrschaft doch in jedweder inhaltlichen Ausgestaltung eine Erscheinung des Eigentums, fällt also unter den Begriff des Eigentums. Bei der Bestimmung des Eigentumsbegriffs muß von den Verschiedenheiten des durch die im konkreten Falle anwendbaren Sätze des objektiven Rechts bestimmten Inhaltes abstrahiert werden. Der Begriff des Eigentums darf nur durch die notwendigen Merkmale bestimmt werden. Er darf kein Merkmal aufweisen, bei dessen Fehlen doch Eigentum vorläge. **81**

Dem Begriffe nach ist das Eigentum notwendigerweise abstrakt. GIERKE, DPrR II, S. 361, hat dies treffend (wenn auch de lege ferenda diese Konzeption mißbilligend) festgestellt: «Das Eigentum ist heute seinem formalen Begriffe nach ein abstraktes, von der Summe der in ihm enthaltenen Befugnisse verschiedenes und überall gleiches Recht.» Ebenso bemerkt Eugen HUBER, Erl. II, S. 33: «An sich ist der Eigentumsbegriff in seiner logischen Bedeutung für alle Gegenstände des Eigentums notwendig der gleiche.» **82**

Dem Begriff des Eigentums können die Beschränkungen des Eigentums nicht immanent sein, sonst wäre ein unbeschränktes Eigentum nicht Eigentum, was ein Widerspruch in sich selbst ist (MANSER G. M., Angewandtes Naturrecht, S. 80ff.). Auch die Behauptung, daß es ein unbeschränktes Eigentum gar nicht gebe, ist übrigens unrichtig. Selbst nach geltendem schweizerischem Recht kann das Eigentum durchaus ein absolutes Herrschaftsrecht sein und ist es als Eigentum an den meisten beweglichen Sachen auch tatsächlich. Der allgemeine Grundsatz, daß jedermann in der Ausübung seiner Rechte nach Treu und Glauben zu handeln hat, gilt für alle subjektiven Rechte, begründet also nicht eine Eigentumsbeschränkung, sondern höchstens eine Beschränkung der Rechtsmacht, welche dem Einzelnen mit einem jeden subjektiven Recht, nicht nur mit dem Eigentum, gegeben ist. **83**

Seinem Begriff nach ist das Eigentum die totale unmittelbare Sachherrschaft. Diese muß nicht notwendigerweise beschränkt sein, kann aber durch die Rechtsord- **84**

Einleitung

nung Beschränkungen erfahren. Diese Beschränkungen können für die Eigentumsordnung eines Staates sehr wesentlich und charakteristisch sein. Sie sind es auch tatsächlich im schweizerischen Immobiliarsachenrecht. Durch sie erhält das Grundeigentum seinen sozialen Gehalt, indem es eine inhaltliche Ausgestaltung erfährt, in welcher es sich der das friedliche Zusammenleben der Nachbarn und der die Wahrung öffentlicher Interessen gewährleistenden Rechtsordnung einfügt. Der Anerkennung und positiven Wertung dieser Bindungen tut es gar keinen Eintrag, wenn man das Eigentum seinem Begriffe nach als die totale Sachherrschaft auffaßt, welche gesetzliche Beschränkungen verträgt, aber nicht als Begriffsmerkmal aufweist. Es beruht deshalb auf einem logischen Irrtum, wenn man glaubt, dem römischen einen deutschen Eigentumsbegriff entgegensetzen und gar einen eigenen schweizerischen Eigentumsbegriff konstruieren zu können. Verschieden ist in den damit ins Auge gefaßten Rechtsordnungen die Eigentumsordnung als inhaltliche Bestimmung der konkreten Eigentumsmacht, nicht aber der Begriff des Eigentums. F. SCHULZ, Prinzipien des römischen Rechts, S. 102f.; STAMMLER, Rechtsphilosophie § 114 N. 9; PLANCK-STRECKER, Vorbem. 1 vor § 903; ausführlich und mit richtigem Ergebnis PETER H., Wandlungen der Eigentumsordnung und der Eigentumslehre seit dem 19. Jahrhundert, Diss. jur. Zürich 1949, S. 99ff. Bedeutsam als Zeugnis für die Verfehltheit der üblichen Gegenüberstellung von gemeinrechtlichem und sog. modernem Eigentumsbegriff ist das ausgezeichnete Werk von Anton v. RANDA, Das Eigentumsrecht unter Berücksichtigung des gemeinen Rechts und der neueren Gesetzbücher, 2. Aufl. 1893, siehe bes. S. 14. Vgl. auch KROESCHELL Karl, Zur Lehre vom «germanischen» Eigentumsbegriff, Festschrift Thieme 1977, S. 34ff.

Daß das Eigentum seinem Begriff nach alle denkbaren Befugnisse der Herrschaft über die Sache umfaßt und dem Inhalt nach nur soweit beschränkt ist, als sich dies aus den öffentlich- und privatrechtlichen Bestimmungen über das Eigentum und aus dem Gesetz zugrunde liegenden Prinzipien ergibt, und daß für diese Beschränkungen denjenigen, der sie geltend macht, die Beweislast trifft (RANDA a.a.O.), ist auch heute in der Literatur und Praxis meistenteils anerkannt. EBG **80** II 373 = Pr. **44** Nr. **86**, **98** II 205 = Pr. **61** Nr. 210. Arthur MEIER-HAYOZ, Berner Kommentar, Sachenrecht, 1. Abt. 4. Aufl. 1966, Systematischer Teil N. 179ff., bes. N. 197. Vgl. auch SCHEUNER U. in REINHARDT und SCHEUNER, Verfassungsschutz und Eigentum, 1954, S. 109ff.: Die sozialen Bindungen des Eigentums und der geschichtliche Inhalt des Eigentums; Walter LEISNER, Sozialbindung des Eigentums, NJW 1975, S. 233; Fritz BAUR in der Festgabe für Johannes M. Sontis, 1977, S. 197f. und Sachenrecht, 10. Aufl. 1978, § 24 I, S. 207ff.; Apostolos GEORGIADES, Eigentumsbegriff und Eigentumsverhältnis, in der Sontis-Festgabe 1977, S. 149ff. (m. Bespr. ZBJV 115, 1979). Zu den Dienstbarkeiten als vertraglichen Eigentumsbeschränkungen N. 14ff. zu Art. 738, N. 4 zu Art. 739.

85   Es ist deshalb durchaus richtig, wenn das ZGB von den Beschränkungen des Grundeigentums spricht. Diese sind nicht dem Begriff des Eigentums, sondern nur der konkreten Rechtsmacht des Grundeigentümers immanent. Dem Begriff des Eigentums immanent könnte nur die Beschränkbarkeit sein. Dies war auch nie bestritten, trifft aber auch auf andere subjektive Rechte zu. Gesetzliche Eigentumsbeschränkungen werden begründet durch Rechtssätze, welche dem Eigentümer von Sachen bestimmter Kategorien oder von Sachen innerhalb dieser Kategorien, welche bestimmte Eigenschaften haben, einzelne Herrschaftsbefugnisse, welche sich aus dem Begriff des Eigentums ergeben, generell entziehen. Vertragliche Beschränkungen des Eigentums können genau den gleichen Inhalt haben, unterscheiden sich aber von ihnen dadurch, daß das Gesetz ihre Begründung in das freie Belieben der Parteien stellt, weil es an ihr kein überindividuelles Interesse bekundet.

Der Wahrung solcher Interessen, seien sie bloß auf das nachbarliche oder auf das öffentliche Wohl gerichtet, dienen die gesetzlichen Eigentumsbeschränkungen, welche ihrer Wirkung nach in zwei Kategorien zerfallen: die unmittelbar gesetzlichen und die mittelbar gesetzlichen Eigentumsbeschränkungen. Die ersteren bestehen darin, daß dem Eigentümer kraft Rechtssatzes geboten ist, zugunsten des Eigentümers eines anderen Grundstückes oder der Eigentümer anderer Grundstücke im nachbarlichen Umkreis oder auch zugunsten der Allgemeinheit die Benutzung seines Grundstückes in bestimmter Hinsicht zu dulden oder die Ausübung bestimmter Eigentumsbefugnisse zu unterlassen. Das sind die Eigentumsbeschränkungen im eigentlichen Sinne. Sie allein sind gemeint, wenn Art. 680 Abs. 1 sagt: Die gesetzlichen Eigentumsbeschränkungen bestehen ohne Eintrag im Grundbuch. Wer sich auf eine unmittelbare gesetzliche Eigentumsbeschränkung berufen kann, ist kraft Rechtssatzes befugt, das fremde Grundstück gemäß diesem Rechtssatz zu benutzen. Vgl. zu dieser Unterscheidung besonders auch N. 20ff. zu Art. 740.

Die mittelbar gesetzliche Eigentumsbeschränkung besteht als solche nicht kraft Rechtssatzes. Der Rechtssatz begründet nur einen Anspruch des Begünstigten gegenüber dem Grundeigentümer. Nur dadurch, daß dieser Anspruch durchgesetzt wird, verwirklicht sich die Eigentumsbeschränkung. Das ihr entsprechende Recht muß erworben werden, aber es besteht ein gesetzlicher Anspruch auf diesen Erwerb und dementsprechend eine gesetzliche Verpflichtung zur Einräumung des Rechtes. Darin liegt die mittelbar gesetzliche Eigentumsbeschränkung. Zu diesen Rechtsverhältnissen zählt das Gesetz: 1. den Notweg, und zwar in grundsätzlicher Unterscheidung von den aus unmittelbaren Eigentumsbeschränkungen hervorgehenden Wegrechten (Art. 696 in Beziehung zu Art. 694 und 695); 2. den Notbrunnen (Art. 710); 3. das nachbarliche Durchleitungsrecht (Art. 691); 4. das Recht auf den Erwerb des dinglichen Überbaurechts oder des durch den Überbau in Anspruch genommenen Bodens (Art. 674); 5. den Anspruch auf Einräumung einer öffentlich-rechtlichen Grundlast, Art. 784 Abs. 2, auch da in grundsätzlicher Unterscheidung von der durch Rechtssatz unmittelbar begründeten öffentlich-rechtlichen Grundlast; 6. den Anspruch auf Errichtung eines gesetzlichen

Einleitung

Pfandrechts, Art. 837, wieder in grundsätzlicher Unterscheidung von den durch Rechtssatz unmittelbar begründeten gesetzlichen Pfandrechten gemäß Art. 836.

88 Die mittelbar gesetzlichen Benutzungsrechte müssen dem Berechtigten nur gegen volle Entschädigung eingeräumt werden. Darin kommt zum Ausdruck, daß die Befugnis, welche der Grundeigentümer aufgibt, zum normalen Inhalt des Eigentums gehört, also innerhalb der Schranken der Rechtsordnung im Sinne von Art. 641 liegt. In dieser Hinsicht besteht kein Unterschied gegenüber der Begründung einer Dienstbarkeit durch Vertrag oder durch Expropriation.

89 Die Eigentumsbeschränkungen beider Kategorien wurden trotz ihrer Wesensverschiedenheit im C. c. fr., im C. c. it. von 1865 und in verschiedenen kantonalen Civilgesetzbüchern, nicht nur westschweizerischen (Eugen HUBER, SchwPrR III, S. 274f. und 345ff., im vorliegenden Kommentar Art. 740 N. 20ff.), als Legalservituten bezeichnet. Überall ist diese Auffassung in der Wissenschaft bekämpft worden. Trotzdem wird heute noch in Frankreich der Dienstbarkeitscharakter von unmittelbaren nachbarrechtlichen Eigentumsbeschränkungen von maßgebenden Autoren behauptet, so von PLANIOL-RIPERT-PICARD, Nr. 905, S. 840 und PLANIOL-RIPERT-BOULANGER I Nr. 3678, S. 1198.

Das deutsche BGB hat sich auf den entgegengesetzten Standpunkt gestellt. Es kennt keine Legalservituten, sondern nur Dienstbarkeiten einerseits, gesetzliche Eigentumsbeschränkungen anderseits und versagt unter diesen den durch das Gesetz bloß mittelbar begründeten Eigentumsbeschränkungen, wie dem Überbau- und dem Notwegrecht, jede Sonderstellung. Sie sind wie die unmittelbaren gesetzlichen Eigentumsbeschränkungen nicht eintragungsfähig. KOBER in Staudingers Komm. III, Vorbem. zu § 903 und zum Titel Grunddienstbarkeiten; WOLFF § 55 Anm. 12 (Grenzüberbau) § 56, Anm. 16 (Notweg), § 59 Anm. 6 (Licht- oder Fensterrecht); PLANCK-STRECKER, Vorbem. 4d vor § 1018; Erl. 2 β zu § 913; 2 α zu § 917; HECK, § 51 3c und 4c, S. 222. Das folgende ist eingehender erörtert in meiner zit. Abhandlung über gesetzliche Eigentumsbeschränkungen und Dienstbarkeiten, in der Festschrift Gutzwiller, 1959.

90 Das ZGB hat, wie das DBGB, den Begriff der Legalservitut fallen gelassen und die mittelbaren (wie die unmittelbaren) gesetzlichen Eigentumsbeschränkungen unter die Bestimmungen über das Eigentum eingereiht. Aber es hat in grundsätzlicher Weise die mittelbaren von den unmittelbaren gesetzlichen Eigentumsbeschränkungen unterschieden (Art. 696, 784, Abs. 2, 836/37) und daraus die Konsequenz gezogen, daß sie durch Eintragung in das Grundbuch entstehen. Diese Konsequenz hat es jedoch nicht in einer allgemeinen Regel niedergelegt, sondern unter den mittelbar gesetzlichen Benutzungsbeschränkungen nur für den Notweg so zum Ausdruck gebracht, daß sie sich aus dem Text zwingend ergibt, dagegen für den Notbrunnen und für das Recht auf den Überbau keine ausdrückliche Bestimmung über die Begründung aufgestellt und die Entstehung des nachbarrechtlichen Durchleitungsrechts abweichend geregelt, nämlich so, daß es außergrundbuchlich entsteht und die

Eintragung, welche somit bloß deklaratorische Bedeutung hat, vom Berechtigten auf seine eigenen Kosten verlangt werden kann (Art. 691 Abs. 3).

Deshalb erhebt sich die Frage, ob auf das Notbrunnenrecht und das Recht auf den Überbau die für den Notweg (in Übereinstimmung mit den Vorschriften über die mittelbar gesetzlichen Grundlasten und Pfandrechte) aufgestellte Regel anwendbar sei oder aber die Bestimmung über die Entstehung des nachbarlichen Durchleitungsrechts. HAAB, N. 20 zu Art. 710, N. 27 zu Art. 674, LEEMANN, N. 22 zu Art. 710, N. 25 zu Art. 674, nehmen den letzteren Standpunkt ein. Aus unseren Ausführungen ergibt sich, daß der Grundsatz, welcher hier gilt, nur in der Regelung der Begründung des Notweges liegen kann und daß die Vorschrift über die Entstehung des nachbarlichen Durchleitungsrechts die Ausnahme von diesem Grundsatz darstellt. 91

Daß für den Notbrunnen gilt, was für den Notweg vorgeschrieben ist, nämlich die Begründung durch die Eintragung in das Grundbuch, wird auch in der GBVo. Art. 34 anerkannt, ferner von Eugen HUBER, Zum schweiz. Sachenrecht, S. 64f. und von JENNY F., Der öffentliche Glaube des Grundbuches, S. 100f. Die Richtigkeit dieser Auffassung wird auch bestätigt durch den Versuch Eugen HUBERS (a.a.O.), die für das Durchleitungsrecht getroffene besondere Regelung zu rechtfertigen. HUBER sagt, die weit geringere Intensität der Belastung, im Vergleich zum Notweg und Notbrunnen, und die näher liegende Möglichkeit gelegentlicher Abänderungen (Art. 693) hätten hier die Eintragung als Dienstbarkeit nicht in demselben Sinne verlangt, wie in den Fällen des Notweges und des Notbrunnens. Diese Begründung ist zwar nicht überzeugend, belegt aber den Ausnahmecharakter der Vorschrift in Art. 691 Abs. 3. 92

Die Regel aber (Entstehung durch Eintragung) ist durch das eminente Bedürfnis nach grundbuchlicher Publizität begründet, welches, wie HECK, S. 222 und WESTERMANN, Sachenrecht, 5. Aufl. 1966, S. 320, 322, 325 bemerken, vom deutschen Gesetzgeber zu Unrecht nicht berücksichtigt worden ist. Diese Publizität kann nicht durch die auf dem Grundstück in Erscheinung tretenden Anlagen als ersetzt gelten, kann doch der Notbrunnen wie der Notweg erworben sein, bevor auf dem Grundstück Anlagen zu seiner Ausübung errichtet worden sind, ganz davon abgesehen, daß das ZGB solchen Anlagen die Wirkung der Publizität nur in einem Ausnahmefall (äußerlich wahrnehmbare Leitungen, Art. 676 Abs. 3) zuerkennt. 93

Wenn also das Notbrunnen- und das Überbaurecht in gleicher Weise begründet werden wie das Notwegrecht, bedeutet dies: Erforderlich ist der Abschluß eines Errichtungsvertrages und die in der Anmeldung zur Eintragung liegende dingliche Verfügung des Eigentümers des zu belastenden Grundstückes. Das letztere Erfordernis ist allgemein anerkannt. HAAB, N. 21 und 40 zu Art. 694; LEEMANN, N. 43 zu Art. 694; WIELAND, Bem. 9 zu Art. 694, EBG **97** III 89ff. 94

Welchen rechtlichen Charakter die «schriftliche Vereinbarung» hat, welche ebenfalls allgemein als Ausweis über den Rechtsgrund für die Eintragung gefordert 95

Einleitung

wird, hängt davon ab, ob der Berechtigte einen gesetzlichen Anspruch auf die Begründung des Rechts oder auf die Anerkennung des Rechts durch den Eigentümer des belasteten Grundstückes hat. Wenn das Recht durch Eintragung in das Grundbuch auf Anmeldung des Eigentümers des belasteten Grundstückes entsteht, liegt darin die Begründung des Rechts, was darauf schließen läßt, daß die schriftliche Vereinbarung Begründungsvertrag ist. Dafür spricht auch der Wortlaut der Artikel über den Notweg und über den Notbrunnen: ... «kann er beanspruchen, daß ihm die Nachbarn ... gegen volle Entschädigung einen Notweg einräumen» (Art. 694); ... «kann der Nachbar vom Eigentümer ... gegen volle Entschädigung die Abtretung eines Anteils an Brunnen und Quellen verlangen» (Art. 710).

96   Die Begründung unterscheidet sich von derjenigen einer Dienstbarkeit nur darin, daß der Eigentümer des belasteten Grundstückes zu ihr gesetzlich verpflichtet ist. Diese gesetzliche Verpflichtung ändert an der rechtlichen Natur des zu begründenden Rechtes nichts. Dieses ist eine Dienstbarkeit, wie das durch Expropriation begründete beschränkte dingliche Recht eine Dienstbarkeit und das mittelbar gesetzliche Pfandrecht eine Grundpfandverschreibung ist. Die auf Grund mittelbar gesetzlicher Eigentumsbeschränkungen erworbenen Benutzungsrechte sind somit Dienstbarkeiten, eine besondere Kategorie von Dienstbarkeiten insofern, als sie Zwangsdienstbarkeiten sind. Auf sie trifft die Bezeichnung Legalservituten durchaus zu. Darin liegt ihr Wesensunterschied gegenüber den unmittelbaren gesetzlichen Eigentumsbeschränkungen. Eugen HUBER spricht denn auch a.a.O. S. 64 vom «dinglichen Anspruch auf die Belastung eines fremden Grundstückes mit einer Dienstbarkeit» und bezeichnet das Notweg- und Notbrunnenrecht als eine Art von Legalservitut; ebenso ROSSEL und MENTHA II, Nr. 1274, S. 355. Vgl. auch FORNI R., Regime tabulare delle restrizioni legali della proprietà, Diss. jur. Bern 1949. EBG **93** II 170 = Pr. **56** Nr. 142; BÜRGISSER Ad., Das Überbaurecht des ZGB und des BGB, Diss. iur. Zürich 1978, S. 339ff. Zur Frage der Typizität der Legalservituten COMPERTI M., Contributo allo studio del diritto reale (1977) p. 302.

97   Der Berechtigte hat also einen gesetzlichen Anspruch darauf, daß der Nachbar zu seinen Gunsten eine Dienstbarkeit begründe. Das ist, wie jeder Anspruch, das Recht, eine Leistung zu verlangen (v. TUHR, OR § 2 N. 31). Die Leistung besteht darin, daß der Nachbar zum Abschluß des Dienstbarkeitsvertrages Hand bietet und auf Grund des Vertrages die Anmeldung zur Eintragung in das Grundbuch abgibt. Verweigert er die Leistung, kann er dazu verurteilt werden. Wohl kann bloß auf Feststellung geklagt werden, daß der Anspruch zu Recht bestehe. Aber es kann auch ein Leistungsurteil erwirkt werden, mit dem der Beklagte zur Abgabe der für die Eintragung erforderlichen Willenserklärungen verurteilt wird.

98   Nach dem BG über den Bundeszivilprozeß vom 4. 12. 1947, Art. 78, wird die Erklärung durch das Urteil ersetzt, wenn der Beklagte zur Abgabe einer Willenserklärung verurteilt wird. (Diese Bestimmung entspricht dem § 894 der deutschen

ZPO und dem Art. 2932 des C.c.it.) Die analoge Anwendung von Art. 665 Abs. 1 auf die beschränkten dinglichen Rechte (LEEMANN, N. 12 zu Art. 731) gibt auch die Möglichkeit, auf Zusprechung des Rechts zu klagen, also ein Gestaltungsurteil zu erwirken (HOMBERGER, N. 30 zu Art. 963), das ja immer auch die Feststellung in sich schließt, daß eine Verpflichtung des Beklagten zur Begründung des Rechtes besteht.

HAAB, N. 25 zu Art. 674 und LEEMANN, N. 55 zu Art. 674, stehen auf dem Standpunkt, daß die richterliche Zuweisung des dinglichen Rechtes auf den Überbau gemäß Art. 674 Abs. 3 nur ein Feststellungsurteil sein könne, was aus ihrer Auffassung folgt, daß das Überbaurecht kraft Rechtssatzes bestehe, wenn der Tatbestand des Art. 674 Abs. 3 erfüllt sei. Nach unserer Auffassung trifft dies nicht zu. Auch der Wortlaut des Gesetzes steht dem entgegen: «Ist ein Überbau unberechtigt..., so kann, wenn es die Umstände rechtfertigen, dem Überbauenden, der sich in gutem Glauben befindet, gegen angemessene Entschädigung das dingliche Recht auf den Überbau oder das Eigentum am Boden zugewiesen werden.» Damit kann nur ein Gestaltungsurteil gemeint sein, was HAAB mit Bezug auf die Zuweisung des Eigentums am Boden auch einräumt.

99

Die hier vertretene Auffassung über die rechtliche Natur der mittelbar gesetzlichen Eigentumsbeschränkungen stimmt überein mit der Regelung, welche das neue Zivilgesetzbuch Italiens, gestützt auf so vielfache und eindringende wissenschaftliche Untersuchungen, wie sie kein anderes Land zu diesem speziellen Thema und zum Dienstbarkeitsrecht überhaupt aufzuweisen hat, getroffen hat. Es unterscheidet von den servitù volontarie (Art. 1058ff.) die servitù coattive (Art. 1032ff.), welche im wesentlichen unseren mittelbar gesetzlichen Eigentumsbeschränkungen entsprechen. Es sind also Zwangsservituten oder Legalservituten im eigentlichen Sinne. Art. 1032 sagt: «Wenn der Eigentümer eines Grundstückes kraft Gesetzes einen Anspruch auf Einräumung einer Grunddienstbarkeit seitens des Eigentümers eines anderen Grundstückes hat, wird diese, wenn ein Vertrag nicht zustandekommt, durch Urteil begründet.» Das Urteil ersetzt den Vertrag gemäß dem allgemeinen Grundsatz des Art. 2932, wonach, wer Anspruch auf die Eingehung einer vertraglichen Verpflichtung hat, welcher nicht freiwillig erfüllt wird, ein Urteil erwirken kann, das die Wirkung des Vertrages hat.

100

Vgl. die zitierte Dissertation von FORNI und aus der italienischen Literatur: BARASSI, S. 205ff.; MESSINEO, S. 74ff.; MILANI Fr., Distinzioni delle servitù prediali, 1948, S. 75ff.

Die hier vertretene Auffassung erhöht auch die Sicherheit der Grundbuchführung. Die Unsicherheit, welche in der bloßen Anerkennung des gesetzlichen Anspruches, die nach der entgegengesetzten (herrschenden) Meinung als Ausweis über den Rechtsgrund genügen müßte, fällt weg; auch die Legitimation zur Anmeldung ist gleich zu beurteilen wie bei der Errichtung einer gewöhnlichen Dienstbarkeit. Die gegenteilige Ansicht von HAAB, Art. 674 N. 24–27 und Art. 680 N. 3, wonach, wie in Deutschland, jede gesetzliche Eigentumsbeschränkung das Eigen-

101

tum unmittelbar beschränkt und dem aus ihr Berechtigten nie nur den Anspruch auf Einräumung einer Grunddienstbarkeit gibt, so daß die Anmerkung der rechtlichen Natur dieser Rechte besser entspräche als die Eintragung, ist unhaltbar. Dies gilt auch für HOMBERGER, Art. 962 N. 3. Mit der hier vertretenen Auffassung stimmt überein Arthur MEIER-HAYOZ, Sachenrechtskommentar, 4. Aufl. 1966, I, Systematischer Teil N. 157, 194f., sowie Art. 680 N. 58ff., Art. 674 N. 51ff., Art. 742 N. 9.

102 Ob eine gewöhnliche Grunddienstbarkeit begründet sein soll oder eine Legalservitut, welche in der Praxis, sofern es zu einer Einigung der Parteien kommt, regelmäßig in der Form eines Dienstbarkeitsvertrages erfolgt, müßte allerdings untersucht und in der Eintragung zum Ausdruck gebracht werden, wenn die Legalservitut kraft Gesetzes den Vorrang vor allen älteren beschränkten dinglichen Rechten am Grundstück hätte. Nach herrschender Auffassung trifft dies zu. WIELAND, Bem. 3b bb zu Art. 680; HAAB, N. 26 zu Art. 674; LEEMANN, N. 24 zu Art. 680; GUHL, Festgabe f. d. Bundesgericht 1924, S. 146.

103 Es ist zuzugeben, daß die Durchsetzung der mittelbar gesetzlichen Eigentumsbeschränkungen ihren Zweck nur dann voll erreicht, wenn das mit ihr erwirkte Recht diesen Vorrang hat. Es soll nicht in der Zwangsverwertung auf Begehren von Grundpfandgläubigern mit besserem Rang gemäß Art. 812 Abs. 2 und Art. 142 SchKG (neue Fassung vom 28. 9. 1949) gelöscht werden können, müßte es doch auf Grund des weiterbestehenden gesetzlichen Anspruches wieder errichtet werden (gegen erneute Entschädigung). Aber den Vorrang vor den bestehenden dinglichen Rechten erhält es nicht ohne weiteres kraft Gesetzes, ohne daß die am Grundstück dinglich Berechtigten dazu auch nur Stellung nehmen könnten. Wie das Eigentum, so werden auch die dinglichen Rechte am Grundstück durch die Verpflichtung aus der mittelbar gesetzlichen Eigentumsbeschränkung betroffen. Auch gegen die dinglich Berechtigten richtet sich deshalb der Anspruch aus der Eigentumsbeschränkung und kann ihnen gegenüber durchgesetzt werden. Sie sind verpflichtet, der Begründung des Rechtes zuzustimmen, haben aber gegebenenfalls auch Anspruch auf den der Beeinträchtigung ihrer Rechte entsprechenden Anteil an der Entschädigung. Nur dadurch, daß der gesetzliche Anspruch gegen sie in dieser Weise durchgesetzt wird, erhält das zu errichtende Recht ihnen gegenüber den Vorrang. Dieser kann ihm also in jedem Falle gesichert werden. Eine Ausnahme von der für die beschränkten dinglichen Rechte im allgemeinen geltenden Rangordnung muß deshalb nicht gemacht werden. Auch hier schlägt die Analogie zum Erwerb von beschränkten dinglichen Rechten durch Expropriation durch. Vgl. die Ausführungen über die Rangordnung, N. 54, 69, 88. Mit Bezug auf das gesetzliche Überbaurecht ähnlich WIELAND, Bem. 14 zu Art. 674 und LEEMANN, N. 15 zu Art. 691. Zur privatrechtlichen Expropriation schon LABAND P., Die rechtliche Natur des Retraktrechtes und der Expropriation, Arch.f.d.civ.Pr. 52 (1869), S. 189. Auch Eugen HUBER, System u. Gesch. IV S. 716 N. 34 a.E. spricht von der «rein privatrechtlichen Zwangsenteig-

nung aus Nachbarrecht» und nennt dafür als Hauptbeispiel den gesetzlichen Anspruch auf den Notweg. Als eine Art der privatrechtlichen Expropriation bezeichnet die Durchsetzung des Anspruchs aus der mittelbar gesetzlichen Eigentumsbeschränkung auch PIOTET, JdTr 115 (1971) p. 170. – Neuerdings wird der aus dem Expropriationsrecht stammende Aufopferungsanspruch als Institut des Privatrechts untersucht. SPIRIDAKIS J., Sontis-Festgabe 1977, S. 241ff. Dazu m. Bespr. ZBJV **115** (1979).

Die Legalservituten stehen auch im übrigen unter den Bestimmungen über die **104** Grunddienstbarkeiten, so hinsichtlich der Ausübung (Art. 737, 738, 741), der Teilung des berechtigten oder des belasteten Grundstücks (Art. 743, 744) sowie dem Grundsatz nach auch unter den Bestimmungen über die Ablösung durch den Richter (Art. 736) und über die Verlegung des Rechtes nach Art. 742, wo auf die nachbarrechtlichen Vorschriften verwiesen ist. Nur folgt aus dem Zweck der Legalservituten, welche einen Notstand beheben, daß mit dessen Wegfall auch der Ablösungsgrund gegeben ist (HAAB, N. 24 zu Art. 694; LEEMANN, N. 46 zu Art. 694), und aus dem gesetzlichen Anspruch gegenüber dem Nachbarn folgt, daß auch die Verlegung des Rechts auf das Grundstück eines anderen Grundeigentümers verlangt werden kann (HAAB, N. 18 zu Art. 691/93; LEEMANN, N. 5 zu Art. 693). Zum gesetzl. Durchleitungsrecht als Legalservitut N. 173ff. zu Art. 734 und N. 1ff., 87ff. zu Art. 742. – Zum Wegfall der Notlage als Aufhebungs- oder Ablösungsgrund Aarg. GVP 1964 Nr. 5, S. 24ff.; Trib.cant. Vaud SJZ **42** (1946) Nr. 42, S. 124 (Notbrunnen). N. 75, 180, 186f. zu Art. 736; m. Eigentum, S. 273f.

Auch im intertemporalen Recht können die auf Grund mittelbar gesetzlicher **105** Eigentumsbeschränkungen erworbenen Rechte nicht den nachbarrechtlichen Befugnissen, welche als bloße aus dem objektiven Recht sich ergebende Reflexrechte angesehen werden (MUTZNER, N. 7 zu Art. 17 SchlT; S. 344 der 2. Aufl. von Eugen Hubers Schw. PrR), gleichgestellt werden. Sie sind **erworbene Rechte** und nicht **gesetzliche Rechte**, d.h. Rechte, «die gestützt auf einen bestimmten Zustandstatbestand für alle Personen unmittelbar durch das Gesetz begründet werden» (MUTZNER, N. 3 zu Art. 3 SchlT). Für sie kann deshalb nicht wie für die letzteren das neue Recht auch hinsichtlich ihres **Bestandes** maßgebend sein. Ist ein Notweg-, Notbrunnenrecht, Durchleitungs- oder Überbaurecht unter dem alten Recht begründet worden, bleibt es auch unter dem neuen Recht in seinem Bestande anerkannt. Diese Rechte (nicht nur das gesetzliche Pfandrecht nach Art. 837, wie MUTZNER, N. 7 zu Art. 17 SchlT anzunehmen scheint) haben als dingliche Rechte im Sinne von Art. 17 Abs. 1 SchlT zu gelten.

Vgl. zu den Nrn. 80–105: LIVER P., Gesetzl. Eigentumsbeschränkungen und Dienstbarkeiten, Festgabe Gutzwiller, 1959; BOSSHART Jean Jacques, Les restrictions légales indirectes de la propriété foncière, Thèse Fribourg 1954; NEUENSCHWANDER Urs, Die Leistungspflichten des Grundeigentümers, Berner Diss. 1966 (durchgehend). Siehe auch N. 20ff. zu Art. 740.

Einleitung

VII. Öffentlich-rechtliche Dienstbarkeiten

106   **1. Auferlegte öffentlich-rechtliche Dienstbarkeiten.** Nach der der Systematik und Terminologie des ZGB zugrunde liegenden Auffassung kann es solche Dienstbarkeiten nicht geben. Die Beschränkungen des Eigentums, welche sich aus dem öffentlichen Recht ergeben, sind danach gesetzliche Eigentumsbeschränkungen. Die herrschende Lehre des deutschen und schweizerischen Verwaltungsrechts kennt denn auch die öffentlich-rechtliche Dienstbarkeit nicht. Vgl. FLEINER, Institutionen des deutschen Verwaltungsrechts[8], S. 332ff., 368; JELLINEK W., Verwaltungsrecht[3], S. 411ff.; RUCK E., Das Eigentum im schweizerischen Verwaltungsrecht (Festgabe Paul Speiser, 1926), S. 32ff. Das ZGB selber verweist im Art. 702 auf die öffentlich-rechtlichen Beschränkungen des Grundeigentums, nirgends aber auf öffentlich-rechtliche Dienstbarkeiten, während es in Art. 784 die öffentlich-rechtlichen Grundlasten erwähnt.

107   Da im französischen Recht die gesetzlichen Eigentumsbeschränkungen des privaten Rechts, soweit sie zugunsten eines herrschenden Grundstückes bestehen, als Servituten gelten, ist es gegeben, daß unter der gleichen Voraussetzung auch die Eigentumsbeschränkungen, welche unmittelbar oder mittelbar durch das öffentliche Recht begründet werden, als öffentlich-rechtliche Servituten betrachtet werden, wie die im Interesse der Verkehrsrouten zu Land und zu Wasser den anliegenden Grundstücken auferlegten Beschränkungen (servitudes de voirie), die Bauverbote in Festungszonen, die Durchleitungsrechte für die Verteilung elektrischer Energie usw. Siehe PLANIOL-RIPERT-PICARD III, Nrn. 900ff.; HAURIOU A., Précis élémentaire de droit administratif[5], S. 370, 372, 378, 380.

108   Im italienischen Recht begründen die öffentlich-rechtlichen Vorschriften, welche das Eigentum unmittelbar, durch Umschreibung seines Inhaltes in der Weise beschränken, daß sich daraus für die Grundstücke wechselseitig Rechte und Pflichten ergeben, sowenig wie die privatrechtlichen Vorschriften dieser Art, Servituten. Wohl aber gelten auch nach ihm die Beschränkungen des Eigentums, welche bestimmte Grundstücke einseitig zugunsten öffentlicher Grundstücke oder öffentlicher Unternehmungen belasten, als öffentlich-rechtliche Servituten. Neben den Servituten i.e.S. (servitù pubbliche) mit herrschendem Grundstück (Leinpfad oder Reckweg, Uferweg; Wasserablauf von öffentlichen Straßen, Zutrittsrecht zu öffentlichen Grundstücken; Leitungsrechte für Elektrizität, Luftseilbahnen usw.) stehen die servitù di uso pubblico ohne herrschendes Grundstück, dem Gebrauchsrecht (Personaldienstbarkeit des privaten Rechtes) entsprechend. Hievon werden dann die privatrechtlichen Dienstbarkeiten zugunsten eines öffentlichen Grundstückes mit öffentlicher Zweckbestimmung unterschieden. Siehe MESSINEO, Le servitù, Nrn. 152–156; GIROLA C., Le servitù prediali pubbliche, 1937.

109   Legalservituten des privaten Rechts entstehen, **wenn** der Anspruch aus einer mittelbar gesetzlichen Eigentumsbeschränkung erfüllt wird. Siehe hievor N. 92ff.

Mittelbar gesetzliche Eigentumsbeschränkungen gibt es auch im öffentlichen Recht: Die Beschränkung des Eigentums wird erst mit der Anwendung des Rechtssatzes durch einen Verwaltungsakt konkret verwirklicht, z.B. durch die Festsetzung der Baulinie, durch die Unterstellung einer Sache unter eine der mannigfachen in den kantonalen Vorschriften über Natur- und Heimatschutz vorgesehenen Beschränkungen, durch Anwendung einer Verordnung des Bundesrates über Baubeschränkungen in einem Umkreis von Flugplätzen und Flugsicherungseinrichtungen (Luftfahrtsgesetz Art. 43). Für solche Beschränkungen kann die Anmerkung im Grundbuch vorgeschrieben werden, wofür ein Bedürfnis eben dann besteht, wenn sich die Beschränkung nicht für jedes Grundstück in bestimmter Lage aus gesetzlicher Vorschrift unmittelbar ergibt (Art. 962; für das da genannte Beispiel der Baulinien ist dieses Bedürfnis am geringsten, weil innerhalb des einer Bauordnung unterstehenden Gebietes alle Grundstücke gegen die Verkehrswege hin von Baulinien berührt werden, nachdem die Baulinienplanung durchgeführt ist). Vgl. auch HAAB, Das Objekt der Enteignung, Diss. iur. Bern 1916 (Abh. z. schweiz. R.), S. 78f.

Von den oben behandelten Legalservituten des privaten Rechts würden sich diese Eigentumsbeschränkungen immerhin noch dadurch unterscheiden, daß der Eigentümer des belasteten Grundstückes nicht verpflichtet ist, einem anderen Grundeigentümer ein Recht einzuräumen; die Beschränkung wird ihm durch den behördlichen Akt auferlegt; dieser Akt konstituiert die Beschränkung, und zwar von vornherein, nicht durch Zusprechung des Rechtes im Sinne der Realexekution einer persönlichen Verpflichtung entsprechend Art. 665 Abs. 1. Ferner hat der Eigentümer die Beschränkung ohne Entschädigung auf sich zu nehmen, was besagt, daß ihm nicht eine Befugnis entzogen wird, welche innerhalb der Schranken der Rechtsordnung liegt. Indessen kann der Eingriff diese Schranken auch übersteigen, so daß er Enteignungswirkung hat (sog. materielle Enteignung) und deshalb nur gegen Entschädigung vorgenommen werden darf. Vgl. z.B. Luftfahrtsgesetz Art. 42 und 43; in bezug auf den Natur- und Heimatschutz EG Graubünden (1944) Art. 139, großrätl. Vo. (27.11.1946) Art. 16. In solchen Fällen entspricht die Eigentumsbeschränkung ihrer Wirkung und ihrem Inhalt nach so weitgehend einer Legalservitut, daß sie wohl als solche bezeichnet werden könnte. Es besteht jedoch kaum ein praktisches Bedürfnis nach einer besonderen Bezeichnung für diese auf der gleichen gesetzlichen Grundlage und im gleichen Verfahren wie die übrigen mittelbaren gesetzlichen Eigentumsbeschränkungen des öffentlichen Rechtes dem Eigentümer auferlegten Lasten. Die Verpflichtung zur Duldung von Vermessungszeichen ist nach dem zürch. EGzZGB § 183 Abs. 2 und der Vo. des RR betr. Ausführung der Triangulation IV. Ordnung (1911) für jedes errichtete trigonometrische Signal als öffentlich-rechtliche Dienstbarkeit gebührenfrei ins GB einzutragen. Da sie eine öffentlich-rechtliche gesetzliche Eigentumsbeschränkung ist, bedürfte sie der Eintragung nicht, sondern brauchte im GB nur angemerkt zu werden. In der Geschäftsordnung 1932 ist denn auch die Anmerkung vorgesehen (§ 54 Ziff. 10).

Einleitung

111   **2. Dienstbarkeiten mit öffentlich-rechtlicher Zweckbestimmung.** Die gesetzlichen Eigentumsbeschränkungen sind öffentlich-rechtliche, wenn sie im öffentlichen Interesse, privatrechtliche, wenn sie im Interesse der Nachbarn aufgestellt sind (Art. 680 ZGB). Dienstbarkeiten, die im öffentlichen Interesse begründet werden, sind dagegen nicht öffentlich-rechtliche Dienstbarkeiten, sondern privatrechtliche Dienstbarkeiten mit öffentlicher Zweckbestimmung. Öffentlich-rechtliche Dienstbarkeiten kann es nicht geben, weil es nach schweizerischem Recht kein öffentliches Eigentum im Sinne Otto MAYERS und der französischen Doktrin gibt. Vgl. namentlich RUCK E., Das Eigentum im schweizerischen Verwaltungsrecht (Festschrift Paul Speiser, 1926), S. 17ff. und Schweiz. Verwaltungsrecht I, S. 97ff.; mein Eigentum, S. 129ff.

112   Auch das Eigentum des Staates, der Gemeinden und der übrigen Korporationen des öffentlichen Rechtes an den Sachen des Verwaltungsvermögens und an den Sachen im Gemeingebrauch ist Eigentum schlechthin, dessen Ausübung jedoch durch die öffentliche Zweckbestimmung der Sache gebunden ist und durch die Vorschriften des öffentlichen Rechtes, welche die Betätigung des Gemeinwesens zur Erfüllung jener Zwecke regeln, bestimmt wird. Soweit diese Aufgabe des Gemeinwesens dadurch nicht vereitelt oder erschwert wird, kann das private Recht zur Geltung kommen; das Gemeinwesen ist unter dieser Voraussetzung befugt, über die öffentlichen Sachen privatrechtlich zu verfügen und sie damit ganz oder teilweise aus dem öffentlichen Dienst zu entlassen oder dem Gemeingebrauch zu entziehen. So können Teile des der Kultur nicht fähigen Landes als Parzellen ausgeschieden und verkauft werden, oder es können daran obligatorische und dingliche private Rechte begründet werden, wie z.B. Baurechte und Rechte zur Gewinnung von Baumaterialien.

113   Wie Sachen im privaten Eigentum des Gemeinwesens von diesem in den öffentlichen Dienst gestellt oder dem Gemeingebrauch gewidmet werden können, ohne daß sie damit in ein öffentliches Eigentum übergeführt würden, weil es dieses gar nicht gibt, können auch vom Gemeinwesen erworbene privatrechtliche Dienstbarkeitsrechte in den öffentlichen Dienst gestellt oder dem Gemeingebrauch überlassen werden, ohne daß sie dadurch zu öffentlich-rechtlichen Dienstbarkeiten würden.

114   Die sog. Gemeindedienstbarkeiten im Sinne von Art. 781 sind privatrechtliche Dienstbarkeiten, auch wenn sie im Dienste öffentlicher Zwecke stehen oder dem Gemeingebrauch unterliegen. Überhaupt kann sich das Gemeinwesen auf den Boden des Privatrechtes stellen, um sich die Rechte zu erwerben, deren es zur Erfüllung öffentlicher Zwecke bedarf. Vgl. dazu auch BIERMANN J., Die Zulässigkeit von Dienstbarkeiten zum Vorteil der Allgemeinheit, Festschrift Otto Gierke 1911, S. 89ff. Selbst wenn das Gemeinwesen die Expropriation durchführt, erwirbt es das Eigentum und erwirbt es die Dienstbarkeit (Eidg. EntG Art. 5) als privatrechtliche Dienstbarkeit. Diese wird nicht zu einer öffentlich-rechtlichen Dienstbarkeit, wenn sie einem öffentlichen Zweck oder dem Gemeingebrauch gewidmet wird, sowenig wie diese Widmung eine dem Gemeinwesen gehörende Sache zum Gegenstand eines andersartigen, eines öffentlichen Eigentums macht. Ein Wegrecht als Dienstbarkeit des Gemeinwesens an privatem Grundstück kann dem Gemeingebrauch gewidmet werden. EBG **71** I 433, bespr. ZBJV **101** (1965) S. 298; **74** I 41 = Pr. **37** Nr. 39; IMBODEN, Schweiz. Verwaltungsrechtsprechung, 2. Aufl. 1964 Nr. 76 (Bemerkungen zu EBG **71** I 433); Bern. Gesetz über Bau und Unterhalt der Straßen vom 2. Februar 1964, Art. 15. Zum Begriff und zur Bedeutung der «Widmung» LIVER P., ZBJV **104** (1968), S. 421f. und Privatrechtl. Abh., S. 552f.; GRISEL André, Droit administratif suisse (1970), p. 291. Hienach N. 100ff. zu Art. 730, N. 112ff. zu Art. 742.

Als öffentlich-rechtliche Dienstbarkeiten können höchstens die dem Eigentümer kraft öffentlich-rechtlicher Vorschrift durch Verwaltungsakt auferlegten Eigentumsbeschränkungen bezeichnet werden, welche das öffentlich-rechtliche Gegenstück zu den Legalservituten des privaten Rechtes im erörterten Sinne bilden, wobei allerdings, wie N. 109f. bemerkt, nur die Auferlegung gegen Entschädigung ein weitgehend, wenn auch noch nicht vollständig analoges Gebilde ist. Sie ist aber eine Anomalie, denn die Gesetzgebung verweist das Gemeinwesen in den Fällen, in denen die entschädigungslose Beschränkung des Eigentums nicht zulässig ist, in der Regel auf den Weg der Expropriation (vgl. z.B. die oben, N. 110, angeführten Bestimmungen). Ist die Eigentumsbeschränkung ohne Expropriationsverfahren durchgeführt worden, müßten die Parteien auf den Weg der nachträglichen Expropriation verwiesen werden. Wenn diese durchgeführt wird, erwirbt das Gemeinwesen durch sie eine privatrechtliche Dienstbarkeit. Es ist nicht wohl einzusehen, warum eine öffentlich-rechtliche Eigentumsbeschränkung oder Dienstbarkeit bestehen sollte, wenn erkannt wird, daß eine sog. materielle Expropriation vorliege und das Gemeinwesen durch das Urteil eines Zivilgerichtes zur Entschädigung verurteilt wird, weil im kantonalen Recht die nachträgliche Enteignung nicht vorgesehen ist. 115

Will man nicht alle mittelbar gesetzlichen Eigentumsbeschränkungen des öffentlichen Rechtes in vager Analogie zu den Legalservituten des privaten Rechtes als öffentlich-rechtliche Dienstbarkeiten bezeichnen, so läßt man diese Bezeichnung besser überhaupt fallen. 116

3. Staatsdienstbarkeiten. Als Staatsdienstbarkeiten werden in erster Linie die durch Staatsvertrag begründeten Beschränkungen der Gebietshoheit eines Staates zugunsten eines anderen Staates bezeichnet. Diese völkerrechtlichen Dienstbarkeiten würden in ihrer Wirkung den Servituten des privaten Rechtes insbesondere dann entsprechen, wenn sie gegenüber jedem Erwerber der Gebietshoheit im belasteten Staat wirksam sind. Darin könnte dann die völkerrechtliche Anwendung der Servitut gesehen werden, wenn diese als eine allgemeine Rechtsform begriffen würde. Aber die völkerrechtliche Dienstbarkeit einerseits und die privatrechtliche anderseits wären auch unter dieser Voraussetzung verschiedene Ausprägungen jener Form. Die letztere beschränkt die Sachherrschaft des Eigentümers, die erstere dagegen die Gebietshoheit des Staates. Darin liegt ein grundlegender Unterschied, der die Qualifizierung der Staatsdienstbarkeit als Servitut im Sinne des Privatrechts verbietet. 117

Einleitung

Der Begriff der Staatsdienstbarkeit wird denn auch von der zur Herrschaft gelangten staatsrechtlichen und völkerrechtlichen Theorie verworfen. Art. Servituten, völkerrechtliche, im WB des Völkerrechts und der Diplomatie (1925) von HENRICH, im Polit. HWB (1923) von HENNINGSEN; JELLINEK G., Allg. Staatslehre[4], S. 404ff.; neuere Literatur verzeichnet bei GUGGENHEIM P., Lehrbuch des Völkerrechts I, 1947, S. 356. Vgl. aber auch UBERTAZZI G.M., Studi sui diritti reali nell'ordine internazionale, Milano 1949. X. VON MOOS, Zur Lehre von den Staatsservituten, Diss.iur. Bern 1933 (Abh. z. schweiz. R.); LEEMANN, N. 24 zu Art. 781. HILTY, Polit. Jb. 1903 und Bd. Mtsbl. 1951: Das Festungsbauverbot auf dem Novellaberg bei Schleins.

118 Das gleiche rechtliche Verhältnis kann auch zwischen zwei Kantonen bestehen. Es ist vom Bundesgericht in verschiedenen Entscheidungen als Staatsdienstbarkeit qualifiziert worden (EBG **8**, 43ff.; **13**, 399; **34** I 274ff. [bestätigt durch EBG vom 21. März 1951, unveröffentlicht]; **41** I 511ff.; **54** I 199 = Pr. **17** Nr. 167, hiezu die Bemerkungen BURCKHARDTS, ZBJV **65**, S. 403). Eine solche, im übertragenen Sinne, liegt indessen nur vor, wenn die Gebietshoheit eines Kantons zugunsten des anderen beschränkt ist, nicht aber wenn Bewohnern oder auch Gemeinden dieses anderen Kantons Weide-, Holz-, Wasser- oder andere Nutzungsrechte eingeräumt oder vorbehalten werden, ohne daß dem Wohnsitzkanton oder der Wohnsitzgemeinde der Berechtigten auch die Ausübung hoheitlicher, insbesondere polizeilicher Befugnisse zugestanden wird. Solche Rechte sind privatrechtliche Dienstbarkeiten, mögen sie auch in einem Vertrag festgelegt, vorbehalten oder gar begründet werden, der im übrigen ein Staatsvertrag ist, und mögen sie auch Liegenschaften belasten, die zu den öffentlichen Sachen des Kantons oder der Gemeinde gehören.

119 Auch zwischen Gemeinden desselben Kantons können gleichartige Rechtsverhältnisse bestehen. Eine Siedlung auf Gebiet der Gemeinde A kann zur Schul- und Kirchgemeinde B gehören. Ein abgelegenes Gebietsstück der Gemeinde A kann der Seuchen-, Forst- und Landwirtschaftspolizei der Gemeinde B unterworfen sein. Da liegen sog. Staatsservituten vor.

120 Werden jedoch durch Vertrag zwischen zwei Gemeinden Nutzungsrechte der einen Gemeinde an der Weide, dem Wald oder an Gewässern (Quellen-, Tränke-, Bewässerungsrechte) der anderen Gemeinde begründet, sind dies, wenn sie keine Beschränkung der Gebietshoheit in sich schließen, die Ausübung der Nutzung also unter der Polizeihoheit der Territorialgemeinde vor sich geht, nicht sog. Staatsdienstbarkeiten, sondern privatrechtliche Dienstbarkeiten im Sinne des Art. 781. Daß die belasteten Liegenschaften zu den öffentlichen Sachen gehören, ändert daran nichts. Vgl. z.B. Zivilurteile des Ktg Graubünden 1911 Nr. 6; Rekursentscheid des Großen Rates von Graubünden vom 30. Mai 1947 (Verhandlungen, Frühjahr 1947, S. 310ff.). Auch hier ist zu bemerken, daß der Vertrag daneben, vielleicht zur Hauptsache, öffentlich-rechtliche Verhältnisse zum Gegenstand haben kann, wie etwa die Festsetzung oder Bereinigung der Territorialgrenze. Daraus darf aber nicht geschlossen werden, daß auch die darin geregelten Nutzungsverhältnisse öffentlich-rechtlichen Charakter haben. Dies scheint im EBG **34** I 274ff. zu wenig beachtet.

Nicht wohl denkbar ist die vertragliche Begründung einer Staatsdienstbarkeit zwischen über- und untergeordnetem Gemeinwesen, wie zwischen Bund und Kanton, Kanton und Gemeinde, Bund und Gemeinde. Die Staatsdienstbarkeit kann nur in einer Beschränkung der Gebietshoheit bestehen. Die Ausscheidung der Hoheitsrechte zwischen über- und untergeordnetem Gemeinwesen wird durch die Verfassung bestimmt und kann nicht vertraglich abgeändert werden. Steht dem Kanton (oder dem Bund) kraft öffentlichen Rechtes die Befugnis zu, sich ein Recht zur Benutzung von Gemeindeboden durch Expropriation zu verschaffen, erwirbt er dadurch eine private Dienstbarkeit. Läßt er sich das Recht vertraglich einräumen, kann dieses um so weniger ein öffentliches Recht sein; da sich die Parteien damit auf den Boden des privaten Rechts begeben, kann auch der Vertrag nur ein privatrechtlicher Vertrag sein, wie etwa der Vertrag, durch den sich der Bund von einer Gemeinde das Baurecht zur Errichtung einer Wassermeßstation einräumen läßt. Anders ist die Rechtslage, wenn der Bund aus eigener Kompetenz zu diesem Zweck öffentlichen Boden eines Kantons oder einer Gemeinde in Anspruch nimmt, wenn auch im Einverständnis mit dem Bodeneigentümer. Weder im einen noch im anderen Fall aber liegt eine vertragliche Beschränkung der Gebietshoheit, welche als Staatsdienstbarkeit anzusprechen wäre, vor. **121**

VIII. Einige besondere Nutzungs- und Gebrauchsrechte an Grundstücken

1. Das Nutzungsrecht in den Genossenschaften mit Teilrechten. Die Genossenschaften mit Teilrechten gehören zu den Allmendgenossenschaften und ähnlichen Körperschaften, welche gemäß Art. 59 Abs. 3 unter dem kantonalen Recht stehen. Es sind zur Hauptsache Alp-, Wald-, Torf-, Moos- und Bewässerungsgenossenschaften. Das Vermögen der Genossenschaft ist in eine bestimmte Zahl von Teilrechten, die in ihrer Gesamtheit dem Ertrag des Nutzungsgutes entsprechen, zerlegt (z. B. Holzgerechtigkeiten, Alprechte, Weiden, Stöße, Kuhrechte; im Kanton Bern werden diese Alpen als geseyte Alpen und die Teilrechte als Seyrechte bezeichnet). Das Teilrecht ist in erster Linie Nutzungsrechtseinheit, zugleich aber auch Wertquote des Genossenschaftsvermögens und Inbegriff der Mitgliedschaftsrechte, auch des Stimmrechtes, überhaupt. Es ist, wo diese Form der Genossenschaft rein ausgeprägt ist, frei übertragbar und kann frei belastet werden (mit Pfandrechten, Nutznießungsrechten); die Mitgliedschaft wird durch den Erwerb eines oder mehrerer Teilrechte erworben und fällt dahin, wenn ein Mitglied alle seine Teilrechte veräußert. **122**

Die Mitglieder betrachten sich durchwegs als gemeinschaftliche Eigentümer des Genossenschaftsgutes und ihre Rechte als Eigentumsteilrechte. Nach den kantonalen Rechten, soweit sie darüber Bestimmungen enthalten, und auch nach der in der **123**

Einleitung

Literatur herrschenden Meinung steht das Genossenschaftsgut im Eigentum der Genossenschaft als juristischer Person allein (einzig das thurg. EGzZGB, Art. 39 Abs. 2 spricht von Gesamteigentum). Die Auffassung GIERKES, daß korporatives Gesamteigentum vorliege, welche sowohl der historischen Entwicklung als auch der Interessenlage und der Rechtsüberzeugung der beteiligten Kreise am besten entsprechen würde, wird abgelehnt (s. z.B. EBG 46 II 22 = Pr. 9 Nr. 24). Daraus folgt, daß die Teilrechte nicht Eigentumsteilrechte sein können. Alle Versuche, das in ihnen enthaltene Nutzungsrecht als Dienstbarkeit oder dienstbarkeitsähnliches Recht an fremder Sache oder als dem Mitglied zugeteiltes Recht der Genossenschaft an eigener Sache (Eugen HUBER, Zum schweiz. Sachenrecht, S. 17 Anm. 1, 21 Anm. 1, 75 Anm. 2) zu begreifen, sind als gescheitert zu betrachten. Das Teilrecht kann, wenn das korporative Gesamteigentum verworfen wird, mit der herrschenden Meinung nur als verselbständigtes Mitgliedschaftsrecht aufgefaßt werden und ist als solches überhaupt kein dingliches Recht, weder ein Eigentumsteilrecht noch ein beschränktes dingliches Recht. LIVER P., Genossenschaften mit Teilrechten nach schweizerischem Recht, Festschrift für Karl HAFF, 1950, in den Privatrechtl. Abh. S. 175ff. mit Literatur- und Judikaturnachtrag im Anhang, namentlich auch betr. die Besteuerung. Zum Grundgeschäft der Verfügung über Teilrechte LIVER, Berner Komm., Einleitungsband Art. 5 Nr. 58; EBG 83 II 353 u. dazu ZBJV 95 (1959) S. 3ff. Zur Besteuerung auch GEMPERLE P., Die Besteuerung der Alprechte in der Schweiz, Diss. Fribourg 1955; GYGI Fritz, Verwaltungsrecht und Privatrecht 1956 (Abh. z. schweiz. R., S. 50 Anm. 1); RAGGENBASS J.U., Die Rechtsstellung der privatrechtlichen Korporationen des sanktgallischen Rechts, Diss. St. Gallen (Handelshochschule) 1977.

124 **2. Kirchenstuhl- und Grabstellenrechte.** Die Rechte zum Gebrauch bestimmter Sitze in der Kirche (auch «Kirchenörter» genannt) und bestimmter Stellen zur Beisetzung auf dem Friedhof oder in der Kirche, welche früher in großer Zahl bestanden und sich zu einem kleinen Teil bis auf die Gegenwart erhalten haben, werden in der älteren Literatur und Praxis allgemein und auch in der neueren vorwiegend als Dienstbarkeiten aufgefaßt. Es sind Grunddienstbarkeiten, soweit die Berechtigung mit dem Eigentum an bestimmten Liegenschaften (Häusern) verbunden ist; persönliche Dienstbarkeiten, soweit sie individuell bestimmten Personen oder Personengemeinschaften (Familien) zustehen, und zwar irreguläre Personaldienstbarkeiten im Sinne von Art. 781 ZGB, welche vererblich und übertragbar sein können. REGELSBERGER, Pandekten, S. 412f.; STOBBE I, S. 598; Eugen HUBER, SchwPrR IV, S. 691; EHRENZWEIG, I 2, S. 5f.; RANDA, Eigentumsrecht, S. 52, Anm. 36.

125 GIERKE, DPrR II, S. 33f. betont, daß diese Rechte, «die ein Privatrecht auf einen bevorzugten Gebrauch einschließen», mit der Kirchenangehörigkeit verknüpft und kirchenverfassungsmäßig gebunden seien und qualifiziert sie deshalb als mitgliedschaftliche Sonderrechte. Siehe auch GIERKE, Genossenschaftstheorie, S. 197. Die

Grabstellenrechte im Hof St. Leodegar zu Luzern wurden vom ObG als übertragbare irreguläre Personaldienstbarkeiten erklärt. Max. VII Nr. 604 (30. 4. 1929) und VIII Nr. 471 (21. 11. 1957). Spörri K., Die Rechtsverhältnisse an Kirchenstühlen in der zürcherischen Landeskirche in ihrer historischen Entwicklung, Diss. Zürich 1932, kommt zum folgenden Ergebnis: «In der Gestalt von privaten Rechtsamen ragen die Rechte an Privatkirchenorten als wohlerworbene Rechte in unsere Zeit hinein; aber die Entwicklung des öffentlichen Rechts und seine Erkenntnisse haben diese individuellen Befugnisse zu öffentlichen Rechtsverhältnissen werden lassen» (151). Nach ihm stellen diese Sondernutzungsrechte an Sachen des kirchlichen Verwaltungsvermögens subjektive öffentliche Rechte dar (169).

Ebenso nach Fleiner, Institutionen, 8. Aufl. S. 365 und Forsthoff, VerwR, 8. Aufl. S. 365.

Wenn auch nach heutiger Rechtsauffassung für die Begründung solcher Rechte 126 die Verleihung (Konzession) als gegeben erscheint, ist es doch nicht gerechtfertigt, die ehemals als Dienstbarkeiten begründeten und als wohlerworbene Rechte anerkannten Gebrauchsbefugnisse in öffentliche Rechtsverhältnisse umzudeuten (Spörri, S. 151), da sie auch als private Rechte durch die öffentliche Zweckbestimmung der Kirche beschränkt sein können. In dieser Hinsicht haben die Kirchenstuhlrechte die gleiche Stellung wie die ehehaften Wasserrechte an öffentlichen Gewässern, die richtigerweise als Privatrechte (Dienstbarkeiten) anzuerkennen sind, obgleich die Begründung solcher Rechte heute durch Gesetzesvorschrift ausgeschlossen ist, welch letzteres in bezug auf die Kirchenstuhlrechte nicht schlechthin zutreffen dürfte.

Die Spezialliteratur über die Kirchenstuhlrechte ist bei Spörri sorgfältig zusammengestellt.

3. Die ehehaften Tavernenrechte oder Realwirtsrechte. Dies sind Realgewer- 127 berechte, die ehemals einen Gewerbebann in sich schließen konnten, heute jedoch seinem Inhaber nur das Recht geben, auf seinem Grundstück ein bestimmtes Gewerbe auszuüben, ohne eine Polizeierlaubnis (Patent) einholen und dafür Gebühren entrichten zu müssen. Da diese Rechte in der Regel mit dem Eigentum (oder ehemals mit dem Erbleiherecht) an einer bestimmten Liegenschaft verbunden sind (Ausnahmen sind früher vorgekommen), gelten sie als Realrechte oder subjektivdingliche Rechte und werden auch etwa als dingliche Rechte bezeichnet. Daß sie private Rechte sind, ist ziemlich allgemein anerkannt. Vgl. Gmür M., Rechtsame und 128 Gerechtigkeiten, Festgabe Lotmar 1920, S. A., S. 13, und die da zitierte bundesgerichtliche Praxis, worunter EBG **39** I 76 = Pr. **2** Nr. 117; ferner Fleiner, Institutionen, 8. Aufl., S. 52. Rechte an Sachen sind sie dagegen überhaupt nicht, denn eine Sache, welche durch sie belastet wäre, fehlt. Diese Rechte stehen also außerhalb des Kreises der beschränkten dinglichen Rechte des ZGB. Sie geben dem jeweiligen Eigentümer eines bestimmten Grundstückes eine Vorzugsstellung gegenüber dem Staat als dem Träger der Polizeihoheit, haben also den Charakter von Privilegien, die

Einleitung

an Grundstücke geknüpft sind und deshalb auch etwa Realprivilegien genannt werden (WÄCHTER, Handbuch des württemb. Privatrechts II, S. 335). Das dingliche Moment erschöpft sich in dieser subjektiven Verknüpfung, welche das Recht objektiv keineswegs zu einem dinglichen macht, kann sie doch ebensogut das Subjekt nichtdinglicher wie dinglicher Rechte bestimmen. Die ehehaften Tavernenrechte oder Realwirtsrechte sind nicht dingliche Rechte.

KORNER O., Die luzernischen Realwirtsrechte, 1915; BILLETER G., Die ehehaften Tavernenrechte im Kanton Zürich, Diss. jur. Zürich 1928. Zur rechtlichen Natur und grundbuchlichen Behandlung vgl. ferner HAAB, N. 24 zu Art. 655; LEEMANN, N. 14 zu Art. 655; ZBGR **4** S. 231f. = Aarg. Vjschr. XIV S. 148 (Aarg. Justiz-Dir.); ZBJV **84** S. 463f. (Luz.ObG); Bern: EBG **6**, S. 98, **9**, S. 105; Zürich: EBG **17**, S. 187, **66** I 239 = Pr. **30** Nr. 21, **48** I 412 = Pr. **12** Nr. 8, **90** I 180; Solothurn: EBG **34** I 86; Luzern: EBG **98** Ia 659.

IX. Dienstbarkeiten und obligatorische Rechte gleichen Inhalts

129 Wenn der Eigentümer zuläßt, daß ein anderer sich seine Sache nutzbar macht, sei es daß er dessen Nutzungs- oder Gebrauchshandlungen duldet, sei es daß er zu dessen Gunsten die Ausübung bestimmter Eigentumsbefugnisse unterläßt, auferlegt er sich eine Beschränkung, die dem Inhalt nach einer Dienstbarkeit entspricht. Aber eine Dienstbarkeit braucht nicht vorzuliegen. Der Eigentümer kann die Benutzung seiner Sache auch bloß auf Zusehen, ohne sich dazu verpflichtet zu haben, gestattet haben, so daß ein prekaristisches Verhältnis vorliegt, oder er kann sich hiezu persönlich verpflichtet haben, so daß ein obligatorisches Verhältnis gegeben ist. HAAB, N. 14ff. zu Art. 680; ZBGR **29**, S. 261f. = SJZ **43**, S. 380 Nr. 194; EBG **84** II 6, bespr. ZBJV **95** (1959) S. 439; Vereinbarung über den Anschluß an eine private Kanalisation, Aarg. VGP **1973** Nr. 6 = SJZ **71** (1975) Nr. 65, S. 146; N. 158 zu Art. 730.

Jedes Rechtsverhältnis, das den Inhalt einer Dienstbarkeit hat, kann auch als bloß obligatorisches Rechtsverhältnis begründet werden. EBG 22.1.1931 i.S. Fischbacher gegen Fischbacher (unveröff.); Eugen HUBER, Zum schweiz. Sachenrecht, S. 38; WOLFF, § 108 I 1 d, S. 387; GIERKE O., Jherings Jahrbücher 64, S. 407; siehe dazu N. 34ff. zu Art. 732.

130 Ein Dienstbarkeitsvertrag, der wegen Formmangels ungültig ist oder nicht zur Entstehung einer Dienstbarkeit geführt hat, weil die Eintragung in das Grundbuch nicht erfolgt ist, begründet das inhaltlich entsprechende obligatorische Nutzungsverhältnis, wenn die Parteien dies für den Fall des Ausbleibens der dinglichen Wirkung gewollt hätten. HAAB, Einleitung N. 59; LEEMANN, N. 13 der Einleitung (Bd. I); vgl. auch die Ausführungen v. TUHRS über die Konversion, BGB II, S. 287f., OR § 29 N. 35ff., S. 217, 3. Auflage, bearbeitet von Hans PETER, Bd. I, S. 228f. Zur Konversion in der Praxis: EBG **54** II 325 = Pr. **17** Nr. 183, **75** II 91, **89** II 437ff., **93** II 228

Erw. 3 und 452 Erw. 5, **103** II 184f. N. 32 zu Art. 732. Zur Konversion einer als Grunddienstbarkeit auf Grund öffentlich beurkundeten Vertrages eingetragenen Wasserlieferungspflicht in eine Grundlast, AppH Bern, 28.10.1975 (Gemeinde Zollikofen), Art. 732 N. 100.

Entspricht das bloß obligatorische Verhältnis dem hypothetischen Willen der Parteien nicht, hat der Vertrag auch keine obligatorische Wirkung. Unter dieser Voraussetzung ist der Auffassung des Bundesgerichts zuzustimmen, daß der Erwerber, solange die Eintragung des (eintragungsfähigen) Rechts nicht erfolgt ist, auch kein persönliches Recht hat. Vgl. das zitierte unveröffentlichte Urteil vom 22. 1. 1931 und das in ZBGR **13**, S. 93f. wiedergegebene Urteil des Bundesgerichts, ferner WOLFF, § 108 I 1 d, S. 387. **131**

Ist die Eintragung nicht zulässig, weil das vereinbarte Rechtsverhältnis als Dienstbarkeit nicht begründet werden kann, aber von den Parteien auch als obligatorisches Verhältnis gewollt worden wäre, erhebt sich die Frage seiner Verbindlichkeit unter einem anderen Gesichtspunkt. Es fragt sich nämlich, ob Rechten, deren Begründung sachenrechtlich ausgeschlossen ist, auch die obligationenrechtliche Verbindlichkeit versagt sei. Diese Frage ist grundsätzlich zu verneinen. Obligatorische Rechte zur Benutzung von Sachen können mit beliebigem Inhalt begründet werden. **132**

Vermag ein Vertrag über die Errichtung einer Dienstbarkeit kein dingliches, wohl aber ein obligatorisches Recht zu begründen, ist es gegeben, daß er den Bestimmungen des speziellen Teils des Obligationenrechts über den ihm entsprechenden Vertragstypus unterstellt wird (Miete, Pacht, Gebrauchsleihe). **133**

Dies geschieht denn auch in der Praxis: Berechtigung zum Teppichklopfen und Aufhängen der Wäsche auf fremdem Grundstück als Miete oder Gebrauchsleihe, BlZR **25** Nr. 44 = ZBG **13**, S. 65ff.; Wohnrechtsvertrag mit sachenrechtlich unzulässiger Vereinbarung beschränkter Vererblichkeit und Übertragbarkeit als Mietvertrag, BlZR **31** Nr. 67 = ZBGR **13**, S. 169f.; EBG **103** II 176 (Konversion abgelehnt); Unterstellung eines Quellenrechtsvertrages mit bloß obligatorischer Wirkung als pachtähnliches Verhältnis unter das Pachtrecht, EBG 28.9.1934 i.S. Bürgergemeinde Grenchen gegen Einwohnergemeinde Grenchen (unveröff.); unentgeltliche Einräumung des unbeschränkten Nutzungsrechts an einer Liegenschaft als Gebrauchsleihe, EBG **75** II Nr. 7 = Pr. **38** Nr. 140.

Nicht jedes obligatorische Rechtsverhältnis, das eine Sachnutzung zum Inhalt hat, entspricht einem der im OR geregelten Typen der Gebrauchsüberlassung. Man denke nur an die obligatorischen Verpflichtungen des Grundeigentümers, welche den Inhalt von negativen Grunddienstbarkeiten haben (Unterlassung der Einsprache gegen Bauten, Immissionen, Wasserleitungen und -ableitungen, welche dem Nachbarrecht widersprechen). Auch ein inhaltlich dem Quellenrecht entsprechendes obligatorisches Rechtsverhältnis deckt sich nicht mit einem Pachtverhältnis. Diese Verträge haben deshalb im Obligationenrecht die Stellung von Innominatkontrakten. **134**

Einleitung

Da, wie hievor (N. 129) ausgeführt, überhaupt alle Rechtsverhältnisse, welche den Inhalt von Dienstbarkeiten haben, auch als obligatorische Rechtsverhältnisse begründet werden können, entstehen sie, soweit sie nicht unter eine spezielle Vertragsart des OR fallen, durch Innominatkontrakt. BARASSI, S. 62; MEIER-HAYOZ, Sachenrechtskommentar, Syst. Teil N. 35 und 164; MESSINEO, S. 91; Pr KtG Graubünden 1960 Nr. 24 = ZBGR 44 Nr. 36, S. 151ff.; siehe auch N. 54 zu Art. 732.

135 Die Einräumung von obligatorischen Rechten mit Dienstbarkeitsinhalt braucht nicht unter eine Kategorie von Gebrauchsüberlassungsverträgen des OR gezwängt zu werden. So steht der Anerkennung eines bloß obligatorischen Quellenrechtes als solchem nichts entgegen. Anderer Meinung ist Eugen HUBER, der sagt, es könne nur eine Art von Miete oder persönlicher Leihe sein (Die künftige Gestaltung des Wasserrechts, ZSR n. F. **19**, S. A., S. 30). Für die Möglichkeit der (formlosen) Begründung eines obligatorischen Wohnrechtes, ohne daß es unter die Bestimmungen über die Miete oder über die Gebrauchsleihe zu fallen braucht, AppG Basel-Stadt, Entsch. **4**, S. 184 = ZBGR **7**, S. 221f.

136 Die Vertragsfreiheit in der Begründung von Nutzungsrechten an Sachen, insbesondere an Grundstücken, ist jedoch auch im OR nicht unbegrenzt. Sie findet ihre Schranke in der Unveräußerlichkeit der Freiheit als Persönlichkeitsrechtes (Art. 27 ZGB) und am Grundsatz von Treu und Glauben (Art. 2 ZGB). Sie kann aber auch durch Grundsätze des Sachenrechts, die um der öffentlichen Ordnung willen aufgestellt sind, beschränkt sein, wenn auch grundsätzlich sachenrechtlich unzulässige Nutzungsrechte an Sachen als obligatorische Rechte gültig begründet werden können.

137 Dieser Grundsatz der Unabhängigkeit der obligationenrechtlichen Verbindlichkeit von der sachenrechtlichen Zulässigkeit hat das Bundesgericht mit besonderer Schärfe in seinen grundsätzlichen Entscheidungen zu Art. 681 Abs. 3 (Vorkaufsrecht) und Art. 683 Abs. 2 (Kaufsrecht und Rückkaufsrecht) betont. EBG **53** II 394 = Pr. **17** Nr. 6; **71** II 158 = Pr. **34** Nr. 203 = ZBGR **29**, S. 93ff. Im letzteren Urteil heißt es: «Der Vereinbarung eines Kaufsrechtes auf unbegrenzte Zeit steht grundsätzlich nichts entgegen. Sache der gerichtlichen Entscheidung ist es, gegebenenfalls einen Endtermin zu bestimmen... Eine Grundlage hiefür kann im Grundsatz der Rechtsausübung nach Treu und Glauben (ZGB 2) oder in der Unverletzlichkeit der persönlichen Freiheit (ZGB 27 II) gefunden werden.» Daraus folgt, daß mit dem Ablauf von zehn Jahren seit der Vormerkung nur der Vormerkungsschutz erlischt, das auf unbegrenzte Zeit begründete Vorkaufs-, Kaufs- oder Rückkaufsrecht aber weiterbestehen kann. Art. 683 Abs. 2, sagt das BG im erstzitierten Entscheid, verfolge den wirtschaftspolitischen Zweck, das Grundeigentum von langfristigen, das Erwerbsleben außerordentlich hemmenden Belastungen nach Möglichkeit zu befreien.

138 Wir stehen hier vor der singulären Erscheinung, daß die «dingliche Belastung» zeitlich eng begrenzt ist, während die obligatorische Veräußerungsbeschränkung

unbegrenzte Dauer haben kann, womit ermöglicht sein soll, daß ein Dritter das Grundstück unbelastet erwerben kann, auch wenn dies nur dadurch geschehen kann, daß der Veräußerer seine Verpflichtung gegenüber dem Vorkaufs- oder Kaufsberechtigten verletzt. De lege ferenda ist das jedenfalls eine verkehrte Ordnung. Dadurch, daß der Vormerkungsschutz nach zehn Jahren dahinfällt, wird ja die Veräußerungsbeschränkung selber gerade nicht beseitigt, sondern es wird bloß ihre Verletzung durch Übertragung des Eigentums auf einen Dritten ermöglicht.

139 Wenn der Gesetzgeber Vorkaufs-, Kaufs- und Rückkaufsrechte von unbeschränkter Dauer hätte zulassen wollen, hätte er ihnen auch den Vormerkungsschutz für die ganze Dauer ihrer Existenz gewähren sollen. Wenn er aber die «Belastung» von Grundstücken mit diesen Veräußerungsbeschränkungen über eine bestimmte Zeit hinaus als unvereinbar mit der Freiheit des Grundstücksverkehrs ablehnt, sollte er diese Beschränkungen auch obligationenrechtlich nicht auf längere Zeit zulassen. Eine ursprünglich vorgesehene Beschränkung auf diese Zeit ist nicht Gesetz geworden. Wenn die Dauer des vorgemerkten Vorkaufs- und Kaufsrechts 30 statt 10 Jahre betragen würde, hätte man wohl keine Bedenken gehabt, eine Lücke des Gesetzes anzunehmen und in diesem Sinne auszufüllen. Wegen der Kürze der Frist von 10 Jahren hat das Bundesgericht dies abgelehnt und die Begründung dieser Rechte auf unbeschränkte Zeit, vorbehältlich der Art. 27 ZGB und 20 OR, zugelassen. Dies führt in vielen Fällen (Kaufsrecht, limitiertes Vorkaufsrecht) zu höchst unbefriedigenden Ergebnissen. EBG **53** II 394 = Pr. **17** Nr. 6, **73** II 158 = Pr. **36** Nr. 174, **87** II 361 = Pr. **51** Nr. 21, **92** II 155 = Pr. **56** Nr. 3, **102** II 243 = Pr. **66** Nr. 44. Zustimmend HAAB, N. 24 zu Art. 681/82. Für die Begrenzung auf 10 Jahre MERZ H., Festschrift Simonius (1955) S. 235ff. Ebenso grundsätzlich MEIER-HAYOZ, Das Vorkaufsrecht, ZBJV **92** (1958), S. 297ff., Sachenrechtskommentar N. 129 und 311ff. zu Art. 681, aber um der Rechtssicherheit willen dem Bundesgericht zustimmend. Vgl. nun hiezu die für die Begrenzung des Rechts und nicht nur des Vormerkungsschutzes sprechenden überzeugenden Ausführungen von Karl SPIRO, Die Begrenzung privater Rechte durch Verjährungs-, Verwirkungs- und Fatalfristen (1975), Bd. II § 461.

140 Sachenrecht und Obligationenrecht sind nicht verschiedene Welten. Was im einen um der öffentlichen Ordnung willen ausgeschlossen ist, kann nicht im anderen zugelassen sein, denn beide Rechtsgebiete haben sich der öffentlichen Ordnung, die für sie ein und dieselbe ist, einzufügen. Das bedeutet keineswegs, daß ein Recht, dessen Begründung das Sachenrecht ausschließt, nicht mit dem gleichen Inhalt im Obligationenrecht zugelassen werden könnte. Zwei inhaltlich gleiche Befugnisse sind verschiedene Rechte, wenn die eine dinglichen, die andere obligationenrechtlichen Charakter hat. Soweit sie aber trotzdem die gleichen wirtschaftlichen und sozialen oder rechtsethischen Auswirkungen haben, um derentwillen der einen das Sachenrecht verschlossen ist, kann der anderen das Obligationenrecht nicht offenstehen. Vgl. dazu auch HECK, S. 88, und GIERKE, DPrR III (1917), S. 95.

Einleitung

141 Das Bundesgericht hat entschieden, daß die zum voraus eingegangene Verpflichtung des Grundeigentümers zur Erneuerung der Vormerkung eines Vorkaufsrechts nach Ablauf der gesetzlich begrenzten Dauer ungültig sei, weil diese Begrenzung um der öffentlichen Ordnung willen vom Gesetz festgelegt und darum unabdingbar sei. In solcher Weise könne deshalb die Freiheit des Grundeigentümers nicht gültig auf längere Zeit beschränkt werden. EBG **73** II 158 = Pr. **36** Nr. 174. Damit wird bestätigt, daß eine Verpflichtung, mit deren Erfüllung eine durch zwingende sachenrechtliche Norm festgelegte Grenze der Beschränkung des Grundeigentums überschritten würde, ungültig ist. Das bundesgerichtliche Urteil betrifft zwar eine Verpflichtung, die nicht zu einer dinglichen, aber doch zu einer gegenüber jedem Dritterwerber des Grundstückes wirksamen Beschränkung der Freiheit des Grundeigentümers führen würde.

142 Ob und wie weit zwingende sachenrechtliche Normen auch für die Beurteilung der Verbindlichkeit rein obligatorischer Bindungen des Eigentümers zu berücksichtigen sind, ist damit nicht entschieden. Die Auffassung, daß sie auch hierbei Beachtung finden müssen, ist jedoch begründet. Sie kommt namentlich zur Geltung bei der Bestimmung der Höchstdauer, für welche sich der Eigentümer zur Einräumung obligatorischer Nutzungsrechte unter Ausschluß der Kündigung an einer Sache gültig verpflichten kann. Die Beurteilung dieser Frage hat allerdings in erster Linie unter dem Gesichtspunkt des Schutzes der Persönlichkeit (Art. 27 ZGB) und des Grundsatzes von Treu und Glauben (Art. 2 ZGB) zu erfolgen. Sie führt im allgemeinen zum Ergebnis, daß die obligatorische Bindung zeitlich begrenzt ist, während die dingliche Beschränkung des Eigentums «ewige» Dauer haben, d. h. auf unbegrenzte Zeit bestehen kann und unkündbar ist. «Nun liegt es zwar im Wesen des Mietvertrages als eines obligatorischen Vertrages auf Gebrauchsüberlassung, daß er nicht auf ewige Zeiten vereinbart werden kann; denn nur dingliche Rechte sind geeignet und bestimmt, dauernd den Gebrauch einer Sache zu verschaffen.» EBG **56** II 191 = Pr. **19** Nr. 95. Das ist ein allgemein anerkannter Grundsatz. HAAB, N. 24 zu Art. 681/82; v. TUHR, OR § 74 N. 51, S. 610; PLANIOL-RIPERT-BOULANGER I, S. 1208 (Nr. 3715); BAUDRY-LACANTINERIE-CHAUVEAU, Traité de droit civil, Des biens (1905), S. 805; MESSINEO, S. 32, 53; BIONDI, Le servitù prediali nel diritto romano (lezioni), S. 109, 112.

143 Ist aber die Dauer eines beschränkten dinglichen Rechtes um der öffentlichen Ordnung willen begrenzt, wie diejenige der Nutznießung auf die Lebenszeit des Berechtigten, ist dieser eine juristische Person, auf hundert Jahre (Art. 749), die des selbständigen Baurechts auf 100 Jahre, diejenige des Wohnrechts auf die Lebenszeit des Berechtigten (Art. 776 Abs. 2), sind diese Vorschriften auch zu berücksichtigen bei der Beurteilung der Höchstdauer der inhaltlich entsprechenden obligationenrechtlichen Rechtsverhältnisse. Denn auch diese können tatsächlich die genau gleich umfassende Beschränkung der Sachherrschaft des Eigentümers zur Folge haben, welche das Sachenrecht um der öffentlichen Ordnung willen nur für eine begrenzte

Zeit zuläßt. Daraus dürfte sich zum mindesten ergeben, daß die hundert Jahre des Art. 749 auch die Höchstdauer darstellen, auf welche ein obligatorisches Nutzungsrecht an einer Sache begründet werden kann. In diesem Sinn auch Karl SPIRO (zit. hievor N. 139), § 461.

144 Enger sind die Schranken der Zeit, für welche sich der Grundeigentümer zu einer Leistung verpflichten kann. Wäre z. B. die Verpflichtung einer Gemeinde als Eigentümerin eines Quellengrundstückes zur Wasserlieferung Gegenstand einer Grundlast, wäre sie nach dreißigjährigem Bestand für den Schuldner ablösbar (Art. 788 Ziff. 2). Hat sie bloß obligatorischen Charakter, sei es weil die Errichtung eines dinglichen Rechtes nicht beabsichtigt war, sei es daß das dingliche Recht nicht zustandegekommen ist, weil die Eintragung ungerechtfertigt ist, kann ihre Dauer unmöglich unbegrenzt sein. Einmal kann mit ihr eine übermäßige Beschränkung der persönlichen Freiheit des Verpflichteten verbunden sein. Davon abgesehen, würde sie bei unbeschränkter Dauer einen tatsächlichen Zustand zur Folge haben, welchen das Gesetz um der Freiheit des Grundeigentums willen verhindern will, was es mit der Bestimmung über die Ablösbarkeit der Grundlast zum Ausdruck gebracht hat. Ebenso SPIRO, a.a.O., § 461.

145 Wenn die Parteien ein dingliches Recht hätten errichten wollen, aber dieses Ziel nicht erreichten, kann das anstelle des dinglichen zustandegekommene obligatorische Recht schon nach dem Willen der Parteien nicht eine längere Dauer haben als das dingliche sie gehabt hätte.

146 Die zeitliche Beschränkung aus sachenrechtlichen Gründen kann nur zur Geltung kommen, wenn der Vertrag nicht mindestens auf den gleichen Zeitpunkt durch Kündigung oder Rücktritt aus wichtigen Gründen ohnehin aufgelöst werden kann, welch letzteres in der Regel zutreffen wird. GIERKE O., Dauernde Schuldverhältnisse, in Jherings Jahrbüchern **64** (1914) S. 355ff.; v. TUHR, OR § 74 N. 51, S. 610, dazu einschränkend EBG **62** II 32 = Pr. **25** Nr. 85; ENNECCERUS-LEHMANN, § 4 II 3, S. 91 und § 53 V, S. 207; OERTMANN in Ehrenbergs Handbuch des gesamten Handelsrechts IV 2, S. 346ff.; PORUMB Ovid, La rupture des contrats à durée indéterminée par volonté unilatérale, Thèse Paris 1937; OPPO G., I contratti di durata, Riv. del dir. commerciale **41** (1943) S. 143ff., 227ff. und **42** (1944) S. 17ff., mit Angabe der Literatur, auch der deutschsprachigen.

Grundsätzlich ist allgemein anerkannt, daß es «ewige Schuldverhältnisse», wie ein «ewiges Kaufsrecht» einer Gemeinde für die Friedhofserweiterung (St. Gallen, JD, ZBGR **22**, S. 234) nicht geben kann, sondern, daß sie, auch wenn sie unter Ausschluß jeder Kündigung begründet werden, doch gekündigt werden können, höchstens nach 100 Jahren. Diese Dauer verkürzt sich um so mehr, je stärker die Verpflichtung die persönliche Freiheit des Schuldners beeinträchtigt (ZGB Art. 27) und je größer das Mißverhältnis zwischen Leistung und Gegenleistung geworden ist (Art. 2 ZGB, Art. 20 OR). Die Verpflichtung zu positiven Leistungen (Arbeitsleistungen, Lieferungen von Wasser, Elektrizität) ist eine schwerere Einengung in der persönlichen Freiheit als die Überlassung einer Sache zum Gebrauch (Vermietung), weshalb die Kündigung nicht für so lange Zeit ausgeschlossen werden kann wie für diese. Die Ablösbarkeit der Grundlast nach dreißigjährigem Bestand (durch ZGB Art. 788 Abs. 1, Ziffer 2) dürfte dafür der geeignete Zeitpunkt sein, wie überhaupt die Frist von 30 Jahren maßgebend sein sollte, wo immer kürzere Fristen «unechte Lücken» des Gesetzes öffnen, wie die Frist von 10 Jahren (681 Abs. 3 und 683 Abs. 2). SPIRO a.a.O., S. 1394/95, 1481. EBG **56** II 190 = Pr. **19** Nr. 95: Mietvertrag auf Lebenszeit des Mieters, Ausschluß der Kündigung zulässig. EBG **62** II 32 = Pr. **25** Nr. 85: Preisbindungsvertrag, kündbar nach 5 Jahren. EBG **67** II 221 = Pr. **31** Nr. 9: Verpfl. zum Bezug des Wassers für eine Fabrik von der Gemeinde, die das Wasserversorgungsmonopol nicht hat, aber haben könnte, ist unkündbar. EBG **93** II 290 = Pr. **57** Nr. 66: Die Verpfl. zur Belieferung mit Wasser auf Grund eines als Grunddienstbarkeit vereinbarten «Verkaufs» ist nach 15 Jahren kündbar. EBG **97** II 390: Elektrizitätslieferungsvertrag 1889, Kündigung 1967 gutgeheißen. Dazu LIVER, ZBJV 109 (1973) S. 89f., MERZ daselbst S. 98. EBG **100** II 112 nimmt Bezug auf die letztzit. Urteile. Siehe auch schon Seufferts Arch. **67** (1912) Nr. 195 und **75** (1920) Nr. 5 betr. den Wasserversorgungsvertrag. Zur Dauer des Kaufsrechts m. Eigentum, S. 213/14.

147 Der Ablösung durch den Richter unter den Voraussetzungen des Art. 736 müssen auch obligatorische Nutzungs- und Gebrauchsrechte unterliegen, sofern ihre Aufhebung nicht schon auf dem Boden des OR möglich ist. Art. 736 wäre übrigens nach der zwischenzeitlichen Praxis des Bundesgerichts (1940–65) nur ein Anwendungsfall des allgemeinen Prinzips des Art. 2 ZGB, daß der offenbare Mißbrauch eines Rechtes keinen Rechtsschutz findet, welches ohnehin auch auf die Ausübung obligatorischer Rechte Anwendung findet.

X. Realobligationen

148 Nach unserem Begriff des dinglichen Rechtes als der **unmittelbaren** Sachherrschaft kann die Verpflichtung des Eigentümers einer Sache zur Vornahme von Handlungen, zu einer Leistung, nicht oder doch nicht für sich allein Inhalt eines dinglichen Rechtes sein (siehe oben N. 2). Sie kann infolgedessen nur Inhalt einer Obligation sein. Aber eine solche Obligation weist die Besonderheit auf, daß sich der Anspruch aus ihr nicht nur richtet gegen die bestimmte Person, gegen welche das Recht begründet wurde, sondern gegen den jeweiligen Eigentümer einer Sache oder auch gegen den Besitzer, Dienstbarkeitsbelasteten oder -berechtigten. Es kann nur entweder der Schuldner oder der Gläubiger oder es können sowohl der Schuldner als der Gläubiger durch die sachenrechtliche Beziehung zur Sache bestimmt sein. Dadurch, daß das obligatorische Recht gegenüber jeder Person, welche in diese sachenrechtliche Beziehung zur Sache tritt, insbesondere gegenüber jenem Dritterwerber der Sache, durchgesetzt

Dienstbarkeiten

werden kann, erhält es eine Wirkung, die insoweit derjenigen des dinglichen Rechtes entspricht.

Nach dem gemeinen römischen Recht steht dem Gläubiger in diesen Fällen eine 149 actio in rem scripta zu (WINDSCHEID I, § 45 N. 6, S. 195, II § 291 N. 1, S. 194; v. TUHR, BGB I § 4 IV N. 33, S. 102; DERNBURG, Röm. Recht § 120, S. 252; BIONDI, Le servitù prediali nel dir. rom. [lezioni], S. 105ff.). Tatbestände, die der actio in rem scripta zugrundeliegen, werden im römischen und gemeinen Recht als Realobligationen anerkannt und sind namentlich im französischen und italienischen geltenden Recht ein viel behandeltes Institut. Ich verweise noch auf folgende Literatur: JHERING R., Passive Wirkungen der Rechte, Jb. **10**, 1871 und Ges. Aufsätze II S. 178ff.; RANDA A., Das Eigentum, S. 102, Anm. 1 und 133; zu den realobligatorischen Elementen der Miete: BRUNNER Hch., Referat am 19. dt. Juristentag in Stettin 1888, Verh. III S. 44, sowie CROME in Jherings Jb. **37**, S. 41 und OERTMANN, N. 3b zu § 571 BGB (Zustandsobligation). ENNECCERUS-NIPPERDEY, Allg. Teil II S. 223, 14. Aufl. S. 967; KIPP (Enneccerus-Kipp-Wolff), Erbrecht § 106 II; UNGER, System I S. 515ff.; JUGLART Michel de, Obligations réelles et servitudes en droit français, Thèse Bordeaux 1937; ABERKANE H., Essai d'une théorie générale de l'obligation propter rem en droit français, 1957; SIMONCELLI V., Sul concetto del diritto reale e sulla obbligazione in rem scripta, Scritti giuridici II (1938); GROSSO G. e DEJANA G., Le servitù prediali, 3ª ed. 1963, p. 41ss., 54ss., 251ss., 288ss.; SCHWARZ Fritz, Bespr. meiner Privatrechtlichen Abhandlung, zur Hauptsache der Realobligation, Arch.f.d.civ.Pr. **173** (1973) S. 341–358. Das Rechtsverhältnis selbst wird als obligatio propter rem, obligatio ob rem oder auch als Realobligation bezeichnet, namentlich im französischen und italienischen Recht. Wir halten diese Bezeichnung für zutreffend und möchten sie auch für das schweizerische Recht aufnehmen. Einzelne Autoren wollen sie nur akzeptieren für die Fälle, in denen der Schuldner lediglich mit der Sache, nicht aber persönlich haftet, so v. TUHR, BGB I § 4 N. 33, S. 102 und N. 78, S. 116. Auch CROME, System des deutschen bürgerlichen Rechts II, S. 8, hält dafür, daß sie besser nur in diesem Sinne gebraucht werde. Dem ist jedoch nicht beizupflichten. Gerade in dem hievor bestimmten weiteren Sinne hat die Realobligation ihre besondere systematische Bedeutung.

Realobligationen können nur durch gesetzliche Vorschrift oder in vom Gesetz 150 vorgesehenen Fällen durch Vertrag entstehen. Wäre ihre Begründung den Parteien freigestellt, würde damit die Grenze zwischen den dinglichen und den obligatorischen Rechten in einer Weise verwischt, die unvereinbar wäre mit dem numerus clausus der Arten von beschränkten dinglichen Rechten.

In Frankreich und in Italien besteht in der Praxis eine gewisse Tendenz, obligatio- 151 nes in rem scriptae ohne spezielle gesetzliche Grundlage zuzulassen, um die enge Begrenzung der Zahl und des Inhaltes der Arten von beschränkten dinglichen Rechten zu lockern. Diese Tendenz wird namentlich bekämpft von BONFANTE, Servitù e obbligazione, Riv. del dir. comm. 16 2 (1918), auch in Scritti giuridici III

Einleitung

(Turin 1926), S. 355ff., und von GROSSO G., Servitù e obbligazione propter rem (Riv. del dir. comm. **39** [1939] I, S. 213ff.), abgelehnt auch von BARASSI, La teoria generale delle obbl. I (1948) S. 127 und MESSINEO, Manuale di dir. civ. e comm. II (1947) S. 258. Neueste umfassendere Bearbeitung: BALBI G., Le obbligazioni propter rem, Turin (Giappichelli), 1950. Zur französischen Praxis vgl. namentlich DE JUGLART M., Obligation réelle et servitudes, Thèse Bordeaux 1937; BONNECASE J., Ergänzungsband 5 zu BAUDRY-LACANTINERIE, 1930, Nr. 153ff.

152 Im schweizerischen Recht ist die Versuchung, Realobligationen außer den aus dem Gesetz sich ergebenden Fällen zuzulassen, sehr viel geringer, weil das Gesetz den Bedürfnissen nach der dinglichen Ausgestaltung von Rechten in äußerst liberaler Weise entgegenkommt, insbesondere auch weil es neben die Dienstbarkeiten die Grundlasten gestellt hat. Sodann hat unser Recht mit dem Institut der **Vormerkung persönlicher Rechte im Grundbuch** selber den Gegensatz zwischen dinglichen und persönlichen Rechten überbrückt, aber allerdings die Möglichkeit der Vormerkung auf bestimmte Fälle beschränkt. Durch die Vormerkung des persönlichen Rechtes erhält der Gläubiger eine actio in rem scripta und die Obligation den Charakter einer obligatio propter rem oder Realobligation. Dies ergibt sich aus der Einsicht, deren eindringende Begründung namentlich der Abhandlung von Theo GUHL, Persönliche Rechte mit verstärkter Wirkung, Festgabe für das Bundesgericht, 1924, zu verdanken ist, daß das persönliche Recht durch die Vormerkung nicht dinglichen Charakter erhält, sondern nur eine verstärkte Wirkung, welche darin besteht, daß es gegenüber jedem Dritterwerber der Sache, welche sein Objekt ist, durchgesetzt werden kann.

153 Diesem Ergebnis liegt die Erkenntnis zugrunde, daß die Durchsetzbarkeit eines Anspruches gegenüber dem jeweiligen Eigentümer einer Sache diesen Anspruch nicht zu einem dinglichen macht. Dinglichen Charakter hätte er nur, wenn er die Auswirkung einer **unmittelbaren** Sachherrschaft wäre, die aber mit den vormerkungsfähigen persönlichen Rechten nicht gegeben ist, insbesondere nicht gegeben sein kann, wenn sie die Vornahme von Handlungen des Schuldners zum Gegenstand haben. GUHL (S. 163f.) sagt zwar, unser Recht kenne die obligatio in rem scripta als besonderes Institut nicht mehr, so daß sich aus der Ablehnung des dinglichen Charakters der vorgemerkten persönlichen Rechte ihre obligatorische Natur ergebe, weshalb er sie als persönliche Rechte mit verstärkter Wirkung bezeichnet. Aber durch die verstärkte Wirkung qualifizieren sich diese Rechte als besondere Kategorie von obligatorischen Rechten. Die verstärkte Wirkung besteht darin, daß sie dem Gläubiger eine actio in rem scripta und damit dem Rechtsverhältnis den Charakter einer obligatio propter rem oder Realobligation geben, womit auch zum Ausdruck gebracht ist, daß ihr obligatorischer Charakter im Sinne Guhls gewahrt bleibt. Vgl. auch OSTERTAG, N. 3 zu Art. 959, wonach das vorgemerkte Recht in der Mitte steht zwischen den beiden Kategorien der dinglichen und der obligatorischen Rechte, welche Stelle GUHL (S. 96) zustimmend zitiert. PIOTET S. 555f.

Ein überzeugendes Beispiel für die Realobligation im hier vertretenen Sinn ist das 154 von GUHL sehr eingehend untersuchte Vorkaufsrecht, insbesondere das gesetzliche Vorkaufsrecht des Miteigentümers (Art. 682), aber auch das vorgemerkte rechtsgeschäftliche Vorkaufsrecht (Art. 681) und das diesem gleichzustellende vorgemerkte Kaufsrecht und Rückkaufsrecht (Art. 683). Der Berechtigte hat einen persönlichen Anspruch auf vorzugsweise Verschaffung des Eigentums und Übertragung des Besitzes gegenüber dem jeweiligen Eigentümer des Grundstückes. Ist das Eigentum am Grundstück von V_1 auf V_2 übertragen worden, ohne daß das Vorkaufsrecht ausgeübt wurde, ist V_1 von der Verpflichtung aus dem Rechtsverhältnis befreit und V_2 der Verpflichtete. Überträgt V_2 das Eigentum auf V_3 und gibt der Berechtigte rechtzeitig, aber erst nach Eintragung von V_3 die Ausübungserklärung ab, hat er nach GUHL, S. 141, und HAAB, N. 46 zu Art. 681/82, den Anspruch auf Verschaffung des Eigentums gegen V_2, nicht gegen V_3. (Ebenso nach der Doktrin zum dinglichen Vorkaufsrecht des BGB: WOLFF, § 126 V 2 a, S. 443; CROME III, S. 578; PLANCK-STRECKER zu § 1098 am Schluß.) Diese Auffassung steht zwar im Widerspruch zum Satz, daß der Anspruch des Vorkaufsberechtigten sich gegen den jeweiligen Eigentümer des Grundstückes richtet, weil nach ihr V_3 gar nicht Eigentümer geworden wäre, sondern seine Eintragung infolge der gültigen Ausübungserklärung des Vorkaufsberechtigten ungerechtfertigt sein soll und ihre Löschung auf dem Wege der Grundbuchberichtigungsklage durchgesetzt werden könnte. Anders LEEMANN N. 59, 70, 72 zu Art. 681 und OSTERTAG, N. 6 und 10 zu Art. 959, wonach gegen V_3 auf Übertragung des Eigentums geklagt werden kann, trotzdem er nicht Schuldner, wohl aber Eigentümer geworden ist. Noch anders HOMBERGER, N. 38 zu Art. 959, nach dem die Leistungs- und die Berichtigungsklage gegen V_3 gerichtet werden können, obwohl er nicht Eigentümer geworden ist. Trotz diesen Unstimmigkeiten in der Doktrin steht fest, daß sich der Anspruch des Vorkaufsberechtigten gegen jeden Dritten richtet, welcher das Eigentum am Grundstück erlangt hat, für den Fall, daß er dieses weiterverkauft. Vgl. zur Vormerkung als Mittel der Sicherung streitiger oder vollziehbarer Ansprüche nach Art. 960 Ziff. 1 die N. 78 zu Art. 731.

Nicht üblich war jedoch in der schweizerischen Rechtslehre die Bezeichnung 155 «actio in rem scripta» oder «Realobligation». Man sprach vielmehr von subjektiv-dinglichen Pflichten (und subjektiv-dinglichen Rechten). Siehe Eugen HUBER, Zum schweiz. Sachenrecht, S. 37; GUHL, S. 130, 134 und passim; HAAB, N.19 zu Art. 681/82. Vgl. dazu auch DERNBURG, Bürgerl. Recht III, S. 208. Damit wird zum Ausdruck gebracht, daß der Verpflichtete oder Berechtigte oder beide zugleich bestimmt werden durch die sachenrechtliche Beziehung, in der sie zu einer bestimmten Sache stehen. Aber unter diesen Begriff fallen nicht nur, wie unter den Begriff der Realobligation obligatorische Rechtsverhältnisse, sondern auch dingliche Rechtsverhältnisse, ist doch das typische dingliche subjektiv-dingliche Rechtsverhältnis die Grunddienstbarkeit, weil sowohl der Berechtigte als auch der

Einleitung

Verpflichtete der jeweilige Eigentümer eines bestimmten Grundstückes ist. Davon abgesehen, daß der Ausdruck «subjektiv-dingliches Recht» und «subjektiv-dingliche Pflicht» leicht die Vorstellung eines dinglichen Rechtsverhältnisses erweckt, ist er zu allgemein, um Verpflichtung und Anspruch aus der Realobligation zu charakterisieren. Vgl. zur Terminologie die trefflichen «Erörterungen aus dem ‹Römischen, Deutschen und Württembergischen Privatrechte›» von C.G. WÄCHTER, I (1845) S. 106ff.

156 Wenn wir als Realobligationen alle Rechtsverhältnisse konstruieren, aus denen dem Berechtigten ein gesetzlicher oder vertraglicher persönlicher Anspruch gegenüber dem jeweiligen Eigentümer einer bestimmten Sache oder auch gegenüber dem Besitzer oder Dienstbarkeitsberechtigten zusteht, auch wenn dieser persönlich für die Erfüllung haftet, ist ihre Zahl erheblich. Neben dem bereits erörterten gesetzlichen Vorkaufsrecht des Miteigentümers und dem vorgemerkten Vorkaufs-, Kaufs- und Rückkaufsrecht seien als Beispiele genannt:

157 a) Der Anspruch auf Einräumung des Notweges, des Notbrunnens, des Überbaurechts und der Anspruch auf die Begründung des gesetzlichen Bauhandwerkerpfandrechtes (GUHL, S. 145ff.). Die frühere Auffassung des Bundesgerichts, nach welcher dieser letztere Anspruch nur gegenüber dem Grundeigentümer besteht, welcher selber der Bauherr ist (EBG **40** II 452 = Pr. **4** Nr. 25 = ZBGR **27** S. 77ff., worauf noch EBG **73** I 278 = **36** Nr. 175 = ZBGR **29** S. 47ff. verweist), konnte nicht aufrechterhalten werden. Sie kann sich weder auf den Wortlaut des Gesetzes stützen noch auf Gründe der Systematik und formellen Ausgestaltung des Rechtes und wird vor allem der Zweckbestimmung des Institutes nicht gerecht. Vgl. zum letzten Entscheid auch die Bemerkung von GUHL, ZBJV 84, S. 541, ferner allgemein zu dieser Frage: HOMBERGER, N. 37 zu Art. 961; AppG Basel-Stadt (1933) ZBGR **30**, S. 264f., ObG Solothurn (1934) ZBGR **30**, S. 259ff.

Die neuere Praxis ist in der N. 165a angeführt. Zum vorgemerkten Anspruch auf Grundbucheintragung gemäß Art. 960 siehe N. 78 zu Art. 731.

158 b) Die Leistungspflichten zwischen Miteigentümern (HAAB, N. 2 zu Art. 647, Art. 649 Abs. 2), zwischen Eigentümer und Nutznießer, Eigentümer und Wohnberechtigtem (LEEMANN, N. 7 zu Art. 745).

159 c) Die mit der Dienstbarkeit nebensächlich verbundene Verpflichtung zur Vornahme von Handlungen (Art. 730 Abs. 2).

160 d) Ersatzansprüche zwischen dem zur Rückforderung einer Sache Berechtigten und dem zur Herausgabe verpflichteten Besitzer, soweit sie nicht aus Delikt entstehen, Art. 938ff. (vgl. v. TUHR, BGB I S. 102); der Ersatzanspruch des Materialeigentümers gegen den Grundeigentümer gemäß Art. 672 und auf Zuweisung des Grundeigentums gemäß Art. 673.

161 e) Nachbarliche Verpflichtungen zur Vornahme von Handlungen, wie zur Mitwirkung bei der Feststellung einer ungewissen Grenze (Art. 669), zur Beseitigung von Störungen des natürlichen Wasserablaufs (Art. 689), zur Weiterleitung der Vorflut durch das untere Grundstück bei Entwässerungen (Art. 690), zur Einfriedigung eines Grundstückes nach kantonalem Recht (Art. 697 Abs. 2) und zum Unterhalt von Vorrichtungen zur Ausübung nachbarrechtlicher Befugnisse (Art. 698, kant. Brandmauer- und Stützmauerrecht, z.B.EG Graubünden, 1944, Art. 122f., 129).

162 In diesen nachbarrechtlichen Verhältnissen tritt die dingliche Grundlage sowohl der Berechtigung als der Verpflichtung besonders klar in Erscheinung. Die Berechtigung wie die Verpflichtung ist mit dem Eigentum an einem Grundstück verbunden, subjektiv-dinglich verknüpft. Wie die Forderung, der Anspruch auf die Leistung, dem Eigentümer eines «herrschenden» Grundstückes zusteht, so obliegt die Verpflichtung zur Leistung dem Eigentümer des «dienenden» Grundstückes. Von der Grunddienstbarkeit unterscheidet sich das Verhältnis, abgesehen von seiner unmittelbaren Begründung durch das Gesetz, dadurch, daß der Eigentümer des «dienenden» Grundstückes zu einem Tun, zu einer Leistung verpflichtet ist, die niemals Gegenstand eines dinglichen Rechtes sein kann, da der Anspruch auf sie dem Berechtigten nicht eine unmittelbare Sachherrschaft, sondern nur eine Herrschaft über den Willen der Person des Eigentümers des «dienenden» Grundstückes geben und nur durch deren pflichtgemäße Willensbetätigung erfüllt werden kann (Einleitung N. 2).

163 Der Anspruch auf Erfüllung dieser nachbarrechtlichen Obliegenheiten, aber auch auf Erfüllung aller anderen Leistungspflichten, die mit dem Eigentum, dem Besitz oder einem beschränkten dinglichen Recht an einer Sache verbunden sind, kann sich nur gegen den jeweiligen Eigentümer, Besitzer oder dinglich beschränkt Berechtigten richten. Mit der Übertragung des Eigentums, des Besitzes oder des beschränkten dinglichen Rechtes geht auch die zum Inhalt dieser Rechte gehörende oder zu ihnen im Verhältnis der Akzessorietät stehende Verpflichtung auf den Erwerber über. Vgl. dazu N. 232 zu Art. 730, N. 24f. zu Art. 741. Ist der Grundeigentümer vor der Eigentumsübertragung schadenersatzpflichtig geworden, bleibt es dabei. Auch Forderungen auf periodische Leistungen, welche vor der Eigentumsübertragung fällig geworden sind, gehen nicht auf den Erwerber des Grundstücks über. DESCHENAUX, Obl. propter rem, Festschrift Gutzwiller, S. 743 und dazu N. 26f. zu Art. 741 und besonders NEUENSCHWANDER, S. 241ff. und 286ff.; Joseph KOHLER, Arch.f.d. civ. Pr. **87**, S. 215; Edith KISCHINEWSKY-BROQUISSE, Statut de la copropriété des immeubles (1958) S. 187ff.

164 Die gleiche befreiende Wirkung wie die Veräußerung hat die Aufgabe des Sachenrechtes, mit dem die Verpflichtung verknüpft ist: die Dereliktion der Sache, der Verzeicht auf das beschränkte dingliche Recht an der Sache. Diese Möglichkeit der Befreiung von Leistungspflichten, welche im C.c.fr. (Art. 656 und 699) für besondere Fälle ausdrücklich vorgesehen ist, wird in der französischen Literatur und Praxis als auf alle Realobligationen anwendbare Regel anerkannt. PLANIOL-RIPERT-PICARD, S. 51 (Nr. 46) und 413 (Nr. 430); BAUDRY-LACANTINERIE und CHAUVEAU, S. 707 (Nr. 977), 862ff. (N. 1131). Zweifel, ob außer den im Gesetz genannten

Fällen (Art. 656, 667: clôtures mitoyennes und 699: Verpflichtung zum Unterhalt von Vorrichtungen zur Ausübung der Servitut durch den Eigentümer des belasteten Grundstückes) die Dereliktion des dienenden Grundstückes möglich sei, äußern PLANIOL-RIPERT-BOULANGER S. 1226 (Nr. 3772). Von allen genannten Autoren wird in Übereinstimmung mit der Praxis die Ansicht vertreten, daß zur Befreiung von den Unterhaltspflichten des Eigentümers des belasteten Grundstückes die Dereliktion des Teiles des Grundstückes genüge, welcher durch die Ausübung der Servitut in Anspruch genommen werde, also z.B. des Wegareals zur Befreiung vom Unterhalt des Weges. Im C.c.it., Art. 1070, der im übrigen dem Art. 699 C.c.fr. entspricht, ist dies ausdrücklich festgelegt. Auch in der italienischen Rechtswissenschaft ist die Möglichkeit der Befreiung von den Leistungspflichten aus der Realobligation durch Verzicht des Schuldners auf das Recht, mit dem sie verbunden sind, anerkannt. Siehe insbesondere BALBI G., Le obbligazioni propter rem, S. 175ff. Seine besondere Ausgestaltung hat der Verzicht auf das Eigentum am dienenden Grundstück gemäß Art. 1070 C.c.it. als Abbandono liberatorio («rinunziando alla proprietà del fondo servente a favore del proprietario del fondo dominante») gefunden. BARASSI, S. 278f.; MESSINEO, S. 166ff.; NEUENSCHWANDER § 14 S. 174ff.: Das Erlöschen infolge Dereliktion; S. 216ff.: Die Wirkungen des Verzichts auf die Realobligationen.

165 Die Fälle der Realobligation, in denen für die geschuldete Leistung nur das Grundstück haftet, die persönliche Haftung also fehlt, fallen unter den Begriff der Grundlast. Sie werden in den Vorbemerkungen zum dritten Abschnitt behandelt.

165a Mit diesen Ausführungen ist die Lehre von der Realobligation in das schweizerische Recht eingeführt worden. Sie hat in der Wissenschaft und auch in der Praxis Anerkennung gefunden und ist zu einem feststehenden Institut unseres Sachenrechts geworden. Daraus haben sich einfache und zweckmäßige Lösungen verschiedener Fragen ergeben, die nicht möglich waren, solange man am Dogma festhielt, nur ein dingliches Recht könne gegenüber dem jeweiligen Eigentümer eines Grundstückes wirksam sein, so daß ein Recht, das nicht dinglicher Natur sei, wie der Anspruch auf Einräumung des Bauhandwerkerpfandrechtes, sich nur gegen den Bauherrn, aber nicht gegen seinen Rechtsnachfolger im Eigentum am Baugrundstück richten könne. Weil aber die Wirkung gegen den jeweiligen Eigentümer des Baugrundstückes und auch gegen die Konkursmasse zur Erfüllung des Zweckes des Bauhandwerkerpfandrechtes notwendig ist, wurde die Kontroverse: Dingliche oder obligatorische Natur des Anspruchs auf die Einräumung des Bauhandwerkerpfandrechts unvermeidlich und unauflösbar. Mit der Anerkennung der Realobligation erledigt sie sich. Dies habe ich dargelegt in dem Aufsatz «Die Begründung des Bauhandwerkerpfandrechts» in der ZBJV **98** (1962) S. 209ff. und dafür die Zustimmung des Bundesgerichts gefunden: EBG **90** II 393 = Pr. **54** Nr. 201; **92** II 227 = Pr. **56** Nr. 38; **95** II 31 = Pr. **58** Nr. 81 (gegenüber der Konkursmasse). Realobligatorische Natur der Klage von Bauhandwerkern aus Art. 841 (gegen vorgehende

Pfandgläubiger) EBG **100** III 61f. = ZBGR **57** (1976) Nr. 17, S. 92ff. Inzwischen ist gesetzlich festgestellt, daß sich der obligatorische Anspruch auf die Einräumung des Pfandrechts gegen den jeweiligen Erwerber richtet (Art. 779i zur Sicherung des Baurechtszinses).

Die klassifikatorische Bedeutung und die praktische Verwendbarkeit der Realobligation in ihrem ganzen Bereich habe ich unter dem Titel «Die Realobligation» dargelegt in der ZBGR **43** (1962) S. 257ff., auch in den Privatrechtl. Abh. (1972) S. 207ff. Aus der Literatur, in welcher die Lehre von der Realobligation aufgenommen und weiter ausgebaut wurde, sind zu nennen:

JOST Arthur, Die Realobligation als Rechtsinstitut, Bern 1956; MEIER-HAYOZ Arthur, Berner Kommentar, Sachenrecht, 1. Teilband, 4. Aufl. 1966, Syst. Teil N. 150ff., S. 79ff., 3. Teilband (1975) N. 255ff. zu Art. 681; NEUENSCHWANDER Urs, Die Leistungspflichten der Grundeigentümer im französischen Code Civil und im schweizerischen ZGB unter besonderer Berücksichtigung des Nachbarrechts. Eine rechtsvergleichende Arbeit, Diss. iur. Bern 1966. TUHR A. von, OR I, 3. Aufl., bearbeitet von Hans PETER 1979, S. 15 N. 30a, S. 21f., Nachtrag zu § 2, S. 36 N. 18; TUOR-SCHNYDER, Das schweiz. ZGB, 9. Aufl. 1979, S. 628; SCACCHI Diego, L'obligation propter rem et les droits personnels annotés au registre foncier, Thèse Genève 1970.

DESCHENAUX Henri, Obligations propter rem in der Festschrift Max Gutzwiller «Ius et Lex», 1959, S. 711ff.; Les obligations dites réelles et leur rapport avec le registre foncier, ZBGR **43**, S. 282ff.; Encore les effets de l'annotation de droits personnels au registre foncier, ZSR **83** I (1964) S. 301ff.

DESCHENAUX anerkennt die Richtigkeit und Anwendbarkeit der Theorie der Realobligation grundsätzlich, lehnt sie aber gerade in den Fällen ab, in denen sie sich unter den hievor namhaft gemachten Gesichtspunkten entschieden aufdrängt, nämlich in ihrer Anwendung auf das vorgemerkte Vorkaufsrecht und auf das vorgemerkte Mietverhältnis. Dagegen und allgemein:

PIOTET P., Des effets de l'annotation au registre foncier, ZSR **79** (1960) S. 401ff.; A propos de l'annotation des droits personnels au registre foncier, JdT **111** (1963) I 570ff.; Du nouveau quant aux rapports des droits personnels au registre foncier? ZBGR **46** (1965) S. 129ff.; Quelques effets de l'annotation au registre foncier d'un pacte de préemption, JdT **115** I (1967) p. 162 et suiv.

In der Praxis wurde der realobligatorische Charakter zuerkannt:

a) dem vorgemerkten Vorkaufsrecht, EBG **92** II 147 = Pr. **56** Nr. 3 = ZBGR **48** (1967) Nr. 23, S. 106ff.;

b) dem landwirtschaftl. gesetzl. Vorkaufsrecht EBG **97** II 281 (vgl. auch EBG **98** III 53 = Pr. **61** Nr. 221 = ZBGR **55** Nr. 10, S. 34);

c) dem Anspruch auf Einräumung der Dienstbarkeit am aufgehobenen bestehenden Weg gemäß EGzZGB Zürich § 181, BlZR **60** Nr. 126 = ZBGR **43** (1962) Nr. 5, S. 69ff. (KassG);

Einleitung

d) den hievor erwähnten Ansprüchen des Bauhandwerkers auf Einräumung des gesetzl. Pfandrechts und des Vorrechts gemäß Art. 841 ZGB;

e) dem Grundeigentümer zur Sicherung des Baurechtszinses gemäß Art. 779i. Siehe auch N. 225 zu Art. 730 und m.Eigentum, § 5 III, S. 21f.

Erster Abschnitt

Die Grunddienstbarkeiten

(Art. 730–744)

Vorbemerkungen

Materialien. Botschaft des Bundesrates vom 28. Mai 1904, S. 71ff.; Eugen HUBERS Erläuterungen zum Vorentwurf des Eidg. Justiz- und Polizeidepartements, 2. Aufl., 1914, 2. Band, S. 130ff.; Protokoll der Expertenkommission, 2. Band, Nov. 1902, S. 110ff.; Amtl. Sten. Bulletin der Verhandlungen der eidg. Räte XVI, 1906, S. 571ff. (NR), S. 1356ff. (StR).

Literatur (außer den vor der Einleitung genannten Werken). HITZIG H.F., Die Grunddienstbarkeit im Vorentwurf eines schweizerischen Civilgesetzbuches, ZSR n. F. **19**, S. 353ff.; RÜMELIN M., Der Vorentwurf zu einem schweizerischen Civilgesetzbuch, S. A. aus Schmollers Jahrbuch für Gesetzgebung u. XXV, 3. und 4., 1901, S. 110ff.; SCHWANDER V., Die Grunddienstbarkeiten mit bes. Berücksichtigung des ZGB und des schwyzerischen Rechtes, Diss. jur. Bern 1910; PFISTER Hch., Der Inhalt der beschränkten dinglichen Rechte, insbesondere der Dienstbarkeit, Diss. iur. Basel 1933 in Maschinenschrift, Auszug unter dem Titel «Der Inhalt der Dienstbarkeit» ZSR n. F. **52** (1933), S. 325ff.; SCHATZMANN Alfr. Hs., Eintragungsfähigkeit der dinglichen Rechte und Prüfungspflicht des Grundbuchverwalters, Diss. jur. Bern 1939 (Abhandlungen z. schweiz. Recht., n. F. 148); ZOBL Manfred, Der zulässige Inhalt von Dienstbarkeiten, Diss. iur. Zürich 1976.

KOHLER Joseph, Beiträge zum Servitutsrecht, Arch. f. d. civilist. Pr. **87** (1897), S. 157ff.; GIERKE O., Der Entwurf eines bürgerlichen Gesetzbuches und das deutsche Recht, 1889; GIERKE O., Die soziale Aufgabe des Privatrechts, 1889, auch enthalten im Quellenbuch zur Geschichte der deutschen Rechtswissenschaft von Erik WOLF, S. 479ff.; NAENDRUP Herbert, Zur Geschichte deutscher Grunddienstbarkeiten, Habilitationsschrift Breslau, 1900; ELVERS Rudolf, Die römische Servitutenlehre, 1856.

Eine eingehende Erläuterung des Immobiliarsachenrechts für den technischen Experten mit Anleitung zur Begutachtung von technischen Fragen des Servitutenrechtes und zur Bewertung von Servituten bietet auf Grund des C.c.it. Russo Cristoforo, ing., Questioni tecnico-legali (I. Legislazione e terminologia legale, II. Studio sulle servitù, III. Stima delle servitù), 2. Aufl., Turin (Utet) 1950.

Zum intertemporalen Recht. Mutzner P., Kommentar zum ZGB des Verlags Stämpfli, Bern, Schlußtitel: Anwendungs- und Einführungsbestimmungen I. Abschnitt (Art. 1–50), 2. Aufl., 1926; Mutzner P., in der Bearbeitung der 2. Auflage von Eugen Hubers System und Geschichte des schweizerischen Privatrechts I, 1932ff., S. 231–365; Blumenstein E., Das (bern.) Gesetz über die Bereinigung der Grundbücher, ZBJV **45**, S. 353ff.; Risi Ad., Das kant. und das eidg. Grundbuch in Nidwalden, Diss. jur. Bern 1932 (Abhandlungen z. schweiz. R., n. F. 70); Riva W., I diritti reali limitati nella nostra legislazione (Problemi di registro fondiario ticinese), Diss. jur. Bern 1934; Bossi W., Das intertemporale Grundbuchrecht des Kantons Graubünden, Diss. jur. Bern 1941; Sigrist E., Die Bereinigung der dinglichen Rechte als Grundlage der Grundbuchführung, insbesondere im Kanton Zürich, Diss. jur. Zürich 1947; Vonaesch W., Das Grundbuch des Kantons Thurgau, Diss. jur. Bern 1949; Arnold Leo, Die Bereinigung der Dienstbarkeiten und Grundlasten im Kanton Uri, Diss. jur. Freiburg (Schw.) 1949; Guntern Odilo, Das intertemporale Recht der Dienstbarkeiten und das Grundbuch im Wallis, Diss. Fribourg 1968; Schneider A., Zur Frage der Anwendbarkeit eidg. Rechts bei der Auslegung altrechtlicher Dienstbarkeiten, SJZ **24**, S. 33ff.

I. Funktion, wirtschaftliche und soziale Bedeutung

Die Rechtsordnung gewährleistet den Frieden unter den Nachbarn und einem jeden von ihnen die Ausübung seines Eigentums innert den Schranken, welche sie ihm, um ihr Ziel zu erreichen, auferlegen muß. Sie geht aber über das Ziel, Kollisionen zu verhindern, hinaus, indem sie die bestmögliche Nutzung und Bewirtschaftung eines jeden Grundstückes zu ermöglichen sucht. Sie gibt dem Grundeigentümer das Recht, zur Erlangung der hiezu erforderlichen Bewegungsfreiheit und zur Beschaffung der nötigen Naturstoffe benachbarte Grundstücke in Anspruch zu nehmen. Das Eigentum wird durch die mannigfachsten Wegrechte, Wasser-, Holz- und Weiderechte, Durchleitungsrechte u.a.m. beschränkt. Damit erfüllt die Rechtsordnung eine wirtschaftliche und soziale Aufgabe. Liver P., Gesetzliche Eigentumsbeschränkungen und Dienstbarkeit (rechtsvgl.) 1959; Die Servitut in der Rechtsgeschichte (rechtsvgl.) 1966. (siehe Lit.-Verzeichnis).

Im alten deutschen Recht war es die genossenschaftliche Ordnung, welche als objektives Recht allen Grundeigentümern Bindungen auferlegte, um jedem Genossen zu gewähren, was ihm fehlte, um seinen Boden so nutzen und bewirtschaften zu können wie alle andern. Sie machte innerhalb der Genossenschaft die vertragliche

Vorbemerkungen

Begründung von Dienstbarkeiten überflüssig. Diese hatte ihr Anwendungsgebiet im Verhältnis zwischen den Genossenschaften, die sich namentlich als Nachbarschaften in die früher gemeinsamen Marken teilten und gegeneinander abgrenzten, ferner in den geschlossenen Siedlungen, besonders den Städten, wo die zunehmende Enge des Wohnraumes und die stärkere Ausschließlichkeit des Eigentums an den Häusern sie nötig machten.

3   Das römische Recht verhält sich gegenüber allen dem Individuum auferlegten persönlichen Bindungen und Beschränkungen seines Eigentums ablehnend. Auch es schafft die Möglichkeit, daß ein Grundstück in bestimmter Hinsicht unmittelbar und dauernd in den Dienst eines anderen gestellt wird, überläßt deren Verwirklichung aber dem Willen der Parteien. Die vertraglich begründete Dienstbarkeit ist die Rechtseinrichtung, welche die Inanspruchnahme eines Grundstücks zum Vorteil eines anderen erlaubt und sichert. Sie dient dem gleichen Zweck, welchen im deutschen Recht die genossenschaftliche Ordnung erfüllt, vermag ihn jedoch, da sie von der Willensübereinstimmung der Parteien abhängt, nicht in so umfassender und gleichmäßiger Weise zu erreichen. Sie kann überdies nicht so frei ausgestaltet werden, daß sie den verschiedensten individuellen Bedürfnissen entspricht, wie das im deutschen Recht der Fall ist, wo immer sie zur Anwendung kommt. Denn das römische Recht setzt ihr die festen Grenzen, welche durch den Begriff der Prädialservitut gegeben sind. Dieser aber ist in allen seinen Merkmalen bestimmt durch die Sorge, daß das Eigentum nicht zerrüttet werde durch Beschränkungen, die wegen ihrer Mannigfaltigkeit nicht klar übersehbar und deren Auswirkungen nicht leicht vorausgesehen werden können.

4   Im modernen Recht wird die Funktion, welche im römischen die Grunddienstbarkeit gehabt hat, wieder zu einem wesentlichen Teil durch gesetzliche Eigentumsbeschränkungen erfüllt. Die Anwendung des Dienstbarkeitsrechts hat dadurch eine starke Beschränkung erfahren. Anderseits aber sind ihr neue Anwendungsmöglichkeiten eröffnet worden, vor allem auf dem Gebiet der gewerblichen und industriellen Nutzung von Grundstücken und Bodenbestandteilen, die mit der Entwicklung der Wirtschaft und der Technik intensiver und vielgestaltiger geworden ist.

5   Im Dienste dieser neuen Bedürfnisse hat die Grunddienstbarkeit eine freiere Ausgestaltung erfahren, in welcher verschiedene Schranken, die ihr das römische Recht gesetzt hatte, teils beseitigt, teils viel weiter gezogen worden sind. Entscheidend dafür ist die unbeschränkte Zulassung der irregulären Personaldienstbarkeiten, die vererblich und übertragbar sein können. N. 36f. zu Art. 730.

6   So ergänzen die vertraglichen Eigentumsbeschränkungen in individueller Ausgestaltung die gesetzlichen. Beide stellen zwischen den Grundeigentümern eine Verbindung her, in welcher ein Ausgleich zwischen Überfluß auf der einen und Mangel auf der anderen Seite stattfindet und der Gesamtnutzen sich erhöht, indem der Belastung des einen Grundstückes ein ungleich größerer Vorteil des andern entsprechen

kann. In dieser Funktion liegt die wirtschaftliche und soziale Funktion des Dienstbarkeitsrechtes.

II. Prinzipien des ZGB im Grunddienstbarkeitsrecht

1. Erweiterung des Anwendungsbereichs. Der Gesetzgeber hat das Ziel verfolgt, den Begriff so weit zu fassen, daß die Grunddienstbarkeit allen modernen Bedürfnissen der Benutzung fremder Grundstücke für gewerbliche und industrielle Zwecke wie auch für die Sicherung der Vorteile und Annehmlichkeiten des Wohnens und Sichergehens auf hiefür bestimmten Liegenschaften sich eigne. Die Grunddienstbarkeit sollte damit, wie die Dienstbarkeit überhaupt, wieder stärker in den Dienst des wirtschaftlichen und kulturellen Lebens der Gegenwart und Zukunft gestellt und der Isolierung in den Kategorien der Rustikal- und Urbanalservituten entzogen werden. N. 161ff. zu Art. 730.

Diese Ausdehnung des Begriffsumfanges ist dadurch zustandegekommen, daß neben der Zurückdrängung und Abschwächung anderer Merkmale vor allem das Merkmal der Utilität für das herrschende Grundstück fallen gelassen wurde. Das römische und gemeine Recht ließen nur Grunddienstbarkeiten zu, die dem herrschenden Grundstück von Nutzen sind oder dessen Annehmlichkeit steigern, nicht aber solche, die bloß der Person des Eigentümers des herrschenden Grundstückes Vorteile oder Annehmlichkeiten boten. Dem Grundstück selber bietet nur die Dienstbarkeit Vorteile oder Annehmlichkeiten, welche den in der Benutzbarkeit des Grundstückes selber liegenden, für jeden Eigentümer bestehenden Wert erhöht. Der Vorteil muß dem Eigentümer durch das Grundstück vermittelt werden. Dieser Vorteil steht im Gegensatz zu dem Vorteil, welcher die Benutzung von Betrieben oder Anlagen ermöglicht oder erleichtert, welche das Grundstück bloß zum Standort haben, also nicht zu seiner Nutzung und seinem Gebrauch dienen. DERNBURG, Röm. R., I § 203, S. 424ff.; WINDSCHEID I, § 209, S. 1062; ELVERS, Röm. Servitutenlehre, S. 138ff.; IHERING, Geist des römischen Rechts, 7. Aufl. II 1, S. 226ff.

An diesem Fundamentalerfordernis, welches das römische Recht aufgestellt hatte, «um das hohe Gut der Freiheit des Eigentums tunlichst zu wahren» (Dernburg a.a.O.), haben die Gesetzbücher unserer Nachbarstaaten grundsätzlich festgehalten, aber seine Strenge preisgegeben: Das BGB (GIERKE, DPrR II, S. 647; WOLFF, § 106 III, S. 379), der C. c. fr. (PLANIOL-RIPERT-BOULANGER I, Nr. 3718, S. 1209; BAUDRY-LACANTINERIE et CHAUVEAU, Nrn. 1074ff., S. 806ff.), das ABGB (EHRENZWEIG I 2, S. 340; KLANG, § 473, Bem. 2), der C. c. it. (BARASSI, S. 117ff. und 127ff.; MESSINEO, S. 20ff.; MILANI, S. 405ff.). Worin die Erweiterung des Begriffsumfanges der römischen Utilität in diesen Rechten besteht, ist im C. c. it. ausgesprochen: «L'utilità può consistere anche nella maggiore comodità o amenità del fondo dominante. Può del pari essere inerente alla destinazione industriale del fondo» (art. 1028).

Vorbemerkungen

10 Das ZGB aber hat das Erfordernis der Utilität, das auch zu den Merkmalen des Grunddienstbarkeitsbegriffs der meisten kantonalen Gesetzbücher gehört hatte (Eugen HUBER, SPrR III, S. 339ff.), überhaupt fallen gelassen und damit zugelassen, daß auch eine Grundstücksbenutzung, die für den Eigentümer des herrschenden Grundstückes bloß persönlich von Vorteil ist, zum Gegenstand der Grunddienstbarkeit gemacht werden kann.

11 Das ist die Neuerung, welche in den Gesetzesmaterialien hervorgehoben wird und als Kernpunkt der von den Bedürfnissen der Zeit geforderten Erweiterung des Anwendungsbereichs der Grunddienstbarkeit erscheint. Erl. II S. 134ff., bes. S. 137: «Mag es sich um einen Vorteil in der Bewirtschaftung selber handeln, wie die Gewährung einer Zufahrt für die Einheimsung der Ernte, oder um die Annehmlichkeit, die der Eigentümer in der Bewohnung seines Hauses sucht und die vielleicht wohl für ihn persönlich einen Vorteil darbietet, nicht aber nach der Natur des Grundstückes auch für jeden künftigen Eigentümer, das bleibt sich gleich. Nötig ist nur, daß die Berechtigung wie die Verpflichtung mit dem Eigentum an dem Grundstück verbunden sei»; Prot. ExpKomm. II, S. 10; Botschaft S. 72; Sten.Bull. 1906, S. 571 (NR) und S. 1358 (StR). Kritisch äußerte sich dazu HITZIG, a.a.O., S. 362f. Entschieden für die Aufrechterhaltung des Utilitätserfordernisses ist KOHLER, a.a.O., S. 169ff. Das ZGB hat damit den Boden des Sachenrechts verlassen, ohne daraus die Konsequenzen hinsichtlich der «Ablösung durch den Richter» ziehen zu können. Siehe dazu N. 91 zu Art. 736 («Rückfall in die richtige Lehre»), N. 87ff., 165 zu Art. 730, N. 14 zu Art. 734, N. 143ff. zu Art. 736. – Verteidigt wird die Preisgabe des Utilitätserfordernisses im ZGB von ZOBL M., Der zulässige Inhalt der Dienstbarkeiten, Diss. Zürich 1976, S. 49ff.

12 Die rechtspolitische Problematik des Dienstbarkeitsrechts hat KOHLER (a.a.O., S. 179) treffend charakterisiert: «Denn man darf nicht vergessen, daß Servituten zwar notwendig sind, daß sie dazu dienen, die Schroffheit des abgesonderten Individualeigentums zu mildern und Menschen und Güter einander zu nähern und zu gemeinsamen Zwecken zu verbinden; aber trotz allem tragen solche Gemeinschaftsverhältnisse den Keim der Zwietracht in sich; sie können die Entwicklung des Einzelnen und des Einzeleigentums lähmen, und das Schlimmste ist, daß nicht, wie bei den eigentlichen Gemeinschaftsverhältnissen, durch das Teilungsbegehren eine Lösung oder Begleichung verlangt werden kann. Daher muß anderseits die Rechtsordnung dafür sorgen, daß sich die Servituten nicht wie Wucherpflanzen um das Eigentum schlingen und ihm seine beste Nahrung entziehen.»

13 **2. Grundbuchliche Publizität.** Das ist das zweite Postulat, welches im Grunddienstbarkeitsrecht des ZGB verwirklicht worden ist. Die rechtsgeschäftlich begründeten Dienstbarkeiten entstehen durch die Eintragung in das Grundbuch und gehen unter mit der Löschung des Eintrags (Art. 731, 734). Nur in wenigen Kantonen waren die Dienstbarkeiten dem Eintragungsprinzip unterstellt gewesen, nur in zweien (Waadt und Basel-Stadt) war dieses Prinzip im Dienstbarkeitsrecht konsequent durchgeführt (Eugen HUBER, SPrR III, S. 344ff.).

Die Sicherheit und Klarheit des Rechtsbestandes, welche mit dem Eintragungsprinzip erreicht wird, ist ein entschiedener Fortschritt, gegenüber welchem die damit verbundene Erschwerung der Dienstbarkeitserrichtung (die wieder vermindert wurde, indem von der öffentlichen Beurkundung des Vertrages abgesehen wurde, Art. 732) nicht ins Gewicht fällt. 14

Das Eintragungsprinzip hat aber auch die Entstehung von Servituten durch «Widmung», «destination du père de famille» beseitigt, und die Ersitzung (nach Einführung des eidgenössischen Grundbuches) bis auf seltene Fälle verdrängt. Geopfert wurden seiner Herrschaft die Publizität, welche darin liegt, daß die Dienstbarkeit auf dem Grundstück selber in Erscheinung tritt (servitutes apparentes), welche dann als Ausnahme in bezug auf Leitungen doch anerkannt wurde (Art. 676 Abs. 3); ferner wurde die Nichtausübung während langer Zeit als Untergangsgrund der Dienstbarkeit (Entw. 1904 Art. 726) gestrichen und die Ersitzung der Eigentumsfreiheit ausgeschlossen (Erl. II, S. 144f.; EBG **62** II S. 136 = Pr. XXV Nr. 173), weil man – zu Unrecht – annahm, die richterliche Ablösung ersetze den Untergangsgrund der Nichtausübung. Es fragt sich, ob das Eintragungsprinzip da nicht überspannt worden sei und infolgedessen die Anwendung allgemeiner materiell-rechtlicher Grundsätze in einer der Interessenlage entsprechenden Weise in Einzelfällen hindere. 15

Die Durchführung des Eintragungsprinzips gemäß ZGB führt einerseits zu einer gewissen Eindämmung der Entstehung von Dienstbarkeiten, anderseits aber zur Aufrechterhaltung von Dienstbarkeiten, deren ursprünglicher Zweck dahingefallen ist, wogegen die richterliche Ablösung nicht ausreichende Abhilfe bietet. Erreicht wurde dagegen die Klarheit und Sicherheit des Rechtsbestandes, die noch erhöht wird durch die Vereinfachung, welche sich aus der Eliminierung von spezifischen Begriffsmerkmalen und Differenzierungen der gemeinrechtlichen Doktrin ergab. Zum Publizitätsmonopol des Grundbuches im schweiz. Recht, zur natürlichen Publizität und ihrer Mißachtung siehe N. 115 zu Art. 731, N. 6ff. und 45ff. zu Art. 733, N. 181ff. zu Art. 734; LIVER P., Die Entstehung und Ausbildung des Eintragungs- und Vertrauensprinzips im Grundstücksverkehr, ZBGR **60** (1979) S. 1–23. 16

3. Die Eigentümerdienstbarkeit. Die Begründung von Eigentümerdienstbarkeiten, welche das ZGB im Art. 733 ausdrücklich vorsieht, ist eine weitere Neuerung. Der Hauptzweck, mit dem ihre Einführung begründet wurde, die Ermöglichung der einheitlichen Überbauung parzellierten Landes zur Schaffung ausschließlicher Wohn- oder Villenquartiere (Eugen HUBER, Die Eigentümerdienstbarkeit, S. 9ff. und S. 73; Erl. II, S. 142f. Ref. Hoffmann, Sten.Bull. 16, S. 1359) wird zwar in zunehmendem Maße durch die öffentlich-rechtliche Baugesetzgebung und die auf ihr beruhende Ortsplanung erfüllt. Sie dient aber auch anderen Zwecken und hat sich darin in der Praxis auch bewährt. Die grundbuchliche Publizität bildet für sie «die 17

Vorbemerkungen

fast unentbehrliche formelle Grundlage» (Erl. II, S. 143). Einleitung N. 28ff.; N. 1ff. zu Art. 733. Die Zulässigkeit der Eigentümerdienstbarkeit wird nun auch in Deutschland bejaht. RGZ **142**, S. 231ff.; WOLFF, § 108 I 1b, S. 442f.

III. Anwendung des Rechts der Grunddienstbarkeiten auf die übrigen Dienstbarkeiten

18   Das Dienstbarkeitsrecht zerfällt in die beiden Abschnitte: Grunddienstbarkeiten einerseits, Nutznießung und andere Dienstbarkeiten anderseits. Die Aufnahme der «anderen Dienstbarkeiten» in den Abschnitt über die Nutznießung ist lediglich darin begründet, daß sie nicht dem jeweiligen Eigentümer eines Grundstückes, sondern einer individuell bestimmten Person zustehen, teilweise auch zugunsten einer Gemeinschaft bestehen können. Dem Inhalt nach sind alle diese Dienstbarkeiten, mit Ausnahme des Wohnrechts, also das Baurecht, das Quellenrecht und die «anderen Dienstbarkeiten» im Sinne des Art. 781, neben die Grunddienstbarkeiten zu stellen. Ihr Inhalt kann, ohne dadurch irgendeine Veränderung zu erfahren, zum Gegenstand der Grunddienstbarkeit gemacht werden. Anfänglich hat denn auch die Absicht bestanden, diese Dienstbarkeiten im Abschnitt der Grunddienstbarkeiten zu behandeln (Erl. II, S. 133, Prot. ExpKomm. II, S. 148). Die «anderen Dienstbarkeiten» nach Art. 781 sind hinsichtlich ihres Inhaltes den Bestimmungen über die Grunddienstbarkeiten unterstellt worden (Art. 781 Abs. 3). Dies ist für das Baurecht und das Quellenrecht im Gesetz nicht ausgesprochen, ergibt sich für diese Rechte aber per analogiam.

19   Dem Grunddienstbarkeitsrecht sind somit die Sätze zu entnehmen, welche, soweit die Analogie reicht, die vor 1965 dürftigen Bestimmungen über das Baurecht und das Quellenrecht ergänzen. Es enthält dem Sinne nach die für die Grunddienstbarkeiten und alle genannten übrigen Dienstbarkeiten gemeinsamen Bestimmungen. Deren Geltung aus Analogie erstreckt sich auch auf die mittelbar gesetzlichen Eigentumsbeschränkungen (Legalservituten), wofür auf die Bemerkungen N. 104 der Einleitung zu verweisen ist.

Diese Art der Gliederung entspricht einem in der Gesetzestechnik des ZGB vielfach befolgten Grundsatz. Erl. I, S. 11.

IV. Intertemporales Recht

20   Auf die in den Art. 17ff. des Schlußtitels niedergelegten Grundsätze des intertemporalen Sachenrechtes ist in N. 67 der Einleitung von HAAB in diesem Kommentar hingewiesen. Im Recht der Dienstbarkeiten sind es besonders zwei Artikel, die Anlaß zur Erörterung intertemporal-rechtlicher Fragen geben, nämlich Art. 731 betr. die Entstehung durch Eintragung und durch Ersitzung, sowie Art. 738 betr. die Bestimmung des Inhaltes und Umfanges der Dienstbarkeiten aus ihrem Erwerbsgrund.

Geringe Bedeutung kommt altrechtlichen Dienstbarkeiten zu, welche nach dem neuen Recht nicht mehr begründet werden können, denn die inhaltlichen Schranken der Dienstbarkeiten waren im alten Recht, wenigstens soweit es kodifiziert war, enger als im neuen. Diese Fragen werden mit der Erläuterung des Gesetzes im einzelnen behandelt. In der Praxis finden sie zur Hauptsache mit der Bereinigung der dinglichen Rechte im Verfahren zur Einführung des Grundbuches ihre Abklärung und teilweise ihre Erledigung.

Art. 730

Ein Grundstück kann zum Vorteil eines andern Grundstückes in der Weise belastet werden, daß sein Eigentümer sich bestimmte Eingriffe des Eigentümers dieses andern Grundstückes gefallen lassen muß oder zu dessen Gunsten nach gewissen Richtungen sein Eigentumsrecht nicht ausüben darf. A. Gegenstand

Eine Verpflichtung zur Vornahme von Handlungen kann mit der Grunddienstbarkeit nur nebensächlich verbunden sein.

Materialien. VE (1900) Art. 723; E (1904) Art. 720; Botschaft, S. 72; Erl. II, S. 132ff.; ExpKomm. II, S. 110; Sten.Bull. 16, S. 571ff., 1356ff.

Ausländisches Recht. DBGB §§ 1018, 1019, 1021, 1022; ABGB §§ 472, 473, 474; C. c. fr. Art. 637, 638, 686–689; C. c. it., Art. 1027–1030.

Literatur. Verzeichnisse zu der Einleitung und zu den Vorbemerkungen.

Inhaltsübersicht:

I. Definition der Grunddienstbarkeit als subjektiven Rechtes, N. 1–3

II. Die Last, N. 4–5

III. Begrenztheit des Umfanges der Belastung, N. 6–15

IV. Belastetes und berechtigtes Grundstück, N. 16–58
1. Grundstücksarten, N. 16–23
2. Das Grundstück als Objekt der Belastung, N. 24–28
3. Das berechtigte Grundstück, N. 29–51
4. Stellung des berechtigten und des belasteten Grundstücks zueinander, N. 52–58. a) Rechtliche Stellung; b) Das nachbarliche Verhältnis (Vizinität)

V. Unwiderruflichkeit und Unbedingtheit, N. 59–81
1. Prekaristische Gestattung, N. 59–61
2. Befristung und Bedingung. a) Befristung, N. 62–63; b) Suspensivbedingung, N. 64–65; c) Resolutivbedingung, N. 66–72; d) Obligatorische Vorbehalte, N. 73–81

Grunddienstbarkeiten

VI. Der Inhalt der Grunddienstbarkeiten, N. 82–160

1. Die Schutzwürdigkeit des Rechts, N. 82–102. a) Ausschluß infolge der Widerrechtlichkeit oder Unmöglichkeit des Inhalts, N. 82–86; b) Erheblichkeit des Interesses, N. 87–102
2. Vorteil des berechtigten Grundstückes (Utilität), N. 103–105
3. Beschränkung des Eigentums am belasteten Grundstück, N. 106–139. a) Allgemeines, N. 106–113; b) Die sog. Bierservitut, N. 114–117; c) Gewerbebeschränkungen mit dem Zwecke von Konkurrenzverboten, N. 118–136; d) Andere Beschränkungen der Grundstücksbenutzung, N. 137–139
4. Beschränkungen in der Benutzung des belasteten Grundstückes, N. 140–153
5. Ausschluß der Verpflichtung zu einer Leistung, 154–160. a) Der Grundsatz servitus in faciendo consistere nequit, N. 154–155; b) Gegenleistung und Konventionalstrafe, N. 156–160.

VII. Die Einteilung der Grunddienstbarkeiten, N. 161–193

VIII. Die Verpflichtung zur Vornahme von Handlungen, N. 194–245

1. Verbindung mit der Grunddienstbarkeit als Ausnahme, N. 194–201
2. Nebensächlichkeit im Verhältnis zur Duldungspflicht, N. 202–211
3. Inhalt der Verpflichtung, N. 212–217
4. Abgrenzung gegenüber der Grundlast, N. 218–224
5. Rechtliche Natur, N. 225–231
6. Befreiung durch Dereliktion des belasteten Grundstücks, N. 232–238
7. Ablösbarkeit, N. 239–245

I. Definition der Grunddienstbarkeit als subjektiven Rechtes

1 Die Grunddienstbarkeit ist das dem jeweiligen Eigentümer eines Grundstückes zustehende, nach Inhalt und Umfang begrenzte, dingliche Recht der Benutzung eines anderen Grundstückes.

Der Begriff des dinglichen Rechtes ist in den N. 2–4, der des Benutzungsrechtes als Inhalt der Dienstbarkeit in den N. 56–58 der Einleitung bestimmt.

2 Während Art. 730 den Begriff der Grunddienstbarkeit als Last umschreibt, ist er hier als Recht bestimmt, weil das Merkmal der Grunddienstbarkeit, welches diese von allen anderen Dienstbarkeiten unterscheidet, in der Rechtszuständigkeit liegt. Alle anderen Dienstbarkeiten stehen einer individuell bestimmten Person oder Gemeinschaft zu, die Grunddienstbarkeit aber dem jeweiligen Eigentümer eines Grundstückes. Das Subjekt des Grunddienstbarkeitsrechts wird bestimmt durch das Eigentum an einem «herrschenden» Grundstück. Die Grunddienstbarkeit ist deshalb ein subjektiv-dingliches Recht.

3 Wenn gesagt wird, daß sie dem jeweiligen Eigentümer eines Grundstückes zustehe, ist dies insofern nicht genau, als nach Art. 655 Abs. 2 Ziff. 2 auch die in das Grundbuch aufgenommenen selbständigen und dauernden Rechte Grundstücke sind, zu deren Vorteil eine Grunddienstbarkeit errichtet werden kann, Eigentum aber nur an Sachen, d. h. körperlichen Gegenständen bestehen kann.

II. Die Last

Die Grunddienstbarkeit als Benutzungsrecht an einem Grundstück belastet 4
dieses Grundstück. Der Eigentümer ist durch die Last in der Ausübung seines
Eigentums beschränkt. Er ist verpflichtet: entweder
a) Handlungen des Dienstbarkeitsberechtigten zu dulden, die er als Eigentümer
   abwehren könnte, wenn sein Grundstück frei von dieser Last wäre;
oder
b) Handlungen zu unterlassen, zu denen er als Eigentümer berechtigt wäre,
   wenn sein Grundstück frei von dieser Last wäre.

Die Grunddienstbarkeit auferlegt also dem Eigentümer des belasteten Grundstückes entweder eine Duldungs- oder eine Unterlassungspflicht. Besteht die Pflicht in einem Dulden, so besteht das Recht in der Befugnis zu einem Tun; es liegt eine positive oder afirmative Dienstbarkeit vor. Besteht die Pflicht in einem Unterlassen, so besteht das Recht in der Befugnis zu einem Verbieten; es liegt eine negative Dienstbarkeit vor.

Wenn in dieser Weise positive oder affirmative und negative Grunddienstbarkei- 5
ten nach der Beziehung des Berechtigten zum Eigentümer des belasteten Grundstückes unterschieden werden, muß betont werden, daß sich das Recht nicht in dieser Beziehung erschöpft, sondern als unmittelbare Sachherrschaft gegen jedermann wirkt, von jedem Dritten verletzt werden kann und dagegen geschützt ist. WIELAND, Bem. 1 und 3 zu Art. 730; WINDSCHEID I § 201 Anm. 1; BARASSI, S. 23ff.; MESSINEO, S. 8f. Dies betonen, gegen den Wortlaut des Art. 730, auch ARMINJON-NOLDE-WOLFF, Traité de droit comparé II (1950) S. 400. Siehe auch N. 5 zu Art. 737.

III. Begrenztheit des Umfanges der Belastung

Schon im Begriff des beschränkten dinglichen Rechtes liegt die Begrenzung 6
auf eine bloß partielle Sachherrschaft (Einleitung N. 4 und 56). Diese Herrschaft ist als Inhalt der Dienstbarkeiten das Nutzungs- oder Gebrauchsrecht an einer Sache. Während die Nutznießung das umfassende, volle Nutzungsrecht an einer Sache ist, kann nur ein begrenztes Nutzungs- oder Gebrauchsrecht Inhalt der Grunddienstbarkeit und der «anderen Dienstbarkeiten» nach Art. 781 sein.

Dem Eigentümer des belasteten Grundstückes kann, wie Art. 730 ausdrücklich 7
bestimmt, nur die Verpflichtung, sich bestimmte Eingriffe gefallen zu lassen oder «nach gewissen Richtungen» sein Eigentumsrecht nicht auszuüben, als Grunddienstbarkeit auferlegt werden. Der Umfang des Nutzungs- oder Gebrauchsrechts ist also im Gegensatz zur Nutznießung begrenzt. Hierin liegt eine Schranke gegen die völlige Entleerung des Eigentums durch Begründung von Grunddienstbarkeiten.

8 Weil die Nutznießung das Eigentum so stark zurückdrängt, daß es zum nackten Eigentum wird, ist ihre Dauer zwingend auf das Leben des Nutznießers und auf höchstens hundert Jahre, wenn der Nutznießer eine juristische Person ist, begrenzt. Die Grunddienstbarkeiten aber sind «ewige Lasten», da ihre Dauer nicht gesetzlich begrenzt ist und sie in der Regel auch tatsächlich auf unbestimmte Zeit begründet werden. Sie dürfen deshalb nicht, wie die Nutznießung, den Eigentümer von jeder Nutzung ausschließen, sondern sein Grundstück nur mit der Last belegen, bestimmt umgrenzte Eingriffe dulden oder bestimmte einzelne im Eigentum enthaltene Befugnisse nicht ausüben zu dürfen. Auch Art. 781 gestattet die Belastung von Grundstücken nur, «so oft diese in bestimmter Hinsicht jemand zum Gebrauch dienen können».

Vgl. dazu ROSSEL und MENTHA III, S. 7, Nr. 1361; LEEMANN, N. 3 zu Art. 730, N. 2 der Vorbemerkungen zum zweiten Abschnitt (Nutznießung und andere Dienstbarkeiten), N. 1 zu Art. 749, N. 2 und 29 zu Art. 781; SCHATZMANN, S. 42.

9 Das gleiche gilt nach DBGB (CROME III § 430, S. 480; WOLFF, § 106 II 1, S. 377; PLANCK-STRECKER, Bem. 2a α zu § 1018, STAUDINGER-KOBER, Bem. 1c zu § 1019) und muß notwendigerweise gelten, wo immer die Dienstbarkeitskategorien in geschlossener Zahl gesetzlich umschrieben sind (Typizität, numerus clausus) und das volle Nutzungsrecht, die Nutznießung, den Typus der Personaldienstbarkeit bildet, zu dessen Wesen die Begrenztheit der Dauer gehört. Dieses System hat nicht bloß eine klassifikatorische Bedeutung, sondern es dient der Bewahrung des Eigentums vor inhaltlich und zeitlich unbegrenzten Lasten und ist deshalb ein Schutzwall der Freiheit des Eigentums, den unser Recht um so nötiger hat, als es im übrigen die Schranken, welche das römische Recht mit dem gleichen Ziel gegen die Belastung von Grundstücken mit beliebigen Nutzungs- und Gebrauchsrechten aufgerichtet hatte, fast vollständig niedergelegt hat. (Siehe Einleitung N. 63, Vorbem. N. 1ff.) Vgl. dazu BARASSI, S. 133, Nr. 55; BUTERA, Libro della proprietà (Kommentar) II, S. 30.

10 Dem Grundsatz der Beschränktheit des Umfanges der Belastung widerspricht auch eine Dienstbarkeit mit dem Inhalt, daß das belastete Grundstück zu keinem anderen als dem besonderen Zweck verwendet werden dürfe, dem es zur Zeit der Dienstbarkeitserrichtung dient. Dieser Grundsatz war mißachtet im alten Nationalparkvertrag (VerwEntsch. der BBeh. 27, 1957, Nr. 58, S. 147). In der Regel verlangt die Erfüllung einer solchen Verpflichtung vom Eigentümer des belasteten Grundstückes wie in den folgenden Beispielen eine Betätigung in bestimmter Richtung, nicht bloß die Unterlassung anderer Benutzungshandlungen. Die Dienstbarkeit ist deshalb schon aus diesem Grunde unwirksam; sie wäre es aber auch, weil sie nicht einen Umfang haben darf, welcher den Eigentümer von jeder Art der Benutzung seines Grundstückes außer der einen, welche im Dienstbarkeitsvertrag bestimmt ist, ausschließt. So kann nicht die Verpflichtung, daß ein Grundstück nur für die Ausübung des Schmiedehandwerks benutzt werden dürfe, als Grunddienstbarkeit begründet werden. KtG Graubünden, Zivilurteile 1912 Nr. 8. Ebensowenig die Verpflichtung,

auf dem Grundstück ein Theater weiterzubetreiben. KtG Fribourg, ZBGR 37 (1956) S. 353ff.

So wurde erkannt, eine Dienstbarkeit des Inhaltes, daß eine Bierwirtschaft diesem Zweck während 15 Jahren nicht entfremdet werden dürfe, könne nicht begründet werden. Justizdep. St. Gallen 11.2.1929, St. Gall. VerwPr. **3** S. 45 Nr. 67 = ZBGR **11**, S. 213f. = SJZ **27**, S. 166 = WEISS, Entsch. n. F. Nr. 4934; zustimmend zitiert von KLANG, Anm. 9 zu Art. 472 ABGB, aber unter dem Gesichtspunkt des Konkurrenzverbotes; ZOBL M., Diss. Zürich 1976, S. 114. **11**

Auch die Verpflichtung, ein Grundstück nur als Garten zu verwenden, überschreitet den zulässigen Umfang der Belastung, wenn sie nicht bloß den Sinn hat, die Überbauung auszuschließen. **12**

Der ausschließliche Gebrauch bloß einzelner Räume eines Gebäudes (als Saferäume) durch den Eigentümer des anstoßenden Hauses (Bank) beschränkt das Eigentum am belasteten Grundstück keineswegs bis zur Aufhebung der Dispositionsfreiheit in der Benutzung, so daß er deswegen nicht zum Inhalt einer Grunddienstbarkeit gemacht werden könnte, wie das Justizdep. Basel-Stadt entschieden hat (ZBGR **30**, S. 339f.), das aber inkonsequenterweise die Begründung einer irregulären Personaldienstbarkeit nach Art. 781 zugelassen hat. Abgelehnt hat die freib. Aufs.-Beh. die Eintragung des «droit d'occuper l'appartement du premier étage» als Dienstbarkeit. ZBGR **37** (1956) S. 288. **13**

Als zulässig wäre das Sondereigentum an einer Safeanlage im Nachbargebäude als Grunddienstbarkeit (Überbaurecht) zu erachten, wenn der Saferaum nur vom herrschenden Grundstück aus zugänglich wäre.

Siehe dazu LIVER P., Zulässigkeit der Erstellung eines Gebäudes unter teilweiser Einbeziehung des Nachbargrundstücks aufgrund einer Dienstbarkeit; Erstellung von Pavillonbauten im Baurecht auf der Perronplatte des Bahnhofes Bern, ZBGR **54** (1973) S. 139ff.; Das Kellerrecht, Repertorio 1965, vol. 98, p. 234ss. und ZBGR **48** (1967) S. 80ff., als Urteilsbesprechung S. 587. – Damit setzt sich eingehend auseinander BÜRGISSER Ad., Das Überbaurecht des ZGB und des BGB, Diss. Zürich 1978.

FRIEDRICH Hans-Peter, Zum Inhalt der Nutzungsdienstbarkeiten, Basler Festgabe z. schweiz. Juristentag 1963, S. 50 befürwortet die Zulassung von Dienstbarkeiten der ausschließlichen Nutzung von Teilen des belasteten Grundstücks. Vgl. auch MEISNER-STERN-HODES, Nachbarrecht, 5. Aufl. 1970, § 4: Das Recht an Kellern; GLASER Hugo, Das Erbbaurecht in der Praxis, 2. Aufl. 1975.

Zum Sondereigentum an einem in einem Hause eingebauten Fernheizwerk, Liver, in Der bernische Notar 1959 Nr. 3/4.

Ein ausschließliches, aber räumlich beschränktes Gebrauchsrecht an einem Grundstück bildet in vielen Fällen den Inhalt von Grunddienstbarkeiten, z. B. von Überbaurechten, Leitungsbaurechten, Quellenrechten, oder auch Lagerplatzrechten. Auch Baurechte können zum Vorteil eines Grundstückes, also als Grunddienstbarkeiten errichtet werden, wenigstens wenn durch ihre Ausübung das belastete Grund- **14** stück nicht jeder Benutzung durch den Eigentümer entzogen wird, wenn es also etwa zur Erstellung von unterirdischen Anlagen, von Brücken, Stützmauern oder auch von Transformatorenhäuschen, Wasserreservoirs u. dgl. dient. Siehe dazu Eugen HUBER, Vorträge z. SR (1914, Abh. z. schweiz. R.) S. 26; HAAB N. 4 zu Art. 675; EBG **87** I 314 = Pr. **50** Nr. 155 = MBVR **60** (1962) S. 165 betr. Benutzung eines nach den Bedürfnissen des Fremdenverkehrs bemessenen Teils einer Alp (Rosenlaui).

15 Dagegen widerspricht ein Baurecht, das die Überbauung des ganzen Grundstückes gestattet, dem Grundsatz der Begrenztheit des Umfanges der Belastung, welcher für die Grunddienstbarkeiten und für die irregulären Personaldienstbarkeiten nach Art. 781 gilt. Wenn dieses Baurecht nicht im Gesetz vorgesehen wäre, wäre es weder auf Grund von Art. 730 noch von Art. 781 zulässig. Da der Gesetzgeber es aber mit dem Art. 779 unter die Dienstbarkeiten aufgenommen hat, wenn auch als besondere Dienstbarkeit, erhebt sich die Frage, ob es nur als persönliche Dienstbarkeit im Sinne dieses Artikels begründet werden könne, wie LEEMANN, N. 17 zu Art. 730 annimmt, oder ob es auch zum Inhalt einer Grunddienstbarkeit gemacht werden könne. Da es in der Verknüpfung mit dem Eigentum an einem herrschenden Grundstück nicht eine schwerere Belastung darstellt und seine Dauer ebensogut begrenzt werden kann wie wenn es Personaldienstbarkeit ist, bestehen kaum genügende Gründe, um es von den Grunddienstbarkeiten auszuschließen. Man hat sich aber bewußt zu sein, daß es unter den Dienstbarkeiten eine Ausnahmeerscheinung ist. Das Baurecht ist denn auch in Deutschland (Erbbaurecht) und in Italien (superficie) nicht als Dienstbarkeit geregelt, sondern als besondere Erscheinung des Grundeigentums.

Als «ewiges» Baurecht würde es den Grundeigentümer für immer von jeder Benutzung der Liegenschaft ausschließen, wenn es deren ganze Überbauung zum Inhalt hat. Das Eigentum würde endgültig zur nuda proprietas. Deshalb ist durch die Revision des ZGB vom 19. März 1965 die Begründung des selbständigen Baurechts auf die Dauer von hundert Jahren beschränkt, entsprechend der Höchstdauer der Nutznießung einer Juristischen Person (ZGB Art. 779l). Vgl. dazu die Botschaft vom 9. April 1963, S. 22f. Daß diese Begrenzung ohnehin, auch ohne ausdrückliche Vorschrift bestanden hätte, ist von verschiedenen Autoren, namentlich von LEEMANN, N. 44 zu Art. 779, HOMBERGER A., Das schweiz. ZGB, 2. Aufl. S. 212, angenommen worden und vom Bundesgericht 78 II 361 = Pr. **51** Nr. 21 bejaht worden, wenn auch nur beiläufig. Hier und im EBG **92** I 539 = Pr. **56** Nr. 38 ist der Ausnahme-Charakter der Baurechtsdienstbarkeit hervorgehoben worden. H.P. FRIEDRICH (siehe N. 13) möchte die Ausnahme zur Regel machen. Ihm ist zuzugeben, daß das Prinzip der Begrenztheit des Umfanges der Benutzung des dienenden Grundstückes, auch vom selbständigen Baurecht abgesehen, nicht streng und sicher gehandhabt werden kann. Die grundsätzliche dogmatische Auffassung, die ich in diesem Kommentar vertrete, soweit das Gesetz dies zulässt, verbietet mir, aus der Not eine Tugend zu machen. FREIMÜLLER Hans-Ulrich, Die Stellung der Baurechtsdienstbarkeit im System der dinglichen Rechte. Diss. Bern 1967. Zur Begründung und Übertragung von Eigentümer-Baurechten als handänderungssteuerrechtlichem Vorgang BVR 1976 S. 300ff.

IV. Belastetes und berechtigtes Grundstück

1. Grundstücksarten. Jeder Gegenstand, der unter den Begriff Grundstück im Sinne von Art. 655 fällt, kann berechtigtes oder belastetes Grundstück sein, neben den Liegenschaften also auch die in das Grundbuch aufgenommenen selbständigen und dauernden Rechte sowie die diesen durch das kantonale Recht gleichgestellten Rechte (Korporationsteilrechte, ehehafte Wasser- und Fischereirechte, Bergberechtigungen) und die nach eidgenössischem öffentlichem Recht in das Grundbuch aufgenommenen verliehenen Wasserkraftrechte (WRG Art. 59). Siehe Einleitung N. 20 und HAAB, N. 5ff. zu Art. 655. **16**

Die Errichtung von Grunddienstbarkeiten zugunsten oder zulasten von in das Grundbuch aufgenommenen selbständigen und dauernden Rechten muß auch zugelassen werden, wenn das eidg. Grundbuch noch nicht eingeführt ist. BURCKHARDT, Schweiz. BR III 1450 II = ZBGR **3**, S. 186ff. (Belastung eines Quellenrechts mit der Grunddienstbarkeit der Wasserentnahme); HAAB, N. 10 zu Art. 655. **17**

Grundstücke des Verwaltungsvermögens von Staat oder Gemeinde und Grundstücke im Gemeingebrauch können als berechtigte wie als belastete Grundstücke im Grunddienstbarkeitsverhältnis stehen. Siehe Einleitung N. 25ff. und dortige Zitate aus Literatur und Praxis. **18**

An Grundstücken, die durch Dereliktion herrenlos geworden sind, bestehen die sie belastenden Grunddienstbarkeiten weiter. (EBG **50** II 232 = Pr. **13** Nr. 133 = ZBGR **6**, S. 37ff.) Das an ihnen durch Aneignung erworbene Eigentum ist durch sie beschränkt. **19**

Auf die ihm zustehenden Grunddienstbarkeiten verzichtet der Eigentümer durch Dereliktion des Grundstückes. Der Eigentümer des belasteten Grundstückes kann ihre Löschung im Grundbuch verlangen, vorbehältlich der Zustimmung der aus dem Eintrag dinglich berechtigten Personen gemäß Art. 964. Nicht gelöschte Grunddienstbarkeiten werden mit dem Eigentum am Grundstück durch Aneignung erworben. Die herrschende Meinung will in der Dereliktion keinen Verzicht auf die Dienstbarkeiten erblicken (HAAB, N. 7 zu Art. 658 und N. 13 zu Art. 666; LEEMANN, N. 5 zu Art. 685 und N. 9 zu Art. 666; PLANCK-STRECKER, Erl. 4 zu § 928), wie hier dagegen ELVERS, Servitutenlehre, S. 98; Ehrenzweig I 2 § 259, S. 380; BARASSI, S. 54, Nr. 19. Siehe N. 135ff. zu Art. 734. **20**

Der Erwerb von Grunddienstbarkeiten an herrenlosen Grundstücken durch Aneignung ist nicht ausgeschlossen, siehe Einleitung N. 24. **21**

22 Als Grundstück hat auch der Miteigentumsanteil an einem Grundstück zu gelten. Doch ist die Errichtung einer Grunddienstbarkeit zulasten oder zugunsten eines Miteigentumsanteils nur unter außerordentlichen Verhältnissen möglich, nämlich wenn jedem Miteigentümer ein Teil der gemeinsamen Sache in räumlicher Abgrenzung zu ausschließlicher Nutzung zugewiesen ist, wie bei der Umwandlung des Stockwerkeigentums das Stockwerk eines Hauses. Siehe dazu Einleitung N. 19 und dort zit. Abhandlungen sowie m. Eigentum, S. 61; Kritik von PIOTET, S. 548.

23 Nach LEEMANN, N. 24 zu Art. 730 wird auch durch die vertragliche Aufhebung des gesetzlichen Vorkaufsrechtes der Miteigentümer eine Grunddienstbarkeit zulasten und zugunsten eines jeden Miteigentumsanteils begründet. Wohl liegt darin eine Beschränkung der mit dem Eigentum verknüpften Rechtsmacht vor, aber es ist nicht eine Benutzungsbeschränkung, ja überhaupt nicht eine Beschränkung der Sachherrschaft, sondern die Aufhebung eines mit dem Eigentum verknüpften persönlichen Anspruchs auf Eigentumsübertragung gegenüber dem jeweiligen anderen Miteigentümer. Eine Grunddienstbarkeit kann nicht vorliegen. Siehe auch DERNBURG, Bürgerl.R. III § 163 N. 5 und nunmehr Art. 682 Abs. 3.

24 **2. Das Grundstück als Objekt der Belastung.** Objekt der Belastung kann nur das Grundstück als Ganzes sein. Wie das Grundpfandrecht nach Art. 805, belastet auch die Dienstbarkeit das Grundstück mit Einschluß aller Bestandteile und der Zugehör. So kann das Recht zum Anschluß an die Hauptleitung einer Wasserversorgungsanlage als Grunddienstbarkeit am Quellengrundstück oder am Bezugsgrundstück, wenn die Leitung dessen Bestandteil ist (N. 37 hienach), oder am Quellenrecht begründet werden, wenn dieses als selbständiges und dauerndes Recht in das Grundbuch aufgenommen ist (Art. 655 Abs. 2 Ziff. 2). In diesem Fall ist das Quellen- und Durchleitungsrecht Personalservitut. Die Leitung kann dann Zugehör eines Werkes sein (Fassungs- oder Speicheranlage oder Grundwasserpumpwerk). Sie wird dann von der Belastung des Werkgrundstückes mitumfaßt, Art. 676 Abs. 1. Dazu N. 80 zu Art. 742.

Die Belastung kann zum Gegenstand nicht einen realen Teil des Grundstückes haben, der ja keine Sache, kein Rechtsobjekt ist. Wohl aber kann die Inanspruchnahme des Grundstückes vertraglich und durch den Wortlaut der Eintragung auf einen räumlich begrenzten Teil des Grundstückes beschränkt werden oder sich aus dem Inhalt der Grunddienstbarkeiten von selbst ergeben, wie bei einem Überbaurecht, einem Quellenrecht oder einem Wegrecht. (Festlegung durch Dienstbarkeitsgrenzen im Grundbuchplan oder in Spezialplänen, Eidg. Verm.-Instr. Art. 28 lit. b, 39).

25 Diesen Sachverhalt bringt das Gesetz genau zum Ausdruck, wenn es in Art. 742 die Verlegung ordnet für den Fall, daß «durch die Ausübung der Grunddienstbarkeit nur ein Teil des Grundstückes in Anspruch genommen wird», oder in Art. 743 bei der Teilung des berechtigten Grundstückes dem Eigentümer eines Teilgrundstückes das Recht gibt, die Löschung zu verlangen, wenn sich die Ausübung der Dienstbar-

keit auf ein anderes Teilgrundstück beschränkt. Nichts anderes dürfte gemeint sein, wenn im Art. 744 bei der Teilung des belasteten Grundstückes davon ausgegangen wird, daß die Dienstbarkeit «auf einzelnen Teilen nicht ruht oder nach den Umständen nicht ruhen kann». In Art. 86 Abs. 3 GBVo. ist denn auch die Rede von den Teilgrundstücken, «die nach der Ansicht des Grundbuchverwalters nicht mehr belastet oder berechtigt sein sollen». Siehe auch N. 17ff. zu Art. 743.

Die gleiche Auffassung liegt auch dem Recht Deutschlands zugrunde, in dem bei der Belastung eines realen Grundstücksteiles § 6 GBO zur Anwendung kommt, welcher verlangt, daß dieser Teil abgeschrieben und als selbständiges Grundstück in das Grundbuch aufzunehmen ist, was allerdings, aus praktischen Gründen, wenn keine Verwirrung zu befürchten ist, auch unterbleiben kann (STAUDINGER-KOBER, Bem. 2a zu § 1018; CROME III, S. 492 N. 53). 26

Anderer Meinung ist LEEMANN, N. 6 zu Art. 730, der zwar einräumt, daß der Berechtigte im Falle des Art. 812 Abs. 2 und 3 bei der Zwangsversteigerung Anspruch auf Befriedigung aus dem ganzen Grundstück habe, aber trotzdem dafür hält, daß auch für oder gegen einen Grundstücksteil Grunddienstbarkeiten bestehen können. 27

So wenig als Teile von Grundstücken können mehrere Grundstücke Objekt ein und derselben Grunddienstbarkeit sein; es kann nur ein jedes von ihnen Objekt der es belastenden Dienstbarkeit sein, so daß so viele Dienstbarkeiten als belastete Grundstücke bestehen. Über «öffentliche und herrenlose Grundstücke» (Art. 664 und 796) als Objekte der Belastung siehe N. 25ff., 106ff. der Einleitung und N. 121ff. zu Art. 731; Das Eigentum, S. 129ff.; EBG **95** II 14: Privates Fischereirecht am Vierwaldstättersee. SPIRO a.a.O., § 497. Zur räumlichen Ausdehnung des Benutzungsrechts EBG **87** I 311ff. = Pr. **50** Nr. 155 = ZBGR **45**, S. 119ff. 28

Das Miteigentumsgrundstück kann mit Grunddienstbarkeiten zugunsten von Grundstücken belastet sein, welche einzelnen Miteigentümern gehören. BlZR **30** (1931) Nr. 146. Vgl. dazu auch BVR 1976, S. 300ff. Es kann auch berechtigtes Grundstück einer das Grundstück eines Miteigentümers belastenden Grunddienstbarkeit sein. Beides ist im § 1009 BGB ausdrücklich vorgesehen worden, weil damals die Begründung einer Eigentümerdienstbarkeit noch nicht als zulässig galt. N. 17 der Vorbem. vor Art. 730. 28a

3. Das berechtigte Grundstück. Von einem berechtigten Grundstück zu sprechen, ist juristisch nicht einwandfrei, da ein Grundstück nicht Subjekt von Rechten sein kann, ist aber eine herkömmliche Ausdrucksweise (praedium dominans, praedium serviens), die sich als praktisch erwiesen hat und deren sich auch das Gesetz selber bedient (Art. 736 und Marginale zu Art. 743). 29

Was über Grundstücksteile und über die Mehrheit von belasteten Grundstücken ausgeführt wurde, gilt auch für das berechtigte Grundstück. 30

Eine Gebäudedienstbarkeit hat nicht das Gebäude, dem der Vorteil zukommt, sondern die Liegenschaft zum berechtigten Grundstück, ZBJV **49**, S. 356ff. 31

Grunddienstbarkeiten

32 Das Vorhandensein eines berechtigten Grundstückes, welches im Dienstbarkeitsverhältnis steht, entscheidet darüber, ob eine Grunddienstbarkeit oder eine andere Dienstbarkeit vorliegt. Steht die Dienstbarkeit dem jeweiligen Eigentümer eines Grundstückes zu, ist sie eine Grunddienstbarkeit. Ob dies zutrifft, ergibt sich aus den Grundbucheinträgen, wenn die Eintragung richtig vorgenommen worden ist, denn die Grunddienstbarkeit ist sowohl auf dem Blatt des belasteten als auch auf dem des berechtigten Grundstückes einzutragen (GBVo. Art. 35 und 39).

33 Ob das angemeldete Rechtsverhältnis als Grunddienstbarkeit oder als andere Dienstbarkeit einzutragen ist, hat der Grundbuchverwalter zu prüfen. Ergibt sich aus dem Dienstbarkeitsvertrag, daß das Recht dem jeweiligen Eigentümer eines Grundstückes zustehen soll, ist es als Grunddienstbarkeit einzutragen, auch wenn es nicht so bezeichnet ist. EBG **95** II 615. Unterläßt der Grundbuchverwalter trotzdem die Eintragung auf dem Hauptbuchblatt des berechtigten Grundstückes, so ist die Eintragung unrichtig; sie vermag dem Rechtsverhältnis seinen Grunddienstbarkeitscharakter nicht zu nehmen und kann jederzeit mit schriftlicher Einwilligung der Parteien oder auf Verfügung des Richters berichtigt werden (Art. 977). Siehe dazu die N. 19 und 38 zu Art. 732.

34 Das Bundesgericht hat in Gutheißung der Berufung gegen ein Urteil des aargauischen Obergerichts sonderbarerweise erkannt, daß ein Quellenrecht, das den jeweiligen Eigentümern bestimmter Grundstücke zustehe, nicht eine Grunddienstbarkeit zu sein brauche, da bei dieser «das Recht dem herrschenden Grundstück als solchem, nicht dessen Eigentümer zustehe». Das Quellenrecht war im GB als selbständiges und dauerndes Recht zugunsten der jeweiligen Eigentümer bestimmter Grundstücke eingetragen, aber nur auf dem Blatt des belasteten Grundstückes, wobei die Berechtigten mit ihren Namen bezeichnet waren und das Recht auf den Blättern der berechtigten Grundstücke bloß angemerkt war. Zu Unrecht hat das BG sich an den unrichtigen Grundbucheintrag gehalten, die Frage, ob das Quellenrecht eine Grunddienstbarkeit sei, verneint und die Grundstücksqualität bejaht. EBG 18.6.1937 = ZBGR **19**, S. 42ff. nicht i. d. A.S.). Unter Berufung auf dieses Urteil hat die aargauische Justizdirektion an ihrer Anordnung, daß auch die ehehaften Wasserrechte, die den jeweiligen Eigentümern bestimmter Liegenschaften zustehen, als selbständige und dauernde Rechte in das Grundbuch aufzunehmen seien (Kreisschreiben vom 16. November 1912 und 23. Oktober 1919, letzteres ZBGR **25**, S. 113f.), auch noch 1942 gegenüber den Einwendungen der Baudirektion festgehalten. Rechenschaftsbericht 1942, ZBGR **25**, S. 96ff. Der Unterschied zwischen den übrigen begrenzten Dienstbarkeiten und den Grunddienstbarkeiten, welcher nur darin besteht, daß diese letzteren dem jeweiligen Eigentümer eines Grundstückes zustehen und infolgedessen, als subjektiv-dingliche Rechte, nicht selbständige Rechte sein können, wurde damit verkannt. Als «irreführend» bezeichnet auch HAAB, N. 19 zu Art. 704 das Urteil.

Zu welcher Dienstbarkeitskategorie ein eingetragenes Recht gehört, hat die Auf- 35
sichtsbehörde oder der Richter auf dem Wege der Auslegung des Begründungsakts
auf Grund der Interessenlage und Zweckbestimmung zu entscheiden: BR 21.3.1916
bei BURCKHARDT, Schweiz. Bundesrecht III Nr. 1350 I = ZBGR **6**, S. 227ff. mit red.
Anm.; Bern.AppH ZBJV **49**, S. 356ff. = ZBGR **6**, S. 140ff. (Aussichtsservitut);
Zürch. KassG SJZ **34**, S. 154; St. Gall.KtG ZBGR **26**, S. 141ff; ObG Appenzell
AR, SJZ **58** (1962) Nr. 142, S. 237; ObG Zürich, SJZ **27** Nr. 53, S. 298, wo erkannt
wird, daß der Eintrag auf dem Blatt des belasteten Grundstücks aßgebend ist.
Dazu eingehend N. 56ff. zu Art. 731.

Eine Grunddienstbarkeit kann zum Zwecke der Verselbständigung, die dem 36
Berechtigten den Vorteil verschafft, über sein Recht in den Formen des Grundstücksverkehrs verfügen zu können, in die inhaltlich gleiche Personaldienstbarkeit
umgewandelt werden. Dies geschieht durch Vereinbarung mit dem Eigentümer des
belasteten Grundstückes, welche im Falle der Umwandlung in eine Dienstbarkeit
gemäß Art. 781 auch die Übertragbarkeit festlegen muß, damit die Verselbständigung erreicht wird (über das Erfordernis der Zustimmung der am herrschenden
Grundstück dinglich Berechtigten siehe N. 38 und 39 hienach). Vgl. dazu HAAB,
N. 7 zu Art. 655; BR 21.3.1916 bei Burckhardt, Schw. BR III Nr. 1350 I = ZBJV **52**,
S. 258ff. = ZBGR **6**, S. 227ff.: Wenn ein einem individuell bestimmten Rechtssubjekt zustehendes Quellenrecht im Grundbuch aus Irrtum als Grunddienstbarkeit
bezeichnet worden ist, die Eintragung aber im übrigen der Art der vorliegenden
Dienstbarkeit entspricht, bedarf es weder einer Grundbuchberichtigung durch
Gerichtsentscheid noch einer Umwandlung in eine persönliche Dienstbarkeit, für
welche die Zustimmung des Eigentümers des belasteten Grundstückes erforderlich
wäre.

Die Verselbständigung hat die Umwandlung der Grunddienstbarkeit in eine 37
andere Dienstbarkeit zur Voraussetzung. Als Grunddienstbarkeit ist das Recht mit
dem Eigentum am berechtigten Grundstück untrennbar verbunden, ist also ein unselbständiges Recht, das von der Aufnahme in das Grundbuch als Grundstück
absolut ausgeschlossen ist (GBVo. Art. 7 Abs. 2 Ziff. 1). Nach § 96 DBGB gilt es als
Bestandteil des herrschenden Grundstückes. Nach unserem Recht kann es nicht
unter den Bestandteilsbegriff fallen, schon weil dieser nur Sachteile, also körperliche
Gegenstände, umfaßt. Aber die Wirkung der Verbindung ist dieselbe: die notwendige rechtliche Schicksalsgemeinschaft. LEEMANN, N. 11 zu Art. 730; GIERKE,
DPrR II S. 87; DERNBURG, Bürgerl. Recht III (1904) S. 208.

Der Vorteil der Grunddienstbarkeit für das herrschende Grundstück kann auch 38
den an diesem dinglich Berechtigten zugute kommen, weshalb diese, soweit dies auf
sie zutrifft, zustimmen müssen, damit die Grunddienstbarkeit gelöscht werden kann.
Nicht erforderlich ist die Zustimmung derjenigen unter ihnen, deren Rechte schon
vor der Errichtung der Grunddienstbarkeit begründet worden sind, denn für sie
bedeutet die Löschung keine Beeinträchtigung gegenüber der Lage zur Zeit, da sie

ihre Rechte erworben haben. LEEMANN, N. 5 zu Art. 734; hienach N. 41 zu Art. 734. Vgl. auch N. 22 zu Art. 739.

39 Das gleiche Erfordernis der Zustimmung besteht auch für die Umwandlung der Grunddienstbarkeit in eine irreguläre Personaldienstbarkeit zum Zwecke der Verselbständigung (siehe N. 36 hievor). LEEMANN, N. 13 zu Art. 730. Quellenrecht als Grunddienstbarkeit. Teilabtretung durch den Berechtigten mit der Begründung eines Quellenrechts zugunsten eines Dritten und Eintragung auf dem Blatt des Quellengrundstückes ohne Wissen und Willen von dessen Eigentümer. ZBJV **113** (1977) S. 198ff. = ZBGR **59** (1978) Nr. 3, S. 19ff. Beispiellose Fehloperationen!

40 Die mit dem Eigentum am berechtigten Grundstück subjektiv-dinglich verknüpften Rechte können für sich nicht nur nicht übertragen, sondern auch nicht belastet werden. Wer am dienstbarkeitsberechtigten Grundstück ein Nutzungsrecht, z.B. das Nutznießungsrecht oder ein Quellenrecht hat, ist auch berechtigt, die zugunsten dieses Grundstückes bestehenden Dienstbarkeiten, welche seiner Nutzung dienen, auszuüben, etwa ein Wegrecht oder ein Bau- oder Immissionsverbot. Anders verhält es sich im folgenden Fall:

Auf dem Grundstück befindet sich ein Brunnen, dem der Eigentümer das Wasser von einem anderen ihm gehörenden Grundstück zuleitet. Das Brunnengrundstück ist mit einem Tränkerecht belastet. Diese Dienstbarkeit erstreckt sich nicht auf das Quellengrundstück. Sie wäre sonst eine sog. indirekte Dienstbarkeit, die es nicht gibt und auch im früheren Recht nicht gegeben hat. Siehe für Bern und Aargau ZBJV **11**, S. 346 und **46**, S. 675. Der Eigentümer des Quellengrundstückes kann vom Inhaber des Tränkerechts nicht daran gehindert werden, das Wasser anderweitig abzuleiten und damit den Brunnen trockenzulegen.

Wenn dagegen das Quellengrundstück zugunsten des Brunnengrundstücks mit dem Quellenrecht belastet wäre, dürfte sein Eigentümer über das Wasser nicht zum Nachteil des Inhabers des Tränkerechts verfügen. Nur mit dessen Zustimmung dürfte das Quellenrecht gelöscht werden. N. 29ff. und 54 zu Art. 734. Vgl. WOLFF, Sachenrecht § 108 IV, S. 445f.

41 Dem Mieter oder Pächter des berechtigten Grundstückes kann auch die Ausübung der diesem zustehenden Grunddienstbarkeiten überlassen werden.

42 Es erhebt sich die Frage, ob Grunddienstbarkeiten durch obligatorisches Rechtsgeschäft auch beliebigen anderen Personen, die kein Nutzungsrecht am herrschenden Grundstück haben, eingeräumt werden können, z.B. die Ausübung des subjektivdinglichen Quellenrechts durch Fassung des Wassers und Ableitung auf irgendwelche anderen Grundstücke. Von LEEMANN, N. 12 zu Art. 730, wird diese Frage bejaht, mit dem Vorbehalt allerdings, daß keine Erschwerung oder Veränderung der Servitut zum Nachteil des Belasteten eintrete. Man wird sie aber verneinen müssen. Der Vorteil für den Eigentümer des belasteten Grundstückes, welcher darin liegt, daß die Dienstbarkeit untrennbar mit dem Eigentum am herrschenden Grundstück verbunden ist, also nicht übertragen werden kann, sowie in ihrem Umfang im

Zweifel durch die Bedürfnisse des berechtigten Grundstückes bestimmt wird, darf auch durch die bloß obligatorische Übertragung der Ausübung nach nicht aufgehoben werden. Siehe N. 22 zu Art. 739. Dies wäre aber der Fall, wenn der Eigentümer des berechtigten Grundstückes die Dienstbarkeit durch Vermietung, Verpachtung, Verleihung ausnutzen würde, denn er wird dies nur tun, wenn er mangels eigenen Bedürfnisses oder aus einem anderen Grunde nicht in der Lage ist, von der Dienstbarkeit selber vollen Gebrauch zu machen, so daß diese zum Vorteil des Eigentümers des belasteten Grundstückes schwach genutzt oder unausgeübt bleibt, wenn ihre Ausnutzung nicht Drittpersonen eingeräumt werden darf. Siehe dazu N. 21 zu Art. 743 und N. 153 sowie 212 hienach.

43 Wenn das berechtigte Grundstück im gemeinschaftlichen Eigentum mehrerer steht (Miteigentum oder Gesamteigentum), stehen diesen auch die Grunddienstbarkeitsrechte gemeinschaftlich zu. Sie teilen das rechtliche Schicksal des Eigentums, so daß sich auch die Zuständigkeit zu ihrer Ausübung und Verteidigung nach den Regeln richtet, unter denen die Eigentumszuständigkeit steht. Siehe auch N. 13ff. zu Art. 743.

44 Von mehreren Berechtigten kann eine Grunddienstbarkeit also gemeinschaftlich, nach Miteigentums- oder Gesamteigentumsrecht, ausgeübt werden, aber sie kann zwischen ihnen nicht geteilt sein. Die mit der Grunddienstbarkeit gegebene Befugnis wird ausgeübt oder nicht ausgeübt, kann aber nicht nach Teilen ausgeübt werden, zum einen Teil vom einen, zum anderen Teil von einem anderen Teilberechtigten, denn mit jeder Benutzungshandlung, sei es ein Tun oder ein Verbieten, wird die Dienstbarkeit ausgeübt. Diese Handlungen sind nicht teilbar. Mit ihnen wird ein mit dem Eigentum am herrschenden Grundstück verbundenes Nutzungsrecht, das den Miteigentümern nur gemeinsam zustehen kann, ausgeübt und damit das Eigentum am belasteten Grundstück mit Bezug auf die Benutzung dieses Grundstückes, die auch auf dieser Seite den Miteigentümern nur gemeinsam zustehen kann, beschränkt. Daraus ergibt sich, daß die gemeinschaftliche Grunddienstbarkeit weder als Recht mit einem Miteigentumsanteil verbunden sein noch einen Miteigentumsanteil belasten kann. v. Tuhr, Allg. Teil des BGB I S. 86; N. 2 zu Art. 743. Zur Gesamtberechtigung EBG **92** II 147 = Pr. **56** Nr. 3 = ZBGR **48** (1967) Nr. 23, S. 106ff. (Bespr. ZBJV **104** (1968) S. 12ff. (gemeinschaftliches Vorkaufsrecht); BGH Z **46** (1967) Nr. 37 (Wohnrecht); m. Eigentum, S. 113ff. und S. 211f. Siehe hienach N. 48.

45 Nur Erwerbs- und Verlustgründe, welche in der Person eines jeden aller Miteigentümer verwirklicht sind, bewirken die Entstehung und den Untergang der Grunddienstbarkeit. Die Ausübung durch einen Berechtigten unterbricht die Verjährung (des Anspruchs auf Eintragung oder Vormerkung) auch gegenüber den anderen Mitberechtigten. Ripert et Boulanger II (1957) p. 1105 no 3193.

46 Wird das berechtigte oder das belastete Grundstück geteilt, ohne daß die Teilgrundstücke bis auf je eines aus dem Grunddienstbarkeitsverhältnis ausscheiden,

Grunddienstbarkeiten

entstehen so viele Dienstbarkeiten als belastete oder berechtigte Teilgrundstücke vorhanden sind und nicht Dienstbarkeitsteile, wobei allerdings der Umfang der einzelnen Dienstbarkeiten eine Verminderung erfahren muß, einmal wenn der Umfang der Beanspruchung des belasteten Grundstückes beschränkt ist durch vertragliche Bestimmung oder durch die Ertragsfähigkeit wie bei Quellenrechten, Materialausbeutungsrechten, Weide- und Beholzungsrechten, sodann weil eine Mehrbelastung infolge der Teilung überhaupt nicht eintreten darf.

47   Das sind die Erscheinungen, in denen sich der **Grundsatz der Unteilbarkeit der Diensbarkeiten** auswirkt, welcher gemeinrechtliche Geltung behalten hat. LEEMANN, N. 10 zu Art. 730; WIELAND, Bem. 9 zu Art. 730; CROME III, S. 491f.; PLANIOL-RIPERT-PICARD III, S. 830 Nr. 893; DE RUGGIERO-MAROI I, S. 568f.; EHRENZWEIG I 2, § 249 IV, S. 342ff.; WINDSCHEID I § 209 Ziff. 8, S. 1066f.; ELVERS, S. 103ff., 542ff.

48   Die Ausnahme, daß auch Miteigentumsanteile herrschende und belastete Grundstücke sein können, wenn ihnen die ausschließliche Benutzung des Grundstückes in räumlicher Abgrenzung, wie die Benutzung eines Stockwerkes, zugeschieden ist, wurde in der Einleitung N. 19 erörtert und in Nr. 22 hievor erwähnt.

49   Daß das berechtigte Grundstück einem der Miteigentümer oder Gesamteigentümer, die gemeinschaftliches Eigentum am belasteten Grundstück haben, gehört, und umgekehrt, berührt den Grundsatz nulli res sua servit, nicht aber den der Unteilbarkeit der Grunddienstbarkeit. LEEMANN, N. 10 zu Art. 730, N. 31 zu Art. 646; HAAB, N. 25 zu Art. 646. Das gemeinschaftliche Grundstück ist da als ganzes belastet oder berechtigt. Das DBGB § 1009 hat eine solche Belastung ausdrücklich als zulässig erklärt. CROME III, S. 432f.; PLANCK-STRECKER, Erl. zu § 1009. Vgl. auch EHRENZWEIG I 2 § 249 IV, S. 343.

50   Wenn nach § 96 DBGB Rechte, die mit dem Eigentum an einem Grundstück verbunden sind, als **Bestandteile des Grundstückes** gelten (N. 37 hievor), ist damit nur zum Ausdruck gebracht, daß diese Rechte, insbesondere die Grunddienstbarkeit, das sachenrechtliche Schicksal des herrschenden Grundstückes teilen. § 96 DBGB sagt ja auch nicht, das Recht sei Bestandteil des herrschenden Grundstückes, sondern es gelte als Bestandteil. In diesem Sinne GIERKE, DPrR II, S. 87f.; CROME I, S. 280f.; ENNECCERUS-NIPPERDEY, Lehrbuch des bürgerl. R., I[14] (1952), S. 529. Ein sachlicher Unterschied in der Auffassung des Verhältnisses der Grunddienstbarkeit zum herrschenden Grundstück besteht demnach zwischen DBGB und ZGB nicht.

51   Für Unzulässigkeit der Einräumung des Rechtes aus der Grunddienstbarkeit an Personen, die kein Nutzungsrecht am herrschenden Grundstück haben, durch obligatorisches Rechtsgeschäft (N. 42) spricht sich auch aus GROSSO, S. 175 (GROSSO G. und DEJANA G., Le Servitù Prediali, 1951, Bd. 5 des Trattato di Diritto Civile Italiano, hg. von Vassalli).

4. Stellung des berechtigten und des belasteten Grundstückes zueinander

a) **Rechtliche Stellung.** Nur dadurch, daß ein Grundstück mit einer Dienstbarkeit belastet wird, die dem jeweiligen Eigentümer eines anderen Grundstückes zusteht, wird zwischen den beiden Grundstücken das Verhältnis hergestellt, in welchem das eine das belastete, das andere das berechtigte Grundstück ist. 52

In dem von Hitzig, S. 365f., 370 und von Leemann, N. 9 zu Art. 730 erörterten Fall (BlHE **19**, S. 76ff. und 193ff.) ist dieses Verhältnis nicht zustandegekommen. A und B hatten sich als Grundeigentümer gegenseitig verpflichtet, das zwischen ihren Grundstücken gelegene Grundstück des C nicht zu überbauen, sondern als Garten zu verwenden, wenn der eine oder andere von ihnen es erwerbe. Hierüber wurde ein Revers in das Grundprotokoll unter die Servituten aufgenommen. D erwarb das Grundstück des B und das des C. Er bestritt die Verpflichtung, das letztere nicht zu überbauen. Die Appellationskammer erkannte, daß zu Lasten des D eine «der Reallast ähnliche Verpflichtung» bestehe. Das KassG hat die Nichtigkeitsbeschwerde gutgeheißen. A und B hatten sich gegenseitig zur Errichtung der Grunddienstbarkeit am Grundstück des C suspensiv bedingt verpflichtet. Es war zu entscheiden, ob diese Verpflichtung mit dem Eigentum der Kontrahenten an ihren Grundstücken, zu deren Vorteil die Grunddienstbarkeit errichtet werden sollte, subjektiv-dinglich verbunden sei. Eine Grundlast liegt nicht vor. Diese kann nicht den Inhalt haben, daß an einem anderen Grundstück eine Dienstbarkeit errichtet werde. Noch weniger kann dies der Inhalt einer Grunddienstbarkeit sein. Die Verpflichtung hat also bloß obligatorischen Charakter. Sie hätte aber auch als solche, wenn B das Grundstück des C erworben hätte, wohl die Wirkung haben können, daß er dieses Grundstück nicht hätte überbauen dürfen. Aber mit dem Eigentum an einem Grundstück kann weder die Pflicht, zu Lasten eines anderen Grundstückes eine Dienstbarkeit zu errichten, noch diejenige, dieses andere Grundstück nicht zu überbauen, subjektiv-dinglich (als Realobligation) verknüpft werden. Dies wäre nur möglich, wenn das Gesetz hiefür die Vormerkung im Grundbuch vorgesehen hätte. Hitzig, a.a.O., bedauert, daß dies nicht der Fall ist. 53

Häufige Erscheinungen, die keine rechtlichen Besonderheiten aufweisen, sind die Gegenseitigkeit der Belastung und Berechtigung sowie die Belastung eines Grundstückes zu Gunsten mehrerer anderer Grundstücke und die Belastung mehrerer Grundstücke zu Gunsten eines einzigen anderen Grundstückes mit inhaltlich identischen Dienstbarkeiten. Die gegenseitigen Grunddienstbarkeiten dienen namentlich der Sicherung einheitlicher Überbauung eines parzellierten Grundstückkomplexes (die vielgenannte Villenbauservitut); sie bestehen als Wegerechte, die auf mehrere hintereinander liegende Grundstücke gelegt sind, denen allen sie dienen, so daß jedes dieser Grundstücke (außer dem vordersten und dem hintersten, wenn der Weg nicht durchgehend ist) zugleich zu Gunsten aller anderen belastet und zu Lasten aller anderen berechtigt ist. Grosso G. e Dejana G., Servitù prediali, S. 61ff., 135ff. 54

und Grosso, Foro Padano 1954 settembre, z. Urteil der Corte d'Appello di Roma 28.1.1954.

55   Ein weiteres Beispiel ist die gegenseitige Belastung aller Grundstücke mehrerer Eigentümer innerhalb eines bestimmten Umkreises mit Weiderechten (vaine pâture innerhalb der Gemeinde, droit de parcours oder d'entrecours als interkommunales Weiderecht in Frankreich), auf vertraglicher Grundlage eine seltene Erscheinung. De Ruggiero-Maroi I, § 109, n. 3, p. 542.

56   Die mehrfache Belastung kommt sehr häufig vor (Durchleitungs-, Wege-, Aussichtsdienstbarkeiten), ebenso die mehrfache Berechtigung (Quellenrechte, Bewässerungsrechte, Weide- und Holzbezugsrechte am gleichen Grundstück zu Gunsten mehrerer Grundstücke). Es liegen soviele Dienstbarkeiten wie belastete oder berechtigte Grundstücke vor. Eine jede von ihnen hat ihre eigene, von den anderen unabhängige rechtliche Existenz, doch kann der Untergang der Dienstbarkeit an einem der belasteten Grundstücke die Ausübung zu Lasten der übrigen unmöglich machen.

57   **b) Das nachbarliche Verhältnis (Vizinität).** Der Satz «vicinia debent esse praedia quorum alterum alteri servitutem debet» hatte schon im gemeinen römischen Recht nicht die Bedeutung, daß das dienende und das herrschende Grundstück in jedem Fall unmittelbar aneinanderstoßen müßten. Er stand unter dem allgemeineren Grundsatz, daß die beiden Grundstücke zueinander in der Lage stehen müssen, daß die Servitut mit dem Vorteil, den sie dem herrschenden Grundstück verschaffen soll, ausgeübt werden kann. Windscheid I § 209 Z. 4 und Kipp, daselbst S. 1077 gegen Kohler, der a.a.O., S. 183ff. und 213, an der Nachbarschaft als selbständigem Erfordernis festhalten will. Jhering, Geist des RR. 7. Aufl. II 1, S. 231.

58   In den modernen Kodifikationen ist die Vizinität jedenfalls nirgends ein selbständiges Erfordernis für den Bestand von Grunddienstbarkeiten. Crome III, S. 488; Planiol-Ripert-Picard III, S. 828, Nr. 890; Ehrenzweig I 2 § 249 I, S. 341; Messineo, S. 45 Nr. 23. Im ZGB, welches auch Grunddienstbarkeiten ohne jeden Vorteil für das berechtigte Grundstück in seiner natürlichen oder wirtschaftlichen Eigenart zuläßt, ist Vizinität überhaupt in keiner Weise gefordert. Bloß eine rechtlich relevante Tatsache bleibt sie natürlich für die Grunddienstbarkeiten, die nicht ausgeübt werden können, wenn die beiden Grundstücke nicht aneinanderstoßen und für diejenigen, die nicht ausgeübt werden können, wenn die Grundstücke allzuweit voneinander entfernt sind.

V. Unwiderruflichkeit und Unbedingtheit

59   **1. Prekaristische Gestattung.** Der Grundeigentümer, welcher auf Zusehen hin, mit dem Vorbehalt jederzeitigen Widerrufs, gestattet, daß sein Grundstück in einer Weise, die dem Inhalt einer Dienstbarkeit entspricht, von einem andern benutzt wird, räumt diesem dadurch nicht eine Dienstbarkeit ein, auch nicht ein obligatori-

sches Recht, sondern überhaupt kein subjektives Recht. Die Benutzung ist bloß nicht widerrechtlich, solange der Eigentümer sie zuläßt. Aber dieser ist nicht verpflichtet, sie länger zu dulden als ihm beliebt. Das ABGB spricht in § 479 von Scheinservituten, vgl. dazu KLANG, Bem. 3.

Von einer Eintragung in das Grundbuch kann nicht die Rede sein. HAAB, N. 14 zu Art. 680. Sie ist abzulehnen, wenn immer ein «Dienstbarkeitsvertrag» die Klausel enthält, daß der Eigentümer des belasteten Grundstückes sich den jederzeitigen Widerruf oder die jederzeitige Kündigung vorbehalte. Darüber bestehen in Literatur und Praxis keine Meinungsverschiedenheiten. BBl. 1917 III, S. 18ff. = WEISS Nr. 2482 = ZBGR **6**, S. 4ff.; BBl. 1918 I, S. 11ff., 1919 II, S. 450 = BURCKHARDT, Schw.BR **3** Nr. 1351 II = ZBGR **6**, S. 8ff.; BlZR **17** Nr. 106, **25** Nr. 44; Mtsschr. f. bern. VR **15** Nr. 48 und Nr. 96; ZBGR **3**, S. 183 (R.-Ber. ObG Solothurn 1921); Graubünden KtG, Zivilurteile 1929 Nr. 5, S. 107f. **60**

Der Revers, mit dem der Bewilligungsempfänger ausdrücklich anerkennt, daß ihm die in Frage stehende Grundstücksbenutzung nur auf Widerruf gestattet sei und er daraus kein Recht herleiten könne, kann im Grundbuch angemerkt oder auch nur in der Liegenschaftsbeschreibung erwähnt werden. BR 4.1.1918, BBl. 1918 I S. 11ff. = ZBGR **6**, S. 8ff. = SJZ **14**, S. 243; BlZR **17** Nr. 106 (Ges. ObG Zürich); VerwEntsch. **4** Nr. 63 = ZBGR **16**, S. 191 (Eidg. GB-Amt); ZBGR **17**, S. 129ff. (RR St. Gallen) = SJZ **33**, S. 75 und S. 92; ZBGR **20**, S. 150ff. (JDir. Aargau); JENNY F., Das Legalitätsprinzip im schweiz. Grundbuchrecht, ZBGR **11**, S. 195. EBG 99 Ia 482ff. (Baurevers). **61**

2. Befristung und Bedingung

a) Befristung. Grunddienstbarkeiten werden in der Regel auf unbestimmte Zeit begründet, doch steht der Errichtung einer Dienstbarkeit auf bestimmte Zeit und ihrer Eintragung in das Grundbuch nichts entgegen. BBl. 1917 III S. 18ff. = WEISS Nr. 2482 = ZBGR **6**, S. 4ff. Durch die Befristung wird das Rechtsverhältnis von Anfang an zeitlich begrenzt; mit dem Ablauf der ihm gesetzten Dauer erlischt es; daß dieser Endpunkt der Frist erreicht wird, steht fest, «dies certus an». Es kann auch von vornherein festgesetzt sein, wann er erreicht wird (die Dauer ist nach Jahren bestimmt oder durch ein Zeitdatum begrenzt), «dies certus quando». Bei dieser Befristung werden, da sich der Zeitpunkt der Beendigung des Rechts aus dem Grundbuch selber ergibt, auch vom Standpunkt der Grundbuchpraxis aus keine Bedenken gegen die Eintragung erhoben. **62**

Wenn zwar der Eintritt des Endtermins sicher ist (dies certus an), aber nicht von vornherein feststeht, wann er eintritt (dies incertus quando), wie bei der Errichtung einer Dienstbarkeit auf Lebenszeit der in diesem Zeitpunkt berechtigten oder verpflichteten Person, wird die Eintragung abgelehnt (obwohl z.B. die lebenslängliche Nutznießung einzutragen ist), und zwar aus den gleichen Gründen wie die Eintragung resolutiv bedingter Dienstbarkeiten: im Interesse der Klarheit, Übersichtlich- **63**

Grunddienstbarkeiten

keit und Geschlossenheit des Grundbuches (siehe N. 69 hienach). JENNY F., Legalitätsprinzip, ZBGR **11**, S. 193, 194. Die Einwendungen, welche gegen die Ablehnung von Resolutivbedingungen erhoben werden könnten (vgl. N. 70 hienach), beziehen sich auch, und zwar a fortiori, auf den hier vorliegenden Tatbestand. Vgl. dazu die red. Anmerkung von STIEFEL, ZBGR **10**, S. 156f.

64 **b) Suspensivbedingung.** Mit der Suspensivbedingung oder aufschiebenden Bedingung wird die Wirksamkeit des Dienstbarkeitsvertrages abhängig gemacht vom Eintritt einer ungewissen Tatsache, wie Erbringung der Gegenleistung, Erwerbung des zu belastenden Grundstückes (siehe N. 53 hievor; BAUDRY-LACANTINERIE-CHAUVEAU, S. 826, 828), Löschung von beschränkten dinglichen Rechten. Da die Dienstbarkeit mit der Eintragung noch gar nicht entstanden wäre, ist diese ausgeschlossen; das Grundbuch würde einem noch gar nicht bestehenden Verhältnis den Schein rechtlicher Existenz verleihen. Was Art. 217 OR vom Grundstückkauf sagt, gilt auch für den Dienstbarkeitsvertrag: Die Eintragung erfolgt erst, wenn die Bedingung erfüllt ist. Eine vorherige Anmeldung ist abzuweisen, denn die Anmeldung muß unbedingt und vorbehaltlos sein, GBVo. Art. 12; BezG Zürich 22.11.1921, ZBGR **3**, S. 156ff. Da die Nichteintragbarkeit von suspensiv bedingten Dienstbarkeiten immer unbestritten war, sind auch Entscheide hierüber selten.

65 Ob eine Suspensivbedingung vorliegt, ist nicht immer ohne weiteres zu erkennen. Lautet die Vertragsbestimmung: Sollten auf dem Grundstück Schweineställungen errichtet werden, ist ein Grenzabstand von mindestens 8 m einzuhalten, heißt das nichts anderes, als daß Schweineställungen nur mit diesem Abstand gebaut werden dürfen. Das ist nicht eine suspensiv bedingte Dienstbarkeit. Lautet die Bestimmung: Wenn ein Weg gebaut wird, darf er vom Eigentümer des berechtigten Grundstückes benutzt werden, ist es fraglich, ob darin nur eine Umschreibung des Inhaltes der Dienstbarkeit liegt (Wegbenutzungsrecht) oder eine suspensiv bedingte Dienstbarkeit, wie das ObG Solothurn in seinem Geschäftsbericht 1918 annimmt, das diesen Fall als Beispiel für eine solche Dienstbarkeit anführt (ZBGR **9**, S. 140). Die Verpflichtung, Bäume im Interesse der Verkehrssicherheit zu schlagen, wenn der Dienstbarkeitsberechtigte dies verlangt, ist nicht suspensiv bedingt, wie das Eidg. GB-Amt (ZBGR **26**, S. 34ff.) meint, denn damit ist nichts anderes gesagt, als daß der Dienstbarkeitsberechtigte jederzeit die Entfernung der Bäume verlangen kann, womit eine unbedingte Belastung des Grundstückes begründet wird. Die Belastung besteht ja immer nur darin, daß der Dienstbarkeitsberechtigte eine Gebrauchs- oder Verbotsbefugnis hat, die er ausüben oder unausgeübt lassen kann. Unzutreffend in diesem Punkt deshalb auch der Entscheid des BR 4.1.1918, BBl. 1918 I S. 11ff. = ZBGR **6**, S. 8f. = SJZ **14**, S. 243.

66 **c) Resolutivbedingung.** Mit der Resolutivbedingung oder auflösenden Bedingung wird der Fortbestand der Wirkung des Dienstbarkeitsvertrages abhängig gemacht vom Eintritt einer ungewissen Tatsache. Mit der Eintragung würde die Dienstbarkeit entstehen und fortbestehen bis zum Eintritt der Tatsache, welche das

Rechtsverhältnis auflöst. Beispiele für solche Tatsachen: Handänderung des belasteten oder des berechtigten Grundstückes, Änderung der Kulturart oder des wirtschaftlichen Charakters des belasteten Grundstückes, Vernachlässigung des Unterhaltes von Vorrichtungen zur Ausübung der Dienstbarkeit durch den Berechtigten.

67 Daß die Errichtung von Dienstbarkeiten unter solchen Bedingungen Bedürfnissen der Parteien entsprechen können, die durchaus schutzwürdig sind, wird kaum bestritten. Auch mit dem Begriff der Dienstbarkeit oder ihrer gesetzlichen Regelung steht die resolutive Bedingtheit nicht im Widerspruch. Nach deutschem und österreichischem Recht ist die Eintragung resolutiv bedingter Dienstbarkeiten in das Grundbuch denn auch zulässig. STAUDINGER-KOBER, Bem. I 2 lit. o und p zu § 1018; PLANCK-STRECKER, Erl. 4a zu § 1018; EHRENZWEIG I 2 § 259 IV, S. 382. Daß sich daraus unhaltbare Zustände ergeben hätten, wird m. W. in der Literatur nicht bemerkt. Die Eintragung von Eigentum und von beschränkten dinglichen Rechten an Grundstücken unter einer Resolutivbedingung läßt das Gesetz in bestimmten Fällen auch bei uns zu, so unter dem Vorbehalt des Rückfalles des geschenkten Grundstückes oder geschenkten dinglichen Rechtes in Art. 247 OR. BECKER, N 2, OSER-SCHÖNENBERGER, N. 4f. zu Art. 247 OR; OSTERTAG, N. 40, HOMBERGER, N. 44 zu Art. 959 ZGB. Resolutiv bedingt oder befristet ist auch das Eigentum des Vorerben an den Erbschaftsgrundstücken und kann trotzdem in das Grundbuch eingetragen werden. ESCHER, Vorbem. vor den Art. 488ff., N. 3 sowie N. 1 zu Art. 491; TUOR, Vorbem. vor den Art. 488ff., N. 12 und 13 sowie N. 10 zu Art. 491.

68 Nach der von der eidgenössischen Aufsichtsbehörde im Grundbuchwesen vertretenen und wiederholt bestätigten Auffassung, welche sich in der Praxis durchgesetzt hat und auch in der schweizerischen Literatur mehrheitlich Zustimmung gefunden hat, sind resolutiv bedingte Dienstbarkeiten von der Eintragung in das Grundbuch ausgeschlossen, können also als dingliche Rechte nicht begründet werden.

69 Dieser Standpunkt gründet sich nicht etwa auf Bestimmungen des materiellen Dienstbarkeitsrechts und auch nicht auf eine spezielle Vorschrift des Grundbuchrechtes, etwa Art. 12 GBVo., wonach die Anmeldung vorbehaltlos und unbedingt sein muß, sondern auf das allgemeine Postulat, welches dem Prinzip der Grundbuch-Publizität zugrunde liegt: Klarheit, Übersichtlichkeit und Geschlossenheit des Grundbuches. «Geht man bei der Frage der Eintragungsfähigkeit bedingter Rechte davon aus, daß nach den allgemeinen Prinzipien des Grundbuchrechtes das Grundbuch dazu berufen ist, eine möglichst klare Übersicht über die dinglichen Rechtsverhältnisse an einem Grundstück zu gewähren, wobei diese Übersicht aus dem Hauptbuche und den Grundbuchbelegen, unter Ausschluß aller anderen Erkenntnismittel, wie Nachforschungen bei den Beteiligten usw., soll gewonnen werden können, so wird man nicht umhin können, den auflösend-bedingten Rechten die Eintragung in das Grundbuch zu versagen» (Eidg. JuPDep. 28. 2. 1929, ZBGR **10**, S. 153/54).

Grunddienstbarkeiten

BR 10. 6. 1919 BBl. 1920 II 54f. = BURCKHARDT, Schw.BR **3** Nr. 1349 III = WEISS Nr. 2481 = ZBGR **1**, S. 3ff.; BR 5. 7. 1921 bei BURCKHARDT, Schw.BR **3** Nr. 1349 IV = ZBGR **2**, S. 109ff.; Eidg. JuPDep. 28. 2. 1929, ZBGR **10**, S. 149ff.; EBG **52** II 40 = Pr. **15** Nr. 27, S. 101; Aargau: RR in ZBGR **10**, S. 151ff.; Bern: RR in Mtsschr. f. bern. VR **32** Nr. 167 = ZBGR **31**, S. 196ff. = WEISS, n. F. Nr. 4943 = SJZ **31**, S. 264f. und Mtsschr. f. bern. VR **41** Nr. 82 = ZBGR **26**, S. 75ff.; St. Gallen: RR VerwPr. **1** Nr. 481 = ZBGR **4**, S. 25 und VerwPr. **2** Nr. 339 = ZBGR **6**, S. 47f.; Luzern: ObG, Justizkomm., Max. **9** Nr. 168 = ZBGR **27**, S. 149; Zürich: BezG ZBGR **3**, S. 156ff.; EBG **87** I 311 = Pr. **50** Nr. 155 = ZBGR **45** Nr. 15, S. 119 = MBVR **60**, 1962, Nr. 46, S. 165ff.

HAAB, N. 8 zu Art. 655; LEEMANN, N. 21 zu Art. 731; OSTERTAG, N. 3 zu Art. 972; JENNY F., Legalitätsprinzip, ZBGR **11**, S. 193.

70 Diese Lehre und Praxis läßt sich gewiß so begründen, wie dies geschieht. Der Eintritt der zur auflösenden Bedingung gemachten Tatsache würde zwar nur den materiellen Untergang der Dienstbarkeit bewirken, während erst die Löschung im Grundbuch auch formell den Untergang herbeiführt (Art. 734, analog Art. 748). Der gutgläubige Dritte, der das berechtigte Grundstück oder dingliche Rechte an ihm erwirbt, kann sich auf den bestehenden Eintrag verlassen (Art. 973). Wenn sich aber die Bedingtheit des Rechts aus dem Grundbuch ergibt, aus dem Hauptbuch oder aus den Belegen, kann er sich nicht darauf berufen, hievon keine Kenntnis gehabt zu haben, sondern ist genötigt, die erforderlichen Erhebungen darüber anzustellen, ob die auflösende Bedingung bereits erfüllt ist, oder ob und innert welcher Zeit mit ihrer Erfüllung zu rechnen ist und muß als Erwerber den Untergangsgrund, der sich mit der Erfüllung der Bedingung verwirklicht, gegen sich gelten lassen.

71 Dieser Nachteil und der Vorteil, welchen die Zulassung von resolutiv bedingten Dienstbarkeiten für eine den Interessen und Bedürfnissen der Beteiligten entsprechende Gestaltung des Dienstbarkeitsverhältnisses bietet, sind gegeneinander abzuwägen. Das Ergebnis fällt jedenfalls nicht so eindeutig zu Gunsten der herrschenden Lehre und Praxis aus, daß sich die gegenteilige Auffassung nicht mit guten Gründen vertreten ließe, was denn auch wiederholt in der Literatur und Praxis geschehen ist. BezG Zürich 3. 4. 1928, ZBGR **9**, S. 119ff. mit zustimmender Bemerkung der Redaktion (C. VOLKART); VOLKART C., Aktuelle Fachfragen, ZBGR **7**, S. 271 und Berichtigung im Register dieses Bandes, S. XX; SCHÖNBERG S., Zehn Jahre Schweiz. ZGB, Die Grundbuchpraxis, S. 22f.; PFISTER, S. 181ff. = ZSR **52**, S. 368ff.; HOMBERGER, N. 8f. zu Art. 958.

72 Die herrschende Auffassung dürfte dem Grundsatz, «daß auch das Grundbuch nicht Selbstzweck ist, sondern Mittel zum Zweck, der Befriedigung der schutzwürdigen Interessen zu dienen» (LEEMANN, N. 41 zu Art. 730), zu wenig Beachtung geschenkt haben. EBG **87** I 311ff. = Pr. **50** Nr. 155 = ZBGR **45**, S. 119 = MBVR **60** (1962) Nr. 46, S. 165ff. bestätigt die bisherige Praxis, nach welcher resolutiv bedingte Rechte nicht eintragungsfähig sind.

Eine behutsame Lockerung dieser Praxis, welche hievor als vertretbar anerkannt wurde, ist inzwischen erfolgt. Aarg. JDir. **1959**, ZBGR **42** Nr. 23, S. 155: Wenn die auflösende Bedingung in einer Tatsache besteht, die sich aus Grundbuch-Urkunden oder aus einer Eintragung (Eigentumsübertragung) ergibt; ObG Solothurn, 11.6.1963, ZBGR **45** Nr. 11, S. 100ff.: Die resolutive Bedingung des Unterganges des Wohnrechts ist die Wiederverheiratung des Berechtigten. Ablehnend dazu Notariatsinspektor H. HUBER in s. Bemerkung zu diesem Entscheid. Ich halte das solothurnische Urteil für richtig, weil die Wiederverheiratung des Berechtigten, wie der Tod, eine zivilstandsamtlich festgestellte Tatsache ist. Es kann auch niemand benachteiligt sein, wenn der Grundeigentümer das Wohnrecht nicht sofort nach dem Eintritt der auflösenden Bedingung löschen läßt. Ebenso BESSON C., Cinquante ans de registre foncier fédéral, ZBGR **42** (1961) S. 344f., allerdings de lege ferenda.

d) Obligatorische Vorbehalte. Die Gründe, aus denen die Eintragung resolutiv bedingter Dienstbarkeitsverhältnisse abgelehnt wird, liegen ganz außerhalb der obligationenrechtlichen Beziehungen zwischen den Parteien. Hier jedoch stehen diese Beziehungen und nur sie in Frage. Das dingliche Recht bleibt unberührt; es ist nicht unter eine auflösende Bedingung gestellt. 73

Der Berechtigte kann auf die Dienstbarkeit jederzeit verzichten. Auf Grund seiner Verzichtserklärung kann der Eigentümer des belasteten Grundstückes die Löschung der Dienstbarkeit verlangen. Der Dienstbarkeitsberechtigte kann sich gegenüber dem Eigentümer des belasteten Grundstückes gültig verpflichten, die Löschungsbewilligung auf einen künftigen Zeitpunkt hin zu erteilen. Dieser Zeitpunkt kann von vornherein bestimmt sein (dies certus an, certus quando), oder es kann sicher sein, daß er erreicht wird, aber unsicher, wann (dies certus, incertus quando), oder er kann bestimmt sein durch eine Tatsache, von der ungewiß ist, ob sie eintritt (dies incertus an). Sofern sich das Dienstbarkeitsverhältnis auf die Beziehungen zwischen den Parteien beschränkt, kann es von ihnen jederzeit aufgehoben werden. Der Berechtigte kann sich gültig verpflichten, dazu Hand zu bieten, sei es nach Ablauf einer Frist oder unter bestimmten Bedingungen.

Durch den Verzicht oder die vertragliche Aufhebung, durch den Ablauf der Frist oder den Eintritt der bloß das obligatorische Verhältnis berührenden Resolutivbedingung erlöschen für die Parteien alle Rechte und Pflichten aus dem Dienstbarkeitsverhältnis, aber formell, in seiner grundbuchlichen Existenz, besteht dieses weiter, bis es gelöscht wird. Der Dritte kann sich auf den Eintrag verlassen, auch wenn er von einem bloß obligatorischen Vorbehalt Kenntnis hat. N. 80 und 81 hienach. 74

Der Eigentümer des berechtigten Grundstückes hat aber nicht mehr die ausschließliche Verfügungsmacht über das Dienstbarkeitsrecht, wenn er inzwischen Dritten dingliche Rechte (Nutznießung, Grundpfandrechte) an seinem Grundstück eingeräumt hat. Zur Löschung der Dienstbarkeiten bedarf es der Zustimmung dieser aus dem Eintrag berechtigten Personen (Art. 964). Bestehende dingliche Rechte 75

Dritter können also durch Untergangsgründe, die sich im Verhältnis zwischen den Parteien verwirklichen, nicht berührt werden, wie ja auch der gutgläubige Dritterwerber des Eigentums oder von dinglichen Rechten am berechtigten Grundstück in seinem Erwerb geschützt ist, auch wenn jene Gründe im Zeitpunkt seines Erwerbs bereits eingetreten sind. HAAB, N. 8 zu Art. 655. Daraus folgt, daß Vereinbarungen zwischen dem Dienstbarkeitsverpflichteten und dem Dienstbarkeitsberechtigten mit bloß obligatorischer Wirkung, welche auf die unbestimmte Befristung oder auf die Beendigung durch den Eintritt einer auflösenden Bedingung oder durch Kündigung gerichtet sind, gültig sind.

76 Solche Vereinbarungen werden nicht selten getroffen. Namentlich kommt es auch vor, daß sich der Dienstbarkeitsverpflichtete die Kündigung von einem bestimmten Zeitpunkt an vorbehält und sich vom Dienstbarkeitsberechtigten durch besonderen Revers bestätigen läßt, daß er verpflichtet sei, die Dienstbarkeit auf erfolgte Kündigung hin im Grundbuch löschen zu lassen.

In der Praxis ist denn auch die Gültigkeit solcher Vereinbarungen verschiedentlich anerkannt worden. So hat der BR in seinem Entscheid vom 24.4.1917 (BBl. 1917 III, S. 18ff. = WEISS Nr. 2482 = ZBGR **6**, S. 4ff.) ausgeführt, daß Zusicherungen und Versprechungen rein persönlicher Natur sein müßten und die Stellung des dinglich Berechtigten gegenüber Dritten nicht berühren dürfen. Unter dieser Voraussetzung scheint er sie nicht als Hindernis für die Eintragung der Dienstbarkeit zu betrachten. Der RR St. Gallen lehnte die Eintragung einer nach seiner Auffassung bedingten Dienstbarkeit ab, erklärte aber, daß «in einem separaten Vertrag die rein persönlich wirkende Klausel aufgenommen werden könne» (VerwPr. **1** Nr. 481 = ZBGR **4**, S. 25).

77 Für Ablehnung der Eintragung einer Dienstbarkeit, auch wenn zwischen den Parteien außerhalb des Grundbuches die Vereinbarung getroffen wäre, daß die Dienstbarkeit dahinfallen solle, wenn das berechtigte Grundstück ins Eigentum einer anderen Person übergehe, hat sich der bern. RR ausgesprochen (Mtsschr. f. bern. VerwR **41** Nr. 82 = ZBGR **26**, S. 75ff.) mit der Begründung, daraus ergebe sich die sonderbare Sachlage, daß der Eigentümer des belasteten Grundstückes nach Eintritt der Bedingung behaupten könne, die Dienstbarkeit sei dahingefallen, während sie noch im Grundbuch eingetragen sei. Damit kann die Eintragung jedoch nicht abgelehnt werden, wenn die Vereinbarung den Sinn hat, in welchem sie allein wirksam sein kann, nämlich den, daß der Eigentümer des berechtigten Grundstückes bloß obligatorisch verpflichtet ist, die Löschungsbewilligung zu erteilen, bevor er das Grundstück veräußert oder diese Verpflichtung seinem Rechtsnachfolger zu überbinden (auf seine gesetzlichen Erben geht sie ohnehin über).

78 Ob eine solche Vereinbarung in einem separaten Akt (Revers) niedergelegt oder in den Dienstbarkeitsvertrag aufgenommen wird, kann nicht von rechtlicher Bedeutung sein. RR Bern, ZBGR **37** (1956), S. 285. Im letzteren Fall muß aber klar zum

Ausdruck gebracht werden, daß sie lediglich unter den Vertragsparteien wirksam sein solle und die Rechte Dritter nicht berühre. Siehe auch NUSSBAUM H., Dienstbarkeiten und Grundlasten in Konkurrenz mit Grundpfandrechten, ZBGR **19**, S. 4f. Weil auch dadurch die Gefahr des Mißverständnisses und der Unsicherheit nicht immer beseitigt werden kann, ist es zweckmäßig, wenn die Grundbuchbehörden verlangen, daß diese Vereinbarungen separat zu halten seien, so daß sie in den Grundbuchbelegen nicht erscheinen. Eine solche Vereinbarung wird tatsächlich die Beleihbarkeit des Grundstückes erschweren, auch wenn feststeht, daß das Recht des Grundpfandgläubigers durch sie nicht beeinträchtigt werden kann. Die deutsche ErbbauVo. hat in § 1 Abs. 4 solche Vereinbarungen als unverbindlich erklärt. Nach PLANCK-STREKKER, Erl. 4 zu § 1 der Vo. mit der Begründung, daß mit dem Eintritt der auflösenden Bedingung das Erbbaurecht untergehe und mit ihm auch die es belastenden Hypotheken. Die von uns hier ins Auge gefaßten bloß obligatorischen Vereinbarungen stellen das dingliche Recht aber nicht unter eine Resolutivbedingung. Gegenüber dem Grundpfandgläubiger und einem jeden Drittberechtigten kann sich der Grundeigentümer auf sie nicht berufen. Dies schließt ihre Gültigkeit unter den Parteien gerade nicht aus.

Abzulehnen wäre die Eintragung der Dienstbarkeit, wenn die jederzeitige ins freie Belieben des Grundeigentümers gestellte Kündigung vorbehalten ist, da in diesem Fall ein prekaristisches oder diesem doch sehr nahekommendes Verhältnis vorliegt. Behalten die Parteien aber diesen Vorbehalt für sich und wird die Dienstbarkeit eingetragen, ist sie als dingliches Recht entstanden, auch wenn sie alsbald infolge der erfolgten Kündigung auf Grund der Löschungsbewilligung des Berechtigten wieder gelöscht werden müßte. **79**

Auf Grund eines Vertrages über die Errichtung einer Dienstbarkeit als eines in das Grundbuch aufzunehmenden selbständigen Rechtes (also nicht einer Grunddienstbarkeit) von dreißigjähriger Dauer, in welchem aber das Recht der Kündigung nach Ablauf von zwanzig Jahren vorbehalten ist, wird die Eintragung aus dem in N. 78 genannten Grunde abgelehnt werden. Behalten die Parteien aber diesen Vorbehalt für sich und wird die Dienstbarkeit eingetragen und in das Grundbuch aufgenommen, ist an der Wirksamkeit dieser grundbuchlichen Akte nicht zu zweifeln. Das Recht hat als Grundstück zu gelten. Die Erwerber dinglicher Rechte an ihm können sich auf den Eintrag verlassen; um den Kündigungsvorbehalt brauchen sie sich nicht zu kümmern, auch nicht, wenn er ihnen bekannt ist. Wenn sie der Löschung nicht zustimmen, kann diese trotz Kündigung und Löschungsbewilligung des Dienstbarkeitsberechtigten nicht erfolgen. **80**

Das Rechtsverhältnis zu Dritten kann also durch obligatorische Vorbehalte nicht berührt werden, weshalb kein Grund besteht, ihre Zulässigkeit aus sachenrechtlichen Gründen zu verneinen. Der dingliche Rechtsbestand, welcher im Verhältnis zu Dritten allein maßgebend ist, wird durch den Grundbucheintrag festgelegt und für jeden Dritten von obligatorischen Vorbehalten unabhängig gemacht. **81**

VI. Der Inhalt der Grunddienstbarkeiten

1. Die Schutzwürdigkeit des Rechts

82 **a) Ausschluß infolge der Unmöglichkeit oder Widerrechtlichkeit des Inhalts.** Wie jeder Vertrag ist auch der Dienstbarkeitsvertrag, der einen unmöglichen oder widerrechtlichen Inhalt hat oder gegen die guten Sitten verstößt, nichtig (OR Art. 20). Einer Eintragung auf Grund eines solchen Vertrages fehlt der gültige Rechtsgrund; sie ist ungerechtfertigt und erzeugt keine Wirkungen, auch nicht zu Gunsten eines gutgläubigen Dritterwerbers des berechtigten Grundstückes, kann doch ein Recht mit solchem Inhalt überhaupt nicht Gegenstand eines gültigen Erwerbsgeschäfts sein.

83 Fälle einer Grundstücksbenutzung, welche die guten Sitten oder Vorschriften des öffentlichen Rechts verletzen würde, lassen sich in großer Zahl ausdenken, insbesondere würden auch Dienstbarkeiten dazu gehören, welche öffentlich-rechtliche Eigentumsbeschränkungen aufheben oder abändern würden und im Art. 680 Abs. 3 noch ausdrücklich als nichtig erklärt werden. HAAB, N. 8 zu Art. 680. Hinzuweisen ist hier besonders auf Art. 23 des eidg. Forstpolizeigesetzes: «Die öffentlichen Waldungen können nur mit Bewilligung des BR und der betreffenden KtsReg. durch neue, einer guten Waldwirtschaft nachteilige Rechte und Dienstbarkeiten belastet werden. Rechtsgeschäfte, soweit sie damit in Widerspruch stehen, sind nichtig.»

84 Daß auch die Gemeinde selber nicht befugt sei, beim Verkauf eines Grundstückes Baubeschränkungen in der Form von Dienstbarkeiten zu begründen, wenn ihr Baureglement eine Änderung der Bauweise durch privatrechtliche Eigentumsbeschränkungen ausschließe, entschied der bern. RR, Mtsschr. f. bern. VR **35** Nr. 99. Damit kann aber nicht gesagt sein, daß Dienstbarkeiten nicht auch das Mittel zur Verwirklichung öffentlicher Interessen sein könnten (siehe N. 100ff. hienach). Die Schutzwürdigkeit des Interesses verlangt EBG **78** II 21 = Pr. **41** Nr. 78, Erw. 11 für die Dienstbarkeit zugunsten des Kantons Zürich, auf dem Grundstück keine Wirtschaft zu betreiben.

85 Unwirksam könnte ein Dienstbarkeitsvertrag auch sein, wenn die Dienstbarkeit gar nicht ausgeübt werden kann, weil dem private Rechte entgegenstehen. Dies würde zutreffen auf das Dienstbarkeitsrecht, einen privaten Bach auf dem belasteten Grundstück zu stauen oder abzuleiten, wenn die Unterlieger einen gesetzlichen privatrechtlichen Anspruch darauf haben, daß die Oberlieger ihnen das Wasser in seinem natürlichen Lauf zufließen lassen, bzw. wenn den unmittelbaren und mittelbaren Anliegern ein gesetzliches Bewässerungsrecht zusteht. Freilich liegt da nicht eine absolute Unmöglichkeit des Inhaltes vor, da die rechtliche Möglichkeit besteht, daß von sämtlichen Grundeigentümern der Verzicht auf ihre Rechte erlangt wird. Wenn aber tatsächlich keine Aussicht darauf besteht, sollte die Eintragung der Dienstbarkeit abgelehnt werden. Seitens des Eigentümers des belasteten Grundstückes läge übrigens eine Verfügung vor, zu der ihm die Verfügungsmacht fehlt.

Wenn eine vom Eigentümer des belasteten Grundstückes innerhalb der Grenzen **86**
seines Verfügungsrechts eingeräumte Dienstbarkeit nicht ausgeübt werden kann,
weil hiefür auch ein Zwischengrundstück in Anspruch genommen werden müßte,
aber die tatsächliche Möglichkeit besteht, daß an diesem die erforderliche Grunddienstbarkeit ebenfalls erworben werden kann, darf die Eintragung nicht verweigert
werden, auch wenn die Wahrscheinlichkeit, daß die Dienstbarkeit nie ausgeübt
werden könne, größer ist. Es kann ja nicht die Aufgabe des Grundbuchverwalters
sein, diese Frage abzuklären; nur wenn auf der Hand liegt, daß sie negativ zu
beantworten ist, rechtfertigt sich die Abweisung der Anmeldung; im Zweifel aber
ist die Eintragung vorzunehmen. So hat das zürch. ObG entschieden, daß in der
Einräumung eines Wegrechts, das nur ausgeübt werden kann, wenn auch am Zwischengrundstück ein entsprechendes Recht erworben wird, nicht als Versprechen
mit unmöglichem Inhalt gelten könne, da Aussicht auf die erforderliche Belastung
des Zwischengrundstückes bestehe. BlZR **12** Nr. 56.

b) Erheblichkeit des Interesses

α) Vernünftigkeit des Interesses

Zu entscheiden, ob der Berechtigte ein Interesse an der Errichtung der Dienstbar- **87**
keit hat, steht ihm selber zu. Ob dieses Interesse hinsichtlich des Inhaltes der
Dienstbarkeit schutzwürdig und erheblich sei, ist (vorbehältlich der Ausführungen
unter lit. a) nicht nach objektiven Gesichtspunkten zu beurteilen, sondern bestimmt
sich nach der subjektiven Bewertung durch den Berechtigten selbst, mag diese auch
einer bloßen Liebhaberei oder Schrulle entspringen. Auch wer eine Dienstbarkeit
des Inhaltes erwirbt, daß ihm die Aussicht auf einen Kehrichtablagerungsplatz nicht
verbaut werden dürfe, ist in seinem Erwerbe zu schützen. Diese Auffassung wird
durch die Praxis des Bundesgerichtes zu Art. 736 bestätigt. EBG **66** II 248 = Pr. **30**
Nr. 45: «Es ist schließlich nicht außer acht zu lassen, daß das Gesetz die Begründung einer Dienstbarkeit erlaubt, ohne daß der Berechtigte ein Interesse daran
nachweisen müßte.» EBG **70** II 101 Erw. 3 = Pr. **33** Nr. 113: «Das Interesse im
Sinne von ZGB 736 ist nicht nach einem allgemeinen, für jedermann gültigen
Wertmaßstab zu beurteilen; auch eine ganz individuelle, nach Durchschnittsanschauungen vielleicht unbegreifliche Liebhaberei kann Gegenstand einer Grunddienstbarkeit bilden.» Das sind die Konsequenzen aus der völligen Preisgabe des Prinzips der Utilität, mit welcher bloß der Wortlaut von Art. 730
und Art. 736 («hat eine Dienstbarkeit für das berechtigte Grundstück
alles Interesse verloren,...») nicht übereinstimmt (N. 103). Gegenüber dem Rechtsnachfolger des Dienstbarkeitsberechtigten könnte dann die Ablösung nach
Art. 736 durchgesetzt werden, wenn ihm die gleiche Schrulle oder Liebhaberei
nicht eigen ist (Rossel et Mentha III, S. 10, Nr. 1363), es wäre denn (nach
unserem Beispiel) inzwischen eine Park- oder Gartenanlage an die Stelle des Ablagerungsplatzes getreten.

Grunddienstbarkeiten

88 Im Gegensatz dazu ist von Tuhr (OR § 32 N. 89, S. 247) der Meinung, die Errichtung von Grunddienstbarkeiten sei nur zulässig, wenn ein qualifiziertes Interesse des Erwerbers an dem zu errichtenden Recht vorliege. Leemann, N. 27 zu Art. 730, verlangt ein vernünftiges Interesse und verweist auf Art. 20 OR. Diese Bestimmung erklärt aber nicht Verträge als nichtig, an deren Erfüllung der Gläubiger nicht ein vernünftiges Interesse habe. Vgl. dazu von Tuhr, a.a.O. Wieland, Bem. 1 zu Art. 730, meint, das erforderliche schutzwürdige Interesse würde einer Dienstbarkeit, wonach der Nachbar sein Haus weiß anzustreichen habe, fehlen. Diese Dienstbarkeit könnte als Verpflichtung, das Streichen des Hauses in anderer als weißer Farbe zu unterlassen, begründet werden. Das auf dem ästhetischen Werturteil des Erwerbers – mag es anerkennenswert sein oder nicht – beruhende Interesse an dieser Dienstbarkeit ist sicher nicht des rechtlichen Schutzes unwürdig. Vgl. die Bemerkung von Schneider zu § 240 zürch. PrGB über diesen Fall.

88a Die Auffassung der Autoren, welche ein vernünftiges Interesse verlangen, denen auch Josef Kohler, Lehrbuch des Bürgerl. Rechts II 1, S. 289 zuzuzählen ist, hat doch vieles für sich. Das Grundbuch sollte doch nicht für jeden Humbug zur Verfügung gestellt werden müssen und das sachenrechtliche Institut der Dienstbarkeit auch nicht. Tatsächlich mußte dies m. W. bis jetzt zwar auch nicht geschehen (N. 149 zu Art. 736). Die eingehenden Ausführungen zum Utilitätserfordernis (N. 8–12 der Vorbem. vor Art. 730, N. 103–105 zu Art. 730 und N. 143ff. zu Art. 736) haben zum Ergebnis geführt, daß eine dem momentanen eigenwilligen Bedürfnis einer bestimmten Person, auch wenn es für diese in diesem Moment auch nicht geradezu absurd ist, sich zur Grundstücksbelastung nicht eignet und gar nicht unter den Grundsatz des Art. 736, diesen «Rückfall in die richtige Lehre» paßt. Liegt die Begründung der Dienstbarkeit in vergangener Zeit, kann auch nur nach dem Interesse für das berechtigte Grundstück (Art. 736 Abs. 1) über die Existenzberechtigung der Servitut entschieden werden. N. 57, 91, 143 und 146ff. zu Art. 736.

89 Eine Dienstbarkeit, welche nach Art. 736 Abs. 1 abgelöst werden könnte, weil ihr alles Interesse für den Berechtigten fehlt, soll nicht eingetragen werden. Dem die Eintragung zur Begründung der Dienstbarkeit verlangenden Erwerber gegenüber wird die Eintragung aber aus dieser Erwägung nicht so leicht abgelehnt werden können, es wäre denn die Dienstbarkeit habe gar keinen vernünftigen Sinn, sondern sei ein Narrenstück.

Die Eintragung soll abgelehnt werden, wenn sie bei der Bereinigung der dinglichen Rechte zur Einführung des Grundbuches verlangt wird, sofern die Voraussetzungen des Art. 736 Abs. 1 erfüllt sind. BlZR **30** Nr. 121. Durch Klage im Bereinigungsverfahren nach kantonalem Recht kann die Ablehnung angefochten werden. Darüber wird dann in Anwendung von Art. 736 entschieden. Vgl. zu diesem Fall nach tessinischem Recht Liver P., Bem. zum Urteil des AppG vom 7. September 1976, Repertorio 1978 Nr. 1–6; mit Übersetzung des Urteils ZBGR **60** (1979), § 41ff. Vgl. dazu N. 95 zu Art. 736.

Die Zulässigkeit der Eintragung einer Dienstbarkeit kann beschränkt sein durch 90
den Grundsatz, daß das Grundbuch nicht mit unnötigen Dienstbarkeitseinträgen
belastet werden soll und daß das Institut der Dienstbarkeit nicht für Interessen zur
Verfügung stehen soll, zu deren Befriedigung es unnötig ist.

Unter diesem Gesichtspunkt sind zwei Gruppen von Tatbeständen zu betrachten.

β) **Einmalige Benutzungshandlungen.** Durch die Dienstbarkeit wird das 91
belastete Grundstück der Herrschaft des Eigentümers des berechtigten Grundstückes in bestimmter Hinsicht dauernd unterworfen. Der Eigentümer des belasteten Grundstückes hat an diesen Gebrauchshandlungen des Berechtigten, die sich in der Ausübung der Dienstbarkeit **wiederholen**, zu dulden oder die Ausübung seines Eigentums nach bestimmter Richtung hin **dauernd** zu unterlassen. Dies entspricht ja auch dem Wesen des dinglichen Rechtes als einer gegen jedermann geschützten Sachherrschaft. Das Recht, ein Grundstück für einen einmaligen Materialtransport zu befahren, ihm einmalig ein bestimmtes Quantum Steine, Sand oder Holz zu entnehmen oder auf ihm für die einmalige Ausführung einer Bauarbeit Gerüststangen zu stellen, bedarf der Sicherung durch Begründung einer Dienstbarkeit nicht. Würde diese doch errichtet, könnte der Eigentümer des belasteten Grundstückes ihre Löschung verlangen, sobald die einmalige Ausübung stattgefunden hat, weil die Dienstbarkeit damit gegenstandslos geworden ist. Das deutsche RG (60, S. 319f.) hat entschieden, daß das Recht des Käufers von Holz auf dem Stamme, dieses Holz zu schlagen und abzuführen, nicht zum Inhalt einer Dienstbarkeit gemacht werden könne. Vgl. dazu STAUDINGER-KOBER, Bem. II 1a und 3 zu § 1018; PLANCK-STRECKER, Erl. 2a β zu § 1018; WOLFF § 106 II 1, S. 377 Anm. 10 und § 112 Anm. 7; PFISTER, S. 137.

Hierin liegt jedoch nicht ein strikte anzuwendender Rechtssatz, sondern nur eine 92
Hilfsregel für die Beurteilung, ob ein schutzwürdiges Interesse für die Errichtung einer Dienstbarkeit vorliegt. Dieses Interesse kann ausnahmsweise auch gegeben sein, wenn die Dienstbarkeit eine einmalige Benutzung des Grundstückes zum Gegenstand hat. Wer sich das Recht sichern will, für den in unbestimmter Zukunft liegenden Bau eines Hauses einem fremden Grundstück Steine, Sand oder Holz zu entnehmen, kann dies doch wohl durch Errichtung einer Dienstbarkeit nach Art. 781 oder auch einer Grunddienstbarkeit tun. Nur dadurch ist er der Gefahr enthoben, sich im gegebenen Zeitpunkt einem Dritterwerber des zu benutzenden Grundstückes gegenübergestellt zu sehen, der zur Duldung der Benutzung nicht verpflichtet ist. Wird die Grunddienstbarkeit errichtet, ist das Grundstück ja auch auf unbestimmte Dauer belastet, während welcher der Berechtigte jederzeit sein Recht ausüben kann. Das ist, wie (N. 65) dargelegt wurde, auch nicht etwa eine suspensiv bedingte Dienstbarkeit. Ebenso kann das Recht, eine Vorrichtung oder einen Baum auf dem Nachbargrundstück jederzeit entfernen zu dürfen, aus den gleichen Gründen sehr wohl Gegenstand einer Grunddienstbarkeit sein. Anderer Meinung SCHATZ-

MANN, S. 48 Anm. 3. Hinzuweisen ist auch darauf, daß Inhalt einer Grundlast eine bloß einmalige Leistung sein kann.

93 γ) **Inhaltliche Identität mit einer gesetzlichen Eigentumsbeschränkung.**
Die inhaltlich gleiche Beschränkung des Eigentums kann sowohl Wirkung einer Grunddienstbarkeit als auch einer gesetzlichen Vorschrift sein. Es fragt sich, ob die dem Grundeigentümer durch gesetzliche Vorschrift auferlegte Duldungs- oder Unterlassungspflicht zum Inhalt einer Grunddienstbarkeit gemacht werden könne. Literatur und Praxis verneinen grundsätzlich diese Frage fast ausnahmslos, weil der Dienstbarkeitsberechtigte kein Interesse daran haben könne, ein Recht, das ihm kraft Gesetzes zustehe, noch als Dienstbarkeit zu erwerben oder zu sichern. LEEMANN, N. 19 zu Art. 730; STAUDINGER-KOBER, Bem. II 1b γ zu § 1018. Ebenso der Entscheid des BR 4.1.1918, BBl. 1918 I, S. 11 = ZBGR **6**, S. 8ff. = SJZ **14**, S. 243; JDep. Tessin, Rech.-Ber. 1927 Nr. 1 = ZBGR **14**, S. 269f.; JDir. Aargau ZBGR **19**, S. 89ff. Siehe jedoch Art. 734 N. 127.

94 Diese Auffassung ist richtig unter der Voraussetzung, daß die Verpflichtung, welche zum Inhalt der Dienstbarkeit gemacht werden soll, eindeutig aus der gesetzlichen Eigentumsbeschränkung sich ergibt und der Berechtigte den gleichen Anspruch auf Rechtsschutz hat, wie wenn ihm die Dienstbarkeit zusteht. Wenn das Gesetz für Hochbauten einen privatrechtlichen Grenzabstand von 3,5 m vorschreibt, ist eine Grunddienstbarkeit, welche den gleichen Inhalt hat, sicher überflüssig und soll nicht eingetragen werden. Daß durch Revision des Gesetzes dieser Grenzabstand reduziert werden könnte, ist so unwahrscheinlich, daß damit nicht zu rechnen ist. Das Durchleitungsrecht für Trinkwasserleitungen wurde im Kanton Solothurn durch bloßen RR-Beschluß (mit Genehmigung des BR) als öffentlich-rechtliche Eigentumsbeschränkung erklärt (12.12.1914), und zwar nach dem RR-Beschluß vom 2.2.1945 auch für private (!) Leitungen. Demgemäß wird die Eintragung von Durchleitungsservituten für Trinkwasserleitungen abgelehnt. ZBGR **32**, S. 148ff. (Nrn. 45 und 46). Eher abzulehnen wäre die Eintragung der Nutznießung, welche die Braut zugunsten des Bräutigams verlangt für die Dauer vom Tage des Eheschlusses bis zur Auflösung der Ehe an einem ihr vom Vater als Brautgeschenk übertragenen Miteigentumsanteil an seiner Liegenschaft. (Der Tatbestand kam nicht zur gerichtlichen Beurteilung.)

95 Zahlreich sind jedoch die Fälle, in denen nicht zum vornherein feststeht, ob die Anwendung der gesetzlichen Vorschrift über die in Frage stehende Eigentumsbeschränkung im konkreten Fall auch wirklich zu dem Ergebnis führt, welches mit der Dienstbarkeit sicher erzielt wird. So besteht zweifellos ein wesentliches Interesse daran, bestimmte schädigende Einwirkungen, die von einem Nachbargrundstück ausgehen, durch Errichtung einer Grunddienstbarkeit auszuschließen, auch wenn sie ihrer Art nach zu den nach Art. 684 verbotenen Immissionen gehören. In vielen dieser Immissionsfälle ist es ja höchst unsicher, ob der Richter die vorliegende

Einwirkung als übermäßig und nach Lage und Beschaffenheit der Grundstücke oder nach dem Ortsgebrauch ungerechtfertigt betrachten werde. Daß den Beteiligten zur Herstellung einer klaren Rechtslage in einem konkreten Fall die Errichtung einer Dienstbarkeit nicht versagt werden dürfe, wenn die Durchsetzung einer bestehenden Eigentumsbeschränkung bloß möglicherweise zum gleichen Resultat führt wie die Durchsetzung der Dienstbarkeit, findet denn auch in der Literatur mehrfache Bestätigung: PLANCK-STRECKER, Erl. 2a β und 2b Abs. 3 zu § 1018; WOLFF, § 106 II 1, S. 377 Anm. 9; für das schweizerische Recht namentlich PFISTER, S. 131ff. und ZSR n. F. 52, S. 342f.; für Ausnahmefälle auch LEEMANN, N. 19 zu Art. 730. Abgelehnt wird die Begründung der Pflicht zur Abzäunung der Hofweide von der Alp auf einer Strecke von 800 m als Grundlast, weil sie sich aus dem Gesetz selber (Art. 641 Abs. 2) ergebe. EBG **99** II 28 = Pr. **62** Nr. 97. Richtig ist dies zwar nicht. Siehe die Bespr. ZBJV **111** (1975) S. 73f.

Weitere Gründe für die Zulassung bestehen, wenn der Inhalt der Dienstbarkeit in **96** den Anwendungsbereich von das Eigentum beschränkenden öffentlich-rechtlichen Erlassen fällt. Diese Erlasse der Kantone und besonders auch der Gemeinden stehen vielfach auf rechtlich unzureichend abgeklärten Grundlagen, beschränken sich manchmal auf allgemein gehaltene Ermächtigungsnormen und entbehren oft auch der erforderlichen Präzisierung durch eine sichere Verwaltungsgerichtspraxis. Vor allem aber liegt es im Wesen dieser Normen, daß ihre Anwendung unter dem Gesichtspunkt des öffentlichen Wohles dem behördlichen Ermessen weiten Spielraum läßt. Von entscheidender Bedeutung ist sodann, daß der einzelne Grundeigentümer kein subjektives Recht darauf hat, daß der Nachbar die ihm durch öffentlich-rechtliche Vorschriften auferlegte Eigentumsbeschränkung einhält. Die zuständige Behörde hat durch die Anwendung dieser Normen von Amtes wegen die durch sie geschützten öffentlichen Interessen wahrzunehmen und nicht die Interessen, die der Einzelne daran hat, daß eine öffentlich-rechtliche Eigentumsbeschränkung gegenüber seinem Nachbarn durchgesetzt wird. Der Schutz von Einzelinteressen ergibt sich bloß als Reflexwirkung aus dem Schutz der öffentlichen Interessen. Dieser letztere kann aber weitgehend ins Ermessen der zuständigen Behörden gestellt sein; diese kann auch ermächtigt sein, durch Ausnahmebewilligungen in Einzelfällen von der Durchsetzung einer das Eigentum beschränkenden öffentlich-rechtlichen Vorschrift (z.B. von der Vorschrift über die maximale Höhe von Gebäuden) abzusehen. Öffentlich-rechtliche Eigentumsbeschränkungen haben auch nicht die gleiche Konstanz wie privatrechtliche, da das öffentliche Recht einem rascheren Wechsel unterworfen ist; ganz besonders gilt dies, wenn ihre unmittelbare Rechtsgrundlage eine Verwaltungsverfügung ist, mag sie auch formell den Charakter eines rechtsetzenden Erlasses haben, wie die Baulinienfestsetzung (EBG 16.10.1944, Mtsschr. f. bern. VR **43** Nr. 96); Baulinienpläne können leicht ohne Rücksicht auf private Rechte geändert werden (ZBJV **74**, S. 555ff.). Wo nicht die Vorschrift über die Eigentumsbeschränkung neben der öffentlich-rechtlichen auch eine privatrechtliche Norm enthält, die zu Gunsten der Nachbarn ein subjektives, im Zivilprozeß durchsetzbares Recht begründet (HAAB, N. 7 zu Art. 680 und ZBJV **74**, S. 555ff.), hat der Grundeigentümer ein durchaus schutzwürdiges Interesse an der Errichtung einer Grunddienstbarkeit, mit welcher zu Lasten des Nachbarn die inhaltlich gleiche Verpflichtung begründet wird, welche sich aus der öffentlich-rechtlichen Eigentumsbeschränkung ergibt. Einer solchen Grunddienstbarkeit darf deshalb die Eintragung in das Grundbuch nicht versagt werden. Bern, AppH ZBJV **50**, S. 14ff. = ZBGR **6**, S. 152ff.; Aargau, JDir. ZBGR **3**, S. 51f.; vgl. auch LIVER, Der Prozeß des Müllers Arnold und das private Wasserrecht, ZBJV **82**, S. 97ff. und 145ff., bes. S. 157f. und 162ff.

97   Die Eintragung einer Grunddienstbarkeit des Inhaltes, daß auf dem einem Töchterheim und einer Kleinkinderschule benachbarten Grundstück kein unsittliches Gewerbe betrieben werden dürfe, wurde vom GB-Amt abgelehnt, weil damit nur ein bestehendes allgemeines Verbot wiederholt würde. Das BezG Zürich bejahte aber die Eintragungsfähigkeit. ZBGR **17**, S. 265ff. = SJZ **33**, S. 123.

98   Ohne weiteres besteht, wenn die Voraussetzungen des gesetzlichen Überbaurechtes, des Notweg- und Notbrunnenrechtes oder des nachbarlichen Durchleitungsrechtes gegeben sind, die Möglichkeit, die diesen Rechten inhaltlich genau entsprechende Dienstbarkeit als gewöhnliche, nicht als Legalservitut, vertraglich zu begründen. So auch PFISTER, S. 130 und ZSR n. F. **52**, S. 341.

99   Auch der Expropriationsberechtigte kann das Benutzungsrecht, welches Gegenstand der Expropriation wäre, durch Dienstbarkeitsvertrag begründen, ist ja doch auch das im Expropriationsverfahren begründete Benutzungsrecht eine Dienstbarkeit, d.h. ein privates beschränktes dingliches Recht, mag es auch dem öffentlichen Dienst oder Gemeingebrauch gewidmet werden.

100   δ) **Öffentliche Interessen.** In Frage steht selbstverständlich hier nicht die Erheblichkeit des öffentlichen Interesses als solchen, die nicht anders zu bewerten ist als diejenige eines privaten Interesses, sondern vielmehr die Erheblichkeit des Interesses an der Errichtung einer Dienstbarkeit zur Durchsetzung eines öffentlichen Interesses. In der Einleitung (N. 113f.) wurde ausgeführt, daß sich das Gemeinwesen auf den Boden des Privatrechts stellen könne, um sich die Rechte zu erwerben, deren es zur Erfüllung öffentlicher Zwecke bedarf. Über die Eintragung einer Dienstbarkeit, Holzschläge zu unterlassen, verbunden mit der Verpflichtung zu Aufforstungen, die sich der Staat «als Wahrer öffentlicher Interessen» einräumen läßt, ZBJV **55**, S. 244 (bern. JDir.). Dienstbarkeit zu Gunsten des Staates, daß auf dem belasteten Grundstück keine Wirtschaft betrieben werde: EBG **78** II 21ff. = Pr. **41** Nr. 78 (1952); ZBGR **49** (1968) S. 165ff.; BlZR **61** Nr. 124 (VerwG); VerwG Zürich 1962, Zbl St&GV **63**, S. 512ff.: Bauverbot für einen Spielplatz; Erhebung eines Grundeigentumsbeitrages von den Nachbarn; Rückzahlung nach der Überbauung des Platzes für einen Kindergarten. In diesem Zusammenhang wurde (Einl. N. 114) auch auf die sog. Gemeindedienstbarkeiten hingewiesen, welche unter Art. 781 fallen, sowie auf

die vom Gemeinwesen durch Expropriation erworbenen Dienstbarkeiten, die auch Grunddienstbarkeiten sein können, wie z.B. das Recht, zum Vorteil eines öffentlichen Krankenhauses den Betrieb lärmender Gewerbe auf den belasteten Grundstücken zu verbieten oder zum Schutze von Objekten des Natur- und Heimatschutzes und ihrer Zugänglichkeit die wirtschaftliche Ausnutzung, Überbauung, bauliche Umgestaltung von Grundstücken zu verbieten.

Das deutsche RG hatte 1905 entschieden, daß im Hinblick auf den wirtschaftlichen Vorteil, welchen das Gesetz verlange, nur ein privatrechtliches Interesse die Errichtung einer Dienstbarkeit rechtfertigen könne (RGZ **61**, S. 338ff.), hat diesen Standpunkt aber 1925 mit einem eingehend begründeten grundsätzlichen Urteil aufgegeben und erklärt: ... die Gemeinde verfolgt ihre öffentlich-rechtlichen Aufgaben, aber die privatrechtliche Rechtsform der (beschränkten persönlichen) Dienstbarkeit steht ihr dafür offen, wenn sie sich für die Verwirklichung jener Aufgaben auf den Boden des Privatrechts begeben will (RG **111**, S. 384ff.). Daß nach dem ZGB Dienstbarkeiten mit öffentlich-rechtlicher Zweckbestimmung zulässig sind, ist kaum je bestritten worden. 101

Eine andere Frage ist es, ob eine Gemeinde, die kraft öffentlichen Rechtes befugt wäre, eine bestimmte Art der Benutzung eines bestimmten Grundstückes zu untersagen, eine Dienstbarkeit gleichen Inhaltes soll erwerben können, um ein Verwaltungsstreitverfahren oder Schwierigkeiten der Vollstreckung einer Verwaltungsverfügung zu vermeiden. Sachenrechtliche Gründe zur Ablehnung des Schutzes dieser Interessen durch Eintragung einer Dienstbarkeit dürften kaum bestehen. Auf diesen Fall treffen wenigstens z.T. die gleichen grundsätzlichen Erwägungen zu wie auf die Zulässigkeit von Dienstbarkeiten, deren Inhalt sich mit demjenigen von öffentlich-rechtlichen Eigentumsbeschränkungen deckt (N. 96ff. hievor). Die Gefahr einer Überlastung des Grundbuches mit solchen Dienstbarkeiten, die übrigens auch gar nicht entscheidende Bedeutung beanspruchen könnte, dürfte kaum bestehen. Grundsätzliche Bedenken äußert das deutsche RG im letztzitierten Urteil, S. 393. Für Zulassung Zürcher ObG, VerwKomm., 15.1.1951, ZBGR **32**, S. 133ff. (siehe N. 153), vgl. auch EBG Pr. **41** (1952) Nr. 78. Ablehnend BVR 1976, S. 169ff. Die Eintragung einer Dienstbarkeit zugunsten der Gemeinde zur Sicherung der Flächenausdehnung auf das Nachbargrundstück (Bauverbot) als Grundlage für die Berechnung der Ausnutzungsziffer gemäß öffentlich-rechtlicher Bauvorschrift wird als überflüssig und wirkungslos erklärt. Vaud, Dép. des Finances, ZBGR **37** (1956) S. 148: Die Beschränkung, welche sich aus der baurechtlichen Ausnutzungsziffer ergibt, ist nicht eine Dienstbarkeit, sondern eine öffentlich-rechtliche gesetzliche Eigentumsbeschränkung, die als solche im Grundbuch nur angemerkt werden kann. EBG **99** Ia S. 364: Erwerb eines öffentlichen Durchgangsrechts als Servitut durch die Gemeinde im Expropriationsverfahren. 102

2. Vorteil des berechtigten Grundstücks (Utilität). Die grundsätzliche und vollständige Preisgabe dieses Erfordernisses der Grunddienstbarkeit, das von allen 103 ausländischen modernen Kodifikationen aus dem gemeinen römischen Recht übernommen worden ist, wenn auch z. T. mit einer gewissen Ausweitung seines Begriffsumfanges, bildet, wie in den Vorbemerkungen (N. 8ff.) ausgeführt wurde, eine Hauptneuerung im Recht der Dienstbarkeiten des ZGB. Wenn in den Art. 730 und 736 die Grunddienstbarkeit trotzdem dahin umschrieben ist, daß mit ihr ein Grundstück zum Vorteil eines andern Grundstückes belastet ist, kann der Begriff Vorteil hier nicht im Sinne der gemeinrechtlichen Utilität verstanden werden. Der Gesetzestext sagt mit dieser Wendung nur, daß Grunddienstbarkeit die Dienstbarkeit sei, bei welcher die Berechtigung mit dem Eigentum an einem Grundstück verbunden ist, also subjektiv-dinglichen Charakter hat. Das Dienstbarkeitsrecht steht dem jeweiligen Eigentümer eines Grundstückes zu. Aber auch dies ist nicht so zu verstehen, daß die Grunddienstbarkeit einen Inhalt haben müsse, aus dem sich für den ersten und jeden weiteren, künftigen Eigentümer des berechtigten Grundstücks der gleiche, also ein dauernder Vorteil ergebe, sonst käme man wieder zur gemeinrechtlichen Utilität. Da ein rein persönliches Interesse des Berechtigten durch eine Grunddienstbarkeit gesichert werden kann, ist es sehr wohl möglich, daß dieses Interesse für den Erwerber des berechtigten Grundstücks nicht besteht, so daß ihm gegenüber der Anspruch auf Ablösung durch den Richter gegeben wäre (N. 87).

104   Absonderliche und rein persönliche und deshalb vorübergehende Bedürfnisse können so durch dingliche Radizierung in ein Dienstbarkeitsverhältnis zwischen Grundstücken umgewandelt werden. Sie erhalten dadurch den Charakter von Grundeigentumsbefugnissen, der ihnen fremd ist, und eine Stabilität, die sie nicht verdienen. Damit ist der Gesetzgeber auf einen Abweg geraten. Die Verknüpfung mit dem Eigentum an einem berechtigten Grundstück braucht keinen aus der Natur der Sache sich ergebenden Grund mehr zu haben. Vgl. die Ausführungen JHERING, Geist des römischen Rechts, 7. Aufl. II 1, S. 226ff.

105   Der Gesetzgeber hätte am Erfordernis der Utilität festhalten müssen, wenn er Dienstbarkeitsrechte mit einem rein persönlichen Interesse und einer bloß vorübergehenden, nämlich auf die Zeit, da der erste Berechtigte Eigentümer des «herrschenden Grundstückes» ist, beschränkten Existenzberechtigung hätte verhindern wollen. Solche Bedürfnisse hätten dann durch die beschränkten persönlichen Dienstbarkeiten gleichwohl befriedigt werden können. Aber man kann sich auch fragen, ob diese Dienstbarkeiten für derartige Bedürfnisse zur Verfügung stehen sollen. Mit ihnen sollte eigentlich nur die Möglichkeit geschaffen werden, Dienstbarkeiten mit dem Inhalt von Grunddienstbarkeiten auch zu Gunsten einer individuell bestimmten natürlichen oder juristischen Person oder einer «Gemeinschaft» (wie es in Art. 781 heißt) weiterbestehen zu lassen und auch neu zu errichten. Eugen HUBER wollte denn auch im Entwurf, wohl in Anlehnung an § 628 (239) des zürch. PrGB, solche Dienstbarkeiten als Grunddienstbarkeiten aufgefaßt wissen (Erl. II, S. 133). Wäre man dabei geblieben und hätte man am Erfordernis der Utilität festgehalten, hätten

diese Dienstbarkeiten nur mit dem Inhalt errichtet werden können, welchen sie auch als Grunddienstbarkeiten hätten haben können. Dies würde mir als die richtige Regelung erscheinen, da ich es, wie bemerkt, für rechtspolitisch verfehlt halte, daß jede Verpflichtung zur Befriedigung eines beliebigen persönlichen und bloß vorübergehenden Bedürfnisses eines Berechtigten dinglich radiziert werden können soll.

Vgl. außer KOHLER J., Arch. f. d. civ. Pr. **87**, S. 169ff.; HITZIG H. F., ZSR n. F. **19**, S. 363 und RÜMELIN M., Der Vorentwurf, S. 111.

Auch wenn man am Utilitätsprinzip für die Grunddienstbarkeiten festhalten wollte, würde man es mit den irregulären Personaldienstbarkeiten umgehen können, da man diese mit dem gleichen Inhalt und auf unbeschränkte Dauer errichten kann. LIVER, Die Servitut in der Eigentumsordnung und Eigentumslehre der deutschen, französischen, italienischen und schweizerischen Rechtsgeschichte, ZSR **85** (1966) und Abh. z. schweiz. u. bündn. Rechtsgeschichte, S. 292ff. (S. 303 ZASIUS, S. 305 grundsätzlich); Die Aufhebung und Ablösung von Servituten nach schweiz. Recht, Festschrift Emilio Betti (1962) und ZBGR **42** (1961) S. 1ff., in den Privatrechtl. Abhandlungen (1972) S. 293ff., bes. S. 300 und 304. Daselbst: «Im schweizerischen Recht besteht die widerspruchsvolle Situation, daß die richterliche Aufhebung mangels hinreichenden Interesses vorgesehen ist, daß aber für die Begründung der Dienstbarkeit kein im dargelegten Sinne relevantes Interesse verlangt wird.»

Vgl. zum Erfordernis der Utilität auch SONTIS Johannes M., zit. N. 5 der Vorbemerkungen. SCHWEIGERT Heidi, Utilität und Vicinität bei Grunddienstbarkeiten, Diss. Basel 1960 (Masch.-Schr.); HINDERLING H., Grunddienstbarkeiten und Utilitätsprinzip, Festgabe für das Bundesgericht 1975, S. 365ff. Vgl. auch N. 8ff. der Vorbem. vor Art. 730 und PIOTET, S. 547f.; N. 87ff. hievor mit Zitaten.

3. Beschränkung des Eigentums am belasteten Grundstück

a) **Allgemeines.** Die Grunddienstbarkeit, wie übrigens überhaupt jede Dienstbarkeit, kann nur einen Inhalt haben, vermöge dessen das Eigentum am belasteten Grundstück beschränkt ist. Die Beschränkung muß also darin bestehen, daß der Eigentümer eine Benutzung seines Grundstückes durch den Dienstbarkeitsberechtigten dulden muß, die er mit der Eigentumsklage abwehren könnte, wenn sein Grundstück nicht belastet wäre. Oder er muß eine Benutzung seines Grundstückes unterlassen, die ihm als Eigentumsbefugnis zustünde, wenn sein Grundstück nicht belastet wäre. 106

Verpflichtungen, die in der Beschränkung der persönlichen Betätigungsfreiheit (im Gegensatz zur Freiheit der Grundstückbenutzung) bestehen, können nicht zum Inhalt einer Dienstbarkeit gemacht werden. 107

Die Durchführung dieser Unterscheidung in der Praxis bereitet Schwierigkeiten und wird deshalb von einzelnen Autoren abgelehnt, so von WOLFF, § 106 II 2, S. 377 und auch von PFISTER, S. 152ff. und ZSR n. F. **52**, S. 350ff. Diese Unterscheidung ist aber unumgänglich und in unserem Recht um so notwendiger, weil dieses das 108

Grunddienstbarkeiten

Erfordernis der Utilität fallen gelassen hat. Nur mit ihm können Verpflichtungen, von denen feststeht, daß das Gesetz sie aus dem Dienstbarkeitsrecht verbannt wissen will, wie die sogenannten Bierservituten, von der Verdinglichung ausgeschlossen werden.

109 Kaum von praktischer Bedeutung ist diese Unterscheidung in bezug auf die positiven oder affirmativen Dienstbarkeiten, weil die Benutzungshandlungen auf dem belasteten Grundstück oder Einwirkungen auf dieses, welche Gegenstand solcher Dienstbarkeiten sind, wohl immer Eingriffe in die Sachherrschaft des Eigentümers darstellen, die mit der Eigentumsklage abgewehrt werden könnten, wenn das Grundstück nicht belastet wäre.

110 Anders verhält es sich in bezug auf die negativen Dienstbarkeiten. Die Schwierigkeit der Unterscheidung zwischen einer Betätigung, welche als Eigentumsausübung gelten kann und derjenigen, die bloß als Ausübung der persönlichen Handlungsfreiheit anzusprechen ist, besteht hier. Die erstere, die allein Gegenstand einer Dienstbarkeit sein kann, ist wie folgt zu umschreiben: Es ist eine Betätigung, welche den körperlichen Zustand, die äußere Erscheinung, den wirtschaftlichen oder sozialen Charakter des Grundstückes bestimmt und sich dadurch nach außen unmittelbar oder mittelbar schädigend, belästigend oder störend auswirkt. Zustimmend PIOTET, S. 551.

111 Das römische Recht hat den Grunddienstbarkeiten auch unter diesem Gesichtspunkt viel engere Schranken gesetzt. Ihre Zulässigkeit war bestimmt durch das Erfordernis der causa perpetua. «Omnes autem servitutes praediorum perpetuas causas habere debent» (1. 28 D. 8, 2). Das heißt in der Formulierung von ELVERS (S. 158): «Es soll die Servitut nicht faktische Voraussetzungen haben, welche nur durch eine wiederkehrende Tätigkeit des Eigentümers des dienenden Grundstücks herbeigeführt werden, sondern unabhängig von dieser und ebenso auch von jeder Tätigkeit einer dritten Person lediglich aus den durch die Natur der Sache erzeugten Kräften und den in der Servitutenbefugnis enthaltenen Mitteln hergestellt werden können.» Danach kann also eine Grunddienstbarkeit nicht bestehen, wenn der Vorteil, den sie dem herrschenden Grundstück bietet, nur dadurch bewirkt werden kann, daß der Eigentümer des dienenden Grundstückes dieses in bestimmter Weise gebraucht oder bewirtschaftet; so wäre z.B. eine Grunddienstbarkeit nicht möglich, welche darin besteht, daß der Eigentümer des belasteten Grundstückes verpflichtet ist, dem herrschenden Grundstück das Abwasser seines durch künstliche Zuleitung gespeisten Brunnens oder seiner Bewässerungsanlage oder die Jauche aus seinem Viehstall zufließen zu lassen oder die Nachbarn Abfälle seines Sägerei-, Mühlen-, Mosterei-Kelterei- oder Käsereibetriebes beziehen zu lassen. Dementsprechend würde einer negativen Dienstbarkeit die causa perpetua fehlen, wenn dem Eigentümer des belasteten Grundstückes die Verpflichtung auferlegt wäre, Betätigungen zu unterlassen, die nicht in der Ausnutzung der natürlichen Eigenschaften, Kräfte und Bestandteile des Grundstückes, sondern in der Benutzung von künstli-

chen, insbesondere gewerblichen Anlagen und Einrichtungen, welche wieder aufgegeben oder durch eine andere Benutzungsart ersetzt werden kann, bestehen.

Das Erfordernis der causa perpetua ist schon im römischen Recht nicht mit **112** strenger Konsequenz gehandhabt, im gemeinen Recht von einzelnen Autoren verworfen und in den modernen Kodifikationen aufgegeben worden. Für das Recht des DBGB hat zwar KOHLER an ihm festgehalten, vgl. jedoch gegen ihn DERNBURG, BürgerlR III, § 164 II 1, S. 492f.; WOLFF, § 106 IV 2, S. 381; für das französische Recht siehe BAUDRY-LACANTINERIE und CHAUVEAU, S. 523 Nr. 803; für das österreichische Recht EHRENZWEIG I 2 § 249 I, S. 341; im italienischen Recht ist die Frage kontrovers, doch scheint man am Erfordernis der causa perpetua nur in dem Sinne festzuhalten, daß dem Vorteil für das herrschende Grundstück, dessen Begriff das Merkmal der Dauer aufweist, ein dauernder Zustand des dienenden Grundstücks entsprechen müsse, aus welchem jener Vorteil erwachsen könne. DE RUGGIERO-MAROI I, S. 569; MESSINEO, S. 35f. N. 15; BARASSI, S. 141ff. N. 58ff.

Soweit das Erfordernis der causa perpetua das Korrelat der Utilität für das **113** berechtigte Grundstück ist, wollte der Gesetzgeber an ihm im ZGB nicht festhalten. Aber der Grundgedanke der causa perpetua ergibt sich aus dem Wesen der Dienstbarkeit selbst, welches darin besteht, daß das Grundstück als solches, in seinen physischen Eigenschaften, dem Eigentümer des herrschenden Grundstückes (oder bei den «anderen Dienstbarkeiten» dem persönlich Berechtigten) dienstbar gemacht wird. An diesem Grundgedanken ist auch in unserem geltenden Recht festzuhalten, und zwar um so entschiedener als er die Stütze der Utilität verloren hat. Nur ist er nach unserem Recht nicht in der engen Beschränkung des römischen anerkannt. Das ZGB verlangt nicht einen Zustand des belasteten Grundstückes, welcher unabhängig wäre von der Art der Bewirtschaftung, insbesondere vom Betrieb eines Gewerbes und den zu diesem Zweck auf dem Grundstück erstellten Anlagen und Einrichtungen. LEEMANN, N. 26 zu Art. 730; WIELAND, Bem. 6 zu Art. 730; SCHWANDER, S. 20ff.; PFISTER, S. 99ff. Daß aber die Dienstbarkeit mit der Eigenart des dienenden Grundstückes im dargelegten Sinn verknüpft sein müsse, steht auch für das ZGB fest und ist in der Botschaft, S. 72, auch betont: Daß die Grunddienstbarkeit mit der Eigenart des dienenden Grundstückes verknüpft sein müsse, heißt es da, ergebe sich daraus, daß dessen Eigentümer zu einem Dulden oder Unterlassen verpflichtet sei, denn nur was als Inhalt des Eigentums an diesem Grundstück denkbar sei, könne Inhalt der Grunddienstbarkeit sein. Wenn auch die Eigenart des dienenden Grundstückes im Sinne der Botschaft nicht in dessen natürlichen Eigenschaften zu bestehen braucht, sondern durch dessen Benutzungsweise bestimmt sein kann, ist doch erforderlich, daß sie im Zustand, in der Eigenart des Grundstückes nach außen in Erscheinung tritt. Nur das Interesse daran, daß das Grundstück in dieser seiner Eigenart nicht in bestimmter Hinsicht verändert wird, oder daß von ihm nicht schädigende, lästige oder störende Wirkungen ausgehen, kann Gegenstand der negativen Dienstbarkeit sein.

Grunddienstbarkeiten

Im Vordergrund des praktischen Interesses steht unter diesem Gesichtspunkt die Zulässigkeit von Gewerbebeschränkungen, namentlich solchen mit dem Zwecke von Konkurrenzverboten.

114 **b) Die sogenannte Bierservitut.** Sie besteht in der Verpflichtung eines Gastwirtes als des Eigentümers des belasteten Grundstückes gegenüber einer Brauerei, auf seinem Grundstück nur deren Bier auszuschenken. Wenn der Gastwirt zum Bierbezug verpflichtet wäre, läge darin die Verpflichtung zu einem Tun, die als solche nicht Gegenstand einer Dienstbarkeit sein könnte. Wenn auch die Brauerei das Interesse verfolgt, dem Wirt ihr Bier verkaufen zu können, kann doch der unmittelbare Zweck der Bierservitut die Verhinderung des Bezuges von Bier anderer Brauereien, also die Ausschaltung von deren Konkurrenz sein. Die Verpflichtung ist erfüllt, wenn kein Bier anderer Brauereien gekauft wird. Sie ist nicht verletzt, wenn auf dem Grundstück überhaupt kein Bier mehr ausgeschenkt und infolgedessen auch von der Vertragsbrauerei keines mehr bezogen wird. Nur mit diesem Inhalt kommt sie als Gegenstand einer Servitut in Betracht. Mit diesem Inhalt könnte sie eine Servitut sein, wenn sie den Grundeigentümer in der Ausübung einer Eigentumsbefugnis beschränken würde.

115 Die Bierservitut war vor dem Inkrafttreten des ZGB eine bekannte Erscheinung. Nach EBG 26 II 121 ist von der zürch. Vorinstanz auf die häufig vorkommenden notarialisch gefertigten Bierservituten hingewiesen worden, obwohl § 687 (238) des zürch. PrGB kaum im Sinne von deren Zulässigkeit verstanden werden kann.

In den Beratungen des ZGB ist die Unzulässigkeit betont worden, ausdrücklich allerdings nur diejenige der Bierbezugspflicht als Grundlast (ExpKomm. III. Session, S. 197, 199, 433), doch besteht kein Zweifel, daß sie auch als Dienstbarkeit ausgeschlossen werden sollte. Die Eintragung von Bierservituten wird denn auch in der Praxis abgelehnt. RR St. Gallen, VerwPr. 1924, S. 377 = ZBGR **6**, S. 120f.; Eidg. GB-Amt, VerwEntsch. **6**, S. 96 = ZBGR **18**, S. 138f.; auf Grund des früheren kantonalen Rechts: Aarg.Vjschr. **2** Nr. 11.

116 Diese Praxis kann sich auf die einhellige Ablehnung der Bierservitut in der Literatur stützen: WIELAND, Bem. 5, LEEMANN, N. 20 zu Art. 730; OSTERTAG, N. 1 zu Art. 958; SCHWANDER, S. 32; WÜTHRICH M., Der Bierlieferungsvertrag nach schweiz. Recht, Diss. Zürich 1929 (Zürcher Beitr. n. F. 15), S. 81ff.; PFISTER, S. 143f. und 167; SCHATZMANN, S. 50; für das österreichische Recht EHRENZWEIG, I 2 § 261, S. 393 Anm. 10; ZOBL M., S. 126f.; In Österreich wird die Bierservitut als unzulässige Reallast angesehen. KLANG, Festschrift zur Hundertjahrfeier des OGH 1950, S. 110.

117 Während PFISTER und SCHATZMANN die Ablehnung damit begründen, daß die Pflicht zu einem Tun in negativer Formulierung vorliege, was zutreffen kann, aber durchaus nicht zuzutreffen braucht (vgl. auch WÜTHRICH, S. 82), wird im allgemeinen darauf abgestellt, daß eine Beschränkung in der persönlichen Betätigungsfreiheit und nicht in der Ausübung von Eigentumsbefugnissen vorliege. Dies ist richtig und zeigt sich darin, daß es ohne jeden Einfluß auf den Zustand und die wirtschaft-

liche Eigenart des Grundstückes ist, ob darauf Bier der einen oder der anderen Brauerei ausgeschenkt wird. Die Grundstücksbenutzung wird dadurch nicht berührt. Siehe auch N. 140ff.; für Deutschland bes. DERNBURG, Bürgerl. Recht III (1904) S. 491 (mit Judikaturzitaten).

c) Andere Gewerbebeschränkungen, insbesondere solche mit dem Zweck von Konkurrenzverboten. Daß die Verpflichtung zur Unterlassung einer den Berechtigten konkurrenzierenden gewerblichen Tätigkeit nicht schlechthin durch die Errichtung einer Dienstbarkeit verdinglicht werden kann, ergibt sich schon aus den über die rechtliche Behandlung der Bierservituten gemachten Ausführungen. Auch die sogenannten Bierservituten sind Gewerbebeschränkungen mit dem Zwecke von Konkurrenzverboten. Sie sind als Dienstbarkeiten unzulässig, weil sie nicht eine Betätigung des Grundeigentümers zum Gegenstand haben, welche die nach außen in Erscheinung tretende Eigenart des Grundstückes bestimmt. Alle anderen Gewerbebeschränkungen, auf welche dies ebenso wenig zutrifft, können auch ebenso wenig wie die sogenannten Bierservituten als Dienstbarkeiten auf ein Grundstück gelegt werden. Nach altem bern. Recht war das Konkurrenzverbot als Dienstbarkeit nicht zulässig, LEUENBERGER Jakob, Eine Frage aus dem Servitutenrecht, ZBJV 2 (1865), S. 160f. 118

Welche Merkmale eine Gewerbebeschränkung aufweisen müsse, um den Inhalt einer Dienstbarkeit bilden zu können, ist eine der praktisch wichtigsten Fragen des Dienstbarkeitsrechtes. Sie hat in der schweizerischen Literatur und Praxis noch nicht die ihrer praktischen Bedeutung entsprechende Aufmerksamkeit gefunden. 119

Konkurrenzverbote stehen oft im engsten Zusammenhang mit umfassenderen Vereinbarungen über die Ausübung einer Handels- oder Gewerbetätigkeit zwischen Lieferanten und Abnehmern sowie zwischen Wirtschaftsverbänden und ihren Mitgliedern einerseits, Außenseitern anderseits. KOHLER, Lehrbuch II 2 S. 272f. Sie sind nur verbindlich, wenn diese Vereinbarungen verbindlich sind und nur innerhalb der Schranken, welche diesen Vereinbarungen gesetzt sind (Schutz der Persönlichkeit!) und sind in ihrer Dauer auf die Zeit der Geltung dieser Vereinbarungen begrenzt; mit deren Aufhebung durch Kündigung oder Rücktritt fallen auch sie dahin. Durch besondere Bestimmungen hat das Gesetz den Persönlichkeitsschutz gegenüber Konkurrenzverboten als Bestandteilen von Dienstverträgen ausgestaltet (OR Art. 356ff.). Wird das Konkurrenzverbot als Dienstbarkeit auf ein Grundstück des Verpflichteten gelegt, erhält es eine Selbständigkeit, die ihm seinem Zweck nach nicht zukommt, sowie die Unabhängigkeit von den Schranken der Verbindlichkeit, welchen der Hauptvertrag unterstellt ist, und eine von den Beendigungsmöglichkeiten der Hauptverpflichtung unabhängige Dauer. Diese Verselbständigung des Konkurrenzverbotes durch Verdinglichung ist nur möglich, wenn der Verpflichtete Grundeigentümer ist (oder ein anderer Grundeigentümer ein Grundstück zu seinen Gunsten belastet). Das aber ist in diesem Zusammenhang ein rein zufälliger Umstand. Die Dienstbarkeit wird hier zum Mittel der Sicherung eines obligatori- 120 schen Anspruches verwendet, wie ein Pfandrecht; sie hat diesem Zweck nach akzessorischen Charakter, wird aber von der persönlichen Forderung losgelöst und ihr gegenüber verselbständigt. Es erhebt sich deshalb die Frage, ob da die Dienstbarkeit nicht zu einem ihrem Wesen fremden Zwecke verwendet werde und ob dieser Zweck die Verwirklichung mit dem Mittel der Dienstbarkeit verdiene und zu rechtfertigen vermöge.

121   Festzustellen ist, daß es überhaupt nicht eine besondere Art von Konkurrenzverbots-Dienstbarkeiten gibt. Es handelt sich um die Art von Dienstbarkeiten, welche Gewerbebeschränkungen zum Inhalt haben und der Durchsetzung von Konkurrenzverboten dienen. Das Konkurrenzverbot ist nicht die unmittelbare causa des Dienstbarkeitsvertrages, sondern der Zweck, welcher das Motiv für den Abschluß des Dienstbarkeitsvertrages bildet. Es kommt deshalb in erster Linie darauf an, ob die Gewerbebeschränkung als solche dem Begriff der Dienstbarkeit entspricht. Erst in zweiter Linie kann sich die Frage stellen, ob ihr Zweck, das Konkurrenzverbot, für die Zulässigkeit der Gewerbebeschränkung als Dienstbarkeit von Bedeutung ist.

122   In Frankreich scheint die Auffassung vorzuherrschen, daß Dienstbarkeiten mit dem Zwecke des Konkurrenzverbotes schon durch das Erfordernis der Utilität ausgeschlossen seien. Sie wird vertreten von PLANIOL-RIPERT-PICARD, Nr. 946, S. 878 und von BAUDRY-LACANTINERIE-CHAUVEAU, Nr. 1074, S. 809; vgl. auch DE JUGLART, S. 139ff., der für die Zulassung in der Form der Realobligation eintritt.

123   In Deutschland ist die Dienstbarkeit mit dem Zweck des Konkurrenzverbotes anerkannt, allerdings mit den Beschränkungen, welche mit der Utilität gegeben sind und überhaupt nur soweit als das belastete Grundstück als solches, d. h. zufolge seiner Beschaffenheit dem Berechtigten dienstbar gemacht ist (CROME III, S. 487). Die Unterlassungspflicht kann sich nur auf Handlungen beziehen, die «kraft des Eigentums am belasteten Grundstück an sich erlaubt sind und eine Benützung dieses Grundstücks, ein Verfahren mit ihm, eine Einwirkung darauf enthalten, aber nicht auf sonstige Handlungen, insbesondere nicht solche, die vermöge der persönlichen Freiheit des Grundstückseigentümers oder der Freiheit des auf dem Grundstück bestehenden Gewerbebetriebs gestattet sind». So STAUDINGER-KOBER, Bem. II 1b α zu § 1018, 1c zu § 1019; ebenso PLANCK-STRECKER, Erl. 2b zu § 1018; DERNBURG, BR III § 163 II, S. 491; GÜTHE-TRIEBEL, Grundbuchordnung[5], S. 1903; vgl. auch STOBBE-LEHMANN II 2, S. 7f. (zum früheren Recht); eindrücklich KOHLER J., a.a.O., S. 174f. (unter dem Gesichtspunkt der Utilität). Abweichend, wie bemerkt, WOLFF, § 106 II 2, S. 377. Die herrschende, unseren eigenen Ausführungen entsprechende Auffassung hat neuerdings ihre Bestätigung erfahren im Urteil des BGH vom. 30.Januar 1959, in der AS **29** Nr. 53, S. 244, abgedruckt in der ZBGR **43** (1962) Nr. 41, S. 245ff. In zustimmendem Sinn aufschlußreich besprochen von Prof. W. BERNHARDT in der NJW 1964 S. 804f.

Nach österreichischem Recht ist eine Gewerbebeschränkung als Dienstbar- **124** keit nur zulässig zur Verhinderung lästiger Einwirkungen, nicht aber als Wettbewerbsverbot. EHRENZWEIG I 2 § 249 I, S. 430, § 261, S. 393 Anm. 10; KLANG, Erl. 4 zu § 472 ABGB: «Die Duldung oder Unterlassung muß sich auf die Nutzung des Grundstückes selbst, sie darf sich nicht auf eine wirtschaftliche Tätigkeit des Eigentümers beziehen, für die das Grundstück nur zufälliger Standort ist. Beschränkungen dieser Art können schuldrechtliche Verpflichtung, nicht aber eine Dienstbarkeit begründen; eine solche liegt daher nicht in der aus Wettbewerbsrücksichten auferlegten Verpflichtung des Eigentümers, die aus seinem Grund gewonnenen Steine nicht in bestimmter Art zu verwenden, eine Fabrik stillzulegen oder ein bestimmtes Gewerbe nicht zu betreiben oder die zu Gunsten einer Brauerei übernommene Verpflichtung, eine Bierwirtschaft durch 15 Jahre ihrem Zweck nicht zu entfremden.»

In Italien hatte sich der Kassationshof noch zur Zeit der Geltung des alten C. c. **125** für die Zulässigkeit von Gewerbebeschränkungen zur Verhinderung der Konkurrenz als Dienstbarkeit ausgesprochen. Sein Entscheid vom 31. Dezember 1917 ist aber vor allem durch die Kritik BONFANTES, die er hervorrief, berühmt geworden (Servitù e obbligazione, Riv. del dir. comm. 16 II, 1918, S. 485ff., auch in Scritti giur. III, S. 335ff.). Von einzelnen Autoren werden diese Servituten auch auf Grund des neuen C. c. abgelehnt (BARASSI, Nr. 53, S. 130ff.), von anderen aber als zulässig betrachtet, so von BUTERA, Libro della Proprietà (Kommentar) II, S. 29ff.; MESSINEO, S. 21ff.; GIOVENE A., La servitù industriale, Neapel 1946, S. 23ff., 107ff., in einem Urteil des KassH vom 22.Januar 1949 (zitiert von MESSINEO, S. 24). Die Verdinglichung von bloß persönlichen, außer jedem Zusammenhang mit einer Grundstücksbenutzung stehenden Unterlassungsansprüchen wird auch hier durch das Erfordernis der Utilität für das berechtigte Grundstück ausgeschlossen. Es wird auch allgemein und mit aller Entschiedenheit betont, daß Gegenstand der Servitut nur eine Beschränkung in der Ausübung von Eigentumsbefugnissen sein könne, also in einer Betätigung, für die das dienende Grundstück nicht nur der Standort sei, sondern in einer Betätigung, welche die nach außen sich auswirkende Eigenart des Grundstückes bestimme. MESSINEO, S. 24; GIOVENE, S. 104 und 108; GROSSO (GROSSO G. e DEJANA G., Le Servitù Prediali, Bd. V des Trattato di Dir. Civ. It., 1951), S. 61f.; BALBI G., Le obbligazioni propter rem (1950) p. 108: «Le clausole di non concorrenza e di fornitura industriale non causano servitù, ma rapporti obbligatori.» Ebenso BIONDI Biondo, Le servitù (1967) N. 70, p. 160ss.

Daß durch eine Dienstbarkeit der Eigentümer des belasteten Grundstückes nur **126** in der Ausübung von Eigentumsbefugnissen und nicht in der Betätigung seiner persönlichen Handlungsfreiheit beschränkt werden kann, entspricht dem Wesen der Dienstbarkeit. Es kann auch nach schweizerischem Recht eine Dienstbarkeit mit anderem Inhalt nicht geben. Während nach den Zivilgesetzbüchern der anderen genannten Staaten die Verdinglichung von Konkurrenzverboten, die mit der Grundstücksbenutzung in keinem Zusammenhang stehen, in den meisten Fällen schon durch das Erfordernis der Utilität für ein herrschendes Grundstück ausgeschlossen ist und die Verdinglichung durch die Errichtung von persönlichen Dienstbarkeiten mit unbeschränkter Dauer überhaupt nicht möglich ist, muß nach unserem Recht in jedem Falle geprüft werden, ob die Beschränkung einer Betätigung, die dem Eigentümer des belasteten Grundstückes **kraft seines Eigentums** zusteht, vorliegt oder nicht, weil sich danach allein entscheidet, ob die Errichtung der Dienstbarkeit zulässig ist. Dem haben zugestimmt: Justizdir. Bern, VerwB 1955, ZBGR **38** (1957) S. 183, und der RR Bern, 12.8.1960, MBVR **59** (1961) Nr. 119, S. 329ff. Grundsätzlich ist dies allgemein anerkannt. Meinungsverschiedenheiten bestehen darüber, in welchen konkreten Fällen dieser Grundsatz noch gewahrt ist, in welchen er als verletzt zu gelten hat. Siehe ZOBL M., S. 99ff., bes. S. 126ff.

127   An dieser Prüfung hat es die schweizerische Praxis vielfach fehlen lassen. Sie hat das Grundbuch unbesehen zur Verfügung gestellt für die Verdinglichung von Beschränkungen der persönlichen Handlungsfreiheit und diesen eine Selbständigkeit, Stabilität und Dauer gegeben, welche ihnen nicht zukommt; sie hat damit aber auch die Verwendung der Dienstbarkeit für Zwecke, die ihrem durch das Gesetz bestimmten Wesen fremd sind, zugelassen. Die vorliegenden Entscheide über Gewerbebeschränkungen, insbesondere solchen mit dem Zweck von Konkurrenzverboten, zeigen, daß die Dienstbarkeiten, welche nach dem hier erörterten Kriterium zulässig sind, neben anderen stehen, auf welche dies nicht zutrifft. Diese Ausscheidung soll in den folgenden Ausführungen getroffen werden.

128   In den Gesetzesberatungen war von Konkurrenzverboten nicht die Rede, wohl aber vom Verbot eines Gewerbebetriebes, welches als Beispiel dafür genannt wurde, daß es nicht auf die Eigenart des dienenden Grundstückes ankomme, sondern jede Belastung eines Grundstückes, die mit seiner Benutzungsart vereinbar sei, Gegenstand einer Dienstbarkeit sein könne (Ref. HOFFMANN, Sten.Bull. 1906 II, S. 1358). Abgelehnt wurde damit aber wohl nur das Erfordernis der causa perpetua in dem Sinne, daß nur die Ausnutzung der **natürlichen Eigenschaften und Kräfte** des Grundstückes der Beschränkung durch Dienstbarkeiten unterworfen sein könnte. Im gleichen Sinne sind die bereits besprochene Stelle der Botschaft (S. 72) und die Erl. II, S. 134 zu verstehen, wo allerdings mit einem ungeeigneten Beispiel, nämlich einer affirmativen Dienstbarkeit (Schießservitut) argumentiert wird.

129   In der Praxis ist die Zulässigkeit von Dienstbarkeiten mit dem Inhalt von Gewerbebeschränkungen, und zwar auch solchen mit dem Zwecke von Konkurrenzverboten, anerkannt worden.

Im Vordergrund steht die Dienstbarkeit, durch welche der Eigentümer des dienenden Grundstückes sich verpflichtet, auf diesem Grundstück keine **Wirtschaft** zu betreiben. BR 28.5.1920 bei BURCKHARDT, Schw.BR III N. 1348 II = ZBGR **5**, S. 11f.; zürch. ObG, BlZR **3** Nr. 190 (1904); EBG **46** II 366 = Pr. **10** Nr. 10 (die Zulässigkeit der Dienstbarkeit war nicht Gegenstand des Urteils, ist darin aber

Art. 730

vorausgesetzt); EBG **78** II 21ff. = Pr. **41** Nr. 78 (Erw. 4). Pr. **41** (1951) Nr. 78 (Verbot, eine Wirtschaft zu betreiben, in der Form einer Dienstbarkeit zu Gunsten des Kantons); St. Gallen, KtG, ZBGR **26**, S. 141ff. Siehe N. 84, 100, 131.

Daneben stehen aber Verpflichtungen ganz anderer Art, wie die folgenden: Verpflichtung gegenüber einer Industriegesellschaft, daß der Eigentümer des belasteten Grundstückes auf diesem keine von der Gesellschaft tarifierten Artikel herstelle oder herstellen lasse, St. Gallen, RR, VerwPr. **1** Nr. 480 und 481 = ZBGR **4**, S. 25; 130

Verpflichtung, auf dem belasteten Grundstück keine hydraulischen Bindemittel herzustellen und einen Steinbruch nicht zu diesem Zwecke auszubeuten, Eidg. GB-Amt, VerwEntsch. 1931 Nr. 61 = ZBGR **16**, S. 226f. = SJZ **32**, S. 379f.;

Verpflichtung, vom Vertragspartner aufgestellte Apparate (zur Abgabe von Treibstoffen, Ölen, Fetten) nicht zu entfernen, nur sie und keine derartigen Apparate anderer Firmen aufstellen zu lassen und zu verwenden, Bern, RR, Mtsschr. f. bern. VR **46**, S. 253 = ZBGR **30**, S. 75ff. Aargau, JDir., Ger. u. VerwEntsch. 1948, S. 393 = ZBGR 30, S. 205f. (Tankstellenservitut);

Verpflichtung, auf dem belasteten Grundstück nur Rohparkett, keine fertige Ware herzustellen und zu verkaufen. Erwähnt in EBG **56** III 218 = Pr. **20** Nr. 41.

Die Zulässigkeit dieser Dienstbarkeiten ist wie folgt zu beurteilen: 131

Die Verpflichtung, auf dem belasteten Grundstück keine Gastwirtschaft, kein Restaurant, kein Café mit Alkoholausschank, keinen Steinbruch und überhaupt kein Gewerbe zu betreiben, kann den Inhalt einer Dienstbarkeit bilden. Sie hat Betätigungen zum Gegenstand, die als Arten der Grundstücksbenutzung anzusprechen sind, was daraus hervorgeht, daß sie sich im physischen Zustand, im Aussehen, im wirtschaftlichen oder sozialen Charakter des Grundstückes, welcher nach außen in Erscheinung tritt, auswirken. Anderer Meinung ZOBL, S. 121. Von einer Gaststätte mit Alkoholausschank gehen doch Belästigungen mannigfacher Art auf die Nachbarschaft aus, die von einem alkoholfreien Restaurant nicht zu befürchten sind. Das Verbot kann deshalb sehr wohl den Inhalt einer Dienstbarkeit bilden.

Alle übrigen Verpflichtungen, auf die sich die genannten Entscheidungen beziehen, können nicht den Inhalt von Dienstbarkeiten bilden. 132

Ob mit den auf einem Grundstück gewonnenen Materialien in den da bestehenden Anlagen der eine oder der andere Artikel hergestellt wird, oder gar ob dieser Artikel zu einem höheren oder niedrigeren Preise verkauft, ob er in diesem oder jenem Kundenkreise abgesetzt wird, das alles steht mit der Art der Grundstücksbenutzung in keinem ursächlichen Zusammenhang. Es verhält sich damit gleich, wie wenn dem Eigentümer einer landwirtschaftlichen Liegenschaft als Dienstbarkeit die Verpflichtung auferlegt würde, das da geerntete Obst nicht als Tafelobst auf den Markt zu bringen, so daß er es verfüttern oder vermosten müßte. Wie die Produkte der Grundstücksbenutzung verwendet, verwertet, abgesetzt werden, berührt die Art und Weise der Ausübung des Grundeigentums nicht und liegt deswegen außerhalb des inhaltlichen Bereichs der Dienstbarkeiten. Verfehlt sind EBG **85** II 177ff.:

Grunddienstbarkeiten

Beschränktes Gewerbeverbot (Verkauf von Spezerei-, Kolonial- und Tabakwaren), bespr. ZBJV **96**, S. 444ff.; EBG **86** II 243 = Pr. **49** Nr. 182: Verbot, auf dem belasteten Grundstück ein Kolonialwarengeschäft zu betreiben. Als gewohnheitsrechtlich zulässig wurde dieses Verbot erklärt, besprochen ZBJV **97**, S. 380ff. unter dem Motto: Abusus non est usus sed corruptela. Grundsätzlich richtig, aber in casu falsch nach der Maxime «quieta non movere», AppH Bern: Verbot, in der Gemeinde eine Tuch-, Spezerei- oder Kolonialwarenhandlung zu betreiben, besprochen ZBJV **98** (1962) S. 497ff.; RR Bern, ZBGR **41**, S. 20ff. (Verbot, auf dem belasteten Grundstück eine Kolonialwarenhandlung zu betreiben, besprochen daselbst von Hans Huber, Red. ZBGR.

133 Einer besonderen Prüfung bedarf die Tankstellenservitut. Sie besteht regelmäßig aus einer positiven und einer negativen Dienstbarkeit. Die positive Dienstbarkeit verpflichtet den Grundeigentümer zu dulden, daß die Benzinvertriebsgesellschaft auf seiner Liegenschaft ihre Apparate zur Abgabe von Treibstoffen, Ölen usw. aufstellt. Darin ist auch die Verpflichtung, diese Vorrichtungen nicht zu entfernen, eingeschlossen. Die Zulässigkeit dieser Dienstbarkeit steht nicht in Frage; sie ist gegeben. Die negative Dienstbarkeit verpflichtet den Grundeigentümer, Apparate anderer Firmen zur Abgabe von Konkurrenzprodukten auf seiner Liegenschaft nicht aufzustellen und nicht aufstellen zu lassen. Von dieser Verpflichtung wird nicht eine bestimmte Art der Grundstücksbenutzung betroffen. An der Grundstücksbenutzung ändert sich nichts, ob die Verpflichtung eingehalten oder verletzt wird. Das Grundstück wird genau gleich benutzt, befindet sich im gleichen Zustand und behält den gleichen wirtschaftlichen Charakter, ob auf ihm gleichartige Vorrichtungen der einen oder anderen Firma zur Abgabe von Treibstoffen verwendet und mit ihnen Benzin der einen oder anderen Firma abgefüllt wird. Ob der Grundeigentümer sich verpflichtet, kein Bier einer anderen Brauerei, oder ob er sich dazu verpflichtet, kein Benzin einer anderen Verteilungsgesellschaft auf seinem Grundstück abzugeben, kann rechtlich nicht verschieden beurteilt werden. Daß zur Abgabe von Treibstoffen bestimmte Vorrichtungen erforderlich sind, welche auf dem Grundstück aufgestellt werden, ist irrelevant. Was durch die Dienstbarkeit ausgeschlossen werden soll, ist ja nicht der Zustand, in welchem sich das Grundstück befindet, wenn auf ihm Treibstoffe abgefüllt werden. In diesem Zustand soll sich das Grundstück ja gerade befinden. Ausgeschlossen wird nicht die Befugnis, das Grundstück in bestimmter Art und Weise zu benutzen, sondern die Befugnis, das Grundstück durch eine Konkurrenzfirma so benutzen zu lassen, wie die Vertragsfirma es benutzt. Soweit diese Befugnis aber als Eigentumsbefugnis zu gelten hat, ist es eine Befugnis zur rechtlichen Verfügung über das Grundstück durch den Abschluß von Benutzungsverträgen und nicht die Befugnis, das Grundstück so oder anders zu benutzen, seinen physischen Zustand so oder anders zu gestalten, ihm dieses oder jenes Aussehen, diesen oder jenen wirtschaftlichen oder sozialen Charakter zu geben. (Siehe auch N. 140ff.) Daraus folgt, daß die in der Tankstellenservitut enthaltene

Unterlassungspflicht mit dem Zweck des Konkurrenzverbotes nicht zum Inhalt einer Dienstbarkeit gemacht werden kann.

134 Diese Auffassung vertritt auch die zürcherische Aufsichtsbehörde im Grundbuchwesen. Der Notariatsinspektor hat sie mit überzeugender Begründung in seinem Jahresbericht an das Obergericht über das Jahr 1951 dargelegt (ZBGR **33**, S. 150ff.). Gegenüber der da wiedergegebenen vorbildlichen zürcherischen Grundbuchpraxis entschied das ObG, ZBGR **39** (1958) S. 203ff. = SJZ **54** Nr. 187, S. 340, gegenteilig. «Unverständlicherweise», wie auch ZOBL, S. 129 bemerkt. Vgl. auch das in der N. 123 zit. Urteil des BGH, ferner RR Bern 21.6.1955, ZBGR **36**, S. 304ff.; Finanzdirektion Waadt ZBGR **38**, S. 41ff.; Justizdirektion Aargau 8.1.1957, ZBGR **40** (1959); die kritische Bemerkung des Redaktors H. HUBER in der ZBGR **41** (1960) S. 23f. zum in der N. 132 zit. Urteil des bern. RR; EGGEN G., Kontroversen aus dem Dienstbarkeitsrecht, ZBGR **39** (1958) S. 131ff., zur Tankstellenservitut S. 135f.; VerwEntsch. der Bundesbehörden 24 (1954) Nr. 71; Entscheid des Justizdep. Basel-Stadt vom 26. März 1974.

135 Die dem entgegengesetzte laxe Praxis stützt sich auch ganz zu Unrecht auf die beiden Kommentare zum Sachenrecht. Sowohl LEEMANN, N. 20 f. zu Art. 730, als auch WIELAND, Bem. 5 zu Art. 730, betonen, daß ein Konkurrenzverbot den Inhalt einer Dienstbarkeit nur bilden könne, wenn es dem Eigentümer des belasteten Grundstückes Handlungen untersage, zu denen er sonst **kraft seines Eigentums** befugt wäre, niemals aber, wenn es ihm Handlungen untersage, zu denen er kraft seiner persönlichen Freiheit befugt wäre. Das Kriterium der Unterscheidung dieser Arten der Betätigung sehen die Kommentatoren darin, ob sich die Ausübung oder Nichtausübung der in Frage stehenden Befugnis **auf das Grundstück auswirkt** oder nicht. Damit haben sich die beiden Autoren in der Interpretation des ZGB der in den Kommentaren und in der Praxis zum DBGB vertretenen Auffassung angeschlossen, auf welche in N. 123 hingewiesen wurde. Sie stehen damit grundsätzlich auf dem Boden der hier entwickelten Lehre. Dies bestätigt auch ihre Stellungnahme zur sogenannten Bierservitut (N. 116).

136 Es darf hier noch angemerkt werden, daß selbst die Anerkennung der nach dieser Lehre zulässigen Gewerbebeschränkungen mit dem Zwecke des Konkurrenzverbotes als Dienstbarkeiten einen Kompromiß darstellt. Die konsequente Durchführung des Gedankens, daß Gegenstand der Dienstbarkeit nur eine Betätigung sein kann, welche den nach außen in Erscheinung tretenden oder sich auswirkenden Zustand, wirtschaftlichen oder sozialen Charakter des Grundstückes bestimmt, müßte zur Verwerfung jeder Dienstbarkeit führen, deren Zweck ausschließlich in einem Konkurrenzverbot liegt, weil es dem Inhaber einer solchen Dienstbarkeit lediglich um die Sicherung seiner Erwerbsmöglichkeiten geht, während ihm der Zustand und Charakter des belasteten Grundstückes und damit die Eigentumsausübung als solche vollständig gleichgültig sind. Damit würde Josef KOHLER recht behalten: «Dagegen gibt es keine Servitut in der Art, daß in dem Nachbargrundstück ein

Grunddienstbarkeiten

Gewerbe nicht betrieben werden darf, das nur in seiner Eigenschaft als Konkurrenzgeschäft schädlich ist» (a.a.O., S. 174).
Dieser Auffassung sind auch die zitierten österreichischen Autoren und teilweise die italienischen BONFANTE, BARASSI; in der schweizerischen Literatur scheint sie nur von SCHWANDER, Diss. Bern 1910, S. 32f., vertreten worden zu sein, was nicht gegen ihre Richtigkeit zu sprechen braucht.

136a Hievor wurde gesagt, daß bei der Begründung der Dienstbarkeit in vielen Fällen nicht feststehe und nicht untersucht werden könne, ob das Konkurrenzverbot das eigentliche Motiv des Erwerbers sei, während diesem im übrigen der Zustand des belasteten Grundstückes völlig gleichgültig sei. Stünde dies fest, wäre die Eintragung abzulehnen. So aber muß sie zugelassen werden. Das ist eine Verlegenheitslösung, die da als Kompromiß bezeichnet ist. ZOBL, S. 134, hält diese Bezeichnung für unzutreffend und wendet im übrigen ein, daß auf das Motiv des Dienstbarkeitserwerbs überhaupt nichts ankomme. Dagegen ist aber darauf hinzuweisen, daß eine Dienstbarkeit überhaupt nur Bestand hat, solange sie dem Interesse dient, aus welchem sie erworben wurde (Art. 736 N. 18ff., 41, 58ff., 143ff., 155ff.). Dieses Interesse ist das Motiv der Dienstbarkeitserrichtung und ihr ursprünglicher Zweck, auf den es entscheidend ankommt.

Die Zulassung der Dienstbarkeit drängt sich auf, wenn sie ein allgemeines Gewerbeverbot zum Inhalt hat. Dann besteht die Möglichkeit, daß die Einrichtung eines Gewerbebetriebes mannigfache unerwünschte Immissionen zur Folge hat. Hat die Gewerbebeschränkung jedoch den ganz speziellen Inhalt, daß auf dem belasteten Grundstück keine Kolonialwaren oder keine Spezereien oder keine Raucherwaren verkauft werden dürfen, liegt auf der Hand, daß ihr ausschließlicher Zweck das Konkurrenzverbot ist. ZOBL, S. 137f., hält die Zulassung des allgemeinen Gewerbeverbotes und die Ablehnung eines speziellen Gewerbeverbotes für widersprüchlich. Dies trifft im Sinne der hier dargelegten Unterscheidung nicht zu. Daß mit ihr die Ausschaltung der Konkurrenz bequem erreicht werden könnte, indem sich der Erwerber ein generelles Gewerbeverbot einräumen lasse, ist praktisch nicht bedeutsam, da ein Grundeigentümer sich zu dieser Belastung nicht so leicht und billig verstehen wird.

137 **d) Andere Beschränkungen der Grundstücksbenutzung.** Das für die Zulässigkeit von Dienstbarkeiten mit dem Zwecke des Konkurrenzverbotes maßgebende Kriterium ist auch auf Dienstbarkeiten mit ganz anderem Zweck anzuwenden.

138 Mit Recht hat nach ihm das Eidg. GB-Amt (VerwEntsch. **13** Nr. 25 = ZBGR **26**, S. 31ff.) die Zulässigkeit einer Dienstbarkeit folgenden Inhaltes beurteilt: «Die auf dieser Parzelle bestehende Kirche sowie allfällig später zu erstellende Gebäude dürfen nur dem Gottesdienst nach evangelisch-reformierter Konfession dienen.» Es erklärte: ... «da dadurch das Gebäude sein besonderes Gepräge in bezug auf die Ausstattung und Benutzung erhält, ist diese Beschränkung noch möglicher Inhalt

der Grunddienstbarkeit». «Die Besonderheiten nach der Lage des konkreten Falles können sich in der tatsächlichen Benutzung des Grundstückes auswirken.» Es ist insbesondere daran zu denken, daß die Verwendung der Kirche für den katholischen Gottesdienst zu einer viel intensiveren Benutzung des Grundstückes führen würde, namentlich auch zu anderen Tageszeiten (in der Morgenfrühe), an zahlreicheren Festtagen und zu häufigerem Läuten. Es steht also eine Grundstücksbenutzung in Frage, die nach außen in Erscheinung tritt und mit Einwirkungen auf das herrschende Grundstück verbunden ist.

Das gleiche Kriterium hat das deutsche Reichsgericht in seiner bekannten Entscheidung über eine Dienstbarkeit angewendet, welche folgenden Inhalt hatte: Die auf dem belasteten Grundstück mit Unterstützung des preußischen Staates zu errichtende Landarbeiterwohnung darf auf die Dauer von fünfzig Jahren nur von deutschstämmigen Landarbeiterfamilien bewohnt werden. Das Gericht führte aus: «Das Haus erhält dadurch den Verkehrscharakter eines ländlichen Anwesens von der bei der deutschen landwirtschafttreibenden Bevölkerung gewohnten Art eines deutschen Bauernhauses mit den dafür in Bauweise, Ausstattung, Benutzung und Unterhaltung üblicherweise zu stellenden Anforderungen. Es besteht kein Anhalt dafür, daß diese Besonderheiten nach Lage des hier gegebenen Falles sich nicht in der tatsächlichen Benutzung des Grundstücks, wie sie dem Eigentümer zukommt, auswirken. Es ist mithin in Ansehung der hier bewilligten Dienstbarkeit eine Einschränkung des Eigentums am Grundstück in bezug auf dessen Grundstücksqualität gegeben.» (Beanstandet wurde, daß «für die Voraussetzungen und Erfordernisse, die bezüglich der ‹Deutschstämmigkeit› gemeint sein sollen, dem Eintrag im Grundbuch kein klarer, bestimmter Inhalt zu entnehmen sei».) RGZ **111** Nr. 83, 14. 10. 1925. Dem ist beizupflichten. Zobl, S. 125, hält diese Dienstbarkeit für unzulässig. Man wird aber auf die damaligen örtlichen Verhältnisse abstellen müssen, unter denen der Entscheid getroffen wurde. Die Abweisung der Anmeldung der folgenden Dienstbarkeit wurde bestätigt: Die Liegenschaft darf nur als auf gemeinnütziger Grundlage geführtes Passantenheim… für Mädchen dienen. ObG Zürich, ZBGR **55** Nr. 43, S. 295ff. Der Entscheid wurde begründet: 1. mit der Verletzung des Grundsatzes der Begrenztheit des Umfanges; 2. mit der Erwägung, daß die Dienstbarkeit zum Teil gar nicht das Eigentum beschränkt, sondern persönliche Befugnisse zum Inhalt hat, deren Ausübung nicht Sachnutzung ist.

4. Beschränkung in der Benutzung des belasteten Grundstückes

Dienstbarkeiten sind Benutzungsrechte und wirken sich in der Beschränkung des Benutzungsrechtes des Eigentümers des belasteten Grundstückes aus. Eine Beschränkung der Freiheit des Eigentümers zur Verfügung über das Recht an seinem Grundstück, zu rechtsgeschäftlichem Handeln mit Bezug auf das Grundstück sowie zur Wahl und Führung eines Namens für seine Ligenschaft kann nicht zum Inhalt einer Dienstbarkeit gemacht werden.

Grunddienstbarkeiten

141 Ausgeschlossen ist also die Begründung einer Dienstbarkeit, welche den jeweiligen Eigentümer verpflichten würde, das belastete Grundstück nicht oder nicht an bestimmte Personen zu veräußern oder es nicht zu veräußern, ohne daß bestimmte Voraussetzungen gegeben oder bestimmte Bedingungen erfüllt sind. Unrichtig Tessin, JDep. ZBGR **14**, S. 26ff. mit red. Anm. (C. Volkart).

142 Das gleiche gilt für folgende Verpflichtungen: das Grundstück nicht durch Errichtung von weiteren Dienstbarkeiten, von Grundlasten oder Grundpfandrechten zu belasten; das Grundstück nicht zu vermieten oder zu verpachten; eine Grunddienstbarkeit durch Einkauf in eine Kloake zu begründen (siehe N. 158).

143 Auch die Verpflichtung, Bestandteile oder Zugehörsachen des Grundstückes nicht durch Veräußerung zu verwerten, kann nicht Inhalt einer Dienstbarkeit sein.

144 Dagegen kann die Verpflichtung, den Zustand, in welchem das Grundstück in Erscheinung tritt, nicht durch die Entfernung von Bäumen, Teichen, Wasserläufen, erratischen Blöcken, durch die Beseitigung oder Umgestaltung von Bauwerken zu verändern, den Inhalt einer Dienstbarkeit bilden.

145 Die in einem Vertrag über die Regelung der wirtschaftlichen Konkurrenz zwischen den Vertragsparteien enthaltene Verpflichtung, den Rotierofen und die Zementmühlen nicht ohne die Zustimmung der anderen Vertragspartei vom Grundstück zu entfernen, wurde vom Eidg. GB-Amt dahin ausgelegt, daß sie den Grundeigentümer in der Verfügungsbefugnis über die genannten Zugehörstücke beschränke und deshalb nicht als Dienstbarkeit in das Grundbuch eingetragen werden könne. VerwEntsch. **5** Nr. 61 = ZBGR **16**, S. 226f. = SJZ **32**, S. 379.

146 Die Verpflichtung des Käufers eines Grundstückes, dieses nicht mit elektrischer Energie eines anderen Werkes als desjenigen des Verkäufers beliefern zu lassen, beschränkt nicht die Eigentumsausübung, so wenig wie die sogenannte Bierservitut (siehe N. 114ff.); wer dies nicht zugeben wollte, müßte mit dem Eidg. GB-Amt die Zulässigkeit einer Dienstbarkeit mit diesem Inhalt deshalb verneinen, weil im Bezug von elektrischer Energie für ein Grundstück nicht eine Benutzung dieses Grundstückes liegt. VerwEntsch. **5** Nr. 60 = SJZ **32**, S. 348f.

147 Aus den gleichen Gründen kann sich der Verkäufer eines Bauplatzes nicht ein Recht des Inhaltes, daß der jeweilige Eigentümer des verkauften Grundstückes dieses nicht überbauen lassen dürfe, ohne ihm die Bauausführung (zu Konkurrenzpreisen) zu übertragen, als Dienstbarkeit einräumen lassen. Aarg. Vjschr. **31**, S. 100 = SJZ **30**, S. 237 = ZBGR **13**, S. 91ff.

148 Ganz außerhalb dessen, was Inhalt einer Dienstbarkeit sein kann, liegt auch die Einräumung des Rechtes an das Gemeinwesen, sich im Verwaltungsrat der Gesellschaft, welche Eigentümerin eines Grundstückes ist, vertreten zu lassen sowie des Rechtes der Meistbegünstigung beim Abschluß von Verträgen auf Benutzung von gewerblichen Anlagen auf dem Grundstück. JKomm. ObG Luzern, ZBGR **26**, S. 77ff.

149 Der Erwerber der Forderung auf das Entgelt für den Einkauf in die Brandmauer kann sich gegen den Untergang der Forderung durch Verzicht seitens des Zedenten

nicht dadurch sichern, daß er sich von diesem eine Dienstbarkeit einräumen läßt. JDep. Basel-Stadt, ZBGR **23**, S. 208.

Der Verzicht des Grundeigentümers auf den Ersatz von Schaden, der ihn infolge **150** von unmittelbaren oder mittelbaren Einwirkungen vom benachbarten Grundstück her treffen könnte, kann nicht zum Gegenstand einer Grunddienstbarkeit gemacht werden. «Schneesturzschadenersatzverzicht» ObG Solothurn, ZBGR **9**, S. 185. Die Durchsetzung eines dem Grundeigentümer zustehenden Schadenersatzanspruches ist nicht eine Grundstücksbenutzung. Eintragungsfähig sind sogenannte Realverzichte nach österreichischem Recht, obgleich sie auch nach ihm nicht als Dienstbarkeiten zu betrachten sind. EHRENZWEIG I 2, S. 357 und 393 Anm. 10; KLANG, Bem. 5 zu § 472.

Die Verpflichtung des Dienstbarkeitsberechtigten, die Haftung des Eigentümers **151** des belasteten Grundstückes aus Art. 58 OR (Werkhaftung) zu übernehmen, kann nicht zum Inhalt der Dienstbarkeit gemacht werden. BezG Zürich, SJZ **61** Nr. 74, S. 128f. = ZBGR **49** (1968) Nr. 22, S. 216ff. (mit Anmerkung der Redaktion).

Der Verzicht des Grundeigentümers auf Ersatz künftigen Schadens kann indessen auch den Sinn einer Verpflichtung haben, die den Schaden verursachende Benutzung des Nachbargrundstückes zu dulden, z.B. den Betrieb eines Gewerbes, welches Immissionen zur Folge hat. In diesem Fall kann er zum Inhalt einer Dienstbarkeit gemacht werden, und zwar liegt dann eine affirmative Dienstbarkeit vor.

Daß die Führung eines bestimmten Liegenschaftsnamens nicht als Grundstücks- **152** benutzung gelten kann und deshalb auch nicht dadurch mit dinglicher Wirkung ausgeschlossen werden kann, daß ihre Unterlassung als Dienstbarkeitsverpflichtung festgelegt wird, ist vom Eidg. GB-Amt mit Recht erklärt worden. VerwEntsch. **5** Nr. 59 = SJZ **32**, S. 329 = ZBGR **16**, S. 225f. = WEISS, n. F. Nr. 4933.

Die Klausel: «Ohne Zustimmung der Stadt Zürich darf diese Grunddienstbarkeit **153** nicht gelöscht werden» würde den Grundeigentümer in seiner Befugnis der rechtlichen Verfügung beschränken. Sie kann deshalb nicht als Umschreibung des Inhaltes der Grunddienstbarkeit eingetragen werden. Der mit ihr verfolgte Zweck, eine den öffentlichen Interessen widersprechende Änderung des baulichen Zustandes der Liegenschaft zu verhindern, kann dagegen erreicht werden durch Errichtung einer Personaldienstbarkeit zu Gunsten des Gemeinwesens. ObG 15. 1. 1951, ZBGR **32**, S. 133ff. (vgl. N. 102).

Dieser einwandfrei feststehende Grundsatz ist für das alte zürcherische Recht auf Grund völlig unzulänglicher rechtshistorischer Ausführungen der Stadt Zürich von den zürcherischen Gerichten mißachtet und die Verpflichtung des Eigentümers des herrschenden Grundstückes, die Aussichtsbarkeit ohne Zustimmung der Stadt Zürich nicht löschen zu lassen, als Reallast anerkannt worden. Durch diese Umdeutung zu einer Reallast, wie es sie überhaupt nie gegeben hat, wurde der Eigentümer des berechtigten Grundstückes verpflichtet, die Aussichtsdienstbarkeit, an der er kein Interesse mehr hatte, gegen seinen Willen auszuüben. Sie muß damit zudem zu einem ihr völlig fremden Zweck ausgeübt werden. Das Bundesgericht ist den zürcherischen Gerichten, auch abgesehen von irrigen historischen Feststellungen, an die es sich gebunden erachtete, gefolgt und hat damit allgemein anerkannte Grundsätze des Sachenrechts verletzt. EBG **100** II 105ff., besprochen ZBJV **112** (1976), S. 83ff.

Vgl. auch von Tuhr, Allg. Teil BGB II 1, S. 370f. mit dem Hinweis auf die in Seufferts Archiv 57 Nr. 8 erwähnte Eintragung, daß eine Servitut nur mit Zustimmung der Polizeibehörde aufgehoben werden dürfe, welche Eintragung als unwirksam und unzulässig erklärt wird, wie jedes Versprechen, über ein Recht nicht zu verfügen.

Über die Unzulässigkeit von in der Vo des BR zur Förderung der Denkmalpflege vom 18.8.1955 vorgesehenen Dienstbarkeiten H. Huber, ZBGR **36** (1955) S. 354 und P. Liver, Die Anmerkung, ZBGR **50** (1969), S. 29f.

5. Ausschluß der Verpflichtung zu einer positiven Leistung

154 **a) Der Grundsatz: servitus in faciendo consistere nequit.** Die Geltung dieses Grundsatzes steht auch für das ZGB fest. Sie folgt aus dem Begriff der Dienstbarkeit. Die Dienstbarkeit kann den Eigentümer des belasteten Grundstückes nur zu einem Dulden oder zu einem Unterlassen, also nicht zu einer Leistung verpflichten. Dadurch unterscheidet sie sich von der Grundlast. Eine Verpflichtung zur Vornahme von Handlungen kann nach Art. 730 Abs. 2, welche Bestimmung in einem folgenden Abschnitt erläutert wird, mit der Grunddienstbarkeit v e r b u n d e n werden, wenn sie im Verhältnis zu dieser von nebensächlicher Bedeutung ist, aber nicht zu ihrem Inhalt gemacht werden.

155 Die Eintragung als Dienstbarkeit wurde in der Praxis abgelehnt hinsichtlich folgender Verpflichtungen:

Belieferung des herrschenden Grundstücks mit Wasser durch Erstellung von Fassungs- und Leitungsanlagen oder einer Pumpanlage und durch deren Betrieb, Burckhardt, Schw.BR **3** Nr. 1350 II = ZBGR **3**, S. 186ff., ZBGR **13**, S. 192 (Amtsbericht RR St. Gallen 1931); Leemann, N. 37 zu Art. 730; Wieland, Bem. 3 zu Art. 730; auf dem belasteten Grundstück eine Säge zu erhalten und darauf Trämel einer Bäuertgemeinde zu Vorzugsbedingungen zu sägen, ZBJV **75**, S. 570; die Schwellenpflicht (Pflicht zur Ufersicherung und zu Schutzvorkehren gegen Überschwemmung), BBl. **68** II, S. 185ff. = ZBGR **6**, S. 225ff. = SJZ **12**, S. 318, ZBGR **6**, S. 237ff.; Entfernung einer bestehenden Jaucheleitung, ZBGR **19**, S. 89ff.; Abnahme elektrischer Energie, VerwEntsch. **5** (1931) Nr. 60 = SJZ **32**, S. 348 = Weiss, n. F. Nr. 4932; Verpflichtung gegenüber der Gemeinde, einen Baublock durch Farbgebung und Baumpflanzung zu maskieren, ZBGR **26**, S. 77ff.

Die Verpflichtung, das bestehende Theater weiterzubetreiben, ZBGR **37**, S. 353 (Freiburgische Aufsichtsbehörde); Verbot, ein katholisches Töchterheim seinem Zweck zu entfremden, ObG Zürich, ZBGR **55** (1974) S. 295; die Verpflichtung, eine

Sägerei zu unterhalten und zu betreiben, ObG Luzern, SJZ **60** Nr. 165, S. 233; die Verpflichtung, die Milch in einer bestimmten Käserei abzuliefern, KtG St. Gallen, bei WEISS, Entscheidungen Nr. 2476.

b) Gegenleistung und Konventionalstrafe. Der Grundsatz, daß eine Leistungspflicht nicht Gegenstand der Dienstbarkeit sein kann, schließt den Einbezug der Verpflichtung zur Bezahlung eines Entgelts für die Einräumung des Dienstbarkeitsrechts wie auch für dessen Ausübung in das Dienstbarkeitsverhältnis aus. Diese Verpflichtung wäre, wenn sie zum Bestand des dinglichen Rechtsverhältnisses gemacht werden könnte, eine Belastung des herrschenden Grundstückes mit der Wirkung, daß der jeweilige Eigentümer dieses Grundstückes zur Leistung verpflichtet wäre und das Grundstück für die Erfüllung haften würde. Die Haftung des Grundstückes für eine positive Leistung aber kann einzig durch Errichtung eines Grundpfandrechtes oder einer Grundlast begründet werden. Die Begründung der Haftung durch Errichtung eines anderen dinglichen Rechtes würde gegen den Grundsatz der geschlossenen Zahl der dinglichen Rechte und gegen die ihm entsprechende gesetzliche Umschreibung der einzelnen Kategorien von dinglichen Rechten verstoßen (Einleitung N. 12, N. 10 hievor). **156**

Ohne die Haftung des Grundstückes läge eine Realobligation vor. Die Begründung einer solchen ist jedoch nur in den vom Gesetz vorgesehenen Fällen möglich (Einleitung, N. 150). Das Bundesgericht hat denn auch die Möglichkeit, eine Verpflichtung zur Leistung eines Entgelts für die Einräumung oder Ausübung einer Dienstbarkeit zum Inhalt des dinglichen Rechtes zu machen, verneint. EBG **52** II 27ff. = Pr. **15** Nr. 27 (Baurechtszins). Vgl. auch ZBGR **5**, S. 76 = SJZ **21**, S. 156 (RR St. Gallen); WOLFF, § 106 VI 3, S. 383. **157**

Das Urteil des bern. AppH in der ZBJV **72**, S. 398ff. = WEISS, n. F. Nr. 4940a weicht davon im Ergebnis nicht grundsätzlich ab. Zu Gunsten aller durch Parzellierung entstandenen Baugrundstücke war als Grunddienstbarkeit das Recht zum Anschluß an eine Kloake gegen ein im Zeitpunkt des Anschlusses zu bezahlendes Entgelt (Einkaufssumme) begründet worden. Es war zu entscheiden, ob der Dritterwerber eines der Baugrundstücke, der dieses an die Kloake angeschlossen hatte, zur Bezahlung der Einkaufssumme verpflichtet sei. Das Gericht bejahte diese Frage, stellte aber mit Recht fest, daß eine persönliche Schuld desjenigen vorliege, der sein dingliches Anschlußrecht ausübe (Realobligation). Eine dingliche Verpflichtung könnte ja überhaupt nur als Grundlast bestehen, bei welcher das dingliche Element in der Haftung des Grundstückes für die Erbringung der Leistung bestehen würde, welche hier nicht gegeben ist. Die Einkaufssumme kann aber nicht als Entgelt für die Einräumung der Dienstbarkeit aufgefaßt werden; die Dienstbarkeit würde sonst erst mit der Bezahlung jener Summe entstehen, da sie nicht unter der Bedingung dieser Leistung errichtet werden kann; vorher würde bloß ein obligatorisches Recht auf die Begründung der Dienstbarkeit mit dem Einkauf vorliegen. Die Einkaufssumme kann aber der Beitrag des Dienstbarkeitsberechtigten an die Kosten der **158**

Grunddienstbarkeiten

Erstellung und des Unterhalts der Dienstbarkeitsanlage sein, welche bis zu seinem Anschluß aufgelaufen sind. Diese Aufwendungen haben die Dienstbarkeitsberechtigten ja, wenn nichts anderes vereinbart ist, von Gesetzes wegen zu tragen (Art. 741). Nicht die Entstehung, sondern die Ausübung der Dienstbarkeit ist dann von der Bezahlung der Einkaufssumme abhängig gemacht. Dies ist zulässig, und es scheint mir, daß nichts gegen einen Grundbucheintrag einzuwenden sei, welcher lautet: «Recht des Einkaufs in die Kloake» oder genauer «Recht zur Benutzung der Kloake gegen Bezahlung einer Einkaufssumme». Über die Mehrdeutigkeit der Bezeichnung «unentgeltliches Recht» siehe zürch. NotInsp., ZBGR **22**, S. 206. Zum Einkauf in eine private Kanalisationsanlage siehe auch ObG Aargau GVE 1973 Nr. 6 = SJZ **71** (1975) S. 146f. Vgl. auch N. 42 zu Art. 743.

159 Die obligatorische Verpflichtung des Dienstbarkeitsberechtigten zur Leistung eines Entgelts, und zwar nicht nur eines Beitrages an die Aufwendungen für die Dienstbarkeitsanlagen, sondern auch eines Nutzungszinses, ist mit dem Dienstbarkeitsrecht vereinbar. So kann ein Quellenrecht bestehen, welches dem Berechtigten die Befugnis zum Bezug von Wasser gegen Entrichtung eines Wasserzinses gibt. Es kommt auch vor, daß Allmenden und Waldungen von Gemeinden zu Gunsten von bestimmten Grundstücken (welche im Eigentum von Personen stehen können, die in der Gemeinde keinen Wohnsitz haben und deshalb nicht kraft öffentlichen Rechtes nutzungsberechtigt sind) mit Weide- oder Holzbezugsrechten belastet sind, die aber nur gegen Entrichtung des gleichen Entgelts, welches die Gemeindeeinwohner oder Gemeindebürger als Nutzungstaxen bezahlen, ausgeübt werden können. Vgl. auch MEISNER-RING, Das in Bayern geltende Nachbarrecht[4] (1951) S. 396f. und KOHLER J., Arch. f. d. civ. Pr. **87**, S. 230ff. Über die öffentlich-rechtliche Kanalisationseinkaufsgebühr siehe MBVR **34**, S. 315 = ZBGR **23**, S. 226 und **37**, S. 290 (VerwG) = ZBGR **32**, S. 137.

Für das Läuten ihrer Glocke im Dachreiter eines Privathauses hat die Gemeinde dem Eigentümer eine Entschädigung zu leisten. Dazu und zur Ausübung von Dienstbarkeiten gegen Entgelt überhaupt J. KOHLER, Rhein. Z. f. Civilrecht u. Civilpraxis **3** (1910) S. 418 und Archiv f. d. civ. Praxis **87**, S. 230f. Bauverbotsdienstbarkeit gegen Entgelt pro m² EBG **93** II 185ff. = Pr. **56** Nr. 143.

STOBBE-LEHMANN, DPrR II 2 S. 6 Anm. 14; KLANG, Kommentar ABGB, 2. Aufl., Z. 8 zu § 472, S. 551; EHRENZWEIG, System, I 2, § 248 II, S. 309 (hier u. a. Stockzinse für Holzbezugsrechte); H. WESTERMANN, Die Forstnutzungsrechte (1942) S. 96; MEISNER-STERN-HODES, Nachbarrecht, 5. Aufl., S. 621 (§ 30 III 7); GROSSO, a.a.O., 3ᵃ ed. 1963 I n. 104, p. 293: per esempio un corrispettivo per l'acqua (C.c. art. 1092 al. 4).

160 Als Mittel zur Sicherung des Rechtes auf ein bestimmtes Verhalten eines Grundeigentümers, das nicht zum Gegenstand einer Dienstbarkeit oder Grundlast gemacht werden kann, dient die **Konventionalstrafe**. Die Vereinbarung der Konventionalstrafe hat lediglich obligatorische Wirkungen. Aus ihr ergibt sich nur eine persönliche Verpflichtung des sich bindenden Grundeigentümers, nicht des jeweiligen Eigentümers des Grundstückes und noch weniger eine Haftung des Grundstückes. Eidg. GB-Amt, VerwEntsch. **5** Nr. 61 = ZBGR **16**, S. 226ff. Aber die Haftung des Grundstückes kann begründet werden durch Errichtung einer Grundpfandverschreibung zur Sicherung der suspensiv bedingten Forderung auf die Konventionalstrafe. Damit kann indirekt auch der Erwerber des Grundstückes veranlaßt werden, sich so zu verhalten, daß die Forderung aus der Strafkonvention nicht entsteht; es kann dadurch aber auch das Versprechen des Vertragspartners, die eingegangene Verpflichtung seinem Nachfolger im Eigentum am Grundstück zu überbinden, durchgesetzt werden. LEEMANN, N. 43 zu Art. 730.

VII. Die Einteilung der Grunddienstbarkeiten

Verschiedene Arten von Grunddienstbarkeiten in dem Sinne, daß für sie verschiedene gesetzliche Bestimmungen gelten würden, gibt es nicht. Auch die Unterscheidung von affirmativen oder positiven Grunddienstbarkeiten einerseits, negativen Grunddienstbarkeiten anderseits (N. 4 hievor) hat nicht diese Bedeutung, ist aber in der Bestimmung des Inhaltes der Grunddienstbarkeiten relevant. Sie wirkt sich namentlich in der Frage aus, ob und bei welchen Dienstbarkeiten die Ausübung des Rechtes gemäß Art. 919 Abs. 2 dem Sachbesitz gleichgestellt sei (Einleitung N. 72). Ob und in welchem Zeitpunkt der Besitz durch Ausübung des Rechtes seinen Anfang nahm, ist bei den negativen Dienstbarkeiten eine nicht leicht zu beurteilende Frage, welche für die Ersitzung maßgebend ist. **161**

Eine Einteilung der Grunddienstbarkeiten kann deshalb nur den Zweck einer Übersicht über die Rechtsverhältnisse haben, welche nach ihrem Inhalt Gegenstand von Grunddienstbarkeiten sein können. Diese Einteilung findet ihren sprachlichen Ausdruck in der Bezeichnung der Dienstbarkeiten mit gleichem Inhalt als Wegrechte, Weiderechte, Quellenrechte usw. und in der weiteren Unterscheidung dieser Rechte, wie z.B. der Wegrechte in Fahrwegrechte, Fußwegrechte, Viehtriebrechte usw. Eine möglichst genaue Bezeichnung eines jeden Rechtes nach seinem besonderen Inhalt ist bei der Eintragung in das Grundbuch erforderlich. Der Eintrag soll das Recht mit einem Hauptwort inhaltlich charakterisieren und höchstens noch durch ein oder zwei Eigenschaftswörter näher bestimmen. Die Aufsichtsbehörden einzelner Kantone haben dafür den Grundbuchämtern Anleitung in der Form von Stichwörterverzeichnissen gegeben. St.Gallen, Anleitung des JDep. vom 30.Nov. 1923 (ZBGR **5**, S. 43), Solothurn, Weisung des JDep. vom 1.Juni 1942 (ZBGR **24**, S. 51ff.). **162**

Aus der systematischen Anlegung solcher Stichwörterverzeichnisse ergibt sich eine Zusammenstellung, welche dem arbor servitutum ähnlich ist, den die mittelalterlichen Juristen aufgestellt haben. Siehe dieses Schema aus den Werken des Bartolus bei BUSSI E., La formazione dei dogmi di diritto privato I (1937) S. 117. **163**

Grunddienstbarkeiten

Den Inhalt verschiedener der typischen herkömmlichen Dienstbarkeiten (vielfach einschließlich der ihnen inhaltlich entsprechenden gesetzlichen Eigentumsbeschränkungen) haben einzelne Kantone in ihren EGzZGB näher bestimmt. Ihre Zuständigkeit ergibt sich aus Art. 740.

164 Im römischen Recht schieden sich alle Prädialservituten in Rustikal- oder Felddienstbarkeiten (servitutes praediorum rusticorum) und Urbanalservituten (servitutes praediorum urbanorum), von denen die einen der Landwirtschaft, die anderen der bürgerlichen Wohnung sowie dem Geschäfts- und Gewerbebetrieb dienten (JÖRS-KUNKEL, § 182, 1). Die rechtliche Bedeutung, welche diese Unterscheidung im römischen Recht gehabt hat (BIONDI, Le servitù prediali [Lezioni], 1946, § 30, S. 172ff.), hat sie verloren (auch im französischen Recht, obwohl sie in den Art. 687 C.c. übernommen worden ist). Eine Einteilung der Grunddienstbarkeiten nach ihrem Inhalt unter diesen Kriterien würde indessen auch heute noch den weitaus größten Teil von ihnen erfassen, vermöchte aber den praktischen Bedürfnissen nach einer Klassifikation nicht zu entsprechen.

165 Wie in den Vorbemerkungen ausgeführt, sollte im ZGB das Anwendungsgebiet der Dienstbarkeiten erweitert und dieses Institut dadurch den Bedürfnissen des modernen Lebens angepaßt werden. Dies hat der Gesetzgeber durch die Preisgabe des Erfordernisses der Utilität zu erreichen versucht. Noch wichtiger aber ist unter diesem Gesichtspunkt die Aufnahme der «anderen Dienstbarkeiten», der irregulären Personaldienstbarkeiten, mit gleicher Unbeschränktheit des Inhaltes und der Dauer ins Gesetz. Zu ihnen gehören die meisten neuen Dienstbarkeiten. Die größte wirtschaftliche Bedeutung hat wohl das Baurecht erlangt, besonders seit seiner gesetzlichen Ausgestaltung in den Art. 779 lit. a bis lit. l (1965). Die verbreitetste moderne Dienstbarkeit ist die Tankstellenservitut. Auch das Durchleitungsrecht ist in den Dienst neuer Bedürfnisse getreten, aber anderseits durch privat- und öffentlich-rechtliche Eigentumsbeschränkungen auch wieder zurückgedrängt worden. Mannigfaltiger sind die gewerblichen und industriellen Dienstbarkeiten geworden, während die Gebäudedienstbarkeiten durch die Ortsplanung auf öffentlich-rechtlicher Grundlage (Überbauungspläne) viel von ihrer Bedeutung verloren haben. Eine moderne Erscheinung ist auch die Errichtung von Dienstbarkeiten zu öffentlichen Zwecken, sei es durch Expropriation (militärische Übungen, Festungsbau, Flugverkehr) oder durch Vertrag, wofür als Beispiele die zahlreichen Bau- und Wegrechte der Eidgenossenschaft für Wassermeßstationen erwähnt seien und dann die im Interesse des Natur- und Heimatschutzes begründeten Dienstbarkeiten.

166 In der folgenden Übersicht über die Grunddienstbarkeiten einschließlich der ihnen dem Inhalt nach gleichgestellten beschränkten persönlichen Dienstbarkeiten treten die einzelnen Kategorien nicht entsprechend ihrer Verbreitung in Erscheinung. Eine Zusammenstellung auf Grund der Gerichts- und Verwaltungspraxis enthält nur die Dienstbarkeiten, welche zum Gegenstand rechtlicher Auseinandersetzung geworden sind und in größerer Zahl nur diejenigen, für die das sehr häufig der Fall gewesen ist. Deshalb nehmen die Wegrechte einen besonders großen Platz ein. Dies hängt mit der Änderung der Verkehrsverhältnisse und der Bewirtschaftung des herrschenden Grundstückes zusammen, welche sehr oft zum Streit über die Frage der Mehrbelastung führt.

Eine annähernde Vollständigkeit der Entscheidungen von kantonalen Instanzen seit 1912 ist nur erstrebt, soweit diese in den weiterverbreiteten Zeitschriften veröffentlicht sind (Schweiz. Zeitschrift für Beurkundungs- und Grundbuchrecht [ZBGR], Schweiz. Juristen-Zeitung [SJZ], Blätter für zürcherische Rechtsprechung [BlZR], Zeitschrift des bernischen Juristenvereins [ZBJV]). Ergänzungsweise sind aber auch andere Urteilssammlungen herangezogen worden (besonders die Vierteljahresschrift für Aarg. Rechtsprechung [Aarg. Vjschr.] sowie die Aarg. Gerichts- und Verwaltungspraxis [GVP], das Repertorio di Giurisprudenza Patria [Rep. Giur.] und die Zivilurteile des Kantonsgerichts Graubünden). Die Fundstellen werden angegeben, damit der Benutzer des Kommentars sich schon anhand dieser Zusammenstellung über die Praxis orientieren kann und damit in den folgenden Ausführungen auf hier verzeichnete Entscheidungen verwiesen werden kann.

Übersicht über den Inhalt der Grunddienstbarkeiten und beschränkten persönlichen Dienstbarkeiten nach der Gerichts- und Verwaltungspraxis.

1. Wegrechte

Fuß- und Fahrwegrecht **167**
«unbeschränktes», «unbedingtes».
BlZR **21** Nr. 54 (= ZBGR **6**, S. 211ff.), **23** Nr. 23 (= ZBGR **6**, S. 216f.), **26** Nr. 112, **30** Nr. 121.
St. Gallen, RekKomm. ZBGR **21**, S. 276; Thurgau, ObG ZBGR **30**, S. 209f. = SJZ **45**, S. 376; Waadt, KtG JdTr **80**, S. 101 = SJZ **29**, S. 248; Graubünden, KtG, Zivilurteile 1930 Nr. 4.
Mit der Parzellierung von Bauland begründet EBG **50** II 232 = Pr. **13** Nr. 133 = ZBGR **6**, S. 37ff., BlZR **24** Nr. 1; ZBJV **72**, S. 398ff.
Durchgangsrecht zu Fuß, zu Pferd, zu Wagen ZBJV **53**, S. 345; «tant à pied qu'à chars et à chevaux» Genf, SJZ **24**, S. 312. Aarg. GVP 1975, Nr. 7, S. 20f.; Fahrwegrecht, das üblicherweise das Fußwegrecht in sich schließt. N. 130 zu Art. 736.

Fahrweg schlechthin: **168**
ZBJV **48**, S. 391; St. Gallen, JDep. ZBGR **20**, S. 284f.; BlZR **42** Nr. 48 (Fuhren zu Wohnhaus, Keller, Trotte, Waschhaus), **12**, Nr. 98 = ZBGR **32**, S. 130f. (Zufahrt zu einem Keller); Luzern, ObG ZBGR **6**, S. 240; EBG **73** II 27ff. = Pr. **36** Nr. 54; Rep. Giur. 1908 (III, 8) S. 124 (passo con carro); ZBGR **20**, S. 286 (mit Handwagen).
EBG **82** II 103ff.: Verbindung einer landwirtschaftlichen Liegenschaft mit dem öffentlichen Weg; ObG Luzern SJZ **58** (1962) Nr. 140, S. 233ff.: Ungehindertes Fahrwegrecht und Benutzungsrecht an einem Platz; ObG App. ARh. SJZ **58** (1962) Nr. 142: Fahrwegrecht und Schlittrecht.

Fahrweg schließt nicht ohne weiteres in sich:
Fußwegrecht, Schaffh. ObG ZBGR **27**, S. 17f. (gegenteiliger Entscheid Schwyz

RR ZBGR **30**, S. 87, Graub. KtG, ZivUrt. 1930, S. 81). Parkierungsrecht, St. Gallen JDep. ZBGR **20**, S.284f.; Ablagerung von Transportgut, Zürich ObG BlZR **47** Nr. 50 = ZBGR **30**, S. 67ff.

Ausbau, Freiburg, AppG ZBGR **32**, S. 145ff.;

Bekiesung, Schwyz KtG ZBGR **23**, S. 275;

Ausübung mit Motorfahrzeugen:

EBG **64** II 411 = Pr. **28** Nr. 33; **70** II 40 = Pr. **33** N. 54; ZBJV **64**, S. 87; Genf, Cour de Justice SJZ **24**, S. 312; BlZR **21** Nr. 54 (= ZBGR **6**, S. 211), **25** Nr. 79 (= SJZ **23**, S. 117), **26** Nr. 112, **30** Nr. 146.

Höchstrichterliche Rspr. 1937 Nr. 1442; DALLOZ, Rép. 1966, Servitudes 552 n° 590: ne constitue pas une aggravation (Civ. 4.7.1962); KtG Schwyz SJZ **54** Nr. 89, S. 171; ObG Zürich SJZ **23**, S. 170ff., ZBGR **42** (1961) Nr. 30, S. 214; KassG Zürich SJZ **31** (1934/35) S. 361; ObG Luzern ZBGR **39** (1958) Nr. 30, S. 218. Dagegen EBG **87** II 85ff. = Pr. **50** Nr. 125 und dazu meine Besprechung ZBJV **98** (1962) S. 422ff., NN. 33f. zu Art. 737; N. 76 zu Art. 738. Nunmehr aber KtG Graubünden PKG **1962** Nr. 6, S. 33ff. und **1963** Nr. 29, S. 110ff.; Neuchâtel Trib. cant. SJZ **63** (1967) Nr. 85, S. 186f.; EBG **91** II 339 = Pr. **55** Nr. 21 (besprochen ZBJV **103** S. 12ff.), **93** II 167 = Pr. **56** Nr. 142 (Notwegrecht). EBG **93** II 167ff. = Pr. **56** Nr. 142. EBG 17. Dez. 1965 i.S. KÜRSTEINER c. BEGLINGER u. GROSS (Selbstverständlichkeit, daß ein Grundstück, auf dem Wohn- und Ferienhäuser stehen, mit Motorfahrzeugen müsse erreicht werden können). In der Landwirtschaft ist die Motorisierung zur allgemeinen Notwendigkeit geworden. Die bestehenden Fahrwegrechte könnten anders als mit Motorfahrzeugen überhaupt nicht ausgeübt werden.

169 Beschränktes Fahrwegrecht:

Nur für den Geschäftsbetrieb und für persönliche Bedürfnisse (Zufahrt zu einer Spenglerei) **64** II 411 = Pr. **28** Nr. 33; für ein Anschlußgeleise EBG **38** II 458 = Pr. **2** Nr. 31 = ZBGR **19**, S. 31ff.; nur für Privatbedürfnisse, nicht zum Geschäftsbetrieb EBG **38** II 750 = Pr. **2** Nr. 271; für eine Luftseilbahn EBG **71** II 83 = Pr. **34** Nr. 103 (betr. Notweg), Nidwalden EG § 78 Abs. 2.

Für die Bewirtschaftung landwirtschaftlicher Grundstücke EBG **53** II 108 = Pr. **16** Nr. 95; ZBJV **78**, S. 181ff.; BlZR **13** Nr. 106, **30** Nr. 121, SJZ **33**, S. 250; ZBGR **5**, S. 105 = SJZ **10**, S. 205; St. Gallen, RR VerwPr. **3**, S. 377, 390 = ZBGR **28**, S. 199ff. («Blumenweg»); Graubünden, KtG Zivilurteile 1919 Nr. 5, Graub. GVP **3** Nr. 100; Basel-L. SJZ **27**, S. 207;

zur Abfuhr von Holz, Solothurn ObG SJZ **31**, S. 140; Benutzung mit landw. Maschinen und Traktoren, Zürich KassG SJZ **31**, S. 361.

Fuß- und Winterschlittweg, Holzlaß zu Gunsten von Bäuerten, ZBJV **67**, S. 178ff. Flurwege nach zürch. LandwG sind gesetzliche Eigentumsbeschränkungen BlZR **34** Nr. 161, **39** Nr. 113, **48** Nr. 117.

Fußweg 170
BlZR **19** Nr. 173 (= ZBGR **6,** S. 209ff.); SJZ **27,** S. 280, **34,** S. 249 (Befahren mit Kinderwagen);
Fußweg zum See mit Länderecht zur Bewirtschaftung von Rebland, Zürich ObG SJZ **32,** S. 266;
zu einem Fluß, Aarg. Vjschr. **18,** S. 106, **30,** S. 119; «Öffentl.» Fußwegrecht: Thurgau ObG SJZ **31,** S. 173 = ZBGR **15,** S. 178 und dazu EBG in ZBGR **15,** S. 100ff.; ZBGR **21,** S. 185ff.; EBG **71** I 433; **76** I 183;
Unvordenkliches Wegrecht für den öffentlichen Fußgängerverkehr EBG **74** I Nr. 12 = Pr. **37** Nr. 49; Recht der Gemeinde zur Benutzung des Schloßhofes Spiez als Zugang zur Kirche, zum Kirchhof und Pfarrhaus, ZBJV **41,** S. 89ff.; weiteres Wegrecht einer Gemeinde ZBJV **51,** S. 416.
Uferweg als «eine Art öffentlich-rechtlicher Wegdienstbarkeit» EBG **56** I 256 = Pr. **19** Nr. 176.
Durchgang durch Haus und Hof BlZR **13** Nr. 20.
Saumweg, Fußweg, Reitweg und «geführter Hand-Recht» App. IRh., EBG **82** II 120ff.

Viehtrieb 171
Inhalt ZBGR **3,** S. 95; altbernisches «Zügelrecht» ZBJV **69,** S. 120ff.; **77,** S. 567 = ZBGR **25,** S. 298f.; Recht des Viehtriebs soll nach thurg. Recht im Fahrweg recht enthalten sein, ObG ZBGR **30,** S. 209f. Vgl. zürch. EG § 186. Ebenso Luzern ObG; ZBGR **48** (1967) S. 71ff.
Das Recht des Viehtriebs schließt nicht ohne weiteres das Fußwegrecht in sich, Aarg. Vjschr. **21,** S. 97ff.

2. Weiderechte 172

Graubünden, KtG Zivilurteile 1908 Nr. 16, 1922 Nr. 10, GrRat, Verhandlungen, Frühjahr 1947, S. 310ff.;
Rep. Giur. Patria 1896 (II, 16) S. 731, 795. Tschifferlirecht ist das (inzwischen wohl restlos untergegangene) Recht der Alpgenossen, den Dünger von der Alp auf ihre Maiensäßwiesen zu tragen.
Schneeflucht 1911 Nr. 6, S. 63, 1913 Nr. 10, S. 84 (bloß erwähnt in den Zivilurteilen des KtG Graubünden 1898, S. 85; EGzZGB Graubünden Art. 155 Abs. 2) ist das zu Gunsten vieler Alpen bestehende Recht, bei Schneefall mit dem Vieh zu weichen und es auf tiefer gelegenen, nicht zur Alp gehörenden Weiden vorübergehend zu hüten.
Rennefahrt, Bern, Rechtsgeschichte II, S. 325: Entweichrecht. Romanisch dretg da guntgida (Schams), untgida, tschessada (sursilv.); Liechtenstein, Sachenrecht Art. 111; Klenze, Die Alpwirtschaft im Fürstentum Liechtenstein (1879) (Anhang); Wagner E., Die obertoggenburgischen Alpgenossenschaften, Diss. jur.

Bern 1924, S. 146; LURATI O., Terminologia e usi pastorizi di Val Bedretto, 1968 p. 97; BIELANDER, Vom Schneefluchtrecht oder Entwich, Walliser Jb. **26**, 1957; DUBOIS O., Droit de refuge et devoir de fortification, Vallesia 11, Sion 1956.

Über die Weiderechte zu Gunsten und zu Lasten von Alpen WEISS R., Das Alpwesen Graubündens, 1941, S. 178ff. und GRASS N., Beiträge zur Rechtsgeschichte der Alpwirtschaft, 1948, S. 82 bis 158.

173 3. Holzrechte

EBG **34** I 274ff., **41** I 511ff. (Holzrechte der Einwohner und Grundbesitzer von Riemenstalden [Schwyz] auf Urner Gebiet); Graubünden KtG Zivilurteile 1898 Nr. 11, 1908 Nr. 21, 1911 Nr. 6, 1913 Nr. 10, KtG-Ausschuß 1932 Nr. 2;

Holznutzung, Holzanpflanzung, Streuenutzung der Holzwachtkorporation Horgen BlZR **21** Nr. **119**;

Über die Pflanzensuperficies LIVER P., Rechtsgeschichte der Landschaft Rheinwald, Diss. jur. Bern 1936 (Anhang), Zur Geschichte und Dogmatik des Eigentums an Bäumen auf fremdem Boden, Festschrift K.S. BADER, 1965, S. 281ff.; FORNI F.F., La superficie delle piantagioni, Diss. jur. Bern 1946; CARONI Pio, El derecho de superficie en el derecho suizo, Revista de derecho privado, 1974;

Veräußerliche Holzgerechtigkeit Aarg. Vjschr. **25**, S. 145;

Unterlassung des Holzschlages und der Waldreutung ZBJV **55**, S. 244;

Gatafelrecht (Holzlaß im Berner Oberland) ZBJV **67** (1931), S. 181.

174 4. Recht zur Ausbeutung von Bodenbestandteilen

Steinbruch, BURCKHARDT, Schweiz. BR III Nr. 1349 II; Kiesausbeutung, St. Gallen, VerwPr. 1919 Nr. 582 = ZBGR **1**, S. 67; Ausbeutung von Baumaterialien EBG **57** II 260 = Pr. **20** Nr. 133; Rep. Giur. 1910 (III, 10), S. 206.

Unterlassung der Ausbeutung einer Lehmgrube im Interesse des Eisenbahnbetriebes, BBl. 1881 II 416, Z. 2.

Strahlerrecht, LIVER P., Der Kultur nicht fähiges Land und das Strahlerrecht, ZBJV **111** (1975) S. 249–270.

175 5. Gewässernutzung

Über ehehafte Wasserkraftrechte an öffentlichen Gewässern siehe Einleitung N. 27, ferner EBG **41** II 164; St. Gallen, KtG Entsch. 1897 Nr. 8, EBG **12**, S. 400ff.; Aarg. Vjschr. 1915, S. 51; Rep. Giur. 1932 (V, 3) S. 502ff.; Abgrenzung gegen Bewilligung und Konzession BlZR **14** Nr. 102, Eidg. GB-Amt ZBGR **26**, S. 103ff.; LIVER P., Die ehehaften Wasserrechte in der Schweiz, Festschrift Gieseke, Karlsruhe 1958 und Privatrechtl. Abh. (1972) S. 465ff.

Zur grundbuchlichen Behandlung der ehehaften Wasserrechte EBG **63** I 111 = Pr. **26** Nr. 150.

Wasserkraftrechte des Staates an privaten Gewässern, Zürich ObG, Anweisung, 176
SJZ **10**, S. 232;

Recht zur Entnahme von Wasser aus einem öffentlichen Bach zu häuslichen, land- 177
wirtschaftlichen und gewerblichen Zwecken Graub. KtG Zivilurteile 1913 Nr. 7;
zur Bewässerung und Tränke Graub. KtG 1912 Nr. 9; Tränkerecht und Tränkeweg Graub. KtG-Ausschuß Entsch. 1926, S. 21ff.; zur Bewässerung Rep. Giur.
1938 (V, 9) S. 267; BlZR **13** Nr. 55; ZBJV **64**, S. 82;

Benutzung eines Weihers zum Aufstauen des Wassers für Triebwerke EBG **45** II 394 178
= Pr. **8** Nr. 139 = ZBGR **6**, S. 19ff.; Verpflichtung, den Zufluß des Abwassers
eines Brunnens nicht zu hindern BlZR **11** Nr. 66, ihn sich zuleiten zu dürfen,
Luzern, ObG SJZ **34**, S. 366.

Fischereirechte an öffentlichen Gewässern (Fischenzen) Zürich ObG ZBGR **4**, 179
S. 38f., BlZR **31** Nr. 168; Aargau JDir., Vjschr. **18**, S. 115ff. = SJZ **15**, S. 278 =
ZBGR **25**, S. 155f.; ZBGR **25**, S. 102f. und 103f.; des Kts. Aargau an der Reuß
auf Zuger Gebiet EBG **97** II 25;

Private Fischereirechte an einem See (Silsersee) Graubünden KtG Zivilurteile
1908 Nr. 1 und Nr. 2; am Vierwaldstättersee EBG **95** II 14;

Aargauisches Freianglerrecht in Kollision mit ehehaften Fischereirechten EBG **46**
II 283 = Pr. **9** Nr. 54 (vgl. auch EBG **31** II 866 und **36** II 307; Aarg. ObG in GVE
1952, S. 21ff.

GMÜR R., Die Abgrenzung des Fischereiregals von den privaten Fischenzen im
Kt. Bern, Diss. Bern 1949 (Abh.z.schweiz.R).

Quellenrechte 180
EBG **39** II 695 = Pr. **3** Nr. 28 = ZBGR **4**, S. 225ff., **42** II 440 = Pr. **5** Nr. 205, **43**
II 152 = Pr. **6** Nr. 84, **48** II 321 = Pr. **11** Nr. 137, **55** I 397 = Pr. **19** Nr. 64, **64** II
340 = Pr. **27** Nr. 183, **68** II 14 = Pr. **31** Nr. 41; EBG in ZBGR **19**, S. 42ff. (vgl.
dazu N. 34 hievor und HAAB N. 19 zu Art. 704); ZBGR **3**, S. 186ff.: Selbständiges
und dauerndes Quellenrecht, belastet mit einem Wasserbezugsrecht als Dienstbarkeit und mit einer Grundlast (N. 220);

Zürich, BlZR **13** Nr. 55, **18** Nr. 42 (auch abgedruckt bei WALDIS, Das Nachbarrecht, S. 237ff.), dazu EBG **44** II 475 = Pr. **8** Nr. 33; BlZR **28** Nr. 20, **30** Nr. 23;
St. Gallen, JDep., VerwPr. **2** Nr. 182 = ZBGR **4**, S. 178f.;

Bern, ZBJV **50**, S. 427 (C.c.fr.), **74**, S. 472ff.; nach altem bern. Recht: ZBJV **40**,
S. 519, 675 (GMÜR M. in ZBJV **43**, S. 1ff., 57ff.); Recht zur Wasserentnahme als
Belastung eines Quellenrechts, Schweiz. BR III 1350 II = ZBGR **3**, S. 186ff.; BR
GeschBer. 1916, S. 191f. = ZBJV **52**, S. 258 = ZBGR **6**, S. 227ff.; VerwEntsch.
B-Beh. **10** (1936) S. 82ff.; Eigentum oder ehehafte Wasserrechte am Igiser Mühl-
bach Pr. KtG Graubünden 1956 Nr. 11 und 1963 Nr. 1 mit EBG 21.2.1963,
ZBGR **48** S. 354ff. Siehe dazu LIVER P., Bündner Jb 1978, S. 28f.;

KtG Freiburg, ZBGR **37** S. 343ff.; Das Recht, Oberflächenwasser zu fassen und
fortzuleiten, ist kein Quellenrecht.

LIVER P., Öffentliches Grundwasserrecht und privates Quellenrecht. ZBJV **89** (1953) und Privatrechtl. Abh. (1972) S. 441ff.

181   **6. Durchleitungsrechte**

Wasser- und Gasleitungen der Gemeinde EBG **51** II 158 = Pr. **14** Nr. 111; Recht des Anschlusses an eine Wasserversorgung ZBGR **13**, S. 192; Durchleitung eines Baches unter der öffentlichen Straße ZBJV **51**, S. 371; Mitbenutzung einer Abwasserleitung, Bern AppH ZBJV **62**, S. 222 = ZBGR **7**, S. 230f.; eines Ehegrabens, Aarg. Vjschr. **32** Nr. 19; Kloakenanschlußrecht ZBJV **72**, S. 398ff.;

für eine oberirdische Kraftleitung Mtsschr. f. bern. VR **14**, S. 233 = ZBGR **4**, S. 234f.; zur Anlegung eines Kanals EBG **67** I 124 = Pr. **30** Nr. 113 = ZBGR **22**, S. 202ff.; Kabelleitung der PTT ZBGR **9**, S. 119ff.;

182   Luftseilbahn und damit verbundene Schutzvorrichtung ZBGR **23**, S. 142 (vgl. jedoch EBG **71** II 83 = Pr. **34** Nr. 103); Fernheizungsservitut, LEEMANN, SJZ 27, S. 309;

183   Trauf- und Wasserableitungsrecht (servitù di scolo e di stillicidio) Rep. Giur. Patria 1896 (II, 16) S. 462, 1897 (II, 17) S. 113, 1900 (II, 20) S. 359, 1926 (IV, 11) S. 299;

Fernheizungsservitut. PORTMANN H., Rechtliche Probleme der Fernheizungsanlagen, Diss. iur. Zürich 1954; LIVER P., Von den selbständigen und dauernden Baurechten in Der bern. Notar 1959, Teil II: Die Errichtung eines selbständigen und dauernden Baurechts, das eine Fernheizungsanlage zum Gegenstand hat S. 46ff.

184   **7. Verpflichtung und Verbot, Holz zu schlagen**

Waldaushauservituten ZBGR **24**, S. 50 (als nebensächliche Verpflichtung zur Belastung mit einer Durchleitungsservitut für elektrische Energie); ZBGR **26**, S. 34 (Sicherheitszone längs der Bahnlinie, siehe N. 65 hievor); Unterlassung des Holzriesens in der Nähe der Bahnlinie, BBl. 1883 II 329, 358;

Unterlassung des Holzschlages mit nebensächlicher Verpflichtung zur Aufforstung ZBJV **55**, S. 244ff.;

Ausschluß des Kapprechtes, Aarg. ObG Vjschr. **16**, S. 23 (soll danach nicht als Dienstbarkeit zulässig sein);

Verpflichtung, einen Mammutbaum nicht zu schlagen, ZBGR **35** Nr. 29, S. 107f. (Eidg. GB-Amt).

8. Baurechte und Baubeschränkungen

185   Baurecht zur Erstellung von Wohnbauten

EBG **52** II 27 = Pr. **15** Nr. 27 = ZBGR **31**, S. 213ff. (den gleichen Fall betreffen: ZBJV **62**, S. 302ff., EBG **49** III 180 = Pr. **12** Nr. 164); EBG **72** I 233 = Pr. 25

Nr. 174 = ZBGR **28**, S. 54ff.; für Weekendhäuschen, Eidg. GB-Amt, VerwEntsch. **9**, S. 97 = ZBGR **19**, S. 279;
EBG **92** I 539 = Pr. **56** Nr. 81: Unterbaurecht zu Lasten eines ins Grundbuch aufgenommenen selbständigen und dauernden Baurechts (Magglingen).

Baurecht für Großgarage, BlZR **30** Nr. 146; 186
für Straßensperren zu Lasten von Gemeindestraßen, Eidg. GB-Amt, VerwEntsch. **12**, S. 78 = ZBGR **25**, S. 42;
für Brücke über öffentliches Flußgrundstück, Eidg. GB-Amt, VerwEntsch. **4**, S. 89 = ZBGR **16**, S. 191f.;
für Stations- und Abortgebäude einer Bergaufzugsanlage, auf Grund öffentlichen Sondernutzungsrechtes EBG **56** III 63 = Pr. **19** Nr. 109 = ZBGR **28**, S. 285ff.;
für Löschgerätemagazin einer Gemeinde, Mtsschr. f. bern. VR **46**, S. 412 = ZBGR **30**, S. 252ff.;
der öffentlichen Bodenverbesserungsgenossenschaft am entwässerten Grundstück EBG **68** II 371 = Pr. **32** Nr. 39 (dürfte unrichtig sein);
für Sennhütten und Alpställe, Bern JDir., VerwBer. 1947 ZBGR **29**, S. 288; St. Gallen, JDir. ZBGR **25**, S. 263f.; Eidg. GB-Amt, VerwEntsch. **7**, S. 89 = ZBGR **18**, S. 194 (Uri, Alprustigenrechte);
Zürich, ObG BlZR **11** Nr. 4: Recht einer Gemeinde, Türmchen mit Glocke, Uhr und Blitzableiter auf einem Privathaus im Sondereigentum zu haben. Vgl. dazu KOHLER Jos., Rhein.Z.f.Zivil- und Prozeßrecht **3**, 1910, S. 409ff.;
Baurecht gemäß C. c. fr. 664 im Berner Jura, ZBJV **85**, S. 594ff.; Duldung einer Fahrnisbaute, Aarg. Vjschr. **29**, S. 28;
Tankstellenservitut, Bern, RR, Mtsschr. f. bern. VR **46**, S. 253 = ZBGR **30**, S. 75ff.; Zürich, Notariatsinspektorat, Jahresber. 1951, ZBGR **33** (1952) S. 150ff. Siehe N. 133 hievor;
EBG **79** II 47 = Pr. **42** Nr. 113 (gegenseitiges Grenzbaurecht schließt die Klage aus Art. 684 nicht aus); ObG Luzern SJZ **58** (1962) Nr. 140, S. 233ff.;
Jahresbericht des zürcherischen Notariatsinspektors 1953, ZBGR **35**, S. 177.

Näherbaurechte (Recht zur Überschreitung des gesetzlichen privatrechtlichen 187 Grenzabstandes).
BezG Zofingen, ZBGR **29**, S. 261 = SJZ **43**, S. 380; Zürich, RR ZBGR **25**, S. 85f. (Beeinträchtigung durch Festsetzung der Baulinie); Beeinträchtigung durch öffentlich-rechtliche Abstandsvorschriften: Aargau RR ZBGR **25**, S. 94, 95, Bern, RR Mtsschr. bern. VR **43**, S. 449 = ZBGR **30**, S. 140;
Recht des Anbaues an die Wand des Nachbarhauses BlZR **33** Nr. 97; Festlegung der Höhe, des Abstandes und der Überbauungsweise in Abweichung von gesetzlichen Vorschriften EBG **44** II 395 = Pr. **7** Nr. 152;
Gesamtplan für die Überbauung eines Grundstückskomplexes mit Reihenhäusern auf Grund von Dienstbarkeitsverträgen zwischen der Gemeinde und den Grundeigentümern: E. ZIMMERLIN, Bauordnung der Stadt Aarau (1960) S. 145.

Grunddienstbarkeiten

188 Anbringen von Rosetten für die Fahrleitungen der Straßenbahn an einem Hause EBG **39** II 63 = Pr. **2** Nr. 193;

189 Überbaurechte

Auf und unter der Erdoberfläche die Grenze überragende Bauteile von Häusern in der Altstadt (Olten), Solothurn ObG ZBGR **28**, S. 36f.; Aarg. Vjschr. **27**, S. 18; Überbaurecht zur Wahrung des Alleineigentums an auf oder an der Grenze erstellter Brandmauer, BlZR **27** Nr. 132 = ZBGR **21**, S. 69 (vgl. dazu EBG **59** II 221ff. = Pr. **22** Nr. 146);

Treppenüberbaurecht an öffentlicher Straßenparzelle, Bern, RR ZBGR **33**, S. 35ff.; Aarg. Vjschr. **27**, S. 18 = ZBGR **8** Nr. 77, S. 206.

ObG Luzern SJZ **58** (1962) S. 233ff.; Rep. Giur. Patria **89** (1956) p. 120 segg. Von einem Wohnhaus in 2 Stockwerken auf das Nachbargrundstück (Kirche in Lugano) hinüberragende Lokalitäten; Rep. Giur. Patria **98** (1965) p. 234–244 = ZBGR **48** (1967) 80ff.: Kellerrecht (mit Besprechung des Urteils von P. Liver). Servitus oneris ferendi NN. 57–65 zu Art. 741.

Bürgisser Ad., Das Überbaurecht des ZGB und des BGB, Diss. iur. Zürich 1978; Liver P., Die Entstehung und Ausbildung des Eintragungs- und Vertrauensprinzips im Grundstücksverkehr, ZBGR **60** (1979) S. 1ff.: Einräumung von Überbaurechten in Anwendung des dem Art. 674 Abs. 3 zugrundeliegenden Rechtsgedankens, S. 13, 16f., 19f., 20ff.

190 Baubeschränkungen

Bauverbot, Rep. Giur. 1903 (III, 3), S. 851, 1912 (III, 12), S. 688, 1930 (V, 1) S. 500; 1939 (V, 10) S. 418; Graubünden, KtG Zivilurteile 1929 Nr. 5;

Verbot der Erstellung einer anderen als einer protestantischen Kirche, Eidg. GB-Amt VerwEntsch. **13**, S. 39 = ZBGR **26**, S. 31ff. (siehe N. 138 hievor);

Beschränkung der Höhe von Gebäuden im Interesse der Aussicht sowie des Zutrittes von Luft, Licht und Sonne, EBG **50** II 465 = Pr. **14** Nr. 26, **66** II 246 = Pr. **30** Nr. 45, **70** II 98 = Pr. **33** Nr. 113; Basel-St. AppG ZSR n. F. **14**, S. 154f.; BlZR **39** Nr. 69; ZBJV **49**, S. 356 = ZBGR **6**, S. 140ff., **50**, S. 14ff. = ZBGR **6**, S. 152ff.;

Dienstbarkeit des Villenbaues.

BlZR **11** Nr. 83, **26** Nr. 56, **44** Nr. 72;

Genf, Cour de Just., Sem. jud. **57**, S. 376 = SJZ **32**, S. 122 und Sem. jud. **57**, S. 557 = SJZ **32**, S. 298; SJZ **19**, S. 85;

Luzern, ZBJV **50**, S. 479f.;

Bern, SJZ **39**, S. 233; Zeerleder, Die Dienstbarkeit des Villenbaues im bern. Recht, ZBJV **53**, S. 237ff.;

Kohler Josef, Beiträge zum Servitutenrecht, I. Die Servitut des Villenbaus, Arch. f.d.civ. Pr. **87**, S. 157ff.

Luzern ObG SJZ **60** Nr. 37, S. 60 (Villa und Villenquartier); EBG **91** II 339 = Pr. **55** Nr. 21 («Villendienstbarkeit»: keine Mietskaserne, keine Fabrik, kein

Art. 730

Gebäude mit lärmendem Getriebe in Thalwil); Zur Villendienstbarkeit auch ObG Zürich, SJZ **67**, S. 360ff. ObG Luzern SJZ **58** (1962) Nr. 140, S. 233 (Näher- bzw. Grenzbaurecht). Vgl. dazu N. 25 zu Art. 738.

KtG Graubünden PKG **1962** Nr. 37 = ZBGR **44** (1963) 259ff. (Grunddienstbarkeit an einem Vorgarten des Inhaltes, daß das Grundstück nicht überbaut werden dürfe, verbietet Tiefbauten wie die Erstellung eines Asphaltbelages nicht). PKG Graubünden **1962**, Nr. 14, S. 64 = ZBGR **44** (1963) Nr. 36, S. 151ff. (Fensterrecht). Freiburg KtG 1955 ZBGR **38**, S. 15ff. (Die Bauverbotsdienstbarkeit verbietet auch die Erstellung von Fahrnisbauten).

Grundbuchliche Behandlung von Baurechten 191

Luzern, Weisung des GesamtObG ZBGR **5**, S. 95f.; St. Gallen, JDep., VerwPr. **3**, S. 46 = ZBGR **11**, S. 254f. (Verpfändung eines nicht dauernden Baurechts); Baurecht als Grunddienstbarkeit, Bern, Mtsschr.bern. VR **32** Nr. 167 = ZBGR **31**, S. 196ff. = SJZ **31**, S. 264f.

9. Platzrechte (Platzrecht hieß im gemeinen Recht die Superficies; hier ist darunter 192 die Befugnis zur Benutzung eines Platzes oder Raumes zu anderen Zwecken als für das Bauen oder Pflanzen verstanden).

Lagerplatz- mit Zufahrtsrecht EBG **57** II 156 = Pr. **20** Nr. 89 = ZBGR **14**, S. 235ff.; EBG **87** I 311ff. = MBVR **60** (1962) S. 165ff. (Recht zur Benutzung von Alpgelände als Auto-Abstellplatz).

Recht zur Lagerung von Holz unter dem Vordach des Nachbarhauses, Graubünden KtG-Ausschuß GVP **3**, S. 469;

Benutzung eines Vorplatzes zum Teppichklopfen und Aufhängen der Wäsche BlZR **25** Nr. 44 = ZBGR **13**, S. 65ff.;

Benutzung einer Abortanlage und Jauchegrube auf dem Nachbargrundstück BlZR **45** Nr. 192; Benutzung des Nachbargrundstückes zur Entleerung der Abtrittgrube ObG Schaffhausen, ZSR n. F. **14**, S. 155f.;

Benutzung eines Raumes im anstoßenden Gebäude für eine Tresoranlage Basel-St. JDep., ZBGR **30**, S. 339f. (siehe N. 13 hievor);

Mitbenutzung der Turn- und Reithalle einer Schulgemeinde, St. Gallen, RR, ZBGR **11**, S. 255f.;

Ehehafte Schlachtrechte von Metzgern, BlZR **13** Nr. 25;

Recht einer Gemeinde, Versammlungen und Ganten in einem Privathause abzuhalten, BlZR **11** Nr. 4;

Zur Durchführung von Schießübungen (Belastung der Grundstücke in der Flugbahn der Geschosse) Aarg. Vjschr. **12**, S. 83, **28**, S. 100;

Kirchliche Prozessionen auf öffentlichem Boden, Aarg. JDir. ZBGR **3**, S. 51f.;

Durchgangs- und Benutzungsrechte an dem dem anderen Konfessionsteil gehörenden Teil einer Kirche (simultaneum) Graubünden, KtG ZivUrt. 1924, S. 105f.

Umwandlung von Stockwerkeigentum in Miteigentum verbunden mit Dienstbarkeiten (Einleitung N. 19) Eidg. GB-Amt, VerwEntsch. **3**, S. 43 (= ZBGR **15**,

S. 277), **5**, S. 104 = ZBGR **17**, S. 21ff.; Basel-L., Weisung der JDir. ZBGR **22**, S. 167f.; Kreisschreiben des Eidg. Justiz- und Polizei-Dep. 10.10.1951 = ZBGR **32**, S. 349 = SJZ **48**, S. 100; Kreisschreiben der bern. JDir. 29.12.1951.

10. Gewerbebeschränkungen

193 Die unter N. 129f. hievor genannten Entscheidungen;
Verpflichtung, auf dem belasteten Grundstück keine Wirtschaft zu betreiben, St. Gallen, KtG ZBGR **26**, S. 141ff.; EBG Pr. **41** Nr. 78 (zu Gunsten des Kantons); keine Dessertweine und andere Weine, Wurst- und Fleischwaren zum Genuß an Ort und Stelle zu verkaufen oder verkaufen zu lassen und dem Verkaufslokal nicht den Namen eines «Café» zu geben (Bestimmung des Inhaltes der Dienstbarkeit, kein Restaurant zu betreiben, durch Gerichtsurteil) EBG **46** II 366 Pr. **10**, Nr. 10, dazu ZEERLEDER, Irrfahrten eines Rechtsbegehrens, ZBJV **59**, S. 49ff.; keine Wirtschaft: EBG **78** II 21ff. = Pr. **41** Nr. 78 (siehe N. 100 hievor);
keine Wirtschaft einzurichten, kein lärmendes, stinkendes oder die Nachbarschaft sonstwie belästigenden Gewerbe zu betreiben (Belastung der Grundstücke einer Häusergruppe zu Gunsten der Gesellschaft zur Beförderung des Guten und Gemeinnützigen) Basel-St., ZivG ZBGR **4**, S. 232ff. = SJZ **18**, S. 375;
kein Metzgereigebäude zu erstellen, Luzern, ObG ZBGR **29**, S. 131f.;
keine Autogarage gewerbsmäßig zu betreiben Luzern, ObG ZBJV **64**, S. 283;
keine Werkstätte zu betreiben EBG **39** II 202 = Pr. **2** Nr. 99;
kein lärmendes Gewerbe (Buchdruckerei) ZBJV **75**, S. 143ff.;
keine Brennerei (Verpflichtung gegenüber der Eidgenossenschaft auf Grund von Art. 4 Abs. 1 BB 12.12.1910 betr. die Entschädigung von Absinthfabrikanten und -pflanzern) BURCKHARDT, Schweiz. BR III Nr. 1247 II;
kein unsittliches Gewerbe auszuüben, Zürich BezG SJZ **33**, S. 123 = ZBGR **17**, S. 265ff.; siehe dazu N. 97 hievor.
Bierservitut, siehe N. 114ff. hievor.
Über andere Gewerbebeschränkungen mit dem Zweck des Konkurrenzverbotes siehe N. 129ff, hievor.

VIII. Die Verpflichtung zur Vornahme von Handlungen

1. Verbindung mit der Grunddienstbarkeit als Ausnahme

194 Zu einer Leistung kann der jeweilige Eigentümer eines Grundstückes nach Art. 782 durch Begründung einer Grundlast verpflichtet werden. Die Dienstbarkeit dagegen kann den jeweiligen Eigentümer des belasteten Grundstückes nur zu einem Dulden oder Unterlassen verpflichten. Ausnahmsweise gestattet das Gesetz aber, daß der jeweilige Eigentümer des belasteten Grundstückes zu einer Leistung verpflichtet wird, ohne daß diese zum Gegenstand einer Grundlast gemacht wird.

Die Verpflichtung zur Vornahme von Handlungen (nur das ist in der Terminologie des Gesetzes eine Leistung) kann nämlich gemäß Art. 730 Abs. 2 mit der Grunddienstbarkeit verbunden werden. Dies ist aber nur möglich, wenn die Verpflichtung zur Vornahme von Handlungen im Verhältnis zur Verpflichtung aus der Dienstbarkeit Nebensache ist. Weil in vielen Fällen die Dienstbarkeit in der Benutzung von Anlagen auf dem belasteten Grundstück besteht (Wege, Brunnen, Leitungen, Gebäude und Gebäudeteile), kann sie nur dann ungeschmälert ausgeübt werden, wenn diese Anlage ordentlich unterhalten oder doch vor dem Verfall bewahrt werden. Wenn diese Anlagen dem Eigentümer des belasteten Grundstückes ebenfalls dienen, was meistens der Fall ist, hat er selber ein Interesse, vielfach das überwiegende Interesse an ihrer Erhaltung, und zudem würde er es als eine zusätzliche Belästigung empfinden, wenn der Dienstbarkeitsberechtigte auf seinem Grundstück oder gar in seinem Hause erscheinen würde, um da Reparaturen vorzunehmen. Es entspricht deshalb der Interessenlage oft, daß der Grundeigentümer mit der Bestellung der Dienstbarkeit die Verpflichtung übernimmt, den Unterhalt der Anlagen und Vorrichtungen, deren Benutzung er dem Dienstbarkeitsberechtigten einräumt, selber zu besorgen. Der Gesetzgeber wollte diese zweckmäßige Regelung erleichtern. Sie kann zum Inhalt des Dienstbarkeitsvertrages gemacht werden und erhält Wirkung gegenüber dem jeweiligen Eigentümer des belasteten Grundstückes, wenn sie aus dem Grundbuch hervorgeht. Sie braucht nicht als Grundlast eingetragen zu sein. Die Eintragung einer Grundlast wäre auch deshalb weniger zweckmäßig, weil jene Leistungspflicht keine selbständige Existenz hat, sondern mit der Dienstbarkeit steht und fällt; sie ist für den Eigentümer des belasteten Grundstückes eine akzessorische Pflicht und für den Dienstbarkeitsberechtigten ein bloß akzessorisches Recht.

195

Auch das gemeine und schon das römische Recht anerkannten diese Möglichkeit, allerdings nur in der Ausnahme eines einzigen Falles, nämlich der servitus tigni immittendi, tignum immissum habendi, welche mit der Bestimmung begründet werden konnte, daß der Nachbar das tragende Bauwerk in gutem Stande zu erhalten habe, wodurch die Dienstbarkeit zur servitus oneris ferendi wurde, welche «von jeher viel Not gemacht wegen des in derselben liegenden Widerspruchs gegen den Satz: servitus in faciendo consistere non potest» (WINDSCHEIDT-KIPP § 211a, Anm. 3).

196

Das ABGB läßt die Verbindung der Verpflichtung zu einem Tun mit Dienstbarkeiten ebenfalls nur in einzelnen Ausnahmen zu (EHRENZWEIG, § 248, S. 335; KLANG, Bem. zu § 482).

197

Der C. c. fr. hat mit den beschränkten persönlichen Dienstbarkeiten überhaupt auch jede Verbindung von Verpflichtungen zu positiven Leistungen mit Grunddienstbarkeiten verworfen (Art. 686); doch befassen sich Literatur und Praxis mit der Möglichkeit der subjektiv-dinglichen Verknüpfung obligatorischer Leistungspflichten mit dem Grundeigentum im Sinne der Realobligation auch in Frankreich (PLANIOL-RIPERT-BOULANGER, Nr. 3757; JUGLART, S. 40ff., 135, 254ff.).

198

Grunddienstbarkeiten

199   Im DBGB (§ 1021) ist die unserem Art. 730 Abs. 2 inhaltlich entsprechende Vorschrift enthalten, aber beschränkt auf die Unterhaltung der Anlagen, welche der Ausübung der Grunddienstbarkeit dienen. In der Praxis wird diese Bestimmung auf weitere Fälle analog angewendet. WOLFF, § 106 VI, 3; PLANCK-STRECKER, Vorbem. 3 vor § 1018.

200   Der C. c. it. (Art. 1030, 1069 Abs. 2, 1070) sieht in Anlehnung an ZGB Art. 730 Abs. 2 (GROSSO e DEJANA, S. 57) vor, daß dem Eigentümer des belasteten Grundstückes durch Gesetz oder Vertrag die für die Ausübung der Dienstbarkeit notwendigen Aufwendungen auferlegt werden können.

201   Die für den Abs. 2 des Art. 730 vorbildliche Bestimmung ist der § 690 (241) des zürcherischen Privatrechtlichen Gesetzbuches gewesen.

2. Nebensächlichkeit im Verhältnis zur Duldungspflicht

a) Das Merkmal der Nebensächlichkeit.

202   Die Verpflichtung zur Vornahme von Handlungen kann mit der Grunddienstbarkeit nur nebensächlich verbunden werden, «ne peut être rattachée qu'accessoirement à une servitude», «se non accessoriamente ad una servitù prediale». Sie tritt also zu der Verpflichtung aus der Dienstbarkeit hinzu wie die Pfandhaftung zur Schuld. Für den Berechtigten ergibt sich aus ihr ein Nebenrecht, das keine selbständige Existenz hat, sondern nur besteht, solange das Hauptrecht besteht und mit diesem untergeht. Für den Eigentümer des belasteten Grundstückes ist die Verpflichtung zur Vornahme von Handlungen eine Nebenverpflichtung, die nur besteht, solange die Hauptverpflichtung, die Dienstbarkeitsverpflichtung, besteht.

203   Die Verpflichtung zur Vornahme von Handlungen muß aber auch nach ihrem Inhalt und Umfang im Verhältnis zur Verpflichtung aus der Dienstbarkeit, mit der sie verbunden ist, Nebensache sein.

Nach ihrem Inhalt: Die Leistungspflicht dient dazu, die Ausübung der Dienstbarkeit zu ermöglichen, zu erleichtern oder ihre schädigenden Auswirkungen auf Dritte zu verhindern. Übereinstimmend PIOTET, S. 557. Sie besteht in der Regel in der Beaufsichtigung, Bedienung, Unterhaltung von Dienstbarkeitsanlagen. Fraglich ist, ob der inhaltliche Zusammenhang auch in folgendem Fall gegeben ist: Der Inhaber eines Quellenrechts ist verpflichtet, einem öffentlichen Brunnen, der vor der Begründung seines Rechtes bestanden hat, ein bestimmtes Quantum Wasser zuzuführen. Die Pflicht zur Unterhaltung der hiefür bestehenden Vorrichtungen und die Regulierung des Wasserzuflusses wird mit der Dienstbarkeitsverpflichtung des Grundeigentümers verbunden, obwohl sie nicht unmittelbar der Ausübung des Quellenrechtes dient. Verneinend (mit Bezugnahme auf PFISTER, ZSR n. F. **52**, S. 362ff.) Eidg. GB-Amt, VerwEntsch. **10**, S. 83, wo es jedoch um die Wasserlieferungspflicht des Quellenrechtsinhabers für einen Brunnen des Dienstbarkeitsverpflichteten geht, weshalb irrtümlicherweise von einer Annexverpflichtung im Sinne von Art. 730 Abs. 2 die Rede ist.

Praktisch viel wichtiger ist die Akzessorietät hinsichtlich des Umfanges: Die 204
Leistungspflicht darf nicht die hauptsächliche Last sein, so daß ihr gegenüber die
Verpflichtung aus der Dienstbarkeit bloß nebensächliche Bedeutung hat. In diesem
Fall müßte eine Grundlast errichtet werden. Die Auffassung des Bundesgerichts, daß
auf die ökonomische Bedeutung der Handlungen für die Parteien nichts ankomme
(EBG **38** II 457 = Pr. **2** Nr. 72), kann nicht als richtig anerkannt werden. Siehe auch
das hievor zitierte Gutachten des Eidg. GB-Amtes.

Im Kanton Bern sind große Wasserversorgungen von Gemeinden und Genossen- 205
schaften in der Weise finanziert worden, daß zu Gunsten von Grundstücken der
Wasserbezüger gegen Entrichtung einer Pauschalsumme G r u n d d i e n s t b a r -
k e i t e n errichtet wurden mit dem Inhalt, durch Anschluß an die Haupt- oder
Zweigleitungen der Wasserversorgung ein bestimmtes Quantum Wasser beziehen
zu dürfen, zu dessen Fassung und Zuleitung in ausreichender Menge und einwandfreier Qualität der Eigentümer der belasteten Grundstücke (d.h. der Inhaber der als Grundstücke in das Grundbuch aufgenommenen selbständigen und
dauernden Quellenrechte) im Dienstbarkeitsvertrag sich verpflichtete. Hier ist die
Wasserlieferungsverpflichtung, also die Verpflichtung zur Vornahme von Handlungen, nach Inhalt und Umfang die Hauptsache und die Duldungspflicht (die Verpflichtung, den Anschluß an die Wasserzuleitung zu dulden) die Nebensache, wobei
auch die Frage, ob mit dieser letzteren Verpflichtung das Quellenrecht belastet sei
(Belastung hinsichtlich der Leitungen, wobei diese als Zugehör des Quellenrechts
gelten), etwelche Schwierigkeiten bereitet. Die Hauptverpflichtung ist entweder eine
Grundlast (vorausgesetzt, daß die Erfordernisse ihrer Entstehung erfüllt sind) oder
eine rein obligatorische Verpflichtung. In diesem Sinn EBG **93** II 290ff. = Pr. **57**
N. 66, bespr. ZBJV **105**, S. 9ff. (Wasserversorgung Saurenhorn); AppH Bern
28.10.1975 (Wasserversorgung der Einwohnergemeinde Zollikofen), hier Grund-
lastablösung.

Die Zuführung des Wassers hat die selbständige Bedeutung einer Voraussetzung 206
für den Wasserbezug durch den Anschluß und ist nicht nur ein Mittel zur Ermöglichung oder Erleichterung der Ausübung der Dienstbarkeit des Anschlusses an die
Leitung, so daß überhaupt fraglich ist, ob von einer Verbindung der Verpflichtung
zu einer Handlung mit einer Dienstbarkeitsverpflichtung gesprochen werden könne.
Wenn eine solche Verbindung doch vorläge, besteht kein Zweifel, daß sie nicht zu
den gemäß Art. 730 Abs. 2 zulässigen Verbindungen gehört.

In diesem Sinn auch LEEMANN, N. 37f. zu Art. 730 und WIELAND, Bem. 3 zu Art. 207
730 über das Recht zum Anschluß an eine Elektrizitätsleitung auf dem Nachbargrundstück, mit dem die Verpflichtung des Eigentümers des belasteten Grundstückes zur Lieferung der Energie verbunden ist; dagegen liegt nach WIELAND eine
nebensächliche Verpflichtung vor, wenn der Belastete die Wasserleitung des Berechtigten zu erstellen und zu erhalten hat (HE **19**, S. 169); ob dies richtig ist, hängt von
den Umständen des Einzelfalles ab. Ist das belastete Grundstück bloß Durchlei-

tungsgrundstück, ist die Pflicht zur Erstellung und Unterhaltung der Leitung im Verhältnis zur Duldungspflicht sicher nicht nebensächlich; ist das belastete Grundstück das Quellengrundstück und ist die Wasserleitung kurz oder besteht sie bloß in einem Graben, kann die Verpflichtung zu ihrer Erstellung und Unterhaltung im Verhältnis zur Duldung der Wasserentnahme von untergeordneter Bedeutung sein. Das Eidg. Justiz- und Polizei-Dep. hat sich in einem Gutachten dahin ausgesprochen, daß mit der Verpflichtung aus dem Quellenrecht die Leistungen zum Unterhalt der Vorrichtungen und Leitungen des Quellenrechtsinhabers nebensächlich verbunden werden können, nicht aber die Verpflichtung, das an der vereinbarten Wassermenge fehlende Wasser durch Pumpen in die Sammelbrunnenstube zu heben. Diese Ansicht dürfte richtig sein. BURCKHARDT, Schweiz. BR III Nr. 1350 III = ZBGR **3**, S. 186ff.

208 Unannehmbar ist der Vorschlag, die Zaunpflicht zu Lasten des jeweiligen Eigentümers eines Grundstückes in der Weise zu begründen, daß eine Grunddienstbarkeit auf Duldung des Zaunes errichtet und mit ihr die Pflicht zur Erstellung und Unterhaltung des Zaunes verbunden wird (HALDEMANN, Dienstbarkeiten und Grundlasten, Mtsschr. f. bern. VR **23**, S. 430f.), denn hier ist die Zaunpflicht in der Regel die Hauptsache und die Verpflichtung, den Zaun zu dulden, akzessorisch, und zwar von ganz untergeordneter Bedeutung. Den Begehren um Eintragung derartiger Verhältnisse im Interesse der Vereinfachung darf nicht entgegengekommen werden. Siehe dazu auch RUCKSTUHL, Mtsschr. f. bern. VR **24**, S. 87ff., der die Eintragung aber für zulässig hält, wenn die Leistungspflicht von den Parteien als nebensächlich erklärt wird. Zu Unrecht! Die Grenze zwischen der Grundlast einerseits und der mit der Dienstbarkeit akzessorisch verbundenen Leistungspflicht anderseits darf nicht verwischt werden. Siehe dazu Z. 4 hienach.

209 Auch das Bundesgericht dürfte diese Grenze tangiert, wenn nicht überschritten haben. Es hat entschieden, daß mit der Grunddienstbarkeit, die Erstellung und Benutzung von Anschlußgeleisen zu dulden, die Verpflichtung verbunden sein könne, dem Dienstbarkeitsberechtigten die zur Benutzung des Anschlusses erforderlichen Eisenbahnwagen jeweils bereitzustellen. Diese Verpflichtung hat nach Inhalt und Umfang nicht mehr akzessorischen Charakter. EBG **38** II 458 = Pr. **2** Nr. 31 = ZBGR **19**, S. 31ff. Vgl. dazu auch WIELAND, Bem. 3 Abs. 2 (hier Übernahme des Transportes durch die Bahn) und PFISTER, a.a.O., S. 179, ZSR **52**, S. 364. In einem zweiten Fall hat das BG die Zulässigkeit der Verbindung zwischen folgenden Verpflichtungen bejaht: Duldung der Anlagen zur Sammlung und Stauung von Wasser in einem Weiher einerseits und Instandhaltung des Staubeckens sowie der Vorrichtungen zur Regulierung des Wasserabflusses anderseits (gegen «Wasserzinsleistungen»). Auch hier kommt es auf das Verhältnis im Ausmaß der Belastungen im konkreten Fall an; nach dem Urteil war es so, daß zum mindesten ein Grenzfall vorlag. EBG **45** II 394 = Pr. **8** Nr. 139 = ZBGR **6**, S. 19ff.

b) **Der Einfluss einer nicht nebensächlichen Verbindung von Dienstbarkeit und Leistungspflicht auf den Rechtsbestand.**

Wenn die Verpflichtung zu einer positiven Leistung im Verhältnis zur Duldungs- 210
oder Unterlassungspflicht nicht Nebensache, sondern gleichbedeutend oder gar
Hauptsache ist, fragt sich, ob die Dienstbarkeit Bestand habe oder gar nicht habe
entstehen können, weil ihr Inhalt der gesetzlichen Umschreibung nicht entspreche
(Einleitung N. 61). LEEMANN, N. 40 zu Art. 730 antwortet, die Dienstbarkeit sei nicht
entstanden; der Eigentümer des belasteten Grundstückes könne die Löschung nach
Art. 975 verlangen. Danach wären folgende Dienstbarkeiten nicht entstanden: das
Recht, ein Anschlußgeleise zu erstellen und zu benutzen, wenn die Verpflichtung zur
Bereitstellung von Eisenbahnwagen mit ihm nicht nebensächlich verbunden sein
kann; das Recht zur Benutzung des Staubeckens auf dem belasteten Grundstück,
wenn mit ihm die Verpflichtung zum Unterhalt der Stau- und Abflußvorrichtungen
nicht nebensächlich verbunden sein kann; das Recht zum Anschluß an die Leitung
der Wasserversorgungsgenossenschaft, wenn mit ihm die Verpflichtung zur Fassung
und Zuleitung des Wassers nicht nebensächlich verbunden sein kann.

Das wären aber praktisch unannehmbare und der Interessenlage widerspre- 211
chende Konsequenzen. Denn in allen diesen Fällen hat die Dienstbarkeit auch ohne
die Verbindung mit der Verpflichtung zur Vornahme von Handlungen ihre Existenzberechtigung. Ihre Aufrechterhaltung für sich allein kann durchaus dem Willen der
Parteien entsprechen. Auch kann die Verpflichtung zur Vornahme von Handlungen,
selbst wenn sie nicht zu Lasten des jeweiligen Eigentümers des belasteten Grundstückes bestehen kann, obligatorisch gültig sein, so daß die Dienstbarkeit, auch
wenn sie für sich allein für den Berechtigten einen geringen oder keinen Wert hätte,
in Verbindung mit der obligatorischen Leistungspflicht ihre Bedeutung behält.
Wenn die Wasserversorgungsgenossenschaft oder die Gemeinde zur Wasserlieferung
obligatorisch verpflichtet bleibt, ist der Wert des Anschlußrechtes erheblich; wenn
die Verpflichtung zur unentgeltlichen Bereitstellung von Eisenbahnwagen durch die
SBB auch nicht mit der Pflicht der Duldung des Anschlußgeleises im Sinne von Art.
730 Abs. 2 verbunden sein kann, behält diese Dienstbarkeit für den Berechtigten
erhebliche Bedeutung und einen größeren Wert, wenn die SBB zur Bereitstellung
der Wagen auch nur rein obligatorisch verpflichtet wären. Die Dienstbarkeit kann
deshalb nicht unwirksam sein, weil mit ihr eine Leistungspflicht in eine Verbindung
gebracht ist, welche nach Art. 730 Abs. 2 nicht zulässig ist.

Zum gleichen Ergebnis wie diese praktischen Überlegungen führen auch die
Folgerungen aus der rechtlichen Natur der mit der Dienstbarkeit verbundenen
Verpflichtung zur Vornahme von Handlungen. Siehe darüber Z. 5 hienach.

3. Inhalt der Verpflichtung

Der Inhalt, welchen die Verpflichtung haben kann, bestimmt sich nach ihrem 212
Zweck. Da die Verpflichtung zur Dienstbarkeit im Verhältnis des Akzessoriums
stehen muß, kann sie nur einen Inhalt haben, mit welchem sie die Ausübung der
Dienstbarkeit möglich macht, erleichtert oder sichert. In diesem Sinne ist sie auch

im § 690 (241) des zürcherischen Privatrechtl. Gesetzbuches inhaltlich bestimmt. Als Beispiele für sie ist da genannt der Unterhalt einer Mauer, auf welcher ein Teil des berechtigten Hauses ruht, oder eines Weges, den der Berechtigte benutzt. Dem könnte hinzugefügt werden: Instandhaltung und Reinigung eines Wassergrabens, eines Kanals, einer Brunnstube, Regulierung des Wasserabflusses; Abwehr von schädigenden Einwirkungen, welche die Anlagen des Dienstbarkeitsberechtigten treffen oder von ihnen ausgehen; die Verpflichtung, das Vieh des Weideberechtigten mit dem eigenen zu hüten; den Zaun zum Schutz einer Quellfassung zu unterhalten; der Grundeigentümer, dessen Liegenschaft mit der Dienstbarkeit belastet ist, jede Entfernung oder Veränderung eines Gegenstandes des Heimat- oder Naturschutzes zu unterlassen, kann verpflichtet sein, Vorkehren zu dessen Schutz gegen schädigende Einwirkungen zu treffen. Nicht Gegenstand einer solchen Verpflichtung und auch nicht einer altrechtlichen zürcherischen Grundlast kann das Versprechen sein, eine Grunddienstbarkeit nicht ohne Zustimmung der Stadt Zürich löschen zu lassen. EBG **100** II 105ff. Siehe dazu N. 153 hievor.

213 In der Praxis ist (wie in Deutschland, PLANCK-STRECKER, Bem. 3 vor § 1018) die Verpflichtung zur Aufforstung als Akzessorium zur Unterlassung von Waldreutungen und Holzschlägen anerkannt worden. ZBJV **55**, S. 244ff. Im gleichen Sinne ist die Verpflichtung behandelt worden, durch Aushau auf dem mit einem Durchleitungsrecht für elektrische Energie belasteten Waldgrundstück eine Schneise in der Breite von 10 bis 15 m zu erhalten. Aarg. Vjschr. **13**, S. 77f, ZBGR **24**, S. 50f. (Kreisschreiben der aarg. JDir. 16.11.1912). Die gleiche Verpflichtung kann bestehen zur Erhaltung einer Sicherheitszone längs der Bahnlinie, nebensächlich verbunden mit der Dienstbarkeit, innerhalb dieser Zone Anpflanzungen, die Aufführung von Bauten usw. zu unterlassen. Eidg. GB-Amt, ZBGR **26**, S. 34ff.

214 Mit einem Wegrecht kann die Verpflichtung des Eigentümers des Weggrundstückes verbunden sein, den Weg zu unterhalten und die Beleuchtung zu besorgen. BR BBl. 1918 IV S. 432ff. = SJZ **15**, S. 88 = ZBGR **6**, S. 230ff. Aber die Verpflichtung des Dienstbarkeitsberechtigten, seinen Anteil an den Kosten des Unterhaltes und der Beleuchtung des Weges zu übernehmen, ist keine Grundlast und noch weniger eine akzessorische Verpflichtung gemäß Art. 730 Abs. 2 (wie da entschieden wurde), sondern gesetzliche Verpflichtung des Dienstbarkeitsberechtigten gemäß Art. 741. Vgl. dazu EBG **67** I 124 = Pr. **30** Nr. 113 = ZBGR **22**, S. 202ff.

215 Die Verpflichtung zur Vornahme von Handlungen kann sich auch aus der Dienstbarkeit selber ohne ausdrückliche Vereinbarung ergeben. Besteht die Dienstbarkeit darin, auf dem Grundstück keine Bäume oder Sträucher zu pflanzen oder Bäume und Sträucher nicht zu pflanzen, die eine bestimmte Höhe übersteigen oder deren Äste und Wurzeln über die Grenzlinie herüberragen, so schließt sie die Verpflichtung in sich, auch Bäume, die nicht gepflanzt sind, nicht aufwachsen zu lassen, sondern zu entfernen, bzw. über die festgesetzte Höhe emporwachsende Pflanzen unter der Schere zu halten oder über die Grenze hinauswachsende Äste, Zweige und Wurzeln zu kappen.

Anderseits kann die Verpflichtung, sein Haus in weißer Farbe zu streichen, 216
aufgefaßt werden als Akzessorium zur Dienstbarkeit, die Verwendung einer anderen
als der weißen Farbe für den Anstrich zu unterlassen. So auch SCHNEIDER, Bem. 2 zu
§ 240 zürch. PrGB. Hier hat (unter der Voraussetzung, daß das Haus überhaupt
einen Anstrich erhält) die Erfüllung der Dienstbarkeitsverpflichtung die Vornahme
der Handlung notwendigerweise zur Folge. Es ist deshalb fraglich, ob da zwei
verschiedene Verpflichtungen im Sinne von Art. 730 Abs. 2 miteinander verbunden
sind. D 8 1 15, 1; WIELAND, Bem. 1 zu Art. 730; GROSSO e DEJANA I n. 84 p. 254
nota 2; BRANCA, Comm. 4.ᵃ ed. 1967 n. 1 ad art. 1030CC, p. 55; MILANI Fr., Distinzioni delle servitù prediali (1948) p. 245.

Wenn der Dienstbarkeitsverpflichtete auf seinem Grundstück irgendwelche bau- 217
lichen oder sonstigen Veranstaltungen getroffen hat, welche die Ausübung der
Dienstbarkeit erschweren oder verunmöglichen, ist er verpflichtet, den früheren
Zustand wiederherzustellen. Das ist nicht eine Verpflichtung zur Vornahme von
Handlungen gemäß Art. 730 Abs. 2, sondern die Rechtsfolge der Verletzung der
Dienstbarkeitsverpflichtung, welche in Art. 737 Abs. 3 gesetzlich festgelegt ist. Der
Tatbestand des Urteils des ObG Schaffhausen, ZSR n. F. **14**, S. 155f., fällt deshalb
nicht unter Art. 730 Abs. 2.

4. Abgrenzung gegenüber der Grundlast

Wenn die Verpflichtung zur Vornahme von Handlungen nicht mit der Dienstbar- 218
keit verbunden werden könnte, müßte sie, um für den jeweiligen Eigentümer des
belasteten Grundstückes verbindlich zu sein, als Grundlast begründet werden, da sie
deren Inhalt hat. «Durch die Grundlast wird der jeweilige Eigentümer eines Grundstückes zu einer Leistung an einen Berechtigten verpflichtet, für die er ausschließlich mit dem Grundstück haftet» (Art. 782). Unter der Leistung versteht das ZGB (in
Abweichung von der obligationenrechtlichen Terminologie) nur die Vornahme von
Handlungen, im Gegensatz zu einem Dulden und einem Unterlassen. (Wir folgen
dem Gesetz, indem wir in diesem Kommentar unter dem Begriff Leistung nur die
positive Leistung verstehen, was auch sprachlich besser befriedigt.) In der Regel hat
die mit der Dienstbarkeit verbundene Verpflichtung zur Vornahme von Handlungen
auch eine Leistung zum Inhalt, die sich entweder aus der wirtschaftlichen Natur des
belasteten Grundstückes ergibt oder für die wirtschaftlichen Bedürfnisse eines
berechtigten Grundstückes bestimmt ist (Art. 782 Abs. 3). Vgl. dazu das Gutachten
des Eidg. GB-Amtes ZBGR **26**, S. 36. In der Regel könnte deshalb die Verpflichtung
zur Vornahme von Handlungen gemäß Art. 730 Abs. 2 als Grundlast begründet
werden. N. 220.

Dem Schuldner gibt das Gesetz (Art. 788 Z. 2) das unabdingbare Recht, die 219
Grundlast nach dreißigjährigem Bestande abzulösen. Diese Ablösung ist nach Abs. 3
des gleichen Artikels ausgeschlossen, wenn die Grundlast mit einer unablösbaren
Grunddienstbarkeit (recte: Dienstbarkeit) verbunden ist. Die Ablösung kann somit

Grunddienstbarkeiten

nicht verlangt werden, wenn das Recht auf die Leistung gemäß Art. 730 Abs. 2 als Grundlast begründet ist, ohne welche die Ausübung der Dienstbarkeit unmöglich oder doch beeinträchtigt wäre.

220 Es stellt sich aber die Frage, ob die Ablösbarkeit auch ausgeschlossen sei, wenn die Verpflichtung zur Vornahme von Handlungen nicht die so nebensächliche Funktion und den so nebensächlichen Umfang hat, daß die Verbindung mit der Dienstbarkeit zulässig wäre. Der Wortlaut des Gesetzes läßt die Bejahung der Frage zu. Das Gesetz spricht im Art. 788 Abs. 3 von der Verbindung mit der Dienstbarkeit schlechthin und nicht, wie im Art. 730 Abs. 2, von der nebensächlichen Verbindung. Allerdings hat der Ausdruck «Verbindung» dort wohl überhaupt nicht den gleichen Sinn wie hier; wenn eine Verbindung im Sinne von Art. 730 Abs. 2 vorgenommen wird, liegt ja eine Grundlast gar nicht vor. Das gleiche sachliche Verhältnis wie zwischen der Dienstbarkeit und der mit ihr im Sinne von Art. 730 Abs. 2 verbundenen Verpflichtung zur Vornahme von Handlungen kann aber auch, wie eben ausgeführt wurde, bestehen zwischen der Dienstbarkeit und der nebensächlichen Verpflichtung zur Vornahme von Handlungen, welche als Grundlast begründet worden ist.

Dies ist der vom Eidg. GB-Amt in der ZBGR **3**, S. 186ff. begutachtete Fall. Zugunsten der Eidgenossenschaft (Versuchsanstalt Wädenswil) wurde 1916 ein Wasserbezugsrecht als Dienstbarkeit an einem selbständigen und dauernden Quellenrecht begründet und mit ihm die Grundlast verbunden mit der Verpflichtung, sofern die Zuleitung auf natürliche Weise nicht möglich sei, die fehlende Wassermenge mittels einer Pumpanlage in die Sammelbrunnenstube der Eidgenossenschaft zu liefern. Diese Verpflichtung wird als selbständige, aber mit der Dienstbarkeit eng verbundene Leistungspflicht erklärt. Auf sie könnte deshalb der Art. 788 Abs. 3 zutreffen. N. 207.

221 In der Praxis ist die Auffassung vertreten worden, daß Art. 788 Abs. 3 nicht nur auf diese Fälle anwendbar sei, sondern auch auf Grundlasten, die nicht gemäß Art. 730 Abs. 2 mit der Dienstbarkeit verbunden werden könnten, wie auf die als Grundlast begründete Verpflichtung zur Zahlung des Baurechtszinses, EBG **52** II 27ff., Erw. 3 am Schluß = Pr. **15** Nr. 27. Siehe dazu die Botschaft zur Revision des ZGB (Baurechtsdienstbarkeit) vom 9.4.1963, S. 5 und 12ff. Das Bundesgericht hat dann aber erkannt, daß Art. 788 Abs. 3 nur zutrifft, wenn die Dienstbarkeit durch die Ablösung der Grundlast nicht oder nur unzureichend ausgeübt werden könnte. Die Grundlast muß, um unter den Art. 788 Abs. 3 zu fallen, die Ausübung der Dienstbarkeit ermöglichen oder doch erheblich erleichtern und dementsprechend das gleiche Grundstück belasten wie die Dienstbarkeit. EBG **93** II 71ff. = Pr. **56** Nr. 131 (Spinnerei Murg AG). KtG Graubünden PKG 1956 Nr. 11 und 1963 Nr. 1, mit Wiedergabe des EBG vom 21. Februar 1963, ZBGR **48** (1967) S. 354ff. (Papierfabrik Landquart), dazu LIVER P. im Bündner Jahrbuch 1978, S. 28f.

222 Auch wenn die Verbindung gemäß Art. 788 Abs. 3 im dargelegten Sinne, wie sie auch Eugen HUBER verstanden hat (Expertenkommission III. Session, S. 204 und

435), besteht, muß doch betont werden, daß damit der um der öffentlichen Ordnung willen aufgestellte Grundsatz der Ablösbarkeit der Grundlasten nicht umgangen werden darf. Es muß ausgeschlossen bleiben, daß Liegenschaften mit schweren, unablösbaren ewigen Leistungspflichten belastet werden können. Deshalb darf eine Verbindung der Leistungspflicht mit der Dienstbarkeit niemals als gegeben erachtet werden, wenn die Leistungspflicht die Hauptsache und die Duldungs- oder Unterlassungspflicht die Nebensache ist, wie in unseren Beispielen der Zaunpflicht und der Verpflichtung zur Fassung und Zuleitung von Wasser. Die Verbindung ist hier nicht im Sinne von Art. 788 Abs. 3 und noch weniger im Sinne von Art. 730 Abs. 2 mit der Dienstbarkeit, den Zaun an der Grenze auf dem eigenen Grundstück zu dulden, bzw. den Anschluß an die Wasserleitung zu dulden, gegeben. Siehe dazu N. 205ff. hievor.

Der Grundbuchverwalter hat in solchen Fällen die Aufnahme der Leistungspflicht in den Dienstbarkeitseintrag abzulehnen und darauf zu halten, daß die Leistungspflicht entweder als Grundlast begründet wird oder als bloß obligatorische Verpflichtung erklärt wird. Wird sie als Grundlast eingetragen, bleibt es dem Richter überlassen, im gegebenen Fall zu entscheiden, ob die Verbindung mit einer Dienstbarkeit gemäß Art. 788 Abs. 3 gegeben sei oder nicht. 223

Über die Dauer der obligatorischen Verpflichtung, insbesondere für den Fall, daß eine Grundlastvereinbarung getroffen wurde, die Grundlast aber nicht in rechtswirksamer Weise zustandegekommen ist, siehe Einleitung N. 144ff. 224

EGGEN Gerhard, Die Verbreitung von Grundlast und Gült, SJZ **63** (1967) S. 285ff.

5. Rechtliche Natur

Der Anspruch auf die Erfüllung der Verpflichtung zur Vornahme von Handlungen steht dem jeweiligen Dienstbarkeitsberechtigten zu und richtet sich gegen den jeweiligen Eigentümer des mit der Dienstbarkeit belasteten Grundstückes (beidseitig subjektiv-dingliche Verknüpfung). Weil das Recht gegenüber dem jeweiligen Grundeigentümer besteht, hat man es als dingliches Recht bezeichnet. Das Bundesgericht sagt in seinem Urteil im Falle Henneberg (EBG **50** II 234 = Pr. **13** Nr. 133 = ZBGR **6**, S. 37ff.): «Die Dinglichkeit der Verpflichtung besteht vielmehr auch nach dem neuen Recht nur darin, daß jeder Eigentümer des dienenden Grundstücks verpflichtet ist.» Diese subjektiv-dingliche Verknüpfung auf der Schuldnerseite macht das Recht jedoch nicht zu einem dinglichen. Das Wesensmerkmal der Dinglichkeit ist die Unmittelbarkeit der Sachherrschaft (N. 2f., 56, 148 der Einleitung sowie N. 4 hievor). Wie auch WIELAND in der ersten Auflage dieses Kommentars festgestellt hat (S. 274), kann der Anspruch auf eine positive Leistung überhaupt nicht dinglichen Charakter haben. Ebenso ROSSEL et MONTHA III n° 1375 p. 17. Die Vornahme einer Handlung kann niemals durch unmittelbare Sachherrschaft bewirkt werden, sondern nur mittelbar, d. h. vermittels der Person des Verpflichteten. Sie kann deshalb nur Gegenstand eines relativen, persönlichen, obligatorischen Rechtes sein. Somit kann die Verpflichtung zur Vornahme von Handlungen nicht zum 225

Grunddienstbarkeiten

Inhalt der Dienstbarkeit gemacht werden, wie LEEMANN, N. 35 zu Art. 730 annehmen möchte. Ausgeschlossen ist die a.o. Ersitzung einer Grundlast wie die eines Grundpfandes. Bejaht hat sie das KtG Graubünden PKG 1972 Nr. 8 S. 43. Offengelassen hat die Frage EBG **99** II 28 = Pr. **62** Nr. 97 (bespr. ZBJV **111** 1975) S. 73f. Siehe auch die Bedenken Eugen HUBERS, Erl. II S. 165f. (Verjährung). So auch PIOTET, S. 522. Sie kann mit der Dienstbarkeit bloß verbunden werden, bleibt aber Gegenstand eines obligatorischen Rechtes. Das obligatorische Rechtsverhältnis wird durch die subjektiv-dingliche Verknüpfung der Verpflichtung mit dem Eigentum an dem mit der Dienstbarkeit belasteten Grundstück (und durch die subjektiv-dingliche Verknüpfung des Rechtes mit dem Dienstbarkeitsrecht) zur Realobligation (Einl. N. 159). PLANIOL-RIPERT-BOULANGER I (1946) Nr. 3757; MESSINEO, Nr. 24, S. 48; BARASSI, Nrn. 30 und 31, S. 73ff. (auch für die servitus oneris ferendi); GROSSO e DEJANA, Nrn. 18, 19, 20 S. 46ff.

226 Die Verpflichtung zur Vornahme von Handlungen ist auch nicht eine Grundlast; auch wenn sie eine Grundlast wäre, hätte sie obligatorischen Charakter, denn auch die Grundlast ist nur insofern als sie ein Wertrecht ist, ein dingliches Recht; Schuld und Forderung aus der Grundlast haben obligatorischen Charakter (WIELAND, S. 204 und 274; LEEMANN, N. 4 vor Art. 782, Einleitung N. 5; CROME III, S. 3f., 481 Anm. 21, 609ff.; MITTEIS H., Deutsches Privatrecht, 1950, S. 90; KLANG, Kommentar, 2. Aufl. S. 620 (zu § 530 ABGB).

227 Im Gegensatz zu § 1021 DBGB ist im ZGB auch nicht die analoge Anwendung der Bestimmungen über die Grundlasten vorgeschrieben. Sie würde in unserem Recht die persönliche Haftung des Schuldners ausschließen (Art. 791), was im Recht des DBGB (§ 1108) nicht der Fall ist. Man ist sich aber darüber einig, daß der Eigentümer des belasteten Grundstückes für Leistungen gemäß Art. 730 Abs. 2 persönlich haftet, und daß eine Haftung des Grundstückes nicht besteht. EBG **50** II 234 = Pr. **13** Nr. 133 = ZBGR **6**, S. 37ff.; WIELAND, Bem. 3 zu Art. 730; LEEMANN, N. 35 zu Art. 730 und N. 22 zu Art. 782; PFISTER H., S. 179 und ZSR n. F. **52**, S. 365.

228 Da «rein persönliche, dem Eigentümer des dienenden Grundstücks gegenüber dem Berechtigten obliegende Pflichten» (WIELAND, Bem. 3 Abs. 2) vorliegen, bestimmen sich die Folgen der Nichterfüllung nach den Art. 97ff. OR, auf die auch WIELAND a.a.O. verweist. Wenn WIELAND noch bemerkt, daß sich der Anspruch auf die Leistung nur gegen den Eigentümer des mit der Dienstbarkeit belasteten Grundstückes richte, während der Anspruch aus der Dienstbarkeit auch gegenüber Dritten, auch Mietern und Pächtern, wirke, ist das nur der zutreffende Hinweis auf die Wirkungen des dinglichen Rechtes einerseits, des obligatorischen andererseits. Die unmittelbare Sachherrschaft des dinglichen Rechtes setzt sich gegenüber jedem Dritten durch, der sie stört oder beeinträchtigt; die bloß mittelbare Sachherrschaft des obligatorischen Rechtes wirkt nur gegenüber der Person, die zur Leistung verpflichtet ist, auch wenn diese Person der jeweilige Eigentümer eines Grundstückes ist, so daß Dritte von der Verpflichtung nicht betroffen sind und sie deshalb

auch nicht verletzen können. Zu den Dritten gehören auch Mieter oder Pächter des belasteten Grundstückes. Wenn tatsächlich die Leistung vom Mieter oder Pächter erbracht wird, handelt dieser als Erfüllungsvertreter des Eigentümers, welchem gegenüber er hiezu durch den Miet- oder Pachtvertrag verpflichtet ist (Erfüllungsübernahme).

Da die Verpflichtung zur Vornahme von Handlungen nicht zum Inhalt der Dienstbarkeit gehört, sondern zu dieser als obligatorische Verpflichtung bloß hinzutritt, ist weder ihre Gültigkeit noch die Zulässigkeit der Verbindung Voraussetzung des Bestandes der Dienstbarkeit. Siehe dazu Ziffer 3 hievor. **229**

Es fragt sich, ob die Verpflichtung zur Vornahme von Handlungen trotz ihres bloß obligatorischen Charakters in das Grundbuch eingetragen werden könne, wenn ja, welche Wirkung die Eintragung habe. Das Bedürfnis nach grundbuchlicher Publizität liegt auf der Hand, da die Verpflichtung mit dem Eigentum an dem mit der Dienstbarkeit belasteten Grundstück verbunden ist und nicht durch Gesetz, sondern durch Vertrag begründet ist. Die Verknüpfung mit dem Grundeigentum als Realobligation dürfte nicht zugelassen werden, ohne daß sie durch das Grundbuch kundgemacht werden könnte (Einleitung N. 150ff.). Die Verbindung mit der Dienstbarkeit kommt denn auch in deren Eintragung zum Ausdruck. Es bedarf keines besonderen Eintrages, sondern nur der Erwähnung in der Umschreibung der Dienstbarkeit oder eines besonderen Hinweises in ihr auf den Beleg. Dies aber ist erforderlich und gehört zur Bezeichnung des Rechtes und der Last, da deren Inhalt wesentlich ergänzt wird durch die Verbindung der Verpflichtung zur Vornahme von Handlungen mit der Dienstbarkeit. Wird diese Verpflichtung erst nachträglich begründet, kann sie nicht Gegenstand einer selbständigen Eintragung (Mtsschr. bern. VR 11 Nr. 156 und OSTERTAG, N. 19 zu Art. 965), wohl aber einer Ergänzung des Dienstbarkeitseintrages sein. **230**

Die Eintragung, d.h. die Erwähnung in der Umschreibung der Dienstbarkeit, hat die Wirkung der Vormerkung persönlicher Rechte (Art. 959). **231**

6. Befreiung durch Dereliktion des belasteten Grundstückes

Zur Vornahme der Handlungen ist der jeweilige Eigentümer des mit der Dienstbarkeit belasteten Grundstückes verpflichtet. Das Grundstück kann nur mit dieser Verpflichtung erworben werden, es wäre denn, der Erwerber befände sich im guten Glauben, daß eine solche Verpflichtung nicht bestehe, was aber ausgeschlossen ist, wenn im Grundbucheintrag auf sie hingewiesen ist. Dem Dienstbarkeitsberechtigten als Gläubiger steht als Schuldner immer und ausschließlich der Eigentümer des belasteten Grundstückes gegenüber. Die Schuldpflicht geht auf jeden Erwerber des Grundstückes über, ohne daß der Dienstbarkeitsberechtigte dem zustimmen müßte oder es verhindern könnte. Mit der Übertragung des Eigentums wird der Veräußerer von der Verpflichtung frei. Nachdem er die tatsächliche Herrschaft über das Grundstück nicht mehr hat, ist er ja in der Regel auch gar nicht in der Lage, die **232**

Handlungen vorzunehmen, auf welche der Dienstbarkeitsberechtigte Anspruch hat. Er kann bloß noch für Schaden in Anspruch genommen werden, der infolge Nichterfüllung oder nicht richtiger Erfüllung der Verpflichtung während der Zeit, da er Eigentümer war, entstanden ist (Einleitung N. 163). Der Dienstbarkeitsberechtigte hat auch das Risiko zu tragen, daß dem Erwerber des Grundstücks die Leistungsfähigkeit zur Erfüllung der Verbindlichkeit fehlt. Siehe auch N. 26 zu Art. 741.

233 Wenn sich der Grundeigentümer durch Übertragung des Eigentums auf einen Erwerber, auch einen leistungsunfähigen, von der Verbindlichkeit zur Vornahme der Handlung befreien kann, muß er sich von ihr auch befreien können durch Aufgabe des Eigentums, indem er das Grundstück derelinquiert. Dem Grundeigentümer kann auch nicht verwehrt sein, das belastete Grundstück in mehrere Parzellen zu teilen und die Dienstbarkeit nur an der Parzelle weiterbestehen zu lassen, auf welche sich ihre Ausübung beschränkt (Art. 744 Abs. 2). Auch die Dereliktion dieser Parzelle befreit ihn von der mit der Dienstbarkeit verbundenen Verpflichtung zur Vornahme von Handlungen, während die Dienstbarkeit selber auch am herrenlosen Grundstück weiterbesteht (Einleitung N. 22; N. 20 zu Art. 734).

234 Dies ist in allen unseren Nachbarstaaten anerkannt. Für das französische und italienische Recht siehe Einl. N. 164, für das österreichische vgl. EHRENZWEIG, § 248, S. 336 und KLANG, Bem. 3 zu § 483 ABGB. Ins DBGB ist eine besondere Vorschrift, wie sie im gemeinen und im preußischen Recht bestanden hatte, nicht aufgenommen worden. Gleichwohl steht fest, daß der Grundeigentümer berechtigt ist, den Boden, auf welchem die Dienstbarkeitsanlagen sich befinden, als besondere Parzelle auszuscheiden, um auf das Eigentum an ihr mit der Wirkung der Befreiung von der Unterhaltspflicht zu verzichten. STAUDINGER-KOBER, Bem. 3 zu § 1021; PLANCK-STRECKER, Erl. 4 zu § 1021: BIERMANN, Bem. c zu § 1021; CROME III, S. 482, Anm. 33. Ebenso LEEMANN N. 10 zu Art. 741.

235 Das zürch. PrGB sah im § 704 (254) die Befreiung durch eigentümliche Überlassung des dienenden Grundstückes an den Dienstbarkeitsberechtigten vor. Diese Bestimmung wurde jedoch dahin ausgelegt, daß das ganze Grundstück dem Dienstbarkeitsberechtigten überlassen werden müsse, die Abtrennung einer Parzelle mit den Dienstbarkeitsanlagen zum Zwecke der Befreiung von der Unterhaltspflicht durch Dereliktion dagegen unter das Verbot der Schikane falle (Erl. von BLUNTSCHLI und SCHNEIDER). Siehe auch PrGB Zug, zitiert von Eugen HUBER, Schweiz PrR III S. 374.

236 Auch wenn diese Meinung nach dem alten zürcherischen Recht richtig wäre, könnte nach ihr ein Rechtsmißbrauch nicht vorliegen, wenn eine Parzellierung zum Zwecke der Überbauung vorgenommen wird, so daß sich schließlich in der Hand des ursprünglichen Grundeigentümers nur noch die Wegparzelle befindet, welche mit dem Wegrecht zu Gunsten der übrigen Parzellen, verbunden mit der Pflicht zum Wegunterhalt, belastet ist, und dann die Wegparzelle derelinquiert wird. Die Parzellierung ist da nicht zum Zwecke der Dereliktion erfolgt, und diese umfaßt das ganze übriggebliebene Grundstück. Dies ist der Tatbestand des bekannten Falles

Hinneberg (Zürch. ObG BlZR **24** Nr. 1 = ZBGR **6**, S. 58ff.; EBG **50** II 234 = Pr. **13** Nr. 133 = ZBGR **6**, S. 37ff.). Das ObG entschied, die Dereliktion bewirke die Aufhebung der Unterhaltspflicht, sei aber widerrechtlich und verpflichte zu Schadenersatz, wozu zu bemerken ist, daß die Dereliktion, wenn sie widerrechtlich wäre, keine Wirkung haben könnte, wenn sie aber zulässig und wirksam ist (wie das ObG richtigerweise erkannte), nicht widerrechtlich sein kann. Das BG entschied, daß die Dereliktion zulässig sei, aber die Unterhaltspflicht nicht aufhebe und begründete dies in erster Linie mit der Erwägung, daß der Parteiwille die Befreiung von der persönlichen Haftung für den Wegunterhalt durch Dereliktion des Weggrundstückes ausschließe. Insofern liegt kein grundsätzlicher Entscheid, sondern ein Billigkeitsurteil vor. Aber ihm liegt doch die Auffassung zugrunde, daß die Aufgabe des Eigentums am belasteten Grundstück die Befreiung von der Pflicht zum Unterhalt der Dienstbarkeitsanlagen nicht bewirke. Damit (wie auch im EBG **12**, S. 400ff.) wird die Wirkung der subjektiv-dinglichen Verknüpfung der Verpflichtung zur Vornahme von Handlungen mit dem Eigentum am belasteten Grundstück verkannt. Vgl. dazu auch PFISTER H., S. 42f. und ZSR n. F. **52**, S. 365f. sowie HAAB, N. 13 zu Art. 666.

Über die Haftung des Veräußerers wegen Unterlassung der Überbindung einer persönl. Verpflichtung mit dem Inhalt einer Grunddienstbarkeit EBG **84** II 6, bespr. ZBJV **95**, S. 439. Zur Befreiung von Dienstbarkeiten durch Dereliktion des belasteten Grundstücks EBG **85** I 261ff. = Pr. **49** Nr. 21, bespr. ZBJV **96**, S. 418. Vgl. ferner N. 81–83 zu Art. 741 und N. 64 zu Art. 743.

Die Auffassung, daß die Befreiung nur bewirkt werden könne durch die Aufgabe 237 des Eigentums am ganzen ursprünglich belasteten Grundstück, ließe sich nur rechtfertigen, wenn das Grundstück als solches für die Erfüllung der Verpflichtung aus Art. 730 Abs. 2 haften würde. Es besteht jedoch keine dingliche, sondern nur eine persönliche Haftung. N. 227 hievor. Jene Auffassung stünde auch im Widerspruch zu Art. 744 Abs. 2. Auch für das schweizerische Recht sind deshalb die gleichen Grundsätze wie in unseren Nachbarstaaten maßgebend. Zum französischen Recht: Edith KISCHINEWSKY-BROQUISSE, Statut de la Copropriété des immeubles et sociétés de construction 1938, S. 187ff., nun 3. Aufl., Le copropriété des immeubles bâtis, 1978. Vgl. auch LIVER P., Der Verzicht auf beschränkte dingliche Rechte und auf den Miteigentumsanteil, Festschrift Walter Hug 1968 und da zitierte Literatur.

Wenn dagegen das Grundstück für die Erfüllung einer Leistung haftet, wie für 238 die Leistungen aus öffentlich- und privat-rechtlichen Grundlasten, bewirkt nur die Dereliktion des ganzen Grundstückes die Befreiung. Art. 787 Z. 1. LEEMANN, N. 12 zu Art. 666.

7. Ablösbarkeit

Die mit der Dienstbarkeit im Sinne von Art. 730 Abs. 2 verbundene Verpflichtung 239 zur Vornahme von Handlungen ist gegen den Willen des Berechtigten nicht ablösbar. Art. 788 Abs. 3 arg. e contr., siehe N. 219ff. hievor.

240 Das Bundesgericht hat im Fall Hinneberg (N. 236) ausgeführt: «Die Beklagten haben eingewendet, daß eine zeitlich unbegrenzte Verpflichtung zum Straßenunterhalt unsittlich und deshalb ungültig wäre, wenn der verpflichtete Straßeneigentümer ihr nicht durch Preisgabe des Eigentums ein Ziel setzen könnte. Diese Einwendung hält nicht stand, weil die Verpflichtung sich durch eine einmalige Leistung ablösen läßt, nicht nur mit dem Willen der Berechtigten auf die im Urteil vorgesehene Weise, sondern auch ohne ihren Willen durch Verständigung mit der städtischen Verwaltung, welche den Unterhalt besorgt.» Hier liegt jedoch der Sonderfall der baugesetzlich geregelten Übernahme von Privatstraßen durch die Gemeinde vor. Abgesehen von ihm besteht die Möglichkeit der Ablösung nicht.

241 Wenn dargetan ist, daß die Leistungspflicht eine schwere, die Duldungs- oder Unterlassungspflicht erheblich übersteigende Last ist, so ist das ein sicheres Zeichen dafür, daß nicht nur die nebensächliche Verbindung im Sinne von Art. 730 Abs. 2, sondern auch die Verknüpfung mit der Dienstbarkeit im Sinne von Art. 788 Abs. 3 unzulässig war. In diesem Falle muß die Ablösung gestattet werden, wenn die Leistungspflicht als Grundlast eingetragen ist. Wenn die Leistungspflicht nicht Grundlast ist, sondern in unzulässiger Weise mit der Dienstbarkeit durch den Grundbucheintrag verbunden ist, hat sie den Charakter einer gewöhnlichen obligatorischen Verbindlichkeit, welcher die subjektiv-dingliche Verknüpfung mit dem Grundeigentum fehlt; sie kann durch Kündigung oder Rücktritt aus wichtigen Gründen beendigt werden. Zur Entschädigungsfolge, wenn bei der Begründung eine Pauschalsumme als Gegenleistung bezahlt worden ist, LIVER, Eigentum, S. 273f.

242 Die gleichen Möglichkeiten der Befreiung sind auch gegeben, wenn die Verpflichtung zur Vornahme von Handlungen im Laufe der Zeit durch eine nicht vorausgesehene Veränderung der tatsächlichen Verhältnisse zu einer so schweren Last geworden ist, daß sie in keinem angemessenen Verhältnis mehr steht zu der Duldungs- oder Unterlassungspflicht.

243 Eine andere Frage ist es, ob der Grundeigentümer sich seiner Leistungspflicht entschlagen könne, indem er den Vertrag, der diese Pflicht begründet hat, als dahingefallen erklärt, wenn durch die unerträgliche Steigerung der zur Erfüllung erforderlichen Aufwendungen ein Mißverhältnis zwischen Leistung und Gegenleistung entstanden ist. Das Bundesgericht hat erklärt, daß diese Frage in Anwendung der clausula rebus sic stantibus grundsätzlich zu bejahen sei. EBG **45** II 386, Erw. 5 = Pr. **8** Nr. 139 = ZBGR **6**, S. 26ff. Im Unterschied zu N. 242 steht da das Verhältnis zur Dienstbarkeit nicht in Frage. Vgl. dazu N. 38 zu Art. 736; K. LARENZ, Geschäftsgrundlage S. 80, 112, 147.

244 Der gleiche Gedanke, der aus Art. 2 ZGB herzuleiten ist, liegt zwar auch, wie das Bundesgericht in seiner neueren Praxis entschieden hat, der Ablösung von Dienstbarkeiten gemäß Art. 736 zugrunde. Diese Bestimmung kommt jedoch nicht zur Anwendung, wenn der Grundeigentümer die Befreiung von seiner Leistungspflicht wegen ihres Mißverhältnisses zur Duldungs- oder Unterlassungspflicht aus der

Dienstbarkeit verlangt. Auch wenn die hievor umschriebenen Voraussetzungen der Befreiung erfüllt sind und die Leistungspflicht dahinfällt, kann die Dienstbarkeit doch weiterbestehen; die für ihre Ablösung nach Art. 736 erforderlichen Gründe brauchen durchaus nicht gegeben zu sein. Nur wenn infolge der Aufhebung der Leistungspflicht des Grundeigentümers der Dienstbarkeitsberechtigte kein Interesse mehr an der Dienstbarkeit hat oder nur ein im Vergleich zur Belastung unverhältnismäßig geringes Interesse, kann auch die Dienstbarkeit durch den Richter als aufgehoben erklärt werden.

LEEMANN setzt in N. 38 zu Art. 730 den Fall, daß die Anlagen, welche der Grundeigentümer zu unterhalten hat, ursprünglich ihm und dem Dienstbarkeitsberechtigten zugleich dienen, daß mit der Zeit aber nur noch der letztere ein Interesse an ihnen hat, so daß die Unterhaltspflicht für den Grundeigentümer zur Hauptsache geworden ist. In diesem Fall, meint LEEMANN, könne der Grundeigentümer die Ablösung der Dienstbarkeit gegen Entschädigung gemäß Art. 736 Abs. 2 verlangen. Dies halte ich nicht für richtig, weil das Mißverhältnis durch Aufhebung oder Herabsetzung der Leistungspflicht behoben werden kann, ohne daß die Dienstbarkeit davon berührt zu werden braucht; diese selbst braucht den Grundeigentümer ja nicht stärker zu belasten als ursprünglich, und das Interesse des Berechtigten an ihr kann auch ohne den Anspruch auf die positive Leistung unvermindert weiterbestehen. Die Leistungspflicht ist eben nicht unlösbarer Bestandteil der Dienstbarkeit wie LEEMNAN annimmt; sie gehört nicht zum Inhalt der Dienstbarkeit, sondern ist bloß mit ihr verbunden. Deshalb käme der Art. 736 auch dann nicht zur Anwendung, wenn man dafür mit LEEMANN, im Gegensatz zur neueren bundesgerichtlichen Praxis, die unverhältnismäßige Zunahme der Belastung bei gleichbleibendem Interesse des Berechtigten für ausreichend ansehen würde.

Art. 731

Zur Errichtung einer Grunddienstbarkeit bedarf es der Eintragung in das Grundbuch.

B. Errichtung und Untergang
I. Errichtung.
1. Eintragung.

Für Erwerb und Eintragung gelten, soweit es nicht anders geordnet ist, die Bestimmungen über das Grundeigentum.

Die Ersitzung ist nur zu Lasten von Grundstücken möglich, an denen das Eigentum ersessen werden kann.

Materialien: VE (1900) Art. 724, 725; E (1904) Art. 721, 722; Botschaft, S. 72; Erl. II, S. 140ff.; ExpKomm., III. Session (11. Nov. 1902), S. 110ff.; StenBull. 16 (1906), S. 571ff. (NR), 1358ff. (StR).

Ausländisches Recht. DBGB §§ 873f., 878, 900 Abs. 2; ABGB §§ 480, 481; C. c. fr. Art. 639 (640ff., 649ff., 686ff.), 690ff.; C. c. it. Art. 1058 bis 1062, 1350 Z. 4.

Grunddienstbarkeiten

Literatur. JENNY FR., Das Legalitätsprinzip im schweiz. Grundbuchrecht, ZBGR 11, S. 185ff. und 233ff.; LIVER P., Über die Formen der Begründung und Übertragung von dinglichen Rechten an Grundstücken, ZBGR 26, S. 65ff. und 121ff.; NUSSBAUM H., Die Bodenverbesserungen, speziell die Güterzusammenlegungen und ihre Behandlung im Grundbuch unter besonderer Berücksichtigung der aargauischen Verhältnisse, ZBGR 9, S. 193ff. und 244ff., 11, S. 1ff.

GUHL Th., Die Ersitzung von Grundeigentum und Grunddienstbarkeiten nach dem schweiz. ZGB, ZBJV 65, S. 241ff.; PFISTER W., Die Ersitzung nach schweiz. Recht, Diss. Zürich 1931; JENNY Fr., Die Grundeigentumsersitzung und das Grundbuch, SJZ 39, S. 173ff. und 189ff.

Verhandlungen des 19. Deutschen Juristentages in Stettin 1888, 3. Bd., S. 105ff.: Referat von DERNBURG: «Sollen Servituten an Grundstücken nur durch Eintragung ins Grundbuch erworben werden können?» Siehe daselbst auch S. 303ff.

Zur Ersitzung s. nun auch SPIRO Karl, Die Begrenzung privater Rechte durch Verjährungs-, Verwirkungs- und Fatalfristen, 1975, Band 2 § 487ff., S. 1369ff., und HOFMEISTER Herbert, Grundbuch und Ersitzung, ZBGR **59** (1978) S. 321ff.

Inhaltsübersicht

I. Das System der Bestimmungen über die Entstehung beschränkter dinglicher Rechte an Grundstücken. N. 1-4.

II. Errichtung der Dienstbarkeit durch Eintragung

1. Freiwillige vertragliche Vereinbarung. N. 5. 2. Vertragliche Vereinbarung auf Grund gesetzlicher Verpflichtung. N. 6. 3. Einseitiges Rechtsgeschäft. a) Testament. N. 7; b) Begründung der Eigentümerdienstbarkeit (Hinweis auf Art. 733) N. 8.

III. Entstehung ohne Eintragung

1. Dienstbarkeitsvertrag in Verbindung mit der Erstellung einer äußerlich wahrnehmbaren Leitung. Art. 676 Abs. 3. N. 9–13. 2. Begründung des Durchleitungsrechtes auf Grund nachbarrechtlicher Vorschrift. Art. 691 Abs. 3. N. 14. 3. Enteignung. N. 15–21. 4. Enteignungsähnliche Tatbestände. a) Umlegung von Bauland und Quartierplanverfahren. N. 22–26; b) Das öffentlich-rechtliche Güterzusammenlegungsverfahren. N. 27–28. 5. Richterliches Urteil. N. 29–40. 6. Zwangsvollstreckung. N. 41–42. 7. Ersitzung. N. 43 (Hinweis auf Z. V). 8. Aneignung. N. 44. 9. Gesetzesvorschrift. N. 45–46.

IV. Die Eintragung

1. Eintragung der Last und des Rechtes. N. 47–63. 2. Die Art der Eintragung. a) Die Bestandteile des Eintrages im Hauptbuch. N. 64; b) Die Benennung der Dienstbarkeit. N. 65–71; c) Einzeichnung in die Grundbuchpläne. N. 72–74; d) Liegenschaftsbeschreibung. N. 75; e) Angabe des Gesamtwertes. N. 76; f) Bemerkungen. N. 77; g) Vormerkung. N. 78–82. 3. Die Voraussetzungen der Eintragung. a) im allgemeinen. N. 83; b) Die Frage der Zustimmung von Inhabern dinglicher Rechte am belasteten Grundstück. N. 84–90.

V. Die Ersitzung

1. Die Regelung der Ersitzung in den Art. 661 und 662. N. 91. A. Die ordentliche Ersitzung. a) Voraussetzungen. N. 92; b) Wirkungen. N. 93. B. Die außerordentliche Ersitzung. a) Voraussetzungen. N. 94; b) Wirkungen. N. 95–104. 2. Ersitzung und Grundbuch. N. 105–115. 3. Grundstücke, zu deren Lasten Dienstbarkeiten ersessen werden können. a) im allgemeinen. N. 116–120; b) Grundstücke, die zu den öffentlichen Sachen gehören. N. 121–130. 4. Ersitzungsbesitz. a) im allgemeinen. N. 131–133; b) bei den negativen Dienstbarkeiten. N. 134–138. 5. Die Ersitzung von sogenannten Gemeindedienstbarkeiten. N. 139–140.

VI. Die Anerkennung von Dienstbarkeiten auf Grund ihrer Ausübung seit unvordenklicher Zeit (praescriptio immemorialis). N. 141–148.

VII. Intertemporales Recht. N. 149–165.

I. Das System der Bestimmungen über die Entstehung von beschränkten dinglichen Rechten an Grundstücken

Die Entstehung der beschränkten dinglichen Rechte an Grundstücken setzt sich 1 nach der Terminologie des ZGB zusammen aus dem Erwerb und aus der Eintragung. Als Erwerb wird, in nicht gerade glücklicher Weise, die Wirkung des Verpflichtungs- oder Grundgeschäftes bezeichnet. Das Recht wäre danach erworben mit dem Abschluß dieses Geschäftes. Mit der Eintragung, welche das Verfügungsgeschäft vollzieht, werden die Grunddienstbarkeit, die Grundlast, das Grundpfand errichtet (731, 783, 799), die Nutznießung bestellt (746). Mit dieser Regelung der Entstehung der beschränkten dinglichen Rechte wird die Einheit mit der Übertragung des Grundeigentums hergestellt, welche sich ebenfalls vollzieht durch den Abschluß des Verpflichtungs- oder Grundgeschäfts (Vertrag auf Eigentumsübertragung, Art. 657) und durch Eintragung in das Grundbuch (Art. 656).

Für die Entstehung aller beschränkten dinglichen Rechte an Grundstücken gel- 2 ten wie für die Übertragung von Grundeigentum die folgenden Grundsätze: 1. Die Errichtung oder Bestellung des Rechtes kann nur erfolgen durch Eintragung in das Grundbuch; das ist das Eintragungsprinzip (Vorbem. N. 13ff.). 2. Die Eintragung darf nur vorgenommen werden und ist nur wirksam, wenn ihr ein gültiges Verpflichtungsgeschäft zugrunde liegt (Grundgeschäft); das Verfügungsgeschäft, welches in der grundbuchlichen Anmeldung liegt, ist danach ein kausales Geschäft (965, 974, 975). Zur Entstehung des Rechtes ist außerdem erforderlich, daß die Verfügung gültig ist, insbesondere, daß sie von der verfügungsberechtigten Person getroffen worden ist (965, 963, 964).

Diese Grundsätze gelten für die rechtsgeschäftliche Entstehung von Grunddienstbarkeiten. Art. 731 Abs. 1 trifft nur auf sie zu.

Art. 731 Abs. 2 sagt sodann: «Für Erwerb und Eintragung gelten, soweit es nicht 3 anders geordnet ist, die Bestimmungen über das Grundeigentum. Damit ist auf die Art. 656ff. verwiesen, insbesondere auch auf die da geordneten Tatbestände des

Grunddienstbarkeiten

außergrundbuchlichen Eigentumserwerbs, woraus sich ergibt, daß auch Grunddienstbarkeiten ohne Eintragung in das Grundbuch entstehen können. Das absolute Eintragungsprinzip hat nicht ausschließliche Geltung. Soweit Grunddienstbarkeiten außergrundbuchlich entstehen, fallen sie nicht in den Bereich des absoluten, sondern des relativen Eintragungsprinzips; ihre Eintragung ist nicht konstitutiv, sondern hat bloß deklaratorische Bedeutung. Art. 730 Abs. 3 hat einen einzelnen Entstehungstatbestand zum Gegenstand, nämlich die Ersitzung und regelt deren Anwendbarkeit auf Grunddienstbarkeiten in einer unklaren und unnötigen Bestimmung.

4   Im engsten Zusammenhang mit Art. 731 steht Art. 732. Während in Art. 731 Abs. 2 gesagt ist, die Bestimmungen über das Grundeigentum gelten für den Erwerb, also auch für das Verpflichtungsgeschäft (den Dienstbarkeitserrichtungsvertrag), «soweit es nicht anders geordnet ist», folgt im Art. 732 die Bestimmung, welche «es anders ordnet», nämlich im Gegensatz zum Vertrag auf Eigentumsübertragung für den Vertrag auf Errichtung einer Grunddienstbarkeit die schriftliche Form genügen läßt.

Daß der Aufbau der Bestimmungen über die Entstehung der Grunddienstbarkeiten in den Art. 731/32 logisch unbefriedigend ist, hat z.T. seinen Grund in der nachträglichen Einfügung des Art. 732 ins Gesetz durch die Expertenkommission.

II. Errichtung der Grunddienstbarkeit durch Eintragung (Geltungsbereich des absoluten Eintragungsprinzips).

5   **1. Freiwillige vertragliche Vereinbarung.** Wo das eidgenössische Grundbuch eingeführt ist, bildet die Entstehung von Grunddienstbarkeiten durch Eintragung auf Grund des Dienstbarkeitsvertrages (Vertrag auf Errichtung einer Dienstbarkeit) die Regel, während die heute bestehenden Grunddienstbarkeiten zum größeren Teil durch Ersitzung, Widmung (destination du père de famille) entstanden sind oder wegen Unvordenklichkeit des ihnen entsprechenden Zustandes rechtliche Anerkennung gefunden haben. Der Dienstbarkeitsvertrag ist unter Art. 732 zu behandeln.

2. Vertragliche Vereinbarung auf Grund gesetzlicher Verpflichtung

(WINDSCHEID I § 169, S. 863, Anm. 4 a. E.)

6   Neben den in den Art. 730ff. geregelten Dienstbarkeiten stehen die gesetzlichen Eigentumsbeschränkungen, welche nicht unmittelbar durch das Gesetz begründet werden. Sie haben den genau gleichen Inhalt wie die Grunddienstbarkeiten. Sie entstehen wie diese durch Eintragung in das Grundbuch, soweit das Gesetz es nicht anders ordnet, wie für das nachbarliche Durchleitungsrecht (Art. 691 Abs. 3). Für die Eintragung ist ein Vertrag erforderlich, wenn dieser nicht durch richterliches Urteil ersetzt ist. Die gesetzliche Eigentumsbeschränkung verpflichtet den Eigentümer bloß dazu, dem Nachbarn das Notwegrecht, Notbrunnenrecht, das Überbau-

recht einzuräumen. Wir haben diese Rechte deshalb als Legalservituten bezeichnet. Das ist näher ausgeführt in der Einleitung, N. 80ff.; über den Begründungsvertrag und die Eintragung siehe daselbst N. 91ff.

3. Einseitiges Rechtsgeschäft

a) Das Testament. Durch Testament kann dem Vermächtnisnehmer eine 7 Grunddienstbarkeit zugewendet werden. Der Vermächtnisnehmer hat dann gegenüber den Erben oder einem bestimmten Erben das Recht auf Errichtung der Dienstbarkeit. Diese entsteht durch Eintragung auf Anmeldung der Personen, welche das Recht der Verfügung über das Nachlaßgrundstück haben (Erbengemeinschaft vor der Teilung, Willensvollstrecker, Erbe, dem das zu belastende Grundstück zugeteilt wurde). Vermächtnisnehmer kann auch ein Erbe sein. Der Anspruch des Vermächtnisnehmers kann sich auch richten gegen einen anderen Vermächtnisnehmer (Nachvermächtnis). Vgl. Tuor, N. 11ff. zu Art. 484. Auch durch testamentarische Teilungsvorschrift kann die Errichtung einer Grunddienstbarkeit in verbindlicher Weise angeordnet werden. Das Grundgeschäft für die Eintragung liegt dann aber im Teilungsvertrag. Vgl. Escher, N. 4 zu Art. 608. Berechtigtes Grundstück kann ein Grundstück sein, das dem Vermächtnisnehmer bereits gehört, oder das er als gesetzlicher oder eingesetzter Erbe oder als Vermächtnisnehmer erwirbt.

b) Begründung der Eigentümerdienstbarkeit. Siehe dazu die Erläuterun- 8 gen zu Art. 733.

III. Entstehung ohne Eintragung
(Geltungsbereich des relativen Eintragungsprinzips.)

1. Dienstbarkeitsvertrag in Verbindung mit der Erstellung einer äußerlich 9 **wahrnehmbaren Leitung. Art. 676 Abs. 3.** Durch die Eintragung in das Grundbuch wird das dingliche Recht publik gemacht. Die Einwendung, daß jemand eine Grundbucheintragung nicht gekannt habe, ist ausgeschlossen (Art. 970). Diese Publizität wird aber auch hergestellt durch die Errichtung von ständigen Anlagen auf dem belasteten Grundstück, welche äußerlich wahrnehmbar sind und eindeutig als Dienstbarkeitsanlagen in Erscheinung treten, wie eine oberirdische Leitung für Wasser oder Elektrizität, eine Luftseilbahn, eine überragende Baute, ein ausgetretener oder ausgefahrener oder künstlich angelegter Weg.

Deshalb haben auch Gesetzbücher, welche für die Dienstbarkeiten das Eintra- 10 gungsprinzip durchgeführt haben, für solche Fälle vom Erfordernis der Eintragung abgesehen, so das zürch. PrGB § 695 (245) und andere kantonale Rechte. Huber, System und Geschichte III, S. 350f. Eine Sonderstellung nahmen die servitutes apparentes in anderen Gesetzgebungen insofern ein, als zu ihrer Entstehung ein ausdrücklicher Vertrag nicht erforderlich war (St. Gallen, vgl. Huber a.a.O., S. 348) oder für den Vertrag die notarialische Fertigung nicht gefordert war (Zürich, § 691

[242] und Erl. dazu von SCHNEIDER) oder die Entstehung durch Ersitzung zugelassen war, wie nach Art. 690 C. c. fr. für die servitudes continues et apparentes, auch nach dem zürch. PrGB § 696 (246), hier aber ohne das Erfordernis kontinuierlicher Ausübung. KLANG, Festschrift z. Hundertjahrfeier des OGH, 1950, S. 106: Der österreichische OGH neigt in seinen neueren Entscheidungen (E 1.4.1913 = GIUNF **63**, 84; 6. Dez. 1911 ZBl. **38**, 543) dazu, «vom Eintragungszwang für offenkundige Servituten abzusehen».

11   Noch der Entw. (1904), Art. 722, enthielt die Vorschrift: «Bei Grunddienstbarkeiten jedoch, für die eine körperliche Einrichtung allgemein erkennbar und unzweideutig hergestellt ist, genügt die formlose Vereinbarung.» Da aber auch diese Vereinbarung, um als Ausweis über den Rechtsgrund der Eintragung zu dienen, schriftlich hätte festgelegt werden müssen, konnte man die Bestimmung füglich streichen, nachdem man das Erfordernis der öffentlichen Beurkundung des Dienstbarkeitsvertrages fallen gelassen hatte.

12   Erst in der Beratung der Räte, in welcher dem Gesetz der Art. 676 eingefügt wurde, kam der Gedanke der Publizitätswirkung der äußerlich wahrnehmbaren körperlichen Einrichtungen auf dem dienenden Grundstück wieder zu Geltung, aber nun in dem Sinne, daß man das Erfordernis der Eintragung fallen ließ, jedoch am schriftlichen Dienstbarkeitsvertrag festhielt. Der Dienstbarkeitsberechtigte kann die Eintragung der so entstandenen Dienstbarkeit in das Grundbuch von sich aus erwirken. LEEMANN, N. 8ff. zu Art. 676; HAAB, N. 9ff. zu Art. 676; Bern, JDir., Mtsschr. f. bern. VR **14**, S. 223 = ZBGR **4**, S. 234f.; Aarg. ObG, Vjschr. **29**, S. 28 = SJZ **26**, S. 84 = ZBGR **31**, S. 44f.

13   Daß einzig Leitungen, welche äußerlich wahrnehmbar und als Dienstbarkeitsanlagen erkennbar sind, die den Grundbucheintrag ersetzende Publizitätswirkung zuerkannt wird, läßt sich de lege ferenda nicht rechtfertigen. Es lagen nicht ganz unbeachtliche Gründe dafür vor, am Eintragungsprinzip auch für servitutes apparentes grundsätzlich festzuhalten, weil deren Abgrenzung gegenüber anderen Dienstbarkeiten im Einzelfall Schwierigkeiten bereiten mag, und namentlich auch darüber Unsicherheit bestehen kann, ob das Recht, wenn nicht bloß ein prekaristisches Verhältnis vorliegt, persönlichen oder dinglichen Charakter hat und welches sein Umfang ist. In der grundbuchlichen Behandlung können diese Fragen abgeklärt werden; auch wird durch die Eintragung der Rang des Rechtes einwandfrei festgelegt. Vgl. über die Unzukömmlichkeiten, welche sich aus dem zürcherischen Recht ergeben hatten, Erl. II, S. 140f.; ExpKomm., III. Session S. 111ff.; HITZIG, ZSR n. F. **19**, S. 367f.; HONEGGER H., Die Entstehung von Grunddienstbarkeiten ohne Eintrag in das Grundbuch nach zürch. Recht, ZSR n. F. **11**, S. 1ff.

14   **2. Begründung des Durchleitungsrechtes auf Grund nachbarrechtlicher Vorschrift. Art. 691 Abs. 3.** Auch da liegt eine Ausnahmebestimmung vor. Das Durchleitungsrecht hat genau die gleiche rechtliche Natur wie die übrigen Legalservituten (Z. II 2 hievor), so daß es auch grundbuchlich gleich zu behandeln wäre wie sie. Statt

dessen glaubte der Gesetzgeber aus gewissen Zweckmäßigkeitsgründen für das Durchleitungsrecht eine Ausnahme machen zu sollen, indem er es ohne Eintragung entstehen läßt und dem Berechtigten anheimstellt, ob er es eintragen lassen will (691 Abs. 3, GBVo. Art. 34). Siehe darüber N. 92 der Einleitung.

3. Enteignung. Nach Art. 5 Eidg.EntG können außer dem Eigentum auch 15 beschränkte dingliche Rechte an Grundstücken sowie die aus dem Grundeigentum hervorgehenden Nachbarrechte Gegenstand des Enteignungsrechtes sein. Durch die Enteignung kann das Grundeigentum beschränkt werden, indem dem Eigentümer bestimmte zum Eigentumsinhalt gehörende Befugnisse entzogen werden. Der Eigentümer muß die Benutzung seines Grundstückes für Durchgang oder Durchfahrt, Durchleitung, Entnahme von Baumaterialien d u l d e n, oder er muß die Überbauung oder den Höherbau, die Bepflanzung mit hochstämmigen Bäumen, die Ausbeutung einer Lehmgrube, eines Steinbruches oder des Grundwassers u n t e r l a s s e n. EBG **99** Ia S. 364, Nr. 41 (Öffentliches Durchgangsrecht durch Arkaden in Nyon).

Von der Enteignung dinglicher Rechte an Grundstücken unterscheidet Art. 5 16 Eidg.EntG die Enteignung von aus dem Grundeigentum hervorgehenden Nachbarrechten. Sie liegt vor, wenn dem Grundeigentümer die Verpflichtung auferlegt wird, Einwirkungen auf seine Liegenschaft zu dulden, die er, wenn sein Eigentum nicht durch die Enteignung beschränkt würde, abwehren könnte (Art. 641 Abs. 2, 679, insbes. 684) oder gegenüber dem Gemeinwesen nur gegen Entschädigung dulden müßte.

Das sind die Fälle, in denen sich oft die nachträgliche Enteignung (Eidg.- 17 EntG Art. 41) als notwendig erweist, weil sich erst beim Betrieb des Werkes oder der Unternehmung zeigt, ob und welche schädigenden oder lästigen Einwirkungen damit verbunden sind. Siehe außer HESS F., Kommentar zum EntG, Erl. zu den Art. 5 und 41, namentlich GLATZFELDER Th., Die nachträgliche Enteignung nach eidgenössischem und kantonalem Recht, Diss. Bern 1952.

Ob nun beschränkte dingliche Rechte oder aus dem Grundeigentum hervorge- 18 hende Nachbarrechte im Sinne von Art. 5 EntG Gegenstand der Enteignung sind, wird durch diese eine Dienstbarkeit begründet. Ob die Dienstbarkeit den Eigentümer des belasteten Grundstückes verpflichtet, die Benutzung seiner Liegenschaft durch Handlungen auf dieser selbst (Durchgang, Durchleitung, Holzschlag usw.) oder durch Einwirkungen (unmittelbare oder mittelbare) vom Nachbargrundstück her zu dulden, macht unter dem Gesichtspunkt des Dienstbarkeitsrechtes keinen Unterschied aus.

Die Dienstbarkeit, welche durch Begründung der Duldungs- oder Unterlassungs- 19 pflicht im Enteignungsverfahren entsteht, ist eine gewöhnliche Dienstbarkeit des privaten Rechtes. Einleitung N. 114 und 115; HAAB, N. 8 zu Art. 676, N. 47 zu Art. 656; HESS F., N. 3, 17, 23 zu Art. 5 Eidg.EntG; EBG **39** II 63 = Pr.**2** Nr. 193, **49** I 39 = Pr. **12** Nr. 103; Aarg. JDir., ZBGR **20**, S. 197f. Die Dienstbarkeit entsteht nach Art. 91 Eidg.EntG durch die Bezahlung der Expropriationsentschädigung. Die gleiche Wirkung hat diese auch, wenn sie auf Grund eines Expropriationsvertrages erfolgt (Art. 91 Abs. 2). Dieser Grundsatz gilt auch im kantonalen Expropriationsrecht, selbst wenn er in ihm nicht ausgesprochen ist. Vgl. darüber HAAB, N. 48ff. zu Art. 656. Auferlegung von Dienstbarkeiten (Bau- und Pflanzungsbeschränkungen) in der Umgebung des Flughafens Kloten durch Expropriation BlZR **53** (1954) Nr. 79.

20 Materiellrechtlich werden auch durch die Art. 711 (Abtretung von Quellen, Brunnen, Bächen für Unternehmungen des öffentlichen Wohles) und 712 (Abtretung von Boden zum Schutze der Quellen von Trinkwasserversorgungen gegen Verunreinigung) Enteignungstatbestände geschaffen, wobei im ersten Fall die Enteignung in der Begründung eines Wasserbezugsrechtes als Dienstbarkeit (Quellenrecht, Recht zur Fassung und Ableitung von Wasser aus einem privaten Bach) besteht. Der gesetzliche Anspruch auf Einräumung der Dienstbarkeit (wie auf Abtretung des Bodens nach Art. 712) kann aber auch im Zivilprozeß durchgesetzt werden. Darauf ist der Berechtigte angewiesen, wenn das kantonale Recht dafür das Expropriationsverfahren nicht zur Verfügung stellt. LEEMANN, N. 5 zu Art. 712. Die Zuständigkeit des Zivilrichters muß auch in den Fällen der nachträglichen Enteignung (N. 17 hievor) bejaht werden, wenn diese vom kantonalen Expropriationsrecht nicht zugelassen wird.

21 Die Eintragung der durch Enteignung entstandenen Dienstbarkeit kann der Berechtigte von sich aus erwirken (Art. 665 Abs. 2).

4. Enteignungsähnliche Tatbestände

22 a) Umlegung von Bauland und Quartierplanverfahren. Zum Zwecke der für die Überbauung geeigneten Einteilung von Bauland und der Aufschließung der einzelnen dadurch geformten oder neu geschaffenen Bauparzellen hat die Baugesetzgebung verschiedene Verfahren ausgebildet: Neben dem Grenzbereinigungsverfahren und der Zonenexpropriation namentlich das Quartierplanverfahren und das Umlegungsverfahren. In bezug auf die Servituten besteht die damit erstrebte Wirkung in der Aufhebung. Die Aufhebung aller Servituten ist indessen weder möglich noch nötig. Soweit Servituten bestehen bleiben, ist vielfach ihre Verlegung von Grundstücken des alten auf solche des neuen Besitzstandes erforderlich. Ausnahmsweise aber kann auch die Begründung neuer Dienstbarkeiten, z.B. von Durchleitungsrechten, Wasserbezugsrechten, Platzrechten notwendig werden; dies kann besonders dann der Fall sein, wenn der dafür beanspruchte Boden vor der Neueinteilung dem Berechtigten gehörte und nun einem anderen Grundstück zugeschieden worden ist.

23 Vgl. das bernische Dekret betr. die Umlegung von Bauland vom 20. Mai 1929, § 13 Abs. 3: «Auf Grundstücke, die aus der Umlegung neu entstehen, können im Umlegungsverfahren neue Grunddienstbarkeiten errichtet werden, wenn dies zur Erreichung des Zweckes des Umlegungsverfahrens notwendig ist.» (Neues Dekret

vom 13. Mai 1965.) EBG **96** I 537ff.: Gesamtüberbauung mit Einräumung einer Servitut für Freiflächen als Vorzugslast.

Das Quartierplanverfahren unterscheidet sich vom Umlegungsverfahren dadurch, daß es die bisherigen Liegenschaften in ihrem Kern wenigstens zur Hauptsache erhält. Doch kann auch es neben der Grenzbereinigung eine partielle Umlegung in sich schließen und führt deshalb ebenfalls zur Verlegung und ausnahmsweise zur Begründung von Grunddienstbarkeiten. Es ist namentlich im zürcherischen Baurecht ausgebildet und ersetzt da das Umlegungsverfahren fast vollständig. Baugesetz für Ortschaften mit städtischen Verhältnissen vom 23. April 1893 (rev. 16. Mai 1943) Art. 18 bis 27 und Vo. des RR vom 24. Februar 1894 betr. das Verfahren bei Prüfung von Quartierplänen und bei Grenzregulierungen. 24

Die Änderung des Rechtsbestandes wird bewirkt durch den Abschluß des Umlegungs- oder Quartierplanverfahrens, worauf die Eintragung in das Grundbuch von Amtes wegen erfolgt. Nach der bern. UmlegungsVo. ist der für den Abschluß des Verfahrens maßgebende Verwaltungsakt die Genehmigung der Umlegung durch den RR (§ 18, 19). Die Bezahlung von Entschädigungen und Wertausgleichbeträgen muß vor der Eintragung erfolgen, bewirkt aber nicht die Rechtsänderung. Diese kann auch eintreten, ohne daß die Beteiligten einen Entschädigungsanspruch haben. Im Idealfall entstehen keine Entschädigungsansprüche. 25

In diesem Punkt kommt, entgegen der Auffassung des zürch. ObG (ZBGR **18**, S. 74ff.) nicht Expropriationsrecht zur Anwendung. Die Neueinteilung von Bauland im Quartierplan- oder im Umlegungsverfahren ist so wenig wie die Güterzusammenlegung eine Expropriation (verbunden mit Impropriation). Es liegt bloß ein enteignungsähnlicher Tatbestand vor, der am besten als sogenannte dingliche Subrogation begriffen wird. Vgl. Haab, N. 55 zu Art. 656 und dessen Zitate. Daß die Rechtsänderung (auch hinsichtlich der Entstehung einer Dienstbarkeit) dadurch eintritt, daß der Quartierplan in Rechtskraft erwächst und nur noch der Eintragung mit deklaratorischer Bedeutung bedarf, welche auf Anmeldung der Baupolizeibehörde zu erfolgen hat, erkannte das zürch. ObG in den Entscheiden ZBGR **4**, S. 40ff., SJZ **19**, S. 204. Siehe auch Leemann, Bedeutung und rechtliche Wirkungen des zürcherischen Quartierplanes, ZBGR **6**, S. 81ff., bes. S. 84 (betr. Neubestellung von Servituten) und S. 88 (betr. Eintragung der Rechtsänderungen); Nussbaum H., Dienstbarkeiten und Grundlasten in Konkurrenz mit Grundpfandrechten, ZBGR **19**, S. 5ff.; Homberger, N. 29 zu Art. 963. 26

b) Öffentlich-rechtliches Güterzusammenlegungsverfahren. Die landwirtschaftliche Güterzusammenlegung hat die gleichen rechtlichen Wirkungen wie die Umlegung von Bauland. EBG **95** II 22. Sie bewirkt ebenfalls eine dingliche Subrogation. Diese Wirkung tritt dadurch ein, daß die Neuzuteilung in Rechtskraft erwächst. Auch hier hat die Eintragung auf Anmeldung der zuständigen Verwaltungsinstanz (Ausführungskommission als Organ der öffentlich-rechtlichen Meliorationsgenossenschaft) von Amtes wegen zu erfolgen. Die zürcherische Regelung 27

(Landwirtschaftsges. 1911, § 125), wonach sich der Eigentumsübergang zur Verwirklichung des neuen Besitzstandes erst mit der Eintragung im Grundbuch vollzieht, entspricht der rechtlichen Natur des Zusammenlegungsverfahrens nicht und hat sich auch praktisch nicht bewährt. Vgl. den RechBer. ObG 1927, ZBGR **9**, S. 230ff.; VOLKART, Die grundbuchrechtliche Behandlung der Güterzusammenlegung im Kanton Zürich, ZBGR **13**, S. 1ff. Das Landwirtschaftsgesetz vom 22. Sept. 1963 läßt den Erwerb mit dem Besitzübergang eintreten, dessen Zeitpunkt von der Volkswirtschaftsdirektion auf Antrag der Kommission festgesetzt wird. Allgemein und für das aargauische Recht NUSSBAUM, a.a.O., ZBGR **9**, S. 249ff., **11**, S. 1ff. und über die Verlegung und Neubegründung von Dienstbarkeiten, daselbst, S. 10ff. Bern, JDir. u. BDir., Instruktion über die grundbuchliche Behandlung der Güterzusammenlegungen vom 20. Dez. 1947, ZBGR **33**, S. 84ff. Danach ist der neue Besitzstand, nachdem die Einsprachen erledigt und die Neuzuteilung rechtskräftig geworden ist, gemäß Art. 98 EGzZGB öffentlich zu beurkunden. In der öffentlichen Urkunde, welche die Grundlage der Grundbucheintragungen bildet, sind auch «allfällige neue beschränkte dingliche Rechte genau zu bezeichnen».

28   Die Begründung neuer Dienstbarkeiten im Güterzusammenlegungsverfahren ist, wie im Verfahren zur Umlegung von Bauland, eine Ausnahme, bezweckt doch auch hier das Verfahren u.a. die Beseitigung von Dienstbarkeiten; insbesondere werden die häufigsten von ihnen, die Wegrechte, durch das neu angelegte Wegnetz überflüssig gemacht und erscheinen im neuen Besitzstand nicht mehr. BlZR **56** (1957) Nr. 92. Aber ausnahmsweise ergibt sich die Notwendigkeit der Begründung einer neuen Dienstbarkeit, wie auch aus EBG **52** I 150 = Pr. **15** Nr. 116 hervorgeht, in dem folgendes festgestellt ist: Die Dienstbarkeit entsteht durch die rechtskräftige Neuzuteilung, also durch Verwaltungsakt. Die Eintragung hat nicht konstitutive Wirkung. Der Begründungsakt ist der richterlichen Beurteilung entzogen. Er kann nur zum Gegenstand einer Beschwerde an die kantonale Aufsichtsbehörde im Meliorationswesen gemacht werden.

29   **5. Richterliches Urteil.** Nur durch konstitutives Urteil (Gestaltungsurteil) kann eine Dienstbarkeit begründet werden. HAAB, N. 66 zu Art. 656; LEEMANN, N. 12 zu Art. 731. Der wichtigste Fall ist die Zusprechung der Dienstbarkeit gemäß Art. 665 Abs. 1, welche Bestimmung von der Bezugnahme in Art. 731 Abs. 2 mitumfaßt wird. Wie der Erwerber von Grundeigentum, der gegenüber dem Eigentümer einen persönlichen Anspruch auf Eintragung hat, auf Zusprechung des Eigentums, so kann, wer einen auf die Errichtung einer Dienstbarkeit lautenden Rechtstitel hat (Dienstbarkeitsvertrag, Testament), gegen den Eigentümer des zu belastenden Grundstückes auf Zusprechung der Dienstbarkeit klagen. Es liegen keine besonderen Gründe vor, aus welchen dieses dem Erwerber von Grundeigentum vom Gesetz eingeräumte Recht dem Erwerber einer Dienstbarkeit versagt werden könnte. Auch WIELAND, Bem. 4a zu Art. 731 und LEEMANN, N. 12 zu Art. 731 verweisen auf Art. 665 Abs. 1. Ebenso HOMBERGER, N. 31 zu Art. 963. EBG **78** I 443 = ZBGR **36**,

S. 314 (betr. Grundpfandrecht). Das Urteil ersetzt die Eintragungsbewilligung des Eigentümers.

Das Urteil bildet da nicht den Erwerbstitel. Dieser liegt im Vertrag oder Testament. Das Urteil vollzieht das Verpflichtungsgeschäft durch Realexekution, weil der Grundeigentümer sich weigert, die Verpflichtung durch Vornahme der Verfügung (Anmeldung zur Eintragung) zu erfüllen. Es ersetzt die Verfügung und die Eintragung in deren konstitutiver Funktion, macht die Eintragung in ihrer deklaratorischen Funktion aber nicht überflüssig. Es bildet den Ausweis über die Rechtsänderung, mit welcher das Grundbuch auf Antrag des Erwerbers durch Eintragung in Übereinstimmung zu bringen ist. Vgl. dazu GUHL, Festgabe für das BG, S. 117ff. ObG Zürich, ZBGR **37** (1956) S. 273f.: Ob der Entscheid des Kassationsgerichts, der Grundeigentümer habe bei der Eigentumsübertragung mitzuwirken und die hiefür erforderliche Anmeldung beim GB-Amt abzugeben, rechtsgestaltende Wirkung habe, ist zweifelhaft. Das ObG Zürich entschied, er habe bloß den Charakter eines Leistungsurteils. 30

Eine umfassendere gestaltende Wirkung hat das Urteil, wenn es nicht bloß eine bestehende Verpflichtung realiter exequiert, sondern auch begründet. Gestaltungsurteile in diesem Sinne sind die Teilungsurteile i.w.S.: Das Grenzscheidungsurteil (HAAB, N. 20ff. zu den Art. 668 und 669; LEEMANN, N. 21 zu Art. 668); das Urteil über die Teilung bei der Aufhebung von Miteigentum (Art. 651) und von Gesamteigentum (Art. 654 Abs. 2). Der wichtigste dieser Fälle ist die Erbteilung durch richterliches Urteil. Siehe z.B. Graubünden EGzZGB (1944) Art. 104f.; Zürich, ZPO § 5 und dazu Bem. 2c im Kommentar von STRÄULI und HAUSER; EBG **69** II 357ff. = Pr. **33** Nr. 19, **101** II 41. 31

Die richterliche Zuteilung oder Zuscheidung eines Grundstückes an einen Beteiligten kann immer mit der Begründung einer Dienstbarkeit durch Belastung dieses Grundstückes zu Gunsten des einem anderen Beteiligten zugeteilten oder zugeschiedenen Grundstückes oder zu Gunsten der Person eines anderen Beteiligten verbunden sein. Die Wahrung des Grundsatzes der Gleichberechtigung der Beteiligten und des gerechten Ausgleichs ihrer Interessen kann dies nötig machen. Auch im Grenzscheidungsurteil kann die Grenze gemäß dem Begehren der einen Partei festgesetzt und der anderen Partei die Grunddienstbarkeit zugesprochen werden, bestehende Anlagen jenseits der Grenze beizubehalten und zu benutzen oder auch Bäume an der Grenze unter Ausschluß des Kapprechts und Anriesrechtes weiterbestehen zu lassen oder das Alleineigentum an Grenzbäumen (LINDENMANN A., Bäume und Sträucher im Nachbarrecht, Diss. jur. Bern 1950, S. 82ff.) zu behalten. 32

Durch richterliches Urteil können auch die Legalservituten begründet werden: Das Notweg- und Notbrunnenrecht sowie das Überbaurecht gemäß Art. 674 Abs. 3. Das Gesetz gibt dem Berechtigten nur den Anspruch gegenüber dem Nachbarn auf Einräumung der Servitut, und zwar nur unter ganz bestimmten Voraussetzungen und gegen vorgängige Entschädigung. Auf Zusprechung der Servitut kann geklagt 33 werden, wenn der Nachbar nur die Anmeldung zur Eintragung verweigert. Die Klage stützt sich dann auf Art. 665 Abs. 1. Auf Zusprechung kann aber auch geklagt werden, wenn der Nachbar seine Verpflichtung zur Einräumung der Servitut bestreitet, was im Prozeßfall regelmäßig zutrifft (auch die Weigerung des Grundeigentümers, welche zur Klage auf Zusprechung des Eigentums nach Art. 665 Abs. 1 führt, wird übrigens in der Regel mit der Unverbindlichkeit des Verpflichtungsgeschäfts begründet sein). Das die Servitut zusprechende Urteil schließt dann immer auch ein Feststellungsurteil in sich.

34   Selbstverständlich kann auch bloß auf Feststellung geklagt werden. Nur eine Feststellungsklage wäre zulässig, wenn das positive Feststellungsurteil zur Begründung der Servitut genügen würde. Es wird denn auch die Auffassung vertreten, wenigstens mit Bezug auf das Überbaurecht, daß dieses Recht kraft Gesetzes entstanden sei, wenn festgestellt sei, daß die gesetzlichen Voraussetzungen dafür erfüllt seien, denn das Recht entstehe kraft Gesetzes. Diese Auffassung ist auch mit Bezug auf das Überbaurecht falsch; das Überbaurecht ist gleich zu behandeln wie das Notwegrecht und wie das Notbrunnenrecht und bedarf zu seiner Entstehung wie diese Rechte, wenn die Parteien sich über das Vorhandensein der gesetzlichen Voraussetzungen einigen, eines schriftlichen Dienstbarkeitsvertrages und der Eintragung auf Grund der Anmeldung des Eigentümers des belasteten Grundstückes. Dies ist in der Einleitung, N. 91 ff., näher begründet. Vgl. auch die Andeutung im EBG **78** II 131 = Pr. **41** Nr. 101, S. 272.

35   Wenn auch auf Zusprechung der Servitut geklagt werden kann, empfiehlt es sich doch nur dann, diese Klage gutzuheißen, wenn die Entschädigung, welche meistens auch Gegenstand des Prozesses ist, inzwischen gemäß einem zustandegekommenen Vergleich bezahlt oder wenn sie gerichtlich hinterlegt ist. Ist dies nicht der Fall, wäre mit dem zusprechenden Urteil die Servitut begründet, und der Eigentümer des belasteten Grundstückes könnte dann zusehen, wie er zu seiner Entschädigung kommt, was dem Gesetz widersprechen würde. Dieser Fehler könnte allerdings auch durch Ausfällung eines bedingten Urteils vermieden werden. Wie GUHL, a.a.O., S. 119, sagt, ist eine bedingte Zusprechung des Eigentums, gegen Erfüllung der dem Erwerber obliegenden Gegenleistung, vom Bundesgericht mit Recht abgelehnt worden. ObG Zürich, BlZR **60** (1961) Nr. 133, S. 349.

36   Am besten entspricht der Sachlage das Leistungsurteil, welches die Feststellung in sich schließt, daß der Beklagte zur Einräumung der Servitut verpflichtet ist, und diesen verurteilt, die Servitut nach Empfang der Entschädigung oder nach deren Hinterlegung beim Grundbuchamt zur Eintragung anzumelden. Wenn das Gesetz es nicht dabei hat bewenden lassen, sondern in Art. 665 Abs. 1 die Zusprechung vorsah, geschah das mit Rücksicht auf die Schwierigkeiten der Vollstreckung auf Grund der kantonalen Zivilprozeßordnungen.

37   Diese Schwierigkeiten hat das BG über den Bundeszivilprozeß vom 4. Dezember 1947 mit seinen Vollstreckungsbestimmungen beseitigt, und die kantonalen ZPO werden sich ihm anpassen müssen. Einleitung, N. 98. Nach Art. 78 BZP ersetzt das Urteil die Willenserklärung, zu welcher der Beklagte verurteilt ist. Besteht die Willenserklärung in der Anmeldung zur Eintragung, ermächtigt der Richter im Urteil den Grundbuchverwalter zur Eintragung im Sinne von Art. 18 und 19 GBVo. Mit dem Leistungsurteil verträgt sich auch die Bedingung, daß die Eintragung erst nach Ausrichtung der Entschädigung erfolgen dürfe, welche im Art. 78 BZP erwähnt ist. Diese Bestimmungen sind auch für das Verfahren nach kantonalem Recht maßgebend. LIVER, Das Eigentum, S. 142 und 181f. So ist auch entschieden in EBG **97** II 48 = Pr. **60** Nr. 123.

38 Die Eintragung darf nach Art. 18 GBVo. auf Grund eines Urteils nur vorgenommen werden, wenn dieses mit der Bescheinigung der Rechtskraft und mit der Ermächtigung zur Eintragung versehen ist. Vgl. über diese Erfordernisse HAAB, N. 69 zu Art. 656; HOMBERGER, N. 30 und 35 zu Art. 963.

39 Über gerichtlichen Vergleich und Prozeßabstand als Urteilssurrogate (Art. 963 Abs. 2) HAAB, N. 68 zu Art. 656 und HOMBERGER, N. 32 und 33 zu Art. 963; EBG **71** I Nr. 70 = Pr. **35** N. 63.

40 Nicht durch Urteil wird die Dienstbarkeit, entgegen der Auffassung von WIELAND, Bem. 3 zu Art. 662 und LEEMANN, N. 12 und 36 zu Art. 731, begründet, wenn ihre Eintragung vom Richter gemäß Art. 662 Abs. 3 (außerordentliche Ersitzung) angeordnet wird.

6. Zwangsverwertung. In der Zwangsverwertung dient das Lastenverzeichnis gemäß Art. 140 SchKG der Feststellung der auf dem Grundstück lastenden dinglichen Rechte nach ihrer Existenz, ihrem Umfang und Rang. EBG **44** III 62. Es bildet die Grundlage der Versteigerung. Das Grundstück wird dem Erwerber mit den aus dem Lastenverzeichnis sich ergebenden Lasten zugeschlagen. Gehört zu diesen Lasten eine Dienstbarkeit, die im Grundbuch nicht eingetragen war oder in ihm gelöscht war, so ist sie, wenn sie vorher nicht bestanden hat, mit dem Zuschlag entstanden. (Wohl nicht schon mit dem Abschluß des Lastenbereinigungsverfahrens, da das Lastenverzeichnis nur für die betreffende Betreibung Rechtskraft erlangt.) Das Betreibungsamt hat nach Art. 68 Abs. 2 VZG die Dienstbarkeit zur Eintragung in das Grundbuch anzumelden. LEEMANN, Die Bedeutung der Lastenbereinigung bei der Zwangsverwertung von Grundstücken, SJZ **18**, S. 37f.; FORNI R., Servitù e realizzazione forzata dei fondi, Studi in onore di Peter Liver (1972) p. 54ss. **41**

42 Selbstverständlich kann auf diesem Wege nicht eine Grunddienstbarkeit zu Gunsten des verwerteten Grundstückes entstehen, welche ein anderes, nicht in die Verwertung einbezogenes Grundstück belasten würde. Aarg. JDir., ZBGR **20**, S. 20f. Nimmt der Konkursbeamte zugunsten einer Liegenschaft eine (aus Nachlässigkeit der Parteien nicht zur Eintragung gelangte, wenn auch «selbstverständliche Dienstbarkeit», N. 15 zu Art. 732 und N. 51 zu Art. 733) ins Lastenverzeichnis auf, kann der Ersteigerer sie nicht erwerben und deshalb die Aufhebung des Zuschlags verlangen, EBG **97** III 89 = ZBGR **53**, S. 303ff. Dazu LIVER P., Die Entstehung und Ausbildung des Eintragungs- und des Vertrauensprinzips im Grundstücksverkehr, ZBGR **60** (1979) S. 1ff. bes. S. 15f.

43 **7. Die Ersitzung.** Wird eine Dienstbarkeit ersessen, entsteht sie ebenfalls nicht durch Eintragung im Grundbuch. Die Ersitzung wird unter Z. V hienach behandelt.

44 **8. Aneignung.** An einem herrenlosen Grundstück kann eine Grunddienstbarkeit durch Aneignung begründet werden. Siehe Einleitung N. 24.

45 **9. Gesetzesvorschrift.** Kraft Gesetzes kann Eigentum auf ein anderes Subjekt übergehen, kann eine Nutznießung und können Grundpfandrechte entstehen. Art. 665 Abs. 2 nennt den Erbgang; Art. 747 erwähnt die gesetzliche Nutznießung und Art. 836 die gesetzlichen Pfandrechte des kantonalen öffentlichen Rechts; Art. 963 Abs. 2 spricht von den Eintragungen, die der Erwerber, gestützt auf eine Gesetzesvorschrift, verlangen kann.

46 Aber Dienstbarkeiten (außer der Nutznießung), die unmittelbar durch das Gesetz begründet werden, gibt es nicht. Besteht eine ihnen dem Inhalt nach entsprechende Beschränkung des Eigentums unmittelbar kraft Gesetzes, liegt nicht eine Dienstbarkeit, sondern eben eine gesetzliche Eigentumsbeschränkung vor. (Auch die gesetzlichen Pfandrechte i. S. von Art. 836 sind gesetzliche Eigentumsbeschränkungen.) Wenn trotzdem in diesen Fällen etwa von Dienstbarkeiten die Rede ist, wie in den kantonalen EGzZGB (siehe auch zürch. KassG betr. § 36 des Baugesetzes, BlZR **31** Nr. 27), beruht das auf einer Theorie oder bloß Terminologie, die von der Rechtswissenschaft längst aufgegeben ist. Einl. N. 89. Begründet dagegen das Gesetz nur den Anspruch auf Einräumung einer Servitut, entsteht diese (als Legalservitut) nicht kraft Gesetzes, sondern durch Eintragung oder, bei Zusprechung des Rechtes, durch richterliches Urteil.

Über den gesetzlichen Tatbestand der Ersitzung siehe Z. V.

IV. Die Eintragung

47 **1. Eintragung der Last und des Rechtes.** Art. 968: «Die Eintragung und Löschung der Grunddienstbarkeiten erfolgt auf dem Blatt des berechtigten und des belasteten Grundstückes.» Siehe auch Art. 946 Z. 2 und GBVo. Art. 35 Abs. 1 Erl. II, S. 141: «...grundbuchliche Vorschrift, die zur guten Ordnung der Verhältnisse außerordentlich beiträgt.» ZBGR **38**, S. 144ff. (Trib. de Boudry).

48 OSTERTAG, N. 1 zu Art. 968, will die Eintragung auf dem Blatt des berechtigten Grundstückes als Anmerkung verstanden wissen.

49 Der Grundbuchverwalter hat zu prüfen, ob die Dienstbarkeit nach dem Begründungsakt zu Gunsten des jeweiligen Eigentümers eines Grundstückes errichtet werden soll. Bejaht er dies, hat er die Eintragung von Amtes wegen auch auf dem Blatt des berechtigten Grundstückes vorzunehmen. Unterläßt er dies aus Versehen, so daß im Eintrag auf dem Blatt des belasteten Grundstücks als Berechtigter der

derzeitige Eigentümer des berechtigten Grundstückes erscheint, statt daß die Nummer des berechtigten Grundstückes angegeben ist (GBVo. Art. 35 Abs. 2), ist die Dienstbarkeit doch errichtet, und zwar muß sie als Grunddienstbarkeit gelten. N. 33 bis 35 zu Art. 730. Kritik PIOTET, S. 564 (Mißverständnis).

Der Grundbuchverwalter hat von Amtes wegen zur Berichtigung gemäß Art. 977 zu schreiten. Er bedarf dazu jedoch, wenn er den Fehler nicht sofort bemerkt hat und der Eintrag inzwischen zur Kenntnis der Beteiligten oder Dritter gelangt ist, der schriftlichen Einwilligung der Beteiligten oder einer richterlichen Verfügung (GBVo. Art. 98). Die Einwilligung der Beteiligten ist erforderlich, weil die Grunddienstbarkeit im Vergleich zur beschränkten persönlichen Dienstbarkeit für den Eigentümer des belasteten Grundstückes insofern eine schwerere Last ist, als ihre Dauer nicht auf die Lebenszeit des derzeit Berechtigten beschränkt ist, und für den Berechtigten kann die Grunddienstbarkeit insofern einen beschränkteren Umfang haben, als dafür im Zweifel die Bedürfnisse des herrschenden Grundstückes maßgebend sind. Wenn aus dem unrichtigen Eintrag gar die Übertragbarkeit und Vererblichkeit hervorginge, würde die Berichtigung die Interessen des Berechtigten ganz wesentlich berühren. **50**

Ist dagegen die Grunddienstbarkeit auf dem Blatt des belasteten Grundstückes richtig eingetragen, so daß also kein Zweifel besteht, daß die Dienstbarkeit eine Grunddienstbarkeit ist, sollte der Grundbuchverwalter die Eintragung auf dem Blatt des berechtigten Grundstückes von sich aus nachholen können, ohne die Zustimmung der Beteiligten oder eine richterliche Anordnung einholen zu müssen, weil durch sie kein Beteiligter und kein Dritter in seinen Rechten beeinträchtigt werden kann. EBG **95** II 614 erörtert diese Frage, ohne sie zu entscheiden. **51**

Anders verhielte es sich allerdings, wenn nur beide Eintragungen zusammen die Entstehung der Grunddienstbarkeit zu bewirken vermöchten. In diesem Falle wären die beiden Grundeigentümer, wenn die Eintragung auf dem Blatt des berechtigten Grundstückes fehlt, höchstens persönlich aus dem Dienstbarkeitsvertrag berechtigt und verpflichtet (Einl. N. 129). Der Berechtigte könnte zwar, auch wenn die erfolgte unvollständige Eintragung überhaupt keine Grundstücksbelastung bewirkt hätte, also als nicht bestehend zu betrachten wäre, auf Grund des Dienstbarkeitsvertrages seinen Anspruch auf Errichtung der Dienstbarkeit, wenigstens wenn er nicht verjährt ist, durchsetzen. Auch auf seinen Singularsukzessor kann dieser Anspruch durch Zession übergegangen sein, was im Zweifel anzunehmen sein wird. Gegenüber dem Singularsukzessor des Eigentümers des belasteten Grundstückes könnte der Anspruch dagegen, wenn dieser die ihm entsprechende Verpflichtung nicht übernommen hat, nicht geltend gemacht werden. Der nunmehrige Eigentümer des belasteten Grundstückes könnte den bestehenden unrichtigen Eintrag löschen lassen. **52**

Da dieser Eintrag nicht mangels der erforderlichen Ausweise über den Rechtsgrund oder über das Verfügungsrecht ungerechtfertigt wäre, sondern unwirksam wäre, weil er vom Grundbuchverwalter aus Versehen im Widerspruch zu den vor- **53** handenen Ausweisen vorgenommen worden ist, würde die Löschung auf dem Wege der Berichtigung nach Art. 977 erfolgen; eine Grundbuchberichtigungsklage nach Art. 975 käme nicht in Frage (HOMBERGER, N. 9 zu Art. 975; OSTERTAG, N. 9 zu Art. 975).

54 In der Regel dürfte aber wohl im Erwerb des Grundstückes, zu dessen Lasten die Grunddienstbarkeit eingetragen ist, die Übernahme der Verpflichtung aus dem Dienstbarkeitsvertrag liegen, wenn die Grunddienstbarkeit selber infolge unrichtiger Eintragung nicht zustandegekommen ist, was sich aus der hier bloß supponierten Auffassung ergäbe. Die Auffassung, daß der Rechtsnachfolger des Eigentümers des belasteten Grundstücks, zu dessen Lasten die Dienstbarkeit eingetragen ist, von ihr frei sei, wenn der Eintrag auf dem Blatt des berechtigten Grundstücks fehlt, wird vertreten von LEEMANN, N. 20 zu Art. 731 und HOMBERGER, N. 1 zu Art. 968.

Ich glaube, sie ablehnen zu müssen.

55 Maßgebend für die Entstehung und den Bestand der Grunddienstbarkeit ist die Eintragung auf dem Blatte des belasteten Grundstückes. JENNY F., Der öffentliche Glaube des Grundbuches, S. 147f. und S. 198; ObG Zürich, SJZ 27, S. 297f.; AppH Bern, ZBJV 67, S. 19, 77, S. 567, ZBGR 25, S. 298f. Ist diese gerechtfertigt, ist das Grundstück belastet, und zwar auch dann, wenn der Eintrag insofern unrichtig ist, als aus Versehen, also im Widerspruch zum Ausweis über den Rechtsgrund, als berechtigt der derzeitige Eigentümer des berechtigten Grundstückes mit seinem Namen und nicht das Grundstück mit seiner Nummer bezeichnet ist. Ist der Eintrag auf dem Blatt des belasteten Grundstückes aber richtig und bloß die Eintragung auf dem Blatt des berechtigten Grundstückes unterlassen worden, kann vollends kein Zweifel am Bestand der Grunddienstbarkeit bestehen. Die Konsequenz der entgegengesetzten Auffassung, daß sich der Eigentümer des Grundstückes, zu dessen Lasten die Grunddienstbarkeit in dieser Weise eingetragen ist, jeder Belastung entschlagen könne, wenn aus Versehen die Eintragung auf dem Blatt des berechtigten Grundstückes unterlassen worden ist und ihm gegenüber nicht ein persönlicher Anspruch auf die vorschriftsgemäße Errichtung der Grunddienstbarkeit besteht, scheint mir unannehmbar zu sein.

56 Der Eintragung auf dem Blatt des berechtigten Grundstückes kann überhaupt nicht die gleiche Bedeutung zuerkannt werden wie derjenigen auf dem Blatt des belasteten Grundstückes. Die positive Rechtskraft des Grundbuches erstreckt sich auf sie nur insoweit als sie mit der letzteren übereinstimmt. Der Erwerber des Grundstückes, zu dessen Gunsten die Grunddienstbarkeit eingetragen ist, kann diese nicht im Vertrauen auf diesen Eintrag mit dem Grundstück erwerben, wenn ein entsprechender Eintrag auf dem Blatt des belasteten Grundstückes fehlt. Würde er sie erwerben, müßte sie auf dem Blatt des belasteten Grundstückes eingetragen werden, auch wenn sie auf ihm zu Recht gelöscht worden ist und auf dem Blatt des berechtigten Grundstückes aus Versehen stehen geblieben ist. Das ist selbstverständlich ausgeschlossen.

Aber auch wenn die Löschung auf dem Blatt des belasteten Grundstückes zu **57** Unrecht erfolgt wäre, müßte der Erwerber dieses Grundstückes in seinem Vertrauen auf den Nichtbestand der Grunddienstbarkeit geschützt werden; diese ginge unter, obwohl sie auf dem Blatt des berechtigten Grundstückes eingetragen ist, und dem Berechtigten stünde ein Schadenersatzanspruch gegenüber dem Kanton gemäß Art. 955 zu, welcher sich auf die ungerechtfertigte Löschung des Eintrages auf dem Blatt des belasteten Grundstückes stützt. Dem Erwerber dieses Grundstückes könnte der gute Glaube nicht etwa deshalb abgesprochen werden, weil er nicht geprüft hat, ob die Grunddienstbarkeit auf dem Blatt des berechtigten Grundstückes gelöscht ist. Da ein Eintrag, der ihn auf einen anderen Eintrag hinwies, nicht mehr bestand, brauchte er sich um diesen anderen Eintrag nicht zu kümmern.

Diese Ansicht wird anerkannt von der freiburg. Aufsichtsbehörde im Grundbuchwesen, ZBGR **38**, S. 14 und nunmehr nach einem gegenteiligen Urteil (ZBGR **35**, S. 145ff. = SJZ **51**, S. 43) auch vom freiburg. KtG, kant. Entscheidungen **1959**, S. 46 = SJZ **57** (1961) Nr. 138, S. 355.

Dagegen wird dem Erwerber des berechtigten Grundstückes zugemutet, daß er **58** nachsieht, ob die dem Recht, das er mit dem Grundstück erwerben will, entsprechende Last eingetragen ist (JENNY F., a.a.O., S. 148); auf dem Blatt des berechtigten Grundstückes ist ja auf diesen Eintrag hingewiesen. Wenn dieser Eintrag auf dem Blatt des belasteten Grundstückes zu Recht nicht oder nicht mehr besteht und somit der Eintrag auf dem berechtigten Grundstück unrichtig ist, scheint mir fraglich zu sein, ob der Erwerber dieses Grundstückes einen Anspruch auf Schadenersatz gegenüber dem Kanton hat, da das Grundbuch in dem für den Bestand der Grunddienstbarkeit maßgebenden Teil (d.i. das Blatt des belasteten Grundstückes) richtig geführt ist (a.M. OSTERTAG, N. 26 zu Art. 975).

Besteht hinsichtlich der Grunddienstbarkeit keine Übereinstimmung zwischen **59** dem Eintrag auf dem Blatt des berechtigten und demjenigen auf dem Blatt des belasteten Grundstückes, geht der letztere vor (JENNY F., a.a.O., S. 147). Daraus ergibt sich, daß der Eintrag auf dem Blatt des berechtigten Grundstückes überhaupt keine selbständige Bedeutung hat. Er hat nur die Wirkung einer **Anmerkung**.

Im Gesetz hätte nicht die Eintragung, sondern die Anmerkung auf dem Blatt des **60** berechtigten Grundstückes vorgeschrieben werden sollen. Dies hat OSTERTAG erkannt. (Siehe N. 48 hievor.) Er zieht daraus auch die Konsequenz, daß die Grunddienstbarkeit auf dem Blatt des berechtigten Grundstückes nicht einzutragen, sondern anzumerken sei. Das wäre de lege ferenda richtig. Angesichts der sie ausdrücklich vorschreibenden Gesetzesartikel wird die Eintragung nicht abgelehnt werden können. Auch beim Erlaß der Grundbuchverordnung hielt man sich hinsichtlich der Grunddienstbarkeiten an den Wortlaut der gesetzlichen Vorschriften. Die Errichtung der Realgrundlasten, für welche das Gesetz die Eintragung auf dem Blatt des berechtigten Grundstückes nicht ausdrücklich vorschreibt, wurde dagegen in der richtigen Erkenntnis, daß diese Eintragung doch nur die Wirkung der Anmerkung haben könnte, so geregelt, daß auf dem Blatt des berechtigten Grundstückes auch nur die Anmerkung erfolgt. Daraus dürfte sich der Widerspruch zwischen den Art. 35 und 39 GBVo. erklären. Siehe auch Art. 82 GBVo. mit der allgemeinen Regel, daß auf das Recht des jeweiligen Eigentümers eines Grundstücks, dem das Eigentum oder ein beschränktes dingliches Recht an einem anderen Grundstück zusteht, in den «Anmerkungen» zu verweisen sei.

61   Nach § 9 der deutschen GBO werden denn auch die Rechte, die dem jeweiligen Eigentümer eines Grundstückes zustehen, auf dem Blatt dieses Grundstückes, auf Antrag hin, bloß vermerkt. Der Vermerk ist für den Bestand und Inhalt des Rechtes nicht maßgebend; auch für die Frage des guten Glaubens ist nur die Eintragung auf dem Blatt des belasteten Grundstückes entscheidend. PLANCK-STRECKER, Erl. Ia zu § 892; GÜTHE-TRIEBEL, Bem. 12 zu § 8 GBO. Auch in Österreich ist die «Ersichtlichmachung» auf dem Gutsbestandblatte des herrschenden Grundstückes materiellrechtlich ohne Bedeutung. EHRENZWEIG, System I 2 (1923), § 258 II 1, S. 73; KLANG, Kommentar, S. 561 zu § 481 ABGB, siehe auch LIVER P., Die Anmerkung, ZBGR **50** (1969) S. 7ff.

62   Der Ansicht HOMBERGERS, N. 1 am Schluß zu Art. 968, daß Grunddienstbarkeiten zu Lasten von Eisenbahnen durch die Eintragung bloß auf dem Blatt des berechtigten Grundstückes errichtet werden, kann ich mich nicht anschließen. In der umstrittenen Frage (HOMBERGER, N. 23f. zu Art. 944) dürfte sich wohl, solange ein eidg. Eisenbahngrundbuch nicht besteht, die Lösung der Kantone Zürich (GO f. d. Not. u. GB-Ämter, §§ 149–151; Vo. des ObG vom 6. Juli 1928; ZBGR **28**, S. 340), Thurgau, St. Gallen, Luzern, welche auch der Ansicht des Eidg. JuPD (VerwEntsch. 1932 Nr. 75 = ZBGR **18**, S. 136ff.) und des Eidg. GB-Amtes (VerwEntsch. 1932 Nr. 76 = ZBGR **18**, S. 13f.) entspricht, durchsetzen: Aufnahme der Eisenbahngrundstücke in das Grundbuch mit Sperrung der Pfandrechtskolumne und Errichtung von Dienstbarkeiten nach den Vorschriften des ZGB und der GBVo. Vgl. dazu KELLER Fr., Das Eisenbahnpfandrecht (Schweiz. Beitr. z. Verkehrswissenschaft 6, Bern 1941), S. 84.

63   Die Eintragung der Grunddienstbarkeiten vereinfacht sich, wenn das belastete und das berechtigte Grundstück auf das gleiche Kollektivblatt aufgenommen sind. Es bedarf dann nur einer Eintragung, unter Angabe der Nummern des belasteten und des berechtigten Grundstückes, Art. 947 ZGB, Art. 38 Abs. 2 GBVo.

2. Die Art der Eintragung

64   a) Die Bestandteile des Eintrages im Hauptbuch. Der Eintrag umfaßt nach Art. 35 Abs. 2 folgende Elemente: Litera, unter der er erfolgt; die Angabe der Art, ob Recht oder Last (R oder L); Datum; Benennung der Dienstbarkeit oder Grundlast; für die Grunddienstbarkeit Nummer des berechtigten Grundstückes bei der Eintragung der Last und Nummer des belasteten Grundstückes bei der Eintragung

des Rechtes; bei der persönlichen Dienstbarkeit Bezeichnung der berechtigten Person; Belegnummer.

b) Die Benennung der Dientsbarkeit. Schwierigkeiten kann die Benennung der Dienstbarkeit verursachen. Sie bezeichnet den Inhalt und Umfang der Dienstbarkeit, und zwar mit einem Stichwort. Dieses soll die Dienstbarkeit nicht nur allgemein nach ihrer Art (Wegrecht, Baurecht, Wasserrecht, Gewerbedienstbarkeit) bezeichnen, sondern sie soweit als möglich spezifizieren (Fuß- und Fahrwegrecht; Näherbaurecht, Höherbauverbot; Quellenrecht; Brunnenabwasserrecht, Tränkerecht, Wasserkraftrecht; Immissionsrecht, Gewerbeverbot, Gewerbebeschränkung). Auch eine noch weitere Spezifikation durch Beifügung von einem oder zwei den Zweck, eine Eigenschaft oder die Dauer bestimmenden Wörtern ist zulässig und kann sich empfehlen: Wegrecht für die Holzabfuhr; Bezug von Wasser zur Bewässerung; Verbot, eine Wirtschaft zu betreiben. Ist die Dauer des Rechtes zeitlich begrenzt (Art. 730 N. 62), muß im Eintrag darauf hingewiesen werden, z.B. Lehmausbeutungsrecht für 10 Jahre. 65

Ist mit der Dienstbarkeit die Verpflichtung des Eigentümers des belasteten Grundstückes zur Vornahme von Handlungen verbunden, ist dies im Eintrag zum Ausdruck zu bringen, z.B. «Quellenrecht mit Unterhaltspflicht» als Eintrag auf dem Blatt des belasteten und «Quellenrecht mit Unterhaltsanspruch» auf dem Blatt des berechtigten Grundstückes. N. 230f. zu Art. 730. 66

Vgl. die eingehenden Anleitungen (Stichwörterverzeichnisse) des JDep. Solothurn (1942) ZBGR **24**, S. 51ff., und St. Gallen, ZBGR **5**, S. 43ff., ferner Zürich, RechBer. ObG 1939, ZBGR **21**, S. 251. Nussbaum H., Dienstbarkeiten und Grundlasten in Konkurrenz mit Grundpfandrechten, ZBGR **19**, S. 3f. 67

Die maßgebende Bedeutung der spezifizierten Umschreibung der Dienstbarkeit im Eintrag ergibt sich aus den Art. 738 und 971 Abs. 2, wonach sich der Inhalt der Dienstbarkeit zwar auch nach dem Erwerbstitel und der Art der Ausübung bestimmt, aber nur im Rahmen des Eintrages. Dazu das eingehende Urteil des Bundesgerichtes **56** II 87ff. = Pr. **19** Nr. 79 und **83** II 122. Siehe die Erläuterungen zu Art. 738. Ob der Grundbuchverwalter zu prüfen hat, ob die angemeldete Dienstbarkeit den öffentlich-rechtlichen Bauvorschriften nicht widerspricht, wie es im MBVR **61** (1963) Nr. 68, S. 221f. vom bernischen RR verlangt wird, ist sehr zweifelhaft. Man braucht bloß an die Möglichkeit der Ausnahmebewilligungen und den raschen Wechsel in der baupolizeilichen Reglementierung zu denken. Vgl. dazu N. 96 zu Art. 730. Aus der deutschen Literatur: Staudinger-Kober, 10. Aufl. N. 20 zu § 1018 und 14 zu § 1019; Planck-Strecker, Bem. 4 zu § 1018; Meisner-Stern-Hodes, 5. Aufl. § 35 I 3, S. 692f. 68

In manchen Fällen reicht die stichwortartige Bezeichnung im Eintrag nicht aus, um den ganz speziellen Inhalt der Dienstbarkeit zu umschreiben. Dies soll im Eintrag durch besonderen Hinweis auf den Erwerbstitel zum Ausdruck gebracht werden. Z.B. «Verbot ein Restaurant zu be- 69 treiben, gemäß Urteil des BG vom 4. November 1920, Beleg Nr. ...». Siehe N. 193 zu Art. 730.

70   Oft kann die erforderliche Klarheit über den Inhalt und Umfang der Dienstbarkeit, namentlich wenn deren Ausübung auf bestimmte Teile des belasteten Grundstückes beschränkt ist, nur durch die zeichnerische Darstellung in einer Planskizze erreicht werden. In solchen Fällen (wenn eine Einzeichnung in die Grundbuchpläne nicht erfolgt) kann der Grundbuchverwalter den Anmeldenden zur Einreichung einer solchen, von den Parteien unterzeichneten, Planskizze veranlassen, wenn er auch die Eintragung davon nur dann wird abhängig machen können, wenn nur auf diese Weise der Wille der Parteien eindeutig zum Ausdruck gebracht werden kann. NUSSBAUM H., a.a.O., ZBGR **19**, S. 4 (Erstellung der Skizze durch die Urkundspersonen, wenn die Dienstbarkeitsvereinbarung Bestandteil eines öffentlich zu beurkundenden Vertrages ist wie des Kaufvertrages). Im Eintrag wird dann auf die Planskizze hingewiesen. Siehe auch MBVR **49**, S. 474.

71   Legalservituten sollten als solche bezeichnet werden: gesetzliches Überbaurecht, Notwegrecht, Notbrunnenrecht, gesetzliches Durchleitungsrecht. N. 39 zu Art. 732. Dies ist nicht deshalb notwendig, weil diese Rechte auch ohne Zustimmung oder ohne Einbezug der Inhaber bestehender dinglicher Rechte ins Begründungsverfahren den Vorrang hätten, was m. E. nicht zutreffen kann (Einl. N. 54, 69, 102f.). Es ist aber erforderlich, weil diese Rechte in bezug auf ihre Dauer, Ablösung und Verlegung nicht gleich zu behandeln sind wie die übrigen Servituten. Einl. N. 104. Wird ein solches Recht auf Grund eines Urteils eingetragen, ergibt sich aus diesem, daß es eine Legalservitut ist. Haben sich die Parteien jedoch über die Einräumung der Servitut geeinigt, so daß diese auf Grund eines Vertrages eingetragen wird, ist dies nicht immer der Fall. Wollten die Parteien eine Legalservitut begründen, sollte dies im Interesse des Eigentümers des belasteten Grundstückes aus dem Grundbuch hervorgehen. Vgl. dazu auch N. 31 zu Art. 732.

72   c) Einzeichnung in die Grundbuchpläne. Gemäß Art. 28 der Eidg. Instruktion für die Vermarkung und Parzellarvermessung vom 10. Juni 1919 (BS Bd. **2**, S. 592) sind als Gegenstände der Vermessung auch die Dienstbarkeitsgrenzen mit ihren Grenzzeichen aufzunehmen (lit. b), ferner Bauten; wenn sie Gegenstand von Dienstbarkeiten bilden oder in fremdes Privateigentum überragen, auch unwichtige Fahrnisbauten, kleine Anbauten usw. (lit. c), dann unter den Straßen und Wegen auch Feld-, Wald-, Fahr-, Saum-, Schlitt- und Fußwege, Brücken und Stege, Fähren, ständige Drahtseilriesen (lit. d), unter den Gewässern und Wasserbauten auch Quellen, Brunnen, Brunnenleitungen im Privateigentum, die bei der Aufnahme sichtbar sind (lit. f). Art. 39 sieht vor, daß für Dienstbarkeiten, sofern sie gemäß den festgestellten Normen nicht deutlich genug dargestellt werden können, Spezialpläne zu erstellen und dem Grundbuch beizugeben seien. Art. 66 regelt die Nachführung, welche sich aus Dienstbarkeitsänderungen ergeben. Art. 67 verpflichtet den Grundbuchverwalter, dem Nachführungsgeometer von der Eintragung dinglicher Rechte,

die eine Änderung des Grundbuchplanes bedingen, Mitteilung zu machen. Nach Art. 68 darf der Grundbuchverwalter, wo besondere Gemeindevermessungsämter bestehen, sowohl die Teilung oder Vereinigung von Grundstücken als auch die Eintragung dinglicher Rechte, die eine Änderung des Grundbuchplanes bedingen, nur vornehmen, sofern eine vom Gemeindevermessungsamt ausgestellte, wenn auch nur vorläufige Meßurkunde vorliegt.

Die in der Ausübung örtlich durch Vermarkung festgelegten Dienstbarkeiten (es sind namentlich Wegrechte, Wasserrechte [mit Wehr, Werkkanal, Pegel], Holzschlagrechte, vor allem Baurechte, auch Überbaurechte), sollte der Grundbuchverwalter erst eintragen dürfen, nachdem ihm die Meßurkunde mit zugehöriger Planbeilage vorgelegt ist. Nach erfolgter Eintragung, unter Hinweis auf den Plan, hat er davon dem Nachführungsgeometer Mitteilung zu machen (etwa durch Zustellung der genannten Unterlagen mit der Eintragungsbescheinigung), worauf die Einzeichnung in den Grundbuchplan erfolgt. Dieses Verfahren würde Gewähr bieten für die Übereinstimmung zwischen Grundbuch und Grundbuchplan, welche von fundamentaler Bedeutung ist, weil die Grundbuchpläne ein wesentlicher Bestandteil des Grundbuches sind, dessen öffentlicher Glaube sich auch auf sie erstreckt. **73**

Die Kantone haben hierüber die näheren Vorschriften und Weisungen erlassen. Die aargauischen verzeichnet NUSSBAUM, ZBGR **19,** S. 3f. Für den Kanton Bern vgl. das eingehende Kreisschreiben der JDir. und der BDir. vom 30.Januar 1951, ZBGR **33,** S. 90ff. **74**

d) Liegenschaftsbeschreibung. Über die Einschreibung in die besonderen Liegenschaftsbeschreibungen, wo solche geführt werden (GBVo. Art. 4), siehe Art. 36 GBVo. **75**

e) Angabe des Gesamtwertes. Der Gesamtwert der Belastung ist nicht, wie für die Grundlasten, notwendiger Bestandteil des Eintrages. Die Parteien können ihn jedoch eintragen lassen, sofern die vorgehenden Pfandgläubiger der Errichtung der Dienstbarkeit nicht zugestimmt haben (GBVo. Art. 37). Während diese Angabe für die Grundlasten in erster Linie die Ablösungssumme feststellt und erst in zweiter Linie den wertmäßigen Umfang der Belastung, hat sie hier nur diese zweite Funktion. Sie wirkt sich aus, wenn die Zwangsverwertung des belasteten Grundstückes zur Löschung der Dienstbarkeit im Interesse der vorgehenden Grundpfandgläubiger führt und einen Überschuß über deren Forderungen ergibt, auf welchen der aus der Dienstbarkeit Berechtigte bis zu der Höhe des Wertes seines untergehenden Rechtes Anspruch hat, während der Überrest den nachfolgend Eingetragenen zufällt (Art. 812 Abs. 2 und 3). Der Betrag, bis zu welchem dieser Anspruch besteht, wird durch den eingetragenen Gesamtwert bestimmt, vorbehältlich des Nachweises, daß der wirkliche Wert geringer ist (Art.789 kommt analog zur Anwendung). Siehe Einleitung N. 49 und außer den dazu zitierten Entscheiden EBG **56** III 218 = Pr. **20** Nr. 41. **76**

Grunddienstbarkeiten

77 f) Bemerkungen. Stimmt ein vorgehender Pfandgläubiger der Errichtung einer Grundlast oder Dienstbarkeit zu Lasten des verpfändeten Grundstückes zu, verzichtet er damit auf den Vorrang und anerkennt, daß die Grundlast oder Dienstbarkeit seinem Pfandrecht vorgeht. Die Zustimmung ist als Bemerkung zum Grundpfandeintrag im Grundbuch einzuschreiben, und auf sie ist beim Dienstbarkeits- oder Grundlasteintrag zu verweisen. In den Grundpfandtitel ist die Dienstbarkeit oder Grundlast als neue Last aufzunehmen (GBVo. Art. 37 Abs. 3). Art. 730 N. 46.

78 g) Vormerkung Die Vormerkung einer Dienstbarkeit erfolgt entweder als Verfügungsbeschränkung oder als vorläufige Eintragung. Die Verfügungsbeschränkung wird gemäß Art. 960 Z. 1 vorgemerkt auf Grund einer amtlichen Anordnung zur Sicherung streitiger oder vollziehbarer Ansprüche. Ein solcher Anspruch ist der Anspruch auf Errichtung der Dienstbarkeit gegenüber dem Eigentümer des zu belastenden Grundstückes auf Grund des Dienstbarkeitsvertrages oder Testamentes. Dieser persönliche Anspruch erhält durch die Vormerkung die verstärkte Wirkung, welche darin besteht, daß die Verfügungsbeschränkung gegenüber jedem Erwerber des Grundstückes wirkt und nicht durch weitere Belastung dieses Grundstückes entwertet werden kann. Dem zu begründenden Recht wird für den Fall seiner Entstehung der durch das Datum der Vormerkung bestimmte Rang gesichert. Die Vormerkung gemäß Art. 960 Z. 1, welche der Sicherung des Erwerbers des Eigentums oder eines beschränkten dinglichen Rechtes dient, weil der Grundeigentümer die geschuldete grundbuchliche Anmeldung nicht vornimmt, verpflichtet nicht einen Dritterwerber, die Anmeldung vorzunehmen. Diese wird durch das gerichtliche Urteil ersetzt. Alle am Grundstück dinglich Berechtigten haben das dadurch entstandene Recht in dem Rang, den ihm die Vormerkung gibt, anzuerkennen. Die Vormerkung verstärkt wohl ein persönliches Recht, verpflichtet aber nicht Drittpersonen aus einer Obligation. Sie begründet deshalb nicht eine Realobligation. Sie hat die gleiche Wirkung wie die Einschreibung ins Tagebuch. Siehe m. Eigentum, S. 22f.: Dingliche Anwartschaft. EBG **104** II 170ff. = Pr. **67** Nr. 200 erklärt, gestützt auf PIOTET (ZBGR **50** [1969] S. 43ff.), durch die Vormerkung verbinde sich mit dem obligatorischen Recht aus dem Kauf- oder Dienstbarkeitsvertrag ein dingliches Recht als Akzessorium. Das ist eine unnötige und kaum haltbare Konstruktion. Durch die Vormerkung wird das obligatorische Recht (Art. 665 Abs 1) so verstärkt, das es gegenüber jedem später erworbenen Recht durchgesetzt werden kann. Eine unmittelbare Sachherrschaft gewährt es nicht und ist deshalb eher ein ius ad rem als ein ius in re. Vgl. zum ius ad rem LIVER, Das Eigentum, S. 19f.

79 Eine vorläufige Eintragung kann vorgemerkt werden:
nach Art. 961 Z. 2, wenn es zur Erfüllung der Eintragungsvoraussetzungen bloß noch der Ergänzung des Ausweises über das Verfügungsrecht bedarf (966);
nach Art. 961 Z. 1 zur Sicherung behaupteter dinglicher Rechte.
Das behauptete dingliche Recht ist im Grundbuch nicht oder nicht richtig eingetragen. Eine Dienstbarkeit ist aus einem altrechtlichen kantonalen Register nicht in das

eidgenössische Grundbuch übernommen worden oder mit verändertem Inhalt, Umfang oder Rang (BlZR **33** Nr. 7); die Eintragung eines ehehaften Wasser- oder Fischereirechtes, einer ersessenen oder seit unvordenklicher Zeit ausgeübten Dienstbarkeit wird abgelehnt; die Dienstbarkeit ist zu Unrecht gelöscht worden; die Dienstbarkeit ist eingetragen, aber mit unrichtigem Inhalt oder Umfang; ein Grundpfandrecht ist zu Unrecht mit einem gegenüber der Dienstbarkeit besseren Rang eingetragen. In allen diesen Fällen kann auf Eintragung oder auf Berichtigung des Grundbuches geklagt werden (Art. 875). Die Vormerkung ermöglicht die Realexekution des die Klage gutheißenden Urteils gegenüber dem Erwerber des Grundstückes oder eines dinglichen Rechtes an ihm. Sie verhindert den Erwerb im Vertrauen auf die Richtigkeit des Grundbuches, welcher gemäß Art. 971 und 973 auch gegenüber dem Urteil geschützt werden müßte.

Vormerkungsfähig ist auch der gesetzliche Anspruch auf Einräumung einer **80** Servitut (Legalservitut), aber nicht gemäß Art. 961 Z. 1, sondern nach Art. 960 Z. 1; denn wer einen solchen Anspruch geltend macht, kann nicht behaupten, ein dingliches Recht zu haben, denn er hat nur ein gesetzliches oder vertragliches obligatorisches Recht. Das gilt zwar auch vom Bauhandwerker, der Anspruch auf die Einräumung des gesetzlichen Pfandrechtes gemäß Art. 837 Z. 3 macht (Einl. N. 157). Ihm wird in Art. 22 Abs. 4 GBVo. trotzdem die Legitimation zur Erwirkung einer vorläufigen Eintragung gemäß Art. 961 Z. 1 gegeben. Hiefür liegen aber ganz besondere Gründe vor; vor allem liegen sie in der zwingenden Vorschrift, daß die Eintragung nach Ablauf von 3 Monaten nach der Beendigung der Arbeit ausgeschlossen ist (Art. 839 Abs. 2). EBG **40** II 452ff. = Pr. **4** Nr. 25, **53** II 219 = Pr. **16** Nr. 123. Solche Gründe bestehen für die analoge Anwendung des Art. 961 Z. 1 auf die übrigen gesetzlichen Ansprüche auf Einräumung eines beschränkten dinglichen Rechtes nicht.

Man kann sich sogar fragen, ob für die Vormerkung des Anspruches gemäß Art. **81** 960 Z. 1 ein Bedürfnis bestehe, dann nämlich, wenn dies der Anspruch aus einer gesetzl. Obligation ist, die ohnehin gegenüber dem jeweiligen Eigentümer des zu belastenden Grundstückes und allen an diesem dinglich Berechtigten wirksam ist. Dennoch kommt der Vormerkung erhebliche praktische Bedeutung zu. Wenn eine Verfügungsbeschränkung nicht vorgemerkt ist, könnte der Beklagte, bevor es zur rechtskräftigen Zusprechung der Legalservitut oder Verurteilung zu deren Errichtung mit Ermächtigung des Grundbuchverwalters zur Eintragung kommt, das Grundstück mit einem Baurecht belasten, welches den Notweg ausschließt, oder mit einem Quellenrecht oder Kiesausbeutungsrecht, welches das Notbrunnenrecht beeinträchtigt; auch aus der Veräußerung des Grundstückes könnten dem Kläger Nachteile erwachsen, da gegenüber dem Erwerber möglicherweise die Voraussetzungen des Notbrunnenrechtes nicht bestehen; wenn auch der Anspruch grundsätzlich gegenüber jedem Erwerber dingl. Rechte besteht, wirken doch das Urteil, der gerichtliche Vergleich und der Prozeßabstand nur gegenüber der Prozeßpartei und

Grunddienstbarkeiten

nicht gegenüber dem neuen dinglich Berechtigten und dem neuen Grundeigentümer, welche sich der Eintragung widersetzen und Anspruch auf die Entschädigung machen könnten, welche dem alten Grundeigentümer bereits bezahlt worden ist.

Aus diesen Gründen muß auch der gesetzliche Anspruch auf Einräumung einer Servitut als Verfügungsbeschränkung nach Art. 960 Z. 1 vormerkbar sein. Zum gesetzlichen Durchleitungsrecht N. 167ff. zu Art. 734.

82 Der Enteigner kann zur Sicherung des Enteignungsbannes eine Verfügungsbeschränkung im Sinne von Art. 960 Z. 1 gemäß Art. 42/43 Eidg. EntG vormerken lassen.

82a h) Servitutenregister. Nach § 81 der zürch. GO für die Notariate und GB-Ämter (1932) wird das bei Anlaß der Grundbucheinführung angelegte Servitutenprotokoll auch nachher als Hülfsbuch fortgeführt. Diese Vorschrift kann sich auf Art. 108 Abs. 2 GBVo. stützen. Das Dienstbarkeitsregister erwähnt Nussbaum H., Zur Frage der Revision der GBVo., ZBGR **34**, S. 10.

3. Die Voraussetzungen der Eintragung

83 a) Im allgemeinen Die Voraussetzungen für die Eintragung von Dienstbarkeiten (Anmeldung, Ausweise über das Verfügungsrecht und über den Rechtsgrund) sind die gleichen wie für die Eintragung des Eigentums. Es kann deshalb auf die Ausführungen in diesem Kommentar von Haab zu den Art. 656, 657, 665, und von Homberger zu den Art. 963 bis 966 verwiesen werden.

84 b) Zustimmung von Inhabern dinglicher Rechte am zu belastenden Grundstück? Die Begründung von Dienstbarkeiten kann sich für die Inhaber von bereits bestehenden beschränkten dinglichen Rechten am Grundstück nachteilig auswirken. Die Belastung mit einer Gewerbe- oder Baubeschränkung, mit einem Weg- oder Durchleitungsrecht, mit einem Quellenrecht, einem Holzschlagrecht, mit der Dienstbarkeit, eine bisher landwirtschaftlich genutzte Liegenschaft als Sportplatz benutzen zu lassen oder aus Naturschutzgründen an einer bestimmten Stelle überhaupt nicht mehr zu bewirtschaften (N. 6ff. und 13ff. zu Art. 730) oder ein Gebäude abtragen, einen Bach ableiten zu lassen, kann den Wert des Grundstückes stark herabsetzen.

85 Nach früheren kantonalen Rechten war deshalb zu solchen Belastungen die Zustimmung der Grundpfandgläubiger erforderlich, oder diese konnten Einsprache erheben oder die Ablösung des Pfandes verlangen. Eugen Huber, System und Geschichte des schweiz. PrR III, S. 483ff.

86 Im ZGB aber, in Art. 812 Abs. 1, steht die Bestimmung: «Ein Verzicht des Eigentümers auf das Recht, weitere Lasten auf das verpfändete Grundstück zu legen, ist unverbindlich.» Leemann, N. 8ff. zu Art. 812 und einschränkend EBG **56** III 218 = Pr. **20** Nr. 41. Den Grundpfandgläubigern, welche der Errichtung der Dienstbarkeit nicht zugestimmt haben, wird nach Art. 812 Abs. 2 ihr Vorrang dadurch gewahrt, daß sie in der Grundpfandverwertung die Löschung der Dienstbarkeit verlangen

können, wenn sie bei der Versteigerung ohne diese Last bessere Deckung ihrer Forderungen erhalten. Einl. N. 49.

Wenn die Ausübung der Dienstbarkeit zu einer Veränderung des physischen Zustandes des Grundstückes führt, welche dessen Wert vermindert (Holzschläge im Übermaß, Ableitung des notwendigen Wassers, Abbruch von Gebäuden, Unterlassung der Bewirtschaftung), können die Grundpfandgläubiger auf Grund der Art. 808ff. einschreiten. Die Errichtung von Dienstbarkeiten aber können sie nicht verhindern. Ihre Zustimmung zu dieser Verfügung ist nicht erforderlich. LEEMANN, N. 19 zu Art. 731; WIELAND, Bem. 2c zu Art. 731. 87

Will der Dienstbarkeitsberechtigte aber gegen das Risiko geschützt sein, daß sein Recht in der Grundpfandverwertung gelöscht wird, muß er die Zustimmung der Grundpfandgläubiger zu dessen Errichtung zu erlangen suchen. 88

Wird zu dem schon bestehenden ein neues Weide-, Holzschlags- oder Quellenrecht begründet, bedarf es, auch wenn das alte neben dem neuen Recht ausgeübt werden kann, der gegenseitigen Rücksichtnahme. Fehlt es an dieser, kommt es zu Streitigkeiten. Verträgt sich das neue Recht nicht mit dem älteren, hat es gemäß der Rangordnung der Alterspriorität zurückzutreten. Der Inhaber des älteren Quellenrechtes kann dem Inhaber des jüngeren Lehmausbeutungsrechtes dessen Ausübung, wenn sie sein Recht beeinträchtigt oder gefährdet, verbieten, wie er eine solche Benutzung des Grundstückes dem Grundeigentümer verbieten könnte, und hat, wenn der Schaden bereits eingetreten ist, Anspruch auf Wiederherstellung oder Schadenersatz (Einl. N. 37/38). Ihm stehen die Mittel des Besitzesschutzes nach Art. 926ff. und nach den kantonalen Bestimmungen über das Befehlsverfahren zur Verfügung, ferner die actio confessoria in analoger Anwendung von Art. 641 Abs. 2 sowie, wenn sein Recht bestritten ist, die Feststellungsklage, daneben die Schadenersatzklage (Einl. N. 71ff.). Aber die Errichtung einer möglicher- oder wahrscheinlicherweise zu Konflikten mit seinem Recht führenden Dienstbarkeit kann er nicht verhindern. Dazu ist seine Zustimmung nicht erforderlich, und es steht ihm kein Einspracherecht zu. 89

Wird eine Legalservitut errichtet (Notweg-, Notbrunnenrecht), bedarf es der Zustimmung der Inhaber von bereits bestehenden Grundpfand-, Grundlast- und Dienstbarkeitsrechten ebenfalls nicht. Aber diese verlieren ihren Vorrang nicht, wenn sie nicht zugestimmt haben oder, da der gesetzliche Anspruch auch ihnen gegenüber so gut wie gegenüber dem Grundeigentümer wirksam ist, ins Verfahren einbezogen und gegebenenfalls entschädigt worden sind. Ist dies nicht geschehen, braucht der Grundpfandgläubiger die Entwertung seines Rechtes durch die Errichtung der Legalservitut nicht hinzunehmen, ohne sich auf Art. 812 Abs. 2 berufen zu können; der Bauberechtigte braucht sein Recht nicht durch die Errichtung eines Notwegrechtes und der Quellenrechtsinhaber nicht durch die Errichtung eines Notbrunnenrechtes schmälern zu lassen. Einl. N. 54, 69, 88, 102f.; N. 71 hievor. 90

Grunddienstbarkeiten

V. Die Ersitzung

91   **1. Die Regelung der Ersitzung in den Art. 661 und 662.** Die Ersitzung von Grundeigentum ist entweder eine Tabularersitzung, im Art. 661 als die ordentliche Ersitzung bezeichnet, oder sie ist eine Extratabularersitzung, im Art. 662 als die ausserordentliche Ersitzung bezeichnet.

A. Die ordentliche Ersitzung

92   a) Voraussetzungen

α) Eintragung. Gegenstand der Ersitzung kann nur ein im Grundbuch eingetragenes Recht sein. Die Ersitzung kann sich nur vollziehen zugunsten des nach dem Eintrag Berechtigten, welcher das Recht nicht durch die Eintragung erworben hat, weil diese ungerechtfertigt war und infolgedessen die Übertragung des Eigentums oder die Entstehung des dinglichen Rechtes nicht zu bewirken vermochte.

β) Ersitzungsbesitz. Das ist die Ausübung der tatsächlichen Herrschaft mit dem Willen, das Grundstück als Eigentümer zu besitzen (Eigenbesitz), es als Dienstbarkeitsberechtigter zu benutzen (Dienstbarkeitsbesitz). Sie ist eine selbständige Voraussetzung neben dem Eintrag.

Der Besitz muß während der Ersitzungszeit ununterbrochen und unangefochten (sans interruption et paisiblement) ausgeübt worden sein. SPIRO, § 495, S. 1405ff.

γ) Guter Glaube. Der gute Glaube, der während der ganzen Ersitzungszeit bestehen muß, ist die entschuldbare Unkenntnis des Mangels am Rechtserwerb (HAAB, N. 12 zu Art. 661). Diese bei uns herrschende Begriffsbestimmung bedarf m. E., mit Bezug auf die Ersitzung der Revision in dem Sinne, daß als gutgläubig zu gelten hat, wer die Überzeugung haben darf, daß er mit der Ausübung des Eigenbesitzes oder Dienstbarkeitsbesitzes kein materielles Unrecht begehe. Diese Auffassung hat das Bundesgericht in der Auslegung von Art. 673 vertreten (**57 II 256** = Pr. **20** Nr. 132; vgl. auch **53 I 190** = Pr. **16** Nr. 126). Sie entspricht der jüngeren gemeinrechtlichen Lehre (WINDSCHEID-KIPP, § 176, S. 916ff.) und dem Art. 1147 C.c.it. Vgl. dazu BARASSI L., Diritti reali e possesso II (1952) p .222sgg., HOFMEISTER, ZBGR **59** (1978) S. 332f.; SPIRO, § 502, S. 1436.

δ) Zeitablauf. Die Ersitzungszeit beträgt 10 Jahre, gerechnet von der Eintragung an; vom Beginn der Besitzausübung an, wenn dieser auf einen späteren Zeitpunkt als die Eintragung fällt.

Ist ein nichteintragungsfähiges Recht eingetragen (Ersatzform für das StWE), ist die ordentliche Ersitzung ausgeschlossen. EBG **95** II 221 – ZBGR **41** (1970) Nr. 50, S. 366ff., N. 149 zu Art. 734.

92a   Zum Begriff des guten Glaubens ferner:

O. HEGETSCHWEILER, Der Schutz des guten Glaubens im Sachenrecht, Diss. Zürich 1912; nunmehr P. JÄGGI, Berner Kommentar, Einleitungsartikel (1962, Neudruck 1966), S. 381ff., und H. DESCHENAUX, Schweiz. Privatrecht II (1967) S. 210f.

Gegen beide P. Piotet, La bonne foi et sa protection en droit privé suisse, SJZ **64** (1968) S. 81ff.; m. E. nicht mit zureichenden Argumenten.

P. Liver, Besprechung von EBG **84** II 369 = Pr. **47** Nr. 137 in der ZBJV **95** (1959) S. 432ff. besonders S. 434: «Voraussetzung des guten Glaubens im Sinne von Art. 938 und anderer Bestimmungen des Sachenrechtes, wie etwa der Art. 661, 673, 674 ist nicht notwendigerweise ein Irrtum über die Rechtslage; es kommt da weniger auf die juristische Einsicht als auf das ethische Bewußtsein an.» In diesem Sinne definiert der C.c.it. art. 1147 den guten Glauben wie folgt: «È possessore di buona fede chi possiede ignorando di ledere l'altrui diritto.» Siehe dazu auch C.c.it. art. 938 (Bau auf fremdem Boden und die Judikatur dazu bei Torrente e Pescatore, Codice civile, annotato con la giurisprudenza della Cassazione, 5ª ed. 1967, p. 689. Dies entspricht auch der gemeinrechtlichen italienischen (wie der deutschen) Lehre: Contardo Ferrini, Pandette, 4ª ed. (1953) n. 313, p. 323: «La buona fede consiste nella mancanza di coscienza di recare torto al proprietario. Essa è quindi l'integrazione etica della iusta causa.» Ferrini stimmt Bonfante zu in der Auffassung, «che la buona fede è sempre un concetto etico». P. Vaccari, Introduzione storica al vigente diritto privato italiano (1957) p. 87 verweist auf «la classica monografia» del Ruffini, La buona fede in materia di prescrizione, Torino 1892, und auf die neue Untersuchung von S. Scavo Lombardo, Il concetto di buona fede nel diritto canonico, Roma, Città unica 1944.

Der Erwerber eines Grundstückes, zu dessen Lasten ein Wegrecht nicht eingetragen ist, kann das Grundstück nicht kraft guten Glaubens ohne die Belastung erwerben, wenn er vom Bestand des Weges Kenntnis haben mußte. Da muß die natürliche Publizität des Wegrechtes zur Geltung kommen. EBG **82** II 103. Dazu ZBJV **94**, S. 48ff. Zuerkannt wurde der gute Glaube einem Bauherrn, der ohne Einhaltung des gesetzlichen Grenzabstandes anstelle eines abgerissenen ein neues Gebäude im gleichen Umfang aufführte, ohne daß dagegen Einspruch erhoben wurde. EBG **103** II 326 = Pr. **67** Nr. 71. Eingehend Art. 733 N. 45ff.

b) Wirkung

Ist der Ersitzungstatbestand in allen seinen Merkmalen verwirklicht, ist der Übergang des Eigentums oder die Entstehung der Dienstbarkeit erfolgt und wird auf den Zeitpunkt der Eintragung mit dem Datum der Einschreibung in das Tagebuch zurückbezogen.

B. Die außerordentliche Ersitzung

Literatur. Safa Reisoglu, La prescription extraordinaire et le transfert des immeubles non immatriculés en droit suisse et en droit turc, Thèse Lausanne 1956; Ismet Sungurbey, Le système d'acquisition par prescription extraordinaire du droit suisso-turc, ZSR **80** (1961) S. 269 (mit Nachwort Liver, S. 286ff.); Th. Bühler, Der Eigentumserwerb durch a.o. Ersitzung, ZBGR **47** (1966) S. 129ff. Liver, ZBGR **60** (1979) S. 40; ZBJV 116 (1980) Heft 3, ablehnend zu EBG **104** II 302 = Pr. **68** Nr. 128.

Grunddienstbarkeiten

94   a) Voraussetzungen

α) Das Grundbuch gibt keinen Aufschluß darüber, wer Eigentümer des Grundstückes ist.

Diese Voraussetzung ist gegeben, wenn das Grundstück nicht in das Grundbuch aufgenommen ist.

Möglich ist die a.o. Ersitzung, wenn das Grundstück zwar in das Grundbuch aufgenommen ist und sein Blatt in der Eigentumskolumne auch eine Eintragung aufweist (das Grundstück ist nach Ausweis des Grundbuches nicht herrenlos), welche aber unverständlich ist oder eine Person bezeichnet, die nicht identifiziert werden kann oder die nicht existiert hat, als sie eingetragen wurde. Das Gesetz nennt in Anlehnung an den § 927 DBGB folgenden weiteren Fall: Die Person, welche eingetragen ist, war zu Beginn der Ersitzungsfrist tot oder verschollen erklärt.

Zum Ausschluß, wenn das Grundstück in das Grundbuch aufgenommen ist: ZBJV **97**, S. 296 = ZBGR **43** (1962) Nr. 48, S. 338ff.; ObG Zürich ZBGR **45** (1964) S. 30ff. (mit redaktionellen Bemerkungen von Notariatsinspektor Dr. H. Huber betr. die Voraussetzung, daß der Eigentümer seit dreißig Jahren tot ist).

Die Ersitzung von Dienstbarkeiten ist auch möglich, wenn das Grundbuch nicht geeignet ist, darüber Auskunft zu geben, ob die Dienstbarkeit, welche Gegenstand der Ersitzung ist, besteht oder nicht besteht. Dies trifft freilich nur auf kantonale Grundbücher zu, deren negative Rechtskraft sich (mangels Bereinigung der dinglichen Rechte) nicht auf alle Dienstbarkeiten erstreckt. Siehe darüber N. 149ff.

β) Ersitzungsbesitz. Wie für die ordentliche Ersitzung.

γ) Zeitablauf. Der Besitz muß ununterbrochen und unangefochten während 30 Jahren bestanden haben.

δ) Guter Glaube ist nicht erforderlich.

ε) Amtliche Auskündung. Das ersessene Recht darf nur auf Anordnung des Richters in das Grundbuch eingetragen werden, nachdem auf die amtliche Auskündung hin kein Einspruch erhoben oder der erfolgte Einspruch abgewiesen ist. ObG Zürich ZBGR **45** (1964) S. 30 mit redaktioneller Bemerkung. Zum Vergleich mit dem Aufgebotsverfahren nach § 927 BGB HOFMEISTER, ZBGR **59** (1978) S. 337f.; SPIRO, § 487, S. 1370. Dies ist nicht eine materielle Voraussetzung des Rechtserwerbes durch Ersitzung. Siehe die folgenden Ausführungen.

Nicht möglich ist die a.o. Ersitzung einer Grundlast. Siehe N. 225 zu Art. 730, wohl aber die ordentliche Ersitzung auf Grund des ungerechtfertigten Eintrages, SPIRO, § 504, S. 1444ff.

95   b) Wirkungen

Mit der Verwirklichung des Ersitzungstatbestandes in allen seinen Merkmalen ist der Eigentumserwerb ipso iure eingetreten, die Dienstbarkeit entstanden.

Umstritten ist die Frage, ob der Erwerb des Eigentums oder der Dienstbarkeit 96 mit dem Ablauf der Ersitzungszeit oder mit der richterlichen Anordnung, gegebenenfalls mit dem Urteil über erhobene Einsprachen, vollendet sei.

In der Literatur ist man sich darüber einig, daß die Ersitzung ein Tatbestand des 97 außergrundbuchlichen Rechtserwerbes ist, die Eintragung also nicht konstitutive Wirkung hat. WIELAND, Bem. 3; LEEMANN, N. 23; HAAB, N. 23 zu Art. 662; HOMBERGER, N. 36 zu Art. 963; JENNY Fr., Öff. Glaube, S. 93 Anm. 3, Ersitzung und Grundbuch, SJZ **39**, S. 179f. Für die konstitutive Bedeutung der Eintragung einzig EBG **76** I 183, mit dem offenbar unzureichenden Argument, die Eintragung müsse konstitutiv wirken, weil die Ersitzung unter den Tatbeständen des außergrundbuchlichen Erwerbes in Art. 665 Abs. 2 nicht mit aufgeführt sei.

Auseinander gehen die Ansichten darüber, welche andere Tatsache oder welcher andere Akt den Eigentumsübergang oder die Entstehung des dinglichen Rechtes herbeiführe oder vollende. In der älteren Literatur wird die Ansicht vertreten, dem Ersitzenden werde das Eigentum oder die Dienstbarkeit richterlich zugesprochen, so daß die Eintragung vom Erwerber gemäß Art. 665 Abs. 2 und Art. 963 Abs. 2 auf Grund des Urteils erwirkt werden könnte. So WIELAND, a.a.O.; LEEMANN, N. 19ff. zu Art. 662; TUOR, Das Schweiz. ZGB[5], S. 489f. So auch noch KtG-Ausschuß Graubünden 1967 N. 29, S. 78 = ZBGR **50** Nr. 49, S. 390. Danach gäbe die Verwirklichung des Ersitzungstatbestandes dem Ersitzenden einen Anspruch auf richterliche Zusprechung des ersessenen Rechtes. Dies entspricht der Regelung, welche im VE, Art. 665, getroffen worden war: «... so kann er verlangen, daß ihm das Eigentum aus Ersitzung gerichtlich zugesprochen werde, auch wenn er sich auf keinen Erwerbsgrund zu berufen vermag.» Erl. II, S. 83f.

Diese Vorschrift wurde jedoch von der ExpKomm. geändert, weil eingewendet 99 wurde, ein gerichtliches Verfahren sei nicht am Platz, wenn dem Kläger kein Beklagter gegenüberstehe. Prot. III. Session, S. 39 und 41.

Nach dem geltenden Recht kommt es zur urteilsmäßigen Feststellung, daß die 100 Voraussetzungen der Ersitzung erfüllt seien, nur wenn auf die amtliche Auskündung hin ein Einspruch erhoben wurde und zum Prozeß geführt hat. In allen anderen, viel häufigeren Fällen, kommt es gar nicht zu einem richterlichen Urteil. Wenn der Aufgebotsrichter, der regelmäßig nicht der zur Beurteilung eines Einspruches zuständige Richter ist, die Eintragung anordnet, nachdem im Auskündungsverfahren ein Einspruch nicht erhoben oder zurückgezogen worden ist, fällt er kein richterliches Urteil. Die Lehrmeinung, das nach Art. 662 ersessene Recht werde dem Ersitzenden richterlich zugesprochen und somit auf Grund richterlichen Urteils erworben, ist unhaltbar.

Der Erwerb des Eigentums und die Entstehung der Dienstbarkeit durch außer- 101 ordentliche Ersitzung sind (gleich wie bei der ordentlichen Ersitzung) von Gesetzes wegen erfolgt, wenn der Ersitzungstatbestand in allen seinen Merkmalen verwirklicht ist. HOFMEISTER H., ZBGR **59** (1978) S. 339. Die Person, zu deren

Gunsten die Ersitzung vollendet ist, hat Anspruch auf richterliche Feststellung dieser Tatsache. Diese Feststellung erfolgt im Prozeß über einen im Auskündungsverfahren erhobenen Einspruch. Das Bundesgericht scheint angenommen zu haben, der Eigentumserwerb trete auch nach Ablauf der Ersitzungszeit nicht ein, wenn der wirkliche Eigentümer sich im Ausschlußverfahren melde. EBG **50** II 122 = Pr. **13** Nr. 113 (vgl. auch EBG **76** I 183). Der Einspruch des «wirklichen Eigentümers» ist jedoch abzuweisen, wenn die Ersitzung vollendet ist.

Ist durch richterliches Urteil festgestellt, daß die Ersitzung eingetreten ist, kann das Eigentum oder die Dienstbarkeit auf Begehren dessen, der dieses Recht ersessen hat, in das Grundbuch eingetragen werden, ohne daß es noch der Anordnung dieser Eintragung durch den Richter, der das Auskündungsverfahren durchführt (regelmäßig der Einzelrichter im summarischen Verfahren oder der Besitzesschutzrichter) bedürfte. So auch ObG Zürich BlZR **60** (1961) Nr. 126 = ZBGR **42** (1961) Nr. 30, S. 202ff., und A. MEIER-HAYOZ, N. 21 zu Art. 662. SUNGURBEY, a.a.O. S. 269ff. EBG **97** II 25ff., dazu ZBJV **109** (1973) S. 82ff.

Gegenteiliger Meinung: EBG **82** II 388 (besprochen ZBJV **94**, 1958, S. **26**ff.) und KtG Graubünden KGP **1958** Nr. 29, S. 83, ferner P. PIOTET, Besprechung des Kommentars von A. MEIER-HAYOZ ZSR **81** (1962) I, S. 160.

Ist Einspruch gegen das Ersitzungsbegehren erhoben worden, setzt der Richter Frist zur Klage an. Nach HAAB, N. 22 zu Art. 661/62 und einem Entscheid des KtG-Präsidenten Graubünden (PKG **1954** Nr. 62, S. 153f.) hat er diese Frist dem Einsprecher anzusetzen. Diese Auffassung, die ich auch geteilt habe, scheint mir der Wiedererwägung bedürftig zu sein. Sie wäre richtig, wenn im Verfahren vor dem Einzelrichter eine Prüfung des Ersitzungsbegehrens wenigstens so weit durchgeführt würde, daß eine Vermutung für die Begründetheit des Gesuches bestünde. Da davon aber gar nicht die Rede sein kann, trifft den Ersitzungsprätendenten die Last des Beweises für seine Ersitzungsbehauptung. Ihm ist deshalb die Frist zur Klage anzusetzen. Dies dürfte auch die Ansicht von SPIRO, § 500, S. 1428 sein.

102 Ist ein Einspruch nicht erhoben worden, tritt an die Stelle des Feststellungsurteils die in der Verfügung des Aufgebotsrichters enthaltene Feststellung, daß ein Einspruch nicht erhoben oder zurückgezogen worden ist. Ist diese Feststellung erfolgt, gilt das Recht kraft Gesetzes als ersessen. Es besteht allerdings keine sichere Gewähr, daß der Ersitzungstatbestand auch tatsächlich verwirklicht ist. LEEMANN, N. 2 zu Art. 662. Der Ersitzende hat dies dem Aufgebotsrichter bloß glaubhaft zu machen, nicht zu beweisen; ein Beweisverfahren wird nicht durchgeführt. Siehe Luzern ObG, ZBGR **21**, S. 25ff., vgl. auch Solothurn ObG, ZBGR **17**, S. 10. Mängel am Ersitzungstatbestand werden geheilt durch die Unterlassung oder den Rückzug einer Einsprache im Auskündungsverfahren. Darin kommt der Gedanke der Verschweigung zur Geltung. Die Verschweigung tritt aber nicht an die Stelle der Ersitzung, sondern heilt nur gegebenenfalls bestehende Mängel am Ersitzungstatbestand. Das Auskündungsverfahren hat nur den Zweck, den Besserberechtigten aufzurufen, um ihm Gelegenheit zu geben, gerichtlich feststellen zu lassen, daß die Voraussetzungen der Ersitzung nicht erfüllt seien.

In der neueren Literatur ist die Lehre von der gerichtlichen Zusprechung des ersessenen Rechtes aufgegeben worden. PFISTER W., S. 128ff.; HAAB, N. 23 zu Art. 661–663; HOMBERGER, N. 36 zu Art. 963; JENNY Fr., SJZ **39**, S. 179f. Andeutungsweise auch EBG **50** II 122 = Pr. **13** Nr. 113. Vgl. zum Auskündungsverfahren und zur (geringeren) Wirkung der Anordnung des Aufgebotsrichters auch SPIRO, § 500, S. 1428. **103**

Sehr große praktische Bedeutung kann der außerordentlichen Ersitzung je nach dem Stande des kantonalen Grundbuchwesens zur Beschaffung des Ausweises für die Eintragung des Eigentums zukommen. Sie kommt zur Anwendung, wenn das Eigentum außergrundbuchlich, insbesondere durch Erbteilung erworben worden ist, ein gültiger Erbteilungsvertrag oder die schriftliche Zustimmung der Miterben zur Eintragung nicht vorliegt und auch nicht mehr beigebracht werden kann. Sie kommt aber auch zur Anwendung, wenn der Erwerbsgrund in einem Kauf-, Tausch-, Schenkungs- oder auch Dienstbarkeitsvertrag liegt, dem die zur Gültigkeit erforderliche Form fehlt und nicht mehr nachgeholt werden kann, oder wenn der Erwerber die Anmeldung oder Ermächtigung zur Eintragung seitens des Veräußerers oder von dessen Universalsukzessor nicht mehr erlangen kann. Auch in diesen Fällen dürfte der Rechtserwerb zurückzubeziehen sein auf das Datum des Erwerbstitels. Die Häufigkeit dieses Verfahrens hat im Kanton Graubünden wegen der Kosten der in Art. 36 EGzZGB vorgeschriebenen zweimaligen Auskündung im Kantonsamtsblatt zu Reklamationen in der Presse und sogar zu Interpellationen im Großen Rat geführt. **104**

2. Ersitzung und Grundbuch. Wenn das Eintragungsprinzip lückenlos durchgeführt wäre und das Grundbuch keine ungerechtfertigten Einträge aufweisen würde, wäre jede Ersitzung ausgeschlossen. Aber auch die beste Grundbuchordnung und Grundbuchpraxis vermag ungerechtfertigte Eintragungen nicht ganz zu vermeiden. Das Eintragungsprinzip kann nirgends mit ausschließlicher Geltung vorgeschrieben sein; Tatbestände der außergrundbuchlichen Entstehung von dinglichen Rechten müssen anerkannt sein. Aber auch soweit das absolute Eintragungsprinzip Geltung beansprucht, läßt es sich nicht restlos verwirklichen. Es wird immer auch etwa Grundstücke geben, die in das Grundbuch aufgenommen sein sollten, aber tatsächlich nicht aufgenommen sind, wenn auch gerade dieser Fall zur äußerst seltenen Ausnahme wird, wenn das Grundbuch einmal allgemein eingeführt ist. **105**

Das eidgenössische Sachenrecht anerkennt die Ersitzung nur als Heilmittel für die Mängel der grundbuchlichen Rechtsübertragung und -begründung sowie als Lückenbüßer, wenn das Grundbuch einmal versagt, indem es ein Grundstück nicht aufweist oder keinen Aufschluß über den Eigentümer gibt. Das Postulat der Rechtssicherheit und Rechtsklarheit erfüllt das Grundbuch in ungleich vollkommener Weise als jede andere Einrichtung, insbesondere auch als die Ersitzung, welche ihm **106** gegenüber in dieser Funktion gewissermaßen auf die pathologischen Fälle zurückgewiesen wird. Ausgeschlossen ist jede Ersitzung von Dienstbarkeiten contra tabulas. Siehe dazu SPIRO, § 503, S. 1441 sowie hienach N. 162ff.. Zur Kontratabularersitzung (und -versitzung) nach österreichischem Recht und gegen ihren Ausschluß HOFMEISTER H., ZBGR **59** (1978) S. 340ff.; zur natürlichen Publizität daselbst S. 348.

107 Aber der Triumph der Rechtssicherheit im Eintragungsprinzip und in den an das Grundgeschäft gestellten formellen Anforderungen ermöglicht auch Inkongruenzen zwischen dem materiellen und dem formellen Rechtsbestand (bloß buchmäßig existierende Rechte). Die Form verselbständigt sich gegenüber dem materiellen Recht. Vor allem aber finden rechtschutzwürdige, dem Willen und den Interessen der Rechtsgenossen entsprechende Rechtsbeziehungen tatsächlich nicht den Niederschlag in den Formen, in denen allein das Recht sie anerkennt. Sie bleiben schutzlos, der Willkür einer Partei ausgeliefert. Da käme den Instituten der Ersitzung und der Verjährung in der Rechtsverwirklichung eine wesentliche Rolle zu, aus welcher unser Sachen- und Grundbuchrecht sie verdrängt hat. Siehe MENGIARDI P., Der Ausschluß der Verjährung im Sachenrecht, Diss. jur. Bern 1953, S. 135ff.

108 Wohl kann man dagegen sagen, die Parteien hätten ja die Möglichkeit, sich der ihnen zur Verfügung gestellten Formen zu bedienen. Das ist richtig. Aber wenn sie es nicht tun, und tatsächlich tun sie es vielfach nicht, rechtfertigt es sich de lege ferenda m.E. durchaus nicht, den Mangel der Form für alle Zeit als unheilbar zu erklären. Dafür drei Beispiele:

109 a) Wenn dem A das für die Bewirtschaftung seiner Liegenschaft notwendige Wasser aus einer Quelle des B durch einen offenen Graben zufließt und dieser Zustand viele Jahre und Jahrzehnte andauert, im Grundbuch aber kein Quellenrecht eingetragen ist, soll sich dann der B jederzeit über diesen seit langem anstandslos geduldeten Zustand hinwegsetzen und dem A das Wasser entziehen dürfen, um es durch Errichtung eines neuen Quellenrechtes zu verwerten?

110 b) Dem A steht ein Recht der Durchfahrt durch das Grundstück des B zu. Er übt es nicht aus. B friedigt sein Grundstück ein. Nach langen Jahren verkauft der A sein Grundstück dem C. Dieser hat ein Interesse an der Ausübung des Wegrechtes, das im Grundbuch noch eingetragen ist. Soll er es ausüben und vom B die Öffnung der Einfriedung wirklich verlangen dürfen?

111 c) A ist Eigentümer zweier Grundstücke; der Balkon seines Hauses ragt etwas vom einen in den Luftraum des anderen Grundstückes über. Soll der B als Zweit- oder Dritterwerber des letzteren auch nach langer Zeit auf Entfernung des Balkons klagen können, wogegen der A die Einräumung eines Überbaurechtes gemäß Art. 674 Abs. 3 verlangen könnte, aber nur gegen Entschädigung und nur wenn die Umstände es rechtfertigen, was hier nicht zuzutreffen braucht?

112 Gewiß ist die unbeschränkte Zulassung der Extratabularersitzung von Dienstbarkeiten mit schweren Nachteilen verbunden. Sie ermöglicht dem frechen und rück-

sichtslosen gegenüber dem allzu gutmütigen oder ängstlichen Nachbarn den ungerechtfertigten Rechtserwerb. Aber soll zum Schutze desjenigen, der die Wahrung seines Rechtes vernachlässigt, obwohl sie ihm ja leicht gemacht ist, die Ersitzung auch in den Fällen ausgeschlossen sein, in denen der tatsächliche Zustand dem Willen und den Interessen der Parteien bisher entsprochen hat, vielleicht eine Notwendigkeit für die eine von ihnen ist (unser Beispiel a)?

Man kann darüber sicher verschiedener Meinung sein. Siehe auf der einen Seite 113 KOHLER, a.a.O., S. 247ff., der ein vehementer Gegner der Servitutenersitzung ist, auf der anderen Seite GIERKE, Der Entwurf eines bürgerlichen Gesetzbuches und das deutsche Recht, 1889, S. 356: «Wir haben ferner Protest eingelegt wider die unerträgliche Überspannung des Grundbuchformalismus, kraft welcher es keine nicht eingetragene Dienstbarkeit, keinen Rechtsbesitz, keine Ersitzung einer Dienstbarkeit oder der Eigentumsfreiheit und kein Erlöschen von Dienstbarkeiten durch Nichtgebrauch geben kann» (vgl. a. gl. O. auch S. 315).

Aber der Erwerb von Dienstbarkeiten durch Extratabularersitzung hätte vom 114 ZGB ja nicht unbeschränkt zugelassen werden müssen. Diese Ersitzung hätte nach dem Vorbild kantonaler Rechte beschränkt werden können. Man hätte darin nicht so weit gehen müssen, wie der C.c.fr., nach dem nur die servitudes apparentes et continues ersessen werden können (Art. 690/91), sondern hätte sich dem zürch. PrGB anschließen können, nach dem Dienstbarkeiten ersessen werden können, «die sich in einer körperlichen Anstalt darstellen», also servitudes apparentes, § 696 (246); es hätte die Ersitzung auch an strengere Anforderungen geknüpft werden können, z.B. an die Ausübung in guten Treuen, wie das im § 255 des bündnerischen CGB geschehen war. Vgl. dazu auch SPIRO, § 503, S. 1441ff.

Ein allzu eng umgrenztes Zugeständnis hat der Reichstag durch Einfügung des 115 § 1028 in das deutsche BGB der Auffassung GIERKES gemacht, indem er den Anspruch auf Beseitigung einer mit der Dienstbarkeit im Widerspruch stehenden Anlage der Verjährung unterstellte und mit dieser Verjährung die Dienstbarkeit untergehen ließ, auch wenn sie im Grundbuch eingetragen ist. STAUDINGER-KOBER zu § 1028. Siehe dazu unser Beispiel b. HITZIG, der im Prinzip der Regelung des ZGB zustimmte (ZSR n.F. **19**, S. 375), wünschte doch, daß eine dem § 1028 DBGB entsprechende Bestimmung aufgenommen werde (S. 387), ebenso RÜMELIN, Der Vorentwurf, S. 112. Der Gesetzgeber hat auch diesen bescheidenen Wunsch nicht berücksichtigt. Er hat nach unserer Auffassung das Eintragungsprinzip überspannt. Siehe auch Vorbem. N. 15f.; MENGIARDI P., Der Ausschluß der Verjährung im Sachenrecht, Diss. jur. Bern 1953 (rechtsvergleichend). Zum österreichischen Recht EHRENZWEIG, § 258 II 1, S. 343f. Allgemein LIVER, ZBGR **60** (1979) S. 1ff.

3. Grundstücke, zu deren Lasten Dienstbarkeiten ersessen werden können

a) Im allgemeinen. Die Ersitzung ist nach dem Wortlaut des Art. 731 Abs. 3 116 nur zu Lasten von Grundstücken möglich, an denen das Eigentum ersessen werden kann. Damit ist etwas gesagt, was vernünftigerweise nicht gemeint sein kann. Die ordentliche Ersitzung der Dienstbarkeiten, also gerade die Art der Ersitzung, gegen die auch auf Grund des strengsten Eintragungsprinzips keine Bedenken erhoben werden können, wäre nach dem Wortlaut dieser Bestimmung ausgeschlossen. Sie setzt voraus, daß das Recht, welches Gegenstand der Ersitzung ist, im Grundbuch eingetragen sei. In diesem Fall ist das Grundstück in das Grundbuch aufgenommen und sein Eigentümer eingetragen (und zwar, von ganz seltenen Ausnahmen abgesehen, zu Recht eingetragen), so daß das Eigentum nicht ersessen werden kann. Deshalb die ordentliche Ersitzung einer Dienstbarkeit ausschließen zu wollen, wäre sinnlos. PFISTER W., S. 48f. An den Wortlaut der Bestimmung hat sich denn auch die Praxis nur anfänglich und vereinzelt gehalten (St. Gallen, KtG ZBGR **4**, S. 24, SJZ **15**, S. 9).

117 LEEMANN, N. 27 und 33 zu Art. 731, nimmt an, die Möglichkeit der ordentlichen Ersitzung ergebe sich aus Abs. 2 des Art. 731, und Abs. 3 beziehe sich nur auf die außerordentliche Ersitzung. Das Bundesgericht erkannte ebenfalls, daß der Gesetzgeber nicht beim Wort genommen werden könne; er habe bloß darauf hinweisen wollen, daß an Sachen gewisser Kategorien, wie an herrenlosen und öffentlichen Sachen, Dienstbarkeiten nicht ersessen werden können. EBG **52** II 120 = Pr. **15** Nr. 85, bestätigt im EBG **76** I 183.

118 Die Entstehungsgeschichte bietet weder für die eine noch für die andere Auffassung einen Anhaltspunkt. Man hätte nicht von Ersitzung schlechthin gesprochen, wenn man nur die außerordentliche Ersitzung gemeint hätte. Ein Hinweis auf die herrenlosen und die öffentlichen Sachen wäre hier fehl am Platze gewesen, er hätte bei den Bestimmungen über die Ersitzung des Eigentums angebracht werden müssen, auf die der Abs. 2 von Art. 731 mit Bezug nimmt; davon abgesehen, hätte man sich mit einem solchen Hinweis in Widerspruch zu Art. 664 gesetzt, nach welchem in dieser Frage das kantonale öffentliche Recht maßgebend ist; außerdem war man gar nicht der Auffassung, daß die Ersitzung von Dienstbarkeiten an öffentlichen Sachen schlechthin ausgeschlossen sei und hat deshalb in der ExpKomm. einen dahingehenden Antrag abgelehnt. Der Referent (Huber) betonte, daß nach dem Entwurf auch Ersitzung an öffentlichen Sachen möglich sei. Prot. III. Session, S. 39. Siehe auch HITZIG, ZSR n. F. **19**, S. 360.

119 Die Unklarheit der dem Art. 731 Abs. 3 entsprechenden Bestimmung im VE (Art. 724 Abs. 3) («... das Eigentum ersessen werden könnte») hatte schon HITZIG, ZSR n. F. **19**, S. 375 Anm. 1, gerügt.

120 Nach den Erl. II, S. 141, machte der Entwurf «den Versuch, die Begründung der Grunddienstbarkeiten dem Erwerbe des Eigentums parallel zu ordnen; namentlich soll dies für die Ersitzung gelten...» In der ExpKomm. wurde beantragt, zu sagen, Art. 664 (betr. ordentliche und außerordentliche Ersitzung des Eigentums) finde analoge Anwendung, wozu der Referent bemerkte, man könnte hier, um die Sache zu verdeutlichen, anfügen: «unter den Voraussetzungen, unter denen das Eigentum

ersessen wird». Dies ist denn auch der Sinn von Art. 731 Abs. 3, obwohl er nicht in dieser Weise verdeutlicht worden ist. Der Abs. 3 von Art. 731 ist dann allerdings überflüssig, denn was er sagt, ergibt sich schon aus dem Abs. 2. Dies stellt auch BADER, Eine Betrachtung über die Ersitzung von Grunddienstbarkeiten, SJZ **21**, S. 139, fest. Aber der Gesetzgeber wollte klarstellen, daß sich die Anwendung der Bestimmungen über den Erwerb des Eigentums auch auf die Ersitzung erstrecke, und Eugen HUBER betonte in der ExpKomm., «was die Ersitzung betreffe, so bedürfe man ihrer so gut wie der Eigentumsersitzung; es gelten auch hier die Voraussetzungen des Art. 664 (VE)». Siehe Prot. ExpKomm. III. Session, S. 117. Vgl. auch MENGIARDI P., a.a.O., S. 157 ff.

b) Grundstücke, die zu den öffentlichen Sachen gehören. Für die 121 Ersitzung von Dienstbarkeiten an Grundstücken, die zu den öffentlichen Sachen gehören, ist notwendige Bedingung, daß diese Grundstücke überhaupt Gegenstand des privaten Rechtsverkehrs sein können. Diese Bedingung ist nach der schweizerischen Rechtsauffassung erfüllt. Zu Lasten solcher Grundstücke können Dienstbarkeiten errichtet werden Einl. N. 25ff., 112ff., und außer den da und unter N. 167ff. zu Art. 730 an verschiedenen Stellen zitierten Entscheiden: RR Bern, ZBGR **33**, S. 35ff. (Treppenüberbaurecht auf Straßenparzelle). Ersitzung von Hoheitsrechten am Rhein EBG **33** I 593; Fischereirecht des Kantons Aargau an der Reuß auf Gebiet des Kts. Zug, ersessen nach altem Recht (das BGer. meint, nach geltendem Recht), unrichtigerweise behandelt als Eigentumsersitzung, weil das Fischereirecht ein selbständiges und dauerndes Recht war. EBG **97** II 25ff., bespr. ZBJV **109**, S. 82ff., N. 20 der Einl., 110 zu Art. 737. Privates Fischereirecht als Dienstbarkeit am Vierwaldstättersee, EBG **95** II 14ff., bespr. ZBJV **107** (1971) S. 97ff.

Ob das kantonale öffentliche Recht diese Grundstücke als im Eigentum des 122 Staates oder der Gemeinde oder als unter der Hoheit des Gemeinwesens stehend oder als zum domaine public gehörend bezeichnet, ist unwesentlich, da dem zuständigen Gemeinwesen unter allen diesen Bezeichnungen das gleiche Herrschaftsrecht (nicht eine bloße «Hoheit») zusteht. (Hinsichtlich der Haftung EBG **70** II 87 = Pr. **33** Nr. 112.) Vgl. LIVER P., Die Entwicklung des Wasserrechtes in der Schweiz seit hundert Jahren, ZSR n.F. **71** I, S. 325ff.; MENGIARDI P., a.a.O., S. 55ff.

Grundstücke, an denen durch Vertrag Dienstbarkeiten begründet werden sollen, 123 müssen, wenn dies kraft kantonaler Vorschrift nicht ohnehin geschehen ist, in das Grundbuch aufgenommen werden (Art. 944). Für die Errichtung der Dienstbarkeit sind die Art. 731/32 maßgebend. Ist die Eintragung ungerechtfertigt, greift die ordentliche Ersitzung gemäß Art. 661 Platz. Daran kann wohl kaum ein Zweifel bestehen. Es ist deshalb unrichtig, wenn gesagt wird, Rechte an öffentlichen Sachen könnten überhaupt nicht ersessen werden (HAAB, N. 6 zu Art. 661/62, LEEMANN, N. 25 zu Art. 664). Vgl. auch PFISTER W., S. 138f. und 140. Eine bloße historische Merkwürdigkeit ist das Münchner Urteil in Seufferts Archiv 28 (1873) Nr. 6: «... so wird doch in Deutschland, wo die Munizipalverfassung auch auf Dörfer angewendet

Grunddienstbarkeiten

ist, auch den Dorfgemeinden das Privileg der Minderjährigkeit zugestanden. Hienach ist bezüglich der Servitutenersitzung gegenüber den Gemeinden die ordentliche Verjährung ausgeschlossen (const. 5 in quibus causis 2, 41, const. 3 quibus non objicitur longi temporis praescriptio, 7, 35).» Wo das eigene Recht versagte und richterliches Recht im Sinne von ZGB Art. 1 mit dem herrschenden Positivismus nicht vereinbar war, nahm man die Zuflucht zum Corpus juris civilis Justinians.

124 Schwierigkeiten bereitet nur die Frage, ob die außerordentliche Ersitzung von Dienstbarkeiten an öffentlichen Sachen zulässig sei. Die Voraussetzung, daß diese nicht in das Grundbuch aufgenommen sind, ist in den meisten Fällen erfüllt, wenn das kantonale Recht die Aufnahme nicht vorschreibt (was für mehr als die Hälfte der Kantone zutrifft) und wenn noch keine beschränkten dinglichen Rechte an ihnen errichtet sind. Aber die Aufnahme in das Grundbuch hat hier nicht die Bedeutung der Unterstellung unter den privaten Rechtsverkehr. Sie ändert an den öffentlich-rechtlichen Beschränkungen der Verkehrsfähigkeit dieser Sachen nichts. Ob eine Ersitzung möglich ist, beurteilt sich nach dem öffentlichen Recht, gleichgültig ob das Grundstück in das Grundbuch aufgenommen ist oder nicht.

125 Da die Ersitzung nur unter den Voraussetzungen des Art. 662 erfolgen könnte, ist sie ausgeschlossen, wenn die Aufnahme in das Grundbuch erfolgt ist. Dies ist gerechtfertigt, weil auch die Aufnahme der öffentlichen Grundstücke in das eidgenössische Grundbuch nur unter Bereinigung der an ihnen bestehenden privaten dinglichen Rechte erfolgen kann, so daß solche Rechte nicht bestehen können, wenn sie nicht eingetragen sind.

126 Ist dagegen das Grundstück nicht in das Grundbuch aufgenommen, kann sich die Ersitzung gemäß Art. 662 vollziehen, wenn sie überhaupt zulässig ist. Ob sie zulässig ist, beurteilt sich ausschließlich nach dem öffentlichen Recht. Sie ist nicht deshalb unzulässig, weil sie nach Art. 662 nur vorgesehen wäre für den Fall, daß ein Grundstück ins Grundbuch hätte aufgenommen werden sollen, aber versehentlich nicht aufgenommen worden ist, wie HAAB, N. 19 zu Art. 661/62, und JENNY Fr., SJZ **39**, S. 178, annehmen; denn diese Voraussetzung gilt nur für die privaten Grundstücke, während (vorbehaltlich der Aufnahme zum Zwecke der Errichtung dinglicher Rechte) das öffentliche Recht über die Aufnahme oder Nichtaufnahme der öffentlichen Grundstücke in das Grundbuch entscheidet. Siehe N. 121 hievor.

127 Das ZGB schließt die Ersitzung an den gemäß kantonalem Recht in das Grundbuch nicht aufgenommenen öffentlichen Grundstücken nicht aus. Siehe N. 120 am Schluß und N. 121; SPIRO, § 497, S. 1417ff.; § 503, S. 1440 N. 2. Das öffentliche Recht aber kann sie ausschließen. So ist die Ersitzung von Wasserkraftrechten an öffentlichen Gewässern durch das eidg. und kant. Wasserrecht ausgeschlossen. Art. 77 bern. EGzZGB erklärt sie für unzulässig an «herrenlosem Land» (vgl. Einl. N. 23), Art. 150 Abs. 2 des graubündn. EGzZGB «solange eine Sache dem Gemeingebrauch dient».

128 Auch wenn ausdrückliche Vorschriften dieses Inhaltes nicht bestehen, wird man

die Ersitzung für ausgeschlossen halten müssen, wenn durch sie die Zweckbestimmung der Sache beeinträchtigt würde. FLEINER, Institutionen, S. 358; GIERKE, DPrR II S. 19ff.; REGELSBERGER, S. 417 und 429. Vertraglich können Dienstbarkeiten auch an solchen Sachen begründet werden. In der privatrechtlichen Verfügung des Gemeinwesens über die Sache liegt zugleich die sog. Entwidmung oder die Feststellung, daß die öffentliche Zweckbestimmung durch das Rechtsgeschäft nicht berührt werde, Einl. N. 112.

Es könnte angenommen werden, daß so gut wie die vertragliche Begründung von 129 dinglichen Rechten an der öffentlichen Sache auch die Ersitzung zulässig sein müsse. Während jedoch in der rechtsgeschäftlichen Bestellung einer Dienstbarkeit eine partielle Entwidmung der öffentlichen Sache oder eine Einschränkung des Gemeingebrauchs durch die zuständige Instanz vorliegt, könnte sich die Ersitzung der Dienstbarkeit, wenn sie zulässig wäre, im Widerspruch zur Bestimmung der Sache für einen öffentlichen Zweck oder unter Verdrängung des Gemeingebrauchs ohne die Zustimmung der zuständigen Verwaltungsbehörde vollziehen, EBG **93** I 645. Deshalb läßt sich der Ausschluß der Ersitzung an öffentlichen und «herrenlosen» Sachen (Art. 664 ZGB) durch das kantonale öffentliche Recht wohl rechtfertigen. Auch im öffentlichen Recht des Bundes finden sich entsprechende Rechtssätze. So läßt z. B. Art. 1 des Bahnpolizeigesetzes (BS **7**, S. 27) nach EBG **26** II 11, **38** II 458 = Pr. **2** Nr. 31 = ZBGR **19** S. 34 die Begründung von Dienstbarkeiten (an Grundstücken, die dem Eisenbahnverkehr dienen) durch Vertrag zu, nicht aber durch Ersitzung.

Wenn jedoch von vornherein feststeht, daß weder die öffentliche Zweckbestim- 130 mung einer Sache noch der Gemeingebrauch durch die Ersitzung berührt wird, ist diese zulässig. EG Graubünden Art. 150 Abs. 2 schließt die Ersitzung aus, «solange die Sache dem Gemeingebrauch dient». Jedenfalls genügt die Feststellung, daß eine Quelle auf Gemeindeboden entspringt (KtG Graubünden, ZivUrt. 1928, Nr. 5) nicht, um die Ersitzung als ausgeschlossen zu erklären, ohne daß geprüft wird, ob das Grundstück dem Gemeingebrauch dient oder einem öffentlichen Zweck gewidmet ist. Zutreffend KtG Graubünden 1908 Nr. 5, S. 89 und KtG-Ausschuß 1914 Nr. 2, S. 11. Gegen jegliche Ersitzung an öffentlichen und «herrenlosen» Sachen EBG **52** II 120 = Pr. **15** Nr. 85. Siehe jedoch N. 120 und 121 hievor sowie auch EBG **46** II 283 = Pr. **9** Nr. 54. Vgl. dazu die eingehenden Ausführungen bei MENGIARDI P., Der Ausschluß der Verjährung im Sachenrecht, Diss. jur. Bern 1953, S. 55ff.

Zum gleichen Ergebnis kommt mit eingehender Begründung Karl SPIRO, II § 497, S. 1417ff., § 502, S. 1435.

4. Ersitzungsbesitz

a) Im allgemeinen. Der Besitz des Dienstbarkeitsrechtes ist mit dessen Aus- 131 übung gegeben (Art. 919 Abs. 2). Einl. N. 71ff. und außer den da zitierten Entschei-

Grunddienstbarkeiten

den EBG **60** II 484 = Pr. **24** Nr. 42. Auch für die ordentliche Ersitzung wird die Ausübung nicht durch den Grundbucheintrag ersetzt. Der Ersitzende muß das zu seinen Gunsten eingetragene Recht ausüben, um es ersitzen zu können. WIELAND, Bem. 3b, HAAB, N. 9, LEEMANN, N. 8 zu Art. 661; EBG **52** II 24 = Pr. **15** Nr. 36. Interessanter Fall der Nichtausübung des eingetragenen Quellenrechtes, weil die Eintragung irrtümlicherweise auf dem Blatt eines anderen als des wirklichen Quellengrundstückes erfolgt war: ZBJV **74** S. 472ff.

132 Wie der Besitz zur Ersitzung des Eigentums Eigenbesitz, so muß der Besitz zur Ersitzung einer Dienstbarkeit Dienstbarkeitsbesitz sein.

Der Besitz taugt nicht zur Ersitzung:

a) wenn er gewaltsam oder heimlich ausgeübt wird oder vom Grundeigentümer prekaristisch gestattet worden ist. Nec vi nec clam nec precario! OSTERTAG, N. 30 zu Art. 919; ZBJV **69**, S. 132; Rep. Giur. 1930 (V, 1) S. 446;

b) wenn er mit der Ausübung eines obligatorischen Rechtes verbunden ist. Nemo sibi ipse causam possessionis mutare potest. EBG in ZBGR **22**, S. 34ff.; passaggio di semplice tolleranza, dazu verschiedene Urteile bei RIBALDI L. und ODONE D., Servitù di uso pubblico, 1958, p. 33 ss.;

c) wenn er in der Ausübung des Gemeingebrauchs besteht;

d) wenn er mit der Ausübung von Befugnissen gegeben ist, welche sich für den Nachbarn oder für jedermann aus unmittelbaren gesetzlichen Eigentumsbeschränkungen ergeben. In facultativis non datur praescriptio!

133 Daß solche Besitzeshandlungen, «les actes de pure faculté», nicht zur Verjährung oder Ersitzung führen können, ist ausgesprochen in Art. 2232 des franz. C.c. wie auch in verschiedenen kantonalen CGB, welche dem französischen Recht nachgebildet waren, z.B. in Art. 1990 des Walliser CGB; für das tessinische CGB vgl. Rep. Giur. 1930, S. 446 (atti meramente facoltativi). Über diese res merae facultatis: PLANIOL-RIPERT-BOULANGER, I Nr. 2595; DE RUGGIERO-MAROI, I (1948), S. 152; MESSINEO, Manuale I^8, S. 136 und 182; BARASSI, S. 249; REGELSBERGER, S. 467 (in der Lehre von der Unvordenklichkeit); eingehend MENGIARDI, a.a.O., S. 81ff.

134 b) bei den negativen Dienstbarkeiten. Umstritten war von jeher die Frage, unter welchen Voraussetzungen der Ersitzungsbesitz für die Entstehung von negativen Dienstbarkeiten gegeben sei. Ihre Ausübung ist durch Art. 919 Abs. 2 als Rechtsbesitz dem Sachbesitz gleichgestellt, und zwar gilt dies auch, wenn sie irreguläre Personaldienstbarkeiten sind. Einl. N. 72f., PFISTER W., S. 93. Sie verpflichten den Eigentümer des belasteten Grundstückes zu einem Unterlassen (Bau-, Pflanzungs-, Gewerbebeschränkung oder -verbot). Ist die Dienstbarkeit ausgeübt, wenn und solange die ihr widersprechende Handlung des Eigentümers des belasteten Grundstückes unterbleibt, und damit der Ersitzungsbesitz gegeben? Das kann deshalb zweifelhaft sein, weil oft nicht zuverlässig festgestellt werden kann, ob der Eigentümer des belasteten Grundstückes jene Handlung im Bewußtsein, daß er zu ihr nicht berechtigt sei, bzw. in Anerkennung des von seinem Partner beanspruchten

Rechtes unterlassen hat oder aus ganz anderen Gründen, vielleicht weil er gar kein Interesse an ihrer Vornahme hatte, oder ob seinerseits ein prekaristisches Entgegenkommen im Bewußtsein, jederzeit sein Eigentum nach Belieben ausüben zu können, vorlag. Da besteht insbesondere für eine außerordentliche Ersitzung eine höchst unsichere Grundlage.

Die außerordentliche Ersitzung darf, sofern kein Erwerbstitel (Vertrag, Testament, Urteil) oder Anerkenntnis vorliegt, nur zugelassen werden, wenn der Beweis erbracht ist, daß der Eigentümer des belasteten Grundstückes, indem er von der in Frage stehenden Eigentumsausübung abgestanden ist, den Unterlassungsanspruch des Ersitzenden anerkannt hat, N. 140ff. zu Art. 737. Diesen Beweis kann der letztere erbringen, wenn er die seinem Anspruch entgegenstehende Eigentumsausübung verhindert oder wenn er sie dem Grundeigentümer verboten hat und dieser sich dem Verbot unterzogen hat. An diesen Beweis müssen, wenn der Ersitzende sich auf keinen Erwerbstitel berufen kann, strengere Anforderungen gestellt werden. Man denke etwa an die Schießservitut, die neben dem positiven Inhalt (Befugnis, über die belasteten Grundstücke hinweg zu schießen) den Anspruch auf Unterlassung der Errichtung von Bauwerken und der Anlage von Pflanzungen, welche den Schießbetrieb hindern, in sich schließen kann (negative Dienstbarkeit). In einem vom aargauischen ObG behandelten Fall hat ein Schützenverein an den zwischen dem Schieß- und dem Scheibenstand gelegenen Grundstücken zu Unrecht die Ersitzung einer Servitut geltend gemacht, welche die Erstellung eines Hauses auf einem dieser Grundstücke ausgeschlossen hätte. Aarg. Vjschr. **12**, S. 83 und **28**, S. 100.

Vgl. zu dieser Frage HAAB, N. 11 zu Art. 667 und SPIRO, § 503, S. 1439f.; RANDA, Der Besitz[4] (1895), S. 723ff.

Anders zu beurteilen ist die **ordentliche** Ersitzung von negativen Dienstbarkeiten. Wenn die Dienstbarkeit im Grundbuch eingetragen ist, hat ein Erwerbstatbestand vorgelegen, wenn er auch einen Mangel aufweist, wegen dessen die Eintragung ungerechtfertigt ist. Durch den Eintrag wird dem Eigentümer des belasteten Grundstückes zum Bewußtsein gebracht, daß der Ersitzende ihm gegenüber den Dienstbarkeitsanspruch erhebt. Wenn er den Eintrag unangefochten läßt und jede Veränderung des dem Dienstbarkeitsanspruch entsprechenden Zustandes des Grundstückes unterläßt, besteht die Vermutung zu Recht, daß dieses Verhalten die Folge des im Grundbucheintrag kundgemachten Herrschaftswillens des Ersitzenden ist. Diese Vermutung rechtfertigt es, solange sie nicht widerlegt ist, dem nach Ausweis des Grundbuches Berechtigten den Ersitzungsbesitz zuzuerkennen.

LEEMANN, N. 30 zu Art. 731, und OSTERTAG, N. 30 zu Art. 919, kann nicht beigepflichtet werden, wenn sie Verbotshandlungen verlangen zu müssen glauben. Vgl. auch HOMBERGER, N. 29 zu Art. 919, der dieses Erfordernis ebenfalls anerkennt, wenn er es auch mit Rücksicht auf einen Dienstbarkeitsvertrag und auf den Grundbucheintrag abschwächt. Dagegen, also für Anerkennung des Ersitzungsbesitzes im dargelegten Sinne: SPIRO, § 502, S. 1438; PFISTER W., S. 91f., WIELAND, Bem. 3a

Grunddienstbarkeiten

zu Art. 919, ferner STAUDINGER-KOBER, Bem. 2c, PLANCK-STRECKER, Erl. 4a α, BIERMANN, Bem. 1b zu § 1029, WOLFF, § 24 I 2c, S. 67. Siehe auch RANDA, a.a.O., S. 730f., ZBJV **41**, S. 658ff.; BRANCA G., Sul possesso delle servitù negative, Il Foro Ital. **85**, 1962; KOHLER J., Arch. f. d. civ. Pr. **87** (1897) S. 245. Anderer Meinung PIOTET, S. 565.

138 Das Bundesgericht hat die Frage, ob der Grundbucheintrag die Funktion des Unterlassungsverbotes erfülle (so WIELAND, PFISTER W. und die zit. Kommentatoren des DBGB, während wir an den Grundbucheintrag die Vermutung für den Ersitzungsbesitz in Verbindung mit der Tatsache der Unterlassung knüpfen), erörtert, aber nicht entschieden. Es hat ausgeführt, daß sie auf jeden Fall nur bejaht werden könnte, wenn die Eintragung auf Anmeldung des Eigentümers des belasteten Grundstückes erfolgt oder diesem zum mindesten angezeigt worden sei (Art. 969), sofern sie auf Anmeldung des Erwerbers vorgenommen worden wäre. In casu war die Eintragung einer Baubeschränkungsservitut unter der Herrschaft des kantonalen Rechtes ohne Zustimmung und Wissen des Grundeigentümers auf Anmeldung des Ersitzungsprätendenten eingetragen worden, weshalb das Bundesgericht mit vollem Recht den Beweis für erfolgte Verbotshandlungen verlangte. EBG **52** II 120 = Pr. **15** Nr. 85. Erörtert, aber nicht entschieden hat das Bundesgericht die Frage in EBG **95** II 616f. Die ordentliche Ersitzung schließt es aus, wenn die Eintragung auf dem Blatt des herrschenden Grundstücks fehlt. Dies rechtfertigt sich nicht, weil diese Eintragung bloß die Wirkung einer Anmerkung hat. N. 55ff. hievor.

5. Die Ersitzung von sogenannten Gemeindedienstbarkeiten

139 Durch Ersitzung kann eine Dienstbarkeit auch entstehen, wenn der Besitz von einer Vielzahl von Personen, nämlich von den Bewohnern einer Gemeinde oder Ortschaft (es brauchen nicht alle zu sein) oder von jedermann, der hiezu in der Lage ist, von der «Öffentlichkeit», ausgeübt wird. Es braucht nicht ein und dieselbe Person das Recht während der Ersitzungszeit ununterbrochen ausgeübt zu haben, sondern es genügt, daß die Benutzungshandlungen der verschiedenen Personen gesamthaft zu einer kontinuierlichen Ausübung des Rechtes führen. Diese Dienstbarkeiten werden zugunsten der Korporation oder Ortschaft, von deren Mitgliedern oder Bewohnern sie ausgeübt werden, ersessen oder zugunsten der Gemeinde, deren Angehörige die Besitzeshandlungen vollzogen haben. Sie werden deshalb Gemeindedienstbarkeiten genannt und gehören zu den «anderen Dienstbarkeiten», den irregulären Personalservituten gemäß Art. 781. Sie (und die Möglichkeit ihrer Entstehung durch Ersitzung) waren im gemeinen Recht anerkannt. MEISNER-RING, Das in Bayern geltende Nachbarrecht[4], 1951, S. 390f. und 483ff. mit Zusammenstellung der Praxis. Der österreichische OGH hat 1961 (Vorarlberg) und 1968 (Salzburg) entschieden, daß die Benutzung privater Liegenschaften für Skiabfahrten (und Übungsplätze?) durch eine unbestimmte Zahl von Personen, die als Touristen von überall herkommen, viele ein einziges Mal, Dienstbarkeiten zugunsten der Gemeinde ersessen werden können. Dies ist unhaltbar. MAYER-MALY im «Staatsbürger» vom 22. und 28. Mai 1969. Vgl. auch EGzZGB Graubünden Art. 140. Dazu und zur Entschädigungsfrage auch HOFMEISTER, ZBGR **59** (1978) S. 354, 361. Das ZGB hat ihnen den ihnen zukommenden Platz eingeräumt, und die Praxis läßt ihre Begründung durch Ersitzung ebenfalls zu. ZBJV **41**, S. 89ff., **51**, S. 416; ObG Thurgau und BG, staatsrechtl. Abt., ZBGR **15**, S. 178ff., und **15**, S. 100ff. = SJZ **31**, S. 173; EBG **71** I 433, **76** I 183. Einl. N. 114; PFISTER W., S. 144f. Die zur Ersitzung führenden Besitzeshandlungen können nicht in der Ausübung des Gemeingebrauchs bestehen (N. 132), aber das durch Ersitzung entstandene Recht kann Objekt des Gemeingebrauchs sein. Einl. N. 25 und 113/14; skeptisch EBG **46** II 283 = Pr. **9** Nr. 54; dagegen spricht EBG **74** I 41 = Pr. **37** Nr. 49 unbedenklich von durch Ersitzung entstandenen Dienstbarkeiten zugunsten des Publikums. Vgl. auch HITZIG, ZSR n. F. **19**, S. 358ff. In Italien wurde die Möglichkeit der Ersitzung von Gemeindedienstbarkeiten auch bejaht von der Corte die Cassazione 21.10.1954 und 2.8.1957. REIBALDI L. und ODONE D., Servitù di uso pubblico (1958, p. 26ss., 64ss., 60ss.

Möglich ist auch die Ersitzung einer **Grunddienstbarkeit** zugunsten eines **140** Grundstückes der Gemeinde oder einer Korporation (Gemeindehaus, Schulhaus, Kirche, Sportplatz, Schießstand, Badeanstalt) durch Benutzer und Besucher der auf dem Grundstück befindlichen Gebäude und Anlagen.

Ersitzung eines Wegrechts (Zügelrecht) zugunsten einer Bäuertgemeinde im Berner Oberland, ZBJV **113** (1977) S. 195ff. (AppH Bern 1975). Zur Ersitzung im Jura nach römischem Recht vor dem Inkrafttreten des C. c. fr. AppH Bern, SJZ **24** (1927) S. 363 = ZBJV **63**, S. 418; Luzern ObG 1960 (Max. 10 Nr. 714 = ZBGR **48** (1967) S. 73ff. bejaht die Möglichkeit der Ersitzung einer «Popularservitut», lehnt die Ersitzung in casu aber ab, weil die Liegenschaft, an der die Servitut beansprucht wurde, im Hypothekarprotokoll figurierte, woraus geschlossen wurde, daß sie im Sinne von Art. 662 ins Grundbuch aufgenommen sei, und zwar eben auch hinsichtlich der Servituten, zu Unrecht, weil diesbezüglich dem Hypothekarprotokoll die negative Rechtskraft fehlt. Der gleichen Fehlbeurteilung ist das KtG St. Gallen erlegen: G&VPr 1976 Nr. 22 = ZBGR **60** (1979) S. 32ff. (mit m. krit. Bem.); und auch noch das Bundesgericht: **104** II 302 = Pr. **68** Nr. 128. Richtig nun aber EBG 6.12.1979 (noch nicht veröffentlicht). Siehe dazu N. 149ff. und N. 163ff. hienach, Literatur vor N. 94 hievor.

VI. Die Anerkennung von Dienstbarkeiten auf Grund ihrer Ausübung seit unvordenklicher Zeit (praescriptio immemorialis)

«Ein Zustand gilt als unvordenklich, wenn die Kunde eines anderen Zustandes **141** der memoria hominum entschwunden ist; es wird erfordert, daß die gegenwärtige Generation keinen andern Zustand gekannt und auch von ihren Vorfahren nicht in Erfahrung gebracht hat. Unvordenklichkeit ist also vorhanden, wenn der betreffende

Grunddienstbarkeiten

Zustand mindestens zwei Menschenalter hindurch gewährt hat, welche man regelmäßig zu je 40 Jahren zu rechnen pflegt» (Stobbe, Handbuch des DPrR I³, S. 657f.). Siehe auch Regelsberger, S. 464ff., Gierke, DPrR I, S. 313ff.

142 Der Beweis der Unvordenklichkeit ersetzt den Erwerbstitel; er begründet die Anerkennung, daß von jeher ein Recht bestanden hat, dessen Entstehungsgrund durch die Zeit verdunkelt worden ist.

143 Das von der Lehre des gemeinen Rechtes ausgebildete Institut, das seine Wurzeln im deutschen Recht hat, für dessen Anerkennung aber auch Quellenstellen aus dem römischen Recht (vetustas, cuius memoria non exstat oder cuius origo memoriam excessit [Stobbe, S. 656f., Regelsberger, S. 464]) und aus dem kanonischen Recht herangezogen werden konnten. Es kam zur Anwendung, wenn für die Ersitzung eine Voraussetzung fehlte oder die Ersitzung für ausgeschlossen erachtet wurde, z.B. die Ersitzung an Grundstücken, die durch ihre Natur oder durch Widmung zum Gemeingebrauch bestimmt waren. So wurden insbesondere Wasserrechte an öffentlichen Gewässern, für die ein Erwerbstitel nicht beigebracht werden konnte, auf Grund ihrer Ausübung seit unvordenklicher Zeit anerkannt (Regelsberger, S. 429).

Fr. Pacelli, Le acque pubbliche, 3ª ed. (1934) p. 392s., nº 314s. Dogmengeschichtlich besonders E. Bussi, Formazione dei dogmi di diritto privato nel diritto comune I (1937) p. 77ss. Noch viel eingehender Francesco Schupfer in Nuovo und in Nuovissimo Digesto, voci Ab immemorabili, tempo immemorabile, prescrizione immemorabile.

Hans J. Wolff, Verwaltungsrecht I, § 37 IIIc (6. Aufl., S. 203): 1. Ersitzung, 2. Wartezeit, 3. Unvordenklichkeit.

Dazu zahlreiche Urteile bei Reibaldi e Odone, auch p. 26ss.: «In materia di servitù di diritto pubblico, anche se non apparenti, è ammissibile l'usucapione di 30 o 20 anni ed in ogni caso è sempre dimostrabile l'acquisto attraverso uno stato di fatto immemorabile» (Corte di Cassazione 11.4.1951).

Die Immemorialverjährung ist auch im kanonischen Recht anerkannt: Essentia praescriptionis immemorialis in eo consistit, quod de eo initio memoria non extet. Rota Romana, Decis. illustr. 1723, zit. von M. Roberti, Svolgimento storico del diritto italiano II, p. 101 (1935).

144 Das Institut der Unvordenklichkeit ist auch heute unentbehrlich, obwohl man bei der Kodifikation des Privatrechtes in der Schweiz wie in allen umliegenden Ländern glaubte, ohne es auszukommen.

145 Je enger der Geltungsbereich der Ersitzung gezogen wird, desto mehr ist man auf die Unvordenklichkeit angewiesen. Die Bedenken Regelsbergers (S. 468) gegen deren Eliminierung sind berechtigt (siehe auch Enneccerus-Nipperdey, Lehrbuch I¹⁴ § 210 II 3).

146 Es ist deshalb zu begrüßen, daß das Bundesgericht dem Institut seine Aufmerksamkeit geschenkt und es zum Schutze altüberkommener Rechte herangezogen hat.

Siehe insbes. EBG **74** I 41ff. = Pr. **37** Nr. 49. Das Bundesgericht konnte da auf die Anerkennung der Unvordenklichkeit im st.-gallischen öffentlichen Recht (VerwPr. II Nr. 658) sowie auf Art. 252 des schwyz. EGzZGB verweisen und sagen: «Dieser Grundsatz war in den Rechten der schweizerischen Kantone dermaßen allgemein verbreitet, daß seine Geltung für privat- und öffentlich-rechtliche Verhältnisse so lange angenommen werden darf, als nicht der Gegenbeweis erbracht ist (nicht publ. Entscheid des BG i. S. Commune de Salvan vom 30. Oktober 1933, E. 4).»

Wenn aber in casu die Unvordenklichkeit den Beweis für die Rechtsvermutung **147** ersetzen soll, daß ein öffentlich-rechtlicher Satz des Gewohnheitsrechtes bestanden habe, und dafür, daß dieser Rechtssatz zur Begründung des Wegrechtes als öffentlich-rechtlicher Eigentumsbeschränkung zur Anwendung gekommen sei, so ist das eine unrichtige Verwendung des Instituts, welche wohl durch die von der obersten kantonalen Behörde (Großer Rat) möglicherweise unrichtig entschiedene Zuständigkeitsfrage bedingt war. Nach den Erwägungen des Bundesgerichts würde die Unvordenklichkeit ersetzen: 1. die Widmung des Weges zum öffentlichen Verkehr und; 2. auch den Titel für die Widmung. Zur Widmung N. 114 der Einleitung. Über die Abgrenzung des unvordenklichen Zustandes gegen das Gewohnheitsrecht vgl. STOBBE I, S. 657, und GIERKE I, S. 314.

Siehe zur Anerkennung der Unvordenklichkeit im schweiz. Recht auch HUBER, **148** System u. Gesch. III, S. 203; ObG Luzern, ZBJV **53**, S. 374f.; Rep. Giur. 1932 (V, 3), S. 502ff. (Wasserrecht für ein Hammerwerk); KtG Graubünden, ZivUrt. 1924, S. 105f. («unvordenkliche Ersitzung des Eigentums an der äußeren Kirche durch die Protestanten», belastet mit Dienstbarkeiten zugunsten des katholischen Teils, dem die innere Kirche gehört); unveröffentlichter Entscheid der II. Zivilabt. des Bundesgerichts als Staatsgerichtshof vom 20. Februar 1953 i. S. Villiger c. Einwohnergemeinde Zug; erörtert wird die Frage auch im EBG **46** II 283 = Pr. **9** Nr. 54. Siehe auch SPIRO, § 501, S. 1433.

VII. Intertemporales Recht

(Die Literatur ist S. 63 verzeichnet; allgemeiner Hinweis in N. 20 der Vorbem. vor Art. 730); speziell in den N. 210ff. zu Art. 734, N. 227ff. zu Art. 737, N. 57 zu Art. 740. Vgl. auch die S. 173 zit. Literatur.

Die Bestimmungen des intertemporalen und Übergangsrechtes sind hier nicht zu **149** erläutern. Es soll nur auf ihre Bedeutung für die Entstehung und den Bestand von Dienstbarkeiten in den wichtigsten Anwendungsfällen aufmerksam gemacht werden. Als den obersten Grundsatz des intertemporalen Sachenrechtes hat das Bundesgericht die im Art. 17 und speziell für die Grunddienstbarkeiten im Art. 21 SchlT enthaltene Regel bezeichnet, daß die beim Inkrafttreten des ZGB bestehenden dinglichen Rechte auch unter dem neuen Recht anerkannt bleiben. EBG **52** II 20ff. = Pr. **15** Nr. 36, am Schluß.

Grunddienstbarkeiten

150 Ob ein dingliches Recht besteht, ist deshalb, wenn geltend gemacht wird, daß es vor dem Inkrafttreten des ZGB entstanden sei, nach altem Recht zu beurteilen. Es kommt dann also das kantonale Recht zur Anwendung, das bis 1912 gegolten hat, und je nach dessen intertemporalen Normen unter Umständen auch ein früheres, vor der kantonalen Kodifikation liegendes Recht. Siehe z. B. bern. ObG, neben ZBJV **85**, S. 549ff. bes. **69**, S. 120ff.; **58**, S. 231; **51**, S. 416; **41**, S. 89ff. Der Erwerbsgrund der sog. ehehaften Rechte (Einl. N. 7 und Art. 730 N. 175) liegt oft in einer noch viel älteren geschichtlichen Zeit. ZBJV **113** (1977) Wegrecht (Zügelrecht mit dem Vieh) zugunsten einer Bäuertgemeinde; ZBJV **63**, S. 418 = SJZ **24** (1927) S. 363 (Jura) in der N. 140 hievor zitiert. Vgl. auch EBG **73** II 33 = Pr. **36** Nr. 54 betr. den Umfang einer altrechtlichen Dienstbarkeit und **79** II 401 betr. Hinfallklausel in einem altrechtlichen Dienstbarkeitsvertrag über ein Wegrecht. Altrechtliche Wegrechte EBG **82** II 103. Dazu ZBJV **94** (1958) S. 48f. und EBG **82** II 120 = Pr. **45** Nr. 85 (Saumrecht, geführter Hand-Recht, Appenzell IR). Dazu ZBJV **94** (1958) S. 49ff. und N. 53, 61f. zu Art. 740.

151 Auch die Gültigkeit des vor dem Inkrafttreten des ZGB zustande gekommenen, auf die Errichtung einer Dienstbarkeit gerichteten Rechtsgeschäftes ist gemäß Art. 18 SchlT nach dem alten Recht zu beurteilen. Ist sie danach zu bejahen, besteht auch der Anspruch auf die Eintragung in das Grundbuch gemäß neuem Recht. EBG **52** II 127ff. = Pr. **15** Nr. 98. Indessen kann die Eintragung nur erfolgen, wenn das in Frage stehende dingliche Recht nach den Bestimmungen des neuen Rechtes über das Grundbuch zu den eintragungsfähigen Rechten gehört (Art. 17 Abs. 3 und 45 SchlT).

152 Es kommt nicht darauf an, ob das Recht nach irgendwelchen Vorschriften des materiellen Rechtes noch begründet werden kann, sondern darauf, ob es «nach seinen begriffsbestimmenden Eigenschaften» (MUTZNER, N. 8 zu Art. 18 SchlT) in eine der Dienstbarkeitskategorien des neuen Rechtes fällt. So ist ein zugunsten eines Grundstückes bestehendes ehehaftes Wasserkraftrecht als Grunddienstbarkeit in das Grundbuch einzutragen, trotzdem es nach dem geltenden Wasserrecht nicht mehr begründet werden kann. EBG **63** I 111 = Pr. **26** Nr. 150 = ZBGR **18**, S. 278ff. Dasselbe gilt, wenn unter dem alten Recht nur das Rechtsgeschäft auf Errichtung des dinglichen Rechtes gültig zustande gekommen ist.

153 Entspricht dagegen die unter dem alten Recht entstandene Dienstbarkeit keiner der im ZGB in geschlossener Zahl normierten Arten von Dienstbarkeiten, so daß sie deswegen nicht mehr begründet werden könnte, ist sie auch nicht eintragungsfähig, sondern ist im Grundbuch nur anzumerken (SchlT Art. 17 Abs. 3, 20, 45), bleibt aber als dingliches Recht anerkannt. Ist unter dem alten Recht bloß das Rechtsgeschäft auf Begründung einer solchen Dienstbarkeit gültig zustande gekommen, kann die Dienstbarkeit unter dem neuen Recht nicht mehr errichtet werden. Es besteht entweder ein bloß obligatorisches Recht weiter, oder das Rechtsgeschäft fällt wegen Unmöglichwerdens der Leistung dahin (OR Art. 119). Einl. N. 130ff.

Bei der Einführung des Grundbuches sollen alle bestehenden dinglichen Rechte, **154** die nach dem neuen Recht begründet werden können, zur Eintragung gebracht werden. Sind sie nach bisherigem Recht in öffentlichen Büchern eingetragen, sind sie von Amtes wegen auch in das Grundbuch einzutragen (Art. 43 SchlT). Zu den öffentlichen Büchern gemäß dieser Bestimmung gehören aber nur die Register, welche im Zeitpunkt vor dem Inkrafttreten des ZGB die maßgebende Publizitätseinrichtung darstellten, nicht ein daneben (im Kanton Schwyz) geführtes Hypothekenprotokoll. EBG **73** I 334 = Pr. **36** Nr. 177.

Dingliche Rechte, die im Verfahren zur Einführung des Grundbuches nicht zur **155** Eintragung gelangen, können von der Gesetzgebung der Kantone auf einen bestimmten Zeitpunkt nach vorausgehender Auskündung für aufgehoben erklärt werden (SchlT Art. 44 Abs. 2). Von dieser Befugnis haben nur wenige Kantone Gebrauch gemacht: Zürich, EGzZGB § 270 (BlZR **45** Nr. 192 = ZBGR **29**, S. 67ff.); Luzern, Vo über die Einführung des eidg. GB § 13; Thurgau, EGzZGB § 137 Z. 4 (ObG in ZBGR **21**, S. 185ff.,) nicht dagegen Bern, AppH in ZBJV **69**, S. 127 und auch nicht Tessin (AppG 24.2.1955, Repertorio 88, S. 161 = SJZ **52**, S. 51.

Art. 44, Abs. 2 SchlT kann sich m.E., entgegen MUTZNER, N. 7 zu Art. 45 SchlT, **156** nicht auf die dinglichen Rechte gemäß Art. 45 SchlT beziehen, die nach dem neuen Recht nicht mehr begründet werden können, wie Stockwerkseigentum, Eigentum an Bäumen auf fremdem Boden. Sie können ja ins Grundbuch gar nicht eingetragen werden. Ihre Aufhebung kann deshalb nicht die Folge der Unterlassung der Anmeldung und Eintragung sein; sie ließe sich auch sachlich nicht rechtfertigen, und es entstünde eine unmögliche Rechtslage, wenn z.B. das Stockwerkseigentum einfach als dahingefallen erklärt würde. Diese Rechte bleiben nach Art. 17 Abs. 3 SchlT unter dem bisherigen Recht. Übertragungen solcher Rechte, die unter der Herrschaft des neuen Rechtes vorgenommen werden, sind jedoch diesem Recht unterstellt. EBG **75** II 131 = Pr. **38** Nr. 143. LIVER P., Das Stockwerkeigentum, ZBGR **35**, S. 14. ObG Obwalden, SJZ **24** (1927) Nr. 62, S. 283 i.S. Korporation Sachseln gegen Rohrer. Siehe dazu LIVER P., Zur Geschichte und Dogmatik des Eigentums an Bäumen auf fremdem Boden, Festschrift K.S. BADER 1965, S. 287, 290; N. 86 zu Art. 734. Art. 45 SchlT ZGB (1965) nennt das StWE nicht mehr.

Die Ersitzung richtet sich nach dem Inkrafttreten des ZGB nach dessen **157** Vorschriften (Art. 19 SchlT). Dies gilt auch da, wo das eidgenössische Grundbuch noch nicht eingeführt ist. EBG **52** II 16 = Pr. **15** Nr. 36; **56** II 180 = Pr. **19** Nr. 100.

Hat eine Ersitzung, die auch dem neuen Recht entspricht, unter dem bisherigen **158** Recht begonnen, wird die bis zum Inkrafttreten des ZGB abgelaufene Zeit an die Ersitzungsfrist verhältnismäßig angerechnet (Art. 19 Abs. 2 SchlT). Über die verhältnismäßige Anrechnung siehe MUTZNER, N. 6 zu Art. 19, und KtG-Ausschuß Graubünden, Entsch. 1921 Nr. 20.

Eine altrechtliche Tabularersitzung kann als Tabularersitzung des neuen Rechtes **159**

Grunddienstbarkeiten

und eine altrechtliche Extratabularersitzung als Extratabularersitzung des neuen Rechtes, wenn dessen Voraussetzungen gegeben sind, fortgesetzt werden.

160 Eine unter dem alten Recht begonnene Extratabularersitzung kann nicht, wenn es dem Ersitzenden gelingt, eine ungerechtfertigte Eintragung zu erwirken, unter dem neuen Recht als Tabularersitzung fortgesetzt werden. EBG **52** II 122 = Pr. **13** Nr. 113.

161 Dagegen kann die unter dem alten Recht begonnene Tabular- oder Extratabularersitzung unter dem neuen Recht auch dann als außerordentliche Ersitzung fortgesetzt und vollendet werden, wenn der Ersitzende zu Unrecht eingetragen ist und nach dem neuen Recht die ordentliche Ersitzung nicht möglich ist, weil der Ersitzende weiß, daß die Eintragung ungerechtfertigt ist und ihm aus diesem Grunde der gute Glaube abgesprochen würde (N. 92). Wenn die außerordentliche Ersitzung möglich wäre, sofern die ungerechtfertigte Eintragung nicht vorgenommen worden wäre, kann sie nicht deswegen ausgeschlossen sein, weil diese erfolgt ist. Infolge seiner Eintragung kann der Ersitzende nicht schlechter gestellt sein, als wenn er nicht eingetragen wäre. Ließe man die Ersitzung nicht zu, könnte der Eingetragene nie Eigentümer des Grundstückes oder Inhaber der Dienstbarkeit werden, auch wenn niemand anders da ist, der ein besseres Recht beansprucht und im Aufgebotsverfahren Einspruch erhebt. Für die Zulassung der außerordentlichen Ersitzung in diesem Fall sprechen sich aus MUTZNER, N. 13 zu Art. 19 SchlT, und JENNY Fr., SJZ **39**, S. 190f., gegen sie PFISTER W., S. 57f., der dabei allerdings vorauszusetzen scheint, daß aus dem altrechtlichen Publizitätsregister hervorgeht, wer der Eigentümer des Grundstückes ist und dieser weder seit 30 Jahren tot noch verschollen erklärt ist.

162 Von großer praktischer Bedeutung ist, wo das eidgenössische oder ein ihm in den Wirkungen gleichgestelltes kantonales Grundbuch nicht besteht, die Frage, ob die außerordentliche Ersitzung ausgeschlossen sei, wenn das Grundstück Gegenstand irgendeiner Eintragung in einem der kantonalen Register oder Protokolle ist, welchen Grundbuchwirkung im Sinne von Art. 48 SchlT zukommt. Gilt das Grundstück auf Grund einer solchen Eintragung als im Sinne von Art. 662 «in das Grundbuch aufgenommen», ist die Ersitzung des Eigentums oder von Dienstbarkeiten an ihm nicht möglich.

163 In bezug auf die Ersitzung von Dienstbarkeiten hat diese Vorschrift des Art. 662 den Sinn, daß sie ausgeschlossen sein solle, wenn das Grundbuch darüber Aufschluß gibt, welche Dienstbarkeiten an einem Grundstück bestehen. Wenn das Grundstück im Sinne des eidgenössischen Grundbuchrechtes in das Grundbuch aufgenommen ist, gibt dieses darüber Aufschluß. Die Aufnahme setzt eine Bereinigung der dinglichen Rechte voraus, auf Grund deren dem Grundbuch in bezug auf diese Rechte die negative Rechtskraft zukommt mit der Wirkung, daß Dienstbarkeiten, die nicht eingetragen sind, nicht bestehen. Anderer Meinung ObG Zürich ZBGR **42** (1961) S. 206 und die in N. 140 zit. Urteile.

164 Hat eine Bereinigung der dinglichen Rechte nicht stattgefunden, kommt dem kantonalen Grundbuch gemäß Art. 48 SchlT in bezug auf sie die negative Rechtskraft nicht zu. Das Grundbuch gibt keinen Aufschluß darüber, ob und welche Dienstbarkeiten vor und außerhalb des Eintragungsprinzips entstanden sind. Auch wenn das Grundstück einmal Gegenstand einer eingetragenen Handänderung oder Pfandrechtserrichtung gewesen ist, sagt das Grundbuch nichts darüber aus, welche Dienstbarkeiten an ihm bestehen oder nicht bestehen, enthalten jene eingetragenen Verträge doch meistens nur die Formel «mit allen Rechten und Lasten wie bisher genossen und ertragen». Siehe dazu N. 29 zu Art. 732. Auch wenn das Grundstück Gegenstand einer Dienstbarkeitseintragung gewesen ist, gibt das Grundbuch keinen Aufschluß darüber, ob an ihm noch andere Dienstbarkeiten bestehen oder nicht bestehen.

Unter solchen Voraussetzungen die Ersitzung wegen Aufnahme des Grundstückes in das Grundbuch ausschließen zu wollen, ist sinnlos. Von einer Aufnahme in das Grundbuch im Sinne des Art. 662 kann gar nicht die Rede sein. GUHL, ZBJV **65**, S. 261. Nach dem vernünftigen Sinn des Art. 662 kann dieser die Ersitzung von Dienstbarkeiten nur ausschließen an Grundstücken, die nach Bereinigung der dinglichen Rechte in das Grundbuch aufgenommen worden sind, so daß diesem hinsichtlich der Dienstbarkeiten die negative Rechtskraft zukommt. So hat denn auch der KtG-Ausschuß Graubünden, entgegen der Meinung von MUTZNER, 2. Aufl. von Hubers System u. Geschichte des schweiz. PrR I, S. 268, und PFISTER W., S. 56, in Übereinstimmung mit GUHL, a.a.O., entschieden, 1929, Entsch. Nr. 10 und 1951, Entsch. Nr. 27 = SJZ **47**, S. 210.

165

Art. 732

Der Vertrag über Errichtung einer Grunddienstbarkeit bedarf zu seiner Gültigkeit der schriftlichen Form.

2. Vertrag.

Materialien: Der VE 1900 (Art. 724, 725) enthielt diese Vorschrift noch nicht; E (1904) Art. 722 Abs. 1; ExpKomm., III. Session (11. November 1902), Prot. S. 110ff.; Amtl. sten. Bull. 16 (1906) S. 571ff. (NR), S. 1358ff. (StR).

Ausländisches Recht. DBGB enthält keine besondere Vorschrift über die Form des Verpflichtungsgeschäftes; es gilt Formfreiheit; Schenkungsversprechen § 518; ebenso ABGB, Schenkungsversprechen § 943; in Frankreich und Italien ist der Dienstbarkeitsvertrag nicht bloßes Verpflichtungsgeschäft, sondern begründet das dingliche Recht. Der C.c.fr. enthält keine besonderen Formvorschriften für den Vertrag; Schenkung Art. 931. Der C.c.it. schreibt die schriftliche Form vor in Art. 1350 Z. 4; Schenkung Art. 782.

Literatur. Dieselbe wie zu Art. 731, ferner GROSSO G. e DEJANA G., Le servitù prediali, 1951 (Trattato di Diritto Civile Italiano, sotto la direzione di F. Vassalli),

Grunddienstbarkeiten

3ᵃ ed. 1963; BRANCA G., Servitù prediali, 1947 4ᵃ ed. 1967 (Commentario del Codice Civile a cura die A. Scialoja e G. Branca); BIONDI Biondo, Le servitù (Trattato ed. Cicu e Messineo XII) 1967.

Inhaltsübersicht

I. Der Vertrag als Erwerbstitel

1. Die Bedeutung des Vertrages als Verpflichtungsgeschäft. N. 1–2; 2. Anwendungsbereich und Erscheinungsformen des Dienstbarkeitsvertrages. N. 3–14; 3. Beseitigung des Erwerbes von «selbstverständlichen» Dienstbarkeiten auf Grund einer «Widmung» (destination du père de famille). N. 15; 4. Der Inhalt des Vertrages. N. 16; a) Die Bezeichnung des dienenden und des herrschenden Grundstückes. N. 17–19; b) Die Umschreibung des Inhaltes, Umfanges und der Art der Ausübung der Dienstbarkeit. N. 20–31; c) die Willenseinigung über die dingliche Natur des zu begründenden Rechtes. N. 32–38; d) die Bezeichnung als gesetzliche Dienstbarkeit oder Legalservitut. N. 39–41; e) Angabe der Gegenleistung, falls eine solche vereinbart ist? N. 42–48; f) Verhältnis der Bestellung der Dienstbarkeit gegen Entgelt zum Kauf. N. 49–55; g) Gewährleistung. N. 56–59.

II. Das Anerkenntnis

1. Anerkennung der Dienstbarkeit. N. 60–65; 2. Anerkennung der Verpflichtung zur Bestellung einer Dienstbarkeit. N. 66–68.

III. Die Form des Vertrages

1. Entstehungsgeschichte und Würdigung des Art. 732 de lege ferenda. N. 69–75; 2. Die Schriftlichkeit des Vertrages; a) Erfordernisse. N. 76–86; b) Anwendungsbereich. N. 87–94; c) Vorbehalt einer qualifizierten Form, der öffentlichen Beurkundung, durch die Parteien N. 95–96; 3. Die Folgen des Formmangels. N. 97–101.

IV. Dienstbarkeitsverträge, deren öffentliche Beurkundung verlangt wird. N. 102.

1. Art. 680 Abs. 2. N. 103–107; 2. Art. 243 Abs. 2 OR. N. 108–117.

I. Der Vertrag als Erwerbstitel

1. Die Bedeutung des Vertrages als Verpflichtungsgeschäft

Der Art. 732 hat nur die Begründung der Dienstbarkeiten zum Gegenstand, welche durch Eintragung auf Grund eines Vertrages entstehen. Durch den Dienstbarkeitsvertrag wird nach der besonderen Terminologie des Gesetzes die Dienstbarkeit «erworben». Art. 732 ist die Bestimmung, welche den Erwerb der Dienstbarkeit (Art. 731 Abs. 2) ordnet, und zwar anders ordnet, als die «Bestimmungen über das Grundeigentum» ihn ordnen würden, auf welche im Art. 731 Abs. 2 verwiesen ist. Diese Ausnahme wird aber nur für die Form des Erwerbsvertrages gemacht. Vgl. über die nicht systemgerechte Anordnung dieser Vorschriften, welche sich aus der nachträglichen Einfügung des Art. 732 in den Entwurf ergab, N. 1ff. zu Art. 731.

Der Dienstbarkeitsvertrag ist, wie der Vertrag über den Erwerb des Grundeigentums, das obligatorische Grundgeschäft, d. h. das Verpflichtungsgeschäft, mit dem der Grundeigentümer sich verpflichtet, dem Erwerber das Dienstbarkeitsrecht zu verschaffen, ihm die Dienstbarkeit zu «bestellen», zu seinen Gunsten die Dienstbarkeit zu «errichten», indem er die Eintragung in das Grundbuch durch die Anmeldung, in welcher das Verfügungsgeschäft liegt, bewirkt. Die Eintragung begründet die Dienstbarkeit nur, wenn sie «gerechtfertigt» ist; sie ist ungerechtfertigt, wenn die Anmeldung nicht vom verfügungsberechtigten Grundeigentümer (oder einer Person, die als gesetzlicher oder rechtgeschäftlicher Stellvertreter oder als Organ legitimiert ist) ausgegangen ist, und insbesondere dann, wenn der Dienstbarkeitsvertrag ungültig ist. Die Eintragung heilt den Mangel des Grundgeschäftes, auch den Formmangel, nicht. 2

2. Anwendungsbereich und Erscheinungsformen des Dienstbarkeitsvertrages

Soweit das absolute Eintragungsprinzip gilt, d.h. soweit zur Entstehung der Dienstbarkeit die Eintragung notwendig ist und deshalb konstitutive Bedeutung hat, besteht der «Rechtsgrund» regelmäßig in einem Verpflichtungsgeschäft. Dieses ist entweder ein Vertrag oder ein einseitiges Rechtsgeschäft (Testament). 3

Eine Ausnahme ist die Eigentümerdienstbarkeit (Art. 733) insofern, als sie durch Eintragung errichtet wird, ohne daß ein Verpflichtungsgeschäft vorliegt. 4

Eine andere Ausnahme besteht darin, daß eine Dienstbarkeit durch Vertrag ohne Eintragung begründet werden kann, nämlich das Durchleitungsrecht, wenn dies in Verbindung mit der Erstellung einer äußerlich wahrnehmbaren Leitung geschieht (Art. 676 Abs. 3). Der Vertrag ist nötig, nicht aber die Eintragung. N. 9ff. zu Art. 731. 5

Ein Vertrag, der aber durch richterliches Urteil ersetzt werden kann, ist auch erforderlich zur Begründung einer Legalservitut, doch ist es ein Vertrag, zu dessen Abschluß der Eigentümer des zu belastenden Grundstückes gesetzlich verpflichtet ist. Einleitung N. 95/96 und 101; Art. 731 N. 6 sowie WINDSCHEID-KIPP, Pandekten I § 169 Anm. Dieser Vertrag ist in jeder Hinsicht dem Art. 732 unterstellt. Vgl. für das italienische Recht BRANCA unter Ziffer 3 der Erl. zu Art. 1032, S. 347f. 6

Eine Ausnahme kann höchstens bestehen hinsichtlich der Form für das gesetzliche Durchleitungsrecht, welches im Art. 691 abweichend von allen übrigen mittelbaren gesetzlichen Eigentumsbeschränkungen geregelt ist (Einl. N. 92); es ist entstanden, wenn der Grundeigentümer die Erstellung der Leitung gegen vorgängigen vollen Ersatz des dadurch verursachten Schadens «gestattet hat» (N. 67 hienach). KtG Graubünden 1958 Nr. 31, S. 87ff. 7

Der Dienstbarkeitsvertrag ist ein besonderer, selbständiger Vertrag oder, und zwar sehr häufig, Bestandteil eines anderen Vertrages mit umfassenderem Inhalt. Meistens ist dieser letztere ein Grundstückskauf- oder Tauschvertrag oder ein Teilungs- 8 vertrag. Von den Teilungsurteilen als Gestaltungsurteilen war in N. 31 zu Art. 731 die Rede; sie sind die Ausnahme; die Regel bilden die Teilungsverträge, unter denen die Erbteilungsverträge die größte Bedeutung haben. EBG **100** Ib (1974) 121ff. = Pr. **63** Nr. 259. Diese Verträge haben regelmäßig die Form, welche für die Begründung der Dienstbarkeit erforderlich ist, so daß sich daraus keine Schwierigkeiten für die Eintragung ergeben. Dagegen wäre es, wenn dies nötig sein sollte, wie behauptet wird, vielfach kaum möglich, zu bestimmen, ob für die Einräumung der Dienstbarkeit ein Entgelt und welches vereinbart ist.

9 Der wichtigste Fall des unselbständigen Dienstbarkeitsvertrages ist der Vorbehalt einer Dienstbarkeit am verkauften Grundstück durch den Verkäufer. Das ist die deductio servitutis. Diesen Bezeichnungen (Vorbehalt und deductio) liegt die Vorstellung zugrunde, das Eigentum werde abzüglich der Dienstbarkeit übertragen. Aber dieser Vorgang scheint rechtlich nicht konstruierbar zu sein, ohne daß die Eigentümerdienstbarkeit zu Hilfe genommen wird, die nach schweizerischem Recht zwar ohne weiteres begründet werden kann, aber nach anderen Rechten nicht. Es sind folgende Überlegungen, welche den Vorbehalt der Dienstbarkeit im eigentlichen Sinne als juristisch unmöglich erscheinen lassen: Wenn das Dienstbarkeitsrecht nur an einem fremden Grundstück bestehen kann, kann es erst mit dem Übergang des Eigentums auf den Käufer entstehen. Dann aber kann es vom Verkäufer nicht mehr begründet werden, weil er nicht mehr Eigentümer ist. Deshalb hat man den Vorgang so konstruiert, daß die Dienstbarkeit als vom Käufer begründet angesehen wird, der sich dazu im Kaufvertrag verpflichtet hat. WINDSCHEID-KIPP, Pandekten I § 212 Z. 7, S. 1084f. Aus der italienischen Literatur: DEJANA G., p. 248s., und besonders eingehend PUGLIESE G., Usufrutto, 1954, p. 165ss., welcher versucht, den Vorbehalt der Dienstbarkeit im eigentlichen Sinne zu retten. Aus der deutschen Literatur neuestens: v. LÜBTOW U., Schenkungen der Eltern an ihre minderjährigen Kinder unter Vorbehalt dinglicher Rechte (1949) S. 61ff., der meint, wir müßten uns von der Herrschaft des Satzes «nemini res sua servit», welcher der scholastischen byzantinischen Dogmatik entstamme, befreien.

10 Als Norm des materiellen Rechtes verstanden, ist der Satz «nemini res sua servit» wahr. Wenn die Byzantiner diese evidente Rechtswahrheit erstmals erkannt hätten, würden sie unsere hohe Anerkennung verdienen. Das ZGB läßt die Begründung der Grunddienstbarkeit am eigenen Grundstück zu. Aber diese Dienstbarkeit ist ein bloß buchmäßiges Recht, die antizipierte Form des materiellen Rechtsverhältnisses, welches erst mit der Zweiung der Subjekte entsteht (Einl. N. 28ff.). Das genügt aber vollkommen für den Vorbehalt der Dienstbarkeit. Der Verkäufer begründet die Dienstbarkeit zu Lasten seines Grundstückes vor der Eigentumsübertragung, so daß der Käufer das mit der Dienstbarkeit belastete Eigentum erhält.

11 Von dieser Möglichkeit wird aber in der Praxis selten Gebrauch gemacht. Der Verkäufer will in der Regel gar nicht eine Dienstbarkeit am eigenen Grundstück begründen, sondern eine Dienstbarkeit, die erst mit dem Übergang des Eigentums

auf den Käufer entsteht. Er meldet die Eigentumsübertragung und die Dienstbarkeitserrichtung in einem Akt oder doch gleichzeitig an. Beide Anmeldungen erhalten im Tagebuch, und beide Eintragungen erhalten im Hauptbuch, das gleiche Datum. Dieses Datum ist für den Eintritt der Wirkung der beiden Eintragungen maßgebend. Die Eintragungen können ja nicht genau gleichzeitig tatsächlich vorgenommen werden. Aber darauf kommt nichts an. Vor der Eintragung ist der Verkäufer Eigentümer und als solcher zur Verfügung über das Grundstück durch Eigentumsübertragung und durch Dienstbarkeitserrichtung legitimiert. Er macht jedoch die letztere Verfügung von der ersteren abhängig, trifft sie also beide auf den gleichen Zeitpunkt. In diesem Zeitpunkt wird zugleich der Käufer Eigentümer und der Verkäufer Dienstbarkeitsberechtigter. In diesem Zeitpunkt, der «logischen Sekunde», kann ebenso gut der Verkäufer wie der Käufer Eigentümer sein. Ist es der Verkäufer, entsteht eine Dienstbarkeit an eigener Sache, um gleichzeitig, da das Eigentum im gleichen Moment auf den Käufer übergeht, zum ius in re aliena zu werden, zu einer Dienstbarkeit im materiellrechtlichen Sinne. Da der Verkäufer eine Eigentümerdienstbarkeit ohnehin hätte errichten können, und zwar mit der gleichen auf einen etwas früheren Zeitpunkt getroffenen Verfügung, muß diese Verfügung auch wirksam sein, wenn sie auf den Zeitpunkt des Eigentumsüberganges getroffen wird.

Da aber in diesem Zeitpunkt eine Eigentümerdienstbarkeit nur entsteht, um 12 gleich zum ius in re aliena zu werden, ist sie eine bloße Hilfskonstruktion. Es scheint mir deshalb, daß man juristisch sehr wohl ohne sie auskommt und ein Widerspruch zum Satz «nemini res sua servit» sich nur ergibt, wenn man diesen logistiziert. Tut man dies nicht, widerspricht ihm die Begründung einer Dienstbarkeit am eigenen Grundstück, die mit ihrer Entstehung zum ius in re aliena wird, nicht. Das scheint auch die Ansicht von KARLOWA O., Römische Rechtsgeschichte II (1901), S. 545, zu sein.

Praktische Bedeutung hat diese Streitfrage bei uns nur für die Legitimation zur 13 Anmeldung beim Grundbuchamt. Würde die Dienstbarkeit dem Verkäufer vom Käufer eingeräumt, müßte dieser sie zur Eintragung anmelden und wäre dazu erst legitimiert, nachdem der Eigentumsübergang eingetragen oder wenigstens angemeldet ist. Ist dagegen die Begründung der Dienstbarkeit durch Vorbehalt beim Verkauf des Grundstückes möglich, was unsere Ansicht ist, so ist der Verkäufer dazu legitimiert, mit der Eigentumsübertragung auch die Servitutserrichtung zur Eintragung anzumelden.

Daß die Anmeldung der Eigentumsübertragung und die der Dienst- 14 barkeitserrichtung gegenseitig bedingt sind, ist grundbuchrechtlich nicht zu beanstanden, da die Bedingung, unter der die Anmeldung einer jeden der beiden Eintragungen steht, darin besteht, daß die eine nicht ohne die andere vorzunehmen sei. Dies kann nach Art. 12 Abs. 2 GBVo mit der Anmeldung bestimmt werden.

Grunddienstbarkeiten

3. Beseitigung des Erwerbs von «selbstverständlichen Dienstbarkeiten»

15 Unter den Gründen des Erwerbs von Dienstbarkeiten hat der Vertrag gemäß Art. 732 dadurch ausschließlichere Geltung erhalten, daß das ZGB die Ersitzung stark eingeschränkt (N. 105ff. zu Art. 731) und die Begründung von Dienstbarkeiten durch «Widmung» seitens des Eigentümers verschiedener Grundstücke, welcher unter diesen ein der Dienstbarkeit entsprechendes Verhältnis hergestellt hat, nicht mehr zuläßt. Diese Art der Entstehung, welche im gemeinen römischen Recht Anerkennung gefunden hat, ins geltende französische und italienische Recht unter dem Namen «destination du père de famille», «destinazione del padre di famiglia» übernommen wurde und auch in einer Reihe von Kantonen der deutschen und der welschen Schweiz zu Hause gewesen ist, war im VE 1900 noch vorgesehen, allerdings in veränderter Form und nur als Erwerbs-, nicht als Begründungsart, da sie vom Eintragungsprinzip nicht ausgenommen war (Art. 725). Der Gesetzgeber ließ sie dann aber fallen, weil er glaubte, sie sei durch den Art. 733 (Eigentümerdienstbarkeit) überflüssig geworden. Siehe die Ausführungen zu Art. 733.

4. Der Inhalt des Vertrages

16 Der Dienstbarkeitsvertrag muß, um seinen Zweck, die Errichtung der Dienstbarkeit durch Eintragung in das Grundbuch zu erreichen, folgende Bestandteile aufweisen:

    a) die Bezeichnung des dienenden und des herrschenden Grundstückes;

    b) die Umschreibung des Inhaltes und Umfanges der Dienstbarkeit, gegebenenfalls der Art und Zeit der Ausübung;

    c) die Willenseinigung über die dingliche Natur des zu begründenden Rechtes;

    d) die Bezeichnung als gesetzliche Dienstbarkeit oder Legalservitut, wenn eine solche errichtet werden soll;

    e) die Angabe, ob eine Gegenleistung vereinbart sei, wenn ja, welche, halte ich dagegen nicht für notwendig.

17 a) **Die Bezeichnung des dienenden und des herrschenden Grundstückes.**

Daß im Vertrag bestimmt sein muß, welches das dienende und welches das herrschende Grundstück ist, folgt schon aus dem Begriff der Grunddienstbarkeit (Art. 730 N. 1). Es ergibt sich aber auch als Erfordernis der Eintragung daraus, daß die Grunddienstbarkeit auf dem Blatt des dienenden und auf dem Blatt des herrschenden Grundstückes einzutragen ist. Beide Grundstücke müssen aus dem Vertrag notwendigerweise bestimmbar sein.

18 Ist nur das dienende Grundstück bestimmbar, muß geprüft werden, ob eine andere als eine Grunddienstbarkeit begründet sein und wem sie zustehen soll. Läßt sich durch Auslegung als Berechtigter eine individuell bestimmte Person feststellen, ist nicht die Errichtung einer Grunddienstbarkeit vereinbart, auch wenn die Parteien diese Bezeichnung gewählt haben. N. 35/36 zu Art. 730; N. 49ff. zu Art. 731.

Geht aus dem Vertrag hervor, daß der jeweilige Eigentümer eines bestimmten 19
Grundstückes Dienstbarkeitsberechtigter sein soll, ist die Dienstbarkeit, die begründet werden soll, eine Grunddienstbarkeit, auch wenn sie anders bezeichnet ist (N. 34
zu Art. 730). Das da zitierte anders lautende Urteil des BG wird auch von HAAB
(N. 19 zu Art. 704) als irreführend erklärt. EBG **95** II 615.

b) Umschreibung des Inhaltes, Umfanges und der Art der Ausübung der Dienstbarkeit.

Aus dem Vertrag muß hervorgehen, in welcher Art und in welchem Umfang das 20
Grundstück dem Berechtigten dienstbar sein soll. Das ist ein grundlegendes Erfordernis, dem der Vertrag als Äußerung eines übereinstimmenden Willens der Parteien wie auch als Grundlage der Eintragung in das Grundbuch zu genügen hat. Aber
ihm kann der Vertrag mehr oder weniger genügen. Die Eintragung darf nicht davon
abhängig gemacht werden, daß die Formulierung jeden Zweifel und Streit über den
Umfang und die Art der Ausübung der Dienstbarkeit, soweit überhaupt möglich,
ausschließt. Es kann nur verlangt werden, daß der Vertrag dem Grundbuchverwalter
die Eintragung der Dienstbarkeit mit einer stichwortartigen Bezeichnung, die das
Recht so weit individualisiert, wie dies auf solche Art geschehen kann, sicher
ermöglicht (Art. 730 N. 161ff., Art. 731 N. 65ff.) und daß er nicht Widersprüche
oder unvollständige Bestimmungen enthalte, die auch aus dem übrigen Inhalt nicht
ergänzt werden können. MBVR **49** (1951), S. 472ff. «Unklarer, fast unverständlicher
Vertrag», ergänzt auf Grund der tatsächlichen Verhältnisse, KtG-Ausschuß Graubünden 1961 Nr. 39, S. 104ff.

Das Bundesgericht hat im EBG **44** II 395 = Pr. **7** Nr. 152 verlangt, daß der 21
Vertrag «alle wesentlichen Elemente des dinglichen Rechtes» enthalte und das
Begehren auf Eintragung abgelehnt, weil der Vertrag es fehlen ließ «sowohl an einer
genauen für das Grundbuch verwendbaren Bezeichnung der belasteten und der
berechtigten Grundstücke als auch an der Angabe der Höhe der Bauten, um die es
sich bei der einzutragenden Dienstbarkeit handelt», zumal «das Vorprojekt, dessen
Höhe maßgebend sein soll, nicht durch beidseitige Unterschrift oder sonstwie durch
Aufnahme in den Vertrag zu einem Bestandteil der Beurkundung gemacht worden
ist». Diese Auffassung läßt sich gewiß vertreten. Wenn die Höhe eines erst zu
erstellenden Gebäudes beschränkt werden soll, muß die Höhe, welche nicht überschritten werden darf, aus dem Vertrag bestimmbar sein.

Wenn aus dem Vertrag hervorgeht, daß für ein Wegrecht oder ein Durchleitungs- 22
recht das belastete Grundstück nur an einer den Parteien bewußten Stelle soll in
Anspruch genommen werden dürfen oder ein Quellenrecht die Befugnis zum Inhalt
hat, von mehreren Quellen auf dem dienenden Grundstück eine den Parteien
bewußte Quelle zu fassen, müssen diese Örtlichkeiten aus dem Vertrage bestimmbar
sein, wozu u. U. Planskizzen das zweckmäßige oder gar das notwendige Mittel sein
können. Im letzteren Fall darf ihre Beibringung von der Urkundsperson oder auch
vom Grundbuchverwalter verlangt werden. N. 70 zu Art. 731.

Grunddienstbarkeiten

23   Für den Inhalt und Umfang der Dienstbarkeit sowie für deren Ausübung wesentliche Punkte müssen auch dann im Vertrag festgelegt sein, wenn die Parteien selber sich über sie im Einverständnis befinden. Das Recht muß so bestimmt sein, daß es auch für Dritte, insbesondere die Rechtsnachfolger der derzeitigen Grundeigentümer sowie für die Inhaber anderer dinglicher Rechte an den beiden Grundstücken genügend umschrieben ist.

24   Im zitierten EBG wird verlangt, «daß das eingetragene Recht für jeden Drittinteressenten seinem Umfang nach klar erkennbar» sein müsse, damit es eingetragen werden könne. Das ist ein richtiger Gesichtspunkt, aber eine zu hohe oder doch zu absolut formulierte Anforderung. Der Bundesrat hat in seinem Entscheid vom 17. September 1918 i. S. Antonini und Noli gegen Uri m. E. mit Recht erkannt, daß die Eintragung im Grundbuch nicht von der Beseitigung jeder Unklarheit in den Abreden der Beteiligten abhängig gemacht werden könne. BBl. 1919 II 453f. = Burckhardt, Schw. BR III Nr. 1349 II.

25   Wenn der Vertrag nicht offensichtliche Widersprüche oder Lücken aufweist und die notwendige Grundlage für die sichere stichwortartige Bezeichnung der Dienstbarkeit bildet, kann die Eintragung nicht wegen ungenügender Bestimmtheit des Inhaltes, Umfanges oder der Art der Ausübung des Rechtes verweigert werden. EBG **87** I 313 = Pr. **50** Nr. 155 = MBVR **60** Nr. 46, S. 165: Benutzung von Alpgelände als Parkplatz im Umfang der zunehmenden Bedürfnisse eines Hotelbetriebes. Das damit verbundene Risiko haben die Parteien und ihre Rechtsnachfolger wie auch die Erwerber weiterer dinglicher Rechte, die es eben in Kauf nehmen, zu tragen. Im Streitfall hat der Richter gemäß Art. 738, wenn sich die Rechte und Pflichten weder aus dem Eintrag noch aus dem Erwerbstitel deutlich ergeben, «nach der Art zu entscheiden, wie die Dienstbarkeit während längerer Zeit unangefochten und in gutem Glauben ausgeübt worden ist.»

26   Dies enthebt den Notar und den Grundbuchverwalter nicht der Aufgabe, die Parteien auf alle Konsequenzen eines lückenhaften oder unklaren Vertrages aufmerksam zu machen und darauf hinzuwirken, daß ein Vertrag ohne diese Mängel zustande kommt.

27   Daß das Recht auf unbeschränkte Zeit begründet sei, muß im Vertrag nicht ausdrücklich gesagt sein, da jede Dienstbarkeit auf unbeschränkte Zeit eingeräumt ist, wenn sie nicht durch Gesetz oder Vereinbarung befristet ist oder die beschränkte Dauer sich aus ihrem Inhalt ergibt (Verpflichtung, einen Baum nicht zu fällen). Wenn jedoch der Vertrag die Bestimmung enthält, daß der frühere Zustand wiederherzustellen sei, nachdem die Dauer des Baurechtes abgelaufen sei, muß er auch eine Bestimmung über diese Dauer enthalten und kann nicht ohne weiteres als auf unbeschränkte Dauer abgeschlossen gelten. MBVR **46,** S. 412 = ZBGR **30,** S. 252.

28   Wichtig, u. U. für Existenz der Dienstbarkeit in der Zukunft entscheidend, ist der Bestand der das dienende Grundstück schon belastenden beschränkten dinglichen Rechte, namentlich der Grundpfandrechte (Einl. N. 49). Der Notar und der Grund-

buchverwalter, wenn sie dazu Gelegenheit erhalten, sollten den Erwerber der Dienstbarkeit darauf und auf die Möglichkeit der Sicherung des Vorranges durch Einholung der Zustimmungserklärungen der Grundpfandgläubiger aufmerksam machen (Einl. N. 46, Art. 731 N. 77). Aber die Eintragung darf nicht davon abhängig gemacht werden, daß im Vertrag die bestehenden dinglichen Rechte verzeichnet sind. So hat das Eidg. JuPD gegen den bern. RR (ZBGR **8**, S. 14) entschieden: MBVR **24**, S. 45 / ZBGR **8**, S. 45ff. Daran ist festzuhalten.

In Grundstückkaufverträgen findet sich alter Gewohnheit gemäß in manchen Kantonen, besonders wo ein Grundbuch mit negativer Rechtskraft hinsichtlich der Dienstbarkeiten nicht besteht, die Formel «frei, ledig und los» und als Gegenstück dazu die andere: «mit Rechten und Lasten, wie bisher genossen und ertragen.» Erwähnt in N. 164 zu Art. 731. Diese Formel ist auch in Italien gebräuchlich: «con tutti i diritti e le servitù inerenti.» Über ihre rechtliche Bedeutung vgl. MESSINEO, Servitù, n. 42, p. 94ss., und sehr eingehend BRANCA, p. 484ss. AppH Freiburg, Entscheidungen **1960**, S. 83 = SJZ **59** Nr. 162, S. 343 möchte die Angabe «dans l'état actuel» nicht ohne weiteres als «clause de style» betrachten. 29

Diese Formel hat mit Bezug auf die Servituten keine sachenrechtliche Bedeutung. Bestehen Servituten, gehen sie ohnehin auf den Erwerber über, und nicht bestehende können mit einer solchen Formel nicht zur Entstehung gebracht werden. Selbst eine Anerkennung einer bestimmten Dienstbarkeit durch den Käufer kann daraus nicht abgeleitet werden, etwa einer Last, deren Begründung durch Ersitzung geltend gemacht wird. Eher wäre an die Anerkennung einer vom Verkäufer durch «Widmung» hergestellten Dienstbarkeitsbeziehung zu denken, aber diesen Entstehungsgrund anerkennt das ZBG ja überhaupt nicht. Vgl. jedoch Art. 733 N. 6. 30

Wenn nicht überhaupt eine floskelhafte Wendung vorliegt, die gar nicht als Erklärung des Willens der Parteien gelten könnte («clausola di stile»), so würde sie wenigstens die obligationenrechtliche Bedeutung haben, daß der Verkäufer durch sie gegen eine allfällige Behauptung des Käufers, das Grundstück sei ihm «frei, ledig und los», also lastenfrei, verkauft worden, geschützt wäre. Außerdem könnte in ihr der Ausdruck der Überbindung von obligatorischen Verpflichtungen gesehen werden, welche den gleichen Inhalt wie Dienstbarkeiten haben können. Im gleichen Sinne käme auch die Übernahme der Verpflichtung des Verkäufers zur Errichtung einer Dienstbarkeit durch den Käufer in Betracht (Art. 731 N. 52), wenigstens in Verbindung mit anderen Anhaltspunkten hiefür. Über die Bedeutung der Formel bei der Zufertigung des berechtigten Grundstückes im bernischen Recht: KÖNIG K. G., Komm. z. bern. CGB II (1880), S. 261. 31

c) **Die Willenseinigung über die dingliche Natur des zu begründenden Rechtes.**

Da die Rechte und Pflichten, welche zum Inhalt einer Dienstbarkeit gemacht werden können, auch den Inhalt eines bloß obligatorischen Rechtsverhältnisses bilden können, was in der Einleitung (N. 129ff.) dargelegt wurde, darf der 32

Dienstbarkeitsvertrag keinen Zweifel darüber bestehen lassen, daß er auf die Begründung eines dinglichen Rechtes und dementsprechend auf die Belastung des Grundstückes gerichtet ist, EBG **95** II 614f.

33 Im allgemeinen bekunden die Parteien ihren Willen zur Begründung eines dinglichen Rechtes durch dessen Bezeichnung als Servitut. Das ist der allgemein gebräuchliche Ausdruck für die Dienstbarkeit, während das deutsche Wort noch nicht in die Volkssprache eingegangen ist. Aber auch unter einem Wegrecht, Weiderecht, Holzrecht, Wasserrecht versteht man gemeinhin das dingliche Recht. Wenn ein solches Recht zur Eintragung in das Grundbuch angemeldet wird, erübrigt sich die Prüfung, ob auch wirklich die Begründung eines dinglichen Rechtes gewollt sei, in der Regel. Appenzell-AR, ObG, SJZ **58** (1962) Nr. 142, S. 237f.

34 Aber nicht in jedem Fall darf aus dem Begehren um Eintragung auf jenen Willen der Parteien geschlossen werden, da diesen nicht immer bewußt ist, daß nur dingliche Rechte eingetragen werden können. Häufiger ist jedoch der Fall, in dem die Parteien ein Recht begründen wollen, das sie für ein dingliches Recht halten, das aber nur ein obligatorisches Recht sein kann, sei es seines Inhaltes wegen (Art. 730 N. 82ff., 91ff.), sei es deshalb, weil seine Bedingtheit die Eintragung ausschließt (Art. 730 N. 62ff.) oder sei es, daß in dem zu begründenden Rechtsverhältnis der Verpflichtete nicht kraft Eigentums am dienenden Grundstück zu einem Dulden oder Unterlassen gehalten ist, sondern kraft der eingegangenen vertraglichen, d.h. bloß obligatorischen Verbindlichkeit. Beispiele in der Einleitung (N. 129, 133). So verhält es sich immer, wenn nicht der jeweilige Eigentümer, d.h. auch jeder Singularsukzessor im Grundeigentum, sondern nur der derzeitige Grundeigentümer verpflichtet ist.

35 Dies trifft zu auf Grund der folgenden Vereinbarungen:
«Für beide Liegenschaften wird gegenseitig das Durchgangsrecht für die heutigen Eigentümer vorbehalten» (EBG 22.Januar 1931 i.S. Fischbacher, nicht veröffentlicht);
«Das Wegrecht darf erst ausgeübt werden, wenn der Weg erstellt ist; der Eigentümer ist zur Erstellung eines kunstgerechten Weges verpflichtet, sobald er das belastete Grundstück veräußern will.» Auch in diesem Fall ist, abgesehen davon, daß der «Dienstbarkeitsverpflichtete» zu einer positiven Leistung verpflichtet ist und diese unter die Potestativbedingung des Eintritts einer psychischen Tatsache (Veräußerungswille) gestellt ist, eine Verpflichtung vereinbart, die nur den derzeitigen Eigentümer trifft; von deren Erfüllung ist die Befugnis zur Ausübung des Wegrechtes und damit wohl der Bestand dieses Rechtes selbst abhängig gemacht. Ein Beispiel mit einer stärkeren Häufung von Mängeln einer Grunddienstbarkeitserrichtung als dieser Fall aus der Praxis (der nicht zur gerichtlichen Beurteilung gekommen ist) ließe sich kaum erfinden.

36 Im Dienstbarkeitsvertrag sollte klar zum Ausdruck gebracht werden, daß der jeweilige Eigentümer des dienenden Grundstückes verpflichtet wird. C. VOLKART,

der frühere zürcherische Notariatsinspektor, empfahl, anstelle von «NN als Eigentümer des Grundstückes...» die noch deutlichere Formulierung: «NN für sich und seine jeweiligen Nachfolger im Eigentum am Grundstück...» oder «NN für sich und den jeweiligen Eigentümer des Grundstückes...» (ZBGR **5,** S. 117).

Ist die Formulierung nicht eindeutig, sollte der Grundbuchverwalter den Parteien die Behebung des Mangels nahelegen, und wenn dies nicht möglich oder nicht tunlich ist oder keinen Erfolg hat, die Anmeldung abweisen. 37

Wird die Eintragung vorgenommen und kommt es zum Rechtsstreit (actio confessoria, actio negatoria, Feststellungsklage, Grundbuchberichtigungsklage), muß durch Auslegung des Vertrages festgestellt werden, ob die Parteien ein dingliches Recht errichten wollten. Im Zweifel kommt die Vermutung der Freiheit des Eigentums zur Geltung. Des Beweises bedarf die Belastung. LEEMANN, N. 7 der Vorbem. zu Art. 641ff. Aber auch wenn der Wille der Parteien zur Errichtung eines dinglichen Rechtes nicht ausdrücklich erklärt ist, kann er möglicherweise aus den besonderen Umständen des Einzelfalles erschlossen werden. Insbesondere darf er als gegeben erachtet werden, wenn die Parteien nach der Interessenlage vernünftigerweise keinen anderen Willen haben konnten als diesen und ihn erklärt hätten, wenn sie sich darüber überhaupt ausgesprochen hätten. EBG **95** II 615f.; VerwEntsch. BBeh. **10** (1936) Nr. 72, S. 82ff.; B1ZR **3** Nr. 189, S. 322; KÖNIG K. G., Komm. z. bern. CGB II (1880) S. 265 (Recht auf Duldung eines Dachvorsprunges). 38

d) **Bezeichnung als gesetzliche Dienstbarkeit oder Legalservitut.**

Wird eine Legalservitut (Einl. N. 80ff., bes. N. 96, Art. 731 N. 33ff.) errichtet und läßt der Eigentümer des zu belastenden Grundstückes sich zum Abschluß des Dienstbarkeitsvertrages nur herbei, weil er dazu gesetzlich verpflichtet ist oder sich für verpflichtet hält, sollte dies im Vertrag und im Grundbucheintrag zum Ausdruck kommen durch die Bezeichnungen: Notweg-, Notbrunnenrecht, gesetzliches oder nachbarrechtliches Durchleitungsrecht, Überbaurecht kraft gesetzlicher Verpflichtung. Dies ist deshalb erforderlich, weil diese Rechte in bezug auf ihre Dauer, Ablösung und Verlegung nicht den gleichen Vorschriften unterstellt sind wie die übrigen Servituten (Art. 731 N. 71, Einl. N. 104). 39

Auch hier sollten der Notar und der Grundbuchverwalter Gelegenheit erhalten, den Erwerber des Rechtes darauf hinzuweisen, daß dieses den Vorrang vor kollidierenden bestehenden dinglichen Rechten nur erhalte, wenn deren Inhaber ihre Zustimmung geben, zu welcher sie, gegen Entschädigung, verpflichtet sind (Einl. N. 54, 69, 102f.; Art. 731 N. 71). 40

Wenn die gesetzliche Verpflichtung nicht besteht, der Grundeigentümer sich darüber getäuscht hat oder getäuscht worden ist, wird er die Unverbindlichkeit des Vertrages geltend machen können, aber nur wenn er darzutun vermag, daß dieser Irrtum oder die Täuschung für seine Verpflichtung und Verfügung kausal war, was ihm leichter gemacht ist, wenn er sich auf die erwähnten Formulierungen berufen kann. 41

e) Angaben der Gegenleistung, falls eine solche vereinbart ist?

42 Ob eine Gegenleistung für die Einräumung der Dienstbarkeit (die Gegenleistung für die Ausübung der Dienstbarkeit, wovon die NN. 165ff. zu Art. 730 handeln, steht hier nicht in Frage) vereinbart ist, und wenn ja, welcher Art und von welcher Höhe sie ist, müßte der Vertrag sagen, wenn diese Vereinbarung und ihre schriftliche Form Voraussetzungen seiner Gültigkeit wären. Die beiden Voraussetzungen (Willenseinigung der Parteien über die Gegenleistung und Erfordernis der Schriftlichkeit) müssen auseinandergehalten werden. Sodann fragt es sich, ob sich die Prüfungspflicht des Grundbuchverwalters darauf erstrecke, ob und was über die Gegenleistung vereinbart ist.

43 In der schweizerischen Praxis und Literatur wurde etwa der Standpunkt eingenommen, der schriftliche Dienstbarkeitsvertrag müsse die Verpflichtung zur Gegenleistung enthalten. Siehe z.B. MBVR **46** Nr. 112 = ZBGR **30**, S. 77: «Wenn die dinglichen Rechte gegen bestimmte Leistungen eingeräumt werden, wird man dies im Vertrag klar zum Ausdruck bringen müssen. Im vorliegenden Vertrag sind solche Leistungen nicht erwähnt; die Annahme, er bedürfe zu seiner Gültigkeit der öffentlichen Beurkundung, ist daher nicht von der Hand zu weisen.» Nach dieser Ansicht bedarf es jedoch der Angabe der Gegenleistung, wenn eine solche vereinbart ist, nicht zur Gültigkeit des Vertrages, sondern nur zur Beurteilung, ob der Vertrag der öffentlichen Beurkundung bedarf oder nicht. Wenn der Vertrag öffentlich beurkundet wäre, brauchte sich der Grundbuchverwalter um die Gegenleistung oder um ihr Fehlen nicht zu kümmern. Wie darzutun sein wird, ist diese Auffassung unrichtig, weil nicht jeder Vertrag, in dem keine Gegenleistung für die Einräumung der Dienstbarkeit angegeben ist, ein Schenkungsversprechen ist und weil auch die schenkungsweise Einräumung der Dienstbarkeit der öffentlichen Beurkundung nicht bedarf.

44 Eine andere Frage ist es, ob die Vereinbarung über die Gegenleistung notwendiger Bestandteil des Dienstbarkeitsvertrages sei und als solcher Bestandteil der schriftlichen Form bedürfe, damit ein gültiger Vertrag vorliege.

Diese Frage ist meiner Ansicht nach zu verneinen. Ich finde auch nirgends die gegenteilige Meinung ausgesprochen, weder in der Literatur noch in der Judikatur. Allerdings sind die Äußerungen hierüber selten. Wo aber, wie z.B. bei MESSINEO, Servitù, n. 42, p. 94, die notwendigen Bestandteile aufgezählt werden, findet sich die Vereinbarung über die Gegenleistung nicht unter ihnen.

45 Das hat, wie mir scheint, seine guten Gründe. Eine Gegenleistung wird oftmals nicht vereinbart. Eine schenkungsweise Einräumung der Dienstbarkeit braucht deswegen aber nicht vorzuliegen und liegt meistens tatsächlich auch nicht vor. Die Dienstbarkeit wird eingeräumt zur Belohnung für geleistete Dienste oder gegen das Versprechen künftiger Dienstleistung oder geschäftlichen oder nachbarlichen Entgegenkommens in einer anderen Angelegenheit. Sie wird auch etwa bestellt, um den Verzicht des Erwerbers auf einen erhobenen Anspruch zu erreichen. Sie wird an

Erfüllungsstatt bestellt. In sehr vielen Fällen ist der Dienstbarkeitsvertrag auch Bestandteil eines anderen, umfassenderen Vertrages, am häufigsten ist er in einem Kaufvertrag enthalten. Es sei nur an die vom Verkäufer vorbehaltene Dienstbarkeit (N. 9ff. hievor) erinnert, die weder schenkungsweise noch gegen Entgelt bestellt wird, so wenig wie die Eigentümerdienstbarkeit. Aber auch wenn die Dienstbarkeit als vom Käufer des Grundstückes bestellt angesehen werden müßte, wäre die Gegenleistung, die in der Differenz bestehen würde zwischen dem Preis, den das Grundstück ohne den Vorbehalt hätte und dem Vertragspreis, nicht bestimmt. Auch wenn die Dienstbarkeitsvereinbarung Bestandteil eines Erbteilungsvertrages ist, wird sie nicht gegen ein bestimmtes Entgelt oder überhaupt gegen ein Entgelt und doch nicht schenkungsweise bestellt. Das gleiche gilt für andere Teilungsverträge, etwa für den Grenzscheidungsvertrag. Daß der Lieferant von Benzin zum Vertrieb die Dienstbarkeiten, welche er sich am Tankstellengrundstück einräumen läßt, nicht geschenkt bekommt, ist selbstverständlich, aber aus seiner Gegenleistung braucht der Teil, welcher das Entgelt für die Bestellung der Dienstbarkeiten ist, soweit sie zulässig sind und eingetragen werden können (Art. 730 N. 118ff. und 133ff.), nicht ausgeschieden zu sein. Es kommt auch vor, daß der Grundeigentümer, der den Erlaß eines Amtsverbotes verlangt hat, einem Anderen, um dessen Einsprache zu beseitigen, ein Wegrecht einräumt, damit das Amtsverbot mit Wirkung gegenüber allen anderen Personen erlassen wird; oder er «anerkennt» eine Dienstbarkeit, deren Ersitzung behauptet wird, um des Friedens willen. Ein animus donandi liegt ihm im einen wie im anderen Fall völlig fern.

Die Fälle sind also zahlreich, in denen keine schenkungsweise Einräumung der **46** Dienstbarkeit vorliegt, aber kein besonderes Entgelt oder überhaupt kein Entgelt vereinbart ist. Die Aufnahme einer Bestimmung über die Gegenleistung in den Vertrag wird deshalb nicht verlangt und kann auch nicht verlangt werden. Würde der Grundbuchverwalter diese Anforderung an den Vertrag doch stellen, hätte das nur zur Folge, daß in den Vertrag eine simulierte Bestimmung über das Entgelt aufgenommen würde.

Auch grundbuchrechtlich ist das Erfordernis, daß der Vertrag eine Bestimmung **47** über die Gegenleistung enthalten müsse, nicht begründet. In Ansehung des Vertrages als Grundlage der Eintragung ist eine solche Bestimmung irrelevant. Würde sie die Errichtung der Servitut von der Bedingung abhängig machen, daß die Gegenleistung erbracht sei, müßte die Eintragung abgelehnt werden, solange die Bedingung nicht erfüllt ist. Mit der Erfüllung fällt sie weg (OR Art. 217 für den Grundstückkauf). Meldet der Eigentümer des zu belastenden Grundstückes den Vertrag ohne Bestimmung über ein Entgelt zur Eintragung an, darf angenommen werden, daß die Gegenleistung erbracht sei. Der Grundbuchverwalter braucht sich darum nicht zu kümmern. Im Grundbuch ist auch nur für den Eigentumserwerb, nicht aber für die Begründung beschränkter dinglicher Rechte die Erwerbsart anzugeben.

48 Zwar besteht die Möglichkeit, daß eine Willensübereinstimmung der Parteien darüber, ob eine Gegenleistung oder welche zu erbringen sei, nicht zustande gekommen und infolgedessen der Vertrag gar nicht verbindlich geworden ist. Aber darauf erstreckt sich die Prüfungspflicht des Grundbuchverwalters nicht.

f) Verhältnis der Bestellung der Dienstbarkeit gegen Entgelt zum Kauf.

49 Es wird die Ansicht vertreten, obligationenrechtlich sei das Grundgeschäft der Dienstbarkeitserrichtung ein Kaufvertrag, Tauschvertrag, Schenkungsvertrag oder ein Vertrag eines anderen Typus des speziellen Teiles des Obligationenrechts, nicht ein Dienstbarkeitsvertrag, da dieser keinen besonderen Vertragstypus darstelle. Die Äußerungen in der Literatur zu dieser Frage lauten fast einhellig in diesem Sinn. WOLFF, § 108 I 1 d, S. 387; CROME, System II § 211, N. 17; PLANIOL-RIPERT-BOULANGER I n° 3722; mit eingehender Begründung DEJANA G., p. 419 ss. Aus der schweizerischen Literatur ist WIELANDS Bemerkung 4 a zu Art. 731 anzuführen: «Bei Bestellung einer Dienstbarkeit gegen Bezahlung einer Vergütung wird Kauf anzunehmen sein.»

50 Danach wäre also der Dienstbarkeitsvertrag kein Vertrag sui generis, sondern, je nach seinen Bestimmungen über die Gegenleistung, ein Kauf-, Tausch- oder Schenkungsvertrag und den Vorschriften über diese einzelnen Vertragsverhältnisse unterworfen. Der entgeltliche Dienstbarkeitsvertrag müßte den gesetzlichen Erfordernissen eines Kaufvertrages genügen, um gültig zu sein. Zu den notwendigen Bestandteilen eines jeden Kaufvertrages gehört nun aber eine Bestimmung über den Preis. Das ist ein essentiale negotii, weil die Preisabrede den Vertrag zum Kaufvertrag, die Vereinbarung über eine andere Gegenleistung den Vertrag zum Tauschvertrag und der übereinstimmende Wille, daß die Eigentumsübertragung schenkungsweise (mit dem animus donandi) erfolge und gar keine Gegenleistung zu erbringen sei, den Vertrag zum Schenkungsvertrag macht.

51 Für den Grundstückkauf hat die Praxis des Bundesgerichtes das Erfordernis der öffentlichen Beurkundung der wirklich gewollten Preisvereinbarung, besonders in den neueren und neuesten Urteilen, mit betonter Entschiedenheit herausgestellt und ihm auch sämtliche übrigen «im Einzelfall wesentlichen Vertragsbestimmungen» unterworfen. EBG **68** II 233 = Pr. **31** Nr. 120; **75** II 146f. = Pr. **38** Nr. 121; **78** II 224 = Pr. **41** Nr. 157. Für den Fahrniskauf stellt sich diese Frage nicht, weil er keiner besonderen Form bedarf. Aber auch für ihn ist die Preisabrede notwendige Vertragsbestimmung. Für den Dienstbarkeitsvertrag aber ist Schriftlichkeit vorgeschrieben. Wäre er, wenn ein Entgelt vereinbart ist, ein Fahrniskaufvertrag, müßte auch die Preisvereinbarung schriftlich beurkundet sein.

52 Das wäre nur dann nicht erforderlich, wenn die Formvorschrift des Art. 732 nur die Vertragsbestimmungen betreffen würde, welche alle wesentlichen Elemente des dinglichen Rechtes enthalten und damit für dessen Begründung durch Eintragung die notwendige und ausreichende Grundlage bilden. Ich bin der Auffassung, daß der

Art. 732 diesen und keinen anderen Sinn hat. HAAB, N. 15 zu Art. 680: formfreie obligatorische Verpflichtung mit Dienstbarkeitsinhalt. Das Bundesgericht hat mit Bezug auf den Dienstbarkeitsvertrag erklärt: «Damit ein Vertrag im Grundbuch eingetragen werden kann, muß er alle wesentlichen Elemente des dinglichen Rechtes, das zur Eintragung kommen soll, enthalten» (EBG **44** II 397 = Pr. **7** N. 152). Daraus geht zwar nicht hervor, ob dies nur im Sinne der notwendigen oder auch der hinreichenden Bedingung zu verstehen ist.

Aus Art. 731 Abs. 2 könnte der Schluß gezogen werden, daß auf den Vertrag über den Erwerb der Dienstbarkeit (durch deren Begründung) die Bestimmungen über das Grundeigentum und somit, wenn das Erwerbsgeschäft ein Kauf wäre, die Bestimmungen über den Grundstückkauf anwendbar seien, bloß mit der Abweichung, daß nicht die öffentliche Beurkundung, sondern nur die einfache schriftliche Beurkundung verlangt wäre. Dagegen spricht aber der Sachverhalt, daß die Übertragung der Dienstbarkeiten, soweit diese selbständige Rechte sind, die nicht als Grundstücke in das Grundbuch aufgenommen sind, nicht nach den Bestimmungen über das Grundeigentum vor sich geht, sondern nach den Bestimmungen über die Abtretung von Forderungen (Art. 164ff. OR). LEEMANN, N. 48 zu Art. 779. Ein Kauf ist der entgeltliche Erwerb einer Dienstbarkeit im Sinne der Begründung der Verpflichtung zur Zession (welche letztere das Verfügungsgeschäft ist) zweifellos. Dieses obligatorische Grundgeschäft der Zession ist nach Art. 165 Abs. 2 OR formlos gültig. Auch darin liegt ein Indiz dafür, daß die Formvorschrift des Art. 732, die ja nicht für den Erwerb der Dienstbarkeit schlechthin gilt, sondern nur für die Begründung des dinglichen Rechtes, lediglich auf die Vertragsbestimmungen Anwendung findet, welche die notwendige Grundlage für die Eintragung bilden. 53

Ich halte den Dienstbarkeitsvertrag für einen Vertrag sui generis. Er ist und bleibt Dienstbarkeitsvertrag, ob eine Gegenleistung vereinbart ist oder nicht, ob diese Gegenleistung ein Preis oder eine andere Leistung sei, ob sie bestimmt sei oder nicht, ob der Vertrag selbständig sei oder Bestandteil eines anderen Vertrages (Teilungsvertrag, Grundstückkaufsvertrag, Vertrag über die Erfüllung einer Verbindlichkeit usw.). Die Bestimmung über die Gegenleistung ist deshalb kein essentiale negotii des Dienstbarkeitsvertrages. Ein Kauf ist der entgeltliche Dienstbarkeitsvertrag nur im Sinne des Kaufes «als eines allgemeinen Charakters, den die verschiedensten Rechtsgeschäfte annehmen können» (von CROME, System II, S. 504, Anm. 7, zitierte und abgelehnte Auffassung). Vom Kaufvertrag als speziellem Vertragstypus unterscheidet er sich dadurch, daß er die Begründung, nicht die Übertragung eines Rechtes zum Gegenstand hat. Der Kaufvertrag ist eine Erscheinung der translativen, der Dienstbarkeitsvertrag ist eine Erscheinung der konstitutiven Sukzession. Einleitung N. 6 und dortige Zitate. Hier ist die Begründung des dinglichen Rechtes so sehr das den besonderen Charakter der Vertragsart bestimmende Element, daß nach ihren Erfordernissen zu beurteilen ist, welches die 54 notwendigen und der schriftlichen Beurkundung unterstellten Bestandteile des Vertrages sind. Vom Standpunkt des Obligationenrechtes aus betrachtet, ist der entgeltliche Dienstbarkeitsvertrag ein Innominatkontrakt. Als solcher wird er auch bezeichnet von BARASSI, I diritti reali limitati (1947), n. 24, p. 62, und von MESSINEO, Le servitù (1949), n. 41, p. 91. Siehe auch N. 134 der Einleitung, EBG 24.11.1966 i. S. SBB c. Riedweg, Erw. 3, KtG Graubünden 1960 Nr. 14, S. 64ff. = ZBGR 44 Nr. 36, S. 154f.

55 MESSINEO unterscheidet a.a.O. unter den Arten von Dienstbarkeitsbegründungsverträgen den entgeltlichen Vertrag als Innominatkontrakt und die Schenkung. Das mag als inkonsequent erscheinen. Aber wenigstens hinsichtlich der Form entspricht es auch unserem Obligationenrecht. Dieses hat in den Art. 242 und 243 die Begründung der dinglichen Rechte ohne jede Gegenleistung, donandi causa, die mit der Eintragung in das Grundbuch zustande kommt, als Schenkung und den Erwerbsvertrag als Schenkungsversprechen behandelt. Dagegen hat es in den Bestimmungen über den Kauf den Vertrag über den entgeltlichen Erwerb von dinglichen Rechten an Grundstücken nicht dem Grundstückkauf gleichgestellt. Es hat ihn da gar nicht erwähnt. Es läßt ihn als Vertrag sui generis gelten.

56 g) Gewährleistung.

Damit ist indessen keineswegs ausgeschlossen, daß außer den Bestimmungen des allgemeinen Teiles die des speziellen Teiles über den Kauf auf die entgeltliche Begründung von Dienstbarkeiten Anwendung finden, soweit sie in gleicher Weise auf die konstitutive wie auf die translative Sukzession zutreffen. Dies gilt insbesondere von den Vorschriften über die Gewährleistung.

57 Die Haftung aus Rechtsgewährleistung (OR Art. 192ff.) greift Platz:

wenn, bevor die Dienstbarkeit zur Eintragung angemeldet wird, das Eigentum am zu belastenden Grundstück grundbuchlich oder außergrundbuchlich durch Spezialsukzession auf einen Dritten übertragen wird;

wenn ein die Dienstbarkeit entwertendes dingliches Recht, z.B. ein gesetzliches Pfandrecht oder eine Legalservitut, eingetragen oder vorgemerkt wird, und zwar aus Rechtsgründen, die schon zur Zeit des Abschlusses des Dienstbarkeitsvertrages bestanden haben;

wenn obligatorische Verpflichtungen des Eigentümers des zu belastenden Grundstückes bestehen, welche der Ausübung der Dienstbarkeit entgegenstehen;

wenn dem Erwerber der Dienstbarkeit die Löschung eines bestehenden dinglichen Rechtes oder die Beibringung der Zustimmungserklärung eines Grundpfandgläubigers vom Besteller der Dienstbarkeit als obligatorische Verpflichtung zugesichert wurde.

58 Die Vorschriften über die Sachgewährleistung (Art. 197ff. OR) sind anwendbar:
a) wegen körperlicher Mängel,

wenn dem Erwerber eines Quellenrechtes Zusicherungen über die Leistung der Quelle oder über die Qualität des Wassers gemacht wurden;

wenn dem Erwerber eines Baurechtes Zusicherungen über die Eignung des Grundstückes als Baugrund gemacht wurden;

b) wegen rechtlicher Mängel,

wenn das Grundstück, an welchem das Baurecht begründet wurde, an sich zur Überbauung geeignet wäre, aber wegen seiner topographischen Besonderheit nicht an die öffentliche Kanalisation angeschlossen werden kann und infolgedessen die Baubewilligung nicht erhältlich ist.

Die Abgrenzung der Sachgewährleistung wegen rechtlicher Mängel von der **59** Rechtsgewährleistung bereitet Schwierigkeiten. BECKER, Komm., N. 2 der Vorbemerkung zu den Art. 197ff. Im Zweifel wird man sich eher für die letztere entscheiden, auch mit Rücksicht auf die kurzen Fristen für die Mängelrüge (OR Art. 201/02) und die Verjährung der Klage (OR Art. 210), da dem Erwerber die unverzügliche Prüfung, ob ein rechtlicher Mangel vorliegt, oft nicht möglich oder nicht zumutbar ist. So dürfte ein Fall der Rechtsgewährleistung vorliegen, wenn dem Erwerber des Quellenrechtes die Fassung der Quelle verboten wird, weil mit ihr dem öffentlichen Grundwasserstrom oder -becken Wasser entzogen würde, oder wenn die Fortleitung des Wassers nach Maßgabe von auf Grund des (unechten) Vorbehaltes im Art. 705 erlassenen Vorschriften des kantonalen öffentlichen Rechtes verboten, beschränkt oder von sichernden Maßnahmen abhängig gemacht wird. Dem Erwerber steht aber anstelle der Rechtsgewährleistungsklage auch die Klage wegen Nichterfüllung oder nicht gehöriger Erfüllung in der Regel zu. GUHL-MERZ-KUMMER, Obligationenrecht, 6. Aufl., S. 328.

II. Das Anerkenntnis

1. Anerkennung der Dienstbarkeit **60**

Die Anerkennung des Eigentümers des belasteten Grundstückes, daß die Dienstbarkeit bestehe, ist von erheblicher praktischer Bedeutung. Sie kommt namentlich in folgenden Fällen zur Geltung:

a) Es besteht Ungewißheit darüber, ob eine eingetragene Dienstbarkeit zu Recht **61** besteht oder nicht. Anerkennt der Eigentümer des dienenden Grundstückes (gegebenenfalls mit Zustimmung von Inhabern dinglicher Rechte am Grundstück) die Belastung, ist der Zweifel behoben.

b) Im amtlichen Auskündungsverfahren gemäß Art. 662 anerkennt der Eigentü- **62** mer des dienenden Grundstückes die Dienstbarkeit, deren Ersitzung geltend gemacht wird. Auf Grund dieser Anerkennung wird die Eintragung angeordnet, ohne daß geprüft wird, ob die Voraussetzungen der Ersitzung erfüllt sind (N. 100 zu Art. 731).

c) Im Dienstbarkeitsbereinigungsverfahren (zur Bereinigung des kantonalen oder **63** zur Einführung des eidgenössischen Grundbuches) gelangen alle vom Eigentümer (gegebenenfalls mit Zustimmung von Inhabern dinglicher Rechte) als Belastungen unterschriftlich anerkannten Dienstbarkeiten einschließlich der nachträglich ange-

Grunddienstbarkeiten

meldeten zur Eintragung, ohne daß ihr Entstehungsgrund angegeben oder gar festgestellt werden muß (SchlT Art. 43); kantonale Verordnungen über die Bereinigung des kantonalen und Einführung des eidgenössischen Grundbuches, z. B. bernische Vo. vom 9. Dezember 1911 § 8, Vo. des zürcherischen ObG vom 6. Juli 1928 §§ 22ff. EBG **85** II 177, Erw. 1.

64   In allen diesen Fällen wird zwar vorausgesetzt, daß ein gültiger Rechtsgrund für die Entstehung der Dienstbarkeit bestanden habe. Aber die Anerkennung ersetzt ihn (gleich wie die Unvordenklichkeit). Die Klage des Grundeigentümers auf Löschung der Dienstbarkeit mit der Begründung, er habe die Dienstbarkeit aus einem rechtlichen Irrtum anerkannt (das heißt, er habe die Einsprache für aussichtslos gehalten und deshalb unterlassen), ist ausgeschlossen. Vgl. zum Anerkenntnis im Grundbuchbereinigungsverfahren EBG **95** II 611, dazu kritisch die Bespr. ZBJV **107** (1971) S. 96.

65   Die Anerkennung ist nicht eine Wissensbezeugung, sondern eine Willenserklärung. Sie hat nicht nur die dem Wortsinn entsprechende deklaratorische Bedeutung, sondern kann konstitutive Wirkung haben. Diese hat sie in all den Fällen, in denen die Dienstbarkeit, welche anerkannt wird, nicht zu Recht bestanden hat. Der Anerkennende kann die Anerkennungserklärung abgegeben haben, nicht nur weil er sich darüber geirrt hatte, sondern auch wenn dies nicht der Fall war, er aber einen Prozeß oder andere Unannehmlichkeiten vermeiden wollte; oder er kann die Erklärung aus Entgegenkommen abgegeben haben in der Erwartung, bei seinem Partner in einer anderen Angelegenheit seinerseits Entgegenkommen zu finden, oder auf das Versprechen eines solchen Entgegenkommens hin. Die Anerkennung hat rückwirkende Kraft im Verhältnis zwischen den Parteien, und wenn die Dienstbarkeit eingetragen war oder nach bisherigem Recht auch ohne Eintragung ein dingliches Recht sein konnte, auch im Verhältnis zu Dritten.

Dies bezieht sich auf die in den N. 61, 62, 63 genannten Fälle. Dies übersieht PIOTET, S. 538f. in seiner Kritik. Siehe auch N. 36 zu Art. 738 a. E. und N. 92f. hienach.

2. Die Anerkennung der Verpflichtung zur Bestellung einer Dienstbarkeit

66   Die einseitige Willensäußerung vermag diese Verpflichtung nicht zu begründen, da das Gesetz als rechtsgeschäftlichen Erwerbsgrund der Dienstbarkeit außer dem Testament nur den Vertrag zuläßt. Aber die Anerkennung der Verpflichtung zur Bestellung der Dienstbarkeit ist regelmäßig eine an den Erwerber auf dessen Begehren gerichtete Erklärung und deshalb eine vertragliche Willensäußerung. Mit ihr kommt der Dienstbarkeitsvertrag zustande. Ob die Erklärung lautet: «Der Unterzeichnete erklärt, sich verpflichtet zu haben» oder «Der Unterzeichnete verpflichtet sich», dürfte ohne Bedeutung für die rechtliche Wirkung der Erklärung sein.

67   Unter der Bezeichnung «Anerkennung» wird öfters die Legalservitut begründet. Das ist hier ein sprachlich angemessener Ausdruck, da der Eigentümer des zu belastenden Grundstückes zur Bestellung der Dienstbarkeit gesetzlich verpflichtet

ist und mit der Einräumung der Dienstbarkeit diese Verpflichtung anerkennt und erfüllt. Aber mit dieser «Anerkennung» wird der Dienstbarkeitsvertrag abgeschlossen, welcher die Grundlage für die Eintragung bildet (Einl. N. 95/96 und 101, Art. 731 N. 6). Auch in der Anerkennung des Durchleitungsanspruches gemäß Art. 691 liegt eine vertragliche Willensäußerung, die aber insofern Ausnahmecharakter hat, als für sie die Formvorschrift des Art. 732 nicht gelten dürfte (N. 7 hievor). Ist sie abgegeben worden und will der Durchleitungsberechtigte nachträglich sein Recht in das Grundbuch eintragen lassen, muß er sie dem Grundbuchamt in schriftlicher Form vorlegen. In diesem Fall liegt ein Anerkenntnis im eigentlichen Sinne vor, aber nicht eine Anerkennung der Verpflichtung zur Errichtung der Legalservitut, sondern die Anerkennung des Bestandes der Servitut, da in diesem Ausnahmefall das dingliche Recht außergrundbuchlich entsteht und die Eintragung nicht konstitutive Bedeutung hat. KtG Graubünden 1958 Nr. 31, S. 87ff.; AppH Bern, ZBJV **68**, S. 545 = ZBGR **23** Nr. 59, S. 136.

Eingehende Ausführungen über die Anerkennung (riconoscimento) finden sich **68** in den Darstellungen des Servitutenrechtes Italiens, dessen C.c. von 1865 in Art. 634 die Anerkennung mit konstitutiver Wirkung vorgesehen hatte. Diese Vorschrift ist jedoch in den neuen C.c. nicht übernommen worden, weshalb es schwierig geworden ist, die rechtliche Bedeutung des Anerkenntnisses zu bestimmen. Vgl. MESSINEO, Servitù, n. 47, p. 109s., und die ausführlichen Darlegungen von BRANCA zu Art. 1058, p. 488ss. Vgl. auch C.c. fr. art. 695 und dazu PLANIOL-RIPERT-PICARD, n° 952.

III. Die Form des Vertrages

1. Entstehungsgeschichte und Würdigung des Art. 732 de lege ferenda

Der Art. 732, welcher vorschreibt, daß der Vertrag über Errichtung einer Grund- **69** dienstbarkeit zu seiner Gültigkeit der schriftlichen Form bedürfe, ist erst auf Grund der Beratungen der Expertenkommission (3. Session, 11. November 1902) in den Entwurf aufgenommen worden. Der VE hatte in Art. 724 die Bestimmungen über das Grundeigentum als anwendbar erklärt und davon keine Ausnahme für Dienstbarkeitsverträge gemacht, außer derjenigen des Art. 725, wonach die Eintragung von Grunddienstbarkeiten, «für die eine äußere Einrichtung allgemein sichtbar und unzweideutig hergestellt ist», «jede Form der Vereinbarung» genügt hätte.

Der Antrag, es für die Grunddienstbarkeiten an der Form der einfachen Schrift- **70** lichkeit genügen zu lassen, wurde von PLANTA (Graubünden) gestellt und von der Expertenkommission mit 17 gegen 13 Stimmen angenommen. Die Motive entsprangen weniger grundsätzlichen Erwägungen als einem nicht zu den Vorzügen einer Expertenkommission gehörenden Volksvertreteropportunismus. Dem kleinen Mann sollte der Gang zum Notar oder Grundbuchverwalter samt den damit verbundenen Gebühren erspart und ihm damit vermeintlich ein Dienst geleistet werden. Als ob die armen Leute so oft in ihrem Leben Grunddienstbarkeiten errichteten und sich

Grunddienstbarkeiten

beschwert fühlen müßten, wenn sie zu diesem Zweck ins Dorf oder in die Stadt zum Notar oder Grundbuchführer gehen müßten! Es hieß, die Servituten seien besonders im Berggebiet und überhaupt in ländlichen Gegenden sehr zahlreich, aber ihre Wichtigkeit sei doch in der Regel nicht groß. Man solle nicht den Standpunkt der Freiheit mit dem der Unfreiheit vertauschen; bisher seien die Bauern gewohnt gewesen, wenn sie Dienstbarkeiten hätten errichten wollen, sich ihr bloßes Wort zu geben, während der Entwurf sie zwinge, zu einem Beamten zu gehen. Der Referent im Ständerat, Hoffmann, begründete die Abänderung des VE mit der Bemerkung, die Interessen seien hier lange nicht so groß, wie beim Wechsel des Grundeigentums (Sten. Bull. 16, 1906, S. 1359); in der Expertenkommission hatte er dem Antrag Planta mit folgendem Argument zugestimmt: «Beim Eigentum habe man die öffentliche Beurkundung verlangt, einmal wegen klarer Fassung des Vertrages und sodann wegen des Rechtes der Hypothekargläubiger, beide Bedürfnisse cessierten bei der Errichtung der Servitut.» In der Botschaft, S. 72, wurde gesagt: «Wichtig ist bei den Dienstbarkeiten, die ja nicht in den Verkehr gesetzt werden, nur die sichere und zuverlässige Konstituierung, und für diese genügt der Grundsatz, daß die Eintragung in das Grundbuch auf alle Dienstbarkeiten Anwendung finden soll, mag die vorangehende Abrede so oder anders getroffen sein.» Im Nationalrat bemerkte Eugen Huber als Referent, mit den Grunddienstbarkeiten werde kein Verkehr getrieben und mit ihnen pflegten keine größeren Werte verbunden zu sein (Sten. Bull. 16, 1906, S. 573).

71 Man kann grundsätzlich gewiß verschiedener Auffassung darüber sein, ob die Entstehung von Servituten auf die Begründung durch öffentlich beurkundeten Vertrag und Eintragung im Grundbuch eingeschränkt sein soll. Es ist ein Fehler, auch für Grunddienstbarkeiten, für die «eine äußere Einrichtung allgemein sichtbar und unzweideutig hergestellt ist», eine andere Begründung als die durch öffentlich beurkundeten oder auch schriftlichen Vertrag und Eintragung im Grundbuch auszuschließen. Auch ist zuzugeben, daß die stetige Vermehrung der Vorschriften über besondere Formen als Gültigkeitsvoraussetzungen für Willenserklärungen nicht vom Guten ist. Sie untergräbt den Grundsatz von Treu und Glauben. Je zahlreicher diese Formvorschriften sind, desto weniger gilt das gegebene Wort.

72 Aber nachdem man den Grundsatz in das Gesetz aufgenommen hatte, daß der Vertrag, welcher zur Übertragung von Grundeigentum und zur Errichtung von beschränkten dinglichen Rechten an Grundstücken verpflichtet, der öffentlichen Beurkundung bedarf, war es ein gesetzgeberischer Mißgriff, für die Errichtung von Grunddienstbarkeiten eine Ausnahme zu machen.

73 Die öffentliche Beurkundung, richtig durchgeführt, würde dafür Gewähr bieten:
1. daß die Parteien, insbesondere der verfügende Grundeigentümer, zur ruhigen Überlegung veranlaßt und von der Urkundsperson auf die Konsequenzen und die Tragweite des Vertrages aufmerksam gemacht würden, auch auf die Bedeutung des Rechtsgeschäftes im Verhältnis zu den am Grundstück Berechtigten;

2. daß der von den unterrichteten Parteien gebildete Wille in der Urkunde den richtigen und klaren Ausdruck findet;

3. daß die Urkunde eine zuverlässige Grundlage der Eintragung im Grundbuch bilde, indem sie

a) im Hinblick auf die Voraussetzungen der Eintragung von der Urkundsperson vorgeprüft und danach abgefaßt wäre,

b) alle wesentlichen Elemente des dinglichen Rechtes in möglichster Vollständigkeit und Bestimmtheit aufweisen würde,

c) die möglichst sichere Ergänzung des Aufschlusses bieten würde, welchen der Eintrag im Hauptbuch gibt;

4. daß der Akt die erhöhte Beweiskraft der öffentlichen Urkunde hätte und verdienen würde (Art. 9).

Vgl. dazu LEEMANN, N. 1 zu Art. 657; TUOR, Das Schweizerische Zivilgesetzbuch, 9. Aufl., S. 571f.

74 Wird die Befreiung des Dienstbarkeitsvertrages von der öffentlichen Beurkundung unter diesen Gesichtspunkten geprüft, ergibt sich eindeutig, daß sie nicht gerechtfertigt ist. Keiner der dem Beurkundungszwang unterstellten Verträge bedarf der Mitwirkung der öffentlichen Urkundsperson so sehr wie der Dienstbarkeitsvertrag in folgenden Beziehungen: a) bei der urkundlichen Festlegung des Inhaltes, des Umfanges und der Art der Ausübung des Rechtes; b) bei der Prüfung, ob dieses überhaupt als Dienstbarkeit eingetragen werden kann; c) bei der Erfassung der Tragweite der Dienstbarkeitserrichtung für den Verpflichteten und gegebenenfalls der Rechtbeständigkeit der Dienstbarkeit für den Erwerber.

75 Besonders nötig erscheint diese Mitwirkung der Urkundsperson bei der Errichtung der selbständigen Dienstbarkeiten, welche als Grundstücke in das Grundbuch aufgenommen werden können, wie des Quellenrechtes und namentlich des Baurechtes, sowie verselbständigter «anderer Dienstbarkeiten» (Art. 781). Siehe nunmehr Art. 779a und dazu die Botschaft vom 9. April 1963, S. 15f.

An diese Rechte hat man allerdings in der Expertenkommission nicht gedacht; die Ausdehnung der für die Grunddienstbarkeiten geschaffenen Ausnahmebestimmung auf sie hat den Mitgliedern der Kommission sicher völlig fern gelegen. Ihr Beschluß war aber auch in der Beschränkung auf die Grunddienstbarkeiten ein Fehlentscheid, wenn auch, wie A. REICHEL (MBVR **3**, 1905, s. 206) bemerkt, für ihn die Besorgnis mitbestimmend war, die Einführung der öffentlichen Beurkundung verlange von den Kantonen, in denen völlige Formfreiheit bestanden hatte, einen zu großen Schritt. Treffend ist das Urteil von ROSSEL et MENTHA (Manuel du droit civil suisse III n⁰ 1367, p. 12): «Cela est regrettable, et aucune bonne raison ne justifie cette exception.».

Grunddienstbarkeiten

2. Die Form der Schriftlichkeit

76 a) Erfordernisse
Art. 732 beschränkt sich darauf zu sagen, der Vertrag über Errichtung einer Grunddienstbarkeit bedürfe zu seiner Gültigkeit der schriftlichen Form. Was unter der schriftlichen Form zu verstehen ist, bestimmt sich nach den Art. 13–16 OR. Danach ist das den Vertrag wiedergebende Schriftstück von den Vertragsparteien zu unterzeichnen (Art. 14 OR), doch genügt es, daß jede Partei ein Exemplar unterzeichnet und die beiden Exemplare ausgetauscht werden.

77 Der Vertragstext braucht nur von den Personen unterzeichnet zu sein, die durch ihn verpflichtet werden sollen (Art. 13 Abs. OR). Das Schenkungsversprechen braucht nur vom Schenker, der Pfanderrichtungsvertrag nur vom Pfandgeber, die Bürgschaftsurkunde nur vom Bürgen unterzeichnet zu werden. Damit der Vertrag zustande kommt, ist zwar auch die Willenserklärung der Gegenpartei erforderlich; sie kann jedoch mündlich oder stillschweigend abgegeben werden. Da der Austausch der beidseitigen Willenserklärungen nötig ist, muß die schriftliche Willenserklärung der verpflichteten Partei der Gegenpartei zugehen. EBG 51 II 498 = Pr. 15 Nr. 5 (bloß interner Willensakt einer Gemeinde). Bedürfen die Erklärungen beider Parteien der schriftlichen Form, kommt der Vertrag mit dem Austausch der unterzeichneten Schriftstücke zustande (v. Tuhr, Allg. Teil des OR, § 30 N. 64ff.; EBG 50 II 282 = Pr. 13 Nr. 126).

78 Wenn im Dienstbarkeitsvertrag die eine Partei die Errichtung der Dienstbarkeit verspricht, die andere die Erbringung einer Gegenleistung, muß der Vertrag von beiden Parteien unterzeichnet sein.

79 Wenn der Vertrag aber nur die Verpflichtung des Eigentümers des zu belastenden Grundstückes zur Errichtung der Dienstbarkeit enthält, braucht er nur von diesem unterzeichnet zu sein.

80 Die Parteien dürfen nicht vor die Alternative gestellt werden, entweder den Vertrag durch die Einfügung einer Bestimmung über die Gegenleistung zu ergänzen und ihn beidseitig zu unterzeichnen, oder aber ihn als Schenkungsversprechen öffentlich beurkunden zu lassen.

Dies ist aus drei Gründen unzulässig. Erstens weil nicht jedes Versprechen, eine Dienstbarkeit unentgeltlich zu errichten, ein Schenkungsversprechen ist; zweitens weil die Vereinbarung über die Gegenleistung überhaupt nicht ein notwendiger Bestandteil des Dienstbarkeitsvertrages ist, welcher nicht Schenkungsversprechen ist; drittens weil auch die Verpflichtung zur schenkungsweisen Errichtung der Dienstbarkeit der öffentlichen Beurkundung nicht bedarf, was weiter hinten dargetan werden wird.

81 Es wurde bereits ausgeführt (NN. 45, 46), daß es zahlreiche Fälle gibt, in denen kein besonderes oder überhaupt kein Entgelt für die Einräumung der Dienstbarkeit vereinbart ist, aber von einem Schenkungsversprechen nicht die Rede sein kann,

weil dem sich Verpflichtenden der animus donandi völlig fern liegt. Es sei auch auf die Tatbestände der Anerkennng der Dienstbarkeit (N. 61ff.) verwiesen.

Daß auch eine unentgeltliche Verpflichtung zu einer Leistung kein Schenkungsversprechen zu sein braucht, ist auch in der Literatur vielfach anerkannt worden. Ich verweise auf OERTMANN, Kommentar zum Schuldrecht des BGB, Vorbemerkungen vor § 516, GIERKE, Dt. PrR III, S. 415, besonders aber auf die tiefgründige und umsichtige Untersuchung von Franz GSCHNITZER in dem von ihm und KLANG herausgegebenen Kommentar zum ABGB, Bd. IV (1954), Erl. zu § 917, S. 428ff., nach der entgeltliche, unentgeltliche und entgeltfremde Geschäfte und Zuwendungen zu unterscheiden sind. Auch im schweizerischen Recht ist als Voraussetzung der Schenkung anerkannt, «daß außer der Schenkungsabsicht kein anderer Rechtsgrund vorhanden ist» (GUHL, Obligationenrecht[6], S. 342). 82

Sodann sind wir (N. 44ff.) zum Ergebnis gekommen, daß Bestimmungen darüber, ob eine Gegenleistung vereinbart ist, wenn ja, welcher Art und Höhe, kein notwendiger Bestandteil des Dienstbarkeitsvertrages sind. Endlich glauben wir erkannt zu haben, daß der Formvorschrift des Art. 732 nur die Vertragsbestimmungen unterworfen sind, welche alle wesentlichen Elemente des dinglichen Rechtes enthalten und damit für dessen Begründung durch Eintragung die notwendige und ausreichende Grundlage bilden (N. 52/53). Zu diesen gehört die Vereinbarung über die Gegenleistung, wie gesagt, nicht. Vgl. auch Rechenschaftsbericht des zürcherischen ObG 1940 in der ZBGR **22**, S. 206. In diesem Sinne scheinen auch die Ausführungen in der Botschaft, S. 72 (unter N. 70 wiedergegeben), zu verstehen sein. 83

Mit diesen Erwägungen ist unsere Ansicht begründet, daß der Dienstbarkeitsvertrag, auch wenn er kein Schenkungsversprechen ist, der Angabe einer Gegenleistung nicht bedarf und, wenn er das Versprechen einer Gegenleistung nicht enthält, lediglich vom Eigentümer des zu belastenden Grundstückes unterzeichnet sein muß.

Die verschiedene Behandlung des Kaufvertrages einerseits, des Dienstbarkeitsvertrages anderseits in dieser Hinsicht, läßt sich auch unter dem Gesichtspunkt des Zweckes der Form begründen. Der Käufer bedarf des Schutzes vor Übereilung und gegen Übervorteilung viel mehr als der Erwerber einer Dienstbarkeit. Die Kaufsache, die bewegliche wie die unbewegliche, ist Objekt des Handels, des Umsatzes, des Angebotes auf dem Markt, der Spekulation. Der Käufer soll dagegen geschützt sein, daß er sich unüberlegt ein Grundstück «anhängen» läßt. Der Erwerber einer Grunddienstbarkeit bedarf dieses Schutzes nicht. Die Grunddienstbarkeiten sind nicht Gegenstand des Handels. Sie werden nicht auf dem Markt angeboten. Die Initiative zur Begründung einer Grunddienstbarkeit liegt regelmäßig beim Erwerber, der an den Eigentümer des zu belastenden Grundstückes herantritt und ihn zur Einräumung der Dienstbarkeit zu bewegen versucht, nachdem er sich überlegt hat, was die Dienstbarkeit für die Bedürfnisse seines Grundstückes bedeu- 84 tet und für ihn wert ist. Des Schutzes der Formvorschrift bedarf in dieser Situation nur der Grundeigentümer, der einem solchen Begehren entgegenkommt und eine Belastung auf sich nimmt, die in der Regel unbeschränkte Dauer hat und deren Auswirkungen auf den Wert und die Möglichkeiten der Benutzung seines Grundstückes in der Zukunft oft nicht oder nicht leicht zu übersehen sind. Zu seinen Gunsten kann die Beurkundung der Gegenleistung, wenn diese nicht vor der Anmeldung zur Eintragung erbracht ist, wohl erwünscht sein. Aber er hat es in der Hand, dies zu verlangen oder die Anmeldung von der Erbringung der Leistung, die er sich hat versprechen lassen, abhängig zu machen. Damit ließe sich aber die Anwendung der Formvorschrift auf die Verpflichtung des Erwerbers nicht begründen, da sie dem Schutze des Erklärenden, nicht des Erklärungsempfängers, dient. Der Schutz des Erwerbers wäre erwünscht gegen seine Unkenntnis der Bedeutung schon bestehender dinglicher Rechte für die Ausübung und für die künftige Existenz seines Rechtes. Er würde aber mit dem Erfordernis der beidseitigen Unterzeichnung ohnehin in keiner Weise erreicht.

85 In der schweizerischen Literatur gehen die Auffassungen in dieser Frage auseinander. Von Thur, Allg. Teil des OR, § 30 N. 36, S. 226, erklärt zwar, bei der Errichtung von Grunddienstbarkeiten gemäß Art. 732 sei die Schriftform nur vom Verfügenden zu beachten, nicht vom Erwerber, beruft sich jedoch auf die Kommentare von Wieland und Leemann. Aber Wieland (Bem. 1 zu Art. 732) verlangt die beidseitige Unterzeichnung, «wenn die Dienstbarkeit nicht unentgeltlich bestellt wird»; Leemann (N. 17 zu Art. 732) ebenfalls, «wenn die Rechtseinräumung eine entgeltliche, d. h. gegenseitige ist». Gonvers-Sallaz A., N. 6 zu Art. 19 GBVo., hält die Unterzeichnung durch beide Parteien überhaupt für erforderlich, während Schönberg S., Die Grundbuchpraxis, S. 114f., es für genügend erachtet, «wenn nur der Eigentümer des belasteten Grundstückes den Akt unterzeichnet, da auch hier die allgemeine Regel des Art. 13 OR gilt, wonach ein Vertrag mangels anderer gesetzlicher Bestimmung nur von den sich verpflichtenden Personen unterschrieben sein muß» und beruft sich auf die Praxis in Basel und Bern, für welch letztere er sich auf den Entscheid des RR in der MBVR 14, S. 392, stützt, wo gesagt ist, die Unterschrift des Eigentümers des dienenden Grundstückes genüge, doch müsse der Vertrag auch vom Erwerber unterzeichnet werden, «wenn er zu einer Gegenleistung verpflichtet ist». Diese Auffassung deckt sich mit der unsrigen, wenn gemeint ist, daß die Unterschrift des Erwerbers nur erforderlich sei, wenn dieser im Vertrag eine Gegenleistung verspreche. Ablehnen müssen wir dagegen die Ansicht von Wieland und Leemann, nach welcher der Vertrag immer beidseitig unterzeichnet sein muß, wenn er nicht als Versprechen zu unentgeltlichen Einräumung der Dienstbarkeit nach der Meinung Leemanns öffentlich beurkundet sein muß. Dies liefe darauf hinaus, daß jeder Dienstbarkeitsvertrag, um in schriftlicher Form gültig sein zu können, die Angabe einer Gegenleistung enthalten und dann die Unterschriften beider Parteien tragen müßte. Das ist, wie hievor dargelegt wurde, unhaltbar.

Der Grundbuchverwalter braucht sich um die Gegenleistung nicht zu kümmern, **86**
wenn der Vertrag darüber keine Bestimmung enthält. Zu prüfen, ob in diesem
Punkt ein Dissens oder Irrtum bestehen könnte, ist nicht seines Amtes. Er hat auch
nicht den Nachweis zu verlangen, daß dem Erwerber der Dienstbarkeit die Willenserklärung zugegangen ist, welche der Eigentümer des zu belastenden Grundstückes
mit der Unterzeichnung des Schriftstückes, das er dem Grundbuchamt mit seiner
Anmeldung einreicht, abgegeben hat. Er darf voraussetzen, daß der Vertrag auch
dem Willen des Erwerbers entspricht. Auch nach deutschem Recht braucht der
Grundeigentümer, der die Eintragungsbewilligung einreicht, dem Grundbuchamt
nicht das Einverständnis des anderen Teiles nachzuweisen (GBO § 19; MEISNER-
RING, Das in Bayern geltende Nachbarrecht [4], 1951, S. 476f.). Es mag auch noch auf
Satz. 449 des bernischen CGB hingewiesen werden: «Der Titel zu einer Dienstbar-
keit liegt in der Willenserklärung des Eigentümers der dienstbaren Sache.» Diese
Erklärung ist vertragliche Willensäußerung (KÖNIG K.G., Kommentar, S. 260).

b) Anwendungsbereich.

Der schriftlichen Form bedürfen zu ihrer Gültigkeit auch Abänderungen des **87**
Dienstbarkeitsvertrages mit Ausnahme von ergänzenden Nebenbestimmungen (Art.
12 OR). Änderungen am Inhalt und Umfang der Dienstbarkeit sind jedoch nie
bloße Nebenbestimmungen. Als solche könnten nur Präzisierungen angesehen
werden, die aber ihren Zweck um der Beweisbarkeit willen nur erfüllen, wenn sie in
schriftlicher Form vorgenommen werden. Als ergänzende Nebenbestimmung kann
indessen die stillschweigende Übereinkunft angesehen werden, welche «in der Art,
wie die Dienstbarkeit während längerer Zeit unangefochten und in gutem Glauben
ausgeübt worden ist», zum Ausdruck kommt (Art. 738 Abs. 2). Eine zusätzliche
Verpflichtung des Eigentümers des belasteten Grundstückes, welche als nebensächliche Ergänzung gelten könnte, bestünde etwa in dem Versprechen, den Dienstbarkeitsberechtigten zu benachrichtigen, wenn an dessen Anlagen ein Schaden eingetreten ist oder zu befürchten ist, ferner im Versprechen, eine Planaufnahme zu dulden,
oder die einmalige Instandstellung des Weges oder einer anderen Dienstbarkeitsanlage zu übernehmen.

Verpflichtet sich der Eigentümer des dienenden Grundstückes dagegen zum **88**
Unterhalt von solchen Anlagen während der Dauer der Dienstbarkeit (Art.
730 Abs. 2), liegt m.E., trotzdem die Last im Verhältnis zur Dienstbarkeitslast von
nebensächlicher Bedeutung sein muß, um mit dieser verbunden werden zu können,
nicht eine ergänzende Nebenbestimmung im Sinne von Art. 12 OR vor. Sie ist eine
wesentliche Ergänzung der Dienstbarkeitsverpflichtung. Sie muß auch im Grundbucheintrag kundbar gemacht werden können (N. 230 zu Art. 730), was voraussetzt,
daß sie dem Grundbuchamt in schriftlicher Form angemeldet wird. Sie ist jedoch
nicht eine dingliche Belastung des Grundstückes, sondern eine obligatorische Last,
welche mit der Dienstbarkeit bloß verbunden ist. Gleichwohl ist die Begründung
in schriftlicher Form erforderlich, weil die Verbindung mit der Dienstbarkeit der

Grunddienstbarkeiten

Verpflichtung eine Wirkung verleiht, welche sie sonst nicht haben könnte, nämlich die Verbindlichkeit für die ganze Dauer der Dienstbarkeit, d.i. in der Regel für unbegrenzte Zeit.

89   Wird eine Änderung an der eingetragenen, bereits bestehenden Dienstbarkeit vorgenommen, liegt darin nicht eine Änderung oder Ergänzung des Errichtungsvertrages, sondern ein neuer Vertrag. Dieser untersteht der Formvorschrift des Art. 732, wenn er die Dienstbarkeitsverpflichtung wesentlich modifiziert, wenn er sie ausdehnt oder erschwert. Dafür ist die schriftliche Erklärung des Dienstbarkeitsverpflichteten notwendig, wie auch die Zustimmungserklärung der Inhaber von dinglichen Rechten, die inzwischen errichtet wurden, sofern sie durch die Erweiterung der Dienstbarkeit eine Beeinträchtigung erfahren. Die Zustimmungserklärung bedarf an sich der schriftlichen Form nicht, da sie als Nachgangserklärung nicht eine Vermehrung, sondern eine Verminderung des zurücktretenden Rechtes mit sich bringt. Aber zur Wirksamkeit zugunsten der Singularsukzessoren im Eigentum am dienstbarkeitsberechtigten Grundstück ist die Einschreibung der Zustimmungserklärungen im Grundbuch erforderlich (GBVo. Art. 37 Abs. 3). Zu diesem Zweck muß die Zustimmung dem Grundbuchverwalter schriftlich erklärt werden. LEEMANN, N. 17 zu Art. 812.

90   Eine Änderung, die eindeutig in einer Erleichterung, Verminderung oder teilweisen Aufhebung von Dienstbarkeitspflichten besteht, wird bewirkt durch die Erklärung des Dienstbarkeitsberechtigten, die gegebenenfalls der Zustimmung der Inhaber von dinglichen Rechten am berechtigten Grundstück, welche seit der Begründung der Dienstbarkeit erworben worden sind, bedarf (N. 38 zu Art. 730). Die Formvorschrift des Art. 732 ist darauf gemäß Art. 115 OR nicht anwendbar. Zur Wirksamkeit zu Lasten von Singularsukzessoren im Eigentum am berechtigten Grundstück bedarf die Änderung des Eintrages auf Grund der genannten Erklärungen, die dann, wie alle an das Grundbuchamt gerichteten Willensäußerungen, schriftlich einzureichen sind.

91   Eine Änderung, welche nur durch beidseitig unterzeichneten Vertrag vorgenommen werden kann, ist die Umwandlung der Grunddienstbarkeit in eine irreguläre Personalservitut mit oder ohne Verselbständigung dieses Rechtes (N. 36 zu Art. 730; N. 50 zu Art. 731).

92   Die Anerkennung der Verpflichtung zur Errichtung der Dienstbarkeit ist als Dienstbarkeitsvertrag zu behandeln, ist also nur in schriftlicher Form verbindlich.

93   Die Anerkennung, daß eine Dienstbarkeit bestehe, muß nach den Vorschriften über das Verfahren zur Einführung oder Berichtigung des Grundbuches vom Eigentümer des belasteten Grundstückes eigenhändig unterzeichnet sein (N. 63 hievor). Das Erfordernis der schriftlichen Form muß hiefür aber auch da gelten, wo es nicht durch spezielle Vorschriften aufgestellt ist. Ein Anwendungsfall des Art. 732 liegt zwar nicht vor. Aber wie (unter N. 65 hievor) bemerkt wurde, kann die Anerkennung konstitutive Bedeutung haben. Sie ist dann konstitutive Verfügung

über ein dingliches Recht und bedarf deshalb a fortiori der schriftlichen Form.

Der Dienstbarkeits-Vorvertrag fällt gemäß Art. 22 Abs. 2 OR unter die 94 Formvorschrift des Art. 732. Er besteht in der Eingehung der Verpflichtung zum Abschluß eines Dienstbarkeitsvertrages. Er kommt selten vor, weil das Versprechen des Grundeigentümers, einem anderen eine Dienstbarkeit einzuräumen, schon der Dienstbarkeitsvertrag selber ist, wenn es die nötige Bestimmtheit hat. Fehlt ihm diese, so ist die Verpflichtung, den Dienstbarkeitsvertrag abzuschließen, auch als Vorvertrag nicht verbindlich (v. Tuhr, Allg. Teil des OR³, § 33, S. 274). Aber es ist durchaus möglich, daß die erforderliche Bestimmtheit für die obligationenrechtliche Verbindlichkeit gegeben ist, nicht aber für die Eintragung in das Grundbuch (v. Tuhr, a.a.O., S. 253f., Guhl, Obligationenrecht⁶, S. 113). Ein Vorvertrag läge z.B. vor, wenn A dem B verspricht, ihm für eine zu erstellende Fabrik die erforderlichen Weg- und Durchleitungsrechte einzuräumen, wenn er den dafür in Anspruch zu nehmenden Boden erwerben könne. Damit die Dienstbarkeiten errichtet werden können, muß ein Dienstbarkeitsvertrag erst noch abgeschlossen werden, in welchem die Weg- und Durchleitungsrechte einzeln inhaltlich und örtlich näher zu umschreiben sind und das belastete Grundstück wie das berechtigte Grundstück genau zu bezeichnen sind. Siehe Larenz, Schuldrecht, bes. Teil¹¹ (1977) S. 121.

c) Vorbehalt einer qualifizierten Form.

Die Parteien können anstelle der vorgeschriebenen einfachen Schriftlichkeit eine 95 qualifizierte Form wählen, nämlich die öffentliche Beurkundung. Diese Wahl kann formlos, auch durch konkludentes Verfahren getroffen werden (Oser-Schönenberger, N. 2 zu Art. 16 OR). Art. 16 OR (betr. den Vorbehalt der schriftlichen Form für einen Vertrag, der vom Gesetz an keine Form gebunden ist) findet sinngemäße Anwendung. Er stellt die Vermutung auf, daß die Parteien vor Erfüllung der gewählten Form nicht verpflichtet sein wollen. Diese Vermutung ist auch in unserem Fall begründet, wenn die Parteien die Urkunde verfassen und sie dem Grundbuchverwalter als öffentlicher Urkundsperson mit dem ausdrücklichen Begehren um öffentliche Beurkundung vorlegen. Nimmt der Grundbuchverwalter jedoch von sich aus oder auch nur auf eigenen Vorschlag die öffentliche Beurkundung vor, dürfte die unterzeichnete Urkunde auch dann ein gültiger Dienstbarkeitsvertrag sein, wenn die öffentliche Beurkundung wegen eines wesentlichen Mangels unwirksam ist. Dasselbe gilt, wenn die Parteien die Urkunde, ohne ausdrücklich die öffentliche Beurkundung zu verlangen, vom Notar abfassen lassen.

Die Wahl der qualifizierten Form ist häufig und den Parteien auch dringend zu 96 empfehlen, wenigstens in den Kantonen, in denen Gewähr für eine zuverlässige und sachkundige Durchführung der öffentlichen Beurkundung im Sinne unserer Ausführungen unter N. 73 besteht. A. Gonvers-Sallaz (Lausanne) schreibt in seinem Kommentar zur GBVo., N. 10 zu Art. 19: «Dans la pratique, les actes constitutifs de

Grunddienstbarkeiten

servitude sont dressés en la forme authentique, parce que souvent compliqués.» Im Kanton Bern ist es nicht anders.

3. Die Folgen des Formmangels

97 Fehlt es an der vorgeschriebenen Form, ist die Verpflichtung des Grundeigentümers zur Errichtung der Dienstbarkeit ungültig. Der Mangel wird durch die Eintragung nicht geheilt; nur die Anerkennung der Dienstbarkeit durch den Eigentümer des belasteten Grundstückes, die aber auch der schriftlichen Form bedarf, vermag ihn zu beheben (N. 61). Außerdem kommt die heilende Macht der Zeit in der ordentlichen Ersitzung zur Geltung (Art. 731 N. 93).

98 Die Ungültigkeit des Vertrages wegen Formmangels wird im schweizerischen wie im deutschen und italienischen Recht im Sinne der Nichtigkeit verstanden. Nichtig ist die Verpflichtung zur Bestellung der Dienstbarkeit, also des dinglichen Rechtes. Dagegen die Verpflichtung des Grundeigentümers, sein Grundstück zu einem obligatorischen Recht in gleicher Weise benutzen zu lassen, wie es eine Dienstbarkeit gestatten würde, ist nicht der Formvorschrift des Art. 732 unterstellt. Ist ein solcher Vertrag mündlich abgeschlossen worden, ist er gültig und bleibt bestehen, auch wenn die Parteien ihn eintragen lassen wollten, die Anmeldung aber abgewiesen wird. Die Gültigkeit der formlosen Einräumung eines obligatorischen Rechtes wird namentlich von HAAB, N. 14/15 zu Art. 680, bejaht; über die Schranken der Vertragsfreiheit vgl. Einleitung N. 136 und 140ff.

99 Von der obligatorischen Verpflichtung in diesem Sinne ist die prekaristische Gestattung zu unterscheiden, die nicht ein Recht begründet, auch nicht ein obligatorisches, sondern nur die Widerrechtlichkeit der gestatteten Inanspruchnahme des Grundstückes ausschließt (N. 59–61 zu Art. 730; EBG **51** II 498 = Pr. **15** Nr. 5).

100 Auch wenn der Vertrag auf die Errichtung der Dienstbarkeit gerichtet ist, diese aber als dingliches Recht wegen Formmangels oder aus einem anderen Grund nicht zur Entstehung kommt, kann auf Grund besonderer Anhaltspunkte die Annahme gerechtfertigt sein, daß die Parteien für diesen Fall doch wenigstens die Einräumung des dem Vertrag entsprechenden obligatorischen Rechtes gewollt hätten (hypothetischer Parteiwille). Dann ist der Vertrag in diesem Sinne gültig. Das ist der Tatbestand der Konversion. Einleitung N. 130/31 und dortige Zitate; allgemein zur Anerkennung der Konversion im schweizerischen Recht EBG **76** II 13f. = Pr. **39** Nr. 88, S. 263; Konversion der Grunddienstbarkeit der Wasserlieferung, weil öffentlich beurkundet, in eine Grundlast, AppH Bern 28.10.1975 (i.S. Einwohnergemeinde Zollikofen). N. 205 zu Art. 730. Aus der Praxis des RG zu § 140 BGB: Konversion eines dinglichen in ein persönliches Vorkaufsrecht (**104**, S. 122), einer Nießbrauchseinräumung in Gebrauchsüberlassung (WARNEYER, Die Rechtsprechung des RG, 1910, S. 801, 1925, S. 2127).

101 Anzumerken ist, daß HAAB (N. 34/35 und 40 zu Art. 657) mit Bezug auf die simulierte Preisbestimmung im Grundstückkauf folgende Auffassung zu begründen

versucht hat: Nur durch die Heilung des Formmangels könne der Eigentumsübergang sich vollziehen, wenn der Vertrag wenigstens teilweise erfüllt und die Klage des Verkäufers auf Feststellung der Unverbindlichkeit wegen Verstoßes gegen Treu und Glauben unzulässig sei. Die Heilung des Formmangels setze aber voraus, daß dieser nicht die absolute Nichtigkeit zur Folge habe, sondern nur die Ungültigkeit, welche nicht von Amtes wegen berücksichtigt werde, sondern geltend gemacht werden müsse. Sollte diese Auffassung sich durchsetzen, müßte sie auch für den Formmangel des Dienstbarkeitsvertrages Geltung haben, was hier allerdings geringere praktische Bedeutung hätte. Das Bundesgericht hat daran festgehalten, daß der Formmangel die Nichtigkeit zur Folge habe, die von Amtes wegen zu prüfen sei. EBG **86** II 37, 231, 400; **90** II 156, 296; **92** II 324 = Pr. **56** Nr. 35. Es hat sich aber nicht darüber ausgesprochen, wie sich dann der Eigentumserwerb des Käufers sollte vollziehen können, wenn die Klage des Verkäufers auf Feststellung der Unverbindlichkeit des Kaufvertrages und Rückgabe des Grundstückes wegen Verstoßes gegen Treu und Glauben abgewiesen wird. Der Käufer ist in seinem Erwerbe geschützt, kann aber nicht Eigentümer werden und über das Grundstück nicht verfügen, wenn er auf Grund eines nichtigen Vertrages im Grundbuch eingetragen ist. Es käme höchstens eine Ersitzung in Betracht, aber nur wenn der gute Glaube im Sinne der N. 92 und 92a zu Art. 730 begriffen wird. Die richtige Lösung aber ist die (relative) Ungültigkeit des Vertrages als Folge des Formmangels, die nur einträte, wenn sie geltend gemacht würde und behoben wäre, wenn die Klage wegen Rechtsmißbrauchs abgewiesen ist. Diese Änderung der Praxis verlangen außer HAAB (hievor) namentlich MERZ, N. 510 zu Art. 2 und ZBJV **101** (1965) S. 429, LIVER, ZBJV **104**, S. 192f., **95** (1959) S. 434, Das Eigentum, S. 137f., HOFMEISTER H., ZBGR **59** (1978) S. 333.

IV. Dienstbarkeitsverträge, deren öffentliche Beurkundung (zu Unrecht) verlangt wird

Art. 680 Abs. 2 verlangt die öffentliche Beurkundung der Verträge über Aufhebung oder Abänderung (unmittelbarer) gesetzlicher Eigentumsbeschränkungen und Art. 243 Abs. 2 OR für die schenkungsweise Einräumung der Dienstbarkeit. Beide Vorschriften beruhen auf Versehen des Gesetzgebers.

1. Art. 680 Abs. 2 (Art. 19 Abs. 2 GBVo.)

Mit dinglicher Wirkung kann eine unmittelbare gesetzliche Eigentumsbeschränkung durch Vertrag zwischen den Grundeigentümern für den konkreten Einzelfall nur aufgehoben oder in ihrem Umfang vermindert werden, indem eine Grunddienstbarkeit errichtet wird. Das gilt, entgegen der Ansicht LEEMANNS, nur für Beschränkungen in der Benutzung von Grundstücken, nicht für Veräußerungsbeschränkungen, wie das gesetzliche Vorkaufsrecht des Miteigentümers (N. 23 zu Art. 730 und LIVER P., Stockwerkeigentum, ZBGR **35**, S. 72).

Grunddienstbarkeiten

104 Eine Abänderung der gesetzlichen Eigentumsbeschränkung im Sinne von Art. 680 Abs. 2 liegt nur vor, wenn die Beschränkung vermindert, nicht aber wenn sie erweitert wird. Jede gesetzliche Eigentumsbeschränkung legt eine Grenze fest, die in der Benutzung des Grundstückes nicht überschritten werden darf, verbietet aber nicht, daß sich der Eigentümer in der Benutzung seines Grundstückes stärkere Beschränkungen auferlegt. Beträgt der gesetzliche Grenzabstand 2,5 m, heißt das, es müsse mindestens dieser Abstand eingehalten werden. Verpflichtet sich der Grundeigentümer, einen Abstand von 5 m einzuhalten, ist die gesetzliche Eigentumsbeschränkung gewahrt und nicht abgeändert. Dem Urteil EBG 44 II 395 = Pr. 7 Nr. 152, nach welchem auch die Erweiterung der gesetzlichen Eigentumsbeschränkung als deren Abänderung unter Art. 680 Abs. 2 fallen würde, kann nicht gefolgt werden. Aus dem da beurteilten Tatbestand wäre höchstens die Maxime zu gewinnen, daß im Zweifel, ob eine Verminderung oder eine Erweiterung oder eine Modifikation, die sich mehr im einen oder anderen Sinn auswirkt, vereinbart ist, die Anwendbarkeit der Vorschrift des Art. 680 Abs. 2 zu bejahen sei. (Siehe auch PFISTER H., Diss. Basel 1933, S. 126 = ZSR **52**, S. 339.)

105 Art. 680 Abs. 2 fällt jedoch aus dem Sinn- und Zweckzusammenhang des Gesetzes heraus. HAAB, N. 16 zu Art. 680, sagt, über ihre Unzweckmäßigkeit bestehe Einigkeit. GONVERS-SALLAZ, N. 12 zu Art. 19 GBVo., drückt sich so aus: «et l'on peut s'étonner que la loi exige un acte authentique».

106 Diese Vorschrift ist nicht nur auffällig, unzweckmäßig; sie steht in einem sachlichen Widerspruch zu Art. 732. Nach ihr wäre die Verpflichtung zur Errichtung der Grunddienstbarkeit der öffentlichen Beurkundung unterstellt, wenn sie darin besteht zu dulden, daß der Nachbar einen Grenzabstand von nur 2 m statt des gesetzlichen Abstandes von 2,5 m einhalte; die Verpflichtung zur Errichtung einer Grunddienstbarkeit, die darin besteht, das eigene Grundstück überhaupt nicht zu überbauen, ist dagegen gültig, wenn sie in der Form der einfachen Schriftlichkeit begründet wird. Dabei gehört das Recht, sein Grundstück zu überbauen, sicher ebensogut zum gesetzlichen Inhalt des Grundeigentums wie das Recht, vom Nachbarn die Einhaltung eines Grenzabstandes von 2,5 m zu verlangen. Die Begründung der ersteren so ungemein viel schwereren Verpflichtung dem geringeren Formzwang zu unterwerfen, und die Begründung der zweiten geringfügigen Verpflichtung dem stärkeren Formzwang zu unterwerfen bei der Errichtung der rechtlich völlig gleichartigen Dienstbarkeit, ist widerspruchsvoll.

107 Das kann auch der Gesetzgeber vernünftigerweise nicht gewollt haben. Er hat es auch tatsächlich nicht gewollt. Mit der Vorschrift des Art. 680 Abs. 2 wollte er sagen, daß die Aufhebung oder Abänderung der gesetzlichen Eigentumsbeschränkung mit dinglicher Wirkung, da sie in der Errichtung einer Grunddienstbarkeit besteht, der dafür vorgeschriebenen Form bedürfe. Erl. II S. 95. Das war im Entwurf die Form der öffentlichen Beurkundung. Nachdem diese Form durch Einfügung des Art. 732 zugunsten der einfachen Schriftlichkeit preisgegeben worden war, unterließ man es aus Versehen, den Art. 680 Abs. 2 damit in Übereinstimmung zu bringen. So kam es zu dem bestehenden sachlichen Widerspruch zwischen den beiden Artikeln.

In der Grundbuchpraxis hat man sich gleichwohl an den Wortlaut des Art. 680 Abs. 2 gehalten, so daß diese Bestimmung gewohnheitsrechtliche Geltung erhalten hat. Der Gesetzgeber hat dies anerkannt, indem er das Erfordernis der öffentlichen Beurkundung im Art. 682 Abs. 3 (Aufhebung oder Änderung des gesetzlichen Vorkaufsrechts) aufrechterhalten und damit bekräftigt hat. Siehe m. Eigentum S. 199 sowie die Botschaft vom 7. Dez. 1962 (betr. Miteigentum und StWE) S. 52. 107a

2. Art. 243 Abs. 2 OR

Der Art. 243 OR steht unter dem Marginale «Schenkungsversprechen». Im Abs. 1 ist die schriftliche Form für das Schenkungsversprechen vorgeschrieben. Darauf folgt Abs. 2 mit dem Wortlaut: «Sind Grundstücke oder dingliche Rechte an solchen Gegenstand der Schenkung, so ist zu ihrer Gültigkeit die öffentliche Beurkundung erforderlich.» Nach Abs. 3 wird das Verhältnis als Schenkung von Hand zu Hand beurteilt, wenn das Schenkungsversprechen vollzogen ist. In Abs. 2 von Art. 242 (Marginale: Schenkung von Hand zu Hand) ist gesagt: «Bei Grundeigentum und dinglichen Rechten an Grundstücken kommt die Schenkung erst mit der Eintragung in das Grundbuch zustande.» Abs. 3: «Diese Eintragung setzt ein gültiges Schenkungsversprechen voraus.» 108

Dem Wortlaut dieser Bestimmungen gemäß wird in der Literatur und Praxis die Auffassung vertreten, daß die Verpflichtung zur unentgeltlichen Bestellung der Grunddienstbarkeit zu ihrer Gültigkeit der öffentlichen Beurkundung bedürfe. LEEMANN, N. 24 zu Art. 732; NUSSBAUM, Öffentliche Beurkundungen, 2. Aufl. 1949, S. 300 und 305 (vgl. auch NUSSBAUM in der ZBGR **33**, S. 106); GUHL, OR [4], S. 265; Zürcher ObG, Rechenschaftsbericht 1926 in der ZBGR **8**, S. 178: «... es soll daher stets aus dem Vertrage ersichtlich sein, ob für die Einräumung einer Dienstbarkeit ein Entgelt bezahlt worden ist oder nicht»; solothurn. ObG, Bericht 1927, ZBGR **10**, S. 48: «Der Amtsschreiber sollte daher die Parteien zwecks Erfüllung der richtigen Form, sofern dies nicht schon aus dem Vertrage hervorgeht, immer befragen, ob es sich um eine entgeltliche oder unentgeltliche Einräumung der Dienstbarkeit handle»; bern. RR 15. Juni 1951: «Die unentgeltliche Einräumung der Dienstbarkeit bedarf der öffentlichen Beurkundung, die entgeltliche der beidseitigen Unterzeichnung des Vertrages.» 109

Es ist bemerkenswert, daß die GBVo. die öffentliche Beurkundung zwar auf Grund von Art. 680 Abs. 2, nicht aber auf Grund von Art. 243 Abs. 2 verlangt. Die letztere wird auch von Eugen HUBER, Vorträge zum schweizerischen Sachenrecht, sowie in den Erl., 2. Aufl. 1914, nicht erwähnt, ebensowenig von WIELAND in seinem Kommentar. Gegen die Beachtlichkeit des Art. 243 Abs. 2 OR für die Begründung der Grunddienstbarkeit: LIVER P., ZBGR **26** (1945), S. 69ff. 110

Die Bestimmung in Art. 243 Abs. 2 OR ist hinsichtlich der dinglichen 111

Rechte an Grundstücken nicht das Ergebnis einer Beratung in den gesetzgeberischen Instanzen. Sie wurde als bloß redaktionelle Änderung des Entwurfes angesehen, welcher sie nicht enthalten, sondern nur von der schenkungsweisen Übertragung des Grundeigentums gesprochen hatte (LIVER, a.a.O., S. 70). Die Änderung wurde vorgenommen zur Anpassung des OR an das ZGB, worin ja der Hauptzweck der Revision des OR auf das Jahr 1912 hin und der einzige Zweck der nachträglichen Einfügung «oder dinglicher Rechte an Grundstücken» in die Art. 242 und 243 bestand. Man ging davon aus, daß sich diese Ergänzung aus den Vorschriften des ZGB ergebe. Das ist auch die Auffassung von OSER und SCHÖNENBERGER. Sie sagen in N. 6 zu Art. 242: «Da die dinglichen Rechte an Liegenschaften zur vollwertigen Übertragung (zur Erfüllung des Schenkungsvertrages) der Eintragung in das Grundbuch bedürfen (vgl. Art. 656, 731, 746, 776, 781, 783, 799, 958, 971 ZGB), so ist die Regelung von Abs. 2 gerade so selbstverständlich wie die, ... daß es bei Forderungsabtretungen der schriftlichen Abtretungserklärung... usw. bedürfe.» Zu Art. 243 Abs. 2 heißt es im gleichen Kommentar, N. 7: «Die erschwerte Form für die Schenkung dinglicher Rechte an Grundstücken ist ein Ausfluß aus Art. 657 ZGB.»

112   An diesen Ausführungen ist eines sicher richtig: Man wollte mit der Einfügung der dinglichen Rechte an Grundstücken lediglich die Folgerungen aus den Formvorschriften des Sachenrechtes für das Schenkungsrecht ziehen und dachte auch nicht im entferntesten daran, im Schenkungsrecht irgendwelche Vorschriften aufzustellen, welche die im ZGB geregelte Begründung von dinglichen Rechten erschweren oder auch nur tangieren sollten. Nur deshalb konnte man der vorgenommenen Ergänzung der Art. 242 und 243 bloß redaktionelle Bedeutung beimessen. Man ging vom allgemeinen Grundsatz des Sachenrechtes aus, daß für die Begründung dinglicher Rechte die Bestimmungen über das Grundeigentum gelten (Eintragung auf Grund des öffentlich beurkundeten Vertrages) und hat deshalb dem Grundeigentum die dinglichen Rechte an Grundstücken beigesellt. Eugen HUBER hat im Nationalrat ausdrücklich bestätigt, daß der von der nationalrätlichen Kommission beantragte Zusatz zu Art. 1285 Abs. 2 (= Art. 243 Abs. 2) auf Art. 654 (= Art. 657) Bezug nehme (Sten. Bull. vom 7. Dezember 1906, S. 1236f.).

113   Dabei wurde übersehen:

1. daß für die Übertragung der dinglichen Rechte an Grundstücken, welche nicht als Grundstücke in das Grundbuch aufgenommen sind, im ZGB nirgends, auch nicht etwa in Art. 783 Abs. 2, die öffentliche Beurkundung und Eintragung vorgesehen ist;

2. daß für die Begründung von Grunddienstbarkeiten im Art. 732 eine Ausnahme von den Bestimmungen über das Grundeigentum (Art. 731 Abs. 2) gemacht ist.

Nur weil man dies übersah, konnte man in den Art. 242 und 243 die Bestimmungen über das Grundeigentum auf die dinglichen Rechte an Grundstücken ausdehnen. Das hat somit seinen Grund in einem offenbaren redaktionellen Versehen des Gesetzgebers. Hinsichtlich der dinglichen Rechte sind die Art. 242 Abs. 2 und 243 Abs. 2 unbeachtlich.

Auch die schenkungsweise Einräumung der Grunddienstbarkeit bedarf der öffentlichen Beurkundung nicht.

Die Komplikationen, welche sich für die Grundbuchführung aus der herrschenden gegenteiligen Meinung ergeben, sind unnötig. Der Grundbuchverwalter kann sich die Erkundigungen über das Verhältnis von Leistung und Gegenleistung ersparen; er braucht nicht zu untersuchen, ob ein entgeltliches oder unentgeltliches oder entgeltfremdes Geschäft vorliege, oder ein negotium mixtum cum donatione; er braucht nicht nach dem animus donandi zu forschen und die Parteien nicht zur Angabe einer Gegenleistung zu veranlassen (die dann leicht simuliert sein könnte) oder sie zum Notar zu schicken. Dies alles wird ignoriert und abgelehnt von PIOTET, S. 561. 114

Im übrigen hat man sich in der herrschenden Lehre und Praxis um den dritten Absatz des Art. 243 OR überhaupt nicht gekümmert. Nach dieser Bestimmung wird das Verhältnis, welches begründet wird mit dem schriftlichen oder öffentlich beurkundeten Schenkungsversprechen nach Abs. 1 und 2, wenn dieses vollzogen ist, als Schenkung von Hand zu Hand beurteilt. Dieser Schenkung ist im Art. 242 Abs. 2 die Eintragung in das Grundbuch gleichgestellt, die nach dem Abs. 2 ein gültiges Schenkungsversprechen zur Voraussetzung hat. Welches die Form des gültigen Schenkungsversprechens ist, wird dann im Art. 243 gesagt, aber eben mit der Beifügung, daß die Schenkung als eine Schenkung von Hand zu Hand gelte, wenn das Schenkungsversprechen vollzogen sei. Daraus sollte man schließen dürfen, daß der Formmangel des Schenkungsversprechens geheilt sei, wenn dieses vollzogen ist. Das Versprechen, eine Dienstbarkeit schenkungsweise einzuräumen, ist vollzogen, wenn der Eigentümer des dienenden Grundstückes die Dienstbarkeit zur Eintragung angemeldet hat. Wird dem Grundbuchverwalter der Dienstbarkeitsvertrag mit der Anmeldung zur Eintragung vorgelegt, ist das Schenkungsversprechen vollzogen, so daß der Grundbuchverwalter sich um dessen Form gar nicht zu kümmern brauchte. OSTERTAG, N. 7 zu Art. 965 (für die Übertragung von Grundpfandrechten). 115

So verstanden, stünde allerdings auch der dritte Absatz von Art. 243 OR im Widerspruch zum Sachenrecht, nämlich zu dessen Grundsatz, daß die Eintragung einen Formmangel des Grundgeschäftes nicht heilt, der auch im Art. 242 Abs. 3 wiedergegeben zu sein scheint (EBG **45** II 27 = Pr. **8** Nr. 40). 116

Indessen wird versucht, dem Art. 243 Abs. 3 einen besseren Sinn abzugewinnen (v. TUHR, Bemerkungen zur Schenkungslehre des Schweizerischen OR, SJZ **18**, S. 201ff.; Allg. Teil des OR, § 30 N. 29; OSER-SCHÖNENBERGER, Art. 11 N. 33, Art. 239 N. 34, Art. 242 N. 5, Art. 243 N. 8), als den, welchen seine «irreführende Formulierung» (OSER-SCHÖNENBERGER, Art. 239 N. 34) zum Ausdruck zu bringen scheint. 117

Art. 733

3. Errichtung zu eigenen Lasten.

Der Eigentümer ist befugt, auf seinem Grundstück zugunsten eines andern ihm gehörenden Grundstückes eine Dienstbarkeit zu errichten.

Materialien: VE (1900) Art. 726; E (1904) Art. 723; Botschaft, S. 72; Erläuterungen II, S. 142f.; ExpKomm. III. Session (Prot. vom 11. November 1902); Sten. Bull. 16 (1906), NR S. 573f., StR S. 1359.

Ausländisches Recht. Die Gesetzbücher unserer Nachbarstaaten sehen die Errichtung von Dienstbarkeiten an eigenen Grundstücken nicht vor. DBGB § 1009 läßt die Belastung einer im Miteigentum stehenden Sache zugunsten eines Miteigentümers zu. In Frankreich und Italien ist das verwandte Institut der destination du père de famille, destinazione del padre di famiglia gesetzlich geregelt: C.c. fr. art. 692–694, C.c. it. art. 1062.

Literatur. HUBER Eugen, Die Eigentümerdienstbarkeit, ein Beitrag zu ihrer Rechtfertigung, Festschrift der jur. Fakultät Bern für Fitting, 1902; HITZIG H.F., Die Grunddienstbarkeit im Vorentwurf eines schweiz. Civilgesetzbuches, ZSR n. F. 19, S. 353ff., bes. S.391ff.

JHERING R., Passive Wirkungen der Rechte, in seinen Jahrbüchern 10 (1871), S. 387ff., bes. S. 490ff.; HARTMANN G., Rechte an eigener Sache, in Jherings Jahrbüchern 17 (1879), S. 69ff.; BEKKER E.J., Allerlei von dinglichen Rechten, insbesondere von den Rechten an eigener Sache, Z. f. vgl. Rechtswissenschaft II (1880), S. 10ff.; REGELSBERGER F., Gesetz und Rechtsanwendung, in Jherings Jahrbüchern 58 (1910), S. 146ff., bes. S. 157ff.; JUNKER M., Die Eigentümerdienstbarkeit nach dem Recht des BGB, Diss. Greifswald 1907; SCHMID-RIMPLER W., Die Eigentümerdienstbarkeit, zugleich ein Beitrag zur Lehre von der Konfusion dinglicher Rechte, nebst einem Exkurs über die Erbenhaftung im BGB, 1911 (S. 1–56 = Diss. HALLE 1911: Eigentum und Dienstbarkeit, Einleitung zu einer Untersuchung über die Eigentümerdienstbarkeit); v. LÜBTOW U., Schenkungen der Eltern an ihre minderjährigen Kinder unter Vorbehalt dinglicher Rechte, 1949, sowie Der Eigentümernießbrauch, NJW 62, S. 275; KERSTING W.Chr., «Nulli res sua servit» und die Eigentümerdienstbarkeit, Festschrift H. AUBIN II, S. 583ff.

Inhaltsübersicht

1. Begriff und rechtliche Natur der Eigentümerdienstbarkeit. N. 1–10.
2. Zweck und Anwendungsfälle. N. 11–24.
3. Begründung und Untergang. N. 25–29.
4. Die Anwendbarkeit des Art. 733 auf die persönlichen Dienstbarkeiten, irregulären Personaldienstbarkeiten und Grundlasten. N. 30–44.
5. Die Einführung der Eigentümerdienstbarkeit und ihr Verhältnis zu den durch Widmung (destination du père de famille) entstandenen offenkundigen Dienstbarkeiten. N. 45–65.

Art. 733

1. Begriff und rechtliche Natur der Eigentümerdienstbarkeit 1

Vgl. Einl. N. 28ff., N. 43; Vorbem. vor Art. 730 N. 17.

Die Eigentümerdienstbarkeit ist eine Dienstbarkeit, die dem Grundeigentümer am eigenen Grundstück zusteht. Sie kann aus der Dienstbarkeit am fremden Grundstück dadurch entstehen, daß der Berechtigte Eigentümer des belasteten Grundstückes wird. Das ist der Tatbestand des Art. 735. Gegenstand des Art. 733 ist die Dienstbarkeit, welche der Eigentümer eines Grundstückes an diesem zugunsten eines anderen ihm gehörenden Grundstückes errichtet.

Kann die Errichtung einer solchen Dienstbarkeit wirksam sein? Der Eigentümer 2 hat alle Befugnisse, die den Inhalt der Dienstbarkeit ausmachen können, ohnehin, als Eigentumsbefugnisse. Auf der anderen Seite kann er in der Benutzung des Grundstückes nicht durch eine Dienstbarkeit beschränkt sein, die ihm selber zusteht. Sich selber gegenüber kann er zu keinem Dulden und zu keinem Unterlassen rechtlich verpflichtet sein. Er ist in der Benutzung des «dienenden» Grundstückes nach der Errichtung der Dienstbarkeit so frei wie vorher. Eine Dienstbarkeit, die niemanden und zu nichts verpflichtet und niemanden und zu nichts berechtigt, ist nicht wirksam und nicht wirklich; sie ist kein materiell-rechtliches Verhältnis. Der Satz «nemini (oder nulli) res sua servit» ist der richtige und allgemeingültige Ausdruck dieses Sachverhaltes. Art. 732 N. 10. Kritik von PIOTET, S. 534.

Mit der Errichtung der Eigentümerdienstbarkeit wird jedoch nicht ein materiell- 3 rechtlich wirksames Rechtsverhältnis begründet. Die Eigentümerdienstbarkeit steht deshalb zum Satz «nulli res sua servit» als einem Prinzip des materiellen Rechtes nicht im Widerspruch. Vgl. auch ROSSEL et MENTHA, Manuel du droit civil suisse² III n° 1368, p. 13. Sie hat bloß formalen, buchmäßigen Bestand. Das ist in der schweizerischen Literatur auch allgemein anerkannt. Eugen HUBER, Erl. II S. 142, betont den zunächst (vor der Zweiung der Subjekte, um diesen treffenden Ausdruck GIERKES zu verwenden) nur formalen Bestand. Ebenso LEEMANN, N. 11 zu Art. 733; TUOR, Das Schweiz. Zivilgesetzbuch⁹, S. 632, und WIELAND, Komm., Bem. 3 zu Art. 733: «Vor der Trennung des berechtigten und belasteten Grundstückes ist der Eigentümer nicht beschränkt; nach der Trennung wird die Dienstbarkeit auch dem Eigentümer gegenüber wirksam.» Das heißt: vorher ist sie überhaupt nicht wirksam. Auch in der österreichischen Literatur wird die Eigentümerdienstbarkeit bezeichnet als «Buchservitut» zur vorsorglichen Ordnung der nachbarlichen Beziehungen für den Fall künftiger Veräußerung des einen Grundstückes. So EHRENZWEIG, System des österr. allg. PrR II 1 (1923) § 248 II, S. 337, und KLANG, Komm.² (1948) Erl. 7 zu § 472 ABGB. Kritik von PIOTET, S. 536f.

Mit der Errichtung der Eigentümerdienstbarkeit wird lediglich die Form des 4 künftig gegebenenfalls entstehenden Rechtsverhältnisses antizipiert und dessen Rang fixiert. Einl. N. 32. Es wird die Form bereitgestellt, die ihren Inhalt empfängt, sobald die Subjekte sich zweien, womit die Dienstbarkeit als materiellrechtliches

Grunddienstbarkeiten

Verhältnis erst entsteht. Die Zweiung der Subjekte tritt ein, wenn das Eigentum am einen der beiden Grundstücke auf ein anderes Rechtssubjekt übergeht, aber auch schon, wenn am einen oder anderen Grundstück ein dingliches Recht begründet wird, dessen Inhalt, Umfang oder Rang durch die Eigentümerdienstbarkeit in irgendeiner Hinsicht bestimmt wird.

5   Räumt der Eigentümer ein solches Recht am berechtigten Grundstück, sei es ein Grundpfand, eine Grundlast oder ein Bau- oder Quellenrecht, einem Anderen ein, ist er diesem gegenüber verpflichtet, das dienende Grundstück nicht in einer Weise zu benutzen, daß dadurch das Recht dieses Andern beeinträchtigt wird. Das Pfandrecht am herrschenden Grundstück würde z.B. beeinträchtigt, wenn dessen Wert dadurch eine Einbuß erlitte, daß das Eigentümer-Baurecht oder -Bauverbotsrecht gegenstandslos gemacht würde, indem der Eigentümer das dienende Grundstück selber überbaut.

6   Veräußert der Eigentümer hierauf das herrschende Grundstück, ohne die Eigentümer-Bauverbotsdienstbarkeit löschen zu lassen, fragt sich, ob der Erwerber die Beseitigung der Baute verlangen könne. Man würde die Frage mit WIELAND, Bem. 3b, und LEEMANN, N. 12 zu Art. 733, grundsätzlich zu bejahen haben, wenn man, wie es allerdings der Wille des Gesetzes ist, die Publizität des Grundbuches allein gelten lassen und die Publizität der tatsächlichen Erscheinung der dienenden Liegenschaft ignorieren müßte. Danach würde der Käufer die Liegenschaft nicht nach Maßgabe ihrer äußeren Erscheinung und ihres offenkundigen tatsächlichen Verhältnis zum Nachbargrundstück erwerben, sondern mit dem damit im Widerspruch stehenden Bestand an Rechten und Lasten, der sich aus dem Grundbuch ergibt.

7   Aber die Beseitigung der Baute könnte der Erwerber doch nur verlangen, wenn er die Liegenschaft mit dem Bauverbot nach Maßgabe des Grundbuches in gutem Glauben gekauft hat. Wenn das Dogma vom ausschließlichen und absoluten Publizitätsmonopol des Grundbuches anerkannt werden müßte, der damit im Widerspruch stehende tatsächliche Zustand der Liegenschaft infolgedessen für den Erwerber bedeutungslos wäre, könnte diesem im vorliegenden Fall der gute Glaube zuerkannt werden. Aber dieser Fall zeigt, wie absurd dies wäre. Der Erwerber konnte ja sehen und mußte wissen, daß der Veräußerer das Bauverbot, das ja nur eine formale, buchmäßige Existenz hatte, aufgegeben hat, als er das belastete Grundstück überbaute, aber, weil es ihn daran ja nicht hinderte, gar nicht daran dachte, es löschen zu lassen. Angesichts dieser Tatsachen kann man dem Erwerber das Vertrauen auf die Richtigkeit des Grundbuches nicht zubilligen.

8   Die Überspannung des Prinzips der grundbuchlichen Publizität durch den Gesetzgeber hat zu großen Schwierigkeiten in der Praxis geführt. Darauf wird im folgenden wiederholt hingewiesen: N. 61ff. hienach, N. 181ff. und 194 zu Art. 734, N. 219ff. zu Art. 737. Die Praxis des Bundesgerichtes ist zusammengestellt und besprochen in meiner Abhandlung «Entstehung und Ausbildung des Ein-

tragungs- und des Vertrauensprinzips im Grundstücksverkehr», ZBGR **60** (1979) S. 1ff.

Solange eine Zweiung der Subjekte (GIERKE) weder durch Veräußerung noch 9 Belastung oder Entstehung von Beschlagsrechten am einen oder anderen der im Verhältnis der Eigentümerdienstbarkeit stehenden Grundstück eingetreten ist, kann der Eigentümer, entgegen LEEMANN, N. 12 zu Art. 733, nicht gehindert sein, das belastete Grundstück unbeschränkt, ohne Rücksicht auf die eingetragene Eigentümerdienstbarkeit zu nutzen und umzugestalten. Er verletzt dadurch niemandes Recht. PIOTET, S. 534 bestreitet dies zwar.

Im Hinblick auf die Veräußerung oder Belastung sollte der Eigentümer aber die Übereinstimmung des Grundbucheintrages mit dem tatsächlichen Zustand herstellen, um Schwierigkeiten zu vermeiden, wie sie im oben besprochenen Fall ins Auge gefaßt wurden.

Die Antizipierung der Dienstbarkeitsform, in welcher die Errichtung der Eigen- 10 tümerdienstbarkeit besteht, wird durch die Einrichtung des Grundbuches ermöglicht. Dieses ist die dafür fast unentbehrliche Grundlage. So Eugen HUBER in den Erl. II. S. 143, und Eigentümerdienstbarkeit, S. 68. Sie gestattet die Schaffung eines **formellen Rechtsbestandes** im Hinblick auf die künftige Änderung des materiellen Rechtsbestandes. Die Errichtung von Eigentümerdienstbarkeiten vollzieht sich also im Bereich des **buchmäßigen Rechtsbestandes**. Wie ausgeführt, steht ihr hier der Satz «nemini res sua servit» nicht entgegen, weil und sofern er nur im Bereiche des materiellen Rechtsbestandes Geltung beansprucht. Ob nicht auch im Bereiche des bloß buchmäßigen Rechtsbestandes der Begründung von Eigentümerdienstbarkeiten konstruktive Schwierigkeiten entgegenstehen, kann hier füglich unerörtert bleiben, da sich solche bei der Lösung der praktischen Fragen des materiellen Rechtes wie des formellen Grundbuchrechtes nirgends ergeben.

2. Zweck und Anwendungsfälle der Eigentümerdienstbarkeit

Siehe insbes. Eugen HUBER, Die Eigentümerdienstbarkeit; Zusammenfassung, S. 73.

Mit der Begründung von Dienstbarkeiten am eigenen Grundstück wird buchmä- 11 ßig ein in Aussicht genommener künftiger Bestand der Rechte am Grundstück zum voraus festgelegt. der Eigentümer kann die Dienstbarkeitsverhältnisse der Form nach herstellen, die er haben möchte, wenn das Grundstück in andere Hände übergehen oder zum Objekt dinglicher Rechte eines Anderen gemacht wird.

Die Herstellung dieser Dienstbarkeitsverhältnisse erst bei oder nach der Zwei- 12 ung der Subjekte bedürfte der Zustimmung aller Beteiligten und wäre deshalb umständlich und oft nicht möglich, weil die allseitige Zustimmung nicht erhältlich wäre. Solange der Eigentümer die freie Verfügung über beide Grundstücke, das eine wie das andere, hat, kann er die gewünschten Dienstbarkeitsverhältnisse der Form nach in der einfachsten Weise herbeeiführen: durch einseitiges Rechtsgeschäft,

Grunddienstbarkeiten

nämlich durch eigene Verfügung in der Form der Anmeldung zur Eintragung im Grundbuch.

13   Die Errichtung von Eigentümerdienstbarkeiten in dieser Weise hat sich bestens bewährt und eine praktische Bedeutung erlangt, die nicht in jeder Hinsicht so groß ist, wie vielfach erwartet wurde, aber doch sehr erheblich ist und mannigfaltiger als den Gesetzesmaterialien zu entnehmen ist. Das praktische Bedürfnis nach ihr zeigt sich namentlich in folgenden Situationen:

14   a) Der Eigentümer will sich an dem Grundstück, das zu veräußern er vorhat, eine Dienstbarkeit vorbehalten, sich persönlich oder zugunsten eines anderen ihm gehörenden Grundstückes. Er errichtet diese Dienstbarkeit als Eigentümerdienstbarkeit und veräußert dann das Grundstück deducta servitute. Art. 732 N. 10. Dies ist das juristisch klarste und einwandfreieste Verfahren des Vorbehaltes von Servituten, aber, wie in den NN. 11 und 12 zu Art. 732 dargelegt wurde, nicht das einzig mögliche und nicht das übliche.

15   b) Der Eigentümer sieht sich bei der Veräußerung oder Verpfändung des Grundstückes, um dessen Wert zu sichern oder zu erhöhen, veranlaßt, es mit einem Grunddienstbarkeitsrecht zu Lasten eines anderen ihm gehörenden Grundstückes auszustatten, mit einer Aussichtsdienstbarkeit (servitus non aedificandi oder altius non tollendi), einem Näherbaurecht, einem Wegrecht, einem Quellenrecht, Durchleitungsrecht oder Materialausbeutungsrecht. Er veräußert dann das Grundstück, das um die eine oder andere dieser Dienstbarkeiten bereichert ist (additis servitutibus).

16   Das ist freilich auch dadurch möglich, daß er die Dienstbarkeitserrichtung zum Gegenstand des Veräußerungsvertrages macht, so daß die Dienstbarkeiten gleichzeitig mit dem Eigentumsübergang entstehen und dann nicht Eigentümerdienstbarkeiten sind. Art. 732 N. 11/12. Das ist jedoch nicht möglich, wenn er das Grundstück nicht veräußern, sondern verpfänden will. In diesem Falle bleibt er ja der Eigentümer und kann dem Grundpfandgläubiger den Vorteil der Ausstattung des Pfandgegenstandes mit Dienstbarkeitsrechten nur verschaffen, wenn er diese als Eigentümerdienstbarkeiten errichtet. Das ist das Beispiel JHERINGS, in seinen Jb **10**, S. 492f., und HARTMANNS, daselbst **17**, S. 98f., und der Tatbestand, auf Grund dessen das deutsche Reichsgericht im Jahre 1933 in Änderung seiner früheren Praxis die Errichtung von Eigentümerdienstbarkeiten als zulässig erklärt hat. Entscheidungen in Zivilsachen, **142.** Bd., S. 231ff.

17   c) Der Eigentümer errichtet zu Lasten eines seiner Grundstücke ein Pfandrecht, will sich aber zugunsten eines anderen Grundstückes den Vorrang vor dem Pfandrecht im Recht der Benutzung einer Quelle, eines Steinbruches oder eines Holzbestandes sichern. Er begründet diese Rechte als Eigentümerdienstbarkeiten vor der Errichtung des Pfandrechtes oder der Pfandstelle. Über die Bedeutung des Vorranges einer Dienstbarkeit vor einem Pfandrecht siehe die Einleitung, N. 43 und 49; Art. 732 N. 28.

18   Nicht nur gegenüber dem Pfandrecht, sondern auch gegenüber einer anderen

Dienstbarkeit ist die Sicherung des Vorranges von praktischer Bedeutung. Einleitung N. 38, Art. 731 N. 89. Errichtet der Eigentümer z.B. bevor er einem anderen das Quellenrecht einräumt, ein Quellenrecht zugunsten einer ihm selber gehörenden Liegenschaft als Eigentümerdienstbarkeit, hat dieses den Vorrang. Dieses Vorrecht kann sich auch so auswirken, daß bei einem Rückgang der Leistung der Quelle der Ausfall das vorgehende Recht erst trifft, wenn auch die ihm vorbehaltene Wassermenge der Quelle nicht mehr entnommen werden kann.

d) Den wichtigsten Anwendungsfall sah man bei der Aufnahme des Art. 733 in das ZGB in der einheitlichen Regelung der Überbauung bei der Veräußerung der durch Aufteilung einer Liegenschaft gebildeten Parzellen, insbesondere zur Schaffung ausschließlicher Wohn- oder Villenquartiere. Siehe die Zitate in N. 17 der Vorbem. vor Art. 730. BERGEL Jean-Louis, Les servitudes de lottissement à usage d'habitation, Paris 1973. 19

Hier geht es darum, zur Bildung solcher Quartiere oder auch kleinerer Gebäudegruppen die Zweckbestimmung der Bauten und die nötigen Bau- und Gewerbebeschränkungen so festzulegen, daß der jeweilige Eigentümer eines jeden Baugrundstückes daraus zugleich berechtigt und belastet ist. Diese Regelung kann zum Gegenstand haben: Die Zweckbestimmung, die Höhe der Gebäude und die Zahl der Stockwerke, die Beschränkung der Überbauung jeder Parzelle auf ein Gebäude oder Hauptgebäude, die Grenz- und Gebäudeabstände oder die Ausnutzungsziffer, die Fernhaltung von lästigen Immissionen durch das Verbot gewerblicher, landwirtschaftlicher, gastwirtschaftlicher Betriebe, Krankenanstalten, Vergnügungslokale usw. Wie die Rechte und Pflichten aus der Bauordnung, werden den Erwerbern der Parzellen auch die Rechte und Pflichten aus dem privaten Wasserversorgungs- und Kanalisationsreglement als Dienstbarkeiten eingeräumt und auferlegt. Siehe das Beispiel aus der bernischen Praxis in N. 158 zu Art. 730. 20

Alle diese gegenseitigen Belastungen und Berechtigungen können, nachdem die Parzellierung erfolgt ist, vor der Veräußerung der Parzellen als Eigentümerdienstbarkeiten errichtet werden, so daß jeder Erwerber einer Parzelle diese nur mit ihnen erwerben kann und die Gewißheit hat, daß alle seinen Berechtigungen entsprechenden Belastungen auf den Hauptbuchblättern aller anderen Parzellen überhaupt oder derjenigen in einem bestimmten Umkreis eingetragen sind. Er ist dadurch in seinen Rechten auch für den Fall gesichert, daß der ursprüngliche Eigentümer aller Parzellen ausscheidet oder, wenn er eine juristische Person war, durch Auflösung und Liquidation untergegangen ist. Da alle Grundeigentümer gegenseitig berechtigt und verpflichtet sind, sorgen sie aus eigenem Interesse und eigenem Recht für die Einhaltung der getroffenen Ordnung. 21

Ohne die Möglichkeit der Errichtung von Eigentümerdienstbarkeiten wäre die Verwirklichung dieser Ordnung schwierig und sehr umständlich. Bei jeder Veräußerung einer Parzelle müßten die Dienstbarkeiten vorbehalten werden zugunsten aller dem Veräußerer noch gehörenden Parzellen, aber auch zugunsten der bereits veräu- 22

Grunddienstbarkeiten

ßerten Parzellen, was durch Dienstbarkeitsverträge zugunsten Dritter geschehen müßte. Siehe dazu DEJANA G. (GROSSO e DEJANA, Le servitù prediali, 1951), p. 338ss., 405ss. Aber es müßte jedem Erwerber auch das seiner Dienstbarkeitsverpflichtung entsprechende Dienstbarkeitsrecht durch Belastung aller noch nicht veräußerten Parzellen eingeräumt werden. Bei jeder Veräußerung einer Parzelle müßte also auf den Blättern aller noch nicht veräußerten Parzellen die Belastung zugunsten des verkauften Grundstückes eingetragen werden. Würden die verbleibenden Parzellen nicht alle, bei jedem Verkauf einer von ihnen in dieser Weise belastet, bestünde für den Käufer die Gefahr, daß sie schließlich ohne die der getroffenen Ordnung entsprechenden Beschränkungen ausgenutzt oder verwertet würden. Diese Gefahr bestünde namentlich dann, wenn der Absatz der Parzellen mit diesen Belastungen nicht restlos innert nützlicher Frist vonstatten ginge. Da der Zweck der Schaffung eines einheitlichen Wohn- oder Villenquartiers nur mit der lückenlosen Geltung der Bauordnung erreicht werden kann, wäre seine Verwirklichung in Frage gestellt. Vgl. dazu außer Erl. II, S. 142f., besonders ZEERLEDER F., Die «Dienstbarkeit des Villenbaus» im bernischen Recht, ZBJV 53, S. 273ff.

23   Diese Anwendung der Eigentümerdienstbarkeit hat heute nicht die große praktische Bedeutung, die man ihr zur Zeit der Einführung des ZGB beigemessen hat, weil die Anlage und ungestörte Erhaltung von Wohn- und Villenquartieren immer mehr zu einer Angelegenheit der öffentlich-rechtlichen Bauordnungen geworden ist und weil außerhalb des örtlich noch sehr beschränkten Geltungsgebietes dieser Vorschriften leider meistens überhaupt ohne Plan und Ordnung gebaut wird.

24   Wo einheitliche Wohnquartiere ehemals mit den Mitteln des Servitutenrechtes angelegt wurden, hat sich die öffentlich-rechtliche Bauordnung dem so geschaffenen Zustand angepaßt, so daß dessen Erhaltung zugleich dem Zweck der öffentlichen wie der privaten Bauordnung entspricht. Der Grundeigentümer genießt den Schutz des öffentlichen Rechtes als dessen Reflexwirkung. Diese kommt zur Geltung, wenn die Baupolizeibehörde Widerhandlungen gegen die öffentlich-rechtlichen Bauvorschriften von Amtes wegen oder auf Beschwerde hin, die rechtlich eine bloße Anzeige ist, verhindert. Der Grundeigentümer hat anderseits auf Grund der privaten Bauordnung ein subejktives Recht, das ihm einen vor dem ordentlichen Richter durchsetzbaren Anspruch gewährt. Die Praxis zeigt, daß dieser privatrechtliche Anspruch durch die Reflexwirkung des öffentlichen Rechtes nicht überflüssig gemacht wird. Art. 730 N. 96ff. und 102.

3. Entstehung und Untergang

25   Der einzige Begründungsakt der Eigentümerdienstbarkeit gemäß Art. 733 ist die Eintragung in das Grundbuch. Die Besonderheit dieses Begründungsaktes liegt darin, daß die Eintragung ihren Rechtsgrund nicht in einem obligatorischen Grundgeschäft als Verpflichtungsgeschäft hat. Sie erfolgt auf Grund des Willens des Eigentümers, welcher mit der Anmeldung zur Eintragung in schriftlicher Form

erklärt wird. Mit diesem einseitigen Rechtsgeschäft geht der Eigentümer weder eine Verpflichtung ein, noch erfüllt er eine Verpflichtung, sondern er trifft eine grundbuchliche Verfügung aus freiem Willen. GBVo. Art. 20; Art. 731 N. 8.

Wohl kann sich der Grundeigentümer verpflichtet haben, die Dienstbarkeit zu 26 errichten, z.B. gegenüber dem Gläubiger, dem das berechtigte Grundstück verpfändet werden soll. Aber mit dieser Verpflichtung ist nicht etwa ein Dienstbarkeitsvertrag oder Dienstbarkeitsvorvertrag zustande gekommen, denn ein solcher Vertrag kann nur zwischen dem Dienstbarkeitsverpflichteten und dem Dienstbarkeitsberechtigten oder zugunsten eines Dienstbarkeitsberechtigten abgeschlossen werden. Die Eigentümerdienstbarkeit aber wird nicht dem Pfandgläubiger eingeräumt, sondern bloß in seinem Interesse vom Grundeigentümer zugunsten seines eigenen Grundstückes errichtet. Wenn der Grundeigentümer sich dazu auch dem Grundpfandgläubiger verpflichtet hat, liegt darin doch nicht der Rechtsgrund für die Errichtung der Dienstbarkeit. Eine andere Frage ist es, ob das dem künftigen Erwerber gegebene Versprechen, zugunsten des Grundstücks eine Eigentümerdienstbarkeit zu errichten, formbedürftig sei. PIOTET, S. 567 bejaht sie, wohl mit Recht. Siehe auch vorn N. 92 zu Art. 732.

Die Zustimmung von am zu belastenden Grundstück dinglich Berechtigten ist 27 in keinem Fall erforderlich. Art. 731 N. 89.

Im Untergang der Eigentümerdienstbarkeit zeigt sich kein Unterschied gegen- 28 über der Beendigung anderer Dienstbarkeiten. Wie diese geht die Eigentümergrunddienstbarkeit unter mit ihrer Löschung im Grundbuch auf Begehren des Grundeigentümers, und zwar als des Eigentümers des berechtigten Grundstückes.

Wenn jedoch seit der Errichtung der Eigentümerdienstbarkeit andere Personen 29 beschränkte dingliche Rechte am berechtigten Grundstück erworben haben, ist ihre Zustimmung zur Löschung erforderlich. LEEMANN, N. 14 zu Art. 733. Dies ist deswegen nötig, weil sie ihre Rechte im Vertrauen auf den Bestand der zugunsten des herrschenden Grundstückes eingetragenen und seinen Wert sichernden oder vermehrenden Dienstbarkeiten erworben haben können. Ihr Hinzutreten als Inhaber dinglicher Rechte am herrschenden Grundstück spaltet, wie hievor bemerkt wurde, die Einheit des Rechtssubjektes in der Zuständigkeit beider Grundstücke (des dienenden und des herrschenden), welche das Wesen der Eigentümerdienstbarkeit ausmacht, mit der Wirkung, daß die Dienstbarkeit indirekt und partiell ihnen zusteht, womit sie materiellrechtliche Bedeutung erlangt. Es liegt eine partielle Zweiung des Rechtssubjektes vor.

4. Die Anwendbarkeit des Art. 733 auf die persönlichen Dienstbarkeiten, irregulären Personaldienstbarkeiten und Grundlasten

Das Recht der Grunddienstbarkeiten enthält gewissermaßen den allgemeinen 30 Teil des Dienstbarkeits- und Grundlastenrechtes überhaupt. N. 18 der Vorbemerkungen vor Art. 730. Soweit es in diesem nicht unmittelbar anwendbar ist, ist es doch maßgebend, soweit die Analogie reicht.

Grunddienstbarkeiten

31 Der Art. 733 ist unmittelbar nur auf die Grunddienstbarkeiten anwendbar. Aber die Zweckvorstellung, die ihm zugrunde liegt, trifft auch auf die Errichtung der anderen Dienstbarkeiten und der Grundlasten zu. Deren analoge Behandlung hat sich denn auch in der Praxis durchgesetzt.

32 Will eine Gemeinde aus Quellen auf eigener Liegenschaft, auf der Allmende etwa, die Bürger oder Einwohner auf privatrechtlicher Grundlage mit Wasser versorgen, wie das vielfach vorgekommen ist, errichtet sie ein ihr zustehendes Quellenrecht am eigenen Grundstück, das als selbständiges und dauerndes Recht in das Grundbuch aufgenommen wird. Zugunsten dieses Rechtes werden gegebenenfalls weitere Quellenrechte an privaten Grundstücken sowie Durchleitungsrechte für die Zu- und Fortleitung des Wassers als Grunddienstbarkeitsrechte errichtet, und zu Lasten des Quellenrechtsgrundstückes werden den Bürgern oder Einwohnern zugunsten ihrer Haus- und Stallgrundstücke die Wasserbezugsrechte als Grunddienstbarkeiten bestellt. Art. 730 N. 205.

33 Erfolgt die Abgabe von Bauland nach der Parzellierung nicht zu Eigentum, sondern zu Baurecht, können die Rechte und Pflichten aus der Bauordnung statt zugunsten und zu Lasten der einzelnen Bauparzellen zugunsten und zu Lasten der Baurechte errichtet werden, nachdem diese als Eigentümerbaurechte begründet und als Grundstücke in das Grundbuch aufgenommen worden sind. Die Baurechte werden dann mit den Rechten und Lasten aus der privaten Bauordnung auf die Erwerber in der Form des Grundstückkaufes übertragen.

34 Das Bedürfnis nach Sicherung des Vorranges besteht für alle Arten von Dienstbarkeiten in gleicher Weise, ebenso aber auch für die Grundlasten, auch die persönlichen, z.B. für das Recht auf Belieferung mit Holz aus einem Waldgrundstück oder mit Wasser aus einem Quellengrundstück. Will der Eigentümer einem solchen Recht den Vorrang vor dem zu bestellenden Pfandrecht sichern, errichtet er es als persönliche Eigentümergrundlast, bevor er die Verpfändung vornimmt. Einleitung N. 43.

35 Wird eine Grunddienstbarkeit als Eigentümerrecht begründet und mit der Dienstbarkeitsverpflichtung die Verpflichtung zu einer positiven Leistung im Sinne von Art. 730 Abs. 2 verbunden, hat diese obligatorischen Charakter. Art. 730 N. 225ff. Aber sie kann auch als Grundlast mit der Eigentümergrunddienstbarkeit verbunden werden (Art. 788 Abs. 3 und dazu Art. 730 N. 218ff.) und ist dann eine Eigentümergrundlast. Leemann, N. 18 zu Art. 773.

36 Die analoge Anwendung des Art. 733 auf andere Dienstbarkeiten hat auch Eingang in die Praxis gefunden, ohne daß sich daraus rechtliche Schwierigkeiten oder Mißbräuche ergeben hätten. Die Gerichte hatten sich wohl mit schwierigen Fragen aus dem Recht der Eigentümerpfandrechte, nicht aber aus dem Eigentümerdienstbarkeitsrecht zu befassen.

37 Ich halte die Errichtung aller Arten von Dienstbarkeiten und Grundlasten am eigenen Grundstück für zulässig (Einl. N. 28). Damit folge ich Leemann, N. 15ff. zu

Art. 733. Im übrigen sind in der Literatur die Ansichten geteilt. WIELAND äußert die gleiche Meinung nur mit Bezug auf die irregulären Personaldienstbarkeiten (Bem. 6 zu Art. 781), während GONVERS-SALLAZ, N. 1 zu Art. 20 GBVo. sich LEEMANN anschließt. Ebenso TUOR-SCHNYDER in der 9. Aufl. S. 631. Für die Beschränkung auf die Grunddienstbarkeiten neuerdings noch SATTIVA H., Recherches sur la propriété par étages, Thèse Lausanne 1954, p. 102ss.

Eugen HUBER hat sich in seinen Vorträgen zum Sachenrecht (1914) S. 74f. dahin 38 geäußert, daß der Grundgedanke des Art. 733 ein allgemeiner sei, die Ausführungsmöglichkeit dagegen vom Gesetz umschrieben sein müsse, um Verwirrungen vorzubeugen. Er bejaht die Anwendbarkeit des Art. 733 auf die selbständigen und dauernden Rechte und führt als Beispiel das Quellenrecht an, das im Interesse der besseren Verwertbarkeit als Eigentümerdienstbarkeit errichtet und ins Grundbuch aufgenommen werden könne. Verneint hat Eugen HUBER dagegen die Möglichkeit der Begründung des «persönlichen Nutznießungsrechtes» als Eigentümerdienstbarkeit, «weil eine Verwertung der Eigentumsrechte in diesem Sinne keinem Bedürfnis entspricht». Diese Möglichkeit habe deshalb das Gesetz aus Mangel an wirtschaftlichem Bedürfnis nicht geschaffen; sie sei deshalb als ausgeschlossen zu betrachten.

Das Gesetz hat jedoch die Errichtung von Dienstbarkeiten an eigener Sache 39 überhaupt nur für die Grunddienstbarkeiten vorgesehen; die Anwendung des Art. 733 auf andere Dienstbarkeiten erfolgt per analogiam. Aber auch wenn man die unmittelbare Anwendbarkeit auf die irregulären Personaldienstbarkeiten aus dem Wortlaut des Art. 781 Abs. 3 ableiten könnte, würde sie sich nicht nur auf die selbständigen und dauernden Rechte erstrecken (zu denen die «anderen Dienstbarkeiten» [Art. 781] ja gerade nicht gehören, wenn sie nicht durch Vereinbarung zu übertragbaren Rechten gemacht sind), sondern auch auf die unselbständigen, d.h. nicht übertragbaren und nicht vererblichen Dienstbarkeiten.

Das Bedürfnis nach Sicherung des Vorranges gegenüber anderen dinglichen 40 Rechten, deren Begründung in Aussicht genommen ist, kann für sie alle in gleicher Weise gegeben sein.

Wenn dies für die unselbständigen irregulären Personaldienstbarkeiten gilt, 41 besteht kein Grund, es nicht auch für die regulären Personaldienstbarkeiten, die Nutznießung und das Wohnrecht, gelten zu lassen. Bestünde dafür kein Bedürfnis, würde davon kein Gebrauch gemacht, so daß auch keine Verwirrung aus häufiger und unbedachter Verwendung der Eigentümerdienstbarkeit zu befürchten ist. Das Bedürfnis, so selten es sich einstellen mag, kann nicht bestritten werden. Die deductio ususfructus und habitationis (Art. 732 N. 9) ist so häufig wie der Vorbehalt irgendeiner anderen Dienstbarkeit bei der Veräußerung der Liegenschaft.

Aber auch der folgende Fall hat praktisches Interesse: Der Eigentümer will sich 42 bei der künftigen Veräußerung der Liegenschaft, etwa bei der Gutsabtretung (Kindkauf) das Wohnrecht vorbehalten, errichtet vorher aber noch ein Pfandrecht, dem er das Wohnrecht im Range voranstellen möchte. Das kann er nur, indem er es als

Eigentümerrecht begründet und dann erst das Pfandrecht errichtet. Daß die mit dem Eigentümerwohnrecht belastete Liegenschaft zum Kreditobjekt nicht mehr tauge, läßt sich gewiß nicht behaupten, kann doch das Wohnrecht auf einen verhältnismäßig unbedeutenden Teil der Liegenschaft oder auf ein Nebengebäude (das Stöckli) beschränkt sein. Selbst die Liegenschaft, die mit einer Nutznießung belastet ist, kann, wenn mit einer kurzen Dauer dieses Rechtes zu rechnen ist, ihren Preis und ihren Wert als Kreditobjekt haben. Es trifft deshalb nicht durchaus zu, «daß die Verwertung der Eigentumsrechte in diesem Sinn keinem Bedürfnis entspricht» (Eugen HUBER, a.a.O., S. 75).

43 Wenn die Anwendung des Art. 733 nicht auf die Grunddienstbarkeiten beschränkt, sondern auf weitere Kategorien von Dienstbarkeiten angewendet wird, verlangt die Konsequenz, daß sie auf alle Dienstbarkeiten und auf die Grundlasten, bei deren Bestellung sich das Bedürfnis dazu geltend macht, erstreckt wird. Dies hat seine Rechtfertigung in der Einheit des Zweckzusammenhanges.

44 So darf das beschränkte dingliche Recht an eigener Sache als ein allgemeines Institut unseres Grundstücksrechtes angesehen werden, um so mehr als es auch im Grundpfandrecht die gesetzliche Anerkennung und die größte Verbreitung in der Praxis erlangt hat. Zur Konstruktion des Eigentümergrundpfandrechtes vgl. N. 33 der Einleitung.

5. Die Einführung der Eigentümerdienstbarkeit und ihr Verhältnis zu den durch Widmung (destination du père de famille) entstandenen offenkundigen Dienstbarkeiten

45 Die Einführung der Errichtung von Eigentümerdienstbarkeiten ist eine der praktisch und noch mehr der dogmatisch wichtigsten Neuerungen des ZGB. Kein anderes Gesetzbuch hatte diesen Schritt getan. In der Praxis war die Begründung von Eigentümerdienstbarkeiten schon früher vereinzelt zugelassen worden. So konnte schon G. HARTMANN 1879 (Jherings Jahrbücher **17**, S. 99) darauf hinweisen, daß jüngsthin das Justizkollegium zu Basel auf ergangene Anfrage des Grundbuchamtes die Eintragung einer Prädialservitut an eigener Sache speziell genehmigt habe. Diese Weisung vom 8. Dezember 1874 und dann das Urteil des Basler Civilgerichts vom 3. März 1882 (ZSR **23**, S. 181ff.), in dem gesagt wird, daß die Errichtung von Servituten auf einer Parzelle zugunsten einer anderen des gleichen Eigentümers zugelassen sei, wurden in der späteren Auseinandersetzung um die Eigentümerdienstbarkeit oft zitiert, so insbes. auch von HITZIG, ZSR n. F. **19** (1900), S. 292f., dann von EUGEN HUBER, Eigentümerdienstbarkeit, S. 69.

46 Daß gerade in Basel diese Möglichkeit der Dienstbarkeitserrichtung damals schon anerkannt wurde, hängt damit zusammen, daß dort das Grundbuch bereits eingeführt war, als das erste in der Schweiz, das in einer zuverlässigen Grundbuchvermessung die solide Basis hatte.

47 Eugen HUBER hatte 1889 in System u. Gesch. des schweiz. PrR III, S. 354,

bemerkt: «Endlich kann nach strengem Grundbuchrecht eine Servitut durch Eintragung unzweifelhaft auch zwischen zwei Grundstücken errichtet werden, welche demselben Eigentümer gehören, so daß hier eine der ‹Widmung› entsprechende Entstehung von vornherein als statthaft erscheint.»

Daß die Begründung von Eigentümerdienstbarkeiten der Entstehung von Servituten durch Widmung (destination du père de famille) entspreche, war bei der Beratung des Entwurfes des ZGB die allgemeine Meinung. Man war vielfach auch der Auffassung, daß sie die letztere ersetze und überflüssig mache, was ein schwerer Irrtum war. Die dem Art. 733 entsprechende Bestimmung des Entwurfes (VE 1900, Art. 726) ist sowohl in der ExpKomm. als in den Räten diskussionslos akzeptiert worden. 48

In der Eigentümerdienstbarkeit sehen ROSSEL und MENTHA (Manuel du droit civil suisse III², n° 1363, p. 13) die «destination du père de famille» des französischen Rechtes unter einer anderen Form. Aber sie sind es, die am wenigsten verkennen, daß sie diese keineswegs zu ersetzen vermag (siehe den Schluß dieses Abschnittes). Die fundamentale Verschiedenheit liegt in der Entstehungsweise. Hier (im ZGB) absolute Geltung des Eintragungsprinzipes und Ausschließlichkeit der grundbuchlichen Publizität, dort formlose Entstehung auf Grund der in der körperlichen Gestaltung der Grundstücke hergestellten Publizität. 49

Durch Widmung entstehen Dienstbarkeiten in folgender Weise: 50

Der Grundeigentümer benutzt das eine Grundstück zum Vorteil des anderen, macht es diesem tatsächlich dienstbar. Er faßt auf ihm eine Quelle und leitet das Wasser dem herrschenden Grundstück zu; er erstellt zum Vorteil des herrschenden Grundstückes eine Straße auf dem oder den dienenden Grundstücken; er errichtet auf dem herrschenden Grundstück ein Gebäude, dessen Vortreppe, Vordach, Laubenanbau, Balkon oder dessen Mauerpfeiler auf das ihm gehörende Nachbargrundstück hinüberragen. Verkauft er das dienende Grundstück oder wird sein Nachlaß so geteilt, daß das herrschende Grundstück dem einen, das dienende Grundstück dem anderen Erben zugeteilt wird, so hat man es immer als selbstverständlich betrachtet, daß dieses Grundstück dem anderen weiterhin so dienstbar sei wie bisher und nun mit einer Servitut dieses Inhaltes belastet sei, die man sich als kraft «Widmung», stillschweigender Vereinbarung oder kraft Gesetzes entstanden dachte. Man nannte diese Dienstbarkeiten auch «stillschweigende» oder «selbstverständliche Dienstbarkeiten» (so z. B. CGB Graubünden § 254). In dieser Weise konnten aber nur Dienstbarkeiten entstehen, für die, um die Formulierung des VE 1900 zu verwenden, «eine äußere Einrichtung allgemein sichtbar und unzweideutig hergestellt ist», was auf alle hievor angeführten Beispiele zutrifft.

Unter diesen Voraussetzungen mußte sich die Anerkennung, daß eine Dienstbarkeit entstanden sei, geradezu zwingend aufdrängen. Dem hat sich denn auch die Rechtswissenschaft seit dem Mittelalter nicht verschlossen. Die Lehre von dieser Entstehungsweise der Dienstbarkeiten geht auf den größten Juristen seiner Epoche 51 zurück, Bartolus de Saxoferrato (1314–1357). SIMONCELLI V., La destinazione del padre di famiglia, in Scritti giur. II (1938), p. 1ss. Das Institut wurde aus der wissenschaftlichen Lehre und aus dem droit coutumier in den C.c.fr. übernommen und dabei von dem Erfordernis eines schriftlichen Zeugnisses über die erfolgte «destination», welches verschiedene Coutumes aufgestellt hatten, befreit. PLANIOL-RIPERT-BOULANGER I, n° 3748, p. 1218s.; KOHLER J., Arch. f. d. civ. Pr. **87** (1897), S. 282f. Es ist dann außer in den C.c.it. auch in die Civilgesetzbücher der Kantone Neuenburg, Wallis, Freiburg, Solothurn, Zürich, Schaffhausen und Graubünden aufgenommen worden (Eugen HUBER, System u. Gesch. III, S. 353).

52   In Deutschland, wo die Verpflichtung zur Bestellung einer Grunddienstbarkeit keiner Form bedarf, kann sie auf Grund des Tatbestandes der «Widmung» als stillschweigend anerkannt gelten, womit der klagbare Anspruch auf die Errichtung durch Einigung und Eintragung gegeben ist. WOLFF, § 108 I d, S. 387 und Anm. 9; STAUDINGER-KOBER, Bem. IV N. 39 zu § 1018; PLANCK-STRECKER, Vorbem. 4a vor § 1018; MEISNER-RING, Bayr. Nachbarrecht[4], S. 478f. So entstandene Dienstbarkeiten sind da nicht etwa nur der Ersatz für die im BGB nicht vorgesehene Begründung der Eigentümerdienstbarkeit, da diese möglich ist, seitdem das RG sie 1933 als zulässig erklärt hat (RG Z **142**, S. 231ff.).

53   In Österreich hat seit längerer Zeit die gleiche Rechtslage bestanden. EHRENZWEIG, System II 1 (1923) § 248 II, S. 337; KLANG, Komm.[2] (1948) Erl. 7 zu § 472 ABGB. In seinen neueren Entscheidungen neigt der Oberste Gerichtshof dazu, für offenkundige Dienstbarkeiten auch vom Eintragungszwang abzusehen. So KLANG H., Festschrift zur Hundertjahrfeier des OGH, 1950, S. 106; vgl. auch EHRENZWEIG, System II 1 (1923) § 258 II 1, S. 373f. (auch in N. 115 zu Art. 731 zitiert). GSCHNITZER Franz, Sachenrecht (1968) S. 152f.

54   Im VE 1900 waren dem Eintragungsprinzip auch die offenkundigen Dienstbarkeiten unterworfen worden, aber ihre Eintragung sollte auf Grund eines formlosen Vertrages erfolgen können. Damit wäre die Anerkennung der «Widmung» im gleichen Sinne wie in Deutschland möglich gewesen.

55   Diese Bestimmung gab in der ExpKomm. bei der Behandlung des Eintragungserfordernisses zu mannigfachen Bedenken hinsichtlich der Grenzziehung zwischen den offenkundigen und den übrigen Dienstbarkeiten Anlaß. Art. 731 N. 10–13. Auch wurde die Ansicht geäußert, daß die Eintragung doch nicht ohne irgendein schriftliches Zeugnis verlangt werden könne. Aber die Sonderbestimmung für die offenkundigen Dienstbarkeiten ist ohne grundsätzliche Anfechtung als Art. 722 Abs. 2 in den Entwurf 1904 übernommen worden.

56   Im NR erklärte der Referent (Eugen Huber): «Der bundesrätliche Entwurf hat für Grunddienstbarkeiten, welche körperlich unzweideutig wahrnehmbar sind, eine bloß mündliche Vereinbarung genug sein lassen. Ihre Kommission hat aber, wohl mit Recht, gefunden, daß es nicht notwendig sei, diese besondere Ausnahme aufzustellen. Wir finden, es werde auch bei solchen körperlich wahrnehmbaren Grund-

dienstbarkeiten bei der Anmeldung zum Grundbuch eben doch etwas Schriftliches bedürfen, vielleicht ein Plänchen oder dergleichen. Sobald man das zugibt, so wird man doch auch sagen dürfen, es sei nicht nötig, für diese körperlich erkennbaren Grunddienstbarkeiten eine Ausnahmestellung zu schaffen.» Sten. Bull. 16 (1906), S. 573f.

Der Referent im StR (Hoffmann) sagte, man habe den zweiten Absatz von Art. 722 als unpraktisch fallen gelassen und verwies darauf, wie verschieden die Antworten in der ExpKomm. auf die Frage gelautet hätten, ob in bestimmten Fällen Offenkundigkeit der Dienstbarkeit anzunehmen sei oder nicht. Sten. Bull. 16 (1906), StR S. 1359. 57

Diese Behandlung einer Rechtseinrichtung, für deren Unentbehrlichkeit in dieser oder jener Ausgestaltung die Doktrin und die Praxis eines halben Jahrtausends zeugen, ist beklagenswert. 58

Man hat die in der körperlichen Gestaltung der Grundstücke in Erscheinung tretende Rechtslage ignoriert, um der buchmäßigen Publizität die absolute Herrschaft zu geben. Das an sich ideale Prinzip der grundbuchlichen Publizität hat man sich zum Idol gemacht und ihm, ohne sich dessen bewußt zu werden, Treu und Glauben, Recht und Billigkeit geopfert.

Otto GIERKE, Der Entwurf eines BGB und das deutsche Recht, 1889, S. 356, hat dagegen Stellung genommen, daß sämtliche Dienstbarkeiten dem Eintragungszwang unterworfen werden sollten: «Gegen diese gewalttätige Bestimmung hat sich bereits der 19. deutsche Juristentag ausgesprochen (Verh. Bd. 3, S. 105–130 und 305–307). Zum mindesten müssen die sog. ‹offensichtlichen› Dienstbarkeiten ... von dem Eintragungszwang ausgenommen sein. Die Motive begründen die Entscheidung des Entwurfes mit der Unverbrüchlichkeit des Prinzipes ... Überzeugende Kraft würden sie nur haben, wenn wirklich alle Servituten vom Übel wären...» 59

Das deutsche BGB hat in seinem § 1028 der Publizität der körperlichen Erscheinung die stärkere Wirkung zuerkannt als der Publizität des Grundbuches, freilich nur im engen Bereich eines speziellen Verjährungstatbestandes (Art. 731 N. 115). Innerhalb dessen gilt, was WOLFF, § 49 II 2, S. 151/52 sagt: «Die hindernde Anlage zeigt jedem Erwerber, daß die gebuchte Dienstbarkeit unerfüllt ist. Das Vertrauen, das sonst das Grundbuch genießt, ist durch den Augenschein erschüttert; die dreißig Jahre alte Mauer ist ein stärkeres Publizitätsmittel als der Bucheintrag.»

Das ZGB hat diesen Sachverhalt ebenfalls anerkannt, aber nur für die äußerlich wahrnehmbaren Leitungen (Art. 676 Abs. 3) und nur im Sinne der Befreiung vom Eintragungszwang, nicht aber vom Erfordernis des schriftlichen Vertrages. Es hat daraus aber die Konsequenzen für andere ebensogut wahrnehmbare Anlagen nicht gezogen. Art. 731 N. 12/13.

Unser Gesetz läßt es zu, daß der Erwerber eines Grundstückes die Anlagen, die auf diesem zur Herstellung seiner tatsächlichen Dienstbarkeit gegenüber einem anderen Grundstück vom früheren Eigentümer beider Grundstücke errichtet wor- 60

Grunddienstbarkeiten

den sind, ohne daß eine Dienstbarkeit eingetragen worden wäre, zerstört und dem Eigentümer des tatsächlich herrschenden Grundstückes jegliche Benutzung seines Grundstückes verbietet. Das Gesetz schützt ihn darin sogar dann, wenn er sein Grundstück vom Eigentümer, der die «Widmung» selber vorgenommen hat, vom père de famille oder vom späteren Eigentümer des «herrschenden» Grundstückes erworben hat.

61 Er kann, wenn die Tatbestände unserer Beispiele vorliegen, die Quellfassung und die Wasserzuleitung des tatsächlich herrschenden Grundstückes zerstören und über das Wasser anderweitig verfügen; er kann die Straße auf seinem Grundstück sperren und den Durchgang zum herrschenden Grundstück in der Einfriedungsmauer verschließen; er kann dem Eigentümer des herrschenden Grundstückes verbieten, das Abwasser weiterhin durch den bestehenden Kanal abfließen zu lassen; er kann die Beseitigung der Vortreppe, des Vordaches, des Laubenanbaues, des Balkons, der Stützpfeiler verlangen. Siehe auch N. 6/7 hievor. Daß er damit in krassester Weise gegen Treu und Glauben handelt, da er sein Grundstück in voller Kenntnis der tatsächlichen Dienstbarkeit vom pater familias oder vom Eigentümer des herrschenden Grundstückes erworben hat, kann nach dem Gesetz nicht berücksichtigt werden. EBG **97** III 89: Autoreparaturwerkstatt mit Benzintankstelle; mit der Teilung der Liegenschaft kommt die Abfüllsäule auf das eine, die Tanks mit Zuleitung auf das andere Grundstück zu liegen, ohne daß eine Grunddienstbarkeit begründet und eingetragen wurde. Vgl. auch N. 17 zu Art. 736. Daß die Gerichte sich mit Prozessen aus einem solchen Verhalten nicht häufiger zu befassen haben, hat seinen Grund darin, daß die Rechtsgenossen im allgemeinen mehr Anstand und Rechtlichkeit beweisen, als das Gesetz ihnen in einem solchen Fall zumutet, und eine «selbstverständliche Dienstbarkeit» als selbstverständlich gelten lassen. Die Duldung von baulichen Anlagen, welche die Ausübung der Dienstbarkeit unmöglich machen, während langer Zeit, kann u. U. Ausdruck des Verzichts auf die Dienstbarkeit sein. Siehe N. 107 zu Art. 734.

62 Ein Tatbestand, der in grundsätzlicher Hinsicht den hier ins Auge gefaßten Fällen gleichzustellen ist, aber sich von ihnen unter dem Gesichtspunkt von Treu und Glauben insofern unterscheidet, als der Erwerber des dienstbaren Grundstückes dieses nicht vom pater familias oder vom Eigentümer des herrschenden Grundstückes gekauft oder geerbt hat, liegt dem EBG **78** II 131ff. = Pr. **41** Nr. 101 zugrunde. Es ist ein typischer Fall der destination du père de famille. Der Eigentümer von zwei aneinandergebauten Häusern hatte um das Jahr 1887 die Trennungswand im Kellergeschoß durchbrechen und im ersten Stock versetzen lassen, um die durch sie begrenzten Räume des Hauses a auf Kosten der anstoßenden Räume des Hauses b zu vergrößern. Im Jahre 1897 verkaufte er beide Grundstücke dem B. Dieser verkaufte 1904 das Haus b, das nach mehreren Handänderungen 1943 an den Kläger K kam, während das Haus a durch Erbschaft an den Sohn B gelangte. Das Überbaurecht ist nie, auch nicht anläßlich der Grundbuchbereinigung in das Grundbuch eingetragen worden, was durchaus verständlich ist, weil es eine «selbstverständliche Dienstbarkeit» war. Jeder Eigentümer des Hauses b erwarb dieses mit dem Rauminhalt, den es tatsächlich hatte, und zu dem ihm entsprechenden Preis. K hat trotzdem, und zwar erst mehrere Jahre nach dem Erwerb, nämlich 1950, gegen B auf Rückversetzung der Trennungswand und Wiederherstellung des Zustandes, der vor 1887 bestanden hatte, und dazu noch auf Schadenersatz zu klagen gewagt und hat dem Grundsatz nach Recht bekommen. Es wurde erkannt, daß B kein Recht auf Beibehaltung des Überbaues habe, weil ein Überbaurecht im Grundbuch nicht eingetragen sei und somit K sein Grundstück nicht in seinem tatsächlichen, sichtbar und eindeutig in Erscheinung tretenden Bestande, in welchem es zweifellos Objekt aller Handänderungen, auch der letzten, nach dem wirklichen Willen der Parteien gewesen ist, erworben habe, sondern in dem Bestande, der sich aus dem Grundbuch ergebe. Danach hätte die Klage gutgeheißen werden müssen, wenn sich nicht der Ausweg dargeboten hätte, den Art. 674 («Ist ein Überbau unberechtigt und erhebt der Verletzte ... nicht rechtzeitig Einspruch...) analog anzuwenden und dem B das dingliche Recht auf den Überbau, unter dem Vorbehalt der Entschädigungspflicht gegenüber dem Kläger (!) zuzusprechen. Voraussetzung des Art. 674 ist der widerrechtliche Überbau, während in den Fällen der destination du père de famille und in anderen Tatbeständen, zu deren Beurteilung das BGer. den Art. 674 «analog» anwendet, die Baute vom Grundeigentümer gar nicht widerrechtlich erstellt wurde. Es ist deshalb fraglich, ob der Art. 674 auf sie analog anwendbar sei. Eher ist dies eine richterliche Rechtsfindung in Anlehnung an den dem Art. 674 Abs. 3 zugrundeliegenden Rechtsgedanken. LIVER P., Das Eintragungs- und Vertrauensprinzip, ZBGR **60** (1979) S. 13ff. Diese Ansicht läßt die Zusprechung des Überbaurechts ohne die unbegründete Entschädigungsfolge, an die sich das Bundesgericht gebunden glaubte, zu. LIVER P., a.a.O., S. 17. ROSSEL et MENTHA II n⁰ 1264, p. 348. Zum Zweckgedanken des Art. 674 siehe auch HAAB, N. 5 und LEEMANN, N. 10 zu Art. 674. Zum entsprechenden § 912 BGB RG Z **160** S. 166; **169** S. 172; BGH Z **64** S. 333; WOLFF § 55, BAUR § 25 III 2.

Wäre Gegenstand des Streites nicht die Beseitigung einer überragenden Baute 63 gewesen, sondern die Schließung eines Weges oder das Verbot der weiteren Benutzung einer Abwasserleitung oder Quellfassung, hätte der Art. 674 nicht angewendet werden können. Dagegen hätte die Zusprechung des Notwegrechtes (694), des Durchleitungsrechtes (690/91), des Notbrunnenrechtes (710) in Frage kommen können, aber nur gegen volle Entschädigung. Die Voraussetzungen des gesetzlichen Anspruches auf Einräumung dieser Rechte brauchten jedoch durchaus nicht gegeben zu sein. Für den Richter wäre der Konflikt zwischen der Treue gegenüber dem Gesetz und dem Schutz von Treu und Glauben sowie der Ansprüche der Rechtsvernunft und Billigkeit unausweichlich. Es wäre denn, altes kantonales Recht käme zur Anwendung, das die Entstehung von offenkundigen Dienstbarkeiten durch Ersitzung, durch stillschweigende Vereinbarung oder durch Widmung zuließ.

64 In der schweizerischen Literatur ist auch diese Problematik nur von Virgile Rossel und F.-H. Mentha erkannt und ins richtige Licht gestellt worden: «L'état juridique des immeubles ne résultant, en principe, que des inscriptions prises au registre foncier, il n'y a nulle place pour d'autres modes d'acquisition, notamment pour l'acquisition des servitudes par prescription et par destination du père de famille. C'est là, il ne faut pas se le dissimuler, un très grave inconvénient du système; car un état de fait subsistant depuis longtemps, et auquel des intérêts très considérables peuvent être attachés, est par cela seul éminemment respectable; il y a là, semble-t-il, une nécessité primordiale, contre laquelle la perfection mathématique et quelque peu artificielle du registre foncier ne devrait pas prévaloir.» (II p. 292).

Rossel und Mentha möchten den Grundsatz von Treu und Glauben gegen die gesetzliche Regelung, die den offenbaren Rechtsmißbrauch ermöglicht und schützt, zu Hilfe rufen, um dann aber resigniert festzustellen: «Il n'est guère possible, néanmoins, d'introduire dans le système du registre foncier la supplesse qui lui manque, par l'application de l'abus de droit: sit ut est...» Manuel du droit civil suisse II² n° 1194, p. 292; III² n° 1366, p. 12. Vgl. auch Art. 730 Vorbem. N. 13ff., 731 N. 105ff. und N. 6ff. hievor.

65 Das Beispiel des österreichischen Obersten Gerichtshofes (N. 53 hievor) läßt es als möglich erscheinen, daß die Hindernisse einer Korrektur des Gesetzes durch die Rechtsprechung nicht unüberwindlich sind.

Art. 734

II. Untergang
1. Im allgemeinen

Jede Grunddienstbarkeit geht unter mit der Löschung des Eintrages sowie mit dem vollständigen Untergang des belasteten oder des berechtigten Grundstückes.

Materialien: VE (1900) Art. 727; E (1904) Art. 724 und 726; Botschaft, S. 73; Erl. II, S. 143ff.; ExpKomm., III. Session (11. November 1902), Prot., S. 8f.; IV. Session (30. April 1903), Prot., S. 3f.; Sten. Bull. 16 (1906) NR, S. 574; StR, S. 1360.

Ausländisches Recht. DBGB § 1028, im übrigen sind die allgemeinen Bestimmungen über die Aufhebung von Rechten an Grundstücken maßgebend (§§ 875f., 878); ABGB §§ 524–529; C.c. fr. art. 703–710; C.c. it. art. 1072–1078.

Literatur. Nussbaum H., Dienstbarkeiten und Grundlasten in Konkurrenz mit Grundpfandrechten, ZBGR 19, S. 1ff., 68ff., bes. S. 74ff.; Mengiardi P., Der Ausschluß der Verjährung im Sachenrecht, Diss. Bern 1953; Buser Th., Der Untergang dinglicher Rechte an Immobilien, Diss. Basel 1943 (in Maschinenschrift auf der Landesbibliothek); Spiro Karl, Die Begrenzung privater Rechte durch Verjährungs-, Verwirkungs- und Fatalfristen, Band 2 (1975); Liver P., Die Löschung infolge Unterganges des dinglichen Rechts, ZBGR 39 (1958) S. 321ff., in den Privatrechtl.

Abh. (1972) S. 349ff.; Der Verzicht auf beschränkte dingliche Rechte und auf den Miteigentumsanteil, Festschrift Hug 1968 und in den Privatrechtl. Abh., S. 321ff.

Inhaltsübersicht

I. **Untergang und Untergangsgründe.** N. 1–8.
II. **Die materiell und formell rechtsgestaltende Löschung**
   1. Voraussetzungen.
      a) Verfügungsrecht und Rechtsgrund. N. 9–28;
      b) Zustimmungserklärungen. N. 29–45;
   2. Durchführung der Löschung. N. 46–53.
   3. Die Wirkung der Löschung. N. 54–63.
III. **Materiell berichtigende, formell rechtsgestaltende Löschungen**
   1. Löschung ungerechtfertigter Einträge (anfängliche Unrichtigkeit des Grundbuches) **Art. 975.** N. 64–65.
   2. Löschung von Einträgen, die infolge außergrundbuchlichen Unterganges des materiellen Rechtes unrichtig geworden sind.
      a) Die Enteignung. N. 66–77;
      b) Enteignungsähnliche Tatbestände. N. 78–81;
      c) Löschung auf Grund richterlichen Urteils.
         α) Ablösungsentscheid. N. 82–88;
         β) Clausula rebus sic stantibus. N. 89;
         γ) Zusprechung der Dienstbarkeitsfreiheit. N. 90–91.
      d) Zwangsverwertung. N. 92–96a.
      e) Der Verzicht auf die Dienstbarkeit. N. 97–112.
IV. **Sowohl materiell als auch formell bloß berichtigende Löschungen**
   1. Der Untergang des berechtigten oder des belasteten Grundstückes. N. 113–116.
   2. Unmöglichkeit der Ausübung. N. 117–122.
   3. Wegfall des Zweckes, besonders infolge gesetzlicher Beschränkung des Eigentums. N. 123–134.
   4. Dereliktion des berechtigten Grundstückes. N. 135–144.
   5. Ablauf der Dauer, für welche das Recht begründet worden ist. N. 145–147.
   6. Das eingetragene nicht eintragungsfähige Recht. N. 148–151.
   7. Gesetzliche Aufhebung. N. 152–153.
   8. Teilung des berechtigten oder des belasteten Grundstückes. N. 154.
V. **Untergang nicht eingetragener Dienstbarkeiten**
   1. Im allgemeinen. N. 155–156.
   2. Erwerb des belasteten Grundstücks durch den gutgläubigen Dritten.
      a) im allgemeinen. N. 157–180;
      b) in der Zwangsvollstreckung. N. 161–166.
   3. Das gewillkürte Durchleitungsrecht. Art. 676 Abs. 3. N. 167–172.
   4. Das gesetzliche Durchleitungsrecht als Legalservitut. Art. 691 Abs. 3. N. 173–178.
   5. Verwirkung durch Nichtanmeldung im Grundbuchbereinigungsverfahren. N. 179–180.
VI. **Ausschluß der Verjährung.** N. 181–195.
VII. **Der Ausschluß der Eigentumsfreiheitsersitzung.** N. 196–209.
VIII. **Intertemporales Recht.** N. 210–224.

Grunddienstbarkeiten

I. Untergang und Untergangsgründe

1   Gegenstand des Art. 734 ist nur der Untergang eingetragener Grunddienstbarkeiten. Deshalb werden einzig die Löschung und der Untergang des dienenden oder des herrschenden Grundstückes als Untergangsgründe genannt. Es bestehen aber auch Grunddienstbarkeiten, die nicht eingetragen sind. Sie sind im Anschluß an die eingetragenen Dienstbarkeiten besonders zu behandeln.

2   Der Art. 734 ist wörtlich gleich gefaßt wie der Art. 666 Abs. 1 über den Verlust des Grundeigentums. Damit soll die Übereinstimmung der beiden Tatbestandskomplexe markiert werden. Sie beruht auf dem Eintragungsprinzip. Im übrigen unterscheidet sich aber der Art. 666 Abs. 1 vom Art. 734, und zwar dadurch, daß er auch die Löschung als Element der Eigentumsübertragung mitumfaßt, mit welcher das Eigentum nicht untergeht, sondern nur dem bisherigen Eigentümer verlorengeht (sog. «relativer Verlust»). Unter den Art. 734 fällt dagegen nur die das Recht vernichtende Löschung («absoluter Verlust»), da die Grunddienstbarkeiten überhaupt nicht übertragbar sind und die anderen Dienstbarkeiten, soweit sie selbständige, aber nicht als Grundstücke in das Grundbuch aufgenommene Rechte sind, außergrundbuchlich übertragen werden.

3   Wenn Art. 734 sagt, die Grunddienstbarkeit gehe durch Löschung des Eintrages unter, will das nur heißen, sie gehe nicht unter, ohne daß die Löschung vorgenommen werde. Es will aber nicht heißen, daß die Löschung notwendigerweise den Untergang der Dienstbarkeit bewirke. Dies würde ja nicht zutreffen, wenn die Löschung ungerechtfertigt ist. Nur die gerechtfertigte Löschung, die Löschung also, welche auf Grund des gültigen Löschungsbegehrens oder der gültigen Löschungsbewilligung des verfügungsberechtigten und verfügungsfähigen Rechtssubjektes vorgenommen wird, führt den Untergang der Dienstbarkeit herbei. Die Löschung ist in dieser Hinsicht der Eintragung durchaus gleichgestellt. Art. 965; GBVo Art. 61 Abs. 1.

4   Der Art. 734 bezieht sich auf alle Löschungen, so verschieden ihre Rechtswirkung ist. Dies wird auch bestätigt durch den Vergleich mit den genaueren Bestimmungen über den Untergang der Nutznießung (Art. 748). Da werden unter den Gründen, die einen Anspruch auf Löschung geben, auch solche genannt, welche den Untergang der Dienstbarkeit bewirken, so daß die Löschung nur noch die Funktion hat, die Übereinstimmung des Grundbuches mit der außergrundbuchlich entstandenen Rechtslage herzustellen, also eine lediglich berichtigende Funktion. Vgl. auch LEEMANN, N. 1 zu Art. 734.

5   Diese Löschungen zerfallen in zwei Kategorien. Zur einen gehören die Löschungen mit rein deklarativer, rechtsbekundender Wirkung. Sie tilgen Einträge, die «jede rechtliche Bedeutung verloren haben» (Art. 976). Dazu gehört z.B. die Löschung der Nutznießung nach dem Tod des Nutznießers.

6   Die andere Kategorie von berichtigenden Löschungen hat die Einträge zum

Gegenstand, die von Anfang an unrichtig gewesen sind oder nachträglich unrichtig geworden sind, weil sich die materielle Rechtslage außergrundbuchlich geändert hat. Sie sind zum Ausdruck eines formalen, buchmäßigen Rechtsbestandes geworden. Formell bestehen die eingetragenen Rechte weiter. In der Grundbuchordnung liegt die «Möglichkeit eines rein formalen Bestandes im Grundbucheintrage». Erl. II, S. 144. Diese Einträge haben nicht jede rechtliche Bedeutung verloren. Der Erwerber des Rechtes ist in seinem Vertrauen auf die Richtigkeit des Grundbuches geschützt, wenn das Grundbuch das eidgenössische oder ein in seinen Wirkungen diesem gleichgestelltes kantonales Grundbuch ist (SchlT Art. 46). Art. 973. Die rechtliche Bedeutung dieser Einträge besteht darin, daß das vom gutgläubigen Dritten erworbene eingetragene Recht mit diesem Erwerb materiell wirksam wird. Der formale Rechtsbestand triumphiert über den materiellen Rechtsbestand (Art. 731 N. 105ff.; Art. 733 N. 6ff., 58ff.).

Als berichtigende Löschung bezeichnet man gemeinhin jede Löschung, die unter 7 dem Gesichtspunkt des materiellen Rechtsbestandes bloß eine deklarative Funktion hat. Diese Löschung hat aber unter dem Gesichtspunkt des formalen Rechtsbestandes entweder auch nur eine rechtsbekundende Funktion oder aber, wie soeben dargelegt wurde, eine rechtsgestaltende Funktion.

Diese beiden Kategorien der berichtigenden Löschung sind von der Löschung 8 unterschieden, welche sowohl formell als auch materiell rechtsgestaltend wirkt.

Diese Wirkung hat sie auf den dinglichen Rechtsbestand. An diesem ändert die bloß obligatorische Verpflichtung des Dienstbarkeitsberechtigten, das Löschungsbegehren zu stellen oder dem Eigentümer des belasteten Grundstückes die Löschungsbewilligung zu erteilen, nichts. Eine solche Verpflichtung macht den Eintrag nicht unrichtig. Infolgedessen ist der Erwerber des eingetragenen Rechtes (d.i. in bezug auf den Erwerb von Grunddienstbarkeiten der Erwerber des herrschenden Grundstückes) in seinem Erwerbe schlechthin geschützt, d.h. ohne Rücksicht darauf, ob er von der Verpflichtung seines Rechtsvorgängers, die Dienstbarkeit löschen zu lassen, Kenntnis hatte oder nicht. Die Frage nach dem guten oder bösen Glauben ist unter dieser Voraussetzung gegenstandslos.

II. Die den materiellen und den formalen Rechtsbestand gestaltende Löschung

1. Voraussetzungen

a) Verfügungsrecht und Rechtsgrund.

Zur Löschung oder Abänderung des Eintrages bedarf es einer schriftlichen 9 Erklärung der aus dem Eintrag berechtigten Personen. Art. 964.

Aus dem Eintrag unmittelbar berechtigt ist die Person, welcher die Dienstbarkeit zusteht. Das ist, wenn die Dienstbarkeit eine Grunddienstbarkeit ist, der Eigentümer des herrschenden Grundstückes.

Stellt dieser beim Grundbuchamt mit der Einreichung der Anmeldung das 10

Begehren auf Löschung der Dienstbarkeit, kann von ihm ein Ausweis über den Rechtsgrund (Art. 965 Abs. 1 und 3) nicht verlangt werden. Er ist zur Verfügung über das ihm zustehende Recht durch Verzicht befugt. Er kann sich zwar hiezu obligatorisch verpflichtet haben. Aber er kann die Verfügung auch ohne dies treffen. Ein obligatorisches Grundgeschäft liegt dann überhaupt nicht vor. Das obligatorische Grundgeschäft ist das, was im Art. 965 als Rechtsgrund bezeichnet wird. In den beiden anderen Texten des Gesetzes heißt es «titre sur lequel se fonde l'opération» und «titolo giuridico».

11 Die durch den Verzicht aus freiem Willen des Dienstbarkeitsberechtigten getroffene Verfügung hat keinen Rechtsgrund im Sinne des Art. 965. Deshalb kann ein Ausweis über den Rechtsgrund nicht verlangt werden und nicht nur, wie HOMBERGER, N. 6 zu Art. 964, meint, aus dem Grunde, weil das obligatorische Grundgeschäft zu seiner Gültigkeit keiner besonderen Form bedarf.

12 Im Sinne des Grundbuchrechtes ist der Verzicht auf die Dienstbarkeit, welcher im Löschungsbegehren des Berechtigten erklärt wird, überhaupt nicht ein kausales, sondern ein abstraktes Rechtsgeschäft (wie auch die auf Errichtung einer Eigentümerdienstbarkeit gerichtete Verfügung ein abstraktes Rechtsgeschäft ist). LEEMANN, N. 6 zu Art. 734.

Einen Rechtsgrund hat sie auch, aber nur einen Rechtsgrund im Sinne des typischen Verkehrszweckes (z.B. solvendi, credendi, donandi causa). Das ist aber nicht der Rechtsgrund im Sinne des Art. 965.

13 Daß die Unverbindlichkeit der Verfügung wegen Irrtums oder eines anderen Willensmangels geltend gemacht werden kann (HOMBERGER, N. 6 zu Art. 964), ist unter diesem Gesichtspunkt irrelevant, da dies überhaupt für jedes Rechtsgeschäft gilt. Auch wo die grundbuchliche Verfügung allgemein (nicht nur die Löschungsverfügung) ein abstraktes Rechtsgeschäft ist, wie in Deutschland, muß sie frei von Willensmängeln sein, sonst ist sie nicht verbindlich. WOLFF, § 38 II 2 und Anm. 6.

14 Die Löschungsverfügung des Dienstbarkeitsberechtigten ist also ohne Ausweis über den Rechtsgrund im Sinne des Art. 965 wirksam, muß aber selber frei sein von Willensmängeln. Das Grundbuchamt hat ihr stattzugeben, wenn der Ausweis über das Verfügungsrecht vorliegt, und wenn sie in formeller Hinsicht den Anforderungen an die Anmeldung entspricht. Sie muß schriftlich sowie unbedingt und vorhaltlos erklärt sein. GBVo Art. 12 und 13. Vgl. auch das Kreisschreiben der bern. JDir. vom 5. Dezember 1935 betr. den Nachweis der Verfügungsberechtigung bei Löschungen, Abänderungen usw., ZBGR **17**, S. 293f.; Urt. des bern. AppH in ZBJV **70**, S. 233.

15 Vom Verzicht des Dienstbarkeitsberechtigten als Verfügung ist zu unterscheiden die Verpflichtung des Dienstbarkeitsberechtigten, beim Grundbuchamt das Löschungsbegehren zu stellen oder dem Eigentümer des belasteten Grundstückes die Löschungsbewilligung zu erteilen. VON TUHR, BGB II, S. 264, sowie OR[3], § 25 N. 4 und § 75 N. 6.

Diese Verpflichtung kann durch einen Kaufvertrag, Teilungsvertrag, Vergleichs- 16
vertrag, durch Testament oder durch eine selbständige Willensäußerung begründet
sein. Sie bedarf als solche zu ihrer Gültigkeit keiner besonderen Form. Sie braucht
auch nicht unbedingt und vorbehaltlos eingegangen zu sein. Sie kann im Versprechen liegen, die Dienstbarkeit auf einen bestimmten Zeitpunkt oder unter einer
Bedingung, wie der Erbringung einer Gegenleistung, löschen zu lassen. Ist der
vereinbarte Zeitpunkt erreicht, die Bedingung erfüllt, ist der Dienstbarkeitsberechtigte verpflichtet, die Löschungsbewilligung zu geben oder dem Grundbuchamt die
Anmeldung zur Löschung einzureichen. In dieser liegt zugleich die Verfügung über
das Recht und der Antrag im Grundbuchverfahren zur Löschung der Dienstbarkeit.

Erfüllt der Dienstbarkeitsberechtigte damit die eingegangene Verpflichtung, ist 17
die Verfügung nur wirksam, wenn die ihr zugrunde liegende Verpflichtung gültig ist.
Hier kommt die kausale Natur der grundbuchlichen Verfügung im Sinne von Art.
965 zur Geltung. Der Ausweis über den Rechtsgrund kann aber nicht verlangt
werden, weil die Verpflichtung, welche der Verfügung zugrunde liegt, formlos gültig
ist. Aber dieses Ausweises bedürfte es auch nicht, wenn die Verpflichtung zu ihrer
Gültigkeit einer besonderen Form bedürfte, weil der Dienstbarkeitsberechtigte über
das Recht ja ohnehin frei verfügen kann, ohne dazu verpflichtet zu sein und ohne
sich über die causa seiner Verfügung ausweisen zu müssen. LEEMANN, N. 6 zu Art.
734.

In der Regel trifft der Dienstbarkeitsberechtigte die Aufhebungsverfügung, weil 18
er sich dazu gegenüber dem Eigentümer des belasteten Grundstückes verpflichtet
hat, weshalb in der Literatur meistens auch nur dieser Fall in Betracht gezogen wird.
WIELAND, Bem. 3 zu Art. 964; OSTERTAG, N. 3 zu Art. 964; HOMBERGER, N. 6 zu
Art. 964; bern. AppH in ZBJV **70**, S. 332. Aber der Berechtigte kann auf sein Recht
auch deshalb verzichtet haben, weil der Unterhalt oder die Wiederherstellung der
Dienstbarkeitsanlagen auf dem belasteten Grundstück (Art. 741) für ihn Lasten sind,
welche die Vorteile der Dienstbarkeit überwiegen. Bern. AppH in ZBJV **62**, S. 222.
Der Berechtigte braucht auf die Dienstbarkeit auch nicht zugunsten des Eigentümers des belasteten Grundstückes verzichtet zu haben, sondern kann den Verzicht
zugunsten eines Dritten, der am gleichen Grundstück ein beschränktes dingliches
Recht hat, das durch die zu löschende Dienstbarkeit beeinträchtigt wird, ausgesprochen haben. WINDSCHEID-KIPP, § 215 Ziff. 8, S. 1099.

Aus diesen Gründen ist die Auffassung richtig, daß für die Löschung nur die in 19
der Anmeldung liegende Verfügung des Dienstbarkeitsberechtigten erforderlich ist,
ohne daß auch die Zustimmung des Eigentümers des belasteten Grundstückes
eingeholt werden müßte. Dies entspricht denn auch der Praxis in der Rechtsprechung. Entscheid des BR vom 26. September 1913 betr. die Löschung von Grundpfandverschreibungen: BBl 1913 IV, S. 291ff. = BURCKHARDT, BR Nr. 1363 I =
ZBGR **9**, S. 54ff. = SJZ **10**, S. 142 = MBVR **11**, Nr. 208 = WEISS, Nr. 3185.

Die Zustimmung des Eigentümers des belasteten Grundstückes ist auch nicht 20

Grunddienstbarkeiten

erforderlich, wenn sich auf diesem Dienstbarkeitsanlagen befinden, deren Unterhalt dem Dienstbarkeitsberechtigten obliegt. EBG 67 I 124ff. = Pr. 30 Nr. 113 = ZBGR 22, S. 202ff. Da ist festgestellt, daß die Unterhaltspflicht des Dienstbarkeitsberechtigten gemäß Art. 741, auch wenn sie vertraglich bestätigt und näher umschrieben ist, zum Inhalt der Dienstbarkeit gehört und nicht eine Belastung des herrschenden Grundstückes darstellt. Der Eigentümer des belasteten Grundstückes ist deshalb nicht eine der aus dem Eintrag berechtigten Personen (Art. 964), wie der RR St. Gallen, VerwPr. 2, S. 518 = ZBGR 9, S. 219, angenommen hatte. Richtig, unter Berufung auf den zit. EBG, ObG Luzern (JKomm.), Max. 9, S. 83 = ZBGR 30, S. 79ff. Die gleiche Auffassung herrscht in Österreich (EHRENZWEIG, System II 1 [1923], S. 380) und in Deutschland (WOLFF, § 39 I, S. 111f.). Was für den Eigentümer des belasteten Grundstückes gilt, gilt auch für alle an diesem Grundstück dinglich Berechtigten, ganz zu schweigen von obligatorisch Berechtigten oder sonst irgendwelchen an der Besorgung des Unterhalts interessierten oder zu ihr ebenfalls, aber unabhängig vom Dienstbarkeitsberechtigten verpflichteten Personen. EBG 82 I 36 = Pr. 45 Nr. 76; 85 I 261 = Pr. 49 Nr. 21: Dereliktion des belasteten Grundstückes ohne Zustimmung des Dienstbarkeitsberechtigten; N. 233 zu Art. 730.

21   Einen anderen Standpunkt hat das zürcherische Notariatsinspektorat eingenommen. Siehe dessen Jahresbericht 1949, ZBGR 31, S. 238, Ziff. 7; VOLKART, Aktuelle Fachfragen, ZBGR 7, S. 266f. Es verlangt die Anmeldung der Löschung durch den Eigentümer des belasteten Grundstückes auf Grund der Löschungsbewilligung der aus dem Eintrag berechtigten Personen. Diese Regelung war ursprünglich (im VE 1900, Art. 1006) vorgesehen. Aber sie ist gemäß den Beratungen der ExpKomm. (IV. Session, Sitzung vom 30. April 1903, Prot., S. 3/4) auf Antrag WIELANDS durch den geltenden Art. 964 ersetzt worden. Wenn im Art. 61 GBVo ein Rückfall in die ursprüngliche Regelung vorläge, wie es scheinen könnte, kann das gegenüber der im Art. 964 getroffenen Vorschrift nicht maßgebend sein.

22   Wie im zitierten Entscheid des BR ausgeführt wird, ist die Erklärung gemäß Art. 964 zugleich materiellrechtliche Verfügung über das Recht und verfahrensrechtliches Löschungsbegehren, wie jede Anmeldung im Bereich des absoluten Eintragungsprinzips.

23   Das Bedenken HOMBERGERS (N. 8 zu Art. 964), zum Löschungsbegehren (Buchungsantrag) sollte der Eigentümer legitimiert sein, da nur er, nicht der Berechtigte, ein Interesse an der Löschung habe, ist nicht begründet. Reicht der Berechtigte dem Grundbuchamt die Anmeldung ein, ist dieses Interesse des Grundeigentümers ebensogut gewahrt, wie wenn dieser die Anmeldung selber einreichen würde. Nur wenn er dadurch benachteiligt sein könnte, daß das beschränkte dingliche Recht auf die Anmeldung des Berechtigten gelöscht wird, müßte ihm die Anmeldung vorbehalten sein. Dies würde zutreffen, wenn ein Schuldbrief oder eine Gült gelöscht würde, was aber ohne Zustimmung des Schuldners durch Art. 863 ohnehin ausge-

schlossen ist. Mit Bezug auf die Grundpfandverschreibung könnte ein solches Interesse des Schuldners ebenfalls bestehen, da die Möglichkeit, die erloschene Forderung durch eine andere unter Aufrechterhaltung des Eintrages zu ersetzen, nicht zu verneinen ist (LEEMANN, N. 12 zu Art. 825; JENNY Fr., ZBGR **10**, S. 176; ObG Solothurn, ZBGR **24**, S. 243ff.). Doch könnte Art. 826 wohl so ausgelegt werden, daß der Gläubiger die Löschungsbewilligung dem S c h u l d n e r zu erteilen habe.

Dagegen steht der Löschung von Dienstbarkeiten auf Anmeldung des Berechtigten hin kein Interesse des Belasteten entgegen. Wohl aber kann, wie die in N. 20 zitierten EBG und die namhaft gemachten Beispiele einer Verfügung des Berechtigten im eigenen Interesse oder im Interesse eines Dritten zeigen, ein Bedürfnis dafür bestehen, daß die Dienstbarkeit auch ohne die Anmeldung des Eigentümers des belasteten Grundstückes gelöscht werden kann. 24

Wenn der Berechtigte beim Grundbuchamt nicht das Löschungsbegehren stellt, sondern dem Eigentümer des belasteten Grundstückes die Löschungsbewilligung gibt, ist dieser zur Anmeldung legitimiert. Eine Löschungsbewilligung im eigentlichen Sinn des Wortes ist nur die dem Eigentümer des belasteten Grundstückes erteilte Bewilligung. 25

Hat sich der Dienstbarkeitsberechtigte gegenüber dem Eigentümer des belasteten Grundstückes obligatorisch verpflichtet, ihm die Löschungsbewilligung zu geben oder die Dienstbarkeit selber löschen zu lassen, kann der Belastete entweder auf Erteilung der Löschungsbewilligung klagen, wobei gemäß Art. 78 der Bundes-ZPO (1947) die Erklärung, zu welcher der Dienstbarkeitsberechtigte verurteilt wird, durch das Urteil ersetzt ist (Einl. N. 98; Art. 731 N. 29 und 33). Dies gilt auch für Kantone, welche es in ihren ZPO nicht vorgesehen haben: EBG **97** II 48 = Pr. **60** Nr. 123. Der Belastete kann gestützt auf Art. 665 Abs. 1 (per analogiam) auf Zusprechung der Freiheit von der Dienstbarkeit klagen; wird ihm diese zugesprochen, ist er ermächtigt, die Dienstbarkeit selber löschen zu lassen (Art. 963 Abs. 2). Beides kommt praktisch auf das gleiche heraus. 26

Der Kläger kann zur Sicherung seines Löschungsanspruches gegen die Veräußerung des herrschenden Grundstückes oder gegen die Belastung dieses Grundstückes mit einem beschränkten dinglichen Recht, für welches die zu löschende Dienstbarkeit von Vorteil ist, eine Verfügungsbeschränkung erwirken, die gemäß Art. 960 Z. 1 auf dem Blatt des berechtigten Grundstückes v o r g e m e r k t wird. Sie gewährleistet die Durchsetzbarkeit des Löschungsanspruches gegenüber dem Dritterwerber. HOMBERGER, N. 11 zu Art. 960. 27

Anderer Meinung ist OSTERTAG, N. 10 zu Art. 960. Er hält die Vormerkung für ausgeschlossen, übrigens auch die Vormerkung des obligatorischen Anspruches auf E r r i c h t u n g einer Dienstbarkeit, weil diese Ansprüche nicht das Grundstück, sondern das Recht am Grundstück zum Gegenstand hätten, weshalb die Verfügung über das Recht, nicht über das Grundstück beschränkt werden müßte. Dem liegt wohl die Überlegung zugrunde, daß sich die Verfügung über das Recht gar nicht 28 grundbuchlich vollziehe. Diese Argumentation ist aber unrichtig, weil Errichtung und Löschung von Dienstbarkeiten grundbuchliche Verfügungen sind und weil die Vormerkung des obligatorischen Anspruches auf Löschung der **Grunddienstbarkeit** die Übertragung des Eigentums am herrschenden Grundstück und dessen Belastung beschränkt. Die Grunddienstbarkeit gehört eben zum Rechtsbestand des herrschenden Grundstückes (Art. 730 N. 50). Siehe auch Art. 731 N. 78ff. und Jenny F., Öffentlicher Glaube, S. 171 Anm. 10.

b) Zustimmungserklärungen.

29 Da die Löschung der Grunddienstbarkeit den Wert und die Möglichkeiten der Benutzung des herrschenden Grundstückes vermindern kann, ist dies gegebenenfalls von Nachteil für die an diesem Grundstück dinglich Berechtigten, für die Pfandgläubiger, einschließlich der Forderungspfandgläubiger, für den Nutznießer, auch für den Inhaber eines Baurechtes oder eines Quellenrechtes, und zwar auch wenn diese Rechte Grunddienstbarkeiten sind, was Ostertag, N. 9 zu Art. 964, zu Unrecht verneint. Deshalb ist ihre Zustimmung zur Aufhebung der Grunddienstbarkeit erforderlich. Art. 730 N. 38. Aber ihre Zustimmung ist nur so weit erforderlich, als praktisch mit ihrer Beeinträchtigung zu rechnen ist.

30 Der Grundbuchverwalter hat deshalb die Löschung von der Beibringung der Zustimmungserklärungen der genannten dinglich Berechtigten abhängig zu machen, wenigstens derjenigen, deren Rechte aus den Eintragungen auf dem Blatt des berechtigten Grundstückes hervorgehen. Volkart, in ZBGR **5**, S. 81ff.; Leemann, N. 5 zu Art. 734, N. 14 zu Art. 733; Homberger, N. 5 zu Art. 965, N. 10 zu Art. 964 («soweit sie an der Aufrechterhaltung der Dienstbarkeit ein Interesse haben»); Wieland, Bem. 5a zu Art. 964 (wörtlich gleich); Ostertag, N. 9 zu Art. 964 («soweit die Löschung ihre Rechte beeinträchtigt»).

31 Zur Feststellung der Berechtigten hat der Grundbuchverwalter gegebenenfalls auch das Gläubigerregister beizuziehen, in das sich gemäß Art. 66 GBVo auch die Pfandgläubiger und Nutznießer an Grundpfandforderungen eintragen lassen können. EBG **60** III 80 = Pr. **30** Nr. 113 = ZBGR **22**, S. 202ff. Keine Rücksicht braucht auf Dritte genommen zu werden, welche am herrschenden Grundstück bloß obligatorische Rechte haben. EBG **82** I 36 = Pr. **45** Nr. 76. Jenny Fr., ZBGR **11**, S. 235. Vgl. auch N. 20 hievor.

32 Die Anforderung an die Vollzähligkeit der Erklärungen aller in Betracht fallenden dinglich Berechtigten darf nicht überspannt werden. Es darf nicht starr daran festgehalten werden, daß die Zustimmung jedes Berechtigten, für dessen Beeinträchtigung auch nur eine entfernte Möglichkeit besteht, vorliege. Vollends muß vom Erfordernis der Zustimmung abgesehen werden, wenn von vornherein feststeht, daß die Beeinträchtigung eines bestimmten Berechtigten praktisch ausgeschlossen ist.

33 Die Grunddienstbarkeiten, auf die verzichtet wird, sind, wie Nussbaum (ZBGR **19**, S. 74) bemerkt hat, vielfach von geringem Wert für das herrschende Grundstück; vielleicht wurden sie seit längerer Zeit gar nicht mehr ausgeübt. Sind nur Grund-

pfandgläubiger vorhanden, die ohnehin mehr als gedeckt sind, auch wenn die durch die Löschung entstehende Wertverminderung hoch veranschlagt wird, so kann von ihrer Zustimmungserklärung abgesehen werden, wenn sie nicht leicht beigebracht werden kann.

Die Inhaber von Grunddienstbarkeiten am herrschenden Grundstück werden 34 durch die Löschung von Grunddienstbarkeiten, die dem Eigentümer dieses Grundstückes zustehen, nur ausnahmsweise benachteiligt. Hat ein solcher Dritter z. B. ein Wegrecht oder ein Näherbaurecht oder sonst eine Gebäudedienstbarkeit am herrschenden Grundstück, kann er nicht benachteiligt sein, wenn dessen Eigentümer auf ein Weiderecht, ein Beholzungsrecht oder ein Quellenrecht verzichtet. EBG **82** I 36 = Pr. **45** Nr. 76. Vgl. aber die in N. 40 zu Art. 730 genannten Fälle, in denen eine Beeinträchtigung anzunehmen ist.

Auch der Inhaber eines Baurechtes kann am Bestand des dem Baugrundstück 35 zustehenden Wegrechtes interessiert sein. Wenn das Wegrecht schon bestand, als er das Baurecht erwarb und diese Tatsache für den Erwerb des Baurechtes mitbestimmend war, wäre das Baurecht wohl beeinträchtigt, wenn das Wegrecht gelöscht würde. Ist das Wegrecht dagegen erst nach dem Baurecht begründet worden, so wäre seine Löschung dem Bauberechtigten zwar auch nachteilig, aber es läge doch keine Verletzung des Baurechtes vor. Der Bauberechtigte hat keinen Anspruch darauf, daß der Eigentümer des Baugrundstückes dessen Wert durch den Erwerb eines Wegrechtes oder einer anderen Grunddienstbarkeit erhöhe. Infolgedessen ist er in seinem Recht auch nicht verletzt, wenn der gemachte Erwerb wieder preisgegeben wird.

Diese Frage ist in der Literatur kontrovers. Sie lautet wie folgt: 36

Ist nur die Zustimmung derjenigen Dritten erforderlich, die ihre Rechte n a c h der Begründung der zu löschenden Dienstbarkeit erworben haben, oder auch derjenigen, die sie v o r h e r erworben hatten? (Von einem Vorgehen oder Nachgehen im Rang [LEEMANN, N. 5 zu Art. 734; WIELAND, Bem. 3a zu Art. 964] kann man da nicht sprechen, weil mit Bezug auf das zu löschende Recht das Grundstück berechtigt, mit Bezug auf das in Frage stehende Recht des Dritten aber belastet ist; eine Rangordnung besteht nur zwischen beschränkten dinglichen Rechten, die das gleiche Grundstück belasten.)

LEEMANN, N. 5 zu Art. 734, N. 14 zu Art. 733 und OSTERTAG, N. 9 zu Art. 964, 37 haben sich dahin ausgesprochen, daß nur die Zustimmung von Dritten nötig sei, die ihre Rechte erst n a c h der Begründung der zu löschenden Dienstbarkeit erworben haben. WIELAND, Bem. 3 zu Art. 964, und HOMBERGER, N. 10 zu Art. 964, verlangen auch die Zustimmung der übrigen Inhaber von dinglichen Rechten am herrschenden Grundstück, also auch derjenigen Rechte, die schon v o r der Begründung der zu löschenden Dienstbarkeit bestanden haben. Das ist die auch in Deutschland herrschende Lehre. PLANCK-STRECKER, Erl. 8 zu § 876; GÜTHE-TRIEBEL, Komm. z. GBO, Bem. 8 zu § 21.

Grunddienstbarkeiten

38   Es ist zuzugeben, daß sich diese letztere Auffassung theoretisch besser begründen läßt, da dem Grundpfandgläubiger der ganze Wert des Grundstückes haftet, auch soweit er erst nach der Begründung des Pfandrechtes geschaffen worden ist. Aber das Recht des Grundpfandgläubigers sollte doch nicht so weit gehen, den Grundeigentümer daran zu hindern, etwa eine Baute, die er nach der Verpfändung erstellt hat, wieder wegzuschaffen oder eine nachher erworbene Zugehörsache wieder zu veräußern. Der Wert, den das Grundstück zur Zeit der Verpfändung hatte, wird dadurch ja nicht vermindert. Die Sicherungsbefugnisse des Grundpfandgläubigers nach Art. 808ff. haben doch wohl zur Voraussetzung, daß eine Verminderung des Wertes der Pfandsache, welcher zur Zeit der Verpfändung bestand, droht oder eingetreten ist. LEEMANN, N. 12ff. zu Art. 808. Dem Grundpfandgläubiger kann es nicht zustehen, die Löschung einer Grunddienstbarkeit, gegen die ihn die Art. 808ff. nicht schützen, auf Grund von Art. 964 zu verhindern. Gleicher Ansicht ist HAAB, N. 23 zu Art. 642: Der Gläubiger hat nur Anspruch auf den Wert des Pfandes zur Zeit der Pfandbestellung.

EBG 67 II 127f. verneint die Beeinträchtigung der Grundpfandgläubiger infolge der Löschung einer Grunddienstbarkeit auf dem Blatt einer durch Teilung entstandenen Parzelle, N. 19 und 63 zu Art. 743.

39   Ausschlaggebend für die Interpretation der einen wie der anderen Bestimmungen muß nach unserer Auffassung die teleologische Überlegung sein, daß die Aufgabe von Grunddienstbarkeiten durch den Eigentümer des berechtigten Grundstückes nicht stärker beschränkt sein darf, als nötig ist zum Schutze der Rechte Dritter, auf deren Bestand diese bei der Errichtung ihrer Rechte vertrauen durften. Nur wenn ein Eingriff in diese Rechte Dritter in Frage steht, ist deren Zustimmung erforderlich. Den Dritten, die bloß ein Interesse, aber nicht ein unmittelbares Recht an der zu löschenden Dienstbarkeit haben, kann nicht die gleiche Verfügungsmacht über die Dienstbarkeit zuerkannt werden, wie dem Grundeigentümer, dem die Dienstbarkeit zusteht.

40   Dem Grundeigentümer dürfen in der Verfügung über Bauten und Zugehör, die er selber seinem Grundstück beigefügt hat, nur die Schranken auferlegt werden, welche unbedingt erforderlich sind, um Eingriffe in die Rechte Dritter zu verhindern. Insbesondere soll die Aufgabe von Grunddienstbarkeiten nicht durch willkürliche Verweigerung der Zustimmung Dritter unmöglich gemacht werden können. Es besteht ein allgemeines Interesse daran, daß Grunddienstbarkeiten, welche für das herrschende Grundstück entbehrlich sind, vom Eigentümer dieses Grundstückes aufgegeben werden können, ohne daß Drittberechtigte dies verhindern können, obwohl sie daran ein praktisches rechtsschutzbedürftiges Interesse nicht haben.

41   Wir haben uns deshalb schon in N. 38 zu Art. 730 der Ansicht LEEMANNS angeschlossen und möchten annehmen, daß die allgemeine Formulierung des Art. 964 («die aus dem Eintrag berechtigten Personen») eine Auslegung zuläßt, welche die hier vertretene Bestimmung des Begriffes der Beeinträchtigung und die Abstu-

fung der Verfügungsmacht des Dienstbarkeitsberechtigten einerseits, der Drittberechtigten anderseits zuläßt.

Die dafür vorgebrachten Erwägungen stimmen überein mit den Bedenken DERN- 42
BURGS gegen die Regelung des BGB (§ 876 Satz 2): «Die Aufgabe von dinglichen Rechten an Grundstücken durch den Berechtigten ist nach dem BGB erschwert. Juristisch mögen die hierauf sich beziehenden Vorschriften folgerecht sein, obgleich man bisher ohne die neu geschaffenen Maßnahmen gut auskam. Wirtschaftlich ist es unerfreulich, daß die Wegschaffung von dinglichen Rechten an Grundstücken, welche der Berechtigte nicht mehr will, die also für ihn überflüssig sein werden, durch das BGB mit unverhältnismäßigen Schwierigkeiten verknüpft ist.» «Die Notwendigkeit der Zustimmung der am herrschenden Grundstück Berechtigten ist nicht unbedenklich. Denn sie kann der Aufhebung der Belastung fast unüberwindliche Hindernisse in den Weg legen, auch zu schlimmen Erpressungen führen.» DERNBURG H., Das bürgerliche Recht des Deutschen Reichs und Preußens, Band III, 3. Aufl. 1904, S. 133/34 und S. 135.

Anders zu beurteilen ist das Erfordernis der Zustimmung, wenn Objekt des 43
dinglichen Rechtes des Dritten nicht das Grnndstück ist, zu dessen Vorteil die zu löschende Dienstbarkeit besteht, sondern diese Dienstbarkeit selbst. In diesem Fall würde mit der Löschung das Objekt des Drittrechtes vernichtet. Daß das nicht ohne die Zustimmung des Dritten zulässig sein kann, liegt auf der Hand. Vgl. N. 187 und 200 zu Art. 737. Siehe dazu auch Art. 730 N. 153.

Ist das zu löschende Recht eine Grunddienstbarkeit, so ist dieser Sachverhalt 44
jedoch nie gegeben. Die Grunddienstbarkeit ist begriffsnotwendig ein unselbständiges Recht, das nicht zum Objekt eines beschränkten dinglichen Rechtes gemacht werden kann. Von einer Aufnahme in das Grundbuch, von der OSTERTAG, N. 9 zu Art. 964, spricht, darf gar nicht die Rede sein. Art. 730 N. 37. Aber auf ein in das Grundbuch aufgenommenes selbständiges Recht (Baurecht, Quellenrecht, irreguläre Personaldienstbarkeiten, wenn die Übertragbarkeit vereinbart ist) können Grundpfandrechte, Grundlasten und Grunddienstbarkeiten gelegt werden. An der Zustimmung der aus diesen Rechtsverhältnissen Berechtigten muß strikte festgehalten werden, weil für sie die Löschung des ihnen dienenden «Grundstückes» (des verliegenschafteten Rechtes) den Untergang ihrer Rechte zur Folge hätte. Art. 730 N. 80.

Wenn das herrschende Grundstück als Objekt der Zwangsvollstreckung in 45
Beschlag genommen ist, bedarf es zur Löschung einer ihm zustehenden Dienstbarkeit der Bewilligung des Betreibungsamtes oder der Konkursverwaltung, welche jedoch nicht ohne die Zustimmungserklärung der davon in ihren Rechten betroffenen Inhaber von dinglichen Rechten am Grundstück erteilt werden kann. Vgl. hinsichtlich der Grundpfandgläubiger und Forderungspfandgläubiger EBG **60** III 80 = Pr. **23** Nr. 102 = WEISS n. F. Nr. 5664. Ist die Grundpfandforderung gepfändet oder mit Arrest belegt, bedarf der Gläubiger zur Zustimmungserklärung der Bewilli-

gung des Betreibungsamtes. BURCKHARDT, BR, 3. Bd. Nr. 1365 II = MBVR **15** Nr. 162 = SJZ **14**, S. 362 = WEISS, Nr. 3187.

2. Durchführung der Löschung

46 Nach Art. 62 GBVo ist die Löschung in der Weise vorzunehmen, daß der ganze Eintrag mit roter Tinte gestrichen wird und die Bemerkung «Gelöscht» unter Angabe des Datums sowie des Beleges angebracht und unterschrieben wird. Die Bestimmung über die Unterzeichnung ist bloße Ordnungsvorschrift. EBG **56** II 87ff. = Pr. **19** Nr. 79. Sie wird in der Praxis mancherorts bewußt außer acht gelassen, einmal weil die Unterschrift als unnötig betrachtet wird, dann auch etwa weil zuweilen der nötige Platz für sie an der Stelle, an die sie hingehört, nicht vorhanden ist. So hat man im Kanton Waadt dieses Erfordernis preisgegeben. GONVERS-SALLAZ, Bem. 2 zu Art. 62 GBVo.

47 Die Löschung hat sowohl auf dem Blatt des berechtigten wie des belasteten Grundstückes zu erfolgen, wenn auch die erstere nicht die gleiche rechtliche Bedeutung wie die letztere hat. Art. 731 N. 55ff.

48 Das Löschungsbegehren hat den Vorschriften über die Anmeldung zur Eintragung zu entsprechen. GBVo Art. 12f. Es muß unbedingt und vorbehaltlos sein und in schriftlicher Form abgegeben werden. Diese Vorschrift gilt auch für die Führung der kantonalen Grundbücher, denen bloß die Wirkung gemäß Art. 48 SchlT zukommt. EBG **51** II 390 = Pr. **14** Nr. 167.

49 Vom Anmeldenden sind auch die erforderlichen Zustimmungserklärungen, für die Formulare abgegeben werden, beizubringen. Da die Löschung auch in den Pfandtiteln anzumerken ist (GBVo Art. 68 Abs. 2), in denen das zu löschende Recht gemäß Art. 53 Abs. 2 GBVo angegeben ist, kann vom Anmeldenden verlangt werden, daß er mit den Zustimmungserklärungen auch die Einreichung dieser Titel veranlasse. MBVR **11**, S. 141ff. = SJZ **10**, S. 142f.; MBVR **13** Nr. 196, S. 505f. = SJZ **12** S. 215 = WEISS, Nr. 3186. Es sind die Titel, gegebenenfalls auch Grundpfandverschreibungsurkunden, welche erst nach der Begründung des zu löschenden Rechtes ausgestellt worden sind, da dieses in den älteren ja nicht angegeben ist.

50 Damit stimmt die hier vertretene Auffassung überein, daß die Zustimmung der Inhaber der älteren Rechte überhaupt nicht erforderlich ist. In der GBVo ist nicht verlangt, daß die Errichtung von Dienstbarkeiten in den Titeln der bereits bestehenden Grundpfandrechte anzugeben sei, so daß diese eingefordert werden müßten; vgl. die Art. 53 Abs. 2 und 68; die dem Pfandrecht im Range nachgehenden Dienstbarkeiten sind nicht «von Einfluß auf das Pfandrecht» im Sinne von Art. 68 Abs. 2. Das rev. zürch. PrGB verlangte in § 250 nur die Zustimmung derjenigen Pfandgläubiger, in deren Titeln die zu löschende Dienstbarkeit vorgemerkt war.

51 Wenn die Löschung auf Anmeldung des Dienstbarkeitsberechtigten erfolgt, ist dem Eigentümer des belasteten Grundstückes von ihr Anzeige gemäß Art. 969 zu

machen. BR 26. September 1913, BBl. 1913 IV, S. 291ff. = SJZ **10**, S. 142 = ZBGR **9**, S. 54ff.

Abänderungen des Dienstbarkeitseintrages sind im Art. 964 der Löschung 52 gleichgestellt. Die Gleichstellung kann sich nur auf Abänderungen beziehen, welche in einer Verminderung der Belastung nach ihrem Inhalt, ihrem Umfang oder ihrer Dauer bestehen. Sie haben die Wirkung einer partiellen Löschung. Vgl. über Abänderungen im übrigen Art. 732 N. 87ff.

Eine Löschung auf Anordnung der Aufsichtsbehörde im Grundbuchwesen kennt 53 das Gesetz nicht. Das Eidg. JuPD hat in seinem Entscheid vom 8. Mai 1923 (BURCK-HARDT, BR Nr. 1363 III = ZBGR **4**, S. 151ff. = SJZ **20**, S. 343 = MBVR **21**, S. 296 = WEISS, Nr. 5665) «die Frage offen gelassen, ob und in welchem Umfange nach schweizerischem Grundbuchrecht die Aufsichtsbehörden zur Anordnung von Löschungen überhaupt zuständig sind». Auf die Dauer wird man jedoch um die Einführung eines Verfahrens zur Löschung von Dienstbarkeiten und von Grundpfandverschreibungen (entsprechend dem Aufruf des Gläubigers eines Schuldbriefes oder einer Gült nach Art. 871) nicht herumkommen. Das Verfahren nach Art. 736 bietet dafür keinen ausreichenden Ersatz. Vgl. aber auch Art. 976 Abs. 3, und dazu die N. 82ff. zu Art. 743, N. 59 zu Art. 744, eingehend LIVER, ZBGR **39** (1958) S. 337ff., in der Privatrechtl. Abh. (1972) S. 369ff. Vgl. auch N. 95 zu Art. 736, N. 73 zu Art. 743.

3. Die Wirkung der Löschung

Wenn die dargelegten materiellen Voraussetzungen der Löschung erfüllt sind, 54 bewirkt diese den Untergang der Dienstbarkeit. Fehlt es an einer dieser Voraussetzungen, ist die Löschung ungerechtfertigt. EBG **51** II 390 = Pr. **14** Nr. 167; **56** II 87ff. = Pr. **19** Nr. 79. Jedermann, der dadurch in seinen dinglichen Rechten verletzt ist, kann auf Wiedereintragung der Dienstbarkeit klagen. Art. 975 Abs. 1. EBG **95** II 610f. Erw. 2a (ZBJV **107**, 1971, S. 92ff.).

Diese Klage ist ausgeschlossen gegenüber dem gutgläubigen Erwerber des Eigentums am dienenden Grundstück oder eines beschränkten dinglichen Rechtes, mit 55 dem die gelöschte Dienstbarkeit, würde sie wieder eingetragen, kollidieren würde. Art. 975 Abs. 2.

Der gutgläubige Dritte ist in seinem Erwerb auch dann geschützt, wenn er durch 56 die Prüfung des Beleges hätte erkennen können, daß die Löschung ungerechtfertigt ist, etwa deshalb, weil sie gar nicht auf Grund einer bedingings- und vorbehaltlosen Verfügung des Dienstbarkeitsberechtigten erfolgt ist. Der Dritterwerber ist nicht gehalten, dies durch Einsichtnahme in den Beleg zu prüfen. Das wäre ihm höchstens dann zuzumuten, wenn im Eintrag auf einen Vorbehalt gemäß Beleg ausdrücklich hingewiesen wäre. EBG **56** II 87ff. = Pr. **19** Nr. 79.

Kann die aus dem zu Unrecht gelöschten Eintrag berechtigte Person gegenüber 57 dem gutgläubigen Erwerber des Eigentums oder eines dinglichen Rechtes am dienenden Grundstück die Wiedereintragung nicht durchsetzen, haftet ihr der Kanton gemäß Art. 955 für den daraus entstehenden Schaden. EBG **51** II 390 = Pr. **14** Nr. 167 (mit eingehenden Ausführungen über die Verjährung der Verantwortlichkeitsklage).

58 Die Löschung, welche bloß wegen des Fehlens oder eines Mangels der Zustimmungserklärung eines Drittberechtigten ungerechtfertigt ist, ist nur diesem gegenüber unwirksam. Der Dienstbarkeitsberechtigte selber, dessen Löschungsverfügung oder Löschungsbewilligung gültig war, sowie alle Drittberechtigten, deren Zustimmungserklärungen einwandfrei waren, bleiben an ihre Erklärungen gebunden. Wird die fehlende Zustimmungserklärung des abseits stehenden oder beiseite gelassenen Dritten nachträglich beigebracht oder erlischt dessen Recht, wird die Löschung allseitig wirksam.

59 Der relative Fortbestand des Rechtes, d.h. dessen Fortbestand bloß mit Bezug auf den Dritten, der nicht zugestimmt hat, ist eine unerwünschte, aber auch in anderen Rechtsverhältnissen unentbehrliche Erscheinung. So ist z.B. auch die Veräußerung oder Belastung des Grundstückes, welcher eine vorgemerkte Verfügungsbeschränkung (Art. 960) entgegensteht, nur relativ, d.h. mit Bezug auf den durch die Vormerkung geschützten Berechtigten unwirksam. Vgl. auch Art. 717, 924 Abs. 2, SchKG Art. 96 und 204.

60 Die Grundbuchberichtigungsklage steht nur dem Dritten, welcher der Löschung nicht zugestimmt hat, zu. WOLFF § 39 IV, S. 113; WESTERMANN H., Sachenrecht, 1. Aufl. 1951, S. 353. Wird die Klage auf Wiedereintragung der gelöschten Dienstbarkeit gutgeheißen, wird diese für alle Beteiligten wieder wirksam; sie kann auch vom Dienstbarkeitsberechtigten, der sie aufgegeben hatte, wieder ausgeübt werden. Sie muß von ihm u. U. ausgeübt werden, damit der Dritte, der die Wiedereintragung erwirkt hat, nicht beeinträchtigt ist, so z.B. wenn dessen Recht darin besteht, aus dem Brunnen auf dem berechtigten Grundstück Wasser zu beziehen und dieses Wasser aus dem dienenden Grundstück auf Grund der Dienstbarkeit, welche Gegenstand der Löschung ist, bezogen wird. N. 48 zu Art. 730.

61 Aber trotz der Wiedereintragung der Dienstbarkeit und trotz ihrer Ausübung kann der gültig und ohne ausdrücklichen oder stillschweigenden Vorbehalt der Zustimmung aller mittelbar berechtigten Dritten erklärte Verzicht doch wirksam bleiben, so daß der Eigentümer des belasteten Grundstückes den obligatorischen Anspruch auf die Erteilung der Löschungsbewilligung behält und ihn durchsetzen kann, wenn es ihm gelingt, die fehlende Zustimmungserklärung des Drittberechtigten zu erlangen.

62 Diese Ordnung gibt dem Dritten eine Macht über die Dienstbarkeit, die unverhältnismäßig stark ist, wenn sein Recht nicht die zu löschende Dienstbarkeit zum Objekt hat, sondern das herrschende Grundstück, also nur ein mittelbares Recht an der Dienstbarkeit ist. Auch wenn sein Interesse an der Aufrechterhaltung der Dienstbarkeit unverhältnismäßig gering ist, kann er die Löschung der Dienstbarkeit

verhindern oder deren Wiedereintragung erwirken. Er kann seine Zustimmung zur Löschung von einer übersetzten Gegenleistung abhängig machen. Der Eigentümer des herrschenden Grundstückes, den seine Löschungsbewilligung reut, kann die Erteilung der Zustimmung eines Dritten zu hintertreiben suchen. Das sind die mißlichen Praktiken, auf die DERNBURG in der zitierten Äußerung hingewiesen hat.

Solchen Mißbräuchen kann am besten dadurch entgegengewirkt werden, daß das 63 Erfordernis der Zustimmung verneint wird, wenn der Dritte an der Aufrechterhaltung der Dienstbarkeit nicht ein **praktisch erhebliches Interesse** hat. Das muß auch gelten für die Beurteilung der Grundbuchberichtigungslage eines Dritten.

III. Materiell berichtigende, formell rechtsgestaltende Löschungen

1. Löschung ungerechtfertigter Einträge (anfängliche Unrichtigkeit des Grundbuches) Art. 975

Ist die Dienstbarkeit zu Unrecht eingetragen worden, sei es, daß es an der 64 Legitimation zur Anmeldung fehlte, sei es, daß der Dienstbarkeitsvertrag nichtig war, kann jedermann, der durch die Eintragung in seinen dinglichen Rechten verletzt ist, auf Löschung des Eintrages klagen (Art. 975). Dazu sind der Eigentümer des belasteten Grundstückes und die Inhaber von beschränkten dinglichen Rechten an diesem Grundstück, denen die zu Unrecht eingetragene Dienstbarkeit im Range vorgeht, legitimiert. Durch die Löschung wird die Übereinstimmung des Grundbuches mit der materiellen Rechtslage hergestellt. Da der ungerechtfertigte Eintrag jedoch der Dienstbarkeit eine buchmäßige Existenz gibt, die sich zugunsten des gutgläubigen Erwerbers des herrschenden Grundstückes oder eines beschränkten dinglichen Rechtes an ihm zur materiellen Existenz erhebt, hat die Löschung in diesem Bereich rechtsgestaltende Wirkung. Sie vernichtet das Recht in seiner buchmäßigen Existenz.

Die nachträgliche Unrichtigkeit des Grundbuches ergibt sich aus dem außer- 65 grundbuchlichen Erwerb der Eigentumsfreiheit. Der Erwerber ist dann in der Regel selber zum Löschungsbegehren gemäß Art. 963 legitimiert. Es gibt jedoch auch Fälle, in denen der Erwerb der Eigentumsfreiheit von bestimmten Voraussetzungen des privaten Rechtes abhängig ist. Die verbindliche Feststellung ihrer Erfüllung kann im Streitfalle nur durch die Klage gegen den buchmäßigen Dienstbarkeitsberechtigten erwirkt werden. Zur Feststellungsklage N. 102 zu Art. 736. Auch diese Klage ist eine Grundbuchberichtigungsklage, auf welche der Art. 975 wenigstens analog anwendbar ist. HOMBERGER, N. 3 zu Art. 975. Mit dieser Klage wird z.B. der Untergang des Rechtes durch Verzicht des Berechtigten geltend gemacht, ferner der Untergang des Rechtes infolge des Erwerbes des belasteten Grundstückes ohne eine im Grundbuch eingetragene Dienstbarkeit durch Zuschlag in der Zwangsverwertung. N. 94 und 101, N. 102 zu Art. 736. Zu den weiteren Fällen der Grundbuchberichtigungsklage zur Behebung einer **nachträglich eingetretenen** Unrichtigkeit

Grunddienstbarkeiten

des Grundbuches siehe N. 94 und 101 hienach, N. 102 zu Art. 736 und N. 176 zu Art. 737.

2. Löschung von Einträgen, die infolge des außergrundbuchlichen Unterganges des materiellen Rechtes unrichtig geworden sind (nachträgliche Unrichtigkeit des Grundbuches).

a) Die Enteignung. Art. 731 N. 15ff.

66 Die Enteignung bewirkt den Untergang von Dienstbarkeiten:

α) Wenn sie die Dienstbarkeit selber zum Objekt hat und nicht deren Übertragung auf den Enteigner, sondern deren Aufhebung zum Ziel hat. Auf diesem Wege kann z.B. aufgehoben werden:

67 ein Baurecht oder Bauverbotsrecht an einem Grundstück, das die Gemeinde für die Erstellung eines Gebäudes des Verwaltungsvermögens gekauft hat;

68 ein privates Wasserbezugsrecht an dem von der Gemeinde für die öffentliche Wasserversorgung erworbenen Quellen- oder Quellenrechtsgrundstück;

69 ein Kiesausbeutungsrecht, wenn dies zum Schutze der Quellen einer öffentlichen Wasserversorgung nötig ist (Bern. WNG vom 3. Dezember 1950 Art. 115 betr. die Errichtung von Schutzzonen);

70 ein Platzrecht für die Kehrichtablagerung wird im Interesse des Naturschutzes, ein Wegrecht wird im Interesse der Sicherheit des Eisenbahnverkehrs aufgehoben;

71 die privaten Wasserrechte, welche der Ausübung der Wasserrechtskonzession entgegenstehen, werden durch Expropriation gemäß Art. 46 Eidg. WRG aufgehoben.

72 Der Untergang des Rechtes tritt ein mit der den Abschluß des Enteignungsverfahrens bildenden Auszahlung der Expropriationsentschädigung (Art. 731 N. 19) oder mit der Leistung des Naturalersatzes (Eidg. EntG Art. 10, 18).

73 β) Wenn das belastete Grundstück Objekt der Enteignung ist. Das Grundstück geht lastenfrei ins Eigentum des Enteigners über. Eidg. EntG Art. 91. Der Untergang der es belastenden Dienstbarkeiten ist die von Gesetzes wegen eintretende Wirkung der Expropriation. Die Dienstbarkeitsberechtigten werden in das Verfahren einbezogen und erhalten ihren Anteil an der Expropriationsentschädigung. Eidg. EntG Art. 21, 23, 24. EBG **102** Ib 173 = Pr. **65** Nr. 165.

74 Auch im Verfahren nicht angemeldete Rechte gehen unter. Der Dienstbarkeitsberechtigte ist auf den Entschädigungsanspruch verwiesen, den er in der nachträglichen Enteignung geltend machen kann (Eidg. EntG Art. 41) und auch muß geltend machen können, wenn die Enteignung nach kantonalem Recht durchgeführt wird; läßt das kantonale Recht ein solches Verfahren nicht zu, muß der Schadenersatzanspruch, wenigstens wenn und solange er nicht im Sinne von Art. 41 Eidg. EntG verwirkt ist, vor dem Zivilrichter eingeklagt werden können. Art. 731 N. 17. Eingetragene Dienstbarkeiten sind jedoch von Amtes wegen in das Verzeichnis der enteigneten Rechte aufzunehmen, so daß sie kaum je Gegenstand der nachträglichen Enteignung werden. Vgl. Eidg. EntG Art. 27.

Über den Untergang eines Fischereirechtes an einem privaten Gewässer, welches 75
vom Kanton expropriiert und so verwendet wurde, daß die Fischerei nicht mehr
ausgeübt werden konnte, vgl. den Entscheid der aarg. JDir. in der ZBGR **18,** S. 239f.
= SJZ **33,** S. 327.

Eine in das Enteignungsverfahren einbezogene Dienstbarkeit ist mit dem 76
Abschluß des Verfahrens untergegangen. Der Enteigner kann ihre Löschung von sich
aus, ohne die Zustimmung des Eingetragenen, der ja nicht mehr berechtigt ist, weil
sein Recht untergegangen ist, verlangen. Art. 963 Abs. 2; Eidg. EntG Art. 93. Das
ist selbstverständlich, hat aber in der Praxis dennoch Anlaß zur rechtlichen Auseinandersetzung gegeben. JKomm. Schwyz, ZBGR **14,** S. 265 = SJZ **30,** S. 233 =
WEISS, n. F. Nr. 5666. Im hievor zitierten aargauischen Entscheid wurde das
Löschungsbegehren nach Maßgabe des Art. 976 behandelt (nicht nach Art. 963
Abs. 2), wohl deshalb, weil das Fischereirecht nicht in die Enteignung einbezogen
worden war und tatsächlich nicht mehr ausgeübt werden konnte. Es heißt da: «Die
Grundbuchführer sollen darauf bedacht sein, das Grundbuch von ‹sinnlosen› Einträgen zu säubern, ansonst die Gefahr besteht, daß wir in einigen Jahren mit der
Grundbuchbereinigung von vorne beginnen müssen.»

Der Eintrag hat jedoch infolge Unterganges des Rechtes durch Enteignung 77
keineswegs jede rechtliche Bedeutung verloren (Art. 976). Er entfaltet weiterhin
seine Publizitätswirkung zugunsten des gutgläubigen Dritten. Erwirbt dieser das
Recht, die Grunddienstbarkeit als Erwerber des herrschenden Grundstückes, ist er
in diesem Erwerb geschützt; das Recht ist wieder materiell existent geworden und
kann nur durch nochmalige Enteignung zwangsweise aufgehoben werden. HAAB,
N. 33 zu Art. 656; LEEMANN, N. 15 zu Art. 734. Doch kann ein gutgläubiger Erwerb
schon vom Tage der öffentlichen Bekanntmachung der Planauflage an durch Vormerkung einer Verfügungsbeschränkung (Art. 960 Z. 3) unmöglich gemacht werden
(Enteignungsbann gemäß Art. 42f. Eidg. EntG). Art. 731 N. 82.

b) Enteignungsähnliche Tatbestände.

α) Umlegung von Bauland, Grenzbereinigungs- und Quartierplanverfahren. Art.
731 N. 22ff.

Neben der Herbeiführung einer für die Überbauung geeigneten Einteilung von 78
Bauland und der Aufschließung der so gebildeten Bauparzellen ist ein wesentlicher
Zweck dieser Verfahren, Dienstbarkeiten, welche einer rationellen Überbauung des
ganzen Grundstückkomplexes entgegenstehen, überflüssig zu machen und aufzuheben. Das bernische Dekret betr. die Umlegung von Baugebiet sagt in seinem § 13:
«Dienstbarkeiten, Vormerkungen und Anmerkungen, die eingeworfene Grundstücke belasten, werden auf Ersatzgrundstücke verlegt, wenn ihr Inhalt der Verlegung nicht entgegensteht; werden durch die Umlegung Grundbucheinträge gegenstandslos, so sind sie zu löschen.»

Der Untergang solcher Dienstbarkeiten tritt damit ein, daß der Umlegungs-, 79
Grenzbereinigungs- oder Quartierplan nach durchgeführtem Einsprache- und

Genehmigungsverfahren von der zuständigen Behörde als rechtskräftig erklärt wird. Die Eintragungen und Löschungen im Grundbuch werden von Amtes wegen auf Anordnung der zuständigen Behörde vorgenommen. Wie im Enteignungsverfahren der Enteignungsbann, kann hier die Vormerkung der Verfügungsbeschränkung oder auch bloß eine Anmerkung des Einbezuges in das Verfahren vorgesehen sein. Siehe z.B. § 8 des zitierten bernischen Dekretes.

Baugesetzlicher Zwang zur Ablösung einer Dienstbarkeit (Quellenrecht) durch den Eigentümer des belasteten Grundstücks (Zürich) EBG **36** I 676ff.

β) Öffentlich-rechtliches Güterzusammenlegungsverfahren.

Art. 731 N. 27ff. und NUSSBAUM H., Die Bodenverbesserungen, speziell die Güterzusammenlegungen und ihre Behandlung im Grundbuch, unter bes. Berücksichtigung der aargauischen Verhältnisse, ZBGR **9**, S. 193ff., 244ff. und **11**, S. 1ff.

80 Durch die Reduktion der Zahl der Parzellen auf einen Bruchteil und durch die Anlegung eines Netzes von Güterwegen kann ein großer Teil aller Servituten, namentlich der Wegrechte, überflüssig gemacht werden. Mit dem Inkrafttreten der Neuzuteilung gehen sie unter. Die grundbuchliche Behandlung, die auf amtliche Anordnung erfolgt, gibt dem neuen Rechtsbestand nur noch die mit der Publizitätswirkung ausgestattete Form. Thurg. ObG (RekKomm.) ZBGR **26**, S. 196; **27**, S. 221f. Über die davon abweichende zürcherische Regelung vgl. Art. 731 N. 27.

81 Dem landwirtschaftlichen Güterzusammenlegungsverfahren ist das Verfahren der Zusammenlegung von privaten und öffentlichen Waldungen zur Seite zu stellen, auf welches, wenn die Kantone nicht besondere Vorschriften aufstellen, die gleichen Bestimmungen Anwendung finden. Eidg. Forstpolizeigesetz in der Fassung vom 22. Juni 1945. Nicht aufgehoben, aber außer Übung gesetzt werden Walddienstbarkeiten, namentlich die Wegrechte, durch die Zusammenlegung von Privatwaldungen bloß zu gemeinsamer Bewirtschaftung und Benutzung im Sinne von Art. 26bis des Eidg. Forstpolizeigesetzes in der Fassung vom 22. Juni 1945.

c) Löschung auf Grund richterlichen Urteils. Art. 731 N. 29ff.

α) Ablösungsentscheid.

82 Das Urteil hat materiellrechtlich eine primär rechtsgestaltende Wirkung, da es nicht bloß der Realexekution einer obligatorischen Verpflichtung zur Erteilung der Löschungsbewilligung dient, sondern das Ablösungsrecht auf Grund gesetzlicher Vorschrift für den konkreten Fall bejaht und die Dienstbarkeit aufhebt. Art. 731 N. 31.

83 Dies trifft zu in den Fällen, in welchen die Dienstbarkeit bis zur Ablösung nicht nur formell, sondern auch materiell zu Recht besteht, während die sogenannte Ablösung durch den Richter gemäß Art. 736 (wenigstens gemäß Abs. 1) eine Dienstbarkeit zum Gegenstand hat, die mangels jeglichen Interesses überhaupt keinen materiellrechtlichen Bestand haben kann, so daß das Urteil im Bereich des materiellen Rechtsbestandes nur den Charakter eines Feststellungsurteils hat.

84 Ein gesetzlicher Ablösungsanspruch kann dem Eigentümer des belasteten Grund-

stückes in der kantonalen Gesetzgebung aus Gründen des öffentlichen Wohls gegeben sein. Vor welcher Instanz der Anspruch geltend zu machen ist, bestimmt sich nach den speziellen Erlassen, welche die Ablösung ordnen. Es kann der ordentliche Zivil- oder Administrativrichter, ein Spezialgericht oder Schiedsgericht sein.

Von Bundesrechts wegen sind die Kantone verpflichtet, die Ablösung «von auf öffentlichen Waldungen und auf privaten Schutzwaldungen lastenden Dienstbarkeiten und Rechten auf Nebennutzungen, welche sich mit einer guten Waldwirtschaft nicht vertragen», zu ordnen. Eidg. Forstpolizeigesetz Art. 12. **85**

Als ablösbar sind in einzelnen Kantonen noch ausdrücklich die Rechtsverhältnisse erklärt worden, welche unter den Begriff der Pflanzen-, insbes. der Waldsuperficies fallen. Dies sind Erscheinungen des geteilten Eigentums, nämlich des Eigentums am bestehenden und sich erneuernden Baum- und Holzbestand auf fremdem Grundstück. Sie sind viel verbreiteter, als gemeinhin angenommen wird. Dieses Rechtsverhältnis kann nicht mehr begründet werden. Art. 678 Abs. 2; SchlT Art. 45 mit dem mißverständlichen Marginale «aufgehobene Rechte». Um im Grundbuch eingetragen werden zu können, muß es umgewandelt werden in ein Dienstbarkeitsverhältnis, kraft dessen die Liegenschaft mit einem umfassenden Beholzungsrecht belastet wird. Eine solche Dienstbarkeit braucht nicht zu den waldschädlichen Servituten im Sinne des zitierten Art. 12 Eidg. FPG zu gehören. Einzelne Kantone haben die Ablösbarkeit des Eigentums an Bäumen auf fremden Boden festgelegt. Es seien genannt: das bernische Gesetz über den Loskauf von Eigentums- und Nutzungsrechten an Bäumen vom 24. Oktober 1849 sowie der § 251 des schwyzerischen EGzZGB. LIVER P., Exkurs über die Pflanzensuperficies in «Rechtsgeschichte der Landschaft Rheinwald», 1936 (auch Diss. Bern 1936); LIVER P., Zur Geschichte und Dogmatik des Eigentums an Bäumen auf fremdem Boden in der Schweiz, Festschrift K.S. Bader, 1965, in Abh. z. schweiz. u. bündn. Rechtsgeschichte, S. 271ff.; CARONI Pio, El derecho de superficie en el derecho suizo, Rivista del derecho privado, 1974; FORNI F.F., La superficie delle piantagioni, Diss. Bern 1946; GANZONI R., Beitrag zur Kenntnis des Waldeigentums in Graubünden, Diss. Bern 1954. **86**

Weitere Dienstbarkeiten, auf deren Ablösung (Loskauf) ein gesetzlicher Anspruch bestehen kann, sind die Fischenzen. Bernisches Gesetz über die Bereinigung und den Loskauf der Fischenzrechte vom 14. Dezember 1865 und dazu ZBJV **49**, S. 283, sowie GMÜR R., Die Abgrenzung des Fischereiregals von den privaten Fischenzen im Kanton Bern, Diss. Bern 1949 (Abh. z. schweiz. Recht n.F. 263). **87**

Erinnert sei auch an die Aufhebung der Tavernenrechte im Kanton Bern gegen Entschädigung «aus Billigkeit» durch Gesetz vom 4. Mai 1879 und an die Gemeinatzung in Graubünden, deren Ablösbarkeit verfassungsmäßig gewährleistet ist (KV Art. 42 Abs. 2, EGzZGB 1944 Art. 159). Doch ist weder das Tavernenrecht noch das Recht der gemeinen Atzung eine Dienstbarkeit. Das erstere ist ein Realprivileg (Einl. N. 128), das letztere eine gewohnheitsrechtlich entstandene, **88**

Grunddienstbarkeiten

gesetzlich anerkannte Eigentumsbeschränkung an allen privaten Grundstücken zugunsten der Gemeinde.

β) Clausula rebus sic stantibus.

89 Die Aufhebung einer Dienstbarkeit durch richterliches Urteil auf Grund der clausula rebus sic stantibus ist nur innert den Schranken des Art. 736 möglich. Darüber ist in den Erläuterungen zu diesem Artikel zu sprechen. Dagegen ist hier auf die Ausführungen in N. 243 der Einleitung hinzuweisen. Danach kann die clausula rebus sic stantibus auf die mit der Dienstbarkeit verbundene Verpflichtung des Dienstbarkeitsberechtigten zu positiven Leistungen zur Anwendung kommen, wenn infolge einer unerträglichen Steigerung der zur Erfüllung der Verpflichtung erforderlichen Aufwendungen ein Mißverhältnis zwischen Leistung und Gegenleistung entstanden ist, das nicht vorausgesehen werden konnte. EBG **45** II 386, Erw. 5 = Pr. **8** Nr. 139 = ZBGR **6**, S. 26ff. Dieser Sachverhalt kann eine Herabsetzung der Leistung des Dienstbarkeitsberechtigten rechtfertigen. Die darauf gerichtete Klage kommt nur in Betracht, wenn der Dienstbarkeitsberechtigte an seinem Recht festhält. Wenn er es aufgeben wollte, um von seinen Verpflichtungen befreit zu werden, brauchte er nur auf es zu verzichten.

γ) Zusprechung der Dienstbarkeitsfreiheit.

90 Hat sich der Dienstbarkeitsberechtigte zur Löschungsverfügung oder zur Erteilung der Löschungsbewilligung obligatorisch verpflichtet, kann auf Erfüllung dieser Verpflichtung geklagt werden. Dies ist eine Leistungsklage. N. 26 hievor. Der Anspruch kann aber auch mit einer Gestaltungsklage durchgesetzt werden, und zwar gestützt auf Art. 665 Abs. 1. Mit der Gutheißung dieser Klage wird dem Kläger die Freiheit von der Dienstbarkeit zugesprochen, was bedeutet, daß die Dienstbarkeit durch richterliches Urteil aufgehoben wird. Aufgehoben ist sie wenigstens dann, wenn der Kläger der Eigentümer des belasteten Grundstückes ist, was regelmäßig, aber nicht ausnahmslos zutrifft (N. 18 hievor). Dieser kann auf Grund des rechtskräftigen Urteils (GBVo Art. 18; Art. 731 N. 38/39) die Löschung von sich aus, gemäß Art. 963, verlangen. Die Löschung hat dann hinsichtlich des materiellen Rechtsbestandes lediglich berichtigende Funktion. Das Urteil hat, da es eine obligatorische Verpflichtung realiter vollzieht, im Unterschied vom Ablösungsurteil nicht eine primäre, sondern eine sekundäre, weil bloß exekutive Gestaltungskraft. Vgl. über die Unterscheidung Art. 731 N. 30/31.

91 Im allgemeinen ist das Leistungsurteil der Sachlage besser angemessen als das Gestaltungsurteil, namentlich dann, wenn die Klage nur unter der Bedingung der Erbringung der vereinbarten Gegenleistung oder der Beibringung der erforderlichen Zustimmungserklärungen zugesprochen werden kann. Vgl. Art. 731 N. 35–37.

d) Zwangsverwertung. Art. 731 N. 41f.

92 Mit dem Zuschlag in der Zwangsversteigerung erwirbt der Ersteigerer das Grundstück mit den Rechten und Lasten, die sich aus dem Lastenverzeichnis, welches Bestandteil der Steigerungsbedingungen ist, ergeben. SchKG Art. 135. Die auf dem

Grundstück ruhenden Lasten sind vor der Versteigerung durch einen Auszug aus dem Grundbuch zu ermitteln (SchKG Art. 140, VZG Art. 28, 34).

Ist das Lastenverzeichnis unvollständig, sei es, daß der Grundbuchauszug unvollständig ist oder daß er im Lastenverzeichnis nicht genau wiedergegeben ist, erhebt sich die Frage, ob eine nicht verzeichnete Dienstbarkeit, welche der Eintragung bedarf und im Grundbuch eingetragen ist, durch den gutgläubigen Erwerb mit dem Zuschlag untergeht. Diese Frage ist nach der herrschenden Lehre zu bejahen. JAEGER, Komm., N. 2 zu Art. 135 und N. 14 zu Art. 138; BLUMENSTEIN, Handbuch, S. 478; LEEMANN, Die Bedeutung der Lastenbereinigung bei der Zwangsverwertung von Grundstücken, SJZ **18,** S. 37f. EBG **40** III 403 = Pr. **4** Nr. 30. **93**

Der Ersteigerer kann die Löschungsbewilligung verlangen. Aber er ist nicht zum Löschungsbegehren gemäß Art. 963 legitimiert, weil er das Grundstück nur dann ohne die eingetragene Dienstbarkeit erworben hat, wenn er gutgläubig war, was von dem als Inhaber des Dienstbarkeitsrechtes Eingetragenen bestritten werden kann. Er muß gegen diesen auf Berichtigung des Grundbuches klagen. Das ist einer der in N. 65 hievor erwähnten Fälle der Klage auf Berichtigung des nachträglich unrichtig gewordenen Grundbuches. Der Berichtigungsanspruch kann durch Vormerkung einer vorläufigen Löschung gemäß Art. 961 Z. 1 gesichert werden. **94**

Solange die Löschung nicht erfolgt ist, besteht die Grunddienstbarkeit formell weiter, so daß sie zugunsten des gutgläubigen Erwerbers des herrschenden Grundstückes gemäß Art. 973 materiell wirksam wird, wenn das eidgenössische Grundbuch eingeführt oder das kantonale Grundbuch ihm im Sinne von Art. 46 SchlT gleichgestellt ist. LEEMANN, a. a. O., S. 38. **95**

Die kritische Bemerkung von HAAB, Probleme der Revision des SchKG, ZSR n. F. **44** (1925), S. 310ff., hinsichtlich des Unterganges nicht eingetragener (altrechtlicher) Dienstbarkeiten sind besonders für den vorliegenden Fall beachtlich; denn der Verlust einer eingetragenen Dienstbarkeit infolge Versehens des Grundbuchführers oder des Betreibungsbeamten ist für den Berechtigten eine schwerlich zu rechtfertigende Härte, die durch den Schadenersatzanspruch auf Grund von Art. 955, insbesondere aber auf Grund von Art. 5/6 SchKG nicht immer behoben werden kann. Es ist auch zu berücksichtigen, daß Fehler in der Ausstellung von Auszügen aus dem Grundbuch in den Kantonen mit ganz primitiven Grundbucheinrichtungen leicht vorkommen können und entschuldbar sind. Am besten trifft die Kritik HAABS auf die in N. 41 zu Art. 731 erwähnte Begründung von Dienstbarkeiten durch den Erwerb des dienenden Grundstückes in der Zwangsverwertung auf Grund des Lastenverzeichnisses zu. Vgl. auch zürcher. ObG, BlZR **24** Nr. 132. **96**

Über den Untergang nicht eingetragener Dienstbarkeiten in der Zwangsverwertung siehe NN. 161–166 und 212–224 hienach.

Über das Recht des Grundpfandgläubigers, in der Zwangsverwertung die Löschung einer Dienstbarkeit mit schlechtem Rang zu verlangen, wenn das Angebot **96a** für die Liegenschaft mit dieser Last zu seiner Befriedigung nicht ausreicht (Art. 812 Abs. 2, SchKG Art. 142, VZG Art. 56, 104), vgl. Einleitung N. 49.

FORNI Rolando, Servitù e realizzazione dei fondi, Studi in onore di Peter LIVER (1972) p. 54ss.

e) Der Verzicht auf die Dienstbarkeit.

97 Wie von der Verpflichtung zur Errichtung der Dienstbarkeit die Verpflichtung, die Benutzung des Grundstückes in einer dem Inhalt einer Dienstbarkeit entsprechenden Weise als obligatorische Befugnis zu dulden, unterschieden werden muß (Art. 732 N. 32ff., 97ff.), so muß auch unterschieden werden zwischen dem Verzicht des Berechtigten für seine Person, die Dienstbarkeit auszuüben, und dem Verzicht auf das dingliche Recht selber. Nur dieser letztere kommt hier in Betracht. Er ist sodann zu unterscheiden von der Verpflichtung, die Dienstbarkeit löschen zu lassen oder die Bewilligung zu ihrer Löschung zu erteilen. Auf Grund dieser Verpflichtung kann die Dienstbarkeit auch als materielles Recht bis zur Löschung weiterbestehen und ausgeübt werden. Siehe N. 8 und 15 hievor. Der Verzicht, von dem hier die Rede sein soll, ist der Verzicht auf die Dienstbarkeit als Verfügung des Berechtigten über sein Recht. Er vernichtet das Recht materiell, so daß es nur formell weiterbesteht. Als Verfügung hat den Verzicht auch qualifiziert EB **69** II 65 = Pr. **32** Nr. 95, S. 242 und **86** II 424 = Pr. **50** Nr. 44, S. 130; **95** II 612 und 617.

98 Wird der Verzicht nicht dem Grundbuchamt gegenüber in der der Anmeldung zur Löschung entsprechenden Form oder dem Eigentümer des belasteten Grundstückes gegenüber in der Form der Löschungsbewilligung erklärt, begründet er nur einen Anspruch auf Berichtigung des Grundbuches. Da er als Verfügung den Untergang des materiellen Rechtes herbeiführt, ist das Grundbuch dadurch unrichtig geworden.

99 Der Eigentümer des belasteten Grundstückes ist jedoch zum Löschungsbegehren gemäß Art. 963 nicht legitimiert, weil die Gültigkeit der Verzichtsverfügung bestritten werden kann und bestritten werden können muß.

100 Wirksam ist der Verzicht, wenn immer er vom Berechtigten bedingungslos und vorbehaltlos erklärt worden ist, und zwar ist die Erklärung gültig, ohne daß sie eine bestimmte Form hat. Der Verzichtswille kann auch durch konkludentes Verhalten in eindeutiger und gültiger Weise zum Ausdruck kommen.

101 Aber die Löschung der Dienstbarkeit kann, wenn weder ein Löschungsbegehren noch eine Löschungsbewilligung vorliegt, nur auf Grund des Urteils erfolgen, welches die Grundbuchberichtigungsklage gutheißt. Dies ist der zweite der in N. 65 hievor namhaft gemachten Fälle der nachträglichen Unrichtigkeit des Grundbuches, in denen die Grundbuchberichtigungsklage gegeben ist. (Der erste ist unter N. 94 hievor, der dritte unter N. 102 zu Art. 736 behandelt.)

102 Im Urteil des ObG Solothurn vom 19. Dezember 1949, ZBGR **32**, S. 38f., ist im Gegensatz dazu gesagt, die Verzichtserklärung (sie war in diesem Falle schriftlich gegenüber der Amtsschreiberei abgegeben worden) begründe nur die obligatorische

Verpflichtung, zur Löschung des Rechtes (der Nutznießung) Hand zu bieten. Erst die Löschung bewirke den formellen Untergang des Rechtes. Wenn aber die Löschung nur den formellen Untergang des Rechtes bewirkt, muß dieses materiell durch den Verzicht untergegangen sein; der Verzicht kann dann nicht bloß einen obligatorischen Anspruch auf Erteilung der Löschungsbewilligung begründet haben, was auf den Verzicht als Verfügung über das Recht ohnehin nicht zutreffen kann. Das wird auch anerkannt von LEEMANN, N. 8 und 9 zu Art. 748; WIELAND, Bem. 3a zu Art. 748.

Aus der Praxis sind mehrere Fälle anzuführen, in denen auf Grund der jeweiligen 103 besonderen Umstände ein bestimmtes Verhalten des Dienstbarkeitsberechtigten als konkludent für den Verzichtswillen betrachtet und der Verzicht demgemäß als wirksam erkannt wurde. Der Verzicht kann insbesondere «in der Zustimmung zu solchen Veränderungen liegen, welche die Ausübung der Grundgerechtigkeit verhindern». DERNBURG, Bürgerl. Recht III (1904), S. 515f., mit reicher Kasuistik. EBG **95** II 611f., bespr. ZBJV **107** (1971) S. 95. Vgl. auch MEISNER-RING, Bayr. Nachbarrecht[4] (1951), S. 503f.; MEISNER-STERN-HODES, Nachbarrecht des Bundesgebietes[5] (1970), S. 717ff. Siehe die Verzichtstatbestände in N. 218–226 zu Art. 737 und N. 129 zu Art. 738.

Ein Verzicht zugunsten des Dienstbarkeitsberechtigten wurde darin gesehen, daß 104 dieser das Recht während längerer Zeit nicht mehr ausgeübt, sich an den Kosten des Unterhaltes der Dienstbarkeitsanlage (Abwasserleitung) nicht mehr beteiligt hatte und sich nun gegen deren Einforderung verwahrte. Bern. AppH, ZBJV **62**, S. 222 = ZBGR **7,** S. 230f.

Der Dienstbarkeitsberechtigte hat den Geldwert der Leistung (Verpflichtung zur 105 Erstellung einer Fahrstraße, welche nicht erfüllt wurde) eingeklagt und zugesprochen erhalten. «Er hat somit selber die Verbindlichkeit in Geldersatz umgewandelt und damit implicite auf die Naturalleistung verzichtet.» «Liegt aber eine Grunddienstbarkeit vor, so besteht dieselbe formell allerdings, da sie bis heute noch nicht gelöscht wurde, zu Recht, und ein gutgläubiger Dritter könnte sie gegen den Beklagten zweifellos im Hinblick auf den Eintrag im Grundbuch geltend machen.» Zürcher ObG 30. April 1924, BlZR **24** Nr. 132. Diese Erwägungen sind richtig und überzeugend. Vgl. auch EBG **73** II 27ff. = Pr. **36** Nr. 54. (Die Frage, ob die Verpflichtung, einen Fahrweg zu erstellen, den Inhalt einer Grunddienstbarkeit bilden könne, ist hier nicht zu erörtern; siehe Art. 730 N. 154, 202ff.; Art. 732 N. 35.)

Ein Verzicht auf eine Gewerbebeschränkung (das verkaufte Grundstück sollte zu 106 keiner anderen Ausübung eines Gewerbes benutzt werden dürfen als zu derjenigen des Schmiedehandwerkes, vgl. dazu Art. 730 N. 6ff.) wurde darin gesehen, daß der Dienstbarkeitsberechtigte eine seinem Recht widersprechende Benutzung des dienenden Grundstückes während langer Zeit geduldet hatte, ohne dagegen Einsprache zu erheben. KtG Graubünden, ZivUrt. **1912** Nr. 8, S. 166ff. Es ist jedoch fraglich, ob

Grunddienstbarkeiten

in diesem Fall mit Recht so entschieden wurde, doch war hier der Untergangsgrund der usucapio libertatis nach dem kantonalen CGB gegeben.

107 Zuzustimmen ist dem folgenden, vom zürcher. ObG in seinem Urteil vom 1. Juli 1924 in der ZBGR **14**, S. 71ff. (Urteile des Einzelrichters, Obergerichtes und Kassationsgerichtes) niedergelegten Grundsatz: «Das widerspruchslose Verhalten eines Berechtigten gegenüber gewissen Veränderungen, welche die Ausübung seines Rechtes erschweren, oder die Nichtausübung des Rechtes während längerer Zeit, können nur dann als Verzichtserklärung aufgefaßt werden und damit rechtsgeschäftliche Bedeutung gewinnen, wenn die Umstände unzweideutig auf diese Absicht hinweisen und eine andere Auslegung als ausgeschlossen oder zum mindesten als höchst unwahrscheinlich anzusehen ist.» Ähnlich hatte sich das zürcher. KassG in einem Urteil vom 3. Juli 1920 ausgesprochen, ZBGR **6**, S. 169 = SJZ **17**, Nr. 87, S. 121. ObG Luzern, Max. X Nr. 470 = ZBGR **40** (1979) Nr. 54, S. 355f., **39** (1958) Nr. 31, S. 218f.

In der Gestattung der Verbauung eines Wegrechtes kann der Verzicht auf dieses liegen. Vgl. dazu N. 59–61 zu Art. 733; N. 221 zu Art. 737. Eine ablehnende Haltung gegenüber dem Verzicht, aber ohne Begründung, scheint aus EBG **85** II 186 hervorzugehen. Vorsicht und Zurückhaltung, wie sie im Urteil des zürch. KassG (hievor) zum Ausdruck komt, empfiehlt auch Spiro, S. 145 Anm. 12.

108 Auch die Unterlassung der Baueinsprache gegen ein Projekt, dessen Ausführung eine Dienstbarkeitsverpflichtung verletzt, ist für sich allein nicht als Verzicht auf die Dienstbarkeit zu qualifizieren. Das Recht aus der Dienstbarkeit kann in dieser Hinsicht nicht anders behandelt werden als das Recht aus einer gesetzlichen Eigentumsbeschränkung. Wird dieses durch die Erstellung eines Bauwerkes, das über die Grenze hinüberragt (Art. 674) oder in den gesetzlichen Grenzabstand hineinragt (Art. 685 Abs. 2), verletzt, fällt es nicht dahin, wenn der Verletzte nicht rechtzeitig Einsprache erhoben hat. Es kann weiterhin mit der actio negatoria geltend gemacht werden. Das ergibt sich aus Art. 674 Abs. 3. Kantonale Bestimmungen über die Verwirkung der Klage als Folge der Unterlassung der Baueinsprache sind, soweit sie dieser Vorschrift widersprechen, ungültig. Haab, N. 17 zu Art. 685/86; Herter O., Baubewilligung und Baueinsprache nach zürcherischem Recht, Diss. jur. Zürich 1941, S. 110ff.

109 Dem Überbauenden kann jedoch, wenn es die Umstände rechtfertigen und er sich in gutem Glauben befindet, gegen angemessene Entschädigung das dingliche Recht auf den Überbau zugewiesen werden. Art. 674 Abs. 3. Dieser Grundsatz, der auch im Art. 673 ausgesprochen ist, ist m.E. auch auf die entsprechende Verletzung einer Dienstbarkeit analog anwendbar. In Deutschland war die Frage kontrovers. Für die analoge Anwendung (gegen ältere Urteile des RG und Planck-Strecker, Erl. 1c zu § 912) von Tuhr, Jherings Jb **46**, S. 43ff.; Biermann, Komm., Bem. 3b und 3c zu § 912; Heck, Sachenrecht, § 19 Z. 3, § 51 Z. 5; Wolff, § 55 I 1. Dem widerspricht EBG **83** II 201 = Pr. **46** Nr. 18, aber mit unzulänglicher Begründung unter Beru-

fung auf antiquierte Äußerungen in der Literatur und längst aufgegebener deutscher Praxis (ZBJV **95**, S. 28ff.). Siehe N. 203ff. zu Art. 737 und N. 85 zu Art. 742.

Daraus folgt, daß die Unterlassung der Baueinsprache zwar die Klage des Dienstbarkeitsberechtigten auf Beseitigung der widerrechtlich erstellten Baute unter den genannten Voraussetzungen und Umständen scheitern läßt, aber nicht als Verzicht aufzufassen ist, welcher den Untergang des verletzten Rechtes (in seinem materiellen Bestand) bewirken würde. 110

Auch die ausdrückliche Zustimmung des Dienstbarkeitsberechtigten zur Ausführung eines bestimmten Bauprojektes, welches im Widerspruch zu seinem Recht steht, hat nur als Verzicht auf die Ausübung der Dienstbarkeit zu gelten, wenn nicht bestimmte Anhaltspunkte für einen Verzicht auf das Recht selber vorliegen. Dieser Verzicht ist nur für das Bauprojekt, zu dem die Zustimmung erteilt wurde, wirksam. Kommt es nicht zur Ausführung, fällt er dahin; wird die Baute wieder beseitigt und ein neues Bauprojekt aufgestellt, steht dem Dienstbarkeitsberechtigten wieder die Befugnis zur Einsprache zu. Ein neues Urteil des Bundesgerichts (**103** II 326 = Pr. **67** Nr. 71 = ZBGR **60** [1979] S. 58ff.) läßt die Unterlassung der Einsprache gegen Verletzung des Grenzabstandes, der durch das Gesetz oder durch eine Dienstbarkeit festgelegt sein kann, als Verzicht auf dieses Recht gelten. Dies kann nur unter ganz besonderen Umständen richtig sein. Siehe dazu meine Bespr. ZBJV **115** (1979) S. 255, zeugt aber immerhin von einer freieren Würdigung des Verzichtstatbestandes. Siehe zur Anwendung der «klassischen Verschweigungsregel» Spiro II, S. 1460. 111

Wird die gegen ein Bauprojekt erhobene Einsprache zurückgezogen, liegt darin der Verzicht auf die Ausübung der Dienstbarkeit, der nicht widerrufen werden kann. Aber er ist nur in dem Umfange wirksam, welcher sich aus dem Bauprojekt ergibt. Gegen eine Erweiterung des Gebäudes, welche gegen die Dienstbarkeitsverpflichtung verstößt, steht dem Dienstbarkeitsberechtigten die actio confessoria zu, da die Dienstbarkeit nicht untergegangen ist. So das luzernische ObG am 19. September 1946, Maximen **9**, S. 344 = ZBGR **29**, S. 131f. Vgl. auch Aarg. Vjschr. **32** S. 19. Siehe zum Verzicht auch N. 218ff. zu Art. 737, N. 129 zu Art. 738 und N. 87ff. zu Art. 741; Liver P., Der Verzicht auf beschränkte dingliche Rechte und auf den Miteigentumsanteil, Festschrift für Walter Hug, 1968; Grammatikas G., Théorie générale de la renonciation en droit civil, Paris 1971; Ranieri F., Rinuncia e Verwirkung, 1971 (Cedam). 112

IV. Sowohl materiell als auch formell bloß berichtigende Löschungen

1. Untergang des berechtigten oder des belasteten Grundstückes

Der vollständige Untergang des Grundstückes hat den Untergang des Grundeigentums zur Folge. Art. 666 und dazu Haab, N. 4 und 5. 113

Verschwinden, zu einem Nichts werden, kann eine Liegenschaft, d.h. der durch

Grunddienstbarkeiten

eine Bodenfläche mit bestimmbaren Grenzen in seiner horizontalen Ausdehnung festgelegte Teil des Erdkörpers und Luftraumes, nicht. Vgl. GBVo Art. 1 Abs. 2. Aber ein Grundstück ist er nur, solange er eine Sache im Rechtssinne ist. Eine Sache ist er nur als ein Gut, ein Gegenstand der menschlichen Bedürfnisbefriedigung. Er hört auf, Sache zu sein, wenn er aus dem Bestande der Güterwelt ausscheidet, also zur Befriedigung eines Bedürfnisses der Menschen nicht mehr benutzt werden kann. In diesem Sinne geht die Liegenschaft unter, wenn ihr Land vom Ufer abgerissen und durch das Wasser weggetragen wird, oder wenn das Ufergrundstück oder Inselgrundstück dauernd unter Wasser gesetzt und damit zu einem Bestandteil des Gewässergrundstückes geworden ist; wenn der Boden des Grundstückes durch einen Bergsturz verschüttet, wenn das benutzbare Land des Grundstückes in die Tiefe des Wildbaches stürzt oder abgleitet. Bedeutende Teile der Kulturfläche in Berggegenden sind so im Laufe der Zeiten verlorengegangen und gehen immer noch verloren.

114 Geht das dienende Grundstück unter, ist es selbstverständlich, daß mit ihm die Dienstbarkeiten untergehen. Sie bestehen weiter, solange sie noch auf einem Teil der Liegenschaft ausgeübt werden können; ist diese aber vollständig untergegangen, sind auch sie erloschen.

115 Geht das herrschende Grundstück unter, ist die Ausübung der Dienstbarkeit, wenn sie eine Grunddienstbarkeit ist, ebenfalls unmöglich geworden. Auch das ist selbstverständlich, wenn die Grunddienstbarkeit eine Dienstbarkeit «zum Vorteil» des herrschenden Grundstückes ist. Das ZGB hat zwar das Erfordernis, daß die Grunddienstbarkeit mit dem Eigentum am herrschenden Grundstück im Sinne der Utilität verbunden sein müsse, welche sich aus der Natur dieses Grundstückes ergibt, preisgegeben. Art. 730 N. 103ff. Aber die Grunddienstbarkeit muß doch wenigstens vom herrschenden Grundstück aus, für dessen Benutzer und Bewohner, ausgeübt werden können. Ist das, weil dieses Grundstück untergegangen ist, nicht mehr möglich, und zwar für alle absehbare Zeit nicht, ist auch die Dienstbarkeit untergegangen. Untergang der Dienstbarkeit infolge Dereliktion des herrschenden Grundstücks vorn N. 20 zu Art. 730, hiernach N. 135ff. und N. 84ff. zu Art. 741.

116 Über die grundbuchliche Behandlung untergegangener Liegenschaften siehe HAAB, N. 5 zu Art. 666.

2. Unmöglichkeit der Ausübung

117 Ist die Ausübung der Dienstbarkeit für alle absehbare Zeit unmöglich geworden, ist die Dienstbarkeit untergegangen. Auch der Untergang des belasteten oder des berechtigten Grundstückes ist nur einer der Anwendungsfälle dieses Grundsatzes, freilich der eindeutigste. Ist die Ausübung der Dienstbarkeit unmöglich geworden, hat diese für den Berechtigten alles Interesse verloren; der Belastete kann nach Art. 736 die Löschung auf dem Wege der «Ablösung durch den Richter» verlangen.

118 Ist aber die Unmöglichkeit der Ausübung eine feststehende, unbestreitbare Tatsache, bedarf es der «Ablösung durch den Richter» nicht. Der Eintrag hat

dann jede rechtliche Bedeutung verloren. Art. 976. Der Grundbuchverwalter kann auf Begehren des Belasteten den Eintrag löschen und den aus ihm berechtigten Personen die Anfechtung beim Richter überlassen. Vgl. auch die §§ 84–89 der deutschen Grundbuchordnung.

Die tatsächliche Unmöglichkeit der Ausübung der Dienstbarkeit ist ein selbständiger Untergangsgrund. Er muß als solcher, nicht nur als ein Fall behandelt werden können, welcher unter den Art. 736 (Wegfall des Interesses an der Dienstbarkeit) fällt. Ebenso, vermeintlich gegen mich, PIOTET, S. 555 Anm. 28. **119**

Es ist freilich geboten, den Eigentümer des belasteten Grundstückes auf Art. 736 zu verweisen, wenn die tatsächliche Unmöglichkeit nicht feststeht, sondern des Beweises bedarf. Der bern. RR hat sich in zwei Entscheiden auf die folgenden Äußerungen OSTERTAGS (N. 1 zu Art. 976) gestützt: Bedeutungslosigkeit des Eintrages liegt nur vor, «wenn das Recht in einer für den Grundbuchführer erkennbaren, namentlich urkundlich zweifelsfrei nachweisbaren Weise untergegangen ist und der Eintrag keine, also auch keine bloß formale Bedeutung mehr hat». MBVR **14** Nr. 161, S. 453 = ZBGR **6**, S. 156f.; MBVR **19** Nr. 115, S. 315 = ZBGR **10**, S. 27f. Das ist richtig. Aber allzu eng darf dieser Grundsatz nicht ausgelegt werden. **120**

So darf ein Weiderecht unbedenklich gemäß Art. 976 gelöscht werden, wenn das belastete oder das berechtigte Grundstück ins Baugebiet einer Ortschaft gefallen und mit städtischen Gebäuden vollständig überbaut ist; ein Beholzungsrecht darf gelöscht werden, wenn das dienende Grundstück gerodet und überbaut ist. Diese den Untergangsgrund bildenden Tatsachen müßten übrigens auch aus den Grundbuchplänen ersichtlich sein. Ein Quellenrecht, das, wie jede Dienstbarkeit, das ganze Grundstück belastet, aber nach dem Dienstbarkeitsvertrag nur ausgeübt werden kann zur Fassung einer bestimmten Quelle oder zur Nutzung eines sich bloß auf eine Teilfläche des Grundstückes erstreckenden Wasservorkommens ist auf Begehren des Grundeigentümers der Ausübung nach auf diesen Teil der Liegenschaft zu beschränken, so daß ihm die Nutzung der übrigen Fläche freigestellt ist. EBG **91** II 191 = Pr. **54** Nr. 148. Vgl. dazu N. 130 zu Art. 736 und N. 19 und 26 zu Art. 744. **121**

Ist dagegen die Ausübung nicht endgültig unmöglich geworden, ist die Dienstbarkeit nicht untergegangen. N. 94 zu Art. 736. Eine Gebäudedienstbarkeit wie die servitus stillicidii recipiendi (Last der Dachtraufe), tigni immittendi, oneris ferendi ist nicht untergegangen, wenn das Gebäude auf dem Nachbargrundstück, zu dessen Vorteil die Dienstbarkeit besteht, zerstört worden ist; denn es kann früher oder später wieder erstellt werden, womit auch die Dienstbarkeit wieder ausgeübt werden kann. Rep. Giur. **1943** (VI, 2), p. 84 ss.; ZBJV **49**, S. 356ff. = ZBGR **6**, S. 140ff., wo hervorgehoben wird, daß die «zugunsten des Hauses» errichtete Dienstbarkeit zum Vorteil des Grundstückes besteht und dessen jeweiligem Eigentümer zusteht. Vgl. dazu N. 94 zu Art. 736. Zur Aussichtsdienstbarkeit N. 92 und 130 zu Art. 736, N. 22 zu Art. 739 und N. 22 zu Art. 744. **122**

3. Wegfall des Zweckes, besonders infolge gesetzlicher Beschränkung des Eigentums

123 Ist die Ausübung des Quellenrechtes wegen Versiegens der Quelle, des Kiesausbeutungsrechtes wegen Erschöpfung des Kiesvorkommens unmöglich geworden, kann der Belastete die Löschung nicht auf Grund von Art. 976 verlangen, da er sich auf einen Untergangsgrund beruft, der des Beweises bedürftig ist. Er muß nach Art. 736 vorgehen.

124 Auch der Wegfall des Zweckes einer Dienstbarkeit kann ein Untergangsgrund sein, der verschieden ist von der Unmöglichkeit der Ausübung. OGH Liechtenstein, ZBGR **45** (1964) Nr. 33, S. 235ff.

125 Der Tränkeweg über ein bestimmtes Grundstück ist zwecklos geworden, nachdem die Tränke so verlegt wurde, daß der Weg zu ihr für den Berechtigten gar nicht mehr über das bisher belastete Grundstück führt. Das Wegrecht ist deshalb untergegangen, sofern die Verlegung der Tränke eine endgültige ist und nicht mehr rückgängig gemacht werden kann. Der «Kirchweg» und der «Schulweg» haben ihren Zweck verloren, nachdem die Kirche und das Schulhaus abgebrochen wurden und an anderer Stelle neu gebaut worden sind, zu welcher der Weg nicht über die belasteten Grundstücke führt. Sind dies unbestreitbare und endgültige Tatsachen, darf die Löschung auf Grund von Art. 976 erfolgen. Zu enge RR Bern, MBVR **14**, S. 453ff. = ZBGR **6**, S. 156f. = SJZ **13**, S. 235, **19** Nr. 53 = SJZ **18**, S. 10. Der Wegfall jeglichen Interesses würde danach die Dienstbarkeit nicht untergehen lassen, sondern dem Eigentümer des belasteten Grundstückes nur einen persönlichen Anspruch auf die Löschungsbewilligung geben. Siehe dagegen N. 176/77 zu Art. 736.

126 Als untergegangen wurde ein Wegrecht auf Grund des folgenden Sachverhaltes erklärt: Durch den Bau eines Bahndammes wurde eine Liegenschaft durchschnitten und dem Eigentümer ein Wegrecht mit dem einzigen Zweck der Verbindung der beiden Parzellen eingeräumt. Das Bedürfnis nach einer solchen Verbindung fiel dahin, nachdem die eine der beiden Parzellen die Hand gewechselt hatte und mit einer Vereinigung in der gleichen Hand nicht zu rechnen war. Aarg. ObG, Aarg. Vjschr. **31** Nr. 27, S. 97 = ZBGR **13**, S. 96ff. Ob das Gericht die Löschung auf Grund von Art. 976 für gegeben erachtete oder die Klage des Belasteten für notwendig hielt, ist im Urteil nicht gesagt, da die SBB klagten; doch war es eher letzterer Auffassung, und zwar mit Recht.

126a Ist der ursprüngliche Zweck der Dienstbarkeit endgültig weggefallen, hat der Belastete den Anspruch auf Löschung. Dieser Anspruch kann nicht mit der Begründung abgelehnt werden, daß die Dienstbarkeit inzwischen infolge der Änderung der Wegverhältnisse (Bau einer neuen Straße) an Stelle des alten einen neuen Zweck erhalten habe. Der EBG **81** II 189ff. = ZBGR **38** (1957) Nr. 74, S. 406 scheint mir deshalb nicht richtig zu sein. Zustimmung verdient dagegen EBG **92** II 89 = Pr. **55**

Nr. 133 = ZBGR **48** Nr. 46, S. 238. Bespr. ZBJV **103** S. 10ff. und **104** S. 22ff. (Bierkeller einer endgültig aufgegebenen Brauerei in Urnäsch), ObG Zürich, ZBGR **47** (1966) Nr. 11, S. 65ff. Siehe auch N. 155 zu Art. 736.

Ob eine Dienstbarkeit wegen Wegfalles ihres Zweckes untergehe, wenn gesetzliche Eigentumsbeschränkungen zustande kommen, deren Inhalt sich mit demjenigen der Dienstbarkeit deckt, ist eine Frage, die sich auch bei der Begründung von Dienstbarkeiten stellt und dahin geht, ob die inhaltliche Identität mit einer gesetzlichen Eigentumsbeschränkung der Dienstbarkeit die Existenzberechtigung nehme, so daß ihr das Grundbuch zu verschließen sei. Wir haben sie in den NN. 93ff. zu Art. 730 behandelt und verweisen darauf. 127

Die Frage ist grundsätzlich zu verneinen. 128

Dies gilt besonders mit Bezug auf die öffentlich-rechtlichen Eigentumsbeschränkungen, am unbedingtesten mit Bezug auf die bloß mittelbar gesetzlichen. Zu diesen gehören die Baubeschränkungen, welche sich aus Bebauungsplänen, Baulinienplänen, Quartierplänen und sog. Sonderbauvorschriften ergeben. Eine Dienstbarkeit am Nachbargrundstück, welche dessen Eigentümer die gleichen Beschränkungen auferlegt, hat einmal deshalb ihre eigene Bedeutung und Wirkung, weil sie unverändert fortbesteht, während die Bebauungspläne und ihre Bestandteile als solche leicht abgeändert werden und von ihnen Ausnahmen bewilligt werden können, sodann auch deshalb, weil das Dienstbarkeitsrecht ein subjektes Recht ist, das im Zivilprozeß durchgesetzt werden kann, während die Bebauungspläne und Bauvorschriften dem an ihrer Durchsetzung interessierten Grundeigentümer kein subjektives Recht geben, sondern seine Interessen nur schützen, soweit sie von den zuständigen Behörden von Amtes wegen durchgesetzt werden, worauf kein Rechtsanspruch eines Privaten besteht. Art. 730 N. 96; Art. 733 N. 24.

Größere Stabilität haben die unmittelbaren Eigentumsbeschränkungen des öffentlichen Rechtes, die Beschränkungen also, welche sich unmittelbar aus einer allgemeinverbindlichen Norm des öffentlichen Rechtes ergeben. Aber es liegt im Wesen des öffentlichen Rechtes, insbesondere des Verwaltungsrechtes, daß es den sich wandelnden öffentlichen Interessen und Bedürfnissen immer wieder angepaßt wird. Auch diesen Eigentumsbeschränkungen gegenüber behält die Eigentumsbeschränkung aus einer Servitut ihre Bedeutung sowohl um ihrer größeren Stabilität wie um des Rechtsschutzes willen. 129

So kann einzig durch eine Eigentumsbeschränkung des privaten Rechtes mit ihrer großen Beständigkeit die Eigentumsbeschränkung aus einer Servitut möglicherweise ersetzt und überflüssig gemacht sein. Doch gilt das auch nur für die sich unmittelbar aus der allgemeinverbindlichen Norm ergebenden Eigentumsbeschränkungen. Wir haben uns deshalb in N. 94 zu Art. 730 auf den Standpunkt gestellt, daß die Eintragung der Dienstbarkeit, daß nicht näher als 3,5 m an die Grenze gebaut werden dürfe, abzulehnen sei, wenn das kantonale Baugesetz den Grenzabstand auf 3,5 m festlege, und zwar durch eine privatrechtliche Vorschrift, 130 also eine Vorschrift, aus welcher sich für den Grundeigentümer ein privates subjektives Recht auf Einhaltung des Grenzabstandes ergibt. Daß eine solche Vorschrift des kantonalen Rechtes im Sinne der Verringerung des Grenzabstandes geändert werde, ist ja wirklich höchst unwahrscheinlich, während entsprechende von einer Gemeinde aufgestellte Vorschriften (zu deren Erlaß waren die Gemeinden im Kanton Bern zuständig) dagegen keine Gewähr bieten. Eine solche Abänderung ist zwar ebenso unwahrscheinlich, wenn eine Norm des kantonalen öffentlichen Rechtes in Frage steht. Dennoch kann diese der privatrechtlichen Vorschrift nicht gleichgestellt werden, weil die Baupolizeibehörde Ausnahmen von ihr bewilligen kann und weil dem Interesse des Grundeigentümers an ihrer Durchsetzung der Rechtsschutz fehlt.

131 Wenn eine Dienstbarkeit, deren Inhalt sich deckt mit dem Inhalt einer unmittelbaren gesetzlichen Eigentumsbeschränkung des kantonalen privaten Rechtes, nicht eingetragen werden kann, weil an ihr kein Interesse besteht, folgt daraus, daß, wenn sie eingetragen ist, der Eintrag keine rechtliche Bedeutung hat. Die Löschung kann gemäß Art. 976 erfolgen, wobei jeder Beteiligte jedoch anfechtungsberechtigt ist. Zum Löschungsbegehren ist der Eigentümer des belasteten Grundstückes legitimiert. Er wird die Löschung jedoch kaum je verlangen, weil sie für ihn keinen Vorteil hat. So werden solche Löschungen fast nur im Grundbucheinführungs- oder Bereinigungsverfahren erfolgen.

132 Die Baubeschränkungen aus einer Dienstbarkeit bestehen und entfalten ihre Wirkung unabhängig von baupolizeilichen Verfügungen. Bestehen sie z.B. darin, daß ein bestimmter Grenzabstand eingehalten werden muß, und wird die Baubewilligung für die Erstellung eines Gebäudes mit geringerem Grenzabstand erteilt, sei es als Ausnahmebewilligung oder weil der öffentlich-rechtliche Grenzabstand geringer ist, wird dadurch das Recht aus der Grunddienstbarkeit nicht berührt; es kann durchgesetzt werden, auch wenn infolgedessen von der erteilten Baubewilligung kein Gebrauch gemacht werden kann.

133 Besteht die Grunddienstbarkeit dagegen in einem Näherbaurecht (Art. 680 Abs. 2), kann die Befugnis zu ihrer Ausübung dadurch aufgehoben werden, daß durch die Festsetzung eines öffentlich-rechtlichen Grenzabstandes oder einer Baulinie ein Näherbauen verboten wird. Daß dies zulässig ist, kann nicht zweifelhaft sein. Es könnte sich jedoch die Frage erheben, ob der Dienstbarkeitsberechtigte einen Anspruch auf Schadenersatz gegen die Gemeinde habe, weil sein Recht nicht nur einer Beschränkung unterworfen wird wie das Grundeigentum im allgemeinen, sondern praktisch wertlos gemacht wird. Gegenüber der Anerkennung eines Schadenersatzanspruches ist gleichwohl Zurückhaltung am Platz, schon damit sich die Grundeigentümer nicht einen ungerechtfertigten Vorteil verschaffen können, indem sie sich im Hinblick auf die bevorstehende Baulinienplanung gegenseitig Näherbaurechte einräumen und so die Durchführung der Baulinienpläne sehr erschweren; gegen die Anerkennung eines Rechtes auf Schadenersatz spricht die Überlegung, daß jede Grunddienstbarkeit eine inhaltliche Erweiterung des Eigentums am herrschen-

den Grundstück ist (Art. 730 N. 37 und 50), so daß ihre (praktische) Aufhebung als Beschränkung des Eigentums am herrschenden Grundstück aufgefaßt werden kann. Vgl. zur Aufhebung von Näherbaurechten durch Baulinienpläne die in der ZBGR **25**, S. 94ff. zusammengestellten Beschlüsse aus der Praxis des aarg. RR, ferner den Entscheid des zürcher. RR in der ZBGR **25**, S. 85f. = ZblStGV **42**, S. 225.

Eine Löschung des Näherbaurechtes gemäß Art. 976 wird der Eigentümer des belasteten Grundstückes in diesen Fällen nicht verlangen können, weil bei der Festsetzung einer Baulinie noch nicht sicher ist, daß diese später nicht abgeändert oder aufgehoben wird.

4. Dereliktion des berechtigten Grundstückes

Daß die Dereliktion des belasteten Grundstückes alle an ihm bestehenden beschränkten dinglichen Rechte bestehen läßt, so daß das Eigentum am Grundstück durch Aneignung nur mit diesen Lasten erworben werden kann, wurde in den NN. 22ff. der Einleitung dargelegt. Das ist allgemein anerkannt.

Kontrovers ist dagegen in der Literatur die Frage, ob die Dereliktion des herrschenden Grundstückes den Untergang der dem jeweiligen Eigentümer dieses Grundstückes zustehenden Dienstbarkeiten herbeiführe.

Als Untergangsgrund käme entweder der mit der Dereliktion bekundete Verzicht des Dienstbarkeitsberechtigten oder der Erwerb der Dienstbarkeitsfreiheit seitens des Eigentümers des belasteten Grundstückes durch Aneignung in Betracht. Sowohl das eine wie das andere ist in der Literatur zum gemeinen Recht vertreten worden.

Für den Untergang der Grunddienstbarkeit haben sich ausgesprochen: Elvers, Servitutenlehre, S. 98, und die weiteren von Windscheid-Kipp, I § 215 Anm. 3, S. 1093 zitierten Autoren, ferner Grosso (Grosso G. e Dejana G., Le servitù prediali, 1951), p. 166, die von ihm zitierten italienischen Autoren und Barbero D., La legitimazione ad agire in confessoria e negatoria servitutis, 2ª ed. 1950, p. 67; abweichend Messineo, p. 167ss. n. 6 und 85. Hievor N. 115; N. 20 zu Art. 730.

Dagegen ist es in Deutschland herrschende Lehre, daß die Grunddienstbarkeit durch Dereliktion des berechtigten Grundstückes nicht untergehe: Windscheid-Kipp, I § 215 Anm. 3, S. 1093, sowie für das BGB S. 1097; Jhering, Passive Wirkungen der Rechte, in seinem Jb X, S. 408ff. und Ges. Abh. II 195f., 229ff. (Der dauernde Zweck soll den Untergang verhindern); von Tuhr, Allg. Teil des BGB I, S. 77, II 1, S. 42 Anm. 39ª; Planck-Brodmann, Erl. 4 zu § 928; Biermann, Erl. 2c zu § 928. Mit dieser Auffassung werden namentlich die Interessen desjenigen gewahrt, der das Grundstück durch Aneignung erwirbt. Zur Aneignung ist nach § 928 BGB Abs. 2 ausschließlich der Fiskus des Landes, auf dessen Gebiet das Grundstück liegt, berechtigt.

Nach unserem Recht wird das Grundstück durch die Dereliktion herrenlos mit der Wirkung, daß jedermann zu seiner Aneignung berechtigt ist. Diese Wirkung kann das kantonale Recht dadurch ausschließen, daß es die Aneignung nur mit

Grunddienstbarkeiten

Bewilligung der zuständigen Behörde zuläßt. Auch kann nach dem kantonalen Recht der Übergang des Eigentums am Grundstück auf den Kanton oder auf die Territorialgemeinde die Folge der Dereliktion sein. Desinteressiert sich dagegen der Kanton am Schicksal des derelinquierten Grundstückes, indem er es der freien Aneignung durch jedermann überläßt, halte ich den Untergang der mit dem früheren Eigentum an diesem Grundstück subjektiv dinglich verknüpften Rechte, insbesondere also der Grunddienstbarkeiten, für gegeben. Ebenso PIOTET, S. 570. Siehe auch N. 84ff. zu Art. 741.

141   Das Grundstück kann dauernd herrenlos bleiben, weil niemand es sich aneignet. Es wäre dann nicht zu rechtfertigen, daß der Eigentümer des belasteten Grundstückes an die Einhaltung der Dienstbarkeitsverpflichtungen gebunden bliebe, obwohl ihm ihre Verletzung nicht verboten werden könnte und kein Dienstbarkeitsberechtigter da ist, der dagegen Einsprache erheben könnte. Der Eigentümer des belasteten Grundstückes hätte nicht die Möglichkeit, auf vertraglichem Wege die Aufhebung oder Abänderung oder Verlegung der Dienstbarkeit zu erreichen. Er wäre also schlechter gestellt, als wenn das herrschende Grundstück nicht derelinquiert wäre. Würde er aber entgegen der Dienstbarkeitsverpflichtung auf seinem Grundstück bauliche Anlagen erstellen oder beseitigen, könnte von ihm die Wiederherstellung des früheren Zustandes verlangt werden, wenn nach noch so langer Zeit ein Dritter sich das herrschende Grundstück aneignen würde. Das sind Konsequenzen, welche mir die Auffassung, daß die Grunddienstbarkeiten trotz der Dereliktion des herrschenden Grundstückes weiterbestehen und wirksam bleiben, unannehmbar erscheinen läßt.

Die Bestellung eines Beistandes durch die Vormundschaftsbehörde für den nicht existierenden Eigentümer des herrschenden Grundstückes (LEEMANN, N. 13 zu Art. 666) ist ein Ausweg, aber keine sachgemäße Lösung. Aus welchen sachlichen Erwägungen sollte der Beistand entscheiden können, ob er die Löschungsbewilligung erteilen oder verweigern solle?

142   Wenn auch die Dereliktion des herrschenden Grundstückes bloß die Löschung des Eigentumseintrages, nicht auch der Grunddienstbarkeitseinträge zur Folge hat, steht doch deren Löschung der Wille des Derelinquierenden nicht entgegen. Dieser verzichtet zweifellos mit der Aufgabe des Eigentums auch auf die mit diesem verbundenen Rechte. Dieser Verzicht wird aber ohne den Antrag auf deren Löschung formell nicht wirksam. Der Eigentümer des belasteten Grundstückes kann jedoch die Löschung verlangen, und zwar gestützt auf Art. 976, da der Verzicht des früheren Grundeigentümers eine aus dem Grundbuch selber sich ergebende Verfügung ist.

143   Aber auch wenn diese Auffassung abgelehnt würde, müßte dem Eigentümer des belasteten Grundstückes doch das Recht zuerkannt werden, sich der Dienstbarkeit durch Aneignung der Dienstbarkeitsfreiheit zu entledigen, indem er die Löschung im Grundbuch verlangt. Dafür haben wir uns schon in der Einleitung ausgespro-

chen. Siehe daselbst N. 24. JHERING verlangt Okkupation des herrschenden Grundstücks in s. Jb X S. 444f. (gegen BÖCKING und ELVERS), in den Ges. Abh. II S. 229f.

Der in Deutschland herrschenden Lehre haben sich angeschlossen: LEEMANN, 144
N. 12 zu Art. 666; HAAB, N. 13 zu Art. 666.

5. Ablauf der Dauer, für welche das Recht begründet worden ist
Art. 730 N. 82.

Mit dem Ablauf seiner Dauer erlischt das Recht. Die zeitliche Begrenzung muß 145
auch aus dem Eintrag durch Angabe der Dauer oder durch einen Hinweis auf den
Beleg offenkundig gemacht werden. Art. 731 N. 65.

Ist die Dauer des Rechtes abgelaufen, hat der Eintrag jede Bedeutung verloren. 146
Auch durch den Erwerb des herrschenden Grundstückes kann die Grunddienstbarkeit keine Wirkung erlangen, da ein Eintrag, der die Grundlage des gutgläubigen
Erwerbs der Dienstbarkeit, unter der Voraussetzung, daß aus ihm die Befristung
hervorgeht, nicht besteht. Der Eigentümer des belasteten Grundstückes kann die
Löschung gemäß Art. 976 verlangen.

Ist die Zeitdauer im Eintrag angegeben, sollte die Löschung von Amtes wegen, 147
entsprechend der Löschung einer Vormerkung (GBVo Art. 72 Abs. 1 und 76
Abs. 1), vorgesehen sein.

6. Das eingetragene nicht eintragungsfähige Recht

Ist ein Recht als Dienstbarkeit eingetragen, das der Eintragung nicht fähig ist, sei 148
es seines Inhaltes wegen (Art. 732 N. 82ff., 91ff.), sei es deshalb, weil seine Bedingtheit die Eintragung ausschließt (Art. 730 N. 62ff.) oder sei es, daß der Wille der
Parteien bloß auf die Begründung eines obligatorischen Rechtes gerichtet war
(Art. 732 N. 34), ist das Grundbuch unrichtig, und zwar im Sinne der anfänglichen
Unrichtigkeit (N. 64 hievor).

Aber der Eintrag unterscheidet sich von den Einträgen, die ein eintragungsfähi- 149
ges Recht zum Gegenstand haben, aber ungerechtfertigt sind, weil für sie der
Ausweis über das Verfügungsrecht oder über einen gültigen Rechtstitel fehlte. Er
hat keine Publizitätswirkung. Der im Fehlen der Eintragungsfähigkeit liegende
Mangel kann auch dem gutgläubigen Erwerber des herrschenden Grundstückes
entgegengehalten werden. Die Löschung hat auch formell bloß berichtigende Wirkung. EBG **103** II S. 183. Dazu ZBJV **115** (1979) S. 258f.

Gleichwohl kann der Eigentümer des belasteten Grundstückes die Löschung nur 150
mit der Grundbuchberichtigungsklage durchsetzen, weil die Beurteilung der Eintragungsfähigkeit die Auslegung des Dienstbarkeitsvertrages und von Vorschriften des
materiellen Rechtes verlangt und deshalb dem Richter vorbehalten sein muß. N. 92
zu Art. 731.

Ob die Gutheißung der Grundbuchberichtigungsklage dem Beklagten, der das 151
herrschende Grundstück erworben hat, einen Schadenersatzanspruch gegenüber

Grunddienstbarkeiten

dem Kanton gibt, obwohl sein Vertrauen auf die Richtigkeit des Grundbuches ungerechtfertigt war, ist eine Frage, die hier nicht zu erörtern ist.

7. Gesetzliche Aufhebung

152 Daß die Aufhebung von Dienstbarkeiten die unmittelbare Wirkung einer gesetzlichen Vorschrift ist, trifft glücklicherweise nur ganz selten zu. Die Dienstbarkeiten sind wohlerworbene Rechte, die unter dem Schutze der Eigentumsgarantie stehen und deshalb auch gegenüber dem Gesetzgeber Bestand haben müssen. Das Gesetz kann die fernere Begründung von Dienstbarkeiten, die mit seinen Grundsätzen nicht vereinbar sind, ausschließen; aber es kann solche Dienstbarkeiten, wenn sie gültig zustande gekommen sind, nicht entschädigungslos aufheben, auch nicht, wenn dies im öffentlichen Interesse läge (Art. 731 N. 149). Nur soweit die Ausübung einer Dienstbarkeit mit Vorschriften unvereinbar ist, welche «um der öffentlichen Ordnung und Sittlichkeit willen» aufgestellt sind (SchlT Art. 2), kann das Gesetz sie entschädigungslos aufheben.

153 Dennoch haben sich Fälle ergeben, in denen gesetzliche Eigentumsbeschränkungen die Unmöglichkeit der Ausübung von Dienstbarkeiten und damit praktisch deren Aufhebung zur Folge gehabt haben. Ein Beispiel dafür ist in N. 133 hievor (Näherbaurecht) namhaft gemacht. Andere Beispiele dafür sind Wasserrechte, welche hinfällig wurden, weil Gewässer, die bis dahin dem privaten Recht unterstanden, durch Gesetz als öffentliche Sachen erklärt wurden (EBG **48** I 594 = Pr. **12** Nr. 80) oder weil Grundwasservorkommen durch die kantonale Gesetzgebung als öffentliche Gewässer erklärt wurden (EBG **55** I 397 = Pr. **19** Nr. 64).

8. Teilung des berechtigten oder des belasteten Grundstückes

154 Die Dienstbarkeit geht dadurch zwar nie unter, aber der Eigentümer einer durch die Teilung entstandenen Parzelle kann unter den Voraussetzungen des Art. 743 oder des Art. 744 die Löschung gemäß Art. 976 verlangen. Siehe die Ausführungen zu den genannten Artikeln.

V. Untergang nicht eingetragener Dienstbarkeiten

155 **1. Im allgemeinen.** Besteht eine Dienstbarkeit, ohne im Grundbuch eingetragen zu sein, ist Art. 734 nicht anwendbar. Siehe N. 1 und 3 hievor. Der Untergang kann sich nur außergrundbuchlich vollziehen.

156 Die Dienstbarkeit geht unter:

a) mit der Durchsetzung der obligatorischen Verpflichtung des Dienstbarkeitsberechtigten, sein Recht aufzugeben (N. 15ff. hievor);

b) aus allen den Gründen, welche auch den Untergang der eingetragenen Dienstbarkeit so bewirken, daß die Löschung sowohl materiell als auch formell nur mehr eine bloß berichtigende Funktion hat (Ziff. IV hievor);

c) aus den Gründen, welche für die eingetragenen Dienstbarkeiten bloß den materiellen Untergang bewirken, so daß die Löschung im Bereich des materiellen Rechtsbestandes nur berichtigende, im Bereich des formellen Rechtsbestandes aber gestaltende Bedeutung hat (Ziff. III 2 hievor). Aus diesen Gründen geht die nicht eingetragene Dienstbarkeit schlechthin unter, da sie einen bloß formellen Rechtsbestand überhaupt nicht hat.

2. Erwerb des belasteten Grundstücks durch den gutgläubigen Dritten

a) im allgemeinen.

157 Aus dem absoluten Eintragungsprinzip folgt die negative Rechtskraft des Grundbuches. Soweit dingliche Rechte nur durch die Eintragung entstehen können, bestehen sie nicht, wenn sie nicht eingetragen sind (Art. 971). Wenn das Eintragungsprinzip lückenlos und richtig durchgeführt ist, ist das Grundbuch hinsichtlich der diesem Prinzip unterworfenen Rechte vollständig und richtig. Darauf muß man vertrauen können und kann man vertrauen, wenn das Grundbuch ein eidgenössisches oder ein diesem in der Wirkung gleichgestelltes kantonales Grundbuch (Art. 46 SchlT) ist.

158 Dieses Vertrauen muß geschützt werden, wenn einmal der Fall eintritt, daß ein dingliches Recht zu Unrecht eingetragen wurde, oder der seltenere Fall, daß ein dingliches Recht zu Unrecht gelöscht wurde. In diesen Fällen kommt die materielle Publizität des Grundbuches zur Geltung. Art. 973. Sie kommt als positive Rechtskraft zur Geltung, indem der gutgläubige Dritte das Grundstück vom eingetragenen Veräußerer zu Eigentum erwirbt, obwohl dieser nicht Eigentümer war, und indem er ein herrschendes Grundstück mit dem zu Unrecht eingetragenen subjektiv-dinglichen Recht erwirbt (wobei der Eintrag auf dem Blatt des belasteten Grundstückes maßgebend ist, N. 56 zu Art. 731). Die materielle Publizität des Grundbuches kommt als negative Rechtskraft zur Geltung, indem der gutgläubige Dritte das Grundstück ohne die Last erwirbt, welche im Grundbuch zu Unrecht gelöscht worden war, infolgedessen also noch bestand. Diese Last ist damit untergegangen.

159 Viel zahlreicher sind die Fälle der materiellen Unrichtigkeit des Grundbuches (in denen allein die materielle Publizität des Grundbuches wirksam werden kann) im Bereich des relativen Eintragungsprinzips, also hinsichtlich des außergrundbuchlichen Eigentumserwerbs (Art. 656 Abs. 2), der außergrundbuchlichen Entstehung und des außergrundbuchlichen Unterganges von dinglichen Rechten. In Betracht kommen unter diesem Gesichtspunkt nur Rechte, die zu ihrer Entstehung der Eintragung nicht bedürfen, die der Erwerber aber eintragen lassen kann (Art. 963 Abs. 2). Nur eintragungsfähige Rechte können in den Bereich des relativen Eintragungsprinzips fallen. Für den Geltungsbereich der Publizitätswirkung des Grundbuches ist die Frage von maßgebender Bedeutung, ob diese Wirkung sich auch auf die dem relativen Eintragungsprinzip unterstellten Rechte erstrecke. Diese Frage ist zu bejahen. HOMBERGER, N. 20 zu Art. 973; OSTERTAG, N. 6 zu Art. 973; HAAB, N. 33

Grunddienstbarkeiten

zu Art. 656; LEEMANN, N. 29 zu Art. 656. Die besondere Bedeutung der über den Geltungsraum des (absoluten) Eintragungsprinzips hinausreichenden Publizitätswirkung des Grundbuches für die Dienstbarkeiten und Grundlasten hebt hervor JENNY Franz, Der öffentliche Glaube des Grundbuches, S. 96f.

160 Daraus folgt, daß ein außergrundbuchlich entstandenes eintragungsfähiges, aber nicht eingetragenes beschränktes dingliches Recht untergeht, wenn das belastete Grundstück von einem Dritten im Vertrauen auf die Vollständigkeit des Grundbuches, also gutläubig, erworben wird. EBG **82** II 103ff., bespr. ZBJV **94**, S. 48; Aarg. GVP 1964 Nr. 5, S. 24ff.

b) im Zwangsverwertungsverfahren.

161 In N. 41 zu Art. 731 und N. 92ff. hievor wurde ausgeführt, daß der Ersteigerer in der Zwangsvollstreckung das Grundstück mit den Rechten und Lasten erwirbt, welche sich aus dem Lastenverzeichnis, das Bestandteil der Steigerungsbedingungen ist, ergeben. Das Lastenverzeichnis hat da die Publizitätsfunktion des Grundbuches. Der Erwerber wird in seinem Vertrauen auf die Richtigkeit und Vollständigkeit des Lastenverzeichnisses geschützt. Ist er gutgläubig, erwirbt er das Grundstück ohne die bestehenden, aber im Lastenverzeichnis nicht erscheinenden Lasten. Diese gehen damit unter.

162 Sind solche Lasten im Grundbuch nicht eingetragen, entfällt die bedenkliche Möglichkeit einer Diskrepanz zwischen Grundbuch und Lastenverzeichnis, auf welche in N. 96 hievor hingewiesen wurde. Das Recht, das im Lastenverzeichnis fehlt, fehlt ja auch im Grundbuch. Hier beansprucht das Lastenverzeichnis wenigstens keine stärkere Publizitätswirkung als das Grundbuch. Das gilt indessen nur, wenn das Grundbuch das eidgenössische oder ein diesem in der Wirkung gleichgestelltes kantonales Grundbuch (SchlT Art. 46) ist.

163 Ist das Grundbuch dagegen ein kantonales Grundbuch, dem die Wirkung zugunsten des gutgläubigen Dritten versagt ist (SchlT Art. 48), trifft dies nicht zu, da das Lastenverzeichnis diese Wirkung hat; ob es sie verdient, mag fraglich sein, da das Lastenbereinigungsverfahren nicht die gleiche Gewähr für die Zuverlässigkeit der Feststellung bestehender Rechte bietet wie das Grundbuchbereinigungsverfahren.

164 Von den im Grundbuch nicht eingetragenen Dienstbarkeiten nennt Art. 29 VZG ausdrücklich die unter dem früheren kantonalen Recht entstandenen Dienstbarkeiten, die noch nicht in die öffentlichen Bücher eingetragen sind. Das sind Rechte, die nach dem ZGB eingetragen werden müssen, also dem absoluten Eintragungsprinzip unterstellt sind, aber nicht eingetragen sind. Sie können gegenüber dem gutgläubigen Erwerber des Grundstückes nicht mehr geltend gemacht werden, wenn sie im Lastenbereinigungsverfahren nicht angemeldet worden sind.

165 Diese Wirkung des Lastenverzeichnisses schließt Art. 29 VZG aus, «soweit es sich um Rechte handelt, die auch nach dem ZGB ohne Eintragung in das Grundbuch dinglich wirksam sind». «Dinglich wirksam» sind alle dinglichen Rechte. Gemeint sind aber offenbar die Rechte, welche nach dem ZGB auch dem gutgläubigen

Erwerber des belasteten Grundstückes gegenüber weiterbestehen, obgleich sie im Grundbuch nicht eingetragen sind. Von den seit 1912 begründeten Rechten wird dazu das Durchleitungsrecht gezählt, wenn die Leitung äußerlich wahrnehmbar ist (Art. 676 Abs. 3), gleichgültig ob es das gewillkürte oder das gesetzliche Durchleitungsrecht ist. Ist die Leitung nicht äußerlich wahrnehmbar, so gehört die gewillkürte Durchleitungsservitut nicht hieher, da sie dann zu ihrer Begründung der Eintragung bedarf.

Das gesetzliche Durchleitungsrecht dagegen bedarf zu seiner Entstehung der Eintragung auch nicht, wenn die Leitung äußerlich nicht wahrnehmbar ist, kann aber eingetragen werden. Ob es, wenn es nicht als Last verzeichnet ist, trotzdem vom gutgläubigen Ersteigerer des belasteten Grundstückes übernommen werden muß, oder ob es untergeht, hängt gemäß Art. 29 Abs. 3 VZG davon ab, ob sich die Publizitätswirkung des Grundbuches, die sich, wie hievor festgestellt wurde, über den Bereich des absoluten Eintragungsprinzips hinaus entfaltet, auf dieses Recht erstreckt, was in einem folgenden Abschnitt zu prüfen ist. **166**

3. Das gewillkürte Durchleitungsrecht. Art. 676 Abs. 3

Die Dienstbarkeit entsteht, wenn die Leitung äußerlich wahrnehmbar ist, mit der Erstellung der Leitung. Die natürliche Publizität der körperlichen Erscheinung des Grundstückes ersetzt die buchmäßige Publizität, aber nur diese, nicht auch den Rechtstitel, der regelmäßig in einem Vertrag besteht. Dieser bedarf der in Art. 732 vorgeschriebenen Form der einfachen Schriftlichkeit. Art. 731 N. 9ff. Nachdem die Dienstbarkeit entstanden ist, kann der Berechtigte sie von sich aus gemäß Art. 963 Abs. 2 in das Grundbuch eintragen lassen. Dann liegt eine eingetragene Dienstbarkeit vor, die mit der Löschung des Eintrages untergeht. **167**

Läßt der Berechtigte die Dienstbarkeit jedoch nicht eintragen, geht sie mit der Verwirklichung jedweden materiellen Untergangsgrundes unter. Für einen solchen Grund wird auch der Untergang der Leitung gehalten. Weil das Durchleitungsrecht mit der Erstellung der Leitung entsteht, meint man, es müsse mit der Beseitigung der Leitung untergehen. WIELAND, Bem. 9 g zu Art. 676; HAAB, N. 11 zu Art. 676; LEEMANN, N. 18 zu Art. 734. Dieser Schluß ist aber nicht zwingend und überhaupt nicht richtig. **168**

Die Beseitigung der Leitung kann der Löschung des Eintrages nicht gleichgestellt werden, ganz abgesehen davon, daß auch die Löschung den Untergang des Rechtes nur bewirkt, wenn sie gerechtfertigt ist. Der Abbruch oder die Zerstörung der Leitung kann nach dem ZGB das Leitungsrecht so wenig vernichten, als nach den Gesetzbüchern, welche die servitutes apparentes vom Eintragungszwang ausnahmen, die Beseitigung der Anlagen oder Vorrichtungen, durch welche die Dienstbarkeit in Erscheinung tritt, den Untergang des Rechtes bewirkte. Nach § 700 (249) des zürch. PrGB gingen die Grunddienstbarkeiten «durch die Beseitigung der Anstalt unter, wenn dieselbe entweder sich auf einen Vertrag oder auf einen anderen auf Aufhe- **169** bung gerichteten Rechtstitel stützt, oder auch ohne solchen, wenn dieselbe nicht innert zehn Jahren wieder hergestellt worden ist; sind solche Dienstbarkeiten im Grundprotokoll eingetragen, so gewährt der Vertrag oder der Nichtgebrauch nur einen Titel auf Löschung zugunsten des Eigentümers des dienenden Grundstückes». Dem liegt der richtige Gedanke zugrunde, daß die Beseitigung der Leitung nicht als bloße Tatsache, sondern nur als Ausdruck des Verzichtswillens des Berechtigten die Bedeutung eines Untergangsgrundes haben kann. So auch TOBLER E. Th., Die dinglichen Rechte des ZGB dargestellt am Beispiel der Leitungen, Berner Diss. 1953, S. 90ff.

170   Wird also die Leitung durch Naturgewalt zerstört oder vom Berechtigten abgebrochen, um durch eine andere ersetzt zu werden, besteht das Durchleitungsrecht weiter. Nur wenn der Abbruch mit dem Willen des Berechtigten erfolgt, die Durchleitung aufzugeben, geht die Dienstbarkeit unter. Hat der Dienstbarkeitsberechtigte alles Interesse an seinem Recht verloren, kann ihm dieses vom Richter gemäß Art. 736 aberkannt werden. Daß das Gesetz den Untergang durch Verjährung der Dienstbarkeit ausgeschlossen hat, ist ein Fehler, der aber als Wille des Gesetzgebers hingenommen werden muß.

171   Würde die Beseitigung der Leitung den Untergang der Dienstbarkeit bewirken, könnte der Berechtigte ihn verhindern, indem er vorher die Eintragung vornehmen ließe, was in seinem Belieben steht. Da der Bestand der Dienstbarkeit unabhängig von der Eintragung ist, kann die Unterlassung der Anmeldung zur Eintragung nicht wohl die Wirkung haben, daß das Recht mit der Beseitigung der Leitung untergeht, während es sonst erhalten bliebe.

172   Wenn die Leitung beseitigt ist, fehlt dem Durchleitungsrecht, sofern es nicht eingetragen ist, jegliche Publizität, weshalb es untergeht, wenn das belastete Grundstück von einem gutgläubigen Dritten erworben wird. HOMBERGER, N. 20 zu Art. 973; TOBLER, a.a.O., S. 92.

4. Das gesetzliche Durchleitungsrecht als Legalservitut. Art. 691 Abs. 3

Vgl. LIVER, Das Eigentum, S. 188ff., 258ff.

173   Auch es ist eine Dienstbarkeit, und zwar eine Dienstbarkeit, die nicht durch das Gesetz begründet wird, sondern durch Rechtsgeschäft oder durch richterliches Urteil. Von den gewillkürten Dienstbarkeiten unterscheidet es sich bloß dadurch, daß der Grundeigentümer, wenn mit Bezug auf sein Grundstück die Voraussetzungen des Art. 691 erfüllt sind, zu seiner Einräumung verpflichtet ist. Siehe Einl. N. 85ff. Wie der Notweg, der Notbrunnen, das gesetzliche Überbaurecht, die mittelbar gesetzlichen Grundlasten und Grundpfandrechte würde das gesetzliche Durchleitungsrecht durch Eintragung im Grundbuch entstehen, wenn das Gesetz es im Art. 691 Abs. 3 nicht ausdrücklich von dieser Regel ausgenommen hätte. Es kann danach eingetragen werden, bedarf der Eintragung aber zu seiner Entstehung nicht. Siehe auch GBVo Art. 34. Vgl. Art. 731 N. 14, Art. 732 N. 7 und 67. Es waren aber bloß Erwägungen einer vermeintlichen Zweckmäßigkeit, nicht grundsätzliche Über-

legungen, die den Gesetzgeber zu dieser Ausnahme bestimmten (Einl. N. 92). In jeder anderen Hinsicht muß das Durchleitungsrecht deshalb gleich behandelt werden wie das Notweg- und Notbrunnenrecht und die übrigen eben genannten mittelbar gesetzlichen Eigentumsbeschränkungen. Auch es bedarf der Publizität. Dafür besteht ein dringendes Bedürfnis des Rechtsverkehrs, das durch die Gesetzesvorschrift (im Gegensatz zu den Vorschriften, welche Beschränkungen des Eigentums unmittelbar, im Sinne von Art. 680 Abs. 1, begründen) keineswegs erfüllt wird.

174 Der gutgläubige Erwerber des belasteten Grundstückes muß in seinem Erwerbe ebensogut geschützt sein, wenn sich im Boden eine nicht wahrnehmbare Leitung befindet, wie wenn das Grundstück mit einem Notweg- oder Notbrunnenrecht belastet ist, das nicht eingetragen ist. Es läßt sich nicht rechtfertigen, daß ihm dieser Schutz gegeben wird, wenn sein Rechtsvorgänger den Dienstbarkeitsvertrag abgeschlossen hat, ohne daß er dazu gesetzlich verpflichtet gewesen wäre (EBG **51** II 156 = Pr. **14** Nr. 111), daß er ihm aber versagt wird, wenn der Rechtsvorgänger zum Abschluß des Vertrages über die Einräumung des Durchleitungsrechtes gemäß Art. 691 verpflichtet war. Der Durchleitungsberechtigte hatte auch in diesem Fall ein Recht, das zwar zu seiner Entstehung der Eintragung nicht bedurfte, das er aber hätte eintragen lassen können, ein Recht also, das dem relativen Eintragungsprinzip im Sinne der Art. 656 Abs. 2 und 963 Abs. 2 unterstellt ist. Auch diese außergrundbuchlich entstandenen dinglichen Rechte erlöschen, wenn sie nicht eingetragen sind und das belastete Grundstück von einem gutgläubigen Dritten erworben wird. Siehe N. 159/60 hievor.

175 Läßt der Durchleitungsberechtigte das außergrundbuchlich erworbene Recht nicht eintragen und nicht vormerken und fehlt diesem die Publizität der äußerlichen Wahrnehmbarkeit der Leitung, geht es ihm verloren, wenn das belastete Grundstück von einem gutgläubigen Dritten erworben wird.

Erhalten bleibt ihm der gesetzliche Anspruch auf die Einräumung des Durchleitungsrechtes auch gegenüber jedem Dritterwerber des Grundstückes. Aber er muß diesem gegenüber den Anspruch erneut durchsetzen und die Entschädigung gegebenenfalls nochmals leisten. Siehe N. 81 zu Art. 731 und N. 77 hievor. Vgl. dazu auch BOSSHART Jean-Jacques, Les restrictions légales indirectes de la propriété foncière, Thèse Fribourg 1954, p. 47 et suiv. Der Anspruch auf Einräumung einer Legalservitut kann aber im Grundbuch vorgemerkt werden. N. 80f. zu Art. 731.

176 Die herrschende Lehre kommt, weil sie den Wesensunterschied zwischen den unmittelbaren und den mittelbaren gesetzlichen Eigentumsbeschränkungen verkennt, zum gegenteiligen Ergebnis: LEEMANN, N. 31 zu Art. 691; HAAB, N. 21 zu Art. 691; EBG **51** II 156 = Pr. **14** Nr. 111, wo die Frage offen gelassen wird für den Fall, in dem das Durchleitungsrecht «ohne amtliches Verfahren ausschließlich durch private Vereinbarung... festgesetzt wird». Anders, und zwar im Sinne unserer Auffassung, WIELAND, Bem. 8 zu Art. 691.

177 Ist das gesetzliche Durchleitungsrecht nicht im Grundbuch eingetragen, geht es

wie jedes andere nicht eingetragene dingliche Recht mit der Verwirklichung der oben behandelten materiellen Untergangsgründe unter. Aus seinem Charakter als mittelbarer **gesetzlicher** Eigentumsbeschränkung ergibt sich jedoch eine Besonderheit. Ändern sich die Verhältnisse so, daß die Voraussetzungen, unter denen es dem Nachbarn kraft Gesetzes eingeräumt werden mußte, nicht mehr gegeben sind, liegt ein Aufhebungsgrund vor. Dies trifft zu, wenn das ursprüngliche Bedürfnis nicht mehr besteht oder in anderer Weise, etwa zu Lasten eines anderen Grundeigentümers mit ungleich geringerer Benachteiligung und ohne unverhältnismäßige Kosten befriedigt werden kann. Der Eigentümer des belasteten Grundstückes kann dann die Aufhebung oder Ablösung verlangen. Dazu ist nicht erforderlich, daß die Voraussetzungen des Art. 736 im Sinne des Wortlautes und der bundesgerichtlichen Interpretation dieser Bestimmung erfüllt sind. Insbesondere ist der Anspruch auch gegeben, trotzdem das Interesse am Durchleitungsrecht noch so groß ist wie ehedem, aber ein anderes geworden ist als dasjenige, um dessentwillen das Gesetz dem Grundeigentümer die Verpflichtung zur Gestattung der Durchleitung auferlegt. Einl. N. 104.

178 Diesen Sachverhalt anerkennt das Gesetz ausdrücklich in seiner Regelung der Verlegung der Leitung im Art. 693. Danach kann unter besonderen Umständen auch die Verlegung auf ein fremdes Grundstück verlangt werden. Damit geht für den bisherigen Verpflichteten die Belastung seines Grundstückes unter. Einleitung N. 104.

5. Verwirkung durch Nichtanmeldung im Grundbuchbereinigungsverfahren

179 Das ZGB hat in Art. 44 Abs. 2 SchlT dem Bund und den Kantonen die Befugnis vorbehalten, auf dem Wege der Gesetzgebung «alle im Grundbuch nicht eingetragenen dinglichen Rechte auf einen bestimmten Zeitpunkt nach vorausgehender Auskündung für aufgehoben zu erklären». Vgl. dazu N. 155f. zu Art. 731. Von dieser Befugnis haben nur die wenigen daselbst genannten Kantone Gebrauch gemacht, außerdem der Kanton Waadt (Loi du 28 mai 1941 sur le registre foncier, art. 45). Nicht zu dieser Gruppe gehört dagegen neben Bern der Kanton Tessin: Anm. von Jenny F. zum Urt. AppG in Rep. **1943** p. 84ss.; AppG 1955 in Rep. **88**, p. 161 = SJZ **52**, S. 51.

180 Diese Befugnis hat nur die Rechte zum Gegenstand, welche dem absoluten Eintragungsprinzip unterstellt sind. Rechte, die auch nach eidgenössischem Grundbuchrecht bestehen können, ohne eingetragen zu sein, dürfen nicht deswegen als aufgehoben erklärt werden, weil sie bei der Grundbuchbereinigung nicht eingetragen worden sind. Der Grundsatz der negativen Rechtskraft des Grundbuches wird dadurch nicht verletzt, weil er für diese Rechte ohnehin nicht gilt. Vollends ausgeschlossen ist die Aufhebung der nicht eintragungsfähigen Rechte des bisherigen kantonalen Rechtes auf Grund von Art. 44 Abs. 2 SchlT. Sie kann unmöglich die Folge der Unterlassung der Anmeldung eines Rechtes zur Eintragung sein, das gar nicht eintragungsfähig ist. Art. 731 N. 156. Unrichtig ist in diesem Punkt das wiederholt zitierte Urteil des ObG Obwalden, SJZ **24** (1927) Nr. 62, S. 283, weil gar nicht Dienstbarkeiten vorliegen, sondern Eigentum an Bäumen auf fremdem Boden, das nicht ins GB eingetragen werden kann. Siehe dazu N. 87 hievor und N. 173 zu Art. 730, 156 zu Art. 731, 56 zu Art. 740.

VI. Ausschluß der Verjährung

MENGIARDI P., Der Ausschluß der Verjährung im Sachenrecht, Diss. Bern 1953. SPIRO K., Die Begrenzung privater Rechte durch Verjährungs-, Verwirkungs- und Fatalfristen, Band 2 (1975) S. 1449ff.: Verjährung der Belastung und Ersitzung der Eigentumsfreiheit.

181 Wir haben wiederholt auf die Erstarrung aufmerksam gemacht, welche durch die grundbuchliche Festlegung des Rechtsbestandes eintritt (Art. 730 N. 15, Art. 731 N. 105ff., Art. 733 N. 7 und 45ff.; N. 53 hievor). Die Wandlungen, welche sich aus der im Laufe der Zeit sich ändernden tatsächlichen Verhältnisse, Interessen und Zwecksetzungen in den Rechtsbeziehungen der Parteien ergeben, finden ihren Niederschlag im Grundbuch nur zu einem Teil, während sie zum anderen Teil den buchmäßigen Rechtsbestand unberührt lassen. Dieser büßt die Funktion ein, die tatsächlich bestehenden Rechtsverhältnisse kundbar zu machen und erstarrt zur leeren Form. Zugunsten des gutgläubigen Dritten erzeugt die Form sogar das Rechtsverhältnis, das die bisherigen Beteiligten materiell untergehen ließen, neu aus sich heraus. LIVER P., Entstehung und Ausbildung des Eintragungs- und des Vertrauensprinzips, ZBGR **60** (1979) S. 10, 15 zu EBG **62** II 135 = Pr. **25** Nr. 173; SPIRO II S. 1459 zum gleichen Urteil. Das ist die Problematik der Publizität überhaupt. Sie ist um so schärfer, je höher die Wirkungen der Publizität gesteigert sind, wie in der negativen und positiven Rechtskraft des Grundbuches.

182 Der Gesetzgeber kann die Sicherheit und Leichtigkeit des Rechtsverkehrs über alle anderen Interessen stellen. Tut er es, indem er den gutgläubigen Erwerber in seinem Vertrauen auf die Zuverlässigkeit der äußeren Erscheinung, sei dies der Bucheintrag, sei es der Besitz, schützt, gibt er, wenn die äußere Erscheinung trügt, das wirklich bestehende Recht preis. Das ist eine notwendige Konsequenz. Aber sie kann gemildert werden. Die grundbuchliche Publizität kann eine Beschränkung erfahren, die sie verträgt, indem der natürlichen Publizität der äußeren Gestalt der Liegenschaften der Vorrang gelassen wird (N. 50ff. zu Art. 733), die partielle Bereinigung auch nach der Einführung des eidgenössischen Grundbuches ermöglicht wird (N. 53 hievor) und vor allem, indem der Verjährung Raum gegeben wird (N. 50ff. zu Art. 731).

183 In der Ordnung der beschränkten dinglichen Rechte müßte das Ziel verfolgt werden, die Entstehung dieser Rechte soweit als sie die ihrem Wesen entsprechende Zweckbestimmung erfüllen, nicht unnötig zu erschweren und anderseits ihren

Grunddienstbarkeiten

Untergang zu erleichtern, wo immer sie dauernd unausgeübt bleiben. Dazu wäre die Verjährung nötig. Die Geschichte beweist ihre Unersetzlichkeit. Man sollte sie auch im Sachenrecht nicht entbehren müssen.

184 Österreich, das Land mit der stärksten grundbuchrechtlichen Tradition, läßt Verjährung und Ersitzung dinglicher Rechte, auch der eingetragenen, in weitem Umfang zu. Vgl. MENGIARDI S. 115f. und 142ff. Daß im Rechte Frankreichs und Italiens, wie im gemeinen Recht, Verjährung und Ersitzung sich frei entfalten können, versteht sich, weil das Eintragungsprinzip, welches dadurch beschränkt würde, in diesen Rechtsordnungen überhaupt nicht gilt.

185 Dagegen hat in Deutschland das Eintragungsprinzip den Vorrang erhalten. Die Verjährung contra tabulas ist grundsätzlich ausgeschlossen. «Die Ansprüche aus eingetragenen Rechten unterliegen nicht der Verjährung» (BGB § 902). Ist ein außergrundbuchlich entstandenes Recht aber nicht eingetragen, erlischt es durch Verjährung; das gleiche gilt für ein im Grundbuch zu Unrecht gelöschtes Recht an einem fremden Grundstück (BGB § 901). Soweit der Verjährung nicht ein Grundbucheintrag entgegensteht, kann sie sich also vollziehen. Außerdem gibt das BGB der Verjährung in seinem (vom Reichstag in das Gesetz aufgenommenen) § 1028 Raum, nach welchem die Dienstbarkeit erlischt, wenn und soweit ihrer Ausübung eine Anlage entgegensteht, welche auf dem belasteten Grundstück errichtet worden ist; sie erlischt mit der Verjährung des Anspruches auf Beseitigung dieser Anlage. Die Publizität des Grundbuches wirkt nicht, weil sie vor der stärkeren Wirkung der natürlichen Publizität der äußeren Gestaltung der Liegenschaft zurückzutreten hat. Siehe Art. 731 N. 115 und Art. 733 N. 59.

186 Im ZGB ist die Frage, ob Dienstbarkeiten durch Verjährung untergehen, trotz ihrer großen grundsätzlichen und praktischen Bedeutung nicht ausdrücklich beantwortet. Die Verneinung ergibt sich per argumentum e silentio aus den Bestimmungen über die Untergangsgründe in Art. 734 für die Grunddienstbarkeiten, in Art. 748 für die Nutznießung, in Art. 801 für das Grundpfand. Ausdrücklich wird die Verjährung der Forderungen, für die ein Grundpfand eingetragen ist, in Art. 807 ausgeschlossen (wobei für die Grundpfandverschreibungen eine dem Art. 864 über die Amortisation von Schuldbrief- und Gülttiteln entsprechende Bestimmung, die nötig wäre, fehlt). Daß aber die für die Grundpfandrechte aufgestellte Regel auch für die Dienstbarkeiten notwendigerweise gelten müsse, war nie die Auffassung der gesetzgeberischen Instanzen. Ebensowenig haben sich diese etwa von dem Grundsatz leiten lassen, daß nur Forderungen, nicht aber Ansprüche aus dinglichen Rechten und diese Rechte selber, der Verjährung unterstellt werden könnten. Dies wäre auch ein unhaltbarer Grundsatz. Die Verjährung der Dienstbarkeiten ist auf allen Stufen des Gesetzgebungsverfahrens als eine offene Frage behandelt worden, die bejaht oder verneint werden könne. Wenn sie schließlich verneint wurde, geschah dies auch nicht, weil die Verjährung als unvereinbar mit dem Grundbuchsystem erschien, sondern aus Zweckmäßigkeitserwägungen.

Eugen HUBER hat die Verjährung im ersten Vorentwurf zulassen wollen. Der **187** Eigentümer des belasteten Grundstückes hätte die Löschung der seit mindestens zehn Jahren nicht mehr ausgeübten Dienstbarkeit verlangen können. «Allein die Kommissionsberatungen haben dazu geführt, diese Ersitzung der Freiheit des Grundeigentums ... fallen zu lassen. Man fand, daß es an der Ablösung auf Grund des weggefallenen Interesses genug sei, da sie sich gerade für die Fälle als besonders praktisch erweisen werde, wo die Ersitzung der Freiheit einzugreifen vermöchte. Der Nichtgebrauch behalte also seine Bedeutung als ein Beweismittel für das Nichtmehrvorhandensein eines Interesses, während ihm selbständige Bedeutung nach dem Entwurfe nicht zukommen solle.» Erl. II S. 114f.

So wurde die Bestimmung über die Verjährung gestrichen und findet sich im VE **188** 1900 nicht. Die Beratungen der Expertenkommission haben aber zu ihrer Wiederaufnahme geführt. Nach dem Vorbild des bündnerischen CGB (§ 257) wurde bestimmt, daß die Verjährungsfrist erst von dem Zeitpunkt an zu laufen beginne, in welchem der Berechtigte Veranlassung gehabt hätte, die Dienstbarkeit auszuüben (Antrag Planta). So ist der Art. 726 des Entw. 1904 zustandege kommen: «Hat der Berechtigte die Dienstbarkeit während zehn Jahren nicht ausgeübt, obschon er dazu Veranlassung gehabt hätte, so kann der Belastete deren Löschung verlangen.» Prot. ExpKomm., 3. Session, Sitzung vom 11. November 1902, S. 8f. Vgl. auch die Botschaft, S. 73, mit der bemerkenswerten Begründung: «Die Gesetzgebung hat um so mehr Veranlassung, dafür zu sorgen, daß die Belastung von Grund und Boden nur zum Schutze wirklicher Interessen stattfinde, je eifriger sie sich bemüht, diese Belastungen möglichst sicher und zuverlässig zu machen.»

Auf Antrag der nationalrätlichen Kommission ließen die Räte die Verjährungsbe- **189** stimmung diskussionslos fallen. Eugen HUBER führte im NR aus: «Allein Ihre Kommission hat gefunden, daß diese besondere Regel des Art. 726 nicht mehr notwendig sei gegenüber der Anordnung der richterlichen Ablösung nach Art. 727; denn wenn die Nichtausübung aus Mangel an Interesse stattfinde, so sei ja die Ablösung gemäß Art. 727 gegeben, finde aber die Nichtausübung aus anderem Grunde statt, so solle die Servitut nicht einfach durch Zeitablauf erlöschen. Daher beantragt Ihre Kommission Streichung von Art. 726. Amtl. Sten. Bull. NR XVI (1906), S. 574. Der Referent der ständerätlichen Kommission erklärte, die Eigentumsfreiheitsersitzung sei durch die Ablösung überflüssig geworden. Amtl. Sten. Bull. StR XVI (1906) S. 1360.

Aus diesen Tatsachen der Entstehungsgeschichte des Gesetzes ergibt sich, daß die **190** Räte die Verjährung der Servituten verworfen haben, weil sie sie neben der richterlichen Ablösung gemäß Art. 736 für überflüssig hielten. Daraus folgt, daß die Dienstbarkeiten der Verjährung nicht nur insoweit entzogen sind, als sie im Grundbuch eingetragen sind. Ihre Verjährung ist schlechthin ausgeschlossen.

Daran vermag auch, so sehr man dies bedauern muß, die Tatsache nichts zu **191** ändern, daß das für diese Entscheidung des Gesetzgebers maßgebende Motiv auf

Grunddienstbarkeiten

einer Verkennung der Sachlage beruht. Tatsächlich vermag die sogenannte Ablösung durch den Richter nach Art. 736 die Verjährung nicht zu ersetzen. Sie wird in den meisten Fällen, in denen die Dienstbarkeit während zehn und mehr Jahren nicht ausgeübt worden ist, tatsächlich nicht verlangt, und zwar auch dann nicht, wenn die Voraussetzung, daß das Interesse an der Ausübung geschwunden sei, erfüllt wäre. Solange der Eigentümer in der Benutzung des belasteten Grundstückes tatsächlich in keiner Weise beschränkt wird, weil die Dienstbarkeit unausgeübt bleibt, sieht er sich nicht veranlaßt, die Löschung zu verlangen. Vgl. auch RÜMELIN Max, Der Vorentwurf, S. 112 und KOHLER Josef, Eugen Huber und das schweiz. ZGB (Rhein. Z. f. Zivil- und Prozeßrecht 5, 1912, S.A., S. 30. Die Dienstbarkeit, an welcher der Berechtigte kein Interesse hat und dies dadurch bekundet, daß er sie während Jahrzehnten unausgeübt läßt, bleibt bestehen.

192 Das wäre, abgesehen von grundbuchtechnischen Unzukömmlichkeiten, denen nur ganz untergeordnete Bedeutung zugemessen werden darf, kein eigentlicher Übelstand. Dieser stellt sich aber in den Fällen ein, in denen ein Dritter das herrschende Grundstück erwirbt, für sich die Publizitätswirkung des Grundbucheintrags in Anspruch nimmt, die Dienstbarkeit wieder ausübt und die Entfernung aller Anlagen auf dem belasteten Grundstück, die dem entgegenstehen und Jahrzehnte lang bestanden haben können, durchsetzt. Ihm gegenüber versagt Art. 736, weil er das Interesse an der Dienstbarkeit, welches sein Vorgänger längst verloren hatte, durchaus haben kann.

193 Dieser Mißstand hätte allerdings durch die Verjährungsbestimmung des Entwurfs allein nicht verhindert werden können, da er die Folge der Publizitätswirkung ist, welche der Eintrag im Grundbuch auch hat, wenn das eingetragene Recht materiell untergegangen ist. Die Verjährung müßte die Dienstbarkeit, wie in Österreich nach § 1479 ABGB, als dingliches Recht vernichten, so daß der Grundbucheintrag mit ihrem Eintritt unrichtig würde. Dann könnte sich nur der gutgläubige Dritte auf ihn verlassen. Der gute Glaube aber würde zerstört durch die Anlagen auf dem belasteten Grundstück, sofern sie äußerlich wahrnehmbar sind. Kommt es aber, wie nach dem geltenden Recht, dem der Entwurf in diesem Punkt entsprochen hätte, auf den guten oder bösen Glauben des Dritterwerbers nicht an, weil das Grundbuch durch den materiellen Untergang des Rechtes, der nur einen persönlichen Anspruch auf Löschung begründet, nicht unrichtig wird, kann und muß es in einzelnen Fällen zu Ergebnissen kommen, die unvernünftig sind und gegen den Grundsatz von Treu und Glauben verstoßen. Die Verhinderung des Unterganges der Dienstbarkeiten durch Verjährung hat in dieser Hinsicht die gleichen Folgen wie die Unterdrückung der Entstehung von Dienstbarkeiten durch Widmung (destination du père de famille). Siehe Art. 733 N. 45ff.

194 Der Erwerber eines Grundstückes kann nach dem Willen des Gesetzgebers und der Praxis des Bundesgerichts bauliche Anlagen auf seinem Grundstück, mit deren Errichtung ein früherer Eigentümer dieses Grundstücks einem anderen ihm gehörenden Grundstück dienstbar gemacht hat, ohne daß eine Dienstbarkeit eingetragen worden ist, beseitigen lassen, solange sie auch bestanden haben mögen. Art. 733 N. 62/63. Ebenso kann er als Erwerber des herrschenden Grundstückes auf Beseitigung der Anlagen auf dem dienenden Grundstück klagen, welche die Ausübung der Dienstbarkeit seit vielen Jahrzehnten unmöglich gemacht haben.

Dies wäre trotz des Ausschlusses der Verjährung der Dienstbarkeiten nicht möglich, wenn, wie in Deutschland, der Beseitigungsanspruch der Verjährung unterliegen würde. Nach der schweizerischen Lehre und Praxis sind jedoch überhaupt alle Ansprüche aus dem Eigentum oder aus einem dinglichen Recht unverjährbar. LEEMANN, N. 45 zu Art. 641; HAAB, N. 37 und 44 zu Art. 641; OSTERTAG, N. 32 zu Art. 975; HOMBERGER, N. 21 zu Art. 975. Mit eingehender Begründung hat sich das Bundesgericht auf diesen Standpunkt gestellt: EBG **48** II 44 = Pr. **11** Nr. 51; siehe für die actio negatoria auch EBG **53** II 224 = Pr. **16** Nr. 122. Diese Auffassung, mit der man sich (wohl oder übel) abzufinden hat, läßt den Ausschluß der Verjährung der Dienstbarkeiten auch in seinen mißlichsten Konsequenzen voll zur Auswirkung kommen.

VII. Der Ausschluß der Eigentumsfreiheitsersitzung

Die Eigentumsfreiheitsersitzung besteht darin, daß der Eigentümer des belasteten Grundstückes die Freiheit von der Dienstbarkeit dadurch erwirbt, daß er am Grundstück während der Ersitzungszeit den dienstbarkeitsfreien Besitz ausgeübt hat. Die Dienstbarkeit geht damit unter. Gegenstand der Ersitzung ist nicht das Eigentum und ist nicht die Dienstbarkeit, sondern die Eigentumsbefugnis, welche dem Eigentümer des belasteten Grundstückes durch die Dienstbarkeit entzogen ist.

Dienstbarkeitsfreien Besitz kann der Eigentümer nur haben, wenn die Dienstbarkeit nicht ausgeübt wird. Die Nichtausübung der Dienstbarkeit ist Voraussetzung der Eigentumsfreiheitsersitzung. Deshalb wurde etwa die Auffassung vertreten, die Freiheitsersitzung sei nichts anderes als die Kehrseite der Verjährung. Daraus würde folgen, daß mit dem Ausschluß der Verjährung der Dienstbarkeiten auch die Freiheitsersitzung ausgeschlossen sei. Damit hat für das schweizerische Recht HOMBERGER, N. 21 zu Art. 975, die Unzulässigkeit der letzteren begründet.

Aus der Entstehungsgeschichte des Gesetzes kann sich ergeben, daß der Gesetzgeber mit der Verjährung auch die Freiheitsersitzung ausschließen wollte. Das ist jedoch eine andere Frage, allerdings eine unabweisbare.

Daß aber mit der Unzulässigkeit der Verjährung die Zulässigkeit der Freiheitsersitzung nicht vereinbar wäre, ist nicht richtig. Die Freiheitsersitzung kommt vielmehr gerade da zur Geltung, wo die Verjährung ausgeschlossen oder gehemmt ist. Wo sich die Verjährung frei und ungehemmt vollziehen kann, besteht kein Bedürfnis für die Freiheitsersitzung. Dies zeigt sich im französischen und italienischen Recht. In Frankreich wird in neuerer Zeit die usucapio libertatis in konstanter Praxis und gemäß herrschender Lehre verworfen. PLANIOL-RIPERT-PICARD, n° 994; RIPERT-BOULANGER I, n° 3782. In der italienischen Doktrin überwiegt zwar die gegenteilige Meinung. DEJANA (Grosso e Dejana, Le servitù prediali) p. 807ss.; PUGLIESE G., USUFRUTTO (Trattato di Diritto Civile Italiano, vol. IV, t. 5), 1954, p. 518ss. Aber die Fälle, für welche die Notwendigkeit der usucapio libertatis vertreten wird, sind selten und können überhaupt nicht vorkommen, wo, wie bei uns, der gutgläubige Dritte das Grundstück nur mit dem Rechtsbestand erwirbt, der sich aus dem Grundbuch ergibt. Für entbehrlich hält die usucapio libertatis auch im italienischen Recht MESSINEO (Le servitù prediali, p. 185ss.).

200 Gerade wenn die Verjährung ausgeschlossen ist, kann das dringende Bedürfnis nach einer Eigentumsfreiheitsersitzung bestehen. Ihm entspricht der schon mehrfach zitierte § 1028 des deutschen BGB (N. 115 zu Art. 731) mit seinem Tatbestand der sogenannten Dienstbarkeitsversitzung (WOLFF, § 49 II 2 und III 2), vielfach als Eigentumsfreiheitsersitzung bezeichnet (STAUDINGER-KOBER, Bem. 1 zu § 1028; CROME III, S. 497; HECK, Sachenrecht, § 45 Ziff. 5 und 7).

201 Die Eigentumsfreiheitsersitzung ist auch deshalb nicht bloß die Kehrseite der Verjährung, weil sie von Voraussetzungen abhängig ist, welche dem Verjährungstatbestand fremd sind. Zu diesen gehört notwendigerweise die dienstbarkeitsfreie Ausübung des Besitzes am belasteten Grundstück, wozu verlangt sein kann, daß dieser Besitz in einem Zustand des Grundstückes zum Ausdruck komme, welcher der Ausübung der Dienstbarkeit entgegensteht. Insbesondere kann das Grundstück durch die Errichtung von baulichen Anlagen in diesen Zustand versetzt sein. Nach gemeinem Recht gehen durch Freiheitsersitzung die Dienstbarkeiten unter, «welche ein Recht auf einen dauernden Zustand der herrschenden oder der dienenden Sache geben» (WINDSCHEID-KIPP I § 216, S. 1100). Außerdem kann die Freiheitsersitzung vom guten Glauben des Ersitzenden abhängig gemacht sein.

202 In der schweizerischen Lehre und Praxis wird die Eigentumsfreiheitsersitzung, ohne daß der dargelegte Sachverhalt je näher in Betracht gezogen worden wäre, schlechthin verworfen, und zwar fast einhellig. EBG **62** II 135 = Pr. **25** Nr. 173, ObG Zürich in BlZR **42** Nr. 48 = ZBGR **28** S. 130f. = SJZ **38** S. 182; LEEMANN, N. 3 zu Art. 734 und N. 4 zu Art. 736; HAAB, N. 8 zu Art. 661/62; HOMBERGER, N. 21 zu Art. 975; PFISTER W., Die Ersitzung, S. 38ff. und 133f.; TUOR, Lehrbuch[9], S. 647; WIELAND, Bem. 1 zu Art. 736.

203 Daß die Freiheitsersitzung nach Maßgabe des Art. 662 (außerordentliche Ersitzung) ausgeschlossen sei, gilt von vornherein als feststehend, und zwar auch hinsichtlich der Ersitzung der Freiheit von nicht eingetragenen Dienstbarkeiten, welche (entsprechend der Buchversitzung gemäß § 901 BGB) nicht eine Kontratabularersitzung wäre.

204 Anlaß zu näherer Prüfung hat dagegen die Frage gegeben, ob die Freiheitsersitzung nach Maßgabe des Art. 661 (ordentliche Ersitzung) möglich sei. Schon in den Erläuterungen (II S. 145) hat Eugen HUBER die Frage erhoben und behandelt, ob

der Eigentümer des belasteten Grundstückes die Freiheit von der Dienstbarkeit ersitzen könne, wenn deren Löschung, die er in guten Treuen erwirkt habe, ungerechtfertigt sei. Dies, meint er, sei nicht schon dadurch unmöglich gemacht, daß im Vorentwurf (1900) die «Ersitzung der Freiheit durch Nichtgebrauch» ausgeschlossen sei. Diese Bezeichnung verwendet er jedoch hier, wie später im Nationalrat (Amtl. Sten. Bull. 1906, S. 574), gar nicht für die Eigentumsfreiheitsersitzung im eigentlichen Sinn, sondern für die Verjährung der Dienstbarkeiten. Dies trifft auch auf die Äußerung des Referenten im Ständerat zu (a. a. O., S. 1360).

Im Widerspruch zu seiner Ansicht, daß die Eigentumsfreiheitsersitzung auf Grund des genannten Tatbestandes durch die Ablehnung der Dienstbarkeitsverjährung nicht ausgeschlossen sei, hat HUBER sie dann doch deshalb verworfen, weil sie die Voraussetzungen der richterlichen Ablösung der Dienstbarkeit, welche die Verjährung restlos ersetze, nicht erfülle. **205**

Zum gleichen Ergebnis ist auch das Bundesgericht gekommen. EBG **62** II 135 = Pr. **25** Nr. 173. Es findet es ganz in Ordnung, daß eine Dienstbarkeit, auch wenn sie im Grundbuch gelöscht worden ist, ohne zeitliche Begrenzung weiterbestehe. Es sagt: «Derjenige, dessen Liegenschaft einmal richtig mit einer Dienstbarkeit belastet worden ist (oder sein nicht gutgläubiger Rechtsnachfolger), kann keinen zureichenden Grund dagegen geltend machen, daß die Dienstbarkeit ohne jede zeitliche Beschränkung weiterbestehen und seine Liegenschaft noch nach vielen Jahren mit einer längst vergessenen Last belegt werden könne, eben weil sie in der Zwischenzeit jederzeit mit dieser Last belegt geblieben ist.» Diese Auffassung ist singulär. Auch der Gesetzgeber hat sie nicht geteilt. Er glaubte vielmehr, durch die Einführung der richterlichen Ablösung verhindern zu können, daß ein längst vergessenes Dienstbarkeitsrecht wieder durchgesetzt werde. Gegen sie auch SPIRO II S. 1459; LIVER P., Entstehung und Ausbildung des Eintragungs- und des Vertrauensprinzips, ZBGR **60** (1979), S. 14f. **206**

Beachtung verdient dagegen das Argument des Bundesgerichtes, daß das Gesetz die «Übertragung der Tabularersitzung, die eine Eigentumserwerbsart ist und deren Gegenstück im Verlust des Eigentums eines anderen besteht, auf Dienstbarkeiten» nicht vorsehe, und daß dafür auch die Gesetzesmaterialien keinen Anhaltspunkt bieten. Indessen sollte eine analoge Anwendung des Art. 661 auf den Erwerb einer Eigentumsbefugnis, die dem Eigentümer des belasteten Grundstückes durch die Dienstbarkeit entzogen worden ist, zulässig sein, ohne daß das Gesetz auf sie verweist. Daß die Analogie gegeben ist, scheint mir festzustehen. Die Eigentums- und Dienstbarkeitsersitzung gemäß Art. 661 heilt den Mangel der grundbuchlichen Eigentumsübertragung und Dienstbarkeitsbegründung. Sollte unter den gleichen Voraussetzungen nicht auch der Mangel der grundbuchlichen Aufhebung der Dienstbarkeit heilbar sein? Lehnt man die Freiheitsersitzung ab, ist er unheilbar. Das ließe sich m. E. weder dogmatisch noch zweckrational begründen. Deshalb sind auch etwa Zweifel an der Richtigkeit dieser Ansicht geäußert worden. Vgl. MEN- **207**

GIARDI, S. 164; GMÜR R., Die Abgrenzung des Fischereiregals von den privaten Fischenzen im Kt. Bern. Diss. Bern 1949 (Abh. z. schweiz. Recht n. F. 236) S. 97 Anm. 30; OSTERTAG, N. 6 zu Art. 975, sagt vom Anspruch auf Berichtigung des Grundbuches: «er geht unter mit der Versitzung des Rechts, d. i. mit der Ersitzung eines entgegenstehenden, von der betreffenden Last freien Rechtes.» Bejaht hatte das zürch. ObG die Freiheitsversitzung in Analogie zu Art. 661 in dem durch EBG **62** II 135 aufgehobenen Urteil.

208 Die Eigentumsfreiheitsersitzung wäre trotzdem unzulässig, wenn man auf den Willen des Gesetzgebers abstellen müßte, der sie ausgeschlossen hat. Das ergibt sich aus der oben dargelegten Entstehungsgeschichte des Gesetzes (NN. 187–190). Mit der Zulassung der Dienstbarkeitsverjährung im ersten Vorentwurf und dann wieder im bundesrätlichen Entwurf wollte man auch dem Bedürfnis genügen, dem die Eigentumsfreiheitsersitzung dient. Wie wir ausgeführt haben (N 199), ist die Freiheitsersitzung auch in der Tat überflüssig, wenn die Verjährung sich frei und ungehemmt vollziehen kann und den Untergang der Dienstbarkeit bewirkt. In den Gesetzesberatungen wurde der gleiche Sachverhalt bald Verjährung, bald Freiheitsersitzung genannt (N. 204). Das Verdikt über die Verjährung sollte nach dem Willen des Gesetzgebers auch die Freiheitsersitzung treffen.

209 Es muß also angenommen werden, daß man mit der Verjährung auch die Freiheitsersitzung ausschließen wollte. Diese Annahme findet ihre Bestätigung in den Motiven, welche für den Ausschluß der Verjährung maßgebend waren. Die Verjährung ist nicht so sehr deswegen ausgeschlossen worden, weil sie zu einem Widerspruch zwischen der materiellen und der buchmäßigen Rechtslage führt. Diese Diskrepanz hätte man in Kauf genommen. Entscheidend war vielmehr die Auffassung, daß mit der richterlichen Ablösung der Dienstbarkeiten gemäß Art. 736 das Institut gefunden sei, welches die Verjährung einschließlich der Eigentumsfreiheitsersitzung überflüssig mache. Man glaubte, daß sich damit in allen den Fällen eine befriedigende Lösung ergebe, in denen sich die Verjährung und die Freiheitsersitzung rechtfertigen würden, wenn man das Institut der richterlichen Ablösung nicht hätte. Deshalb hat der Gesetzgeber die Dienstbarkeitsverjährung einschließlich der Freiheitsersitzung ausgeschlossen. Darauf laufen denn auch die Ausführungen Eugen Hubers in den Erläuterungen (II S. 145) und im Nationalrat (Amtl. Sten. Bull. XVI, 1906, S. 574) hinaus. Vgl. dazu noch besonders WIELAND, Bem. 1 zu Art. 736. SPIRO II S. 1459 bestätigt die Richtigkeit der hier dargelegten gesetzgeberischen Gründe der Ablehnung der Verjährung und Eigentumsfreiheitsersitzung, tritt aber dafür ein, daß beschränkte dingliche Rechte, die weder eingetragen noch ausgeübt wurden, durch Ersitzung der Eigentumsfreiheit untergehen. «Die Servitut soll erlöschen, wenn sie nicht verwirklicht wird» (S. 1449, 1454). Ist die Servitut eingetragen, geht sie unter, wenn der Berechtigte sie nicht ausgeübt hat und sie auch bei einem ganz besonders zwingenden Anlaß nicht vorbehalten hat. Dies trifft auf die «längst vergessene» Last, welche EBG **62** II 135 aufrechterhalten hat, genau zu (S. 1460). Für die Lockerung des Verjährungsverbots spricht auch die Tatsache, daß es, wie hievor ausgeführt, auf einem gesetzgeberischen Irrtum beruht. ZBGR **60** (1979), S. 11, 12 und 19. Siehe auch N. 7ff. und 45ff. zu Art. 736.

Vgl. nunmehr LIVER P., Die Entstehung und Ausbildung des Eintragungs- und des Vertrauensprinzips im Grundstücksverkehr, ZBGR **60** (1979) S. 14f. (zu EBG **62** II 135): «Die Dienstbarkeit war wegen ihrer Zwecklosigkeit längst untergegangen (Art. 736 ZGB). Ohne neuen Dienstbarkeitsvertrag blieb sie eingetragen und wurde damit zu neuem Leben erweckt. Ein absurder Vorgang, den das Gesetz allerdings nicht ausgeschlossen hat», der aber ausgeschlossen sein müßte.

VIII. Intertemporales Recht

Der Untergang von Dienstbarkeiten, die unter der Herrschaft des früheren **210** Rechtes entstanden sind, ist nach neuem Recht zu beurteilen, wenn die Tatsachen, die ihn begründen, nach dem 1. Januar 1912 eingetreten sind. Das entspricht den allgemeinen Grundsätzen des Art. 1 SchlT. Diese Dienstbarkeiten sind also hinsichtlich ihres Unterganges den unter der Herrschaft des neuen Rechtes entstandenen gleichgestellt. MUTZNER, N. 42 zu Art. 17 SchlT; EBG **45** II 394 = Pr. **8** Nr. 139, Erw. 2; AppH Tessin in Rep. Giur. **1943**, p. 84ss. Sind sie eingetragen, kommt Art. 734 auf sie zur Anwendung. Sind sie nicht eingetragen, gehen sie wie die unter der Herrschaft des neuen Rechtes entstandenen nicht eingetragenen Dienstbarkeiten mit der Verwirklichung jedes Untergangsgrundes unter. N. 155f. Ist die den Untergang begründende Tatsache dagegen vor dem Inkrafttreten des neuen Rechtes eingetreten, ist ihre rechtliche Bedeutung nach dem alten Recht zu beurteilen. (Anders § 189 Abs. 3 EGzBGB: Die Aufhebung nicht eingetragener altrechtlicher Grunddienstbarkeiten erfolgt schlechthin nach den bisherigen Gesetzen.)

Wird geltend gemacht, die Dienstbarkeit sei untergegangen, weil die Voraussetzungen dafür gemäß einer unter der Herrschaft des alten Rechtes vereinbarten Vertragsbestimmung nach Inkrafttreten des neuen Rechtes sich verwirklicht hätten (Dahinfallen des Wegrechtes infolge der Erstellung eines andern Zuganges), ist diese Frage nach altem Recht zu beurteilen, da sie die Gültigkeit, den Inhalt und Umfang der altrechtlichen Vertragsklausel zum Gegenstand hat. EBG **79** II 401 = JdTr **102**, p. 482 (fehlt in der Pr.).

Daß nach der Einführung des Grundbuches die altrechtlichen Dienstbarkeiten **211** zwar in Kraft bleiben, aber, solange sie nicht eingetreten sind, gegenüber gutgläubigen Dritten nicht geltend gemacht werden können (Art. 21 SchlT), hat auch nicht die Bedeutung, daß sich daraus für sie ein besonderer Untergangsgrund ergäbe. Denn alle eintragungsfähigen, aber nicht eingetragenen Dienstbarkeiten, auch die unter dem neuen Recht entstandenen, gehen unter, wenn ein Dritter das belastete

Grundstück im Vertrauen auf die Richtigkeit und Vollständigkeit des Grundbuches erwirbt. N. 160 hievor. Vgl. EBG **82** II 103ff.

212   Dies gilt indessen nur, wenn das eidgenössische oder ein ihm gleichgestelltes kantonales Grundbuch im Sinne von Art. 46 SchlT eingeführt ist. Dagegen hat der gutgläubige Erwerb des Grundstückes in der Zwangsverwertung nach Maßgabe des Lastenverzeichnisses die gleiche Wirkung, auch wenn eine Einrichtung mit Grundbuchwirkung zugunsten des gutgläubigen Dritten nicht besteht. Das Lastenverzeichnis hat da die der vorhandenen Grundbucheinrichtung gemäß Art. 48 SchlT versagte Wirkung.

213   Ob dies de lege ferenda gerechtfertigt ist, mag, wie Haab, Probleme der Revision des SchKG, ZSR n. F. **44** (1925), S. 310ff. ausführt, als zweifelhaft erscheinen. Nicht zu beanstanden ist der Untergang der Dienstbarkeit infolge gutgläubigen Erwerbes des belasteten Grundstückes nach Maßgabe des Lastenverzeichnisses jedenfalls dann, wenn das eidgenössische Grundbuch oder ein kantonales Grundbuch gemäß Art. 46 SchlT eingeführt ist und die Dienstbarkeit nicht aufweist, was hier ja vorausgesetzt ist. Denn unter dieser Voraussetzung würde die Dienstbarkeit ja auch untergehen, wenn das belastete Grundstück außerhalb der Zwangsvollstreckung von einem gutgläubigen Dritten erworben würde. Wenn dagegen nur eine Grundbucheinrichtung gemäß Art. 48 SchlT besteht, kann die Dienstbarkeit auch gegenüber dem gutgläubigen Erwerber geltend gemacht werden; gerade hier muß am ehesten mit der Möglichkeit gerechnet werden, daß eine bestehende Dienstbarkeit trotz der Aufforderung gemäß Art. 138 Abs. 2 SchKG, Art. 29 Abs. 3 VZG und Art. 12 der Anleitung zur VZG nicht angemeldet und deshalb nicht ins Lastenverzeichnis aufgenommen wird. Da ließe sich scheinbar die Ansicht vertreten, daß die Dienstbarkeit zu den Rechten gehört, «die auch nach dem ZGB ohne Eintragung in das Grundbuch dinglich wirksam sind», wie es in Art. 29 Abs. 3 SchKG heißt. Sie würde dann infolge gutgläubigen Erwerbes in der Zwangsversteigerung nach Maßgabe des Lastenverzeichnisses nicht untergehen. Aber es ist ausgeschlossen, daß Art. 29 VZG die Publizitätswirkung des Lastenverzeichnisses in dieser Weise beschränken wollte. Unter den Rechten, «die auch nach dem ZGB ohne Eintragung in das Grundbuch dinglich wirksam sind», sollen doch wohl gerade die Rechte, von denen das ZGB sagt, sie könnten gutgläubigen Dritten gegenüber nicht geltend gemacht werden, wenn sie nicht eingetragen seien (SchlT Art. 21 und 44 Abs. 1), nicht verstanden sein. Es bleibt dabei, daß altrechtliche Dienstbarkeiten, die der Eintragung fähig sind, aber nicht eingetragen sind, untergehen, wenn sie auch ins Lastenverzeichnis nicht aufgenommen sind und ein Dritter im Vertrauen auf dieses das belastete Grundstück erwirbt. Siehe hievor die NN. 92ff.

214   Eine besondere Kategorie würden, wenn es sie gäbe, die altrechtlichen Dienstbarkeiten bilden, deren Bestand auch unter dem neuen Recht anerkannt bleibt, die aber nach diesem nicht mehr begründet werden können (SchlT Art. 17 Abs. 3) und von der Eintragung nach Maßgabe des Grundbuchrechtes ausgeschlossen sind (SchlT

Art. 45). Sie blieben nämlich unter dem bisherigen Recht. SchlT Art. 17 Abs. 3. Und zwar soll das bisherige Recht für sie ausschließlich und nach jeder Hinsicht gelten. MUTZNER, N. 77ff. zu Art. 17 SchlT.

Aber für alle Zeiten ist dieser Grundsatz gar nicht durchführbar, wenigstens nicht 215 in jeder Hinsicht. So kann altrechtliches Stockwerkeigentum nicht mehr nach dem alten Recht übertragen werden, wenn dessen Formen und technische Einrichtungen außer Gebrauch gekommen oder gar verfallen sind. EBG **75** II 131 = Pr. **38** Nr. 143 = ZBGR **35**, S. 46ff. Überhaupt rechtfertigt sich die Ausschließung dieser dinglichen Rechte vom neuen Recht und ihre Belassung unter der früheren Gesetzgebung, die jeder Fortbildung durch Revision entzogen ist, nur soweit als die Anwendung neuen Rechtes mit ihrem Inhalt und unverändertem Bestand unvereinbar ist.

Unter diesem Gesichtspunkt könnte die Anwendbarkeit der Bestimmungen des 216 alten Rechtes über den Untergang von Dienstbarkeiten durch Verjährung abgelehnt werden. Dadurch würde der unveränderte Bestand dieser Rechte nicht geschwächt, sondern gefestigt. Aber mit der Belassung dieser Rechte unter der bisherigen Gesetzgebung sollte ihr Bestand sicher nicht gefestigt werden, sondern vielmehr den Möglichkeiten des Untergangs, welche das alte Recht bot, ausgesetzt bleiben. Sind doch alle unter Art. 17 Abs. 3 SchlT fallenden Rechtsverhältnisse, wie MUTZNER, N. 83 zu diesem Artikel, sagt, betrachtet worden «als eine lästige Erbschaft aus früherer Zeit, deren man sich gerne so rasch als möglich entledigen möchte». Deshalb muß aus Art. 17 Abs. 3 SchlT die Konsequenz gezogen werden, daß diese Rechte weiterhin der Verjährung nach Maßgabe des bisherigen kantonalen Rechtes unterliegen. Der Ausschluß der Verjährung im neuen Recht kann ja keineswegs zu den Bestimmungen gehören, «die um der öffentlichen Ordnung und Sittlichkeit willen aufgestellt sind» (SchlT Art. 2). Die Publizitätswirkung des Grundbuches würde der Zulassung der Verjährung nicht entgegenstehen, da sie sich auf diese Rechte, die ja der Eintragung überhaupt nicht fähig sind, nicht erstreckt.

Von erheblicher praktischer Bedeutung ist diese Frage indessen für die Dienst- 217 barkeiten nicht. Die unter Art. 17 Abs. 3 und Art. 45 SchlT fallenden bekannten Rechtsverhältnisse (Stockwerkeigentum, Eigentum an Bäumen auf fremdem Boden, Nutzungspfandrechte) sind keine Dienstbarkeiten. Dies erkannte das ObG Obwalden nicht, SJZ **24** (1927), S. 283 (N. 156 zu Art. 731, N. 86 hievor). Wären es Dienstbarkeiten, könnten sie eingetragen werden und fielen dann nicht unter die Art. 17 Abs. 3 und 45 SchlT. Dienstbarkeiten des alten Rechtes, denen wegen ihres Inhaltes das Grundbuch nach neuem Recht verschlossen wäre, dürften kaum bestehen, da das neue Recht den Kreis der Nutzungsrechte, welche als Dienstbarkeiten begründet werden können, gegenüber dem alten Recht im allgemeinen nicht enger gezogen, sondern sehr stark erweitert hat. Vorbem. vor Art. 730 N. 7ff. Die sogenannten Bierservituten, welche als Beispiel für die gegenteilige Erscheinung angeführt werden (MUTZNER, N. 77 zu Art. 17 SchlT), dürften vor 1912 nur in mißbräuchlicher Anwendung des damals in Geltung gestandenen Rechtes zugelassen

Grunddienstbarkeiten

worden sein. N. 115 zu Art. 730. Dagegen könnten Dienstbarkeiten in Betracht kommen, die nach neuem Recht wegen ihrer Bedingtheit (Art. 730 NN. 62ff.) nicht eingetragen werden können, während diese dem alten Recht nicht widersprach. Vgl. den Tatbestand des EBG **79** II 401.

218   Daß die Anwendung von Art. 44 Abs. 2 SchlT (Aufhebung nach vorausgehender Auskündung) auf die unter Art. 17 Abs. 3 und Art. 45 SchlT fallenden Rechtsverhältnisse ausgeschlossen ist, wurde unter N. 180 hievor dargelegt.

219   In der **Zwangsvollstreckung** gehen diese Rechte gleich wie die der Eintragung fähigen, aber nicht eingetragenen Rechte mit dem gutgläubigen Erwerb durch einen Dritten nach Maßgabe des Lastenverzeichnisses unter. Siehe N. 212 hievor. Gerade auf sie bezieht sich die Aufforderung im Lastenbereinigungsverfahren nach Art. 138 Abs. 3 SchKG (gemäß SchlT Art. 58 abgeänderter Text), da sie sich richtet «an die Besitzer von Dienstbarkeiten, soweit noch kantonales Recht zur Anwendung kommt». JÄGER, Bem. 14 Abs. 2 zu Art. 138 SchKG.

220   Sie muß sich aber auch auf die der Eintragung fähigen, aber nicht oder noch nicht eingetragenen Dienstbarkeiten beziehen, die nur hinsichtlich ihrer Entstehung nach altem Recht zu beurteilen sind, im übrigen aber unter dem neuen Recht stehen. N. 212/13 hievor. Art. 29 Abs. 3 VZG und Art. 12 der Anleitung zur VZG sprechen überhaupt nur von diesen letzteren, nämlich von «Dienstbarkeiten, die unter dem früheren kantonalen Recht entstanden und noch nicht in die öffentlichen Bücher eingetragen sind». Damit werden nur die altrechtlichen Dienstbarkeiten ins Auge gefaßt, die der Eintragung fähig sind, nicht aber die unter Art. 17 Abs. 3 und Art. 45 SchlT fallenden nicht eintragungsfähigen Rechte. Das kann nur ein Versehen des Gesetzgebers sein, das auch zur Vermeidung eines Widerspruches zu Art. 138 Abs. 3 SchKG zu berichtigen ist.

221   BLUMENSTEIN, Handbuch, S. 457 Anm. 25 bezeichnet die neue Fassung von Art. 138 Abs. 3 (gemäß Art. 58 SchlT) als zum mindesten sehr undeutlich, weil sie gar nicht genau auf die materiellen Bestimmungen des ZGB Rücksicht nehme. Das gleiche muß aber auch von Art. 29 Abs. 3 VZG gesagt werden.

222   Die da vorgesehene Aufforderung verlangt Art. 123 VZG für das Konkursverfahren, wozu aber in Art. 12 Abs. 2 der Anleitung zur VZG gesagt ist, sie könne gänzlich unterbleiben «in denjenigen Kantonen, in denen schon vor 1912 alle Grunddienstbarkeiten (als ob es keine anderen Dienstbarkeiten gäbe!) im Grundbuch eingetragen werden mußten». Dem entspricht das Kreisschreiben der bernischen Aufsichtsbehörde vom 9. März 1921, in dem ausgeführt ist, diese Aufforderung sei deshalb nicht nötig, weil im Kanton Bern nach dem Inkrafttreten des neuen kantonalen Grundbuches die Dienstbarkeiten, welche nicht eingetragen seien, zwar ihre Gültigkeit behielten, aber gutgläubigen Dritten nicht entgegengehalten werden könnten. ZBJV **57**, S. 192f.

223   Dem liegt die Vorstellung zugrunde, daß zur nur Anmeldung derjenigen Rechte aufgefordert werden müsse, die vom gutgläubigen Erwerber in der Zwangsvoll-

streckung als Grundstücksbelastungen übernommen werden müssen, obwohl sie nicht eingetragen sind. Das wären die Rechte, «die auch nach dem ZGB ohne Eintragung in das Grundbuch dinglich wirksam sind» (VZG Art. 29 Abs. 3). Dazu werden das Durchleitungsrecht gemäß Art. 676 Abs. 3, wenn die Leitung äußerlich wahrnehmbar ist, und das nachbarliche Durchleitungsrecht gemäß Art. 691 gezählt. Das erste braucht auch in der Tat nicht angemeldet zu werden, da es nicht infolge gutgläubigen Erwerbs des belasteten Grundstückes untergehen kann, und zwar deshalb nicht, weil die durch die äußerlich wahrnehmbare Leitung hergestellte natürliche Publizität den guten Glauben des Erwerbers, daß die Belastung nicht bestehe, ausschließt. Das zweite dagegen muß, sofern ihm diese natürliche Publizität fehlt, angemeldet und ins Lastenverzeichnis aufgenommen werden, um gegenüber dem gutgläubigen Erwerber Bestand zu haben. N. 174/75 hievor.

Die Aufforderung zur Anmeldung muß gerade an die Inhaber von Dienstbarkei- 224 ten ergehen, die dem gutgläubigen Dritten nicht entgegengehalten werden können, während die übrigen zu ihrem Schutze der Anmeldung nicht bedürfen. Das will VZG Art. 29 am Schluß zum Ausdruck bringen. Mit der Aufforderung zur Anmeldung soll den Inhabern von nicht eingetragenen Dienstbarkeiten doch auch die Möglichkeit gegeben werden, sich vor dem Verlust ihrer Rechte in der Zwangsvollstreckung zu schützen. Dieses Verfahren soll keineswegs nur den Erwerber davor bewahren, trotz seines guten Glaubens Belastungen übernehmen zu müssen, die im Lastenverzeichnis nicht enthalten sind. Diese Gefahr ist ohnehin, wie vorhin bemerkt wurde, unerheblich. Deshalb ist es verfehlt, von der Aufforderung zur Anmeldung nicht eingetragener Dienstbarkeiten in den Kantonen abzusehen, «in denen schon vor 1912 alle Grunddienstbarkeiten im Grundbuch eingetragen werden mußten» oder in denen das eidgenössische oder ein ihm in der Wirkung gleichgestelltes kantonales Grundbuch gemäß Art. 46 SchlT eingeführt ist (a.M. FORNI R., Studi in onore di P. LIVER, p. 73). Alle angeführten Vorschriften über die Behandlung der nicht eingetragenen Dienstbarkeiten im Lastenbereinigungsverfahren nach SchKG bedürften der sachenrechtlichen Bereinigung.

Art. 735

Wird der Berechtigte Eigentümer des belasteten Grundstückes, so kann er 2. Vereinigung
die Dienstbarkeit löschen lassen.
 Solange die Löschung nicht erfolgt ist, bleibt die Dienstbarkeit als dingliches Recht bestehen.
 Materialien: VE (1900) Art. 728; E (1904) Art. 725; Erl. II, S. 142; ExpKomm., III. Session (Prot. vom 11. November 1902).
 Ausländisches Recht: DBGB §§ 889, 1063; ABGB §§ 526, 1445, 1446; C.c.fr. art. 705, 617; C.c.it. art. 1014, 1072, 2814.

Grunddienstbarkeiten

Literatur: Die zu Art. 733 verzeichneten Monographien und Abhandlungen; außerdem KRETSCHMAR P., Die Theorie der Confusion, 1899.

Inhaltsübersicht

I. Der Inhalt im allgemeinen
1. Das Verhältnis der beiden Absätze zueinander. N. 1–2.
2. Die Vereinigung.
   a) Der Begriff. N. 3–6; b) restlose Vereinigung. N. 7; c) teilweise Vereinigung. N. 8–10.

II. Das Verhältnis zu Art. 733
1. Der Zweckgedanke. N. 11–20.
2. Der Anwendungsbereich.
   a) Ausdehnung auf alle Dienstbarkeiten und die Grundlasten. N. 21–22;
   b) Beschränkung auf die eingetragenen Rechte. N. 23–28.

III. Die Befugnis des Eigentümers, die Löschung zu verlangen. N. 29–30.

IV. Die nicht eingetragenen Rechte
1. Konfusion oder Konsolidation? N. 31–34.
2. Konfusionswirkung. N. 35–40.
3. Weiterbestand des Rechtes trotz der Vereinigung.
   a) im Interesse Dritter. N. 41; b) im Interesse des Eigentümers. N. 42–45.

I. Der Inhalt im allgemeinen

1. Das Verhältnis der beiden Absätze zueinander

1   Die Bestimmung des ersten Absatzes sagt, soweit sie überhaupt gilt (N. 29 hienach), etwas Selbstverständliches. Der Eigentümer des berechtigten Grundstükkes, der auch Eigentümer des belasteten Grundstückes geworden ist, ist der Dienstbarkeitsberechtigte und kann als solcher die Dienstbarkeit selbstverständlich löschen lassen.

2   Daß der Eigentümer, nachdem er auch das Eigentum am zweiten Grundstück erworben hat, die Grunddienstbarkeit weiterbestehen lassen kann, sie also nicht löschen zu lassen braucht, ist im zweiten Absatz gesagt. Darin besteht der eigene Gehalt des Art. 735: Die Vereinigung hat nicht die Wirkung des Unterganges der Grunddienstbarkeit durch Konfusion oder Konsolidation.

2. Die Vereinigung

a) Der Begriff.

3   Soweit nur die Grunddienstbarkeit (oder auch die Realgrundlast) in Frage steht, vollzieht sich die Vereinigung dadurch, daß der Eigentümer des berechtigten Grundstückes das Eigentum am belasteten Grundstück erwirbt und damit das Eigentum an

beiden Grundstücken in seiner Hand vereinigt. Nur diesen Fall nennt der Art. 735 in seinem ersten Absatz. Ihm ist aber der Erwerb des berechtigten Grundstückes durch den Eigentümer des belasteten Grundstückes gleichzustellen. Die Grundstücke bleiben aber getrennt; jedes bleibt eine selbständige Parzelle.

In der Anwendung auf Personaldienstbarkeiten, irreguläre Personaldienstbarkeiten und Personalgrundlasten kommt die Vereinigung dadurch zustande, daß der Berechtigte Eigentümer des belasteten Grundstückes wird, aber auch dadurch, daß der Eigentümer des belasteten Grundstückes das Recht selber erwirbt, was nur möglich ist, wenn es ein selbständiges Recht ist, d.h. ein selbständiger Gegenstand der Veräußerung und Vererbung.

Wie die obligationenrechtliche Vereinigung oder Konfusion eintritt, «wenn die Eigenschaften des Gläubigers und des Schuldners in einer Person zusammentreffen» (OR Art. 118), tritt die sachenrechtliche Vereinigung (Konfusion oder Konsolidation) ein, wenn die Eigenschaften des Dienstbarkeits- oder Grundlastberechtigten und des Belasteten in einer Person zusammentreffen.

Gleichgültig ist es, welcher Art der der Vereinigung zugrunde liegende Erwerb und sein Grund sind, ob es ein originärer oder derivativer Erwerb, eine Universal- oder Singularsukzession ist.

b) Restlose Vereinigung.

Die Vereinigung muß sich restlos vollziehen. Die sämtlichen Befugnisse, welche die Dienstbarkeit oder Grundlast verleiht, müssen von der Vereinigung umfaßt sein. Der Erwerber des berechtigten Grundstückes oder des übertragbaren dinglichen Rechtes muß mit diesem Erwerb die Befugnis der vollständigen und ausschließlichen Verfügung über die Dienstbarkeit oder Grundlast erlangt haben.

c) Teilweise Vereinigung.

Die teilweise Vereinigung verschafft dem Eigentümer das Recht, die Dienstbarkeit oder Grundlast löschen zu lassen, nicht. Sie führt die Wirkung der Konfusion (vorausgesetzt, daß das Gesetz sie nicht ausschließt), nämlich den Untergang des Rechtes, nicht herbei.

Dieser Fall liegt einmal vor, wenn der Erwerb kein vollständiger ist: Der Berechtigte erwirbt am belasteten Grundstück einen Miteigentumsanteil; der Eigentümer des belasteten Grundstückes erwirbt an der Dienstbarkeit (Baurecht, Quellenrecht) nur eine Mitberechtigung.

BGB § 1009. Die gemeinschaftliche Sache kann auch zugunsten eines Miteigentümers belastet werden.
Die Belastung eines gemeinschaftlichen Grundstücks zugunsten des jeweiligen Eigentümers eines anderen Grundstücks sowie die Belastung eines anderen Grundstücks zugunsten der jeweiligen Eigentümer des gemeinschaftlichen Grundstücks wird nicht dadurch ausgeschlossen, daß das andere Grundstück einem Miteigentümer des gemeinschaftlichen Grundstücks gehört.

Die Konfusionswirkung tritt sodann auch nicht ein, wenn der Eigentümer des belasteten Grundstücks mit dem Erwerber der Dienstbarkeit oder der Grundlast für

Grunddienstbarkeiten

sich allein oder mit dem berechtigten Grundstück nur eine beschränkte Verfügungsmacht über das Recht erlangt, weil an diesem oder am berechtigten Grundstück dingliche Rechte Dritter bestehen, welche durch den Untergang des Rechtes beeinträchtigt würden.

II. Das Verhältnis zu Art. 733

1. Der Zweckgedanke

11 Art. 733 erklärt die **Errichtung** von Dienstbarkeiten als Eigentümerdienstbarkeiten für zulässig und räumt diesem Institut seinen Platz im Sachenrecht ein. Wenn Art. 735 bestimmt, daß die Vereinigung des berechtigten und des belasteten Grundstücks in der Hand des gleichen Eigentümers den Weiterbestand der Grunddienstbarkeit nicht ausschließe, zieht er damit nur eine notwendige Konsequenz aus dem Art. 733.

12 Daß eine Rechtsordnung die Errichtung der Dienstbarkeit als Eigentümerdienstbarkeit nicht zuläßt, aber die Möglichkeit des Weiterbestandes der Dienstbarkeit nach der Vereinigung als Eigentümerdienstbarkeit anerkennt, ist wohl möglich. Das war der Standpunkt des deutschen BGB, bis die Praxis auch die Begründung von Eigentümerdienstbarkeiten zuließ. Art. 733 N. 16 und 52.

13 Wenn aber die Eigentümerdienstbarkeit als solche errichtet werden kann, ist es eine notwendige Konsequenz daraus, sie auch durch die Vereinigung entstehen zu lassen, indem aus dem ius in re alinea eine Eigentümerdienstbarkeit wird. Ob die Eigentümerdienstbarkeit als solche errichtet, oder ob sie nachträglich infolge der Vereinigung entstanden ist, dient sie dem gleichen Zweck und erfüllt die gleichen Bedürfnisse.

14 Mit ihrer Errichtung wird ein in Aussicht genommener künftiger Bestand der Rechte am Grundstück zum voraus im Hinblick auf die Zweiung der Subjekte buchmäßig begründet und fixiert. Mit der Aufrechterhaltung der durch Vereinigung zum Eigentümerrecht gewordenen Dienstbarkeit wird ein bestehender Rechtsbestand buchmäßig festgehalten, einmal ebenfalls im Hinblick auf eine künftige Zweiung der Subjekte, dann auch zur Vermeidung von Rechtsnachteilen, die für den Erwerber des berechtigten oder des belasteten Grundstückes eintreten würden, wenn die Dienstbarkeit unterginge.

15 a) Der Eigentümer will sich die Dienstbarkeit bewahren, ohne sie neu errichten und die Kosten dafür tragen zu müssen, wenn er das belastete Grundstück veräußert.

16 b) Er will der Dienstbarkeit den Vorrang erhalten für den Fall, daß er auf das belastete Grundstück neue Lasten legt.

17 c) Er will dem berechtigten Grundstück den Dienstbarkeitsvorteil erhalten, um es vorteilhafter veräußern oder belasten zu können.

Vgl. zu diesen Fällen Art. 733 N. 11–18.

18 d) Der Eigentümer will der Dienstbarkeit ihren Vorrang vor anderen bestehen-

den dinglichen Rechten Dritter bewahren. Damit kann er folgende Nachteile von sich abwenden:

α) Wenn die Dienstbarkeit infolge der Vereinigung unterginge, würden andere, ihr nachgehende Rechte Dritter ihren Rang einnehmen. Sie würden damit eine unverdiente Aufwertung erfahren und das Grundstück stärker belasten.

β) Wenn die Dienstbarkeit infolge der Vereinigung unterginge, könnte die Befugnis, welche ihren Inhalt ausmacht, unter Umständen am eigenen Grundstück nicht mehr ausgeübt werden.

Dieser Nachteil würde z. B. in folgendem Falle eintreten: Die Dienstbarkeit ist ein 19 Quellen- und Quellennachgrabungsrecht, wie es vielfach vorkommt. Im Nachgang zu ihm ist ein Kiesausbeutungsrecht eingetragen. Der Eigentümer des Grundstückes, zu dessen Gunsten das Quellenrecht eingetragen ist, erwirbt das belastete Grundstück; oder der Eigentümer des belasteten Grundstücks erwirbt das berechtigte Grundstück oder das Quellenrecht, wenn es ein selbständiges Recht ist. Der Tatbestand der Konfusion ist gegeben. Würde die Wirkung der Konfusion eintreten, ginge das Quellenrecht unter. Das Kiesausbeutungsrecht würde seinen Rang einnehmen. Es könnte dann so ausgeübt werden, daß das Grundstück zur Fassung und Wegleitung von Quellwasser nicht mehr benutzt werden könnte. Das Recht hiezu (das Quellenrecht) wäre zu einer Eigentumsbefugnis geworden und als solche durch das beschränkte dingliche Recht zur Kiesausbeutung beschränkt. Vgl. CROME, System III, S. 257 und LEEMANN, N. 3 zu Art. 735.

Das Quellenrecht als Eigentümerdienstbarkeit hat hier nicht eine bloß formelle, 20 buchmäßige Existenz, sondern gehört zum materiellen Rechtsbestand, weil es das konkurrierende Recht eines Dritten in Schranken hält. Darin liegt eine partielle Zweiung der Subjekte, die auch schon entsteht, «wenn am einen oder anderen Grundstück ein dingliches Recht begründet wird, dessen Inhalt, Umfang oder Rang durch die Eigentümerdienstbarkeit in irgendeiner Hinsicht bestimmt wird» (Art. 733 N. 4).

2. Der Anwendungsbereich

a) Ausdehnung auf die übrigen Dienstbarkeiten und auf die Grundlasten.

Wir sind zum Ergebnis gekommen, daß der Art. 733 auch auf die persönlichen 21 Dienstbarkeiten, irregulären Personaldienstbarkeiten und die Grundlasten anwendbar sei. Art. 733 NN. 30–44. Der Anwendungsbereich des Art. 735 kann nicht enger begrenzt sein. Die Ausdehnung auf die Nutznießung in der Anwendung des Art. 733 hielt Eugen HUBER «aus Mangel an wirtschaftlichem Bedürfnis» für ausgeschlossen. Art. 733 N. 38. Wir lehnten diese Ansicht ab. In bezug auf den Art. 735 läßt sie sich nicht vertreten, ist doch die Vereinigung von Eigentum und Nutznießung im römischen Recht und seither immer ein vielbehandeltes Thema des Sachenrechtes gewesen.

Grunddienstbarkeiten

22 Anders als das ZGB, das sich auch in dieser Frage auf die Regelung der Grunddienstbarkeiten beschränkt und die Beurteilung der Anwendbarkeit auf die übrigen Dienstbarkeiten und die Grundlasten der Wissenschaft und Praxis überlassen hat, haben die ausländischen Gesetzbücher diesen Tatbestand für die Nutznießung besonders geregelt: das BGB in den §§ 1063 und 1072 für den Nießbrauch an beweglichen Sachen und an Rechten, während der § 889 sich auf alle Rechte an Grundstücken bezieht; der C.c. fr. in Art. 617; der C.c. it. in den Art. 1114 und 2814. Das ABGB hat in § 526 die gleiche Vorschrift für alle Dienstbarkeiten aufgestellt.

b) Beschränkung auf die eingetragenen Rechte.

23 Das Gesetz spricht im Art. 735 wie in den Art. 733 und 734 nur von den eingetragenen Rechten. Die Beschränkung auf sie entspricht auch dem Zusammenhang, in welchem der Art. 735 zum Art. 733 steht. Die Errichtung von Dienstbarkeiten als Eigentümerdienstbarkeiten ist nur durch Eintragung möglich.

24 Die Aufrechterhaltung von Dienstbarkeiten trotz ihrer Vereinigung mit dem Eigentum ist denn auch in den Erläuterungen Eugen Hubers (II, S. 142) mit ihrem formalen Rechtsbestand, der durch die Eintragung im Grundbuch hergestellt ist, begründet: «Wird also das Eigentum am herrschenden Grundstück mit demjenigen am dienenden vereinigt, so behält der Eigentümer der beiden Grundstücke das formale Recht in dem Sinne, daß, sobald während der Existenz des letzteren aus irgendeinem Grunde die Trennung des Eigentums wieder eintritt, die Dienstbarkeit auch wieder materielle Bedeutung erhält.» Siehe dazu Art. 733 N. 3–10.

25 Ist die Dienstbarkeit nicht eingetragen, fehlt ihr die Grundlage des formellen Bestandes. Durch die Vereinigung kann sie nicht aus einem materiellen zu einem formalen Recht, d.h. bloß buchmäßigen Recht werden, das mit der teilweisen oder völligen Aufhebung der Vereinigung wieder materiell wirksam würde. Sie geht mit der Vereinigung unter, soweit die Konfusion oder Konsolidation überhaupt diese Wirkung haben kann. Schwander V., Die Grunddienstbarkeiten, Diss. Bern 1910, S. 185f.

26 Das BGB hat diese Wirkung in seinem § 889 ausgeschlossen, und zwar auch für die nicht eingetragenen Rechte. Wolff § 39 VII, S. 114; Kommentare von Staudinger-Kober, Bem. 2 zu § 889; Planck-Strecker, Erl. 3 zu § 889; von Reichsgerichtsräten, Erl. 1 zu § 889.

27 Daß dieser generelle und absolute Ausschluß gerechtfertigt sei, wird bestritten von W. Schmidt-Rimpler, Die Eigentümerdienstbarkeit (1911) S. 110. Für die eingetragenen Rechte allein ließe er sich nach ihm rechtfertigen, wenn das Gesetz das Prinzip der grundbuchlichen Publizität mit aller Strenge durchführen würde. Davon ist das BGB jedoch viel weiter entfernt als unser ZGB. In diesem ist jenes Prinzip äußerst rigoros durchgeführt. Art. 734 N. 181ff. und dortige Verweisungen. Dem entspricht es durchaus, daß der Ausschluß der Konfusionswirkung auf die eingetragenen Rechte beschränkt ist.

Die gleiche Regelung ergibt sich aus dem ABGB, obwohl dieses vom grundbuch- 28
lichen Publizitätsmonopol unseres ZGB noch weiteren Abstand genommen hat als
das BGB. Nach ihm besteht die «verbücherte» Dienstbarkeit trotz Vereinigung
weiter, bis sie gelöscht wird, während die nicht verbücherte Dienstbarkeit infoige der
Vereinigung untergeht. EHRENZWEIG, System I 2 (1923) § 259 III, S. 381; KLANG,
Komm., 2. Aufl., Bem. 2 zu § 526.

III. Die Befugnis des Eigentümers, die Löschung zu verlangen

Die Vereinigung gibt dem Eigentümer nach Art. 735 Abs. 1 die Befugnis, die 29
Dienstbarkeit löschen zu lassen. Diese Regel erleidet aber zahlreiche Ausnahmen.
Eine Ausnahme machen alle die Fälle, in denen der Berechtigte nur mit Zustimmung
der Inhaber von dinglichen Rechten, welche durch den Untergang der Dienstbarkeit
beeinträchtigt würden, diese löschen lassen kann. Art. 964. Diese Fälle sind in den
NN. 29 bis 45 zu Art. 734 behandelt.

Dieser Sachverhalt bildet den einzigen Punkt, welcher in den Beratungen des 30
Entwurfes Gegenstand einer Bemerkung zum Art. 735 (im VE Art. 728) war.
«Referent führt aus, es sei die Anfrage gestellt worden, wie es sich im Falle der
Konsolidation oder Konfusion in bezug auf die eingetragenen Rechte verhalte
(gemeint sind offenbar die Rechte Dritter am Dienstbarkeitsrecht oder am berechtigten Grundstück). Er verweist demgegenüber auf Art. 1006 (= Art. 964 ZGB),
woraus der Vorbehalt derselben hervorgehe.» ExpKomm., Prot. vom 11. Nov. 1902,
S. 7/8.

IV. Die nicht eingetragenen Rechte

1. Konfusion oder Konsolidation?

Bei uns wie in Deutschland wird die sachenrechtliche Vereinigung ohne Unter- 31
schied bezüglich der Arten von dinglichen Rechten in beliebiger Abwechslung
Konfusion oder Konsolidation genannt. Das BGB bezeichnet sie als Konsolidation.
Im C.c. fr. (Art. 617) ist die Vereinigung bezüglich der Nutznießung als consolidation bezeichnet, während sie hinsichtlich der Grunddienstbarkeiten meist confusion
genannt wird, ausnahmsweise auch consolidation (wenn der Eigentümer des herrschenden das dienende Grundstück erwirbt, PLANIOL-RIPERT-BOULANGER I, p. 197
Nr. 392). Der gleiche Sprachgebrauch besteht in Italien. Der C.c. it. nennt die
Vereinigung bezüglich der Grunddienstbarkeiten confusione; hinsichtlich der Nutznießung wird sie allgemein als consolidazione bezeichnet. Das ist der Sprachgebrauch des römischen Rechtes: item finitur usus fructus ... si fructuarius proprietatem rei adquisierit, quae res consolidatio appellatur (§ 3 Inst. 2, 4).

In der italienischen Literatur wird die Konsolidation als ein Spezialfall der Konfu- 32
sion behandelt. DE MARTINO, im Kommentar von Branca und Scialoja, S. 263f., zu

Art. 1014 C.c.; BARASSI, I diritti reali limitati (1947) p. 91 einerseits, p. 180 anderseits; MESSINEO, Le servitù (1949) p. 178. MESSINEO will die Besonderheit der Konsolidation darin sehen, daß sie im Übergang des Rechtes des Nutznießers auf den Eigentümer oder des Eigentums auf den Nutznießer bestehe, also in der translativen Vereinigung, während die Konfusion die Befugnisse des Grunddienstbarkeitsberechtigten zum Erlöschen bringe, also eine extinktive Vereinigung wäre. Diese Unterscheidung hat ihren Grund darin, daß die Errichtung der Grunddienstbarkeiten einerseits, der Nutznießung anderseits verschieden konstruiert wird.

33 Diese Verschiedenheit hat in unserem Recht keine Grundlage. Einleitung NN. 6 bis 11, 57 und 59. Auch für das italienische Recht ist sie keineswegs allgemein anerkannt. Daß die Konfusion mit Bezug auf die Nutznießung Konsolidation heißt, ist wohl weniger dogmatisch als vielmehr historisch zu erklären, nämlich aus der Vorstellung der Römer, daß der usufructus mit dem Erwerb des Eigentums durch den Nutznießer zur plena oder solida proprietas «erstarke» («consolidatio cum proprietate»). Siehe dazu KASER MAX, Geteiltes Eigentum im älteren römischen Recht, Festschrift für Koschaker (1939) I, S. 472f. und Das römische Privatrecht I (1955) S. 379. Diese Vorstellung ist auch uns vertraut. Indessen sind schon die Römer dazu gekommen, auch den umgekehrten Vorgang, den Untergang der Nutznießung infolge ihres Erwerbes durch den Eigentümer des belasteten Grundstücks als consolidatio zu bezeichnen. DE MARTINO, a.a.O., S. 263.

34 Es ist verständlich und juristisch nicht zu beanstanden, daß bei uns der gleiche Vorgang bald Konfusion, bald Konsolidation genannt wird. Indessen würde es sich doch eher empfehlen, sich an den Sprachgebrauch des römischen Rechtes zu halten, dem die beiden Bezeichnungen entstammen, auch im Interesse der Übereinstimmung mit der französischen und der italienischen Rechtssprache. Der allgemeinere, auch die Konsolidation umfassende Begriff ist danach die Konfusion.

2. Konfusionswirkung

35 Wie hievor (NN. 23ff.) ausgeführt wurde, hat das ZGB den Untergang der Dienstbarkeiten infolge der Konfusion nur für die eingetragenen, nicht aber für die nicht eingetragenen Rechte ausgeschlossen. Diese gehen infolgedessen im allgemeinen unter, wenn der Berechtigte Eigentümer des belasteten Grundstückes wird oder der Eigentümer des belasteten Grundstückes das berechtigte Grundstück oder das Dienstbarkeitsrecht, wenn es ein selbständiges Recht ist, erwirbt. Die gesetzgeberischen Gründe dieser Regelung haben wir dargelegt. Ihre Auswirkungen scheinen nicht ohne weiteres zweckmäßig und billig zu sein. Es ist indessen zu beachten, daß die Vereinigung in den Fällen, in denen erhebliche gegenwärtige Interessen des Dienstbarkeitsberechtigten oder Dritter dadurch verletzt würden, den Untergang der Dienstbarkeit ohnehin nicht bewirkt (siehe Ziff. 3 hienach).

Im übrigen eignen sich Rechte, denen jede Publizität (Offenkundigkeit) fehlt, 36
nicht zur Vorwegnahme eines künftigen Rechtsbestandes. Wenn das nicht eingetragene Recht nach der Vereinigung jede gegenwärtige materielle Bedeutung verloren hat, kann es überhaupt nicht mehr existieren, da es eine formelle Existenz ohnehin nicht hat.

Wenn nach der Vereinigung das berechtigte oder das belastete Grundstück 37
veräußert oder belastet wird, müßte die nicht eingetragene Dienstbarkeit, um für oder gegen den Erwerber des Grundstückes oder des dinglichen Rechtes wirksam zu sein, im Veräußerungs- oder Belastungsvertrag ausdrücklich vorbehalten oder festgestellt werden. Der Erwerber des berechtigten Grundstückes oder eines dinglichen Rechtes an diesem wird dann darauf bestehen, daß die Dienstbarkeit eingetragen wird. Der Erwerber des belasteten Grundstückes oder eines dinglichen Rechtes an diesem braucht die Dienstbarkeit oder ihren Vorrang nicht anzuerkennen, wenn sie ihm nicht bekannt gemacht worden ist. Der Veräußerer wird deshalb, bevor er das Grundstück verkauft oder belastet, sich bewogen sehen, die Eintragung der Dienstbarkeit zu erwirken. Der Notar und der Grundbuchverwalter werden, wenn in einem Vertrag eine nicht eingetragene Dienstbarkeit vorbehalten oder angezeigt wird, auf deren Eintragung hinwirken.

Der Dienstbarkeitsberechtigte kann eine Dienstbarkeit, die außergrundbuchlich 38
begründet worden ist, durch Expropriation, einen expropriationsähnlichen Vorgang oder durch gerichtliche Zusprechung, von sich aus eintragen lassen; das Verfahren nach Art. 662 (außerordentliche Ersitzung) schließt mit der die Eintragung anordnenden Verfügung des Richters ab. Wenn der Erwerber die Eintragung als Eigentümerdienstbarkeit nicht erwirkt oder nicht vornehmen läßt, brauchen ihm auch die Vorteile der Eigentümerdienstbarkeit im Hinblick auf die künftige Aufhebung der Vereinigung nicht zuerkannt zu werden.

Ist die Dienstbarkeit überhaupt nicht eintragungsfähig (Art. 17 Abs. 3 39
und 45 SchlT ZGB und hiezu N. 217 zu Art. 734), entspricht der Untergang infolge der Vereinigung der Tendenz des Gesetzes in besonderer Weise, denn diese Rechte hat das Gesetz auf den Aussterbeetat gesetzt (Art. 734 N. 216).

Anders müssen auch unter dem Gesichtspunkt der Konfusion die offen- 40
kundigen oder selbstverständlichen Dienstbarkeiten behandelt werden (Art. 733 NN. 45ff.).

3. Weiterbestand der Dienstbarkeit trotz der Vereinigung

a) im Interesse Dritter.

Auch die nicht eingetragenen Dienstbarkeiten gehen trotz der Vereinigung nicht 41
unter, wenn der Untergang Dritte in ihren dinglichen Rechten am Dienstbarkeitsrecht oder am berechtigten Grundstück beeinträchtigen würde. Das sind die Fälle, in denen der Berechtigte die Dienstbarkeit, wenn sie eingetragen wäre, nicht von sich

Grunddienstbarkeiten

aus löschen lassen könnte, sondern die Zustimmungserklärungen der berechtigten Dritten einholen müßte. Siehe N. 29 hievor.

b) im Interesse des Eigentümers.

42 Der Eigentümer, also der Erwerber des belasteten oder des berechtigten Grundstückes oder der Eigentümer des belasteten Grundstückes, welcher das Dienstbarkeitsrecht, das ein selbständiges Recht ist, erworben hat, kann ein gegenwärtiges erhebliches Interesse an der Aufrechterhaltung der Dienstbarkeit haben (N. 18 hievor). Wir haben dafür in N. 19 ein Beispiel angeführt und an ihm gezeigt, worin dieses Interesse besteht. In solchen Fällen erlangt der Erwerber eine stärkere Rechtsstellung, als ihm kraft des bloßen Eigentums am einen und am anderen Grundstück zustehen würde. Während es auf Grund des in N. 41 genannten Tatbestandes die sogenannten Zwischenrechte sind, welche den Eintritt der Konfusionswirkung hindern, ist es hier die sogenannte überschießende Rechtsmacht, welche dieser Wirkung widersteht.

43 In diesem Ergebnis stimmen die verschiedenen Untersuchungen über die Konfusion dinglicher Rechte in der deutschen Literatur überein: Kretschmar P., Die Theorie der Confusion, S. 19, 52ff.; Bekker E. I., Allerlei von den dinglichen Rechten, insbesondere den Rechten an eigener Sache, Z. f. vgl. RW, Bd. 2, 1880, S. 44f., besonders S. 46ff.: «Jedes Recht aber, das in seiner rechtlichen Wirksamkeit irgendwie hinausgreift über das andere, mit dem es in derselben Hand zusammentrifft, geht trotz diesem Zusammentreffen nicht unter» (46); Schmidt-Rimpler W., Die Eigentümerdienstbarkeit, 1911, S. 80ff. Die gleiche Auffassung tritt uns auch in der italienischen Literatur vielfach entgegen, bei einer Reihe von Autoren (wie Cicu, Barbero, Pugliese) in der Ausprägung, daß, wie Barassi, p. 92, sagt, die rechtsaufhebende Wirkung der Konfusion sich nicht vollziehe, wenn der Bestand der beiden dinglichen Rechte nebeneinander nützlich sei: nützlich für den Eigentümer oder nützlich für andere gegenüber dem Eigentümer.

44 Von diesem Standpunkt aus betrachtet, kann die Beschränkung des Anwendungsbereichs des Art. 735 auf die eingetragenen Rechte keine unannehmbaren Folgen in bezug auf die nicht eingetragenen Rechte haben.

45 Unter dem Gesichtspunkt der Konfusion sollte auch kein Hindernis bestehen, trotz der Vereinigung die Rechte aufrechtzuerhalten, für die eine körperliche Einrichtung allgemein erkennbar und unzweideutig hergestellt ist, die offenkundigen oder selbstverständlichen Dienstbarkeiten. N. 40 hievor. Ihre in der körperlichen Gestaltung der Grundstücke hergestellte Publizität darf überhaupt nicht mit dem ZGB nach dem Grundsatz «quod non est in tabulis, non est in mundo» ignoriert werden, unter dem Gesichtspunkt der Konfusion schon gar nicht. Zu einem materiellen Recht, und als solches zu einem neuen Recht, wird die Dienstbarkeit in diesem Fall mit der Zweiung der Subjekte. Barassi, p. 93/94; Branca (Comm. Scialoja e Branca), p. 591. Vgl. Art. 733 NN. 45ff.

Art. 736

Hat eine Dienstbarkeit für das berechtigte Grundstück alles Interesse verloren, so kann der Belastete ihre Löschung verlangen.

3. Ablösung durch den Richter

Ist ein Interesse des Berechtigten zwar noch vorhanden, aber im Vergleich zur Belastung von unverhältnismäßig geringer Bedeutung, so kann die Dienstbarkeit gegen Entschädigung ganz oder teilweise abgelöst werden.

Materialien: VE (1900) Art. 729; E (1904) Art. 727; Botschaft S. 73; Erl. II, S. 143ff.; ExpKomm. III. Session, Sitzung vom 11. Nov. 1902, Prot. S. 8f.; Amtl. sten. Bull. 16 (1906) S. 574 (NR); S. 1359f. (StR).

Ausländisches Recht. Dem Art. 736 entsprechende Bestimmungen finden sich im ausländischen Recht nicht. Verwandt ist ihm der Verlust der Nützlichkeit als Untergangsgrund neben der Unmöglichkeit der Ausübung (letztere auch C.c. fr. art. 703/04) im C.c. it. art. 1074.

Literatur. BESSON Charles, La suppression et l'adaptation des servitudes par le juge (art. 736 et 742), Lausanne 1969; TEMPERLI Alfred, Die Problematik bei der Aufhebung und Ablösung von Grunddienstbarkeiten, Diss. Zürich 1975; LIVER Peter, Die Aufhebung und Ablösung von Servituten im schweizerischen Recht (Art. 736 ZGB), Studi in onore di Emilio Betti, vol. V, 1962, p. 279–304 = ZBGR **42** (1961) S. 1ff. = Privatrechtl. Abh., S. 293ff.; VITUCCI Paolo, Sulle servitù nel diritto svizzero, in particolare l'estinzione delle servitù inutili, Rivista di Diritto Civile XVI (1971) n. 6 – parte seconda; GUISAN François, Note zu EBG **66** II 243ff., Journal des Tribunaux **89** (1941) p. 297–303.

Inhaltsübersicht

I. Entstehung und Stellung im System

  1. Geschichtliche und rechtsvergleichende Bemerkungen. N. 1–6.

  2. Die Entstehung des Art. 736. N. 7–15.

  3. Andere, in der Zwecksetzung verwandte Rechtseinrichtungen.

    a) Unmöglichkeit der Ausübung. N. 16–17.

    b) Wegfall des Zweckes. N. 18–20.

    c) Verlegung. N. 21–23.

    d) Der Grundgedanke des Nachbarrechtes. N. 24–29.

    e) Ablösungsbestimmungen:

      α) öffentlich-rechtliche. N. 30–31.

      β) privatrechtliche. N. 32–35.

    f) Clausula rebus sic stantibus. N. 36–42.

  4. Rechtspolitischer Gehalt und sachenrechtliche Funktion. N. 43–52.

Grunddienstbarkeiten

II. Aufhebung mangels Interesses. Art. 736 Abs. 1
  1. Das Interesse an der Dienstbarkeit.
     a) Subjekt des Interesses. N. 53–57.
     b) Gegenstand des Interesses. N. 58–63.
     c) Zeitliche Begrenzung des Interesses. N. 64–78.
     d) Schwund des Interesses. N. 79–97.
  2. Die richterliche Aufhebung. N. 98–105.

III. Ablösung wegen Geringfügigkeit des Interesses. Art. 736 Abs. 2
  1. Der Tatbestand.
     a) Verschiedene Auslegungen. N. 106–125.
     b) Beurteilung der Streitfrage. N. 126–171.
     c) Ergebnis. N. 172–173.
  2. Die Rechtsfolge.
     a) Ablösung. N. 174–177.
     b) Entschädigung. N. 178–181.
     c) Verlegung. N. 182–184.

IV. Objektiver Anwendungsbereich. N. 185–191.

V. Zuständigkeit und Verfahren. N. 192–199.

VI. Intertemporales Recht. N. 200.

I. Entstehung und Stellung im System

1. Geschichtliche und rechtsvergleichende Bemerkungen

1   Die Rechtseinrichtung, welche mit dem Art. 736 geschaffen und unter den Titel «Ablösung durch den Richter» gestellt wurde, gehört zu den Neuerungen des ZGB, die in dieser Allgemeinheit kein Vorbild haben, weder im historischen Recht noch im zeitgenössischen ausländischen Recht. Eugen HUBER, Erl. II S. 143, meinte, «die Gesetzgebung habe von jeher darauf Bedacht genommen, eine Ablösung derjenigen Dienstbarkeiten vorzusehen, die ihre Existenzberechtigung verloren gehabt». Er verweist auf das frühere kantonale Recht (System und Geschichte des schweiz. PrR III, S. 379ff.). Darin findet sich jedoch nicht ein Institut, in welchem die Minderung oder der Wegfall des Zweckes als Grund des Unterganges der Dienstbarkeiten im allgemeinen anerkannt und geregelt wäre. Was uns da an Rechtssätzen entgegentritt, sind vielmehr Spezialbestimmungen über die Ablösung von Dienstbarkeiten bestimmten Inhaltes, insbesondere von waldschädlichen Dienstbarkeiten und Weiderechten überhaupt. Vgl. jedoch über ein spezielles Vorbild des Art. 736 die NN. 33–35 hienach.

2   Für Dienstbarkeiten, deren Zweck im objektiven Recht nicht mißbilligt war, gab es keine Ablösung. Wenn sie für den Berechtigten selber nutzlos wurden und infolgedessen nicht ausgeübt wurden, gingen sie allerdings unter, aber nicht durch Ablösung, sondern durch Verjährung oder Eigentumsfreiheitsersitzung.

Nur als Element dieses Tatbestandes berücksichtigt das französische Recht (C.c. **3**
art. 703/04) die Unmöglichkeit und den Mangel jeglichen Interesses an der Ausübung. PLANIOL-RIPERT-PICARD, p. 925–927, n°s 991, 992.

Eine etwas selbständigere Bedeutung hat der C.c. it. in seinem Art. 1074 **4**
diesen beiden Tatsachen gegeben. Sie bewirken, wenn sie während der vollen Verjährungsfrist angedauert haben, den Untergang der Dienstbarkeit. Dieser tritt ein, wenn die Dienstbarkeit sich während solcher Dauer als nutzlos erwiesen hat, auch wenn die Voraussetzungen der Verjährung oder Freiheitsersitzung im übrigen nicht erfüllt sind, die Dienstbarkeit z.B. trotz ihrer Nutzlosigkeit ausgeübt ist. DEJANA (Grosso e Dejana, Le servitù prediali, 2^a ed. 1955) II, p. 871ss.

Dem liegt der Gedanke zugrunde, daß die Nützlichkeit für das be- **5**
rechtigte Grundstück die Existenzgrundlage der Dienstbarkeit bilde. Daraus folgt, daß die Ausübung der Dienstbarkeit ohne Nutzen für das berechtigte Grundstück (oder für den Berechtigten) rechtswidrig ist, und daß der definitive Wegfall des Interesses für das berechtigte Grundstück (oder für den Berechtigten) den Untergang der Dienstbarkeit begründet.

Nach französischem und italienischem Recht muß der Zustand, aus welchem sich **6**
die Unmöglichkeit der Ausübung oder der Wegfall des Interesses ergibt, während der ganzen Dauer der Verjährungs- oder Freiheitsersitzungsfrist bestanden haben. Dann kann als feststehend gelten, daß er die erforderliche Konstanz hat, um den Untergang der Dienstbarkeit zu rechtfertigen. «Les servitudes ne sont tolérées qu'à la condition d'être utiles; quand leur inutilité est démontrée, la loi les supprime» (PLANIOL-RIPERT-PICARD, p. 927, n° 993). Vgl. dazu auch GUISAN, a.a.O., S. 297, ferner BIONDI B., Le servitù prediali nel diritto romano (lezioni) 2^a ed. 1954, p. 174; KLANG, Komm., Erl. I C 7 zu § 524, S. 608; N. 63 hienach.

2. Die Entstehung des Art. 736

Die dem Art. 736 ZGB entsprechenden Bestimmungen finden sich schon im VE **7**
1900. Eugen HUBER hatte sie vorher neben die Vorschrift über die Verjährung der Dienstbarkeiten gestellt, welch letztere in Kommissionsberatungen, die dem VE 1900 vorausgegangen waren, fallengelassen worden ist (Erl. II, S. 144). In den Beratungen des VE 1900 durch die ExpKomm. ist dann auf Antrag FEHR und PLANTA die Verjährungsbestimmung wieder aufgenommen worden. Sie steht im bundesrätl. Entw. als Art. 726 neben den Normen über die richterliche Ablösung. Erst die Kommission des NR hat dann wieder die Streichung beantragt, welche in den beiden Räten diskussionslos vorgenommen worden ist. Siehe dazu die eingehenden Ausführungen in den NN. 187ff. zu Art. 734.

Damit erhielt das neue Institut eine doppelte Funktion. Einerseits sollte es die **8**
Verjährung der Dienstbarkeit sowie die Ersitzung der Eigentumsfreiheit überflüssig machen und, soweit dafür ein begründetes Bedürfnis anerkannt wurde, ersetzen;

anderseits sollte es aber auch in weiteren Fällen den Untergang von Dienstbarkeiten ohne Existenzberechtigung herbeiführen, in Fällen also, welche die Voraussetzungen der Verjährung oder Freiheitsersitzung nicht erfüllen.

9   Wenn auch nach der Begründung, welche Eugen HUBER im NR für die Streichung der Bestimmung über die Nichtausübung während zehn Jahren gegeben hat, nicht alle unter diese Bestimmung fallenden Tatbestände von der Vorschrift über die richterliche Ablösung erfaßt sein sollten (HOFFMANN hat im StR keine Einschränkung gemacht. Amtl. sten. Bull. 16, S. 1360), besteht doch kein Zweifel, daß der Gesetzgeber die Aufhebung von unnützen Dienstbarkeiten nicht erschweren, sondern erleichtern wollte. Sie sollte, wenn nicht schlechthin in allen, so doch im Großteil aller Fälle, in denen nach bisherigem Recht die Verjährung hatte Platz greifen können, möglich sein und außerdem in vielleicht ebenso vielen Fällen, in denen die Voraussetzungen der Verjährung fehlen würden.

10 Die Botschaft, welcher ein Text zugrundelag, in dem die Verjährung und die richterliche Ablösung nebeneinanderstanden, hat dieses Ziel wie folgt motiviert (S. 73):

«Die Gesetzgebung hat um so mehr Veranlassung, dafür zu sorgen, daß die Belastung von Grund und Boden nur zum Schutze wirklicher Interessen stattfinde, je eifriger sie sich bemüht, diese Belastungen möglichst sicher und zuverlässig zu machen.» Ganz ähnlich hatte sich Eugen HUBER schon in den Erläuterungen, Bd. II, S. 143 und 144 ausgesprochen. **Das vom Gesetzgeber verfolgte Ziel bestand darin, eine Einrichtung zu schaffen, in welcher der auch der Verjährung (und den an sie angelehnten Untergangsgründen, siehe N. 3/4 hievor) zugrundeliegende Gedanke, daß Dienstbarkeiten ohne Nutzen keinen Bestand haben sollen, vom Richter frei und ohne Bindung an die strengen Voraussetzungen der Verjährung und Ersitzung der Eigentumsfreiheit sollte verwirklicht werden können.**

11 Indem das Gesetz dem Richter hierin eine freie Stellung einräumte, hat es ihm eine überaus schwierige Entscheidung zugemutet. Das frühere Recht und die angeführten Bestimmungen des französischen und des italienischen Gesetzbuches haben dem Richter die verbindliche Weisung gegeben, die Dienstbarkeit als erloschen zu erklären, wenn sie während der ganzen Dauer der Verjährungsfrist nicht ausgeübt worden ist, oder wenn während dieser Dauer die Ausübung unmöglich gewesen oder das Interesse an ihr gefehlt hat. Nach dem Art. 736 soll der Richter diese Tatsachen bloß bei seinem Entscheid über die Existenzberechtigung der Dienstbarkeit berücksichtigen. Es ist sehr fraglich, ob hier ein geeignetes Objekt für die Bewährung der Richterfreiheit gefunden worden ist.

12 Außer dem Verhältnis zur Verjährung war bei den Beratungen der Entwürfe nur noch der Tatbestand des zweiten Absatzes unseres Artikels Gegenstand der Diskussion. In der ExpKomm. wurde der Antrag gestellt, diesen zweiten Absatz zu streichen. Ein anderer Antrag ging dahin, ihm einen dritten Absatz anzufügen, welcher

Art. 736

lauten sollte: «Ist die Belastung für den Belasteten besonders beschwerlich und ist das Interesse des Berechtigten im Verhältnis zur Belastung von unverhältnismäßig geringer Bedeutung, so kann die Dienstbarkeit gegen volle Entschädigung des Berechtigten ganz oder teilweise abgelöst werden.» Dieser Antrag, gestellt von WIELAND, ging offenbar davon aus, daß der zweite Absatz eine Abnahme des ursprünglichen Interesses im Laufe der Zeit zur Voraussetzung habe und deshalb der Ergänzung durch eine weitere Bestimmung bedürfe, welche die Ablösung auch ermögliche, wenn, ohne daß diese Voraussetzung erfüllt sei, ein starkes Mißverhältnis zwischen dem Interesse an der Dienstbarkeit und der Belastung aus ihr bestehe. Beide Anträge sind in der ExpKomm. abgelehnt worden. Protokoll vom 11. Nov. 1902, S. 8f.

In der nationalrätlichen Kommission ist die von WIELAND in der Exp.Komm. 13 erhobene Frage erneut behandelt worden. Das Ergebnis hat Eugen HUBER als Kommissionsreferent dem NR wie folgt vorgelegt: «Außerdem hat der Entw. in Anlehnung an die Bestimmungen eines bernischen Spezialgesetzes auch die Aufhebung für den Fall vorgesehen, wo an einer Grunddienstbarkeit das Interesse vollständig verloren geht, oder wo dieses Interesse im Vergleich zur Belastung unverhältnismäßig gering geworden ist. Die Kommission schlägt hier eine kleine Abänderung in dem Sinne vor, daß diese Ablösung gestattet sein soll, nicht bloß dann, wenn das Interesse gegenüber früher sehr gering ist, sondern überhaupt dann, wenn im Vergleich zur Belastung die Bedeutung des betreffenden Rechtes unverhältnismäßig gering erscheint.» Amtl. sten. Bull. 16 (1906), S. 574.

Dieser Antrag der nationalrätlichen Kommission ist diskussionslos angenommen 14 worden. Daraus ergab sich eine Änderung am Text des Abs. 2 von Art. 727 (= Art. 736 ZGB). Der Text des bundesrätl. Entw. wie des VE hatte gelautet: «Ist ein Interesse des Berechtigten zwar noch vorhanden, aber im Vergleich zum ursprünglichen Interesse und zur Belastung von verhältnismäßig geringer Bedeutung, so kann die Dienstbarkeit gegen Entschädigung des Berechtigten ganz oder teilweise abgelöst werden.» Daraus wurden die Worte: «zum ursprünglichen Interesse» gestrichen. Die Voraussetzung, daß das Interesse im Laufe der Zeit abgenommen habe, ist damit fallen gelassen und die Ablösung für zulässig erklärt worden, wenn das Interesse des Berechtigten an der Dienstbarkeit im Verhältnis zur Belastung unverhältnismäßig gering ist. Mit dem gleichen Text und im gleichen Sinne ist die Bestimmung auch im StR diskussionslos angenommen worden.

Die Textbereinigung läßt allerdings zu wünschen übrig; man ließ die Wendung 15 stehen: «Ist ein Interesse des Berechtigten zwar noch vorhanden, aber im Vergleich...» So kann eine grammatikalische Auslegung zur Deutung kommen: Nach dem 1. Absatz könne die Löschung verlangt werden, wenn das Interesse an der Dienstbarkeit verloren gegangen sei. Daran knüpfe der 2. Absatz an mit dem Tatbestand, daß das Interesse noch nicht ganz verloren gegangen sei. Es sei also auch hier

309

eine Abnahme des Interesses im Laufe der Zeit vorausgesetzt, die nur nicht so weit fortgeschritten sei, wie nach Abs. 1, sondern noch ein geringfügiges Interesse übrig gelassen habe. Auch der französische Text («...servitude qui ne conserve qu'une utilité réduite, hors de proportion avec les charges imposées au fonds servant») könnte in diesem Sinne verstanden werden. ROSSEL und MENTHA, die in diesem Punkt als besonders sachkundig gelten dürfen, bemerken jedoch zu ihm (Manuel III, p. 16), er sei weniger eine Übersetzung als eine Interpretation des deutschen Textes, übrigens eine vernünftige. Die genaue Übersetzung hätte lauten müssen: «qui conserve encore une utilité réduite». Damit soll offenbar gesagt sein, daß der französische Text sprachlich gerade nicht den Sinn habe, welcher dem deutschen Text unrichtigerweise entnommen werden könnte, nämlich daß das Interesse trotz seiner Abnahme im Laufe der Zeit noch in geringfügigem Umfang vorhanden sei. Diese Interpretation kann tatsächlich nicht angenommen werden, denn die Änderung des Textes, mit welcher die Stelle ausgemerzt wurde, die sagte, daß das noch vorhandene Interesse im Verhältnis zum ursprünglichen von geringer Bedeutung sein müsse, schließt sie aus. Ausführlich dazu auch TEMPERLI, S. 84ff., aber mit dem Ergebnis, daß der Art. 736 Abs. 2 gemäß seinem Wortlaut verbindlich sei.

3. Andere, in der Zwecksetzung verwandte Rechtseinrichtungen

a) Unmöglichkeit der Ausübung.

16 Eine Dienstbarkeit, deren Ausübung unmöglich geworden ist (das Grundstück, an dem das Weide- oder das Beholzungsrecht bestanden hat, ist überbaut und in ein Wohn- oder Industriequartier einbezogen; auf dem mit einem Bewässerungsrecht belasteten Grundstück ist kein Wasserlauf mehr vorhanden, da der Bach gefaßt und anderweitig abgeleitet wurde), kann nicht mehr bestehen, so wenig wie wenn das belastete oder das berechtigte Grundstück untergegangen ist. Sicher hat eine Dienstbarkeit, wenn ihre Ausübung unmöglich geworden ist, für den Berechtigten alles Interesse verloren. Der Tatbestand des Art. 736 Abs. 1 ist gegeben.

17 Dennoch rechtfertigt sich die Anerkennung des speziellen Untergangsgrundes der Unmöglichkeit der Ausübung. Ist diese endgültig und unbestreitbar oder gar aus den Grundbuchplänen ersichtlich, bedarf es zur Löschung nicht der richterlichen Ablösung gemäß Art. 736. Die Löschung kann im Verfahren nach Art. 976 erfolgen. Siehe die NN. 117 bis 122 zu Art. 734.

EBG **89** II 370 (bespr. ZBJV **100**, S. 466ff.) stellt fest, daß ein Wasserrecht (Zuleitung aus einem öffentlichen Gewässer zur Erzeugung elektr. Energie) wegen praktischer Unmöglichkeit der Ausübung untergegangen sei.

Wenn das Wegrecht für eine Liegenschaft verschiedene hintereinander gelegene Grundstücke belastet und auf dem Blatt des einen oder anderen dieser Grundstücke das Wegrecht nicht eingetragen ist, kann das Wegrecht nicht ausgeübt werden und ist deshalb untergegangen. TEMPERLI, S. 116 («Doppelbelastung»). N. 87 hienach.

Anders verhält es sich, wenn bei der Einführung des eidg. Grundbuches die Dienstbarkeit auf dem Blatt des einen oder anderen der Weggrundstücke aus Versehen nicht eingetragen wurde, oder wenn sie zu Unrecht gelöscht worden ist. Das ist der Fall von EBG **82** II 103 = ZBGR **38** Nr. 9, S. 48. Wenn der Fehler offensichtlich ist («gebahnter Weg», Einzeichnung im Kataster), kann, wer eines dieser Grundstücke, auf dessen Blatt die Dienstbarkeit nicht eingetragen ist, erwirbt, nicht im Vertrauen auf das Grundbuch in der Freiheit von der Belastung geschützt sein. Die natürliche oder auch die in vernünftiger Einsicht begründete Publizität zerstört den guten Glauben. Dazu mein Aufsatz in der ZBGR **60** (1979) S. 14.

Entsprechende Überlegungen zur Aussichtsdienstbarkeit N. 92 und 130 hienach, N. 41 zu Art. 939, N. 22 zu Art. 744.

b) **Wegfall des Zweckes.**

18 Das Wegrecht ist zwecklos geworden, weil es durch die Erstellung einer öffentlichen Straße ersetzt worden ist. Auch diese Tatsache kann so offenkundig sein, daß die Voraussetzungen des Löschungsverfahrens gemäß Art. 976 gegeben sind. NN. 123ff. zu Art. 734. Wird die Löschung beim Richter angefochten, so daß die Frage, ob die Dienstbarkeit überhaupt noch einen Zweck habe, zum Gegenstand des Streites wird, ist Art. 736 anwendbar. Der Wegfall des Zweckes und die Unmöglichkeit der Ausübung heben, wenn sie endgültigen Charakter haben, das Interesse an der Dienstbarkeit am eindeutigsten auf. Sie müßten als Aufhebungsgründe auch anerkannt werden, wenn das Gesetz darüber schweigen würde.

19 Die Rechtsordnung läßt die Beschränkung des Eigentums durch die Errichtung von dinglichen Rechten in bestimmt umschriebenen Kategorien um der Interessen willen zu, welche an der Möglichkeit solcher Verteilung des Nutzens der Grundstücke bestehen. Sie wäre in sich selber widerspruchsvoll, wenn sie diese Beschränkungen des Eigentums auch aufrechterhalten würde, wenn sie in Rechten bestehen, die gar nicht oder zu niemandes Nutzen ausgeübt werden können. Das gilt für jede Rechtsordnung in gleicher Weise.

20 Verschiedener Regelung zugänglich ist nur die Frage, welche Tatsachen gegeben sein müssen, damit die Dienstbarkeit als nicht bestehend zu erklären sei. Solche Tatsachen sind die Nichtausübung, die Unmöglichkeit der Ausübung, die Nutzlosigkeit während bestimmter Dauer, wie im italienischen Recht. Der schweizerische Gesetzgeber glaubte diese Tatbestände preisgeben und dem Richter den Entscheid nach eigenem Ermessen darüber überlassen zu können, ob einer Dienstbarkeit das Interesse zukomme oder abgehe, welches ihren Weiterbestand rechtfertigen kann. Bei aller Verschiedenheit der gesetzgeberischen Wege besteht Übereinstimmung in dem Grundgedanken, daß Dienstbarkeiten, an deren Weiterbestand kein mit dem Sinn des Institutes vereinbartes Interesse vorhanden ist, untergehen sollen.

c) **Verlegung.**

21 Einen Schritt weiter geht das Gesetz in der Beschränkung der Dienstbarkeit nach dem Grundsatz der Proportionalität in seinen Bestimmungen über die Verlegung.

Der Grundsatz der Proportionalität besagt, daß die Belastung das Eigentum nicht stärker beschränken soll als nötig ist, um dem Berechtigten den ihm zustehenden Vorteil zu gewähren. Wenn die Belastung infolge von Veränderungen in der Benutzung des belasteten Grundstückes schwerer geworden ist, möglicherweise neue Möglichkeiten seiner Nutzung ausschließen würde, kann der Eigentümer die Verlegung der Dienstbarkeit verlangen, wenn sie ohne Nachteil für den Berechtigten möglich ist. Diesen Anspruch hat der Eigentümer des belasteten Grundstückes auch dann, wenn die Dienstbarkeit bei der Begründung auf eine bestimmte Stelle gesetzt wurde und diese Stelle auch grundbuchlich festgelegt ist. Art. 742.

22 Auf Leitungen finden die nachbarrechtlichen Vorschriften Anwendung, auch wenn sie auf Grund freier vertraglicher Dienstbarkeitsbegründung errichtet worden sind (Art. 742 Abs. 3). Störungen im Verhältnis der Proportionalität zwischen Rechtsvorteil und Belastung werden behoben, und zu diesem Zweck wird der Berechtigte zur Modifikation der Dienstbarkeit gezwungen. Allerdings braucht er nach Art. 742 die Verlegung dann nicht vorzunehmen, wenn jede andere Stelle weniger geeignet ist. Aber er wird die Verlegung doch nicht leicht ablehnen können, wenn die neue Stelle etwas weniger geeignet ist als die alte, dieser Nachteil aber im Vergleich zum Vorteil der Verlegung für den Eigentümer des belasteten Grundstückes von unverhältnismäßig geringer Bedeutung ist.

23 Der Tatbestand des Art. 742 geht da in denjenigen des Art. 736 Abs. 2 über. Wenn der Weg der Behebung von Störungen der Proportionalität infolge von Änderungen der Verhältnisse vom Gesetz geöffnet wird, kann er nicht geschlossen werden, wenn er dazu führen würde, daß der Berechtigte außer der Belästigung durch die Verlegung und gegebenenfalls außer den Kosten noch eine im Vergleich zum Vorteil für die Gegenpartei unverhältnismäßig geringe Beeinträchtigung in der Ausübung seines Rechtes gegen Entschädigung auf sich nehmen müßte. EBG **43** II 29ff. = Pr. **6** Nr. 60; KtG Waadt in der ZBGR **40** (1959) Nr. 49, S. 290ff. Eingehender N. 182ff. hienach und N. 73ff. zu Art. 742.

d) Der Grundgedanke des Nachbarrechtes.

24 Das Nachbarrecht umfaßt die Bestimmungen, welche die Nachbarn in ihrem gegenseitigen Interesse in der Ausübung ihres Grundeigentums beschränken. Es dient dem Frieden, indem es das Eigentum den Schranken unterwirft, innerhalb welcher jeder Grundeigentümer es ausüben kann, ohne mit seinem Nachbarn in Konflikt zu kommen. Es dient aber auch dem Interesse an der bestmöglichen Nutzung und Bewirtschaftung eines jeden Grundstückes, indem es jeden Grundeigentümer unter ganz bestimmten Voraussetzungen und gegen volle Entschädigung verpflichtet, seinem Nachbarn zu gewähren, was diesem zur Nutzung seines Grundstückes fehlt und ihm ohne eigene Not gegeben werden kann, das Durchleitungsrecht, den Notweg, den Notbrunnen und das Recht des Überbaues. Unter dieser Zielsetzung stehen drei Einrichtungen:

a) die unmittelbaren gesetzlichen Eigentumsbeschränkungen: das Eigentum ist 25
generell kraft Rechtssatzes beschränkt, weil der Gesetzgeber davon ausging, daß
dafür im nachbarlichen Verhältnis ein generelles Bedürfnis bestehe;

b) die bloß mittelbar gesetzlichen Eigentumsbeschränkungen, kraft derer der 26
Grundeigentümer gegenüber seinem Nachbarn unter besonderen Voraussetzungen
und gegen volle Entschädigung einen gesetzlichen Anspruch auf Einräumung eines
Benutzungsrechtes hat (Legalservitut). Dieser Anspruch besteht nur unter außerordentlichen, selten gegebenen, aber typischen Voraussetzungen.

c) die Beschränkung des Eigentums durch freie vertragliche Errichtung von 27
Dienstbarkeiten. Die Dienstbarkeitserrichtung ist nicht ein Institut des Nachbarrechtes. Sie ist im Gegensatz zur Begründung der Legalservituten völlig dem Willen
der Parteien anheimgegeben, weil sie ganz individuellen Bedürfnissen dient.

Aber auch die Servituten nehmen teil an der wirtschaftlichen und sozialen Funk- 28
tion der gesetzlichen Eigentumsbeschränkungen. Vorbem. vor Art. 730 N. 6. Sie
werden deshalb vom Grundgedanken des Nachbarrechtes ebenfalls erfaßt. Ihre
Ausübung ist den gleichen Schranken unterworfen wie das Grundeigentum (Einl.
N. 68). Zu ihren Existenzbedingungen gehört es, daß der Belastung ein Vorteil für
das herrschende Grundstück oder für den Berechtigten entspricht. Soweit sich ein
Einfluß des Nachbarrechtes auf sie aus der letzten Zweckeinheit ergibt, kann er sich
nur in dem Sinne geltend machen, daß auch eine Belastung, welche infolge der
unvorhergesehenen Veränderung der Umstände dermaßen zugenommen hat, daß sie
aus dem Verhältnis der Proportionalität zu dem Vorteil der Dienstbarkeit völlig
herausgetreten ist, hinfällig oder ablösbar sein muß. Dieser nachbarrechtliche
Grundsatz würde die Vertragsfreiheit beschränken gleich wie der Grundsatz der
Typizität und der geschlossenen Zahl der Kategorien von beschränkten dinglichen
Rechten (Einl. N. 12 und 61ff.).

Das Gesetz hat im Art. 742 Abs. 3 nicht nur den allgemeinen Zweckzusammen- 29
hang zwischen der vertraglichen und der gesetzlichen (nachbarrechtlichen) Leitungsdienstbarkeit berücksichtigt, sondern beide hinsichtlich der Verlegung den gleichen
nachbarrechtlichen Normen unterstellt.

Siehe zum «principio della cooperazione fondiaria» BRANCA, Comm. 2ª ed. 1954,
p. 719 ad art. 1093 C.c.it.

e) Ablösungsbestimmungen.

α) öffentlich-rechtliche. Sie sind schon im kantonalen Rechte der Zeit vor 1912 30
zahlreich gewesen (Eugen HUBER, System und Geschichte III, S. 379ff.) und seither
aufrechterhalten und namentlich in der Meliorationsgesetzgebung (Güterzusammenlegung, N. 80/81 zu Art. 734) vermehrt worden. Sie haben neben Wegrechten hauptsächlich Weiderechte und Waldnutzungsrechte zum Gegenstand (vgl. auch die Zitate
aus der eidg. Forstpolizeigesetzgebung in N. 85f. zu Art. 734). Die Verpflichtung
zur Ablösung hat hier ihren Grund in wirklichen oder angeblichen öffentlichen
Interessen (s. auch N. 152f. zu Art. 734); im Vordergrund steht der

Grunddienstbarkeiten

Schutz des Waldes, daneben die Förderung der «Landeskultur» im allgemeinen.

31   Die Landeskultur kann genau gleich gefördert werden, wenn die ihr abträglichen Dienstbarkeiten durch privatrechtliche Vorschriften als ablösbar erklärt werden. Der Landeskultur dienen denn auch privatrechtliche unmittelbare Beschränkungen des Grundeigentums durch Gewährung des Ernteweges, Winterweges, des Wasserbezugsrechtes zur Bewässerung usw. in gleicher Weise wie entsprechende öffentlichrechtliche Vorschriften, welche sich darauf beschränken, den Grundeigentum zu einem Dulden oder Unterlassen zu verpflichten.

β) privatrechtliche.

32   Die Bestimmungen über die Ablösbarkeit von Dienstbarkeiten wie der genannten und anderer fanden sich zum größten Teil in den Civilgesetzbüchern der Kantone, heute in den EGzZGB, und wurden als privatrechtliche Vorschriften aufgefaßt.

33   § 697 (248) des zürcherischen PrGB gab dem Eigentümer des dienenden Grundstückes einen Anspruch auf Löschung, einmal wenn der Zweck des Wegrechtes weggefallen war, weil eine öffentliche Straße das gleiche Bedürfnis erfüllte, sodann auch wenn die Ablösung einer Dienstbarkeit auf Grund der städtischen Bauordnung erfolgte. Diese, erlassen am 30. Juni 1863, enthielt im § 25 die folgende Bestimmung:

«Auf Verträgen oder Reversen beruhende Beschränkungen der Baufreiheit, wodurch Bauten gehindert werden, welche nach den Vorschriften des gegenwärtigen Gesetzes als zulässig erscheinen würden, können abgelöst werden, wenn ein solcher Vertrag oder Revers wegen inzwischen eingetretener veränderter Verhältnisse seine Bedeutung, insbesondere seinen Wert für den Berechtigten wesentlich verloren hat, oder wenn die Nachteile, welche durch solche Urkunden abgewendet werden sollten, auf andere geeignete Weise beseitigt werden können.» § 26. «Streitigkeiten über die Anwendung des § 25 sind Rechtssache...»

34   Diese Vorschrift ist als § 106 in den 7. Abschnitt (Privatrechtliche Bestimmungen) des Baugesetzes vom 23. April 1893 mit ganz geringen Änderungen übernommen und von den seitherigen Revisionen bis 1960 unberührt geblieben (vgl. HE **16**, S. 263f.). Sie ist auch vom Kanton Bern rezipiert worden und bildete den § 16 des inzwischen durch das Baugesetz vom 26. Januar 1958 aufgehobenen Alignementsgesetzes vom 15. Juli 1894. Das ist «die Bestimmung eines bernischen Spezialgesetzes», an welche sich, wie Eugen HUBER im NR erklärte (Amtl.sten.Bull. 16 [1906] S. 574), der Artikel des Entwurfes zum ZGB über die richterliche Ablösung angelehnt hat.

35   Das zürcherische und bernische Recht haben also lange vor dem Inkrafttreten des ZGB die Ablösung von Dienstbarkeiten im Interesse einer rationellen und planmäßigen Ausnutzung des Baugrundes privatrechtlich geordnet und damit das Vorbild für den Art. 736 ZGB geschaffen.

Es sei endlich auch noch an die vom ZGB selber gewährleistete und geordnete Ablösung der Grundlasten (Art. 787 und insbesondere Art. 788) erinnert.

Im Zusammenhang all dieser Erscheinungen der Gesetzgebung über die Ablösung von Dienstbarkeiten (und der Grundlasten) erweckt der Art. 736 durchaus nicht den Eindruck einer beispiellosen oder auch nur einer radikalen Neuerung.

f) Clausula rebus sic stantibus.

Diese Klausel schützt den Schuldner gegen unzumutbare Auswirkungen der Durchsetzung von Gläubigerrechten gemäß dem Grundsatz «pacta sunt servanda». Sie kommt dann zur Anwendung, wenn die vom Schuldner versprochene Leistung infolge tiefgreifender Änderung äußerer Umstände so viel schwerer geworden ist, daß ihm die Erbringung nicht zugemutet werden kann und das Beharren auf der Erfüllung einen Verstoß gegen Treu und Glauben bedeuten würde. Dieser Schutz des Schuldners wird begründet mit der Annahme, daß der Vertrag unter dem stillschweigenden Vorbehalt abgeschlossen worden sei, daß die grundlegenden tatsächlichen Verhältnisse gleich bleiben. Es braucht aber nicht angenommen zu werden, daß dem Vertrag ein dahingehender tatsächlicher Wille der Parteien zugrundegelegen habe, sondern der Schutz des Schuldners kann auch aus dem Grundsatz des Handelns nach Treu und Glauben in der Weise hergeleitet werden, daß das Beharren des Gläubigers auf der vertraglichen Erklärung, wenn deren Erfüllung vom Schuldner infolge einer unvorhergesehenen grundlegenden Änderung der tatsächlichen Verhältnisse eine exorbitante Leistung verlangen würde, einen offenbaren Rechtsmißbrauch bedeuten würde, der keinen Rechtsschutz findet. **36**

Soweit mit der Dienstbarkeit obligatorische Verpflichtungen zu positiven Leistungen verbunden sind, kann auf sie auch die clausula rebus sic stantibus zur Anwendung kommen. Wir haben darauf in N. 243 zu Art. 730 hingewiesen und als Voraussetzung bezeichnet: das Mißverhältnis zwischen Leistung und Gegenleistung infolge unerträglicher Steigerung der zur Erfüllung erforderlichen Aufwendungen. **37**

Dieses Mißverhältnis wurde unterschieden von dem Mißverhältnis, das entstehen kann zwischen der Duldungs- oder Unterlassungspflicht einerseits, welche nach Art. 730 Abs. 2 die Hauptsache bleiben muß, und der Leistungspflicht anderseits (N. 242); hierauf wurde in N. 244 geprüft, ob die Aufhebung oder Herabsetzung der obligatorischen Leistungspflicht auf Grund der clausula rebus sic stantibus oder aus anderen obligationenrechtlichen Gründen auch die Ablösung der Duldungs- oder Unterlassungspflicht zur Folge habe oder nur unter deren Voraussetzung gemäß Art. 736 möglich sei, welche Frage wir verneinten und feststellten: 1. daß die Dienstbarkeit weiterbestehen könne, auch wenn die mit ihr nebensächlich verbundene obligatorische Leistungspflicht aufgehoben oder reduziert würde; 2. daß sie aber dann gemäß Art. 736 ablösbar sei, wenn der Berechtigte an ihr infolge der Aufhebung oder Reduktion der obligatorischen Leistungspflicht kein oder nur ein im Vergleich zur Belastung unverhältnismäßig geringes Interesse habe. **38**

Vgl. auch N. 147 der Einleitung und N. 89 zu Art. 734. Hier wurde ebenfalls bemerkt, daß die clausula r.s.st. auf die obligatorische Nebenverpflichtung anwendbar sei und auf die Dienstbarkeitsverpflichtung selber nur innert den Schranken des Art. 736 zur Auswirkung komme.

39   Der Dienstbarkeitsberechtigte und der Dienstbarkeitsverpflichtete stehen einander nicht als Vertragsparteien gegenüber. Auch wenn die Dienstbarkeit durch Vertrag begründet worden ist, so ist dieser mit der Eintragung in das Grundbuch erfüllt und erloschen; an seine Stelle ist das sachenrechtliche Verhältnis getreten (vgl. auch N. 180). Dessen Inhalt und Umfang sind jedoch im Rahmen des Eintrages aus dem Begründungsvertrag zu bestimmen. Der Eigentümer des belasteten Grundstückes hat die Verpflichtungen, welche er oder sein Rechtsvorgänger im Begründungsvertrag übernommen hat. Auch diese Verpflichtungen können deshalb durch grundlegende Änderungen in den tatsächlichen Verhältnissen eine ganz andere Bedeutung für den Eigentümer des belasteten Grundstückes erhalten haben, als ihnen nach dem Begründungsvertrag unter den damaligen tatsächlichen Verhältnissen zukommen konnte. Wenn der Berechtigte dennoch dieses Opfer verlangt, indem er die Dienstbarkeit ausübt gemäß dem Eintrag, welcher auf dem Begründungsvertrag beruht, dessen Geschäftsgrundlage weggefallen ist, handelt er gegen Treu und Glauben und mißbraucht dadurch sein Recht.

40   Dieser Rechtsmißbrauch liegt nicht nur vor, wenn die Änderung der Verhältnisse die Dienstbarkeitsverpflichtung so sehr erschwert hat, daß ihre Erfüllung deshalb dem Eigentümer des belasteten Grundstückes nicht zugemutet werden kann. Er liegt auch dann vor, wenn die Dienstbarkeitsverpflichtung nicht schwerer geworden ist, sondern ihre Rechtfertigung deshalb verloren hat, weil ihr gar kein Nutzen oder doch nur ein unverhältnismäßig geringer Nutzen für den Berechtigten entspricht. Wenn dieser trotzdem auf der Ausübung der Dienstbarkeit besteht, verstößt sein Verhalten ebenfalls gegen den Grundsatz von Treu und Glauben, und zwar charakterisiert es sich als Schikane.

41   Mit dem Art. 736 will das Gesetz aber nicht nur den Schutz, welchen es auf Grund der clausula rebus sic stantibus im Obligationenrecht dem Schuldner gewährt, auf den Dienstbarkeitsverpflichteten übertragen. Hinter dessen persönlichen Interessen steht hier das allgemeine Interesse an der Befreiung des Grundeigentums von Belastungen, denen der sie rechtfertigende Nutzen für den Berechtigten fehlt. Wäre der Schutz des Dienstbarkeitsverpflichteten vor der rechtsmißbräuchlichen Ausbeutung durch den Dienstbarkeitsberechtigten der einzige Zweck des Art. 736, ließe sich seine Anwendung in vielen Fällen, die seinen Tatbestand erfüllen, nicht rechtfertigen. Viel häufiger als der Schuldner aus einer Obligation ist der Dienstbarkeitsverpflichtete der Rechtsnachfolger, oft der letzte einer ganzen Reihe von Rechtsnachfolgern des Begründers der Dienstbarkeit. Er hat das Grundstück mit dieser Last und unter deren Anrechnung erworben und ist deshalb nicht das Opfer einer unvorhergesehenen Änderung der Verhältnisse, die sich gegen ihn ausgewirkt hat. Wenn er gleichwohl unter den Voraussetzungen des Art. 736 die Aufhebung der Dienstbarkeit verlangen kann, so liegt der Grund dafür neben der Verpönung jeder

Schikane in dem sachenrechtlichen Grundsatz, der im Art. 736 seinen Ausdruck findet. Es ist der Grundsatz, daß die Dienstbarkeit nützlich sein muß, d. h. ihren Zweck haben muß und geeignet sein muß, ihm zu dienen. Im Art. 736 ist die Existenz der Dienstbarkeit von diesem Erfordernis abhängig gemacht. Dieses Erfordernis ist Wesenselement der Dienstbarkeit, und als solches unabdingbar. An ihm findet die Vertragsfreiheit ihre sachenrechtliche Schranke.

Art. 736 bildet auch insofern nicht bloß einen Spezialtatbestand zum Grundsatz **42** des Art. 2, als er eine eigene Rechtsfolge statuiert. Er charakterisiert sich dadurch als Tatbestand des Untergangs der Dienstbarkeit. Aus Art. 2 ergibt sich nur das Verbot der mißbräuchlichen Ausübung eines Rechtes, nicht der Anspruch auf dessen Löschung. Ebenso TEMPERLI, S. 91ff.

4. Rechtspolitischer Gehalt und sachenrechtliche Funktion

Die gemachten Darlegungen zeigen, daß die Bestimmungen des Art. 736 durch- **43** aus nicht außerhalb des Zusammenhanges mit anderen Vorschriften des Dienstbarkeitsrechtes stehen, daß ihnen die Anerkennung der Nützlichkeit als Existenzbedingung der Dienstbarkeit zugrunde liegt, und daß sie daraus die sachenrechtlichen Konsequenzen ziehen. Diese Konsequenzen erhalten ihre Rechtfertigung gewiß auch aus dem allgemeinen Grundsatz des Art. 2. Aber der Zweckgedanke, welcher im Art. 736 unmittelbar zur Geltung gekommen ist, ist darauf gerichtet, Dienstbarkeiten, die keine Rechtfertigung mehr finden in ihrem Nutzen, zur Aufhebung oder Ablösung zu bringen.

Es geht hier nicht in erster Linie darum, den Dienstbarkeitsverpflichteten vor **44** unzumutbaren Anforderungen zu schützen. Der Zweck, dem der Art. 736 in erster Linie zu dienen bestimmt ist, der sachenrechtliche Zweck, ist der Schutz des Eigentums vor der Überwucherung und Entkräftung durch wild gewachsene sowie zu Schlingpflanzen gewordene beschränkte dingliche Rechte. Vorbem. 12 vor Art. 730. In dieser Zwecksetzung haben so wichtige Prinzipien des Dienstbarkeitsrechtes ihren Grund wie der numerus clausus. Einleitung N. 63; Vorbem. 9 vor Art. 730. Aus dieser Zwecksetzung empfängt auch der Art. 736 seinen primären Sinngehalt. Das ergibt sich schon aus den Motiven, welche Eugen HUBER in den Erl. II, S. 143, und in der Botschaft, S. 73, dargelegt hat.

Den Zweckgedanken, ganz oder doch beinahe nutzlos gewordene Dienstbarkeiten **45** zur Aufhebung oder Ablösung zu bringen, hat man auch etwa den Reformgedanken des Art. 736 genannt. So heißt es in EBG 43 II 37 = Pr. **6** Nr. 60, dem Art. 736 liege der Reformgedanke der weitgehendsten Befreiung des Grundeigentums von drückenden Lasten zugrunde. HITZIG (ZSR n. F. **19**, 1900, S. 390) und, ihm folgend, LEEMANN (N. 5 zu Art. 736) sprechen von einem wichtigen Stück sozialer Reform. Wenn auch mit dieser Charakterisierung die rechtspolitische Bedeutung des Art. 736 überschätzt und dessen Zusammenhang mit den namhaft gemachten sachenrechtlichen Einrichtungen zu wenig beachtet sein mag, so steht doch fest, daß hier neue Möglichkeiten der Aufhebung von Dienstbarkeiten ohne Existenzberechtigung geschaffen werden sollten. Die Aufhebung sollte auch in Fällen ermöglicht werden, in denen die Voraussetzungen der Verjährung oder Ersitzung der Eigentumsfreiheit nicht erfüllt sein würden. Diese beiden Institute der Dienstbarkeitsaufhebung sollten nach dem Entw. 1904 in der richterlichen Ablösung eine Ergänzung finden. Als sie fallengelassen und aus dem Gesetz verbannt wurden, geschah dies in der Auffassung, daß die richterliche Ablösung sie ersetzen und ihre Funktion neben der eigenen besonderen Aufgabe erfüllen könne und erfüllen werde.

46 Der Gesetzgeber hat sich damit zwar einer Täuschung hingegeben. Auch wenn der Art. 736 so verstanden und so gehandhabt wird, wie es sein Zweck verlangt, wird die auf ihn gestützte Klage nur in einem ganz kleinen Teil aller Fälle, in denen seine Voraussetzungen erfüllt sind, durchgeführt. In allen anderen Fällen, also im Großteil aller Fälle, bleiben die Dienstbarkeiten trotz Wegfalles jeglichen Nutzens bestehen. Während sie nach gemeinem Recht und den meisten früheren kantonalen Rechten durch Verjährung oder Ersitzung der Freiheit des Eigentums vernünftigerweise untergegangen wären, wird nun ihr formeller Rechtsbestand durch Eintrag verewigt und kann infolge zufälliger Änderung der tatsächlichen äußeren Umstände ab und zu einmal wieder zum materiellen Rechtsbestand emporgehoben werden. Siehe Vorbem. 15/16 vor Art. 730; Art. 734 N. 181 und dortige Verweisungen sowie NN. 182ff.

47 Wenn die richterliche Ablösung das Ziel, welches ihr gesetzt ist, auch nicht zu erreichen vermag, so muß der Art. 736 doch immerhin so ausgelegt werden, daß er sich im Sinne jener Zielsetzung so weit als möglich auswirkt.

Dabei darf insbesondere nicht außer acht gelassen werden, daß der Gesetzgeber der richterlichen Ablösung auch die Funktion zugedacht hat, welche die Verjährung und die Ersitzung der Freiheit des Eigentums tatsächlich erfüllen würden.

Die hier verlangte sachenrechtliche Betrachtungsweise, für welche die Nützlichkeit Existenzbedingung der Servitut ist, anstelle der Auslegung des Art. 736 als Spezialfall des Schikaneverbotes, hat das Bundesgericht als richtig anerkannt und seine Praxis geändert. EBG **92** II 89ff. = Pr. **55** Nr. 133, besprochen in der ZBJV **104** (1968) S. 22ff. Diese Auslegung des Art. 736 ist im EBG **91** II 190ff., bes. S. 194 = Pr. **54** Nr. 148 vorbereitet, worauf im EBG **92** II S. 93 Bezug genommen und in der ZBJV **103** (1967) S. 12 hingewiesen ist. Vgl. dazu auch ObG Zürich, BlZR **72** Nr. 45, S. 103 = ZBGR **55** N. 41, S. 278ff.

48 Dem primär sachenrechtlichen Problem, das hier vorliegt, wird eine Betrachtungsweise in keiner Weise gerecht, welche vom Obligationenrecht ausgehend im Art. 736 nur einen Anwendungsfall der clausula rebus sic stantibus sieht, in welchem der Gläubiger sich einen Einbruch in das Prinzip «pacta sunt servanda» gefallen lassen muß, wenn seine Durchsetzung im konkreten Fall zu einer Ausbeutung des

Schuldners führte, welche gegen Treu und Glauben verstoßen würde. Unter diesem Gesichtspunkt erscheint die richterliche Ablösung als Eingriff des Richters in ein von den Parteien nach dem Prinzip der Vertragsfreiheit gestaltetes Rechtsverhältnis. Dies ist die Betrachtungsweise der folgenden bundesgerichtlichen Praxis. Siehe EBG **66** II 246 = Pr. **30** Nr. 45 und besonders **70** II 98 = Pr. **33** Nr. 113: «ZGB 736 bedeutet einen Einbruch in die allgemeine und grundsätzlich auch im Grunddienstbarkeitsrecht gültige Regel: pacta sunt servanda. Diese Ausnahme bildet im Grund einen Spezialfall der clausula rebus sic stantibus.» Siehe ferner EBG **79** II 56ff. = Pr. **42** N. 70. Aus dieser obligationenrechtlichen Einstellung ergibt sich dann leicht die Tendenz zu äußerster Einschränkung des Ablösungsrechtes. Sie ist namentlich von F. Guisan in seiner Besprechung der bundesgerichtlichen Praxis lebhaft begrüßt worden (JdT **89**, p. 302).

Auf dem Boden des Sachenrechtes kann der «Freiheit der Bindung» und der «Gebundenheit des frei Gewollten» (W. Burckhardt) nicht die gleiche Vorherrschaft und Geltungskraft zuerkannt werden. Die Vertragsfreiheit ist hier beschränkt, und zwar im Interesse der Freiheit des Eigentums. Die Freiheit des Eigentums geht hier der Vertragsfreiheit vor. Der Freiheit des Eigentums zu dienen, ist der Hauptzweck des Art. 736. Er darf nicht im vermeintlichen Interesse der Vertragsfreiheit vereitelt werden, Temperli, S. 95ff. 49

Soweit der Art. 736 den Wegfall des Zweckes als Grund des Unterganges der Dienstbarkeit erklärt, berührt er die Vertragsfreiheit überhaupt nicht, so wenig wie die Verjährung und die Ersitzung der Eigentumsfreiheit im Widerspruch zur Vertragsfreiheit stehen. Wenn der Art. 736 in seinem zweiten Absatz einen Schritt weiter geht und die Entstehung eines Mißverhältnisses zwischen dem geringfügigen Interesse an der Dienstbarkeit und der Schwere der Belastung ebenfalls als Untergangsgrund behandelt, kann es sich damit rechtlich nicht anders verhalten. Es kann sich nur fragen, ob dies der Wille des Gesetzes sei. Ist die Frage zu bejahen, ist gegenüber dem Ablösungsbegehren die Berufung auf die Vertragsfreiheit ausgeschlossen. Im Zweifel, ob die Frage zu bejahen oder zu verneinen sei, stehen nicht die Vertragsfreiheit einerseits und das Prinzip des Handelns nach Treu und Glauben anderseits im Widerstreit, sondern die Vertragsfreiheit einerseits und die Freiheit des Eigentums anderseits. 50

Eine Bestimmung, die, wie der Art. 736, im Interesse der Freiheit des Eigentums aufgestellt ist, muß im Zweifel so ausgelegt werden, daß sie diesem Zwecke dient. Die Vertragsfreiheit hat zurückzutreten. Sie wird dadurch, daß das Gesetz das Mißverhältnis zwischen dem geringfügigen Vorteil und der schweren Belastung als Grund des Unterganges anerkennt, zwar nicht unmittelbar berührt. Sie wäre dadurch nur insofern eingeschränkt, als eine Dienstbarkeit, welcher von Anfang an dieses Mißverhältnis zugrunde läge, gar nicht gültig begründet werden könnte. 51

In keiner anderen Rechtsordnung ist das Bedürfnis so groß wie bei uns, die Löschung nutzlos gewordener beschränkter dinglicher Rechte, deren formeller Rechts- 52

Grunddienstbarkeiten

bestand durch den Grundbucheintrag verewigt wird, herbeizuführen. Art. 734 NN. 53, 182, 183. Dafür ist auch dann nicht in genügender Weise gesorgt, wenn der Art. 736 so ausgelegt und gehandhabt wird, daß er diesem Bedürfnis möglichst weit entgegenkommt.

II. Aufhebung mangels Interesses. Art. 736 Abs. 1

1. Das Interesse an der Dienstbarkeit

a) Subjekt des Interesses.

53 Die Löschung kann verlangt werden, wenn die Dienstbarkeit für das berechtigte Grundstück alles Interesse verloren hat. Der Wortlaut würde dem richtigen Begriff der Grunddienstbarkeit entsprechen. Diesen Begriff hat das ZGB aber preisgegeben, indem es – als beabsichtigte Neuerung – Grunddienstbarkeiten ohne Vorteil für das berechtigte Grundstück (im Sinne der Utilität) zuließ. Vorbem. vor Art. 730 N. 8ff.; Art. 730 N. 87ff., 103ff. Zieht man daraus die Konsequenz, ergibt sich folgendes:

Was hier als Interesse für das berechtigte Grundstück bezeichnet wird, ist nichts anderes als das Interesse des Eigentümers des berechtigten Grundstückes. Es braucht eben nicht ein Interesse zu sein, das auf einem dem Grundstück durch die Dienstbarkeit vermittelten Zuwachs an Nützlichkeit für jeden Eigentümer beruht. Es kann auch ein Interesse sein, das nur gerade der derzeitige Eigentümer des berechtigten Grundstückes an der Dienstbarkeit hat, weil es seinen individuellen Bedürfnissen, Ansichten, Liebhabereien oder Schrullen entspricht. N. 87 zu Art. 730. Wenn der Berechtigte an der Dienstbarkeit auch nur ein solches Interesse hat, kann von ihm die Löschung nicht verlangt werden.

54 Wenn das Gesetz die Begründung von Grunddienstbarkeiten zur Befriedigung von so ganz persönlichen Interessen zuläßt, muß es sie auch in ihrem Bestande schützen. Es wäre widerspruchsvoll in sich selber, wenn es dem Grundeigentümer die Errichtung der Dienstbarkeit gestatten und ihm zugleich den Anspruch gäbe, die Löschung zu verlangen. EBG **66** II 248 = Pr. **30** Nr. 45; **70** II 101 = Pr. **33** Nr. 113, zitiert auch in N. 87 zu Art. 730. Aufhebbar und ablösbar gemäß Art. 736 könnten demnach nur Dienstbarkeiten sein, die zu dem Zweck, welchen sie dermalen tatsächlich noch erfüllen, nicht errichtet werden könnten (vgl. jedoch N. 91).

55 Wenn das Gesetz für den Erwerb der Dienstbarkeit durch Begründung kein objektiv beachtliches oder vernünftiges Interesse verlangt (N. 87/88 zu Art. 730), kann es auch nicht den Mangel eines solchen Interesses als Aufhebungsgrund behandeln, sondern nur den Mangel eines Interesses für den Berechtigten schlechthin. Das Anwendungsgebiet des Art. 736 Abs. 1 wird dadurch begrenzt. Auch Dienstbarkeiten ohne objektiv vernünftigen Zweck sind der Aufhebung oder Ablösung entzogen. Siehe jedoch Art. 88a zu Art. 730.

56 Aber die Maßgeblichkeit des dermalen persönlichen Interesses des Berechtigten

hat die Konsequenz, daß dessen Rechtsnachfolger, dem für die Dienstbarkeit das gleiche persönliche Interesse fehlt, verpflichtet ist, sie auf Begehren des Eigentümers des belasteten Grundstückes löschen zu lassen. N. 87 zu Art. 730 und das dortige Zitat aus dem Lehrbuch von ROSSEL und MENTHA.

In der Anwendung des Art. 736, namentlich auf altüberkommene Dienstbarkei- 57 ten, sind die persönlichen Motive der Begründung in der Regel nicht feststellbar. Es wird dann vorausgesetzt, daß die Parteien den Zweck verfolgt haben, der sich vernünftigerweise auf Grund der damaligen Verhältnisse aus den Bedürfnissen der Benutzung des herrschenden Grundstückes ergab. Da kommt dann von selbst das vom Gesetz mißachtete Erfordernis der Utilität zur Geltung, das dem Wesen der Grunddienstbarkeit entspricht. Vgl. N. 88a zu Art. 730, N. 91, 143 und 146ff. hienach.

b) Gegenstand des Interesses.

Nur das Interesse an der Dienstbarkeit kann geschützt sein, welches der Be- 58 rechtigte an der Ausübung seines Rechtes gemäß dessen Inhalt und Umfang (Art. 738) hat. Ein anderes Interesse, das der Berechtigte am Weiterbestand der Dienstbarkeit hat, kann die Aufhebung nicht hindern. Das Wegrecht, an dessen Ausübung der Berechtigte kein Interesse hat, an dem er aber festhält, damit das belastete Grundstück nicht oder nur unter Einhaltung eines großen Bauabstandes überbaut werden kann, muß er löschen lassen. AppG Baselstadt, in Entsch. **2**, S. 166 = ZBGR **6**, S. 138ff. AppH Bern (1916) ZBJV **53**, S. 345. (Über ein Quellenrecht mit der Wirkung eines Bauverbotes vgl. EBG 8. Juni 1939 in ZBGR **21**, S. 47ff.) Keinen Schutz verdienen sodann überhaupt Dienstbarkeiten, die um ihrer Sperrwirkung willen begründet oder behauptet werden. Wer ein Quellenrecht, ohne es durch Fassung und Zuleitung des Wassers ausüben zu wollen, erworben hat, damit es nicht von einem anderen erworben werden könne, muß es löschen lassen; ebenso kann von der Benzinvertriebsgesellschaft, welche eine Tankstelle aufgegeben hat, aber an der Dienstbarkeit festhält, damit sie nicht einer Konkurrenzfirma eingeräumt werden könne, die Löschung gemäß Art. 736 auf jeden Fall verlangt werden.

Auch das Interesse an der Ausübung der Dienstbarkeit gemäß ihrem Inhalt, aber 59 zur Erreichung eines anderen konkreten Zweckes als des Begründungszweckes oder zur Erreichung des Begründungszweckes, aber auf anderem Wege als dem durch den Inhalt der Dienstbarkeit bestimmten, kann die Dienstbarkeit nicht vor der Aufhebung bewahren.

Der Grundeigentümer, dem ein Recht zur Durchleitung von Abwasser zusteht, 60 das aber diesen Zweck verloren hat, kann diese Dienstbarkeit nicht aufrechterhalten, weil er ein Interesse daran hat, um seinem Grundstück durch eine Kabelleitung mit gleichem Trassee elektrischen Strom zuzuführen.

Der Grundeigentümer, der ein Wegrecht zur Verbindung seiner Liegenschaft mit 61 der öffentlichen Straße hat, welches diesen Zweck verloren hat, weil die Straße nun die Liegenschaft berührt, widersetzt sich der Löschung des Wegrechtes mit der

Begründung, dieses werde ihm für den künftigen Zugang zu einer anderen projektierten Straße wieder von Nutzen sein. Dieser Standpunkt ist unhaltbar. Auch wenn dargetan wäre, daß das geltend gemachte Interesse sich wieder verwirklichen werde, so wäre es nicht das gleiche Interesse, welches der eingetragenen Dienstbarkeit zugrunde lag.

62 Die Annahme, daß ein zu Lasten eines Grundstückes eingetragenes Wegrecht («diritto di passo ed accesso») jedem Zwecke dienstbar gemacht werden könne, für den es sich in Zukunft gebrauchen lasse, ist verfehlt. Ein Wegrecht hat regelmäßig seinen bestimmten Zweck, der durch die Bedürfnisse des herrschenden Grundstückes bestimmt wird, zu deren Befriedigung es begründet und ausgeübt worden ist. Neuen anderen Bedürfnissen darf das Recht nicht dienstbar gemacht werden. Sind seine ursprünglichen und in der Ausübung befriedigten Bedürfnisse dahingefallen, hat der Eigentümer des belasteten Grundstückes Anspruch auf Löschung der Dienstbarkeit. Im Gegensatz dazu steht der EBG **81** II 189ff., mit dem ein Urteil des tessinischen Appellationsgerichtes bestätigt wurde. In diesem war sogar die Auffassung vertreten worden, die Löschung des Wegrechtes könnte auch schon deshalb nicht verlangt werden, weil der Eigentümer des herrschenden Grundstückes ein künftiges Interesse an der Dienstbarkeit dadurch erlangen würde, daß er ein Grundstück jenseits des belasteten Grundstückes erwerben würde. Das liegt doch gar zu weit vom Wege ab und ist auch vom Bundesgericht nicht gutgeheißen worden.

63 Im übrigen darf man nie vergessen, daß die richterliche Ablösung auch die Verjährung und Ersitzung der Eigentumsfreiheit zu ersetzen hat. Ist, wie in dem zur Diskussion stehenden Fall, festgestellt, daß die Dienstbarkeit tatsächlich aus Mangel an jeglichem Interesse während längerer Zeit, vielleicht während zehn und mehr Jahren, nicht ausgeübt worden ist, könnten die Voraussetzungen für die Erfüllung dieser Funktion gegeben sein, selbst wenn damit gerechnet werden könnte, daß das alte Bedürfnis, dem die Dienstbarkeit diente, sich erneuern werde. Ganz sicher sind die Voraussetzungen des Art. 736 aber dann gegeben, wenn das Bedürfnis, das sich möglicherweise einstellen wird, ein neues, anderes Bedürfnis ist. Um anders zu entscheiden, müßte man sich von den gesetzlichen Vorschriften über den Inhalt und Umfang der Dienstbarkeit und von der Zweckbestimmung des Art. 736 sehr weit entfernen. Vgl. über die Identität der Servitut AppH Bern, ZBJV **49**, S. 356ff. = ZBGR **6**, S. 140ff.

«La servitude ne peut être utilisée que pour les besoins en vue desquelles elle a été établie» (PLANIOL-RIPERT-PICARD, Traité pratique [1926] n° 983, p. 915).

Daß es das Interesse ist, zu dessen Befriedigung die Dienstbarkeit errichtet worden ist, auf welches es ankommt und nicht irgendein Bedürfnis, in dessen Dienst die Dienstbarkeit auch künftig gestellt werden kann, wird nunmehr vom Bundesgericht im Gegensatz zu EBG **81** II 189ff. = Rep.Giur.Patria **91** (1958) S. 87 = Reg. in SJZ **55** (1959) Nrn. 40/41, S. 92 anerkannt. EBG **91** II 190ff., bes. 194 = Pr. **54**

Nr. 148; **92** II 93 = Pr. **55** Nr. 133. Ebenso ObG Zürich, ZBGR **47** (1966) Nr. 11, S. 65ff.

c) Zeitliche Begrenzung des Interesses.

Entscheidend ist, ob ein Interesse an der Dienstbarkeit für den Berechtigten im Zeitpunkt der Klage bestehe oder nicht bestehe. Der Berechtigte muß ein gegenwärtiges Interesse an der Dienstbarkeit haben, um die Aufhebung abwenden zu können. Das bedeutet nicht, daß die Dienstbarkeit auch gegenwärtig ausgeübt sein müsse. An einer Dienstbarkeit kann ein gegenwärtiges Interesse bestehen, auch wenn die dienstbarkeitsgemäße Benutzung des belasteten Grundstückes erst in einem künftigen Zeitpunkt aufgenommen wird. Die Dienstbarkeit kann in dem Recht bestehen, auf den Zeitpunkt hin, in welchem auf dem berechtigten Grundstück ein Haus gebaut wird, das belastete Grundstück für den Zufahrtsweg oder für die Gewinnung von Baumaterialien oder für die Fassung von Quellwasser in Anspruch zu nehmen (Art. 730 N. 92). Ausdrücklich anerkannt im C.c.it. Art. 1029. **64**

Wenn im Zeitpunkt der Aufhebungsklage das Bedürfnis, dem die Dienstbarkeit gemäß Begründungsvertrag und seitheriger Ausübung gedient hat, nicht mehr besteht, ist die Klage gutzuheißen. Ihr kann nicht mit dem Argument begegnet werden, das erloschene Interesse könne sich in der Zukunft möglicherweise wieder einmal einstellen, sei es daß das herrschende Grundstück wieder anders bewirtschaftet werde, sei es daß es in die Hand eines Rechtsnachfolgers übergehen werde, der ein Bedürfnis nach der Ausübung der Dienstbarkeit habe. Solche Möglichkeiten künftiger Änderung der Verhältnisse, für die aber nicht eine erhebliche Wahrscheinlichkeit besteht, vermögen ein gegenwärtiges Interesse an der Dienstbarkeit nicht zu begründen und sind deshalb nicht zu berücksichtigen. **65**

Besteht aber im Zeitpunkt der Aufhebungsklage ein Interesse an der Dienstbarkeit, und zwar das Interesse, um dessentwillen sie entstanden ist, muß die Klage abgewiesen werden, und zwar auch dann, wenn die Dienstbarkeit während langer Zeit mangels Interesses unausgeübt geblieben war und sich das Interesse an ihr erst neuerdings wieder gebildet hat. Wenn in einem solchen Fall der Aufhebungsgrund vorher auch durchaus bestanden hätte, so ist er nunmehr dahingefallen. Zürcherisches ObG in BlZR **42** (1943) Nr. 48 = ZBGR **28**, S. 130f. = SJZ **38**, S. 382: Die Dienstbarkeit hat, wenn sie in der Vergangenheit ihren Wert für das berechtigte Grundstück auch eingebüßt hatte, infolge der Veränderung der Zufahrtsverhältnisse neue Bedeutung erlangt und kann deshalb auf Grund von Art. 736 nicht aufgehoben werden. Siehe aber auch N. 209 zu Art. 734. **66**

AppG Tessin, Rep.Giur. Patria **1943** (VI, 2), p. 84ss., mit Anmerkung von F. JENNY: Ein Abort, der auf Grund einer Dienstbarkeit bestanden hat, dann entfernt worden war, so daß die Dienstbarkeit mangels Interesses unausgeübt blieb, ist wieder an der alten Stelle errichtet worden; damit hat die Dienstbarkeit wieder das ursprüngliche Interesse gewonnen, und ihre Aufhebung kann nicht verlangt werden. Dies trifft nur unter der Voraussetzung zu, daß das ursprüngliche Interesse nie erloschen ist, sondern weiterbestand, aber eine Zeitlang nicht betätigt werden konnte.

67 Mit der Nichtausübung während längerer Zeit ist der Wegfall des Interesses zwar noch nicht bewiesen, aber die Vermutung für ihn begründet. Aber auch wenn dargetan ist, daß die Ausübung unterblieb, weil ein Interesse an ihr nicht bestanden hat, so kann sich doch noch die Frage erheben, ob damit das Interesse an der Dienstbarkeit erloschen sei oder ob es bloß vorübergehend inaktiv gewesen sei.

68 Die einzige allgemeingültige Wegleitung für die Beantwortung dieser Frage dürfte mit dem Hinweis auf die Dauer der Nichtausübung mangels Interesses gegeben sein. Im französischen und besonders im italienischen Recht, in dem Nutzlosigkeit der Dienstbarkeit (mancanza di utilità) einen besonderen Untergangsgrund neben der Verjährung bildet, tritt denn auch der Untergang ein, wenn dieser Tatbestand während der ganzen Verjährungsfrist angedauert hat. Auch in unserem Recht darf gelten, wenn auch bloß im Sinne einer Richtlinie, daß das Interesse an der Dienstbarkeit weggefallen ist, wenn es während einer längeren, der Verjährungsfrist entsprechenden Dauer für die Ausübung gefehlt hat, so daß diese deshalb unterlassen worden ist. Wenn auch die ordentliche Verjährungsfrist unseres Rechtes die bloß zehnjährige ist, während sie in Italien zwanzig und in Frankreich dreißig Jahre beträgt, dürfte sie zum mindesten ausreichen, um die Vermutung zu begründen, daß das Interesse weggefallen sei. Diese Vermutung sollte der Beklagte nur widerlegen können, indem er dartut, daß eine erhebliche Wahrscheinlichkeit für die künftige Ausübung der Dienstbarkeit zu ihrem ursprünglichen Zweck bestehe.

69 Wenn nicht feststeht, daß das Interesse an der Dienstbarkeit bereits weggefallen ist und der Berechtigte sich auf den Standpunkt stellt, daß er selber zwar kein Bedürfnis zur Ausübung des Rechtes habe, dieses aber für seinen Rechtsnachfolger sein ursprüngliches Interesse haben werde, kann darauf nicht abgestellt werden, es wäre denn, daß nach der Erfahrung des Lebens und nach dem gewöhnlichen Lauf der Dinge mit der künftigen Reaktivierung des Interesses an der Dienstbarkeit zu rechnen wäre. Damit wird insbesondere dann zu rechnen sein, wenn die Dienstbarkeit für das herrschende Grundstück als dauernd vorteilhaft im Sinne der Utilität anzusehen ist. Wenn auf dem herrschenden Grundstück etwa infolge einer Seuche die Schafhaltung eingestellt wird, aber damit gerechnet werden muß, daß sie wieder aufgenommen wird, ist das Interesse an einem Schafweiderecht trotz der Nichtausübung während längerer Zeit nicht weggefallen.

70 Hat ein Grundeigentümer eine Dienstbarkeit aus einem ganz persönlichen, vielleicht höchst sonderbaren Interesse erworben (Art. 730 N. 87; NN. 53ff. hievor), kann von seinem Rechtsnachfolger, dem dieses Interesse fremd ist, die Löschung verlangt werden. Ihm hilft die Einwendung, daß einem künftigen Erwerber die gleiche Liebhaberei oder Schrulle eigen sein könne, wie seinem Vorgänger, nichts, denn für diese Möglichkeit ist der Grad der Wahrscheinlichkeit allzu gering.

71 Weil in allen Zweifelsfällen die hier zur Erörterung stehende Aufgabe den Richter

vor fast unlösbare Schwierigkeiten stellt, ist dieser leicht geneigt, die Aufhebung der Dienstbarkeit nur dann auszusprechen, wenn feststeht, daß jedes mögliche Interesse an ihr für die Gegenwart und alle Zukunft restlos und definitiv weggefallen ist.

Diese Zurückhaltung ist auch in der Literatur stark befürwortet worden, namentlich von HITZIG und WIELAND. HITZIG, ZSR n.F. **19**, S. 390, hält bei der Prüfung der Interessenfrage große Vorsicht für geboten; es müsse ein **definitiver** Fortfall des Interesses verlangt werden; daß der derzeitige Berechtigte aus persönlichen Gründen oder bloß vorübergehend kein Interesse an der Ausübung habe, dürfe nicht genügen. HITZIG meint, die Fälle des definitiven Wegfalles des Interesses werden selten sein. WIELAND hat sich in seinem Kommentar (Bem. 5 zu Art. 736) ganz ähnlich ausgesprochen (übrigens unter Berufung auf HITZIG): «Nur wenn für den Berechtigten das Interesse **endgültig und für die Dauer** weggefallen ist, kann Ablösung verlangt werden; es genügt nicht, daß vom gegenwärtigen Eigentümer ein Zuwiderhandeln nicht zu befürchten ist.» WIELAND hält die Aufhebung nicht für zulässig, «wenn ... ein Interesse gegenwärtig zwar nicht vorhanden ist, aber später wieder aufleben kann». Diese Äußerungen sind zu Leitsätzen der Praxis geworden. Es sei namentlich auf den mehrfach zitierten EBG **81** II 189ff. verwiesen, ferner auf das Urteil des KtG-Aussch. Graubünden, GVP **3** (1939/40) S. 469ff. (das übrigens im Ergebnis auch bei der extensivsten Interpretation des Art. 736 nicht anders hätte lauten können). 72

Gegenüber dieser allzu behutsamen Anwendung von Art. 736 Abs. 1, namentlich gegenüber einer so weitgehenden Berücksichtigung von bloßen Möglichkeiten künftiger Erneuerung eines gegenwärtig nicht bestehenden Interesses an der Dienstbarkeit muß festgestellt und betont werden, daß damit der Art. 736 zur Erfüllung der Hauptaufgabe, die ihm der Gesetzgeber zugedacht hatte, völlig untauglich gemacht wird. Insbesondere könnte von einer Ersetzung der Verjährung und Ersitzung der Eigentumsfreiheit auch nur im engsten unproblematischsten Anwendungsbereich dieser Institute gar keine Rede sein; die praktische Bedeutung der richterlichen Ablösung für die Verminderung der Zahl der eingetragenen Dienstbarkeiten ohne jeden Nutzen würde minim. Der «Reformgedanke» des Art. 736 müßte aufgegeben und die Erwartung, er werde sich als «ein wichtiges Stück sozialer Reform» auswirken, begraben werden. Mit vollem Recht hat deshalb LEEMANN geltend gemacht, daß der vom Gesetz angestrebte Schutz des Belasteten nahezu bedeutungslos würde, wenn nicht auf das **gegenwärtige** Interesse abgestellt, sondern künftig möglicherweise sich einstellende Bedürfnisse berücksichtigt würden. Komm. N. 12 zu Art. 736 Abs. 2 (gilt aber für den Abs. 1 sinngemäß ebenfalls). 73

Die Dienstbarkeit ist dahingefallen, wenn ein **gegenwärtiges** Interesse an ihr nicht mehr besteht. 74

Daraus folgt aber nicht, daß die Aufhebung in jedem Falle verlangt werden könne, in dem die Dienstbarkeit gegenwärtig und schon seit einiger Zeit nicht ausgeübt wird. Wenn die Dienstbarkeit nach wie vor für das berechtigte Grundstück von Interesse ist, aber deshalb nicht ausgeübt wird, weil eine vorübergehende Änderung in der Benutzung oder im äußeren Zustand des herrschenden Grundstückes dies unnötig oder unnütz macht (N. 69 hievor), muß das Interesse als gegenwärtiges anerkannt werden. Erst wenn nach dem gewöhnlichen Lauf der Dinge und nach der Erfahrung des Lebens nicht damit zu rechnen ist, daß die Dienstbarkeit in absehbarer Zeit wieder zur Befriedigung des Bedürfnisses, für welches sie begründet worden ist, ausgeübt werde, ist die Aufhebungsklage gutzuheißen (siehe NN. 65 und 69 hievor). Das dürfte auch die Konsequenz der Ausführungen WIELANDS a.a.O. sein.

75 Viele Grunddienstbarkeiten sind, obwohl dies im Eintrag nicht zum Ausdruck kommt, ihrem Entstehungsgrund nach, auch wenn sie vertraglich begründet wurden, Notrechte (Notbrunnen-, Notweg- und Notleitungsrechte). Ist dies anzunehmen, verlieren sie ihre Existenzberechtigung, sobald die Notlage für das herrschende Grundstück durch den Anschluß an das öffentliche Weg- oder Grabennetz (Wasserversorgungs- und Kanalisationsnetz) behoben ist (Einl. N. 104). Die Aufhebung kann auch dann verlangt werden, wenn der Anschluß dadurch zustande kommt, daß der Dienstbarkeitsberechtigte die ihn von der öffentlichen Straße trennende Liegenschaft erwirbt und mit seinem Grundstück zu einer Parzelle verbindet. Daß der Weiterbestand der Dienstbarkeit den Wert seines Grundstückes erhöhen würde, weil er ihm eine zweite Wegverbindung gäbe, darf die Aufhebung nicht hindern. Es kann ja nur darauf ankommen, ob das Bedürfnis, für welches die Dienstbarkeit errichtet worden ist, noch besteht oder dahingefallen ist (vgl. auch N. 180). OGH Liechtenstein, ZBGR **45** (1964) Nr. 33, S. 235ff. = Entscheidungen der liechtensteinischen Gerichtshöfe 1955–1961, S. 86; N. 28 zu Art. 740; TEMPERLI, S. 108ff., a.M. PIOTET, S. 578, der aber nicht oder nicht genügend die Voraussetzung beachtet, daß der Zweck der Dienstbarkeit die Behebung einer Notlage ist und dahinfällt, wenn die Notlage nicht mehr besteht.

76 Wie bereits bemerkt wurde, ist die Handhabung des Art. 736 nach diesen Kriterien in einer den Anforderungen der Rechtssicherheit entsprechenden Weise eine sehr schwierige Aufgabe. Deshalb ist es begreiflich, daß die Praxis, die ohnehin eine Neigung zu den bequemen Lösungen hat, das Aufhebungsbegehren ablehnt, wenn eine künftige zweckmäßige Ausübung der Dienstbarkeit nicht ausgeschlossen oder nicht ganz unwahrscheinlich ist.

77 Diese Praxis führt zum Ergebnis, daß die Aufhebung einer Dienstbarkeit auf Grund von Art. 736 Abs. 1 nur in den Fällen erwirkt werden kann, in denen sie auch ausgesprochen werden müßte, wenn das Gesetz den Art. 736 Abs. 1 gar nicht enthielte. Es sind die Fälle, in denen eine Dienstbarkeit endgültig zwecklos geworden oder ihre Ausübung endgültig unmöglich geworden ist, so daß der Eintrag im Grundbuch jede rechtliche Bedeutung im Sinne des Art. 976 verloren hat. Siehe die NN. 117 bis 134 zu Art. 734. Wird der Art. 736 Abs. 1 lediglich als Spezialtatbestand

des Art. 2 betrachtet und gehandhabt, erfaßt er auch höchstens diesen Kreis von Fällen.

Vom gesetzgeberischen Reformwerk bleibt dann gar nichts übrig. Für diesen Reformzweck ist die richterliche Ablösung allerdings schon an sich ein unzulängliches Instrument. Keine Praxis könnte diesen Mangel ausgleichen. Aber sie brauchte aus der Not nicht eine Tugend und aus dem Mangel nicht einen Vorzug zu machen. 78

d) Schwund des Interesses.

Indem das Gesetz im Art. 736 Abs. 1 den gänzlichen Wegfall des Interesses an der Dienstbarkeit verlangt, damit die Aufhebung beansprucht werden kann, setzt es voraus, daß die Dienstbarkeit vorher das zu ihrem Bestand erforderliche Interesse gehabt habe. Dafür genügt nach der Preisgabe des Erfordernisses des Nutzens für das berechtigte Grundstück (Utilität) durch das ZGB ein beliebiges persönliches Interesse, das auch, objektiv betrachtet, nicht einmal vernünftig sein muß. Infolgedessen wird es nur sehr selten vorkommen, daß jemand eine Dienstbarkeit erwirbt, welcher dieses Interesse von Anfang an fehlt. Es kann deshalb als Regel gelten, daß Art. 736 Abs. 1 nur anwendbar ist, wenn das Interesse im Laufe der Zeit geschwunden ist oder wegen einer Veränderung der tatsächlichen Verhältnisse, die der Dienstbarkeit zugrunde lagen, mit einem Male weggefallen ist. 79

Für ausnahmslose Geltung dieser Regel hat sich der AppH Bern mit der Bemerkung, daß er die Auffassung von WIELAND und LEEMANN nicht teilen könne, ausgesprochen. ZBJV **50**, S. 14 = WEISS Nr. 2520 = ZBGR **6**, S. 152ff. (mit dem Hinweis auf den früheren Entscheid: SJZ **9**, S. 159 = ZBGR **6**, S. 147 = WEISS Nr. 2520). Die Einwohnergemeinde Nidau hatte an einem öffentlichen Platz dem Anstößer eine Bauverbotsdienstbarkeit eingeräumt. Sie verlangte die Löschung, nachdem in einem Alignementsplan die Umwandlung des Platzes in eine durchgehende öffentliche Straße vorgesehen und beschlossen worden war. Trotzdem die Wahrscheinlichkeit der Einziehung und Verlegung einer durchgehenden öffentlichen Straße im allgemeinen weit geringer ist als die der Überbauung eines öffentlichen Platzes, hat das Gericht im konkreten Falle angenommen, daß keine Veränderung vorliege, welche das für den Erwerb bestimmend gewesene Interesse vermindere. Es ist ihm auch zuzugeben, daß der Tatbestand des Art. 736 Abs. 1 nicht erfüllt war, wenn dieses Interesse zur Begründung der Dienstbarkeit ausgereicht hatte (siehe darüber Art. 730 NN. 93ff. und Art. 734 NN. 127ff.) und (mag es auch noch so geringe praktische Bedeutung haben) sich nicht vermindert hat. 80

Es kommt aber auch vor, daß eine Dienstbarkeit erworben und errichtet wird, ohne daß ein Interesse an ihr besteht. Wohl glaubt der Erwerber, ein Interesse an der Dienstbarkeit zu haben, irrt sich aber darin. Er erwirbt z.B. ein Quellenrecht an einer Liegenschaft mit der Befugnis, alles Quellwasser, das auf diesem Grundstück zutage tritt oder durch Grabung an die Oberfläche geleitet werden kann, zu fassen und fortzuleiten. Es stellt sich dann aber später heraus, daß sich in der belasteten Liegenschaft überhaupt kein Quellwasser befindet, das gefaßt werden könnte. Der 81

Grunddienstbarkeiten

Grundeigentümer braucht nicht zu befürchten, daß das Quellenrecht jemals ausgeübt werde, aber es hat die Wirkung eines Bauverbotes. Der Anspruch auf Aufhebung gemäß Art. 736 Abs. 1 ist zweifellos gegeben, obwohl nicht vom Schwund des ursprünglichen Interesses die Rede sein kann, sondern nur davon, daß das vermeintliche ursprüngliche Interesse sich als nicht bestehend herausgestellt hat. Vgl. auch das in N. 131 zu Art. 731 zitierte Urteil des AppH Bern in der ZBJV **74**, S. 472ff., nach welchem sich die Quelle, deren Fassung und Fortleitung Gegenstand des Quellenrechtes war, gar nicht in der Liegenschaft, zu deren Lasten die Dienstbarkeit eingetragen war, befand, sondern in einem anderen Grundstück und der «Berechtigte» sich der Löschung widersetzte. Da war allerdings die Eintragung ungerechtfertigt und der Mangel am Rechtsgrund weder durch gutgläubigen Erwerb seitens eines Dritten noch durch Ersitzung behoben worden, weshalb Art. 736 Abs. 1 nicht zur Anwendung kam. Vgl. auch ObG Aargau (1946) Vjschr. **46** N. 2.

82   Irren sich dagegen die Parteien bei der Errichtung von Dienstbarkeiten zur Ausbeutung von Wasser oder irgendwelchen Bodenbestandteilen über deren Vorkommen in der belasteten Liegenschaft, leidet der Dienstbarkeitsvertrag nicht an einem Willensmangel. Die Eintragung ist zwar ungerechtfertigt, aber nicht weil der Grundbuchverwalter sie hätte ablehnen sollen, sondern weil eine tatsächliche Voraussetzung, die er nicht zu überprüfen hat, sich nachträglich als unzutreffend herausgestellt hat. Diese Voraussetzung hat den Zweck der Dienstbarkeit zum Gegenstand. Eine Dienstbarkeit mit imaginärem Zweck kann keine rechtliche Existenz haben. Als Ausdruck dieses notwendigerweise, unabhängig von jeder positiv-rechtlichen Vorschrift, geltenden Satzes findet der Art. 736 Abs. 1 auch in den Fällen Anwendung, in denen die Aufhebung einer Dienstbarkeit verlangt wird, der von Anfang an das ihre Existenz und damit ihre Entstehung rechtfertigende Interesse gefehlt hat.

83   In der Regel verwirklicht sich aber der Tatbestand des Art. 736 Abs. 1 dadurch, daß im Laufe der Zeit die tatsächlichen Verhältnisse, unter denen die Dienstbarkeit errichtet worden war, eine Änderung erfahren haben. Das Bedürfnis ist erloschen. Mühle, Stampfe und Eisenhammer gehören der Vergangenheit an; das für ihren Betrieb begründete und aufrecht erhaltene Wasserrecht ist dahingefallen.

84   Das Bedürfnis kann geblieben sein, aber es kann auf andere Weise als durch Ausübung der Dienstbarkeit besser und bequemer befriedigt werden. Durch den Bau von Straßen, von Güterwegen, Wasserversorgungen, Kanalisationsanlagen verlieren zahlreiche Dienstbarkeiten, welche den gleichen Zwecken dienten, alles Interesse, so daß ihre Aufhebung nach Art. 736 Abs. 1 verlangt werden kann.

85   Es sind solche und immer die gleichen Beispiele, welche in den Materialien und in der Literatur genannt werden:
Erl. II S. 144: Abtrittableitung – Bau der städtischen Kanalisation; Aussichtsservitut – Verbauung der Aussicht durch Erstellung von Gebäuden auf nicht belasteten näheren oder entfernteren Grundstücken; Servituten des Festungsrayons – Aufhebung der Festungswerke.

Im StR hat der Referent als weiteres Beispiel das Beholzungsrecht angeführt, das alles Interesse verloren hat, nachdem das Waldgrundstück gerodet und überbaut worden ist (Amtl. sten. Bull. 16, 1906, S. 1359/60).

WIELAND, Bem. 1 zu Art. 736, nennt noch folgende Fälle: Eine Bauservitut 86 verliert ihr Interesse dadurch, daß eine breite öffentliche Straße erstellt wird, deren Existenz den freien Zutritt von Sonne, Licht und Luft gewährleistet; der Eigentümer des berechtigten Grundstückes läßt den Weiher, für den er das Wasser auf Grund einer Dienstbarkeit bezog, eingehen; ein Wegrecht oder Durchleitungsrecht, das zur Verbindung zweier Grundstücke des gleichen Eigentümers diente und die zwischen ihnen gelegenen Grundstücke belastete, ist dadurch hinfällig geworden, daß das eine der beiden herrschenden Grundstücke veräußert worden ist und damit aus jeder wirtschaftlichen Verbindung mit dem anderen gelöst worden ist.

WIELAND meint, der Art. 736 Abs. 1 werde ganz besonders auf sogenannte 87 Doppelbelastungen zur Anwendung kommen: Ein und dasselbe Grundstück ist mehr als einem anderen Grundstück dienstbar gemacht, was auf Güterwege und auf Quellen- und Durchleitungsrechte oft zutrifft, da sie vielfach mehreren Grundstücken dienen, aber auch für die Aussichtsdienstbarkeit und andere Dienstbarkeiten gegeben sein kann; siehe Art. 730 NN. 54 bis 56 und die ausführliche Behandlung durch KOHLER, Archiv für die civ. Praxis **87,** S. 227ff. und S. 223. Wenn die Dienstbarkeit an einem einzigen der Zwischengrundstücke aus irgendeinem Grunde erlöschen würde und nicht erneuert werden könnte, würden die entsprechenden Dienstbarkeiten an den übrigen belasteten Grundstücken nutzlos, und deren Eigentümer könnten die Aufhebung verlangen. Indessen dürfte das kaum ein Fall sein, der wegen seiner Häufigkeit besondere praktische Bedeutung in der Anwendung des Art. 736 Abs. 1 hätte. Vgl. aber N. 17 hievor.

Eine ehemals sehr verbreitete und wirtschaftlich bedeutsame Dienstbarkeit, für 87a welche infolge der Änderungen in der Alpbewirtschaftung das Interesse verloren geht, ist das Recht der Schneeflucht (Art. 730 N. 172 und N. 55 zu Art. 740). Sein Zweck fällt weg, wenn die nötigen Stallungen erstellt und für ausreichende Futtervorräte gesorgt ist, um das Vieh ohne Schaden während kurzer Zeit auf der Alp behalten zu können, wenn diese eingeschneit ist. Entsprechende andere landw. Dienstbarkeiten N. 14, 27ff. und 40ff. zu Art. 740.

Aus der Praxis sind nur die folgenden ganz wenigen Fälle der Aufhebung von 88 Dienstbarkeiten in Anwendung von Art. 736 Abs. 1 namhaft zu machen:

a) EBG **89** II 370, N. 17 hievor.

b) Urteil des aargauischen ObG, Aarg. Vjschr. **31** Nr. 27, S. 97 = ZBGR **13,** S. 96ff. = SJZ **30** Nr. 46, S. 221 auf Grund des in N. 126 zu Art. 734 angegebenen Tatbestandes; GVP **1975** Nr. 7, S. 20f., N. 130 hienach.

c) Entscheide des KtG-Ausschusses Graubünden **1926** Nr. 4, S. 21ff. «Unbestritten ist das bisherige Tränkerecht am alten Brunnen bis dato. Feststehend ist auch, daß der neue Brunnen (von der Gemeinde erstellter öffentlicher Hofbunnen) viel 89 näher gelegen ist und eine gute Zuleitungsanlage besitzt, so daß das Wasser jedenfalls besserer Qualität ist als dasjenige vom alten Brunnen. Es ist daher nicht einzusehen, weshalb der Rekursbeklagte sein Vieh nicht am neuen Gemeindebrunnen tränken will, sondern statt dessen an den weiter entlegenen alten Brunnen geht. Ein vernünftiger Grund für eine derartige Handlungsweise ist dem Rekursrichter nicht erfindlich. Er kommt zur Ansicht, daß das Interesse des Rekursbeklagten an der Benutzung des alten Brunnens gänzlich geschwunden ist. **Mit dem Erlöschen dieses Interesses hat auch das Durchgangsrecht durch die Wiese des Rekurrenten keinen Sinn mehr und ist daher abzuerkennen.** Das Beharren auf einem solchen zwecklosen Rechte kann nur durch Schikane erklärt werden, für welche kein Rechtsschutz gewährt werden soll. Wenn der Rekursbeklagte um jeden Preis am alten Brunnen tränken will, kann er zunächst auf dem Weg zum neuen Brunnen in den öffentlichen Weg gelangen und über diesen zum alten Brunnen.»

90   d) Urteil des BezG-Ausschusses Ober-Landquart vom 4. Nov. 1939, GVP Bd. **3** Nr. 100, S. 261ff. Ein Wegrecht zur Bewirtschaftung verschiedener Grundstücke wurde aufgehoben, weil es für sie, mit der Ausnahme eines kleinen Teilstückes des einen dieser Grundstücke, durch den Bau der Kommunalstraße und eines in sie einmündenden Feldweges alles Interesse verloren hatte; mit Bezug auf das genannte Teilstück wurde das Begehren auf Ablösung gegen Entschädigung gutgeheißen.

90a   e) Urteil des Zivilgerichts Baselstadt vom 29. Dezember 1932, ZBGR **18**, S. 235ff. Nr. 73. Das an der Straße gelegene vordere Hausgrundstück war belastet mit der Weggerechtigkeit, die dem Eigentümer des dahinter gelegenen Hauses die Befugnis gab, den Hausgang als Verbindung mit der Straße zu benutzen. Am Hausgang bestand gemeinschaftliches Eigentum des Berechtigten und des Belasteten, wie es bis zum Inkrafttreten des Nachbarrechtsgesetzes vom Jahre 1881 hatte begründet werden können. Schon 1896 war gerichtlich festgestellt worden, daß die Weggerechtigkeit bloß für die Bedürfnisse des hinteren Hauses begründet worden war. Als dieses 1932 abgebrochen wurde, verlangte der Eigentümer des belasteten Grundstückes die Löschung gemäß Art. 976 ZGB, die aber abgelehnt wurde. In Beurteilung der Klage auf Feststellung des Unterganges der Weggerechtigkeit entschied das Zivilgericht, der Belastete sei zur Ablösung mit der Summe von 600 Franken berechtigt, da das ursprüngliche Interesse, zu dessen Bestimmung eine ausdehnende Auslegung nicht angängig sei, bis auf einen kleinen Rest geschwunden sei.

f) AppH Bern 24.10.1967: Tankstellenservitut, die für den Berechtigten (Gulf Oil) jegliches Interesse verliert. Siehe nunmehr N. 103 hienach.

91   In den beiden Bündner Fällen hat die richterliche Aufhebung nicht die Verjährung oder Ersitzung der Freiheit des Eigentums ersetzt, wofür alle Voraussetzungen gefehlt hätten, weil die Dienstbarkeiten ausgeübt worden sind, bis der Richter das Recht dazu verneint hat. Die beiden aufgehobenen Dienstbarkeiten könnten an sich jederzeit neu begründet werden und dann selbstverständlich auf Grund des Art. 736

Abs. 1 nicht aufgehoben werden. Wenn der Bauer in Dutgien sein Vieh an dem Brunnen tränken will, auf dessen Benutzung er ein wohlerworbenes, altüberkommenes Recht hat und den Gemeindebrunnen, den er wohl für eine unnötige Einrichtung hält und an dem er kein Sonderrecht hat, meiden möchte, kann ihm dies niemand verargen. Die Dienstbarkeit des Tränkeweges aber wird ihm aberkannt, während sie unanfechtbar wäre, wenn er sie jetzt neu erwerben würde. Daran zeigt sich, daß in diesen Fällen der Grund für die richterliche Aufhebung nur in der Vorstellung liegen kann, daß infolge der eingetretenen Änderung der Verhältnisse eine Voraussetzung für die Entstehung und den bisherigen Bestand der Dienstbarkeit weggefallen sei. Diese Voraussetzung kann nur darin bestehen, daß die ordnungsgemäße Bewirtschaftung der herrschenden Grundstücke ohne die Dienstbarkeit nicht möglich oder doch stark erschwert gewesen wäre. Hätten die Dienstbarkeiten von Anfang an in Laune und Willkür der Parteien ihren Grund gehabt, müßte ihr Bestand unabhängig sein und bleiben von allen Änderungen, welche die Bewirtschaftung der Grundstücke ohne Servituten ermöglichen. Um zu beurteilen, ob die Voraussetzungen des Art. 736 Abs. 1 für die Aufhebung von Servituten gegeben seien, ist man gezwungen, von der Voraussetzung auszugehen, welche das ZGB preisgegeben hat, nämlich von der Nützlichkeit der Grunddienstbarkeit für das herrschende Grundstück im Sinne der Utilität. Wenn im Art. 736 Abs. 1 die Rede ist vom Interesse «für das berechtigte Grundstück», dürfte diese im Widerspruch zur Preisgabe der Lehre von der Utilität stehende Ausdrucksweise doch auch aus einem «Rückfall» in diese richtige Lehre zu erklären sein (siehe N. 57 hievor und N. 146 hienach). Das Urteil des ObG Zürich, BlZR **72** (1973) = ZBGR Nr. **41**, S. 278ff. ist zwar zur Ablehnung des Anspruchs aus Art. 736 (Lebhag- und Birkenpflanzungsservitut) gelangt. Aber nicht auf Grund der früheren Praxis des Bundesgerichts (1940–1965), sondern aus Erwägungen, die der hier vertretenen Auffassung in allen Punkten entsprechen.

Etwas, aber nicht viel zahlreicher als die den Aufhebungsanspruch aus Art. 736 Abs. 1 bejahenden sind die ihn verneinenden Gerichtsurteile. ObG Zürich, SJZ **32**, S. 266 = Weiss n. F. Nr. 4967a (Fußweg- und Länderecht zur Bewerbung von Rebland – Rodung der Reben, Einrichtung einer Gärtnerei), BlZR **42** (1943) Nr. 48 = ZBGR **28**, S. 130f. = SJZ **38**, S. 382 (Wegrecht, das für das herrschende Grundstück wertlos geworden war, aber infolge erneuter Änderung der Verhältnisse wieder erhebliche Bedeutung erlangt hat), dazu auch Temperli, S. 152; AppH Bern, ZBJV **49**, S. 356 = ZBGR **6**, S. 140f. (Aussichtsservitut aufrechterhalten trotz starker Zunahme der Überbauung; Gegenstand der Servitut jedoch nicht Aussicht im gewöhnlichen Sinne); ZBJV **50**, S. 14 = ZBGR **6**, 152ff. (Umwandlung des mit einer Bauverbotsdienstbarkeit belasteten öffentlichen Platzes in eine durchgehende öffentliche Straße); Kantonsgerichtsausschuß Graubünden, GVP **3**. Bd., S. 469ff. (Lagerplatzrecht für Brennholz); PrKtG Graubünden **1972** N. 6, S. 37.

Aus der Seltenheit der richterlichen Aufhebung von Dienstbarkeiten gemäß Art. 93

Grunddienstbarkeiten

736 Abs. 1 in der Praxis darf nicht der Schluß gezogen werden, daß diese Bestimmung überhaupt so gut wie wirkungslos sei. Daß sie ihren Hauptzweck verfehlt, haben wir eingehend dargelegt. Innerhalb der bescheidenen Funktion, welche sie haben kann, geht ihre Wirkung insofern über ihre richterliche Anwendung hinaus, als das Prinzip, welches sie zum Ausdruck bringt, daß Dienstbarkeiten aufzuheben seien, die ihren Zweck eingebüßt haben oder ihm nicht zu dienen vermögen, im Rechtsleben, außerhalb der gerichtlichen Auseinandersetzung, anerkannt und zum Teil freiwillig befolgt, zum Teil im Verwaltungsverfahren verwirklicht wird.

94 Wenn eindeutig und unbestreitbar feststeht, daß die Dienstbarkeit jedes Interesse für den Berechtigten verloren hat, und zwar endgültig, oder daß ihre Ausübung für immer unmöglich geworden ist, wird der Eigentümer des belasteten Grundstückes in der Regel die Löschungsbewilligung erhalten. Er kann die Löschung aber auch im Verfahren gemäß Art. 976 erwirken, ohne in der Regel befürchten zu müssen, daß sie beim Richter angefochten wird. Art. 734 NN. 117ff.

95 Die beste Gelegenheit zur Prüfung, ob die eingetragenen oder zur Eintragung angemeldeten Dienstbarkeiten vor dem Art. 736 Bestand haben können, bietet die Grundbuchbereinigung zur Verbesserung eines kantonalen oder zur Einführung des eidgenössischen Grundbuches. Die Eintragung von Dienstbarkeiten, die alles Interesse für den Berechtigten verloren haben, soll von den Grundbuchbereinigungsinstanzen abgelehnt werden. Die Anfechtung dieses Entscheides vor dem Richter, die immer möglich sein muß, wird selten durchgeführt, so daß im Grundbuchbereinigungsverfahren die umfassendste Wirksamkeit zur Verfolgung des dem Art. 736 Abs. 1 zugrundeliegenden Zweckes möglich ist. Siehe Art. 730 N. 89; Art. 734 N. 131. Auch nach der Einführung des eidgenössischen oder eines ihm gleichgestellten kantonalen Grundbuches sollte es möglich sein, in einem der Grundbuchbereinigung analogen Verfahren partielle und spezielle Bereinigungen durchzuführen. Dafür fehlen jedoch die gesetzlichen Grundlagen. Siehe Art. 734 N. 53. Einen wertvollen Ansatz dazu könnte Art. 976 Abs. 3 bieten. Siehe dazu auch N. 89 zu Art. 730 und N. 53 zu Art. 734; TEMPERLI, S. 113f. (zürcherisches Verfahren). Zur Ablehnung der Eintragung einer Dienstbarkeit auf Grund des Art. 736 meine Besprechung eines Urteils des tessinischen AppG vom 7.9.1976 (Rep. Giur. Patria Juni 1978) in der ZBGR **60** (1979) S. 41ff., Nr. 4 und im Rep. 1978 n. 1–6.

96 Am radikalsten, wenn auch in der Begrenzung auf kleinere Gebietsstücke, kann der Grundsatz des Art. 736 Abs. 1 in den öffentlich-rechtlichen Verfahren der landwirtschaftlichen Güterzusammenlegung und der Umlegung von Bauland sowie den Verfahren des Baupolizeirechtes mit weniger umfassenden Wirkungen, wie denjenigen zur Durchführung von Grenzbereinigungen, von Quartierplänen und Alignementsplänen, durchgeführt werden. Vgl. Art. 731 N. 27 und 28, Art. 734 N. 78–81; BlZR **56** (1957) Nr. 92. Die einzelnen Parzellen werden so geformt und gruppiert sowie durch Wegbauten für die Überbauung gemäß einheitlichem Plan oder für die landwirtschaftliche Nutzung so aufgeschlossen, daß zahlreiche

Dienstbarkeiten, namentlich Wegrechte, aber auch Baubeschränkungen, Wasserbezugs- und Wasserableitungsrechte u.a. gegenstandslos werden und aufgehoben werden können. Die Aufhebung erfolgt durch die Verwaltungsverfügung, mit welcher das öffentlich-rechtliche Verfahren zum Abschluß kommt. Eine Anfechtung der Löschung vor dem Richter ist ausgeschlossen. Die Verwaltungsverfügung, welche die Löschung auf Grund des kantonalen öffentlichen Rechtes anordnet, kann nur zum Gegenstand einer Beschwerde (Rekurs) an die Aufsichtsbehörde, oder wenn das kantonale Recht dies vorsieht, an eine Verwaltungsjustizbehörde gemacht werden, sowie zum Gegenstand einer staatsrechtlichen Beschwerde an das Bundesgericht wegen Verletzung verfassungsrechtlicher Grundsätze wie der Eigentumsgarantie oder der Rechtsgleichheit. Vgl. dazu für das Verfahren der Güterzusammenlegung: Thurgauische Rekurskommission, SJZ **41** (1945) Nr. 58, S. 106; für das Quartierplanverfahren: Zürich RR, SJZ **29**, Nr. 11, S. 9.

Das Prinzip, welches der Aufhebung der Dienstbarkeiten in diesen Verfahren **97** zugrunde liegt, ist kein anderes als das im Art. 736 Abs. 1 ausgesprochene. Das zürcherische Landwirtschaftsgesetz vom 24. September 1911 sagt in seinem § 122: «Die übrigen (scil. außer den Grundpfandrechten) an den Grundstücken haftenden dinglichen Rechte, welche infolge der Zusammenlegung nutzlos werden, wie z.B. Wegrechte, erlöschen ohne Rücksicht auf bestehende Pfandrechte, das Weggebiet fällt der Unternehmung zu.» Steht die Nutzlosigkeit nicht zweifelsfrei fest, wird von der Aufhebung der Dienstbarkeit abgesehen und der Eigentümer des belasteten Grundstückes auf den Weg der Klage gemäß Art. 736 verwiesen (BlZR **40** [1941] Nr. 139 b).

2. Die richterliche Aufhebung

Über die Zuständigkeit und das Verfahren ist unten, unter Ziff. IV, zu sprechen. **98** Hier ist nur auf die rechtliche Natur und Bedeutung des Aufhebungsurteils hinzuweisen.

Nach dem Marginale müßte eine «Ablösung durch den Richter» vorliegen. Das **99** ist aber ein sachlich und sprachlich verunglückter Titel. Eine Dienstbarkeit, wie jede Last, kann nur vom Belasteten abgelöst werden. Der Berechtigte, welcher kündigt und die Abgeltung seines Rechtes erzielt, löst dieses nicht ab; das Gesetz hat sich auch unrichtig ausgedrückt, indem es die Ablösung der Grundlast auf Verlangen des Gläubigers gemäß Art. 787 im Marginale als «Ablösung durch den Gläubiger» bezeichnet. Ebensowenig wie durch den Berechtigten kann ein Recht durch den Richter abgelöst werden. Der Berechtigte kann die Ablösung verlangen. Der Richter kann feststellen, daß der Verpflichtete zur Ablösung der Last verpflichtet oder berechtigt sei; er kann den Verpflichteten zur Ablösung verurteilen (Leistungsurteil) und kann ihm endlich die Lastenfreiheit zusprechen, sei es unter gleichzeitiger Verurteilung zur Bezahlung der Ablösungssumme, sei es unter der Bedingung der Bezahlung der Ablösungssumme (Art. 734 NN. 82ff.).

Grunddienstbarkeiten

100 Wenn der Belastete nach dem Wortlaut des Art. 736 mit der Klage «die Löschung der Dienstbarkeit verlangt», macht er überhaupt nicht ein Recht zur «Ablösung» geltend. Von einer Ablösung kann gar nicht die Rede sein, wie auch im EBG **63** II 292 = Pr. **27** Nr. 4 festgestellt ist. Es wird auf richterliche Aufhebung der Dienstbarkeit und Anordnung der Löschung geklagt. Ebenso TEMPERLI, S. 88f.

101 Die Rechtslage, welche dieser Klage zugrunde liegt, ist die gleiche wie da, wo der Eigentümer des belasteten Grundstückes auf Löschung des Eintrages gegen den Dienstbarkeitsberechtigten klagt, weil dieser auf die Dienstbarkeit verzichtet hat. Das Recht, über welches der Berechtigte durch Verzicht verfügt hat, ist als materielles Recht untergegangen. Es hat bloß noch eine formelle, buchmäßige Existenz. Das Grundbuch ist unrichtig geworden. Mit der Klage auf Anordnung der Löschung wird eine Berichtigung des Grundbuches verlangt.

102 Die Klage aus Art. 736 Abs. 1 bildet den dritten Fall der Klage auf Berichtigung des nachträglich unrichtig gewordenen Grundbuches wegen Unterganges der Dienstbarkeit. Diese Klage ist gegeben: 1. auf Grund des Verzichts (Art. 734 N. 65 und 101); 2. auf Grund des gutgläubigen Erwerbs des belasteten Grundstückes in der Zwangsversteigerung (Art. 734 N. 94) und 3. auf Grund des hier vorliegenden Tatbestandes. Die Klage qualifiziert sich in allen diesen drei Fällen als Feststellungsklage (Art. 734 N. 65).

103 Dies stimmt überein mit den Ausführungen in den NN. 117ff. zu Art. 734, wonach die Dienstbarkeit, wenn ihre Ausübung unmöglich geworden oder ihr Zweck dahingefallen ist, untergegangen ist, so daß der Eintrag jede rechtliche Bedeutung verloren hat. Zur richterlichen Anwendung des Art. 736 kommt es, wenn der Dienstbarkeitsberechtigte die klägerische Behauptung, er habe alles Interesse an der Dienstbarkeit verloren, bestreitet. Der Richter hat lediglich zu beurteilen, ob diese Behauptung richtig ist oder nicht. Erklärt er sie als richtig, ist die Dienstbarkeit von Gesetzes wegen untergegangen. Das Urteil ist ein Feststellungsurteil (Art. 734 N. 65).

EBG **91** II 191ff. = Pr. **54** Nr. 148 (teilweise Aufhebung eines Quellenrechtes, das voll ausgeübt ist, inbezug auf darüber hinausgehende Beschränkungen); ObG Zürich ZBGR **47** (1966) Nr. 11, S. 65 (Aufhebung eines Fensterrechtes); ObGH Liechtenstein, ZBGR **45** (1964) Nr. 33, S. 235ff.; EBG **92** II 89ff. = Pr. **55** Nr. 133 (Felsenkeller-Dienstbarkeit einer ehemaligen Bierbrauerei in Urnäsch).

104 Dieses Urteil legitimiert den Eigentümer des belasteten Grundstückes dazu, die Löschung des Eintrages zu verlangen. Er bedarf dazu der Bewilligung des Dienstbarkeitsberechtigten nicht, weil er sich im Sinne von Art. 963 Abs. 2 auf eine Gesetzesvorschrift stützen kann. Der Untergang der Dienstbarkeit ist mit dem Wegfall des Interesses kraft Gesetzes eingetreten, so daß es im Bestreitungsfall der richterlichen Feststellung bedarf, daß sich der gesetzliche Untergangsgrund verwirklicht hat.

105 Die Löschung des Grundbucheintrages, welche das richterliche Urteil anord-

net, oder die zu verlangen es den Kläger ermächtigt, führt die Übereinstimmung des Grundbuches mit der festgestellten, von Gesetzes wegen eingetretenen Rechtslage herbei. Sie hat im Bereiche des materiellen Rechtsbestandes berichtigende, im Bereiche des formellen Rechtsbestandes aber gestaltende Wirkung. Mit dieser konstitutiven Wirkung der Löschung im Bereiche des formellen Rechtsbestandes darf nicht die Wirkung des Urteils verwechselt werden. Dieses hat keine rechtsgestaltende Funktion. Anderer Meinung sind LEEMANN, N. 16 («Das Urteil hat konstitutive Wirkung jedenfalls dann, wenn die gänzliche oder teilweise Löschung ohne Entschädigung des Belasteten verfügt wird» – es müßte zwar heißen: ohne Entschädigung des Berechtigten durch den Belasteten) und WIELAND, Bem. 6 zu Art. 736.

III. Ablösung wegen verhältnismäßiger Geringfügigkeit des Interesses. Art. 736 Abs. 2

1. Der Tatbestand

a) Verschiedene Auslegungen.

Daß die Dienstbarkeit untergegangen ist, wenn sie zwecklos geworden ist oder für 106 den Berechtigten alles Interesse verloren hat, ist ein Grundsatz von unbezweifelbarer Geltung. Er liegt der gesetzlichen Regelung des Dienstbarkeitsrechts zugrunde und würde anerkannt werden müßen, auch wenn er im Gesetz nicht ausgesprochen wäre. Die Schwierigkeiten seiner Anwendung liegen nicht im Widerstreit zu anderen Grundsätzen der Rechtsordnung, sondern in der Bestimmung der Voraussetzungen des Löschungsanspruches.

Wenn dagegen im zweiten Absatz des Art. 736 dem Eigentümer des belasteten 107 Grundstückes das Recht zur Ablösung auch gegeben wird, wenn die Dienstbarkeit nicht zwecklos geworden und für den Berechtigten nicht alles Interesse verloren hat, so scheint dies eine Bestimmung zu sein, die aus dem allgemeinen Rechtsgrundsatz des ersten Absatzes nicht ableitbar ist, sondern eher den Charakter einer singulären Norm hat. Als solche bedürfte sie der Prüfung auf ihre Zweckmäßigkeit und auf ihr Verhältnis zu den Grundsätzen des Sachenrechts und der Rechtsordnung überhaupt ganz besonders.

Sie ist viel mehr als die Regel des ersten Absatzes Gegenstand der Erörterungen 108 in der Literatur und besonders in der Praxis gewesen, welche zu den beiden oben (NN. 43ff.) bereits namhaft gemachten gegensätzlichen Auffassungen geführt haben, von denen die eine im Art. 736 nur einen speziellen Tatbestand des allgemeinen Rechtsmißbrauchsverbotes in Art. 2 ZGB sehen will, während die andere den Reformgedanken betont, der gerichtet ist auf die Beseitigung von Lasten, welche das Eigentum in einer Schwere beschränken, die in einem krassen Mißverhältnis steht zur Geringfügigkeit des Interesses, dem sie dienen.

Vom ersten dieser Standpunkte aus gelangt man zu einer Auslegung des Art. 736, 109 welche die Ablösbarkeit einengt auf die Fälle, in denen das Festhalten des Berechtig-

Grunddienstbarkeiten

ten an der Dienstbarkeit gegen den Grundsatz von Treu und Glauben verstößt. Entscheidende Bedeutung kommt dabei der clausula rebus sic stantibus (NN. 36ff. hievor) insofern zu, als ein Verstoß gegen Treu und Glauben darin gesehen wird, daß der Berechtigte an der Dienstbarkeit festhält, trotzdem sein Interesse an ihr infolge unvorhergesehener grundlegender Änderungen der tatsächlichen Verhältnisse sich dermaßen verringert hat, daß dadurch ein Mißverhältnis zur gleichgebliebenen oder schwerer gewordenen Belastung entstanden ist.

110 Vom zweiten dieser Standpunkte aus wird die Auslegung auf dem Boden des Sachenrechtes durchgeführt, auf dem die Erwägung maßgebend ist, ob an der Dienstbarkeit ein Interesse besteht, das nach dem Willen des Gesetzes eine dermaßen eingreifende Beschränkung des Eigentums, wie sie vorliegt, zu rechtfertigen vermag. Danach schützt der Art. 736 die Freiheit des Eigentums, indem er Lasten, an deren Fortbestand der Berechtigte ein unverhältnismäßig geringes Interesse hat, als ablösbar erklärt.

Auch nach dieser Auffassung muß das Mißverhältnis zwischen Rechtsvorteil und Rechtslast normalerweise die Folge einer Veränderung der tatsächlichen Verhältnisse seit der Begründung der Dienstbarkeit sein. Es muß ja vorausgesetzt werden, daß die Dienstbarkeit in der Regel nicht schon mit jenem Mißverhältnis begründet worden war. Die Veränderung braucht sich aber nicht in einem Schwund des Rechtsvorteils ausgewirkt zu haben, sondern kann darin bestehen, daß sich das Gewicht der Last so vermehrt hat, daß es im Verhältnis zum gleichgebliebenen Interesse des Berechtigten an der Dienstbarkeit als exorbitant erscheint.

111 In der älteren Literatur und Praxis sind die beiden Standpunkte nicht in dieser starken Gegensätzlichkeit hervorgetreten. Man hielt sich an das Ergebnis der Beratungen in den eidgenössischen Räten, wie es unter den NN. 7 bis 15 hievor wiedergegeben worden ist und anerkannte dementsprechend, daß auch das durch eine Steigerung der Belastung bewirkte Mißverhältnis die Ablösungsbefugnis begründen könne.

112 WIELAND, Bem. 1 zu Art. 736, nennt als Beispiel für das die Ablösung begründende Mißverhältnis zwischen Berechtigung und Belastung ausdrücklich die Änderung der wirtschaftlichen Verhältnisse, welche für den Verpflichteten zu einer ihm nicht zuzumutenden Mehrbelastung führt. Er verweist auf Art. 739 und vertritt in den Erläuterungen zu dieser Bestimmung die Ansicht, daß die Dienstbarkeit gegen Entschädigung aufzuheben sei, wenn ihre Beschränkung auf den Umfang, in dem sie ohne Mehrbelastung ausgeübt werden könne, nicht durchführbar sei. ROSSEL und MENTHA, Manuel, III, n° 1372, p. 17, heben hervor, daß nicht nur die Abnahme des Interesses, sondern ebenso die Steigerung der Belastung den Tatbestand des Art. 736 Abs. 2 erfülle. Im gleichen Sinne hat sich ebenso entschieden LEEMANN in seinem Kommentar ausgesprochen (N. 10 zu Art. 736). Er beruft sich dafür auch auf die Verhandlungen in den eidgenössischen Räten. Vgl. auch seine Bemerkung in der N. 11 zu Art. 739.

Auch die ältere Praxis hat sich von der gleichen Auffassung bestimmen lassen. 113
Maßgebend für sie war das Urteil des Bundesgerichts vom 21. Februar 1917 (EBG
43 II 29 = Pr. **6** Nr. 60 = ZBGR **4,** S. 17). Da wird die Ansicht, daß nur eine
Abnahme des ursprünglichen Interesses an der Dienstbarkeit deren Ablösung
ermögliche, welche nach der Meinung des Gerichtes im Wortlaut des französischen
Textes (siehe jedoch N. 15 hievor) eine Stütze finden könnte, abgelehnt: «Abgesehen davon, daß eine solche Einschränkung der Ablösungsmöglichkeit nicht nur mit
dem unzweideutigen Wortlaut des deutschen Textes, sondern auch mit der italienischen Fassung ... im Widerspruch stände, würde sie auch gegen den sowohl dem
Art. 736 als auch dem Art. 742 ZGB zugrunde liegenden Reformgedanken der
weitgehendsten Befreiung des Grundeigentums von drückenden Lasten verstoßen,
indem unbillig harte und deshalb zu beseitigende Belastungen auch dann gegeben
sein können, wenn das Interesse des Berechtigten nicht abgenommen hat, sondern
im Verhältnis zu früher gleichgeblieben ist.» Diese Erwägungen hat dann der
bernische AppH in seine Urteile vom 3. Mai 1918 (ZBJV **54,** S. 513 = ZBGR **6,**
S. 158 = SJZ **15,** S. 262) und vom 18. November 1926 (ZBJV **64,** S. 82 = SJZ **25,**
S. 140) übernommen. Schon im Urteil vom 19. Juni 1912 (ZBJV **49,** S. 356 =
ZBGR **6,** S. 140ff.) hatte der bernische AppH die gleiche Auffassung zum Ausdruck
gebracht. Auch das AppG von Baselstadt hatte sich in seinem Urteil vom 24. November 1914 (Entsch. **2,** S. 166 = ZBGR **6,** S. 138) auf den gleichen Standpunkt gestellt.

Das Bundesgericht hat jedoch in seiner späteren Praxis eine Wendung vollzogen. 114
Diese ist im EBG **50** II 465 = Pr. **14** Nr. 26 = ZBGR **9,** S. 85 (1924) noch nicht
eingeleitet, aber doch insofern angebahnt, als die Ablösungsbefugnis unter den
Gesichtspunkt des Rechtsmißbrauchs gestellt wird: «Die Ablösungspflicht beruht
auf dem Gedanken der Verhütung eines Rechtsmißbrauchs durch den Berechtigten,
wenn die Dienstbarkeit für ihn von geringer Bedeutung ist, während sie für den
Belasteten eine unverhältnismäßig schwere Last ist.» Auf Grund der Feststellung,
«daß die Dienstbarkeit (Höherbauverbot) für das berechtigte Grundstück immer
noch ein erhebliches Interesse hat», wurde das Ablösungsbegehren abgewiesen, was
übrigens auch nach der älteren Praxis hätte geschehen müssen.

Entschieden abgewendet hat sich das Bundesgericht von seiner früheren Praxis 115
mit seinem Urteil Bd. **66** II 246 = Pr. **30** Nr. 45 (1940). Es nimmt Bezug auf EBG
50 II 467 und spricht: «Wird derart Art. 736 ZGB als ein Anwendungsfall von Art. 2
ZGB anerkannt, so ist an die dort geforderten Voraussetzungen ein strenger Maßstab
anzulegen. Die Löschung bzw. Ablösung von Dienstbarkeiten nach Art. 736 soll
nicht auf eine Expropriation in privatem Interesse hinauslaufen, sondern auf die
Fälle beschränkt bleiben, wo nach Treu und Glauben die Ausübung und Aufrechterhaltung der Servituten nicht mehr gerechtfertigt werden kann bzw. einem Rechtsmißbrauch gleichkäme.» Das Mißverhältnis zwischen den beidseitigen Interessen,
heißt es in diesem Urteil, müsse seinen Grund in einer Abnahme des Interesses an
der Dienstbarkeit haben. «Lediglich deshalb, weil die Belastung des dienenden

Grunddienstbarkeiten

Grundstücks schwerer geworden ist, kann das Festhalten des Berechtigten an der Dienstbarkeit nicht als Rechtsmißbrauch bezeichnet werden, es wäre denn, daß das Interesse des Berechtigten auch qualitativ ein weniger schutzwürdiges, rein subjektives, z.B. ein bloßes Liebhaberinteresse, wäre.»

116 Das Bundesgericht bemerkt, daß das Gesetz die Begründung einer Dienstbarkeit erlaube, ohne daß der Berechtigte ein Interesse daran nachweisen müßte. Gleichwohl befaßt sich das Bundesgericht hier noch mit der Wertung der einander gegenüberstehenden Interessen, indem es ein bloßes Liebhaberinteresse als weniger schutzwürdig bezeichnet und es auf der anderen Seite als wesentlich erachtet, «ob das Anwachsen der Belastung auf Ursachen beruht, für die der Belastete die Verantwortung auf sich nehmen muß, oder auf außerhalb seines Machtbereichs liegenden».

Vorbehaltlose Übernahme der bundesgerichtlichen Argumente durch den AppH Bern, ZBJV **99**, S. 222 (Klage gegen den Staat auf Ablösung einer Dienstbarkeit an einem Thunersee-Ufergrundstück an der Staatsstraße).

117 In seinem folgenden Urteil zu Art. 736 (EBG **70** II 98 = Pr. **33** Nr. 113) hat das Bundesgericht seine neue Praxis bestätigt und ihre Grundsätze noch schärfer formuliert: «Art. 736 ZGB bedeutet einen Einbruch in die allgemeine und grundsätzlich auch im Grunddienstbarkeitsrecht gültige Regel ‹pacta sunt servanda›. Diese Ausnahme bildet im Grunde einen Spezialfall der clausula rebus sic stantibus.» Die Voraussetzungen der Ablösbarkeit werden dahin präzisiert, daß eine Änderung der tatsächlichen Verhältnisse nicht genüge, wenn sie ein Mißverhältnis schlechthin zwischen den beidseitigen Interessen herbeigeführt habe; es müsse vielmehr «ein so ausgesprochenes Mißverhältnis sein, daß der Widerstand des Eigentümers des berechtigten Grundstückes gegen die ganze oder teilweise Löschung bzw. Ablösung der Dienstbarkeit als ein unter Art. 2 ZGB fallender Akt der Schikane erscheine».

118 Dies stimmt überein mit der Äußerung im EBG **66** II 246, daß bei der Beurteilung der dem Art. 736 unterstellten Anwendungsfälle des Art. 2 ZGB an dessen Voraussetzungen ein strenger Maßstab anzulegen sei. Daraus folgt dann eben, daß dem Dienstbarkeitsberechtigten die Ablösung nicht einmal dann aufgezwungen werden darf, wenn sein Festhalten am Recht noch als rechtsmißbräuchlich angesehen werden könnte, sondern nur, wenn es sich als eigentliche Schikane qualifiziert.

119 Außerdem ist das Bundesgericht im vorliegenden Urteil auch noch von der Wertung der beidseitigen Interessen abgerückt: «Auf den Boden dieser Diskussion über rein ästhetische bzw. Geschmacksfragen kann jedoch der Richter der Klägerin nicht folgen» (es ging um die Frage, ob die Aussicht infolge Höherbaues zur Beseitigung und Ersetzung eines Flachdaches beeinträchtigt werde). «Wenn der Dienstbarkeitsberechtigte den bestehenden servitutsgemäßen Zustand der Dinge vorzieht, ist das seine Sache; er allein hat sein Interesse am status quo zu beurteilen und zu bewerten, und es kann ihm kein Vorwurf daraus gemacht werden, daß er über die Vor- und Nachteile einer Neugestaltung für ihn nicht gleicher Ansicht ist wie der Belastete (BGE **66** II 248 = Pr. **30** Nr. 45). Das Interesse im Sinne von Art. 736

Art. 736

ZGB ist nicht nach einem allgemeinen, für jedermann gültigen Wertmaßstab zu beurteilen. Auch eine ganz individuelle, nach Durchschnittsanschauungen vielleicht unbegreifliche Liebhaberei kann Gegenstand einer Dienstbarkeit bilden.»

120 Nach bloß beiläufiger Erwähnung in EBG **73** II 27 = Pr. **36** Nr. 54 hat das Bundesgericht in seinem Urteil in Bd. **79** II 56 = Pr. **42** Nr. 70 die in den besprochenen Entscheidungen aufgestellten Grundsätze wiederholt und bestätigt. Dabei hat es im besonderen die folgende Maxime hervorgehoben: «Es kommt nicht so sehr darauf an, ob das Interesse des Berechtigten an sich geringfügig sei – das Gesetz erlaubt die Begründung einer Dienstbarkeit ohne Nachweis eines Interesses daran (BGE **66** II 248) –, sondern darauf, ob das Interesse sich seit der Errichtung so vermindert habe, daß ein Mißverhältnis vorliegt – was hier eben, wie ausgeführt, nicht der Fall ist. Es liegt daher im Festhalten an der Dienstbarkeit seitens der Beklagten kein Rechtsmißbrauch.»

121 Das Bundesgericht verneint hier die Ablösungsbefugnis noch aus einem anderen Grunde. Dem Belasteten könnte die Ablösung selbst dann nicht gewährt werden, wenn sein Interesse an der Beseitigung der Dienstbarkeit entgegen dem Ausgeführten in Betracht fiele; denn er habe die Liegenschaft in Kenntnis der Servitut gekauft und darauf spekuliert, daß ihm deren Beseitigung gelingen werde.

122 Dieses Argument bestätigt mit besonderer Deutlichkeit die Abkehr der neueren Praxis des Bundesgerichtes von der sachenrechtlichen Betrachtung des vorliegenden Tatbestandes. Für diese könnte es nur darauf ankommen, ob die Dienstbarkeit für das herrschende Grundstück das erforderliche Mindestinteresse im Verhältnis zur Belastung hat oder nicht. Fehlt ihr dieses Interesse, ist sie dahingefallen oder ablösbar, weil ihr eine gesetzliche Existenzbedingung fehlt. Dieser sachenrechtliche Anspruch auf richterliche Feststellung des Unterganges oder der Ablösbarkeit besteht ganz unabhängig davon, ob der Kläger persönlich, je nachdem ob er das belastete Grundstück teurer oder – unter Berücksichtigung der Belastung – billiger erworben hat, an der Last mehr oder weniger schwer zu tragen hat.

123 Die persönliche Befreiung des Verpflichteten von einer Last, die für ihn infolge tiefgreifender Änderungen äußerer Umstände so schwer geworden ist, daß ihm nicht zugemutet werden kann, sie weiterhin zu tragen, hat ihre Grundlage in einer obligationenrechtlichen Betrachtungsweise. Für sie gelten der Eigentümer des berechtigten und der Eigentümer des belasteten Grundstückes als Vertragsparteien, was sie nicht sind; das zwischen ihnen bestehende Rechtsverhältnis wird nicht danach beurteilt, ob es seinen sachenrechtlichen Existenzbedingungen noch entspricht, sondern danach, ob seine Aufrechterhaltung vom Schuldner eine unzumutbare Leistung verlange und damit gegen Treu und Glauben verstoße, wobei vom Grundsatz der Vertragsfreiheit ausgegangen wird und in der «Ablösung durch den Richter» nicht die Feststellung eines sachenrechtlichen Untergangsgrundes gesehen wird, sondern ein Eingriff in ein vom Willen der Parteien völlig frei gestaltetes Verhältnis, welches unter dem Gebot «pacta sunt servanda» steht und deshalb nur

Grunddienstbarkeiten

gegenüber einem Verhalten des Gläubigers Platz greifen darf, welches den Grundsatz von Treu und Glauben schwer verletzt und damit einen offenbaren Rechtsmißbrauch darstellt.

124 Die Wendung der bundesgerichtlichen Praxis zu dieser Auffassung ist namentlich von Fr. Guisan in seiner Besprechung von EBG **66** II 246 im JdT **89**, S. 302, mit großer Genugtuung begrüßt worden. An ihr fand im besonderen die Verwerfung des Reformgedankens, welchen das Bundesgericht ehedem also ratio legis des Art. 736 anerkannt hatte, seine lebhafte Zustimmung, und ferner entspricht seiner Ansicht namentlich die Äußerung des Bundesgerichts, daß bei der Prüfung, ob und welches Interesse an der Dienstbarkeit der Berechtigte habe, auf dessen eigenes Urteil und nicht auf möglichst objektive Erwägungen abzustellen sei. Dem liegt die Einstellung zugrunde, daß das Privatrecht, das Sachenrecht wie das Obligationenrecht, Herrschaftsgebiet rein individueller Interessen sei. In jedem Versuch, im privaten Recht das Gemeinwohl und soziale Erwägungen zur Geltung zu bringen («introduire des considérations d'utilité sociale et publique dans le droit civil») und gegen die privaten individuellen Interessen abzuwägen («selon la doctrine suspecte et trouble de l'Interessenabwägung»), sieht Guisan eine Erscheinung der juristischen Dekadenz, welche sich in einer Verderbnis des Privatrechts auswirke.

125 Guisan erkennt, daß der Art. 736 in erster Linie die Aufgabe hätte, welche im früheren Recht die Dienstbarkeitsverjährung tatsächlich erfüllt hat. Er meint, die restriktive Interpretation des Bundesgerichts gewährleiste die Erreichung dieses Zieles, die dadurch erleichtert werde, daß der Art. 736 den Richter nicht an die strengen formellen Voraussetzungen der Verjährung binde.

In der Tat und Wahrheit verhält es sich umgekehrt. Die neuere Praxis des Bundesgerichtes (Bd. 66–89 der AS) macht den Art. 736 für die ihm auch vom Gesetzgeber zugedachte Aufgabe, die Dienstbarkeitsverjährung zu ersetzen, welcher er ohnehin nicht gewachsen wäre, vollends untauglich. Die Wendung zur sachenrechtlichen Betrachtung setzt ein mit EBG **91** II 190ff. = Pr. **54** Nr. 148 (1965).

b) Beurteilung der Streitfrage.

126 Der zweite Absatz des Art. 736 hat den gleichen Zweck wie der erste. Er soll die Löschung von Dienstbarkeiten ermöglichen, an denen ein Interesse, welches die Belastung zu rechtfertigen vermöchte, fehlt. Diese Bestimmung geht über die des ersten Absatzes nur einen Schritt hinaus, indem sie die Löschung auch ermöglicht, wenn der Berechtigte an der Dienstbarkeit ein gewisses Interesse hat, aber nur ein so geringfügiges, daß es in einem krassen Mißverhältnis zu der schweren Belastung steht. N. 159 hienach, N. 63 zu Art. 737.

127 Daß dieser Schritt getan wurde, ist verständlich, ja es dürfte unvermeidlich gewesen sein. Kann eine Belastung keinen Bestand haben, wenn ihr kein Interesse des Berechtigten gegenübersteht, muß das auch gelten für eine ebenso schwere oder noch schwerere Belastung, der zwar ein gewisses, aber verhältnismäßig geringfügiges Interesse des Berechtigten gegenübersteht. In diesem zweiten Fall kann ja der

Belastungsüberschuß noch größer sein als im ersten (vgl. die NN. 22 und 23 hievor). Diese Überlegung hat sich übrigens auch in der gemeinrechtlichen Entwicklung durchgesetzt, in welcher der Wegfall der Utilität als Untergangsgrund der Dienstbarkeit anerkannt wurde (ELVERS, Servitutenlehre, S. 785ff.), oder der mißbräuchlichen Ausübung der Servitut der Rechtsschutz versagt wurde. VITTORIO SCIALOJA, Degli atti d'emulazione nell'esercizio dei diritti, Studi giuridici, III 1, p. 198, nennt unter den wesentlichen Elementen der typischen Mißbrauchstatbestände auch das Mißverhältnis zwischen dem geringen Nutzen der Rechtsausübung auf der einen und dem schweren Nachteil auf der anderen Seite und bemerkt, daß dem Fall, in dem einer sein Recht zum Nachteil eines anderen ohne jedes eigene Interesse ausübe, der andere, in dem er zwar ein gewisses, aber unverhältnismäßig geringes Interesse habe, gleichzustellen sei: «poichè il nulla ed il poco sono da equipararsi».

128   Die Bestimmung des zweiten Absatzes hat aber auch den Zweck, eine Praxis zu gewährleisten, welche den Grundsatz des ersten Absatzes voll zur Auswirkung kommen läßt. Im Zweifel darüber, ob das Interesse an der Dienstbarkeit völlig geschwunden ist oder zu einem geringen Teil noch besteht, braucht der Richter den Kläger nicht mit allen seinen Begehren abzuweisen, sondern kann ihm die Befugnis zur Ablösung gegen Entschädigung zuerkennen. Damit kann der Neigung des Richters, aus allzu großer Behutsamkeit oder Geruhsamkeit auch völlig zwecklos gewordene Dienstbarkeiten zu schonen, entgegengewirkt werden (vgl. auch N. 178).

129   Ein und derselbe Zweckgedanke verbindet die Normen der beiden Absätze des Art. 736: **Ganz oder fast nutzlose Dienstbarkeiten, welche die rationelle Benutzung oder Bewirtschaftung des belasteten Grundstückes hindern, haben keine Existenzberechtigung; sie sollen aufgehoben werden können.**

Mit der Bestimmung des zweiten Absatzes wird der Anwendungsbereich dieses Grundsatzes gesichert (N. 128) und erweitert.

130   Diese Bedeutung kommt namentlich auch der Vorschrift zu, daß die Dienstbarkeit auch nur teilweise abgelöst werden könne. Die teilweise Ablösung besteht in einer Beschränkung der Dienstbarkeit in ihrem Inhalt oder Umfang. Das Quellen- und Quellennachgrabungsrecht kann, nachdem die Quelle gefaßt ist, auf das erste beschränkt werden. Das Schneefluchtrecht kann auf ein Viehtriebsrecht beschränkt werden, nachdem das in ihm enthaltene Weiderecht unnötig geworden ist. Die Aussichtsdienstbarkeit, welche die Gebäudehöhe auf sechs Meter beschränkt, kann teilweise abgelöst werden, nachdem die Aussicht durch Bauten auf anderen Grundstücken bis auf ein Niveau von acht Metern verbaut worden ist, so daß sie nicht mehr beeinträchtigt werden kann, wenn auch auf dem belasteten Grundstück bis zu dieser Niveaulinie höher gebaut wird. Ein Fahrwegrecht wird auf ein Fußwegrecht reduziert, nachdem für den Transport von Heu und Holz eine Luftseilbahn erstellt worden ist. ObG Aargau, GVP 1975 Nr. 7, S. 20f.: Löschung eines Fahrwegrechtes mangels Interesses (736 Abs. 1) und Umwandlung in ein – üblicherweise im Fahrweg-

recht enthaltenes – Fußwegrecht (736 Abs. 2) mit Reduktion der Wegbreite und Bewilligung zum Stoßen von Fahrrädern.

Diese teilweise Aufhebung ist im Gesetz nur als Ablösung gegen Entschädigung erwähnt. Sie ist aber, wenn jedes Interesse für das berechtigte Grundstück an der Ausübung der Befugnisse, um welche die Dienstbarkeit reduziert wird, dahingefallen ist, eine Aufhebung ohne Entschädigung. Ebenso LEEMANN, N. 10 zu Art. 736. N. 121 zu Art. 734; EBG **91** II 191 = Pr. **54** Nr. 148.

131 Die «Ablösung durch den Richter», die noch im Entwurf 1904 neben dem Untergang der Dienstbarkeit wegen Nichtausübung stand, war dazu bestimmt, das Grundeigentum von Dienstbarkeiten zu befreien, die für den Berechtigten keinen rechten Sinn und Zweck haben und dennoch von ihm ausgeübt werden. Da die Ausübung meistens aufhört, wenn jedes Interesse an ihr verlorengegangen ist, so daß die Verjährung eingetreten wäre, hätte die richterliche Ablösung nicht in diesen, sondern in jenen Fällen ihr hauptsächliches Anwendungsgebiet gehabt, die unter den zweiten Absatz des Art. 736 fallen.

Dieses Anwendungsgebiet ist der richterlichen Ablösung auch geblieben, nachdem ihr auch noch die Funktion der fallengelassenen Dienstbarkeitsverjährung übertragen worden ist.

132 Wenn damit, wie in den NN. 189ff. zu Art. 734 und in der N. 46 hievor ausgeführt wurde, die Leistungsfähigkeit der richterlichen Ablösung auch enorm überschätzt wurde, muß die Praxis sie, soweit sie besteht, zur vollen Auswirkung kommen lassen und darf sie nicht noch durch restriktive Interpretation ganz entkräften. Wenn das Mittel, welches der Gesetzgeber geschaffen hat, auch unzulänglich ist, haben Wissenschaft und Praxis die Aufgabe, mit ihm dem gesetzgeberischen Ziele so nahe als möglich zu kommen (NN. 47 und 78).

133 Die Bedeutung, welche der Verwirklichung des Zweckgedankens des Art. 736 zukommt, ist in unserer Rechtsordnung größer, als sie in einer anderen wäre, in welcher die grundbuchliche Publizität nicht mit der gleichen Absolutheit herrscht. Dies war dem Gesetzgeber durchaus bewußt, wofür auf N. 10 hievor verwiesen sei. Deshalb mußte sich ihm die Ergänzung des ersten durch den zweiten Absatz des Art. 736 aufdrängen. Für dessen Auslegung bilden deshalb die Ergebnisse der Ausführungen zum ersten Absatz die Grundlage. Es sind die folgenden:

134 1. Art. 736 wiederholt nicht bloß in spezieller Hinsicht auf die Dienstbarkeit den ohnehin verbindlichen Grundsatz des Art. 2, daß die offenbar mißbräuchliche R e c h t s a u s ü b u n g keinen Rechtsschutz finde, sondern regelt einen sachenrechtlichen Tatbestand des U n t e r g a n g e s der Dienstbarkeit (NN. 41f.).

135 2. Mit dem Art. 736 schützt das Gesetz das allgemeine Interesse an der Befreiung des Grundeigentums von Belastungen aus Dienstbarkeiten, denen eine wesentliche Eigenschaft fehlt, welche das Gesetz nach dem die Vertragsfreiheit einschränkenden Prinzip der geschlossenen Zahl der Kategorien von dinglichen Rechten (Einl. N. 63, Art. 730 N. 9) zur Voraussetzung ihres Bestandes gemacht hat.

Art. 736

3. Zu einer solchen Voraussetzung macht das Gesetz im Art. 736 ein im Verhältnis zur Belastung zu bestimmendes unerläßliches Minimum an Interesse, das die Dienstbarkeit für den Berechtigten haben muß. **136**

4. Mit der «Ablösung durch den Richter» sollte nach dem Willen des Gesetzgebers die Aufhebung der Dienstbarkeiten ohne rechten Sinn und Zweck in einer umfassenden, die Funktion der Dienstbarkeitsverjährung in sich schließenden Weise ermöglicht werden (NN. 10, 45/46, 73 hievor). **137**

5. Unter dem sachenrechtlichen Gesichtspunkt, welcher für die Auslegung des Art. 736 maßgebend ist, kann nicht entscheidend sein, ob sich die Änderung der Verhältnisse seit der Begründung der Dienstbarkeit für den klagenden Eigentümer des dienenden Grundstückes persönlich in einer übermäßigen Erschwerung seiner Verpflichtung ausgewirkt hat, sondern entscheidend ist nur, ob die Dienstbarkeit den sie rechtfertigenden Nutzen für den Berechtigten noch hat, oder ob er ihr verlorengegangen ist. **138**

6. Hat die Dienstbarkeit für den Berechtigten dieses Interesse verloren, muß der Eigentümer des belasteten Grundstückes ihre Aufhebung auch dann verlangen können, wenn er sein Grundstück zu einem unter voller Berücksichtigung der Belastung herabgesetzten Preis erworben hat (vgl. NN. 121ff.). **139**

Die damit zusammengefaßten Ergebnisse der bisherigen Erörterungen haben zur Voraussetzung, daß die Grunddienstbarkeit, um bestehen zu können, für das berechtigte Grundstück oder doch für dessen Eigentümer jenes Minimum an Interesse aufweisen müsse, das als erheblich im Verhältnis zur Belastung gelten kann. Dieses Erfordernis ist im Art. 736 ausdrücklich und eindeutig festgelegt und steht deshalb außer jedem Zweifel. **140**

Wie aber bereits bemerkt wurde (NN. 54 bis 57), besteht ein Widerspruch, wenn man darin ein Erfordernis für den Bestand der Dienstbarkeit, nicht aber auch für ihre Begründung anerkennt. Denn wenn man die Begründung einer Dienstbarkeit zuläßt, obwohl sie diesem Erfordernis nicht entspricht, kann man sie nicht aus diesem Grunde aufheben. Ist die Dienstbarkeit rechtsgültig errichtet, muß sie auch in ihrem Bestande geschützt sein. **141**

Das Bundesgericht hat in seinem Urteil AS **66** II 248 erklärt, das Gesetz lasse die Errichtung einer Dienstbarkeit ohne den Nachweis eines Interesses zu. Das Gesetz kann das Interesse, auch wenn es seinen Nachweis nicht verlangt, doch als notwendige Voraussetzung für die Entstehung der Dienstbarkeit anerkennen und von der Vermutung ausgehen, daß es bestehe. **142**

Tatsache ist, daß der Gesetzgeber das Erfordernis der Utilität preisgegeben hat, freilich ohne dies im Wortlaut des Gesetzes zum Ausdruck zu bringen. Er hat die durch das Utilitätserfordernis bestimmte Ausdrucksweise unverändert beibehalten. Nach Art. 730 Abs. 1 ist die Grunddienstbarkeit die Belastung eines Grundstückes «zum Vorteil eines anderen Grundstückes», und nach Art. 736 muß an ihr ein Interesse «für das berechtigte Grundstück» bestehen. Siehe NN. 8–11 der Vorbemer- **143**

343

Grunddienstbarkeiten

kungen zu Art. 730, NN. 87–89 und 103–105 zu Art. 730. Mit der Preisgabe der Utilität ist jedoch nicht auch das Erfordernis des Interesses des berechtigten Grundeigentümers an der Dienstbarkeit schlechthin aufgegeben. Dieses Interesse muß bestehen. Aber es kann ein rein persönliches Interesse des jeweiligen Eigentümers des berechtigten Grundstückes sein.

144 Je persönlicher dieses Interesse ist, desto schwieriger ist es, festzustellen, ob es überhaupt besteht. Läßt man auch ein Interesse genügen, das seinen Grund in einer Eigenbrötlerei oder Schrulle des Erwerbers der Dienstbarkeit hat, ist die Wahrscheinlichkeit groß, daß es dem Rechtsnachfolger fehlt und die Dienstbarkeit mit der Übertragung auf diesen gemäß Art. 736 Abs. 1 untergeht (Art. 730 NN. 87ff. und 103 zu Art. 730; NN. 53ff. und 70 hievor). Behauptet der Rechtsnachfolger aber, ihm sei die gleiche Liebhaberei oder Grille eigen wie seinem Vorgänger, wird der Gegenbeweis kaum zu erbringen sein. Der Richter müßte sich damit begnügen, daß die Unglaubhaftigkeit dieser Behauptung dargetan würde.

145 Es könnte scheinen, daß die Aufhebung einer Dienstbarkeit auf Grund von Art. 736 überhaupt unmöglich gemacht werden könnte, wenn auch das persönlichste Interesse des Berechtigten, so sonderbar und eigensinnig es auch anmutet, anzuerkennen wäre. Dann könnte dieses Interesse ja auch darin bestehen, daß der Berechtigte, wie der Bauer von Dutgien (N. 89 und 91 hievor), nicht zusammen mit den Nachbarn den öffentlichen Brunnen benutzen, sondern eine eigene Tränke für sein Vieh haben will und einen eigenen Tränkeweg. Sein Wegrecht zur Tränke konnte nur aufgehoben werden, weil dem Richter, wie dieser sich selber ausdrückte, ein **vernünftiger Grund für das Festhalten des Beklagten an diesem Recht** nicht erfindlich war.

146 Wenn der Bauer (oder sein Rechtsvorgänger) aus den gleichen Gründen, aus denen er auf seinem Recht des eigenen Weges zur Tränke beharrte, dieses Recht selber vom Eigentümer des belasteten Grundstückes erworben hätte, müßte er in diesem Recht geschützt werden. Dennoch kann das Urteil, welches ihm das Tränkerecht aberkannt hat, richtig sein. Da zeigt sich, daß eine Dienstbarkeit auf Grund von Art. 736 durch Urteil aufgehoben werden kann, weil das Interesse, aus dem der Berechtigte an ihm festhält, nicht anerkannt wird, obwohl die gleiche Dienstbarkeit aus dem gleichen Interesse rechtsgültig begründet werden könnte. Der Grund hiefür liegt darin, **daß das vom Beklagten geltend gemachte Interesse nur dann anerkannt werden kann, wenn ihm das ursprüngliche Bedürfnis zugrunde liegt, auf das die Begründung der Dienstbarkeit zurückzuführen ist** (vgl. die N. 126a zu Art. 734 und die NN. 58–63 hievor).

147 Bestand das Interesse, das der Entstehung der Dienstbarkeit zugrunde lag, nicht in der Utilität für das herrschende Grundstück, sondern entsprang es ganz persönlichen Bedürfnissen des Eigentümers dieses Grundstückes, besteht es, wenn die Begründung der Dienstbarkeit längere Zeit zurückliegt, in der Regel längst nicht mehr. Es köntne aber meistens auch gar nicht mehr festgestellt werden. Man geht

von der Vermutung aus, daß die Begründung der Dienstbarkeit einen vernünftigen Zweck gehabt habe und einen dauernden Zweck, nämlich den, eine bessere Benutzung oder Bewirtschaftung des herrschenden Grundstückes zu ermöglichen und diesem dadurch seinen Wert zu erhalten oder zu erhöhen. Das ist die Utilität.

Besteht diese Vermutung zu Recht? Angesichts der Verwerfung des Erfordernisses der Utilität durch unseren Gesetzgeber könnte man versucht sein, die Frage zu verneinen. Aber der Gesetzgeber ist mit diesem Reformversuch wie auch mit anderen Neuerungen innerhalb des Rechts der Dienstbarkeiten auf Abwege gekommen (N. 8 der Vorbem. zu Art. 730 und NN. 103–105 zu Art. 730). Sein Versuch, die Grunddienstbarkeit auch für die Befriedigung rein persönlicher und deshalb vorübergehender Bedürfnisse zur Verfügung zu stellen, ist ein Mißgriff. Aber die Schwäche des Gesetzes kommt nicht zur Geltung, wenn im Rechtsleben das Bedürfnis fehlt, sie auszunutzen. 148

In Wirklichkeit sind denn auch Grunddienstbarkeiten und auch andere Dienstbarkeiten, die bloß zur Befriedigung irgendeiner Liebhaberei oder eines schrullenhaften Wunsches rechtsgültig errichtet oder erworben werden, eine Seltenheit. Ein Beispiel aus der Praxis für sie ist mir überhaupt nicht bekannt. N. 88a zu Art. 730. 149

Als Regel kann deshalb nach wie vor gelten, daß eine bestehende Grunddienstbarkeit zum Nutzen des berechtigten Grundstückes begründet worden ist. Mit dem Wegfall dieses Nutzens geht sie infolgedessen gemäß Art. 736 unter. 150

Auch die «anderen Dienstbarkeiten», die irregulären Personalservituten, die nicht zum Vorteil eines herrschenden Grundstückes, sondern zugunsten einer individuell bestimmten Person oder Gemeinschaft bestehen (Art. 781), dienen ebenfalls ganz bestimmten Bedürfnissen, die sich für die berechtigten Personen in der Regel aus dem Umstand ergeben, daß sie bestimmte Liegenschaften bewohnen oder benutzen. Das ist für die im Art. 781 beispielsweise angeführten Arten der Benutzung der belasteten Grundstücke offensichtlich, nämlich die Benutzung «für die Abhaltung von Schießübungen oder für Weg und Steg». Dies gilt nicht weniger für die Weiderechte und Holzrechte, die ebenso häufig dieser Kategorie von Dienstbarkeiten angehören. 151

Das Interesse an der Dienstbarkeit wie auch dessen Minderung und Schwund kann praktisch regelmäßig auf Grund objektiv feststellbarer Tatsachen bestimmt werden. Dieser Aufgabe darf sich der Richter auch nicht entziehen, wenn die subjektiven Urteile in der Wertung des in Frage stehenden Interesses noch so weit auseinandergehen mögen, wie bei der Entscheidung, ob die Aussicht von einem Gebäude aus, welche eine gewisse Veränderung erfahren hat, beeinträchtigt sei und in welchem Maße. Über die Stellungnahme des Bundesgerichts zu dieser Frage (EBG **70** II 98 = Pr. **33** Nr. 113) siehe N. 119 hievor. Im Gegensatz zu ihr ergibt sich aus der hier dargelegten Auffassung folgendes: Wenn nicht dargetan ist, daß das Inter- 152 esse an der Errichtung der Aussichtsdienstbarkeit durch ein ganz bestimmtes singuläres und individuelles ästhetisches Bedürfnis bestimmt war und dieses gleiche Bedürfnis auch dem derzeitigen Eigentümer des berechtigten Grundstückes eigen ist, muß nach Maßgabe der in den Kreisen, denen die Beteiligten angehören, geltenden anerkennenswerten Ansichten entschieden werden.

153 Auch hier muß betont werden, daß es nur darauf ankommen kann, ob die Bedürfnisse, um deretwillen die Dienstbarkeit begründet worden ist, noch vorhanden oder geschwunden sind. Sie können weggefallen sein, und an ihrer Stelle können andere getreten sein, welche durch die Dienstbarkeit nach Maßgabe ihrer Inhaltsbestimmung ebensogut befriedigt werden könnten, die aber ihren Weiterbestand nicht zu rechtfertigen vermögen.

154 So möchte z.B. der Eigentümer einer Liegenschaft mit Fremdenpension den ehemaligen Kirchweg der Siedlung, dessen Zweck dahingefallen ist, als Spazierweg für seine Gäste benutzen und widersetzt sich der Löschung des Wegrechts, das als irreguläre Personalservitut, nämlich als sogenannte Gemeindedienstbarkeit, eingetragen ist. Die Klage aus Art. 736 muß aber gutgeheißen werden, weil die Verschiedenheit der Zweckbestimmung des alten und des nun beanspruchten Wegrechts die Identität der Dienstbarkeit ausschließt (vgl. dazu die NN. 58–63 hievor).

155 Die Beantwortung der Frage, ob das Interesse an der Dienstbarkeit sich vermindert habe und in welchem Maße, verlangt einen Vergleich zwischen dem ursprünglichen und dem nunmehr möglicherweise noch bestehenden Interesse. (Zu dessen Bewertung vgl. die Bemerkungen im Urteil des bernischen AppH ZBJV **64**, S. 82 = SJZ **25**, S. 141.) Dieses Interesse darf nur berücksichtigt werden, wenn es die Befriedigung der gleichen, für den Einzelfall bestimmten Bedürfnisse, um deretwillen die Dienstbarkeit begründet worden ist, und zwar mittels der gleichen bestimmten Art der Benutzung des belasteten Grundstückes, zum Gegenstand hat. Dieser Grundsatz der Identität der Dienstbarkeit bestimmt den Rahmen, innerhalb dessen der Vergleich zwischen den ursprünglichen und den nunmehrigen Interessen an der Dienstbarkeit unter dem Gesichtspunkt des Art. 736 allein zulässig ist. Er wurde in dem mehrfach zitierten EBG **81** II 189ff. (N.62 hievor, N. 126a zu Art. 734) wie auch schon in dem Urteil des AppG Baselstadt, Entsch. **2**, S. 166 = ZBGR **6**, S. 138, mißachtet. Beachtet ist er hinsichtlich der bei der Ablösung abzugeltenden Interessen im EBG **43** II 37 = Pr. **6** Nr. 60 und nun wieder im EGB **92** II 89ff. = Pr. **55** Nr. 133 und ObG Zürich, ZBGR **47** (1966) Nr. 11, S. 65ff.; N. 126a zu Art. 734. Ebenso ObG Zürich BlZR **72** (1973) Nr. 45, S. 103ff. mit durchwegs zutreffenden, sorgfältigen Erwägungen. N. 91 hievor. TEMPERLI, S. 152.

156 Zu diesem Grundsatz sind neben der N. 63 hievor mit ihren Zitaten noch die folgenden Äußerungen in der Literatur namhaft zu machen: GLÜCK, Erl. der Pandekten, Bd. 9, S. 269; ELVERS, Servitutenlehre, S. 775f.; G. KÖNIG, Kommentar zum bernischen CGB, II, S. 278f.; GROSSO e DEJANA, 2ª ed. 1955, II, p. 896ss. spec. p. 926s. Der Grundsatz kommt namentlich zur Anwendung, wenn sich die

Frage stellt, ob bestimmte Handlungen des Berechtigten geeignet seien, die Verjährung der Dienstbarkeit zu unterbrechen und wird deshalb meistens in diesem Zusammenhang erörtert. Er ist im Art. 1076 des C.c.it. ausgesprochen. Die Comm. Reale hatte die Bestimmung mit der Begründung streichen wollen, sie enthalte nur einen aus dem Begriff und Wesen der Servitut von selbst sich ergebenden Satz (Pandolfelli ed altri, Codice civile, libro della proprietà; illustrato con i lavori preparatori, p. 246).

Nachdem ausgeführt ist, worin der Zweckgedanke des zweiten Absatzes von Art. 736 besteht und in welchem Verhältnis unter diesem Gesichtspunkt der zweite zum ersten Absatz steht; nachdem ferner untersucht wurde, was unter dem Interesse des Berechtigten an der Dienstbarkeit zu verstehen ist, welche Schwierigkeiten aus der Preisgabe der Utilität durch den Gesetzgeber für eine Anwendung des Art. 736, die diesem einigermaßen die ihm zugedachte Funktion läßt, sich ergeben, wie und wieweit sie in Schranken gehalten werden können; nachdem endlich nochmals betont wurde, daß die Dienstbarkeit nur aufrechterhalten werden kann, wenn sie noch den gleichen Bedürfnissen dient, um deretwillen sie begründet wurde und ihnen auch in der gleichen individuell bestimmten Weise dient (Grundsatz der Identität), ist nun die Frage zu beantworten, ob die Dienstbarkeit, an der nur ein Interesse des Berechtigten besteht, das im Vergleich zur Belastung unverhältnismäßig gering ist, nur dann ablösbar sei, wenn dieses Mißverhältnis auf eine **Abnahme des ursprünglichen Interesses** zurückzuführen sei oder auch dann, wenn es dadurch entstanden ist, daß sich die **Belastung sehr viel schwerer auswirkt als ehedem**. 157

Der Wortlaut des Art. 736 Abs. 2 kann für die erste Ansicht angerufen werden, aber nur deshalb, weil in ihm die in den Räten beschlossene Abänderung des Vorentwurfes nicht mit der nötigen Sorgfalt vorgenommen wurde (N. 13 15 hievor). 158

Anerkennt man, daß mit der «Ablösung durch den Richter» der sachenrechtliche Untergangsgrund der Dienstbarkeit verwirklicht wird, der darin besteht, daß das Interesse des Berechtigten an ihr im Vergleich zur Belastung unverhältnismäßig gering geworden ist, kann man nur die zweite Ansicht vertreten. Wenn ein im Verhältnis zur Belastung erhebliches Interesse des Berechtigten zu den sachenrechtlichen Existenzbedingungen der Dienstbarkeit gehört, ist diese untergegangen oder ablösbar, sobald diese Bedingung nicht mehr erfüllt ist, ganz gleichgültig, ob das Mißverhältnis durch Abnahme des Interesses an der Dienstbarkeit oder durch Zunahme der Schwere der Last bei gleichgebliebenem Interesse entstanden ist. Vgl. dazu N. 129 hievor und N. 63 zu Art. 737. Ablehnend Temperli, S. 73ff. 159

Zu dieser Auffassung wird man aber auch gedrängt durch die Beobachtung, daß die gegenteilige Ansicht in der Beurteilung von Tatbeständen, die nicht abseitig und gar nicht so selten sind, zu Ergebnissen führen würde, die weder vernünftig noch billig sind. 160

Ein Stück Wiesland könnte nicht zum Acker umgebrochen und könnte nicht überbaut werden, trotzdem es ins Baugebiet zu liegen gekommen ist, wenn es mit einem Weiderecht für eine Kuh oder ein paar Ziegen belastet ist, dessen Wert im Verhältnis zur Entwertung des Grundstückes, die es verursacht, ganz minim ist.

Zum Ersatz von überbautem landwirtschaftlichem Boden sollte und könnte (im kantonalen Recht kann Realersatz vorgeschrieben sein) ein Gehölzgrundstück dienen und zu Ackerland gemacht werden, ist aber mit einer Dienstbarkeit zum Bezuge von ein paar Klaftern Brennholz und etwas Geräteholz belastet; so minim auch das Interesse an ihr im Verhältnis zur Belastung ist, würde die Dienstbarkeit, wenn sie nicht abgelöst werden konnte, jede Kulturänderung, jede Melioration, jede ertragreichere Verwendung des Grundstückes unmöglich machen. Durch den Abfluß eines kleinen Sees auf einer privaten Liegenschaft werden auf dieser Rutschungen verursacht; um sie zu verhindern und Kulturland zu gewinnen, möchte der Eigentümer den See trockenlegen, wird daran aber durch die Belastung mit einem privaten Fischereirecht gehindert.

Es wird vorausgesetzt, daß in allen diesen Fällen das ursprüngliche Interesse an der Dienstbarkeit sich nicht vermindert hat.

161   Wenn die Ablösung dieser Dienstbarkeiten auf Grund von Art. 736 Abs. 2 unmöglich wäre, was nach der bundesgerichtlichen Praxis angenommen werden müßte, hätte das zur Folge, daß diese Grundstücke für immer von jeder rationellen Bewirtschaftung, von der Realisierung eines Wertzuwachses, ja auch von jeder Melioration und vom Wechsel der Kulturart zur Verbesserung des Ertrages, ja selbst von der Bewahrung vor schweren Schädigungen durch Entwässerung ausgeschlossen wären. Dadurch würde der Wert des Grundstückes auf einen kleinen Bruchteil reduziert, während durch die Begründung der Dienstbarkeit der damalige Wert kaum erheblich herabgesetzt worden war. Wenn nun der Dienstbarkeitsberechtigte trotz des Angebotes voller Entschädigung jede Ablösung seines Rechtes zurückweist, muß es doch als sehr fraglich erscheinen, ob er hierin trotz den privat- und volkswirtschaftlich so nachteiligen Auswirkungen seines Verhaltens in Übereinstimmung mit der bundesgerichtlichen Praxis geschützt werden müsse.

162   Die Billigkeit verlangt diesen Schutz jedenfalls nicht unbedingt, denn mit der Ablösung würde der Dienstbarkeitsberechtigte kaum je um die Früchte eigener Bemühungen oder Aufwendungen gebracht, da ihm oder dem ersten in der Reihe seiner Rechtsvorgänger die Dienstbarkeit, wenn sie nicht ersessen wurde, meistens ohne nennenswertes Entgelt, vielleicht gar unentgeltlich, aus Gefälligkeit, um des nachbarlichen Friedens willen oder aus Unbedachtsamkeit zugestanden wurde, weil sie damals eine ganz geringfügige Beschränkung der Grundstücksnutzung mit sich brachte (NN. 45 und 65 zu Art. 732).

163   Eine Verletzung des Grundsatzes «pacta sunt servanda» liegt in der Ablösung durch den Richter auch nicht, da ja zwischen den Parteien kein Vertragsverhältnis besteht und überhaupt ein Eingriff in die Vertragsfreiheit nicht vorliegen kann, weil diese nur innerhalb der sachenrechtlichen Schranken besteht, zu denen auch die

Bestimmungen des Art. 736 über das Interesse des Berechtigten als Existenzbedingung der Dienstbarkeit gehören.

Auch von einer Aufhebung wohlerworbener Rechte durch «private Expropriation» kann nicht wohl die Rede sein, wenn anerkannt wird, daß die Aufhebung nur die Folge des Wegfalles eines gesetzlichen Erfordernisses für den Bestand der Dienstbarkeit ist. Die «Expropriation in privatem Interesse», deren Gefahren das Bundesgericht in seiner Praxis bannen will (EBG **66** II 246 = Pr. **30** Nr. 45), wäre übrigens keine dem ZGB fremde Erscheinung, sondern ist in verschiedenen seiner Institute erkennbar, wie in der gesetzlichen Verpflichtung des Grundeigentümers, seinem Nachbarn gegen volle Entschädigung den Notweg, Notbrunnen, das Durchleitungsrecht oder das Überbaurecht einzuräumen oder gar ihm den Boden, den er widerrechtlich überbaut hat, abzutreten (Art. 673, 674 Abs. 3). **164**

Wenn im Festhalten an der Dienstbarkeit gegenüber dem Aufhebungsanspruch aus Art. 736 Abs. 2 zwar nicht ein Mißbrauch in der Rechtsausübung, aber doch ein Verstoß gegen Treu und Glauben gesehen werden müßte, sofern das Interesse an der Dienstbarkeit im Verhältnis zur Belastung so gering ist, weil es sich verringert hat, müßte dieser Verstoß doch wohl auch vorliegen, wenn der Berechtigte sich, ohne daß sein Interesse an der Dienstbarkeit je größer gewesen ist, der Ablösung widersetzt mit der Folge, daß das belastete Grundstück von jeder Wertsteigerung durch rationelle Nutzung, ja von jeglicher Melioration ausgeschlossen ist oder gar der zerstörenden Wirkung der Naturgewalt ausgesetzt bleiben muß (vgl. N. 40 hievor). **165**

In einer Rechtsordnung, die den Mangel eines die Dienstbarkeit rechtfertigenden Interesses nicht als besonderen Untergangstatbestand enthält, würde die Praxis dazu gelangen können, dem Berechtigten den Verzicht zur Pflicht zu machen, wenn sein geringes Interesse an der Dienstbarkeit zu der Schwere der Belastung in einem krassen Mißverhältnis steht, und zwar auch dann, wenn das Mißverhältnis bei gleichbleibendem Interesse durch eine enorme Zunahme der Schwere der Belastung entstanden ist. Dieser Weg ist denn auch in Deutschland bereits betreten worden (der dauernde Wegfall des Vorteils für das herrschende Grundstück ist gesetzlicher Untergangsgrund nach § 1019 Satz 1 und § 1025 Satz 2). STAUDINGER-RING, 11. Aufl. 1956, N. 45 zu § 1018 BGB; WESTERMANN, Sachenrecht, 3. Aufl. § 122 IV 3, S. 593. Wäre der Art. 736 Abs. 2 im Sinne der bundesgerichtlichen Praxis auszulegen, würde er die Anwendung des Grundsatzes von Treu und Glauben einschränken. **166**

Nach einem österreichischen Präjudiz aus dem Jahre 1888 (Manzsche Ausgabe des ABGB 1948, § 484, Z. 4) ist es dem Grundeigentümer verwehrt, seine Wiese zum Acker aufzubrechen, wenn der Nachbar an dem Grundstück ein landwirtschaftliches Wegrecht (Dünger- und Ernteweg) hat und nach dem Aufbruch «nicht wie bisher auf einem festen Feldweg, sondern auf geackertem und lockerem Grund» fahren müßte. Damit wird der Dienstbarkeit, wie ARMIN EHRENZWEIG, System I 2, § 259, Ziff. X, Anm. 75 (7. Aufl. 1958, S. 357) sich ausdrückt, eine «ungeheure Bedeut- **167**

Grunddienstbarkeiten

ung» gegeben. EHRENZWEIG bemerkt, daß dieser Eigentümer um so weniger ein Haus auf seinem Grund erstellen dürfte, ohne eine Durchfahrt für den Heuwagen im Erdgeschoß und ersten Stock auszusparen. Daran schließt er die folgende allgemeingültige und treffliche Würdigung des hier zur Erörterung stehenden Sachverhaltes an:

«Ein Recht also, das wegen seiner Geringfügigkeit und Unschädlichkeit sicher unentgeltlich eingeräumt wurde, dessen Einräumung vielleicht anständigerweise gar nicht verweigert werden konnte, wird nun zur drückenden Last; der Eigentümer soll ein für allemal darauf verzichten, sein Grundstück gemäß der wirtschaftlichen Konjunktur auszunützen; zwischen ergiebigeren Äckern, zwischen den Häusern der erweiterten Stadt soll es im ursprünglichen Zustand liegenbleiben, damit dem Nachbarn die Bahn frei bleibe für die einmal oder zweimal im Jahr unternommene Fahrt.»

Vgl. dazu auch KLANG, Kommentar zum ABGB, 2. Aufl., Erl. I C 7 zu § 524, S. 608.

168 Ein Gesetz, das in den durch unsere Beispiele veranschaulichten Fällen die Ablösung nicht zuließe, wäre unzulänglich. Dieser Mangel müßte in unserer Zeit der raschen tiefgreifenden Wandlungen in den Möglichkeiten der Nutzung von Grund und Boden sowohl unter dem Gesichtspunkt der privaten wie der volkswirtschaftlichen Interessen als besonders nachteilig empfunden werden. Es sind durchaus legitime Interessen, welche an einer rationellen Bewirtschaftung unter Ausnutzung der wirtschaftlichen und technischen Möglichkeiten, welche sich aus der Veränderung der allgemeinen und der lokalen Verhältnisse ergeben haben, bestehen.

169 Dem die Ablösung der Dienstbarkeit verlangenden Grundeigentümer darf nicht entgegengehalten werden, daß er nicht verpflichtet und nicht gezwungen sei, jene Möglichkeiten auszunutzen, sondern sich aus freien Stücken dazu entschließe und deshalb nicht geltend machen könne, daß die Schwere der Belastung die Folge einer tiefgreifenden Änderung äußerer Umstände sei. Diese Argumentation hat ihren Ursprung nicht in sachenrechtlichen Überlegungen, sondern in der Betrachtung des Verhältnisses zwischen den Beteiligten als eines Vertragsverhältnisses, und zwar unter dem Gesichtspunkt der clausula rebus sic stantibus. Aber auch in diesem Zusammenhang würde sie nur dann zutreffen, wenn die neuen Möglichkeiten der Nutzung schon bei der Entstehung der Dienstbarkeit voraussehbar gewesen wären und die Dienstbarkeit trotzdem begründet oder anerkannt worden wäre. Es verhält sich jedoch regelmäßig so, daß die neuen Nutzungsmöglichkeiten damals nicht voraussehbar waren und daß der Grundeigentümer die Dienstbarkeit niemals hätte entstehen lassen, wenn dem nicht so gewesen wäre. Wenn die unverhältnismäßige Schwere der Belastung darin besteht, daß die Dienstbarkeit den Eigentümer daran hindert, sein Grundstück einer nunmehr erst möglich gewordenen Benutzung zuzuführen, welche seinen Wert vervielfacht, «beruht sie nicht auf einer Ursache, für die der Belastete die Verantwortung auf sich nehmen muß» (N. 116 hievor) und infolgedessen keinen Ablösungsanspruch hätte.

Durch den Ausschluß der Ablösung von Dienstbarkeiten auf Grund der tatbe- **170** ständlichen Voraussetzungen unserer Beispiele (N. 160) würde auch die Gegensätzlichkeit zwischen privatrechtlicher und öffentlich-rechtlicher Ablösung stärker vertieft, als sich sachlich rechtfertigen ließe.

Das Vorbild für den Art. 736 hatte der Gesetzgeber in Bestimmungen des zürcherischen und des bernischen Rechtes gefunden, welche im Interesse einer rationellen und planmäßigen Ausnutzung des Baugrundes aufgestellt worden waren (NN. 32–35) und, wenn sie heute erlassen würden, wohl als Normen des öffentlichen Rechtes angesehen werden müßten. Es ist denn auch das kantonale öffentliche Recht, das ganze Kategorien von Dienstbarkeiten, namentlich Weide- und Walddienstbarkeiten, aus forstpolizeilichen Gründen oder auch im Interesse der «Landeskultur» überhaupt für ablösbar erklärt, und zwar ohne daß ein Mißverhältnis zwischen dem Interesse des Berechtigten an der Dienstbarkeit und der Schwere der Belastung für den Verpflichteten vorausgesetzt wird und ohne daß im einzelnen Falle geprüft wird, ob ein öffentliches Interesse die Ablösung verlangt. Die «Landeskultur» kann auch dadurch ebensosehr beeinträchtigt sein, daß eine Dienstbarkeit, deren Ablösung das öffentliche Recht nicht vorsieht, die Melioration oder den Übergang zu einer ertragreicheren Kulturart oder die Entwässerung zur Verhinderung von Rutschungen verhindert (N. 31). Das a. EGzZGB St. Gallen enthielt unter dem Marginale «Ablösung von Dienstbarkeiten» in Art. 196 die Bestimmung: «Die Aufhebung überflüssiger öffentlicher Fahr- und Fußwege bleibt dem öffentlichen Rechte vorbehalten.» Diese Bestimmung wurde 1942 allerdings fallengelassen. Soweit sie Dienstbarkeiten im eigentlichen Sinn zum Gegenstand hatte, war sie unhaltbar (Einl. N. 114). Siehe aber auch NN. 188–190 hienach.

Der Zivilrichter hat die Ablösungsklage selbstverständlich nach den eigenen Voraussetzungen des privaten Rechts zu beurteilen, aber angesichts der Leichtigkeit, mit der das öffentliche Recht die Ablösung zuläßt, rechtfertigt sich eine einschränkende Auslegung der privatrechtlichen Ablösungsbestimmungen zum Schutze auch des im Verhältnis zur Last unverhältnismäßig geringfügigen Rechtes ohne Rücksicht auf das volkswirtschaftliche Interesse an seiner Aufhebung nicht. Schließlich bilden das öffentliche und das private Recht zusammen eine Rechtsordnung. Das Sachenrecht steht dem öffentlichen Recht näher als das Obligationenrecht. Es bedient sich der «privaten Expropriation», um einmal geschaffene Werte zu erhalten und dadurch den besten Gesamtnutzen zu ermöglichen, daß unter verschiedenen Grundstücken zwischen Mangel auf der einen und Überfluß auf der andern Seite ein Ausgleich herbeigeführt wird, in dem mit der geringst möglichen Belastung des einen der größtmögliche Vorteil für das andere Grundstück erzielt wird (vgl. N. 6 der Vorbem. zu Art. 730 und N. 28 hievor).

Auf dieses Ziel ist auch der Zweckgedanke des Art. 736 gerichtet. Insofern **171** entspricht er der allgemeinen Richtlinie, nach der CARL CROME (System III, S. 480) die Grunddienstbarkeiten geregelt sehen möchte: «Eine verständige Gesetzespolitik

Grunddienstbarkeiten

muß die Grunddienstbarkeiten möglichst in den Schranken halten, daß der Vorteil, den sie dem herrschenden Grundstück bieten, nicht überwogen wird durch die Nachteile, die sie dem dienenden Grundstück zufügen.» Daß dieser Grundsatz dem Art. 736 zugrunde liegt und daß ihm innerhalb unseres Sachenrechtes eine besondere Bedeutung zukommt, ist wohlbezeugt. Dafür kann auf die Zitate in N. 188 zu Art. 734 und in den NN. 10, 45/46, 73, 133 und 137 hievor verwiesen werden.

171a   In diesem Zusammenhang ist auf die «Riduzione della servitù» aufmerksam zu machen, welche als neues Institut in den C.c.it. aufgenommen worden ist, allerdings nicht in einer für alle Dienstbarkeiten geltenden Bestimmung, sondern trotz ihrer grundsätzlichen Bedeutung bloß in einer Vorschrift über das Wasserbezugsrecht. Es ist der Art. 1093. Nach ihm kann der Dienstbarkeitsverpflichtete, wenn der Ertrag an Wasser aus Gründen, die von seinem Willen unabhängig sind, so zurückgegangen ist, daß das eigene Grundstück Not leidet, wenn die Dienstbarkeit in vollem Umfang ausgeübt wird, während sie ursprünglich nur das überschüssige Wasser zum Gegenstand hatte, verlangen, daß zum Ausgleich der Bedürfnisse beider Liegenschaften die Grunddienstbarkeit auf eine entsprechend geringere Wassermenge gegen Entschädigung eingeschränkt werde. BRANCA, Comm. 2ª ed. 1954, ad. art. 1093, p. 716ss.; MESSINEO, p. 261ss.; GROSSO e DEJANA II (1955), p. 1317ss. N. 49 und 59ff., zu Art. 737, N. 7 zu Art. 739.

c) Ergebnis.

172   Im zweiten Absatz des Art. 736 ist der gleiche Grundsatz ausgeprägt wie im ersten Absatz (NN. 126–128).

Es ist der Grundsatz, daß das Interesse des Berechtigten an der Dienstbarkeit notwendiges Erfordernis für deren Bestand ist, so daß sein Wegfall einen **sachenrechtlichen Tatbestand des Unterganges der Dienstbarkeit** verwirklicht (NN. 39–41, 43 bis 52, 134ff.). Siehe auch N. 91 und 155 hievor.

Durch die Bestimmung des zweiten Absatzes wird dieser Tatbestand so weit gedehnt, daß er die Anwendung des Grundsatzes auch sichert (N. 129), wenn das Interesse an der Dienstbarkeit im Verhältnis zur Schwere der Belastung so gering ist, daß sich aus der Würdigung der Interessenlage nach Maßgabe des Zweckgedankens die gleiche Rechtsfolge ergibt, wie wenn das Interesse an der Dienstbarkeit ganz fehlen würde. Es ist die Verwirklichung des Untergangsgrundes wegen Mangels des für den Bestand der Dienstbarkeit erforderlichen Interesses (NN. 130ff.).

173   Es kann nur auf die Verwirklichung dieses sachenrechtlichen Untergangstatbestandes ankommen. Ob das Mißverhältnis zwischen der Schwere der Belastung und der Geringfügigkeit des Interesses des Berechtigten an der Dienstbarkeit seine Ursache darin hat, daß das Interesse geschwunden ist oder darin, daß die Schwere der Belastung bei gleichgebliebenem Interesse zugenommen hat, ist trotz der mangelhaften sprachlichen Fassung des Gesetzestextes (NN. 12–15 und 158) irrelevant (NN. 159ff.).

Der Aufhebungsanspruch ist auch gegeben, wenn die Schwere der Belastung darin besteht, daß die Dienstbarkeit den Eigentümer daran hindert, das belastete

Grundstück einer Benutzung, die seinen Ertrag steigern und seinen Wert vervielfachen würde, aus freien Stücken zuzuführen (NN. 116 und 169) und ebenso, wenn der Eigentümer das belastete Grundstück unter voller Berücksichtigung der Belastung erworben hat (NN. 120–122), so daß für ihn die Schwere der Belastung nicht die Folge einer unvorhersehbaren grundlegenden Änderung der äußeren Umstände ist. Die gegenteilige Auffassung müßte dazu führen, daß in den häufigen Fällen, in denen die eine oder die andere der eben genannten Voraussetzungen erfüllt ist, die Aufhebung der Dienstbarkeit nicht verlangt werden könnte, auch wenn sie jegliches Interesse für den Berechtigten verloren hätte. Damit würden Dienstbarkeiten ohne jede Existenzberechtigung ewiger Bestand, wenigstens in buchmäßiger Existenz, gesichert.

Die Ablehnung des Aufhebungsbegehrens aus den angeführten Gründen käme überhaupt nur unter dem Gesichtspunkt der dem Dienstbarkeitsverpflichteten mit der clausula rebus sic stantibus zu leistenden «Vertragshilfe» in Betracht. Diese würde durch die hier vorausgesetzten Umstände wohl ausgeschlossen. Aber der Art. 736 regelt nicht einen Tatbestand der richterlichen Vertragshilfe und auch nicht einen Anwendungsfall des Art. 2 (NN. 41, 44, 134ff., 163). Er wäre sonst überflüssig und zu der ihm nach dem Willen des Gesetzgebers zukommenden Funktionen (NN. 12–15, 43–52, 73, 133, 171) untauglich. Sein zweiter Absatz würde übrigens als Spezialbestimmung zu Art. 2 in der Auslegung des Bundesgerichtes den Grundsatz von Treu und Glauben eher einschränken als zu voller Geltung bringen (NN. 40 und 165f.).

Damit der Art. 736 das ihm vom Gesetzgeber gesetzte Ziel voll erreichen und die Funktion ganz erfüllen könnte, die ihm aus dem Sinn- und Zweckzusammenhang des Gesetzes erwächst, müßte er anders gefaßt sein, als er tatsächlich lautet. Er müßte die gleiche ratio legis zum Ausdruck bringen wie der Vorschlag, welcher in den Beratungen des italienischen Codice civile gemacht, aber von der königlichen Kommission abgelehnt wurde. Dieser Vorschlag lautete, frei ins Deutsche übersetzt, wie folgt: Der Richter kann dem Belasteten das Recht zuerkennen, gegen vorgängige Entschädigung die Grunddienstbarkeiten abzulösen, wenn sie sein Grundstück infolge unvorhergesehener tatsächlicher Veränderungen oder der ihm gegebenen neuen Zweckbestimmung übermäßig stark belastet, ohne dem berechtigten Grundstück einen entsprechenden Vorteil zu bieten. 173a

Dieser Vorschlag ist angeführt im Codice civile, illustrato con i lavori preparatori e con note di commento, von PANDOLFELLI u. a., Libro della proprietà, ad art. 257 (= art. 1068 C.c.it.). Ferner hat ihn Giuseppe GROSSO wiedergegeben und befürwortet in Osservazioni sul progetto preliminare del secondo libro del codice civile (Reale Università di Torino, Memorie dell'Istituto Giuridico) 1938, p. 119. N. 76f. zu Art. 742.

2. Die Rechtsfolge

a) Ablösung.

Wenn der Tatbestand des Art. 736 Abs. 2 erfüllt ist, hat der Richter dem Eigentümer des belasteten Grundstückes das Recht zuzuerkennen, die Dienstbarkeit 174

Grunddienstbarkeiten

abzulösen und die Ablösungssumme festzusetzen, wenn sich die Parteien über ihren Betrag nicht verständigt haben.

Durch das Urteil kann dem Eigentümer des belasteten Grundstückes auch bloß das Recht zu teilweiser Ablösung der Dienstbarkeit zuerkannt werden, mit welcher diese ihrem Umfang oder ihrem Inhalt nach beschränkt würde (N. 130 hievor).

175 Auf Grund des Ablösungsurteils ist der Eigentümer des belasteten Grundstückes befugt, die Ablösung vorzunehmen, und der Dienstbarkeitsberechtigte ist verpflichtet, sein Recht gegen Empfang der durch Urteil oder Vergleich festgesetzten Ablösungssumme löschen zu lassen. Erst die Löschung im Grundbuch bringt das Recht auch in seiner buchmäßigen Existenz zum Untergang.

176 Eine Dienstbarkeit, die zwecklos geworden oder deren Ausübung unmöglich geworden ist, hat damit ein notwendiges Erfordernis ihres Bestandes eingebüßt und hat deshalb von Gesetzes wegen zu existieren aufgehört. Wird die Klage des Eigentümers des belasteten Grundstückes auf Zuerkennung des Rechts, die Dienstbarkeit löschen zu lassen, gutgeheißen, ist das ein Feststellungsurteil (NN. 117ff. und 123ff. zu Art. 734 sowie N. 103 hievor). So auch PLANCK-STRECKER, Erl. 3d zu § 1019 BGB.

Steht einwandfrei fest, daß die Dienstbarkeit jedes Interesse für den Berechtigten verloren hat, kann sie gemäß Art. 976 auf Begehren des Belasteten gelöscht werden. Steht nicht von vornherein eindeutig fest, daß die Dienstbarkeit nutzlos und damit zwecklos geworden ist, kann ihre Löschung nicht gemäß Art. 976 vorgenommen werden. Der Eigentümer des belasteten Grundstückes ist an den Richter zu verweisen, welcher nach Maßgabe des Art. 736 zu entscheiden hat (NN. 120 und 125 zu Art. 734). Vgl. auch N. 97 hievor. Die Klage auf Grund des Art. 736 ist also nötig, wenn der Wegfall des Interesses nicht einwandfrei feststeht. Damit die Löschung erfolgen kann, bedarf es dann der urteilsmäßigen Feststellung dieses Sachverhaltes. Diese aber genügt. Das Urteil ist ein Feststellungsurteil (N. 102).

177 Liegt ein Feststellungsurteil vor, wenn entschieden wird, daß die Dienstbarkeit alles Interesse für den Berechtigten verloren habe, so liegt auch ein Feststellungsurteil vor, wenn entschieden wird, daß das Interesse des Berechtigten an der Dienstbarkeit im Vergleich zu der Schwere der Belastung unverhältnismäßig gering ist, womit der Untergangstatbestand des Art. 736 Abs. 2 erfüllt ist. Unter dieser Voraussetzung gibt das Gesetz dem Belasteten nicht einen obligatorischen Anspruch gegenüber dem Berechtigten auf Erteilung der Löschungsbewilligung, sondern das Recht der Ablösung. Die Funktion des richterlichen Urteils kann nur darin bestehen, zu entscheiden, ob die Voraussetzungen dieses Rechtes gegeben sind. Dieser Entscheid kann deshalb nur ein Feststellungsurteil sein. Lautet er positiv, ist festgestellt, daß der Belastete von Gesetzes wegen befugt ist, die Dienstbarkeit abzulösen. Ob er die Ablösung vornehmen will, ist ihm anheimgestellt. Er kann von ihr absehen, wenn ihm die vom Richter festgesetzte Ablösungssumme zu hoch ist. Wenn es zur Ablösung kommt, erfolgt sie dadurch, daß der Dienstbarkeitsbelastete dem

Berechtigten die Ablösungssumme zahlt oder zur Verfügung stellt und dann auf Grund des Urteils die Löschung der Dienstbarkeit erwirkt. Das ist nicht, wie das Marginale zu Art. 736 sie nennt, eine Ablösung durch den Richter, sondern eine Ablösung durch den Dienstbarkeitsverpflichteten auf Grund eines richterlichen Urteils.

Daß dieses Urteil ein Feststellungsurteil sei, wurde in der Literatur bisher nicht anerkannt, wenigstens nicht ohne Einschränkungen. OSTERTAG, N. 2 zu Art. 976, zählt den Tatbestand des Art. 736 Abs. 2 zu den Fällen, in denen das Gesetz dem Grundeigentümer nur einen Anspruch auf Löschung gewährt. Nicht hieher würde dagegen nach ihm der Tatbestand des Art. 736 Abs. 1 gehören, der somit ein Fall des Unterganges der Dienstbarkeit von Gesetzes wegen wäre. Dagegen sieht LEEMANN, N. 16 zu Art. 736 und N. 35 zu Art. 780, im Ablösungsurteil auf Grund des Art. 736 Abs. 1 ein Gestaltungsurteil und im Urteil auf Grund des Art. 736 Abs. 2 eher ein Feststellungsurteil oder ein bedingtes Leistungsurteil Für die konstitutive Wirkung des Urteils in beiden Fällen RR Bern, MBVNR **14**, S. 453 = ZBGR **6**, S. 156f. = SJZ **13**, S. 235. Wie hier (N. 176/77) PIOTET, S. 577.

b) Die Entschädigung.

Im Art. 786 des Vorentwurfs 1899 war auch für den Fall der Aufhebung der Dienstbarkeit wegen Wegfalles jeden Interesses an ihr vorgesehen, daß der Richter nach seinem Ermessen entscheide, ob und in welchem Umfang eine Entschädigung für das Recht zu entrichten sei. HITZIG, ZSR, n.F. 19 (1900) S. 390, meinte, dieser Satz könnte ein bequemes Ruhekissen für den Richter werden; dieser werde geneigt sein, dem Beklagten eine Entschädigung zuzusprechen, um sein Gewissen zu beruhigen, wenn ihm der Wegfall des Interesses nicht hinlänglich plausibel geworden sei. Eher als die Befürchtung, der Richter werde die Aufhebung bewilligen, auch wenn der Wegfall des Interesses nicht überzeugend dargetan sei und sich und den Beklagten mit der Zusprechung einer Entschädigung beruhigen, hätte jedoch das Bedenken erhoben werden können, der Richter werde allzuleicht geneigt sein, dem Beklagten in jedem Fall eine Entschädigung zuzusprechen, auch wenn er durch die Aufhebung der Dienstbarkeit gar keinen Schaden erleide. Möglicherweise lagen der Entschädigungsbestimmung des VE 1899 gerade diese Überlegung und die Ansicht zugrunde, dem Dienstbarkeitsberechtigten und damit auch dem Richter die Aufhebung schmackhafter zu machen und so dem neuen Institut die Wirksamkeit zu erleichtern. Für den Tatbestand des heutigen Abs. 1 von Art. 736 wurde die Entschädigungsbestimmung schon im VE 1900 gestrichen und nur noch für den Tatbestand des Abs. 2 beibehalten. Sie darf vom Richter immer angewendet werden, wenn auch nur der leiseste Zweifel am restlosen Wegfall des Interesses sich regen mag, und könnte so auch die Wirkung eines Palliativs haben (N. 128). Aber alle auf derartige Wirkungen gerichtete Spekulationen haben sich als müßig herausgestellt. Das neue Institut ist, entgegen allen vom Gesetzgeber in es gesetzten Erwartungen, als schwächliches Wesen ins Leben getreten, dem die Praxis

Grunddienstbarkeiten

anfänglich zwar nicht unfreundlich begegnete, aber bald alle Gunst entzog, so daß es nicht zu Kräften kommen konnte und heute kaum noch vor Gericht zu erscheinen wagt.

179 Die ursprünglich vorgesehene Entschädigungsbestimmung wäre in den Fällen des Abs. 1 von Art. 736 als eigentliche Schadenersatznorm gegenstandslos gewesen, hätte aber eine Abfindung des Berechtigten aus Opportunität oder auch aus Billigkeit ermöglicht. Als billig könnte eine Abfindung dann erscheinen, wenn der Dienstbarkeitsberechtigte, der gar kein Interesse mehr an seinem Rechte hat, dieses vor nicht allzu langer Zeit um teures Geld erworben hat. Es wird die Auffassung vertreten, daß der Eigentümer des belasteten Grundstückes in einem solchen Fall die Entschädigung, welche er z.B. für die Einräumung des Notwegrechtes erhalten hat, zum Teil zurückzuerstatten habe (HAAB, N. 24, und LEEMANN, N. 46 zu Art. 694). Zu welchem Teil? Zu dem Teil, welcher der Verkürzung der Dauer des Rechtes durch die Ablösung entspricht. Welches ist aber die Dauer, für welche das unbefristete Recht begründet wird? Eine ewige Dauer kann es nicht sein, weil sonst immer die ganze Entschädigung zurückzugeben wäre, auch wenn das Recht ein paar Jahrzehnte ausgeübt worden ist, denn diese sind ein Nichts gegenüber jener Dauer. Es müßte angenommen werden, daß nach einer Ausübungsdauer von fünfzig bis hundert Jahren die Entschädigung voll konsumiert und der Belastete bei der dann erfolgenden Aufhebung des Wegrechtes nicht mehr bereichert sei und zu keiner Rückerstattung verpflichtet sei. Aber das sind Überlegungen, die nach meiner Ansicht ihre Grundlage nur in einem Vertragsverhältnis haben könnten, kraft dessen der A verpflichtet wäre, sein Grundstück vom B auf unbeschränkte Dauer benutzen zu lassen gegen ein vorausbezahltes Entgelt und nun bei Beendigung des Verhältnisses durch Kündigung oder Rücktritt aus wichtigen Gründen auf Rückerstattung pro rata temporis belangt wird.

180 Dem Verhältnis zwischen Dienstbarkeitsberechtigtem und Verpflichtetem ist diese Betrachtungsweise wesensfremd. Zwischen ihnen besteht kein Vertragsverhältnis (N. 39; BRANCA, Comm. 2ª ed. 1954, p. 717ss., n. 1 ad art. 1093; UGO BRASIELLO, Sulla natura della servitù, Rivista italiana per le scienze giuridiche 90, 1954, p. 267, 274). Beide stehen nebeneinander als selbständige Träger gleichartiger, eben dinglicher Rechte am gleichen Grundstück. Die Entschädigung als Gegenleistung für die Einräumung der Dienstbarkeit (N. 159 zu Art. 730) hat die gleiche Funktion wie ein Kaufpreis. Eine Rückerstattungspflicht läßt sich auch deshalb nicht wohl rechtfertigen, weil Berechtigter und Belasteter mehrfach gewechselt haben können, bis es zur Aufhebung kommt, so daß die zu erstattende Summe von einem Grundeigentümer zu zahlen wäre, der sie nie erhalten hat, und von einem Dienstbarkeitsberechtigten zurückgefordert werden könnte, der sie nie bezahlt hat. Die Verpflichtung zur Entschädigung des Berechtigten, für den die wegfallende Dienstbarkeit alles Interesse verloren hatte, läßt sich auch nicht rechtfertigen, wenn in ihr nicht ein eigentlicher Schadenersatz, sondern eher eine der Rückerstattung aus ungerechtfer-

tigter Bereicherung analoge Leistung gesehen würde. Sie ist deshalb mit Recht fallengelassen worden.

Es ist jedoch die herrschende Lehre, daß der Eigentümer des belasteten Grundstückes, wenn dieses von einem Notwegrecht oder einer anderen Legalservitut infolge Wegfalles der Notlage frei werde, dem bisherigen Berechtigten die Summe ganz oder zum Teil zu erstatten habe, welche ehedem als Gegenleistung für die Einräumung des Rechtes bezahlt worden war. Im österreichischen Notweggesetz (1896) § 24 und im C.c.it. Art. 1055 ist dies ausdrücklich vorgesehen und wird für das schweizerische Recht in den Kommentaren zum Art. 694 von WIELAND (Bem. 1), LEEMANN (N. 45f.) und HAAB (N. 24) als gegeben erachtet. Ein Schadenersatz ist auch da nicht am Platz, obwohl die Legalservitut mit der Behebung der Notlage dahinfällt, auch wenn der bisherige Berechtigte an ihrem Weiterbestand noch ein beträchtliches Interesse hat. Doch cessante causa cessat effectus. Die hievor gegen eine Rückerstattung unter dem Gesichtspunkt der ungerechtfertigten Bereicherung erhobenen Bedenken gelten in diesem Falle nicht weniger. Gerechtfertigt wäre sie höchstens, wenn der Berechtigte sein Recht noch gar nicht ausgeübt hat und auch noch keine baulichen Aufwendungen hiefür gemacht hat (Erstellung des Weges oder der Leitung). Hat das berechtigte Grundstück inzwischen die Hand gewechselt, hätte der neue Eigentümer eine Entschädigung zurückzuerstatten, die nicht er, sondern sein Rechtsvorgänger geleistet hat. Dies ließe sich nicht wohl rechtfertigen. Eine solche Legalservitut kann aber seit Jahrhunderten bestanden haben, so daß ein Vermögensausgleich auf der Grundlage des Standes vor der Errichtung der Servitut nicht zu rechtfertigen ist, aber auch gar nicht möglich wäre. Es ist auch zu beachten, daß ein großer Teil aller alten landwirtschaftlichen Servituten, wie der Holzbezugsrechte, Weiderechte, Schneefluchtrechte, Wegrechte, ehemals zur Behebung einer Notlage eingeräumt oder anerkannt werden mußten. Wenn dies feststeht, sind sie hinsichtlich der Aufhebung als Legalservituten zu behandeln, auch wenn sie nach der Begründungs- oder Anerkennungsurkunde als freiwillig eingeräumt erscheinen (N. 104 der Einl., N. 71 zu Art. 731, N. 39 zu Art. 732, N. 177 zu Art. 734, NN. 75, 155, 156 hievor; LEEMANN, NN. 40 und 47 zu Art. 694). Die hievor vertretene Ansicht lehnt auch PIOTET, S. 580 ab. Siehe dagegen m. Eigentum § 37, S. 273f. und Anm. 39.

Die Entschädigung darf dem Dienstbarkeitsberechtigten nur für die Interessen zuerkannt werden, welche nach dem Grundsatz der Identität (NN. 155 und 156) als eigentliche Dienstbarkeitsinteressen gelten können. Das sind nur Interessen, um deretwillen die Dienstbarkeit tatsächlich begründet wurde und die deren Inhalt bestimmt haben (EBG 43 II 37 = Pr. 6 Nr. 60 = ZBGR 4, S. 17ff.). Völlig außer Betracht müssen selbstverständlich alle Interessen an Wirkungen der Dienstbarkeit fallen, zu deren Erzielung die Dienstbarkeit nicht begründet werden könnte, wie an der Ausschaltung wirtschaftlicher Konkurrenz (NN. 118ff. zu Art. 730) und anderen Sperrwirkungen (NN. 58ff. hievor). Das gilt auch für Aufwendungen, die der Dienstbarkeitsberechtigte im Hinblick auf die Ablösung zu deren Verhinderung oder zur

Grunddienstbarkeiten

Erlangung einer höheren Ablösungssumme gemacht hat (AppH Bern in ZBJV **64**, S. 82 = SJZ **25**, S. 141). Überhaupt gelten für die Festsetzung der Ablösungssumme die gleichen Regeln wie für die Bemessung der Expropriationsentschädigung. Über die für die Bemessung des durch Aufhebung oder Veränderung einer Dienstbarkeit entstandenen Schadens maßgebenden Grundlagen und Richtlinien hat sich das Bundesgericht in Bd. **73** II 35ff. = Pr. **36** Nr. 54 ausgesprochen. Der Entschädigungsanspruch kann auch durch Realersatz erfüllt werden. So kann das noch vorhandene Interesse an einem Weide- oder Beholzungsrecht durch Abtretung eines Stückes Boden des belasteten Grundstückes, das Interesse an einem Wasserkraftrecht durch die Verpflichtung zur Belieferung mit elektrischer Energie und das Interesse an einem Fahrwegrecht durch Einräumung des Mitbenutzungsrechtes an einer Luftseilbahn voll aufgewogen werden. Wenn das Bundesgericht betont, daß als auszugleichende Nachteile der Ablösung nur diejenigen zu gelten hätten, «die **unmittelbar** mit dem Wegfall oder der Verlegung des Rechts zusammenhängen, nicht aber auch andere Störungen», wie die Einbuße an Aussicht, welche entsteht, wenn das bisher belastete Grundstück infolge der Aufhebung oder Verlegung des Wegrechtes überbaut wird, so ist damit nur der an die Spitze dieser Note gestellte Grundsatz zur Anwendung gebracht (EBG **43** II 37 = Pr. **6** Nr. 60 = ZBGR **4**, S. 17ff.).

Daß im französischen Text des Art. 736 Abs. 2 die Worte «gegen Entschädigung», «mediante indennità» nicht wiedergegeben sind, beruht auf einem Versehen. Vgl. dazu Rossel et Mentha III, n° 1373, p. 16, und E. Steiner, Eine Unstimmigkeit im französischen Text des ZGB, SJZ 39, S. 512.

c) **Verlegung**.

(Eingehend behandelt in den Erläuterungen zu Art. 742.)

182 Der Anspruch auf Verlegung einer Dienstbarkeit (Art. 742) hat den gleichen Rechtfertigungsgrund wie der Anspruch auf Ablösung (Leemann, N. 17 zu Art. 742; Kohler, Archiv für die civ. Praxis **87**, S. 235f.). Auch in ihm kommt der **Grundsatz der Proportionalität** zur Geltung: Die Belastung soll nicht so bemessen und gestaltet sein, daß sie den Eigentümer in der Nutzung seines Grundstückes stärker beschränkt, als nötig ist, um dem Berechtigten die Ausübung der Dienstbarkeit zur Wahrung des Interesses, das er an ihr hat, zu ermöglichen (NN. 28 und 170 a. E. hievor sowie N. 6 der Vorbem. zu Art. 730). Wenn die Beschränkung in der Nutzung des belasteten Grundstückes vermindert werden kann, ohne daß dadurch die Interessen des Berechtigten an der Dienstbarkeit verletzt werden, indem die Fläche, auf welche die Ausübung der Dienstbarkeit lokalisiert ist (l'assiette de la servitude), innerhalb der Grundstücksgrenzen **verlegt** wird, so kann der Belastete die Verlegung verlangen. EBG **43** II 29ff. = Pr. **6** Nr. 60; N. 49 und 64 zu Art. 737.

183 Wenn die Verlegung die Interessen des Berechtigten nicht völlig unberührt ließe, sie aber doch nur ganz leicht tangieren würde, könnte der Richter es wohl kaum von sich weisen, den kleinen Schritt zu tun, welchen der Gesetzgeber mit der Erweite-

rung des Art. 736 Abs. 1 um den zweiten Absatz getan hat, «poichè il nulla ed il poco sono da equipararsi» (N. 127a. E.). Vgl. N. 21–23 hievor. Wenn ohne die Verlegung ein Mißverhältnis im Sinne von Art. 736 Abs. 2 besteht, muß diese Bestimmung überhaupt anwendbar sein. Wenn demgemäß auf Feststellung der Ablösbarkeit gegen Entschädigung geklagt werden könnte, kann auch auf Verlegung geklagt werden, da diese gegenüber der Ablösung ein Minus ist. Dies ist in der Praxis anerkannt: EBG 43 II 29ff. = Pr. **6** Nr. 60 = ZBGR **4**, S. 17ff.; AppH Bern in ZBJV **49**, S. 403; **54** S. 513 = ZBGR **6**, S. 158ff. Nicht gerechnet hat das Bundesgericht mit dieser Möglichkeit in EBG **57** II 156 = Pr. **20** Nr. 89, wozu sich GUISAN im JdT **89**, p. 300 et 302, geäußert hat.

Auch wenn die neue Führung des Weges für den Berechtigten etwas weniger bequem ist, kann sie vom Richter doch angeordnet werden, wenn sie der geringere Eingriff als die Ablösung gegen Entschädigung gemäß Art. 736 Abs. 2 ist und deren Voraussetzungen gegeben wären. KtG Waadt, ZBGR **40** (1959) Nr. 49, S. 290ff. Siehe dazu auch N. 40 zu Art. 742.

Wird auf Ablösung gemäß Art. 736 Abs. 2 geklagt, kann auf Verlegung erkannt **184** werden, wenn mit diesem weniger weitgehenden Eingriff in die Interessen des Berechtigten an der Dienstbarkeit das Mißverhältnis zwischen diesen und der Belastung behoben werden kann (LEEMANN, N. 11 zu Art. 736). Das Bundesgericht hat in seinem mehrfach zitierten Urteil in Band **43** II S. 29ff. in Anwendung des Art. 736 Abs. 2 auf Verlegung erkannt und ausgeführt: «Aus den Erwägungen, die zur Aufstellung des Art. 736 Abs. 2 geführt haben, muß a fortiori auf Zulässigkeit der bloßen Verlegung gegen Entschädigung geschlossen werden» (vgl. ROSSEL et MENTHA, Manuel II, p. 124) «...Daher muß dem Belasteten auch gestattet sein, dem Berechtigten einen andern, nahezu gleichwertigen Weg zur Verfügung zu stellen und den geringen Ausfall an Interesse in Geld zu entschädigen.» Ebenso AppH Bern, ZBJV **54**, S. 513 = ZBGR **6**, S. 158 = SJZ **15**, S. 262. Mit der Bewilligung der Verlegung können in vielen Fällen die unter dem Gesichtspunkt legitimer privater wie auch volkswirtschaftlicher Interessen unerträglichen Folgen des Mißverhältnisses zwischen der Geringfügigkeit der Interessen an der Dienstbarkeit und der Schwere der Belastung vermieden oder aufgehoben werden (NN. 160ff.), aber nur, wenn nicht verlangt wird, daß das Mißverhältnis seine Ursache in einer Verminderung des Interesses des Berechtigten an der Dienstbarkeit haben müsse und nicht in der Zunahme der Belastung bei gleichbleibendem Interesse haben dürfe. Über die Bedeutung der Verlegung in diesem Zusammenhang siehe auch J. KOHLER, Arch. f. d. civ. Pr. **87**, S. 235f.

IV. Objektiver Anwendungsbereich

Die Bestimmungen des Art. 736 sind für die Grunddienstbarkeiten getrof- **185** fen. Aber das Recht der Grunddienstbarkeiten enthält auch die für die übrigen

Kategorien von Dienstbarkeiten geltenden allgemeinen Regeln, soweit sich nicht aus dem Gesetz, aus dem Begriff oder Zweck dieser anderen Rechte etwas anderes ergibt (NN. 18 und 19 der Bem. vor Art. 730). Es stellt sich somit die Frage, ob aus einem dieser Gründe die Anwendung einer Bestimmung des Grunddienstbarkeitsrechtes auf die übrigen Dienstbarkeiten ausgeschlossen sei. Diese Frage wurde in bezug auf die Art. 733 und 735 eingehend geprüft (NN. 30ff. zu Art. 733; N. 21 zu Art. 735) und konnte verneint werden. Die gleiche Auffassung drängt sich in der Betrachtung des Art. 736 auf. Daß eine Grundstücksbelastung, welche zweck- und nutzlos geworden, ihre Existenzberechtigung verloren hat, ist ein Grundsatz von so allgemeiner, in der Natur der Sache begründeter Geltung, daß ihm alle Arten von Dienstbarkeiten schlechthin zu unterstellen sind. Die gegenteilige Ansicht ist, und zwar sogar bezüglich der irregulären Personaldienstbarkeiten wie des Quellenrechts gemäß Art. 780, angedeutet im Urteil des AppH Bern in ZBJV **64**, S. 82 = SJZ **25**, S. 140. Dagegen wie hier LEEMANN, N. 18 zu Art. 748 (Nutznießung), ausdrücklich mit Bezug auf Art. 736 Abs. 2; N. 35 Art. 780 (Quellenrecht), N. 55 zu Art. 781 (andere Dienstbarkeiten). Die Grundlasten können nach Art. 788 Abs. 1 Ziff. 2 vom Schuldner nach dreißigjährigem Bestand voraussetzungslos abgelöst werden. Vor Ablauf dieser Dauer kann jedoch auf sie der Art. 736 zur Anwendung kommen. Der Nachweis, daß die Grundlast in Wirklichkeit einen geringeren als den im Grundbuch eingetragenen Gesamtwert hat, ist im Art. 789 ohnehin vorbehalten.

186 Für die auf Grund mittelbarer gesetzlicher Eigentumsbeschränkungen begründeten Legalservituten ist ein qualifiziertes Interesse des Berechtigten, nämlich die Notwendigkeit für die bestimmungsgemäße Nutzung und Bewirtschaftung seines Grundstückes oder für die Erhaltung seines Wertes Entstehungs- und Existenzgrund. Fällt dieser weg, ist die Anwendung des Art. 736 gegeben, und zwar auch, wenn mit der Behebung der Notlage nicht jedes Interesse des Berechtigten dahingefallen oder im Verhältnis zur Belastung geringfügig geworden ist (NN. 75 und 180 hievor sowie N. 104 der Einleitung).

187 Wenn die Möglichkeit der vollen oder teilweisen Ablösung der Legalservituten auch aus deren Charakter als Notrecht abgeleitet werden müßte, wenn es keinen Art. 736 gäbe, steht ihre Verwirklichung im übrigen doch unter den Bestimmungen dieses Artikels. Das gilt, wie in N. 180 hievor, im Gegensatz zu der in den Kommentaren zu Art. 694 in bezug auf den Notweg vertretenen Auffassung, bemerkt wurde, auch hinsichtlich der Entschädigung durch teilweise Rückerstattung des für die Einräumung des Rechts empfangenen Entgelts.

188 Da das dem Art. 736 zugrunde liegende Prinzip die Geltung eines allgemeinen, im Wesen einer jeden Grundstücksbelastung liegenden Rechtsgrundsatzes hat, können ihm auch die öffentlich-rechtlichen Dienstbarkeiten nicht entzogen sein. Das sind nicht die sogenannten Gemeindedienstbarkeiten, welche unter den Art. 781 fallen, sondern die Staatsdienstbarkeiten im Sinne der Ausführungen unter den NN. 117f. der Einleitung. Das Erfordernis der Proportionalität (NN. 28 und 170) sowie die Identität der Dienstbarkeit (NN. 155 und 156) ist diesen Dienstbarkeiten ebenso eigen wie den privatrechtlichen. Die Berücksichtigung von Veränderungen in der Zeit, welche die Wirkung haben, daß dieses Erfordernis nicht mehr erfüllt ist, hat im öffentlichen Recht noch stärkere Gründe als im privaten.

Wie neben den aus freiem Willen begründeten Dienstbarkeiten des privaten Rechtes die auf Grund einer gesetzlichen Verpflichtung (mittelbare gesetzliche Eigentumsbeschränkung) begründeten Legalservituten, so stehen neben den Staatsservituten die dem Grundeigentümer kraft Gesetzesvorschrift durch Verwaltungsakt auferlegten Beschränkungen, die als öffentlich-rechtliche Legalservituten bezeichnet werden können (N. 115 der Einleitung). Auch hinsichtlich der Ablösbarkeit sind sie den Staatsservituten gleichgestellt. **189**

Die Ablösung öffentlich-rechtlicher Dienstbarkeiten ist jedoch nicht eine «Ablösung durch den Richter», nämlich den Zivilrichter, gemäß Art. 736. Dieser ist nicht zuständig. Die Zuständigkeit und das Verfahren richten sich nach den vielfach unzulänglichen Bestimmungen des kantonalen Rechtes über die Verwaltungsgerichtsbarkeit oder dann nach den Vorschriften von Spezialgesetzen, wie Baugesetzen, Meliorationsgesetzen, Forst- und Flurgesetzen. Vgl. in bezug auf «öffentliche» Wegrechte die folgenden Entscheidungen: Aarg. Vjschr. **26**, S. 36; ZblStGV **38**, S. 53; ZBGR **13**, S. 181ff.; in bezug auf die zürcherischen Flurwege dagegen ZBGR **15**, S. 75f.: «Diese Aufhebbarkeit wegen Wegfalles des Bedürfnisses... ist ein so dringendes Gebot der Billigkeit und der Ordnung in den Immobiliarverhältnissen, der Mangel dahingehender Bestimmungen eine so offenbare Lücke des Gesetzes, daß, träte nicht die VVo. des RR in die Lücke, dieselbe vom Richter selbst ausgefüllt werden müßte.» **190**

Die unmittelbaren gesetzlichen Eigentumsbeschränkungen des privaten und des öffentlichen Rechtes, welche inhaltlich den Dienstbarkeitsverpflichtungen gleiche Beschränkungen sind (so die mannigfachen Wegrechte gemäß Art. 695: Streck- und Tretrecht, Tränkeweg, Winterweg, Brachweg, Holzlaß, Reistweg und dergleichen sowie gemäß Art. 702: Reckweg, Flurwege, Wasserrechte der Anlieger an öffentlichen Gewässern und dergleichen), haben nicht den Charakter von Belastungen, sondern sie bestimmen den normalen Inhalt des Eigentums. Durch sie wird nicht ein Grundstück zum belasteten und das andere zum berechtigten gemacht, sondern alle Grundstücke sind einander gleichgestellt, da jedes von ihnen aus diesen Bestimmungen zugleich berechtigtes und verpflichtetes Grundstück ist. Die Aufhebung der Beschränkung für ein Grundstück bewirkt die Belastung des Nachbargrundstückes mit einer Grunddienstbarkeit. Sie ist mit Bezug auf privatrechtliche Eigentumsbeschränkungen im Art. 680 Abs. 2 vorgesehen. Die Ablösung einer solchen Beschränkung hätte also die Belastung des Nachbargrundstückes zur Folge und kann deshalb nicht erzwungen werden. In der Regel bilden diese Eigentumsbeschränkungen auch nicht Hindernisse, welche die rationelle oder bestimmungsgemäße Nutzung eines Grundstückes ausschließen. Wenn diese Wirkung nach dem **191**

Inhalt eines bestimmten Rechtsverhältnisses eintreten könnte, ist ihre Verhinderung oder Milderung eine Angelegenheit der Gesetzgebung. Vgl. z.B. über das Tret- und Streckrecht die EGzZGB des Kantons St. Gallen Art. 110/111, des Kantons Graubünden Art. 132. Die gleiche Aufgabe hat die Gesetzgebung auch mit Bezug auf Eigentumsbeschränkungen des öffentlichen Rechts. Es sei verwiesen auf die Kantonsverfassung Graubünden Art. 42 Abs. 2: « Die Ablösung der Gemeinatzung auf Privatgütern ist zugesichert » und auf die Bestimmungen über die Gemeinatzung im Art. 159 EGzZGB des Kantons Graubünden.

V. Zuständigkeit und Verfahren

192   Zur Beurteilung aller Ansprüche aus Art. 736 ist ausschließlich der Richter zuständig. Das ist der Zivilrichter. Örtlich ist der Gerichtsstand der gelegenen Sache gegeben, da die Freiheit eines Grundstückes von einer dinglichen Last und die entsprechende Berichtigung des Grundbuches geltend gemacht wird (Art. 736 Abs. 1), oder doch die Befugnis zur Befreiung des Grundstückes von der Last durch Ablösung mit der Folge der Löschung im Grundbuch (Art. 736 Abs. 2). GULDENER, Schweiz. Zivilprozeßrecht II (1958) S. 79; LEUCH, ZPO Bern, 3. Aufl. (1956), Art. 19 N. 1 a. E., S. 53. Kantonale Vorschriften, welche eine Verwaltungsbehörde als zuständig erklären, sind nichtig. So hat das Bundesgericht mit eingehender Begründung gegenüber dem Kanton St. Gallen (a. EGzZGB Art. 194) entschieden, welcher nur die Entschädigungsfrage dem Richter vorbehalten und im übrigen den Gemeinderat als zuständig bezeichnet hatte (EBG **63** II 289 = Pr. **27** N. 4 = ZBGR **19**, S. 46ff.). Bei der Revision des st.-gallischen EGzZGB (1942) wurde diese Regelung der Zuständigkeit für die Ablösungsklage gestrichen, dagegen für die Verlegungsklage (Art. 165/66) aufrechterhalten, womit eine Zweispurigkeit geschaffen wurde, die sich auch nicht rechtfertigen läßt.

193   Verlangt der Kläger Aufhebung der Dienstbarkeit gemäß Art. 736 Abs. 1, fragt sich, ob der Richter auf Ablösung gemäß Art. 736 Abs. 2 erkennen könne. Das zürcherische Obergericht entschied verneinend und erklärte auch eine Änderung der Klage in diesem Sinne als unzulässig (SJZ **32**, S. 266ff. a.E.). Auf den gegenteiligen Standpunkt stellte sich das Appellationsgericht Tessin mit seinem Entscheid vom 17. Mai 1930, Rep. Giur. Patria (**1930** V, 1), p. 385 = SJZ **27**, S. 101.

194   Wenn das Urteil, das die Klage aus dem ersten oder aus dem zweiten Absatz des Art. 736 zuspricht, konstitutive Wirkung hätte, also die bestehende Dienstbarkeit aufheben würde, müßte dem zürcherischen Obergericht zugestimmt werden. Die Dienstbarkeit kann nicht aufgehoben und der Kläger, der entschädigungslose Aufhebung beantragt hat, zur Entrichtung einer Entschädigung verurteilt werden. Es ist ja sehr wohl möglich, daß der Kläger für den Fall der Ablehnung seines Begehrens

nicht auf Ablösung gegen Entschädigung geklagt hätte. Es geht nicht an, ihm etwas zuzusprechen, was er gar nicht, auch nicht eventuell, weder ausdrücklich noch stillschweigend, anbegehrt hat.

195 Hat er dagegen, wenn auch erst nach Eintritt der Rechtshängigkeit oder nach Abschluß des Beweisverfahrens die Klage geändert, indem er das Ablösungsbegehren (Art. 736 Abs. 2) an die Stelle des Aufhebungsbegehrens (Art. 736 Abs. 1) setzt oder es eventualiter stellt, kann dagegen vom Standpunkt des materiellen Rechts gar kein Bedenken bestehen. Dagegen können sich daraus prozessuale Weiterungen ergeben. Die Beurteilung des neuen Haupt- oder Eventualbegehrens kann eine Ausdehnung des Beweisverfahrens nötig machen. Ob die Klageänderung unter diesem Gesichtspunkt zulässig ist, entscheidet sich nach kantonalem Prozeßrecht. Siehe z. B. zur zürcherischen ZPO den Kommentar von STREULI und HAUSER, N. 2–4 zu Art. 127; L. HESS, Die Klageänderung im zürcherischen Zivilprozeß, Diss. Zürich 1957; viel freier Bern ZPO Art. 94, mit Bezug auf die Art. 736/741 LEUCH, N. 5 zu Art. 94.

196 Ist das Ablösungsurteil auf Grund von Art. 736 Abs. 2 ein Feststellungsurteil, was unserer hievor (NN. 176/77) begründeten Auffassung entspricht, kann es (die prozessuale Regelung vorbehalten) ausgefällt werden, auch wenn nur auf entschädigungslose Aufhebung der Dienstbarkeit gemäß Art. 736 Abs. 1 geklagt worden ist. Mit ihm wird dann ja bloß festgestellt, daß dem Kläger das Recht der Ablösung zusteht. Wenn im Verfahren die Faktoren festgestellt sind, aus denen sich der Wert der Dienstbarkeit für den Berechtigten ergibt, kann im Urteil auch die Entschädigungssumme bestimmt sein. Es ist dem Kläger anheimgestellt, ob er durch Zahlung dieser Summe die Ablösung vornehmen will oder nicht (N. 175 hievor). Damit wird ihm die Befugnis zuerkannt, die Löschung der Dienstbarkeit zu verlangen, aber unter der Bedingung, daß er die Entschädigung als Ablösungssumme leiste.

197 Gegenüber dem, was der Kläger verlangt hat, wird ihm dann ein Minus, aber nicht ein Aliud, zugesprochen. Es ist keine so seltene Erscheinung, daß dem Kläger der geltend gemachte Anspruch zuerkannt wird, aber unter der Bedingung, daß er ihn nur gegen Entschädigung ausüben dürfe. So wird z. B. der Herausgabenanspruch auf Grund des Art. 934 gutgeheißen, aber nur in dem Sinne, daß dem Beklagten der Preis, um den er die abhanden gekommene Sache gutgläubig erworben hat, ersetzt werde (Art. 934 Abs. 2) oder daß ihm alle notwendigen und nützlichen Verwendungen entgolten werden (Art. 939). Es kann nicht zweifelhaft sein, daß das Klagebegehren unter solchen Bedingungen gutgeheißen werden kann, auch wenn die bedingungslose Zusprechung verlangt worden ist. Wenn die Entschädigung mangels dahingehender Begehren nicht festgesetzt wurde, muß sie nötigenfalls zum Gegenstand eines neuen Prozesses gemacht werden.

198 Ob die Klage aus Art. 736 auch gegen die Inhaber dinglicher Rechte am herrschenden Grundstück gerichtet werden muß, damit das Urteil ihnen gegenüber

Grunddienstbarkeiten

wirksam wird, ist eine umstrittene Frage. LEEMANN, N. 15 zu Art. 736, sagt nur, die Inhaber solcher Rechte hätten in erster Linie Anspruch auf rangmäßige Befriedigung aus der dem Eigentümer zukommenden Entschädigung. Daraus folgt aber nicht ohne weiteres, daß ohne ihre Zustimmung oder Verurteilung im Prozeß die Löschung nicht erfolgen dürfe, wie schon entschieden worden sein soll. Das Bundesgericht spricht vom Erfordernis der Zustimmung der Grundpfandgläubiger zur Löschung einer Dienstbarkeit infolge Verzichts gegen Schadenersatz (EBG **73** II 38 = Pr. **36** Nr. 54). Es hat darüber nicht entschieden, aber auf Art. 964 des Gesetzes und Art. 68 der GBVo verwiesen. Indessen kann der Verzicht auf eine Dienstbarkeit durch den Eigentümer des berechtigten Grundstückes der Aufhebung gegen dessen Willen durch Urteil nicht gleichgestellt werden, ganz davon abgesehen, daß ein solches Urteil nur eine Dienstbarkeit von geringem Wert zum Gegenstand haben kann, so daß auch die Entschädigung entsprechend gering ist, während Gegenstand des Verzichts gegen Entschädigung eine vollwertige Dienstbarkeit sein kann, deren Aufhebung das herrschende Grundstück so stark entwertet, daß dadurch die Sicherheit der Grundpfandgläubiger erheblich beeinträchtigt wird. Aus dem Erfordernis, daß die Grundpfandgläubiger in diesem Fall zustimmen müssen, folgt deshalb durchaus nicht, daß ihre Zustimmung auch für die Löschung auf Grund eines Urteils in Anwendung des Art. 736 erforderlich ist.

199 Die st.-gallische Aufsichtsbehörde im Grundbuchwesen entschied denn auch, daß die Löschung auf Grund einer von den Parteien vereinbarten Ablösung der Zustimmung der Grundpfandgläubiger bedürfe (ZBGR **6**, S. 164), daß diese aber nicht erforderlich sei, wenn die Ablösung auf Grund einer behördlichen Bewilligung erfolge (welche, wie in N. 192 hievor dargelegt wurde, ein richterliches Urteil sein muß), und daß die Gläubiger auf die Sicherungsbefugnisse gemäß Art. 808ff. zu verweisen seien (ZBGR **6**, S. 165 = SJZ **13**, S. 145 = WEISS, Nr. 2519). Diese Ansicht verdient volle Anerkennung. Das Zustimmungserfordernis des Art. 964 muß, wie in den NN. 29ff. zu Art. 734 eingehend dargetan wurde, im Interesse des unerläßlichen Minimums an Verfügungsfreiheit des Dienstbarkeitsberechtigten über sein Recht ohnehin restriktiv interpretiert werden. Wenn nun gar nicht eine Verzichtsverfügung des Dienstbarkeitsberechtigten vorliegt, sondern dieser eine solche ablehnt und es deshalb zum Prozeß hat kommen lassen, in dem gegen seinen Antrag die Dienstbarkeit aufgehoben oder als ablösbar erklärt wird, weil an ihr kein Interesse besteht, welches ihre Aufrechterhaltung zu rechtfertigen vermag, so ist eine mehr als genügende Gewähr vorhanden, daß den Drittberechtigten durch das Verhalten des Dienstbarkeitsberechtigten nicht ein Nachteil widerrechtlich zugefügt wird. Mit dem Urteil wird ja festgestellt, daß der Dienstbarkeit eine gesetzliche Existenzbedingung fehlt. Das legitime Interesse der Drittberechtigten, am Verfahren teilzunehmen, könnte lediglich darin bestehen, zu verhindern, daß sich der Beklagte im Prozeß nicht mit der gebotenen Sorgfalt und Sachkunde verteidige. Dieses Interesse reicht zur Begründung des Zustimmungserfordernisses nicht aus. Angemessene Berücksichtigung kann es mit den prozessualen Mitteln der Beiladung und der Nebenintervention erfahren.

VI. Intertemporales Recht

Der Art. 736 findet auf alle Dienstbarkeiten Anwendung, auf die unter dem früheren Recht begründeten gleich wie auf die seit 1912 errichteten. EBG **92** II 93 = Pr. **55** Nr. 133; **91** II 194 = Pr. **54** Nr. 148. Das entspricht den Vorschriften des intertemporalen Rechts über den Untergang der Dienstbarkeiten (SchlT Art. 1, 17 ZGB), welche in N. 210 zu Art. 734 erläutert worden sind. Vgl. die daselbst zitierten Entscheidungen, ferner Genève, Cour de justice civile, Sem.jud. **49**, S. 129 = SJZ **23**, S. 329 = WEISS, Nr. 4965. Aber auch wenn diese Vorschriften anders lauteten, wie die entsprechenden Bestimmungen Deutschlands (N. 210 zu Art. 734, S. 291 unten), müßte der Art. 736 gleichwohl für alle, auch die altrechtlichen Dienstbarkeiten, Geltung haben, weil er im Interesse der Freiheit des Eigentums aufgestellt und mit zwingender Geltungskraft ausgestattet, ein Postulat der öffentlichen Ordnung erfüllt, so daß er unter den Art. 2 ZGB SchlT fällt. EBG **45** II 394 = Pr. **8** Nr. 139 = ZBGR **6**, S. 24; BlZR **42**, Nr. 48 = ZBGR **28**, S. 130f.; Rep. Giur. Patria **1943 (VI, 2)**, p. 86ss., mit Anmerkung von Dr. Fr. JENNY; Aargauisches ObG, Aarg. Vjschr. **27**, S. 18ff. = ZBGR **8**, S. 206ff.; Kassationsgericht St. Gallen (1927), SJZ **25**, S. 297.

Nachschrift zu Art. 736

Was hier im einzelnen, N. für N. ausgeführt ist, habe ich in der eingangs angeführten Abhandlung «Die Aufhebung und Ablösung von Servituten im schweizerischen Recht» (Studi in onore di Emilio BETTI V, p. 279–304 und ZBGR **42** (1961) S. 1ff. sowie in den Privatrechtlichen Abhandlungen, S. 293ff. (1972) zusammenhängend in strafferer Gedankenführung und prägnanterer Formulierung dargelegt und in 8 Punkten zusammengefaßt.

200

Art. 737

Der Berechtigte ist befugt, alles zu tun, was zur Erhaltung und Ausübung der Dienstbarkeit nötig ist.

Er ist jedoch verpflichtet, sein Recht in möglichst schonender Weise auszuüben.

Der Belastete darf nichts vornehmen, was die Ausübung der Dienstbarkeit verhindert oder erschwert.

Materialien: VE (1900) Art. 730; E (1904) Art. 728; Botschaft, S. 73; Erläuterungen II, S. 146f.

C. Inhalt.
I. Umfang.
1. Im allgemeinen.

Grunddienstbarkeiten

Der Artikel gab weder in der Expertenkommission noch in den Räten Anlaß zur Diskussion.

Ausländisches Recht. DBGB §§ 1019, 1020, 1027, 1029; ABGB §§ 484, 523; C.c.fr. art. 686 al. 2, 697, 701, 702; C.c.it. art. 1063–1069, 1079, 1093.

Literatur. Mit der Ausübung der Grunddienstbarkeiten befaßt sich die gesamte Literatur zum Servitutenrecht im allgemeinen, welche in der Einleitung und in den Vorbemerkungen verzeichnet wurde. Seither in neuen Auflagen erschienene Werke sind: Arthur Meier-Hayoz, Berner Kommentar zum ZGB, IV. Das Sachenrecht, 1. Abt. Das Eigentum, 1. Abschnitt: Systematischer Teil und Allgemeine Bestimmungen (4. völlig neubearbeitete Auflage des Kommentars zum Sachenrecht von H. Leemann), 1966; Christian Meisner, Das in Bayern geltende Nachbarrecht, 4. Aufl. bearbeitet von Josef Ring, 1951, 6. Aufl. 1972; Christian Meisner, Nachbarrecht im Bundesgebiet und Westberlin, mit Ausnahme des Landes Bayern, bearbeitet von Fritz Hodes (2. Aufl. 1955, 3. Aufl. 1956, 5. Aufl. 1970); Commentario del Codice civile a cura di A. Scialoja e G. Branca (ed. Zanichelli, Bologna) libro III: Della proprietà; Giuseppe Branca, Le servitù prediali, 2ª ed. 1954; Giuseppe Grosso e Giommaria Dejana, Le servitù prediali, 2ª ed., 2 vol. 1955, 3. Aufl. 1963 (Trattato di Diritto Civile Italiano, sotto la direzione di Filippo Vassalli, Torino, Utet).

Inhaltsübersicht

I. Die Ausübung der Dienstbarkeit im allgemeinen
1. Maßgebende Grundsätze. NN. 1–4
2. Rechtsnatur des Dienstbarkeitsverhältnisses. NN. 5–9

II. Befugnisse des Dienstbarkeitsberechtigten
1. Ausübung der Dienstbarkeit. NN. 10–36
2. Die Erhaltung der Dienstbarkeit. NN. 37–42

III. Schonende Ausübung (Abs. 2). NN. 43–58

IV. Beschränkung des Dienstbarkeitsrechtes. NN. 59–72

V. Unterlassungspflichten des Eigentümers des belasteten Grundstückes (Abs. 3)
1. Die Korrelation mit den Befugnissen des Berechtigten. NN. 73–77
2. Kollisionsfälle. NN. 78–93
3. Ausschließliche Nutzung des belasteten Grundstückes und Mitbenutzung durch den Dienstbarkeitsberechtigten. N. 94–96
4. Das Verhältnis des Dienstbarkeitsberechtigten zu anderen am dienenden Grundstück dinglich Berechtigten. NN. 97–105

VI. Die Verantwortlichkeit des Dienstbarkeitsberechtigten nach den Bestimmungen über die Haftung des Grundeigentümers und des Werkeigentümers. NN. 106–125

VII. Rechtsschutzansprüche des Dienstbarkeitsberechtigten

1. Besitzesschutz (Possessorium)
    a) Der Besitz. NN. 126–145; b) Maßnahmen und Vorkehren des Besitzesschutzes. NN. 146 bis 153; c) Schadenersatz. NN. 154–155; d) Aktivlegitimation. NN. 156–159; e) Passivlegitimation. NN. 160–167; f) Verfahren. NN. 168–172
2. Der Rechtsschutz (Petitorium) im allgemeinen. NN. 173–179
3. Die actio confessoria im besonderen
    a) Gegenstand und Zweck. NN. 180–182; b) Aktivlegitimation. NN. 183–191; c) Passivlegitimation. NN. 192–198; d) Der Grundeigentümer errichtet ein Quellenrecht und gräbt die Quelle vom angrenzenden Grundstück aus ab. NN. 199–202; e) Beseitigungsanspruch und Überbaurecht. NN. 203–212; f) Verjährung und Verwirkung. NN. 213–226

VIII. Intertemporales Recht. NN. 227–237

I. Die Ausübung der Dienstbarkeit im allgemeinen

1. Maßgebende Grundsätze

Der Art. 737 steht unter dem Marginale C. Inhalt I. Umfang 1. im allgemeinen. **1** Er sagt jedoch nicht, was Inhalt der Grunddienstbarkeit sein kann und auch nicht, welchen Umfang die Dienstbarkeit habe oder wonach er sich bestimme. Beides ist vorausgesetzt; es ergibt sich aus der gesetzlichen Umschreibung des Gegenstandes der Grunddienstbarkeit (Art. 730). Inhalt und Umfang der Grunddienstbarkeit sind deshalb in den Ausführungen zum Art. 730 behandelt.

Im Art. 737 sind die allgemeinen Grundsätze namhaft gemacht, welche bei der **2** Ausübung der Dienstbarkeit vom Berechtigten und von den Verpflichteten zu beobachten sind. Der Berechtigte übt die Dienstbarkeit nach Maßgabe ihres Inhaltes und Umfanges aus. Insofern sind die Bestimmungen über die Ausübung Ausführungsbestimmungen zu den Vorschriften über den Inhalt und Umfang der Dienstbarkeit, als welche sie im Randtitel deklariert werden. In der Ausübung verwirklicht sich die Dienstbarkeit nach Maßgabe ihres Inhaltes und Umfanges. Die Frage, welche das Bundesgericht unter dem Gesichtspunkt des intertemporalen Rechts aufgeworfen hat (EBG **38** II 458 = Pr. **2** Nr. 31), ob «die den Inhalt der Servituten betreffenden gesetzlichen Bestimmungen gemäß der in den Marginalien ausgedrückten Systematik des Gesetzes nur in den Art. 737ff. ZGB zu suchen sind» oder ob auch der Art. 730 zu diesen Bestimmungen gehöre, ist dahin zu beantworten, daß die grundlegende Bestimmung über den Inhalt der Grunddienstbarkeit nicht der Art. 737, sondern der Art. 730 ist und die Marginalien als irreführend bezeichnet werden müssen.

Wenn das Gesetz in Art. 737 sagt, der Berechtigte dürfe alles tun, was zur **3** Ausübung seines Rechtes nötig sei, und der Belastete dürfe nichts tun, was dem hinderlich sei, spricht es eine reine Selbstverständlichkeit aus. Im Abs. 2 ist dann allerdings dem Berechtigten noch geboten, sein Recht in möglichst schonender Weise auszuüben. Civiliter uti! Aber auch das würde ohnehin gelten. Es folgt aus dem Sachverhalt, daß die Dienstbarkeit das Eigentum am belasteten Grundstück einschränkt, jedoch nur so weit, als sie nach Maßgabe ihres Inhaltes und Umfanges die Vermutung der Freiheit des Eigentums entkräftet (Einl. N. 8; entsprechend für die gesetzlichen Eigentumsbeschränkungen Einl. NN. 83ff.). Das Civiliter uti des Art. 737 Abs. 2 ist das allgemeine Prinzip, als dessen Anwendungsfall auch das Recht, die Verlegung der Dienstbarkeit zu verlangen, erscheint. EBG **88** II 154 = Pr. **51** Nr. 132. Siehe dazu auch N. 40 zu Art. 742.

4 Das Dienstbarkeitsrecht würde keinen anderen Inhalt haben und in der Praxis nicht anders angewendet, wenn das Gesetz den Art. 737 nicht enthielte. Immerhin kann die Hervorhebung der die Ausübung der Dienstbarkeit beherrschenden Regeln im Gesetz der Abklärung verschiedener Streitfälle, die sich aus dem Dienstbarkeitsverhältnis in der Praxis ergeben, größere Sicherheit geben und die Leitsätze für die Erörterung einer Reihe praktisch wichtiger Fragen namhaft machen.

2. Die Rechtsnatur des Dienstbarkeitsverhältnisses

5 Als dingliches Recht gibt die Dienstbarkeit dem Berechtigten eine **unmittelbare** Herrschaft beschränkten Inhaltes und Umfanges über das belastete Grundstück. Unmittelbar ist diese Herrschaft, weil der Berechtigte sie ausüben kann, ohne daß eine verpflichtete Person durch irgendeine positive Leistung mitwirken müßte, und weil er sein Recht infolgedessen gegenüber jedermann durchsetzen kann, der ihm seine Sachherrschaft streitig macht, sie hindert oder erschwert (Einl. NN. 2 und 3). Dem Dienstbarkeitsberechtigten steht so wenig wie dem Eigentümer eine bestimmte Person als Verpflichteter gegenüber. Es ist deshalb dogmatisch nicht unbedenklich, daß im Art. 739 dem Dienstbarkeitsberechtigten der Eigentümer des belasteten Grundstückes als Verpflichteter gegenübergestellt ist. H. PFISTER, Der Inhalt der beschränkten dinglichen Rechte, insbesondere der Dienstbarkeit, Diss. Basel 1933, S. 121, erwähnt lobend, daß das BGB es vermieden habe, den Eigentümer des belasteten Grundstückes zu nennen und hält es für inkorrekt, daß das ZGB den Eigentümer des belasteten Grundstückes als Verpflichteten bezeichnet, obwohl ein Verpflichteter gar nicht zu den begriffsnotwendigen Erscheinungen des Dienstbarkeitsverhältnisses gehöre. Das ist richtig. Es wird außer von ARMINJON-NOLDE-WOLFF (N. 5 zu Art. 730) auch von Carlo FADDA, Servitù (Lezioni) 1913, p. 32 namhaft gemacht: «Si dimentica che nei diritti reali – e tale è certamente la servitù – l'uomo si trova in rapporto diretto colla cosa e che il parlare di **quis debeat** a proposito dei diritti reali è trasportare in questo campo la nozione della obbligazione. Nei diritti reali non vi è debitore...»

6 Aber Verpflichtungen ergeben sich aus der Dienstbarkeit gegenüber allen Personen, welche die Ausübung hindern könnten, unter ihnen insbesondere gegenüber dem Eigentümer des belasteten Grundstückes. Dieser hat aber rechtlich gegenüber dem Dienstbarkeitsberechtigten keine andere Stellung als jeder Dritte überhaupt, bloß ist er tatsächlich eher in der Lage und stärker als ein anderer daran interessiert, die Ausübung der Dienstbarkeit zu hindern oder zu erschweren. Die Wirksamkeit des dinglichen Rechtes und der Dienstbarkeit im besonderen haben wir schon mehrmals charakterisiert (Einl. NN. 3, 6ff., Art. 730 NN. 5 und 228).

Damit steht die noch recht verbreitete Ansicht im Widerspruch, daß zwischen dem Dienstbarkeitsberechtigten und dem Belasteten ein «gesetzliches Schuldverhältnis» bestehe und den Gegenstand des Art. 737 bilde. Sie wird sowohl von WIELAND als auch von LEEMANN in den einleitenden Bemerkungen zum Art. 737 vertreten, und zwar in Anlehnung an Bemerkungen von BIERMANN und von STAUDINGER-KOBER zu § 1020 BGB (von ersterem aber nur mit Bezug auf Verpflichtungen des Berechtigten behauptet). Diese Auffassung ist ganz verfehlt. Ein gesetzliches Schuldverhältnis kann nur gesetzlichen Befugnissen und Verpflichtungen zugrunde liegen, die sich nicht aus dem Dienstbarkeitsverhältnis als dessen Inhalt ergeben, sondern bloß mit ihm verbunden werden, wie das in den Vorschriften über die Nutznießung (etwa in den Art. 753, 760, 763, 767 u.a. geschieht). Darunter fallen namentlich Ansprüche auf positive Leistungen, die gar nicht dinglichen Charakter haben können (NN.4, 154, 225 zu Art. 730). Von solchen Befugnissen und Verpflichtungen ist im Art. 737 nicht die Rede. 7

Es könnte sich höchstens die Frage erheben, ob die Vorschrift, daß der Berechtigte die Dienstbarkeit s c h o n e n d auszuüben habe, ein gesetzliches Schuldverhältnis begründe, welche dem Eigentümer des belasteten Grundstückes einen persönlichen Anspruch gebe. Dies würde zutreffen, wenn sich das Gebot der schonenden Ausübung nicht aus dem Inhalt der Dienstbarkeit ergäbe. Wie aber hievor (N 3) bereits bemerkt wurde, folgt dieses Gebot schon aus dem begrifflichen Verhältnis zwischen Dienstbarkeit und Eigentum am belasteten Grundstück. Es braucht zu seiner Begründung auch nicht auf den Art. 2 zurückgegriffen zu werden. Die Annahme eines gesetzlichen Schuldverhältnisses als Grundlage der Befugnisse und Verpflichtungen der Eigentümer des berechtigten und des belasteten Grundstückes wird auch von WOLFF und RAISER, § 107 II S. 440, überhaupt, einschließlich des Gebotes der schonenden Ausübung, entschieden abgelehnt. Ebenso von STRECKER im PLANCKSCHEN Kommentar, Erl. 1 zu § 1020. 8

Zum mindesten sehr mißverständlich ist die Ausdrucksweise des Bundesgerichts, das die Befugnisse des Dienstbarkeitsberechtigten als «Rechte aus dem Dienstbarkeitsvertrag» bezeichnete und erklärte, die zwischen dem Eigentümer des belasteten Grundstückes und dem Inhaber des Quellenrechts bestehenden «vertraglichen Beziehungen» seien zum Schutze des letzteren ausreichend (EBG **57** II 262 = Pr. **20** Nr. 133). Rechte aus dem Dienstbarkeitsvertrag macht der Eigentümer des herrschenden Grundstückes nur geltend, indem er gegenüber dem Eigentümer des belasteten Grundstücks den Anspruch auf Eintragung erhebt (Art. 665 Abs. 1). Ist die Dienstbarkeit errichtet, hat er keine vertraglichen Ansprüche mehr. Der Dienstbarkeitsvertrag ist nicht mehr Seinsgrund einer Obligation, sondern Titel des dinglichen Rechts, der dessen Inhalt und Umfang bestimmt. Siehe dazu NN. 39 und 180 zu Art. 736. 9

II. Befugnisse des Dienstbarkeitsberechtigten

1. Ausübung der Dienstbarkeit

10   Der Berechtigte ist befugt, alles zu tun, was zur Ausübung der Dienstbarkeit nötig ist. Wenn er die Dienstbarkeit soll ausüben können, und das ist ihr Sinn und Zweck, muß er diese Befugnis haben. Hat er ein Quellenrecht, muß er das Wasser der Quelle fassen und es sich zuleiten dürfen; zu diesem Zweck muß er über das belastete Grundstück gehen und fahren dürfen; er muß auf ihm bauliche Anlagen errichten und sie beaufsichtigen, unterhalten, erneuern und gegebenenfalls auch erweitern dürfen. So schließt das Quellenrecht ein ihm untergeordnetes Baurecht und Wegrecht in sich. Im ABCB (§§ 496, 497) und, aus ihm übernommen, in der Satz. 454 des bernischen CGB ist dies ausdrücklich bestimmt: «Wer zum Beispiel das Recht hat, Wasser, das in einem fremden Grundstück entspringt, auf das seinige zu leiten, hat auch die Befugnis, die Leitung einzulegen und derselben nachzugehen.» Das Quellenrecht kann darüber hinaus aber auch ein Bauverbot oder eine Baubeschränkung mit sich bringen, was sich daraus ergeben kann, daß der Eigentümer des belasteten Grundstückes nach dem 3. Abs. des Art. 737 nichts vornehmen darf, was die Ausübung der Dienstbarkeit verhindert oder erschwert. EBG (1939) ZBGR **21**, S. 47ff.

11   Die Handlungen, mittels welcher die Dienstbarkeit ausgeübt wird, ohne welche dies also nicht möglich ist, nannte man in der gemeinrechtlichen Lehre die **adminicula servitutis**. Sie sind als stillschweigend verstattet anzusehen, weil sie notwendiges Mittel zum Zwecke sind. GLÜCK, Erläuterung der Pandekten, Bd. 10. S. 62; ELVERS, Servitutenlehre, S. 215ff.; GROSSO e DEJANA, n. 79, p. 229s.; MESSINEO, n. 70, p. 146. Josef KOHLER, Lehrbuch II 2, S. 284 nennt sie «Geleitsrechte».

Ob eine bestimmte Handlung zu den adminicula servitutis gehöre oder nicht, ist eine Frage, welche sich in der Praxis immer wieder gestellt hat. Es seien die folgenden Fälle angeführt:

12   Wer das Recht zur Benutzung eines gebahnten Fahrweges hat (das ist ein Weg mit einem bestimmten künstlich hergestellten oder ausgetretenen Trassee, vgl. BezG Zürich in SJZ **31** Nr. 239, S. 296), ist auch befugt, diesen Weg so auszubauen und so zu unterhalten, daß er den Zweck des Wegrechtes erfüllt. JD St. Gallen (1936) ZBGR **20**, S. 287; AppH Freiburg (1949) ZBGR **32**, S. 144ff. Widerrechtlich ist dagegen die Überführung des Weges mit Kies und Schutt, wenn sie nicht diesem Zweck, sondern der bequemen Ablagerung dieser Materialien dient. KtG Schwyz (1923) ZBGR **23**, S. 275. Die Befugnis, sein Auto zu parkieren, gehört nicht zum Inhalt des Fahrwegrechtes an einem Hausplatz und ist zu dessen Ausübung nicht notwendig. JD St. Gallen (1936) ZBGR **20**, S. 284f.

13   Wer ein Wegrecht hat, ist befugt, das Trassee durch Reutung und Zurückschneiden von Sträuchern, Baumästen und Zweigen freizumachen. Für die Ausübung des Rechts zur Durchleitung elektrischen Stromes kann es nötig sein, daß eine Wald-

schneise ausgehauen und offengehalten wird. Der Dienstbarkeitsberechtigte ist hiezu befugt, doch wird die Verpflichtung zur Vornahme dieser Handlungen in der Praxis meistens vom Eigentümer des belasteten Grundstückes im Dienstbarkeitsvertrag übernommen. ZBGR **24**, S. 50; **26**, S. 34.

Ob auf Grund eines Höherbauverbotes (servitus altius non tollendi) auch die **14** Pflanzung oder das Aufwachsenlassen hochstämmiger Bäume, welche die Aussicht beeinträchtigen, verboten werden kann, ist dagegen sehr fraglich. Verneinend franz. Cass. 1836, nach FUZIER-HERMAN, n. 25 ad art. 696; diesem Urteil stimmen zu BAUDRY-LACANTINERIE et CHAUVEAU, Traité théorique et pratique[3], t. VI n° 1126, p. 857. Auch nach römischem Recht umfaßte die servitus altius non tollendi nicht auch die servitus ne prospectui officiatur und die servitus ne luminibus officiatur. ELVERS, S. 440ff., DERNBURG, Pandekten (1902) § 244, S. 587, System des RR (1911) § 207, S. 435. Die drei Dienstbarkeiten sind auch im § 476 ABGB geschieden, und die erste gilt als die beschränkteste. EHRENZWEIG, § 251, Ziff. 3/4, S. 326 Anm. 13. Daß das Bauverbot mit dem Zweck, dem herrschenden Grundstück Sonne, Licht und Aussicht zu erhalten, im Zweifel nicht auch das Verbot des Pflanzens von Bäumen in sich schließe, haben auch das BezG Zürich und das ObG 1928 entschieden. ZBGR **10**, S. 19ff. Dagegen verbietet eine Bauverbotsdienstbarkeit nicht nur die Erstellung von Bauten, die Bestandteil des belasteten Grundstückes werden, sondern auch von Fahrnisbauten. KtG Freiburg (1955) ZBGR **38**, S. 15ff. Dies trifft jedenfalls dann zu, wenn diese Bauten nicht bloß für ganz kurze Zeit aufgestellt sind, wie etwa eine Festhütte.

Für die Beurteilung der Frage, ob eine das belastete Grundstück benutzende **15** Handlung zum Kreise der adminicula servitutis falle, ist, wie auch die angeführten Beispiele aus der Praxis zeigen, der Zweck der Dienstbarkeit bestimmend. Er liegt normalerweise in der Erfüllung eines bestimmten Bedürfnisses des herrschenden Grundstückes, abnormalerweise (NN. 53ff., 70, 79, 91, 141–151 zu Art. 736) in der Erfüllung eines bestimmten Bedürfnisses der Person des berechtigten Grundeigentümers. Dabei kommt es auf die ursprüngliche, der Errichtung der Dienstbarkeit zugrunde liegende Zweckbestimmung an, und zwar auf diese Zweckbestimmung in dem besonderen, aus den damaligen konkreten Umständen zu verstehenden Sinne. Die maßgebende Zweckbestimmung eines Wegrechtes ist also nicht die einer dem herrschenden Grundstück nützlichen Wegverbindung über das belastete Grundstück schlechthin, sondern die Ermöglichung des Zuganges zum herrschenden Grundstück von einer bestimmten Stelle der öffentlichen Straße her. Nur solange das ursprüngliche Bedürfnis an dieser so bestimmten Wegverbindung besteht, muß dem Eigentümer des herrschenden Grundstückes die Befugnis zur Ausübung der Dienstbarkeit zugestanden werden. Besteht es nicht mehr, fällt die Dienstbarkeit gemäß Art. 736 dahin. Die Benutzung des alten Weges zu einem neuen Zweck ist nicht Ausübung der bestehenden Dienstbarkeit. Die gegenteilige Entscheidung verletzt das Prinzip der Identität der Dienstbarkeit. NN. 59ff. zu Art. 736.

Grunddienstbarkeiten

16 Mit diesem Grundsatz hat sich EUGEN HUBER in den Erläuterungen zu dem dem Art. 737 entsprechenden Artikel des Vorentwurfes vornehmlich befaßt (Erl. II, S. 146f.). Er unterscheidet, entsprechend der Preisgabe des Utilitätserfordernisses, zwischen den Dienstbarkeiten, deren Inhalt durch die persönlichen Bedürfnisse des Berechtigten bestimmt ist, und denjenigen, für deren Inhalt die Bedürfnisse des herrschenden Grundstückes maßgebend sind. In der Beurteilung der ersten, so heißt es da, sei ausschließlich auf die ganz individuellen Bedürfnisse abzustellen, wie sie bei der Errichtung vorhanden waren, so daß, wenn diese Bedürfnisse nicht mehr bestehen, die Dienstbarkeit gemäß Art. 736 dahingefallen ist (N. 87 zu Art. 730, NN. 54, 70, 91, 146 zu Art. 736).

17 Bei der Beurteilung der zweiten, also der normalen Kategorie von Dienstbarkeiten, fragt es sich, ob dem Berechtigten eine der Veränderung der Bedürfnisse seines Grundstückes entsprechende Art der Ausübung und des Maßes der Inanspruchnahme zuzugestehen sei. Solche Änderungen werden in den Erl. als zulässig erklärt, allerdings nur vorbehältlich gegenteiliger Bestimmungen des Erwerbstitels und nur in den Schranken, welche ihnen durch den Art. 739 gesetzt sind: Eine Mehrbelastung darf dem Eigentümer des belasteten Grundstücks nicht zugemutet werden. Damit stimmt auch die folgende Äußerung des Bundesgerichts überein: «ZGB 739 mutet dem Eigentümer des belasteten Grundstückes gewisse Änderungen der Ausübung der Dienstbarkeit gegenüber dem bisherigen Inhalt zu (vgl. Art. 738), nicht aber eine Mehrbelastung.» EBG **64** II 414 = Pr. **28** Nr. 33, S. 92.

18 Die Mehrbelastung ist jedoch nur dann unzumutbar, wenn sie eine Folge der Überschreitung des in seinem Inhalt und Umfang gemäß Art. 738 bestimmten Dienstbarkeitsrechtes ist. Die tatsächliche Belastung kann sehr wohl zunehmen, ohne daß eine solche Überschreitung vorliegt. Vielfach nimmt sie bloß deshalb zu, weil die Dienstbarkeit bisher in bloß reduziertem Umfang ausgeübt wurde und nun zu voller Ausnutzung gelangt. Gleich verhält es sich mit dem vom AppH Bern 1957 beurteilten Tatbestand: Eine Ziegeleiunternehmung, die sich vergrößerte und ihren Umsatz auf das Vierfache steigerte, baut auf Grund einer Dienstbarkeit das Lehmvorkommen viel rascher ab, als bei der Errichtung der Dienstbarkeit erwartet werden konnte. ZBJV **95**, S. 229ff. Siehe dazu KOHLER, Lehrbuch II 2, S. 284 und DERNBURG, Das Bürgerl. Recht des Dt. Reiches und Preußens III, 3. Aufl. 1904, S. 501.

19 Eine Mehrbelastung ohne Überschreitung des Dienstbarkeitsrechtes kann jedoch auch eintreten, wenn dieses Recht von Anfang an voll ausgenutzt wurde. Dies kommt dann vor, wenn sich Inhalt und Umfang der Dienstbarkeit nach den Bedürfnissen des herrschenden Grundstückes richten und diese Bedürfnisse zunehmen. Das ist der erwähnte, in den Erläuterungen von EUGEN HUBER besprochene Fall. Die Steigerung der Belastung infolge der Zunahme der Bedürfnisse des herrschenden Grundstückes ist rechtmäßig, fällt also nicht unter das Verbot des Art. 739, wenn der Inhalt und Umfang der Dienstbarkeit durch den Erwerbsgrund nicht absolut bemessen sind, sondern durch die Bedürfnisse des herrschenden Grundstückes bestimmt sind. Das sind die sogenannten ungemessenen Dienstbarkeiten. WIELAND, Bem. 4, LEEMANN, N. 17/18 zu Art. 737; ROSSEL und MENTHA III n⁰ 1375, p. 17; TUOR, 9. Aufl. S. 650; KOHLER, Arch. f.d. civ. Pr. **87**, S. 217ff.; WOLFF-RAISER, § III 2, S. 437; DERNBURG, System des RR I⁸ § 203, S. 426. Zur Erweiterung des Umfanges einer Dienstbarkeit mit der Zunahme der Bedürfnisse des herrschenden Grundstücks EBG **87** I 311 = Pr. **50** Nr. 155 = MBVR **60** (1962) Nr. 46, S. 165ff. (Inanspruchnahme von Alpboden in größerem Umfang zur Parkierung von Autos der Hotelgäste); ObG Zürich, ZBGR **42** (1961), S. 214 (Ausübung eines Fahrwegrechtes mit landwirtschaftlichen Motorfahrzeugen).

20 Im Zweifel, d.h. wenn sich nicht aus dem Erwerbsgrund das Gegenteil ergibt, ist die Grunddienstbarkeit eine ungemessene Dienstbarkeit. Von den irregulären Personaldienstbarkeiten sagt das Gesetz in Art. 781, ihr Inhalt bestimme sich nach den gewöhnlichen Bedürfnissen der Berechtigten; von den Grunddienstbarkeiten müßte es heißen, ihr Inhalt bestimme sich nach den Bedürfnissen des herrschenden Grundstückes. Dies ist in verschiedenen Gesetzbüchern, z.B. auch im § 707 des zürcherischen PrGB, ausgesprochen, aber in der Regel zur Begrenzung des Inhaltes und Umfanges nach oben, welche sich schon aus dem Erfordernis der Utilität zwingend ergibt. Hier aber fragt sich nicht, ob eine Ausdehnung der Servitut über die Bedürfnisse des herrschenden Grundstückes hinaus zulässig sei, sondern ob diese Höchstgrenze gebildet werde durch die Bedürfnisse, welche zur Zeit der Errichtung der Dienstbarkeit bestanden haben, oder durch die jeweiligen Bedürfnisse des herrschenden Grundstückes und sich mit deren Zunahme nach oben verschiebe. Dieses letztere trifft auf die ungemessenen Dienstbarkeiten zu. Das wird durch die Erl. II S. 146f. bestätigt und ist allgemein anerkannt. Siehe die vorhin zitierten Stellen aus der Literatur.

EBG **88** II 252ff., bespr. ZBJV **99** (1963) S. 353ff. (v. Werdt-Passage in Bern).

Die Erhöhung des Hauses auf dem herrschenden Grundstück um ein Stockwerk ist nicht eine «innovazione» im Sinne des Art. 1067 C.c.it., welche eine unzulässige Mehrbelastung des dienenden Grundstücks zur Folge hätte. GROSSO-DEJANA, 3ᵃ ed. 1963, I p. 235; L. BARASSI, Diritti reali limitati, p. 275 nota 157. Ebenso auf Grund des C.c.fr. PLANIOL-RIPERT-PICARD (1926) n⁰. 984, p. 917.

21 Manche Arten von Dienstbarkeiten sind in der Regel ungemessene Dienstbarkeiten. Namentlich trifft dies auf die Wegrechte zu, aber auch etwa auf Wasser- und Holzbezugsrechte, Durchleitungsrechte, Platzrechte u.a. Wird das berechtigte Grundstück stärker benutzt, intensiver bewirtschaftet, ohne daß seine Zweckbestimmung geändert wird, ist die dadurch bewirkte Steigerung der Inanspruchnahme des belasteten Grundstückes zulässig. Selbst eine Vergrößerung oder Vermehrung der Gebäude auf dem herrschenden Grundstück, welche zur Folge hat, daß auf diesem mehr Menschen wohnen oder mehr Vieh gehalten wird, so daß die Wege stärker begangen und befahren werden, mehr Wasser verbraucht, zu- und abgeleitet wird, kann nicht als Überschreitung des Dienstbarkeitsrechtes angesehen werden. Siehe dazu K. G. KÖNIG, Kommentar zum bernischen CGB II (1880) S. 277, zu Satz. 457.

Vgl. jedoch auch EBG 24. November 1966 i.S. SBB c. Riedweg (moderne Einrichtung der Wasserversorgung eines Bahnwärterhäuschens).

22 Die Steigerung der Inanspruchnahme seines Grundstückes braucht vom Eigentümer jedoch nicht geduldet zu werden, wenn sie darauf zurückzuführen ist, daß der Eigentümer des berechtigten Grundstückes dieses durch den Zukauf von Land vergrößert hat. Insbesondere aber braucht sie auch dann nicht geduldet zu werden, wenn sie verursacht wird durch eine Änderung der den Charakter des herrschenden Grundstückes bestimmenden Art und Weise seiner Benutzung oder Bewirtschaftung. Siehe dazu die Erl. II, S. 148, und die in N. 19 zitierten Ausführungen in der Literatur.

23 Die Beurteilung von Klagen wegen Überschreitung des Dienstbarkeitsrechtes konzentriert sich deshalb hauptsächlich auf die Frage, ob die Ausübung noch der ursprünglichen Zweckbestimmung des herrschenden Grundstückes entspreche oder zu einem anderen Zweck erfolge. Letzteres trifft zu, und die Mehrbelastung ist unzulässig, wenn der Eigentümer des berechtigten Grundstückes, das bisher landwirtschaftlich genutzt wurde und zu diesem Zweck sein Wegrecht zur Verbindung mit der öffentlichen Straße hatte, ein Wohnhaus erstellt und das Wegrecht für dessen Benutzung in Anspruch nimmt, oder wenn er das Wohnhaus in ein Gasthaus umwandelt oder in ihm einen gewerblichen oder industriellen Betrieb einrichtet und das Wegrecht diesen neuen Bedürfnissen dienstbar macht.

24 Das 1875 für ein bescheidenes Wohnhaus mit Bäckerei begründete Wegrecht gestattet die Benutzung für die Zufahrt zum größeren Neubau mit Mietgaragen nicht: ObG Bern (1927) ZBJV **64**, S. 87 = SJZ **25**, S. 68 = WEISS n. F. Nr. 4996. Ein Fahrwegrecht kann heute auch mit Motorfahrzeugen ausgeübt werden; wenn es aber für den neu eingerichteten Betrieb einer Garage mit Werkstätten und Tankstelle benutzt würde, läge darin für den Eigentümer des belasteten Grundstückes eine unzumutbare Mehrbelastung: EBG **64** II 414 = Pr. **28** Nr. 33. Unzulässig ist die Ausübung des Wegrechtes mit Motorfahrzeugen dann, wenn es den Weg dem allgemeinen Verkehr und Autotourismus öffnen würde: EBG **70** II 46f. = Pr. **33** Nr. 54.

25 Wer ein landwirtschaftliches Flurwegrecht hat, ist nicht befugt, es für die Abfuhr von Kies aus einer gewerblich betriebenen Grube zu benutzen: AppH Bern (1941) ZBJV **78**, S. 181ff. Ein Flurweg darf auch nicht dazu benutzt werden, während langer Zeit große Massen von Aushub- und Abbruchmaterial auf das wegberechtigte Grundstück zur Auffüllung einer Mulde zu transportieren; auch wenn damit ein landwirtschaftlicher Zweck erfüllt wird, ist es doch nicht der Zweck, dem der Weg gewidmet ist oder für den das Wegrecht errichtet worden ist: ObG Zürich (1954) BlZR **53** Nr. 143.

26 Ist ein «ungehindertes Fußwegrecht und beschränktes Fahrwegrecht für Kinder-

wagen, ganz leichte Handwagen und Fahrräder (Motorräder ausgeschlossen)» errichtet, und zwar unentgeltlich und nur für den persönlichen Gebrauch von Mietern der berechtigten Liegenschaft, darf es nicht zum Transport von schweren Lasten (Kisten von 80 bis 100 kg) durch das Tor, den Durchgang zum Hofraum und über diesen für die geschäftlichen Bedürfnisse eines Mieters verwendet werden: ObG Zürich (1951) BlZR **54** Nr. 174.

27 Wenn der Eigentümer des belasteten Grundstückes die Ausübung des Wegrechtes für einen anderen Zweck als den, für welchen es begründet worden ist, nicht zuzulassen braucht, sollte er die Ausübung doch dulden müssen, wenn die Mehrbelastung, die sie für ihn mit sich bringt, durch eine Kulturänderung innerhalb der landwirtschaftlichen Zweckbestimmung des herrschenden Grundstückes verursacht worden ist, etwa durch die Umwandlung der Magerwiese in eine Fettwiese oder in Ackerland. Dafür hat sich KOHLER, Arch. f.d. civ. Pr. **87**, S. 220, ausgesprochen und sich dabei auf ein Urteil des französischen Kassationshofes vom 15. März 1892 (Sirey **92** I, p. 310) gestützt. Siehe dazu auch MEISNER-STERN-HODES, § 31 II, S. 396. Das zürcherische PrGB (§ 708) hatte eine solche Mehrbelastung nicht ohne weiteres zugelassen, die Kulturänderung aber doch ermöglicht, indem es die durch sie bewirkte «erhebliche Erweiterung der Belastung» gegen Entschädigung als zulässig erklärte. Vgl. dazu auch K.G. KÖNIG, S. 282; DERNBURG, System I § 203, S. 426 Anm. 10. N. 76 zu Art. 738.

28 Das zürcherische ObG gestattete die Benutzung des Wegrechtes, das zur Bewirtschaftung eines Weinberges bestanden hatte, zur Benutzung des Gartens, in den der Weinberg umgewandelt worden war und glaubte, darin keine Mehrbelastung erblicken zu müssen, auch nicht wenn der Berechtigte das Wegrecht ausübe, «um sich im Garten vom Stande der Kulturen zu überzeugen, sich seines Besitzes zu freuen oder im Schatten der Bäume der Ruhe zu pflegen» (ZBGR **5**, S. 105 – SJZ **10**, S. 204, Entscheidung der RekKomm. vom 18. Juni 1913).

29 Dem Grundeigentümer, der ein Wegrecht für den Zugang zu den Kellerräumlichkeiten seines Hauses hatte, wurde die Befugnis zur Ausübung des Rechtes durch den Mieter, dem er einen Keller als Kohlendepot vermietet hatte, zuerkannt mit der Begründung, das Wegrecht sei für die Benutzung der Kellerräume allgemein, gemäß deren Zweck, begründet worden und nicht bloß für eine bestimmte Art der Verwendung, und die Keller seien zur geschäftlichen Nutzung durchaus geeignet. ObG Zürich (1912) BlZR **12** Nr. 98 = ZBGR **32**, S. 130.

30 Die Servitut des Villenbaues wird dadurch, daß das Haus als Kinderheim eingerichtet und nun als solches benutzt wird, nicht verletzt; das Haus verliert dadurch den Charakter einer Villa nicht. ObG Zürich (1945) BlZR **44** Nr. 72.

31 Ist das Wegrecht, Wasserbezugs- oder Wasserableitungsrecht für ein gewerblich genutztes Grundstück errichtet worden, darf es auch ausgeübt werden, wenn auf dem herrschenden Grundstück ein Gewerbebetrieb anderer Art eingerichtet und geführt wird, da es diesem Betrieb dienen kann, ohne einen anderen Zweck zu

Grunddienstbarkeiten

erhalten. Das Wegrecht, das für ein Gasthaus errichtet worden war, darf ausgeübt werden, auch wenn an dessen Stelle ein Werkstatt-, Laden- oder Bürogebäude getreten ist und umgekehrt. MEISNER-STERN-HODES, § 31 II S. 397. Siehe EBG **88** II 252ff., bespr. ZBJV **99** (1963), S. 353ff. (v. Werdt-Passage in Bern).

32   Ihre Besonderheit weisen in dieser Hinsicht die e h e h a f t e n Wasserrechte auf. Sie sind ehemals nicht als Wasserrechte zur Befriedigung der Bedürfnisse des herrschenden Grundstücks schlechthin begründet worden, sondern sind dem Empfänger zusammen mit einem Grundstück zum Betrieb eines bestimmten Werkes oder zusammen mit dem Recht der Benutzung eines Grundstückes zum Betrieb dieses bestimmten Werkes verliehen worden. Dieses Werk war eine Mühle, Stampfe, Bleue, eine Hammerschmiede oder ein Sägewerk. Das Mühlen-, Säge-, Schmiederecht war das Hauptrecht und das Wasserrecht das Nebenrecht, Pertinenz des Gewerbebetriebs. Daraus hätte sich die Befugnis des Gewässereigentümers, zu welchem in der Regel das Gemeinwesen (Kanton oder Gemeinde) geworden ist, ergeben können, die Ausübung des Wasserrechts für einen anderen Zweck als für den Betrieb des ursprünglichen Gewerbes zu verhindern oder durch den Richter für unzulässig erklären zu lassen, womit die meisten dieser Rechte dahingefallen wären. Dazu ist es auch in nicht wenigen Fällen gekommen. Vgl. K. G. KÖNIG, Kommentar zum bernischen CGB II (1880) zu Satz. 457, S. 282. Im allgemeinen aber ist die Zweckänderung vom Gemeinwesen ausdrücklich oder stillschweigend gestattet worden und ist damit unanfechtbar geworden. Vgl. NN. 123ff. zu Art. 734 und P. LIVER, Die ehehaften Wasserrechte in der Schweiz, Festschrift GIESEKE (1958), S. 225ff., bes. S. 246, in den Privatr. Abh. S. 465ff.

33   Nicht nur hinsichtlich des Maßes, sondern auch der Art der Benutzung kann eine Veränderung der tatsächlichen Verhältnisse, namentlich infolge technischer Neuerungen, die sich allgemein durchgesetzt haben, zu einer Auswirkung kommen, welche zu einer stärkeren Inanspruchnahme des belasteten Grundstückes führt, die nicht als unzulässig gelten kann. Das wichtigste Beispiel dafür ist die V e r w e n d u n g v o n M o t o r f a h r z e u g e n a n s t e l l e d e s f r ü h e r e n F u h r w e r k b e t r i e b e s. Wer ein Fahrwegrecht hat, kann nicht daran gehindert werden, es mit dem Automobil auszuüben, welches die früheren Transportmittel weitgehend verdrängt hat. Dieser Wandlung muß sich das Dienstbarkeitsrecht fügen. Dieser Einsicht hat sich die Gerichtspraxis nicht verschließen können. Sie ist in N. 168 zu Art. 730, verzeichnet. Beizufügen sind diesem Verzeichnis folgende Urteile: ObG Zürich (1926) SJZ **23**, S. 170ff.; KtG Schwyz (1956) SJZ **54** Nr. 89, S. 171.

34   Da sich in der Landwirtschaft der Einsatz von Traktoren immer allgemeiner durchsetzt und namentlich der Einsatz von Motormähern (Kleintraktoren) auch in den Berggegenden zur unabweisbaren Notwendigkeit geworden ist, muß die Benutzung der bestehenden Dienstbarkeitswege mit ihnen, vorbehältlich des Ersatzes des verursachten zusätzlichen Sachschadens zugelassen werden, auch wenn darin eine namhafte Steigerung der Belastung liegt. Das Urteil des Bundesgerichts vom 2. Juli

1958 i. S. RR St. Gallen gegen Ackermann, welches die Notwendigkeit der Verwendung eines Motormähers als Voraussetzung für die Einräumung des Notweges über einen bestehenden Fußweg verneinte, dürfte aus den besonderen Umständen des beurteilten Falles zu verstehen sein und keine grundsätzliche Bedeutung beanspruchen. Es ist denn auch nicht in die AS aufgenommen worden. DALLOZ, Répertoire de droit civil (1966) n° 590: L'extension d'une servitude de passage du fait des progrès techniques réalisés dans les modes de transport ne constitue pas une aggravation.

Die Bejahung der Notwendigkeit des Einsatzes von Motormähern müßte indessen nicht nur zur Gutheißung eines Notweganspruches, sondern des Rechts zur Benutzung der bestehenden gebahnten oder ungebahnten Fahrwege oder sogar von Fußwegen führen. Schäden, die durch die notwendige Verbreiterung und sonstigen Ausbau dieser Wege und an den Kulturen verursacht werden und mit der bisherigen Art der Ausübung nicht verbunden waren, müßten allerdings, wie bemerkt, behoben oder ersetzt werden, gleich wie etwa der Durchleitungsberechtigte zum Ersatz jeden Kultur- und Sachschadens verpflichtet ist, den er durch die Erstellung der Leitung sowie durch Unterhalts- und durch Erneuerungsarbeiten am belasteten Grundstück anrichtet. 35

Die Dienstbarkeit des Villenbaues (NN. 17 der Vorbem. vor Art. 730, N. 190 zu Art. 730, N. 19ff. zu Art. 733) kann durch die Motorisierung des Verkehrs eine gewisse Modifikation erfahren. Die Belastung eines jeden Grundstückes des Villenquartiers mit der Beschränkung, daß auf ihm kein Gewerbebetrieb geführt werden dürfe, von dem lästige Einwirkungen auf die Nachbargrundstücke ausgehen, bleibt zwar unverändert. War jedoch ein Grundstück von dieser Belastung so weit befreit, daß auf ihm eine Fuhrhalterei mit Pferdeställen betrieben werden durfte, weil dies einem dringenden Bedürfnis des Quartiers entsprach, kann dem Eigentümer dieses Grundstückes nunmehr nicht wohl verwehrt werden, seinen Betrieb in ein Autotransportunternehmen umzuwandeln, wobei ihm allerdings die Beschränkung auferlegt bleibt, die Einwirkungen durch Lärm, üble Gerüche, Erschütterungen auf die Nachbargrundstücke, insbesondere soweit sie diejenigen des früheren Betriebs übersteigen, so weit herabzusetzen, als dies möglich und mit den betrieblichen und wirtschaftlichen Bedingungen der Unternehmung vereinbar ist. 36

2. Die Erhaltung der Dienstbarkeit

Der Dienstbarkeitsberechtigte ist befugt, alles zu tun, was zur Ausübung und auch was zur Erhaltung der Dienstbarkeit erforderlich ist. Auch die entsprechenden Vorschriften anderer Gesetzbücher nennen diese doppelte Funktion der Befugnisse des Dienstbarkeitsberechtigten. So das zürcherische PrGB in seinem § 702 (252), der C.c.fr. in den Art. 697 und 199; in C.c.it. ist den opere necessarie per conservare la servitù ein besonderer Artikel gewidmet (1069). Es dürfte indessen wohl angenommen werden, daß die Handlungen, welche zur Ausübung nötig sind, 37 auch die Maßnahmen zur **Erhaltung** der Dienstbarkeit umfassen. Damit die Dienstbarkeit ausgeübt werden kann, muß sie erhalten werden.

38 Unter der Erhaltung ist nicht etwa die Verteidigung der Dienstbarkeit im Besitzes- und Rechtsschutzverfahren verstanden. Zu dieser ist der Dienstbarkeitsberechtigte ganz unabhängig vom Art. 737 Abs. 1 befugt, wie jeder Inhaber eines dinglichen Rechts. Die Gesetzbücher, welche hierüber ausdrückliche Bestimmungen enthalten, weisen ihnen denn auch einen anderen Platz an (BGB §§ 1027, 1029; C.c.it. art. 1079).

39 **Erhalten** wird die Dienstbarkeit, indem auf dem dienenden Grundstück der tatsächliche Zustand hergestellt, aufrechterhalten oder wiederhergestellt wird, welcher die ungehinderte Ausübung der Dienstbarkeit ermöglicht (MESSINEO, n. 72, p. 149). Solche Maßnahmen sind die Ausführung von Unterhalts-, Reparatur- und Erneuerungsarbeiten an den Dienstbarkeitsanlagen auf dem belasteten Grundstück. Droht solchen Anlagen Gefahr durch Naturereignisse, wie Überschwemmung, Rutschung, Steinschlag, ist der Dienstbarkeitsberechtigte auch zur Erstellung von Schutzbauten befugt, hat aber dem Grundeigentümer den dadurch verursachten Schaden (Verminderung der Nutzfläche, Ertragsausfall) unter Anrechnung des ihm aus der Schutzwirkung für das Grundstück erwachsenden Vorteils (Art. 741 Abs. 2) zu ersetzen.

40 Auch wenn im Dienstbarkeitsvertrag nur die Reparaturen ausdrücklich erwähnt sind, ist die Befugnis, die bestehenden durch bessere Anlagen auf dem dienenden Grundstück zu ersetzen, gegeben. Hat sich der Grundwasserspiegel gesenkt, so daß die bestehende Fassung unzulänglich geworden ist, darf der Dienstbarkeitsberechtigte sie durch eine neue ersetzen, aber nicht an ihrer Stelle eine Grundwasserpumpanlage erstellen, weil mit dieser eine Wasserförderung betrieben würde, die nach Art und Maß das Quellenrecht überschreiten würde. ObG Zug (1954), SJZ **50,** S. 196 Nr. 103.

41 Die Befugnis, Maßnahmen zur Erhaltung der Dienstbarkeit zu treffen, umfaßt auch Vorkehren baulicher und anderer Art zur Abwendung schädigender Einwirkungen von Nachbargrundstücken her, wie die Abhaltung von widerrechtlich zugeleitetem Wasser, das Kappen der über die Grenze auf das belastete Grundstück eindringenden Wurzeln, herüberwachsenden Ästen und Zweigen.

42 Geht der Dienstbarkeitsberechtigte dagegen auf dem Rechtsweg gegen den Eigentümer des dienenden Grundstückes vor oder gegen den Nachbarn auf Grund von Art. 679 wegen Beeinträchtigung der Dienstbarkeit durch Überschreitung des Eigentums, ist das nicht mehr eine Handlung zur Erhaltung der Dienstbarkeit im Sinne der vorliegenden Bestimmung, sondern eine Vorkehr des Besitzes- oder Rechtsschutzes. Eher als solche hat auch die Baueinsprache des zürcherischen Rechts zu gelten, zu welcher das ObG Zürich auch den Quellenrechtsinhaber, gestützt auf Art. 685 und Art. 737 Abs. 3, als legitimiert erklärt hat. BlZR **12** Nr. 34 = SJZ **10,** S. 224 = WEISS Nr. 2529. Ebenso BlZR **29** Nr. 108.

III. Schonende Ausübung (Abs. 2)

Der Berechtigte hat die Dienstbarkeit «in möglichst schonender Weise auszu- **43** üben», «de la manière la moins dommageable», «con ogni possibile riguardo», «civiliter modo» (1. 9 D 8, 1). Das Civiliter uti ist zu einem Gebot des gemeinen Rechtes schlechthin geworden und aus diesem auch in verschiedene unserer früheren kantonalen Civilgesetzbücher übernommen worden. Das BGB verpflichtet den Berechtigten, «das Interesse des Eigentümers des belasteten Grundstücks tunlichst zu schonen» (§ 1020). Der C.c.fr. verbietet ihm, auf seinem oder dem belasteten Grundstück Änderungen vorzunehmen, welche die Belastung drückender gestalten (Art. 702). Die gleiche Bestimmung enthält der C.c.it. im Art. 1067; sie wird ergänzt durch die gesetzliche Vermutung des Art. 1065, daß die Servitut mit dem Inhalt und Umfang errichtet worden sei, daß sie das dienende Grundstück nicht stärker belaste, als notwendig sei, um den Bedürfnissen des herrschenden Grundstückes zu genügen. Das ist der Grundsatz der Proportionalität, welcher das Nachbarrecht und insbesondere die Begründung der Legalservituten beherrscht (NN. 24 bis 29 zu Art. 736).

Im Recht der freiwillig durch Rechtsgeschäft begründeten Servituten ist sein **44** Anwendungsbereich aber eng begrenzt. Er soll nicht gelten, wenn Art und Umfang der Dienstbarkeit im Erwerbsgrund eindeutig anders bestimmt sind. Das Civiliter uti ist jedoch auch in diesem Falle geboten. Denn es verpflichtet den Berechtigten gerade auch dann, wenn der Inhalt und der Umfang feststehen, während der Grundsatz des Art. 1065 C.c.it. als maßgebend für die Bestimmung von Inhalt und Umfang erklärt ist.

Daß der Eigentümer des dienenden Grundstückes die Schonung **45** beanspruchen kann, welche der Dienstbarkeitsberechtigte walten lassen kann, ohne auf die zweckgemäße Ausübung seines Rechtes auch nur zu einem geringen Teil verzichten zu müssen, ist ein allgemeiner Grundsatz, der gilt, auch wenn ihn das Gesetz überhaupt nicht ausdrücklich aufstellt oder nur in der Regelung eines besonderen Tatbestandes ausspricht. KOHLER, Arch. f. d. civ. Pr. **87**, S. 233. Aus ihm ergibt sich nicht eine Beschränkung des Inhalts und Umfanges des Dienstbarkeitsrechts, sondern eine die Art der Ausübung der Dienstbarkeit nach Maßgabe ihres feststehenden Inhaltes und Umfanges bestimmende Regel.

Auch der Art. 2 ZGB hat die Ausübung, nicht den Inhalt der subjektiven Rechte **46** zum Gegenstand. Er gebietet jedermann, in der Ausübung seiner Rechte nach Treu und Glauben zu handeln. Er beschränkt damit nicht den Inhalt des subjektiven Rechtes, etwa des Eigentums, sondern setzt seiner Ausübung eine moralische, zum Rechtsprinzip verfestigte Schranke (Einl. N. 83). Die entgegengesetzte, wohl herrschend gewordene Auffassung vertritt EGGER in seinem Kommentar, N. 24 zu Art. 2 ZGB.

Grunddienstbarkeiten

47 Wer ein unbeschränktes Tränkerecht am Brunnen des Nachbarn hat, ist befugt, sein Vieh jederzeit an den Brunnen zu treiben oder zu führen. Tut er dies ausgerechnet dann, wenn der Eigentümer des belasteten Grundstückes selber sich zum Tränken seines Viehs anschickt, so daß sich für diesen aus dem Zusammentreffen der Tiere am Brunnen Störungen und Belästigungen ergeben, wird man darin doch wohl eher eine Mißachtung der gebotenen Rücksicht in der Ausübung des unbeschränkten Tränkerechts sehen, als eine Überschreitung des Rechtes seinem Inhalt nach und deshalb nicht annehmen wollen, das Tränkerecht sei seinem Inhalt nach durch die Gebote des Art. 737 Abs. 2 und des Art. 2 beschränkt (a.M. MERZ, N. 28 zu Art. 2 des Berner Kommentars, Einleitungsband).

48 In den Gesetzgebungen, in denen aus dem Grundsatz des Handelns nach Treu und Glauben bloß das Verbot der Schikane abgeleitet wird, wie auch noch im C.c.it. (atti d'emulazione – Handlungen, die keinen anderen Zweck haben als den, einen anderen zu schädigen oder zu belästigen), hat das Gebot der schonenden Ausübung der Dienstbarkeit selbständige Bedeutung, kann es doch verlangen, daß der Berechtigte eine Ausübungshandlung, an der er durchaus ein eigenes Interesse hat, mit der er aber dem Eigentümer des dienenden Grundstücks einen Schaden zufügt, den er vermeiden könnte, ohne den Zweck der Dienstbarkeit unerfüllt zu lassen, unterlasse. RIPERT Georges, La règle morale dans les obligations, n°s 92ss., p. 168ss.

49 Im schweizerischen Recht, in dem der Grundsatz des Handelns nach Treu und Glauben weit über das bloße Schikaneverbot hinauswirkt (EGGER, N. 24 zu Art. 2 ZGB), konkretisiert das traditionelle Civiliter uti jenen allgemeinen Grundsatz zur besonderen Regel. Diese sichert die Anwendung des allgemeinen Grundsatzes im Dienstbarkeitsrecht, nimmt aber nicht seinen vollen Gehalt in sich auf. Einerseits erfaßt sie Tatbestände, auf welche der Art. 2 nicht so sicher und unmittelbar angewendet werden könnte (LEEMANN, N. 5 zu Art. 737), anderseits gibt es Fälle, zu deren Beurteilung auf den allgemeinen Grundsatz zurückgegriffen werden muß. Siehe namentlich N. 165ff., 171a zu Art. 736, N. 56ff. und 59ff. hiernach.

50 Die Regel des Art. 737 Abs. 2 hat ihrerseits im kantonalen Recht und im Ortsgebrauch (Art. 740) ihre Ausprägung in noch spezielleren Vorschriften erfahren, welche etwa die Ausübung des Ernteweges oder des Tret- und Streckrechtes (siehe zu diesen EGzZGB St. Gallen Art. 110/11 und Graubünden Art. 132) betreffen und, obwohl sie für gesetzliche Eigentumsbeschränkungen oder Legalservituten aufgestellt sind, auch für die Ausübung von Dienstbarkeiten, die durch freiwilliges Rechtsgeschäft oder Ersitzung begründet wurden, wegleitend sind. Ausdrücklich hat das Gesetz den nachbarrechtlichen Bestimmungen über das Durchleitungsrecht (Art. 691–693) subsidiäre Geltung für die Verlegung des vertraglich begründeten Durchleitungsrechts gegeben (Art. 743).

51 In der Rechtsprechung, wenigstens soweit sie aus Veröffentlichungen bekannt ist, ist die Mißachtung des Art. 737 Abs. 2 ein seltener Tatbestand. Wenn auch Streitigkeiten über die Zulässigkeit von Ausübungshandlungen des Dienstbarkeitsberechtigten keine Seltenheit sind, so führen sie in der Regel nicht zur Eigentumsklage (actio negatoria), sondern werden, wenn überhaupt der Richter angerufen wird, im summarischen Verfahren zum Schutze des Besitzes ausgetragen. Immerhin sind einige Urteile anzuführen.

EBG **39** II 202ff. = Pr. **2** Nr. 99: Der Eigentümer des dienenden Grundstückes, **52** das er 1905, belastet mit einer 1901 anläßlich der Parzellierung errichteten Servitut des Villenbaues gekauft hatte, setzte sich, als ihm der Dienstbarkeitsberechtigte, der sein Grundstück 1908 erworben hatte, 1911 die Erstellung einer Werkstatt (Atelier) verbieten ließ, dagegen zur Wehr mit der Begründung, das Verbot verstoße gegen Art. 2 ZGB. Das Bundesgericht verwarf diese Ansicht, indem es erklärte, der Dienstbarkeitsberechtigte habe nach wie vor ein offenbares Interesse an der Aufrechterhaltung des bisherigen Zustandes, von welcher der Wert seines Grundstückes abhängig sei. Es fügte dem die in dieser Absolutheit nicht zutreffende grundsätzliche Bemerkung bei, in der bloßen Ausübung eines von den Parteien aus freiem Willen begründeten Rechtes könne überhaupt nicht ein Akt der Schikane erblickt werden.

EBG **57** II 258ff. = Pr. **20** Nr. 133: Es wurde erkannt, daß die Ausübung des **53** Lehmausbeutungsrechtes, die zur Abgrabung der Quelle führte, welche Gegenstand eines am gleichen Grundstück bestehenden Quellenrechtes war, nur dann rechtsmißbräuchlich gewesen wäre, wenn der Dienstbarkeitsberechtigte ohne jeglichen Nachteil für seine eigenen Interessen die Quelle hätte schonen können.

Nebenbei wird die Frage der rechtsmißbräuchlichen Ausübung einer Dienstbar- **54** keit in verschiedenen der oben zitierten Urteile gestreift, z.B. in dem Urteil des ObG Zürich in den BlZR **12** Nr. 98 = ZBGR **32**, S. 130 (intensivere Benutzung des Wegrechts infolge der Vermietung von Kellerräumlichkeiten als Kohlendepot) und in den BlZR **54** (1955) Nr. 174 (Ausübung eines für persönliche Bedürfnisse eingeräumten Wegrechtes zu anderen, geschäftlichen Zwecken und in intensiverer Weise).

Diese und weitere Entscheidungen zeigen jedoch, daß die Beurteilung der auf **55** Art. 737 Abs. 2 gestützten Klagen des Grundeigentümers die Untersuchung der Dienstbarkeit auf ihren Inhalt und Umfang hin verlangt und in der Regel mit ihr auch beendigt ist. Richtet sich die Klage gegen eine Benutzung des Grundstückes, die gar nicht zum Inhalt der Dienstbarkeit gehört und auch nicht zu deren Ausübung oder Erhaltung nötig ist, so ist sie nicht abzuweisen, weil der Beklagte das dienende Grundstück unter Mißachtung des Art. 737 Abs. 2 benutzt hätte, sondern weil er es ohne Berechtigung benutzt hat. Gelangt der Richter aber zur Feststellung, daß die in Frage stehende Benutzungshandlung zum Inhalt der Dienstbarkeit gehört, ist der Art. 737 Abs. 2 nicht dadurch, daß sie ausgeübt wurde, sondern höchstens dadurch, daß sie in rücksichtsloser Weise ausgeübt wurde, verletzt.

Tatbestände einer solchen Verletzung des Gesetzes finden sich in der veröffent- **56** lichten Judikatur kaum, dürften aber im Rechtsleben trotzdem nicht so selten sein

Grunddienstbarkeiten

und lassen sich leicht vergegenwärtigen. Außer der hievor erwähnten mißbräuchlichen Ausübung des Tränkerechts können folgende Tatbestände genannt werden: Der Dienstbarkeitsberechtigte, dem ein Holzbezugsrecht zusteht, fällt die für ihn gezeichneten Bäume in regelwidriger und rücksichtsloser Weise, so daß dadurch übermäßiger Schaden am Waldbestand auf dem belasteten Grundstück entsteht. Ein Durchfahrtsrecht wird ohne Rücksicht auf den Stand der Kulturen, auf die Witterung und Bodenfeuchtigkeit oder auf die Tragfähigkeit eines Weges ausgeübt; mit der Gewinnung von Kies wird aus bloßer Unachtsamkeit oder Bequemlichkeit eine Quelle abgegraben; das Weiderecht wird mit bösartigen Tieren ausgeübt; der zur Ableitung des Brunnenabwassers über das Nachbargrundstück berechtigte Grundeigentümer läßt dem Wassergraben Jauche zufließen; er leitet das Wasser durch einen offenen Graben ab, statt die Leitung in den Boden zu verlegen, wie es zur Vermeidung von unnötigen Schädigungen auf dem dienenden Grundstück geboten wäre; der Grundeigentümer, dem eine Bauverbotsdienstbarkeit mit dem Zweck der Freihaltung der Aussicht zusteht, reißt einen auf dem dienenden Grundstück errichteten Brunnen oder eine dort aufgerichtete Fahnenstange weg; der zum Bezuge von Wasser Berechtigte faßt so viel Wasser, daß der Bedarf seines Grundstückes trotz aller Wasserverluste in der mangelhaften Fassung und in der schadhaften Leitung voll gedeckt ist.

57 So häufig wie in der Ausübung seines Rechtes handelt der Dienstbarkeitsberechtigte mißbräuchlich, indem er dem Eigentümer des belasteten Grundstückes alles zu verbieten sucht, was ihn in seiner Bequemlichkeit oder auch im Bewußtsein, absoluter Herrscher in der Ausübung seines Rechtes zu sein, stört. Ein Bauer, dem das Recht zustand, den Dünger von seinem Stall über den Hofplatz des Nachbarn wegzuführen, verlangte von diesem im Besitzesschutzverfahren die Entfernung einer neuerstellten Laube, die in einer Höhe von 2 m um 1 m in den Luftraum über der Durchfahrt hereinragte; er begründete sein Begehren damit, daß er nur dann die ihm zustehende freie Durchfahrt habe, wenn er auch die Mistgabel auf der einen oder der anderen Seite des Fuders einstecken könne, wie es ihm beliebe; daran hindere ihn der Laubenanbau.

58 Ob Klagen wegen Behinderung in der Ausübung der Dienstbarkeit mißbräuchlich sind, hängt davon ab, ob die Handlung des Eigentümers des belasteten Grundstückes, gegen welche sie sich richten, unter das Verbot des 3. Absatzes des Art. 737 fallen und ist deshalb in den Ausführungen zu diesem Absatz näher zu erörtern.

Über die Benutzung und den Unterhalt von Dienstbarkeitsanlagen siehe die Ausführungen zu Art. 741.

IV. Beschränkung des Dienstbarkeitsrechts

59 Das Gebot der schonenden Ausübung auferlegt dem Dienstbarkeitsberechtigten nach allgemeiner Ansicht nur Beschränkungen, welche die Ausübung noch im vollen

Umfang des Rechtes gestatten. LEEMANN, N. 6 zu Art. 737: «In keinem Falle aber darf die Pflicht des Art. 737 Abs. 2 zu einer inhaltlichen Verengerung des Rechtes führen. Ebenso TUOR, 9. Aufl., S. 649; PLANCK-STRECKER, Bem. 1 zu § 1020 BGB; MEISNER-STERN-HODES, § 31 III S. 405. Belastet die Dienstbarkeit infolge veränderter Umstände den Eigentümer des dienenden Grundstückes schwerer, hindert sie ihn insbesondere an einer rationellen Nutzung oder an den erforderlichen Bodenverbesserungen, kann er gemäß Art. 742 ihre Verlegung verlangen, aber nur wenn dies ohne Nachteil für den Dienstbarkeitsberechtigten geschehen kann.

Besteht die Dienstbarkeit in einem Quellenrecht, mit dem der Grundeigentümer **60** einem Nachbarn das Recht zum Bezug von fünfzig ML Wasser aus der für den eigenen Bedarf in Haus und Hof gefaßten und benutzten Quelle eingeräumt hat und geht der Ertrag der Quelle im Laufe der Zeit aus nicht voraussehbaren Ursachen so zurück, daß für den Eigentümer des Quellengrundstückes fast kein Wasser mehr übrigbliebe, wenn er, wie es dem begrifflichen und gesetzlichen Verhältnis zwischen Dienstbarkeit und Eigentum entspricht (Einl. N. 36), gegenüber dem Dienstbarkeitsberechtigten zurückzutreten hätte, gibt ihm der C.c.it. im Art. 1093 das Recht, eine Beschränkung des Umfanges des Quellenrechtes zu verlangen. Der Richter hat eine die beidseitigen Interessen ausgleichende Teilung des Wassers vorzunehmen. Der Dienstbarkeitsberechtigte hat Anspruch auf Entschädigung für die Beschränkung seines Rechtes. G. BRANCA, Commentario, art. 1093, p. 716ss.; MESSINEO, n. 149, p. 262s., GROSSO e DEJANA, n. 286, p. 1317s.

Mit diesem neuen Institut ist die teilweise Ablösung der Servitut ins **61** italienische Recht eingeführt worden, aber in der Beschränkung auf das Wasserbezugsrecht. G. BRANCA betont indessen mit Recht, daß ihm ein Rechtsgedanke von allgemeiner Geltung zugrunde liege (p. 721). Er wie auch MESSINEO (p. 262) weisen hin auf das gemeinrechtliche Vorbild in der von DERNBURG, Pandekten, 7. Aufl. § 257, S. 568 Anm. 5, und System des RR, 8. Aufl. § 200, S. 419, dargelegten Auffassung über das Verhältnis zwischen Dienstbarkeit und Eigentum.

Die Dienstbarkeit kann sich im Gegensatz zu den Vorstellungen der Parteien im **62** Zeitpunkt der Errichtung später auf die belastete Liegenschaft ruinös auswirken. Das Quellenrecht entzieht ihr das für Haus und Hof und zur Bewässerung notwendige Wasser. Die Ausübung des Beholzungsrechtes führt zu Rüfen und Steinschlag oder vernichtet den für die Kulturen erforderlichen Windschutz. Durch die dienstbarkeitsgemäße Zuleitung des Abwassers entstehen Terrainbrüche und Rutschungen. Durch die Anlage und Ausbeutung der Kiesgrube verliert die Liegenschaft den Hochwasserschutz und wird der Überschwemmung ausgesetzt. Das Fischereirecht an einem Teich läßt dessen Absenkung nicht zu, obwohl sie notwendig wäre, um der Versumpfung oder der Zerstörung der Liegenschaft durch Rüfen und Rutschungen Einhalt zu tun. Siehe die N. 160 zu Art. 736.

Gegenüber diesen Tatbeständen versagen die Bestimmungen unseres Dienstbar- **63** keitsrechtes. Die Aufhebung oder Beschränkung der Dienstbarkeit auf Grund von

Art. 736 ist, selbst wenn dieser Bestimmung die im vorliegenden Kommentar befürwortete Auslegung gegeben wird, dann nicht möglich, wenn das Interesse des Berechtigten an der Dienstbarkeit auch im Verhältnis zum Schaden nicht ganz gering ist. Mit dem Gebot der schonenden Ausübung in unserem Art. 737 Abs. 2 ist dem Übelstand auch nicht abzuhelfen. Die für den Eigentümer des belasteten Grundstückes ruinöse Ausübung der Dienstbarkeit scheint allerdings das Gegenteil eines Civiliter uti zu sein. Aber dieses Gebot betrifft nur die Art der Ausübung und will den Berechtigten keineswegs daran hindern, sein Recht voll auszuüben. Hier aber ist die ruinöse Folge die notwendige Auswirkung der vollen Ausübung des Rechtes. Nur die Aufhebung oder Beschränkung des Rechts könnte helfen. Vgl. N. 129 und 157ff. zum Art. 736.

64 Das sind die Fälle, in denen auf die allgemeinen Prinzipien zurückgegriffen werden muß, welche sowohl dem Art. 736 als auch dem Art. 737 Abs. 2 und dem Art. 742 zugrunde liegen. Das eine dieser Prinzipien ist das Gebot des **Handelns nach Treu und Glauben** in seiner allgemeinsten Bedeutung und in seiner Beziehung auf den Mangel der vom Gesetz oder von den Parteien vorausgesetzten Grundlage der Errichtung oder des Bestandes der Dienstbarkeit. Das andere ist das **Prinzip der volkswirtschaftlichen Nützlichkeit**, das in der Anwendung des ersten zu seiner Geltung kommen kann.

65 Im Prinzip der volkswirtschaftlichen Nützlichkeit finden die nachbarrechtlichen Eigentumsbeschränkungen, Legalservituten und die Dienstbarkeiten überhaupt insofern ihre Rechtfertigung, als der Nutzen für den Berechtigten ungleich größer ist als der Schaden für den Belasteten und infolgedessen der Gesamtnutzen der beiden Grundstücke sich erhöht (N. 6 der Vorbem. zu Art. 730, NN. 24ff. und 170 zu Art. 736). Diesem Gedanken verleiht das Gesetz seine Wirkung, indem es dem Grundeigentümer eine Beschränkung zugunsten seines Nachbarn nur auferlegt, wenn sie durch den Vorteil für diesen entschieden überwogen wird.

66 Für die **Begründung** vertraglicher Dienstbarkeiten gilt dieser Grundsatz indessen nicht. Wohl aber hat er eine Ausführung im Gebot der möglichst schonenden **Ausübung** erhalten, wenn auch, wie hievor festgestellt wurde, nur mit einem sehr beschränkten Geltungsbereich. Als allgemeiner Grundsatz hat er auch außerhalb dieses engen Bereichs die Bedeutung eines wesentlichen Gesichtspunktes bei der Beurteilung der rechtlichen Existenzberechtigung von Dienstbarkeiten. Er verlangt, daß ein Recht dann nicht ausgeübt oder realiter vollstreckt werden dürfe, wenn dadurch ein im Vergleich mit dem daran bestehenden Interesse unverhältnismäßig großer Schaden verursacht würde, insbesondere auch wenn dadurch Vermögenswerte, die in guten Treuen geschaffen worden sind, vernichtet würden. Dieser Gedanke, der in den Art. 737 Abs. 2 und 742 sowie in den Vorschriften über die Begründung der Legalservituten zum Ausdruck kommt, ist auch die ratio legis der Bestimmungen über den Einbau und den Überbau (Art. 673 und 674). Vgl. auch Kohler, Arch. f. d. civ. Pr. **87**, S. 233.

Ein Rechtssatz, der auf die dargestellten Tatbestände unmittelbar anwendbar **67** wäre, ist damit allerdings nicht gegeben. Wohl aber kann der aufgewiesene Grundsatz zur Geltung kommen, wenn diese Tatbestände daraufhin untersucht werden, ob das Recht ganz oder teilweise hinfällig ist, weil ihm die tatsächliche Grundlage fehlt, welche bei seiner Begründung vorausgesetzt worden ist. Für alle diese Tatbestände führt eine ergänzende Auslegung des Erwerbsgrundes, der ja für den Inhalt und Umfang des Rechtes maßgebend ist (Art. 738), zum Ergebnis, daß er entweder den stillschweigenden Vorbehalt normaler voraussehbarer Verhältnisse enthält oder daß er, wenn mit einer Verschlechterung der Verhältnisse hätte gerechnet werden müssen, den Vorbehalt einschließt, daß dieses Risiko im Sinne eines Ausgleichs der Interessen zu verteilen sei.

In dieser Betrachtungsweise erscheint die Klage des Grundeigentümers, **68** dem das für Haus und Hof unentbehrliche Wasser fehlt, auf Beschränkung des Quellenrechts als begründet. Ähnliche Überlegungen führten schon in der gemeinrechtlichen Lehre, wie sie von DERNBURG a.a.O. unter Berufung auf römische Quellen vertreten worden ist, zum gleichen Ergebnis. Zustimmend zu DERNBURGS Auffassung, im Gegensatz zu WINDSCHEID, KIPP bei WINDSCHEID, § 209 Anm. 13. Aus der hier dargelegten Betrachtungsweise ergibt sich auch, wie namentlich G. BRANCA in seinem Kommentar (S. 578ff. und 716ff.) mit besonderem dogmatischem Weitblick ausgeführt hat, die Begründung des Art. 1093 des italienischen Codice civile und das Verständnis für seine grundsätzliche Bedeutung. Siehe ferner die kurzen Ausführungen von MESSINEO, n. 149, p. 262s., und den bloßen Hinweis auf das unerörtert gelassene Problem bei BARASSI, n. 142, p. 281.

Auf der Grundlage dieser Erörterung des Problems findet auch der folgende **69** Tatbestand seine gerechte und zweckmäßige Beurteilung. Das Quellenrecht wird durch den Betrieb eines Grundwasserpumpwerkes ausgeübt. Der Betrieb hat die Folge, daß der Spiegel des Grundwassers auf einen tieferen Stand absinkt. Die Fruchtbarkeit des Bodens nimmt ab, das Terrain büßt an Festigkeit und Tragfähigkeit ein, so daß in Mauern Risse entstehen und Bauwerke einzustürzen drohen. Treten diese Schäden jenseits der Grenzen des Quellengrundstückes ein, haftet der Dienstbarkeitsberechtigte für sie. Den geschädigten Grundeigentümern stehen als Nachbarn die Klagen aus Art. 679 zu, da, entgegen der Meinung des Bundesgerichts (68 II 14 = Pr. 31 Nr. 41), auch die Nutzung des Grundstücks durch die Ausbeutung von Quellen oder Grundwasser den Beschränkungen des Nachbarrechts (Art. 684 und 685) unterworfen ist. Vgl. dazu P. LIVER, Der Prozeß des Müllers Arnold, ZBJV **82**, S. 151; RGR-Kommentar, Erl. 4 zu § 909 BGB; WOLFF-RAISER, § 54 Anm. 44; MEISNER-STERN-HODES, § 38 I 1, S. 492f.; HAAGER-VANDERHAAG K., Das neue österreichische Wasserrecht (1936) S. 198 (zu § 12 Abs. 4 des Gesetzes); betreffend Schädigungen, welche die Folge einer Erhöhung des Grundwasserstandes sind, vgl. EBG **62** I 9ff. = Pr. **25** Nr. 94. Gegenteilige Ansicht des Bundesgerichts hinsichtlich der

Absenkung des Grundwassers. Dazu m. Eigentum, S. 225, MEISNER-STERN-HODES § 26a, S. 540ff.; BGH **57** S. 370.

70 Wird durch die Ausübung der Dienstbarkeit das belastete Grundstück in gleicher Weise beschädigt, ist dieser Vorgang nicht nach dem Nachbarrecht zu beurteilen, sondern nach den Vorschriften über das Dienstbarkeitsverhältnis, also nach Art. 737. EBG **57** II 258ff. = Pr. **20** Nr. 133. (Siehe das gegenteilige, unrichtige Urteil in der N. 121 hienach.) Entspricht die Verwendung der Grundwasserpumpe dem Dienstbarkeitsvertrag, ist die Verpflichtung, das Recht in möglichst schonender Weise auszuüben, nicht verletzt, sondern die Schädigungen sind die unvermeidliche Folge der vollen Ausnutzung der Dienstbarkeit. Ihre Verursachung kann nur durch Beschränkung des Umfanges der Dienstbarkeit auf die Förderung eines geringeren Wasserquantums behoben werden. Sie kann dem Dienstbarkeitsberechtigten aus den dargelegten Gründen auferlegt werden. Dabei vollzieht sich ein Interessenausgleich nach dem Prinzip der Proportionalität, das insofern zur Geltung kommt, als das Dienstbarkeitsverhältnis eine dem nachbarrechtlichen Verhältnis entsprechende Gemeinschaft darstellt, allerdings lediglich hinsichtlich der Ausübung, nicht hinsichtlich der Begründung.

71 Wenn der bernische AppH die Auffassung, daß zwischen dem Eigentümer des berechtigten und dem des belasteten Grundstückes ein Gemeinschaftsverhältnis bestehe, als rechtsirrtümlich erklärt und betont hat, daß die Beteiligten einander als Vertreter gegensätzlicher Interessen gegenüberstünden (Urteil vom 12. April 1954, SJZ **51**, S. 161f.), dürfte er unter der Gemeinschaft ein Verhältnis verstanden haben, in welchem ein viel stärkeres gemeinschaftliches oder gar genossenschaftliches Element wirksam ist als in den rechtlichen Beziehungen zwischen Nachbarn. Auch die aus einer Legalservitut berechtigten und verpflichteten Grundeigentümer haben entgegengesetzte Interessen. Das schließt aber nicht aus, daß ihnen hinsichtlich der Rechtsausübung die Schranken einer ihre Interessen ausgleichenden Gemeinschaft gesetzt sind.

72 Aber auch hinsichtlich der Begründung der Dienstbarkeit dürfte eine genaue Untersuchung der tatsächlichen Voraussetzungen und der Interessenlage in der Regel zum Ergebnis führen, daß die Möglichkeit einer Ausübung der Dienstbarkeit ohne Schädigungen von der Art und dem Ausmaß der eingetretenen beidseitig vorausgesetzte Grundlage des Vertrages gewesen ist. N. 49ff. zu Art. 738.

72a Zur Frage der nachbarlichen Gemeinschaft: J. CARBONNIER, Droit civil II 2, p. 151 mit dem Titel: «L'immeuble dans la communauté de voisinage»; RIPERT-BOULANGER, Traité de droit civil II (1957) n° 2684, p. 937. Auch in Deutschland ist die Charakterisierung dieses Verhältnisses als Gemeinschaft häufig, doch begegnet sie bei einzelnen Autoren wegen ihres Mißbrauchs durch nationalsozialistische Autoren etwelchen Bedenken, so bei WOLFF-RAISER, § 53, Anm. 1, S. 188. Siehe im übrigen STAUDINGER-SEUFERT, 11. Aufl. § 906 N. 1c, S. 417; SOERGEL-BAUR N. 4 zu § 906; Fr. BAUR, Die Flächenwerbung unter dem Aspekt des Wege- und Nachbarrechts, im Betriebsberater **12** (1963) S. 483ff. Aus der Praxis Deutschlands: RGZ **154**, S. 165; **167**, S. 23f.; BGH 10.4.**1953**, Lindenmaier und Möhring § 903 Nr. 2; 9.7.**1958** in JZ **1959**, S. 165ff. Eingehend, mit vielen Nachweisen: GLASER-DROESCHEL, Das Nachbarrecht in der Praxis, 2. Aufl. 1966, S. 106ff.; BGH (1960) LM § 903, NJW **61**, S. 780: Dazu BAUR Fr., Sachenrecht, § 25 IV 2 e) ee 10. Aufl. S. 229f. (betr. Lichtentzug durch baurechtlich gestatteten Grenzanbau). Vgl. zur Ergänzung des Gesetzes durch richterliche Rechtsfindung EBG **91** II (1965) S. 100 = Pr. **54** Nr. 109, m. Eigentum, S. 232; N. 97ff. zu Art. 738.

V. Unterlassungspflichten des Eigentümers des belasteten Grundstückes (Abs. 3)

1. Korrelation mit den Befugnissen des Berechtigten

Das Gesetz sagt, der Belastete dürfe nichts vornehmen, was die Ausübung der Dienstbarkeit verhindert oder erschwert. Fragt man, welche Ausübungshandlungen er denn ungestört und unbeschränkt sich vollziehen lassen müsse, lautet die Antwort: Alle, zu denen der Berechtigte nach Abs. 1 des Artikels befugt ist. Steht einmal fest, welches diese Befugnisse sind, so sind damit auch die Unterlassungspflichten des Belasteten bestimmt. Was der Berechtigte zu tun befugt ist, darf der Belastete nicht hindern. Mit der Befugnis auf der einen ist hier die Verpflichtung auf der anderen Seite begriffsnotwendig gegeben. Deshalb konnte in Deutschland bei der Beratung des BGB-Entwurfes die unserem Abs. 3 entsprechende Bestimmung als überflüssig gestrichen werden. «Es wurde angenommen, daß eine derartige Bestimmung, richtig verstanden, selbstverständlich sei, daß aber, wenn sie ausdrücklich ausgesprochen werde, dadurch Anlaß zu Mißverständnissen und Schikane gegeben werde» (PLANCK-STRECKER, Erl. 4 zu § 1020). Das waren richtige Überlegungen. **73**

Das Verbot, das im 3. Absatz gegen den Belasteten ausgesprochen ist, lautet auch zu absolut. Zum mindesten hätte es auf erhebliche Erschwerungen beschränkt werden dürfen. Daß das ohnehin sein Sinn ist, bemerkt LEEMANN, N. 12 zu Art. 737 und N. 4 zu Art. 739. Vgl. auch V. SCHWANDER, Die Grunddienstbarkeiten, Diss. Bern 1910, S. 215, der die Schutzwürdigkeit des Interesses an der richtigen Bewirtschaftung des dienenden Grundstückes mit Recht hervorhebt. **74**

Der Berechtigte ist verpflichtet, in der Ausübung der Dienstbarkeit alle unnötigen Belästigungen und Schädigungen zu vermeiden. Der Belastete hat Anspruch auf die Erfüllung dieser Verpflichtung. Indem er sie erzwingt, erschwert er dem Berechtigten die Ausübung möglicherweise ganz erheblich, aber eben befugtermaßen. Unter die Vorschrift des Absatzes 3 des Art. 737 fallen nur Erschwerungen, die darüber hinausgehen. Zur Ausübung aller Eigentumsbefugnisse, die nicht solche Erschwerungen mit sich bringen, ist der Eigentümer des belasteten Grundstückes berechtigt. **75**

Auch die Vorschrift des 3. Absatzes hält sich an die inhaltlichen Grenzen der **76**

Grunddienstbarkeiten

Dienstbarkeitsverpflichtung, die darin besteht, daß der Eigentümer des belasteten Grundstücks nur zu einem Dulden oder Unterlassen, niemals zu einem Tun oder Handeln, also zu einer (positiven) Leistung verpflichtet sein kann. Daraus folgt, daß er auch nicht zur Abwehr von Widerhandlungen Dritter gegen die Dienstbarkeitsverpflichtungen angehalten werden kann. Er haftet für seine Mieter und Pächter oder irgendwelche anderen in seinem Auftrag Handelnden, aber nicht für ein das Dienstbarkeitsrecht verletzendes Verhalten von Leuten, die ungerufen und unberufen das belastete Grundstück passieren oder sich auf ihm aufhalten, etwa sich da lagern oder kampieren. Freilich darf er solche Verletzung der Dienstbarkeit nicht begünstigen. Das wäre eine Mißachtung seiner Verpflichtung aus Art. 737 Abs. 3. Es kann ihm aber nicht zugemutet werden, sich selber Unannehmlichkeiten auszusetzen, um durch eigenes Handeln Schädigungen oder Belästigungen des Dienstbarkeitsberechtigten zu verhindern. Dieser ist hiezu selber berechtigt und berufen, gehört es doch zum Wesen des Dienstbarkeitsrechtes als eines dinglichen Rechtes, daß es gegen jedermann wirkt, von jedermann verletzt und gegen jedermann verteidigt werden kann.

77 Daß der Eigentümer des belasteten Grundstückes für Störungen Dritter, für die sein Wille nicht bestimmend ist, von Dienstbarkeitsberechtigten nicht verantwortlich gemacht werden kann, ist auch in der Rechtsprechung und Literatur des Auslandes (in der Schweiz scheint die Frage nicht speziell behandelt worden zu sein; Hinweise ergeben sich aus dem Kommentar Haab, N. 41 zu Art. 641 und N. 11 zu Art. 679) anerkannt. RG in Höchstrichterlicher Rechtsprechung 1940 Nr. 214; Bundesgerichtshof in NJW 1955, S. 1475, AS **14**, S. 174; H. Eichler, Institutionen des Sachenrechts II (1957) S. 291; für das italienische Recht: G. Branca, Commentario ad art. 1067 i. f., p. 575.

2. Kollisionsfälle

78 Der in der Rechtsprechung unserer und der Gerichte aller unserer Nachbarstaaten am häufigsten beurteilte Tatbestand, der unter den 3. Absatz des Art. 737 fällt, ist die Einfriedigung des mit einem Wegrecht belasteten Grundstückes unter Anbringung einer Einrichtung (eines Tores, eines Gatters oder einer «Legi») zur Öffnung des Durchganges oder der Durchfahrt für die Ausübung des Wegrechtes.

79 Für den Berechtigten kann das jedesmalige Öffnen und Schließen des Durchlasses und die dadurch verursachte Verzögerung der Durchfahrt recht lästig sein, namentlich wenn er genötigt ist, einen Schlüssel bei sich zu haben, um das Tor aufzuschließen. Der Grundeigentümer kann aber an der Einfriedigung der Liegenschaft ein so wesentliches Interesse haben, daß demgegenüber die Unbequemlichkeit für den Dienstbarkeitsberechtigten ein unverhältnismäßig geringer Nachteil ist und deshalb nicht als unzulässige Erschwerung anzusehen ist. Grundsätzlich wird denn auch das Recht der Einfriedigung durch die Belastung der Liegenschaft mit einem Wegrecht nicht entkräftet. Der C.c.it. behält es im Art. 1064 Abs. 2 gegenüber dem

Dienstbarkeitsberechtigten ausdrücklich vor, aber allerdings unter der Bedingung, daß diesem der freie und bequeme Zutritt gewahrt bleibt.

Wenn jedoch die Dienstbarkeit einem intensiveren Verkehrsbedürfnis zu dienen hat oder wenn sonstige besondere Umstände die Durchfahrt ohne Anhalten nötig machen, kann die Erschwerung, welche mit der Einfriedigung verbunden ist, dem Durchfahrtsberechtigten nicht zugemutet werden und fällt dann unter das Verbot des 3. Absatzes unseres Artikels. Diese Fälle sind häufiger geworden infolge der allgemeinen Beschleunigung des Verkehrs durch die Motorisierung und infolge der dadurch entstandenen besonderen Gefahren, welche mit der Aus- und Einfahrt über die Grenze zwischen einer verkehrsreichen Straße und den angrenzenden privaten Liegenschaften verbunden sind. Ein Beispiel dafür bietet das Urteil des AppH Bern vom 12. April 1954, SJZ **51**, S. 161f. 80

Aber die Kriterien der Beurteilung solcher Tatbestände sind lange vor dem Aufkommen der Motorfahrzeuge zutreffend bestimmt worden: DERNBURG, Pandekten, 7. Aufl. I § 237 Anm. 8, S. 569, System des RR, 8. Aufl. der Pandekten, I § 200, S. 420 Anm. 7, mit dem Hinweis auf die Urteile in Seufferts Archiv **12** Nr. 7, **24** Nrn. 14 und 16; PLANCK-STRECKER, Erl. 1 zu § 1020. Eine Darstellung auf Grund der neueren Praxis mit reicher Kasuistik geben MEISNER-STERN-HODES, § 31 III S. 405ff. Für das französische Recht: FUZIER-HERMAN, Code civil annoté (1936) art. 701, n°s 19, 20, 40–43; für das italienische Recht: GROSSO e DEJANA I, 3ª ed. p. 250. 81

Überall wird grundsätzlich das Recht des mit dem Wegrecht belasteten Grundeigentümers zur Einfriedigung der Liegenschaft anerkannt, aber in Abwägung der beidseitigen Interessen nach den Umständen des Einzelfalles beurteilt, welche Vorkehren zu treffen sind, damit die Ausübung des Wegrechts nicht über das zulässige Maß erschwert wird (Öffnung auf Meldung hin, Aushändigung von Schlüsseln, Offenhaltung zu bestimmten Zeiten des Tages oder des Jahres). 82

Vorbehalten bleibt immer die im Dienstbarkeitsvertrag getroffene Regelung, die auch die Anbringung von Abschlußvorrichtungen verbieten kann, z.B. durch die Bestimmung, daß die Durchfahrt frei sein solle, «wie auf einer öffentlichen Straße» (MEISNER-STERN-HODES, § 31 III S. 406 Anm. 98). 83

Für das schweizerische Recht, für das übrigens genau die gleichen Kriterien maßgebend sind wie für jedes andere Recht, vgl. LEHMANN, N. 12 zu Art. 737. Ein Urteil des zürcherischen ObG (1895) BlHE **15**, S. 26, gestattete dem Eigentümer des dienenden Grundstückes die Anbringung eines Tores, verbot ihm aber in Anbetracht der großen Zahl von Bewohnern des herrschenden Grundstückes, denen das Wegrecht diente, das Tor so zu schließen, daß es nur mit einem Schlüssel geöffnet werden könnte. 84

Ein Urteil des bernischen AppH (1954) SJZ **51**, S. 161f., verbot dem Eigentümer des dienenden Grundstückes die Abschließung des die Verbindung zwischen zwei öffentlichen Straßen herstellenden Weges im städtischen Wohngebiet mit einem verschließbaren Tor auf Klage der dienstbarkeitsberechtigten Grundeigentümer, 85 denen der Weg als Zufahrt zu ihren Häusern, auch mit Autos, diente, und zwar aus den hievor (N. 80) genannten Gründen.

86   Keine Sonderstellung hinsichtlich der Einfriedigung des dienenden Grundstückes haben die Wegrechte, welche im Errichtungsvertrag und Grundbucheintrag als «unbeschränkt» oder «unbedingt» erklärt sind. Damit wird nur zum Ausdruck gebracht, daß das Recht nicht auf bestimmte einzelne Zwecke beschränkt oder mit einer besonderen Leistungspflicht (Einkauf, Benutzungsgebühr, Meliorationsbeitrag) verbunden sei. AppH Bern (1927) ZBJV **64**, S. 91 = SJZ **25**, S. 68; KtG St. Gallen, RekKomm. (1939) ZBGR **21**, S. 276. Das ObG Zürich erkannte, daß das «unbeschränkte Fuß- und Fahrwegrecht» dem Eigentümer des dienenden Grundstückes keine besondere, über das gesetzliche Maß hinausgehende Beschränkung auferlege (BlZR **23**, 1924, Nr. 23 = ZBGR **6**, S. 216f.) und erklärte, die Bezeichnung «unbedingtes Fuß- und Fahrwegrecht» sei die für Wegrechte ganz allgemein übliche Formulierung, aus der nichts Besonderes zugunsten des Berechtigten abgeleitet werden könne, insbesondere nicht, daß das Wegrecht ein nach allen Richtungen und auch gegenüber allfälligen zukünftigen Mehrbelastungen geschütztes, absolut unbeschränktes Recht wäre. BlZR **23** (1924) Nr. 23, S. 35 = ZBGR **6**, S. 211ff. Ein «beständiges» Fuß- und Fahrwegrecht kann das ganze Jahr hindurch ausgeübt werden. Es kann auch mit Motorfahrzeugen benutzt werden, aber nicht für sie, um sie zu der auf dem herrschenden Grundstück errichteten Garage mit Reparaturwerkstätte zu verbringen und von ihr abzuholen. EBG **64** II 411 = Pr. **28** Nr. 33, **87** II 87 = Pr. **50** Nr. 125. Über Wegrechte siehe im übrigen die N. 24ff. hievor.

87   Wie schon in N. 57 hievor bemerkt wurde, sind die Fälle nicht selten, in denen der Dienstbarkeitsberechtigte den Belasteten an Änderungen in der Benutzung des Grundstückes zu hindern sucht, insbesondere an der Errichtung oder Erweiterung von Bauten, die wohl der selbstherrlich rücksichtslosen, nicht aber der civiliter modo getätigten Rechtsausübung hinderlich sind.

88   Solche Fälle sind die Klage des Durchfahrtsberechtigten gegen die Überbauung des dienenden Grundstücks trotz Herstellung eines der Ausübung des Wegrechts dienenden Durchganges (Torweg, Arkaden), AppH Bern (1916) ZBJV **53**, S. 345, RG (1909) Seufferts Archiv **64** Nr. 152; gegen die Aufschichtung von Kurzholz am Servitutsweg, der dadurch zwar verengt wird, aber trotzdem für die dienstbarkeitsgemäße Benutzung voll ausreicht, BlZR **23** Nr. 23 = ZBGR **6**, S. 216f., als Beispiel für eine mißbräuchliche Eigentumsklage erwähnt von EGGER in N. 33 zu Art. 2; gegen die Überbauung des belasteten Grundstückes überhaupt: AppG Tessin (1930) Rep. Giur. Patria **63 (V, 1)** p. 500 seg. (Erstellung eines Gebäudes mit größerer Grundfläche anstelle des abgebrochenen entgegen einer servitus non aedificandi, aber ohne Nachteil für den Dienstbarkeitsberechtigten); AppH Bern (1916) ZBJV **53**, S. 345 = SJZ **14**, S. 330 = WEISS Nr. 2526. In diesem letzten Fall bestand das Motiv der Klage zudem in der Freihaltung des mit dem Wegrecht belasteten Grundstückes um der Aussicht und des Zutritts von Licht und Sonne willen, wozu das Wegrecht in

mißbräuchlicher Weise geltend gemacht wurde. Vgl. dazu N. 58 zu Art. 736 und EGGER, N. 32 zu Art. 2.

Keinen Rechtsschutz fände heute der Eigentümer des mit einem Durchleitungs- 89 recht belasteten Grundstückes, der dem Berechtigten verbietet, das in offenem Graben durchfließende Wasser in Röhren unter der Erdoberfläche durchzuleiten. Das bernische ObG hat 1875 das Verbot geschützt mit der Begründung, die Verlegung der Leitung in den Boden sei nicht eine für die volle Ausübung der Dienstbarkeit notwendige Änderung und dürfe deshalb nicht gegen den Willen des Grundeigentümers vorgenommen werden, auch nicht, wenn sie für diesen, was in casu zutreffe, mehr Vorteile als Nachteile mit sich bringe. ZBJV **11**, S. 49. Vgl. dazu auch K. G. KÖNIG, Bern CGB II S. 268.

Die Klage des Inhabers eines Quellenrechtes gegen die Erstellung von Wohnbau- 90 ten auf dem belasteten Grundstück wurde vom Bundesgericht in Bestätigung eines Urteils des thurgauischen ObG abgewiesen, weil der Kläger den Beweis für die hohe Wahrscheinlichkeit, daß eine Beeinträchtigung seines Rechtes eintreten werde, nicht hatte leisten können (Urteil vom 8. Juni 1939 i. S. Uhler gegen Bischof, ZBGR **21**, S. 47ff.).

Kulturänderungen und Bodenverbesserungen, an denen, abgesehen 91 von ihrer volkswirtschaftlichen Nützlichkeit, der Eigentümer ein Interesse hat, welches die Interessen des Dienstbarkeitsberechtigten am völlig ungeschmälerten Weiterbestand seines Rechtes weit überwiegt, sollten am Art. 737 Abs. 3 nicht scheitern müssen. Soweit sie aus Gründen, die bei der Errichtung der Dienstbarkeit nicht erkennbar waren, nötig werden oder sich wirtschaftlich aufdrängen, kann eine Beschränkung gemäß den im IV. Abschnitt gemachten Ausführungen in Frage kommen.

Nach WIELAND, Bem. 3, letzter Absatz zu Art. 730, S. 204, ist der Grundeigentü- 92 mer berechtigt, einen Weiher, an dem er kein Interesse mehr hat, eingehen zu lassen, trotzdem an ihm eine Fischereigerechtigkeit besteht. Das dürfte richtig sein unter der Voraussetzung, daß der Weiher von selbst eingeht, wenn nicht bestimmte Arbeiten zu seiner Erhaltung ausgeführt werden und der Eigentümer zu diesen Arbeiten nicht im Sinne von Art. 730 Abs. 2 verpflichtet ist. Wird der Weiher dagegen zum Zwecke der Melioration oder zum Schutze der Liegenschaft gegen Versumpfung oder gegen Rutschungen künstlich trockengelegt, wäre der Tatbestand nach den im IV. Abschnitt erörterten Kriterien zu beurteilen.

Sind die dort namhaft gemachten Voraussetzungen einer Beschränkung oder 93 Aufhebung der Dienstbarkeit nicht gegeben und ist auch die Ablösung auf Grund von Art. 736 im Sinne der Ausführungen in den NN. 160ff. zu Art. 736 nicht möglich, weil der Berechtigte nach wie vor ein nicht geringes Interesse an der Dienstbarkeit hat, muß diese gemäß Art. 737 Abs. 3 vom Eigentümer des belasteten Grundstückes respektiert werden, auch wenn dadurch die Überbauung oder eine noch so vorteilhafte Änderung der Kultur ausgeschlossen wird. Unter den ungünstigsten tatsächlichen Umständen kann sich daraus ein Zustand ergeben, der aller Vernunft und Billigkeit widerspricht. Davon war in der N. 167 zu Art. 736 die Rede.

Über die Duldung von Dienstbarkeitsanlagen auf dem dienenden Grundstück siehe die Ausführungen zu Art. 741.

Über die Verpflichtung des Eigentümers des belasteten Grundstücks, dieses in dem Zustand zu erhalten, der die Ausübung der Dienstbarkeit ermöglicht, vgl. KOHLER, Lehrbuch II 2, S. 274ff. Dazu N. 57ff. zu Art. 741.

3. Ausschließliche Nutzung und Mitbenutzung des belasteten Grundstücks durch den Dienstbarkeitsberechtigten

94   Die Grunddienstbarkeiten wie auch die irregulären Personaldienstbarkeiten können dem Berechtigten das belastete Grundstück nur «nach gewissen Richtungen hin» (Art. 730) oder «in bestimmter Hinsicht» (Art. 781) dienstbar machen. Im übrigen bleibt das Eigentum an diesem Grundstück unbeschränkt und umfaßt alle Befugnisse in dem Umfang, in dem sie ausgeübt werden können, ohne daß dadurch der Dienstbarkeitsberechtigte in der Ausübung der Befugnisse, die ihm sein beschränktes Recht gibt, behindert wird.

95   Daraus folgt, daß das Dienstbarkeitsrecht ein Mitbenutzungsrecht ist, sofern nicht die Ausschließlichkeit der Ausübung der seinen Inhalt ausmachenden Befugnisse durch seinen Zweck gefordert oder durch den Erwerbsgrund festgesetzt ist (Baurecht, Nutznießung). Das Wegrecht, das Durchleitungsrecht, das Beholzungs- und das Weidrecht hindern den Eigentümer des belasteten Grundstückes nicht, das Grundstück im übrigen frei zu nutzen und auch die inhaltlich gleichen Befugnisse seinerseits ebenfalls auszuüben. Sie schließen den Eigentümer von der gleichen Art der Nutzung nur aus, wenn sie mit diesem Inhalt und Umfang begründet wurden, also als ausschließliche Rechte errichtet worden sind. Auch die Rechte zur Gewinnung und zum Bezug von Wasser, Kies, Lehm und anderen Bodenbestandteilen schließen im Zweifel den Eigentümer des belasteten Grundstücks nicht davon aus, diesem für den eigenen Bedarf diese Materialien zu entnehmen; im übrigen aber spricht die Vermutung, wenn ihr Umfang nicht durch die Festlegung der mengenmäßigen oder räumlichen Ausdehnung bestimmt ist, eher für die Ausschließlichkeit.

96   Für die negativen Dienstbarkeiten (N. 4 zu Art. 730) ist die Ausschließlichkeit Begriffsmerkmal, weil sie das Eigentum dadurch beschränken, daß sie den Eigentümer verpflichten, bestimmte Eigentumsbefugnisse nicht auszuüben (Unterlassungspflicht).

Über die Mitbenutzung von Dienstbarkeitsanlagen auf der dienenden Liegenschaft durch den Grundeigentümer siehe die Ausführungen zu Art. 741.

4. Das Verhältnis des Dienstbarkeitsberechtigten zu anderen am dienenden Grundstück dinglich Berechtigten

97   Gegenüber dem den Vorrang einnehmenden Dienstbarkeitsberechtigten haben die anderen am dienenden Grundstück dinglich Berechtigten die gleiche Stellung

wie der Eigentümer. Der Eigentümer ist, nachdem er die Dienstbarkeit errichtet hat, in der Benutzung seines Grundstückes beschränkt, und zwar so weit, daß die Dienstbarkeit gemäß ihrem Inhalt und Umfang innert den Schranken des 2. Absatzes des Art. 737 voll ausgeübt werden kann. Infolgedessen unterliegen auch alle von ihm nachher errichteten Dienstbarkeiten und Grundlasten der gleichen Beschränkung, soweit überhaupt eine Kollisionsmöglichkeit besteht. Das ist die Auswirkung der Rangordnung gemäß dem Prinzip der Alterspriorität (Einl. N. 35ff.). Aber genau wie gegenüber dem Eigentümer ist der Dienstbarkeitsberechtigte gegenüber diesen dinglich Berechtigten zu möglichster Schonung in der Ausübung seines Rechtes verpflichtet.

Gegenüber bereits bestehenden, also den Vorrang einnehmenden dinglichen **98** Rechten hat der Dienstbarkeitsberechtigte so weit zurückzutreten, daß er sie in keiner Weise beeinträchtigt. Unter Umständen folgt daraus, daß er sein Recht unausgeübt lassen muß. EBG **57** II 258ff. = Pr. **20** Nr. 133 (Preisgabe des jüngeren Quellenrechtes zugunsten des älteren Lehmausbeutungsrechtes).

Auch der Vorrang eines Grundpfandrechtes kann zur Aufhebung der Dienstbarkeit führen, wenn deren Bestand den Erlös in der Zwangsverwertung so herabsetzt, **99** daß der Grundpfandgläubiger zu Verlust käme und deshalb das Grundstück ohne die Belastung mit der Dienstbarkeit versteigern läßt. EBG **39** II 695 = Pr. **3** Nr. 28. Einl. N. 49.

Zu schonender Rücksichtnahme ist indessen jeder Dienstbarkeitsberechtigte **100** auch gegenüber dem Inhaber eines dinglichen Rechtes mit schlechterem Rang verpflichtet. Vgl. dazu NN. 87ff. zu Art. 731.

Besteht Gleichrangigkeit zwischen Dienstbarkeiten gleichen oder verschiedenen **101** Inhalts, die dadurch zustande gekommen sein kann, daß diese Rechte auf Grund des gleichen Vertrages oder Testamentes gleichzeitig zur Eintragung angemeldet worden sind, kann sich das gegenseitige Verhältnis ganz verschieden gestalten:

a) Diese Rechte können nebeneinander bestehen, ohne sich im geringsten zu **102** stoßen; dies trifft vor allem auf die nagativen Dienstbarkeiten zu, wie z.B. auf Bau- und Gewerbebeschränkungen, die das gleiche Grundstück zugunsten verschiedener Nachbargrundstücke belasten; aber auch affirmative Grunddienstbarkeiten gleichen Inhaltes können sich sehr wohl vertragen, wie z.B. mehrere Wegrechte am gleichen Grundstück zugunsten verschiedener anderer Grundstücke oder auch mehrere Rechte zum Bezug von Wasser, Steinen, Kies, Sand, Lehm oder anderen Bodenbestandteilen, wenn sie nur mengenmäßig oder räumlich glatt gegeneinander abgegrenzt sind.

b) Die Rechte schließen einander gegenseitig aus, wie z.B. das Baurecht und das **103** Bauverbotsrecht, das Beholzungsrecht und das Holzschlagsverbotsrecht. Würde eine Eintragung zu solchen Widersprüchen führen, ist die Anmeldung abzuweisen (Einl. N. 41).

c) Die verschiedenen Rechte können gleichzeitig nur ausgeübt werden, wenn sie **104**

Grunddienstbarkeiten

dem Umfang nach beschränkt und gegeneinander abgegrenzt werden, wie Beholzungsrechte, Quellenrechte, Baurechte; oder sie können überhaupt nicht gleichzeitig, sondern nur alternierend ausgeübt werden, wie ausschließliche Wohnrechte, Rechte zur Benutzung einer Mühle, eines Backofens, einer Kelter oder eines Sägewerkes.

105 In solchen Fällen muß eine Nutzungsordnung getroffen werden; gelingt ihre Vereinbarung nicht, kann ihre Festsetzung durch richterliches Gestaltungsurteil verlangt werden. Sie soll, wie es im § 1024 BGB, der diesen Tatbestand klar und genau umschreibt, heißt: «den Interessen aller Berechtigten nach billigem Ermessen des Richters entsprechen». Eine gesetzliche Nutzungsordnung (norme regolatrici) enthält der C.c.it. für die Ausübung der Wasserbezugsrechte mehrerer Grundeigentümer an der gleichen Gewässerliegenschaft (art. 1084ss.).

VI. Die Verantwortlichkeit des Dienstbarkeitsberechtigten nach den Bestimmungen über die Haftung des Grundeigentümers und des Werkeigentümers

106 Wie in den NN. 68–70 der Einleitung ausgeführt ist, sind die Bestimmungen über den Inhalt und die Beschränkungen des Grundeigentums auch auf die beschränkten dinglichen Rechte analog anwendbar. Die Ausübung von Dienstbarkeiten schafft indessen die tatsächlichen Voraussetzungen für eine Haftung gemäß Art. 58 OR und Art. 679 ZGB nur dann, wenn sie mit der Erstellung und Benutzung von Anlagen oder mit Veränderungen im Körper des belasteten Grundstückes verbunden ist. Anlagen auf dem dienenden Grundstück mit Werkcharakter, welche der Dienstbarkeitsberechtigte selber erstellt hat, stehen in der Regel in seinem Eigentum. Er haftet deshalb gemäß Art. 58 OR für allen Schaden, der den Eigentümer des dienenden Grundstückes oder einen Dritten infolge eines Werkmangels trifft. Darunter fällt, entgegen der in EBG **61** II 328 = Pr. **25** Nr. 44 und **70** II 87 = Pr. **33** Nr. 112 vertretenen Meinung, auch der Schaden an einem Grundstück oder Grundstücksbestandteil. Die Haftung des Dienstbarkeitsberechtigten aus Art. 58 OR besteht auch für den am belasteten Grundstück selber eintretenden Schaden, da der Art. 58 OR nicht eine nachbarrechtliche Bestimmung ist, wie es der Art. 679 ist.

107 Der Dienstbarkeitsberechtigte kann auch auf Grund von Art. 679 belangt werden. Die Ausübung seines Rechtes unterliegt ja den gleichen Schranken wie die des Eigentums am Grundstück. Die Haftung des Dienstbarkeitsberechtigten ist selbständig, von der des Eigentümers am belasteten Grundstück unabhängig. Ist der Schaden die Wirkung der Benutzung des Grundstückes durch den Dienstbarkeitsberechtigten oder durch dessen Mieter, Pächter, Beauftragte, Angestellte, so haftet er und nicht der Grundeigentümer. Der Grundeigentümer kann die Passivlegitimation bestreiten. So entschied das ObG Zürich (1930), dessen Urteil vom Bundesgericht bestätigt wurde (B1ZR **30** Nr. 146), aber von Haab N. 12 zu Art. 679 kritisiert wird, m. E. zu Unrecht. Zwischen dem Grundeigentümer und dem Dienst-

barkeitsberechtigten besteht kein Vertragsverhältnis. Beide stehen nebeneinander als selbständige Träger gleichartiger, eben dinglicher Rechte am gleichen Grundstück (NN. 39 und 180 zu Art. 736). Jeder von ihnen steht in der Ausübung seines Rechtes unmittelbar unter der die Benutzung des Grundstückes beschränkenden gesetzlichen Norm. Haftung des Dienstbarkeitsberechtigten wegen eines Mangels der Dienstbarkeitsanlage, nämlich eines Weges, EBG **91** II 287 = Pr. **55** Nr. 2 = ZBGR **47** (1966) Nr. 69, S. 304ff. (vom Verkehrsverein Gstaad auf Grund einer Dienstbarkeit angelegter öffentlicher Fußweg). Vgl. dazu die NN. 18ff. zu Art. 741 und 37ff. zu Art. 743. Nach EBG **67** I 124 = Pr. **30** Nr. 113 sollte den früheren Zustand wiederherstellen, wer auf die Dienstbarkeit verzichtet. Siehe dagegen N. 35 zu Art. 741.

Die Auffassung LEEMANNS, N. 29 zu Art. 679, vorn in N. 70 der Einleitung **108** wiedergegeben, nach welcher der Grundeigentümer auch für den Dienstbarkeitsberechtigten hafte und wonach diesem gegenüber wohl Schadenersatzansprüche aus Art. 41 OR, nicht aber die Ansprüche aus Art. 679 geltend gemacht werden könnten, ist deshalb abzulehnen.

Bejahen will LEEMANN die Passivlegitimation des Dienstbarkeitsberechtigten, **109** wenn dieser Eigentümer von Bauten und anderen Vorrichtungen wie Leitungen auf dem belasteten Grundstück ist, weil er dann eben als Grundeigentümer haften würde. Aber es ist nicht einzusehen, daß der Dienstbarkeitsberechtigte für den Lärm und die Erschütterungen haften würde, wenn sie von einer mit dem Boden fest und dauernd verbundenen Kiesbrechanlage ausgehen, nicht dagegen wenn sie von einer in der Kiesgrube aufgestellten beweglichen Maschine ausgehen. Es kommt doch nur darauf an, ob eine selbständige Grundstücksbenutzung aus eigenem dinglichen Recht vorliegt. Trifft dies zu, besteht auch die selbständige Haftung aus Art. 679. Ob der Lärm und die Erschütterungen in beweglichen oder festen Anlagen bewirkt werden, ist dann gleichgültig, da sie in beiden Fällen ihre Ursache in der selbständigen Grundstücksbenutzung haben.

Falsch ist auch die Meinung LEEMANNS, der Dienstbarkeitsberechtigte hafte aus **110** Art. 679, ohne Eigentümer unbeweglicher Anlagen zu sein, dann, wenn die Dienstbarkeit als selbständiges und dauerndes Recht in das Grundbuch aufgenommen sei. Da, wie auch in LEEMANNS N. 40 zu Art. 641, liegt die durch den Wortlaut des Art. 655 begünstigte verkehrte Vorstellung vor, das selbständige und dauernde Recht werde dadurch, daß es in das Grundbuch aufgenommen werde, zum Eigentumsobjekt, und der Dienstbarkeitsberechtigte habe an ihm Eigentum; er werde dadurch zum Grundeigentümer. Das ist so völlig unrichtig, daß davon nicht die Rede sein sollte (mein Eigentum, S. 123f.). Das Recht bleibt, auch nachdem es in das Grundbuch aufgenommen worden ist, das selbständige und dauernde Recht, das es vorher gewesen ist, nur ist es nun hinsichtlich des Rechtsverkehrs den Bestimmungen über das Grundeigentum unterstellt. Im übrigen aber, hinsichtlich des Inhaltes und Umfanges und auch der Haftung, ist die Aufnahme in das Grundbuch ohne jede

Bedeutung. Ersitzung eines selbständigen und dauernden Fischereirechts EBG **97** II 23, bespr. ZBJV **109** (1973) S. 82ff.

111 Die für das Eigentum hierüber bestehenden Bestimmungen sind auf die in das Grundbuch aufgenommenen selbständigen und dauernden Rechte freilich anwendbar, aber weil und soweit sie auf die dinglichen Rechte an Grundstücken überhaupt – auch auf die nicht in das Grundbuch aufgenommenen – anwendbar sind. Vgl. auch HAAB, N. 12 zu Art. 655. Es wäre ja auch sinnlos, den Dienstbarkeitsberechtigten, der durch Ausnutzung eines Quellenrechts das Grundwasser auf dem Nachbargrundstück absenkt, dafür den Nachbarn aus Art. 679 haften zu lassen, wenn er sein eingetragenes Recht noch ins Grundbuch hat aufnehmen lassen, etwa weil er es belasten oder zu seinen Gunsten ein Durchleitungsrecht oder ein weiteres Quellenrecht erwerben möchte, ihn dagegen seine Passivlegitimation bestreiten zu lassen, wenn er davon abgesehen hat, dem Quellenrecht im Grundbuch ein eigenes Blatt eröffnen zu lassen.

112 Wäre der Dienstbarkeitsberechtigte nicht passivlegitimiert, könnte aus Art. 679 nur gegen den Grundeigentümer geklagt werden. Dieser hätte jedoch gute Gründe für die Bestreitung der Passivlegitimation. Er kann geltend machen, daß nicht sein Eigentum vom Dienstbarkeitsberechtigten in vertraglicher Abhängigkeit ausgeübt werde, der Dienstbarkeitsberechtigte vielmehr sein eigenes Recht selbständig ausübe, wie in dem hievor zitierten Urteil (BlZR **30** Nr. 146) erkannt wurde.

113 Der Eigentümer hätte, wenn er zu Schadenersatz verurteilt würde, auch keinen Rückgriff auf den Dienstbarkeitsberechtigten, da er zu ihm in keinem Vertragsverhältnis steht. Würde er zur Unterlassung fernerer schädlicher Einwirkungen verurteilt, könnte das Urteil nicht vollstreckt werden. Der Grundeigentümer könnte ja dem Dienstbarkeitsberechtigten die Einstellung oder Einschränkung der Wasserförderung nicht, etwa unter Androhung des Entzuges des Rechts, verbieten. Die hier dargelegte Auffassung dürfte in der Literatur vorherrschen. Siehe die Zitate in N. 70 der Einleitung, ferner L'HUILLIER, La responsabilité du propriétaire foncier selon l'art. 679 du CCS, ZSR **71**, S. 60aff.

114 Umgekehrt ist auch der Dienstbarkeitsberechtigte zur Einsprache gegen eine Baute auf dem Nachbargrundstück nicht legitimiert, wenn durch diese Baute der Eigentümer in seinem Rechte beeinträchtigt würde, nicht aber er selber in dem seinigen. ObG Zürich BlZR **31** Nr. 29.

115 Der Dienstbarkeitsberechtigte haftet für den von seinem Mieter oder Pächter in der Benutzung des dienenden Grundstückes verursachten Schaden aus Art. 679, gleich wie dies für den Eigentümer nach Lehre und Praxis gilt. EBG **83** II 380 = Pr. **47** Nr. 4 und da zitierte Entscheidungen, ferner ObG Zürich BlZR **54** (1955) Nr. 174; HAAB, N. 11 zu Art. 679. Selber sind Mieter und Pächter im Rechtsstreit auf Grund von Art. 679 nicht passivlegitimiert, wohl aber können sie seitens des Eigentümers eines Nachbargrundstückes aus Art. 641 Abs. 2 (actio negatoria) sowie

wenn sie den Schaden schuldhaft verursacht haben, von jedem Geschädigten aus Art. 41 OR belangt werden. HAAB, NN. 13 und 15 zu Art. 679.

Bejaht wird die Haftung der Mieter und Pächter, wie die eines jeden Besitzers, aus **116** Art. 679 von EMIL W. STARK, Das Wesen der Haftpflicht des Grundeigentümers nach Art. 679 ZGB (1952) S. 206. Diese Personen üben jedoch nicht ein Dritten gegenüber wirksames eigenes Recht am Grundstück aus, sondern nur die sich für sie aus dem Vertrag mit dem Eigentümer oder Dienstbarkeitsberechtigten ergebenden, nach Inhalt und Umfang ganz individuell bestimmten Befugnisse, denen jede Publizität fehlt. Die herrschende Auffassung verdient deshalb den Vorzug. Gegen sie EBG **104** II 15ff. = Pr. **67** Nr. 136. Damit wird der nachbarrechtliche Charakter des Verhältnisses verkannt. Mieter und Pächter wechseln. Gegen einen neuen Mieter oder Pächter wirkt das Urteil nicht. Gegen ihn müßte erneut die gleiche Klage erhoben werden. Wirkungslos ist das Urteil auch gegenüber dem Eigentümer. Darin zeigt sich, daß mit solcher Klage (gegen Pächter oder Mieter) nicht die nachbarrechtlichen Beziehungen erfaßt werden, die allein Gegenstand der Art. 679ff. sind. Dasselbe ist gegen EBG **101** II 248 = Pr. **64** Nr. 213 (Herdengeläute) zu sagen und ist mit Hinweis auf Schweiz. Privatrecht V 1, S. 234 N. 41 sowie S. 221f. auch gesagt in der ZBJV **113** (1975) S. 167.

Das Bundesgericht scheint sich von seiner verfehlten deliktsrechtlichen Auffassung des Art. 679 nicht lösen zu können. Vgl. außer dem hievor stehenden Zitat m. Eigentum, S. 233: «Angemessener Ausgleich, nicht Schadenersatz.» N. 195 hienach; N. 49ff. zu Art. 739.

Es erhebt sich insbesondere noch die Frage, ob die Haftung des Dienstbarkeits- **117** berechtigten aus Art. 679 auch gegenüber anderen am dienenden Grundstück dinglich Berechtigten und gegenüber dem Eigentümer Platz greife. Der Art. 679 ist (im Gegensatz zum Art. 58 OR) eine **nachbarrechtliche Bestimmung**. Sie schützt den Nachbarn gegen Nachteile, die ihn infolge der Mißachtung nachbarrechtlicher Pflichten des Grundeigentümers (Art. 684, 685) treffen. Diese Erkenntnis hat sich in der Rechtsprechung und Lehre immer mehr durchgesetzt. OFTINGER, Haftpflichtrecht II, S. 397/98. Sie ist das Hauptergebnis der hievor zitierten Untersuchung von EMIL W. STARK. LIVER, Das Eigentum S. 218ff.

Zur Klage aus Art. 679 ist deshalb aktiv nur legitimiert, wer in einer besonderen **118** Beziehung zum Nachbargrundstück steht, auf dem der Schaden eingetreten ist. Er braucht nicht Eigentum oder ein beschränktes dingliches Recht an diesem Grundstück zu haben. Aktivlegitimiert ist insbesondere auch der Mieter und der Pächter dieses Grundstückes und darüber hinaus überhaupt jeder, der in einer näheren dauernden Beziehung zum Grundstück steht. Als notwendige Bedingung hiefür hat das Bundesgericht den Besitz erklärt. EBG **75** II 120f. = Pr. **38** Nr. 93.

Zwischen dem Dienstbarkeitsberechtigten und dem Eigentümer des dienenden **119** Grundstückes sowie anderen an diesem Grundstück dinglich Berechtigten besteht

Grunddienstbarkeiten

kein nachbarrechtliches Verhältnis. Das Bundesgericht hat denn auch entschieden, daß sich der Quellenrechtsinhaber nicht auf die (ebenfalls nachbarrechtlichen) Bestimmungen der Art. 706/07 berufen könne, wenn ihm die Quelle auf dem dienenden Grundstück selber von einem an diesem Grundstück ebenfalls dinglich Berechtigten abgegraben werde. Der Konflikt könne wie derjenige des Dienstbarkeitsberechtigten mit dem Eigentümer des dienenden Grundstückes nicht auf dem Boden der Art. 706 und 707, sondern nur auf dem Boden des Dienstbarkeitsrechts gelöst werden, denn im Bereiche seines Rechts stehe der beklagte Dienstbarkeitsberechtigte an der Stelle des Eigentümers. Das ist zweifellos richtig. Siehe die NN. 107f. hievor. Daraus folgt, daß die Klage des Grundeigentümers oder eines anderen am dienenden Grundstück dinglich Berechtigten gegen den Dienstbarkeitsberechtigten wegen Überschreitung seines Rechtes am gleichen Grundstück niemals eine Klage aus Art. 679 sein kann, sondern die Klage des Eigentümers nur eine Eigentumsklage (actio negatoria) und die Klage eines anderen dinglich Berechtigten die der actio negatoria entsprechende actio confessoria sein kann.

120 Der praktische Unterschied würde namentlich darin bestehen, daß in diesem Verhältnis eine Verpflichtung zum Ersatz des Schadens ohne Verschulden nicht bestünde. Der Anspruch auf Schadenersatz müßte auf Art. 41 OR gestützt werden. Auf Grund des im Zivilrecht so weitgehend objektivierten Verschuldensbegriffs käme man in den meisten Fällen praktisch zum gleichen Ergebnis, wie wenn Art. 679 angewendet wird. Dieses Ergebnis wäre, wenn es auf Grund von Art. 41 OR gewonnen wird, viel überzeugender. Auch wäre man der Aufgabe überhoben, eine Eigentumsüberschreitung in der Grundstücksnutzung mühsam zu konstruieren, wie dies im EBG **75** II 116ff. = Pr. **38** Nr. 93 geschehen ist, und sich mit den Schwierigkeiten, welche die Frage der Aktivlegitimation bieten kann, wie der gleiche Fall zeigt, auseinanderzusetzen.

121 Das Bundesgericht hat, ohne sein grundsätzliches, hier wiederholt zitiertes Urteil (EBG **57** II 258ff. = Pr. **20** Nr. 133, N. 70 hievor) auch nur zu erwähnen, im Gegensatz zu ihm in einem neueren Urteil (Bd. **70** II 85ff. = Pr. **33** Nr. 12) eine Gemeinde als Grundeigentümerin zum Ersatz des Schadens gemäß Art. 679 verurteilt, den sie durch die Ausführung von Bauarbeiten an einer durch ihren Boden führenden Leitung eines Dritten verursacht hatte. Es erklärte da, das Abgraben des Untergrundes einer kraft Nachbarrechts, kraft einer Dienstbarkeit oder kraft anderer Befugnisse auf dem eigenen Grundstück durchgeführten Leitung müsse als (objektiv) widerrechtlich gelten und der Haftung nach Art. 679 ZGB rufen (S. 94).

Das Bundesgericht ist seither wieder auf den Boden seines grundsätzlichen Urteils (**57** II 258ff. = Pr. **20** Nr. 133) zurückgekehrt: **88** II 334 = Pr. **52** Nr. 3; **91** II 195 = Pr. **54** Nr. 148. Damit übereinstimmend BezG Uster, SJZ **63** (1967) Nr. 63, S. 128f.

122 Das ObG Aargau hatte in einem Fall, in welchem ein Quellenrechtsinhaber durch

Grabungen des Eigentümers des belasteten Grundstückes selber beeinträchtigt worden war, gleich entschieden und ausdrücklich erklärt, daß es sich damit in Gegensatz stelle zum EBG **57** II 258 = Pr. **20** Nr. 133.

STARK hat entsprechend seiner Herausarbeitung des nachbarrechtlichen Charakters der Haftung aus Art. 679 den Grundsatz anerkannt, daß Voraussetzung dieser Haftung eine Einwirkung sei, welche die Grundstücksgrenze «überschreite» (S. 205). Er erklärt dann aber ohne nähere Begründung, «dieser Grundsatz erfahre insofern eine gewisse Modifikation», als auch das Verhältnis des Dienstbarkeitsberechtigten zum Eigentümer, zum Besitzer und zu den Inhabern beschränkter dinglicher Rechte nach Art. 679 zu beurteilen sei (S. 195, 205, 206 Anm. 37). Gleicher Meinung ist LEEMANN, N. 10 zu Art. 737. 123

Das wäre indessen nicht «eine gewisse Modifikation», sondern die Preisgabe des Grundsatzes. Zwingende praktische Gründe, welche die dogmatische Inkonsequenz entschuldigen, scheinen mir nicht zu bestehen. Wenn die am gleichen Grundstück dinglich Berechtigten (der Eigentümer und die Inhaber beschränkter dinglicher Rechte), die ja als selbständige Träger dinglicher Rechte nebeneinanderstehen und im Verhältnis zu Dritten ein jeder von ihnen seine eigene, von derjenigen jedes anderen unabhängige Rechtsstellung hat (N. 107), im Verhältnis zueinander ebenfalls in dieser Unabhängigkeit nebeneinanderstünden, könnte es sich rechtfertigen, die nachbarrechtlichen Haftungsbestimmungen auf dieses Verhältnis analog anzuwenden, wie sie auf das Verhältnis zwischen Stockwerkeigentümern vom Bundesgericht analog angewendet worden sind (EBG **55** II 21f. = Pr. **18** Nr. 49). 124

Diese Voraussetzung ist jedoch nicht gegeben. So liegt es auf der Hand, daß gegenüber dem Dienstbarkeitsberechtigten der Eigentümer des belasteten Grundstückes eine ganz andere Stellung hat als der Eigentümer des Nachbargrundstückes (auch wenn er es selber ist, siehe N. 199ff. hienach). Ebenso ist ein anderer dinglich Berechtigter gegenüber dem Dienstbarkeitsberechtigten in einer ganz verschiedenen rechtlichen Lage, je nachdem ob sein Recht das gleiche Grundstück oder ein Nachbargrundstück belastet, und im ersten Fall, je nachdem ob es im besseren oder im schlechteren Rang steht. Hat es den schlechteren Rang, kann es durch die Ausübung der Dienstbarkeit völlig vernichtet werden, ohne daß eine Widerrechtlichkeit vorläge. Die Beteiligten stehen da zueinander zwar nicht in einem Vertragsverhältnis, aber in einem Verhältnis, in das sie zwar durch freien Willensakt getreten sind, in dem jedoch die Stellung eines jeden zum anderen durch die gesetzliche Ordnung bestimmt ist, welche sich einerseits zwischen dem Eigentümer und den übrigen am gleichen Grundstück dinglich Berechtigten begriffsnotwendig ergibt und welche anderseits einem jeden der letzteren im Verhältnis zu den übrigen seinen Rang anweist, den gleichen Rang, den besseren Rang oder den schlechteren Rang. So stehen einander die am gleichen Grundstück dinglich Berechtigten keineswegs wie Nachbarn gleichberechtigt und unabhängig gegenüber. 125

VII. Rechtsschutzansprüche des Dienstbarkeitsberechtigten aus dem Besitz und aus dem Recht

1. Besitzesschutz

a) Der Besitz.

126 Wie in N. 71 der Einleitung ausgeführt ist und vom Bundesgericht im EBG **60** II 488 = Pr. **24** Nr. 42 dargelegt wurde, kann der Dienstbarkeitsberechtigte in jedem Fall, in dem er von einem anderen aus verbotener Eigenmacht in der Ausübung seines Rechtes gestört wird, auf Grund der Art. 928/29 durch Klage oder, was praktisch fast allein in Betracht kommt, durch Gesuch um Erlaß einer einstweiligen Verfügung, eines richterlichen Befehls oder Amtsverbotes im summarischen Verfahren nach kantonalem Zivilprozeßrecht, Besitzesschutz verlangen. Dieses Gesuchsverfahren macht die ordentliche Besitzesschutzklage sozusagen entbehrlich (LEUCH, Kommentar zur bernischen ZPO, 3. Aufl. 1956, Erl. 5 zu Art. 326, S. 302; ebenso HOMBERGER, N. 2 zu Art. 927).

127 Soweit ihm mit der Ausübung der Dienstbarkeit Sachbesitz gegeben ist, hat der Dienstbarkeitsberechtigte die gleiche Stellung wie jeder andere Besitzer und bedarf keiner besonderen gesetzlichen Grundlage für die Besitzesschutzklage. Dies trifft auf die Nutznießung, das Wohnrecht, das Baurecht und das Quellenrecht ohne weiteres zu. Es trifft aber auch auf die affirmativen Grunddienstbarkeiten und affirmativen irregulären Personalservituten (Art. 781) zu, also auf das Überbaurecht, dann auf die Wegrechte, Weiderechte, Beholzungsrechte und die Rechte zur Gewinnung von Bodenbestandteilen zur Verwendung als Baumaterialien und für sonstige Zwecke. Zu Unrecht «Rechtsbesitz» statt Sachbesitz: EBG **83** II 145 (bespr. ZBJV **95**, 1957, S. 83ff.) durch Ausübung eines Wegrechtes. Richtig EBG **94** II 348ff. = Pr. **58** Nr. 60, bespr. ZBJV **106** (1970) S. 66ff.

128 Ob die Ausübung der Schießservitut mit Sachbesitz an den überschossenen Liegenschaften verbunden ist, könnte als zweifelhaft erscheinen, wird aber nicht auszuschließen sein, da mit ihr diese Grundstücke, welche während des Schießens für jedermann, auch für den Eigentümer, gesperrt sind, tatsächlich beherrscht werden, wenn die positive Inanspruchnahme sich auch auf den Luftraum beschränkt. EBG **15**, S. 735 und **16**, S. 709.

129 Die affirmativen Grunddienstbarkeiten und affirmativen regulären Personaldienstbarkeiten können nicht ausgeübt werden, ohne daß Besitzeshandlungen am dienenden Grundstück selber, also an der Sache ausgeführt werden. Wenn mit ihnen das belastete Grundstück zeitlich und räumlich nur in sehr beschränktem Umfang tatsächlich beherrscht wird, liegt nicht ausschließlicher und nicht umfassender Besitz vor, sondern Teilbesitz, aber Sachbesitz ist es auch in diesem Fall.

130 Sogenannter Rechtsbesitz muß dem Dienstbarkeitsberechtigten, um ihn des Besitzesschutzes teilhaftig werden zu lassen, nur zuerkannt werden, wenn seine Dienstbarkeit ausgeübt wird, ohne daß am belasteten Grundstück selber Besitzeshand-

lungen vorgenommen werden. Ohne solche Handlungen werden die negativen Grunddienstbarkeiten und negativen irregulären Personaldienstbarkeiten ausgeübt.

Im Art. 919 Abs. 2 ist dem Sachbesitz die tatsächliche Ausübung des Rechtes gleichgestellt «bei Grunddienstbarkeiten und Grundlasten». Diese Bestimmung ist so formuliert, daß sie dahin verstanden werden kann, es seien mit ihr alle Grunddienstbarkeiten schlechthin gemeint, nicht nur die negativen, sondern auch die affirmativen. Zur Bekräftigung dieser Ansicht könnte auch auf Erl. II, S. 130 und 140, verwiesen werden. Zwingend ist diese Auslegung indessen nicht. Die Ausübung des Rechtes «bei Grunddienstbarkeiten» braucht nicht die Ausübung des Rechtes bei allen Grunddienstbarkeiten schlechthin zu sein, sondern kann auf die negativen Grunddienstbarkeiten beschränkt sein. Daß die Bestimmung nur mit dieser Beschränkung sachlich richtig, d. h. sinnvoll und zweckmäßig sein kann, hat HOMBERGER in seinem Kommentar, N. 21 zu Art. 919, dargetan. In der Literatur zum BGB haben diese Auffassung namentlich HECK, Sachenrecht § 16, S. 59ff., und ihm folgend RING in der 11. Bearbeitung des STAUDINGERSCHEN Kommentars (1956) N. 1 zu § 1029 vertreten.

Sie stützt sich nicht auf das Beispiel der Grunddienstbarkeiten, zu deren Ausübung bauliche Anlagen auf dem belasteten Grundstück bestehen, die dem Berechtigten gehören und von ihm benutzt werden. Diese besitzt der Berechtigte als Eigentümer; sie stehen in seinem Eigenbesitz. Der hier zur Erörterung stehende Sachbesitz ist «Fremdbesitz», wie er vorliegt, wenn der Dienstbarkeitsberechtigte auf dem belasteten Grundstück sein Vieh hütet oder Holz schlägt oder Kies ausbeutet oder einen Weg baut und benutzt.

Wenn also einerseits der Art. 919 Abs. 2 zu weit gefaßt ist, indem er von Grunddienstbarkeiten schlechthin spricht, lautet er anderseits zu eng, indem er den Rechtsbesitz auf Grunddienstbarkeiten beschränkt. Denn es gibt auch andere Dienstbarkeiten, die ohne Besitzeshandlungen am dienenden Grundstück ausgeübt werden, nämlich negative irreguläre Personaldienstbarkeiten, kann doch die Bau- oder Gewerbebeschränkungsdienstbarkeit ebensogut wie zugunsten eines herrschenden Grundstückes zugunsten einer individuell bestimmten Person, namentlich einer juristischen (Kanton, Gemeinde, Heimat- oder Naturschutzorganisation), oder Gemeinschaft bestehen. Vgl. z.B. EBG **78** II 21 = Pr. **41** Nr. 78. Unter den «Grunddienstbarkeiten» müssen in der Auslegung des Art. 919 Abs. 2 die (negativen) irregulären Personaldienstbarkeiten mitverstanden werden. Dafür könnte der Art. 781 Abs. 3 auch die formelle Handhabe bieten. (Daß der Grundlastgläubiger Besitzesschutz beanspruchen könnte, ist dagegen schwerlich vorstellbar, da er keinerlei Benutzungsrecht am belasteten Grundstück hat.)

Der Ansicht OSTERTAGS, NN. 25 und 27 zu Art. 919, daß die Ausübung der irregulären Personaldienstbarkeiten, soweit sie dem Berechtigten nicht den vollen und ausschließlichen Besitz am dienenden Grundstück gewähre, wie etwa die des Baurechts, dem Sachbesitz überhaupt nicht gleichgestellt werden könne, welche

Ansicht auch Homberger, N. 20 zu Art. 919, zu teilen scheint, ist unrichtig. Es geht hier um den Besitz am dienenden Grundstück, nicht, wie Homberger a.a.O. annimmt, um den Besitz am herrschenden Grundstück, der sich auf das dienende Grundstück erstrecken würde.

135 Daß der Besitzesschutz für die Ausübung des Baurechts und des Quellenrechts und für die Begehung von Weg und Steg und für die Durchführung der Schießübung nur gewährt werden könnte, wenn diese Rechte dem jeweiligen Eigentümer eines Grundstückes zustünden, nicht aber wenn sie einer individuell bestimmten natürlichen oder juristischen Person oder Gemeinschaft (Art. 781) zustünde, läßt sich in keiner Weise verstehen und erklären. Diese Ansicht Ostertags und Hombergers ist denn auch nicht die in der Literatur herrschende. Sie wird abgelehnt von W. Pfister, Die Ersitzung, Diss. Zürich 1931, S. 93. Ferner steht auf dem hier vertretenen Standpunkt auch Leemann, N. 27 zu Art. 781.

136 Das Bundesgericht hat dem Inhaber eines privaten Wasserrechts an einem öffentlichen Gewässer ohne Rücksicht darauf, ob ihm dieses Recht persönlich oder als Eigentümer eines Werkgrundstückes zustand, den Anspruch auf Besitzesschutz grundsätzlich zuerkannt. EBG **60** II 488 = Pr. **24** Nr. 42. Ebenso finden nach § 1090 BGB die Bestimmungen über den Schutz des Besitzes an Grunddienstbarkeiten auch auf die beschränkten persönlichen Dienstbarkeiten Anwendung.

137 Große Schwierigkeiten kann allerdings die Feststellung bereiten, ob der Besitzesschutz verlangende Kläger oder Gesuchsteller tatsächlich Besitz hat, sei es Sachbesitz oder Rechtsbesitz. Er muß dartun können, daß er die Handlungen, in denen die Ausübung der Dienstbarkeit besteht, tatsächlich vorgenommen hat, nec vi nec clam nec precario, und daß er nun an der Fortsetzung dieser Grundstücksbenutzung vom Eigentümer des Grundstückes, einem an diesem Grundstück dinglich oder persönlich Berechtigten oder von irgendeinem Dritten gehindert werde. Das BGB schreibt in § 1029 vor, daß die Ausübungshandlung mindestens einmal innerhalb eines Jahres vor der Störung vorgenommen sein muß. Ähnlich lautet der Art. 1066 des C.c.it., nach welchem auf die Verhältnisse im vorausgegangenen Jahr abzustellen sei und für Dienstbarkeiten, die nur in längeren Zeiträumen ausgeübt werden, auf die Verhältnisse der entsprechend weiter zurückliegenden Zeit.

138 Unser Gesetz stellt das Urteil darüber, ob diese Grundvoraussetzung des Besitzesschutzes gegeben sei, ins Ermessen des Richters. Auch Besitzeshandlungen, die längere Zeit zurückliegen, können genügen. Die alte Regel «olim possessor, hodie possessor» ist zwar für den Richter keineswegs bindend, kann für ihn aber u. U. wegleitend sein. Dernburg, BGB III (3. Aufl. 1940) § 26, S. 85.

139 Ist dargetan, daß der Gesuchsteller das behauptete Wegrecht tatsächlich ausgeübt hat, indem er über das belastete Grundstück nach Bedarf gefahren ist, und wird dies vielleicht noch durch die vorhandenen Wegspuren bestätigt, wird ihm der Besitzesschutz zu gewähren sein, auch wenn er den Bestand der Dienstbarkeit nicht glaubhaft zu machen vermag. In einem solchen Falle würden die Grenzen des Possesso-

riums überschritten, wenn der Besitzesschutz von dieser Voraussetzung abhängig gemacht würde, wie dies im EBG **83** II 141 in Bestätigung eines Entscheides des luzernischen ObG geschehen ist. Die Einsprache gegen das Befahrungsverbot wurde aufgehoben, weil leicht glaubhaft zu machen war, daß das Wegrecht bestand. (ZBJV **95**, S. 33f.) Das Amtsverbot wurde im Gegensatz zu EBG **60** II 488 als Besitzesstörung behandelt. Zuzugeben ist allerdings, daß auch der Besitzesschutzrichter von der Rechtslage nicht immer ganz absehen kann. Ist zweifelhaft, ob der Gesuchsteller die Besitzeshandlungen, welche die Grundlage seines Gesuches bilden, nicht vi aut clam aut precario vollzogen habe, in welchem Fall er daran gar nicht aus verbotener Eigenmacht gehindert worden wäre, kann ein Blick auf die Rechtslage entscheidend sein.

Besonders schwierig und problematisch ist der Entscheid darüber, ob eine den **140** Rechtsbesitz begründende Ausübung der Dienstbarkeit erfolgt sei, wenn dies eine negative Dienstbarkeit ist. Da die Ausübung auch Voraussetzung der Ersitzung ist, wurde diese Frage in den NN. 134 und 135 zu Art. 731 behandelt.

Wenn die Dienstbarkeit im Grundbuch nicht eingetragen ist und ein Erwerbstitel **141** nicht vorgelegt werden kann, muß der Kläger oder Gesuchsteller dartun können, daß er eine der beanspruchten Dienstbarkeit widersprechende Ausübung des Eigentums tatsächlich verhindert oder rückgängig gemacht hat oder daß er sie dem Eigentümer verboten und dieser sich dem Verbot unterzogen hat. Ist dagegen die Dienstbarkeit im Grundbuch eingetragen oder die Vermutung für ihren Bestand durch Vorlegung des Erwerbstitels begründet, sollte der Besitzesschutz gewährt werden.

Besteht z.B. die Dienstbarkeit darin, daß eine Burgruine nicht abgetragen und **142** überhaupt nicht verändert werden dürfe und schickt sich der Eigentümer des belasteten Grundstuckes nach langer Zeit seit der Errichtung der Dienstbarkeit erstmals an, die Ruine als Steinbruch zu benutzen, ist der dienstbarkeitberechtigten Gemeinde oder dem Kanton oder der Heimatschutzvereinigung oder dem Burgenverein der Besitzesschutz auf Grund des Auszuges aus dem Grundbuch oder auch nur des Erwerbstitels, z.B. einer Expropriationsverfügung, zu gewähren, ohne daß der Nachweis einer Ausübungshandlung verlangt werden dürfte.

Wird der Erwerbstitel vorgelegt, kann es dem Gegner nichts nützen, wenn er **143** dartut, daß eine Dienstbarkeit im Grundbuch nicht eingetragen sei. Man kann deshalb OSTERTAG (N. 29 zu Art. 919) nicht zustimmen, wenn er sagt, ein Schutz gegen gänzliche Entziehung des Rechtsbesitzes sei für den nicht eingetragenen Besitzer ausgeschlossen, weil der Beklagte durch das Grundbuch sofort die Nichtexistenz des Rechtes nachweisen könne. Dieser Nachweis durch Grundbuchauszug scheitert an dem Rechtstitel für einen außerbuchlichen Dienstbarkeitserwerb (Ersitzung, Verwaltungsverfügung im Enteignungsverfahren oder in einem enteignungsähnlichen Verfahren, richterliches Urteil) auch da, wo das eidgenössische Grundbuch eingeführt ist oder ein ihm gleichgestelltes kantonales Grundbuch (Art. 46

SchlT) besteht. Außerdem gibt es altrechtliche Dienstbarkeiten, die gar nicht eingetragen werden können, aber deshalb nicht gegen Besitzesstörungen ungeschützt gelassen werden können.

144 Auch in Deutschland gilt nach der herrschenden Meinung, wenn das Recht eine negative Dienstbarkeit ist, schon die Tatsache der Eintragung in das Grundbuch nach außen als Verbot der untersagten Handlung, das den Rechtsbesitz begründet, welcher gemäß § 1090 geschützt wird. Heck, Sachenrecht § 16, S. 62, und Staudinger-Ring (11. Aufl.) Bem. 1a a.E. zu § 1090. Ebenso unter Berufung auf N. 136 zu Art. 731 BezG Zürich, ZBGR **40** (1959) S. 214ff.

145 Dem Grundbucheintrag ist, wie bemerkt, ein einwandfreier Rechtstitel für den außerbuchlichen Erwerb gleichzustellen. Ein solcher kann auch in der Norm eines alten Talschaftsrechtes liegen, z.B. in der Norm der Talschaftsrechte des Rheinwalds und des Avers, nach welcher der Gemeinde (Landschaft) an allem mit Nadelholz bestandenem Boden, auch privatem, die Pflanzensuperficies zusteht, so daß sie Eigentümerin der Waldbestände im ganzen Tal ist (N. 173 zu Art. 730).

b) Maßnahmen und Vorkehren des Besitzesschutzes.

146 Diese bestehen hier, wie zum Schutze des Sachbesitzes überhaupt, in der Abwehr von Angriffen (Selbsthilfe) gemäß Art. 926, in der Verfügung oder im Urteil, das die Wiedereinräumung des entzogenen Besitzes anordnet (Art. 927) oder die Unterlassung weiterer Störung und die Beseitigung von Anlagen und Einrichtungen, welche die Ausübung der Dienstbarkeit beeinträchtigen, befiehlt (Art. 928). Außerdem kann der Beklagte auch im Besitzesschutzprozeß zum Ersatz des verursachten Schadens verurteilt werden.

147 Ob auch im Verfahren zum Schutze von Grunddienstbarkeiten zwischen Besitzesentziehung und Besitzesstörung zu unterscheiden sei, ist fraglich. Sicher kann dem Nutznießer oder dem Wohnberechtigten und auch dem Bauberechtigten, die ausschließlichen Besitz am dienenden Grundstück haben, der Besitz dadurch entzogen werden, daß sie vom Grundstück vertrieben oder am Betreten des Grundstückes gehindert werden. Ihr Begehren im Besitzesschutzprozeß kann dann gemäß Art. 927 lauten, die Sache sei ihnen zurückzugeben. Wenn indessen der Durchfahrtsberechtigte gar nicht auf das belastete Grundstück gelangen kann, weil man ihm den Zugang versperrt oder verbaut hat, so daß er von jedem Besitz am Grundstück vollständig ausgeschlossen ist, wird man darin doch wohl eher eine Besitzesstörung als eine Besitzesentziehung zu sehen haben. Der Durchfahrtsberechtigte wird nicht auf Rückgabe der Sache gemäß Art. 927 klagen können, sondern nur auf Beseitigung der Störung und, wenn mit weiteren Störungen zu rechnen ist, auf deren Unterlassung.

148 Das Bundesgericht hat jedoch angenommen, daß eine Besitzesentziehung vorliege, wenn dem Dienstbarkeitsberechtigten der Durchgang auf dem belasteten Grundstück vollständig verbaut werde. EBG **73** II 27ff. = Pr. **36** N. 54. Gleicher Auffassung ist Ostertag, N. 29 zu Art. 919. Auch Homberger nimmt den gleichen

Standpunkt ein und geht so weit, jede gänzliche Verhinderung des Dienstbarkeitsberechtigten an einer Besitzhandlung, auch wenn diesem Besitz nur der kleinste Teil der Grundfläche unterworfen ist, als Besitzesentziehung, Entziehung von Teilbesitz zu erklären (N. 9 zu Art. 927). Danach läge eine Besitzesentziehung auch vor, wenn der Weg auf dem dienenden Grundstück infolge der Erstellung einer Einfriedungs-, Stütz- oder Wandmauer 50 cm schmäler geworden ist, denn dadurch ist der Dienstbarkeitsberechtigte von jeglichem Besitz an dem von ihm vorher benutzten und nun verbauten Bodenstreifen gänzlich ausgeschlossen.

Diese Erschwerung der Durchfahrt ist jedoch geradezu ein typischer Fall der 149 Besitzesstörung. Man wird aber zwischen Besitzesentziehung und Besitzesstörung nicht danach unterscheiden können, ob die Ausübung der Dienstbarkeit dem Berechtigten ganz oder teilweise unmöglich gemacht worden ist. Es ließe sich sachlich in keiner Weise begründen, daß die Abgrabung eine Besitzesentziehung sei, wenn der Quelle alles Wasser entzogen wird, daß sie aber eine Besitzesstörung sei, wenn der Quelle noch ein wenig Wasser zufließt. In allen diesen Fällen hat die Besitzesschutzklage negatorischen Charakter, ist also Unterlassungs- und Beseitigungsklage. Diese Auffassung liegt auch dem BGB zugrunde, dessen § 1027 dem Dienstbarkeitsberechtigten nur die der actio negatoria (§ 1004) entsprechende, nicht auch die der rei vindicatio entsprechende Klage gibt.

Wenn die Fälle gänzlicher Verhinderung des Dienstbarkeitsberechtigten an der 150 Ausübung seines Rechtes dem Art. 927 unterstellt werden, hat das nach OSTERTAG die praktisch bedeutsame Folge, daß dem Beklagten der sofortige Nachweis seines besseren Rechtes offensteht. Diesen Nachweis hält OSTERTAG für erbracht, wenn durch Grundbuchauszug der Nichtbestand der Dienstbarkeit dargetan wird. Aber das wäre, abgesehen davon, daß, wie bemerkt, in dieser Weise der Beweis nicht immer erbracht werden kann, gar nicht der im Gesetz gemeinte Nachweis eines besseren Rechts. Der Beklagte müßte vielmehr nachweisen, daß er berechtigt sei, das Grundstück unter Ausschluß des Klägers zu benutzen, trotzdem diesem die Dienstbarkeit zusteht. Dieses bessere Recht könnte er, der ja nicht der Eigentümer des belasteten Grundstückes sein muß, haben, wenn er selber ausschließlich berechtigt ist, die Dienstbarkeit auszuüben, nämlich als Nutznießer, Pächter oder Mieter des herrschenden Grundstückes oder auch des Dienstbarkeitsrechtes selber, wenn dieses ein selbständiges Recht und nicht eine Grunddienstbarkeit ist. Weist der Beklagte dieses bessere Recht sofort nach, kann sich der Besitzesschutzrichter darüber allerdings nicht hinwegsetzen, auch nicht wenn eine Besitzesstörungsklage vorliegt.

Mit diesem Nachweis kann nämlich dargetan sein, daß der Beklagte, indem er den 151 Kläger an der Ausübung der Dienstbarkeit hinderte, nur seinerseits eine Besitzesstörung abgewehrt hat, also auch nicht aus verbotener Eigenmacht gehandelt hat. Soweit der Nachweis darauf abzielt, ist er auch gegenüber einer Besitzesstörungsklage zuzulassen. Dies räumt auch HOMBERGER, NN. 13–15 zu Art. 928 ein, der den dem § 863 BGB entsprechenden Standpunkt einnimmt, wonach der Beklagte gegenüber der Klage wegen Besitzesstörung «ein Recht zur Vornahme der störenden Handlung nur zur Begründung der Behauptung geltend machen kann, daß die... Störung des Besitzes nicht verbotene Eigenmacht sei». Das Bedürfnis nach einer weitergehenden Zulassung des Nachweises eines besseren Rechtes scheint sich in der Praxis nicht gezeigt zu haben, weshalb kein Grund zu einer Ausdehnung des Anwendungsbereichs des Art. 927 gegenüber demjenigen des Art. 928 besteht oder zu einer analogen Anwendung des Art. 927 Abs. 2 auf den Tatbestand der Besitzesstörung.

152 Im EBG **60** II 488 = Pr. **24** Nr. 42 war zu entscheiden, ob der Dienstbarkeitsberechtigte (Inhaber eines privaten Rechts zur Benutzung der Wasserkraft eines öffentlichen Gewässers) Anspruch auf Besitzesschutz gegen die Gemeinde habe, welche sein Recht bestritt und ihn durch die Anhebung des Provokationsverfahrens zur Feststellungsklage oder zum Verzicht zwingen wollte. Die Frage, ob eine Besitzesstörung vorliege, wurde verneint. In der Begründung heißt es: «Daß aber die prozessuale Rechtsverfolgung keine Besitzesstörung darstellen kann, hängt damit zusammen, daß es nach schweizerischer Auffassung jedem freisteht, den anderen mit gerichtlicher Klage zu überziehen, wenn er die prozessualen Folgen der Abweisung, insbesondere die Kostenfolge, riskieren will.» Im EBG **83** II 141ff. (nicht in der Praxis) hat das Bundesgericht ohne Bezugnahme auf das frühere Urteil erklärt, in der Erwirkung eines richterlichen Amtsverbotes (nach luzernischem Recht) könne eine der Besitzesstörung durch Tathandlung gleichzustellende Besitzesstörung gegenüber dem Nachbarn, der an dem Grundstücke ein behauptetes Wegrecht ausgeübt hat, liegen. Es hält schwer, dies zu verstehen. Vgl. die Besprechung in der ZBJV **95**, S. 33f.

153 Ein vorläufiger Besitzesschutz kann durch Einsprache gegen die Ausführung von Bauten im Baubewilligungsverfahren, insbesondere im speziellen Bauinhibitionsverfahren des zürcherischen Rechts erlangt werden. EBG (1930) in der ZBGR **21**, S. 47ff.; ObG Zürich (1912) BlZR **12** Nr. 34 = SJZ **10**, S. 224 = Weiss Nr. 2529; ObG Zürich (1929) BlZR **29** Nr. 118 (Einsprache zum Schutz eines Quellenrechts gegen die Errichtung eines Gebäudes auf dem belasteten Grundstück). Siehe ferner die in N. 71 der Einleitung zitierten Entscheidungen.

c) Schadenersatz.

154 Zusammen mit der Besitzesentziehungsklage nach Art. 927 Abs. 3 und mit der Besitzesstörungsklage nach Art. 928 Abs. 2 kann Schadenersatz verlangt werden. Da die Gutheißung der beiden Besitzesschutzklagen kein Verschulden des Beklagten voraussetzt (Homberger, N. 13 zu Art. 926, N. 22 zu Art. 928; Ostertag, N. 16 zu Art. 926), konnte nach dem Wortlaut des Gesetzes angenommen werden, dies gelte auch für die Zusprechung von Schadenersatz. Diese Ansicht ist denn auch tatsächlich vielfach vertreten worden, nämlich von Leemann, N. 29 zu Art. 679, Ostertag, N. 22 zu Art. 927, N. 20 zu Art. 928; Rossel und Mentha III, n° 1722/23, p. 289. Sie hat sich jedoch nicht aufrechterhalten lassen. Sie würde zum Ergebnis führen, daß für Verletzungen des Besitzes eine strengere Haftung, eben eine Haftung ohne

Verschulden bestünde, als für Verletzungen des Eigentums, der Person und der Persönlichkeitsrechte, die nur, wenn sie schuldhaft verursacht werden, zum Ersatz des Schadens verpflichten. Das wäre eine widersprüchliche Ordnung, die vom Gesetz nicht gewollt sein kann. v. Tuhr-Siegwart, OR § 50 Ziff. 5, S. 394; Tuor, ZGB, 9. Aufl., S. 515; Homberger, N. 27 zu Art. 927 und N. 23 zu Art. 928, EBG **66** I 234 = Pr. **30** Nr. 19. Schadenersatz kann also nur zugesprochen werden, wenn die Voraussetzungen des Art. 41 OR erfüllt sind. BezG Uster, SJZ **63** (1967) Nr. 63, S. 128f.

In der Praxis kommt die Verbindung des Schadenersatzbegehrens mit dem **155** Besitzesschutzbegehren kaum in Frage, weil das letztere, wie oben bereits bemerkt wurde, sozusagen nie im ordentlichen Prozeß gestellt, sondern immer im summarischen Verfahren erhoben wird, während über das Schadenersatzbegehren in der Regel nach dem kantonalen Prozeßrecht nur im ordentlichen Verfahren entschieden werden kann. Siehe z.B. ZPO Bern Art. 326 und dazu Leuch, Kommentar, 3. Aufl., Erl. 5a, und ZPO Zürich, Art. 292 Ziff. 3/4, und dazu Sträuli und Hauser, Kommentar, S. 421.

d) Die Aktivlegitimation.

Immer ist der Dienstbarkeitsberechtigte, also der Eigentümer des herrschenden **156** Grundstückes, wenn die Dienstbarkeit eine Grunddienstbarkeit ist, zur Klage legitimiert. Steht dieses Grundstück im Miteigentum, ist jeder der Miteigentümer legitimiert (Haab, N. 2 zu Art. 648; Meier-Hayoz, N. 5/6 zu Art. 648). Außer dem Dienstbarkeitsberechtigten ist jeder Besitzer, der die Dienstbarkeit für sich selber ausübt, legitimiert. Nicht legitimiert ist der Besitzdiener, der nur zur Selbsthilfe gemäß Art. 926 befugt ist.

Besitzer, der wegen Besitzesstörung klagen kann, ist, wenn eine Grunddienstbar- **157** keit vorliegt, wer Besitz am herrschenden Grundstück hat, sei es auf Grund eines dinglichen Rechtes, als Nutznießer, Wohnberechtigter oder Bauberechtigter, sei es auf Grund eines persönlichen Rechtes, als Pächter, Mieter, Entlehner (EBG **75** II 43ff. = Pr. **38** Nr. 140) des herrschenden Grundstückes. Wird der Besitzesschutz für die Nutznießung beansprucht, ist neben dem Nutznießer selber auch sein Pächter oder Mieter oder Entlehner zur Klage legitimiert. Wird der Besitzesschutz für eine selbständige Dienstbarkeit beansprucht, gilt dasselbe; ist die Dienstbarkeit als selbständiges und dauerndes Recht in das Grundbuch aufgenommen, sind außerdem alle zu ihrer Ausübung auf Grund eines beschränkten dinglichen Rechtes an diesem Recht befugten Personen zur Besitzesschutzklage legitimiert.

Die Übertragung des Rechts zur Ausübung der Grunddienstbarkeit für sich **158** allein, ohne das Recht zur Nutzung des herrschenden Grundstückes, ist rechtlich unmöglich und kann dem Empfänger keinen Anspruch auf Besitzesschutz geben. N. 42 zu Art. 730 und dazu Windscheidl-Kipp I, § 207 Ziff. 7, S. 1065; Grosso e Dejana I, n. 66, p. 200; Kohler, Arch. f. d. civ. Pr. **87**, S. 226.

Eine Hauptfunktion der Besitzesschutzklagen in der Praxis ist der Schutz der **159** Mieter und Pächter des Eigentümers des herrschenden Grundstückes oder auch des

Nutznießers und des Inhabers eines selbständigen Dienstbarkeitsrechtes, weil sie ja aus dem Dienstbarkeitsrecht selber (actio confessoria) nicht klagen können. Homberger, N. 3 zu Art. 927; Ostertag, N. 12 zu Art. 928.

e) Passivlegitimation.

160   Der Besitzesschutzanspruch besteht gegenüber jedem Störer. Das ist in den meisten Fällen der Eigentümer des belasteten Grundstückes, der seine Verpflichtung aus dem 3. Absatz des Art. 737, nichts vorzunehmen, was die Ausübung der Dienstbarkeit verhindert oder erschwert, verletzt. Es kann aber auch dessen Mieter oder Pächter sein oder ein am dienenden Grundstück dinglich Berechtigter. Ist es der Dienstbarkeitsberechtigte, z.B. der Inhaber eines Baurechts, der die Störung verursacht, ist nur er zum Verfahren passivlegitimiert, der Eigentümer des Baugrundstückes dagegen nicht. ObG Zürich 12. März 1930, BezG. 30. Januar 1931 in BlZR **30** Nr. 146. Störer kann auch jeder Dritte sein, der überhaupt kein Recht am dienenden Grundstück hat.

161   Die Besitzesstörung braucht nicht in einer auf dem dienenden Grundstück vorgenommenen Handlung zu bestehen, sondern kann ihre Ursache in einer von einem Nachbargrundstück ausgehenden unmittelbaren (685) oder mittelbaren (684) Einwirkung haben. Zur Verhinderung von Bauten, «die den Vorschriften des Nachbarrechts zuwiderlaufen» (685), und insbesondere auch von Bauten, mit deren Benutzung übermäßige mittelbare Einwirkungen im Sinne des Art. 684 verbunden sein werden, ist das Gesuch um Besitzesschutz im summarischen Verfahren, das sich gegen den erst drohenden Schaden richtet, das geeignete Mittel, das leichter zum Erfolge führt als eine spätere Beseitigungsklage. EBG in ZBGR **21**, S. 47ff.

162   Richtet sich die Klage oder das Gesuch gegen den Eigentümer des dienenden Grundstückes oder eines auf diesem im Baurecht erstellten Gebäudes oder gegen den Eigentümer eines Nachbargrundstückes und stehen diese Objekte im Miteigentum mehrerer Personen, bilden diese eine notwendige Streitgenossenschaft. Haab, N. 2 zu Art. 648; Meier-Hayoz, N. 70 zu Art. 646. Das ist unbestritten.

163   Keine Übereinstimmung der Lehrmeinungen besteht dagegen in der Frage, ob die Besitzesstörungsklage sich auch gegen einen Mitberechtigten richten könne. Mehrere Personen können zur gemeinschaftlichen Ausübung einer Dienstbarkeit befugt sein und haben dann Mitbesitz oder Gesamtbesitz am dienenden Grundstück (Sachbesitz) oder an der von ihnen ausgeübten Dienstbarkeit (Rechtsbesitz), gegebenenfalls mit räumlicher oder zeitlicher Nutzungsausscheidung (Einl. N. 19, Art. 730 N. 22, 43, 48). Der eine von ihnen verdrängt den anderen aus dem Besitz oder beeinträchtigt ihn in dessen Ausübung. Ist die Mitberechtigung des Klägers nach Bestand, Inhalt und Umfang nicht streitig oder nur mit Argumenten in Frage gestellt, deren Unrichtigkeit auf der Hand liegt, so daß die Auseinandersetzung nur darum geht, ob der Kläger in der Ausübung dieses seines Rechtes aus verbotener Eigenmacht gestört oder an ihr verhindert worden ist, ist die Besitzesschutzklage zulässig.

Das dagegen immer wieder vorgebrachte Argument, daß es hier um eine Abgren- **164** zung der Rechtssphären der Beteiligten gehe, trifft unter der genannten Voraussetzung nicht zu. AppH Bern (1941) ZBJV **78**, S. 178ff.: Klage eines Dienstbarkeitsberechtigten gegen den Mitberechtigten wegen Überbeanspruchung des Flurweges durch Ausbeutung einer Kiesgrube; ObG Zürich (1954) BlZR **53** Nr. 143: Klage der Wegrechtsinhaber gegen einen von ihnen, der den Flurweg für die Zufuhr von Abbruch- und Aushubmaterial zur Auffüllung einer Mulde auf dem wegberechtigten Grundstück benutzte; ebenso Haab, N. 8 zu Art. 648, ähnlich Homberger, N. 21 zu Art. 926, Gierke, DPrR II § 116, Anm. 42, S. 256. Auch im italienischen Recht ist anerkannt, daß der Besitzesschutz dem Dienstbarkeitsberechtigten auch gegenüber seinem Mitberechtigten zu gewähren sei, G. Branca, Commentario III, p. 100 segg., mit starker Einschränkung L. Barassi, Diritti reali e possesso II (1952) n. 193, p. 198. Allzu zurückhaltend auch Meier-Hayoz, N. 37 zu Art. 646, und die da zitierte Literatur zu § 866 BGB. Besser N. 173 zu Art. 646.

Auch das Verhältnis der Gesamtberechtigten unter sich ist nicht anders zu **165** beurteilen. Es hat seine Bedeutung namentlich für das zürcherische Flurwegrecht (§§ 129ff. des LandwG), nach welchem die Flurwege im Gesamteigentum, nicht im Miteigentum der Eigentümer der berechtigten Grundstücke stehen. Jeder von diesen ist befugt, gegen Übermarchungen eines Genossen mit der Besitzesstörungsklage vorzugehen. Dies entspricht den Regeln des ZGB für das Gesamthandsverhältnis. EBG **54** II 243 = Pr. **17** Nr. 162 und **58** II 195 = Pr. **21** Nr. 131. Vgl. auch H. Huber, Das zürcherische Flurwegrecht, Diss. Zürich 1944, S. 170. Überschreitung der Gebrauchsbefugnis eines Miteigentümers ObG Luzern, Max. XI Nr. 103 = SJZ **60** (1964) Nr. 163, S. 223.

Streitig ist, ob der Dienstbarkeitsberechtigte auch Besitzesschutz beanspruchen **166** könne gegen seinen eigenen Mieter oder Pächter, der in offenbarer Überschreitung seiner Befugnisse auf dem dienenden Grundstück Handlungen vornimmt, welche die künftige Ausübung der Dienstbarkeit verunmöglichen oder erschweren. Der Pächter führt z. B. einen Holzschlag aus, der weit über das nach den Regeln einer geordneten Wirtschaft zulässige Maß hinausgeht, oder er gefährdet durch Grabungen nach Wasser die bestehende und genutzte Quelle; oder er schickt sich an, das Wasser dieser Quelle, statt dem berechtigten Grundstück, einem eigenen Grundstück zuzuleiten. Da steht von vornherein unbestreitbar fest, daß nicht ein Streit über das Recht aus dem Pachtvertrag vorliegt, sondern eine Vorkehr des Dienstbarkeitsberechtigten gegen die Gefährdung oder Beeinträchtigung der Ausübung seines Rechtes durch verbotene Eigenmacht. Die Handlungen, gegen welche sich die Klage richtet, sind nicht Rahmenhandlungen, sondern Exzeßhandlungen, wie Heck, Sachenrecht, S. 32, sich ausdrückt. Die Zulässigkeit des Besitzesschutzverfahrens ist deshalb zu bejahen. Gleicher Auffassung sind Ostertag, N. 9 zu Art. 926; Gierke, DPrR II § 116 Anm. 15 und 41, S. 250 und 255/56; Heck, Sachenrecht, § 8 Ziff. 3, S. 32. Vorherrschend ist die gegenteilige Ansicht: Homberger, N. 20 zu Art. 926;

STAUDINGER-KOBER (10. Aufl.), Bem. 9 zu § 869 BGB; PLANCK-BRODMANN, Erl. 2 zu § 869 BGB; WOLFF-RAISER, § 20 II, S. 63.

167 Nach Art. 326 Ziff. 2 bernische ZPO kann die einstweilige Verfügung im summarischen Verfahren nicht nur erlassen werden zum Schutze eines bedrohten Besitzstandes und zur Wiedererlangung eines widerrechtlich entzogenen Besitzes, sondern auch zur Wiedererlangung eines vorenthaltenen Besitzes. Auf Grund dieser Bestimmung wurde dem Mieter, der sich nach Beendigung des Mietverhältnisses weigerte, die Mietsache zurückzugeben, befohlen, die Mietlokale zu räumen. AppH Bern ZBJV **52**, S. 118, und **54**, S. 80. HOMBERGER, N. 20 zu Art. 926 und N. 22 zu Art. 927, kritisiert diese Praxis, weil er eine Besitzesstörung durch den unmittelbaren Besitzer gegenüber dem mittelbaren Besitzer nicht für möglich hält. Wie ausgeführt, können wir uns dieser Ansicht nicht anschließen und sehen auch in der Vorenthaltung des Besitzes aus verbotener Eigenmacht eine Besitzesentziehung. Vgl. auch AppH Bern (1945) ZBJV **82**, S. 525, wo noch betont ist, daß die Notwendigkeit der Entscheidung, ob der Mietvertrag rechtswirksam aufgehoben sei, die Zulässigkeit des summarischen Verfahrens nicht ausschließe. Dagegen, gestützt auf die ZPO ObG Thurgau, SJZ **69** (1973) Nr. 180, S. 382, wo die Besitzesstörung verneint wird.

f) Verfahren.

168 Die Besitzesschutzklagen der Art. 927 und 928 sind als Klagen gedacht, über die im ordentlichen Verfahren verhandelt und entschieden wird. Wie oben bereits bemerkt wurde, stellen die Kantone in ihren ZPO zur Erlangung eines vorläufigen Besitzesschutzes das summarische Verfahren zur Verfügung, ein Gesuchsverfahren, in dem ein richterlicher Befehl oder ein Amtsverbot als einstweilige Verfügung erlassen wird. Dieses Verfahren hat den Besitzesschutzprozeß im ordentlichen Verfahren sozusagen überflüssig gemacht. Im ordentlichen Verfahren kommen die Art. 927 und 928 fast nur zur Anwendung, wenn auf Ersatz des durch die Besitzesentziehung oder Besitzesstörung verursachten Schadens geklagt wird, da Schadenersatzklagen in der Regel vom summarischen Verfahren ausgeschlossen sind. N. 154, 181.

169 Wenn auch für die Zuständigkeit und das Verfahren das kantonale Recht maßgebend ist, so ist doch auf Grund der Art. 926ff. zu entscheiden, ob ein Besitzesschutzanspruch besteht und insbesondere, ob er nicht verwirkt ist. Vgl. dazu auch HOMBERGER, N. 17 zu Art. 927. Nach Art. 929 ist Voraussetzung des Gesuches oder der Klage, daß der Kläger sofort, nachdem ihm der Eingriff und der Täter bekannt geworden sind, reklamiert hat, und nach Ablauf eines Jahres ist die Klage verwirkt. Das Gesetz spricht von Verjährung, jedoch wie HOMBERGER, N. 2 zu Art. 929, überzeugend dargetan hat, zu Unrecht; es liegt da ein Verwirkungstatbestand vor.

170 Soweit sich der Gerichtsstand nach der rechtlichen Natur des geltend gemachten Anspruchs richtet, wird auch er durch das eidgenössische Recht bestimmt. Besitzesschutzklagen haben als dingliche Klagen zu gelten, für die der Gerichtsstand der gelegenen Sache allgemein vorgeschrieben ist. So sind nach Art. 29 bernische ZPO alle dinglichen und Besitzesklagen ausschließlich am Orte der gelegenen Sache anzubringen. Dies gilt auch für das summarische Verfahren. In der ZPO Graubünden ist ausdrücklich gesagt, daß dieser Gerichtsstand für Amtsbefehle gelte (Art. 168).

Es sollte angenommen werden dürfen, daß der Richter am Ort der gelegenen **171** Sache auch zur Beurteilung von Schadenersatzansprüchen (im ordentlichen Verfahren) zuständig sei, die zusammen mit einem Besitzesschutzanspruch geltend gemacht werden und mit denen Ersatz des Schadens verlangt wird, der durch die Besitzesentziehung oder Besitzesstörung verursacht worden ist. Das wäre der Gerichtsstand des Sachzusammenhanges (LEUCH, Kommentar der bernischen ZPO, Vorbemerkung vor Art. 20). Er wird jedoch nur anerkannt für persönliche Ansprüche von nebensächlicher Bedeutung, die zusammen mit dem possessorischen Anspruch geltend gemacht werden (LEUCH, Ziff. 7 a.E. zu Art. 29 bernische ZPO, S. 54).

Das Bundesgericht hat sich in diesem Sinne im EBG **58** I 170 = Pr. **21** Nr. 136 **172** zum Gerichtsstand des Sachzusammenhanges (forum connexitatis) ausgesprochen und betont, daß er nur auf eine im Verhältnis zum Hauptanspruch nebensächliche Klage (demande additionnelle) zur Geltung kommen könne. Es hat dann im EBG **66** I 234 = Pr. **30** Nr. 19 ausgeführt, daß mit der Erwähnung der Schadenersatzklage in den Art. 927 und 928 nur klargestellt sein solle, daß nicht nur die Verletzung des dinglichen Rechtes, sondern auch des Besitzes zum Schadenersatz verpflichte. Damit sei aber nicht eine Haftung ohne Verschulden statuiert und auch nicht für die Schadenersatzklage der gleiche Gerichtsstand wie für die Besitzesschutzklagen vorgesehen. Der Grundeigentümer hatte gegen den Nachbarn geklagt auf die künftige Unterlassung des Kappens von Ästen und Wurzeln und zugleich dreitausend Franken als Ersatz für den durch solche Handlungen bereits entstandenen Schaden eingeklagt. Das Bundesgericht entschied, daß die Schadenersatzklage nicht eine bloß akzessorische, sondern die Hauptklage sei, einmal wegen der Höhe der Forderung, dann auch weil nicht dargetan sei, daß mit der künftigen Besitzesstörung, auf deren Unterlassung geklagt werde, mit einiger Sicherheit gerechnet werden müsse. Ob die Konnexität gegeben sei, müsse als zweifelhaft gelten, weil die Schadenersatzklage sich auf eine bereits in der Vergangenheit liegende, abgeschlossene Schädigung stütze, während die Unterlassungsklage sich gegen künftige Störungen wende. (Damit wird nur auf die normalen und notwendigen Voraussetzungen beider Ansprüche hingewiesen.) Danach hätte also der Grundeigentümer seinen Nachbarn um den Schaden aus der Besitzesstörung an dessen Wohnort, in einem anderen Kanton, belangen müssen. Eine bessere Lösung sollte doch auch vor Art. 59 BV haltbar sein!

Nach EBG **94** II 384ff. ist die Besitzesschutzverfügung nicht ans Bundesgericht weiterziehbar, obwohl mit ihr über die Wiederherstellung des bisherigen Zustandes endgültig entschieden ist. Vgl. auch EBG **104** II 163 und dortige Zitate.

2. Der Rechtsschutz (Petitorium) im allgemeinen

173 Die Dienstbarkeitsklage des römischen Rechts ist die actio confessoria. Als Gegenstück zur actio negatoria, der Eigentumsfreiheitsklage, mit welcher der Kläger die Belastung seines Grundstückes mit der Servitut negiert, ist die actio confessoria die Klage, mit welcher der andere Grundeigentümer den Bestand der Servitut zugunsten seiner Liegenschaft behauptet. Confessoria ei competit, qui servitutes sibi competere contendit, negatoria domino qui negat (1. 2 D 8. 5). B. BIONDI, Istituzioni di diritto romano, 2ᵃ ed. 1952, § 73, p. 279; S. SOLAZZI, La tutela e il possesso delle servitù prediali (nel diritto romano) 1949, p. 9. Im gemeinen Recht konnte mit der actio confessoria der Dienstbarkeitsanspruch in jeder Hinsicht geltend gemacht werden, sowohl zur Feststellung der bestrittenen Servitut, zur Wiederherstellung des ihr entsprechenden Zustandes bei totaler wie partieller Verhinderung der Ausübung und auch zur Erlangung des Ersatzes schuldhaft verursachten Schadens sowie von Sicherheit gegen künftige Verletzung. WINDSCHEID-KIPP I, § 217, S. 1104; DERNBURG, Pandekten, 7. Aufl., I § 255, S. 620ff.

174 Im modernen Recht gibt es diese einheitliche Dienstbarkeitsklage nicht mehr. Eine ihrer ehemaligen Hauptfunktionen wird ersetzt durch die Feststellungsklage, welche einer materiellrechtlichen Notwendigkeit entspricht, ob die Kantone sie in ihren ZPO vorsehen oder nicht. HAAB, NN. 39 und 45 zu Art. 641; HOMBERGER, N. 4 zu Art. 975; MEIER-HAYOZ, N. 95 zu Art. 641.

175 Eine richterliche Feststellung ist auch nötig, wenn die Dienstbarkeit im Grundbuch zu Unrecht gelöscht wurde oder unrichtig eingetragen ist. Unrichtig kann auch die Inhaltsangabe sein: Statt des Wegrechts ist ein Quellenrecht eingetragen (ZBJV **62**, S. 554); statt des Wegrechtes zugunsten bestimmter landwirtschaftlicher Liegenschaften ist ein «allgemeines Fahrwegrecht» eingetragen (ZBJV **78**, S. 182); das Recht ist als Personaldienstbarkeit statt als Grunddienstbarkeit eingetragen (Art. 730 NN. 33ff.; Art. 731 N. 50); es ist mit unrichtigem Datum eingetragen, nach dem es den schlechteren Rang hat, als ihm zukommt. Liegt bloß ein Versehen des Grundbuchverwalters vor, kann es «auf Verfügung des Richters» behoben werden.

176 Entspricht die Eintragung dagegen den erforderlichen Ausweisen, stellt sich jedoch nachträglich heraus, daß diese Ausweise (Art. 965: «Ausweis über das Verfügungsrecht», «Ausweis über den Rechtsgrund») unrichtig oder ungültig sind, muß im Streitfall zur Herstellung der Übereinstimmung des Grundbuches mit der materiellen Rechtslage die Grundbuchberichtigungsklage nach Art. 975 durchgeführt werden. Ausnahmsweise ist eine Grundbuchberichtigungsklage auch erforderlich zur Berichtigung eines Eintrages, der erst nachträglich unrichtig geworden ist. Art. 734 N. 65, 94, 101, Art. 736 N. 102. Die Grundbuchberichtigungsklage ist eine Feststellungsklage. Art. 736 NN. 102, 176ff., 196; HOMBERGER, NN. 4 und 30 zu Art. 975. Unverjährbarkeit der Grundbuchberichtigungsklage EBG **95** II 610, Erw. 2a, bespr. ZBJV **107** (1971) S. 92ff.

Die mit der Gutheißung der Grundbuchberichtigungsklage getroffene Feststel- **177** lung kann praktisch konfessorische Wirkung haben, indem sie dem Gegner die Grundlage für sein die Dienstbarkeit verletzendes Verhalten entzieht. Insofern kann mit der Grundbuchberichtigungsklage das Ziel der vindicatio servitutis erreicht werden, wenn das dienende Grundstück der Einwirkung des Dienstbarkeitsberechtigten vollständig entzogen war, das der actio negatoria des Eigentümers entsprechende Ziel, wenn die servitutengemäße Einwirkung geschmälert oder erschwert worden war. So wird ihr denn auch im umgekehrten Fall, in dem mit ihr die Löschung oder Einschränkung des Dienstbarkeitseintrages erlangt wird, die Funktion der Eigentumsklage, also der rei vindicatio oder der actio negatoria zugeschrieben. HAAB, NN. 39 und 54 zu Art. 641; HOMBERGER, N. 4 zu Art. 975; MEIER-HAYOZ, NN. 79 und 95 zu Art. 641; N. 40 zu Art. 730 hievor.

Die Feststellungsklage im allgemeinen und die Grundbuchberichtigungsklage im **178** besonderen sind nicht spezifische Dienstbarkeitsklagen. Der C.c.it. gibt dem Dienstbarkeitsberechtigten in seinem Art. 1076, der zu den neuen Artikeln des Gesetzbuches von 1942 gehört, die Feststellungsklage und die actio confessoria (Unterlassungs-, Beseitigungs-, Wiederherstellungs- und Schadenersatzklage), ohne diese Klagemöglichkeiten im einzelnen zu regeln. Das österreichische ABGB erwähnt im § 523 die actio confessoria des Dienstbarkeitsberechtigten und die actio negatoria des Grundeigentümers. Von diesen Sätzen sagt KLANG am Anfang seiner Erl. zum § 523, sie seien lehrhaften Charakters und stellten keine Normen auf. Das deutsche BGB verweist in seinem § 1027 den Berechtigten, dessen Grunddienstbarkeit beeinträchtigt wird, auf die im § 1004 dem Eigentümer gegebene actio negatoria.

Das ZGB (wie der C.c.fr.) erwähnt eine Dienstbarkeitsklage überhaupt nicht. **179** Diese findet sich auch in den früheren kantonalen Rechten nicht. Eine Verweisung auf die Klagen aus dem Eigentum wäre höchstens in den Gesetzbüchern der Berner Gruppe, deren Vorbild, das ABGB, sie sehr ausführlich regelt, und etwa noch im bündnerischen CGB möglich gewesen. In den übrigen Gesetzbüchern (wie im C.c.fr.) fehlten auch Bestimmungen über die Eigentumsklagen. So ist es verständlich, daß auch das ZGB, obwohl es die rei vindicatio und die actio negatoria des Eigentümers im Art. 641 Abs. 2 wenigstens erwähnt hat (Erl. II S. 60), sich über die Servitutenklage völlig ausschweigt. EUGEN HUBER hat sie auch in den Erläuterungen und in seinen Vorträgen zum Sachenrecht nicht erwähnt. Daraus ist der Schluß zu ziehen, daß auf sie die Bestimmungen über das Eigentum anzuwenden sind, welcher Grundsatz wenigstens hinsichtlich der Entstehung der Dienstbarkeiten im Gesetz ausgesprochen ist (Art. 731 und 746 Abs. 2), aber, soweit die Analogie reicht, allgemein gilt. Er gilt namentlich auch hinsichtlich der nachbarrechtlichen Beschränkungen (Einl. N. 68, N. 28 zu Art. 736 und NN. 117ff. hievor) und der richterlichen Zusprechung gemäß Art. 665 Abs. 1 (N. 29 zu Art. 731). Siehe dazu auch WIELAND, Vorbem. zu den Art. 730–792, Ziff. 3; LEEMANN, NN. 10ff. der Vorbem. zu den Art. 730–744; ROSSEL und MENTHA II, n° 1199, p. 296.

3. Die actio confessoria im besonderen

a) Gegenstand und Zweck.

180 Die der actio negatoria des Eigentümers entsprechende Klage des Dienstbarkeitsberechtigten könnte (wie in Deutschland) ebenfalls als actio negatoria bezeichnet werden. Um sie von dieser zu unterscheiden, rechtfertigt sich eine andere Bezeichnung. Als solche eignet sich doch wohl am besten der Name ihrer gemeinrechtlichen Vorgängerin: actio confessoria. Er ist in der schweizerischen Rechtswissenschaft auch einigermaßen gebräuchlich, und zwar in allen drei Amtssprachen. Er begegnet uns z.B. bei LEEMANN (N. 13 der Vorbem. zu den Art. 730–744); bei LEUCH (Kommentar zur bernischen ZPO, 3. Aufl., S. 302), in den EBG **53** II 108 = Pr. **16** Nr. 95; **53** II 445 = Pr. **17** Nr. 32; in den Urteilen des zürcherischen ObG in BlZR **11** Nr. 5 und **42** N. 48.

181 Die actio confessoria richtet sich gegen Handlungen und Veranstaltungen des Eigentümers des belasteten Grundstücks oder einer beliebigen anderen Person, welche die in den Schranken des 2. Absatzes des Art. 737 gehaltene Ausübung der Dienstbarkeit verunmöglichen oder erschweren. Ein schuldhaftes Verhalten des Gegners ist nicht vorausgesetzt. Die actio confessoria ist wie die actio negatoria des Eigentümers eine Unterlassungs- und Beseitigungsklage. Schadenersatz kann mit ihr nicht verlangt werden. Die Schadenersatzklage kann mit ihr verbunden werden, muß aber auf Art. 41 OR gestützt werden. Im Gegensatz zu der Schadenersatzklage aus Art. 679 kann mit ihr nur der Ersatz des schuldhaft verursachten Schadens erzielt werden. HAAB, NN. 43 und 49 zu Art. 641; MEIER-HAYOZ, NN. 59, 65, 70 zu Art. 641; LEEMANN, N. 43 zu Art. 641, aber mit dem irrtümlichen Hinweis auf Art. 679. Dasselbe gilt nach dem BGB: WOLFF-RAISER, § 87 I, Ziff. 4, S. 349 Anm. 14.

182 Auch ein Anspruch auf ein Handeln oder Tun läßt sich mit der actio confessoria nicht geltend machen, da sich ein solcher aus einer Servitut nicht ergeben kann. Wohl aber kann die Beseitigung der Hindernisse der Ausübung der Dienstbarkeiten zu der der Beklagte in Gutheißung der actio confessoria verurteilt worden ist, ein Handeln nötig machen. Siehe N. 217 zu Art. 730.

b) Aktivlegitimation.

183 Während jeder zur Ausübung der Dienstbarkeit Berechtigte, auch der Mieter, Pächter und Entlehner, Anspruch auf Besitzesschutz hat, steht die actio confessoria als Klage aus dem Recht nur dem Dienstbarkeitsberechtigten selber und auf Grund eines dinglichen Rechts zur Ausübung der Dienstbarkeit demjenigen zu, der die Nutznießung oder ein Wohnrecht oder ein Baurecht oder Quellenrecht am herrschenden Grundstück hat oder an der Dienstbarkeit selber, wenn diese ein selbständiges und dauerndes Recht ist. WIELAND, Bem. 10 zu Art. 641, HAAB, N. 41 zu Art. 641, LEEMANN, N. 40 zu Art. 641, MEIER-HAYOZ, N. 60 zu Art. 641. ObG Zürich (1954), BlZR **53** Nr. 143: Von den Eigentümern der Grundstücke, die nach den

§§ 129 des zürch. Landwirtschaftsgesetzes (sonderbarerweise, LIVER, Die Anmerkung, ZBGR **50**, S. 16) zu gesamter Hand Eigentümer der Flurwege sind, ist jeder aktiv legitimiert, gegen einen anderen Wegberechtigten wegen Überschreitung des Wegrechts oder gegen einen Dritten wegen unbefugter Benutzung des Weges zu klagen (keine notwendige Streitgenossenschaft). Der einzelne Berechtigte kann auf die Geltendmachung seines Klagerechtes zugunsten der übrigen Berechtigten verzichten. Der Klagerückzug eines Berechtigten hat nicht die Bedeutung, daß damit auch die Klage der anderen als zurückgezogen gelten würde.

Ob und wieweit der Kreis der Aktivlegitimierten darüber hinaus auf weitere **184** Inhaber dinglicher Rechte am herrschenden Grundstück auszudehnen sei, ist noch kaum untersucht und auch nicht durch die Praxis abgeklärt. LEEMANN will als aktivlegitimiert «sonstige dingliche Berechtigte, sofern ihre Interessen beeinträchtigt werden», gelten lassen. HAAB sagt ungefähr dasselbe, wenn er die dinglich Berechtigten als aktivlegitimiert erklärt, «wenn und soweit die in ihren Rechten verkörperten Eigentumsbefugnisse verletzt oder bedroht sind». Eine bestimmtere Ansicht hat WIELAND. Sie geht dahin, daß sonstige dinglich Berechtigte zur Klage nur legitimiert seien, «soweit sie an der Ausübung ein selbständiges Interesse haben (der Nutznießer, nicht aber der Grundpfandgläubiger)».

Demgegenüber muß man sich aber doch fragen, ob nicht allen am herrschenden **185** Grundstück Berechtigten, welche nach Art. 964 der Löschung der Dienstbarkeit zustimmen müßten, die Aktivlegitimation zur actio confessoria zuzuerkennen sei. Vgl. die NN. 29, 45 zu Art. 734. Dies kommt allerdings nur in der befürworteten Einschränkung auf die praktisch erheblich an der Aufrechterhaltung der Dienstbarkeit interessierten Inhaber von dinglichen Rechten am herrschenden Grundstück in Betracht. Auf Beispiele dafür wurde in N. 40 zu Art. 730 hingewiesen. Vgl. auch N. 34 zu Art. 734.

Wer ein Weiderecht am herrschenden Grundstück hat, ist daran interessiert, daß **186** diesem das Bewässerungsrecht nicht verlorengeht oder verkümmert wird. Für den Inhaber eines Tränkerechts am herrschenden Grundstück trifft dies zu in bezug auf das diesem zustehende Quellenrecht. Wenn der Eigentümer des herrschenden Grundstückes, dem ein Kiesausbeutungsrecht am Nachbargrundstück zusteht, seinerseits einem Dritten an seinem Grundstück ein unbeschränktes Kiesausbeutungsrecht eingeräumt hat, liegt das Interesse dieses Dritten an der ungeschmälerten Aufrechterhaltung des ersten Rechts auf der Hand (vgl. N. 40 zu Art. 730); möglicherweise hat er sein Recht mit Rücksicht auf dieses Recht erworben. In diesem Fall ist die Aktivlegitimation zur actio confessoria zweifellos gegeben.

Wer ein Quellenrecht an einem Grundstück erworben hat, zu dessen Gunsten ein **187** Bauverbot am Nachbargrundstück besteht, ist auch daran interessiert, daß dieses Bauverbot nicht aufgehoben und nicht übertreten wird, da mit der Überbauung leicht eine Beeinträchtigung des Quellenrechts eintreten kann. Aber es ist doch fraglich, ob dieses Interesse die erforderliche Unmittelbarkeit hat, um die Legitimation zur actio confessoria zu begründen. Zur nachbarrechtlichen Klage aus Art. 679 ist der Quellenrechtsinhaber dagegen ohne weiteres legitimiert, aber eben nur unter den Voraussetzungen, unter welchen allein diese Klage gegeben ist. N. 40 zu Art. 730.

188   Zur weiteren Abklärung dieser Frage trägt der folgende Tatbestand bei. Das Ufergrundstück (I) eines Sees ist zugunsten des nächst dahinterliegenden Grundstückes (II) mit einem Wegrecht und einem Bauverbot (Aussichtsdienstbarkeit) belastet. Am Grundstück II erwirbt der Eigentümer des hinter ihm liegenden Grundstückes (III) ebenfalls ein Wegrecht und ein Bauverbotsrecht als Aussichtsdienstbarkeit (beschränkt auf die noch nicht überbaute Fläche). Wird das Wegrecht auf dem Grundstück I verbaut, ist der Eigentümer des Grundstückes III zur Einsprache gegen die vom Eigentümer des Grundstückes II bewilligte Löschung nicht legitimiert und zur actio confessoria auch nicht, obwohl sein Wegrecht am Grundstück II wertlos wird, und zwar deshalb nicht, weil die Benutzung des Weges über das Grundstück I ihm nicht hätte gestattet werden müssen, weil darin eine unzulässige Mehrbelastung gelegen hätte. KOHLER, Arch. f. d. civ. Pr. 87, S. 226. Wird dem Grundstück II und damit auch dem Grundstück III die Aussicht verbaut, ist jedoch sehr fraglich, ob dem Eigentümer des letzteren die actio negatoria auch zu versagen sei. Die Aussichtsdienstbarkeit kann wohl nicht gleich behandelt werden wie das Wegrecht, denn sie konnte vom Eigentümer des Grundstückes III ohne Mehrbelastung des Grundstückes I ausgeübt werden. Wenn der Eigentümer des Grundstückes III sie am Grundstück II erworben hat, nachdem die entsprechende Dienstbarkeit zu dessen Gunsten am Grundstück I bereits errichtet war, und er sie vielleicht gerade mit Rücksicht darauf erworben hat, wird man ihm die Legitimation zur actio confessoria nicht versagen können. Der Eigentümer des Grundstückes II kann nicht befugt sein, nachdem er sein Grundstück samt den ihm zustehenden Dienstbarkeiten belastet hat und mit der Gegenleistung für die dem Eigentümer des Grundstückes III eingeräumten Rechte einen Teil des Mehrwertes realisiert hat, den seinem Grundstück die Dienstbarkeiten am Grundstück I gegeben hatten, diese Dienstbarkeiten aufzugeben, möglicherweise gegen eine ansehnliche Entschädigung, und dadurch dem Eigentümer des Grundstückes III das ihm eingeräumte Recht wertlos zu machen. Vgl. N. 23 zu Art. 739 und N. 45ff. zu Art. 743.

189   Diese Überlegungen zeigen, daß der Kreis der Personen, denen die actio confessoria zusteht, identisch sein muß mit dem Kreis derjenigen Personen, deren Zustimmung gemäß den Ausführungen in den NN. 29ff. zu Art. 734 erforderlich ist zur Löschung der Grunddienstbarkeiten, welche zugunsten des Grundstückes bestehen, an dem sie dinglich berechtigt sind.

190   Daraus ergibt sich auch die Antwort auf die Frage, ob dieser Kreis auch die Grundpfandgläubiger umfasse, welche WIELAND verneint hat. Sie ist zu bejahen, obwohl die Art. 808ff. unter die Sicherungsbefugnisse, die sie dem Grundpfandgläubiger, dessen Pfandgrundstück eine Wertverminderung erfahren hat oder von ihr

bedroht ist, geben, die Befugnis zur Klage aus Art. 641 Abs. 2 und aus Art. 679 nach herrschender Ansicht nicht mit aufnehmen. Sie schließen sie aber auf jeden Fall auch nicht aus. Gerade der hievor erörterte Tatbestand läßt deutlich erkennen, daß dem Grundpfandgläubiger die Legitimation zur actio confessoria nicht versagt werden kann. Hat der Eigentümer des Grundstückes II dieses verpfändet und das damit gesicherte Darlehen in der zugestandenen Höhe im Hinblick auf den dem Pfandgrundstück durch die Grunddienstbarkeiten am Grundstück I gegebenen großen Mehrwert erhalten, darf er die Rechtsstellung des Pfandgläubigers nicht dadurch verschlechtern, daß er das Wegrecht und das Aussichtsrecht aufgibt oder diese Rechte verbauen läßt und dafür möglicherweise oder wahrscheinlich eine Entschädigung empfängt, mit der ihm der Mehrwert, den er dem Grundpfandgläubiger eingesetzt hat, abgegolten wird.

191 Die Legitimation des Grundpfandgläubigers ist denn auch in der Literatur etwa anerkannt worden. So von OFTINGER, N. 408 zu Art. 884. Die Legitimation zur Baueinsprache nach § 132 des Baugesetzes und nach den §§ 299ff. der zürcherischen ZPO ist dem Grundpfandgläubiger seit langem immer zugestanden worden. STRÄULI und HAUSER, Kommentar, Bem. 2d zu § 303 ZPO. Im § 1127 BGB sind dem Pfandgläubiger gegen Beeinträchtigung seiner Rechte ausdrücklich die den Ansprüchen aus dem Eigentum entsprechenden Befugnisse gegeben.

c) Passivlegitimation.

192 In der Passivlegitimation unterscheidet sich die actio confessoria nicht von der Besitzesschutzklage, also der possessorischen Klage oder vom Gesuch um Besitzesschutz im summarischen Verfahren. Die dazu in den NN. 160ff. hievor gemachten Ausführungen gelten auch hier. Sie sollen durch die folgenden Hinweise bloß ergänzt werden.

193 Passivlegitimiert ist der Störer, sei er der Eigentümer des belasteten Grundstücks, ein an diesem Grundstück dinglich oder persönlich Berechtigter, ein von einer dieser Personen Beauftragter oder irgendein Dritter. Neben und anstelle des Beauftragten (der Begriff in einem weiten und allgemeinen Sinn verstanden) kann die Klage gegen den Auftraggeber gerichtet werden. Dies trifft im Verhältnis zwischen dem Handwerker und dem Grundeigentümer oder Nutznießer oder Bau- und Quellenberechtigten zu, für den jener auf dem belasteten Grundstück arbeitet, gleichgültig ob er im Auftrag oder im Werkvertrag arbeitet. Siehe auch N. 76 hievor. EBG 91 II 341 = Pr. 55 Nr. 21 anerkennt die Passivlegitimation der Bauunternehmung, welche die Baubewilligung erhalten hat, im Prozeß des dienstbarkeitsberechtigten Nachbarn, der auf Unterlassung klagt. LIVER, Das Eigentum, S. 226, 232.

Grundlegend für die deutsche Praxis scheint OLG Hamburg 29.5.1900, Seufferts Arch. 57 Nr. 8, S. 13ff. geworden zu sein.

194 Ist der Handwerker dagegen ein Unternehmer, der selbständig über die Organisation und Durchführung der übernommenen Arbeit disponiert und hierin nicht den Weisungen des Bestellers oder Auftraggebers untersteht und die Besitzesstörung ihre Ursache in Bauinstallationen hat, die er in eigener Verantwortung angeordnet hat, z.B. in Gerüstanlagen, dürfte er und nicht der Bauherr für den Schaden haften und auch zum Besitzesschutzverfahren passivlegitimiert sein. Das Bundesgericht hat aber die gegenteilige Entscheidung getroffen in EBG **83** II 375ff. = Pr. **47** Nr. 4 (Haftung des Grundeigentümers für den Schaden, welchen der Bauunternehmer dem Nachbarn durch die Abhaltung von Kunden von seinem Tabakladen verursachte, indem er die Baustelle auf der öffentlichen Straße mit Bewilligung der zuständigen Behörde abschrankte und eine Reklametafel über dem Eingang des Ladens mit dem Schutzdach verdeckt hatte). Vgl. dazu die Besprechung des Urteils in der ZBJV **95**, S. 20ff., und auch EBG **79** I 205. N. 193 hievor.

195 Neben dem Mieter oder Pächter, der die Ausübung der Dienstbarkeit auf dem belasteten Grundstück oder von einem benachbarten Grundstück aus beeinträchtigt hat, oder auch an dessen Stelle kann der Grundeigentümer als Verpächter oder Vermieter beklagt werden, wie im EBG **44** II 36 = Pr. **7** Nr. 31 entschieden wurde und neuerdings auch vom ObG Zürich (1951) BlZR **54** Nr. 174, und zwar mit folgender Begründung: «Die von den Klägern behauptete Störung geht zwar im wesentlichen von der Mieterin in der Liegenschaft der Beklagten, der Firma E. O. & Cie. aus. Der Beklagte duldet aber die Einwirkung seiner Mieterin auf das Grundeigentum der Kläger, obwohl er diese daran hindern könnte, und nimmt sogar das Recht dieser Einwirkung für die Mieterin in Anspruch.» N. 116 hievor.

196 Nicht gegeben wäre die Passivlegitimation des Mieters oder Pächters des dem dienenden Grundstück benachbarten Grundstückes, wenn der Dienstbarkeitsberechtigte statt mit der actio confessoria mit der Klage aus Art. 679 gegen ihn vorgehen wollte. Daran hat er indessen nur ein Interesse, wenn er Schadenersatz verlangen wollte, denn dafür besteht nach Art. 679 die Haftung ohne Verschulden, nach Art. 641 Abs. 2, auf dessen analoger Anwendung die actio confessoria nach dem ZGB beruht, dagegen nicht. Vgl. über das Verhältnis zwischen den Klagen aus Art. 641 Abs. 2 einerseits, Art. 679 anderseits im übrigen EBG **44** II 36 = Pr. **7** Nr. 38; **73** II 151 = Pr. **37** Nr. 22; **83** II 198 = Pr. **46** Nr. 100.

197 Selbstverständlich ist, daß der actio confessoria, die ja den Streit um das Recht einleitet, immer mit dem Nachweis eines Rechts begegnet werden kann, daß mit ihr auch die Abgrenzung der Gebrauchsbefugnisse zwischen Miteigentümern und zwischen Gesamteigentümern des herrschenden Grundstückes unter sich herbeigeführt werden kann. Die Auseinandersetzung zwischen Stockwerkeigentümern hat der EBG **55** II 21 = Pr. **18** Nr. 49 zum Gegenstand. Siehe auch MEIER-HAYOZ, N. 60 zu Art. 641.

198 Mit der actio confessoria erwirkt der Berechtigte auch die Unterlassung einer sein Recht beeinträchtigenden oder ruinierenden Ausübung durch Personen, denen er selber ein dingliches oder persönliches Recht am herrschenden Grundstück oder an der Dienstbarkeit, wenn diese ein selbständiges Recht ist, eingeräumt hat.

d) Der Grundeigentümer errichtet ein Quellenrecht und gräbt die Quelle vom angrenzenden Grundstück aus ab.

Das ist ein in der Literatur mehrfach behandelter und in der Rechtsprechung mehrfach entschiedener Fall. LEEMANN, N. 13 zu Art. 737, betont, daß die Dienstbarkeit als rein dingliche Belastung den Eigentümer des dienenden Grundstückes nur in dieser Eigenschaft verpflichte, nicht auch persönlich oder in seiner Eigenschaft als Eigentümer eines Nachbargrundstückes. Das Eigentum am Nachbargrundstück könne er ohne jede Rücksicht auf die Dienstbarkeit ausüben. Daraus würde sich dann eben ergeben, daß er seine Verpflichtung aus der Dienstbarkeit nicht verletzt, wenn er die Quelle von diesem Grundstück aus abgräbt. N. 125 hievor. 199

Bei STOBBE-LEHMANN, Handbuch des DPrR, 3. Aufl. 1897, II 1, S. 5 Anm. 11, ist das reichsgerichtliche Urteil Bd. 30 Nr. 88 (4. Oktober 1892) zitiert, mit welchem auf Grund des rheinischen Rechts (C.c.fr. art. 641) tatsächlich so entschieden worden ist. Gleich hat auch das ObG Zürich (31. August 1911) entschieden, BlZR 11 Nr. 5, und sich zu der Streitfrage wie folgt geäußert: «Unzulässig ist aber der Eingriff nur, soweit der Beklagte als servitutbelasteter Eigentümer erscheint, soweit als er durch Vorkehren auf dem belasteten Grundstück selbst die Ausübung der Servitut erschwert oder verhindert; dagegen steht es ihm frei, auf seinem nicht belasteten Grundeigentum Vorrichtungen zu treffen, deren Zweck die Abgrabung der von den Klägern erworbenen Quelle ist, und es kann hier von mißbräuchlicher Ausbeutung fremden Rechtes, die die Kläger wohl mit ihrer Anrufung der exceptio doli generalis geltend machen wollen, nicht die Rede sein.» Vgl. dazu auch KOHLER, Arch. f.d. civ. Pr. **87**, S. 226ff., der den gleichen Standpunkt einnimmt, aber immerhin auf die Möglichkeit der Schikane hinweist. ZBJV **46** (1910) S. 674f., auch zit. N. 187 hievor. 200

In einer rein sachenrechtlichen Betrachtung ist diese Auffassung gewiß richtig. Die Dienstbarkeit selber begründet nur eine Beschränkung des Eigentums am belasteten Grundstück. Als Eigentümer eines benachbarten Grundstückes hat der Dienstbarkeitsverpflichtete genau die gleiche Stellung wie ein anderer Nachbar. Wenn er dieses Grundstück nach der Errichtung der Dienstbarkeit am eigenen Grundstück erwirbt, kann er als dessen Eigentümer nicht eine andere Stellung gegenüber dem Quellenrechtsinhaber haben, als sie der Veräußerer gehabt hat, eben die eines Nachbarn. Zu beachten ist bei der Würdigung des zitierten reichsgerichtlichen Urteils, daß das Abgraben einer Quelle im C.c.fr. nachbarrechtlich nicht verboten war, und bei der Würdigung des zürcherischen Urteils, daß das zürcherische PrGB dieses Verbot enthielt, aber nur zum Schutze eines Brunnens, nicht aber einer Quelle schlechthin. Auch das ZGB (Art. 706) schützt nicht alle Quellen gegen Abgrabung, aber außer den zum Zwecke der Verwertung gefaßten auch die in erheblicher Weise benutzten Quellen, so daß unter seiner Herrschaft in der Regel nicht im Sinne der zitierten Urteile entschieden werden könnte. 201

Ist die abgegrabene Quelle noch nicht gefaßt und auch nicht in erheblicher Weise 202 benutzt, versagt ihr das Gesetz den nachbarrechtlichen Schutz gemäß Art. 706. Vgl. das hiefür aufschlußreiche Urteil des Bundesgerichts EBG **64** II 340ff. = Pr. **27** Nr. 183. Wartet der Eigentümer des Quellengrundstückes mit dem Abgraben vom Nachbargrundstück her ab, bis der Quellenrechtsinhaber die Quelle gefaßt hat, handelt er widerrechtlich, kommt er ihm aber zuvor, wäre ihm das Abgraben erlaubt. Ich kann diese Ansicht nicht gutheißen, sondern sehe in einem solchen Verhalten einen offenbaren Rechtsmißbrauch, der keinen Rechtsschutz findet. Der Grundeigentümer übt eine Eigentumsbefugnis wider Treu und Glauben aus, wenn er damit dem Nachbarn das Wasser entzieht, das er ihm soeben «verkauft» (an dem er ihm das dingliche Nutzungsrecht eingeräumt hat) hat; er handelt arglistig, wenn er das Wasser «verkauft» mit dem Hintergedanken, dieses Wasser für sich zu behalten, indem er es abgräbt. Er provoziert dadurch geradezu die exceptio doli. Er hat gegenüber dem Quellenrechtserwerber auch ohnedies nicht die Stellung irgendeines Nachbarn, sondern für ihn ist es ein venire contra factum proprium, wenn er die Quelle abgräbt. Er verstößt damit gegen Art. 2. EGGER, N. 36 zu Art. 2; ANDREAS B. SCHWARZ, Das schweizerische ZGB in der ausländischen Rechtsentwicklung (1950) S. 34 (mit Hinweis auf das dazu im schroffsten Gegensatz stehende englische Recht).

e) Beseitigungsanspruch und Überbaurecht.

203 Wird durch die Errichtung eines Bauwerkes eine Bauverbots- oder Baubeschränkungsdienstbarkeit verletzt, erhebt sich die Frage, ob dem Bauenden gegenüber dem Beseitigungsanspruch des Dienstbarkeitsberechtigten die Einräumung des Rechtes auf Beibehaltung des widerrechtlich erstellten Bauwerkes oder Bauteiles in analoger Anwendung des Art. 674 Abs. 3 zugesprochen werden könne. Das Gesetz beantwortet diese Frage nicht. Auch in keinem der Gesetzbücher unserer Nachbarstaaten ist sie gelöst oder auch nur berührt worden.

204 Es muß deshalb untersucht werden, ob auf Grund der bestehenden Interessenlage die analoge Anwendung des Art. 674 Abs. 3 bejaht werden könne. LEEMANN hat sie in N. 14 zu Art. 674 abgelehnt und auf diese Stelle in N. 14 zu Art. 737 verwiesen. Eine Begründung gibt er nicht, beruft sich aber auf RGE **47**, S. 359, und **48**, S. 262. Ebenfalls ohne Begründung verwirft HAAB (N. 1 zu Art. 674) die Berufung auf den Art. 674 gegenüber dem Nachbarn, dem eine «servitus non tollendi» zustehe. Er stützt sich auf GIERKE, DPrR II, S. 435. GIERKE seinerseits stützt sich wieder auf die Praxis des deutschen Reichsgerichts. Es ist offensichtlich, daß es diese Praxis und die mit ihr ehemals übereinstimmende herrschende Lehre zum BGB gewesen sind, welche auch für die Äußerungen LEEMANNS und HAABS bestimmend gewesen sind.

205 Dem Text des BGB ist zu dieser Frage ebensowenig etwas zu entnehmen wie dem des ZGB, weshalb auch in Deutschland in der Lehre und Rechtsprechung zu prüfen war, ob das Gesetz eine Lücke aufweise und ob diese gegebenenfalls auf dem Wege der analogen Anwendung von § 912 zu schließen sei.

Die Bedenken, welche gegen diese Analogie geltend gemacht werden könnten, wären jedenfalls mit Bezug auf den Art. 674 ZGB geringer als mit Bezug auf den § 912 BGB, weil der Art. 674 dem Richter die größere Freiheit in der Würdigung aller Umstände läßt. Auch wenn alle übrigen tatbeständlichen Voraussetzungen erfüllt sind, insbesondere das Erfordernis des guten Glaubens des Bauenden, hat der Richter diesem das Überbaurecht nur zuzuerkennen, «wenn es die Umstände rechtfertigen». Wenn die Entfernung eines Bauteils, etwa eines Balkons, der in den vereinbarten Grenzabstand hineinragt, oder eines Türmchens, das die vereinbarte Maximalhöhe überragt, verlangt wird, kann der Richter die Klage gutheißen, auch wenn der Beklagte in gutem Glauben gebaut hat. Die Anwendung des Art. 674 führt also keineswegs zu einer Sanktionierung jedes widerrechtlichen Überbaues gegen Entschädigung, selbst dann nicht, wenn die Überschreitung der Baugrenze durchaus entschuldbar ist. Nur wenn die Entfernung des Überbaues dem, der ihn in gutem Glauben erstellt hat, nach Vernunft und Billigkeit nicht zugemutet werden kann, soll der Richter sie ablehnen und dem Beklagten das Überbaurecht zusprechen.

So wäre sicher in folgenden Fällen zu entscheiden: 206
Der Bauende hat in gutem Glauben die Umfassungswand des erstellten Gebäudes um 10 oder 20 cm zu nahe an die Grenze des Nachbargrundstückes herangestellt und damit die Grunddienstbarkeit, mit welcher der Grenzabstand festgelegt war, verletzt; er hat die dienstbarkeitsgemäße Bauhöhe mit einem Flachdach um einige Zentimeter überschritten; er hat neben dem erstellten Gebäude etwas zu wenig Raum für die Ausübung des Fahrwegrechtes gelassen, mit dem sein Grundstück belastet ist. Würde ihm gegenüber die Beseitigungsklage gutgeheißen, entstünde ihm ein Schaden, der das Hundertfache des Wertes der verletzten Dienstbarkeit ausmachen würde, ein Schaden zudem, den er gar nicht verschuldet hat, da er ja in gutem Glauben gebaut hat. Kein Richter, auch nicht das Bundesgericht, würde die Beseitigungsklage gutheißen. Das Bundesgericht müßte sie allerdings dann gutheißen, wenn es an der in seinem Urteil in Band **83** II 201 = Pr. **46** Nr. 18 (mit einer Begründung, zu welcher die Besprechung in der ZBJV **95**, S. 28ff., einzusehen wäre) dargelegten Meinung festhalten würde.

Auch wenn der gute Glaube dem Beklagten gefehlt hat oder wenn doch zweifel- 207
haft ist, ob er vorhanden war, dürfte es dem Richter nicht leicht fallen, in solchen Fällen die Beseitigungsklage gutzuheißen; er wird, was gut zu verstehen ist, geneigt sein, die Beibehaltung der nun einmal vorhandenen und ohne ganz unverhältnismäßig großen Schaden nicht zu beseitigenden Baute gegen volle Entschädigung zu gestatten, obwohl der Art. 674 Abs. 3 dies nicht zuläßt.

Die analoge Anwendung des Art. 674 verlangt in manchen Fällen größere, nicht 208
geringere Strenge gegenüber dem widerrechtlich Bauenden, als dem Richter nach Billigkeit und wirtschaftlicher Vernunft als gerechtfertigt erscheinen könnte. Vgl. z. B. EBG **53** II 221 = Pr. **16** Nr. 122, in dem das Bundesgericht diese größere Strenge, welche der kantonale Richter vermissen ließ, zur Geltung bringen mußte. Das AppG Tessin hat eine Klage auf Beseitigung eines Gebäudes, das anstelle der

früheren Baute trotz bestehender servitus non aedificandi auf viel größerer Grundfläche errichtet worden war, ohne Prüfung des guten Glaubens als rechtsmißbräuchlich abgewiesen, weil es das Interesse an ihr als unerheblich erachtete im Verhältnis zum großen Schaden, den der Beklagte durch die Halbierung des Gebäudes und Entfernung des einen Teils erlitten hätte (Rep. Giur. Patria **V, 1** [1930] p. 500). Ob dieser Entscheid begründet war, darf gewiß als fraglich gelten. Hätte das Gericht sich auf Art. 674 gestützt, den es nicht erwähnt hat, hätte es nur dann gleich entscheiden können, wenn der gute Glaube des Bauenden festgestanden hätte; außerdem hätte dem Dienstbarkeitsberechtigten, wenn er beeinträchtigt war, auch wenn der Schaden verhältnismäßig noch so gering gewesen wäre, eine Entschädigung zugesprochen werden müssen. Zur Entschädigung Art. 733 N. 62.

209 Wenn eine Baugrenze durch eine Dienstbarkeit festgesetzt wird, kann sie nicht stärkere Wirkung haben, als wenn sie durch das Gesetz oder durch die Grundstücksgrenze festgelegt wäre. Aus Art. 680 Abs. 2 müßte man sogar, wenn diese Bestimmung nicht auf einem bloßen Versehen beruhen würde (NN. 103ff. zu Art. 732), den Schluß ziehen, daß der gesetzlichen Abgrenzung eine höhere Geltungskraft zukomme als der vertraglichen. Jedenfalls hat sie nicht geringere Wirkung. Ihr gegenüber gibt das Gesetz jedoch unter den genannten Voraussetzungen dem Prinzip des Art. 674, der Bewahrung von einmal geschaffenen Werten vor der Zerstörung um eines unverhältnismäßig geringen gegensätzlichen Interesses willen, den Vorzug.

210 Vom Art. 674 Abs. 3 kann nicht gesagt werden, er vertrage keine analoge Anwendung, weil er eine Ausnahmebestimmung sei. Er ist wohl eine der verschiedenen Bestimmungen, welche das Akzessionsprinzip durchbrechen. Aber er ist nicht eine singuläre Bestimmung. Er ist vielmehr der Ausdruck eines Grundsatzes. Dieser Grundsatz ist auch im Art. 673 ausgesprochen. Er ist auch im Proportionalitätsprinzip enthalten, welches dem Nachbarrecht überhaupt zugrunde liegt. Vgl. N. 65ff. hievor und N. 6 der Vorbemerkungen zu Art. 730, NN. 24ff. und 170 zu Art. 736. Auf einen anderen Tatbestand hat ihn das Bundesgericht analog angewendet im EBG **78** II 131ff. = Pr. **41** Nr. 101 (siehe N. 62 zu Art. 733) und ebenso das deutsche RG **160**, S. 166 und 167 (STAUDINGER-SEUFERT, 11. Aufl. 1956, Bem. 3 zu § 912). Auch im Gesetz selber ist sein Geltungsbereich ausgedehnt worden, nämlich auf die Fälle, in denen die Baute gar nicht über die Grundstücksgrenze hinüberragt, sondern bloß über die durch nachbarrechtliche Bestimmungen der Kantone geschaffene Baugrenze innerhalb des Grundstückes selber (Art. 685 Abs. 2). Es ist nach meiner Ansicht schlechterdings nicht einzusehen, aus welchen Gründen von diesem Geltungsbereich die Fälle ausgeschlossen sein sollten, in denen die Baugrenze, sei es die horizontale oder die vertikale, statt durch eine nachbarrechtliche Vorschrift durch einen Dienstbarkeitsvertrag festgesetzt worden ist. Die Interessenlage ist jedenfalls genau die gleiche.

211 Daß die Durchsetzung des Dienstbarkeitsanspruches mit der Beseitigungsklage in der Praxis nicht in gleicher Weise oder überhaupt nicht möglich sei, wenn schon ein Bauwerk erstellt worden ist, welches sie verletzt, wie wenn zur Verhinderung seiner Erstellung rechtzeitig eingeschritten wird, hat das Bundesgericht in seinem Urteil vom 8. Juni 1939 in ZBGR **21,** S. 47ff., anerkannt. Da heißt es: «Mit Recht hat immerhin die Vorinstanz (das thurgauische ObG) mit Rücksicht darauf, daß eine nachträgliche Beseitigung eines errichteten Hauses praktisch kaum mehr in Frage käme, die Beweisauflage auf den Nachweis einer hohen Wahrscheinlichkeit beschränkt. Diesem Urteil liegt überhaupt die Auffassung zugrunde, daß der Dienstbarkeit nicht ein stärkerer Schutz als dem Eigentum zugebilligt werden könne. Dies ergibt sich übrigens schon aus der hier wiederholt festgestellten und allgemein anerkannten sinngemäßen Geltung der gesetzlichen Eigentumsbeschränkungen für die Dienstbarkeiten (NN. 68–70 der Einleitung und N. 106ff. hievor). Soweit die Analogie reicht – und sie reicht so weit wie die Gleichheit der Interessenlage –, ist die Anwendung des Art. 674 auf unseren Tatbestand nicht nur zulässig, sondern durch eine dem Gesetz durch Auslegung zu entnehmende Norm vorgeschrieben.

212 In Deutschland ist denn auch, trotzdem, wie bemerkt, gegen die analoge Anwendung des § 912 eher Bedenken erhoben werden könnten, die ehemals herrschend gewesene Meinung, welche auch für die zitierten Äußerungen schweizerischer Autoren bestimmend war, von den maßgebenden Vertretern unseres Sachgebietes aufgegeben worden. Darauf wurde schon in N. 109 zu Art. 734 hingewiesen. Außer den da zitierten Autoren, nämlich Biermann, v. Tuhr, Heck und Wolff, sind zu nennen Westermann, Sachenrecht, 3. Aufl. S. 307; Meisner-Stern-Hodes, § 24 VII 7, S. 308; Meisner-Ring (4. Aufl. 1951) § 21 VII 2, S. 312. In der neuesten Auflage des Staudingerschen Kommentars (11. Aufl., bearbeitet von Ring, 1956) ist die frühere gegenteilige Meinung aufgegeben und mit eingehender Begründung der Anschluß an die neue Lehre vollzogen (N. 8 zu § 1027, S. 1077). Auch in der österreichischen Praxis wird der gleiche Standpunkt eingenommen, Klang, Kommentar, 2. Aufl. § 523 Ziff. 4, S. 603, in Zusammenhang mit dem Zusatz zu den §§ 417 bis 419 (Grenzüberbau) S. 292.

f) Verjährung und Verwirkung.

213 Da das ZGB den Untergang der Dienstbarkeit durch Verjährung und durch Ersitzung der Freiheit des Eigentums ausgeschlossen hat (NN. 181ff. zu Art. 734), bleibt die Dienstbarkeit, auch wenn sie nicht oder nur beschränkt ausgeübt wird, mit ihrem vollen Inhalt und Umfang zeitlich unbegrenzt bestehen. Solange sie besteht, genießt sie den Schutz durch die actio confessoria. Diese unterliegt nach unserem Recht der Verjährung nicht, sowenig wie die Ansprüche aus dem Eigentum nach der allgemein als richtig angesehenen Praxis des Bundesgerichts durch Verjährung untergehen oder entkräftet werden.

Auch das italienische Recht, welches die Grunddienstbarkeit infolge Nichtausübung während zwanzig Jahren untergehen läßt (C.c.it. art. 1073), hält sie in ihrem vollen Umfang aufrecht, wenn sie auch nur in beschränktem Umfang ausgeübt wird (art. 1075). Im Gegensatz zum Art. 668 des C.c.it. 1865 und des Art. 708 des C.c.fr. tritt nicht durch Verjährung eine Reduktion auf den Umfang ein, in welchem die Dienstbarkeit ausgeübt worden ist.

214 Die actio confessoria bleibt deshalb dem Dienstbarkeitsberechtigten auch in diesem Falle unvermindert erhalten. Der Verjährung unterliegt dagegen der Schadenersatzanspruch. Und zwar finden auf ihn die Verjährungsbestimmungen des Art. 60 OR Anwendung (EBG **68** II 375, Erw. 6). Die relative Verjährung mit der Frist von einem Jahr beginnt in dem Zeitpunkt zu laufen, in dem der Geschädigte Kenntnis vom Schaden und von der Person des Ersatzpflichtigen erlangt hat. Die absolute Verjährungsfrist mit der Frist von zehn Jahren beginnt mit dem Tage der schädigenden Handlung zu laufen. Über die ratio legis dieser Regelung vgl. EBG **51** II 394.

215 Wird ein dem belasteten benachbartes Grundstück in einer Art bewirtschaftet, die sich mittelbar auf den Dienstbarkeitsberechtigten übermäßig lästig oder schädigend auswirkt (Art. 684: Art der Bewirtschaftung), stehen diesem die Unterlassungsklage und gegebenenfalls (wenn bestimmte Anlagen oder Vorrichtungen eine Schadensursache bilden, die sich auswirkt, solange sie bestehen), die Beseitigungsklage zu. Beide sind unverjährbar. Sie können angehoben werden, solange die Schädigung andauert, d. h. solange die Schadensursache wirksam ist, welche in der widerrechtlichen Art der Bewirtschaftung des Grundstückes besteht. EMIL W. STARK, Das Wesen der Haftpflicht des Grundeigentümers nach Art. 679 ZGB (1952) S. 171ff., 202f.

216 Beide Klagen richten sich gegen diese Art der Bewirtschaftung. Auch wenn deren Fortsetzung durch sie völlig abgestellt worden ist, kann der hervorgerufene schädliche Zustand fortbestehen. So kann z.B. ein Grundwasservorkommen verschmutzt oder mit Stoffen so durchsetzt werden, daß das Wasser für bestimmte Zwecke nicht verwendet werden kann. Dieser Zustand kann sehr lange andauern. Es fragt sich dann, mit welchem Zeitpunkt die Frist der absoluten Verjährung von zehn Jahren zu laufen beginnt. Dies ist nach Art. 60 OR der Zeitpunkt der unerlaubten Handlung. Diese kann hier nur in der widerrechtlichen Art der Bewirtschaftung des Grundstückes bestehen, von dem die Immission ausgegangen ist. Von dem Zeitpunkt an, in welchem diese vollständig eingestellt worden ist, kann noch während zehn Jahren auf Ersatz des Schadens geklagt werden, dessen Entstehung nicht mehr als zehn Jahre zurückliegt. Denn es kommt für den Beginn des Laufes der Verjährung auf den Zeitpunkt der die Schädigung in Gang setzenden Handlung an, den «acte initial», wie sie in einem Urteil der Genfer Cour de Justice (Sem.jud. 1945, S. 412) genannt wird (zitiert von L. HUILLIER, Referat in ZSR 1952, S. 6a). Vgl. dazu aus der Literatur zum BGB namentlich RGR-Kommentar, 10. Aufl. 1953, Ziff. 5 zu § 852, und v. TUHR, Allgemeiner Teil des BGB III (1918) S. 511.

217 Das Bundesgericht hat in EBG **81** II 439ff. = Pr. **45** Nr. 24 vom 7. Juli 1955 i.S. Feldmühle AG Rorschach gegen M. Pfister anders entschieden und nochmals am

29. Sept. 1960. Nach diesem Urteil würde die Verjährung überhaupt nicht zu laufen beginnen, solange ein schädlicher Zustand besteht (schwefelhaltige Stoffe im Untergrund, welche in diesen ehemals vom Grundstück des Beklagten aus gelangt sind), trotzdem die Art der Bewirtschaftung und Benutzung von Anlagen auf dem Grundstück des Beklagten, gegen welche die Unterlassungs- und die Beseitigungsklage hätten gerichtet werden können, seit Jahrzehnten vollständig aufgegeben worden ist. Der ehemals eingetretene schädigende Zustand wird da zum Ursachen- statt zum Folgenkomplex gerechnet. Zur Unterscheidung zwischen Beeinträchtigung oder Schädigung einerseits und Schaden andererseits siehe besonders PALANDT-HOCHE, Erl. 5 zu § 1004 BGB; BAUR Fr., Sachenrecht § 12 IV 1. Nach der Ansicht des Bundesgerichts würde nicht nur der damalige Eigentümer der Liegenschaft, welcher die Immission verursacht hatte, für jeden Schaden, der sich bis heute und künftighin realisieren würde, ohne zeitliche Begrenzung haften, sondern auch jeder Erwerber der Liegenschaft, obwohl er sein Eigentum an dieser Liegenschaft nicht überschreitet und nie überschritten hat. Diese Schadenersatzklagen könnten sich weiterhin wiederholen, ohne daß nach der Ansicht des Bundesgerichts jemals eine Verjährung eintreten könnte, solange der Boden die schwefelhaltigen Stoffe, die ihm einmal zugeführt wurden, noch enthält. Dies kann nicht richtig sein. Der Schaden ist mit der Zuführung der schädigenden Stoffe eingetreten und abgeschlossen. Der Anspruch auf Ersatz der dadurch bewirkten Wertverminderung des Grundstückes unterliegt der Verjährung. Bemerkungen dazu von SPIRO, Die Begrenzung privater Rechte durch Verjährungs-, Verwirkungs- und Fatalfristen, 1975, § 60 N. 16, § 503 N. 31. Vgl. auch m. Eigentum, S. 235.

218 Von jeher und unter den verschiedensten Rechtsordnungen hat sich die Frage gestellt, welche Wirkung die Unterlassung von Vorkehren gegen ein dienstbarkeitswidriges Verhalten des Eigentümers des belasteten Grundstückes oder gegen einen die Ausübung der Dienstbarkeit hindernden Zustand dieses Grundstückes habe. Wenn die Dienstbarkeit nur in dem Umfang bestehen bliebe, in dem sie tatsächlich ausgeübt wird, und im übrigen durch Verjährung unterginge, entfiele damit auch die Grundlage für jede Klage auf Wiederherstellung des ursprünglichen, dienstbarkeitsgemäßen Zustandes. Da, wie oben bemerkt wurde, dies lediglich nach dem französischen Recht zutrifft, was darauf zurückzuführen sein soll, daß JEAN DOMAT (1625–1695) in diesem Punkt die römischen Quellen mißverstanden habe (BAUDRY-LACANTINERIE ET CHAUVEAU, t. VI, n° 1169, p. 904), kann nach unserem und den Rechten unserer übrigen Nachbarstaaten diese Teilverjährung nicht Platz greifen.

219 Die Unterlassung vollumfänglicher Ausübung und der ihrer Ermöglichung dienenden Vorkehren ist deshalb unter anderen Gesichtspunkten zu betrachten, unter dem des Verzichts und dem der Verwirkung infolge des Vertrauensschutzes, den der Art. 2 dem tatsächlich entlasteten Eigentümer des dienenden Grundstückes gewährt.

220 Es bedarf hier der Untersuchung auf Grund der besonderen Umstände des

Einzelfalles, ob der Berechtigte von der Dienstbarkeit bloß einen geringen Gebrauch gemacht hat, aber sich ausdrücklich oder stillschweigend das Recht vorbehalten hat, die Dienstbarkeit je nach Bedarf wieder intensiver und in größerem Umfang auszuüben, oder ob er sich endgültig darauf eingestellt hat, die Dienstbarkeit überhaupt nicht mehr (oder nur in beschränktem Umfang) auszuüben, in welchem Falle sie durch Verzicht untergeht. Vgl. über den Verzicht die NN. 97ff. zu Art. 734.

221   Als eindeutiger Ausdruck des Verzichts muß das Verhalten des Dienstbarkeitsberechtigten gelten, wenn er es widerspruchslos geschehen läßt, daß das mit einem Bauverbot belastete Grundstück überbaut wird, so daß die Ausübung der Dienstbarkeit unmöglich gemacht ist. Ist die Grundfläche nur zum Teil überbaut worden, erstreckt sich der Verzicht nur auf diesen Teil, während sie für den übrigen Teil weiterbesteht. N. 107 zu Art. 734, N. 129 zu Art. 738; Liver P., Der Verzicht auf beschränkte dingliche Rechte und auf den Miteigentumsanteil, Festschrift Walther Hug, 1968, und Privatrechtl. Abh., S. 321ff., Die Entstehung und Ausbildung des Eintragungs- und des Vertrauensprinzips, ZBGR 60 (1979) S. 18 und 19f. Vgl. auch N. 6/7 zu Art. 733.

222   Ist die Baubeschränkung dadurch verletzt worden, daß das Gebäude über die maximale durch die Dienstbarkeit festgelegte Höhe hinaus gebaut worden ist, ohne daß der Berechtigte dagegen eingeschritten ist, liegt ein Teilverzicht in dem Umfang vor, in dem die Ausübung der Dienstbarkeit unmöglich gemacht ist. Wird das Gebäude nochmals erhöht, kann der Dienstbarkeitsberechtigte dies verhindern, sofern er daran noch ein Interesse hat, was nicht der Fall wäre, wenn ihm die Aussicht, um deretwillen die Dienstbarkeit errichtet worden war, schon durch den früheren Höherbau entzogen worden wäre. Vgl. außer den in den NN. 97ff. zu Art. 734 zitierten Entscheidungen und Ausführungen in der Literatur auch G. Branca, Commentario (1954) ad art. 1067, p. 574, ad art. 1075, p. 648.

223   Das BGB hat in seinem § 1028 den Fall geregelt, in welchem auf dem belasteten Grundstück eine Anlage errichtet worden ist, welche die Grunddienstbarkeit beeinträchtigt. Es unterstellt den Beseitigungsanspruch der Verjährung und läßt mit ihr die Dienstbarkeit untergehen. Vgl. dazu N. 115 zu Art. 731, NN. 59ff. zu Art. 733 und 185 zu Art. 734, N. 128 zu Art. 738.

224   Diese Regelung greift m.E. nur Platz, soweit nicht das Verhalten des Dienstbarkeitsberechtigten als Ausdruck des Verzichts anzusehen ist. Es ist für den Verzicht auf das Recht konkludent, wenn es darin besteht, daß der Dienstbarkeitsberechtigte es widerspruchslos zuläßt, daß auf dem belasteten Grundstück Anlagen erstellt werden, welche die Ausübung der Dienstbarkeit unmöglich machen. Das am nächsten liegende Beispiel ist die Einfriedigung der mit einem Wegrecht belasteten Liegenschaft durch eine Mauer, ohne daß der Wegberechtigte dagegen Einspruch erhebt oder auf Beseitigung klagt. Kann daraus unter den besonderen Umständen des Einzelfalles auf einen Verzicht geschlossen werden, ist die Dienstbarkeit dadurch

untergegangen. In den krassesten Fällen kann dadurch der Übelstand, den das Gesetz durch den Ausschluß der Verjährung geschaffen hat, behoben werden.

Aber ganz kann dadurch das Fehlen einer dem § 1028 BGB entsprechenden Bestimmung, deren Aufnahme in das Gesetz trotz der Empfehlung von HITZIG (ZSR n. F. **19**, S. 387) und von RÜMELIN (Der Vorentwurf zu einem schweizerischen CGB, 1901, S.A., S. 112) unverständlicherweise unterlassen wurde, nicht wettmachen, denn die Verjährung tritt auch ein, wenn der Berechtigte gegen die Erstellung der Mauer Einsprache erhoben und diese aufrechterhalten hat, während der Verzichtswille dadurch ausgeschlossen ist. Hiezu ist namentlich DERNBURG, BGB III (3. Aufl. 1904) S. 514ff., zu vergleichen, wo im Anschluß an die Behandlung des § 1028 ausgeführt ist: «Aber auch hiervon abgesehen, gewährt der formlose Verzicht des Berechtigten, wenn er dem Eigentümer des belasteten Grundstücks erklärt und von diesem angenommen ist, dem letztern eine Einrede gegenüber der konfessorischen Klage, vgl. BGB § 896. Dies ist namentlich dann anzunehmen, wenn der Servitutsberechtigte seine Zustimmung zu einer Anlage gegeben hat, welche die Ausübung der Grunddienstbarkeit beeinträchtigt.» **225**

Die actio confessoria kann auch unter dem Gesichtspunkt des Art. 2 als unzulässig abgelehnt werden, wenn ein Verzichtswille nicht rechtsgenüglich dargetan ist, aber der Eigentümer des belasteten Grundstücks trotzdem das Vertrauen haben durfte, daß der Dienstbarkeitsberechtigte, der die Erstellung der sein Recht beeinträchtigenden Anlagen zuließ und diese bisher widerspruchslos bestehen ließ, diese Anlagen auch weiterhin dulden werde. Ein offenbarer Rechtsmißbrauch liegt zweifellos dann vor, wenn der Dienstbarkeitsberechtigte ruhig zusieht, wie auf dem belasteten Grundstück ein Gebäude aufgeführt wird, das die Ausübung der vielleicht längst in Vergessenheit geratenen Dienstbarkeit unmöglich macht, um dann nach Beendigung des Baues die Beseitigungsklage zu erheben. Unter diesem Gesichtspunkt haben sich WIELAND, Bem. zu Art. 736 a. E., und LEEMANN, N. 14 zu Art. 737, für die Verwirkung der Klage ausgesprochen. Ebenso ist dies vom Bundesgericht in Betracht gezogen worden im EBG **83** II 207 = Pr. **46** Nr. 18. Vgl. auch GLASER, Rechtsprechung aus dem Bau-, Grundstücks- und Nachbarrecht II (1953) Nr. 300, S. 174f. **226**

VIII. Intertemporales Recht

Die Bestimmungen des Art. 737 haben die Ausübung der Dienstbarkeit zum Gegenstand. Dafür sind der Inhalt und der Umfang der Dienstbarkeit maßgebend und außerdem das Gebot: Civiliter uti. Dieses Gebot und überhaupt jede Regel über die Art und Weise der Ausübung eines gegebenen Rechts finden nach den Art. 3, 17 Abs. 2 und 18 Abs. 3 SchlT auf alle Dienstbarkeiten Anwendung, also auch auf die unter dem früheren Recht entstandenen. Sie gelten unabhängig vom Willen der Parteien. Weil sie, wie am Anfang der Ausführungen zu diesem Artikel ausgeführt **227**

Grunddienstbarkeiten

wurde, notwendig aus dem Begriff der Dienstbarkeit und aus dem durch ihn bestimmten Verhältnis zum Eigentum folgen, gehören sie auch dem alten so gut wie dem neuen Recht an, weshalb die intertemporale Betrachtung in bezug auf sie der praktischen Bedeutung entbehrt.

228 Dagegen ist die für die Ausübung grundlegende Frage nach dem Inhalt und Umfang der Dienstbarkeit intertemporalrechtlich von praktischer Bedeutung. Soweit für den Inhalt und Umfang das Gesetz maßgebend ist, ist das neue Recht anwendbar. Das Gesetz bestimmt den möglichen Inhalt der Dienstbarkeiten gemäß dem Grundsatz der geschlossenen Zahl der Dienstbarkeitskategorien. Innerhalb dieses Bereichs hat jede Dienstbarkeit den Inhalt und Umfang, mit dem sie begründet wurde. Es ist also der Wille der Parteien, kraft dessen die Dienstbarkeit entstand, für deren Inhalt und Umfang primär bestimmend. Auch soweit er nicht dem Rechtstitel zu entnehmen ist, kann die Vermutung begründet sein, daß er der zur Zeit der Entstehung der Dienstbarkeit in Geltung gestandenen Rechtsordnung, dem kantonalen Recht und Ortsgebrauch, entsprochen hat, so daß diese Ordnung als mutmaßlicher Parteiwille zur Geltung kommen kann. Daraus folgt, daß die unter dem alten Recht entstandenen Dienstbarkeiten insoweit hinsichtlich ihres Inhaltes und Umfanges nach altem Recht zu beurteilen sind und neues Recht nur zur Geltung kommt, soweit ein der gesetzlichen Ordnung derogierender Parteiwille nicht bestanden hat oder nicht festgestellt werden kann. Insbesondere können in diesem Sinn die gesetzlichen Eigentumsbeschränkungen des neuen Rechts, soweit ihnen die Dienstbarkeiten überhaupt unterworfen sind, auch gegenüber Dienstbarkeiten, die unter dem alten Recht entstanden sind, zur Geltung gebracht werden.

229 Neben dem Inhalt und dem Umfang des Rechtes ist für die Anwendung des Art. 737 auch der Besitz, als Voraussetzung des Anspruchs auf Besitzesschutz, von grundlegender Bedeutung. Ob er vorliegt und den geltend gemachten Anspruch zu begründen vermag, ist nach neuem Recht zu beurteilen, da es hiefür nicht auf den Willen der Parteien ankommt, sondern allein auf die gesetzliche Qualifizierung des Sachverhalts. Art. 37 SchlT lautet denn auch so: «Der Besitz steht mit dem Inkrafttreten dieses Gesetzes unter dem neuen Recht.»

230 Das Bundesgericht hat in einer ganzen Reihe von Urteilen über Dienstbarkeiten zu entscheiden gehabt, die vor 1912 begründet worden waren, und wird sich auch weiterhin mit solchen Rechten zu befassen haben, da immer noch und weiterhin der größte Teil aller bestehenden Dienstbarkeiten altrechtlichen Ursprungs ist und bleiben wird. Soweit auf sie altes Recht anwendbar ist, sind die von der Vorinstanz gemachten Feststellungen über den Inhalt und Umfang des Rechtes der Überprüfung des Bundesgerichts entzogen und deshalb endgültig.

231 In der älteren Praxis hat das Bundesgericht den Anwendungsbereich des alten Rechts weiter gezogen, als das hier geschehen ist, indem es ihm die Bestimmung des Inhaltes und Umfanges zugewiesen und dafür an neuem Recht nur die um der öffentlichen Ordnung willen aufgestellten Vorschriften (Art. 2 SchlT) als maßgebend

anerkannt hat. EBG **38** II 455 = Pr. **2** Nr. 31; **38** II 747 = Pr. **1** Nr. 271 (in diesen beiden Urteilen ist die Frage so gestellt, aber noch offengelassen worden); **39** II 152 = Pr. **2** Nr. 108 (da wurde gestützt auf Art. 1 Abs. 1 SchlT die Auslegung der Dienstbarkeit durch die Vorinstanz auf Grund des alten Rechtes gutgeheißen); **39** II 204 = Pr. **2** Nr. 99 (für die Bestimmung des Inhaltes der Dienstbarkeit ist ausschließlich das frühere kantonale Recht maßgebend; einzig die Einreden aus Art. 2 und Art. 736 gegenüber der actio confessoria sind vom Bundesgericht zu prüfen); **45** II 391 = Pr. **8** Nr. 139 (da ohne die einschlägige Erwägung) = ZBGR **6**, S. 19ff. (ausschließliche Geltung des früheren Rechts, mit der Ausnahme von zwingenden Bestimmungen des neuen Rechts, wie der Art. 736 und 738); **52** II 349 = Pr. **15** Nr. 162 und **53** II 109 = Pr. **16** Nr. 95 sowie **53** II 384 = Pr. **17** Nr. 8 (betr. Grundlast) bestätigen die bisherige Rechtsprechung. Kritisch äußerte sich zu dieser Rechtsprechung A. SCHNEIDER in der SJZ **24**, S. 33f., glaubte aber nicht annehmen zu dürfen, daß das Bundesgericht seine konstante Praxis ändern werde.

Es hat sie aber doch geändert, indem es an ihr im EBG **64** II 411 = Pr. **28** Nr. 33 **232** die Korrektur vorgenommen hat, welche darin besteht, daß für die vor 1912 entstandenen Dienstbarkeiten das alte Recht nur so weit maßgebend ist, als ihr Inhalt und Umfang durch den Willen der Parteien bestimmt wird, im übrigen aber die Bestimmungen des neuen Rechts anwendbar sind, also namentlich die gesetzlichen Eigentumsbeschränkungen in ihrer analogen Anwendbarkeit auf die Dienstbarkeiten zur Geltung zu bringen sind.

Die Änderung der Auffassung beruht auf der Einsicht, daß der Inhalt der **233** Dienstbarkeit nicht nur so weit, als er von zwingenden Bestimmungen des neuen Rechtes beherrscht ist, vom Willen der Parteien im Sinne des Art. 3 SchlT unabhängig ist, sondern auch so weit, als er nicht durch den Willen der Parteien tatsächlich bestimmt ist.

Treffend ist die Begründung des Bundesgerichts für diese erweiterte Unterstel- **234** lung der altrechtlichen Dienstbarkeiten unter das neue Recht: «Es ist der gute Sinn der erwähnten Bestimmungen (Art. 17 Abs. 2 und 18 Abs. 3 SchlT), daß dingliche Verhältnisse unter Vorbehalt dessen, was durch Wortlaut und Auslegung der rechtsgeschäftlichen Umschreibungen und Anordnungen festgelegt ist, den Wandel der Rechtsordnung mitmachen sollen, auch insoweit, als diese nicht in zwingenden Bestimmungen ihren Ausdruck gefunden hat.»

Im EBG **70** II 31 = Pr. **33** Nr. 54 wird diese Auffassung bestätigt und durch **235** folgende Ausführungen verdeutlicht: «Nun unterstellt Art. 17 SchlT ZGB auch die beschränkten dinglichen Rechte in bezug auf den Inhalt vom Inkrafttreten des ZGB an dem neuen Recht, und zwar ohne diese Rechtsanwendung auf zwingende Normen zu beschränken» (S. 44); «wohl aber ist für eine solche Dienstbarkeit auch noch Art. 18 Abs. 3 maßgebend, wonach der unter der alten Ordnung durch Rechtsgeschäft festgesetzte Inhalt dinglicher Verhältnisse anerkannt bleibt, soweit er nicht mit dem neuen Recht unverträglich ist»; «durch Rechtsgeschäft festgelegt ist indessen nur

Grunddienstbarkeiten

der Inhalt, der sich wirklich auf solche Weise geordnet findet, nicht auch, was bloß hätte so geordnet werden können» (S. 45). Eine weitere Bestätigung und Erläuterung erfährt diese Praxis im EBG **73** II 27 = Pr. **36** Nr. 54.

236 Daß die Frage, ob ein Besitzestatbestand vorliege, aus dem sich der Anspruch auf Besitzesschutz ergibt, nach neuem Recht zu beurteilen sei, hat das Bundesgericht im EBG **60** II 488 = Pr. **24** Nr. 42 entschieden.

237 Vgl. im übrigen die Ausführungen zum intertemporalen Recht in den NN. 149ff. zu Art. 731, 210ff. zu Art. 734 und 200 zu Art. 736.

Art. 738

2. Nach dem Eintrag.

Soweit sich Rechte und Pflichten aus dem Eintrage deutlich ergeben, ist dieser für den Inhalt der Dienstbarkeit maßgebend.

Im Rahmen des Eintrages kann sich der Inhalt der Dienstbarkeit aus ihrem Erwerbsgrund oder aus der Art ergeben, wie sie während längerer Zeit unangefochten und in gutem Glauben ausgeübt worden ist.

Materialien: VE (1900) Art. 731; E (1904) Art. 729; Botschaft, S. 73; Erl. II, S. 146 und (betr. den Grundbucheintrag) S. 413f.

Der Artikel gab weder in der Expertenkommission noch in den Räten Anlaß zur Diskussion.

Ausländisches Recht. C.c.fr. art. 686 al. 2; C.c.it. art. 1063, 1065.

Literatur. KARL ROBERT NAEGELI, Die Auslegung der Grunddienstbarkeiten, Diss. iur. Zürich 1935 (Zürcher Beitr. z. RW n. F. 44); A. SCHNEIDER, Zur Frage der Anwendbarkeit eidgenössischen Rechtes bei der Auslegung altrechtlicher Dienstbarkeiten, SJZ 24 (1927/28) S. 33ff., mit red. Anm. von LEEMANN; FRITZ ZEERLEDER, Irrfahrten eines Rechtsbegehrens, ZBJV 59, S. 49ff.

Inhaltsübersicht

A. Allgemeine Bedeutung des Artikels. NN. 1–5

B. Die Festsetzung von Inhalt und Umfang der Dienstbarkeit als Angelegenheit der Auslegung
   1. Materialien
      a) Das Grundbuch. NN. 6–8; b) Ergebnisse geleisteter Auslegungsvorarbeit. NN. 9–13
   2. Richtlinien der Auslegung. NN. 14–18

C. Bestimmungsgründe

I. Der Eintrag

1. Aussagevermögen und rechtliche Wirkung. NN. 19–36
2. Auslegungskriterien. NN. 37–52
3. Mitberücksichtigung weiterer Gegebenheiten. NN. 53–55
4. Anwendung des Art. 738 auf altrechtliche Dienstbarkeiten. NN. 56–69
5. Anwendungsfälle aus der Gerichtspraxis. NN. 70–77
6. Ergänzung und Berichtigung des Eintrages auf Grund richterlicher Entscheidung. NN. 78–81

II. Der Erwerbsgrund

1. Begriff und Erscheinungsformen. NN. 82–89
2. Die Auslegung

    a) Besondere Grundlagen und Kriterien. NN. 90–95; b) Ergänzende Auslegung. NN. 96 bis 101; c) Materialien der Auslegung; α) Der Sprachgebrauch. NN. 102–104; β) Der Ortsgebrauch. NN. 105–107; γ) Der Zweck der Dienstbarkeit. NN. 108–112

III. Die Art der Ausübung

1. Bedeutung als Bestimmungsgrund im allgemeinen. NN. 113–117
2. Ersitzung und Versitzung. NN. 118–129
3. Bauliche Anlagen als Materialien für die Feststellung der Art und des Umfanges der Ausübung. NN. 130–131
4. Das Anerkenntnis. NN. 132–133
5. Die Gegenleistung als Auslegungskriterium. NN. 134–136

A. Allgemeine Bedeutung des Artikels

Die Art. 737–744 stehen alle unter dem Marginale «Inhalt der Dienstbarkeit»; die ersten vier von ihnen, die Art. 737–740, stehen unter dem Submarginale «Umfang». Sie würden danach den Inhalt seinem Umfang nach bestimmen. Auf den Art. 737 trifft dies einigermaßen zu, da er neben den Mitteln das Maß bestimmt, das der Dienstbarkeitsberechtigte bei der Ausübung seines Rechtes nicht überschreiten darf und innerhalb dessen er gegenüber dem Eigentümer des belasteten Grundstückes und jedem sonstigen Dritten geschützt ist. 1

Wo immer aber im einzelnen Fall das zulässige Maß der Ausübung festzustellen ist, muß zuerst der Inhalt der Dienstbarkeit bestimmt werden. Nur für Dienstbarkeiten, deren Inhalt bestimmt ist, kann festgestellt werden, in welchem Umfang sie ausgeübt werden dürfen. 2

Der Art. 737 sagt selber nur, nach welchen Gesichtspunkten der Umfang zu bestimmen sei. Er setzt damit voraus, daß der Inhalt feststehe. Aber erst der Art. 738 gibt die Bestimmungsgründe des Inhaltes an. In der logischen Ordnung hätte er deshalb dem Art. 737 vorangestellt werden müssen (was schon in N. 2 zum Art. 737 bemerkt wurde).

Grunddienstbarkeiten

3   Daß Inhalt und Umfang der Dienstbarkeiten im Einzelfall erst durch Auslegung der jeweils gegebenen Zeichen zu bestimmen sind und daß der Gesetzgeber es für angebracht hielt, dem Richter dafür eine Wegleitung zu geben, hat seine Grundlage in der Tatsache, daß die einzelnen Dienstbarkeiten nicht mehr, wie im römischen Recht, fest umrissene Typen sind (iter, actus, via, aquae haustus, aquae ductus; servitus protegendi, tigni immitendi, oneris ferendi, stillicidii, fumi immittendi, ne luminibus officiatur), sondern einen beliebigen Inhalt haben können innerhalb der Schranken, welche sich daraus ergeben, daß eine Dienstbarkeit nur den Inhalt haben kann, mit welchem sie sich einer der gesetzlichen Dienstbarkeitskategorien einfügen läßt. Nur in diesem Sinne ist das Erfordernis der Typizität aufrechterhalten und wirkt sich im numerus clausus der Dienstbarkeitskategorien aus (Einl. NN. 61ff.; Vorbem. vor Art. 730 NN. 7ff., Art. 730 NN. 161ff.).

4   Der Art. 738 befaßt sich nur mit den im Grundbuch eingetragenen Dienstbarkeiten. Es gibt aber auch Dienstbarkeiten, die bestehen, ohne eingetragen zu sein. Es sind einmal altrechtliche Dienstbarkeiten, die gemäß den Art. 44 und 45 nicht eintragungsfähig sind, sondern im Grundbuch nur angemerkt werden können. Wo das eidgenössische oder ein ihm gleichgestelltes kantonales Grundbuch nicht eingeführt ist und eine Dienstbarkeitsbereinigung nicht erfolgt ist, bestehen Dienstbarkeiten in großer Zahl, welche begründet worden sind, bevor das Eintragungsprinzip für sie eingeführt wurde und deshalb nicht eingetragen sind. Dann aber können Dienstbarkeiten auch nach dem geltenden Recht außergrundbuchlich entstehen. Für sie gilt nur das sogenannte relative Eintragungsprinzip. Siehe die NN. 9–46 zu Art. 731. Für sie alle entfällt, solange sie nicht eingetragen sind, der im Art. 738 an die Spitze gestellte Inhaltsbestimmungsgrund: Der Eintrag.

5   Die Grundsätze des Art. 738 mußten schon in den Erläuterungen zum Art. 737 zur Festsetzung des Maßes der Ausübung in vielen Einzelfällen angewendet werden. Auf die dort behandelten Tatbestände wird deshalb in den folgenden Ausführungen häufig zu verweisen sein.

B. Die Festsetzung von Inhalt und Umfang der Dienstbarkeit als Angelegenheit der Auslegung im allgemeinen

1. Materialien

a) Das Grundbuch.

6   Die Dienstbarkeit ist ein Rechtsverhältnis, das mit geringen Ausnahmen schriftlich festgelegt ist. Dies gilt auch für die meisten nach neuem Recht außergrundbuchlich entstandenen, nicht oder noch nicht eingetragenen Rechte. Auch ihr Erwerbstitel kann in einem Vertrag bestehen (z. B. für das nach außen sichtbar in Erscheinung tretende Leitungsbaurecht oder das Durchleitungsrecht als Legalservitut), ist jedoch meistens eine Verwaltungsverfügung oder ein Urteil (Verfahren der Expropriation, der landwirtschaftlichen Güterzusammenlegung, der Umlegung von Bauland; Zivil-

prozeß über die Zusprechung einer Dienstbarkeit in analoger Anwendung von Art. 665 Abs. 1 ZGB).

Dem Art. 738 liegt aber nur der Normalfall einer vertraglich begründeten, im Grundbuch eingetragenen Dienstbarkeit zugrunde. Für sie ist das Grundbuch die Quelle der Inhaltsbestimmung. Erst wenn diese Quelle versagt, kann auf die Ausübung während längerer Zeit als Bestimmungsgrund abgestellt werden. 7

Die Bestandteile des Grundbuches, welche Aussagen über den Inhalt und Umfang einer Dienstbarkeit enthalten können, sind: 8

a) der Eintrag;
b) der Rechtsgrundausweis oder Ausweis über den Erwerbsgrund, auf den im Eintrag als Beleg hingewiesen ist. Er kann auch im Urkundenprotokoll gemäß Art. 948 Abs. 3 enthalten sein;
c) der Grundbuchplan, in dem Dienstbarkeitsgrenzen eingezeichnet sein können. NN. 72–74 zu Art. 731;
d) die Liegenschaftsbeschreibung des dienenden und des herrschenden Grundstückes, die mit ihren Angaben über den Zustand der beiden Grundstücke gewisse Anhaltspunkte für die Bestimmung des Dienstbarkeitsinhaltes geben kann, weshalb sie, wenn sie separat geführt wird, nach Art. 36 GBVo zu ergänzen ist, wenn Dienstbarkeiten und Grundlasten eingetragen werden (N. 75 zu Art. 731);
e) Servitutenregister, die zur Bereinigung der dinglichen Rechte bei der Einführung des Grundbuches angelegt werden (ObG AppAR SJZ **58**, 1962, S. 237f.) und nicht verwechselt werden dürfen mit dem Servitutenregister, das als bloßes Hülfsregister im Sinne von Art. 108 GBVo geführt werden kann und nicht die Bedeutung eines Bestandteils des Grundbuches hat (Zürch. GBVo 1958 § 11 und dazu ObG Zürich, ZBGR **41**, 1960, Nr. 40 S. 214). Vgl. auch N. 82 a zu Art. 731.

b) Ergebnisse geleisteter Auslegungsvorarbeit.

Der Sinn der grundbuchlichen Äußerungen über den Inhalt der Dienstbarkeit ist durch Auslegung zu erfassen. Für diese gelten die allgemeinen Grundsätze der Vertragsauslegung. Vgl. über diese namentlich: v. Tuhr-Siegwart, Allg. Teil des OR I § 34, S. 258ff.; Oser-Schönenberger, NN. 23–28 zu Art. 18 OR; Hans Merz im Berner Kommentar zum ZGB, Einleitungsartikel, NN. 121ff. und 163f. zu Art. 2. 9

Die Anwendung dieser Grundsätze auf die Auslegung der verschiedenen Quellen des Dienstbarkeitsinhaltes wird in den folgenden Abschnitten eingehend zu erörtern sein.

Zum Teil sind die genannten Angaben über den Dienstbarkeitsinhalt selber schon das Ergebnis einer mehr oder weniger maßgebenden Auslegung des Erwerbsgrundes. Dies trifft zu, wenn der Anspruch auf Einräumung der Dienstbarkeit durch Gerichtsurteil gutgeheißen worden ist (NN. 29f. zu Art. 731) oder dem Berechtigten die Dienstbarkeit durch Urteil zugesprochen worden ist (NN. 31ff. zu Art. 731) oder 10 der Inhalt der Dienstbarkeit gerichtlich festgestellt worden ist (N. 193 zu Art. 730 und RR St. Gallen, ZBGR **20** Nr. 124, S. 285f.).

11   Zu einer Auslegung bestehender Dienstbarkeiten führt auch das Grundbucheinführungs- mit dem Grundbuchbereinigungsverfahren, das ebenfalls durch Urteil, meistens aber durch Vergleich der Parteien unter Mitwirkung der zuständigen Bereinigungsorgane, abgeschlossen wird und in einem Anerkenntnis mit novierender Wirkung niedergelegt wird, das seinerseits freilich auch wieder der Auslegung bedarf, aber doch nur in sehr beschränktem Raum (NN. 60ff. zu Art. 732; EBG **85** II 177ff.).

12   Geringe Gewähr für ihre Richtigkeit bietet die richterliche Anordnung der Eintragung einer ersessenen Dienstbarkeit. Nur ein richterliches Urteil, welches das Auskündungsverfahren und die «richterliche Anordnung» überflüssig macht (entgegen EBG **82** II 395ff., wozu ZBJV **94**, S. 26ff., sowie Sungurbey in der ZSR **80**, S. 269ff., zu vergleichen ist, und entgegen KtG-Ausschuß Graubünden **1958** Nr. 29, S. 83), vermag festzustellen, daß die Voraussetzungen der Ersitzung erfüllt sind und damit die Dienstbarkeit rechtmäßig entstanden ist. NN. 101f. zu Art. 731.

13   Ein Ergebnis der Auslegung des Erwerbsgrundes durch den Grundbuchverwalter, wenn auch nicht einer für die Parteien verbindlichen Auslegung, ist auch der Eintrag, dessen Wortlaut der Grundbuchverwalter auf seine Übereinstimmung mit dem Sinn des Rechtsgeschäftes zu prüfen hat, und zwar auch dann, wenn die Parteien ihn selber als Bezeichnung der Dienstbarkeit gewählt haben (NN. 33–35 zu Art. 730; NN. 65–70 zu Art. 731).

2. Richtlinien der Auslegung

14   Da die Dienstbarkeit das Eigentum nur gerade soweit beschränkt, als ihre ungehinderte Ausübung es verlangt, hat die Auslegung zur Bestimmung ihres Inhaltes und Umfanges mit restriktiver Behutsamkeit zu erfolgen. Das zürcherische PrGB sagte in seinem § 701 (251), im Zweifel sei eher für die Freiheit des Eigentums als für die Beschränkung zu entscheiden. Nach dem § 484 ABGB dürfen Servituten nicht erweitert, sondern müssen vielmehr, insoweit es ihre Natur und der Zweck der Bestellung gestattet, eingeschränkt werden. Verschiedene unserer kantonalen Zivilgesetzbücher haben diese Maxime ebenfalls ausgesprochen. Eugen Huber, System und Geschichte III, S. 363f. Sie hat ihre Geltung behalten, obwohl das Gesetz sie nicht ausdrücklich aufstellt, denn sie ist der genaue Ausdruck des Verhältnisses zwischen dem Eigentum und den es beschränkenden dinglichen Rechten. Sie wird denn auch in der Literatur und Praxis anerkannt. Leemann, N. 6 zu Art. 738, ObG Zürich BlZR **13** Nr. 20 und **21** Nr. 54, ObG AppAR SJZ **56** Nrn. 5 und 6, S. 26ff.

15   Daraus darf nun aber nicht der Schluß gezogen werden, daß nur eine Auslegung nach dem Wortlaut zulässig wäre. Auch hier gilt es, den Sinn und Zweck der Dienstbarkeit zu erkennen, dessen – oft recht unvollkommener – Ausdruck das Wort im Eintrag und Erwerbstitel ist.

Der Inhalt der Dienstbarkeit ist durch die Zweckvorstellungen bestimmt, welche **16** für die Willensbildung der Parteien bei der Begründung des Rechtsverhältnisses unter den damaligen Umständen entscheidend waren. In ihrer Erforschung ist die maßgebende Bedeutung den Bedürfnissen des herrschenden Grundstückes zuzuerkennen. NN. 57 und 147f. zu Art. 736. Doch muß die Berücksichtigung der Interessen des herrschenden Grundstückes ihre Schranke finden an der möglichsten Wahrung des ursprünglichen Verhältnisses zwischen dem Vorteil des herrschenden und der Belastung des dienenden Grundstückes nach dem Grundsatz der Proportionalität unter strenger Wahrung der Identität der Dienstbarkeit.

Vgl. zum Grundsatz der Proportionalität die NN. 171 und 171a, 182 zu Art. 736; NN. 59ff. und 70 zu Art. 737; zur Identität der Dienstbarkeit NN. 63 und 155ff. zu Art. 736.

Die Auslegung nach diesen Grundsätzen legt das Hauptgewicht auf den Zweck **17** und die Bedeutung der Dienstbarkeit für die Benutzung des herrschenden Grundstückes und ordnet dem die Verwendung der Mittel, mit denen die Dienstbarkeit ausgeübt wird, unter.

Die Dienstbarkeit soll aufrechterhalten werden können, auch wenn die wirtschaft- **18** liche und technische Entwicklung, welche sich allgemein vollzogen hat, zur Vernichtung der alten Mittel und ihrer Ersetzung durch neue geführt hat. Würde man deren Verwendung nicht zulassen, weil sie das belastete Grundstück möglicherweise erheblich stärker in Anspruch nimmt, hätte das zur Folge, daß die Dienstbarkeit überhaupt nicht mehr ausgeübt werden könnte, selbst dann nicht, wenn es für die Benutzung des herrschenden Grundstückes notwendig wäre. Das Beispiel für diesen Sachverhalt ist das Fahrwegrecht, welches begründet wurde, bevor das Motorfahrzeug bekannt war und heute meistenteils, in vielen Tausenden von Fällen, überhaupt nur mehr mit Motorfahrzeugen ausgeübt werden kann, insbesondere auch in der Landwirtschaft.

Zu diesem Sachverhalt ist in den NN. 24–36 und 81 zu Art. 737 Stellung genommen worden, ferner mit der Besprechung von EBG **87** II 89 in der ZBJV **98** (1962) S. 422ff. Neuere Entscheidungen werden in N. 76 hienach verzeichnet.

C. Die Bestimmungsgründe

I. Der Eintrag

1. Aussagevermögen und rechtliche Wirkung

Dem Eintrag gibt der Gesetzgeber im Art. 738 und im Art. 971 Abs. 2 den **19** Vorrang vor den übrigen Bestimmungsgründen. Ihm geht ja die grundbuchliche Publizität über alles. N. 15 der Vorbem. vor Art. 730, N. 115 zu Art. 731, NN. 45ff., bes. N. 58 zu Art. 733, NN. 185ff. zu Art. 734. Sie dient der Sicherheit des Rechtsverkehrs in hervorragender Weise. Der Dritte als Erwerber des Eigentums oder eines beschränkten dinglichen Rechtes am Grundstück soll nicht nur auf die Vollständigkeit, sondern auch auf die Richtigkeit der Grundbucheinträge vertrauen dürfen und wird in diesem Vertrauen geschützt.

20 Nach dem Wortlaut des Art. 738 wäre der Dienstbarkeitseintrag nicht nur für den gutgläubigen Dritten die schlechthin maßgebende Umschreibung der Dienstbarkeit nach Inhalt und Umfang, sondern auch für die Parteien des Dienstbarkeitsvertrages. Allerdings wird dem Eintrag diese Wirkung nur zuerkannt, wenn sich aus ihm die Rechte und Pflichten der Beteiligten deutlich ergeben. Ist der klare und deutliche Eintrag auch richtig, ist gegen seine absolute Maßgeblichkeit nichts einzuwenden. Er kann aber auch unrichtig sein, trotzdem er klar und deutlich ist. Der gutgläubige Dritte darf sich gleichwohl auf ihn verlassen. Der Erwerber des belasteten Grundstückes darf sich darauf verlassen, daß die Dienstbarkeit nicht größeren, und der Erwerber des berechtigten Grundstückes darauf, daß sie nicht geringeren Inhalt und Umfang hat, als sich aus dem Eintrag ergibt.

21 Auch für den Erwerber des berechtigten Grundstückes hat der Eintrag also diese Bedeutung. Aber es ist der Eintrag auf dem Blatt des belasteten Grundstückes. Der Eintrag auf dem Blatt des berechtigten Grundstückes hat dagegen keine selbständige Bedeutung. Er weist bloß auf den entsprechenden Eintrag auf dem Blatt des belasteten Grundstückes hin und ist, soweit er mit diesem, dessen Richtigkeit vorausgesetzt, nicht übereinstimmt, wirkungslos. Dieser Bedeutung hätte es entsprochen, wenn für die Begründung der Grunddienstbarkeit im Art. 968 und im Art. 35 GBVo nicht die Eintragung, sondern die Anmerkung auf dem Blatt des berechtigten Grundstückes vorgeschrieben worden wäre, wie für die Begründung der Realgrundlasten (Art. 39 GBVo). NN. 51–61 zu Art. 731 und freiburgische Aufsichtsbehörde im Grundbuchwesen, ZBGR **38** (1957) S. 14 (unrichtig AppH Freiburg, ZBGR **35**, S. 145ff.); für Dienstbarkeiten des früheren bernischen Rechts: AppH Bern, ZBJV **67**, S. 191; **77**, S. 567 = ZBGR **25**, S. 298f.

22 Für den Erwerb in der Zwangsvollstreckung gilt das Lastenverzeichnis gemäß Art. 140 SchKG und Art. 33ff. VZG als maßgebend für den Bestand und Inhalt der Dienstbarkeiten. N. 41 zu Art. 731, NN. 212ff. zu Art. 734; ObG Luzern Max. **9**, S. 276 = ZBGR **30** (1949) S. 148f.; HOMBERGER, Kommentar, N. 13 zu Art. 970; HANS LEEMANN, Die Bedeutung der Lastenbereinigung bei der Zwangsversteigerung von Grundstücken, SJZ **18**, S. 37f. N. 41/42 zu Art. 731.

23 Im Verhältnis zwischen den Parteien, die einander zur Zeit der Begründung der Dienstbarkeit gegenübergestanden haben, kann der Eintrag nicht die Wirkung der inhaltlichen Gestaltung haben. Diese Wirkung hat nur der Begründungsakt, der Dienstbarkeitsvertrag also, wenn die Dienstbarkeit vertraglich begründet worden ist. Der Wortlaut des Eintrages braucht darin nicht festgelegt zu sein.

24 Es ist vielmehr die Aufgabe des Grundbuchverwalters, den Eintrag zu formulieren. Er hat die Eintragung einer von den Parteien vereinbarten Bezeichnung der

Dienstbarkeiten abzulehnen, wenn sie unrichtig ist. Er hat das die Dienstbarkeit möglichst genau spezifizierende Stichwort zu finden und einzutragen. Dabei kann er sich der von den Aufsichtsbehörden einiger Kantone veröffentlichten Stichwörterverzeichnisse bedienen. Es ist ihm aber auch nicht verwehrt, spezifische Merkmale der vorliegenden Dienstbarkeit durch eine knappe attributive Ergänzung des Stichwortes anzugeben (NN. 65ff. zu Art. 731). Der Eintrag könnte z. B. lauten: Notbrunnenrecht zum Bezug von 100 ML Wasser aus bestehender Quellfassung mit ausschließlicher Unterhaltspflicht des Berechtigten.

25 Daß der Art. 35 Abs. 2 GBVo «geradezu verbiete, daß etwas weiteres als die bloße Benennung der Dienstbarkeit ... in das Hauptbuch eingetragen werde» (EBG **52** II 130 = Pr. **15** Nr. 98, S. 284, und im gleichen Sinn auch EBG **52** II S. 39 = Pr. **15** Nr. 27, S. 100/01, übernommen vom KtG Graubünden, ZBGR **42**, S. 50), ist eine unzutreffende Ansicht, die vom Bundesgericht auch nicht aufrechterhalten worden ist. Siehe das in N. 36 hienach zitierte Urteil **85** II 177. Ein Beispiel für einen doch wohl zu ausführlichen und zu wenig knapp gefaßten Eintrag bietet das Urteil des ObG Luzern in der SJZ **58** (1962) Nr. 140 S. 235: «Ungehindertes Fahrweg- und Benutzungsrecht am Platz gegen die Garage hin mit der Berechtigung, die Autos auf dem Hausplatz vor der Garage zu waschen und zu reinigen.»

26 Entspricht die Umschreibung der Dienstbarkeit im Eintrag dem Erwerbsgrund nicht, kann der Eigentümer des berechtigten wie der des belasteten Grundstückes die Berichtigung verlangen. Hält der Grundbuchverwalter das Begehren für begründet, hat der die Gegenpartei um ihre Einwilligung zu ersuchen. Wird diese verweigert, hat er den Fall dem Richter zur Anordnung der Berichtigung gemäß Art. 977 und Art. 98 Abs. 2/3 GBVo vorzulegen. Vgl. auch N. 33 zu Art. 730. Lehnt der Grundbuchverwalter das Berichtigungsbegehren ab, nachdem die Gegenpartei die Zustimmung zu ihm verweigert hat, kann die Berichtigung nur auf dem Wege der Klage gemäß Art. 975 durchgesetzt werden.

27 Ausgeschlossen ist die Berichtigung, wenn ein Dritter im Vertrauen auf die Richtigkeit des Eintrages das Eigentum oder ein beschränktes dingliches Recht am belasteten oder berechtigten Grundstück erworben hat und sich ihr widersetzt, weil sie ihn in einem dinglichen Recht beeinträchtigen würde (Art. 973 und Art. 975 Abs. 2). Ihm gegenüber kann die Unrichtigkeit des Eintrages nur geltend gemacht werden, wenn er sie im Zeitpunkt des Erwerbs gekannt hat oder hätte erkennen müssen, weil der Eintrag selber sichere Anhaltspunkte für sie aufweist. Ist er aber ein gutgläubiger Dritter, trifft auf ihn zu, was im Art. 738 Abs. 1 gesagt ist: Der Eintrag ist für ihn maßgebend. Auf die Parteien des Dienstbarkeitsvertrages trifft es jedoch, wie hievor dargelegt wurde, nicht zu.

28 Der gutgläubige Dritte soll sich auf den Eintrag verlassen dürfen, ohne prüfen zu müssen, ob er mit den Belegen und anderen Bestandteilen des Grundbuches übereinstimmt. Das Bundesgericht handhabt diesen Grundsatz mit besonderer Strenge. So sagte es im EBG **56** II 87 = Pr. **19** Nr. 79: «Keine Rede kann selbstverständlich

davon sein, daß ein Erwerber eines Grundstückes gehalten sei, anhand der Belege zu prüfen, ob eine im Hauptbuch erfolgte Eintragung oder Löschung mit dem dem Grundbuchführer seinerzeit vorgelegten Ausweis über den Rechtsgrund übereinstimmt. Dritte müssen sich darauf verlassen können, daß diese Übereinstimmung wirklich vorhanden ist; andernfalls würde der Wert des Grundbuches für den Verkehr in unerträglicher Weise herabgesetzt.» Dieses Urteil hatte zwar nicht den Inhalt, sondern die Existenz einer Dienstbarkeit, die gelöscht worden war, zum Gegenstand.

29 Bestätigt und ergänzt wird es hinsichtlich des Dienstbarkeitsinhaltes durch den EBG **83** II 122 (nicht in der Praxis, besprochen in der ZBJV **95**, S. 27). Eingetragen war ein «droit de l'établissement d'une cour». Der Berechtigte behauptete, es habe den Inhalt eines Bauverbotes. Das Urteil bezeichnet diese Behauptung als unrichtig und schützt den Erwerber des belasteten Grundstücks in seinem Vertrauen darauf, daß kein Bauverbot bestehe. Hier hätte jedoch m. E. der vorhandene Eintrag die Abklärung seines Inhaltes durch genaue Nachforschungen in den übrigen Bestandteilen des Grundbuches verlangt. Deren Unterlassung hätte den guten Glauben des Erwerbers in Frage gestellt, wenn nicht festgestanden hat, daß das «droit de l'établissement d'une cour» keine Baubeschränkung in sich schließt.

30 Übersteigert sind die Anforderungen an die Widerlegung der Vermutung des guten Glaubens des Dritterwerbers im EBG **82** II 103 (nicht in der Praxis, besprochen in der ZBJV **94**, S. 48f.), mit welchem dem Erwerber eines Grundstückes, zu dessen Lasten das bestehende altrechtliche Wegrecht nicht eingetragen war, der gute Glaube, daß es nicht bestehe (ZGB SchlT Art. 21 und 44 Abs. 1), zugebilligt wurde, obwohl er nach der Auffassung der beiden (solothurnischen) Vorinstanzen hätte wissen müssen, daß das von ihm bestrittene Wegrecht bestand; kraft dieses gutgläubigen Erwerbs ging das Wegrecht unter. Dazu LIVER P., Die Entstehung und Ausbildung des Eintragungs- und des Vertrauensprinzips, ZBGR **60** (1979) S. 14 und 20ff.; N. 115 zu Art. 731, N. 59 zu Art. 733, N. 175 und 181 zu Art. 734. Der Kritik an diesem Urteil hat sich das Bundesgericht nicht verschlossen: Urteil vom 6.2.1964 i.S. Lauber c. Hermann, Michaelskreuz-Root).

31 Der gute Glaube ist dem Dritterwerber (abgesehen von der Nichtbeachtung der Anhaltspunkte für die Erkenntnis der wirklichen Rechtslage, welche in außergrundbuchlichen Tatsachen vorliegen, namentlich in der Lage und Beschaffenheit des Grundstückes, BlZR **48** Nr. 117) nicht nur abzusprechen, wenn der Eintrag ausdrücklich auf die Ergänzung durch den Erwerbsgrund hinweist und er von dieser nicht Kenntnis nimmt, sondern immer dann, wenn der Eintrag die Dienstbarkeit nicht ausreichend zu spezifizieren vermag und infolgedessen «sich Rechte und Pflichten aus ihm nicht deutlich ergeben» (Art. 738 Abs. 1).

32 Dieser Fall liegt vor, wenn der Eintrag z.B. lautet: «Durchleitungsrecht», «Quellenrecht», «Baubeschränkung» (ObG Zürich in der ZBGR **41**, 1960, Nr. 40, S. 214), «Gewerbebeschränkung» (AppH Bern in der ZBJV **75**, S. 143), «Bau- und

Gewerbebeschränkung» (ObG Luzern, Max. XI Nr. 389 = SJZ **63**, 1967, Nr. 109, S. 207) oder auch «Tankstellenservitut», da diese nach Inhalt und Umfang recht verschieden ausgestaltet sein kann. Nicht unbeachtet lassen darf der Erwerber einen Hinweis im Grundbuch auf das Servitutenprotokoll mit Planskizze: ObG Thurgau ZBGR **28** Nr. 83, S. 210f.

Der gute Glaube ist dem Erwerber auch nicht zuzubilligen, wenn er es unterlassen 33 hat, den Sinn eines ihm nicht verständlichen Eintrages abzuklären, etwa des Eintrages «droit de l'établissement d'une cour» (N. 29 hievor) oder der Einträge von Rechten, die unter der im Eintrag verwendeten Bezeichnung nur kennt, wer mit den lokalen Verhältnissen und ihrem Sprachgebrauch vertraut ist, wie z.B. der folgenden Einträge: «Gatafelrecht» (ZBJV **67**, S. 181), «Zügelrecht» (ZBJV **69**, S. 120ff.; **77**, S. 567 = ZBGR **25**, S. 298), «Wegrecht, umfassend Saumweg, Fußweg, Reitweg und geführter Hand-Recht» (EBG **82** II 120 = Pr. **45** Nr. 85), «Blumenweg» (ZBGR **28**, S. 199), «diritto di rientranza» (EBG 21.12.**1961** i.S. Ghioldi c.S.A. Poderi & Stabili).

Wenn der Eintrag dahin spezifiziert ist, daß auf dem belasteten Grundstück ein 34 lärmendes Gewerbe nicht betrieben werden dürfe (ZBJV **75**, S. 143ff.), bleibt es doch fraglich, ob der Erwerber des berechtigten Grundstückes nicht gehalten sei, den Dienstbarkeitsvertrag daraufhin zu prüfen, ob eine bestimmte Art gewerblicher Betätigung davon ausgenommen sei.

Bei weitem nicht in allen Fällen ergibt sich der erforderliche Aufschluß über den 35 Inhalt und Umfang einer derart eingetragenen Dienstbarkeit aus den übrigen Bestandteilen des Grundbuches. Auch im Erwerbsgrund ist die Dienstbarkeit oft gleich bezeichnet wie im Eintrag und nicht näher umschrieben. Dann stellt sich die Aufgabe, den Inhalt und Umfang der Dienstbarkeit durch Auslegung des Eintrages zu bestimmen.

Der Auslegung bedarf jeder Grundbucheintrag. Doch ist der Raum, innerhalb 36 dessen sie sich entfalten kann, ganz verschieden bemessen, je nach dem Grad des spezifizierenden Aussagevermögens des Eintrages. Eng begrenzt ist er, wenn der Eintrag, wie der folgende laut EBG **85** II 177 (nicht in der Praxis, besprochen in der ZBJV **96**, S. 444) «in sich vollständig und klar ist»: «Gewerbeverbot, beschränkt auf Spezerei-, Kolonial- und Tabakwaren.» Damit entschieden werden konnte, ob der Verkauf von Rauchwaren und Schokolade in der Wirtschaft und dem Kino auf dem belasteten Grundstück im üblichen Umfang unter das Verbot falle, mußte dieses ausgelegt werden, und zwar ohne daß der Erwerbsgrund herangezogen werden konnte. Das Gewerbeverbot, wie es eingetragen ist, war nämlich im Verfahren der Grundbuchbereinigung neu und anders formuliert worden, als es 1911 bei der Begründung der Dienstbarkeit gelautet hatte. Dem neuen Text hatten die Parteien ausdrücklich zugestimmt.

Ein in diesem Verfahren bereinigter Eintrag hat novierende Wirkung. Über das «Anerkenntnis» als Rechtsgrundausweis siehe die NN. 60 bis 65 zu Art. 732.

Grunddienstbarkeiten

2. Auslegungskriterien

37 Wo, wie im eben besprochenen Fall, der Erwerbsgrund durch das Anerkenntnis im Grundbuchbereinigungsverfahren ersetzt worden ist, oder wo er keinen zusätzlichen Aufschluß gewährt und deshalb ohnehin nicht zu berücksichtigen wäre, weil ein Dritter das Grundstück im Vertrauen auf einen Eintrag erworben hat, «der klar und bestimmt sagt, was verboten sein soll», da ist der Eintrag «aus sich selbst» auszulegen. EBG **86** II 243 = Pr. **49** Nr. 182, besprochen in der ZBJV **97**, S. 380ff.

38 Auch für diese Auslegung sind die allgemeinen Auslegungsgrundsätze maßgebend. Wenn etwa gesagt wird, die Auslegung habe sich da streng an den Wortlaut des Eintrages zu halten, ist daran nur so viel richtig, daß der Eintrag, wie er lautet, einziger Gegenstand der Auslegung ist. Die subjektiven Vorstellungen und Absichten, welche für die Parteien bei der Begründung der Dienstbarkeit bestimmend gewesen sind, haben, auch wenn sie zufällig in Erfahrung zu bringen sind, außer Betracht zu bleiben.

39 Im übrigen aber ist die Auslegung keineswegs auf die sprachliche Deutung des Eintrages festgelegt; der Sprachgebrauch ist nur ein Element der Sinndeutung unter anderen. Von diesen anderen Elementen kommt dem Zweck, zu welchem die Dienstbarkeit begründet wurde, die entscheidende Bedeutung zu. Dies ist der Zweck, welcher der Dienstbarkeitserrichtung vernünftigerweise gesetzt worden ist.

40 Bei der Bestimmung dieses Zweckes hat man in erster Linie abzustellen auf die Bedürfnisse des herrschenden Grundstückes, wie sie nach den damaligen tatsächlichen Verhältnissen bestanden haben und befriedigt werden konnten. Dabei ist auf das Verhältnis zu achten, in welchem der Vorteil für das berechtigte Grundstück zur Schwere der Belastung des dienenden Grundstückes stand. Wenn dieses Verhältnis auch nicht von jeder Veränderung im Laufe der Zeit unberührt bleiben kann, weil die Bedürfnisse des herrschenden Grundstückes eine Steigerung oder Minderung und die Mittel zu ihrer Befriedigung auch der Art nach eine Änderung erfahren können (z.B. durch die Motorisierung des Verkehrs), so darf es doch nicht einer grundlegenden Verschiebung ausgeliefert sein.

41 Der Interessenausgleich nach dem Grundsatz der Proportionalität, der mit dem Nachbarrecht und seiner Anwendung erzielt wird, soll und darf auch hier zur Geltung kommen, wenn auch nur im engeren Bereich, welchen der Dienstbarkeitseintrag der freien Auslegung überläßt. Auch das Dienstbarkeitsverhältnis begründet eine Gemeinschaft der Beteiligten, aus der sich gewisse, wenn auch sehr lose Bindungen ergeben, welche die rücksichtslose Durchsetzung der eigenen Interessen verbieten (siehe NN. 49f. hienach).

42 Nicht ganz gerecht ist das Bundesgericht im EBG **86** II 252 = Pr. **49** Nr. 182, S. 514, Erw. 6 der Bedeutung geworden, welche die Bedürfnisse des herrschenden Grundstückes für die Auslegung des Grundbucheintrages haben. Das Basler

AppG hatte nach der Mitteilung seines Präsidenten an das Bundesgericht nach altem Recht entschieden: «Es handle sich um das Gemeine Recht, wie es im Kanton Baselstadt subsidiär gegolten habe; in Betracht falle namentlich der Grundsatz, wonach bei Bestimmung des Inhalts und Umfangs einer Dienstbarkeitsberechtigung die Bedürfnisse des herrschenden Grundstückes zu berücksichtigen seien (WINDSCHEID-KIPP, Pandekten I, 9. Aufl., S. 1064); es habe nahegelegen, im angefochtenen Urteil auf die Kommentare zum ZGB zu verweisen, die denselben (wiewohl im ZGB nicht ausgesprochenen) Grundsatz anerkennen (WIELAND, Bem. 2 zu Art. 738; LEEMANN, N. 11 hiezu und N. 28 zu Art. 730 ZGB).»

43 Es hätte auch auf die NN. 87 und 105 zu Art. 730; NN. 53, 57, 146, 154 zu Art. 736; NN. 19–36 zu Art. 737 des vorliegenden Kommentars hingewiesen werden können. Aus der Literatur zum deutschen BGB wäre namentlich anzuführen: MEISNER-STERN-HODES, Nachbarrecht im Bundesgebiet 5. Aufl., § 31 II, S. 625ff.

44 Das Bundesgericht sieht in der Lehre, daß der Inhalt der Dienstbarkeit, soweit er durch den Eintrag und den Erwerbsgrund nicht festgelegt ist, nach den Bedürfnissen des herrschenden Grundstückes zu bestimmen sei, «einen dem Pandektenrecht entnommenen Grundsatz» und meint, «daß selbst Autoren des Pandektenrechts dieses Bedürfnis vornehmlich nur zur Begrenzung der Belastung, zur Bestimmung ihres Höchstmaßes, berücksichtigt wissen wollen (vgl. DERNBURG, System des römischen Rechts, 8. Aufl. I, S. 425, mit Fußnote 7)».

45 Häufiger mag unser Grundsatz allerdings herangezogen werden, um das Maß der Ausübung der Dienstbarkeit zu bestimmen. In erster Linie und mit größerer Sicherheit erfüllt er jedoch die Funktion, den Inhalt zu bestimmen. Siehe WINDSCHEID a.a.O.; PUCHTA, Pand. § 138. Diese zweite Funktion ergab sich früher aus dem grundlegenden Erfordernis der Utilität von selbst und brauchte deshalb nicht besonders hervorgehoben zu werden.

46 Im übrigen ist unser Grundsatz im Wesen jeder Grunddienstbarkeitsordnung begründet. MEISNER, STERN und HODES sagen von ihm a.a.O. S. 393, er sei ein allgemein anerkannter Grundsatz des deutschen Privatrechts. In zahlreichen Kodifikationen ist er ausgesprochen bis auf den italienischen C.c., nach dessen Art. 1065 sich im Zweifel sowohl der Inhalt als der Umfang der Dienstbarkeit nach den Bedürfnissen des herrschenden Grundstückes bestimmen.

Endlich ist der Grundsatz unserem ZGB nicht nur nicht fremd, sondern er ist in ihm sogar ausgesprochen. Freilich hat die Preisgabe des Erfordernisses der Utilität und die Zulassung der «anderen Dienstbarkeiten», nämlich der irregulären Personalservituten, seine Geltungskraft beeinträchtigt.

47 Gleichwohl ist nach Art. 736 Existenzbedingung für die Grunddienstbarkeit «das Interesse für das berechtigte Grundstück». Für den Inhalt der Grunddienstbarkeiten ist dieses Interesse auch gemäß Art. 739 maßgebend. Für den Inhalt der «anderen Dienstbarkeiten» erklärt Art. 781 «die gewöhnlichen Bedürfnisse des Berechtigten» als maßgebend. Damit wird lediglich eine Übertragung des für die

Grunddienstbarkeiten

Grunddienstbarkeiten maßgebenden Kriteriums auf diese irregulären Dienstbarkeiten versucht.

Siehe dazu namentlich EBG **73** II 34 und **87** I 311 = Pr. **50** Nr. 155; AppH Bern, ZBJV **48** S. 432 = SJZ **11** S. 108 = Weiss Nr. 2548; ObG Zürich, BlZR **48** (1949) Nr. 117; EBG 18.5.1961 i.S. SBB c. Zürrer betr. Benutzung eines Bahnüberganges als Zufahrt zu Wohnbauten am Seeufer in Freienbach; Leemann, N. 11 zu Art. 738; im vorliegenden Kommentar NN. 8–10 der Vorbem. vor Art. 730, NN. 87–89, 103–105 zu Art. 730, NN. 53–57, 91, 143–154 zu Art. 736; NN. 15–17 zu Art. 737.

48 Unter den hier bestehenden Voraussetzungen verfährt die Auslegung notwendigerweise objektivierend. Dem dinglichen Rechtsverhältnis entspricht diese Betrachtungsweise überhaupt besser. Treten an die Stelle der Bedürfnisse des herrschenden Grundstückes im Sinne der Utilität die rein persönlichen Bedürfnisse der berechtigten Person, so ist das dingliche Rechtsverhältnis verfälscht. Wesentlichen sachenrechtlichen Erscheinungen, wie der Aufhebung der Dienstbarkeit wegen Abnahme des Interesses für das berechtigte Grundstück (Art. 736), wird dadurch die Grundlage entzogen. Siehe dazu NN. 7–12 der Vorbem. vor Art. 730, 87–90, 103–105 zu Art. 730; NN. 53–57, 143–148 zu Art. 736.

Zur objektivierenden Auslegung des Dienstbarkeitseintrages siehe NN. 57 und 147 zu Art. 736.

49 Zur Auslegung unter dem Gesichtspunkt der Gemeinschaft zwischen den am Dienstbarkeitsverhältnis Beteiligten vgl. NN. 24 zu Art. 736 und 70/71 zu Art. 737. Die bestehenden alten Grunddienstbarkeiten sind zu einem guten Teil nachbarrechtlichen Ursprunges, eigentliche Notrechte (Wegrechte, Quellenrechte, Durchleitungsrechte), um des nachbarlichen Friedens willen eingeräumt oder ersessen worden. Siehe z.B. das Urteil des liechtensteinischen OGH vom 20.12.1957, Entscheidungen 1955 bis 1961, und ZBGR **45** (1964) Nr. 33. Auch im EBG **88** II 145 = Pr. **51** Nr. 158 = ZBGR **44** S. 273, zu Anfang von Erw. 2, wird der Inhalt der Dienstbarkeit (Immissionsverbot) nach dem nachbarrechtlichen Zweck bestimmt. Vgl. N. 180 zu Art. 736 und dortige Verweisungen.

50 Daß sich die Auslegung vom Gedanken der nachbarlichen Gemeinschaft mitbestimmen lasse, wird namentlich auch in der Lehre und Praxis zum deutschen BGB verlangt. RGZ **154** S. 165, **167**, S. 23f. BGH in JZ **1959**, S. 165; Staudinger-Ring, Kommentar, 11. Aufl., Vorbem. 17 vor § 1018 und Bem. 14 zu § 1019 BGB.

51 In der neueren Praxis des deutschen Reichsgerichtes wird der Bereich der freien Auslegung des Grundbucheintrages und der anderen in Betracht fallenden Urkunden, mit Rücksicht auf den Dritterwerber, zu eng begrenzt. Im Urteil vom 23.2.1925 (SeuffA **79**, S. 194) heißt es: «Daher muß bei einem dingliche Rechte begründenden Vertrag der Inhalt des dinglichen Rechts ohne Rücksicht auf das, was die Vertragschließenden gemeint und gewollt haben, streng nach dem Wortlaut der Urkunde so ausgelegt werden, daß ihn jeder der dinglich Berechtigten und Verpflichteten aus der

die Grundlage des Rechts und der Verpflichtung bildenden Urkunde entnehmen muß.»

Bei WOLFF-RAISER, § 108 I 1 d, S. 443, steht folgendes als Kernsatz der neueren Praxis: Es darf kein Material herangezogen werden, «das außerhalb der Eintragung liegt und nicht allgemein bekannt sein kann». Unhaltbar wäre diese Auffassung, wenn sie eine Auslegung aus dem vernünftigen Zweck der Dienstbarkeit ausschließen würde, welcher nach der Lage und Beschaffenheit der Grundstücke und den durch sie im Zeitpunkt der Dienstbarkeitsbegründung bestimmten Bedürfnissen des herrschenden Grundstückes zu ermitteln wäre. Mit dieser Praxis hat sich K. R. NAEGELI, Die Auslegung der Grunddienstbarkeiten, Diss. iur. Zürich 1935, S. 107ff., kritisch auseinandergesetzt. 52

3. Mitberücksichtigung weiterer Gegebenheiten

Die Art, wie die Dienstbarkeit während längerer Zeit unangefochten und in gutem Glauben ausgeübt worden ist, wonach Inhalt und Umfang zu bestimmen wären, wenn hiezu der Erwerbsgrund nicht ausreicht, kann auch hier, wo der Erwerbsgrund außer Betracht fällt, berücksichtigt werden, namentlich bei der Bestimmung der Bedürfnisse des herrschenden Grundstückes. Vgl. dazu die Urteile ZBJV **61**, S. 190, und BlZR **12** Nr.98 = ZBGR **32**, S. 130. 53

Daß aber die Art der bisherigen Ausübung zugunsten des Erwerbers des herrschenden Grundstückes schlechthin maßgebend wäre, wie nach MEISNER-STERN-HODES, a.a.O., S. 394 (§ 31 II) auch schon entschieden wurde, läßt sich nicht begründen. Ganz abgesehen davon, daß der Dritte darüber ja nicht orientiert zu sein braucht, kann die Dienstbarkeit von seinem Rechtsvorgänger nur teilweise oder in letzter Zeit überhaupt nicht ausgeübt worden sein. Der Fall, daß sie von ihm in Überschreitung des Rechtes gemäß dem Eintrag ausgeübt worden wäre, scheidet hier ja ohne weiteres aus. 54

Verstärktes Gewicht erhält die tatsächliche Ausübung der Dienstbarkeit, wenn für sie bauliche Anlagen erforderlich sind, welche sich auf dem dienenden Grundstück befinden, ein Weg, ein Kanal, eine Wasser- oder Elektrizitätsleitung, Einrichtungen zur Nutzung der Wasserkraft, die überragende Baute. Durch sie wird die Dienstbarkeit in der Regel dem Inhalt nach bestimmt und dem Umfang nach begrenzt, und zwar mit voller Wirkung gegenüber dem Dritterwerber. Dieser muß sich alles, was sich aus der Lage und nach außen in Erscheinung tretenden Beschaffenheit der Grundstücke ergibt, entgegenhalten lassen. Hat er von solchen nach außen in Erscheinung tretenden Tatsachen keine Kenntnis genommen, kann er in bezug auf sie nicht als gutgläubig gelten. ObG Zürich, BlZR **48** (1949) Nr. 117: Der Erwerber, für den der Weg sichtbar war, mußte damit rechnen, daß die bisherige Benutzungsweise (auch wenn sie über den Eintrag hinausginge) fortgesetzt werde. 55

Bauliche Anlagen auf dem Grundstück, welche als Dienstbarkeitsanlagen erkennbar sind, lassen den gutgläubigen Erwerb mit der Wirkung, daß die nicht eingetragene Dienstbarkeit untergeht, nicht zu. Aarg. GVP **1964** Nr. 5, S. 28; Rep. Giur. Patria **98** (1965) p. 234–244 = ZBGR **48** (1967) Nr. 21, S. 80ff. EBG 6. Februar und 26. November 1964 i. S. Lauber c. Hermann, Michaelskreuz-Root. Vgl. dazu auch N. 73 zu Art. 743 und N. 3 zu Art. 744 sowie N. 30 hievor, N. 131/32 hienach.

4. Anwendung des Art. 738 auf altrechtliche Dienstbarkeiten

56   In der Praxis hat sich die Frage erhoben, ob der Art. 738 auch auf altrechtliche Dienstbarkeiten anwendbar sei. Die neuere Praxis des Bundesgerichtes, nach welcher der Inhalt der Dienstbarkeit nur so weit nach altem Recht zu beurteilen ist, als er durch den im Begründungsakt niedergelegten Willen der Parteien bestimmt oder aus ihm bestimmbar ist, wurde in den NN. 227ff. zu Art. 737 unter dem Titel «Intertemporales Recht» dargelegt. Nach diesem Grundsatz ist der Inhalt der Dienstbarkeit im hier zur Erörterung stehenden Fall nach dem neuen Recht zu bestimmen, denn voraussetzungsgemäß entfällt jeder Aufschluß aus dem Erwerbsgrund. Dies bedeutet jedoch nur dies: Soweit das Gesetz den Inhalt der Dienstbarkeit bestimmen würde, wäre es das neue Recht. Aber dieses bestimmt den Inhalt einer Grunddienstbarkeit überhaupt nicht. Es sagt lediglich, welche Merkmale eine konkrete Dienstbarkeit aufweisen müsse, um eine Grunddienstbarkeit sein zu können. Innerhalb dieses weiten Rahmens kann sie einen beliebigen Inhalt haben. Weil das Gesetz diesen nicht bestimmt, muß er aus dem Grundbucheintrag, dem Erwerbsgrund und aus der Art, wie die Dienstbarkeit ausgeübt wurde, ermittelt werden. Dazu gibt der Artikel 938 bloß die Wegleitung, ohne selber etwas über den Inhalt der Dienstbarkeit auszusagen.

57   Die Inhaltsbestimmung durch Auslegung nach dieser Wegleitung ist nicht Auslegung des Gesetzes, weder des alten noch des neuen Rechtes, sondern der äußeren Erscheinung, in welcher der übereinstimmende Wille der Parteien ihren Ausdruck und Niederschlag gefunden hat: des Eintrages, des Begründungsaktes, der Ausübungshandlungen.

58   Hat man ihren Inhalt festgestellt, kann man sich fragen, ob die Dienstbarkeit nach altem oder nach neuem Recht zu beurteilen sei. Da vorausgesetzt ist, daß sie dem Begriff der Grunddienstbarkeit oder einer anderen Dienstbarkeitskategorie des neuen Rechts entspricht, hat die Frage aber materiellrechtlich geringe Bedeutung, wenn nicht überhaupt keine. Wenn der Inhalt und Umfang einer Dienstbarkeit einmal feststehen, ist es für deren Existenz und Wirkung gleichgültig, ob sie vor oder nach dem 1. Januar 1912 begründet worden ist und ob alle oder einzelne ihrer Rechte und Pflichten vor 1912 im Dienstbarkeitsvertrag festgelegt wurden oder nicht.

59   Die in den eidgenössischen Grundbüchern eingetragenen Dienstbarkeiten sind zum größeren Teil vor 1912 begründet worden. In den meisten Kantonen waren sie in kantonalen Registern, Protokollen oder Grundbüchern eingetragen. Gemäß Art. 43 SchlT waren sie aus diesen öffentlichen Büchern in das neue Grundbuch zu übertragen. Muß ihr Inhalt bestimmt werden, ist nach Art. 738 vorzugehen. Dieser

Artikel ist immer anwendbar, wenn die Dienstbarkeit eingetragen ist, gleichgültig, ob sie vor oder nach dem 1. Januar 1912 begründet worden ist.

Ist die Dienstbarkeit im Eintrag mit einem alten, außer Übung gekommenen **60** Ausdruck bezeichnet, wie z.B. als «Tschifferlirecht», als «Schneefluchtrecht», als «Schaufelschlagsrecht» usw., ist dessen Sinn nach dem Sprachgebrauch und den Rechtsgewohnheiten einer früheren Zeit zu bestimmen. Dies gilt insbesondere auch für die verschiedenen Kategorien von ehehaften Rechten (Wasserrechten, Fischereirechten, Tavernenrechten). Aber damit bleiben diese Rechte keineswegs einem früheren Recht unterstellt. Das frühere Recht ist bloß die Quelle der Erkenntnis des Inhaltes, den diese Rechte nach dem heute geltenden Gesetz haben. Daß sie mit diesem Inhalt Dienstbarkeiten des neuen Rechtes sein können, ist die Voraussetzung, unter welcher sie ins Grundbuch eingetragen werden können (EBG **63** I 111 = Pr. **26** Nr. 150).

Urkunden über die Begründung dieser Rechte fehlen meistens. Ist irgendeine **61** Dienstbarkeit im Grundbuch eingetragen, deren Erwerbsgrund in einem vor 1912 abgeschlossenen Dienstbarkeitsvertrag vorliegt, aus dem sich die nähere Umschreibung nach Inhalt und Umfang ergibt, so haben wir genau den Fall vor uns, für den die Wegleitung des Art. 738 bestimmt ist.

Die Meinung, daß die Bestimmung des Inhaltes auf Grund eines vor 1912 **62** verwirklichten Erwerbsgrundes nicht nach Art. 738 ZGB, sondern nach dem früheren kantonalen Recht, weil «nach Maßgabe der damaligen Verhältnisse» zu erfolgen habe, ist irrtümlich. Das KtG St.Gallen, das sie in dem Urteil (GVP **1961**, S. 46 = SJZ **59**, S. 187 Nr. 99) vertritt, hat denn auch in diesem Falle zur Lokalisierung der Dienstbarkeit nicht kantonales Recht angewendet, das darüber ja auch keine Bestimmung enthalten hätte, sondern es hat die Frage gestellt und beantwortet, «was bei vernünftiger Würdigung aller Umstände, wie sie zur Zeit des Vertragsabschlusses gegeben waren, als das von den Rechtsvorgängern Gewollte anzusehen ist». Die Frage ist so durchaus richtig gestellt, aber eben in Befolgung des Art. 738 und nicht in Anwendung irgendeines anderslautenden Satzes des kantonalen Rechtes, den es übrigens gar nicht gibt.

Selbst wenn es gilt, den Inhalt und Umfang einer altrechtlichen Dienstbarkeit zu **63** bestimmen, die im Grundbuch nicht eingetragen, sondern bloß angemerkt ist (SchlT Art. 44), kann nicht wohl anders vorgegangen werden als nach Art. 738; bloß könnte nicht beim ersten Bestimmungsgrund (Eintrag), sondern erst beim zweiten (Erwerbsgrund) eingesetzt werden. Wenn der Art. 738 nicht ins Gesetz aufgenommen worden wäre, müßte genau gleich vorgegangen werden, und zwar ohne Rücksicht darauf, ob eine Dienstbarkeit des neuen oder alten Rechtes vorliegt.

Wenn trotzdem in bundesgerichtlichen Urteilen gesagt wird, die **64** Bestimmung des Dienstbarkeitsinhaltes erfolge nach früherem kantonalem Recht, soweit sie auf den altrechtlichen Erwerbsgrund abstelle und im übrigen nach neuem, eidgenössischem Recht, kann das

Grunddienstbarkeiten

nur die Bedeutung haben, daß die rechtlichen Wirkungen von Tatsachen, die vor dem Inkrafttreten des ZGB eingetreten sind, nach dem früheren Recht beurteilt werden (SchlT Art. 1) und infolgedessen die Feststellung und Würdigung dieser Tatsachen durch den kantonalen Richter vom Bundesgericht nicht überprüft wird.

65 Zu Unrecht hat dagegen das Bundesgericht im EBG **79** II 401 = JTrib. **102**, 1954, p. 482 (nicht in der Praxis), auf den sich das KtG St. Gallen im vorhin zitierten Urteil gestützt hat, gerügt, daß das aargauische Obergericht bei der Bestimmung des Inhaltes einer vor 1912 begründeten Dienstbarkeit nach Art. 738 ZGB vorgegangen sei; es habe zwar trotz Verkennung der Rechtslage richtig entschieden, indem es den Dienstbarkeitsvertrag nach Maßgabe der damaligen Verhältnisse ausgelegt habe; daß es nicht die gesetzlichen Bestimmungen des damaligen Rechtes beigezogen habe, sei ohne Bedeutung für die Entscheidung geblieben, «da eben gar nicht der gesetzliche Dienstbarkeitsinhalt, sondern einzig und allein Sinn und Tragweite rechtsgeschäftlicher Bestimmungen zu beurteilen gewesen seien».

66 Auch gemäß Art. 738 ist jedoch der altrechtliche Dienstbarkeitsvertrag nach Maßgabe der damaligen Verhältnisse auszulegen, selbstverständlich; und eine Auslegung nach damaligem Recht ist so sinnlos wie eine Auslegung nach neuem Recht, wenn gar nicht der gesetzliche Dienstbarkeitsinhalt in Frage steht, sondern «einzig und allein Sinn und Tragweite rechtsgeschäftlicher Bestimmungen». Art. 738 kommt ja, wie oben bemerkt wurde, auch nur unter der Voraussetzung zur Anwendung, daß der Dienstbarkeitsinhalt nicht gesetzlich bestimmt ist. Nur wenn und soweit der Dienstbarkeitsinhalt durch das Gesetz bestimmt oder aus ihm bestimmbar wäre, hätte die Frage, ob die Bestimmung nach altem oder neuem Recht zu erfolgen habe, ihren Sinn.

67 Auch die Ausführungen zu dieser Frage in späteren Urteilen des Bundesgerichtes bestehen nur zu Recht, soweit sie sich auf den einfachen hier dargelegten Sachverhalt zurückführen lassen. Dies gilt namentlich vom EBG **88** II 271 (nicht in der Praxis), wo es heißt: Die Einträge im Grundbuch, auf welche sich die Beklagte als gutgläubige Erwerberin verlassen könne, seien Bestandteile eines vom Bundesrecht beherrschten öffentlichen Registers; ihre Auslegung sei daher eine Frage des Bundesrechts. Besser halten der Kritik die eingehenden Ausführungen im EBG **86** II 243 = Pr. **49** Nr. 182, Erw. 3, 4 und 5, stand. Vom Eintrag, auf den die Auslegung beschränkt werden konnte, wird zwar auch da schon gesagt, er sei, da er den Text eines neurechtlichen Registers öffentlichen Glaubens bilde, seinem Rechtscharakter entsprechend aus sich selbst, nach heutigem (allgemeinen oder allenfalls auch örtlichen) Sprachgebrauch auszulegen. Aber es wird dann eingeräumt, daß zu seiner Auslegung auf das alte Recht zurückzugreifen wäre, wenn ein diesem angehöriger Dienstbarkeitstypus vorläge, «wie etwa die im alten kantonalen Recht näher ausgestalteten Weide- und Beholzungsrechte oder das sogenannte Streck- und Tretrecht». Mit diesem EBG stimmt darin überein ObG Luzern, ZBGR **48** (1967) Nr. 17, S. 71ff.

Dies trifft zu, weil, wie das Bundesgericht im EBG **79** II 403/4 festgestellt hat, für **68** die altrechtliche Dienstbarkeit die altrechtliche Grundlage bestehen bleibt, auch wenn das Grundbuch eingeführt wird. Die Eintragung ins eidgenössische Grundbuch hat als solche keine Änderung des Verfahrens der Ermittlung des Dienstbarkeitsinhaltes zur Folge. Wenn sich die Rechte und Pflichten aus dem Eintrag deutlich ergeben, braucht sich der gutgläubige Dritte keine Einwendungen aus dem Erwerbsgrund entgegenhalten zu lassen. Der Eintrag ist dann aus sich selbst auszulegen (EBG **86** II 251).

Dies bedeutet aber keineswegs, daß die Bezeichnung der Dienstbarkeit im Ein- **69** trag nicht nach dem Sprachgebrauch und aus den tatsächlichen Verhältnissen und Rechtsgewohnheiten einer früheren Zeit zu erklären sei. Die Tatsachen, die damit zur Auslegung des Eintrages herangezogen werden, sind nicht Willensäußerungen der Parteien, deren Wirkung nach altem Recht zu beurteilen wäre; ihre Feststellung und Würdigung dient vielmehr der Feststellung des Inhaltes, den die Dienstbarkeit unabhängig von den subjektiven Vorstellungen und Absichten der Parteien, welche sie begründet haben, nach dem neuen Recht hat. Sie unterliegt deshalb der Überprüfung durch das Bundesgericht. In diesem Sinne verstanden, sind die zitierten Äußerungen des Bundesgerichts als richtig anzuerkennen.

5. Anwendungsfälle aus der Gerichtspraxis

Die Gerichtspraxis zum Dienstbarkeitsrecht befaßt sich zu einem großen Teil mit **70** der näheren Bestimmung der Dienstbarkeiten nach ihrem Inhalt und Umfang gemäß der Wegleitung des Art. 738. Da hier nur diese Wegleitung, nicht die Ergebnisse der nach ihr durchgeführten Auslegung zu erläutern sind, sollen die Entscheidungen, welche diese Ergebnisse zeitigten, nur verzeichnet, nicht im einzelnen besprochen werden. Viele von ihnen sind in den Erläuterungen zu den Art. 730/736 und ganz besonders zum Art. 737 wiedergegeben und auch gewürdigt worden. Damit gesagt werden konnte, was der Berechtigte zu tun befugt und was der Belastete (und jeder Dritte) zu unterlassen verpflichtet ist, mußte in jedem besprochenen Fall die Dienstbarkeit nach ihrem Inhalt und Umfang bestimmt werden. Denn der Berechtigte ist befugt, alles zu tun, was zur Ausübung der Dienstbarkeit in ihrem vollen Inhalt und Umfang notwendig ist, und es dermaßen zu tun, daß dem Belasteten dadurch kein unnötiger Nachteil zugefügt wird; der Belastete ist zur Abwehr jeder Handlung des Dienstbarkeitsberechtigten befugt, welche die Dienstbarkeit nach ihrem Inhalt oder Umfang überschreitet.

In der folgenden Zusammenstellung wird deshalb auf die Ergebnisse der Praxis **71** hingewiesen durch die Anführung der Stelle des Kommentars, wo sie besprochen sind. Inzwischen veröffentlichte Entscheidungen werden dabei verzeichnet. Am zahlreichsten sind die Entscheidungen, welche Wegrechte zum Gegenstand haben. Sie bilden auch die eine Hauptkategorie der Dienstbarkeiten, die K. R. Naegeli in seiner Zürcher Dissertation 1935, Die Auslegung der Grunddienst-

Grunddienstbarkeiten

barkeiten, behandelt hat (die zweite Kategorie bilden die Bau- und Gewerbebeschränkungen). Erwähnt werden mag auch R. ZÜRCHER, Die Wegrechte des schweizerischen Privatrechts, Zürcher iur. Diss. 1947.

72 **N. 34 zu Art. 730**
Unrichtige grundbuchliche Behandlung eines Quellenrechts, vgl. auch HAAB, N. 19 zu Art. 704.

NN. 167ff. zu Art. 730
Übersicht über den Inhalt der Grunddienstbarkeiten und der beschränkten persönlichen Dienstbarkeiten nach der Gerichts- und Verwaltungspraxis.

N. 64 zu Art. 731
Art der Eintragung von Dienstbarkeiten.

NN. 20ff. zu Art. 732
Anforderungen an den Dienstbarkeitsvertrag. Neuere EBG in der MBVR **60** (1962) S. 165 Nr. 46.

NN. 5ff. zu Art. 733
Gutgläubiger Erwerb einer mit einer Eigentümerdienstbarkeit belasteten Liegenschaft (Bauverbot).

N. 62 zu Art. 733
Nicht eingetragenes Überbaurecht EBG **78** II 131 = Pr. **41** Nr. 101.

NN. 54ff. zu Art. 734
Wirkung der ungerechtfertigten Löschung zugunsten des gutgläubigen Erwerbers. EBG **56** II 87 = Pr. **19** Nr. 79.

NN. 123ff. zu Art. 734
Wegfall des ursprünglichen Zweckes der Dienstbarkeit (Bedürfnis des herrschenden Grundstücks).

NN. 212, 219ff. zu Art. 734
Bedeutung des Lastenverzeichnisses in der Zwangsvollstreckung.

73 **N. 62 zu Art. 736**
Bestimmung der Bedürfnisse des herrschenden Grundstücks EBG **81** II 189, Urteil der Vorinstanz: RepGiur. **91** (1958) S. 87, zit. in SJZ **55** (1959) S. 92, Nrn. 40, 41.

NN. 83ff. zu Art. 736
Bedürfnisse des herrschenden Grundstücks, Änderung und Wegfall.
N. 90. Landwirtschaftliches Fahrwegrecht. GVP **3** Nr. 100 S. 261 (Graubünden).
N. 90a. Wegrecht für ein Hinterhaus. ZBGR **18**, S. 235 (Baselstadt).
NN. 89, 91, 143ff. Tränke- und Tränkewegrecht. KtG-Ausschuß Graubünden, Entscheidungen **1926**, S. 21 Nr. 4.

NN. 150ff. zu Art. 736
Bedürfnisse des herrschenden Grundstückes. Feststellung, Bewertung, Änderung, Schwund. Beurteilung nach dem Grundsatz der Identität der Dienstbarkeit.

74 **NN. 10ff. zu Art. 737**
Zur Ausübung der Dienstbarkeit notwendige Befugnisse (adminicula servitutis). Es schließt in sich: Das Quellenrecht ein beschränktes Baurecht und Bauverbotsrecht EBG i. d. ZBGR **21**, S. 47, ObG Zürich in ZBGR **41**, S. 214 Nr. 40, die Befugnis zur Verbesserung der Quellfassung SJZ **56**, S. 27 Nr. 6, die Legitimation zur Baueinsprache BlZR **12** Nr. 34 = SJZ **10**, S. 224; BlZR **29** Nr. 108; die Bauverbotsdienstbarkeit umfaßt auch die Erstellung von Fahrnisbauten (ZBGR **38**, S. 15 Nr. 4, KtG Freiburg), nicht die Bepflanzung (BezG und ObG Zürich in ZBGR **10**, Nr. 6, S. 19); sie verbietet nicht die Umwandlung eines Vorgärtchens in einen asphaltierten Vorplatz (KtG-Ausschuß Graubünden, PKG **1962** Nr. 37, S. 109 = ZBGR **44**, S. 259 Nr. 55).

NN. 19ff. zu Art. 737

Inhalt und Umfang der ungemessenen Dienstbarkeit bestimmen sich nach den Bedürfnissen des herrschenden Grundstücks. Neuere Entscheidungen: EBG **87** I 311 = Pr. **50** Nr. 155 = ZBGR **45** Nr. 15, S. 119ff.; EBG **88** II 252ff., bes. S. 272ff.; ZBGR **42** (1961) S. 202ff., bes. S. 214 (ObG Zürich).

NN. 24ff. und 86ff. zu Art. 737 75

Inhalt und Umfang der Wegrechte.

Ein altes Durchfahrtsrecht bleibt beschränkt auf die landwirtschaftlichen Bedürfnisse; wenn die herrschenden Grundstücke mit Ferienhäusern überbaut werden, gestattet es die Zufahrt zu ihnen nach ihren Bedürfnissen nicht. KtG-Ausschuß Graubünden PKG **1963** Nr. 29, S. 110ff. Vgl. N. 47 hievor sowie N. 34 und 40 zu Art. 739.

N. 86 zu Art. 737

«Unbeschränktes», «unbedingtes», «ungehindertes» Fahrwegrecht oder Fahr- und Fußwegrecht. BlZR **23** (1924) Nr. 23 = ZBGR **6**, S. 216 Nr. 76; BlZR **21** (1922) Nr. 54 = ZBGR **6**, S. 211 Nr. 75. Außer den weiteren in N. 167 zu Art. 730 und N. 86 zu Art. 737 zitierten Entscheidungen ist noch anzuführen: ZBGR **42** (1961) S. 202ff. Nr. 30.

«Allgemeines Fahrwegrecht», das sich nach den Bedürfnissen des herrschenden Grundstücks zur Zeit der Errichtung bloß als Wegrecht zu dessen landwirtschaftlicher Benutzung erweist: ZBJV **78**, S. 181 (AppH Bern). «Ungehindertes und unbeschränktes Fuß- und Fahrwegrecht» EBG **87** II 85ff. = Pr. **50** Nr. 125. «Ungehindertes Fahrwegrecht» und Benutzungsrecht an einem Vorplatz SJZ **58** (1962) S. 235 Nr. 140 (ObG Luzern).

«Servitude de passage à char» ou «servitude de passage à pied»? EBG **73** II 33f. = Pr. **36** Nr. 54. Das Fahrwegrecht schlechthin ist ein unbedingtes, zeitlich unbeschränktes, für die Hin- und Wegfahrt geeignetes Fahrwegrecht: SJZ **58** (1962) S. 237, Nr. 142 (ObG Appenzell AR).

«Beständiges Fuß- und Fahrwegrecht» EBG **64** II 411ff. = Pr. **28** Nr. 33.

N. 24 zu Art. 737 76

Änderungen in der Benutzung und Bewirtschaftung des herrschenden Grundstückes, namentlich deren Intensivierung, brauchen keine unzulässige Überschreitung des bestehenden Wegrechtes zur Folge zu haben, wenn mit ihnen nicht die Art der Bewirtschaftung so wechselt, daß das Grundstück einer anderen Immobilienkategorie zuzuweisen ist. Insbesondere wird ein altes Fahrwegrecht dadurch nicht überschritten, daß es heute mit Motorfahrzeugen ausgeübt wird.

BlZR **21** (1922) Nr. 54 (ObG Zürich): ein «unbedingtes Fuß- und Fahrwegrecht» zur Benutzung eines 3 m breiten Weges darf mit Automobilen ausgeübt werden. Außer den weiteren in der N. 168 zu Art. 730, S. 123 oben und in N. 86 zu Art. 737 angeführten Entscheidungen sind inzwischen die folgenden veröffentlicht worden: SJZ **54**, S. 171 Nr. 89 (KtG Schwyz): «Die seit der Begründung der streitigen Servitut vor sich gegangene Entwicklung der Technik und des Verkehrswesens ... hat zur Folge, daß das Fahrwegrecht grundsätzlich auch auf Motorfahrzeuge auszudehnen ist»; es folgt dann der floskelhafte Vorbehalt des Art. 739; ZBGR **42** (1961) S. 214 Nr. 30 (ObG Zürich). Aus der Praxis zum deutschen BGB ist zu erwähnen: Höchstrichterliche Rechtsprechung **1937** Nr. 1442.

EBG **87** II 85ff. = Pr. **50** Nr. 125. Unhaltbar ist daran m. E. der grundsätzliche Standpunkt: «Auch wenn die Änderung der Bedürfnisse des berechtigten Grundstückes allgemein neuen Lebensgewohnheiten entspricht, so dürfen die neuen Bedürfnisse nach Art. 739 ZGB gleichwohl nicht auf Kosten des Eigentümers des belasteten Grundstückes befriedigt werden, wenn nicht angenommen werden kann, bei Errichtung der Dienstbarkeit sei bereits mit einer solchen Änderung gerechnet worden» (S. 89). Die altrechtlichen Fahrwegrechte könnten danach überhaupt nicht mehr ausgeübt werden, denn anders als mit Motorfahrzeugen sind sie ja im allgemeinen nicht mehr zu benutzen; dies gilt auch und insbesondere in der Landwirtschaft für das Befahren der

Grunddienstbarkeiten

belasteten Grundstücke mit Traktoren; wenn jede dadurch herbeigeführte Mehrbelastung dieser Grundstücke, die schlechterdings nicht verneint werden kann, unzulässig wäre, würden diese Fahrwegrechte als nutzlos dahinfallen. In vielen Fällen bestünde allerdings ein Notwegrechtsanspruch, der aber nur gegen volle Entschädigung und im Streitfall nur im ordentlichen Prozeß durchgesetzt werden könnte. Dies wäre ein unmöglicher Rechtszustand. Vgl. dazu die Besprechung des Bundesgerichtsurteils in der ZBJV **98**, S. 422ff.

Von grundsätzlicher Bedeutung zu dieser Frage ist das eingehend und durchwegs zutreffend begründete Urteil des Kantonsgerichts Graubünden, PKG **1962** Nr. 6, S. 33ff. Seither EBG **91** II 339 = Pr. **55** Nr. 21, **93** II 167 = Pr. **56** Nr. 142; Neuchâtel, Trib.cant. SJZ **63** (1967) Nr. 85, S. 186ff.; KtG-Ausschuß Graubünden PKG **1963** Nr. 29. Siehe N. 168 zu Art. 730 und N. 33/34 zu Art. 737.

Das «Fuß- und Fahrwegrecht» umfaßt nicht auch die Befugnis, das Transportgut auf dem belasteten Grundstück abzulagern. BlZR **47** Nr. 50 = ZBGR **30** Nr. 24 S. 67.

77 **N. 26 zu Art. 737** (siehe dazu auch die Erläuterung des Art. 740).

Fahr- und Fußwegrecht.

Ist nur ein Fahrweg eingetragen, muß auf Grund des Dienstbarkeitsvertrages geprüft werden, ob darin das Fußwegrecht inbegriffen ist. Diese Prüfung führt im vorliegenden Fall zu Verneinung. ZBGR **27**, S. 17f. Nr. 11 (ObG Schaffhausen).

Das Fußwegrecht schließt die Befugnis zum Befahren des Weges mit dem Velo nicht in sich. ZBGR **27**, S. 7 Nr. 4 (ObG Luzern).

Das Fahrwegrecht umfaßt nicht die Befugnis zum Viehtrieb. So im Gegensatz zum zürcherischen Recht das thurgauische Recht nach Ansicht des ObG: ZBGR **30** (1949) S. 209f. Nr. 91.

N. 30 zu Art. 737

Servitut des Villenbaues (auch N. 190 zu Art. 730 und N. 22 zu Art. 733) SJZ **60** (1964), S. 60 Nr. 37 = Max. **11** Nr. 11 (ObG Luzern).

N. 31 zu Art. 737

Zu der Stelle: «Das Wegrecht, das für ein Gasthaus errichtet worden war, darf ausgeübt werden, auch wenn an dessen Stelle ein Werkstatt-, Laden- oder Bürogebäude getreten ist und umgekehrt» nunmehr EBG **88** II 252ff. = ZBGR **45** Nr. 23, S. 153ff. (Inter-Passage/v. Werdt-Passage in Bern).

6. Ergänzung und Berichtigung des Eintrages auf Grund richterlicher Entscheidung

78 Wird eine Klage auf Feststellung des Inhalts einer Dienstbarkeit gutgeheißen, kann sich fragen, ob der Kläger Anspruch darauf habe, daß der Grundbucheintrag durch die richterliche Feststellung ergänzt oder berichtigt werde. Die Berichtigung kann auf Grund des Urteils zweifellos verlangt werden. War ein unbeschränktes Fahrwegrecht eingetragen und wird durch das Urteil festgestellt, daß nur ein Fußwegrecht und beschränktes Fahrwegrecht (wie im EBG **88** II 252ff. und im Urteil des zürcherischen Obergerichts, BlZR **54** Nr. 174) besteht, kann der Eigentümer des belasteten Grundstücks die entsprechende Änderung des Eintrages verlangen.

79 Ist der Eintrag nicht unrichtig, aber zu weit gefaßt, z.B. «Baubeschränkung» statt Beschränkung der Gebäudehöhe oder «Gewerbebeschränkung» statt Verbot eines übermäßigen Lärm verursachenden Gewerbes, wird man das Begehren um die Präzisierung des Eintrages gemäß dem Urteil auch nicht abweisen können. Immer-

hin ist zu sagen, daß sich ein Erwerber des herrschenden Grundstückes auf den früheren Eintrag ohnehin nicht hätte verlassen dürfen, sondern der gebotenen Sorgfaltspflicht, ohne deren Erfüllung er nicht hätte gutgläubig sein können, nur genügt hätte, wenn er sich über den Inhalt und Umfang der Baubeschränkung oder Gewerbebeschränkung anhand der übrigen Bestandteile des Grundbuches, insbesondere der Belege, orientiert hätte. Siehe NN. 31ff. hievor.

Ist der Parteiwille im Begründungsvertrag unzulänglich zum Ausdruck gekommen, soll die Eintragung abgelehnt werden. Ist sie aber erfolgt, muß sie auf Grund eines Feststellungsurteils berichtigt oder präzisiert werden. N. 20 zu Art. 732. **80**

So hat denn auch das Bundesgericht in dem Urteil AS **46** II 366 = Pr. **10** Nr. 10 **81** entschieden. Weil es, wie dies seinem Urteil AS **56** II 87 = Pr. **19** Nr. 79 (siehe N. 28 hievor) entspricht, die Bedeutung des Eintrages und damit auch die Gefahr für den Dienstbarkeitsberechtigten, daß ihm sein Recht teilweise verlorengehe, wenn das belastete Grundstück von einem Dritten im Vertrauen auf den Eintrag erworben werde, überschätzte, hat es die Aufnahme der im Urteil getroffenen Feststellungen über den Inhalt der Dienstbarkeit in den Eintrag selber als nötig erklärt. «Die Verweigerung der Eintragung hätte zur Folge, daß der unklare Eintrag stetsfort noch seine Publizitätswirkungen entfalten würde; auf alle Fälle würde dem Servitutsberechtigten die Gefahr drohen, immer wieder neue Prozesse über den Servituteninhalt anstrengen zu müssen.»

Dieser Gefahr wird indessen in allen Fällen, in denen der Eintrag im Grundbuch **82** zu weit gefaßt ist (darin besteht in der Praxis fast immer der namhaft gemachte Mangel des Eintrages), schon dadurch vorgebeugt, daß der Eintrag durch eine besondere Verweisung auf das Urteil ergänzt wird. Nach dem bundesgerichtlichen Urteil war der Eintrag «Verbot, ein Restaurant zu betreiben» wie folgt zu spezifizieren: «insbesondere ist dem Eigentümer verboten, Dessertweine und andere Weine, Wurst- und Fleischwaren zum Genuß an Ort und Stelle zu verkaufen oder verkaufen zu lassen und dem Verkaufslokal den Namen eines ‹Cafés› zu geben.» Damit würde vom Grundsatz, daß die Dienstbarkeit durch ein Stichwort, höchstens ergänzt durch ganz wenige knappe Attribute, zu bezeichnen sei, allzuweit und, wie gesagt, unnötigerweise abgewichen. Siehe auch N. 193 zu Art. 730, N. 69 zu Art. 731 und N. 25 hievor.

II. Der Erwerbsgrund

1. Begriff und Erscheinungsformen

Im ZGB wird die Erlangung des Anspruches auf Begründung des beschränkten **83** dinglichen Rechtes durch Eintragung im Grundbuch «Erwerb» und die Begründung selbst «Errichtung» oder auch «Bestellung» des dinglichen Rechts genannt, so in den Art. 731 Abs. 1 und 2, 756 Abs. 1 und 2, 783 Abs. 1 und 3, 799 Abs. 1 und 2. Die entsprechenden Bezeichnungen des französischen Textes sind

Grunddienstbarkeiten

«acquisition» und «constitution», die des italienischen Textes «acquisto» und «costituzione».

84 Im Grundbuchrecht bezeichnet das Gesetz den Erwerbsgrund als «Rechtsgrund» (Art. 965 Abs. 1 und 3, 974). Damit ist aber nicht, wie etwa angenommen wurde (z.B. im EBG **72** II 361 = Pr. **35** Nr. 194, S. 462), die causa im Sinne der Rechtsgeschäftslehre zu verstehen, sonder der Rechts- oder Erwerbstitel, der im französischen und italienischen Text auch richtig als solcher bezeichnet ist: «le titre sur lequel se fonde l'opération», «il titolo giuridico».

85 Der Titel, auf den sich die Eintragung stützt, ist auch mit dem «Erwerbsgrund» im Art. 738 gemeint. Im italienischen Text ist er als «titolo di acquisto» bezeichnet, im französischen ist der allgemeine Ausdruck «origine» verwendet («l'étendue de celle-ci peut être précisée... par son origine»). Aber als Bestimmungsgrund für den Inhalt und Umfang der Dienstbarkeit im Sinne des Art. 738 können die Entstehung und der Ursprung doch nur in Betracht kommen, soweit sie in den Belegen zum Eintrag niedergelegt und aus ihnen erkennbar sind. Auch hier ist mit dem Erwerbsgrund der Erwerbstitel oder Rechtstitel für die Eintragung gemeint.

86 Der Rechtstitel für die Eintragung, der in der gesetzlichen Ordnung als der ordentliche Erwerbsgrund erscheint, ist der Dienstbarkeitsvertrag. Aber neben den Vertrag sind alle anderen Rechtstitel für die Eintragung einer Dienstbarkeit zu stellen, die in den Erläuterungen zum Art. 731 behandelt sind: Das Anerkenntnis im Grundbucheinführungs- oder -bereinigungsverfahren, das einseitige Rechtsgeschäft (Testament, die Verfügung des Eigentümers als Rechtsgrund für die Eintragung einer Eigentümerdienstbarkeit), behördliche Verfügungen und Urteile (Verfügung über die Eintragung einer ersessenen Dienstbarkeit, Feststellungsurteil über den Bestand der Dienstbarkeit, insbesondere der ersessenen oder unvordenklich begründeten, das Leistungsurteil über die Verpflichtung zur Errichtung einer Dienstbarkeit, das die Dienstbarkeit zusprechende Gestaltungsurteil).

87 Wenn sich, um mit dem Gesetz selber zu sprechen, aus dem Eintrag «Rechte und Pflichten deutlich ergeben», erübrigt sich jede Untersuchung über den Sinn und die Bedeutung des «Erwerbsgrundes». Dies ist aber eine Ausnahme, die noch am ehesten gegeben sein sollte, wenn die Eintragung auf Grund eines Gerichtsurteils oder einer behördlichen Verfügung erfolgt ist, wozu jedoch die Bemerkung in N. 12 hievor über die richterliche Anordnung der Eintragung einer ersessenen Dienstbarkeit zu beachten wäre.

88 Wie LEEMANN in einer redaktionellen Bemerkung zum Aufsatz von A. SCHNEIDER in der SJZ **24** (1927/28) S. 34 gesagt hat, müssen die Belege im weitesten Umfange zur Auslegung herangezogen werden, weil die Einträge im Grundbuch sich auf generelle Inhaltsangaben beschränken müssen. Vgl. hiezu nunmehr auch EBG **87** I 311 = Pr. **50** Nr. 155 = ZBGR **45** Nr. 15, S. 119ff.; N. 29 zu Art. 744.

89 In den Ländern ohne Grundbuch ist der Erwerbstitel der primäre Bestimmungsgrund für den Inhalt und Umfang der Dienstbarkeit und wird in ihren Gesetz-

büchern auch als solcher bezeichnet. So lautet der Art. 686 al. 2 C.c.fr. folgendermaßen: «L'usage et l'étendue des servitudes ainsi établies (scil. par le fait de l'homme) se règlent par le titre qui les constitue...». Umfassender ist die entsprechende Bestimmung des C.c.it., art. 1065: «Colui che ha un diritto di servitù non può usarne se non a norma del suo titolo o del suo possesso. Nel dubbio circa l'estensione e le modalità di esercizio, la servitù deve ritenersi costituita in guisa da soddisfare il bisogno del fondo dominante col minor aggravio del fondo servente.»

Auch in der Praxis zum Art. 738 ist es fast ausschließlich der Dienstbar- 90 keitsvertrag, der als Bestimmungsgrund für den Inhalt und Umfang der Dienstbarkeit erörtert wird. Durch seine Auslegung wird versucht, die Rechte und Pflichten, die sich aus dem Eintrag nicht deutlich ergeben, festzustellen.

2. Die Auslegung

a) Besondere Grundlagen und Kriterien.

Die Auslegung des Erwerbstitels ist, soweit dadurch Rechte und Pflichten Dritter 91 berührt werden, an die Schranken gebunden, welche sich aus dem Eintrag ergeben. Im Verhältnis zwischen den Parteien des Dienstbarkeitsvertrages kann die Auslegung dieses Erwerbstitels zu einer Änderung des Eintrages führen. Diese muß aber auch erfolgen, damit der Dienstbarkeit der Inhalt und Umfang erhalten bleibt, welcher dem Ergebnis der Auslegung des Dienstbarkeitsvertrages entspricht. Der gutgläubige Dritte wird ja im Vertrauen auf die Richtigkeit des Eintrages geschützt.

Wenn nach dem Eintrag das Grundstück mit einem unbeschränkten Quellen- 92 und Quellennachgrabungsrecht belastet ist, so erwirbt der gutgläubige Käufer des berechtigten Grundstückes dieses Recht, auch wenn durch Auslegung des Dienstbarkeitsvertrages in verbindlicher Weise festgestellt worden ist, daß das Quellenrecht nur in der Befugnis besteht, eine natürlicherweise zutage tretende Quelle zu fassen und nötigenfalls durch Grabung den Ertrag zu steigern. Auch der Erwerber eines Pfandrechts am berechtigten Grundstück wird im Vertrauen auf den Eintrag geschützt und kann die Zustimmung zu einer Änderung des Eintrages im Sinne des Ergebnisses der Vertragsauslegung verweigern.

Ist umgekehrt nach dem Eintrag das Quellenrecht beschränkt auf die Fassung 93 einer auf dem belasteten Grundstück zutage tretenden Quelle, während sich aus dem Dienstbarkeitsvertrag ergibt, daß es dem Eigentümer des berechtigten Grundstückes gestattet ist, beliebige Grabungen nach Wasser auf dem ganzen belasteten Grundstück vorzunehmen, kann der gutgläubige Erwerber des Eigentums oder eines Baurechts oder Pfandrechts am belasteten Grundstück dem Dienstbarkeitsberechtigten jede Handlung verbieten, die über die Fassung der bestehenden Quelle und über die Fortleitung ihres Wassers hinausgeht. Macht er als Erwerber des beschränkten dinglichen Rechtes davon Gebrauch, hat dies die Wirkung, daß sich der Inhalt und Umfang des Quellenrechtes auch im Verhältnis zwischen den Parteien des Dienstbarkeitsvertrages nach Maßgabe des Eintrages reduziert.

Grunddienstbarkeiten

94 Die Auslegung des Erwerbstitels hat sich an die gleichen Maximen zu halten wie die Auslegung des Eintrages. Wenn das Verhältnis zu Dritten durch sie berührt wird, dürfen ganz individuelle persönliche Umstände und Motive, die für die Willensbildung der Parteien bestimmend waren, nicht berücksichtigt werden. Die Vertrauenstheorie kommt in der Auslegung voll zur Geltung: Die Willenserklärungen sind mit dem Inhalt maßgebend, der sich aus dem Sinn ergibt, in welchem sie von einem aufmerksamen, sachlich denkenden Menschen nach Treu und Glauben verstanden werden.

95 Die Objektivierung, welche darin liegt, ist gegenüber einem Vertrag, dessen Zweck sich in der Begründung eines obligatorischen Verhältnisses erschöpft, um einen Grad verstärkt. Zu weit scheinen mir WOLFF-RAISER, Sachenrecht, § 38 II 3, S. 120, hierin zu gehen, wenn sie sagen, es gelte nur, «was jeder gegenwärtige oder künftige Beteiligte als Geschäftsinhalt annehmen muß». Eher verdient die Formulierung WESTERMANNS, Sachenrecht, § 76 I, S. 370, die eine etwas weniger absolute Objektivierung erlaubt, Zustimmung: «Auslegung nach den objektiv erkennbaren Umständen.»

96 In der Auslegung des Erwerbsgrundes nach dieser Maxime kommt, wie für die Auslegung des Eintrages eingehend dargelegt wurde, immer, wenn es an ausreichenden Willenserklärungen fehlt, dem Zweck der Dienstbarkeit die maßgebende Bedeutung zu. Er bestimmt sich nach den Bedürfnissen des herrschenden Grundstückes. Die Dienstbarkeit hat den Inhalt und Umfang, den sie haben muß, um ihren Zweck mit der geringst möglichen Beschränkung des Eigentums am dienenden Grundstück bestmöglich zu erreichen. Ausgesprochen ist dies im hievor wiedergegebenen Art. 1065 des C.c.it.

b) Ergänzende Auslegung.

97 Die Auslegung nach den dargelegten Richtlinien kann zur Ergänzung des Vertrages führen. Sie braucht davor nicht zurückzuschrecken. Da besteht keine scharfe Trennungslinie, welche damit überschritten wäre. Vgl. dazu H. MERZ, Berner Kommentar zum ZGB, Einleitungsartikel, N. 131ff. und 145 zu Art. 2. EBG **88** I 181: Anpassung der Wasserzinse an veränderte Verhältnisse durch den Richter; **88** II 498 = Pr. **52** Nr. 65: Dienstbarkeit des Wasserbezugs aus einem öffentlichen Gewässer (ehehaftes Wasserrecht), Auslegung nach Treu und Glauben, Ausfüllung einer Lücke des Vertrages; **93** II 185 = Pr. **56** Nr. 143: Richterliche Festsetzung des Entgelts für eine Bauverbotsdienstbarkeit nach 50 Jahren. N. 72a zu Art. 737.

98 Es sei dafür das folgende Beispiel aus der Praxis angeführt: Die Grundstücke eines neuerschlossenen Wohnquartiers wurden um 1890 der Beschränkung der sogenannten Villendienstbarkeit unterworfen, aus welcher jedes von ihnen sowohl berechtigt als auch belastet war. Diese Dienstbarkeit verbot jedem Grundeigentümer unter anderem die Ausübung eines Gewerbes auf seiner Liegenschaft. Für eine dieser Liegenschaften wurde aber die Ausnahme gemacht, daß auf ihr eine Fuhrhalterei mit Mietpferden betrieben werden dürfe. Nachdem seit zwanzig Jahren der Betrieb dieses Gewerbes und die Haltung von Pferden aufgegeben werden mußte, weil das

Motorfahrzeug das Pferdefuhrwerk endgültig aus dem Felde geschlagen hatte, stellte sich die Frage, ob das Transportgewerbe nun mit Motorfahrzeugen weitergeführt werden dürfe und anstelle der Ställe und Wagenremisen eine Autoeinstellhalle mit Tankstelle und Taxibetrieb eingerichtet werden dürfe. Die Auslegung des Eintrages und der Belege ließ erkennen, daß mit der Ausnahmebestimmung der Zweck verfolgt wurde, den Bewohnern des neuen Quartiers eine bequeme Fahr- und Transportgelegenheit zu erhalten, für die ein starkes Bedürfnis bestand.

99 Da damals an die Befriedigung dieses heute wie vordem bestehenden Bedürfnisses durch Taxifahrten und Autotransporte selbstverständlich nicht gedacht werden konnte, würde eine Auslegung nach dem Wortlaut zum folgenden Ergebnis kommen: Wenn keine Pferde mehr gehalten werden, ist die Ausnahmebestimmung gegenstandslos geworden, und das Gewerbeverbot gilt für diese wie für alle anderen Liegenschaften. Dies wäre aber ein sinn- und zweckwidriger Entscheid. Wenn der Zweck, den die Ausnahmebestimmung hat, seine unverminderte Geltung behalten hat, aber nurmehr mit Autotransporten und Taxifahrten zu erreichen ist und erreicht werden kann, ohne daß die lästigen Einwirkungen auf die angrenzenden Grundstücke erheblich stärker sind als die der Pferdehaltung, so fällt der neue Betrieb unter die Ausnahmebestimmung und kann nicht verboten werden.

100 Ist Gegenstand des Streites ein Tatbestand, dessen Verwirklichung die Parteien, wie in unserem Beispiel, bei der Begründung der Dienstbarkeit nicht in Betracht gezogen haben, führt die Auslegung notwendiger- und legitimerweise zur Ergänzung des Vertrages, indem sie zu folgender Frage gedrängt wird und sie zu beantworten hat: Wie hätten die Parteien, wenn sie damals den heute vorliegenden Tatbestand ins Auge gefaßt hätten, ihren Vertrag vernünftigerweise präzisierend ergänzt?

101 In dem bekannten Fall der Begründung eines Baurechts, verbunden mit einem Kaufsrecht, an dem Zwischengebäude des Loeb-Geschäftshauses in Bern war für den Fall des Verkaufes ein Gewinnbeteiligungsrecht eines früheren Miteigentümers des Zwischengebäudes vereinbart worden. Gegenstand des Prozesses war die Frage, ob dieses Recht nun geltend gemacht werden könne. Wenn nicht schon in der Baurechtsbestellung unter den gegebenen Umständen und mit den hier vereinbarten Vertragsbedingungen eine Veräußerung hätte gesehen werden können, so hätte doch eine ergänzende Vertragsauslegung mit der hievor bestimmten Fragestellung zur Bejahung des Gewinnbeteiligungsanspruches geführt. Das Bundesgericht hat die Vertragsergänzung jedoch strikte abgelehnt (EBG **82** II 386/87). Ich halte diesen Standpunkt nicht für richtig, im allgemeinen nicht und auch nicht für die Auslegung eines Dienstbarkeitsvertrages.

102 Unzulässig wäre allerdings eine Erweiterung der Belastung durch eine Vertragsergänzung, welche nicht als Deutung des Sinnes der tatsächlich mit dem Dienstbarkeitsvertrag getroffenen Vereinbarung gelten könnte, sondern sich etwa auf mündliche Abreden der Parteien stützen würde (EBG **39** II 701 = Pr. **3** Nr. 28, Erw. 5).

Grunddienstbarkeiten

Einer solchen Ergänzung des Vertrages stünde schon das Formerfordernis entgegen. Vgl. dazu H. MERZ, Kommentar, NN. 163f. zu Art. 2. Die Auslegung, auch die ergänzende, ist darauf beschränkt, den Sinn des dem Vertragstext zugrundeliegenden Willens der Parteien zu eruieren. Für die Sinndeutung innerhalb dieser Grenzen können selbstverständlich alle Äußerungen und jegliches Verhalten der Parteien bedeutsam sein.

c) Materialien der Auslegung.

α) Der Sprachgebrauch.

103   Die erste Stufe der Auslegung des Vertrages wie des Gesetzes besteht immer in der Feststellung des Sinnes, welcher mit den verwendeten Wörtern und Wendungen im Sprachgebrauch der Zeit in den beteiligten Kreisen gewöhnlich verbunden wurde. Dafür kann auf einige der in N. 33 hievor angeführten Dienstbarkeitsbezeichnungen hingewiesen werden. Aber auch in sprachlich ganz gewöhnlichen Angaben eines Dienstbarkeitsvertrages kommt es darauf an, was die Parteien nach ihrer beruflichen und sozialen Stellung und ihrem Bildungsstand sich unter diesen Angaben vorgestellt haben.

104   Das AppG Baselstadt hat einmal entschieden, daß die Parteien mit der Bestimmung, daß auf dem belasteten Grundstück kein Gebäude erstellt werden dürfe, das höher als 10 m sei, nicht die Gebäudehöhe gemeint hätten, wie sie nach dem Hochbautengesetz zu bestimmen ist (gemessen vom Schnittpunkt zwischen Fassadenwand und Dachfläche senkrecht auf den gewachsenen Boden), sondern die Gebäudehöhe nach landläufiger Vorstellung und Ausdrucksweise. Auch der Zweck der Dienstbarkeit spreche eher dafür. ZSR n.F. **14**, S. 154/55.

105   Wie wichtig die Feststellung des Wortsinnes nach dem lokalen Sprachgebrauch zur Zeit der Dienstbarkeitserrichtung sein kann, zeigt EBG **88** II 273 = ZBGR **45** Nr. 23, S. 153ff., wo es wesentlich darauf ankam, was die Parteien 1904 in der Stadt Bern unter den allfällig an der von Werdt-Passage später zu eröffnenden «Magazinen» verstanden hatten. Der Berner AppH meinte, unter Hinweis auf ein Wörterbuch, dies seien Warenniederlassungen und Lagerräume, während das Bundesgericht erkannte, daß Ladengeschäfte gemeint waren. Die Richtigkeit dieser Ansicht hätte sich schon aus dem sachlichen Zusammenhang ergeben, in dem diese Bestimmung stand. Bewiesen wird sie durch den Art. 25 der Bauordnung der Stadt Bern vom Jahre 1907, in der die Gebäudereihen an den Hauptstraßen als «Lauben- und Magazinfronten» bezeichnet sind.

β) Der Ortsgebrauch.

106   Bei der Bestimmung dessen, was die Parteien mit ihrer Bezeichnung und Umschreibung der Dienstbarkeit gemeint haben, kann der Ortsgebrauch von maßgebender Bedeutung sein. Die Vermutung ist zweifellos begründet, daß die ortsansässigen Parteien die Dienstbarkeit, die sie errichteten, so genannt haben, wie sie am Ort oder in der Landes- oder Kantonsgegend der gelegenen Sache heißt.

Vgl. über den Ortsgebrauch in seiner Bedeutung für die Auslegung von Rechtsgeschäften P. LIVER, Berner Kommentar zum ZGB, Einleitungsartikel, NN. 69, 78, 80ff. zu Art. 5.

Der Ortsgebrauch kann jedoch bei der Bestimmung des Inhaltes und Umfanges 107 der Dienstbarkeit auch in seiner gesetzesausfüllenden Funktion zur Geltung kommen. P. LIVER, a.a.O., NN. 72, 78, 80ff., 87ff. Dies hat seinen Grund darin, daß die Dienstbarkeitsverhältnisse, wie alle privaten Rechtsverhältnisse, den Inhalt haben, den ihnen das Gesetz gibt, wenn ein abweichender Wille der Parteien nicht geäußert ist. Soweit das Gesetz seinen Inhalt aus dem Ortsgebrauch empfängt, schließt dieser die Lücken des Vertrages. EBG **88** II 272/73 = ZBGR **45** Nr. 23, S. 153ff. Im Dienstbarkeitsrecht des ZGB ist dem Ortsgebrauch zwar nicht diese Stellung eingeräumt, wohl aber kann sie ihm nach früherem kantonalem Recht, das zur Zeit der Dienstbarkeitserrichtung galt, zugekommen sein.

Im EBG **52** II 132 = Pr. **15** Nr. 98 wurde erwogen, daß die Parteien hinsichtlich 108 der Verteilung der Lasten zwischen dem Eigentümer und dem Wohnberechtigten das damalige kantonale Recht stillschweigend zum Vertragsinhalt hätten gemacht haben können. Siehe dazu auch AppH Bern, ZBJV **90**, S. 185/86. Das ObG Schaffhausen entschied, daß das Fahrwegrecht, entgegen einer Norm des dispositiven Rechts, nicht auch das Fußwegrecht in sich schließe. Es stützte sich dafür auf die Feststellung, daß man in den Grundbucheinträgen zwischen Fahrwegrechten einerseits und Fahr- und Fußwegrechten anderseits zu unterscheiden pflege. Damit wird offenbar die Übung als maßgebend für die Bildung des Parteiwillens erachtet. ZBGR **27** (1946) Nr. 11, S. 17f.

γ) Der Zweck der Dienstbarkeit.

Wo die sprachliche Willensäußerung als Quelle der Feststellung des Inhaltes und 109 Umfanges der Dienstbarkeit versagt, ist der Zweck entscheidend, dem zu dienen die Dienstbarkeit nach den tatsächlichen Voraussetzungen bestimmt war. EBG **70** II 46 = Pr. **33** Nr. 54, Erw. 2 a.E., **87** I 311 = Pr. **50** Nr. 155 = ZBGR **45** Nr. 15, S. 119ff. N. 40 hievor.

Der Zweck entspricht bestimmten Bedürfnissen des herrschenden Grundstückes, 110 ist auf sie gerichtet und durch sie eingegrenzt. Nach Maßgabe des Zweckes der Dienstbarkeit, der in der Verhinderung von Immissionen bestand, ist im EBG **88** II 145 = Pr. **51** Nr. 158 = ZBGR **44**, S. 273ff. (besprochen in ZBJV **99**, S. 350) entschieden worden, daß auf dem belasteten Grundstück keine Autoservicestation mit Reparaturwerkstätte betrieben werden dürfe. EBG 18.5. 1961 i.S. SBB c. Zürrer; KtG Graubünden PKG 1972 Nr. 7, S. 38ff., 1974 Nr. 3, S. 18ff.

Ein für die Bedürfnisse einer landwirtschaftlichen Liegenschaft begründetes 111 Wegrecht darf nicht als Zufahrt zu Mietgaragen ausgeübt werden, welche auf dieser Liegenschaft erstellt wurden (ZBJV **64**, S. 91 = SJZ **25**, S. 68, und NAEGELI, S. 21) und auch nicht zum Transport von Baumaterialien für die Erstellung eines Einfamilienhauses. ObG Zürich, SJZ **33** (1936/37) Nr. 49, S. 250ff. (mit unzutreffender Bemerkung über die Voraussetzungen des Notwegrechtsanspruches).

112 Der Eigentümer, welcher auf jegliches Baurecht im Garten vor seinem Hause verzichtet hat, darf nach dem Zweck, den diese Dienstbarkeit zur Zeit ihrer Errichtung allein haben konnte, keine Bauwerke errichten, die den Boden erheblich überragen (Hochbauten); doch ist ihm nicht verwehrt, den Garten zu einem Vorplatz mit Asphaltbelag umzugestalten. KtG-Ausschuß Graubünden, PKG **1962** Nr. 37, S. 109ff. = ZBGR **44** (1963) Nr. 55, S. 259ff.

113 Im Streit um die Lokalisierung eines 1904 begründeten Fahrwegrechtes auf dem belasteten Grundstück «stellte sich die Frage, was bei vernünftiger Würdigung aller Umstände, wie sie zur Zeit des Vertragsschlusses gegeben waren, als das von den Rechtsvorgängern der Parteien Gewollte anzusehen sei». Damit begründete das KtG St. Gallen zutreffend sein Urteil in der GVP **1960**, S. 24 = SJZ **59** (1963) Nr. 99, S. 187f. Es lehnte aber die Ansicht der Vorinstanz, daß dabei nach Art. 738 zu verfahren sei, unter Berufung auf EBG **79** II 404f. mit der irrtümlichen Erwägung ab, diese Bestimmung sei auf altrechtliche Dienstbarkeiten nicht anwendbar, weil deren Inhalt nach den Verhältnissen zu bestimmen sei, wie sie zur Zeit ihrer Begründung bestanden hätten. Diese Auslegung des Dienstbarkeitsvertrages wird durch den Art. 738 keineswegs gehindert, sondern verlangt. Sie drängt sich gerade dann auf, wenn gemäß Art. 738 zur Auslegung des Erwerbstitels geschritten wird.

III. Die Art der Ausübung

1. Bedeutung als Bestimmungsgrund im allgemeinen

114 Lassen sich die Rechte und Pflichten nicht aus dem Eintrag und auch nicht aus dem Erwerbstitel mit genügender Klarheit und Deutlichkeit erkennen, kann die Art der Ausübung während längerer Zeit den maßgebenden Anhaltspunkt für die Ergänzung der Auslegung bieten. Sie muß, wie es im Art. 738 heißt, während längerer Zeit unangefochten und in gutem Glauben erfolgt sein. Diese Formulierung erinnert an die Umschreibung der Voraussetzungen der ordentlichen Ersitzung im Art. 661. Hier hat die Ausübung jedoch eine andere Bedeutung als im Art. 661, nämlich die einer Willensäußerung der Parteien.

115 Die Vermutung ist begründet, daß die Dienstbarkeit den Inhalt und Umfang habe, in welchem sie während längerer Zeit ausgeübt worden ist. Hätte diese Art der Ausübung dem Dienstbarkeitsvertrag nicht entsprochen, wäre sie vermutlich nicht unangefochten geblieben. Wenn aber der Eigentümer des belasteten Grundstückes es hingenommen hat, daß das Recht in der Art, wie es ausgeübt wurde, überschritten wurde, weil er es nicht wagte, sich dagegen zu wehren, wird er oder wird sein Rechtsnachfolger geltend machen können, daß die Dienstbarkeit nicht in gutem Glauben ausgeübt worden sei. Die Ausübung in bösem Glauben kann selbstverständlich nicht als Äußerung des übereinstimmenden Willens der Parteien des Dienstbarkeitsvertrages gelten. Erhebliche Zweifel am guten Glauben dürften hier genügen,

um die Vermutung des guten Glaubens, die ja streckenweise überhaupt auf schwachen Füßen steht, zu entkräften.

Die der Ausübung hier zukommende Bedeutung ist keine andere als die, welche der Art und Weise, wie ein Vertrag von den Parteien tatsächlich während längerer Zeit erfüllt worden ist, für die Auslegung des Vertrages ganz allgemein zuerkannt wird. Oser-Schönenberger, Kommentar, N. 24 zu Art. 18 OR; H. Merz, Kommentar, N. 155 zu Art. 2 ZGB. 116

Die Art der Ausübung während längerer Zeit spricht für die Rechtmäßigkeit in dem Sinn, daß die Dienstbarkeit nicht einen enger begrenzten Inhalt und einen geringeren Umfang hat. Dagegen kann die Dienstbarkeit sehr wohl einen umfassenderen Inhalt und einen größeren Umfang haben. Denn es ist sehr wohl möglich, daß sie während längerer Zeit noch nicht voll ausgeübt worden ist. Ein Quellenrecht, das im Hinblick auf die Überbauung des berechtigten Grundstückes begründet worden ist, wird einstweilen noch nur für die Viehtränke ausgeübt. Zur Bestimmung des Inhaltes eines «ungehinderten und unbeschränkten Fuß- und Fahrwegrechtes» hinsichtlich der Ausübung mit Motorfahrzeugen taugt die Art der bisherigen Ausübung jedenfalls nicht, weil sie, solange der Berechtigte noch gar kein solches Fahrzeug hatte, nicht der Ausdruck des Parteiwillens sein konnte, daß der Weg dem Automobil verschlossen sein solle. Erst recht gilt dies für die Bestimmung des Sinnes, den der Dienstbarkeitsvertrag hat, welcher zu einer Zeit abgeschlossen worden ist, als das Motorfahrzeug noch überhaupt unbekannt war. Vgl. dazu meine Besprechung des EBG **87** II 85 = Pr. **50** Nr. 125 in der ZBJV **98** (1962) S. 422 sowie das Urteil des Kantonsgerichts Graubünden PKG **1962** Nr. 6, S. 33ff. 1963 Nr. 29, S. 110ff. Siehe auch ObG Zürich, ZBGR **45** Nr. 16, S. 129ff. 117

Ein Beispiel aus der Praxis für die Feststellung des Inhaltes eines altüberkommenen landwirtschaftlichen Wegrechtes nach der durch die Bedürfnisse des herrschenden Grundstückes bestimmten Art der Ausübung während längerer Zeit ist das Urteil des ObG Zürich in der SJZ **33** Nr. 49, S. 250. ObG Luzern, ZBGR **48** (1967) Nr. 17, S. 71ff.: Altrechtliches Fahrwegrecht über «Wasenweglein» umfaßt das Recht zum Viehtrieb nicht. 118

2. Ersitzung und Versitzung

Da die Art der Ausübung im Sinne des Art. 738 bloß die Bedeutung eines Hinweises auf den Parteiwillen hat, ändert sie am Inhalt und Umfang der Dienstbarkeit gemäß Eintrag oder Erwerbstitel nichts, sondern ist nur ein Mittel zu seiner Erkenntnis. BlZR **47** Nr. 50 = ZBGR **30**, S. 67ff. 119

Überschreitet die Ausübung das Recht, versagt sie in dieser Funktion. Die Frage stellt sich dann, ob die Ausübung in diesem Fall wenigstens im Verhältnis zwischen den Parteien des Dienstbarkeitsvertrages zur Erweiterung der Dienstbarkeit durch Ersitzung führen könne. Eugen Huber hat diese Frage verneint. Erl. II S. 146.

Grunddienstbarkeiten

Ebenso LEEMANN, Kommentar, N. 7 zu Art. 738, und ROSSEL et MENTHA III n° 1376, p. 18.

120 Vorgesehen ist die Ersitzung im Art. 738 gewiß nicht. Sind aber ihre gesetzlichen Voraussetzungen erfüllt, ist sie wirksam. Freilich können diese Voraussetzungen nicht häufig erfüllt sein. Eine ordentliche Ersitzung wäre nur möglich, wenn der Eintrag zu weit gefaßt wäre, die Dienstbarkeit dann aber doch in diesem zu weiten Umfang während zehn Jahren ununterbrochen und unwidersprochen in gutem Glauben ausgeübt worden ist.

Die außerordentliche Ersitzung ist unter den für sie geltenden Voraussetzungen (N. 94ff. zu Art. 731) ebenfalls möglich, aber nicht im Rahmen des Art. 738, der eben gebildet wird durch die Aufnahme des Grundstückes ins Grundbuch und durch die Eintragung der Dienstbarkeit.

121 Auch wenn die Möglichkeit einer Erweiterung der Dienstbarkeit durch die ordentliche Ersitzung im angegebenen Sinn bejaht wird, folgt daraus nicht, daß die Ausübung in beschränktem Umfang zur Reduktion der Dienstbarkeit auf diesen Umfang führe. Dies wäre eine Eigentumsfreiheitsersitzung. Eine Contratabularersitzung wäre sie zwar nicht notwendig, dann nämlich nicht, wenn der Eintrag zu eng gefaßt wäre, so daß er infolge dieser Ersitzung richtig würde. Aber wenn die Eigentumsfreiheitsersitzung überhaupt ausgeschlossen ist, kann sie auch in diesem Fall nicht Platz greifen. NN. 196ff. zu Art. 734 und N. 144 zu Art. 737.

122 Die Frage, ob die Dienstbarkeit sich auf den Umfang reduziere, in dem sie während längerer Zeit ausgeübt wurde, müßte aber auch ganz unabhängig von der Eintragung beantwortet werden. Es gibt ja übrigens auch zahlreiche Dienstbarkeiten, die nicht eingetragen sind. Nach C.c.fr. art. 708 reduziert sich die Dienstbarkeit durch Verjährung auf den Umfang, in dem sie während der Verjährungszeit (dreißig Jahre) ausgeübt worden ist («Le mode de la servitude peut se prescrire comme la servitude même, et de la même manière»). Nach C.c.it. art. 1075 gilt die gegenteilige Regel: «La servitù esercitata in modo da trarne un utilità minore di quella indicata dal titolo si conserva per intero.» Sie verdient den Vorzug. Wer sein Recht ausübt, aber in reduziertem Umfang, soll nicht einen Rechtsverlust erleiden. SPIRO, Bd. 2, S. 1456.

123 In unserem Recht, in dem in erster Linie der Eintrag maßgebend ist, würde die Beschränkung der Dienstbarkeit auf den Umfang ihrer Ausübung schon deshalb schwerlich zugelassen, weil sie den Eintrag unrichtig werden ließe und damit die Rechtskraft des Grundbuches beeinträchtigen würde, wozu immerhin zu bemerken wäre, daß für den gutgläubigen Dritten die Unrichtigkeit des Eintrages den Erwerb des Eigentums oder eines beschränkten dinglichen Rechtes im Vertrauen auf das Grundbuch ja nicht beeinträchtigt.

124 Das französische Recht entspricht in diesem Punkt auch nicht dem gemeinen römischen Recht. DERNBURG, System des römischen Rechtes (1911) I § 217, N. 21,

S. 459. Die mit diesem übereinstimmende Norm des italienischen Rechtes wird von G. BRANCA in seinem Kommentar, Della proprietà II (1954), zu art. 1075, p. 644ss., eingehend begründet. Die gegenteilige Vorschrift des aus dem C.c.fr. übernommenen art. 668 C.c.it. 1865 wird auf eine irrtümliche Auslegung der römischen Quellen durch DOMAT (1625–1695) zurückgeführt. NN. 213 und 218 zu Art. 737. Siehe auch GROSSO e DEJANA, Servitù prediali, 3ª ed. 1963, II n. 186, p. 1034–1088.

Liegt eine negative Dienstbarkeit vor, geht der Hinweis auf die Art der Ausübung während längerer Zeit meistens ins Leere. Denn die Dienstbarkeit kann auch gerade dann ausgeübt sein, wenn nichts geschieht. Der Eigentümer des belasteten Grundstückes macht von den Eigentumsbefugnissen, welche Gegenstand des Dienstbarkeitsverbotes sind, keinen Gebrauch. Ob die Dienstbarkeit in diesem Fall als ausgeübt gelten kann und dem Berechtigten Besitzesschutz zu gewähren und die Möglichkeit der Ersitzung zuzuerkennen ist, wurde in den NN. 134–138 zu Art. 731 untersucht. Vgl. auch NN. 140ff. zu Art. 737 und BezG Zürich, ZBGR **40** Nr. 29, S. 214. Auch soweit diese Frage bejaht werden kann, wirkt sich eine solche Ausübung doch in der Regel eben nicht in Vorgängen aus, welche nach außen in Erscheinung treten und zuverlässige Anhaltspunkte für die Auslegung bieten können. Namentlich trifft dies dann zu, wenn die Verletzung der Dienstbarkeit gar nie versucht worden ist und der Berechtigte keinen Anlaß hatte, dagegen einzuschreiten. In diesem Sinne hat sich auch das ObG Zürich ausgesprochen, ZBGR **41** (1960) Nr. 40, S. 214. 125

Hat der Berechtigte gegen eine Verletzung der Dienstbarkeit mit Erfolg Einsprache erhoben, kann darin wohl wenigstens ein Indiz dafür gesehen werden, daß die Grundstücksbenutzung, gegen die sich der Einspruch gerichtet hat, dem Verbot, das den Inhalt der Dienstbarkeit bildet, widersprach. Hat die Einsprache aber zu einem gerichtlichen Verfahren geführt, in welchem über den Inhalt und Umfang der Dienstbarkeit verhandelt oder entschieden wurde, ergeben sich daraus und nicht aus der Art der Ausübung während längerer Zeit die in Frage stehenden Anhaltspunkte für die Auslegung. Vgl. dazu namentlich GROSSO e DEJANA II (1963) p. 1068 ss., FR. MESSINEO, Le servitù prediali, n. 96, p. 190. 126

Ausnahmsweise kann aber auch die Ausübung der negativen Dienstbarkeit nach außen in Erscheinung treten und dadurch Anhaltspunkte für die Bestimmung ihres Inhaltes und Umfanges geben. Besteht sie z.B. im Höherbauverbot (servitus altius non tollendi), kann ein deutlicher Hinweis auf den Umfang dieses Verbotes darin erblickt werden, daß die geschlossene Häuserfront durch ein niedrigeres Gebäude unterbrochen wird, über dessen Dach die Fenster der Nachbargebäude in die Lücke gehen. Aber mehr als ein starkes Indiz ist auch das nicht. 127

Wenn auch die Ausübung in reduziertem Umfang nicht zu einer entsprechenden Verminderung der Dienstbarkeitsbefugnisse führt, so wäre die in der italienischen Rechtswissenschaft vertretene Auffassung, daß auch ein tatsächlicher Zustand des belasteten Grundstückes, der die Ausübung der Dienstbarkeit verunmöglicht, diese 128 unbeschränkt weiterbestehen läßt bis zur Verjährung nach zwanzig Jahren (C.c.it. art. 1074 und dazu Branca Giuseppe, Non uso di servitù negativa ed esercizio parziale, Studi in onore di Biondo Biondi, vol. IV, p. 113ss.), für uns deshalb unannehmbar, weil der Gesetzgeber die Verjährung der Dienstbarkeiten als Untergangsgrund irrtümlicherweise ausgeschlossen hat und nicht einmal die Aufnahme einer dem § 1028 BGB entsprechenden Bestimmung ins Gesetz, die sich ihm hätte aufdrängen müssen, ihm auch rechtzeitig empfohlen worden war, in Betracht gezogen hat. N. 223 zu Art. 737 mit Verweisungen auf N. 115 zu Art. 731 und N. 185 zu Art. 734, ferner N. 59 zu Art. 733.

129   Vorbehältlich der analogen Anwendung der Art. 673 und 674 (N. 62 zu Art. 733) könnte nach unserem Recht der Dienstbarkeitsberechtigte, der es zugelassen hat, daß unter Verletzung seines Rechtes gebaut worden ist, noch nach vielen Jahrzehnten die Beseitigung der Baute verlangen. Wenn er aber die Überbauung ohne jede Vorkehr zur Wahrung seines Rechtes zugelassen hat, muß in diesem Verhalten ein Verzicht auf die Dienstbarkeit erblickt werden können. Siehe NN. 219ff. zu Art. 737. Die Unterlassung der privatrechtlichen Baueinsprache ist als Verzicht auf die Servitut des Villenbaues qualifiziert worden vom ObG Luzern, Max. 10 Nr. 390 = ZBGR **39** (1958) Nr. 31, S. 218f.; ebenso ist vom gleichen Gericht die Zustimmung zur Errichtung eines Gebäudes, welches die Ausübung eines Fahrwegrechtes unmöglich machte, als Verzicht auf dieses Recht erkannt worden, Max. **10** Nr. 470 = ZBGR **40** (1959) Nr. 54, S. 355f. zu EBG **103** II 326 = Pr. **67** Nr. 71 siehe N. 111 zu Art. 734.

130   Würde die Behauptung des Verzichts abgelehnt, müßte die Beseitigungsklage unter Umständen wegen offenbaren Rechtsmißbrauchs (Handeln gegen Treu und Glauben durch ein venire contra factum proprium) abgewiesen werden. Siehe dazu H. Merz, Berner Kommentar, Einleitungsartikel, NN. 400ff., 513, 515, 528 zu Art. 2. Vgl. auch Josef Kohler, Lehrbuch des Bürgerlichen Rechts II 2 (1919) S. 288/89 und H. Glaser, Rechtsprechung aus dem Bau- und Nachbarrecht, Bd. II (1958) S. 174/75.

3. Bauliche Anlagen als Materialien für die Feststellung der Ausübung

131   Wenn zur Ausübung der Dienstbarkeit bauliche Anlagen erforderlich sind, kann die Art der Ausübung während langer Zeit aus ihnen erkannt werden, wie ja überhaupt von den Mitteln auf den Zweck geschlossen werden kann. Der gebahnte Weg, der Kanal, die Leitung auf dem belasteten Grundstück sind zuverlässige Zeugen. Ob mit der Ausübung, welcher sie dienen, das Recht voll ausgenutzt wurde, steht freilich nicht immer fest. Die bestehende Quellfassung beweist, daß vom belasteten Grundstück nur das Wasser abgeleitet wurde, das in einer Tiefe von bloß 1 m gefaßt werden konnte; es ist aber nicht ausgeschlossen, daß das Quellenrecht alles Wasser umfaßt, das an der Stelle, wo die Quelle sich befand, ohne Pumpwerk zutage gefördert werden kann und infolgedessen die Verlegung der Fassungsstränge

in größere Tiefe gestattet. ObG Appenzell AR, SJZ **56** (1960) Nr. 6, S. 27. Vgl. N. 55 hievor, N. 173 zu Art. 743, N. 3 zu Art. 744.

Besondere Bedeutung kommt den bestehenden Anlagen zu für die Bemessung der Wasserkraft (Wassermenge und Gefälle), welche den Gegenstand eines ehehaften Wasserrechtes bildet. Diese privaten Rechte an öffentlichen Gewässern, deren Begründung nach dem geltenden öffentlichen Recht ausgeschlossen ist, stehen als wohlerworbene Rechte unter dem Schutz der Eigentumsgarantie der Verfassungen der Kantone und des Bundes. Dieser Schutz wird ihnen aber nur in dem Umfang gewährt, in welchem sie im Zeitpunkt des Inkrafttretens der modernen Wasserrechtsgesetze tatsächlich ausgeübt worden sind. Dieser Umfang kann meistens nur bestimmt werden anhand der Wassernutzungsanlagen, welche noch im Gebrauch stehen oder in Überresten vorhanden sind (Anlagen zur Stauung und Zuleitung des Wassers, Einrichtungen des Triebwerkes, bes. die Wasserräder). Diese Feststellungen hätten zur Zeit des Erlasses der kantonalen Wasserrechtsgesetze durch Sachverständige erfolgen sollen, wie das in vorbildlicher Weise im Kanton Aargau 1857 geschehen ist. Vgl. hiezu P. LIVER, Die ehehaften Wasserrechte in der Schweiz, Festschrift für Paul Gieseke, 1958, bes. S. 242ff., wo auch die Literatur und die Praxis verzeichnet sind. Siehe auch N. 60 hievor und Privatr. Abh. S. 465ff. 132

4. Das Anerkenntnis

Die tatsächliche Ausübung während längerer Zeit ist nach Art. 738 ein Zeugnis für den Inhalt des Dienstbarkeitsvertrages, mit dem die Parteien die Rechte und Pflichten aus dem Dienstbarkeitsverhältnis bestimmt haben. Die gleiche Funktion kann auch die spätere Erklärung der Parteien über diese Rechte und Pflichten haben. Diese Erklärung ist ein Anerkenntnis, wie es in den NN. 60ff. zu Art. 732 behandelt und in N. 36 hievor erwähnt ist. 133

Eine Dienstbarkeit, deren Erwerbstitel in einer unklaren, fast unverständlichen Vertragsbestimmung bestand, wurde vom KtG Graubünden in dem Umfang als bestehend anerkannt, in welchem der Eigentümer des belasteten Grundstückes sie in verschiedenen Schreiben gegenüber dem Berechtigten anerkannt hatte, PKG **1961** Nr. 39, S. 104ff., mit Entscheid des BG über die dagegen erhobene staatsrechtliche Beschwerde, vom 31. Januar 1962. 134

5. Die Gegenleistung als Auslegungskriterium

Im C.c.it. sind die Regeln der Interpretation von Verträgen als Rechtssätze festgelegt (Art. 1362ff.). Die letzte von ihnen (Art. 1371) verlangt, daß im Zweifel, nach Erschöpfung aller anderen Auslegungsmittel, darauf zu achten sei, ob der Verpflichtete eine Gegenleistung erhalten habe, oder ob er die Verbindlichkeit unentgeltlich auf sich genommen habe. Im letzteren Fall soll der Vertrag zugunsten des Verpflichteten restriktiv interpretiert werden. 135

In der Literatur gehen die Auffassungen darüber auseinander, ob diese Regel 136 neben der besonderen Vorschrift des Art. 1065 C.c. (in N. 89 wiedergegeben), wonach im Zweifel nach dem Kriterium der Proportionalität zu entscheiden ist, anwendbar sei. Gegen die Anwendbarkeit des Art. 1371 hat sich BRANCA ausgesprochen (Comm., n. 2 ad art. 1065, p. 557), für sie GROSSO, Servitù prediali I (1963) n. 76, p. 233. Ich halte die letztere Ansicht für richtig. Wie GROSSO bemerkt, behebt auch die Anwendung von Art. 1065 nicht jeden Zweifel und läßt deshalb Raum für eine Entscheidung nach Art. 1371.

137 Dies gilt auch für unser Recht. Darauf wurde auch bei der Erörterung der Voraussetzungen der Aufhebung einer Dienstbarkeit wegen des Mißverhältnisses zwischen dem Interesse auf der einen und der Belastung auf der anderen Seite hingewiesen. NN. 162 und 167 zu Art. 736 in Verbindung mit NN. 45 und 65 zu Art. 732; vgl. auch N. 75 zu Art. 732 und das Urteil des liechtensteinischen OGH in ZBGR **45** (1964) Nr. 33. Hat der Eigentümer des dienenden Grundstückes die Belastung ohne eigentliche Gegenleistung, aus Gutmütigkeit, Gefälligkeit, Friedfertigkeit oder auch aus Furcht vor dem gewalttätigen Nachbarn auf sich genommen oder anerkannt, verdient er im Zweifel Nachsicht und Entgegenkommen bei der Bestimmung des Inhaltes und Umfanges der Belastung.

Art. 739

<small>3. Bei verändertem Bedürfnis.</small> **Ändern sich die Bedürfnisse des berechtigten Grundstückes, so darf dem Verpflichteten eine Mehrbelastung nicht zugemutet werden.**

Materialien: VE (1900) Art. 732; E (1904) Art. 730; Botschaft, S. 73; Erl. II (1914) S. 146f.; Protokoll der Expertenkommission, 3. Session, Sitzung vom 11. November 1902, S. 9f. In den Räten kam die Bestimmung nicht zur Sprache.

Ausländisches Recht. BGB § 1019, 2. Satz; ABGB § 484; C.c.fr. art. 702; C.c.it. art. 1067 al. 1.

Literatur. Alle Darstellungen des Rechtes der Servituten enthalten eingehende Ausführungen über die Mehrbelastung infolge von Änderungen der Bedürfnisse des berechtigten Grundstücks. Zum Gegenstand spezieller Untersuchungen ist diese Frage in der schweizerischen Literatur aber nicht gemacht worden.

Inhaltsübersicht

I. Bedeutung im allgemeinen und Verhältnis zu den Art. 737 und 738. NN. 1–4

II. Der Begriff der Mehrbelastung
1. Die Mehrbelastung durch Ausübung der Dienstbarkeit für gesteigerte Bedürfnisse des herrschenden Grundstücks. NN. 5–11
2. Die Mehrbelastung durch Ausübung der Dienstbarkeit für veränderte Bedürfnisse. NN. 12–14

III. Mehrbelastungstatbestände
1. Änderungen in der Benutzung des berechtigten Grundstücks. NN. 15–18
2. Die Vergrößerung des berechtigten Grundstückes oder des Gebäudes, dem die Servitut dient. NN. 19–24
3. Ausübung durch die Benutzer des berechtigten Grundstücks. NN. 25–30
4. Erheblichkeit der Mehrbelastung. NN. 31–34
5. Ausgleichung durch Entschädigung. NN. 35–39
6. Anwendungsfälle aus der Gerichtspraxis. NN. 40–41

IV. Abwehr der Überschreitung des Dienstbarkeitsrechtes
1. Die actio negatoria als Unterlassungs- und Beseitigungsklage und die Widerklage auf Einräumung einer Legalservitut. NN. 42–48
2. Zusprechung einer Entschädigung als Maßnahme des Ausgleichs. NN. 49–53
3. Unmöglichkeit der Ausübung überhaupt infolge Gutheißung der Klage wegen Überschreitung des Rechts. NN. 54–56
4. Besitzesschutz. NN. 57–59
5. Grundbuchliche Behandlung des Urteils. NN. 60–63

V. Intertemporales Recht. N. 64

I. Bedeutung im allgemeinen und Verhältnis zu den Art. 737 und 738

Auch der Art. 739 steht unter dem Marginale «Inhalt und Umfang». Der Art. 738 enthält die Richtlinien für die Bestimmung von Inhalt und Umfang; der Art. 737 sagt, daß der Berechtigte die Dienstbarkeit nur in schonender Weise ausüben dürfe, daß er sie aber innerhalb dieser Schranke voll nutzbar machen dürfe und vom Belasteten daran in keiner Weise gehindert werden dürfe. Der Art. 739 erklärt, der Belastete dürfe jedoch jede Ausübung der Dienstbarkeit abwehren, die für ihn eine Mehrbelastung zur Folge habe.

In dieser Bestimmung kann nicht die Ausübung der Dienstbarkeit zu einem anderen Zweck als dem, zu welchem sie begründet worden ist, in Betracht gezogen sein. Ist dieser Zweck dahingefallen, ist die Dienstbarkeit untergegangen und kann nicht zu einem anderen Zweck aufrechterhalten werden. Dies wurde in den Ausführungen zum Art. 736 mit allem Nachdruck herausgestellt. Siehe daselbst die NN. 62, 66, 146ff., 153, 155ff. Die Ausübung zu einem anderen Zweck kann vom Eigentümer des belasteten Grundstückes abgewehrt werden, auch wenn sie für ihn keine Mehrbelastung zur Folge hat.

Eine Änderung der Bedürfnisse des herrschenden Grundstückes im Sinne des Art. 739 liegt nur vor, wenn sie sich zwar innerhalb des Bereichs der ursprünglichen Zweckbestimmung vollzieht, aber nicht bloß zu einer intensiveren Inanspruchnahme des dienenden Grundstückes bei gleichbleibender Zweckbestimmung des herrschenden Grundstückes führt, sondern zu einer Überschreitung des Dienstbarkeitsrechtes. Dies ist ein der Überschreitung des Eigentums im Sinne des Art. 679 analoger Tatbestand. Es wird zwar die bestehende Dienstbarkeit ausgeübt. Die Identität der Dienstbarkeit, für welche die ursprüngliche Zweckbestimmung das entscheidende Kriterium ist, bleibt gewahrt. Aber die Dienstbarkeit wird in unzulässiger Ausdehnung ihres Inhaltes oder Umfanges ausgeübt.

4   Im Grunde ist der Art. 739, so gut wie die Art. 737 und 738, eine überflüssige Bestimmung in dem Sinne, daß das, was in ihm ausgesprochen ist, ohnehin gelten würde, weil es aus dem Begriff des beschränkten dinglichen Rechtes abzuleiten ist. Er besagt ja nichts anderes als dies: Die Dienstbarkeit darf nur in den Schranken ihres Inhaltes und Umfanges gemäß Art. 738 ausgeübt werden. Die Überschreitung dieser Schranken ist unzulässig und kann vom Eigentümer des belasteten Grundstückes abgewehrt werden. Diese Überschreitung wirkt sich in der Regel als Mehrbelastung des Eigentümers des belasteten Grundstückes aus. Deshalb spricht der Art. 739 von der Mehrbelastung statt von der Überschreitung des Dienstbarkeitsrechtes. Diese Ungenauigkeit hat Anlaß zu irrigen Auffassungen des Begriffs der Mehrbelastung gegeben.

II. Der Begriff der Mehrbelastung

(Vgl. dazu außer der in N. 19 zu Art. 737 zitierten Literatur namentlich auch Josef KOHLER, Lehrbuch des Bürgerlichen Rechts II 2 [1919] S. 283f.; DERNBURG, Das Bürgerliche Recht des deutschen Reichs und Preußens III, 3. Aufl. 1904, §167, S. 501.)

1. Mehrbelastung durch Ausübung der Dienstbarkeit für gesteigerte Bedürfnisse des herrschenden Grundstückes

5   Die graduelle Mehrbelastung ist unzulässig, wenn sie die Folge einer Überschreitung des Umfanges der Dienstbarkeit ist. Dieser Fall liegt vor, wenn das Maß, das den Umfang der Dienstbarkeit begrenzt, überschritten wird. Dienstbarkeiten, die in dieser Weise begrenzt sind, nennt man «gemessene Dienstbarkeiten». Der Umfang des Quellenrechtes ist z. B. auf 100 ML begrenzt, der Umfang des Näherbaurechtes auf den Abstand von 1 m von der Grenze gegenüber dem gesetzlichen Abstand von 2,50 m.

6   Mehrbelastung im Sinne des Art. 739 ist nicht gleichbedeutend mit gesteigerter Belastung. Sie liegt nicht vor, wenn die Steigerung sich innerhalb des nach Maßgabe des Art. 738 festgesetzten Inhaltes und Umfanges vollzogen hat. Wenn auf Grund des als Beispiel angeführten Quellenrechtes bisher nur 60 ML Wasser gefaßt waren, die Anlage nunmehr aber auf die 100 ML ausgebaut wird, entspricht dies dem Umfang des Quellenrechts und ist keine Mehrbelastung.

7   Auch der folgende Tatbestand fällt nicht unter den Art. 739. Als das Quellenrecht begründet wurde, betrug die Leistung der Quelle 200 ML, so daß 100 ML dem Eigentümer des Quellengrundstückes reserviert waren; nachdem nun aber die Leistung auf 100 ML, den Umfang des Quellenrechtes, zurückgegangen ist, fehlt das für die Bewirtschaftung der belasteten Liegenschaft notwendige Wasser gänzlich. Der

unabweisbare Ausgleich muß in anderer Weise herbeigeführt werden: N. 171a zu Art. 736, NN. 59ff. zu Art. 737.

Die «gemessenen Dienstbarkeiten» sind in der Minderzahl. Die meisten sind **8** ungemessene Dienstbarkeiten. Ihr Umfang bestimmt sich nach den Bedürfnissen des herrschenden Grundstückes. Auf sie wird im Art. 739 selbst abgestellt wie auch im Art. 736 Abs. 1. Liegt eine Personaldienstbarkeit vor, insbesondere eine irreguläre, treten an die Stelle der Bedürfnisse des berechtigten Grundstückes «die gewöhnlichen Bedürfnisse des Berechtigten» (Art. 781 Abs. 2). Diese Bedürfnisse, die einen wie die anderen, sind die jeweiligen Bedürfnisse im Zeitpunkt der Beurteilung der Dienstbarkeit. Dies ist in den Erl. II, S. 146f., deutlich gesagt und entspricht der einhelligen Doktrin, auch der ausländischen. Dies ist schon in N. 19 zu Art. 737 dargelegt und wird durch inzwischen veröffentlichte Urteile des Bundesgerichts bestätigt: EBG **87** I 311 = Pr. **50** Nr. 155 = ZBGR **45** Nr. 15, S. 119ff.; **88** II 252ff., Erw. 6 = ZBGR **45** Nr. 23, S. 153ff.

Wenn nun auch die Befriedigung dieser Bedürfnisse zu einer stärkeren **9** Inanspruchnahme des belasteten Grundstückes führt, liegt darin nicht eine Überschreitung des Umfanges der Dienstbarkeit, wenn dies eben eine ungemessene Dienstbarkeit ist und das herrschende Grundstück in gleicher Art, nur intensiver genutzt wird als früher. Eine Mehrbelastung im Sinne des Art. 739 liegt nicht vor.

In besonderen Fällen kann indessen auch die zunehmende Beanspruchung des **10** belasteten Grundstückes durch ungemessene Dienstbarkeiten infolge gesteigerter, aber gleichartiger Bedürfnisse des berechtigten Grundstückes den Tatbestand der unzulässigen Mehrbelastung im Sinne des Art. 739 erfüllen. Dieser Fall liegt vor, wenn die Zunahme so stark ist, daß mit Sicherheit angenommen werden kann, daß sie die Grenze dessen, was von den Parteien bei der Begründung der Dienstbarkeiten vernünftigerweise in Betracht gezogen sein kann, überschreitet.

Eine derartige Mehrbelastung kann namentlich eintreten, wenn die Dienstbarkeit **11** den Bezug von Wasser, Holz oder anderen Baumaterialien zum Gegenstand hat. Die darauf gerichteten Bedürfnisse des berechtigten Grundstückes oder der berechtigten natürlichen oder juristischen Person können über alles voraussehbare Maß gestiegen sein. Für den Wasserbedarf eines Schulhauses, eines Spitals oder auch eines Wohnhauses ist dies eine allgemein eingetretene Entwicklung und allgemein bekannte Erscheinung. Leicht kann sie den Bedarf verzehnfacht haben. Ein jahrhundertealtes Holzbezugsrecht für den Bau und Unterhalt der Gebäude einer Alp würde den mehrfachen Umfang annehmen, wenn es zum Bau von Alpschermen für das Vieh kommt, der zur Zeit der Begründung der Dienstbarkeit außerhalb aller möglichen Voraussicht lag.

Die Ausdehnung der Dienstbarkeit auf solchen Bedarf wird sich auf Grund der Auslegung des Erwerbstitels als unzulässig erweisen (N. 67 zu Art. 737).

Grunddienstbarkeiten

2. Die Mehrbelastung durch Ausübung der Dienstbarkeit für veränderte Bedürfnisse

12   Unzulässig ist die Mehrbelastung, wenn sie die Folge einer Änderung der Zweckbestimmung des berechtigten Grundstückes ist. Wird dieses einem anderen Zweck dienstbar gemacht, ändern sich seine Bedürfnisse. In der Ausübung der Dienstbarkeit zur Befriedigung dieser veränderten Bedürfnisse liegt eine Überschreitung des Rechtes. Überschreitet sie überhaupt den Bereich der ursprünglichen Zweckbestimmung, ist sie, auch wenn sie nicht eine Mehrbelastung zur Folge hat, unzulässig; die Identität der Dienstbarkeit ist dann nicht gewahrt.

13   Der Tatbestand des Art. 739 ist dagegen erfüllt, wenn die Dienstbarkeit zwar gemäß ihrer ursprünglichen Zweckbestimmung, aber für Bedürfnisse ausgeübt wird, die gegenüber den ursprünglichen dadurch eine Veränderung erfahren haben, daß das berechtigte Grundstück einem anderen Zweck dienstbar gemacht worden ist.

14   Da die Widerrechtlichkeit im Sinne des Art. 739 nicht in der Ausübung der Dienstbarkeit zu einem anderen als ihrem ursprünglichen Zweck liegt, sondern in der Überschreitung des bestehenden Rechtes zum Nachteil des Belasteten, muß dieser dartun, daß er durch diese Überschreitung in der Benutzung seines Grundstückes gemäß dessen Zweckbestimmung beeinträchtigt wird. Wird er durch die Überschreitung nicht benachteiligt, liegt auch nicht eine Mehrbelastung im Sinne des Art. 739 vor. Hiefür ist namentlich auf EBG 88 II 252ff. = ZBGR 45 Nr. 23, S. 153ff., zu verweisen.

III. Mehrbelastungstatbestände

1. Änderungen in der Benutzung des berechtigten Grundstückes

15   Der häufigste dieser Tatbestände ist der Übergang von der landwirtschaftlichen Nutzung eines Grundstückes, für welches ein Wegrecht zur Verbindung mit der öffentlichen Straße besteht, zu einer anderen Nutzung:
Es wird ein Wohnhaus errichtet oder ein Gebäude für einen gewerblichen Betrieb;
das Grundstück wird durch die Ausbeutung von Kies, Sand oder sonstigen Bodenbestandteilen genutzt;
das Wohnhaus, für welches das Wegrecht diente, wird für gewerbliche Zwecke verwendet, für den Betrieb einer Autoservicestation und Reparaturwerkstätte, einer Brenn- oder Baustoffhandlung usw.
Auch der Übergang von einer gewerblichen Benutzung des berechtigten Grundstückes zu einer anderen gewerblichen Verwendung kann diesen Tatbestand erfüllen:
Eine Familienpension wird umgebaut in ein Hotel mit Restaurationsbetrieb, eine

Malerwerkstätte alten Stiles in ein Autospritzwerk, eine Schreinerei in eine Fensterfabrik.

Diese Änderungen in der Nutzungs- und Betriebsweise führen Wandlungen im Verkehrscharakter des Grundstückes herbei. Vgl. auch N. 47 zu Art. 738.

Wiederholt ist die Frage erörtert worden, ob auch eine Änderung der Bewirtschaftung des Grundstückes, die sich innerhalb der sich gleichbleibenden bäuerlichen Betriebsweise vollzieht, als Überschreitung des Wegrechts anzusehen sei, wenn sie eine intensivere Ausübung des Rechtes mit sich bringe. Verneint wird dies mit Recht, wenn die Änderung im Umbruch der Wiese und ihrer Bewirtschaftung als Ackerland besteht. Siehe N. 27 zu Art. 737. 16

LEEMANN, N. 4 zu Art. 739, begründet seine Ansicht mit der Unerheblichkeit dieser Mehrbelastung. Die Frage stellt sich jedoch überhaupt nur, wenn die Mehrbelastung dem Maße nach erheblich ist, wie bei der Umwandlung einer Magerwiese in Ackerland. Aber auch in diesem Fall liegt eine Überschreitung des Wegrechts nicht vor, weil der Wechsel in der Bebauung sich innerhalb der Grenzen der bäuerlichen Wirtschaft hält und eine intensivere, aber nicht eine andersartige Bodennutzung und Betriebsweise mit sich bringt. 17

Schon das zürcherische PrGB unterschied zwischen der (gegen Entschädigung) zulässigen Mehrbelastung wegen Steigerung des Bedürfnisses infolge veränderter Kultur des herrschenden Grundstückes (§ 708) und der unzulässigen Mehrbelastung infolge einer veränderten Benutzungsweise, zu der BLUNTSCHLI anmerkte, sie verändere nicht bloß die Kultur, sondern das Wesen des herrschenden Grundstückes. 18

2. Die Vergrößerung des herrschenden Grundstückes oder des Gebäudes, dem die Servitut dient

Wenn das Gebäude auf dem herrschenden Grundstück um ein Stockwerk erhöht wird, hat die Ausübung des Wegrechts nicht eine unzulässige Mehrbelastung des dienenden Grundstückes zur Folge, auch nicht, wenn der Weg nun stärker begangen oder befahren wird. PKG Graubünden 1974 Nr. 3. Nur wenn das Gebäude mit der Erhöhung anch einem anderen Zweck dienstbar gemacht wird, etwa das bisherige Wohnhaus als Gasthaus oder als Lagerhaus benutzt würde und damit eine stärkere Beanspruchung des Weggrundstückes verbunden wäre, läge eine unzulässige Mehrbelastung im Sinne des Art. 739 vor. 19

Dies ist allgemein anerkannt, auch in der Literatur und Praxis des Auslandes. G. GROSSO (GROSSO e DEJANA, Le servitù prediali, 3ª ed. 1963) I p. 235; L. BARASSI, I diritti reali limitati, n. 157, p. 275; PLANIOL-RIPERT-PICARD, Traité pratique III (1926) nº 984, p. 918; J. KOHLER, Lehrbuch II 2, S. 284, und im Arch. f. d. civ. Pr. **87**, S. 217f.; STAUDINGER-KOBER, 10. Aufl., N. 14 zu § 1019; PLANCK-STREKKER, Kommentar, 5. Aufl. 1933, Erl. 4 zu § 1019; WOLFF-RAISER (1957) § 106 III 2, S. 437; besonders eingehend mit Wiedergabe einer reichen Praxis MEIS- 20

NER-STERN-HODES, Nachbarrecht im Bundesgebiet, 5. Aufl. 1970, § 31 II, S. 625ff. (zur Erhöhung des Gebäudes auf dem herrschenden Grundstück S. 630); MEISNER-RING, Bayrisches Nachbarrecht, 4. Aufl. 1951, § 28 II, S. 399ff.

21   Nicht gleich zu behandeln ist die Vergrößerung des herrschenden Grundstückes selber. Eine erheblich stärkere Inanspruchnahme, welche sich daraus für das belastete Grundstück ergibt, braucht dessen Eigentümer nicht zu dulden. Nicht zu einer unzulässigen Mehrbelastung führt dagegen eine bloße Arrondierung durch Grenzbereinigung, auch wenn die Fläche dadurch eine Ausdehnung um einen Bruchteil erfährt, der größer ist als ein Zwanzigstel (Art. 811). Diese Veränderung wäre einer Melioration gleichzustellen.

22   Wird dagegen eine ganze Parzelle hinzuerworben, mit der das berechtigte Grundstück nicht bloß abgerundet, sondern beträchtlich vergrößert wird, darf die Dienstbarkeit nicht auch zu ihrer Benutzung ausgeübt werden, wenn dies zu einer erheblich stärkeren Inanspruchnahme des dienenden Grundstückes führen würde. OGH Liechtenstein, ZBGR **45** (1964) Nr. 33, S. 235ff. EBG **94** II 145 = Pr. **58** Nr. 7 = ZBGR **50** Nr. 21, S. 197. Würde das erworbene Grundstück eine selbständige Parzelle bleiben, wäre es ja ohnehin nicht dienstbarkeitsberechtigt, sondern behielte seine bisherigen Wegrechte. Es kann nicht der Dienstbarkeitsberechtigung des Grundstückes, mit dem es vereinigt wird, teilhaftig werden, wenn dadurch die Last für den Eigentümer des dienenden Grundstückes erheblich schwerer wird. Damit stimmt auch das Grundbuchrecht überein. Die Vereinigung darf in diesem Falle gar nicht vorgenommen werden, wenn der Eigentümer des belasteten Grundstückes seine Einwilligung versagt. GBVo. Art. 91 Abs. 3; LEEMANN, N. 6 zu Art. 739. Die Grunddienstbarkeit darf nur zum Nutzen des berechtigten Grundstückes ausgeübt werden (N. 38ff. zu Art. 730), nicht zum Vorteil eines anderen Grundstückes des gleichen Eigentümers, auch nicht, wenn das berechtigte Grundstück (hier bis auf einen schmalen Bodenstreifen veräußert) mit ihm vereinigt wurde. AppH Bern 6.7.1967 i. S. Schüler-Ferienversorgung Herzogenbuchsee c. Schoch.

23   Die Vergrößerung des berechtigten Grundstückes kann zur Erschwerung der Belastung auch dann führen, wenn diese eine negative Dienstbarkeit ist, z.B. eine Aussichtsdienstbarkeit. Für das ursprüngliche Grundstück könnte die Dienstbarkeit dadurch hinfällig geworden sein, daß die Aussicht infolge der Überbauung von hinter der belasteten Parzelle gelegenen Grundstücken verlorengegangen ist, während sie für den hinzuerworbenen Teil, der höher liegt, weiter besteht. Infolgedessen hat der Eigentümer des belasteten Grundstückes den Anspruch auf Löschung der Dienstbarkeit, den er gehabt hätte, wenn die Berechtigung nicht auf das hinzugekaufte Grundstück ausgedehnt worden wäre, eingebüßt. Auch in einem solchen Fall bedarf deshalb die Vereinigung seiner Zustimmung.

24   Über die Bedeutung der Teilung des herrschenden Grundstückes für die Ausübung der Dienstbarkeit wird in der Erläuterung des Art. 743 zu sprechen sein.

3. Ausübung durch die Benutzer des berechtigten Grundstückes

Nicht als unzulässige Mehrbelastung kann es gelten, wenn das belastete Grundstück deswegen stärker in Anspruch genommen wird, weil der Eigentümer des berechtigten Grundstückes dieses verpachtet oder das darauf stehende Gebäude vermietet hat und infolgedessen mehr Leute die Dienstbarkeitseinrichtungen auf dem belasteten Grundstück, den Weg, den Brunnen, den Parkplatz oder Velostand, benutzen. 25

Wenn nur die Zweckbestimmung, welche die Art der Bewirtschaftung des herrschenden Grundstückes bestimmt, unverändert bleibt, darf dem Eigentümer nicht mit Rücksicht auf die Last des dienenden Grundstückes die Freiheit genommen sein, zu entscheiden, ob er sein Grundstück selber nutzen oder ob er es anderen Personen zur Nutzung überlassen will und mit welchen Hülfskräften er es im ersten Fall bewirtschaften will. 26

Die Stellung des Eigentümers des belasteten Grundstückes könnte erschwert werden, wenn der Eigentümer des herrschenden Grundstückes die Ausübung der Dienstbarkeit beliebigen anderen Personen rechtsgeschäftlich einräumen könnte. Er ist deshalb dazu nicht berechtigt. Dies ist in N. 42 zu Art. 730 dargelegt und findet seine Bestätigung auch bei WINDSCHEID-KIPP I § 209 Ziff. 7, S. 1065, sowie bei GROSSO e DEJANA, Le servitù prediali I (1963) p. 212/13. 27

Dieser Fall liegt aber nicht vor, wenn der Eigentümer das berechtigte Grundstück selber einem anderen zur Nutzung, sei es zu einem dinglichen Recht (Nutznießung, Wohnrecht, Baurecht) oder zu einem persönlichen Recht (Miete, Pacht oder auch, wie im Falle des EBG 75 II 38 = Pr. 38 Nr. 140 zur Leihe) überläßt. 28

Die Dienstbarkeit wird dann weiterhin zur Bewirtschaftung des berechtigten Grundstückes ausgeübt und bleibt dem Inhalt und Umfang der Ausübung nach bestimmt durch die Bedürfnisse dieses Grundstückes. Deshalb steht dem Eigentümer des belasteten Grundstückes dagegen kein Recht der Einsprache wegen Mehrbelastung zu, auch nicht, wenn die Dienstbarkeit nun intensiver ausgeübt wird. 29

Dies kann als herrschende Lehre gelten. Vgl. STAUDINGER-KOBER, Erl. 16 zu § 1019; PLANCK-STRECKER, Erl. 5 zu § 1019; WOLFF-RAISER, § 108 IV, S. 446; MEISNER-STERN-HODES, Nachbarrecht im Bundesgebiet (1970) § 31 II, S. 625; BRANCA, Commentario (1954) ad art. 1067, p. 572; A. BUTERA, Servitù stabilite per fatto dell'uomo (1923) p. 477ss., n. 240. 30

4. Erheblichkeit der Mehrbelastung

Nach dem Wortlaut des Art. 732 VE (1900) hätte die Mehrbelastung erheblich sein müssen, damit der Eigentümer des belasteten Grundstückes den Abwehranspruch gehabt hätte. 31

Die Expertenkommission beschloß Streichung des Wortes «erheblich» (Sitzung vom 11. November 1902, Protokoll S. 9). Die Begründung lautete, jede Überschreitung des Dienstbarkeitsrechtes sei rechtswidrig. Dies trifft wohl zu.

Grunddienstbarkeiten

32 Aber bei der Beurteilung, ob sie vorliege, steht dem Richter ein nicht geringer Bereich freien Ermessens zu. Die Widerrechtlichkeit der Ausübung im Sinne des Art. 739 setzt sowohl die Überschreitung der Dienstbarkeit als auch die dadurch bewirkte Mehrbelastung voraus. Beide Voraussetzungen können überhaupt nur in freier Würdigung der Tatsachen unter dem Gesichtspunkt der Interessenabwägung beurteilt werden.

33 Insbesondere schließt der Begriff der Mehrbelastung das Merkmal der Erheblichkeit in sich. **Eine unerhebliche Mehrbelastung ist überhaupt keine Mehrbelastung.** Die Streichung des Wortes erheblich konnte daran nichts ändern. Sie könnte deshalb als gerechtfertigt betrachtet werden, weil die ausdrückliche Hervorhebung der Erheblichkeit unnötig war.

34 Mit der Streichung sollte indessen wohl eher jeder Anlaß zu der Ansicht beseitigt werden, daß der Richter ganz nach freiem Ermessen entscheide, ob die eingeklagte Ausübung der Dienstbarkeit zulässig sei oder nicht. Das Erfordernis der Erheblichkeit der Mehrbelastung konnte damit nicht ausgeschlossen werden. Im Ergebnis stimmt diese Ansicht überein mit der Meinung LEEMANNS, N. 4 zu Art. 739. Dieser hat sich auch das Bundesgericht angeschlossen mit der Erklärung: «Eine für die Rekurrenten nicht fühlbare Mehrinanspruchnahme fiel nach der zutreffenden und übereinstimmenden Auffassung der Kommentare (LEEMANN und WIELAND) außer Betracht» (EBG **39** II 359 = Pr. **2** Nr. 193). Ebenso KtG-Ausschuß Graubünden, PKG 1963 Nr. 29, S. 110ff.; vgl. N. 75 zu Art. 738.

5. Ausgleich durch Entschädigung

35 Das zürcherische PrGB enthielt in seinem § 708 (258) die Bestimmung, daß der Eigentümer des belasteten Grundstückes eine Mehrbelastung wegen Steigerung des Bedürfnisses des herrschenden Grundstückes infolge bloßer Änderung der Kulturart auf dem herrschenden Grundstück zwar dulden müsse, aber «in erheblichen Fällen» berechtigt sei, Entschädigung zu verlangen. BLUNTSCHLI bemerkte hiezu: «Die bestehenden Rechte und Beschwerden sind nicht absolut starr, sondern müssen sich der Veränderung des Lebens anschmiegen; und die Billigkeit gleicht durch Entschädigung aus, wo die Änderung für den einen Teil ungewöhnlich lästig erscheint.» Glarus und Zug übernahmen die Bestimmung des zürcherischen PrGB. Eugen HUBER, System und Geschichte III, S. 363. Auch in den Beratungen des Vorentwurfs wurde ihre Aufnahme vorgeschlagen, aber mit der Begründung bekämpft, man würde damit eine private Expropriation ermöglichen, und abgelehnt (Sitzung der Expertenkommission vom 11. November 1902, Prot. S. 10).

36 Nach geltendem Recht kann die Überschreitung des Dienstbarkeitsrechtes nicht durch Ersatz des Schadens gerechtfertigt werden, aber es ist nicht ausgeschlossen, daß der Richter das Verbotsbegehren abschlägt und dem Kläger Schadenersatz zuspricht. Dies kann geschehen, wenn damit der vom Kläger geltend gemachte Nachteil vollständig ausgeglichen werden kann, aber doch wohl auch, wenn dies zwar

nicht ganz erreicht werden kann, aber der Erlaß des verlangten Verbotes für den Beklagten einen Nachteil von solcher Schwere zur Folge hätte, daß er in gar keinem Verhältnis zu dem geringen Interesse des Klägers am verlangten Verbot steht. MERZ, N. 397 zu Art. 2. Dies würde sich jedenfalls dann rechtfertigen, wenn der Beklagte sein Recht nicht in schuldhafter oder gegen Treu und Glauben verstoßender Weise überschritten hat. Unter diesen Voraussetzungen, nicht etwa allgemein, dürfte anerkannt werden, was in Frankreich zu gelten scheint:

«Le tribunal est libre d'ailleurs d'accorder une indemnité pour l'aggravation sans faire défense d'user de la servitude.» PLANIOL-RIPERT-BOULANGER, Traité de droit civil français II (1957) n° 3170, p. 1099.

In Deutschland wird diese Möglichkeit in der herrschenden Lehre abgelehnt: 37
WOLFF-RAISER, § 47 I 4, S. 349; H. WESTERMANN, Sachenrecht, 4. Aufl. 1960, § 36 III, S. 188; MEISNER-STERN-HODES, Nachbarrecht im Bundesgebiet, 5. Aufl. 1970, § 38 II 1, S. 753.

Einen Ausgleich durch Entschädigung sollte der Eigentümer des belasteten 38
Grundstückes u. U. auch verlangen können, wenn er die Mehrbelastung ertragen muß, weil sie zurückzuführen ist auf die mit der wirtschaftlichen und technischen Entwicklung eingetretene Wandlung in der Art und in den Mitteln der Grundstücksnutzung. Dafür sei auf die Ausführungen über die Ausübung von Wegrechten mit Motorfahrzeugen im allgemeinen und auf den in N. 34 zu Art. 737 behandelten Fall der Verwendung von Motormähern und Traktoren in der Landwirtschaft hingewiesen, welche Schädigungen an den mit alten Wegrechten belasteten Grundstücken zur Folge hat.

Es darf auch nicht unbeachtet bleiben, daß in vielen Fällen die in der Experten- 39
kommission verabscheute «private Expropriation» doch stattfindet, indem das Begehren um Erweiterung der Dienstbarkeit durch Einräumung einer Legalservitut, insbesondere des Notwegrechts, gutgeheißen wird. Siehe auch NN. 50f. hienach.

6. Anwendungsfälle aus der Gerichtspraxis

Die Unzulässigkeit der Ausübung der Dienstbarkeit wegen Mehrbelastung des 40
dienenden Grundstückes wurde bejaht:

KtG Graubünden, Zivilurteile **1919** Nr. 5, S. 44ff.
   Ein Weinberg wurde in Wiesland umgewandelt und das Wegrecht infolgedessen auch in den Sommermonaten ausgeübt. Das Gericht sah darin eine unzulässige Mehrbelastung, schützte aber das Begehren auf Einräumen des Notweges. (Es erscheint als zweifelhaft, ob das Urteil richtig ist.)

KassG Zürich, BlZR **13** (1914) Nr. 20
   Das Wegrecht an einem Durchgang im Nachbarhaus darf nicht für die Gäste der auf dem herrschenden Grundstück eingerichteten Wirtschaft in Anspruch genommen werden.

ObG Zürich, BlZR **25** (1926) Nr. 79
   Ausübung des Fahrwegrechts für Ein- und Zweispänner mit Motorfahrzeugen nach Erstellung einer Garage auf dem berechtigten Grundstück.
   Siehe dagegen ObG Zürich, SJZ **23**, S. 170ff.; BlZR **26** Nr. 112; **30** Nr. 146; ZBGR **42** Nr. 30.

Grunddienstbarkeiten

AppH Bern, ZBJV **64**, S. 88ff. = SJZ **25**, S. 68
: Wegrecht für ein einfaches Wohnhaus mit Bäckerei wird überschritten, indem es für einen Neubau mit Mietgaragen, welcher an die Stelle des alten Hauses getreten ist, ausgeübt wird.

KtG Baselland, SJZ **27** Nr. 37, S. 20
: Mehrbelastung infolge Erstellung eines Pferdestalles auf dem Grundstück, zu dessen Gunsten das Wegrecht besteht.

ObG Zürich, SJZ **27** Nr. 53, S. 297f.
: Fußweg und Länderecht für einen Weinberg am See; Ausübung für Badezwecke und zur Benutzung eines Bootshauses.

KassG Zürich, SJZ **31**, Nr. 74, S. 361
: Flurwegrecht gemäß Landwirtschaftsgesetz; Überbauung des berechtigten Grundstückes mit einem Wohnhaus. Zu landwirtschaftlichen Zwecken ist die Benutzung des Weges auch mit Traktoren und Landwirtschaftsmaschinen zulässig, nicht aber für Bedürfnisse, die sich nicht aus dem landwirtschaftlichen Betrieb ergeben.

ObG Zürich, SJZ **33** Nr. 49, S. 250 = ZBGR **31** Nr. 101, S. 333ff.
: Erstellung eines Wohnhauses auf bisher landwirtschaftlich genutztem Grundstück. Unzulässige Ausübung des Wegrechts für den Materialtransport zum Bau und als Zugang zum Haus.

EBG **64** II 414 = Pr. **28** Nr. 33
: Altes Fahrwegrecht darf für die Zufahrt mit Motorfahrzeugen ausgeübt werden, nicht aber zum Zwecke der Führung eines Autogewerbebetriebes auf dem herrschenden Grundstück.

EBG **70** II 40 = Pr. **33** Nr. 54
: Die Ausübung des Fahrwegrechtes mit Motorfahrzeugen führt dann zu einer unzumutbaren Mehrbelastung, wenn sie zur Benutzung des Weges für den allgemeinen Verkehr und Autotourismus führen würde (Bürgenstock). Vgl. N. 34 zu Art. 737.

ObG Appenzell AR, SJZ **56** Nr. 5, S. 26
: Die Verwendung des hinteren Teiles der auf Grund eines Überbaurechtes erstellten Garage als Waschküche mit Holzfeuerung wird wegen übermäßiger Immissionen als unzulässige Mehrbelastung beurteilt. – Hier liegt jedoch nicht eine Überschreitung des Überbaurechtes vor, sondern eine Überschreitung des Eigentums im Sinne der Art. 679/84.

EBG 24.11.1966 i.S. SBB c. Riedweg.
: Wasserbezugsrecht für einen Wasserhahnen in der Küche des Bahnwärterhäuschens, Einrichtung von Bad, WC, Waschmaschine.

EBG 18.5.1961 i.S. SBB c. Zürrer.
: Streuland am See in Freienbach (Schwyz) wird überbaut und der Bahnübergang mit Fahrrecht für die Ferienhäuser beansprucht.

41 Die Unzulässigkeit der Ausübung der Dienstbarkeit wegen Mehrbelastung wurde verneint:

KtG Graubünden, Zivilurteile **1911** Nr. 6, S. 60ff. (Gemeinde Sagens gegen Gemeinde Laax).
: Beholzungsrecht an den Laaxer Waldungen zum Zwecke der Versorgung der Sagenser Alpen mit Bau- und Brennholz. Vgl. auch den analogen Prozeß der Schleuiser Alpgenossenschaft gegen die Gemeinde Laax, Zivilurteile **1913** Nr. 10, S. 80ff.

KtG Graubünden, PKG 1972 Nr. 7, S. 38 = ZBGR **55** Nr. 51, S. 341
: Wegrecht; Bau von Autogaragen auf dem berechtigten Grundstück, – PKG 1974 Nr. 3: Vergrößerung der Flaschner-Werkstatt auf dem berechtigten Grundstück. Zufahrt mit Lastwagen.

ObG Zürich, BlZR **13** (1914) Nr. 106
: Das Wegrecht wird nicht überschritten, wenn auf dem bisher landwirtschaftlich genutzten Grundstück ein Garten angelegt wird.

KtG St. Gallen, Entsch. **1916** Nr. 1, S. 1 = ZBGR **26** Nr. 122, S. 308
: Ausübung des Wegrechts zum Zwecke intensiver landwirtschaftlicher Nutzung, nachdem auf diesem Grundstück Bleicherei und Mühle eingegangen sind.
: Vgl. dazu AppH Bern, ZBJV **1**, 1864/65, Nr. 9, S. 403. Die Verwendung eines Wasserrechts zum Betrieb einer Hammerschmiede für eine an deren Stelle tretende Mühle wurde als unzulässig erklärt.
: Dagegen: Jakob LEUENBERGER, Eine Frage aus dem Servitutenrecht, ZBJV **2** (1865) S. 145ff.

ObG Zürich, BlZR **26** Nr. 112
: Befahren des Weges mit Motorfahrzeugen statt mit Ein- und Zweispännerfuhrwerken gemäß Grundbucheintrag. Siehe dazu NN. 24–36 und 81 zu Art. 737 sowie N. 76 zu Art. 738.

AppH Bern, ZBJV **49**, S. 356ff. = ZBGR **6** Nr. 44, S. 140ff.
: Die Aussichtsdienstbarkeit besteht weiter, wenn das Gebäude auf dem herrschenden Grundstück durch einen größeren Neubau ersetzt wird, aber nur in dem Umfang, welcher dem Ausmaß des alten Gebäudes entspricht; auch wenn von ihr nun von den Stockwerken aus Gebrauch gemacht wird, um die das neue Gebäude gegenüber dem alten erhöht wurde, bedeutet dies für das dienende Grundstück keine Mehrbelastung.
: Vgl. zu diesem Tatbestand: BRANCA, Commentario, 1954, ad art. 1067, p. 570; Fr. MESSINEO, Le servitù, p. 155; PLANIOL-RIPERT-PICARD, Traité pratique (1926) n° 984, p. 918; MEISNER-STERN-HODES, Nachbarrecht im Bundesgebiet (1970) § 38 II, S. 751; MEISNER-RING, Bayrisches Nachbarrecht (1951) § 29 II, S. 404/05. Siehe auch N. 23 hievor.
: Die Beschränkung der Aussichtsdienstbarkeit auf den durch das Ausmaß des alten Gebäudes begrenzten Umfang findet in der Literatur keine Stütze und ist unhaltbar.

AppH Bern, ZBJV **95** (1959) S. 229ff.:
: Vermehrte Lehmausbeutung (rascherer Abbau) durch den Dienstbarkeitsberechtigten.

ObG Zürich, BlZR **30** Nr. 121
: Keine unzulässige Mehrbelastung für das mit dem Wegrecht belastete Grundstück, wenn ein Schopf auf dem herrschenden Grundstück (Gartenland) vergrößert wird.

BezG, ObG, KassG Zürich, BlZR **30** Nr. 146
: Wenn eine private Straße bereits dem öffentlichen Verkehr offensteht und die Übernahme durch die Gemeinde bevorsteht, kann die Erstellung einer Großgarage nicht wegen Mehrbelastung des Straßengrundstückes verhindert werden.

ObG Luzern, Max. **10** Nr. 321 = ZBGR **39** (1958) Nr. 42, S. 262f.
: Der Eigentümer des mit dem Wegrecht belasteten städtischen Grundstücks hat die vorübergehende stärkere Inanspruchnahme durch Maschinen- und Materialtransporte für Umbauten auf dem berechtigten Grundstück zu dulden.

AppG Tessin, Repertorio **89** (1956) S. 120ff.
: Die Erhöhung eines auf die Sakristei einer Kirche herüberragenden Hauses um ein Stockwerk bewirkt keine unzulässige Mehrbelastung des dadurch in Anspruch genommenen Kirchengrundstücks, weil dieses nach dem Urteil Sachverständiger dadurch nicht Schaden leidet.
: Dem könnte zugestimmt werden, wenn altrechtliches Stockwerkeigentum vorläge, was aber eher zu verneinen ist, ferner auch wenn ein Überbaurecht besteht und feststünde, daß dies nicht eine nach dem bisherigen Umfang gemessene Dienstbarkeit wäre.

EBG **87** I 311 = Pr. **50** Nr. 155 = ZBGR **45** Nr. 15, S. 119ff.
: Wird Alpgelände zugunsten einer Hotelliegenschaft mit der Dienstbarkeit belastet, als Parkplatz für Motorfahrzeuge zu dienen, liegt in der Ausdehnung der dafür in Anspruch genommenen

Fläche (nach den mit der Verbesserung der Straßenverhältnisse und der zunehmenden Frequenz des Hotels sich vermehrenden Bedürfnissen) keine Überschreitung des Dienstbarkeitsrechtes. EBG **88** II 252 = ZBGR **45** Nr. 23, S. 153ff.

Die vermehrte Ausübung des Wegrechtes als ungemessene Servitut bewirkt nicht eine unzulässige Mehrbelastung, wenn sie die Folge einer intensiveren Nutzung des herrschenden Grundstückes, nicht einer andersartigen Nutzung ist, insbesondere dann nicht, wenn die Auslegung des Dienstbarkeitsvertrages ergibt, daß die Parteien bei der Begründung der Dienstbarkeit die nun eingetretene Änderung in Betracht gezogen hatten. Im übrigen kann der Eigentümer des belasteten Grundstückes eine unzulässige Mehrbelastung auch deshalb nicht geltend machen, weil er durch die Zunahme des Verkehrs in seiner Ladenpassage (von Werdt-Passage in Bern) in der Benutzung seines Grundstückes gemäß dessen Zweckbestimmung gar nicht beeinträchtigt wird.

IV. Abwehr der Überschreitung des Dienstbarkeitsrechtes wegen Mehrbelastung

1. Die Unterlassungs- und Beseitigungsklage als actio negatoria und die Widerklage auf Einräumung einer Legalservitut

42 Wird das Dienstbarkeitsrecht überschritten, entsteht ein Konflikt zwischen zwei am gleichen Grundstück dinglich berechtigten Parteien, zwischen dem Eigentümer und dem an seinem Grundstück dinglich Berechtigten. Mit der Überschreitung des Dienstbarkeitsrechtes wird nicht wie mit der Überschreitung des Eigentums im Sinne des Art. 679 eine Norm des Nachbarrechts verletzt, sondern das Eigentumsrecht des Belasteten. Dies ist eine ungerechtfertigte Einwirkung im Sinne des Art. 641 Abs. 2. N. 25 zu Art. 743.

43 Die Klage zu ihrer Abwehr ist die actio negatoria im ursprünglichen Sinn des römischen Rechtes als Klage gegen denjenigen, der eine Grunddienstbarkeit oder die Nutznießung für sich in Anspruch nimmt und dadurch den Eigentümer im Genuß seiner Sache beeinträchtigt. Sie negiert den behaupteten, gegebenenfalls mit der actio confessoria geltend gemachten Dienstbarkeitsanspruch. Siehe dazu Einl. NN. 74ff.; NN. 173ff. zu Art. 737.

44 Mit der actio negatoria wird geklagt auf Unterlassung der das Dienstbarkeitsrecht überschreitenden Handlungen, gegebenenfalls auf Beseitigung von Anlagen und Einrichtungen, mittelst welcher die ungerechtfertigten Einwirkungen sich vollziehen, wogegen die Schadenersatzklage sich auf Art. 41 OR stützen muß.

45 Die Klage auf Wiederherstellung des früheren Zustandes ist, wenn mit ihr die Beseitigung der Schadensursache verlangt wird, Beseitigungsklage; wenn mit ihr die Beseitigung des mit der widerrechtlichen Ausübung herbeigeführten Zustandes, also der Schädigungsfolge, verlangt wird, Klage auf Ersatz des Schadens durch Naturalleistung. Siehe v. Tuhr-Siegwart I, § 48 IV, S. 375; v. Tuhr, Allg. Teil des BGB III S. 471; E. Stark, Das Wesen der Haftpflicht des Grundeigentümers (1952) S. 203; ObG Zürich, SJZ **33** Nr. 62, S. 329.

46 Zur Frage der Passivlegitimation, wenn nicht der Eigentümer, sondern der zur Nutzung des herrschenden Grundstückes dinglich oder persönlich Berechtigte die Dienstbarkeit ausgeübt hat, siehe NN. 107–117 und 192–198 zu Art. 737.

Wird auf Beseitigung oder Unterlassung geklagt, kann der Richter den Beklagten 47
auch bloß zur Durchführung von Maßnahmen verurteilen, mit welchen die Ausübung der Dienstbarkeit auf das ihrem Inhalt und Umfang entsprechende Maß zurückgeführt oder die daraus entstandene Mehrbelastung behoben werden kann.

In manchen Fällen kann der Beklagte, wie vorn (N. 39) bemerkt wurde, der 48
Unterlassungs- oder Beseitigungsklage mit der Widerklage auf Einräumung einer Legalservitut zur Erweiterung seines Rechtes begegnen, wenn die Voraussetzungen für die Beanspruchung eines solchen Notrechts gegeben sind. Vgl. dazu NN. 87ff. der Einleitung. In Betracht kommen das Überbaurecht (Art. 674), das Durchleitungsrecht (Art. 691), das Notwegrecht (Art. 694) und das Notquellenrecht (Art. 710). Zum Anspruch auf Einräumung des Überbaurechts bei Überschreitung der (räumlichen) Dienstbarkeitsgrenze siehe N. 109 zu Art. 734, ZBJV **95**, S. 28ff. und NN. 203ff. zu Art. 737. Die Einräumung einer Legalservitut kann nur gegen Entschädigung verlangt werden.

2. Zusprechung einer Entschädigung als Maßnahme des Ausgleichs

Auch wenn die besonderen Voraussetzungen der Einräumung einer Legalservitut 49
nicht gegeben sind, kann der Richter unter besonderen Umständen die Beseitigungs- oder Unterlassungsklage abweisen und dem Kläger eine Entschädigung zusprechen, gegen welche er die Überschreitung des Dienstbarkeitsrechtes zu dulden hat. Die Zusprechung der Entschädigung ist da gewissermaßen eine Maßnahme zum Ausgleich der Mehrbelastung. Sie kann unter den in NN. 36ff. hievor genannten Voraussetzungen erfolgen. Sie kann sich aber auch in anderen Fällen aufdrängen, etwa den folgenden:

Das Quellenrecht ist auf die Entnahme von 100 ML Wasser beschränkt, ist also 50
eine gemessene Dienstbarkeit. Die Fassung, welche zu diesem Zweck erstellt wird, fördert, ohne daß dies beabsichtigt war, 120 ML Wasser. Das Klagebegehren des Eigentümers des Quellengrundstückes, es sei die Fassung und Fortleitung des die 100 ML übersteigenden Wassers zu unterlassen, könnte nicht wohl gutgeheißen werden, besonders dann nicht, wenn das zuviel gefaßte Wasser als Überlauf ungenutzt abfließen oder an Ort und Stelle versickern würde. Die Klage könnte in diesem Fall auch als rechtsmißbräuchlich abgewiesen werden. Aber besser gerecht würde der Sach- und Interessenlage namentlich dann, wenn der Kläger das Wasser selber auch in Zukunft nicht nutzen könnte, die Erweiterung des Quellenrechts auf 120 ML gegen volle Entschädigung.

Die Gemeinde hat einem Gewerbetreibenden ein Baurecht zur Erstellung einer 51
Werkstätte mit Wohnstock bestellt; der wirtschaftliche Erfolg bleibt aus, der Bauberechtigte kann das Gebäude nur nutzbringend verwenden, wenn er es zu einem Miethaus umbaut. Für die Gemeinde würde daraus eine gewisse Mehrbelastung entstehen; deswegen und nicht weil die Dienstbarkeit in zweckwidriger Weise ausgeübt würde, verbietet sie den Umbau. Da die Mehrbelastung durch eine Entschädi-

gung ausgeglichen werden kann, sollte der Richter in diesem Sinne entscheiden dürfen.

52 Wenn da auch nicht ein nachbarrechtliches Verhältnis vorliegt, so wird es doch, wie in N. 28 zu Art. 736 und in N. 70 zu Art. 737 ausgeführt ist, vom Grundgedanken des Nachbarrechts erfaßt. Dieser verlangt einen Interessenausgleich nach dem Grundsatz der Proportionalität. Siehe dazu auch NN. 65ff. und 170f. zu Art. 736 und neben N. 70 auch N. 210 zu Art. 737. Unter diesem Gesichtspunkt rechtfertigt sich hier die bloße Zusprechung einer Entschädigung unter besonderen Umständen, als Maßnahme des Ausgleichs so gut wie in der Anwendung des Nachbarrechts. In seiner Praxis zum Art. 679 hat das Bundesgericht die Wahrung des Proportionalitätsgrundsatzes durch Abwägung der Interessen in den letzten Jahrzehnten zwar meistens abgelehnt. EBG **68** II 374 Erw. 4 = Pr. **32** Nr. 39, **83** II 384 = Pr. **46** Nr. 153 (besprochen in der ZBJV **95**, S. 24f.) gegen EBG **40** II 30 = Pr. **3** Nr. 46, **55** II 245 = Pr. **19** Nr. 9, S. 24, **79** I 205/06 und ObG Zürich, SJZ **52** Nr. 42, S. 77f.

53 Der Schadenersatz im Sinne des Art. 679 hat jedoch, wie die hier zur Erörterung stehende Entschädigung, mehr den Charakter einer Ausgleichsumme als den des Ersatzes des durch unerlaubte Handlung verursachten Schadens. Diese Auffassung ist in jüngster Zeit namentlich von HARRY WESTERMANN vertreten worden in seinem Beitrag zur Festschrift Maridakis, Athen 1963: Die Änderung des Nachbarrechts und der Gewerbeordnung als Beispiel für das Verhältnis von richterlicher und gesetzgeberischer Fortbildung des Rechts, Bd. 2, S. 674. Vgl. dazu auch H. MERZ, Die Generalklausel von Treu und Glauben, ZSR **80** (1961) S. 335ff., besonders S. 356. WESTERMANN H., Sachenrecht, 5. Aufl. 1966 § 63 II 2b bb, S. 310; siehe auch N. 116 zu Art. 737.

3. Unmöglichkeit der Ausübung überhaupt infolge der Gutheißung der Klage wegen Überschreitung des Rechtes

54 Wenn das berechtigte Grundstück in anderer Weise als bisher benutzt und bewirtschaftet wird und darauf die Überschreitung des Dienstbarkeitsrechtes zurückzuführen ist, ist eine Reduktion der Ausübung auf das frühere Maß oft ausgeschlossen. Sie ist besonders dann nicht durchführbar, wenn die neue Art der Bewirtschaftung durch Gebäude und andere bauliche Anlagen festgelegt ist. Wenn weder die Voraussetzungen für die Erweiterung der Dienstbarkeit durch Einräumung einer Legalservitut gegen Entschädigung, noch für die Behebung der Mehrbelastung durch Entschädigung gegeben sind und die Unterlassungsklage gutgeheißen wird, hat dies zur Folge, daß die Dienstbarkeit überhaupt nicht mehr ausgeübt werden kann.

55 Wenn eine Liegenschaft mit der Dienstbarkeit belastet ist, daß der Brunnen oder daß der Badeplatz am Seeufer oder das Bootshaus von den Bewohnern einer Villa auf dem dahinter gelegenen Grundstück mitbenutzt werden dürfe und anstelle der Villa ein großes Miethaus gebaut wird, braucht der Eigentümer des belasteten Grundstückes die Ausübung der Dienstbarkeit durch die Bewohner dieses neuen Hauses nicht zu dulden. Wird sein Verbot vom Richter gutgeheißen, kann die Dienstbarkeit überhaupt nicht mehr ausgeübt werden, da die Zurückführung auf das ursprüngliche Maß nicht möglich ist. Es können ja nicht aus den hundert Bewohnern des Hauses fünf ausgewählt werden, denen die Ausübung des Rechtes gestattet wäre, und auch wenn dies möglich wäre, indem die Dienstbarkeit den jeweiligen Mietern einer bestimmten Wohnung reserviert würde, erhielte sie doch einen anderen Charakter. DEJANA in Grosso e Dejana, Le servitù prediali 3ᵃ ed. 1963, vol. II, p. 887.

Mit dem Verbot der Ausübung würde die Dienstbarkeit noch nicht aufgehoben. **56** Wohl aber können damit die Voraussetzungen des Anspruchs auf Aufhebung oder auf Ablösung gemäß Art. 736 Abs. 1 oder 2 erfüllt sein. Vgl. dazu NN. 117ff. zu Art. 734 und die Ausführungen LEEMANNS, NN. 8–11 zu Art. 739.

4. Besitzesschutz

Wie der mit schädlichen Einwirkungen vom nahen Grundstück her bedrohte **57** Nachbar mit Vorteil sich mit den Mitteln des Besitzesschutzes wehrt, bevor die baulichen Anlagen, deren Benutzung die befürchteten Immissionen bewirkt, erstellt und in Betrieb genommen sind, so gelingt auch dem Eigentümer des belasteten Grundstückes die Verhinderung der Mehrbelastung leichter, wenn er seine Rechte im Besitzesschutzverfahren zu wahren sucht, bevor die baulichen Änderungen auf dem herrschenden Grundstück, auf welchem sich die Überschreitung der Dienstbarkeit ergeben wird, durchgeführt sind.

Insbesondere wird er von der Befugnis zur Baueinsprache Gebrauch machen, **58** wozu N. 153 zu Art. 737 zu vergleichen ist.

In vielen Fällen wird die Streitsache, auch davon abgesehen, im summarischen **59** Besitzesschutzverfahren praktisch erledigt werden können, weil sich der Eigentümer des herrschenden Grundstückes mit der richterlichen Verfügung abfindet. Von diesem Verfahren und seinen Voraussetzungen handeln eingehend die NN. 126ff. zu Art. 737.

5. Grundbuchliche Behandlung des Urteils

Das Urteil bedarf nach der Ansicht LEEMANNS (N. 12 zu Art. 739) und WIELANDS **60** (Bem. 4 zu Art. 739) der Eintragung im Grundbuch, um für und gegen den gutgläubigen Dritten wirksam zu werden. Dies trifft aber nicht unbedingt zu. Der materiellrechtliche Gehalt des Urteils liegt in der Feststellung des Inhaltes und Umfanges der Dienstbarkeit auf Grund des Eintrages, des Erwerbstitels oder der unwidersprochenen Ausübung in gutem Glauben während längerer Zeit. Das Urteil bestimmt durch Interpretation den Sinn, welchen diese Willensäußerungen für den gutgläubigen Dritten haben (NN. 10, 70f., 78ff. zu Art. 738). Es kann deshalb dem Dritterwerber nicht wohl zugestanden werden, daß er, weil er diese Willensäußerungen anders gedeutet hat, im Erwerb gemäß dieser seiner anderen Auslegung geschützt werde.

Grunddienstbarkeiten

61 Wenn der Eigentümer des belasteten Grundstückes, dessen Unterlassungs- oder Beseitigungsklage rechtskräftig abgewiesen ist, das Grundstück verkauft, kann dem Erwerber die Einrede der res iudicata sicher entgegengehalten werden, wenn er die gleiche Klage anhängig macht. In der deutschen ZPO ist dies ausdrücklich gesagt (im § 325). STAUDINGER-KOBER, § 1004, N. 53. Es gilt auch im schweizerischen Recht, da es aus allgemeinen Grundsätzen der Rechtsschutzordnung folgt. Siehe M. KUMMER, Das Klagerecht und die materielle Rechtskraft im schweizerischen Recht, 1954, S. 203f.; M. GULDENER, Schweizerisches Zivilprozeßrecht, 2. Aufl. 1958, S. 308f.

62 Stellt das Urteil fest, daß der Eintrag der Dienstbarkeit im Grundbuch unrichtig ist, hat die Partei, zu deren Nachteil diese Unrichtigkeit sich auswirken kann, Anspruch auf Berichtigung des Grundbuches gemäß Art. 975. Unterbleibt die Berichtigung, ist der gutgläubige Erwerber in seinem Vertrauen auf die Richtigkeit des Eintrages geschützt. Sie kann ihm gegenüber nicht mehr durchgesetzt werden (Art. 975 Abs. 2).

63 Dies ist der Fall, in welchem die dem Urteil entsprechende Berichtigung des Grundbuches, welche LEEMANN und WIELAND a.a.O. als Eintragung des Urteils in das Grundbuch bezeichnen und allgemein als Voraussetzung für die Wirksamkeit gegen Dritte ansehen, **nötig ist**.

V. Intertemporales Recht

64 Die notwendige Grundlage der Anwendung des Art. 739 ist die Feststellung des Inhaltes und des Umfanges der Dienstbarkeit. Diese hat nach den Regeln des Art. 738 zu erfolgen. Der Art. 739 setzt sie voraus. Er hat nur die Frage zum Gegenstand, ob in der beanstandeten Ausübung eine Überschreitung des Rechtes liege, welche sich in einer Mehrbelastung des dienenden Grundstückes auswirke. Dies ist ausschließlich eine Frage des neuen Rechtes, gleichgültig, ob die Dienstbarkeit vor oder nach dem 1. Januar 1912 begründet worden ist.

Art. 740

4. Nach kantonalem Recht und Ortsgebrauch. **Der Inhalt der Wegrechte, wie Fußweg, gebahnter Weg, Fahrweg, Zelgweg, Winterweg, Holzweg, ferner der Weiderechte, Holzungsrechte, Tränkerechte, Wässerungsrechte und dergleichen, wird, soweit sie für den einzelnen Fall nicht geordnet sind, durch das kantonale Recht und den Ortsgebrauch bestimmt.**

Materialien: VE (1900) Art. 733; E (1904) Art. 731; Erl. II, S. 146; ExpKomm. III. Session, Prot. vom 11. November 1902, S. 10.

Ausländisches Recht. EGzBGB Art. 128 und 197. In Österreich sind die im Art. 740 ZGB der kantonalen Gesetzgebung und dem Ortsgebrauch vorbehaltenen Bestimmungen im ABGB selber getroffen worden, in den §§ 477, 490–503. Dies ist eine sehr eingehende und aufschlußreiche Regelung, deren Heranziehung zur Interpretation und Ergänzung unseres kantonalen Rechtes, namentlich desjenigen der bernischen Kodifikationsgruppe, sich als nützlich erweist. Besonderen Rechtszuständen in einzelnen Teilen der Monarchie kamen entgegen: das Gesetz vom 17. März 1897, welches für Tirol vom Eintragungszwange befreit «die als Felddienstbarkeiten sich darstellenden Wege- und Wasserleitungsservituten», insofern sie sich auf Ersitzung gründen; das Gesetz vom 24. Februar 1905, welches für Vorarlberg vom Eintragungszwang ebenfalls ausnimmt «alle als Felddienstbarkeiten sich darstellenden Wege-, Wasserleitungs- und Holzriesenservituten».

Der C.c.it. verweist in Art. 1084 für den Inhalt von Wasserbezugsrechten auf den Ortsgebrauch (usi locali).

Literatur. Den Vorbehalt des kantonalen Privatrechts im ZGB sowie den Ortsgebrauch und die Übung behandeln die Kommentare zum ZGB in der Erläuterung des Art. 5, namentlich:

A. Egger, im Zürcher Kommentar (dem vorliegenden), 2. Aufl. 1930;

M. Gmür, im alten Berner Kommentar, 2. Aufl. 1919;

P. Liver, im neuen Berner Kommentar, Einleitungsartikel, 1962.

Zum Gegenstand besonderer Untersuchungen sind die unter den Art. 740 fallenden Dienstbarkeiten nicht gemacht worden. Eine Übersicht über das Dienstbarkeitsrecht der früheren kantonalen Gesetzbücher gibt Eugen Huber, System und Geschichte des schweizerischen Privatrechts III, S. 395ff.

Da das auf Grund des Art. 740 geltende kantonale Recht in die EGzZGB zum größten Teil aus dem früheren Recht übernommen worden ist, haben namentlich die Darstellungen und Erläuterungen des Rechtes der kantonalen Zivilgesetzbücher auch praktische Bedeutung behalten. Die bedeutendsten von ihnen sind die folgenden:

Johann Caspar Bluntschli, Privatrechtliches Gesetzbuch für den Kanton Zürich, mit Erläuterungen, 4 Bde., 1855–1856; für die nach dem Erlaß des Schweizerischen OR in Kraft gebliebenen Teile übernommen und weitergeführt von A. Schneider, 1888;

P.C. Planta, Bündnerisches Civilgesetzbuch, mit Erläuterungen des Gesetzesredaktors, 1863;

K.G. König, Civilgesetzbuch für den Kanton Bern, Commentar, 3 Bde., 1879–1884;

B.E.J. Cropt, Théorie du Code Civil du Valais, 2 vol., 1858–1860;

H. Jacottet, Le droit civil Neuchâtelois, 3 vol., 1877–1879;

Virgile Rossel, Manuel du droit civil des Cantons de la Suisse romande, 1886.

Im übrigen ist die Literatur zum kantonalen Privatrecht verzeichnet bei Huber-Mutzner, 2. Aufl. von System und Geschichte des schweizerischen Privatrechts, 1932, S. 16ff., 93ff.

Spezielle Arbeiten über Dienstbarkeiten des früheren kantonalen Rechts oder des ZGB mit besonderer Berücksichtigung des kantonalen Rechts, zum Teil im Zusammenhang mit dem Nachbarrecht, sind:

E. Arbenz, Über die Grunddienstbarkeiten zugunsten von Personen nach zürcherischem Recht, 1858;

H. Honegger, Die Entstehung von Grunddienstbarkeiten ohne Eintrag in das Grundbuch nach zürcherischem Recht, ZSR n.F. 11, S. 1ff.; Hans Huber, Das Flurwegrecht des Kantons Zürich, Diss. Zürich 1944; F. Ringger, Die Privatstraßen nach ZGB und zürcherischem Recht, Diss. Zürich 1959;

O. Haeberli, Begriff, Entstehung und Untergang der bernischen Grunddienstbarkeit, Diss. Bern 1914;

F. Schmid, Die dinglichen Rechte an Immobilien im Kanton Uri, Diss. Bern 1910; L. Arnold, Die Bereinigung der Dienstbarkeiten und Grundlasten im Kanton Uri, Diss. Freiburg 1949;

Vital Schwander, Die Grunddienstbarkeiten, mit besonderer Berücksichtigung des Schweizerischen ZGB und des schwyzerischen Rechts, Diss. Bern 1910;

Grunddienstbarkeiten

J. Hitz, Das Nachbarrecht des Kantons Graubünden, Diss. iur. Bern 1912; J. Camèn, Wegrechte nach bündnerischem Verwaltungsrecht, Diss. Freiburg 1932; C. Berther, Das bündnerische Flurrecht, Diss. Freiburg 1942; J.M. Curschellas, Die Gemeinatzung, Diss. Freiburg 1926;
M. Röthlisberger, Das bernische ländliche Nachbarrecht, mit bes. Berücksichtigung der emmentalischen Einzelhofwirtschaft, Diss. iur. Bern 1916 (Abh. z. schweiz. Recht 68);
Carl Moser, Das sanktgallische Nachbarrecht, Diss. Bern 1898; J. Elser, Das sanktgallische Recht der Güterstraßen, ZblStGV **25** (1924), S. 129ff.;
Waldo Riva, I diritti reali limitati, problemi di registro fondiario ticinese, Diss. Bern 1934; F. Bolla, Servitù di passo pubblico e competenza dell'autorità giudiziaria, Repertorio **75** (1942) p. 330 ss.;
Arlette Bernel, Le droit du Code civil français applicable au Jura bernois, Diss. iur. Bern 1955;
Richard Zürcher, Die Wegrechte des schweizerischen Privatrechts, Diss. Zürich 1947.

Kantonale Gesetzgebung. Die Bestimmungen, auf welche der Art. 740 verweist, finden sich, soweit solche überhaupt vorhanden sind, zur Hauptsache in den kantonalen Einführungsgesetzen zum Zivilgesetzbuch. Diese liegen gesammelt vor in den Ergänzungsbänden zum (vorliegenden) Zürcher Kommentar: VI 1–3, herausgegeben von Bundesrichter Dr. W. Schönenberger, 1939–1941. Seither sind verschiedene dieser Gesetze gesamthaft revidiert worden:
St. Gallen 1942/47; Graubünden 1944; Solothurn 1954; Appenzell AR 1969.

Neben den EGzZGB kommen für einige Kantone ihre Flurgesetze oder Landwirtschaftsgesetze in Betracht:
Waadt, Code rural, vom 22. November 1911, mit Abänderungen bis 1938, bei Schönenberger III, S. 558ff.; Neuchâtel, Code rural, vom 15. Mai 1899; Aargau, Flurgesetz vom 27. März 1912; Schaffhausen, Flurgesetz vom 10. März 1880; Thurgau, Flurgesetz vom 3. Mai 1898; Zürich, Landwirtschaftsgesetz vom 24. September 1911, revidiert 22. September 1963.

Einschlägige Vorschriften können sich auch in grundbuchrechtlichen Erlassen und in der Forstgesetzgebung finden.

Die Bestimmungen der kantonalen EGzZGB sind in der Legalordnung zusammengestellt bei K.A. Brodtbeck, Das kantonale Einführungsrecht zum ZGB, 1912, mit den Texten des Jahres 1911, in welchem diese Gesetze erlassen wurden.

Liver P., Das Eigentum (1977) § 38 Wegrechte.

Inhaltsübersicht

I. Der Vorbehalt des kantonalen Rechtes
  1. Inhalt und rechtliche Bedeutung. NN. 1–11
  2. Rechtspolitische Begründung. NN. 12–15
  3. Der Inbegriff der dem kantonalen Recht unterstellten Dienstbarkeiten. NN. 16–19

II. Dienstbarkeiten und gesetzliche Eigentumsbeschränkungen. NN. 20–29

III. Vorschriften des kantonalen Rechts
  1. Ihr Gegenstand im allgemeinen. NN. 30–41
  2. Vorschriften über den Inhalt einzelner Rechte in den kantonalen EGzZGB.
     a) Fußwegrecht. N. 42; b) Viehtrieb. N. 43; c) Fahrwegrecht. N. 44; d) Gebahnter Weg. N. 45; e) Winterweg. N. 46; f) Reistweg. N. 47; g) Tränkeweg. N. 48; h) Zelgweg. N. 49; i) Wässerungsrecht. N. 50; k) Weiderecht. N. 51

IV. Inhaltsbestimmung durch die Praxis auf Grund des kantonalen Rechts
  1. Wegrechte
     a) Fußwegrecht. N. 52; b) Fahrwegrecht. N. 53; c) Viehtrieb. N. 54
  2. Schneefluchtrecht. N. 55
  3. Holznutzungsrecht. N. 56

V. Intertemporales Recht. NN. 57–67

I. Der Vorbehalt des kantonalen Rechts

1. Inhalt und rechtliche Bedeutung

Im Art. 740 haben wir einen der wichtigeren Vorbehalte kantonalen Rechtes vor uns. Es ist ein echter Vorbehalt. Mit ihm wird vom Grundsatz der ausschließlichen Geltung des eidgenössischen Zivilrechts für alle privatrechtlichen Verhältnisse eine Ausnahme gemacht. Der Vorbehalt ist ferner ein zuteilender Vorbehalt (P. Liver, NN. 23 und 30ff. zu Art. 5 ZGB), weil die Regelung der da genannten Dienstbarkeiten (in den folgenden Ausführungen wie in den Erl. zu Art. 5 kurz als «landwirtschaftliche Dienstbarkeiten» bezeichnet) hinsichtlich ihres Inhaltes der kantonalen Gesetzgebung zugeteilt ist. Die von den Kantonen in Ausübung dieser Zuständigkeit erlassenen Vorschriften sind nicht Ausdruck von Regeln, welche, wie die Übung und der Ortsgebrauch gemäß Art. 5, den Inhalt eidgenössischer Rechtssätze näher bestimmen, sondern sie sind Normen des kantonalen Privatrechts. Die Kantone sind deshalb befugt, innerhalb dieses Vorbehaltsgebietes neues Recht zu setzen, also ihre alten Vorschriften zu ändern und zu ergänzen. Dies wird verkannt von Rossel und Mentha III, n° 1378, p. 20. 1

Soweit die Kantone von ihrer Zuständigkeit keinen Gebrauch machen, gelten allerdings die Grundsätze des eidgenössischen Rechtes über die Bestimmung des Inhaltes und Umfanges auch für die unter den Art. 740 fallenden Dienstbarkeiten. Dies trifft aber auch hinsichtlich des Vorbehaltes im Art. 59 Abs. 3 zu: In allen Punkten, in denen der Kanton keine Bestimmungen über «Allmendgenossenschaften und ähnliche Körperschaften» aufgestellt hat, gilt eidgenössisches Recht. P. Liver, NN. 50ff. zu Art. 5, besonders NN. 56ff. 2

Dies ist mit Bezug auf die hier zur Erörterung stehenden Dienstbarkeiten um so uberzeugender, als von ihnen überhaupt nicht gesagt wird, sie seien Institute des kantonalen Rechtes; nur mit Bezug auf den Inhalt ist für sie kantonales Recht maßgebend, während sie in jeder anderen Hinsicht dem Dienstbarkeitsrecht des ZGB unterstellt sind. Ebenso Leemann, N. 2 zu Art. 740, und ObG Luzern, Max. **10** Nr. 391 = ZBGR **39** Nr. 30, S. 218. 3

Weil eine Lücke des Gesetzes nicht entsteht, wenn die Kantone es an eigenen Vorschriften fehlen lassen, und weil in ihrem Verzicht auf den Erlaß eigener Normen auch nicht eine Entscheidung negativen Inhaltes liegen kann, wie z.B. im Verzicht auf die Festsetzung gesetzlicher Grenzabstände für Bauten und Pflanzungen (Liver, N. 24 zu Art. 5), steht der Vorbehalt des Art. 740 den «ermächtigenden Vorbehalten» nahe. Deren Besonderheit liegt gerade darin, daß eidgenössisches Recht gilt, wenn die Kantone von der Ermächtigung, es zu ergänzen, keinen Gebrauch machen. 4

Das kantonale Recht, nach dem sich der Inhalt der landwirtschaftlichen Dienstbarkeiten bestimmt, kann auch Gewohnheitsrecht sein. P. Liver, N. 39 zu Art. 5. 5

Grunddienstbarkeiten

6   Seine Ergänzung kann es im Ortsgebrauch finden. Der Art. 740 verweist ausdrücklich auf das kantonale Recht und den Ortsgebrauch. Der Ortsgebrauch hat hier aber nicht wie im Art. 5 die Bedeutung einer den Inhalt eines eidgenössischen Rechtssatzes bestimmenden Übung. Liver, NN. 87/88 zu Art. 5. Hier ist der Ortsgebrauch Ausdruck kantonalen Rechts; er ergänzt dieses. Er vermag es aber nicht zu ersetzen, wie nach dem Wortlaut des Art. 740 angenommen werden könnte. Es ist erforderlich, daß das kantonale Recht auf ihn verweist, wie es erforderlich ist, daß das eidgenössische Recht auf ihn verweist, damit er im Sinne des Art. 5 Geltung haben kann. Berner Kommentar, NN. 42f. zu Art. 5.

7   Wenn dem Ortsgebrauch der gesetzliche Geltungsgrund fehlt, weil das kantonale Recht nicht auf ihn verweist, kann er doch einen rechtsgeschäftlichen Geltungsgrund haben. Dieser ergibt sich aus der begründeten Vermutung, daß die Parteien die Dienstbarkeit im Zweifel mit dem Inhalt begründet und ausgeübt haben, den sie nach der am Ort herrschenden Auffassung und Übung zu haben pflegt. AppH Bern, ZBJV 90, S. 185f. Über die Unterscheidung dieser beiden verschiedenen Funktionen des Ortsgebrauchs siehe P. Liver, NN. 67ff., 80ff. zu Art. 5 und NN. 105ff. zu Art. 738.

8   Da das kantonale Recht, mag es durch gesetzliche Bestimmungen oder durch den Ortsgebrauch zum Ausdruck kommen, einer der Bestimmungsgründe des Dienstbarkeitsinhaltes ist, stellt der Art. 740 es an die Seite der übrigen, im Art. 738 genannten Bestimmungsgründe. Ihre systematisch richtige Stelle hätte die Vorschrift des Art. 740 als Abs. 3 des Art. 738, wie Rossel und Mentha mit Recht bemerken (III n° 1376, p. 19). Der Art. 740 ist, wie im Urteil des AppH Bern, ZBJV 90 (1954), gesagt wird, «eine die allgemeine Regel des Art. 738 ergänzende Spezialbestimmung».

9   Damit ist erkannt, daß auch das kantonale Recht, wie der Erwerbstitel und die unangefochtene Ausübung während längerer Zeit in gutem Glauben, den Inhalt der Dienstbarkeit nur im Rahmen des Eintrages zu bestimmen vermag.

10   Die zweite Schranke findet es an den rechtsgeschäftlichen Inhaltsbestimmungen, denn es ist dispositives Recht und gilt, wie es im Art. 740 selber heißt, nur «soweit die Dienstbarkeiten für den einzelnen Fall nicht geordnet sind». Dies soll eben nichts anderes heißen, als daß der Inhalt der Dienstbarkeit sich nur dann nach den Vorschriften des kantonalen Rechtes bestimmt, wenn ihn die Parteien nicht anders bestimmt haben, sei es im Begründungsvertrag, sei es durch Anerkenntnis im Grundbucheinführungs- oder Bereinigungsverfahren, sei es durch die in der Art der Ausübung zum Ausdruck gekommene Übereinstimmung des Wissens und des Willens.

11   Wie schon in N. 4 zu Art. 738 bemerkt wurde, ist die Zahl der Dienstbarkeiten immer noch groß, die nicht eingetragen sind, wo das eidgenössische Grundbuch oder ein ihm in der Wirkung gleichgestelltes kantonales Grundbuch noch nicht eingeführt ist. Da hat der Art. 740 entscheidende Bedeutung in einem weiteren Anwen-

dungsgebiet. Auch unter den Dienstbarkeiten, die nach dem Grundbuchrecht nicht mehr begründet werden können und deshalb im Grundbuch nur angemerkt werden können (SchlT Art. 45), finden sich landwirtschaftliche Dienstbarkeiten, für deren Inhalt kantonales Recht oder Ortsgebrauch maßgebend ist ohne Beschränkung durch einen Eintrag, da der Anmerkung diese Wirkung nicht zukommt. Da die meisten dieser Dienstbarkeiten altüberkommene Rechte sind, für die auch kein Erwerbstitel vorliegt, so ist die Anwendung des kantonalen Rechts oder des Ortsgebrauchs auch durch diesen nicht beschränkt.

2. Rechtspolitische Begründung

Der Vorbehalt des kantonalen Rechtes im Art. 740 hat den gleichen rechtspolitischen Grund wie die übrigen zuteilenden Vorbehalte. Am allernächsten steht ihm der Vorbehalt kantonaler nachbarrechtlicher Bestimmungen in den Art. 686, 688, 695, 697 und 709. Es liegt schon im Begriff des Nachbarrechtes, daß es Rechtsverhältnisse zum Gegenstand hat, deren Auswirkungen räumlich eng begrenzt sind, so daß das praktische Bedürfnis nach Vereinheitlichung nicht besteht. Der enge räumliche Wirkungsbereich läßt die örtlichen Besonderheiten in der Ausgestaltung dieser Rechtsverhältnisse besonders stark zur Geltung kommen. Dies trifft auf die landwirtschaftlichen Dienstbarkeiten in ganz gleicher Weise zu wie auf die nachbarrechtlichen, d.h. gesetzlichen Eigentumsbeschränkungen, welche als Flurordnung die Bewirtschaftung des landwirtschaftlich genutzten Bodens durch gegenseitige genossenschaftliche Bindung und Berechtigung ermöglichen oder doch erleichtern.

Servitutarische und gesetzliche Beschränkungen des Grundeigentums können den genau gleichen Inhalt haben und dienen dem gleichen Zweck, die einen in individueller, die anderen in genereller Gestaltung des Rechtsverhältnisses zwischen Liegenschaften. Sie verschaffen diesen, wo er fehlt, den nötigen Zugang, die Wege für den Abtransport des geschlagenen Holzes, die fehlende Tränke, die Ergänzung durch Weide- und Holzungsrechte.

Diese Bedürfnisse und die Möglichkeiten und Mittel ihrer Befriedigung hängen ab von der geographischen Lage und topographischen Gestalt des Nutzungslandes sowie von der Wirtschaftsweise und ihren technischen Hilfsmitteln. Altüberkommene Anschauungen und tief eingelebte Gewohnheiten beherrschen diese Verhältnisse noch.

Dies alles ist von Landesgegend zu Landesgegend, von Tal zu Tal, von Höhenstufe zu Höhenstufe, von Ort zu Ort so verschieden, daß eine inhaltliche Normierung selbst für das Territorium eines Kantons, der Flachland, Hügelland, Voralpen- und Alpengebiet umfaßt, der bestehenden Rechtswirklichkeit nicht wohl gerecht werden könnte und zu unnötigen Eingriffen in Rechtsgewohnheiten führen würde, die das Ergebnis einer von Erfahrung und Einsicht getragenen Rechtsbildung aus den eigenen besonderen Bedürfnissen heraus sind.

3. Der Inbegriff der dem kantonalen Recht unterstellten Dienstbarkeiten

16 Die rechtspolitische Begründung des Vorbehaltes trifft nur auf Dienstbarkeiten zu, die zum Bestande der lokalen Bodennutzungsordnung gehören und aus ihr die Besonderheit des Zweckes und Inhaltes empfangen. Im Geltungsbereich des Art. 740 sind dies nur die der landwirtschaftlichen Bodennutzung dienenden Servituten. Fast alle der im Art. 740 angeführten Rechte sind denn auch solche Dienstbarkeiten. Zelgweg, Winterweg, Holzweg, dann die Weiderechte, Tränkewege und Wässerungsrechte kommen nur als landwirtschaftliche Dienstbarkeiten vor. Die übrigen Rechte, welche da aufgezählt sind, dienen ebenfalls der landwirtschaftlichen Bodennutzung, aber nicht ausschließlich. Wegrechte ganz allgemein, der Fußweg, der gebahnte Weg, der Fahrweg und schließlich auch Holzungsrechte samt Holzweg können auch anderen als landwirtschaftlichen Liegenschaften dienen.

17 Sicher besteht gar kein Grund, Wegrechte schlechthin dem kantonalen Recht zu unterstellen, also auch Wegrechte, die für den modernen Verkehr begründet worden sind.

Aber die Beschränkung auf die landwirtschaftlichen Wegrechte und Holzrechte und Holzwege findet sich nirgends ausgesprochen, im ZGB nicht, in den Materialien nicht und auch in der Literatur nicht. Auch das kantonale Recht selber hat sich diese Beschränkung nicht auferlegt. Auch das Bundesgericht hat von einem Fahrwegrecht, das für die Zufahrt zu einer Fabrikliegenschaft in Aarau begründet worden war, erklärt: «Er wäre übrigens (nämlich der gesetzliche Inhalt) gleichfalls nicht nach Bundesrecht, sondern (kraft der in Art. 740 ZGB vorgesehenen Ausnahme von Art. 17 Abs. 2 SchlT) nach dem jetzt geltenden kantonalen Recht und Ortsgebrauch zu bestimmen.» EBG **79** II 404 = ZBGR **39** Nr. 21, S. 160ff.

18 Der fehlende rechtspolitische Grund scheint zu keinen Bedenken Anlaß gegeben zu haben. Angesichts dieser communis opinio wird man die Ausscheidung der nicht landwirtschaftlichen Wegrechte und Holzungsrechte unterwegen lassen. Dies kann auch ohne Schaden geschehen, weil die Inhaltsbestimmung nach dem Zweck in jedem einzelnen Fall doch immer den Vorrang hat und die Anwendung einer nur auf die landwirtschaftlichen Bedürfnisse zugeschnittenen Vorschrift auf Wegrechte, die zu ganz anderen Zwecken begründet werden, ausschließt.

19 Im übrigen kann nicht übersehen werden, daß das kantonale Recht auch für die landwirtschaftlichen Dienstbarkeiten in unserer Zeit besonders rasch an Bedeutung verliert. Die Fahrwegrechte erfahren durch die Motorisierung eine durch keine kantonale Vorschrift hintanzuhaltende Änderung und Erweiterung. Die ganz speziellen im Art. 740 genannten Wegrechte, wie der Reistweg und Holzlaß, der Zelgweg, der Tränkeweg und die Wässerungsrechte, haben ihre Bedeutung zum größten Teil bereits infolge der grundlegenden Änderungen in der Betriebsweise und in den Betriebsmitteln der Landwirtschaft, auch der bergbäuerlichen, verloren. Durch die Güterzusammenlegungen und die mit ihnen verbundene Anlage von Güterwegen

werden die im Flurzwang wurzelnden Wegrechte beseitigt. Der Bau von Luftseilbahnen für den Abtransport des geschlagenen Holzes läßt viele Holzwege abgehen und macht das mit schweren Beschädigungen des Holzes verbundene Reisten und Riesen unnötig. Die Bewässerung der Wiesen ist in den größten Teilen des Landes, wo sie ehedem allgemein üblich war, aufgegeben. Vgl. dazu auch NN. 100f. zu Art. 5 im Berner Kommentar.

II. Dienstbarkeiten und gesetzliche Eigentumsbeschränkungen

Dienstbarkeiten und gesetzliche Eigentumsbeschränkungen können den gleichen Inhalt haben. Insbesondere sind es die Befugnisse zur Benutzung fremder Grundstücke gemäß Art. 740, welche auch den Inhalt von gesetzlichen Eigentumsbeschränkungen bilden können. Zelgweg, Winterweg, Holzweg sind denn auch in einzelnen Landesteilen in der kantonalen oder lokalen Flurordnung begründet, und zwar als unmittelbare gesetzliche Eigentumsbeschränkungen. Dies gilt auch für einzelne Weiderechte, insbesondere für die Gemeinatzung, die in Graubünden früher, noch von CURSCHELLAS in seiner Dissertation von 1926, als Servitut zugunsten der Gemeinde an den privaten Liegenschaften der Dorfflur angesehen wurde. Es gilt ferner für Tränkerechte und Wässerungsrechte. Tränkeweg, Winterweg, Brachweg, Holzlaß, Reistweg sind denn auch im Art. 695 als Beispiele für solche Eigentumsbeschränkungen ausdrücklich genannt. 20

Alle Bestimmungen, welche Rechtsverhältnisse mit gleichem Inhalt zum Gegenstand haben wie die landwirtschaftlichen Dienstbarkeiten des Art. 740, sind nach ihrer Rechtsnatur in drei Kategorien einzuteilen: 21

a) Bestimmungen über unmittelbare gesetzliche Eigentumsbeschränkungen. 22
Sie bestimmen den normalen Inhalt des Grundeigentums, indem sie die Liegenschaften generell und gegenseitig den gleichen Beschränkungen unterwerfen.

b) Bestimmungen über mittelbare gesetzliche Eigentumsbeschränkungen. 23
Nicht allgemein, aber in typischen Fällen eines notwendigen Bedarfs des Nachbarn verpflichten sie den Grundeigentümer, der dazu in der Lage ist, dem Nachbarn das Fehlende zu gewähren durch Belastung seines Grundstücks mit dem Notrecht des Weges, Wassers, der Durchleitung, des Überbaues.

c) Bestimmungen über Grunddienstbarkeiten und andere Dienstbarkeiten. 24
Dies sind Vorschriften über die Kategorien, denen die Dienstbarkeiten sich einfügen lassen müssen, sodann über den Inhalt und Umfang bestimmter Dienstbarkeiten, welche gelten, wenn dieser nicht von den Parteien anders bestimmt ist.
Auch die Dienstbarkeiten sind Eigentumsbeschränkungen. Sie werden den Parteien zur Verfügung gestellt, damit sie in freier vertraglicher Übereinkunft die Benutzungsverhältnisse zwischen ihren Grundstücken zur Befriedigung individueller Bedürfnisse nach der Besonderheit des Einzelfalles gestalten können.

Diese Einteilung ist in den NN. 80ff. der Einleitung vorgenommen und begründet; in allgemeinerem Zusammenhang ist sie dargelegt in dem Aufsatz des Verfassers in der Festschrift GUTZWILLER «Ius et Lex» 1959, S. 479ff.: Gesetzliche Eigentums- 25 beschränkungen und Dienstbarkeiten in der Gesetzgebung und Lehre Frankreichs, Deutschlands, der Schweiz und Italiens.

26 Da diese Einteilung selbst in der juristischen Literatur noch nur unvollständig und fehlerhaft durchgeführt ist, kann es nicht verwundern, daß sie in den Vorschriften, welche die Kantone aus ihrem alten Recht in die EGzZGB übernommen haben, vielfach nicht beachtet ist. In diesen Gesetzen haben ja auch die Bestimmungen aller drei Kategorien weitgehend gleichen Inhalt und den gleichen Zweck.

27 Ferner sind die Grunddienstbarkeiten, die in den EGzZGB zweifellos diese Rechtsnatur erhalten haben, zu einem guten Teil ehemals gesetzliche Eigentumsbeschränkungen gewesen. Insbesondere haben viele von ihnen ihrem Ursprung nach den Charakter von eigentlichen Notrechten. Sie würden deshalb in der dargelegten Einteilung, die der Regelung dieser Verhältnisse im ZGB zugrunde liegt, zur Kategorie der mittelbaren gesetzlichen Eigentumsbeschränkungen gehören. Dies gilt insbesondere für Wegrechte, Tränkerechte, Holzbezugs- und -transportrechte.

28 Der notrechtliche Ursprung solcher Rechte soll bei der Beurteilung ihres Inhaltes und Umfanges auch nicht unberücksichtigt bleiben. Insbesondere kann ihm entscheidende Bedeutung zukommen, wenn die «Ablösung durch den Richter» gemäß Art. 736 verlangt wird. Hiefür ist zu verweisen auf die Einleitung N. 104 sowie auf die NN. 45 und 65 zu Art. 732, die N. 177 zu Art. 734, die NN. 75, 162, 180 zu Art. 736. Vgl. auch das Urteil des ObG Zürich in den BlZR **21** (1922) Nr. 119 sowie des liechtensteinischen OGH in der ZBGR **45** Nr. 33. Mit der Unterscheidung zwischen Dienstbarkeiten und nachbarrechtlichen Eigentumsbeschränkungen befassen sich auch die Urteile des bernischen AppH in der ZBJV **67**, S. 181ff. und **90**, S. 184ff.

29 Überhaupt können die Bestimmungen des gleichen Gesetzes über die gesetzlichen Eigentumsbeschränkungen unter den dargelegten Umständen sehr wohl für die Bestimmung des Inhaltes und Umfanges von Grunddienstbarkeiten herangezogen werden. Das Zivilgesetzbuch hat dies für die Durchleitungsservitut durch den (unklaren) Hinweis in Art. 742 Abs. 3 auf die nachbarrechtlichen Vorschriften in den Art. 691–693 selber ausdrücklich angeordnet. Die Befürchtung des bernischen AppH, daß das ungeschriebene Recht der genossenschaftlichen Eigentumsbeschränkungen entwertet würde, wenn es zur Bestimmung des Inhaltes von Dienstbarkeiten herangezogen werde, scheint mir nicht begründet zu sein (ZBJV **90,** 1954, S. 187).

III. Vorschriften des kantonalen Rechtes

1. Ihr Gegenstand im allgemeinen

30 Die Bestimmungen des kantonalen Rechts über den Inhalt der landwirtschaftlichen Dienstbarkeiten sind weder nach ihrem Umfang noch nach ihrem Inhalt von großer Bedeutung. Mehrere Kantone haben überhaupt nur die diesen Dienstbarkeiten entsprechenden Eigentumsbeschränkungen geregelt, die allerdings etwa

unter den Titel «Grunddienstbarkeiten» gestellt sind. Mit Bezug auf die wirklichen Dienstbarkeiten haben sie es bei den Anweisungen des Art. 738 zur Bestimmung des Inhaltes bewenden lassen, oder sie verweisen auf den Ortsgebrauch, der demgemäß die Funktion des kantonalen Gesetzesrechts erfüllt, soweit er besteht und festgestellt werden kann, was nicht immer zutrifft.

Da die meisten der überkommenen landwirtschaftlichen Dienstbarkeiten, wenn 31 sie nicht aus gesetzlichen Eigentumsbeschränkungen hervorgegangen sind, durch Ersitzung und nicht durch Vertrag entstanden sind, gilt für ihren Umfang der gemeinrechtliche Satz: Tantum praescriptum, quantum possessum. Da ist dann die unangefochtene Ausübung während langer Zeit der primäre Bestimmungsgrund. Doch wird in der Regel die Ausübung in dem dem Ortsgebrauch entsprechenden Umfang erfolgt sein. Vgl. den Entscheid des aargauischen ObG in der SJZ **34** (1937/38) Nr. 268, S. 343 = WEISS, n. F. Nr. 5000a.

In einer größeren Gruppe von Kantonen, namentlich ost- und zentralschweizeri- 32 schen, sind immerhin aus dem früheren Recht Vorschriften in die EGzZGB übernommen worden, welche den Inhalt und Umfang einzelner häufiger Dienstbarkeiten, namentlich von Wegrechten, einheitlich für den ganzen Kanton bestimmen.

Vereinzelt finden sich im kantonalen Recht Bestimmungen über den Unterhalt 33 der Dienstbarkeitsanlagen und auch über die Verlegung von Grunddienstbarkeiten. LEEMANN, N. 5 zu Art. 740 und N. 3 zu Art. 742, bejaht die Zuständigkeit der Kantone, solche Vorschriften zu erlassen. Dies sind jedoch nicht Vorschriften, die den Inhalt der Dienstbarkeit bestimmen. Im ZGB steht die Vorschrift über die Unterhaltspflicht zwar unter dem Obermarginale «C. Inhalt». Aber auch wenn diese Einordnung richtig wäre, müßte doch beachtet werden, daß der Art. 740 unter dem Submarginale Umfang steht und, wie oben bemerkt wurde, seinen richtigen Platz in einem 3. Absatz des Art. 738 hätte. Der Art. 741 steht dagegen nicht mehr unter dem gleichen Submarginale. Er ist von den vorausgehenden Artikeln abgehoben und enthält seinerseits keinen Vorbehalt zugunsten des kantonalen Rechtes.

Das ZGB selber stellt nur die allgemeinen Grundsätze über den Unterhalt auf, 34 und zwar sowohl für Dienstbarkeitsanlagen (Art. 741) als auch für «Vorrichtungen zur Ausübung nachbarrechtlicher Befugnisse» (Art. 698). Diese Grundsätze entsprechen der Interessenlage unter dem Gesichtspunkt der Billigkeit. Die Ermächtigung der Kantone zum Erlaß abweichender Bestimmungen ließe sich nicht rechtfertigen. Bloß nähere Vorschriften zu diesen Grundsätzen könnten die Kantone aufstellen. Dies käme allerdings weniger in Frage mit Bezug auf die Grunddienstbarkeiten, als auf die nachbarrechtlichen Verhältnisse, zu deren Regelung die Kantone auch die umfassendere Kompetenz haben.

Für die Verlegung gilt grundsätzlich das gleiche. Doch könnten die Kantone im 35 Zusammenhang mit ihren Ablösungsbestimmungen Vorschriften über die Verlegung insofern erlassen, als mit ihr unter Umständen der Zweck der Ablösung in schonenderer Weise zu erreichen ist. NN. 21ff. zu Art. 736. In maiore minus!

Grunddienstbarkeiten

36 Das Hauptanliegen der Kantone war es aber offenbar, die Ablösung von Wald- und Weideservituten zu ermöglichen und zu erleichtern. Diese Ablösungsvorschriften sind jedoch durch den Vorbehalt des Art. 740 nicht gedeckt. Sie sind nicht Inhaltsbestimmungen. Sie sind deshalb, soweit sie für die Zeit nach dem Inkrafttreten des ZGB erlassen wurden, was doch grundsätzlich zutrifft, wenn sie in die EGzZGB übernommen worden sind, nur als öffentlich-rechtliche Vorschriften haltbar. Als solche wollen und können sie denn auch, da sie im Interesse der «Landeskultur» aufgestellt wurden, gelten. Siehe NN. 30, 31, 170 zu Art. 736. Soweit diese Ablösungsbestimmungen sogenannte waldschädliche Servituten (namentlich Weiderechte, Streurechte, Eigentumsrechte am Waldboden, auch Astungsrechte und andere Holz- und Nebennutzungsrechte) zum Gegenstand hatten, sind sie zur Hauptsache durch Vorschriften der eidgenössischen und kantonalen Forstgesetzgebung ersetzt worden.

37 Unter den Weiderechten ist es namentlich die Gemeinatzung, auch «allgemeiner Weidgang» oder «Tratt» genannt (vaine pâturage; vago pascolo, trasa generale, pasculaziun cumina), deren Aufhebung ein Postulat aller Vertreter einer rationellen Landwirtschaft, namentlich auch der ökonomischen Gesellschaften der ersten Hälfte des 19. Jahrhunderts, gewesen ist, das auch von den Bergkantonen übernommen wurde, obwohl es in ihren wirtschaftlichen Verhältnissen nicht so unbedingte Geltung haben konnte.

38 Die Gemeinatzung ist, wie oben bemerkt wurde, als Gemeindedienstbarkeit (mancherorts als gegenseitige Grunddienstbarkeit) aufgefaßt und als solche auch in der Gesetzgebung behandelt worden, obwohl sie, insbesondere da, wo sie allgemein verbreitet ist und ihre rechtliche Grundlage nicht bloß in der lokalen Übung hat, sondern im Gesetzes- oder Gewohnheitsrecht, als gesetzliche Eigentumsbeschränkung anzusehen ist. Im EGzZGB Graubünden ist sie seit der Revision des Jahres 1944 als solche geregelt (Art. 159).

39 Die Bestimmungen der kantonalen EGzZGB über die gewöhnlichen der da geregelten landwirtschaftlichen Dienstbarkeiten, die überall, wo die Landwirtschaft in ähnlicher Weise betrieben wurde, vorgekommen sind, stimmen mit den entsprechenden Regeln des übrigen deutschen und auch des französischen und italienischen Rechtsgebietes recht weitgehend überein. Auch die Typen der römischen Rustikalservituten (via, iter, actus; aquae haustus und aquae ductus) stehen da im Vordergrund. Wie im römischen Recht ist die Abgrenzung der verschiedenen Wegrechte gegeneinander geregelt.

40 Via ist das Fahrwegrecht, das in der Regel auch die Befugnis, Vieh zu treiben (actus), in sich schließt; iter ist das Recht, zu gehen und zu reiten; actus ist das Recht, Vieh zu treiben und umfaßte auch iter und via. Zur Frage, ob es einen actus sine itinere gebe, entstand eine wissenschaftliche Kontroverse. Die Breite der via war auf 8 Fuß bemessen, in der Biegung auf 16 Fuß. – Dies sind Punkte, zu denen Bestimmungen immer wiederkehren, in allen Rechtsordnungen.

OTTO GIERKE, DPrR II § 146, S. 659ff.; STOBBE-LEHMANN, Handbuch des DPrR II 2 (3. Aufl.) **41**
S. 17ff.; MEISNER-STERN-HODES, Nachbarrecht im Bundesgebiet (5. Aufl. 1970) §§ 31–34, S. 623–
689; MEISNER-RING, Nachbarrecht in Bayern (4. Aufl. 1951) §§ 28–31, S. 398–472; DERNBURG,
Bürgerliches Recht III (3. Aufl. 1904) §§ 176ff., S. 523ff.
Zu der ausführlichen Regelung im ABGB, §§ 477, 492–503:
KLANG, Kommentar (2. Aufl. 1948–54), S. 555f., 570ff.; KRAINZ-PFAFF-EHRENZWEIG, System I 2 (1957) § 250, S. 316ff.

Zum römischen und gemeinen Recht:
S. SOLAZZI, Specie ed estinzione delle servitù prediali, Napoli 1948, cap. II Le singole servitù, p. 27 segg.; R. ELVERS, Servitutenlehre (1856) 2. Kap. der II. Abt.: Die durch den Ackerbau hervorgerufenen Realservituten, S. 385ff.; DERNBURG, Pandekten (7. Aufl. 1901) Bd. I § 242f., S. 580ff., in der 9. Aufl. 1911 (System des RR) § 205, S. 430ff.; CONTARDO FERRINI, Pandette, 4ª ed. 1953 n. 377 p. 377; A. BUTERA, Delle servitù stabilite per fatto dell'uomo (1923) p. 188ss.

2. Vorschriften über den Inhalt einzelner Rechte in den kantonalen EGzZGB

a) Fußwegrecht

Es wird meistens negativ umschrieben, indem gesagt wird, es umfasse nicht die Befugnis, zu **42** fahren, zu reiten und Vieh zu treiben. So *Zürich* 184, *AppIR* 99, *AppAR* 163ff., *Schwyz* 171, *Solothurn* 271, *Schaffhausen* 112, *Nidwalden* 79, *Wallis* 221, *Waadt* 171, *Zug* 118.

Festgesetzt ist die Mindestbreite:
AppIR 99:50 cm, wenn nicht eingefriedigt, 1 m, wenn eingefriedigt; *Schwyz* 171:90 cm (= 3 Fuß gemäß Vo. über das Straßenwesen vom 27. April 1849, wozu zu vgl. ZBGR **31**, S. 347); *Wallis* 221:60 cm; *Waadt* 172:1 m; *Zug* 118 Abs. 2:90 cm und Luftraum freizuhalten bis zur Höhe von 2,5 m; *Zürich* 188 verweist auf die Landessitte und das Bedürfnis; *AppAR* 166:1 m.

b) Viehtrieb

AppIR 100: «Geführter Hand»-Recht, Saumweg, Faselweg, Senntumrecht; das letzte berechtigt zum **43** Treiben von Groß- und Kleinvieh, während der Faselweg nur das Führen und Treiben von Kleinvieh erlaubt und das «geführter Hand»-Recht nur gestattet, festgehaltenes (gefangenes) Vieh über den Weg zu führen.
Glarus 216: Viehfahrweg, nur begehbar mit gefangenem Vieh, umfaßt nicht auch den Tränkeweg.
Schwyz 172: Beschränktes Viehfahrrecht, wie Glarus; allgemeines Viehfahrrecht umfaßt auch die Befugnis, zu reiten und ungebundenes Vieh zu treiben; Breite, wenn beidseitig eingezäunt, 2 m, im übrigen «nach Bedürfnis und Ortsgebrauch».
Zug 120: Viehfahrwegrecht, wie Schwyz.

c) Fahrwegrecht

Zürich 186: Schließt in sich die Befugnis zu reiten und festgehaltenes (gefangenes) Vieh zu führen, **44** nicht aber schwere Lasten zu schleifen oder freigelassenes Vieh zu treiben.
AppIR 101: Schließt den Viehtrieb in sich.
Schwyz 173: Das allgemeine Fahrwegrecht schließt den Viehtrieb mit gefangenem Vieh in sich, nicht das Schleifen schwerer Lasten; Mindestbreite 2,70 m.
Solothurn 271: Das Fahrwegrecht umfaßt auch die Befugnis, Vieh zu treiben, aber nicht auch schwere Lasten zu schleifen.
Schaffhausen 114: Der Viehtrieb ist beschränkt auf festgehaltenes (gefangenes) Vieh; schwere Lasten dürfen nicht geschleift werden.
Zug 121: Ebenso; Mindestbreite 2,6 m; Höhe, bis zu welcher der Luftraum freizuhalten ist, 3,5 m.

Grunddienstbarkeiten

d) Gebahnter Weg

45 (Österreichisches Notweggesetz 1896 § 1 unterscheidet zwei Arten der Wegeverbindung, nämlich: 1. durch eine Weganlage = gebahnten Weg, 2. durch eine ohne den Bestand einer Weganlage ausgeübte Weggerechtigkeit.)

Zürich 185 und *Schaffhausen* 113: Gebahnter Wege durch offenes Feld und Wald darf jeder Fußgänger sich bedienen, wenn kein besonderes Verbot beim Wege angebracht ist.

Wallis 221 betr. «chemins frayés» ebenso.

Nidwalden 83 unterscheidet gebahnte Wege und Rasenwege.

Zum Begriff «gebahnter Weg» ist zu bemerken, daß darunter nicht nur eine eigentliche bauliche Weganlage zu verstehen ist, sondern jeder Weg, der so ausgefahren oder ausgetreten ist, daß er dauernd topographisch in Erscheinung tritt. Das Bundesgericht hat in einem Haftpflichtfall sogar die an einem Steilhang im Schnee ausgehobenen Stufen als gebahnten Weg bezeichnet. EBG **74** II 251 = Pr. **38** N. 68.

e) Winterweg

46 Winterweg ist das Recht, zur Bewirtschaftung des Bodens und Versorgung des Heimwesens mit Holz auf dem kürzesten Weg über fremde Grundstücke zu fahren, namentlich mit Heu, mit Dünger und Holz, während der Zeit, da der Boden in der Regel mit Schnee bedeckt oder doch festgefroren ist, so daß kein erheblicher Schaden entsteht.

Zürich 187. Der Winterweg (Fahrweg zur Winterszeit) steht offen von Martini bis Mitte März; ausnahmsweise darf, wenn sich in milden Wintern bis Mitte Februar dazu keine Gelegenheit bietet, von da an auch über offenen (apern) Boden mit Wagen gefahren werden, insofern kein anderer Weg ohne namhafte Erschwerung benutzt werden kann.

AppIR 102–104 regelt den Winterweg im Sinne einer bestimmten Wegroute am eingehendsten. Er darf benutzt werden mit Schlitten und Wagen, aber nur mit Einspännern entschädigungslos; Benutzung mit Zweispänner verpflichtet zur Entschädigung. Holz darf nicht mit dem sog. Halbwagen nachgenommen werden (Holzschrenzen). Das Recht darf ausgeübt werden vom 23. Oktober bis 19. März, für Holz- und Steinfuhren aber nur vom 11. November bis Ende Februar ohne Entschädigung; gegen Entschädigung bis 19. März.

Glarus 218 spricht ebenfalls von bestimmten Winterwegen, die vom Eigentümer zu unterhalten sind, aber nur benutzt werden dürfen, wenn der Boden gefroren oder mit Schnee bedeckt ist und bei gelinder Witterung durch Verfügung des Zivilgerichtspräsidenten geschlossen werden können; doch ist vom Verbot ausgenommen jeder «Gutbewerber, der mit Heu, Stroh, Dünger und Holz für eigenen Gebrauch ab der Landstraße auf sein Gut fährt». Die offene Zeit dauert vom 23. November bis 27. März.

Schaffhausen 115, *Zug* 122, *Schwyz* 174, *Obwalden* 110, *Nidwalden* 81 und *Wallis* 221 Ziff. 4 (passage en saison morte) bestimmen die offene Zeit.

Graubünden 135, *AppAR* 163 und auch andere Kantone, in welchen dies aber nicht immer klar zum Ausdruck kommt, behandeln den Winterweg nicht als Grunddienstbarkeit, sondern als unmittelbare gesetzliche Eigentumsbeschränkung. Nur diese Regelung läßt sich sachlich begründen, wenn der Beschränkung nicht nur die Grundstücke unterworfen sind, über die der Winterweg in bestimmter Linie verläuft, sondern überhaupt jedes Grundstück, so daß auf beliebiger Wegroute gefahren werden kann.

f) Reistweg

47 Die genaue Umschreibung gibt *Luzern* 92: «Der Eigentümer des Holzes, das in Waldungen geschlagen worden, aus denen es bloß durch Herabstürzen an den Ort zu bringen ist, von welchem es weitergeführt werden kann, ist berechtigt, von dem Eigentümer der tiefer gelegenen Grundstücke gegen vorgängige Entschädigung die Verzeigung einer Holzreiste zu verlangen, die aber nur zu der am wenigsten schädlichen Zeit gebraucht werden darf.»

AppIR 105: Es sind die bestehenden Reistzüge zu benutzen.

Glarus 219: Nur auf den gewohnten Holzritten darf gereistet werden und nur, wenn der Boden gefroren oder mit Schnee bedeckt ist; wenn über Straßen und Wege gereistet wird, müssen die erforderlichen Warnzeichen gegeben werden. Das Recht darf ausgeübt werden in den Alpen vom 11. Oktober an, in den oberen Weiden vom 28. Oktober an, in den Bodengütern vom 23. November an bis zum 15. März (wie der Winterweg).
Schwyz 175 schreibt vor, daß die bestehenden und nächstgelegenen Reistzüge zu benutzen seien, und zwar in der Stockrichtung.
Nidwalden 84: Reistwegrecht, wie in AppIR und Schwyz.

Aus diesen Bestimmungen scheint mir hervorzugehen, daß unter dem «Reisten» nicht immer das verstanden wird, was Luzern so genau umschrieben hat, sondern daß es mit dem «Riesen» verwechselt wird. Beim «Riesen» läßt man das geschlagene Holz durch Runsen des steilen Geländes, die an bestimmten Stellen durch Holzbauten (sog. Schleif) zugerichtet werden, zu Tale rutschen oder schießen.
Graubünden 133 auferlegt den betreffenden Grundeigentümern die gesetzliche Beschränkung des Durchlasses von Holz, das «mittelst Riesens» zu Tale befördert wird. Dies ist der Holzlaß im Sinne des Art. 695.

g) Tränkeweg

Glarus 217 sieht ihn für bestimmte Zeiten des Jahres vor. **48**
Nidwalden 87 umschreibt das Recht und verweist im übrigen auf Verträge und Urteile sowie auf die bisherige Übung.
Graubünden 141 behandelt das Notbrunnen- und Notträkerecht, welches den Tränkeweg in sich schließt, als gesetzliche Eigentumsbeschränkung: «Wenn im Winter die öffentlichen oder Privatbrunnen an Wassermangel leiden, ist jedermann berechtigt, die nächsten Brunnen für die Haushaltungsbedürfnisse und die Viehtränke zu benutzen, soweit dies ohne erhebliche Benachteiligung geschehen kann.» – Vgl. dazu die Bemerkung von Prof. CARRARD (1873) über den bündnerischen Gesetzgeber in der Rolle des barmherzigen Samariters, ZBJV 9, auch zitiert im Berner Kommentar, Allgemeine Einleitung, NN. 91, 93, 95. Über ein Tränkewegrecht als Grunddienstbarkeit siehe auch NN. 89, 91, 145 zu Art. 736, N. 47 zu Art. 737.

Mit ganz ähnlichem Inhalt wie in Graubünden und ebenfalls eher als gesetzliche Eigentumsbeschränkung denn als Grunddienstbarkeit ist der Tränkeweg auch geregelt in *St. Gallen* 163/64, *Zug* 133 sowie im *Wallis* 213/14 mit dem Vorbehalt (in Art. 215) aller wohlerworbenen Rechte dieses Inhaltes sowie der Normen des Gewohnheitsrechts und Ortsgebrauchs über den Umfang, in welchem Nachbarn und andere Personen zum Gebrauch von Quellen, Brunnen und Bächen auf fremdem Boden berechtigt sind.

h) Der Zelgweg

Er wurde im Art. 740 gemäß einem Antrag in der ExpKomm. (Protokoll 11. November 1902, **49**
S. 10) erwähnt, erscheint aber in der kantonalen Gesetzgebung nirgends als Grunddienstbarkeit. Er gehört zusammen mit dem Brachweg, Ernteweg und dem Tret- und Streckrecht zu den Eigentumsbeschränkungen, die sich aus der Dreifelderwirtschaft mit ihrem Flurzwang ergeben haben. Er dürfte kaum irgendwo als Dienstbarkeit im Sinne des Art. 740 anzutreffen sein.

i) Wässerungsrechte

Sie kommen als Grunddienstbarkeiten vor, in der Regel beruhen indessen auch sie auf der **50**
früheren genossenschaftlichen Regelung der Bodenbewirtschaftung und werden deshalb, wo die Gesetzgebung sich ihrer noch angenommen hat, im Nachbarrecht geregelt, so in *Graubünden* 143, im *Wallis* 212 und in der *Waadt*, Code rural 56ss.

k) Weiderecht, Beholzungs- und Waldstreurecht

Sie werden fast nur unter dem Gesichtspunkt der Ablösung oder Einschränkung im Interesse **51**
der Land- und Forstwirtschaft in der kantonalen Gesetzgebung behandelt. Siehe z.B. *Zürich* 189–193.

Grunddienstbarkeiten

Graubünden 153 beschränkt die Ausübung des Weiderechtes im Zweifel auf so viel Vieh, als mit dem Futter des herrschenden Grundstückes überwintert wird. *Zug* 126 (neben dem Schutz des Waldes und der Ablösung überhaupt wird bestimmt): «Weidgangsrechte sind von dem Berechtigten nur mittelst Abätzen durch das Vieh, und zwar im freien Laufe, auszuüben.»

IV. Inhaltsbestimmung durch die Praxis auf Grund des kantonalen Rechts

1. Wegrechte

52 *a) Fußwegrecht* (siehe auch N. 170 zu Art. 730).

Zürich ObG, ZBGR **15**, S. 256 = SJZ **27** Nr. 219, S. 280. Der Fußweg muß so breit sein, daß ein Mann mit einem Korb oder Sack auf der Schulter ohne Behinderung durchgehen kann, wofür eine Breite von 1 m erforderlich ist.

Zürich ObG und KassG, BlZR **19** Nr. 173 = ZBGR **6**, S. 209. Nach der im Zürcher Oberland bestehenden Übung dürfen Fußwege mit allen dem häuslichen Gebrauch und der Bewerbung eines Gartens dienenden Handwägelchen benutzt werden.

Zürich ObG, SJZ **34** Nr. 185, S. 249. Über den Fußweg dürfen auch Kinderwagen gestoßen werden, aber nicht als Transportmittel für Waren.

St. Gallen, RR und EBG 2. 7. **1958**. Das Befahren eines Fußweges mit einem Motormäher ist nicht zulässig. Siehe dazu N. 34 zu Art. 737.

53 *b) Fahrwegrecht* (siehe auch NN. 168 und 169 zu Art. 730).

Zürich ObG, BlZR **21** Nr. 54 = ZBGR **6** Nr. 75, S. 211. Unbedingtes landwirtschaftliches Fuß- und Fahrwegrecht umfaßt die Befugnis zur Ausübung mit Motorfahrzeugen zum Zweck der landwirtschaftlichen Bewerbung des herrschenden Grundstückes, aber nicht für die Zufahrt zu einer Autoremise.

Siehe dazu NN. 24 und 86 zu Art. 737, N. 18 zu Art. 738 und NN. 76, 97 zu Art. 739. Ob das Fahrwegrecht mit Motorfahrzeugen ausgeübt werden dürfe, wäre nach kantonalem Recht zu entscheiden, wenn diesem dafür eine Norm zu entnehmen wäre, was bis heute nicht zutrifft. Die Zuständigkeit der Kantone, hierüber Bestimmungen aufzustellen, ergibt sich aus Art. 740, eindeutig jedenfalls für die landwirtschaftlichen Wegrechte.

Zürich ObG, ZBGR **42** (1961) Nr. 30, S. 214. Das Fahrwegrecht umfaßt auch das Fußwegrecht und das Recht, gefangenes Vieh über den Weg zu führen (§§ 184 und 186 EG); es darf mit landwirtschaftlichen Traktoren und anderen Motorfahrzeugen, die dem landwirtschaftlichen Betrieb dienen, ausgeübt werden. In diesem Punkt hatte das KassG 1935 gleich entschieden auf Grund des Landwirtschaftsgesetzes von 1911.

Zürich ObG, BlZR **48** (1949) Nr. 117. Der Inhalt der Flurwege ist im LandwG nicht näher bestimmt; er ist deshalb aus dem gesetzlichen Zweck zu ermitteln, welcher in der zweckmäßigen Bewerbung der landwirtschaftlichen Grundstücke, insbesondere in der «Erleichterung des landwirtschaftlichen Betriebs», besteht, woraus sich ergibt, daß die Wege auch mit Motorfahrzeugen, die zur landwirtschaftlichen Benutzung üblicherweise verwendet werden, befahren werden dürfen. Ist der Weg sichtbar, muß der Erwerber damit rechnen, daß die bisherige Benutzungsweise (auch wenn sie über den Eintrag hinausginge) fortgesetzt werde.

Zürich ObG, BlZR **53** (1954) Nr. 143. Auf Flurwegen darf ohne das Einverständnis aller Wegberechtigten (LandwG § 129ff.) nicht dauernd Ausfüllmaterial auf Lastwagen geführt werden. Vgl. N. 183 zu Art. 737.

Zürich KassG, BlZR **60** (1961) Nr. 126. Nach § 181 EG behält ein Grundstück, dem durch Aufhebung einer öffentlichen Straße der Weg entzogen wird, den notwendigen Zugang zur neuen öffentlichen Straße als Wegrecht, solange ihm nicht ein anderer ausreichender Weg unentgeltlich angewiesen wird. Dieses Recht ist eine private, dem Notwegrecht ähnliche Grunddienstbarkeit, aus § 142 PrGB

(1887) herstammend. Der Anspruch auf Einräumung des Wegrechtes beruht auf einer Realobligation und unterliegt der Verjährung.

(Der § 181 EG ist auch ins EG ApplR übernommen worden, Art. 98 daselbst.)

Schaffhausen ObG, ZBGR **27** (1946) Nr. 11, S. 17f. Danach soll das Fahrwegrecht nicht auch das Fußwegrecht in sich schließen (siehe N. 10 zu Art. 738).

Schwyz KtG, RechBer. **1956**, S. 25 = ZBGR **39** Nr. 31, S. 218. Das Fahr- und Fußwegrecht für landwirtschaftliche Zwecke darf mit Motorfahrzeugen ausgeübt werden.

Luzern ObG, Max. **10** Nr. 391 = ZBGR **39** Nr. 31, S. 218. Das landwirtschaftliche Fahrwegrecht darf auch mit Motorfahrzeugen, die dem landwirtschaftlichen Zweck dienen, ausgeübt werden, jedenfalls mit Traktoren und Jeeps, nicht aber mit anderen Personen- und Lastautos.

St. Gallen JD, ZBGR **20** Nr. 125, S. 286. Zur Ausübung eines Fahrrechts mit Handwagen muß die Fahrbahn am Boden 1,20 m breit sein. Über dem Boden darf der Handwagen mit der Ladung mehr Raum einnehmen; die Einengung dieses Raums auf 1,20 m durch das Einsetzen von Eisenpfählen ist nicht zulässig.

St. Gallen RR, ZBGR **28** Nr. 78, S. 199f. Der Blumenweg für den Abtransport von Bodenprodukten und für die Zufuhr von Dünger ist weder eine Güterstraße noch ein Privatweg, sondern bloß ein Fahrweg mit servitutarischem Charakter. «Für den Inhalt ist das (bisherige) kantonale Recht und der Ortsgebrauch maßgebend (Art. 740).» Die Unterhaltspflicht richtet sich nach Art. 741 ZGB. – Dies ist richtig, nur ist es nicht das bisherige kantonale Recht (das nach Art. 5 vermutungsweise als Ausdruck des Ortsgebrauchs gilt), sondern das geltende kantonale Gesetzesrecht, das, sofern es besteht, anzuwenden ist.

Bern AppH, ZBJV **90** (1954) S. 184ff. Die Dienstbarkeit der Zu- und Wegfahrt zugunsten eines Waldgrundstückes umfaßt nicht das Recht, Bäume so zu fällen, daß sie auf das Weggrundstück fallen; dieses Recht könnte jedoch auf Grund einer gesetzlichen Eigentumsbeschränkung bestehen.

Bern AppH, ZBJV **67** (1931) S. 178ff. Fuß-, Fahr-, Winterschleif-, Gatafel- und Holzrechte (Gatafelrecht = Holzlaß, «droit de dévalage»). Weiterbestand auf gewohnheitsrechtlicher Grundlage ohne Eintragung ins Grundbuch, weil nachbarrechtlichen Charakters, obwohl die Voraussetzungen von Grunddienstbarkeiten erfüllt sind.

Appenzell AR ObG, SJZ **58** (1962) Nr. 142, S. 237. Da das kantonale Recht den Inhalt des Fahrrechts nicht umschreibt, ist der Eintrag im Servitutenprotokoll nach Maßgabe von Art. 738 allein bestimmend.

Das außer dem Fahrrecht eingetragene Schlittrecht zugunsten verschiedener Liegenschaften ist ein zusätzliches, nicht ein das Fahrrecht einschränkendes Recht.

Appenzell IR EBG **82** II 120ff. Saumweg, Fußweg, Reitweg, «geführter Hand»-Recht. Es wird erkannt, daß der Bestand dieser Dienstbarkeiten nach altem kantonalem Recht zu beurteilen sei und daß auch die Beweislast nach Art. 106 Abs. 4 des kantonalen EG (und nicht nach Art. 8 ZGB) zu verteilen sei, welcher lautet: «Bei streitigen Rechtsansprüchen wird im Zweifelsfalle die Fahr- und Wegberechtigung als vorhanden betrachtet.» Diese Bestimmung wird vom Bundesgericht als altes Gewohnheitsrecht angesprochen. Vgl. dazu die Besprechung in der ZBJV **94** (1958) S. 49ff. und hienach NN. 61ff.

c) Viehtrieb (siehe N. 171 zu Art. 730). 54

Bern AppH, ZBJV **69**, S. 120ff. Ein Zügelwegrecht oder Fahrwegrecht ist das Recht, mit dem Vieh über das betreffende Land zu ziehen, insbesondere bei der Berg- und der Talfahrt (LEUENBERGER, Studien über bernische Rechtsgeschichte, S. 297f.). Es wird geprüft, ob die Kläger den Bestand des Zügelwegrechts als Grunddienstbarkeit (Prädialservitut) nachzuweisen vermögen, «da öffentlich-rechtliche Dienstbarkeiten, Gemeindedienstbarkeiten, Personalservituten und nachbarrechtliche (also gesetzliche) Wegrechte aus der Betrachtung ausscheiden».

Bern AppH, ZBJV **77**, S. 567f. Maßgebend für die Lokalisierung des Zügelweges innerhalb der Grenzen des dienenden Grundstückes ist in erster Linie der Eintrag auf dem Blatt dieses, also des belasteten, nicht des herrschenden Grundstückes (CGB Satz. 449). Siehe dazu NN. 51–61 zu Art. 731 und Nr. 21 zu Art. 738.

Aargau ObG, Vjschr. **21**, S. 97f. Das Viehtriebsrecht schließt nicht ohne weiteres das Fußwegrecht in sich.

Thurgau ObG, RekK, ZBGR **30**, S. 209f. = SJZ **45** Nr. 183, S. 376. Das Recht, Vieh zu treiben, ist im unbeschränkten Fahrwegrecht mitenthalten. Dies soll im Thurgau so sein trotz der subsidiären Geltung des zürcherischen Rechts vor 1912, nach welchem das Fahrwegrecht nur die Befugnis umfaßte, gefangenes (festgehaltenes) Vieh über das belastete Grundstück zu führen. – Weil Erkundigungen bei einigen Grundbuchämtern ergeben hatten, daß nirgends Viehtriebrechte besonders eingetragen seien, schloß das ObG daraus, daß sich seit 1912 ein dem früheren entgegengesetztes Gewohnheitsrecht gebildet habe.

Luzern, ObG, ZBGR **48** (1967) Nr. 17, S. 71ff. = SJZ **63** (1967) Nr. 110, S. 208. Im Fahrwegrecht (Wasenweg) ist das Viehtriebsrecht nicht enthalten.

2. Schneefluchtrecht

55 Es ist genannt: im Art. 155 Abs. 2 EGzZGB Graubünden (1944) unter den Rechten, die zwar ablösbar sind, aber nur gegen Bodenabtretung. Erwähnt auch Graubünden KtG, Zivilurteile **1898**, S. 85, **1911**, S. 60, **1913**, S. 84.

Graubünden KtG, Zivilurteile **1898**, S. 85, **1911**, S. 60, **1913**, S. 84.

Es besteht im Recht, das Alpvieh bei Schneefall über bestimmte Liegenschaften talwärts zu treiben und kann verbunden sein mit einem Weiderecht auf tiefergelegenen Allmenden. Im Rätoromanischen heißt es «dretg da untgida» (Schams: «dretg da guntgida») = Recht, zu weichen, nämlich vor dem Schnee. Im Sachenrecht des Fürstentums Liechtenstein ist das Schneefluchtrecht ausdrücklich erwähnt (Art. 111), vgl. dazu Jos. BÜCHEL, Der Gemeindenutzen, 1953, S. 110, und KLENZE, Die Alpwirtschaft im Fürstentum Liechtenstein, 1879, Anhang.

E. WAGNER, Die obertoggenburgischen Alpkorporationen, Diss. iur. Bern 1924, S. 146;

H. RENNEFAHRT, Grundzüge der bernischen Rechtsgeschichte II, S. 325: «Entweichrecht.» Siehe N. 172 zu Art. 730.

56 **3. Holznutzungsrecht**

Zürich ObG und KassG, BlZR **21** (1922) Nr. 119. Holznutzungsrechte der Wachtholzkorporation Horgen am Boden der Zivilgemeinde. Recht zur Ablösung der Holznutzungsrechte durch die Gemeinde, nicht des Eigentums am Boden durch die Korporation. Grundlage im kantonalen Recht gemäß Art. 702 und 59 Abs. 3 (Rechtsverhältnisse der Genossenschaften von Gerechtigkeitsbesitzern). «Die meisten der in Art. 740 aufgezählten Rechte, darunter auch die Holzungsrechte, sind Ausfluß des früheren genossenschaftlichen Eigentums an der Feldmark; in der Folge wurden sie zu Dienstbarkeiten verdichtet. Nur der Inhalt der Wegrechte usw. wird durch das kantonale Recht, bzw. durch den Ortsgebrauch bestimmt. Das kantonale Recht kann Bestimmungen über den Gemeingebrauch an Wegen, über gemeinsame Unterhaltung aufstellen, und dies gilt auch für Weiderechte, Holzungsrechte und das Streuerecht...»

Graubünden KtG, Zivilurteile **1911** Nr. 6, **1913** Nr. 10. Beholzungsrechte an Waldungen der Gemeinde Laax zur Versorgung der Alpen von Nachbargemeinden.

Obwalden ObG, SJZ **24** Nr. 62, S. 283. Der Bürgergemeinde Sachseln wird das Holzungsrecht an allen Privaten gehörenden Voralpen zuerkannt, unter Hinweis auf ANDREAS HEUSLER, Die Rechtsverhältnisse am Gemeinland in Unterwalden, ZSR **10** (1862) S. 99ff. Dieses Recht wird als nicht eintragungsfähig bezeichnet, wohl weil es Eigentumsteil im Sinne des im alten deutschen Recht sehr häufigen «geteilten Eigentums» ist.

Vgl. dazu P. LIVER, Rechtsgeschichte der Landschaft Rheinwald, Diss. Bern 1936, Anhang: Die Pflanzensuperficies; R. GANZONI, Beitrag zur Kenntnis des Waldeigentums in Graubünden, Diss. iur. Bern 1954.

Aargau ObG, Vjschr. **16**, S. 23 und 25. Kapprecht. Vorbehalt des kantonalen Rechts im Art. 688. Die Möglichkeit der Ersitzung des Rechts auf Duldung hereinragender Äste und eindringender Wurzeln durch den Nachbarn wird verneint mit der Begründung, die dadurch entstehende Belastung würde sich mit dem Weiterwachsen der Äste und Wurzeln von Jahr zu Jahr erweitern, und zwar ohne alles Zutun des Baumeigentümers. Solche Servituten seien rechtlich nicht anerkannt und auch nach dem früheren aargauischen bürgerlichen Gesetzbuch nicht zulässig.

Es kann indessen nicht zweifelhaft sein, daß eine solche Dienstbarkeit begründet werden kann und immer begründet werden konnte. Wenn auch die Belastung mit dem Wachsen der Äste und Wurzeln zunimmt, so findet sie doch ihre leicht erkennbare Grenze. Auch die Ersitzung ist nicht ausgeschlossen, aber als außerordentliche Ersitzung sehr erschwert, weil der Ersitzungsbesitz hier nur gegeben wäre, wenn der Nachbar sich das Kappen der Äste oder Wurzeln während der Ersitzungszeit hätte verwehren lassen, so daß daraus auf Anerkennung des Unterlassungsanspruches geschlossen werden könnte. Siehe N. 134f. zu Art. 731.

An allgemeiner Literatur zu den Holznutzungsrechten wären insbesondere heranzuziehen: H. Westermann, Forstnutzungsrechte, Hannover 1942; Meisner-Stern-Hodes, Nachbarrecht im Bundesgebiet, § 34, S. 685ff.; Meisner-Ring, Bayrisches Nachbarrecht, § 31, S. 459ff.; A. Ehrenzweig, System des österreichischen allgemeinen Privatrechts I 2 (1957) § 250, 2, S. 322f.

V. Intertemporales Recht

Die Grundsätze des intertemporalen Rechtes sind in ihrer Anwendung auf die Entstehung, den Untergang und den Inhalt der Dienstbarkeiten in den NN. 149ff. zu Art. 731, 210ff. zu Art. 734, 200 zu Art. 737 und 227ff. zu Art. 737 dargestellt und auf Grund der Praxis erörtert. Ferner ist in NN. 56–69 zu Art. 738 die Bedeutung des intertemporalen Rechts für die Auslegung des Eintrages und des Erwerbstitels eingehend behandelt. 57

Da das kantonale Recht im Art. 740 einzig zur Bestimmung des Inhaltes der landwirtschaftlichen Dienstbarkeiten vorbehalten ist, braucht hier auch nur zur Rechtsanwendung in dieser Funktion unter dem Gesichtspunkt des intertemporalen Rechtes Stellung genommen zu werden.

Soweit kantonales Recht auf Grund des Art. 740 anwendbar ist, ist es nicht früheres, sondern heute geltendes Recht. Dies folgt aus der Zuständigkeit der Kantone zur Gesetzgebung gemäß «zuteilendem Vorbehalt». Irrtümlich deshalb RR St.Gallen, ZBGR **28** Nr. 78, S. 199f. 58

Im EBG **79** II 494 = ZBGR **39** Nr. 21, S. 160ff. wird denn auch gesagt, der gesetzliche Inhalt des Fahrwegrechtes wäre kraft der im Art. 740 vorgesehenen Ausnahme vom Art. 17 Abs. 2 SchlT nach dem – jetzt geltenden – kantonalen Recht und Ortsgebrauch zu bestimmen.

Eine Ausnahme vom Art. 17 Abs. 2 SchlT ist dies zwar nicht, denn diese Bestimmung hat nicht das Verhältnis zwischen eidgenössischem und kantonalem Recht zum Gegenstand, sondern zwischen altem und neuem Recht. Sie erklärt, daß sich der Inhalt nach neuem Recht bestimme, soweit er überhaupt durch das Gesetz, unabhängig vom Willen der Parteien, umschrieben ist (SchlT Art. 3). Dies gilt auch für die Anwendung des kantonalen Rechts. Dieser Grundsatz, wie überhaupt die Grund- 59 sätze des intertemporalen Rechts, sind allgemeine Rechtsgrundsätze, die immer gelten, wenn eine abweichende gesetzliche Regel nicht besteht. Besteht eine solche, ist oft fraglich, ob sie nicht verfassungswidrig sei. Sie besteht meines Wissens in keinem Kanton. Die intertemporalrechtlichen Regeln des früheren Rechtes sind nirgends aufrechterhalten, und neue sind auch nicht aufgestellt worden. Auch in der Anwendung kantonalen Rechtes sind deshalb die intertemporalrechtlichen Fragen nach den Vorschriften des SchlT des ZGB zu beurteilen.

60 Im Anwendungsbereich des im Art. 740 vorbehaltenen kantonalen Rechts sind indessen intertemporalrechtliche Fragen kaum von Bedeutung. Die Kantone haben ja zur Bestimmung des Inhaltes von Dienstbarkeiten nicht neues Recht geschaffen, sondern ihr altes Recht aus den aufgehobenen Gesetzbüchern und Spezialgesetzen in ihre EGzZGB übernommen. Formell sind diese Bestimmungen, die auf den 1. Januar 1912 in Kraft getreten sind, zwar neues Recht. Da sie dem Inhalt nach aber altes Recht sind, ist es ohne jede Bedeutung, ob sie zur Feststellung des Inhaltes einer Dienstbarkeit als altes oder als neues Recht angewendet werden.

61 Vorschriften über andere Fragen des Rechtes dieser landwirtschaftlichen Dienstbarkeiten als über den Inhalt sind der kantonalen Gesetzgebung und dem Ortsgebrauch nicht vorbehalten. Werden sie von einem Kanton doch erlassen, sind sie ungültig. Dies trifft meines Erachtens zu auf den Art. 106 Abs. 4 des EGzZGB des Kantons Appenzell IR, dessen Anwendbarkeit vom Bundesgericht beurteilt und bejaht worden ist. EBG **82** II 120ff. (bespr. ZBJV 94, S. 49ff.). Diese Vorschrift hat ja nicht den Inhalt des Saumrechtes oder eines anderen Rechtes zum Gegenstand, sondern die Frage seiner Existenz. Sie stellt eine Vermutung für den Bestand einer bestrittenen Wegberechtigung auf, woraus sich eine zum Art. 8 ZGB gegensätzliche Beweislastverteilung ergibt.

62 Die Beweislastverteilung kann eine Frage des materiellen Rechts sein und ist es gerade hier. M. KUMMER, Berner Kommentar, Einleitungsartikel, NN. 144f. zu Art. 8. Da fehlt den Kantonen die Zuständigkeit zur Gesetzgebung.

Aus dem materiellen Recht folgt hier mit Notwendigkeit, daß beweispflichtig ist, wer gegenüber dem Eigentümer eines Grundstückes behauptet, er habe an diesem ein beschränktes dingliches Recht (Einl. NN. 36, 84f., 150). Diese Folgerung aus dem Begriff des beschränkten dinglichen Rechts hatte das zürcherische PrGB in seinem § 701 (251) ausgesprochen: «Im Zweifel ist eher für die Freiheit des Eigentums als für die Beschränkung desselben durch die Dienstbarkeit zu vermuten.» Die gegenteilige Vermutung im Art. 106 Abs. 4 EGzZGB Appenzell IR ist unhaltbar und unverbindlich, weil mit dem dargelegten sachenrechtlichen Grundsatz des ZGB unvereinbar.

63 KUMMER sagt zwar a.a.O. in N. 56 zu Art. 8, die Kantone könnten in der Anwendung ihres eigenen Privatrechts über die Beweislast frei befinden; wenn sie die eidgenössischen Regeln übernähmen, machten sie sie zu kantonalem Recht. Dies ist wohl richtig, aber doch nur innert den Schranken, die sich aus dem materiellen

Recht ergeben können. Im EBG **82** II 127, auf den auch KUMMER verweist, konnte das materielle Recht, in dessen Anwendung die kantonale Beweislastbestimmung zur Erörterung stand, gar nicht kantonales Recht sein. Kantonales Recht hätte es nur sein können, wenn der Inhalt dieses Saumrechts zu beurteilen gewesen wäre oder wenn es gar nicht eine Grunddienstbarkeit, sondern eine gesetzliche Eigentumsbeschränkung gewesen wäre, in welchem Fall es schlechthin, nicht nur mit Bezug auf den Inhalt, unter dem kantonalen Recht gestanden hätte. Der Kanton hätte dann, so unzweckmäßig das auch gewesen wäre, die Regel aufstellen können, daß die Eigentumsbeschränkungen, welche sich aus dem Gesetz oder aus dem Gewohnheitsrecht ergeben, bestehen, aber nur vermutungsweise.

Wie das ZGB im Art. 740 das kantonale Recht und den Ortsgebrauch vorbehält, so verweisen die kantonalen EGzZGB in vielen Punkten auf den Ortsgebrauch, die lokale Übung, «les coutumes et usages existant dans les diverses régions ou localités du Canton» (Wallis 182), «die bisherigen Übungen, insbesondere die polizeilichen und wirtschaftlichen Bestimmungen der Statutarrechte» (Bern 82; dazu Berner Kommentar, N. 100 zu Art. 5). Ausdruck des Ortsgebrauchs kann das **frühere kantonale Recht** auch für die Ausfüllung und Ergänzung von Normen des geltenden kantonalen Rechtes sein, wie es auf Grund des Art. 5 für Normen des geltenden eidgenössischen Rechts diese Funktion versieht. Es kommt damit in der Anwendung des jetzt geltenden kantonalen Rechtes zur Geltung. **64**

Das frühere kantonale Recht kann auch Ausdruck des geltenden kantonalen Gewohnheitsrechtes sein. **65**

Früheres kantonales Recht als Gesetzesrecht ist im Geltungsbereich des Art. 740 überhaupt nicht anwendbar, da sich der **Inhalt der Dienstbarkeiten**, soweit er gesetzlich umschrieben ist, nach neuem Recht bestimmt. **66**

Dagegen kann das frühere kantonale Recht als Ausdruck des Ortsgebrauchs in seiner **rechtsgeschäftlichen Funktion** zur Geltung kommen, nämlich bei der Auslegung des zur Zeit seiner Geltung abgeschlossenen Dienstbarkeitsvertrages. Siehe NN. 105ff. zu Art. 738 und im allgemeinen P. LIVER, NN. 69, 70, 80ff. und 91ff. zu Art. 5 im Berner Kommentar zu den Einleitungsartikeln. **67**

Art. 741

Gehört zur Ausübung der Dienstbarkeit eine Vorrichtung, so hat sie der Berechtigte zu unterhalten.

Dient die Vorrichtung auch den Interessen des Belasteten, so tragen beide die Last des Unterhaltes nach Verhältnis ihrer Interessen.

II. Last des Unterhaltes

Materialien: VE (1900) Art. 734; E (1904) Art. 732; Erl. II, S. 103 und 148. In der ExpKomm. wurde der Artikel nach einer Bemerkung des Referenten, daß er

Grunddienstbarkeiten

nicht zwingenden Rechtes sei, diskussionslos angenommen (III. Session, Sitzung vom 11. November, Protokoll S. 11), ebenso in den Räten.

Ausländisches Recht. BGB § 1020, 2. Satz, § 1021; ABGB § 483; C.c.fr. art. 697–699; C.c.it. art. 1069, 1070, 1090.

Literatur. Spezialliteratur zum Art. 741 fehlt.

Inhaltsübersicht

A. Der Grundsatz
    I. Der allgemeine Rechtsgedanke. NN. 1–8
    II. Dispositive Geltung. NN. 9–13
    III. Die rechtliche Natur der Unterhaltspflicht. NN. 14–17

B. Anwendung
    I. Die Dienstbarkeitsanlagen. NN. 18–22
    II. Ansprüche des Eigentümers des belasteten Grundstückes
        1. Verpflichteter und Berechtigter. NN. 23–27
        2. Inhalt und Umfang. NN. 28–35
        3. Ausführung der Unterhaltsarbeiten. NN. 36–39
        4. Folgen der Nichterfüllung. NN. 40–44
    III. Der Beitrag des Eigentümers des belasteten Grundstückes
        1. Voraussetzungen der Beitragspflicht. NN. 45–51
        2. Der Umfang der Beitragspflicht. NN. 52–54
        3. Die Gegenleistung als Beitrag. NN. 55–56
        4. Beteiligung am Unterhalt von Bauwerken des Belasteten, welche Verrichtungen des Berechtigten stützen oder tragen (Servitus oneris ferendi). NN. 57–65
    IV. Rechtsgeschäftliche Abweichungen vom gesetzlichen Grundsatz
        1. Die Übernahme der Unterhaltspflicht durch den Eigentümer des belasteten Grundstückes. N. 66
        2. Die Übernahme einer zusätzlichen Unterhaltspflicht durch den Dienstbarkeitsberechtigten
            a) Das Verhältnis unter den Vertragsparteien. NN. 67–72
            b) Die Wirkung für und gegen Dritterwerber. NN. 73–80
    V. Befreiung von der Unterhaltspflicht
        1. Dereliktion des belasteten Grundstückes. NN. 81–83
        2. Dereliktion des berechtigten Grundstückes. NN. 84–86
        3. Der Verzicht auf die Dienstbarkeit. NN. 87–91
    VI. Intertemporales Recht. NN. 92–96

A. Der Grundsatz

I. Der allgemeine Rechtsgedanke

1   Der allgemeine Rechtsgedanke kommt im zweiten Absatz des Art. 741 besonders klar zum Ausdruck. Wenn mehrere Personen eine Einrichtung gemeinsam benutzen, sollen sie sie auch gemeinsam unterhalten und die Kosten unter sich nach

Maßgabe ihres Interesses an der Benutzung verteilen. Im Nachbarrecht ist dieser Gedanke als Rechtssatz ausgesprochen. Art. 698 lautet, ebenfalls unter dem Marginale «Unterhaltspflicht», so: «An die Kosten der Vorrichtungen zur Ausübung nachbarrechtlicher Befugnisse haben die Grundeigentümer im Verhältnis ihres Interesses beizutragen.» Daraus folgt als Regel, daß der Dienstbarkeitsberechtigte die Einrichtungen auf dem belasteten Grundstück, die er für die Ausübung seines Rechtes braucht, selber zu unterhalten hat.

Mit dieser Begründung haben die Verfasser der beiden umfassendsten 2 Werke zum Servitutenrecht des alten und des neuen italienischen Codice civile ihre Ausführungen über die Dienstbarkeitseinrichtungen auf dem belasteten Grundstücke eingeleitet: A. BUTERA, Le servitù stabilite per fatto dell'uomo (1923) p. 478/79, und G. GROSSO, Le servitù prediali, 3ª ed. 1963, I n. 78, p. 240.

Dem allgemeinen Rechtsgedanken entspricht die übereinstimmende Regelung in 3 den Gesetzbüchern aller unserer Nachbarstaaten. Sie hatte auch dem römischen Recht angehört und stand fest in der gemeinrechtlichen Tradition, welche die modernen Kodifikationen und mit ihnen auch unsere kantonalen Zivilgesetzbücher fortgesetzt haben. Eugen HUBER, System und Geschichte des schweizerischen PrR III, S. 360ff.

Nur ein Kanton hat sich dieser Tradition entschlagen und den ihr zugrunde 4 liegenden allgemeinen Rechtsgedanken mißachtet. Es ist der Kanton St. Gallen. Er hat in seinem Gesetz über Grenzverhältnisse, Dienstbarkeiten, Zugrecht und Verlehnung vom 22. August 1850 (Nachtragsgesetz vom 9. Januar 1893, Ergänzung des Nachtragsgesetzes vom 9. Juli 1899) folgendes bestimmt:

Art. 27. Eine Ausnahme von den im Art. 25 enthaltenen Bestimmungen (scil. servitus in faciendo consistere nequit) bilden die sämtlichen Fahr-, Weg- und Brücken- oder Durchgangsdienstbarkeiten. Bei diesen liegt dem Besitzer des dienenden Grundstückes auch die Herstellungs- und Unterhaltspflicht in der Regel und insoweit ob, als nicht ein entgegenstehendes besonderes Verhältnis erweisbar ist.

St. Gallisches Privatrecht, hg. im Auftrag des JD von Dr. CARL JAEGER, Kantonsrichter, 1899, 2. Aufl. 1904.

Es ist unbegreiflich, daß eine solche Vorschrift aufgestellt werden und noch viel 5 mehr, daß sie bis 1912 in Geltung bleiben konnte. In den neuzeitlichen Kodifikationen hätte sie nur ein Vorbild haben können, das aber auch nur mit Unterdrückung einer wesentlichen einschränkenden Bestimmung das Muster der wiedergegebenen Vorschrift hätte sein können. Es ist das Preußische Landrecht, das dem Belasteten die Ausbesserungspflicht auferlegte, wenn der Berechtigte die Servitut durch lästigen Vertrag erworben hatte (I 22 § 35).

Ein Rechtfertigungsgrund für diese Regel wurde also darin gesehen, daß der 6 Grundeigentümer mit der Gegenleistung für die Belastung sich auch die Unterhaltspflicht entgelten lassen konnte. Aber auch so mußte Josef KOHLER, der bei der Behandlung der Unterhaltspflicht die übrigen Bestimmungen des ALR mit Vorliebe heranzieht, zu dieser Regel sagen, daß sie sich auch als bloße Präsumtion nicht rechtfertigen lasse.

7   Zu bemerken wäre auch, daß weitaus die meisten altrechtlichen Dienstbarkeiten gar nicht vertraglich begründet wurden, sondern durch Ersitzung entstanden oder aus genossenschaftlichen Eigentumsbeschränkungen hervorgegangen sind, vielfach als eigentliche Notrechte (Notweg, Notbrunnen, Notleitung). N. 136 zu Art. 738, N. 20 zu Art. 740. Auf sie mußte sich die Anwendung der sanktgallischen Vorschrift besonders unbillig und vernunftwidrig auswirken, wenn sie tatsächlich allgemein angewendet wurde.

8   Über die Unterhaltspflicht nach altem deutschem Recht, in dem die Grunddienstbarkeiten von geringer Bedeutung waren und keine grundsätzliche Ausgestaltung erfahren hatten, begrifflich nicht von den Grundlasten geschieden waren, sei auf die wenigen Bemerkungen von GIERKE, DPrR II, S. 649 und Anm. 44, STOBBE-LEHMANN, Handbuch des DPrR II 2, S. 5f., R. HÜBNER, Grundzüge des DPrR, S. 379, hingewiesen.

II. Dispositive Geltung

9   Innerhalb der Schranken, die sich aus dem Begriff der Dienstbarkeit und aus dem Grundsatz der geschlossenen Zahl der Dienstbarkeitskategorien (Typizität) ergeben, kann das Dienstbarkeitsverhältnis von den Parteien nach ihren individuellen Bedürfnissen und nach den gegebenen tatsächlichen Verhältnissen inhaltlich in freier Vereinbarung ausgestaltet werden. Dies gilt auch, wenn das Gesetz selber eine Regel wie die des Art. 741 aufgestellt hat. Diese Regel berührt sich sehr enge mit nachbarrechtlichen Vorschriften, insbesondere mit dem ihr inhaltlich entsprechenden erwähnten Grundsatz des Art. 698, dann auch mit dem Art. 670, der das Eigentum an Grenzanlagen regelt. Er stellt die Vermutung auf, daß sie im Miteigentum der Nachbarn stehen. Der dispositive Charakter der Vorschrift wird damit ausdrücklich hervorgehoben. Er eignet aber ebenso dem Art. 698 und dem Art. 741.

10 Keine dieser Bestimmungen begründet eine gesetzliche Eigentumsbeschränkung des privaten Rechtes, deren Abänderbarkeit durch Vereinbarung der Beteiligten im Art. 680 Abs. 2 ausgesprochen ist. Aber die Nachgiebigkeit gegenüber abweichenden Vereinbarungen ist ihnen in gleicher Weise eigen. Aus der qualifizierten Form, welche der Art. 680 Abs. 2 für abweichende Verträge vorschreibt, glaubte man etwa schließen zu müssen, daß die Bestimmungen über die nachbarrechtlichen Eigentumsbeschränkungen gegenüber dem übrigen dispositiven Recht eine qualifizierte Geltungskraft haben. Aber dies ist unrichtig, denn diese Vorschrift beruht auf einem offenbaren, leicht nachweisbaren Versehen des Gesetzgebers. NN. 103–107 zu Art. 732.

11 Ob diese Vorschrift, an die sich die Praxis trotzdem hält, sich auch auf Verträge über die Unterhaltspflicht von Dienstbarkeitsanlagen bezieht, ist mehr als fraglich.

Jedenfalls könnte vom dispositiven Grundsatz des Art. 741 noch weniger als von den nachbarrechtlichen Vorschriften, etwa den Bestimmungen über Grenzabstände, gesagt werden, er habe eine qualifizierte Geltungskraft, weshalb abweichende Vereinbarungen erschwert sein sollen. Ganz und gar nicht! Den Beteiligten muß die vertragliche Regelung der Unterhaltspflicht völlig freigestellt sein.

Die gesetzliche Regel hätte auch lauten können: Der Unterhalt obliegt dem Berechtigten, der aber vom Belasteten, wenn dieser die Anlagen mitbenutzt, die Beteiligung am Unterhalt nach Maßgabe seines Interesses verlangen kann. Dann wäre ganz klar gesagt, daß der Verzicht des Berechtigten auf die Beteiligung des Belasteten am Unterhalt die gesetzliche Regel gar nicht «abändert». So lautete denn auch § 331 des luzernischen Gesetzbuches, und ganz ähnlich war der Wortlaut in weiteren CGB, wie im bernischen, Satz. 455. Eugen HUBER, System und Geschichte III, S. 361. **12**

Im besonderen ist zu beachten, daß durch den Art. 741 und durch abweichende Vereinbarungen das Dienstbarkeitsverhältnis als solches, d.h. die **dingliche Rechtsstellung** der Beteiligten, überhaupt nicht berührt wird. **13**

III. Die rechtliche Natur der Unterhaltspflicht

Die Unterhaltspflicht hat die gleiche rechtliche Natur, wenn das Gesetz sie dem Dienstbarkeitsberechtigten, wie wenn der Dienstbarkeitsvertrag sie im Sinne des Art. 730 Abs. 2 dem Eigentümer des belasteten Grundstückes auferlegt. Es ist, wie es daselbst heißt, «eine Verpflichtung zur Vornahme von Handlungen». Wie das Gesetz solche Verpflichtungen dem Grundeigentümer auferlegt, z.B. die Verpflichtung, auf das Begehren seines Nachbarn zur Feststellung einer ungewissen Grenze mitzuwirken (Art. 669), so kann es sie auch dem Dienstbarkeitsberechtigten auferlegen. **14**

Dinglichen Charakter erhalten sie dadurch in keinem Falle, kann doch das Recht auf eine positive Leistung, sei es ein Handeln oder Zahlen, nie ein dingliches Recht sein. Es kann ja nicht durch die unmittelbare Herrschaft über eine Sache, sondern immer nur durch Einwirkung auf eine Person ausgeübt werden, ist also ein persönliches, nicht ein dingliches Recht. Dies ist dargelegt in N. 2 und NN. 148ff. der Einleitung, in NN. 4 und 154f. und dann besonders eingehend in NN. 225ff. zu Art. 730, wo die rechtliche Natur der dem Eigentümer des belasteten Grundstückes durch den Dienstbarkeitsvertrag auferlegten Unterhaltspflicht bestimmt ist. **15**

Außer der dort zitierten Literatur sei speziell hinsichtlich der gesetzlichen Unterhaltspflicht des Dienstbarkeitsberechtigten hingewiesen auf PLANCK-STRECKER, Erl. 2 a. E. zu § 1020 BGB, wo dieses Verhältnis als «**gesetzliches Schuldverhältnis**» erkannt ist; als solches wird es in der italienischen Literatur allgemein charakterisiert und als **obligatio propter rem** bezeichnet. GROSSO e DEJANA, Le servitù prediali, 3ª ed. 1963, n. 95, p. 281, n. 97, p. 285; MESSINEO, Le servitù, n. 85, p. 166/67. Was vorliegt, ist eine **Realobligation**. **16**

Grunddienstbarkeiten

17 Die Unterhaltspflicht ist hier, für den Berechtigten, so wenig eine Dienstbarkeitslast, wie sie ihm, wenn sie dem Eigentümer des belasteten Grundstückes auferlegt wäre, ein dingliches Recht gewähren würde. Wie in N. 225 zu Art. 730, in Übereinstimmung mit dem Wortlaut des Abs. 2 von Art. 730 gesagt ist, ist die Unterhaltspflicht mit der Dienstbarkeit verbunden, aber nicht zu ihrem Inhalt gemacht. Das Verhältnis, in dem sie zur Dienstbarkeit steht, ist das der Akzessorietät. N. 202 zu Art. 730.

Daß die gesetzliche Unterhaltspflicht nicht das berechtigte Grundstück belastet, hat auch das Bundesgericht erkannt. EBG **67** I 126 = Pr. **30** Nr. 113; **82** I 36 = Pr. **45** Nr. 76; **85** I 261 = Pr. **49** Nr. 21.

B. Anwendung

I. Die Dienstbarkeitsanlagen

18 Im Art. 741 sind sie als Vorrichtungen bezeichnet, die zur Ausübung der Dienstbarkeit gehören. Der gleiche Ausdruck ist im Art. 698 verwendet für die Anlagen zur Ausübung der nachbarrechtlichen Befugnisse und im Art. 670 für die Grenzbauten und schließlich auch im Art. 753 für Gegenstände, die der Nutznießer auf eigene Kosten mit der Sache verbunden hat, ohne daß er dazu verpflichtet gewesen wäre und wegnehmen darf, wenn er die Sache zurückgibt. Es sollte wohl eine möglichst allgemeine Bezeichnung gewählt werden, welche auch auf bewegliche Sachen zutrifft.

19 Als Dienstbarkeitsvorrichtungen kommen aber wohl fast nur unbewegliche Werke in Betracht, wenn auch nicht ausgeschlossen ist, daß eine bewegliche Anlage, z.B. eine Transporteinrichtung oder eine Vorrichtung für die Sortierung und Reinigung von Kies und Sand, dazu gehören kann. In der Regel sind diese Vorrichtungen aber bauliche Werke und würden besser als Anlagen bezeichnet (so BGB § 1020 und 1021). Im französischen Text heißen sie «ouvrages» und im italienischen «opere» wie im Art. 1069 des C.c.it. Die wichtigsten Beispiele für sie sind: Wege, Brücken, Leitungen, Quellfassungen, Brunnen, Schleusen, Pumpanlagen, Luftseilbahneinrichtungen, Rollbahneinrichtungen, Schutz- und Wohnhütten in Wäldern und auf Bergweiden, Schutzbauten gegen Wasser, Wind und Lawinen. Grenzmauern, Brandmauern, Stützmauern und auch ein Keller im Untergrund des Nachbargrundstückes fallen ebenfalls unter diesen Begriff, wenn sie der Ausübung des Baurechts, Näherbaurechts oder Überbaurechtes am Nachbargrundstück dienen.

20 Erforderlich ist, daß die Anlage sich auf dem belasteten Grundstück befindet und daß sie der Ausübung der Dienstbarkeit dient. Daß sie dafür notwendig sei, wie es im französischen und italienischen Text heißt, ist nicht anzunehmen.

21 Nicht entscheidend ist die Eigentumszugehörigkeit. Erstellt der Dienstbarkeitsberechtigte die Anlagen als Werke, ist er auch ihr Eigentümer. Da er sie auf Grund der Dienstbarkeit errichtet, kann ihr Bestand wohl gelten «als in das Grundbuch

eingetragene Dienstbarkeit» nach dem Wortlaut des Art. 675. Dieser Wortlaut ist aber viel zu eng gefaßt. Die Praxis ist weit über ihn hinausgegangen und hat den Ersteller und Benutzer als Eigentümer anerkannt und damit seine Haftung als Werkeigentümer bejaht, auch wenn er nur ein obligatorisches Recht oder eine öffentlich-rechtliche Befugnis zur Inanspruchnahme des fremden Grundstückes hatte. Siehe z.B. EBG **74** II 155ff. = Pr. **38** Nr. 3. N. 107 zu Art. 737, 37ff. zu Art. 743.

Das Bundesgericht hat als gegeben erachtet, daß der Dienstbarkeitsberechtigte (Verkehrsverein Gstaad) wegen mangelhaften Unterhaltes des (ausgebauten) Fußweges auf Grund von Art. 58 OR hafte, obwohl er am Weg nicht Sondereigentum habe. EBG **91** II 281ff. = Pr. **55** Nr. 2. Siehe dazu und namentlich zu der Spaltung zwischen sachenrechtlichem und haftpflichtrechtlichem Eigentum die NN. 37ff. zu Art. 743.

Aber dem Dienstbarkeitsberechtigten können zur Ausübung der Dienstbarkeit 22 auch Anlagen dienen, die er nicht selber erstellt hat, wie Wege, Brücken, Kanäle, Stützmauern, die schon vor der Begründung der Dienstbarkeit bestanden haben und Bestandteile des belasteten Grundstückes geblieben sind. Soweit der Dienstbarkeitsberechtigte sie benutzt, hat er sie auch zu unterhalten, ohne Rücksicht auf die Eigentumszugehörigkeit. An einem Weg, dem «gebahnten Weg», der als Ganzes ja nicht eine Kunstbaute ist, könnte Sondereigentum auch gar nicht bestehen.

II. Ansprüche des Eigentümers des belasteten Grundstückes

1. Verpflichteter und Berechtigter

Die Verpflichtungen des Dienstbarkeitsberechtigten, die der Ausübung seines 23 Rechtes dienenden Anlagen zu unterhalten, bestehen zugunsten des Eigentümers des belasteten Grundstückes. Dieser ist der Gläubiger aus der bestehenden gesetzlichen Realobligation. Ihm steht der Anspruch auf die Unterhaltsleistung zu. In § 1020 BGB heißt es ausdrücklich, der Berechtigte habe die Anlagen in ordnungsgemäßem Zustand zu erhalten, soweit das Interesse des Eigentümers des belasteten Grundstückes es erfordere.

Schuldner aus der Realobligation ist gemäß deren Begriff der jeweilige Inhaber 24 der Dienstbarkeit; ist diese eine Grunddienstbarkeit, ist es der jeweilige Eigentümer des berechtigten Grundstückes. Wer immer durch den Erwerb des Dienstbarkeitsrechtes in diese Stellung eintritt, auch als Singularsukzessor, wird dadurch unterhaltspflichtig. Und zwar hat er die Unterhaltspflicht zu erfüllen, auch wenn sein Rechtsvorgänger sie vernachlässigt hat. Er hat also auch die Leistungen zu erbringen, die sein Rechtsvorgänger geschuldet, aber nicht erbracht hat.

Er hat sie dem jeweiligen Eigentümer des belasteten Grundstückes zu erbringen. 25 Auch der Anspruch ist mit dem Eigentum am Grundstück verbunden. Auch wenn der Rechtsvorgänger im Eigentum den Unterhaltsanspruch nicht geltend gemacht hatte, ist der Dienstbarkeitsberechtigte verpflichtet, den nunmehr vom neuen Eigentümer geltend gemachten Anspruch zu erfüllen.

26 Wenn der Anspruch aber dem Rechtsvorgänger gegenüber durchgesetzt worden und dieser schadenersatzpflichtig geworden ist, so schuldet er den Schadenersatz persönlich, so daß diese Schuld nicht auf den Erwerber der Dienstbarkeit übergeht. Auch wenn nicht eine Verurteilung zum Schadenersatz oder eine Anerkennung der Ersatzforderung erfolgt ist, aber der Eigentümer des belasteten Grundstückes zur Ersatzvornahme geschritten war, hatte der Dienstbarkeitsberechtigte ihm die Kosten persönlich zu ersetzen. Sein Singularsukzessor in der Dienstbarkeitsberechtigung kann um den Ersatz nicht belangt werden. Siehe NN. 163 Einl. und 232 zu Art. 730.

27 Es gibt Realobligationen, für die mit Recht die Ansicht vertreten wird, daß Forderungen, die gegenüber dem Rechtsvorgänger fällig geworden sind, nicht mehr gegenüber dem Rechtsnachfolger geltend gemacht werden können. So H. DESCHENAUX, Obl. propter rem, in der Festschrift Gutzwiller, S. 743. Hier dagegen, wo nicht ein Anspruch auf die Erbringung periodischer Leistungen besteht wie im Grundlastverhältnis oder ein Kostenbeitrag für ausgeführte Arbeiten, sondern ein Anspruch auf die Behebung eines schadhaften Zustandes der Dienstbarkeitsanlage, besteht er gegenüber jedem Erwerber der Dienstbarkeitsberechtigung, auch wenn die Ausführung der erforderlichen Arbeiten vom Vorgänger noch so oft verlangt und ihm auch die Ersatzvornahme angedroht wurde, so daß kein Zweifel am Eintritt der Fälligkeit besteht (welcher Zweifel sonst sehr oft bestehen kann, PLANCK-STRECKER, Erl. 5c zu § 1021, S. 752). Die gegenteilige Auffassung würde zu praktisch unannehmbaren Ergebnissen führen.

2. Inhalt und Umfang

28 Der Art. 741 beschränkt sich auf den Unterhalt. Von der Erstellung der Dienstbarkeitsanlagen ist nicht die Rede. Daß der Dienstbarkeitsberechtigte befugt ist, die für die Ausübung seines Rechtes erforderlichen Anlagen auf dem belasteten Grundstück zu erstellen und die Kosten allein zu tragen hat, wird im Unterschied von art. 697/98 C.c.fr. und art. 1069 C.c.it. sowie § 483 ABGB nicht ausdrücklich gesagt, sondern als selbstverständliche Folgerung aus dem Grundsatz des Art. 737 Abs. 1 betrachtet: Der Berechtigte ist befugt, alles zu tun, was zur Erhaltung und Ausübung der Dienstbarkeit nötig ist.

29 Den Schaden und die Beeinträchtigung, welche mit dem Bau und mit der Existenz der erforderlichen Dienstbarkeitseinrichtungen verbunden sind, hat der Eigentümer des belasteten Grundstückes auf sich zu nehmen. Ein Entschädigungsanspruch steht ihm nur zu für die Folgen einer vermeidlichen Verzögerung oder unsachgemäßen und unsorgfältigen Durchführung der Arbeiten auf seinem Grundstück. Hierin liegt eine Verletzung des Gebotes: Civiliter uti! im Abs. 2 des Art. 737.

30 Schwierigkeiten kann die Ausscheidung zwischen Anlage- und Umbaukosten einerseits und Unterhaltskosten andererseits bereiten. Wenn ein schlecht unterhalte-

ner Weg umgebaut wird, so steckt in den Umbaukosten auch ein auf den Unterhalt entfallender Betrag, welcher nach Art. 741 zu verlegen oder zu verteilen ist, während die übrigen Kosten von demjenigen zu tragen sind, der den Umbau im eigenen Interesse unternommen hat.

31 Wenn der Eigentümer des belasteten Grundstückes den Weg so umbaut, daß er von der Gemeinde übernommen wird, so können die Kosten nicht dem Dienstbarkeitsberechtigten auferlegt werden, der gemäß Dienstbarkeitsvertrag einen jährlichen Unterhaltsbeitrag von 1‰ der Grundsteuerschatzung seiner Liegenschaft entrichtet. AppH Bern, ZBJV **72** (1936) S. 407ff.

32 Vom Unterhaltspflichtigen, sei es der Eigentümer des herrschenden oder des dienenden Grundstückes, kann nicht verlangt werden, daß er die Kosten des Ausbaues des landwirtschaftlichen Fahrweges zu einem kunstgerechten Sträßchen mit Steinbett übernehme. KtG St. Gallen, Entsch. **1916** Nr. 1, S. 1 = ZBGR **26**, S. 308.

33 Die bestehenden Anlagen, ein Kanal, eine Stützmauer, eine Elektrizitätsleitung, müssen im **ordnungsgemäßem Zustand** erhalten werden. Aus der Mißachtung dieser Verpflichtung des Dienstbarkeitsberechtigten können schwere Schäden und Gefahren für den Eigentümer und die Benutzer des Grundstückes entstehen. Zu ihrer Vermeidung auferlegt das Gesetz dem Dienstbarkeitsberechtigten die Unterhaltsverpflichtung.

34 Diese Verpflichtung besteht, wenn die Anlagen «zur Ausübung der Dienstbarkeit gehören». Nach Art. 1020 BGB besteht sie nur, wenn der Dienstbarkeitsberechtigte sie zur Ausübung der Dienstbarkeit «hält». Danach kann er sich der Unterhaltspflicht entledigen, wenn er die Benutzung der Anlage in eindeutiger Weise definitiv aufgibt, ohne auch auf die Dienstbarkeit selber zu verzichten. Er erstellt eine Rohrleitung und benutzt den Kanal nicht mehr; er baut eine Drahtseilanlage und benutzt den Waldweg nicht mehr; er gibt den Keller im Untergrund des Nachbargrundstücks auf, indem er den Zugang von seinem Grundstück vermauert.

35 Die Unterhaltspflicht erlischt dadurch, auch nach Art. 741. Aber der Dienstbarkeitsberechtigte bleibt haftbar für Schaden, der dem Eigentümer des belasteten Grundstückes aus dem Zerfall der aufgegebenen Anlage entsteht. Er wird sich mit diesem zu verständigen suchen und nötigenfalls die erforderlichen Vorkehren zur Beseitigung der Gefahr treffen müssen. LEEMANN, N. 7 zu Art. 741. Vgl. dazu namentlich auch MEISNER-STERN-HODES, Nachbarrecht im Bundesgebiet, § 31 V, 2. Aufl. S. 409f., 5. Aufl. 1970, S. 643ff. (daselbst ist auch der erwähnte Tatbestand der Aufgabe des Kellers im Untergrund des Nachbargrundstücks behandelt).

Nach EBG **67** I 124 = Pr. **30** Nr. 113 kann Widerherstellung des früheren Zustandes verlangt werden. Dies läßt sich höchstens in einzelnen besonderen Fällen rechtfertigen, aber nicht allgemein. Dies gilt auch gegen BIONDI, Le servitù (1967), der sagt, mit dem Untergang der Servitut werde der Eigentümer des belasteten Grundstückes auch Eigentümer der Dienstbarkeitsanlagen und könne sie behalten oder ihre Entfernung verlangen. Man denke doch nur an Wege, Schutzbauten, an den Keller und an den Wasserleitungsstollen.

3. Ausführung der Unterhaltsarbeiten

36   In der Ausführung von Bau- und Unterhaltsarbeiten auf dem dienenden Grundstück ist das Gebot des Art. 737 Abs. 2 zu befolgen: Möglichste Schonung des Grundstückes und möglichst geringe Störung in seiner Bewirtschaftung. Die Arbeiten dürfen nicht zur Unzeit ausgeführt werden und dürfen das Grundstück nicht in übermäßiger und unnötiger Intensität und räumlicher und zeitlicher Ausdehnung in Anspruch nehmen.

37   In der ausländischen Literatur wird die Frage diskutiert, ob der Eigentümer des dienenden Grundstückes rechtzeitig zu avisieren sei, wenn größere Arbeiten unternommen werden sollen, damit er sich darauf einrichten und selber Vorkehren zur Verminderung von Schädigungen und Störungen treffen könne oder auch seine Einwendungen gegen die zeitliche Ansetzung oder auch die Art der Ausführung erheben könne. Diese Frage muß doch wohl bejaht werden.

38   Die vorgängige Orientierung des Grundeigentümers fällt auch unter das Gebot der schonenden Ausübung der Dienstbarkeit. Diese Auffassung ist in Italien vertreten worden von A. BUTERA, Le servitù (1923) n. 242, p. 480; abgelehnt wird sie von G. BRANCA, Commentario (1954) ad art. 1069, p. 590. In Deutschland hat namentlich JOSEF KOHLER sich für das Erfordernis der Ankündigung ausgesprochen und auf die dahingehende besondere Vorschrift des Preußischen Landrechts hingewiesen. Lehrbuch des Bürgerlichen Rechts II 2, S. 277 und 282.

39   Wenn dringende Reparaturen auszuführen sind, kann die vorgängige Avisierung unmöglich oder zwecklos sein. Müssen die Reparaturen vorgenommen werden, um Schädigungen am Grundstück zu begegnen, ist dessen Eigentümer berechtigt, sie auf Kosten des Dienstbarkeitsberechtigten vorzunehmen, sofern dieser nicht rechtzeitig eingreifen wollte oder konnte.

4. Folgen der Nichterfüllung

40   Da die Unterhaltspflicht nur eine obligatorische Verpflichtung sein kann, die dem jeweiligen Dienstbarkeitsberechtigten auferlegt ist, können auch die Folgen der Nichterfüllung oder Schlechterfüllung nur die sein, welche das Obligationenrecht unter diesem Titel vorsieht (OR Art. 97ff.). Da die Obligation in der Verbindlichkeit zu einem Tun besteht, kann sich der Gläubiger zur Ersatzvornahme ermächtigen lassen. Die Ermächtigung wird ihm in der Form der einstweiligen richterlichen Verfügung erteilt. Bern. ZPO Art. 326 Ziff. 3 und Art. 328. Was in N. 228 zu Art. 730 zur Unterhaltspflicht des Belasteten gesagt ist, trifft auch auf den hier vorliegenden Fall zu.

41   Wie bemerkt, muß dem Grundeigentümer aber auch die Befugnis zum Eingreifen ohne richterliche Ermächtigung zugestanden werden, wenn diese nicht rechtzei-

tig erlangt werden kann. Der Grundeigentümer kann sich dafür auf den Art. 701 ZGB und auf den Art. 52 Abs. 3 OR berufen. Er verursacht aber dadurch dem Dienstbarkeitsberechtigten, auch wenn er in dessen Grundeigentum an Dienstbarkeitsanlagen eingreift, keinen Schaden, sondern befreit ihn im Gegenteil von einer Verpflichtung, indem er sie für ihn erfüllt.

Ersatz der Kosten kann er nach den Grundsätzen der Geschäftsführung ohne 42
Auftrag verlangen. Vgl. dagegen jedoch v. TUHR-SIEGWART, § 67 IV N. 50, S. 531. Würde dies aus den da genannten Gründen abgelehnt, müßte der Kostenersatz trotz fehlender richterlicher Ermächtigung in analoger Anwendung der Bestimmungen über die Ersatzvornahme zugesprochen werden, weil die Voraussetzungen der richterlichen Ermächtigung gegeben waren, diese aber nicht rechtzeitig zu erlangen war.

Für den Ersatz der Kosten haftet der Dienstbarkeitsberechtigte dem Eigentümer 43
des dienenden Grundstückes persönlich. Eine dingliche Haftung kommt nicht in Betracht. Das berechtigte Grundstück ist ja nicht mit der Unterhaltspflicht belastet. Die Belastung mit dieser Verpflichtung, deren Wirkung in der Haftung des Grundstückes bestehen würde, wäre nur in der Form einer Grundlast oder eines Grundpfandrechtes für die Ersatzforderungen des Eigentümers des dienenden Grundstückes möglich (EBG **67** I 126 = Pr. **30** Nr. 113).

Unterläßt der Unterhaltspflichtige die gebotenen Unterhaltsmaßnahmen, macht 44
er sich für Schaden, welcher aus Mängeln der ihm gehörenden Werkanlage entsteht gemäß Art. 58 OR haftbar. Der Eigentümer des dienenden Grundstückes kann sichernde Maßnahmen gestützt auf Art. 59 OR verlangen. EBG **91** II 281ff. = Pr. **55** Nr. 2 = ZBGR **47** (1966) Nr. 69, S. 304ff. (angelegter Fußweg in Gstaad).

III. Der Beitrag des Eigentümers des belasteten Grundstücks

1. Voraussetzungen der Beitragspflicht

Die Beitragspflicht ist gegeben, wenn eine Dienstbarkeitsanlage auch den Interes- 45
sen des Belasteten dient; «si ces ouvrages sont également utiles au propriétaire grevé» (französischer Gesetzestext). Diese Voraussetzung ist mit gutem Grund sehr weit gefaßt.

Je nach der Art und Zweckbestimmung der Anlage oder Vorrichtung dient sie 46
dem Eigentümer des belasteten Grundstückes dadurch, daß sie besteht, oder nur dadurch, daß er sie benutzt. Hat der Dienstbarkeitsberechtigte zur Sicherung des Wegbaues das belastete Grundstück entwässert und vom oberen Grundstück zufließendes Wasser in unschädlicher Weise fortgeleitet, dient diese Anlage auch dem Eigentümer des belasteten Grundstückes. Er hat deshalb an die Unterhaltskosten nach Maßgabe dieses Vorteils seinen Beitrag zu leisten. Dies ist der Tatbestand des Urteils des ObG Bern vom 14.8.1879, ZBJV **16** (1880) S. 256ff., welches LEEMANN in N. 7 zu Art. 741 zitiert.

Besteht die Dienstbarkeitsanlage dagegen bloß in einem Weg, dient sie dem 47

Grunddienstbarkeiten

Grundeigentümer nur, wenn er sie auch tatsächlich benutzt, indem er den Weg begeht und befährt. Aber die Mitbenutzung muß doch eine gewisse Regelmäßigkeit und einen erheblichen Umfang annehmen, um eine Unterhaltsverpflichtung zu begründen.

48 Im allgemeinen dürfte es dem Willen der Parteien entsprechen, daß der Belastete die Dienstbarkeitsanlage gelegentlich und in verhältnismäßig geringem Umfang mitbenutzen darf, ohne einen Unterhaltsbeitrag zahlen zu müssen. Wenn die Parteien im Dienstbarkeitsvertrag keine Bestimmungen über den Unterhalt getroffen haben, ist es vermutlich ihre Meinung, daß der Berechtigte den Unterhalt der von ihm erstellten Anlagen allein und auf eigene Kosten besorge. Nur wenn dann diese Anlagen vom Eigentümer des dienenden Grundstückes in einem nicht in Betracht gezogenen Umfang benutzt werden oder ihm zum Vorteil gereichen, dürfte in diesem Fall die Beitragspflicht geltend gemacht werden können.

49 Auch wenn der Dienstbarkeitsvertrag nicht in diesem Sinne ausgelegt werden kann, muß doch der Belastete aus dem Bestande oder der Mitbenutzung der Anlage einen Vorteil ziehen, der für den Wert seines Grundstückes von Bedeutung ist.

50 Ein besonderer Fall liegt vor, wenn der Eigentümer des belasteten Grundstückes durch seine Benutzung der Dienstbarkeitsanlage, etwa eines Weges für einen einmaligen schweren Transport für die Erstellung einer Baute, außerordentliche Reparaturkosten verursacht hat. Für diese hat er aufzukommen. Dies ist jedoch nicht die generelle Beteiligung am Unterhalt im Sinne des Art. 741 Abs. 2. Zu dieser vgl. KtG-Ausschuß Graubünden, PKG **1957** Nr. 39, S. 103ff.

51 Für die Beteiligung an den Unterhaltskosten ist auf den analogen Fall des Baues, Umbaues und Unterhaltes von Brandmauern und Stützmauern hinzuweisen, wofür die Regelung in den Art. 122/23 und 129 des bündnerischen EGzZGB (1944) als Beispiel angeführt werden kann.

2. Der Umfang der Beitragspflicht

52 Nach den Ausführungen unter Ziff. 1 ist die Höhe des Beitrages des Eigentümers des belasteten Grundstückes nach dem Vorteil zu bemessen, der für ihn aus dem Bestand oder der Mitbenutzung der Dienstbarkeitsanlage entsteht. Dieser Vorteil muß erheblich sein, um in Betracht zu fallen.

53 Für die Verteilung der Unterhaltskosten ist abzustellen auf das Verhältnis der Werterhöhung, welche sich aus dem Bestand oder der Benutzung der Anlage für das berechtigte Grundstück einerseits, für das belastete Grundstück anderseits ergibt. Bei dieser Verteilung kommen die Interessen beider Parteien auch insoweit zur Geltung, als sie bestimmt werden durch den Wert ihrer Grundstücke. Diese Berechnungsweise entspricht den Richtlinien des Bundesgerichtes für die Bewertung einer Grunddienstbarkeit für das berechtigte Grundstück (EBG **73** II 27 = Pr. **36** Nr. 54).

54 In einfachen Verhältnissen, in denen sich zwei Nachbarn gegenüberstehen, deren Interessen an einer Dienstbarkeitsanlage nicht durch große Unterschiede des Wertes

ihrer Liegenschaften, für welche sie die Anlage benutzen, bestimmt werden, können die Unterhaltskosten nach dem Umfang der tatsächlichen Benutzung verteilt werden. Die Verteilung nach diesem Maßstab hat der KtG-Ausschuß Graubünden gutgeheißen in seinem Entscheid PKG **1957** Nr. 39, S. 103ff.

3. Die Gegenleistung als Beitrag

In der Literatur und Praxis ist die Frage erörtert worden, ob die Bestimmung, 55 daß eine Dienstbarkeit gegen ein als Einkaufssumme oder Anschlußgebühr bezeichnetes Entgelt eingeräumt werde oder daß sie nur gegen ein Entgelt ausgeübt werden dürfe, an der dinglichen Wirkung des Dienstbarkeitsverhältnisses teilhabe. Dazu wurde in den NN. 156ff. zu Art. 730 in eingehenden Ausführungen zum Urteil des bernischen AppH, ZBJV **72** (1936) S. 398ff. = WEISS n.F. Nr. 4940a, Stellung genommen, und zwar in verneinendem Sinn.

Doch wurde dort dargelegt, daß das Entgelt in diesen Fällen aufgefaßt werden 56 könne als Beitrag des Dienstbarkeitsberechtigten an die Kosten der Erstellung und des Unterhaltes der Dienstbarkeitsanlagen. Der Dienstbarkeitsberechtigte habe dem Ersteller diese Kosten mit der Aufnahme der Benutzung zu ersetzen.

Vgl. dazu auch GROSSO e DEJANA, Servitù prediali (1963) I n. 101, p. 290, n. 104, p. 293.

4. Beteiligung am Unterhalt von Bauwerken des Belasteten, welche Vorrichtungen des Berechtigten stützen oder tragen (Servitus oneris ferendi)

Solche Bauwerke bilden die tatsächliche Grundlage für die servitus tigni immit- 57 tendi (in Deutschland auch etwa «Tramrecht» genannt), das Recht, Balken oder Tramen in die Mauer auf dem angrenzenden Grundstück einzulassen, und für die servitus oneris ferendi, das Recht, irgendwelche Bauten oder Bauteile auf eine bauliche Anlage auf dem angrenzenden Grundstück (Mauer, Säule, Pfeiler oder eine andere tragfähige bauliche Unterlage) abzustützen. In diesen Fällen ist die Erhaltung und nötigenfalls die Wiederherstellung der beschädigten Unterlage (refectio parietis) unerläßlich für die Ausübung der Dienstbarkeit.

Im römischen Recht wurde der alte Brauch, daß der Eigentümer des belasteten 58 Grundstückes hiezu verpflichtet sei, von der Rechtswissenschaft mehrheitlich anerkannt. Diese Ausnahme vom Grundsatz servitus in faciendo consistere nequit (N. 154 zu Art. 730) wurde aber zum eigentlichen «Kreuz» der Servitutenlehre. Siehe auch N. 196 zu Art. 730. Immer wieder wurde versucht, sie mit dem genannten Grundsatz in Einklang zu bringen und dadurch zu rechtfertigen. So wurde etwa ausgeführt, daß hier gar nicht die Verpflichtung zum Unterhalt von Dienstbarkeitsvorrichtungen vorliege, sondern nur die allgemeine Verpflichtung des Grundeigentümers, seine Liegenschaft in dem Zustand zu erhalten, in welchem es die Eignung zur Tragung der ihm auferlegten Lasten behalte. Contardo FERRINI, Pandette, 4ª ed. 1953, n. 378, p. 378.

Grunddienstbarkeiten

59 In der deutschen Literatur vertritt vor allem Josef Kohler in seinem Lehrbuch des Bürgerlichen Rechts (II 2, S. 274f.) diese Auffassung. Dem Dienstbarkeitsbelasteten, sagt er, könne es obliegen, das dienende Grundstück in seinem Kulturdasein zu erhalten, und darum habe er die beihelferische Tätigkeit so weit zu entwickeln, als sie hiefür erforderlich sei, also die Aufforstung des belasteten Waldgrundstückes zu besorgen, die Wassereinrichtung instand zu stellen, wenn aus ihr die Wasserrinne gespiesen werde, die dem Dienstbarkeitsberechtigten diene, die Mauer zu unterhalten, auf welche der Nachbar den Balken lege. Dies sei etwas ganz anderes als die Unterhaltung der Servituteneinrichtung selber: Hier werde nicht die Servituteneinrichtung erhalten, sondern die Eigentumsvorrichtung, deren Vorhandensein nur die Bedingung dafür sei, daß die Servitut sich entwickeln könne.

60 Wir haben die Frage, ob eine solche Verpflichtung gegenüber dem Dienstbarkeitsberechtigten bestehe, in N. 92 zu Art. 737 berührt. Sie ist zu verneinen.

61 Übereinstimmung besteht in der Doktrin Italiens in der rechtlichen Qualifizierung der Verpflichtung des Grundeigentümers, den Baukörper, auf dem der Balken oder ein anderer Bauteil des dienstbarkeitsberechtigten Nachbarn lastet, in tragfähigem Zustand zu erhalten, als obligatio propter rem (Realobligation). G. Grosso a.a.O. n. 18, p. 51ss.; L. Barassi, I diritti reali limitati, n. 31, p. 78ss., n. 140, p. 277; Fr. Messineo, Le servitù, n. 84, p. 165ss. Ebenso für das französische Recht Ripert-Boulanger (1957) II n° 3169, p. 1098.

62 Im deutschen BGB ist die servitus oneris ferendi ausdrücklich geregelt, und zwar im Sinne des römischen Rechtes: Der Eigentümer des belasteten Grundstückes ist unterhaltspflichtig (§ 1022). Eine abweichende Regelung hatte aber schon das österreichische ABGB getroffen. Es bestimmte im § 487 folgendes:

> «Wer also die Last des benachbarten Gebäudes zu tragen; wer die Einfügung des fremden Balkens an seiner Wand; wer den Durchzug des fremden Rauches in seinem Schornstein zu dulden hat; der muß verhältnismäßig zur Erhaltung der dazu bestimmten Mauer, Säule, Wand oder des Schornsteins beitragen.»

63 Das französische Recht (vgl. dazu Planiol-Ripert-Picard, Traité pratique, 1926, n. 978, p. 910), das italienische und das schweizerische Recht haben keine besonderen Bestimmungen über die servitus oneris ferendi aufgestellt. Für sie alle bleibt es beim allgemeinen Grundsatz, daß eine Unterhaltspflicht des Eigentümers des belasteten Grundstückes nur besteht, wenn sie ihm durch den Dienstbarkeitsvertrag auferlegt ist (Art. 730 Abs. 2). Hat der Belastete die Unterhaltspflicht nicht übernommen und läßt er das tragende Bauwerk zerfallen, kann er vom Dienstbarkeitsberechtigten nicht zur Wiederherstellung angehalten werden. Dies ist die Lösung, für welche sich schon das solothurnische CGB in seinem § 786 entschieden hatte.

64 Wohl aber ist der Dienstbarkeitsberechtigte befugt, selber die Wiederherstellung zu besorgen, «weil er alles tun darf, was zur Erhaltung und Ausübung der Dienstbarkeit nötig ist» (Art. 737 Abs. 1). Die von ihm wiederhergestellte Mauer wird zur

Dienstbarkeitsanlage, für deren Unterhalt dann gegebenenfalls Art. 741 Abs. 2 zur Anwendung kommt.

LEEMANN, N. 5 zu Art. 741, ist der Meinung, diese Frage sei im Sinne des § 1022 BGB zu beurteilen, obwohl diese Bestimmung nicht ins ZGB übernommen worden ist. N. 62 hievor.

Als Beispiel für eine servitus tigni immittendi kann das Urteil des liechtensteinischen OGH vom 13. November 1954 genannt werden, Entscheidungen der Liechtensteinischen Gerichtshöfe von 1947 bis 1956 (1956) Nr. 34, S. 137ff. 65

IV. Rechtsgeschäftliche Abweichungen vom gesetzlichen Grundsatz

1. Die Übernahme der Unterhaltspflicht durch den Eigentümer des belasteten Grundstücks

Sie ist im Art. 730 Abs. 2 ausdrücklich vorgesehen als Verpflichtung zur Vornahme von Handlungen, die mit der Grunddienstbarkeit nebensächlich verbunden sein kann. Sie ist in den NN. 194–245 zu Art. 730 eingehend behandelt. 66

2. Die Übernahme einer zusätzlichen Unterhaltspflicht durch den Dienstbarkeitsberechtigten

a) Das Verhältnis unter den Vertragsparteien.

Wie unter Ziff. II ausgeführt wurde, ist die gesetzliche Vorschrift, daß der Berechtigte die Dienstbarkeitsanlagen in ordnungsgemäßem Zustand zu erhalten habe und der Belastete mitzuwirken habe, wenn er sie mitbenutze, ein Grundsatz rein dispositiven Rechtes, der den Parteien die volle Freiheit vertraglicher Verlegung oder Verteilung der Last des Unterhaltes läßt. 67

Wenn der Dienstbarkeitsverpflichtete diese Last übernimmt, ist das die Umkehrung des gesetzlichen Grundsatzes und als solche die stärkste Abweichung von ihm. Sie ist trotzdem zulässig und kann unter besonderen tatsächlichen Umständen auch zweckmäßig sein. N. 195 zu Art. 730. 68

Sie braucht nicht als Grundlast in öffentlicher Beurkundung und Eintragung im Grundbuch vom Eigentümer des belasteten Grundstückes übernommen zu werden, sondern kann als Bestimmung des Dienstbarkeitsvertrages vereinbart werden und kann ohne besondere Eintragung durch entsprechende Fassung des Dienstbarkeitseintrages die grundbuchliche Publizität erhalten. Dies ist deshalb möglich, weil die Unterhaltspflicht ein accessorium der Dienstbarkeitslast ist, mit ihr «nebensächlich verbunden». 69

Wird eine abweichende Vereinbarung zugunsten des Eigentümers des belasteten Grundstückes getroffen, kann sie nur in der Erweiterung der gesetzlichen Unterhaltspflicht des Berechtigten bestehen. Voraussetzung dafür, daß diese Vereinbarung wirksam wird, ist der Sachverhalt, daß der Berechtigte nicht von Gesetzes wegen ausschließlich zur Unterhaltung der Dienstbarkeitsanlagen verpflich- 70

Grunddienstbarkeiten

tet ist. Das ist der Sachverhalt des Art. 741 Abs. 2: Die Anlagen dienen auch den Interessen des Belasteten. Dieser ist deshalb verpflichtet, sich am Unterhalt demgemäß zu beteiligen. Praktisch hat es damit die Bewandtnis, daß der Berechtigte von ihm einen Beitrag an die Unterhaltskosten verlangen kann. Wird vereinbart, daß die Unterhaltslast trotzdem allein vom Berechtigten zu tragen sei, bedeutet dies nichts anderes als den **Verzicht des Berechtigten auf den Kostenbeitrag des Belasteten.**

71   Man kann sich fragen, ob darin überhaupt eine «Abänderung» der gesetzlichen Ordnung liege. Auf jeden Fall ist es eine sehr geringe Abweichung von der gesetzlichen Ordnung. Zudem ist es eine Abweichung, die, wie hievor bemerkt wurde (Ziff. III 1), gewöhnlich hinsichtlich des Unterhaltes der vom Berechtigten erstellten Anlagen ohnehin dem Willen der Parteien entsprechen dürfte, auch wenn sie darüber nichts ausdrücklich bestimmt haben. Schließlich ist zu sagen, daß das Verhältnis der Akzessorietät der Unterhaltspflicht zum Dienstbarkeitsrecht hier ebenso eindeutig gegeben ist wie im umgekehrten Fall. Diese Gründe rechtfertigen die Gleichbehandlung dieser Vereinbarung mit der gegenteiligen (Art. 730 Abs. 2) a fortiori. Sie sind so stark, daß über die Unterlassung des Gesetzgebers, auch für den als Ausnahme so viel unbedeutenderen hier zur Erörterung stehenden Fall eine dem Art. 730 Abs. 2 entsprechende Bestimmung ausdrücklich aufzustellen, hinweggesehen werden darf. Dies um so eher, als zu den genannten Gründen noch dringende praktische Bedürfnisse hinzutreten.

72   Unter den Beteiligten selber ist jede Verständigung über die ausschließliche Besorgung des Unterhaltes durch den Dienstbarkeitsberechtigten rechtswirksam. Der Einhaltung einer Form bedarf es dazu nicht. Dies liegt auf der Hand, wenn man bedenkt, daß dies ja nur ein Erlaß der Beitragsschuld des Belasteten ist.

b) Die Wirkung für und gegen Dritterwerber.

73   Damit die Vereinbarung gegenüber jedem Erwerber des herrschenden Grundstückes wirkt, muß sie grundbuchliche Publizität erlangen. Wie dies zu erreichen sei, ist eine Frage, die in der Literatur sehr verschieden beantwortet wird.

74   HAAB hat in N. 2 zu der analogen Bestimmung im Art. 698 die Meinung geäußert, es müsse gemäß Art. 680 ein öffentlich beurkundeter Vertrag geschlossen und eine entsprechende Dienstbarkeit im Grundbuch eingetragen werden. Dies ist unhaltbar. Auch wenn das herrschende Grundstück mit der zusätzlichen Unterhaltspflicht belastet würde, entstünde nicht eine Dienstbarkeit, sondern eine Grundlast.

75   LEEMANN, N. 2 zu Art. 741, verlangt den Eintrag in das Grundbuch, weil es sich «in einem solchen Falle um eine Änderung des gesetzlichen Inhalts der Dienstbarkeit» handle. An anderer Stelle (N. 6 zu Art. 741) sagt er, die Unterhaltspflicht könne auch als Grundlast in das Grundbuch eingetragen werden; nötig sei dies aber nicht, weil das Gesetz Dienstbarkeit und Unterhaltspflicht als ein einheitliches Verhältnis behandle; die Unterhaltspflicht bilde ja auch einen Bestandteil des Inhaltes der Grunddienstbarkeit, eine Qualifikation der letztern. Dies ist ihm dann mit

den gleichen Worten in der Praxis nachgesprochen worden. Siehe z. B. KtG Zug, RechBer. **1933**/34, S. 29 = ZBGR **20** Nr. 107, S. 278/79.

Daß die gesetzliche Unterhaltspflicht des Dienstbarkeitsberechtigten «nur ein unselbständiger Bestandteil des Dienstbarkeitsrechtes selbst sei», ist auch im EBG **67** I 126 = Pr. **30** Nr. 113 zu lesen. 76

Die Unterhaltspflicht ist aber eben nicht Bestandteil der Dienstbarkeit, sondern eine zu ihr im Verhältnis der Akzessorietät stehende obligatorische Verpflichtung des jeweiligen Berechtigten oder Verpflichteten. Der Dienstbarkeitsinhalt erfährt also keine Änderung durch Vereinbarungen über sie, welche von der gesetzlichen Ordnung abweichen. Aber für den Berechtigten und für den Verpflichteten ist es doch von erheblicher oder gar von entscheidender Bedeutung, ob und in welchem Umfang ihm die Unterhaltspflicht obliegt, weshalb in bezug auf sie ein unverkennbares Bedürfnis des Rechtsverkehrs nach grundbuchlicher Publizität besteht. 77

Aber der Ansicht LEEMANNS, daß das Gesetz die Dienstbarkeit zusammen mit der Unterhaltspflicht als einheitliches Verhältnis behandle, ist wenigstens insofern zuzustimmen, als Vereinbarungen über die Unterhaltspflicht als Bestimmungen des Dienstbarkeitsvertrages getroffen und behandelt werden können und ihre grundbuchliche Publizität dadurch erhalten, daß der Eintrag der Dienstbarkeit auf sie hinweist. 78

Damit werden diese Vereinbarungen, mit denen der Berechtigte die ausschließliche Unterhaltspflicht übernimmt, gleich behandelt wie die Vereinbarungen, mit denen die Unterhaltspflicht dem Belasteten überbunden wird, und dies ist aus den oben dargelegten Gründen die dem Sinn- und Zweckzusammenhang, in dem der Art. 741 steht, entsprechende Lösung. Im Eintrag erhält das Stichwort den Zusatz: «mit ausschließlicher Unterhaltspflicht». Vgl. dazu PIOTET, S. 557. 79

Die Begründung einer Grundlast wäre ohnehin nur möglich, wenn eine Grunddienstbarkeit vorliegt. Das gleiche Bedürfnis und die gleiche Interessenlage bestehen aber auch, wenn eine als übertragbar begründete, aber nicht in das Grundbuch aufgenommene «andere Dienstbarkeit» (Art. 781), eine irreguläre Personaldienstbarkeit, besteht. Da fehlt das herrschende Grundstück, und an der Dienstbarkeit selber kann eine Grundlast auch nicht bestehen. 80

V. Befreiung von der Unterhaltspflicht

1. Dereliktion des belasteten Grundstückes

Der Eigentümer des dienenden Grundstückes befreit sich von der Unterhaltspflicht dadurch, daß er das Eigentum am Grundstück aufgibt. 81

Die Rechtswirkung der Dereliktion auf Realobligationen im allgemeinen ist (unter Hinweis auf das französische und italienische Recht) in N. 164 der Einleitung und die Rechtswirkung auf die Unterhaltspflicht des Eigentümers des dienenden Grundstückes im besonderen in den NN. 232–238 zu Art. 730 behandelt. Den dortigen Zitaten aus der österreichischen und deutschen Literatur ist LEEMANN, N. 10 zu Art. 741, beizufügen, der da ebenfalls bemerkt, daß nach unserem Recht der gleiche Erfolg wie in Frankreich mit der Aufgabe (abandon) bloß des Stückes der belasteten Liegenschaft, welches mit der Ausübung der Dienstbarkeit in Anspruch genommen wird, erreicht werden könne; nur müsse dieses Stück als eigene Parzelle abgemarkt, vermessen und ins Grundbuch aufgenommen werden, um dann derelinquiert zu werden, nachdem die Dienstbarkeit auf dem Blatt der übrigen Parzelle gemäß Art. 744 gelöscht worden ist.

82 Unbeachtet ließ diese Lehre der bernische RR und entschied 1959 (wie 1927 der RR St. Gallen entschieden hatte, VerwPr. **2** Nr. 703, S. 518 = ZBGR **9**, S. 129f.), daß die Dereliktionsverfügung des Eigentümers von Weg- und Kanalisationsgrundstücken nicht eingetragen werden dürfe, wenn nicht die Zustimmungserklärungen der an diesen Grundstücken dienstbarkeitsberechtigten Personen beigebracht seien. Dieser irrtümliche Entscheid ist vom Bundesgericht am 8.10.1959 aufgehoben worden (EBG **85** I 261 = Pr. **49** Nr. 21), wurde nachher, ohne daß dies angemerkt worden wäre, doch in der MBVR **58** (1960) Nr. 98, S. 314ff., veröffentlicht. Vgl. die Besprechungen in der ZBJV **96** (1960) S. 418f. Siehe auch EBG **82** I 36 = Pr. **45** Nr. 76.

83 Das Bundesgericht ermahnte am Schluß seiner Entscheidung den Grundeigentümer, dessen Grundbuchbeschwerde es guthieß, nicht zu vergessen, daß er durch die Dereliktion nicht aller Verpflichtungen gegenüber den Dienstbarkeitsberechtigten ledig werde. Diese Mahnung kann indessen nur am Platze sein in bezug auf Verbindlichkeiten, die zu persönlichen fälligen Schulden geworden sind, wie die, Schadenersatz wegen Nichterfüllung der Unterhaltspflicht oder Ersatz der Kosten einer Ersatzvornahme zu leisten. Siehe NN. 35 und 44 hievor und N. 64 zu Art. 743.

2. Dereliktion des berechtigten Grundstückes

84 Ob mit der Dereliktion des berechtigten Grundstückes die Grunddienstbarkeit zugunsten des herrenlos gewordenen Grundstückes weiterbestehe oder untergehe, ist eine Frage, zu der die Lehrmeinungen geteilt sind. Wir haben uns mit ihr in den NN. 135–144 zu Art. 734 befaßt und uns (gegen LEEMANN, HAAB und neuerdings MEIER-HAYOZ, N. 16 zu Art. 658 und N. 12 zu Art. 666) für den materiellrechtlichen Untergang und die Befugnis des Eigentümers des belasteten Grundstückes, die Löschung zu verlangen, ausgesprochen.

85 Für die Befreiung von der Unterhaltspflicht ist diese Kontroverse indessen nicht von Belang. Mit der Dereliktion des Grundstückes verzichtet der Eigentümer auf jeden Fall definitiv auf die Ausübung der Dienstbarkeit und entledigt sich damit auch der Unterhaltspflicht. Nur vom Eigentümer des herrschenden Grundstückes kann die Grunddienstbarkeit ausgeübt werden und nur für die Bedürfnisse dieses Grundstückes, von dem sie nicht ablösbar ist. Und die Unterhaltspflicht ist accessorium des Dienstbarkeitsrechtes.

Mit der Dereliktion des berechtigten Grundstückes erlischt die Unterhaltspflicht 86
notwendigerweise. Der Eintritt dieser Rechtswirkung kann nicht davon abhängig
gemacht werden, daß der Dienstbarkeitsberechtigte auf dem belasteten Grundstück
den ursprünglichen Zustand wiederherstellt. Im EBG **67** I 127 = Pr. **30** Nr. 113
bemerkte das Bundesgericht beiläufig, der Eigentümer des belasteten Grundstückes
habe gegenüber dem Dienstbarkeitsberechtigten Anspruch auf Beseitigung der für
die Ausübung der Dienstbarkeit vorhandenen Einrichtungen und auf Wiederherstellung des früheren Zustandes. Diese Bemerkung bezog sich auf die Löschung der
Dienstbarkeit wegen Verzichts. Richtig ist sie auch für diesen Fall nicht. Noch viel
weniger kann sie auf den hier besprochenen Tatbestand der Dereliktion zutreffen. Es
gilt vielmehr das, was hievor über die Folgen der Aufgabe von Dienstbarkeitseinrichtungen ausgeführt ist (N. 35 hievor).

3. Der Verzicht auf die Dienstbarkeit

Wie LEEMANN, N. 10 zu Art. 741, bemerkt, braucht der Dienstbarkeitsberechtigte 87
das Grundstück nicht zu derelinquieren, um sich von seiner Unterhaltspflicht zu
befreien. Er erzielt diese Wirkung durch den Verzicht auf die Dienstbarkeit. Der
Verzicht ist als Untergangsgrund der Dienstbarkeit in den NN. 97–112 zu Art. 734
behandelt. Der Verzicht als **Verfügung** des Berechtigten über sein Recht vernichtet dieses materiell, so daß es nur formell weiterbesteht. Wird der Verzicht dem
Grundbuchamt erklärt, ist damit die Löschung verlangt. Wird der Verzicht als
Verfügung dem Eigentümer des belasteten Grundstückes gegenüber erklärt, ist ihm
damit die Löschungsbewilligung erteilt (N. 98 zu Art. 734).

Mit dem Untergang der Dienstbarkeit geht die Pflicht des Unterhalts der Dienst- 88
barkeitsanlagen als ihr accessorium unter. Wollte man diese Folge nicht zulassen,
dürfte man den Verzicht auf die Dienstbarkeit nicht zulassen. Die Freiheit des
Verzichts aber steht fest und damit auch die Folge des Erlöschens der Unterhaltspflicht.

Vorbehalten bleibt das Erfordernis der Zustimmung der am herrschenden 89
Grundstück dinglich Berechtigten gemäß Art. 964 (NN. 29–45 zu Art. 734). Der
Eigentümer des belasteten Grundstückes gehört nicht zu den aus dem Eintrag
Berechtigten im Sinne des Art. 964; er hat bei der Löschung nicht mitzuwirken und
hat kein Recht der Einsprache gegen sie. Dies hat das Bundesgericht anerkannt und
betont (EBG **67** I 126 = Pr. **30** Nr. 113). Die Entscheidungen kantonaler Aufsichtsbehörden im Grundbuchwesen, welche die Zustimmung des Eigentümers des belasteten Grundstückes oder von an diesem Grundstück dinglich berechtigten Personen verlangten, sind damit als unhaltbar erkannt.

Richtig war schon vorher entschieden worden, nämlich vom AppH Bern, ZBJV 90
62 (1926), S. 222 = SJZ **23**, S. 233 = ZBGR 7 Nr. 86, S. 230f. WEISS, n.F.
Nr. 4957a: «Ein Dienstbarkeitsberechtigter kann sich nun... dadurch für die
Zukunft von der ihn belastenden Seite eines Servitutsverhältnisses befreien, daß er

einfach auf die Dienstbarkeit verzichtet, wobei ein derartiger Verzicht im Gegensatz zum Vertrag über die Errichtung einer Grunddienstbarkeit an keine Form gebunden ist.» Im gleichen Sinne hat dann das Obergericht Luzern entschieden, nun unter Berufung auf das bundesgerichtliche Urteil, Max. **9** Nr. 86, S. 83 = ZBGR **30** Nr. 34, S. 79f.

91 Daß vom Eigentümer des berechtigten Grundstückes, der auf die Dienstbarkeit verzichtet hat, nicht die Beseitigung der von ihm erstellten Dienstbarkeitsanlagen und die Wiederherstellung des früheren Zustandes verlangt werden kann, wurde bereits betont. Ein solches Verlangen würde der Eigentümer des belasteten Grundstückes nur stellen, wenn diese Anlagen für ihn selber unbrauchbar wären und die Bewirtschaftung seines Grundstückes beeinträchtigen würden. Aber diese Nachteile hat er mit der Begründung der Dienstbarkeit auf sich genommen. Was er verlangen kann, ist lediglich die Durchführung der Maßnahmen, welche nötig sind zur Verhinderung der nachteiligen Folgen eines gefahrdrohenden oder ordnungswidrigen Zustandes der Dienstbarkeitsanlagen im Zeitpunkt des Verzichts auf die Dienstbarkeit. NN. 35, 44, 83 hievor.

VI. Intertemporales Recht

92 Wenn das frühere kantonale Recht Vorschriften über die Zulässigkeit, Gültigkeit und den Inhalt vertraglicher Bestimmungen zur Regelung der Unterhaltspflicht enthielte, wären sie immer noch und weiterhin anwendbar.

93 Dagegen stellt sich die intertemporalrechtliche Frage der Anwendbarkeit des Art. 741 auf altrechtliche Dienstbarkeiten in der Praxis im allgemeinen deshalb nicht, weil der im Art. 741 ausgesprochene Grundsatz inhaltlich gar nicht neues Recht ist, sondern von jeher Geltung hatte. Infolgedessen stellt sich diese Frage nur im Kanton St. Gallen, weil nach dessen früherem Recht der gegenteilige Grundsatz Geltung hatte (N. 4).

94 Würde der Art. 741 den Inhalt des dinglichen Rechtes bestimmen, wäre er nach Art. 17 Abs. 2 SchlT auch auf die altrechtlichen Dienstbarkeiten anzuwenden. Ein dingliches Recht hat er zwar nicht zum Gegenstand, aber doch eine gesetzliche Realobligation, die mit der Dienstbarkeit verbunden ist und damit den Inhalt des ganzen Rechtsverhältnisses bestimmt, so daß die Ansicht wohl vertretbar wäre, daß er gemäß Art. 17 Abs. 2 auch auf altrechtliche Dienstbarkeiten anzuwenden wäre.

95 Indessen kommt hier ein allgemeinerer Grundsatz des intertemporalen Rechtes zur Geltung, nämlich der Grundsatz der Nichtrückwirkung (Art. 1 SchlT) auf rechtlich geschützte Ansprüche, die unter dem früheren Recht entstanden sind (Art. 4 SchlT, arg. e contrario). Als solcher Anspruch muß wohl der mit dem Dienstbarkeitsrecht nach dem früheren sanktgallischen Recht verbundene Anspruch, daß der Eigentümer des belasteten Grundstückes die Dienstbarkeitsanlagen zu unterhalten habe, gelten.

Eingehende Erörterung dieser intertemporalrechtlichen Frage (im Verhältnis zwischen dem gesetzlichen landwirtschaftlichen Vorkaufsrecht gemäß Art. 6 EGG und einem älteren vertraglich begründeten Kaufsrecht) EBG **90** II 135 = Pr. **53** Nr. 87, besprochen in der ZBJV **101** (1964) S. 404ff.

Im übrigen müßte das frühere kantonale Recht in den Fällen, in denen die Parteien keine Bestimmung über den Unterhalt getroffen haben, als inhaltsbestimmend für ihren Willen präsumiert werden. Dem entspricht es, daß in den beiden zitierten sanktgallischen Entscheidungen angenommen wurde, daß der Eigentümer des belasteten Grundstückes nach dem früheren Recht unterhaltspflichtig gewesen und es auch geblieben sei. RR St. Gallen, VerwPr **2** Nr. 703, S. 518 = ZBGR **9**, S. 129f.; KtG St. Gallen, Entsch. **1916**, N. 1 S. 1 = ZBGR **26**, S. 308.

96

Art. 742

Wird durch die Ausübung der Grunddienstbarkeit nur ein Teil des Grundstückes in Anspruch genommen, so kann der Eigentümer, wenn er ein Interesse nachweist und die Kosten übernimmt, die Verlegung auf eine andere, für den Berechtigten nicht weniger geeignete Stelle verlangen.

III. Veränderungen der Belastung.
1. Verlegung.

Hiezu ist er auch dann befugt, wenn die Dienstbarkeit im Grundbuch auf eine bestimmte Stelle gelegt worden ist.

Auf die Verlegung von Leitungen werden im übrigen die nachbarrechtlichen Vorschriften angewendet.

Materialien: VE (1900) Art. 735; Erl. II S. 100f., 147; Prot. ExpKomm. 11. November 1902, S. 11 (zu Art. 693), 7. November 1902, S. 9–11; E (1904) Art. 733; Amtl. sten. Bull. NR 17 (1907) S. 338; StR 16 (1906) S. 1360.

Ausländisches Recht. BGB § 1023; C.c.fr. art. 701 al. 3; C.c.it. art. 1068.

Literatur

I. Zum Art. 742

Claude Barbey, De la modification des charges dans les servitudes, SJZ 40 (1944) S. 219f.; E. Steiner, Eine Unstimmigkeit im Text des ZGB, SJZ 37, S. 256; V. Schwander, Die Grunddienstbarkeiten mit besonderer Berücksichtigung des schweizerischen ZGB und des schwyzerischen Rechts, Diss. iur. Bern 1910, S. 232ff.; Josef Kohler, Beiträge zum Servitutenrecht, Arch. f. d. civ. Pr. 87 (1897) S. 232ff.; Paul Gieseke, Leitungen auf fremdem Boden, Festschrift Hedemann (1958) S. 95ff.; W. Dittus, Zur Bemessung der Entschädigung für Leitungsservitute, NJW 1963, S. 719ff.; Giuseppe Branca, Fondo servente e luogo d'esercizio: influenza della tradizione sul codice, Riv. trim. di dir. e procedura civile VI (1952) p. 577ss., auch in der Festschrift zum fünfzigjährigen Jubiläum der Cedam.

II. Zum Art. 693 ZGB

PETER LIVER, Gesetzliche Eigentumsbeschränkungen und Dienstbarkeiten in der Gesetzgebung und Lehre Frankreichs, Deutschlands, der Schweiz und Italiens in Ius et Lex, Festgabe für Max Gutzwiller 1959, S. 749ff.; Aufhebung und Ablösung von Servituten, ZBGR 42 (1961) S. 1ff., bes. S. 5; im vorliegenden Kommentar: Einleitung NN. 80ff. (Dienstbarkeiten und gesetzliche Eigentumsbeschränkungen), NN. 14 und 71 zu Art. 731, NN. 7 und 67 zu Art. 732, NN. 167–178 zu Art. 734; NN. 21–28 und 182ff. zu Art. 736; KARL BRUGGMANN, Das Durchleitungsrecht im schweizerischen Privatrecht, Diss. iur. Bern 1913 (Abhandlungen zum schweizerischen Recht 53) S. 51f., 65f.

III. Zum öffentlichen Durchleitungsrecht

1. Elektrische Leitungen. Bundesgesetz über die elektrischen Schwach- und Starkstromanlagen (Elektrizitätsgesetz) vom 24. Juni 1902, Art. 8, 10 und 50; Kommentar zu Art. 50: FRITZ HESS, Das Enteignungsrecht des Bundes (1935) S. 406ff.; A. PFLEGHART, Das Recht zur Erstellung von elektrischen Leitungen nach der schweizerischen Bundesgesetzgebung, ZSR n.F. 23; F. VISCHER, Elektrizitätsleitungsrecht, Diss. iur. Basel 1933; MARGRIT BUGMANN, Die Enteignung für die Fortleitung und Verteilung elektrischer Energie, Diss. iur. Zürich 1943 (Zürcher Beiträge zur RW n.F. 94); WERNER MEIER, Das Telephonregal nach schweizerischem Recht, Diss. iur. Bern 1928; ERWIN RUCK, Schweizerisches Elektrizitätsrecht, 1964, S. 86ff.

2. Eisenbahnen. Eisenbahngesetz vom 20. Dezember 1957, Art. 29/30 (Kreuzungen zwischen Eisenbahnen und öffentlichen oder privaten Leitungen).

3. Nationalstraßenbau. Bundesgesetz über die Nationalstraßen vom 8. März 1960, Art. 45 (Verlegung von Leitungen infolge des Nationalstraßenbaues).

4. Das Bundesgesetz über Rohrleitungsanlagen zur Beförderung flüssiger oder gasförmiger Brenn- oder Treibstoffe vom 4. Oktober 1963.

5. Das Bundesgesetz über die Nutzbarmachung der Wasserkräfte (WRG) vom 22. Dezember 1916.

6. Hinweise auf kantonale Wassernutzungsgesetze im Text.

7. Hinweis auf das Recht und die Literatur Deutschlands im Text.

Inhaltsübersicht

I. Der Inhalt des Art. 742 im allgemeinen und sein Anwendungsbereich. NN. 1–8

II. Die ratio legis

  1. Restriktive Auslegung aller Beschränkungen des Eigentums. N. 9

  2. Civiliter uti! N. 10

  3. Der Grundsatz der Proportionalität. N. 11

  4. Das Verbot des Rechtsmißbrauchs. N. 12

  5. Schlußfolgerung. N. 13

  6. Unabdingbarkeit? NN. 14–20

III. Entstehungsgeschichte. NN. 21–27

IV. Die Voraussetzungen des Verlegungsanspruches
   1. Das Subjekt des Anspruchs. NN. 28–29
   2. Das Interesse des Belasteten. NN. 30–31
   3. Unbeschwertheit des Berechtigten. NN. 32–34
   4. Durchführbarkeit der Verlegung. NN. 35–36

V. Die Verlegung auf ein anderes Grundstück
   1. Auf ein anderes Grundstück des Belasteten. NN. 37–43
   2. Auf das Grundstück eines Dritten. NN. 44–46

VI. Die Durchführung der Verlegung
   1. Vertragliche Regelung. N. 47
   2. Stillschweigende Übereinkunft. N. 48
   3. Richterliches Urteil (Vorbemerkung). N. 49
      a) Gestaltungsurteil. NN. 50–51
      b) Leistungsurteil. N. 52
      c) Feststellungsurteil. N. 53
      d) Anordnung baulicher Schutzmaßnahmen. NN. 54–55
      e) actio confessoria und actio negatoria. NN. 56–57
   4. Verwaltungsverfügung. N. 58
   5. Grundbuchliche Behandlung. NN. 59–72

VII. Verlegung gegen Entschädigung als teilweise Ablösung. NN. 73–77

VIII. Die Verlegung von Leitungen
   1. Die Sonderstellung der Leitungen im Dienstbarkeitsrecht. NN. 78–82
   2. Unterstellung unter die nachbarrechtlichen Vorschriften. NN. 83–88
   3. Die Kostenfrage
      a) Die Kostenverteilung. NN. 89–105
      b) Die Verpflichtung zum Ersatz der Kosten. NN. 106–109

IX. Intertemporales Recht. NN. 110–111

X. Öffentlich-rechtliche Verlegungsbestimmungen. NN. 112–133

XI. Schlußbemerkungen. NN. 134–139

I. Der Inhalt des Artikels 742 im allgemeinen und sein Anwendungsbereich

Vgl. N 182ff. zu Art. 736.

Durch die Dienstbarkeit soll der Eigentümer des belasteten Grundstückes in dessen Gebrauch, Nutzung und Verbesserung sowenig als möglich eingeschränkt sein, nämlich nur soweit als es nötig ist, damit die Dienstbarkeit nach ihrem Zweck und Inhalt voll ausgeübt werden kann. Unter diesem Gesichtspunkt befaßt sich der Art. 742 mit folgendem Tatbestand: Durch die Ausübung der Dienstbarkeit wird nur ein Teil der Liegenschaft in Anspruch genommen.

Alle Dienstbarkeiten belasten die ganze Liegenschaft. Die unbewegliche Sache, die Gegenstand dinglicher Rechte sein kann, ist die Liegenschaft als Ganzes (N. 24 zu Art. 730). Ihre Veräußerung und Belastung vollzieht sich durch Eintragung im

Grunddienstbarkeiten

Grundbuch. Diese bezieht sich immer auf die ganze Liegenschaft, die im Grundbuch ihr Blatt hat, auf dem die Eintragung vorgenommen wird: die Grundbuchparzelle. Nach BRANCA, Fondo servente e luogo d'esercizio, a.a.o. S. 582ff., ist damit die römisch-rechtliche Tradition aufgegeben worden. In Anspruch genommen wird aber durch die Ausübung vieler Dienstbarkeiten nach ihrem Zweck und Inhalt nur ein Teil der Liegenschaft. Diese Lokalisierung kann sich auch durch die tatsächliche Ausübung an der gleichen Stelle vollzogen haben. Häufig ist sie im Dienstbarkeitsvertrag ausdrücklich vereinbart. Dies kann auf das Baurecht zutreffen, einmal dann, wenn es bloß die Erstellung einer ober- oder unterirdischen Leitung oder einer Transformatorenstation zum Inhalt hat, aber auch wenn es ein selbständiges und dauerndes Recht zur Erstellung eines Ferien- oder Wochenendhäuschens an bestimmter Stelle am Rande einer großen landwirtschaftlichen Liegenschaft betrifft. Dieser Tatbestand ist, allerdings unter einem anderen Gesichtspunkt, nämlich dem des Vorkaufsrechtes des Bauberechtigten an der belasteten Liegenschaft, im Art. 682 Abs. 2 ins Auge gefaßt. Der typische Tatbestand des Art. 742 ist die Belastung einer Liegenschaft mit einem Wegrecht. Neben dem Wegrecht und Durchleitungsrecht kommen in Betracht: Das Quellenrecht und die Schießservitut, u.U. auch das Recht zur Ausbeutung von Bodenbestandteilen, das Beholzungs- und das Weiderecht.

3   Die Beschränkung der Ausübung auf eine bestimmte Stelle, Linie oder Teilparzelle kann im Dienstbarkeitsvertrag ausdrücklich vereinbart und zudem im Grundbuchplan durch Einzeichnung der Dienstbarkeitsgrenzen örtlich genau festgelegt sein (N. 24 zu Art. 730, NN. 70 und 72 zu Art. 731). Diese Beschränkung kann sich aber auch ohnedies aus dem Zweck und Inhalt der Dienstbarkeit ergeben. Dies gilt für das Wegrecht, das Durchleitungsrecht, das Quellenrecht und die Schießservitut.

4   Daß nicht nur in diesem zweiten, sondern auch im ersten Fall vom Belasteten die Verlegung verlangt werden könne, sagt das Gesetz in einem besonderen Absatz, dem Abs. 2 des Art. 742. Damit wird zum Ausdruck gebracht, daß die Verlegung auch dann verlangt werden kann, wenn mit ihr der Dienstbarkeitsinhalt nicht nur näher bestimmt, sondern auch wenn er modifiziert wird.

5   Die Verlegung der Stelle innerhalb der Liegenschaft, an welcher diese in Anspruch genommen werden darf*, kann also eine Änderung des Dienstbarkeitsvertrages in sich schließen. Es könnte scheinen, daß dazu die Zustimmung des Dienstbarkeitsberechtigten nötig sein müßte. Die Verlegung kann jedoch ohne diese Zu-

---

* Das Marginale zum französischen Text lautet: «Changement dans l'assiette de la servitude», während die Verlegung in der wissenschaftlichen Rechtssprache genauer bezeichnet wird als «déplacement de l'assiette de la servitude».

Das Marginale zum italienischen Text ist noch unpräziser: «Trasporto.» Im C.c.it. art. 1068 al. 3 heißt es «Cambiamento di luogo per l'esercizio della servitù». In der Literatur wird unterschieden zwischen dem «spostamento del luogo» und dem «trasferimento della servitù ad altro luogo». Vgl. dazu besonders BIONDO BIONDI, Le servitù (Trattato di Dir. civile, diretto da Fr. Messineo) 1967, n. 184–186, p. 428ss.

stimmung und gegen den Willen des Berechtigten durchgesetzt werden. Sie ist deshalb keine Verletzung des Dienstbarkeitsrechtes, weil sie nur unter der Voraussetzung zulässig ist, daß die neue Stelle der Ausübung für den Dienstbarkeitsberechtigten nicht weniger geeignet ist als die alte. Unter dieser Voraussetzung bleibt der Dienstbarkeitsberechtigte in seinen Interessen unbeeinträchtigt.

Dies würde aber nicht zutreffen, wenn dem Dienstbarkeitsberechtigten aus der Verlegung Kosten erwüchsen. Die Kosten müssen vom Belasteten, der die Verlegung verlangt, getragen werden. **6**

Diese Regelung gewährleistet dem Belasteten die erstrebte größere Freiheit in der Bewirtschaftung seines Grundstückes, ohne eine Benachteiligung des Berechtigten zuzulassen.

Der Art. 742 steht im Abschnitt über die Grunddienstbarkeiten und spricht nur von diesen. Aber er ist auf alle Dienstbarkeiten anwendbar. Ob das Baurecht, insbesondere das Leitungsbaurecht (Durchleitungsrecht), das Quellenrecht oder das Wegrecht, dessen Verlegung der Belastete verlangt, dem jeweiligen Eigentümer eines anderen Grundstückes zusteht, oder einer individuell bestimmten natürlichen oder juristischen Person oder Gemeinschaft, kann für die Beurteilung des Verlegungsbegehrens so wenig von Bedeutung sein, wie für die Anwendbarkeit fast aller übrigen Bestimmungen dieses Abschnittes. Siehe dazu die NN. 18/19 der Vorbemerkungen vor Art. 730 und die NN. 30ff. zu Art. 733. **7**

Dies gilt auch für die in Erfüllung einer gesetzlichen Verpflichtung begründeten Dienstbarkeiten, die Legalservituten, besonders für den Notweg, und zwar a fortiori. Erweitert hat das Gesetz den Verlegungsanspruch für den mit einem nachbarrechtlichen Durchleitungsrecht belasteten Grundeigentümer. Über die Anwendung dieser Bestimmung (Art. 693) auf alle Durchleitungsservituten überhaupt wird hienach unter Ziff. VIII zu sprechen sein. Ob der Art. 742 auch einen Anspruch auf Verlegung einer Dienstbarkeit mit öffentlich-rechtlicher Zweckbestimmung gewähre, ist unter Ziff. X zu erörtern. **8**

II. Die ratio legis

1. Restriktive Auslegung der Eigentumsbeschränkungen

Alle Dienstbarkeiten, nicht nur die Legalservituten, beschränken das Eigentum (N. 8 der Einleitung). Sie beschränken es nur so weit, als ihre Ausübung nach Zweck, Inhalt und Umfang dies notwendig macht. Das Eigentum dehnt sich kraft seiner Elastizität so weit aus, als dies möglich ist, ohne daß die Ausübung der Dienstbarkeit erschwert oder teilweise unmöglich gemacht wird. N. 3 zu Art. 737. Schon daraus folgt, daß der Berechtigte dem Belasteten in der Bewirtschaftung und im Gebrauch seines Grundstückes alle Freiheit lassen muß, die mit der ungeschmälerten Ausübung der Dienstbarkeit vereinbar ist. N. 14 zu Art. 738. **9**

2. Civiliter uti!

10   Das Gesetz verlangt, daß der Dienstbarkeitsberechtigte jede Beeinträchtigung des Belasteten zu vermeiden habe, ohne die er sein Recht seinem Zweck, Inhalt und Umfang nach ausüben könne. Dieses Gebot würde der Berechtigte mißachten, wenn er die Ausübung, welche für den Belasteten weniger beschwerlich, für ihn aber nicht weniger günstig wäre, ablehnte. Dies ist auch die Begründung Eugen Hubers in den Erl. II S. 147. Auch das Bundesgericht erklärt, der Verlegungsanspruch ergebe sich aus «dem in Art. 737 Abs. 2 ausgesprochenen Grundsatz, daß der Berechtigte verpflichtet ist, sein Recht in möglichst schonender Weise (civiliter) auszuüben» (EBG **88** II 154 = Pr. **51** Nr. 132). Es weicht dann allerdings davon ab, indem es fortfährt, gesetzgeberischer Grund des Art. 742 sei «das öffentliche (volkswirtschaftliche) Interesse der Verhinderung jeder unnötigen Beschränkung des Eigentümers in der zweckmäßigen Benutzung seines Eigentums (LEEMANN a.a.O.)». Das ist die Begründung, welche in Deutschland zur Erklärung der Unabdingbarkeit des Verlegungsanspruches nach § 1023 Abs. 2 BGB gegeben wird. Siehe dazu die NN. 14ff. hienach.

3. Der Grundsatz der Proportionalität

11   Besonders für die auf den nachbarrechtlichen Eigentumsbeschränkungen beruhenden Legalservituten, aber auch für die Grunddienstbarkeiten und anderen Dienstbarkeiten, kommt der Grundsatz der Proportionalität in dem Sinne zur Geltung, daß das nach dem Zweck, Inhalt und Umfang der Dienstbarkeit bestehende Verhältnis zwischen dem Vorteil des Berechtigten und der Beschränkung des Eigentums am belasteten Grundstück sich nicht wesentlich verändere, namentlich nicht dadurch, daß die Beschränkung infolge neuer Möglichkeiten der Nutzung viel schwerer wird. Vermag die Verlegung diese Erschwerung der Grundstücksnutzung ganz oder teilweise zu beheben, kann der Belastete sie verlangen, wenn er dem Berechtigten eine für die Ausübung der Dienstbarkeit nicht weniger geeignete Stelle anweist.

Vgl. zum Grundsatz der Proportionalität die NN. 28, 171f. und 182 zu Art. 736, 59ff. und 70 zu Art. 737 sowie N. 16 zu Art. 738.

4. Das Verbot des Rechtsmißbrauchs

12   Beharrt der Berechtigte auf der ferneren Ausübung der Dienstbarkeit an dem einmal fixierten Platz, obwohl die vorgeschlagene andere Stelle hiefür nicht weniger geeignet wäre und für den Belasteten viel vorteilhafter wäre, mißbraucht er sein Recht und handelt wider Treu und Glauben. ROSSEL et MENTHA, III, n° 1381, p. 21. Ebenso für das französische Recht (mit trefflicher Ablehnung der Begründung mit dem öffentlichen Interesse) BAUDRY-LACANTINERIE-CHAUVEAU, Traité théorique et pratique, t. VI, 3ᵉ éd. 1905, n° 1145, p. 878s. Im allgemeinen Zusammenhang der

sich aus Art. 2 ZGB ergebenden Probleme behandelt MERZ die Frage unter den Titeln «Krasses Mißverhältnis der Interessen» in den NN. 371ff. und «Schonende Rechtsausübung» in den NN. 393ff. zu Art. 2 ZGB im Berner Kommentar, Einleitungsband 1962, Neudruck 1966.

5. Schlußfolgerung

Hätte das Gesetz den Verlegungsanspruch unter den im Art. 742 bestimmten Voraussetzungen nicht ausdrücklich statuiert, würde er doch bestehen. Er könnte aus jedem der genannten Prinzipien abgeleitet werden. Dafür spricht die Tatsache, daß der Verlegungsanspruch auch in der österreichischen Lehre und Praxis anerkannt wird, obwohl das ABGB ihn nicht erwähnt. Er wird abgeleitet aus dem im § 484 ausgesprochenen Grundsatz der restriktiven Bestimmung des Inhaltes und Umfanges, innerhalb dessen die Dienstbarkeit ausgeübt werden darf. KLANG, Kommentar, 2. Aufl. 1949, Erl. 3d zu § 484; KRAINZ-PFAFF-EHRENZWEIG, System I 2 (1957) § 249 II, S. 311 und da zitierte Entscheidungen.

6. Unabdingbarkeit?

Nach § 1023 Abs. 2 BGB kann das Recht auf Verlegung nicht durch Rechtsgeschäft ausgeschlossen oder beschränkt werden. Zur Begründung dieser Vorschrift wird gesagt, der Verlegungsanspruch bestehe im Interesse der «Landeskultur» (CROME, System III, 1905, S. 491). Dieses verlange «eine angemessene Ausgleichung der kollidierenden Interessen» (DERNBURG, Das Bürgerliche Recht III [1904] S. 500). Das gleiche meint wohl auch KOHLER (a.a.O., S. 233), indem er auf den Grundsatz verweist, «daß die Belastung des einen Grundstückes nicht weiter gehen soll, als es der Nutzen des anderen erheischt». Dies sei ein gesunder Grundsatz, ja in einer gesunden Wirtschaft unentbehrlich. HECK (Sachenrecht, § 73, Ziff. 7, S. 306) meint, die Unabdingbarkeit beruhe auf demselben Werturteil wie § 904 (Notstand = ZGB Art. 701). Diese Begründungen sind zum Teil unzulänglich, zum Teil falsch. (Die meisten Autoren verzichten denn auch auf jede Begründung.) Das öffentliche Interesse verlangt die Unabdingbarkeit keineswegs. Wenn alle Bestimmungen, die im Interesse der «Landeskultur» liegen, unabdingbar wären, müßten das Dienstbarkeitsrecht und namentlich das Nachbarrecht zum größten Teil zwingendes Recht sein.

Unabdingbar ist der Verlegungsanspruch, wenn und soweit seine Ablehnung durch den Berechtigten gegen den Grundsatz von Treu und Glauben verstößt und infolgedessen rechtsmißbräuchlich ist. Das Gebot des Handelns nach Treu und Glauben ist ein Prinzip, dessen Bedeutung gerade darin besteht, daß es sich gegen die Berufung auf die Vertragsbestimmung und sogar gegen die Berufung auf die Gesetzesvorschrift durchsetzt. Nur wenn ihm andere, ebenfalls um der öffentlichen Ordnung und Sittlichkeit willen geschützte Interessen gegenüberstehen, hat es ihnen gegebenenfalls zu weichen. Vgl. dazu HANS MERZ, Berner Kommentar, Einleitungsband, NN. 96ff. zu Art. 2 ZGB.

16 In Frankreich ist die Frage kontrovers (FUZIER-HERMAN, Code annoté, II, 1936, n°s 89, 90). In Italien ist die Unabdingbarkeit in der herrschenden Lehre und Praxis anerkannt. In der Begründung gehen die Meinungen auseinander. BRANCA (Commentario, n. 2 ad art. 1068, p. 578s.) führt die Unverzichtbarkeit zurück auf das öffentliche Interesse an der möglichst ungehinderten Nutzung der Produktivkräfte des Bodens. Dazu äußern sich BIONDI (Le servitù, 1967, n. 87, p. 440) und auch MESSINEO (Le servitù, 1949, n. 77, p. 159) ablehnend. Mit Recht. Auf Grund des früheren Codice civile (von 1865), in dem schon die gleiche Regelung der Verlegung innerhalb der belasteten Liegenschaft enthalten war (art. 645), hat BUTERA (Delle servitù stabile per fatto dell'uomo, 1923, n. 255, p. 496) in überzeugender Weise dargetan, daß der Dienstbarkeitsberechtigte deshalb die Verlegung gestützt auf den aus dem Vertrag hervorgehenden Verzicht des Belasteten, sie zu verlangen, nicht verweigern könne, weil er mit seinem Beharren auf seinem der Form nach bestehenden Recht den Belasteten an einer besseren Nutzung seines Grundstückes hindern würde, obwohl er dadurch in seinem Rechte in keiner Weise beeinträchtigt würde.

17 In der schweizerischen Literatur hat man sich der im § 1023 Abs. 2 BGB festgelegten Auffassung angeschlossen und den Art. 742 als eine Bestimmung zwingenden Rechtes erklärt, obwohl er die das ausprechende deutsche Vorschrift gerade nicht enthält. WIELAND, Bem. 6 zu Art. 742; SCHWANDER, S. 235; LEEMANN, N. 15 zu Art. 742, und gestützt darauf, ohne Begründung, AppH Bern, ZBJV **95**, S. 71ff. = ZBGR **40** (1959) Nr. 30, S. 216ff. LEEMANN erklärt dies wie die oben genannten deutschen Autoren «mit dem öffentlichen Interesse der Landeskultur»; auch SCHWANDER verweist auf «die wirtschaftliche Funktion des Instituts». Beide meinen ferner, die Ungültigkeit des Verzichts ergebe sich auch aus dem Abs. 2 des Art. 742: Der Verlegungsanspruch besteht auch, «wenn die Dienstbarkeit im Grundbuch auf eine bestimmte Stelle gelegt ist». Das erste Argument ist aus den bereits genannten Gründen unhaltbar, ferner auch deshalb, weil der Bestand und die Ausübung der Dienstbarkeit ebensogut im Interesse der Landeskultur liegen können wie die Erstellung irgendwelcher Bauten auf dem belasteten Grundstück durch den Eigentümer. Die Dienstbarkeit kann der notwendigen Erfüllung eines öffentlichen Zweckes dienen, wie der Wasserversorgung einer Gemeinde, während der Belastete die Verlegung verlangt, um eine Luxusbaute zu erstellen oder einen großen Gewinn durch den Abbau von Kies, Sand oder Kalkstein zu erzielen. Dies ist durchaus nicht ein seltener Ausnahmefall. Das zweite Argument geht auch fehl, denn die örtliche Fixierung der Ausübung innerhalb der Grundstücksfläche gehört ja zu den Tatbestandsmerkmalen der Verlegung. In ihr liegt gerade nicht ein Verzicht auf die Verlegung, sondern die Verlegung bleibt vorbehalten, auch wenn die örtliche Fixierung vertraglich niedergelegt und im Grundbuch oder in den Grundbuchplänen zur Darstellung gelangt ist.

Für eine Vorschrift zwingenden Rechts hat den Art. 742 auch das Bezirksgericht 18
Zürich gehalten und geprüft, ob trotzdem die von der PTT in einem Dienstbarkeitsvertrag übernommene Verpflichtung zur Verlegung der Kabelleitung auf eigene Kosten innert 6 Monaten, seitdem der Belastete dies wegen Überbauung seines Grundstücks verlangt habe, gültig sei, sowie ob die Dienstbarkeit mit dieser vermeintlichen Resolutivbedingung in das Grundbuch eingetragen werden könne. Grundbuchbeschwerde-Entscheid vom 3. April 1928, ZBGR **9**, S. 120ff., auch zitiert in N. 71 zu Art. 730.

Unverbindlich ist der Verzicht auf die Verlegung auch nach meiner Ansicht, 19
aber, wie bereits ausgeführt, nur wenn der Berechtigte sich des Rechtsmißbrauchs schuldig macht, indem er den Verzicht des Belasteten geltend macht und die Verlegung verweigert. Rechtsmißbräuchlich ist dieses Verhalten des Berechtigten, wenn für ihn die Ausübung der Dienstbarkeit an der vom Belasteten in seinem Begehren bezeichneten Stelle nicht weniger bequem und vorteilhaft ist. Dies ist im Art. 742 allerdings zur Voraussetzung des Verlegungsanspruches gemacht.

Wenn dagegen der Berechtigte erhebliche Aufwendungen an Arbeit oder Geld 20
machen muß, um die Verlegung durchzuführen, handelt er nicht rechtsmißbräuchlich, wenn er die Verlegung ablehnt. Daraus folgt, daß die Verlegung nicht unabdingbar ist, wenn sie auf Kosten des Berechtigten verlangt wird. Für die Verlegung von Dienstbarkeiten hat diese Frage entscheidende Bedeutung, wenn gemäß Abs. 3 des Art. 742 auf die Verlegung von Leitungen die nachbarrechtlichen Vorschriften über die Kosten der Verlegung anzuwenden sind. Diese Frage wird unter Ziff. VIII hienach zu behandeln sein.

III. Entstehungsgeschichte

Das Verlegungsrecht gilt als eine Neuerung der Kodifikationen, an erster Stelle 21
des französischen Code civil. Dem gemeinen römischen Recht, meint man, sei es fremd gewesen (STAUDINGER-KOBER, 10. Aufl. 1938, Erl. 1 zu § 1023 BGB und Vorbem. Ziff. V). Dies wäre doch einigermaßen verwunderlich, wenn man dieses Recht als eine mit dem Grundsatz der restriktiven Bestimmung des Inhalts und Umfanges jeder Eigentumsbeschränkung und mit dem darauf beruhenden Gebot «Civiliter uti» gegebene Befugnis betrachtet. Diese Grundsätze gehörten dem römischen Recht an und blieben im Gemeinen Recht anerkannt (WINDSCHEID, Pandekten, Band I, § 209, Ziff. 5 und 6, S. 1064f., und KIPP, daselbst S. 1078ff.). In den römischen Quellen ist, abgesehen von einem Sonderfall, dem Belasteten nicht ein Verlegungsanspruch gegeben, sondern nur die Befugnis, dem Berechtigten den Platz anzuweisen, auf dem ihn die Ausübung am wenigsten stört. KIPP, a.a.O., S. 1079; BIONDI, Le servitù prediali nel diritto romano (Corso di lezioni), 2. Aufl. 1954, S. 299f.; BRANCA, Fondo servente e luogo d'esercizio, a.a.O., S. 577ff. In der gemeinrechtlichen Lehre des Spätmittelalters und der Neuzeit war dagegen das Verlegungs-

Grunddienstbarkeiten

recht anerkannt, dies namentlich in dem für Jahrhunderte maßgebenden, in Italien, Deutschland, Holland, Frankreich und der Schweiz bis ins 18. Jahrhundert immer wieder gedruckten (z.B. in Genf 1759), in Italien im 18. und 19. Jahrhundert dreimal übersetzten Tractatus Bart. Caepollae Veronensis I.C. clarissimi de servitutibus tam urbanorum quam rusticorum praediorum (CAEPOLLA starb 1477). Die maßgebende Stelle findet sich im Traktat II Cap. 1 n. 617. Darauf hat G. DEJANA in der 3. Aufl. 1963 von G. GROSSO-G. DEJANA, Le servitù prediali II, p. 922s., aufmerksam gemacht und als Verfechter der gleichen Auffassung auch den anderen großen Vertreter der Servitutenlehre genannt, PECCHIUS (geb. 1618 und gest. 1693 in Pavia), dessen Hauptwerk FERRINI (Delle servitù stabilite dalla legge I, p. 8) «il suo magistrale Trattato de servitutibus» nennt.

22 Indessen scheint doch die Aufnahme der Verlegung als Institut in die Kodifikationen des 19. Jahrhunderts nicht aus einer herrschenden Lehre erfolgt zu sein, auch in Frankreich nicht, dessen Code civil zum Vorbild der späteren Kodifikationen wurde. Dessen Art. 701 ist in die kantonalen Gesetzbücher der Westschweiz und des Tessins übernommen worden. Aber auch in den Kantonen Zürich (PrGB § 706), Graubünden (CGB § 252), Luzern (BGB § 329), St. Gallen (Gesetz über Grenzverhältnisse, Dienstbarkeiten, Zugrecht und Verlehnung vom 22. August 1850) wurde das Verlegungsrecht anerkannt. EUGEN HUBER, System und Geschichte des schweizerischen Privatrechts, Bd. III, S. 365ff. Bemerkenswert ist, daß diese Gesetzbücher die Bestimmung des C.c., daß die Belastung für den Eigentümer des dienenden Grundstückes schwerer geworden sei, fallengelassen haben und nur an der Grundvoraussetzung festgehalten haben, daß die Verlegung für den Berechtigten nicht von Nachteil sei. Sie sahen nur die Verlegung an eine andere Stelle der gleichen Liegenschaft vor.

23 Nachdem das zürcherische Obergericht wiederholt entschieden hatte, daß dem Belasteten auch die Verlegung auf ein anderes Grundstück gestattet sei, wurde im § 256 des revidierten PrGB (vom 4. September 1887) gesagt, die Ausübung der Dienstbarkeit könne auf eine andere Stelle übertragen werden, während der ursprüngliche Text gelautet hatte: «Auf eine andere Stelle des belasteten Grundstücks.» Nun lautete der § 256 so:

«Läßt sich die Ausübung der Dienstbarkeit ohne Nachteil für den Berechtigten von einer Stelle auf eine andere übertragen, so kann der Berechtigte auf das Begehren des belasteten Eigentümers diese Versetzung nicht versagen.»

Vgl. die Bem. SCHNEIDERS in seiner Ausgabe des PrGB, 1888, zu § 256.

24 Die Fassung des Vorentwurfes des ZGB ist bedeutend enger. Sie lautet im Art. 735 so:

«Wird durch die Ausübung der Grunddienstbarkeit nur ein Teil des Grundstückes in Anspruch genommen, so kann der Eigentümer, wenn die Ausübung für ihn besonders beschwerlich ist, die Verlegung auf eine andere für den Berechtigten nicht weniger geeignete Stelle verlangen.»

Auf Grund der Beratungen in der Großen Expertenkommission wurde die Voraussetzung der besonderen Beschwerlichkeit abgeschwächt auf den Nachweis eines

Interesses. Dagegen scheint die Verlegung auf ein anderes Grundstück nicht in Betracht gezogen worden zu sein, wenn sie auch durch den Text nicht ausgeschlossen wird.

Daß der Belastete die Kosten der Verlegung zu tragen habe, war selbstverständlich und blieb außer Diskussion.

Dagegen war in der Expertenkommission über die Verteilung der Kosten der 25 Verlegung der auf Grund des nachbarrechtlichen Durchleitungsrechtes (Legalservitut) erstellten Leitungen verhandelt und abgestimmt worden (Prot. vom 7. November 1902, S. 9–11). Im Vorentwurf lautete die betreffende Bestimmung (im Abs. 2 des Art. 689) so:

«Ändern sich die Verhältnisse, so kann der Belastete eine seinen Interessen entsprechende Verlegung der Leitung verlangen, deren Kosten nach Ermessen des Richters unter die Beteiligten zu verteilen sind.»

Von mehreren Kommissionsmitgliedern wurde ein stärkeres Entgegenkommen gegenüber dem Grundeigentümer befürwortet. Die dahingehenden Anträge führten zum Beschluß, die Kosten seien dem Berechtigten aufzuerlegen; der Belastete habe nur ausnahmsweise, «wo besondere Umstände es rechtfertigen», einen angemessenen Teil der Kosten zu tragen.

Daß auch Leitungen, die auf Grund eines freiwillig vereinbarten Dienstbarkeits- 26 rechtes erstellt wurden, den nachbarrechtlichen Vorschriften über das Durchleitungsrecht unterstellt seien, ist erst in den Beratungen der Räte oder in deren Kommissionen beantragt worden. Dieser Antrag ging von der Kommission des Ständerates aus. Ihr Berichterstatter, Hoffmann, referierte darüber wie folgt (Amtl. sten. Bull. 16, 1906, S. 1360):

«Bei Verlegung von Leitungen, die als Dienstbarkeiten eingetragen sind, finden die Vorschriften über das Nachbarrecht entsprechende Anwendung, m. a. W., es kann, und zwar in der Regel auf Kosten des Berechtigten, eine angemessene Verlegung auf einen anderen Teil des belasteten Grundstücks verlangt werden. Ausnahmsweise kann der Belastete zur Kostentragung mit herangezogen werden.»

So wurde im Ständerat beschlossen, und der Nationalrat stimmte auf Antrag des Berichterstatters seiner Kommission, Eugen Huber, zu, der sich wie folgt äußerte (Amtl. sten. Bull. 17, 1907, S. 338):

«Im Art. 733 findet sich in bezug auf die Veränderungen und die Verlegung von Grunddienstbarkeiten im ständerätlichen Beschluß ein Zusatz, wonach in bezug auf die Verlegung der Leitungen die gleichen Vorschriften Anwendung finden sollen wie im Nachbarrecht. Wir glauben, daß diese Bestimmung eine Ergänzung darstellt, die zu begrüßen ist und beantragen Ihnen daher, dem Ständerat zuzustimmen.»

Der auf Grund dieser Beschlüsse den Räten von der Redaktionskommission 27 vorgelegte Text weist die von E. STEINER (in der SJZ **37**, 1941, S. 256) namhaft gemachte Unstimmigkeit auf, welche darin besteht, daß im deutschen Text die Unterstellung unter die nachbarrechtlichen Vorschriften eingeschränkt ist durch die Worte «im übrigen», woraus zu schließen wäre, daß das Nachbarrecht bloß subsidiär anwendbar sei, nämlich soweit als der Art. 742 keine Vorschrift enthalte. Eine Vorschrift über die Kosten enthält er, nämlich die, daß der Belastete sie zu tragen habe. Wenn also die nachbarrechtliche Regelung nur im übrigen anwendbar wäre, käme sie auf die Verteilung der Kosten nicht zur Anwendung. Aber sowohl im französischen als auch im italienischen Text fehlt der einschränkende Zusatz «im übrigen».

IV. Die Voraussetzungen des Verlegungsanspruches

1. Das Subjekt des Anspruches

28 Nur dem Eigentümer des belasteten Grundstückes, nicht auch dem Berechtigten, gibt das Gesetz den Verlegungsanspruch. Der C.c.it. ermächtigt den Richter im Art. 1068 Abs. 3, auch dem Berechtigten zu bewilligen, die Stelle der Ausübung zu verlegen, wenn er nachweist, daß dies für ihn von namhaftem Vorteil ist und für den Belasteten nicht nachteilig ist. Diese Entscheidung dürfte auch nach unserem Recht nicht ausgeschlossen sein, jedenfalls dann nicht, wenn das Beharren des Belasteten auf der Ausübung an der bisherigen Stelle als rechtsmißbräuchlich zu gelten hätte, was durchaus möglich wäre, wenn die Verlegung für ihn keinerlei Erschwerung mit sich brächte, er sie aber doch verweigerte, um den Berechtigten um den erwarteten Vorteil zu bringen.

29 Das in N. 89 zu Art. 737 zitierte bernische Urteil aus dem Jahre 1875 in einem analogen Fall dürfte auf Grund des ZGB nicht mehr möglich sein, da es den Grundsatz des Art. 2 außer acht lassen würde. Für den Berechtigten kann die Verlegung z.B. nötig sein, wenn er Umbauten auf seinem Grundstück vornimmt, welche eine Versetzung des Brunnens oder des Einganges zu seinem Garten, Haus oder Stall zur Folge haben. Dann muß er die Verlegung vornehmen können. So kategorisch, wie dies etwa geschehen ist, kann dem Berechtigten deshalb der Anspruch auf Verlegung der Ausübungsstelle nicht aberkannt werden. Vgl. etwa den Entscheid des aargauischen ObG in der Vierteljahrsschrift **27** Nr. 8, S. 24 und in der ZBGR **13**, S. 87ff. und des zürcherischen ObG in der SJZ **19** Nr. 52, S. 268 und in der ZBGR **4**, S. 81ff. Dem zürcherischen Urteil lag im übrigen der ungewöhnliche Tatbestand zugrunde, daß der Kläger auf Kosten der Gemeinde die Verlegung der Leitung der Wasserversorgung verlangte, welche zugleich der Versorgung seiner eigenen Liegenschaft und einer anderen Liegenschaft diente, für welche der Anschluß auf seinem Grundstück sich befand. Obwohl die Leitung nicht ihm gehörte, aber ihm diente, verneinte das ObG den Verlegungsanspruch wohl mit Recht und entschied, daß der Kläger die Kosten der Verlegung selber zu tragen habe.

2. Das Interesse des Belasteten

30 Während der C.c.fr. und der neue wie der alte C.c.it. den Verlegungsanspruch nur gewähren, wenn die Ausübung der Dienstbarkeit am bisherigen Ort zu einer

Erschwerung der Belastung geführt hat oder den Eigentümer an der Ausführung von Verbesserungen an seinem Grundstück hindert, hat der Belastete nach dem Art. 742 bloß darzutun, daß er ein Interesse an der Verlegung habe. Dieses Interesse ist in der Regel ein wirtschaftliches, bestehend in der Erstellung von baulichen Anlagen, in der Durchführung von Meliorationen, in der Anlegung von Pflanzungen. Es brauchen nicht notwendige, nicht einmal nützliche, sondern können auch luxuriöse Neuerungen sein.

Daß auch ein ästhetisches Interesse die Verlegung zu rechtfertigen vermag, ist im EBG **57** II 156 = Pr. **20** Nr. 89 erkannt worden. Dem Eigentümer einer Uferliegenschaft am Zugersee, auf dem er seine Villa hatte, wurde das Recht zugesprochen, die Verlegung des Lagerplatzes mit Landestelle auf eigene Kosten zu verlangen, weil sie die Schönheit der Liegenschaft und die Annehmlichkeit des Wohnens auf ihr beeinträchtigte und ohne erheblichen Nachteil für die Dienstbarkeitsberechtigten durchgeführt werden konnte. 31

3. Unbeschwertheit des Berechtigten

Die neue Stelle darf für die Ausübung der Dienstbarkeit nicht weniger geeignet sein. Eine ganz geringe, kaum erhebliche Verminderung der Bequemlichkeit muß der Berechtigte allerdings um des ungleich größeren Vorteils des Belasteten willen in Kauf nehmen, «poichè il nulla ed il poco sono da equipararsi» (Vittorio Scialoja): N. 127 zu Art. 736. Dies trifft zu, wenn der Weg infolge der Verlegung etwas länger wird, aber vielleicht nicht mehr, wenn er mehrmals die Richtung wechselt, wie die Genfer Cour de Justice Civile entschieden hat (SJZ **24** Nr. 274, S. 312). RR St. Gallen und Bundesgericht GVPr. **4** Nr. 186, S. 196 = ZBGR **35** (1954) Nr. 98, S. 331f. 32

Wenn die Verlegung dem Berechtigten nachteilig ist, hat sie selbst dann als unzulässig zu gelten, wenn sie für den Belasteten von sehr großem Vorteil ist, weil sie ihm die Überbauung seines Grundstückes ermöglichen würde. In einem solchen Fall muß geprüft werden, ob die Voraussetzungen einer Ablösung der Dienstbarkeit gemäß Art. 736 Abs. 2 gegeben sind. AppH Bern, ZBJV **54** Nr. 41, S. 513 = ZBGR **6** Nr. 51, S. 158ff. = SJZ **15** Nr. 172, S. 262. Ablehnung des Verlegungs- (und Ablösungs-)begehrens wegen ideeller Interessen der Berechtigten (und der Öffentlichkeit) am Weiterbestehen eines Uferweges am Thunersee. AppH Bern ZBJV **95** (1959) 71ff. = ZBGR **40** Nr. 30, S. 216ff. 33

Wenn der Eigentümer des mit einem **Fahrwegrecht** belasteten Grundstückes dieses so überbaut, daß nur noch der Raum für ein **Fußwegrecht** am Rande des Grundstückes frei bleibt, ist seine Berufung auf das Verlegungsrecht zu verwerfen und die volle Ersatzpflicht zu bejahen. EBG **73** II 27ff. = Pr. **36** Nr. 54. 34

4. Durchführbarkeit der Verlegung

In vielen Fällen ist eine Verlegung überhaupt nicht durchführbar, weil die Dienstbarkeit nur an einer einzigen bestimmten Stelle ausgeübt werden kann, z.B. 35

das Quellwasser nur da geschöpft oder zur Tränke benutzt oder gefaßt werden kann, wo es entspringt. Eine Druckleitung zwischen dem Wasserschloß und der Zentrale kann nicht verlegt werden, die Leitung, durch die das Wasser in das Staubecken hinaufgepumpt wird, ebenfalls nicht. Und die Linie, auf welcher die Schießservitut ausgeübt wird, kann auch nicht verlegt werden, ohne daß der Schießstand oder Scheibenstand oder beide Anlagen verlegt werden. Wenn die Verlegung in solchen Fällen technisch möglich wäre, könnte sie nicht verlangt werden, weil sie für den Berechtigten große bauliche Änderungen auf seinem Grundstück zur Folge oder zur Voraussetzung hätte. STAUDINGER-KOBER (10 Aufl. 1938) Erl. 8 zu § 1023; PLANCK-STRECKER, Erl. 3b zu § 1023 BGB.

36   Oft müßte die Verlegung auch an den Kosten scheitern, weil diese im Verhältnis zu dem mit der Verlegung erzielten Vorteil enorm hoch sein können. Trifft dies zu, läßt sich eine Verlegung nicht rechtfertigen, gleichgültig ob der Belastete oder der Berechtigte sie zu tragen hat. Der Ausgleich der Interessen ist dann in einer Entschädigung zu suchen, gleich wie zur wertmäßigen Behebung einer gewissen Mehrbelastung durch eine intensivere Ausübung der Dienstbarkeit, deren Verbot sich wirtschaftlich höchst verderblich und unbillig auswirken würde, NN. 35 bis 39 zu Art. 739. Aargauische Gerichts- und VPr. **1962** Nr. 5, S. 30ff.; daselbst **1976** Nr. 4, S. 22ff. Klage auf Entfernung der Abwasserleitung des Nachbarn im Hause des Klägers (Art. 679), Abwägung der wegen der Durchleitung dem belasteten Grundeigentümer entstehenden Nachteile und der dem Beklagten erwachsenden Kosten der Verlegung der Leitung (Art. 691).

V. Die Verlegung auf ein anderes Grundstück

1. Auf ein anderes Grundstück des Belasteten

37   Daß der Belastete auch die Verlegung auf ein anderes seiner Grundstücke verlangen könnte, wurde in der Gesetzesberatung nicht in Betracht gezogen, und der Wortlaut des Art. 742 spricht auch nicht dafür. Gegen eine analoge Anwendung des Art. 742 auf diesen Tatbestand ist nach der ratio legis kaum etwas einzuwenden. Wenn die Ausübung der Dienstbarkeit auf einem anderen Grundstück des Belasteten für den Berechtigten ebenso zweckmäßig ist, besteht für ihn kein sachlicher Grund, sich der Verlegung zu widersetzen. Im C.c.it. art. 1068 al. 4 ist denn auch ausdrücklich gesagt, der Richter könne auch ein solches Begehren gutheißen. In Deutschland wird betont, daß der § 1023 BGB diesen Fall nicht vorsehe; daß aber seine analoge Anwendung zugelassen werde, wird von verschiedenen Autoren befürwortet. STAUDINGER-KOBER (10. Aufl. 1938) Erl. 7 zu § 1023; WOLFF-RAISER, § 107 II, Anm. 9, S. 441; HECK, Sachenrecht, § 73 Ziff. 7, S. 306. Wie hievor (N. 23) bemerkt wurde, ist die Bestimmung des zürcherischen PrGB im Jahr 1887 in diesem Sinne abgeändert worden, nachdem in der Praxis des Obergerichts diese Erweiterung des Tatbestandes anerkannt worden war. In der schweizerischen Literatur zum ZGB

neigte man immer dieser Auffassung zu, so SCHWANDER, S. 236, namentlich LEEMANN, N. 10 zu Art. 742, und auch WIELAND, Bem. 3 zu Art. 742.

In der Praxis ist im Sinne der einen wie der anderen Auffassung entschieden 38 worden. Gegen den Anspruch auf Verlegung der Ausübung an eine Stelle eines anderen als des belasteten Grundstückes entschied das aargauische ObG 1926, Vierteljahrsschrift **27** Nr. 8, S. 21 = ZBGR **13** (1932) N. 26, S. 87ff.; ebenso neuerdings das ObG Luzern in seinem vom Bundesgericht (EBG **88** II 150 = Pr. **51** Nr. 132) aufgehobenen Urteil vom 22. November 1961. Es ist auch zuzugeben, daß der Art. 742 nicht unmittelbar, sondern per analogiam auf diesen Tatbestand anwendbar ist. Diese letztere Möglichkeit ist vom aargauischen ObG in Betracht gezogen worden. Vierteljahrsschrift **27**, S. 24ff.

Das Bundesgericht hat in seinem (nicht veröffentlichten) Urteil vom 16. Februar 39 1950 i.S. Renfer gegen Zesiger, das im EBG **88** II S. 153f. erwähnt und erläutert wird, sich auf den Standpunkt gestellt, ein Anspruch des Belasteten, die Dienstbarkeit auf ein nicht ihm gehörendes Grundstück zu verlegen, sei ausgeschlossen. Dagegen sei der Anwendungsbereich des Art. 742 in der Praxis, die damit der herrschenden Lehre gefolgt sei, dahin erweitert worden, daß der Belastete die Verlegung auch verlangen könne, wenn er ein anderes ihm gehörendes Grundstück zur Ausübung der Dienstbarkeit bereitstellt. Es sei, sagt das Bundesgericht – ein in der Literatur mehrfach gebrauchtes Argument aufnehmend –, nicht nötig, daß der Eigentümer dieses Grundstück mit dem belasteten zu einer Parzelle vereinige, womit er die Voraussetzung für die unmittelbare Anwendung des Art. 742 schaffen könnte. WIELAND, Bem. 3 zu Art. 742.

Diese Praxis hat das Bundesgericht in dem mehrfach zitierten Luzerner Fall i.S. 40 Katholischer Gesellenverein gegen Achermann (EBG **88** II 150ff. = Pr. **51** Nr. 132) bestätigt.

Die Vorinstanz hatte diese analoge Anwendung mit der Begründung abgelehnt, der Art. 742 sei eine Ausnahmebestimmung. Das Bundesgericht hat darauf nicht mit dem so naheliegenden Hinweis auf seine eigene Feststellung im gleichen Urteil geantwortet, daß der Art. 742 den Dienstbarkeitsberechtigten dem für ihn ohnehin geltenden Gebot «Civiliter uti!» auch hinsichtlich der Verlegung der Dienstbarkeitsausübung noch ausdrücklich unterstelle und daß dieses Gebot die Folgerung aus einem noch allgemeineren Grundsatz sei. Es glaubte, das Argument der Vorinstanz als solches verwerfen zu sollen. Dafür berief es sich auf «die neuere Methodenlehre». Aber auch «die neuere Methodenlehre» kann glücklicherweise Gesetze der Logik, auch der juristischen Folgerichtigkeit, nicht aufheben. Vernünftigerweise darf es ihr Anliegen nur sein, deren unrichtige Anwendung, welche allerdings auch in der juristischen Lehre und Praxis nicht selten ist, aufzudecken und zu bekämpfen.

Nicht gelten ließ das Bundesgericht die Bemerkung der Vorinstanz, daß mit der 41 Zulassung der Dienstbarkeitsverlegung auf ein anderes Grundstück die Voraussetzung des gesetzlichen Tatbestandes, daß die Dienstbarkeit der Ausübung nach an einer bestimmten Stelle des belasteten Grundstückes lokalisiert sein müsse, hinfällig werde. Aber die Bemerkung der Vorinstanz ist sicher richtig. Sie vermag jedoch den Analogieschluß auf Grund des allgemeinen Prinzips, unter das der Art. 742 als Spezialfall zu stellen ist, nicht zu entkräften.

42   Wenn der Eigentümer, der sein Grundstück, das mit einem Weide- oder Beholzungsrecht belastet ist, das auf der ganzen Fläche ausgeübt werden kann, zu Acker- oder Rebland machen möchte, die Dienstbarkeit auf eine andere Liegenschaft, die für die Beweidung oder Beholzung ebensogut oder besser geeignet ist, übertragen will, darf sich der Berechtigte dem nicht widersetzen. Er würde dem Gebot «Civiliter uti!» und damit auch dem Verbot des Rechtsmißbrauchs widerhandeln. Dabei wird immer vorausgesetzt, daß der Berechtigte dadurch in keiner Weise benachteiligt wird.

43   Eine Benachteiligung könnte, wie wiederholt bemerkt worden ist (STAUDINGER-KOBER, Erl. 2c zu § 1023 BGB, und WOLFF-RAISER, Sachenrecht, § 107 II Anm. 9, S. 441; LEEMANN, N. 11, und WIELAND, Bem. 3 zu Art. 742 ZGB), auch in der Gefährdung der Dienstbarkeit in ihrer Existenz liegen, wenn ihr Grundpfandrechte im Range vorgehen (Einleitung, N. 49) oder wenn eine Kollision mit vorgehenden Dienstbarkeiten (Einleitung, NN. 37 und 38) zu befürchten ist. Diese Gefährdung muß jedoch in einem praktisch erheblichen Maß bestehen, damit der Dienstbarkeitsberechtigte die Verlegung ablehnen kann. (Vgl. die Ausführungen zum analogen Erfordernis der Zustimmung aller aus dem Eintrag berechtigten Personen zur Löschung einer Dienstbarkeit nach Art. 964 in den NN. 29–45 zu Art. 734.) Zur Abklärung dieser Frage hat das Bundesgericht im Luzerner Fall die Sache an die Vorinstanz zurückgewiesen.

Behoben ist diese Gefahr, wenn die am Grundstück im Vorrang Berechtigten durch ihre Zustimmung zur Verlegung auf den Vorrang verzichten.

2. Auf das Grundstück eines Dritten

44   Es ist selbstverständlich, daß nur der Dritte selber sein Grundstück belasten kann, ebenso aber auch, daß er es zugunsten des bisher Belasteten gegenüber dem Dienstbarkeitsberechtigten belasten kann. Wenn er sich dazu schriftlich verpflichtet oder den Dienstbarkeitsvertrag mit der Bedingung abschließt, daß der Berechtigte der Verlegung zustimmt oder zu ihr verurteilt werde, kann von diesem die Verlegung verlangt werden. Unter der Bedingung, daß jene Voraussetzung erfüllt werde, kann der Berechtigte auch dazu verurteilt werden, die Verlegung vorzunehmen.

45   Ein solches Urteil ist vom Berner Appellationshof i.S. Renfer gegen Zesiger gefällt worden. Vom Bundesgericht ist es mit dem (nicht veröffentlichten) Urteil vom 16. Februar 1950 aufgehoben worden (Referat in der «NZZ» 1950, Nr. 520). Dies geschah nicht deswegen, weil die Fällung eines bedingten Leistungsurteils beanstan-

det worden wäre, die ja in der Bundes-ZPO ausdrücklich vorgesehen ist (Art. 78) und namentlich im Prozeß um die gesetzliche Verpflichtung zur Errichtung einer Legalservitut oft geschehen muß (NN. 97ff. der Einleitung). Das Bundesgericht hat vielmehr die Ausdehnung des Anwendungsbereichs des Art. 742 per analogiam auf diesen Tatbestand abgelehnt. Es meinte, eine solche Übertragung der Dienstbarkeitslast auf einen Dritten ohne Zustimmung des Berechtigten sei dem Art. 742 durchaus fremd. Der Anspruch des Belasteten, einen dritten Grundeigentümer dazwischen treten zu lassen, um den Berechtigten auf Benutzung von dessen Boden zu verweisen und sein eigenes Land ... zu befreien, sei auf jeden Fall abzulehnen. Dies ist eine mir nicht verständliche Begründung. Der Belastete ist dem Berechtigten in keiner Weise persönlich verpflichtet. Von der Verpflichtung, die sich aus der dinglichen Belastung ergibt, kann er sich durch Veräußerung und Dereliktion des Grundstückes jederzeit befreien. Wenn sich der Nachbar verpflichtet, das Wegrecht durch Belastung seines Grundstückes zu übernehmen und der Berechtigte es auf diesem Grundstück ebenso vorteilhaft und bequem ausüben kann, ist nicht einzusehen, warum er nicht zur Verlegung der Ausübung sollte verurteilt werden können.

46 Das Bundesgericht hat sich im EBG **88** II 154 mit dieser Frage nicht mehr zu befassen gehabt und seither auch nicht. Ablehnend hatte der Regierungsrat des Kantons St. Gallen entschieden (Amtsbericht über das Jahr 1931, ZBGR **13**, 1932, S. 191). Als zulässig war die Verlegung früher beurteilt worden vom Kantonsgericht Obwalden (SJZ **14** Nr. 206, S. 255 = ZBGR **6** Nr. 54, S. 162f.) und wenig später (1918) vom bernischen Appellationshof (ZBJV **54** Nr. 41, S. 513 = SJZ **15** Nr. 172, S. 262 = ZBGR **6** Nr. 51, S. 158ff.).

VI. Die Durchführung der Verlegung

1. Vertragliche Regelung

47 Wenn der Berechtigte freiwillig oder in der Einsicht, daß er dazu gesetzlich verpflichtet sei, in die Verlegung einwilligt, kommt es zur Abänderung des Dienstbarkeitsvertrages durch Vereinbarung, sofern in diesem die Ausübung der Dienstbarkeit auf eine bestimmte Stelle des dienenden Grundstückes festgelegt ist. Wird die Verlegung auf ein anderes Grundstück vereinbart, ist dies nicht die Änderung des bestehenden Dienstbarkeitsvertrages, sondern dessen Aufhebung und Ersetzung durch einen neuen. Soll die Dienstbarkeit auf das Grundstück eines Dritten gelegt werden, ist es der von diesem zugunsten des bisherigen Belasteten abgeschlossene Dienstbarkeitsvertrag mit dem Berechtigten, der zugleich auf die alte Dienstbarkeit verzichtet, wodurch der alte Vertrag ersetzt wird. Vertragsform ist in allen diesen Fällen die einfache Schriftlichkeit (Art. 732). Nur wenn die Verlegung ein selbständiges und dauerndes Baurecht zum Gegenstand hat, was durchaus möglich ist, bedarf der Vertrag zu seiner Gültigkeit der öffentlichen Beurkundung (Art. 779a).

2. Stillschweigende Übereinkunft

48 Wenn der Eigentümer des belasteten Grundstückes die Verlegung vornimmt, indem er einen Weg oder einen Brunnen oder eine Kiesgrube an einer anderen Stelle seiner Liegenschaft dem Berechtigten zur Benutzung bereitstellt und dieser die Benutzung an dieser Stelle vorbehaltlos aufnimmt und fortsetzt, kann er nicht später darauf zurückkommen und die Rückverlegung auf den alten Platz verlangen oder, weil dies meistens gar nicht mehr möglich ist, Schadenersatz wegen Beeinträchtigung seines Rechtes verlangen. JOSEF KOHLER, a.a.O., S. 329. In diesem Sinne entschied das ObG Zug: Der Belastete hatte, um seine Liegenschaft besser bewirtschaften zu können, einen neuen besseren Weg erstellt, parallel zum älteren Weg, der dann verfiel; der neue Weg wurde von den Nachbarn während längerer Zeit benutzt. Die Verlegung muß als erfolgt gelten, auch wenn der Belastete die Benutzung des neuen Weges nicht mehr dulden will (Rechenschaftsbericht 1939/40, ZBGR **23** Nr. 63, S. 139). Auch der bernische AppH entschied, daß die Verlegung als vollzogen zu betrachten sei, nachdem der Belastete durch die Erstellung von Wohnhäusern auf seinem Grundstück den Servitutsweg verbaut, aber die Berechtigten einen anderen, teilweise über das Nachbargrundstück verlaufenden Weg während längerer Zeit stillschweigend hatte benutzen lassen. ZBJV **77** (1941) S. 227ff.

3. Richterliches Urteil

Vorbemerkung.

49 Gegenstand der Klage ist ein rein zivilrechtliches Verhältnis. Es sollte deshalb selbstverständlich sein, daß die Kantone den Zivilrichter als zuständig zu ihrer Beurteilung bezeichnen, so gut wie für die Beurteilung des Anspruches auf Einräumung einer Legalservitut (Notweg, Durchleitungsrecht, Notbrunnenrecht, Überbaurecht) und für die Anwendung des Art. 736 ZGB. Einzelne Kantone haben die rechtliche Natur und Bedeutung dieser Tatbestände außer acht gelassen und lokale Verwaltungsbehörden, wie den Gemeinderat, als zuständig erklärt. Insbesondere ist der Kanton St. Gallen zu nennen, der die Gemeinderäte in allen diesen Fällen (mit Ausnahme des Überbaurechts) als kompetent erklärt hat. EGzZGB (1911) Art. 28, 133, 134, 138, 193, 194. Da der Entscheid über die Entschädigung dann doch dem Richter übertragen wird (Art. 136, 137 Abs. 3, 140 Abs. 1), ergibt sich eine mißliche Doppelspurigkeit. Der Grund dieser Regelung dürfte darin bestehen, daß es dem Gesetzgeber mehr darauf ankam, daß das Verfahren einfach und billig sei, als daß der Entscheid richtig sei. Gegen den Entscheid des Gemeinderates kann an den Regierungsrat rekurriert werden. Daran hat auch das Gesetz über die Verwaltungsrechtspflege vom 16. Mai 1965 nichts geändert. Gegen den Rekursentscheid des RR kann beim Bundesgericht Berufung eingelegt werden, da eine Zivilsache vorliegt. HAAB, N. 20 zu Art. 691–693, St. Gallen GV Pr. **4** Nr. 186, S. 196 = ZBGR **35**, S. 331f.

Da im Art. 736 die Zuständigkeit des Richters ausdrücklich genannt ist, hat das Bundesgericht den Art. 194 des aEGzZGB des Kantons St. Gallen, welches den Gemeinderat als zuständig erklärte, als ungültig erklärt. EBG 63 II 289 = Pr. **27** Nr. 4. Dieser Artikel ist denn auch bei der Revision des Jahres 1942 geändert worden, aber im Widerspruch dazu die Zuständigkeit des Gemeinderates für die Beurteilung des Verlegungsanspruches beibehalten worden, ebenso die übrigen sachlich unrichtigen Zuständigkeitsbestimmungen. Siehe auch N. 192 zu Art. 736 und ZBJV **96** (1960) S. 427f.

a) Gestaltungsurteil.

50 Daß die Verlegung durch Gestaltungsurteil bewirkt wird, ist durchaus möglich. Die Gestaltungsklage ist namentlich dann am Platz, wenn alle Voraussetzungen der Verlegung erfüllt sind. Es brauchen keine Bauarbeiten ausgeführt zu werden; oder der Belastete hat sie bereits abgeschlossen; der neue Weg steht zur Benutzung bereit; die neue Tränke kann ohne weiteres benutzt werden; das Nachbargrundstück, auf das der Belastete das Weide- oder Beholzungsrecht verlegen möchte, kann ohne weiteres benutzt werden. Es geht nur darum, dem Berechtigten, der aus Eigensinn und Mißgunst die Ausübung am alten Platz nicht aufgeben will, dieses Recht abzuerkennen und durch das Recht der Ausübung an der neuen Stelle oder auf dem anderen Grundstück zu ersetzen.

51 Auch die zuletzt behandelten Fälle, in denen die Verlegung durch konkludentes Verhalten als stillschweigend vereinbart zu betrachten ist, eignen sich zur Beurteilung auf Grund einer Gestaltungsklage, namentlich dann, wenn vom Beklagten, dem Belasteten, bloß eine Willenserklärung verlangt wird, mit deren Verweigerung zu rechnen ist. Für den Fall der Weigerung des zur dinglichen Verfügung obligatorisch Verpflichteten, die grundbuchliche Anmeldung abzugeben, ist im ZGB, auch im Hinblick auf die Schwierigkeiten der Vollstreckung nach kantonalem Zivilprozeßrecht, die Zusprechung des dinglichen Rechtes vorgesehen (Art. 665 Abs. 1). Dies ist das Gestaltungsurteil.

b) Das Leistungsurteil.

52 Der Art. 742 gibt dem Belasteten unter den da genannten Voraussetzungen die Befugnis, vom Berechtigten zu verlangen, daß er die Dienstbarkeit an der vorgeschlagenen Stelle ausübe. Der Berechtigte ist verpflichtet, diesen Vorschlag anzunehmen. Es wird also auf Abgabe dieser Willenserklärung, gegebenenfalls gegenüber dem Grundbuchamt, geklagt. Dies ist eine Leistungsklage. Dem Kläger steht die Wahl zwischen ihr und der Gestaltungsklage zu. Er ist nicht auf die letztere angewiesen, nachdem auch im Bundesgesetz über den Bundeszivilprozeß vom 4. Dezember 1947, wie von jeher in der deutschen ZPO, bestimmt ist, daß die Willenserklärung, zu welcher der Beklagte verurteilt ist, durch das Urteil ersetzt wird (Art. 78), welche Bestimmung sich auch auf den Zivilprozeß der Kantone auswirken muß, welche sie noch nicht übernommen haben. Ohnehin entspricht das Leistungsurteil der Sachlage viel besser, wenn die Klage nur unter bestimmten Bedingungen zugesprochen werden kann, die erst noch festgelegt oder doch noch erfüllt sein müssen, bevor der Beklagte die Zustimmung zu geben und gegebenenfalls die Löschung der alten gegen Errichtung der neuen Dienstbarkeit zu bewilligen hat. Ein Beispiel dafür ist die Dienstbarkeitserrichtung durch den Dritten, auf dessen Grundstück die Dienstbarkeit verlegt werden soll, wie im Falle Renfer gegen Zesiger (NN. 39, 45 hievor). Solche Bedingungen können auch die neue Lokalisierung der Ausübung, die Verpflichtung zur Ausführung von Verlegungsarbeiten, die Bezahlung der Kosten, die Höhe des Kostenvorschusses u. a. zum Gegenstand haben. Siehe die NN. 35–37 zu Art. 731, 90 und 91 zu Art. 734.

c) Das Feststellungsurteil.

53 Da die Verlegung der Dienstbarkeit sowenig wie die Belastung mit Legalservituten unmittelbar kraft Gesetzes sich verwirklicht, kann sie auch nicht durch ein Feststellungsurteil vollzogen werden (Einleitung NN. 96ff., bes. N. 99). Der Belastete muß ein Gestaltungs- oder ein Leistungsurteil erwirken. Soweit ihm diese Klagemöglichkeiten gegeben sind, wäre es für ihn unzweckmäßig, sich mit einer Feststellungsklage zu begnügen. Dagegen wird mit der Feststellungsklage der gesetzte Zweck da erreicht, wo die Verlegung durch ausdrückliche oder stillschweigende Übereinkunft vereinbart ist und streitig ist, ob die getroffene Vereinbarung gültig ist, oder welchen Inhalt sie hat. Das Feststellungsurteil legitimiert den Kläger auch zur Anmeldung der sich aus ihm ergebenden grundbuchlichen Änderungen.

d) Anordnung baulicher Schutzmaßnahmen anstelle der Verlegung.

54 Erweist sich die Verlegung der Dienstbarkeit als praktisch unmöglich, wie nach dem Tatbestand des Urteils EBG **71** II 27ff. = Pr. **34** Nr. 65, kann der Richter eine das bestehende Dienstbarkeitsverhältnis weniger ändernde Regelung treffen, um den bestmöglichen Ausgleich zwischen den beidseitigen Interessen herbeizuführen. Im vorliegenden Falle führte eine Leitung zur Fortführung des Abwassers vom herrschenden Grundstück über das dienende Grundstück und durch ein Wuhr hindurch in die Linth auf Gebiet der Gemeinde Ennenda. Der Belastete projektierte die Überbauung seines Grundstückes mit einem Gebäude für Büro und Warenlager. Im Projekt war die Verlegung der Leitung vorgesehen. Ihr widersetzte sich der Berechtigte, weil durch sie die Leitung das nötige Gefälle verloren hätte. In Übereinstimmung mit dem ObG des Kantons Glarus ordnete das Bundesgericht an, daß die Verlegung zu unterbleiben habe, die Überbauung aber trotzdem ausgeführt werden könne, der Belastete aber verpflichtet sei, dabei alle baulichen Vorkehren zu treffen, welche nötig seien, um die Leitung gegen Bruch und Einsturz zu sichern, so daß ihr Bestand und ihre Funktionsfähigkeit nicht beeinträchtigt würden, und um den Zugang zur Vornahme von Unterhalts- und Reinigungsarbeiten offenzuhalten.

55 Das Bundesgericht führte aus, daß eine Verlegung, welche diesen Anforderungen genügt hätte, sehr viel höhere Kosten verursachen würde. Die angeordneten Vorkehren seien deshalb gegenüber der Verlegung ein Minus, das zwar im Gesetz nicht

ausdrücklich erwähnt sei, «weil es sich schon aus dem Grundsatz ergebe, daß die Interessen des Belasteten in allen diesen Nachbarrechtsfragen nach Möglichkeit gewahrt werden müssen» (Art. 692 ZGB; HAAB, N. 18 zu Art. 691–693). Mit der Verteilung der Kosten zwischen dem Belasteten und dem Berechtigten im Verhältnis 1:2 durch die Vorinstanz habe diese den Rahmen des richterlichen Ermessens jedenfalls nicht zu Ungunsten des Berechtigten überschritten.

Die Leitung war auf Grund des nachbarrechtlichen Durchleitungsrechtes erstellt worden. Das Urteil ist ein Leistungsurteil. Für eine grundbuchliche Änderung bestand kein Grund.

e) Actio confessoria und actio negatoria.

Hindert oder beeinträchtigt der Belastete, nachdem die Verlegung vollzogen ist, **56** die Ausübung an der neuen Stelle, setzt der Dienstbarkeitsberechtigte sein Recht mit der actio confessoria durch, es wäre denn, er könnte durch die Abwehr des Eingriffes aus verbotener Eigenmacht im Besitzesschutzverfahren von der Beeinträchtigung befreit werden. Einleitung NN. 71–79; NN. 126ff. und 180ff. zu Art. 737.

Gegen die Ausübung der Dienstbarkeit an einer anderen als der durch die **57** Verlegung bestimmten Stelle ist dem Grundeigentümer neben dem Anspruch auf Besitzesschutz die actio negatoria gegeben. N. 76 der Einleitung; NN. 42–48 zu Art. 739.

4. Verwaltungsverfügung

Die Verlegung von Dienstbarkeiten oder ihres Ausübungsplatzes kann auch das **58** Ergebnis der landwirtschaftlichen Güterzusammenlegung sein und vor allem des Verfahrens zur Umlegung von Bauland sowie des zürcherischen Quartierplanverfahrens. Wegrechte und Durchleitungsrechte, die nicht durch das neugeplante Weg- und Leitungsnetz ersetzt und mit dessen Ausführung dahinfallen und aufgehoben werden, sind so zu verlegen, daß sie die rationelle landwirtschaftliche Nutzung oder die plangemäße Überbauung möglichst wenig beeinträchtigen. Diese Verlegungen werden durch rechtsgestaltende Verwaltungsverfügungen bewirkt. NN. 22 bis 28 zu Art. 731; 78–81 zu Art. 734.

5. Grundbuchliche Behandlung

Wird die Ausübung von einer Stelle auf eine andere auf dem gleichen Grund- **59** stück verlegt, besteht in der Regel kein Grund zu einer Änderung des Eintrages im Hauptbuch auf dem Blatt des belasteten und – wenn es sich um eine Grunddienstbarkeit handelt – auf dem des herrschenden Grundstückes, da die Stelle der Ausübung im Eintrag kaum je bezeichnet ist. Wohl aber kann er in anderen Bestandteilen des Grundbuches festgelegt sein, im Dienstbarkeitsvertrag, auf den der Eintrag mit der Nummer des Belegs verweist, oder in dem Grundbuchplan, in dem die Dienstbarkeitsgrenzen eingezeichnet sind (NN. 70 und 72 zu Art. 731). In diesem Falle muß der Vertrag oder Entscheid über die Verlegung zu den Belegen gegeben,

Grunddienstbarkeiten

im Hauptbuch darauf verwiesen werden, und die Dienstbarkeitsgrenzen müssen im Plan umgezeichnet werden.

60 Die Verlegung der Ausübung auf ein anderes Grundstück des Belasteten ist zugleich eine Verlegung der Dienstbarkeit selbst. Sie kann nur dadurch vollzogen werden, daß die Dienstbarkeit auf dem neuen Grundstück errichtet und die Belastung des alten Grundstückes gelöscht wird. Wird die Verlegung vertraglich vereinbart, ist der Belastete als Eigentümer des neuen Grundstückes verpflichtet, die Dienstbarkeit zur Eintragung anzumelden. Die Eintragung ist davon abhängig, daß die Belastung des alten Grundstückes gelöscht wird. Im Verlegungsvertrag kann und sollte die Löschungsbewilligung des Berechtigten, bedingt durch die Anmeldung der Dienstbarkeit durch den Belasteten, enthalten sein. Es liegt ja schon im Begriff der Verlegung, daß die alte Dienstbarkeit mit der Eintragung der neuen erlischt. Sollten aber sowohl der Berechtigte als auch der Belastete ihre Anmeldung ausdrücklich davon abhängig machen, daß gleichzeitig die Anmeldung des anderen abgegeben werde, dürfte der Fall des Art. 12 Abs. 2 der GBVo vorliegen: Wenn mehrere Anmeldungen miteinander im Zusammenhang stehen, kann mit der Anmeldung bestimmt werden, daß die eine Eintragung nicht ohne die andere erfolgen soll.

61 Hat der Belastete die neue Dienstbarkeit eintragen lassen und die Bewilligung zur Löschung der alten Dienstbarkeit nicht erhalten, kann er auf richterliche Anordnung der Löschung klagen. Auf Grund der Leistungsklage wird der Berechtigte dazu verurteilt, die Löschungsbewilligung abzugeben, und dieses Urteil ersetzt diese Willenserklärung. Auf Grund der Gestaltungsklage wird dem Kläger die Freiheit von der Dienstbarkeit zugesprochen, womit dem Beklagten die Dienstbarkeit abgesprochen ist. N. 26 zu Art. 734.

62 Ist der Verlegungsanspruch durch Urteil gutgeheißen worden, kann der Belastete von sich aus die gegebenenfalls erforderlichen Änderungen verlangen, nämlich die Änderungen an den Belegen oder Plänen bei Verlegung auf dem gleichen Grundstück, die Löschung der Belastung des alten Grundstückes bei der Verlegung auf ein anderes Grundstück. Ebenso kann der Berechtigte in diesem Falle die Eintragung der Dienstbarkeit zu Lasten des neuen Grundstückes verlangen. Diese Eintragungen haben, wenn das Urteil ein Gestaltungsurteil ist, bloß deklaratorische Bedeutung. Ist das Urteil ein Leistungsurteil, das jede der beiden Parteien zu den aus der Verlegung sich ergebenden Willenserklärungen verurteilt, ist deren Rechtsstellung praktisch nicht wesentlich verschieden von der durch das Gestaltungsurteil geschaffenen, da das Urteil die Willenserklärung, zu der jede der beiden Parteien verurteilt ist, ersetzt (siehe N. 52 hievor).

63 Häufig, wenn nicht in der Regel, ist das Leistungsurteil ein bedingtes Urteil. Erst wenn die Bedingungen beidseits erfüllt sind, dies dem Gericht nachgewiesen ist und das Urteil von ihm als vollstreckbar erklärt ist, kann jede Partei die sie berechtigenden Eintragungen und Löschungen verlangen (BG über den Zivilprozeß Art. 78 und 74 Abs. 2).

Wird durch Urteil festgestellt, daß die Voraussetzungen des Verlegungs- **64** anspruches gegeben seien, kann doch noch eine Vereinbarung über einzelne Punkte nötig sein, damit ein genügender Rechtstitel für die gegebenenfalls erforderliche Eintragung in das Grundbuch hergestellt ist. Besteht dieser, bedarf es zur Eintragung noch der Anmeldung der neuen Dienstbarkeit durch den Eigentümer des belasteten Grundstückes und der Bewilligung des Berechtigten zur Löschung der alten Dienstbarkeit. Auch wenn durch das Urteil die Verbindlichkeit der zwischen den Parteien zustandegekommenen Verlegungsvereinbarung festgestellt wird, besteht wohl die Verpflichtung des Berechtigten, die Löschung zu bewilligen und des Eigentümers des neu zu belastenden Grundstückes, die Dienstbarkeit zur Eintragung anzumelden, aber die Erfüllung dieser Verpflichtung muß nötigenfalls erst noch erzwungen werden.

Wenn im Verfahren der landwirtschaftlichen Güterzusammenlegung oder der **65** Baulandumlegung durch Verwaltungsverfügung nach Erledigung der Einsprachen und Rekurse der Neuzuteilungsplan oder der Umlegungsplan, der auch einen Dienstbarkeitsplan umfaßt, verbindlich und rechtskräftig erklärt worden ist, wird das Grundbuch von Amtes wegen mit den eingetretenen Rechtsänderungen in Übereinstimmung gebracht. Vgl. z.B. das bernische Meliorationsgesetz vom 26. Mai 1963 und das Dekret betreffend die Umlegung von Baugebiet und die Grenzregulierung vom 13. Mai 1965.

Die Zustimmung der am herrschenden Grundstück dinglich Berechtigten **66** (Grundpfandgläubiger, Grundlastgläubiger, Dienstbarkeitsberechtigten) gemäß Art. 964 ist nicht erforderlich, wenn die Löschung oder Änderung des Eintrages im Grundbuch die Dienstbarkeit selber oder das Recht ihrer Ausübung an der ursprünglichen Stelle aufhebt, sofern sie in Erfüllung des gesetzlichen Anspruches des Belasteten gemäß Art. 742 erfolgt. In diesem Fall ist die neue Dienstbarkeit oder die Ausübung der Dienstbarkeit an der neuen Stelle für den Berechtigten ja nicht weniger vorteilhaft und nicht weniger bequem. Der Berechtigte erleidet also keine Einbuße und die an seinem Grundstück Berechtigten ebenfalls nicht, so daß kein Grund besteht, die grundbuchliche Änderung von ihrer Zustimmung abhängig zu machen. So auch LEEMANN, N. 7 zu Art. 742.

Wenn indessen der Berechtigte im Verlegungsvertrag eine für ihn sehr nachtei- **67** lige Verlegung versprochen oder sich für diesen Nachteil hat entschädigen lassen, so daß mit der Verlegung eine teilweise Ablösung verbunden ist, wäre die Zustimmung «der aus dem (ursprünglichen) Eintrag berechtigten Personen» (Art. 964) zur Löschung erforderlich, aber allerdings nur derer, die in ihren Rechten am herrschenden Grundstück tatsächlich beeinträchtigt wären (NN. 29–42 zu Art. 734). Eine mehr oder weniger entfernte Möglichkeit der Beeinträchtigung soll und darf außer acht gelassen werden. Soweit eine vertragliche Ablösung vorliegt, hat das Geltung, was über das Zustimmungserfordernis in den Ausführungen zu Art. 736 Abs. 2 gesagt ist: NN. 198 und 199 zur genannten Bestimmung.

Grunddienstbarkeiten

68 Es kann nicht die Aufgabe des Grundbuchverwalters sein, zu prüfen, ob die Verlegung für den Eigentümer des herrschenden Grundstückes und für die Inhaber von beschränkten dinglichen Rechten an diesem nachteilig sei und je nachdem die Zustimmung der letzteren zu verlangen oder von ihr abzusehen. Nur wenn für ihn offensichtlich ist, daß die Verlegung vorgetäuscht ist oder mit einer teilweisen Ablösung verbunden ist, hat er sich mit dem Zustimmungserfordernis zu befassen. Die Offensichtlichkeit ist jedenfalls dann gegeben, wenn im Verlegungsvertrag zugunsten des Dienstbarkeitsberechtigten eine Entschädigung festgesetzt ist, die sich nach ihrer Höhe als Ablösungssumme qualifiziert.

69 Nicht absehen kann der Grundbuchverwalter von der Prüfung des Zustimmungserfordernisses, wenn Gegenstand der vertraglichen Verlegung ein selbständiges und dauerndes Recht, insbesondere ein Quellenrecht oder Baurecht, ist, das selber belastet ist. Da wirkt sich eine Entwertung der Dienstbarkeit viel unmittelbarer auf die Grundpfand- und Grundlastgläubiger aus. Vgl. N. 43 zu Art. 734.

70 Wird die Zustimmung nicht eingeholt, obwohl feststeht, daß sie erforderlich ist, ist die Löschung der bestehenden Eintragung ungerechtfertigt und das Grundbuch infolgedessen unrichtig geworden. Da die zu Unrecht nicht befragten Personen in ihren dinglichen Rechten beeinträchtigt sind, ist ihnen die Legitimation zur Grundbuchberichtigungsklage zuzuerkennen. In diesem Sinne sind wohl auch zu verstehen: OSTERTAG, N. 18, und HOMBERGER, N. 15 zu Art. 975.

71 Rechtlich ist die Berichtigung durch Wiedereintragung auf dem Blatt des ursprünglich belasteten Grundstückes (oder Herstellung der ursprünglichen Bezeichnung des Ausübungsortes auf dem gleichen Grundstück) ausgeschlossen, wenn dieses Grundstück inzwischen von einem gutgläubigen Dritten erworben worden ist.

72 Tatsächlich ist die Berichtigung ausgeschlossen, wenn die Ausübung der Dienstbarkeit an der alten Stelle unmöglich geworden ist, insbesondere durch Überbauung. Dann tritt an die Stelle des Berichtigungsanspruches ein Sicherstellungs- oder Schadenersatzanspruch. Der Anspruch des Grundpfandgläubigers ist durch analoge Anwendung der Bestimmungen über die Verminderung des Wertes des Pfandgegenstandes (Art. 809, 810) zu beurteilen. Vgl. dazu LEEMANN, NN. 27ff. zu Art. 808.

VII. Verlegung gegen Entschädigung als teilweise Ablösung

73 Unter diesem Gesichtspunkt ist die Verlegung bereits behandelt in den NN. 21–28 und 182–184 zu Art. 736 sowie in kurzen grundsätzlichen Ausführungen des Verfassers in der Abhandlung «Die Aufhebung und Ablösung von Servituten im schweizerischen Recht», ZBGR **42** (1961) S. 1ff.; Privatr. Abh., S. 293ff.

74 Wenn die Voraussetzung des Verlegungsanspruches des Belasteten nach der Bestimmung des Art. 742, daß die neue Stelle der Ausübung für den Dienstbarkeitsberechtigten nicht weniger geeignet sein darf, nicht gegeben ist, stellt sich die Frage, ob die Verlegung vom Richter strikte abzulehnen sei. Die Ablehnung könnte dann zur Folge haben, daß der Belastete auf alle Zeit daran gehindert wäre, sein Grundstück zu meliorieren, rationeller zu nutzen, es zu überbauen und auf diese große Wertsteigerung verzichten müßte um eines verhältnismäßig geringen Vorteils willen, den dem Dienstbarkeitsberechtigten die Ausübung seines Rechtes an der bisherigen gegenüber derjenigen an der vorgeschlagenen neuen Stelle bietet. Zwischen der Schwere der Belastung auf der einen und dem Vorteil der unveränderten Ausübung der Dienstbarkeit an der bisherigen Stelle auf der anderen Seite würde sich ein starkes Mißverhältnis ergeben. Der unverhältnismäßig geringe Nachteil der Verlegung für den Berechtigten ließe sich durch eine Geldleistung sehr leicht ausgleichen. Dies ist das Problem des Art. 736 Abs. 2, das in den NN. 106–173 zu diesem Artikel sehr eingehend behandelt ist und in der hievor zitierten Abhandlung ebenfalls.

75 Soweit man sich in der Literatur und Praxis zur Verlegung von Dienstbarkeiten mit dieser Frage befaßt hat, ist man einhellig zum Ergebnis gekommen, daß dem Belasteten das Recht, die Verlegung gegen Ersatz des unverhältnismäßig geringen Schadens, den der Berechtigte erfährt, zuzuerkennen sei. In diesem Sinne haben sich WIELAND, Bem. 5 zu Art. 742, LEEMANN, N. 17 zu Art. 742, sowie ROSSEL et MENTHA, Manuel III, n° 1381, p. 22, ausgesprochen. Auch die wenigen Urteile, die zu dieser Frage veröffentlicht sind, bekräftigen die gleiche Auffassung. An erster Stelle steht das Urteil EBG **43** II 29ff. = Pr. **6** Nr. 60 = ZBGR **4**, S. 17ff., aus dessen Begründung folgender Satz hier hervorzuheben ist:

> «Einmal fällt in Betracht, daß die von der Klägerin verlangte Verlegung der Servitut gegen Entschädigung sich als der weniger weitgehende Eingriff in die Berechtigung des herrschenden Grundstücks darstellt als die Löschung der Dienstbarkeit gegen Entschädigung, und daß keine Gründe ersichtlich sind, warum beim Vorliegen des vom Art. 736 Abs. 2 verlangten erheblichen Mißverhältnisses zwischen der Belastung und der Berechtigung eine solche Verlegung nicht möglich sein sollte; aus den Erwägungen, die zur Aufstellung des Art. 736 Abs. 2 geführt haben, muß vielmehr a fortiori auf die Zulässigkeit auch der bloßen Verlegung gegen Entschädigung geschlossen werden.»

Im folgenden Jahr (1918) hat der bernische AppH aus den gleichen Erwägungen gleich entschieden, aber bemerkt, daß es sich «genau genommen bei dieser Lösung allerdings um einen Anwendungsfall des Art. 736 und nicht des Art. 742 handelt». ZBJV **54** Nr. 41, S. 513 = SJZ **15** Nr. 172, S. 262 = ZBGR **6** Nr. 51, S. 158ff.

76 Es ist jedoch zu bemerken, daß die beiden Urteile noch in die Zeit vor der Wendung zu der in den NN. 113ff. zu Art. 736 dargestellten Praxis des Bundesgerichtes, der sich auch der bernische AppH vorbehaltlos angeschlossen hat, fallen. Mit dieser Wendung hat das Bundesgericht das Problem vom sachenrechtlichen auf den obligationenrechtlichen Boden der «Vertragshilfe» gestellt, nur noch die Schikane als Ablösungsgrund gelten lassen und, gestützt auf den nachweisbar auf einem Versehen beruhenden Wortlaut des Art. 736 Abs. 2, das schwere Mißverhältnis zwischen Berechtigung und Belastung nur dann als Ablösungsgrund anerkannt, wenn es nicht auf die Zunahme der Belastung, sondern auf die Abnahme des

Interesses an der Dienstbarkeit zurückzuführen ist. Von diesem Standpunkt aus konnte eine Verlegung mit teilweiser Ablösung der Servitut nicht in Betracht kommen. Das Mißverhältnis, welches diese Verlegung rechtfertigt, entsteht ja regelmäßig nicht dadurch, daß das Interesse des Berechtigten an der Dienstbarkeit geschwunden ist, sondern dadurch, daß die Belastung zugenommen hat, weil sie die Realisierung von neuen Nutzungsmöglichkeiten durch den Belasteten verhindert. Nach unserer Auffassung ist auch mit dem so entstandenen Mißverhältnis der Tatbestand des Art. 736 Abs. 2 verwirklicht. Siehe das Ergebnis unserer Ausführungen zu dieser Frage in den NN. 172–173a zu Art. 736 und die Zusammenfassung in der ZBGR **42** (1961) S. 16ff., in den Privatrechtl. Abh., S. 312f.

77 Im Ergebnis stimmt damit das Urteil des Kantonsgerichts der Waadt vom 25. November 1958, ZBGR **40** (1959) Nr. 49, S. 290ff., überein. Der Fußweg des Berechtigten, der die Liegenschaft des Belasteten mitten entzweischnitt, so daß sie nicht ohne seine Verlegung hätte überbaut werden können, wurde an die Grundstücksgrenze verlegt und dem Berechtigten eine Entschädigung zugesprochen, weil der Weg an der neuen Stelle etwas länger wurde, an der Ecke der Grundstücksgrenze einen Winkel bildete und an einer Stelle etwas ausgehoben werden mußte. Das Kantonsgericht berief sich auf die bundesgerichtliche Praxis zu Art. 736 Abs. 2, ohne zu bemerken, daß es sich mit ihr im Widerspruch befand. Inzwischen hat sich auch im Bundesgericht eine neue Betrachtungsweise angebahnt, die zu einer Änderung der Praxis im Sinne der Rückkehr auf den Boden des Urteils EBG **43** II 29ff. = Pr. **6** Nr. 60 führen dürfte. EBG **91** II 190ff. = Pr. **54** Nr. 148 = ZBGR **47**, 1966, Nr. 53, S. 227; **92** II 89ff. = Pr. **55** Nr. 133 (Besprechung dieser Urteile in der ZBJV **103**, 1967, S. 10ff. und **104**, 1968, S. 22ff.).

VIII. Die Verlegung von Leitungen

LIVER P., Das Eigentum (Schweiz. Privatrecht V 1) § 36. Das Durchleitungsrecht, S. 258ff.

1. Die Sonderstellung der Leitungen im Dienstbarkeitsrecht

78 Schon für die Begründung von Durchleitungsrechten, sei es als nachbarrechtliche Legalserviduten, sei es als Dienstbarkeiten, wurde in den Beratungen des Entwurfes eine Ausnahme gemacht: Wenn die Leitung äußerlich wahrnehmbar ist, ist die Eintragung ins Grundbuch nicht erforderlich (Art. 676 Abs. 3). Alle anderen Dienstbarkeiten bedürfen dagegen der Eintragung, auch wenn zu ihrer Ausübung bauliche Anlagen nötig sind, die auf dem Grundstück ebensogut sichtbar sind wie eine Leitung. NN. 9–13 zu Art. 731.

79 Noch weiter greift die Ausnahme für die Errichtung der nachbarrechtlichen Durchleitungsservitut (Legalservitut). Sie bedarf der Eintragung überhaupt nicht, auch nicht wenn die Leitung äußerlich nicht in Erscheinung tritt (Art. 691 Abs. 3). Außerdem ist nicht einmal ein schriftlicher Begründungsvertrag erforderlich wie für

die übrigen Legalservituten, sondern es kann die stillschweigende Übereinkunft, die in der widerspruchslosen Duldung der Benutzung des dienenden Grundstückes liegt, das Durchleitungsrecht zur Entstehung kommen lassen. N. 14 zu Art. 731 und N. 7 zu Art. 732; Pr. des KtG Graubünden **1958** Nr. 31, S. 87ff.

Dann wurde noch die Bestimmung getroffen, daß Leitungen Zugehör des Werkes **80** seien, von dem sie ausgehen, und als Eigentum des Werkeigentümers zu betrachten seien (Art. 676 Abs. 1). Wenn diese Bestimmung nur Geltung hätte, wenn das Durchleitungsrecht eine Grunddienstbarkeit ist, wie vielfach behauptet wird (LEEMANN, N. 15; HAAB, N. 16; MEIER-HAYOZ, NN. 23ff. zu Art. 676), wäre sie sinn- und zwecklos. Wenn das Durchleitungsrecht eine Grunddienstbarkeit zugunsten des Werkgrundstückes ist, ist das Eigentum an der Leitung ohnehin mit dem Eigentum am Werkgrundstück subjektiv dinglich verbunden, d. h. das Eigentum am Werkgrundstück erstreckt sich ohne weiteres auf die Leitung. Es liegt dann gar keine «Werkzugehör» vor. «Werkzugehör» ist die Leitung nur, wenn das Durchleitungsrecht als irreguläre Personaldienstbarkeit dem Eigentümer des Werkes zusteht, also, um das wichtigste Beispiel zu erwähnen, der Gesellschaft, welcher das Elektrizitätswerk gehört und welche es betreibt. Siehe TH. TOBLER, Die dinglichen Rechte des ZGB, dargestellt am Beispiel der Leitungen, Diss. iur. Bern 1953, § 17 II, S. 148ff., und E. RUCK, Schweiz. Elektrizitätsrecht (1964) S. 89.

Endlich hat der Ständerat die Anfügung des überaus problematischen dritten **81** Absatzes des Art. 742 beschlossen, und der Nationalrat hat sich ihm angeschlossen. N. 26 hievor. Nachdem schon in der ExpKomm. beschlossen worden war, die Kosten der Verlegung der auf dem nachbarrechtlichen Durchleitungsrecht beruhenden Leitung habe «in der Regel der Berechtigte zu tragen» (Art. 693 Abs. 2), beschloß man, als man zur Regelung der Verlegung der freiwillig durch Vertrag oder der durch Expropriation begründeten Dienstbarkeiten kam, daß sie nur auf Kosten des Belasteten verlangt werden könne, machte aber den Zusatz: «Auf die Verlegung von Leitungen werden im übrigen die nachbarrechtlichen Vorschriften angewendet.» Über die Bedeutung und Tragweite dieser Verweisung entstand große Unsicherheit. Wenn sie besagt, daß die Verlegung nur auf Kosten des Berechtigten verlangt werden könne, was herrschende Meinung ist, muß man sich fragen, warum gerade für Leitungen und nur für sie eine andere Regelung der Kostenfrage getroffen worden sei als für alle anderen Dienstbarkeiten und Dienstbarkeitseinrichtungen, nämlich die gegenteilige. Es ist die gleiche Frage, welche auch durch die anderen Sonderbestimmungen über die Leitungen hervorgerufen wird.

Die Antwort scheint sich mir aus der Tatsache zu ergeben, daß die Beratungen **82** des Entwurfes in die Jahre gefallen sind, in denen man unter dem Eindruck des Aufschwunges der Elektrizitätswirtschaft stand. Im gleichen Jahr, in dem die Große Expertenkommission den Vorentwurf beriet, ist ja auch das Bundesgesetz über die elektrischen Schwach- und Starkstromanlagen erlassen worden (1902). Nur wenn man also annehmen darf, daß man immer und in erster Linie an Verhältnisse dachte, in denen einander der Grundeigentümer und eine große, finanzkräftige Unternehmung gegenüberstehen, kann man verstehen, daß Sonderbestimmungen für die Leitungen beschlossen wurden. Im Hinblick darauf können diese Bestimmungen als opportun oder gar als billig erscheinen. Im Zusammenhang der gesetzlichen Ordnung des Sachenrechtes und des Servitutenrechtes im besonderen sind sie verfehlt, zum einen Teil, weil sie sich auf die Leitungen beschränken, zum anderen Teil deshalb, weil sie sich auf alle Arten von Leitungen erstrecken.

2. Die Unterstellung unter die nachbarrechtlichen Vorschriften

83   Die Rechte der Benutzung eines Nachbargrundstückes, zu deren Errichtung der Grundeigentümer unter bestimmten Voraussetzungen gesetzlich verpflichtet ist (Legalservituten), haben den gleichen Inhalt wie die entsprechenden Grunddienstbarkeiten, die freiwillig durch Vertrag begründet worden sind oder durch Expropriation. Sie unterscheiden sich von diesen bloß nach dem Entstehungsgrund.

NN. 96 und 104 der Einleitung, NN. 25ff. zu Art. 736, NN. 20ff. zu Art. 740 und meine Abhandlung in der Festschrift Gutzwiller «Ius et Lex», 1959, S. 749ff.: Gesetzliche Eigentumsbeschränkungen und Dienstbarkeiten in der Gesetzgebung und Lehre Frankreichs, Deutschlands, der Schweiz und Italiens.

Damit hängt es zusammen, daß sie unter der stärkeren Wirkung der clausula rebus sic stantibus stehen. Sie sind Notrechte («Notweg», «Notbrunnen»). Mit der Behebung der Notlage verlieren sie ihre Existenzberechtigung als Zwangsrechte (servitù coattive) und können auf Grund des Art. 736 aufgehoben oder abgelöst werden.

N. 104 der Einleitung, N. 177 zu Art. 734, NN. 75, 180 und 186 zu Art. 736.

84   Aus der Verschiedenheit des Entstehungsgrundes folgt sodann, daß die Möglichkeit der Verlegung auf das Grundstück eines Dritten gegeben ist, ohne daß, wie in der Anwendung des Art. 742, zur Analogie gegriffen werden muß. Sie folgt aus dem nachbarrechtlichen Grundsatz der Proportionalität, wonach der Grundeigentümer die Belastung auf sich zu nehmen hat, der dies mit dem geringsten Schaden tun kann, ohne daß der Anspruch des Berechtigten eine erhebliche Einbuße erfährt. Wenn diese Voraussetzungen beim bisher Belasteten nicht mehr gegeben oder vermindert sind, während sie bei einem Nachbarn völlig oder doch in wesentlich vermehrtem Maße gegeben sind, kann die Verlegung verlangt werden.

85   Andere Besonderheiten (außer der Kostenverteilung) weist die Regelung des nachbarrechtlichen Durchleitungsanspruches gegenüber der der freiwillig vereinbarten Durchleitungsservitut nicht auf. Eine solche Besonderheit ist insbesondere nicht etwa der Anspruch des gutgläubigen Erstellers einer baulichen Vorrichtung auf deren Beibehaltung trotz Überschreitung seines Rechtes gegenüber dem Nachbarn gemäß Art. 674 Abs. 3 (dingliches Recht auf den Überbau). Das Bundesgericht hat zwar in einem Tessiner Fall (EBG **83** II 201 = Pr. **46** Nr. 18) die Anwendung dieser

Bestimmung auf den Überbau des Dienstbarkeitsberechtigten abgelehnt und gesagt, der Gesetzgeber habe sie ausschließen wollen, indem er in Art. 742 Abs. 3 erklärt habe, die nachbarrechtlichen Vorschriften seien auf die Verlegung von Leitungen nur «im übrigen» anwendbar. Dieser Hinweis geht, wie die Begründung dieses Urteils überhaupt, fehl und ist deshalb unbeachtlich. Vgl. dazu die Besprechung in der ZBJV **95** (1959) S. 28ff., sowie N. 109 zu Art. 734 und bes. die NN. 203–212 zu Art. 737; M. GULDENER, Schweiz. Zivilprozeßrecht, 2. Aufl., S. 69.

86 Wenn für die Verlegung von Leitungen alle Bestimmungen des Art. 742, auch die Bestimmung über die Tragung der Kosten durch den Belasteten und über die unverminderte Eignung der neuen Stelle für die Ausübung der Dienstbarkeit, verbindlich sind und nachbarrechtliche Vorschriften nur «im übrigen» zur Anwendung kommen, ist nicht zu erkennen, welche Fragen dann nach ihnen zu beurteilen wären. Nur wenn die Kostenfrage nach dem Art. 693 zu beurteilen ist, hat die Verweisung auf die nachbarrechtlichen Vorschriften im Abs. 3 des Art. 742 ihre Bedeutung und dann allerdings eine ganz entscheidende Bedeutung. Auf die Kostenfrage kann sich die Verweisung aber nur beziehen, wenn in ihr die Worte «im übrigen» unbeachtet gelassen werden. Denn wollte man sich an sie halten, hätte die Verweisung ja die Bedeutung, daß die nachbarrechtlichen Vorschriften auf die Verlegung von Leitungen nur abgesehen von den Verpflichtungen des Belasteten, die Kosten zu tragen und eine vollgeeignete neue Stelle anzubieten, anzuwenden seien.

87 Wenn man sich an den Wortlaut des Gesetzes strikte halten würde, müßte man den Art. 742 so verstehen, auch wenn man dann mit dem 3. Absatz nichts anzufangen wüßte. Diese Auffassung wäre um so eher zu vertreten, als sie sich im Einklang mit der Auslegung aus dem Systemzusammenhang befände. Aber auf den Wortlaut kann deshalb nicht mit aller Entschiedenheit abgestellt werden, weil die Einfügung «im übrigen» nur in den deutschen, nicht aber in den französischen und in den italienischen Text aufgenommen worden ist. Sodann darf nicht übersehen werden, daß für die Leitungen in unserem Gesetz überhaupt singuläre Vorschriften aufgestellt wurden. Drittens aber geht aus dem Referat des Berichterstatters der ständerätlichen Kommission, welche die Aufnahme des 3. Absatzes in den Art. 742 beantragt hatte, klar hervor, daß damit die Kostenfrage im Sinne des Art. 693 geregelt werden sollte (Amtl. sten. Bull. StR 16, 1906, S. 1360).

88 So wird man mit der herrschenden Meinung (WIELAND, Bem. 7; LEEMANN, N. 18 zu Art. 742; HAAB, N. 16 zu den Art. 691/692/693) die Verweisung im Art. 742 Abs. 3 gerade auf die Kostenfrage zu beziehen haben und die Einwendungen, welche sich dagegen aus dem Systemzusammenhang ergeben und auch erhoben worden sind (Claude BARBEY, De la modification des charges dans les servitudes, SJZ **40**, 1944, p. 219f.), unterdrücken müssen. Auch die Unterscheidung, welche BARBEY machen möchte, zwischen Leitungsservituten, welche unter Berücksichtigung nachbarlicher Bedürfnisse begründet und deshalb den nachbarrechtlichen Vorschriften zu unterstellen wären, und den übrigen Leitungsservituten, ließe sich schwerlich durchführen und kaum durch den Gesetzestext stützen.

3. Die Kostenfrage

a) Die Kostenverteilung.

89 Die Ansicht, welcher die eidgenössischen Räte schließlich zugestimmt haben, ist als Grundlage einer allgemeinen Regel falsch, weil einseitig. Aber sie hat ihre Berechtigung im Hinblick auf Leitungen zur Übertragung elektrischen Stromes, an die in erster Linie, wenn nicht gar ausschließlich gedacht wurde. Die Verlegung einer solchen Leitung auf einem bestimmten Teilstück kostet so viel, daß der Grundeigentümer, der sie verlangt, um sein Grundstück überbauen zu können, außerstande wäre, sie zu bezahlen und mehr als den Wert seines Grundstückes dafür aufwenden müßte, während diese Kosten für die Elektrizitätsunternehmung, der die Leitung gehört, mehr oder weniger leicht tragbar sind.

90 Aber gleich können die Verhältnisse liegen, wenn das Grundstück mit einer anderen Dienstbarkeit belastet ist, etwa mit einem Wegrecht oder einem Durchfahrtsrecht für eine Luftseilbahn (welches das Bundesgericht in die Kategorie der Wegrechte eingereiht hat, EBG **71** II 83 = Pr. **34** Nr. 103). Darauf ist der Abs. 3 des Art. 742 nicht anwendbar. Nur auf eigene Kosten kann der Belastete die Verlegung verlangen. Aber er wird in vielen Fällen davon absehen müssen, weil er die Kosten nicht zu tragen vermag. Dies trifft auch zu, wenn die Dienstbarkeitseinrichtung ein ausgebauter Weg mit einer Brücke oder anderen Kunstbauten ist und ein für den Berechtigten vollwertiger Anschluß erstellt werden muß.

91 Die verschiedene Behandlung dieser und der Durchleitungsrechte in der Kostenfrage läßt sich nicht rechtfertigen. Wenn aber beide Kategorien von Rechten gleich zu behandeln sind, kann wohl nur die Regel gelten, daß derjenige, der die Verlegung im eigenen Interesse und zu seinem Vorteil verlangt, auch deren Kosten zu tragen hat. Dies ist die Regel des Art. 742 Abs. 1. Sie gilt auch in unseren Nachbarstaaten ausnahmslos. Im § 1023 BGB ist dies ausdrücklich gesagt; in der französischen Lehre und Praxis ist es anerkannt. PLANIOL-RIPERT-PICARD, Traité pratique, n° 980; BAUDRY-LACANTINERIE et CHAUVEAU, Traité VI (1905) n° 1144; FUZIER-HERMAN, Code civil annoté (1936) art. 701 n° 80. In Italien herrscht auf Grund des art. 1068 C.c. die gleiche Auffassung allgemein: BRANCA, Commentario, art. 1068, n. 7: «Dovrebbe essere pacifico che, in tutti i casi, le spese necessarie al mutamento sono a carico di chi lo ha voluto», ebenso DEJANA, in Grosso e Dejana, Le servitù prediali (1963) II, p. 959 («punto pacifico»).

92 In vielen Fällen ist es ganz unmöglich, dem Berechtigten die Kosten der Verlegung aufzuerlegen. Sie können viel höher sein als der Wert der Dienstbarkeit, so daß ihre Überbindung nur den Verzicht auf die Dienstbarkeit zur Folge haben könnte. Dies würde also bedeuten, daß die Durchsetzung der Verlegung der Dienstbarkeit durch den Belasteten gegenüber dem Berechtigten diesen zur Preisgabe seines

Rechtes zwingen würde. Diese Folge steht im denkbar schärfsten Widerspruch zur gesetzlichen Voraussetzung, daß die Verlegung dem Berechtigten nicht von Nachteil sein dürfe.

Die Bestimmung, daß die neue Stelle der Ausübung des Durchleitungsrechtes für den Berechtigten nicht weniger geeignet sein dürfe als die alte, ist im Art. 693 nicht enthalten. Es wird denn auch die Auffassung vertreten, daß der Berechtigte auch eine für ihn weniger geeignete Stelle in Kauf nehmen müsse. HAAB, N. 18 zu Art. 693. Der Grundsatz der Proportionalität muß indessen auch hier gewahrt werden. Er verlangt, daß dem Berechtigten nicht eine Verschlechterung zugemutet wird, die sich nicht durch den viel größeren Vorteil, den die Verlegung dem Belasteten bringt, rechtfertigen läßt. Dieser Punkt verliert jedoch gegenüber der Kostenfrage sehr an Gewicht, weil die Verpflichtung, die Kosten der Verlegung zu zahlen, für den Berechtigten die Dienstbarkeit nicht nur etwas weniger brauchbar machen, sondern vollständig entwerten kann. 93

Das folgende Beispiel aus der Praxis läßt diesen Sachverhalt deutlich werden. Ein kleiner Gewerbetreibender leitet sich das Wasser, mit dem er die für seinen Betrieb nötige elektrische Kraft erzeugt, in einem Kanal von 250 m Länge aus dem Fluß durch Schachenland der Gemeinde auf Grund eines Durchleitungsrechtes zu und gibt es in einem kurzen Unterwasserkanal wieder in ein öffentliches Gewässer zurück. Die Gemeinde verkauft einen Teil ihres Schachenlandes zur Erstellung von Fabrikbauten und verlangt vom Durchleitungsberechtigten die Verlegung des Kanals aus der verkauften Parzelle. Die Verlegung würde viel mehr kosten, als der kapitalisierte Reinertrag des kleinen Wasserwerkes ausmachen würde, so daß der Berechtigte, wenn er verpflichtet wäre, diese Kosten zu tragen, besser davonkäme, wenn er auf das Durchleitungsrecht samt dem Wasserrecht verzichten und die benötigte elektrische Energie von den BKW oder NOK oder EOS beziehen würde. Den Mann hiezu zu zwingen, wäre eine Ungerechtigkeit sondergleichen. 94

Es ist unbestreitbar, daß das Recht, die Verlegung auf Kosten des Berechtigten durchzusetzen, als Regel im Sinne des Art. 693 Abs. 2 in gar manchen Fällen sich als ein Unrecht auswirken würde und deshalb dem Belasteten gar nicht gewährt werden darf. Diese Regel ist das Produkt einer parlamentarischen Gesetzgebung mit eng beschränktem Gesichtsfeld.

In der Praxis hat man denn auch diese Regel, ohne in ihr den gesetzgeberischen Mißgriff zu erkennen, der sie ist, unbeachtet gelassen oder stark abgeschwächt. 95

Das Bundesgericht hat in seinem hievor (N. 54) im Hauptpunkt wiedergegebenen Urteil (EBG 71 II 27ff. = Pr. 34 Nr. 65) ausgeführt, der Regel des Art. 693 Abs. 2 liege der Gedanke zugrunde, «daß, wer ohne vertraglich begründetes Recht und ohne Gegenleistung einzig auf Grund einer dem Nachbarn von Gesetzes wegen obliegenden Verpflichtung den Vorteil der Durchleitungsberechtigung genießt, den Nachbarn in der freien Benützung und Auswertung seines Grundstückes nicht weiter behindern soll, als die Ausübung seiner nachbarrechtlichen Berechtigung und sein rechtlich anerkanntes Interesse es verlangen, daher gegebenenfalls auf eigene Kosten eine bestehende Leitung verlegen muß, wenn es durch das Interesse des Nachbarn verlangt wird». Wenn danach der Berechtigte die Kosten der Verlegung deshalb zu tragen hat, weil er unentgeltlich und kraft des gesetzlichen Zwanges, den das Nachbarrecht dem Grundeigentümer auferlegt, zu seinem Recht gekommen ist, müßte daraus gefolgert werden, daß der Berechtigte, der sein Recht dadurch erworben hat, daß der Eigentümer des belasteten Grundstückes es ihm gegen Entgelt freiwillig als Grunddienstbarkeit eingeräumt hat, nicht verpflichtet sei, die Kosten der Verlegung zu übernehmen.

96   In diesem Sinne hatte sich das zürcherische ObG in seinem Urteil vom 24. Mai 1922 i. S. Waldenmaier ausgesprochen. ZBGR **4**, S. 81ff., bes. S. 84 = SJZ **19** Nr. 52, S. 268. Während diese Äußerung mehr beiläufigen Charakter hat, befaßt sich mit der Kostenfrage eingehend und in grundsätzlicher Weise das Urteil des aargauischen ObG vom 17. September 1962, in der aargauischen Gerichts- und VPr. **1962** Nr. 5, S. 30ff. = SJZ **60** (1964) Nr. 38, S. 60:

> Das Verlegungsbegehren des Klägers, durch dessen Grundstück ein Hauptstrang der Kanalisation der Gemeinde, ein Zementrohr von 1 m Durchmesser mit einer Überdeckung von 1,85 m, führte, wofür die Gemeinde eine Entschädigung von 52 Fr. geleistet hatte, war abgewiesen worden, weil die Verlegung 60 000 Fr. gekostet hätte. Der Grundeigentümer wurde veranlaßt, das Bauprojekt so zu ändern, daß die Kellerräume weggelassen wurden und dafür die Grundfläche vergrößert wurde, wofür 268 m² Boden zugekauft werden mußten. Die Gemeinde erwarb diesen Boden für 6700 Fr. und stellte ihn dem Kläger zur Verfügung. Dieser verlangte zusätzlich eine Entschädigung von 22 000 Fr. Die Gemeinde anerkannte diese Forderung im Betrage von 11 300 Fr. In diesem Betrag hat das ObG die Klage gutgeheißen. Es stellte sich damit grundsätzlich auf den Boden der herrschenden Meinung, wonach in Anwendung des Art. 693 auch auf Dienstbarkeitsleitungen dem Berechtigten die Kosten der Verlegung aufzuerlegen seien. Aber es hat wegen der Höhe dieser Kosten die Ablehnung des Verlegungsbegehrens gutgeheißen. Es hat damit in Abweichung vom Art. 693 dem Belasteten trotz der «Änderung der Verhältnisse» die Verlegung versagt und auf Schadenersatz erkannt, weil es nach seiner Ansicht nicht zu rechtfertigen war, die dreifach so hohen Kosten der Verlegung dem Berechtigten aufzuerlegen. Dies war sicher die richtige Entscheidung.
>
> Das Gericht hat auch berücksichtigt, daß der Gemeinde das Durchleitungsrecht für 52 Fr., also ohne eine andere Entschädigung als die für den Kulturschaden, eingeräumt worden war. Daraus hat es aber nicht die richtigen Konsequenzen gezogen. Es war nämlich der Ansicht, auch wenn auf dem Wege der Vereinbarung oder der Expropriation für alle voraussehbaren Nachteile, zu denen sicher auch die Behinderung in der Überbauung gehört hätte, Entschädigung geleistet worden wäre, hätte dadurch der Verlegungsanspruch nicht ausgeschlossen werden können. Dies wäre nur möglich gewesen, wenn die Gemeinde vertraglich oder durch Expropriation das Eigentum an dem mit der Leitung belegten Bodenstreifen erworben hätte.

97   In der Literatur wird, ohne grundsätzliche Auseinandersetzung mit der verpfuschten gesetzlichen Regelung, versucht, durch deren Abschwächung eine vernünftige Lösung für den Einzelfall zu ermöglichen. Nach der gesetzlichen Vorschrift könnte dem Belasteten nur ausnahmsweise, wenn besondere Umstände es rechtfertigen, ein angemessener Teil der Kosten auferlegt werden. Diese besonderen Umstände würden namentlich dann vorliegen, wenn der Belastete die neue Leitung

mitbenutzen könnte oder wenn durch sie sein Grundstück entwässert würde. Dies ist ein seltener Fall. Außer diesem Fall nennen LEEMANN (N. 11) und HAAB (N. 19 zu Art. 693) die Entlastung des Eigentümers des (bisher) dienenden Grundstückes durch die Verlegung als Grund für die Verpflichtung, einen Teil der Kosten zu tragen, ja beide Autoren gehen so weit, diese Verpflichtung auf sämtliche Kosten auszudehnen, «wenn die Lage des Belasteten durch die Verlegung erheblich verbessert, diejenige des Berechtigten dagegen ungünstiger geworden ist» (LEEMANN, a.a.O.). Damit würde die gesetzliche Regelung allerdings unschädlich gemacht, aber wohl verfälscht. Daß die Lage des Belasteten durch die Verlegung verbessert wird, ist ja wohl stets der Fall. Um dieser Entlastung willen verlangt ja der Belastete die Verlegung. Für die Ansicht, daß unter den genannten Umständen die Kosten auch im ganzen Betrag dem Belasteten auferlegt werden können, beruft sich HAAB (a.a.O.) auf die Erläuterungen Eugen Hubers (II, S. 101). Er beachtet aber nicht, daß diese sich auf den Text des Vorentwurfes beziehen, welcher schon in der Expertenkommission grundlegend geändert worden ist. Nur weil HAAB dies nicht beachtet hat, konnte er sagen, das Gesetz bemühe sich, eine möglichst elastische Ordnung zu treffen. Der Vorentwurf hatte diese elastische Ordnung enthalten. In seiner Beratung wurde sie aufgegeben.

Nach diesen Lehrmeinungen könnten in den meisten Fällen auch die Kosten der **98** Verlegung einer Stromübertragungsleitung dem Belasteten auferlegt werden. Die Verlegung wird ja von ihm, zu seinem Vorteil, verlangt, während das EW dadurch eher einen Nachteil erfährt, jedenfalls keinen Vorteil. Aber dies ist gerade der Fall, für den mit der Änderung am Vorentwurf, die Kosten zu Lasten des EW gehen sollten. Man darf diesen Willen des Gesetzgebers, der ja übrigens seinen Ausdruck im Gesetzestext erhalten hat, nicht außer acht lassen. Es darf deshalb nicht allein auf das Verhältnis zwischen Vor- und Nachteil auf beiden Seiten abgestellt werden, sondern es muß die finanzielle Leistungsfähigkeit der Beteiligten mitberücksichtigt werden. Dies war ja der allein ausschlaggebende Gesichtspunkt, unter dem die Bestimmung des Vorentwurfes geändert wurde. Diese Änderung wurde in der ExpKomm. ausdrücklich und wiederholt als Entgegenkommen gegenüber dem Grundeigentümer bezeichnet.

Man hat aber weit über das Ziel hinausgeschossen, indem man die Regel auf- **99** stellte, der Berechtigte habe die Kosten zu tragen. Man hätte es bei der Regelung des Vorentwurfes bleiben lassen sollen und hätte sie dahin ergänzen können, daß dabei auch die finanzielle Leistungsfähigkeit der Beteiligten mitzuberücksichtigen sei.

Dies ist auch die allein vertretbare Lösung der Kostenfrage in der Anwendung des **100** Art. 693 ZGB. Sie entfernt sich vom Wortlaut des Gesetzes weniger weit als die Vorschläge von LEEMANN und HAAB. Sie lautet:

Die Kosten sind nach Ermessen des Richters unter Berücksichtigung der beidseitigen Vor- und Nachteile sowie der finanziellen Leistungsfähigkeit unter die Beteiligten zu verteilen.

(Im Vorentwurf lautete die Bestimmung: ... die Kosten sind nach Ermessen des Richters unter die Beteiligten zu verteilen.)

Dies ist die Lösung der Kostenfrage für die Verlegung des nachbarrechtlichen Durchleitungsrechtes und der übrigen Legalservituten, namentlich des Notweges, sowie der durch Vertrag freiwillig begründeten Durchleitungsrechte im Sinne des Art. 742. Damit könnte der 3. Absatz dieses Artikels zur Geltung kommen, ohne sich ungerecht und zweckwidrig auszuwirken. Vgl. N. 131 und 134ff. hienach.

100a Das Bundesgericht hat diesen Vorschlag abgelehnt. EBG **97** II (1971) S. 371 = Pr. **61** Nr. 123 (bespr. ZBJV **109**, 1973, S. 84 und m. Eigentum S. 265). Es zieht es vor, mit der verpfuschten gesetzlichen Regelung weiterzufahren, die es preisgibt und preisgeben muß, sobald es einmal mit einem der Fälle konfrontiert wird, in dem sie schlechterdings nicht anwendbar ist. Auf die Urteilsfindung nach Grundsätzen scheint es keinen Wert zu legen.

101 Aber die unsinnige Gegensätzlichkeit in der Behandlung von Leitungen einerseits, anderen Dienstbarkeitsvorrichtungen anderseits, insbesondere Weganlagen, Luftseilbahnanlagen, Grundwasserpumpeinrichtungen, Radio-, Radar-, Fernsehvorrichtungen usw. wird dadurch nicht behoben. Wenn der Grundeigentümer deren Erstellung durch Begründung einer Grunddienstbarkeit oder anderen Dienstbarkeit ermöglicht hat, bleibt es dabei, daß er die Verlegung nur verlangen kann, wenn er die Kosten übernimmt. Dies gilt als selbstverständlich; «n a t ü r l i c h hat aber diese Veränderung auf Kosten des Belasteten zu erfolgen» (Erl. II S. 147).

102 Auch diese Regel bedarf indessen der Auflockerung. Sie ist richtig unter der Voraussetzung, daß der Grundeigentümer für die Beeinträchtigung im Gebrauch und in der Nutzung seines Grundstückes voll entschädigt worden ist. Sie wirkt sich aber höchst ungerecht aus, wenn dem Grundeigentümer nur eine geringe Entschädigung ausgerichtet, vielleicht nur der Kulturschaden ersetzt worden ist; wenn die Dienstbarkeit ersessen wurde; wenn sie aus nachbarlichem Entgegenkommen als gewöhnliche Dienstbarkeit begründet worden ist, obwohl die Voraussetzungen der Entstehung einer Legalservitut vorgelegen hätten. Auch in anderem Zusammenhang wurde auf diesen Sachverhalt aufmerksam gemacht, der es rechtfertigen würde, auch auf vertraglich vereinbarte Dienstbarkeiten nachbarrechtliche Bestimmungen anzuwenden. NN. 75, 162 und 180 zu Art. 736, N. 70 zu Art. 737, NN. 27–29 zu Art. 740.

103 Auch in den Beratungen der ExpKomm. ist zur Begründung des Antrages, die Kosten der Verlegung von Leitungen dem Berechtigten aufzuerlegen, wiederholt geltend gemacht worden, bei der Begründung der Dienstbarkeit werde der Grundeigentümer für künftige Beeinträchtigungen nicht entschädigt, auch nicht wenn ihm die Dienstbarkeit durch Expropriation auferlegt werde. Verhandlungen vom 7. November 1902, Prot. S. 9/10, Voten Isler, Gobat, De Félice, Eugen Huber. Da kam die Auffassung zum Ausdruck, daß die Verpflichtung des Belasteten, die Kosten der von ihm verlangten Verlegung zu übernehmen, dann begründet sei, wenn er für die Einräumung der Dienstbarkeit voll entschädigt worden sei.

Dieser Gedanke ist dann namentlich von MENTHA (Rossel et Mentha, Manuel du **104** droit civil, 2ᵉ éd. 1922, tome III, n° 1381, p. 22) aufgenommen worden. Er meint, die Verweisung im 3. Absatz des Art. 742 auf das Nachbarrecht habe gar nicht so große Bedeutung, denn der Berechtigte könne immer die Übernahme der Kosten durch den Belasteten verlangen, wenn er die Dienstbarkeit von diesem gegen volle Entschädigung erworben habe. Diesem Gedanken sollte in der Tat bei der Anwendung sowohl des Art. 693 wie auch des Art. 742 Rechnung getragen werden.

Hat der Grundeigentümer die Dienstbarkeit gegen eine geringe, unvollständige Entschädigung oder gar unentgeltlich aus nachbarlichem Entgegenkommen entstehen lassen, ist die Verteilung der Kosten im Sinne des Art. 693 auch dann gerechtfertigt, wenn die Verlegung nicht eine Leitung zum Gegenstand hat. Sind dagegen in der Bemessung der Entschädigung bei der Errichtung der Dienstbarkeit durch Vertrag oder Expropriation alle voraussehbaren Nachteile, darunter auch gerade die, welche der Grundeigentümer mit dem Verlegungsbegehren beheben möchte, berücksichtigt worden, muß er die Kosten allein tragen. Da er dazu in den meisten Fällen nicht in der Lage ist, muß er auf die Verlegung verzichten.

Sind bei der Festsetzung der Entschädigung nicht alle Nachteile, die sich nach- **105** träglich ergeben haben, in Betracht gezogen worden, indem z.B. mit der Überbauung des Grundstückes gerechnet wurde, nicht aber mit seiner Nutzung durch die Ausbeutung von Kies, und verlangt der Grundeigentümer die Verlegung, um die Kiesausbeutung aufnehmen oder fortsetzen zu können, so kann er die Verlegung der Leitung verlangen, und zwar auf Kosten des Berechtigten (vorbehältlich der Teilung nach den angegebenen Kriterien). Wenn aber die Verlegungskosten so hoch sind, daß sie in einem starken Mißverhältnis zum Nutzen des Grundeigentümers stehen, oder die Verlegung technisch unmöglich ist, kann das Verlegungsbegehren abgewiesen und dem Grundeigentümer eine Entschädigung für den Ertragsausfall zuerkannt werden. Oder es können die baulichen Schutzvorkehren angeordnet werden, mit welchen der Bestand und die Funktion der Leitung an der bisherigen Stelle gesichert und die Kiesausbeutung ermöglicht werden kann. N. 54/55 hievor. Die Kosten sind nach Art. 693 in dem hievor bestimmten Sinne zu verteilen.

b) Die Verpflichtung zum Ersatz der Kosten.

Das Gesetz gibt dem Belasteten nicht die Befugnis, die Verlegung selber vorzu- **106** nehmen. Er darf nicht die Liegenschaft an der Stelle, wo die Dienstbarkeit ausgeübt wurde, abschließen und dem Berechtigten eine andere Stelle anweisen oder die Dienstbarkeitsvorrichtungen auf dem bisherigen Platz entfernen und sie am neuen Platz herstellen. Er hat nur das Recht, vom Berechtigten die Verlegung zu verlangen. Soweit er selber die Kosten zu tragen hat, muß er sie dem Berechtigten auf dessen Verlangen vorschießen. Die Parteien können auch vereinbaren, daß der Belastete die Verlegungsarbeiten selber ausführe, und zwar auf eigene Kosten oder mit Kostenbeteiligung des Berechtigten. Die Verlegung führt, wenn sie innerhalb des belasteten

Grundstückes erfolgt, zu einer Modifikation des Dienstbarkeitsinhaltes; wenn sie zur Belastung eines anderen Grundstückes führt, zum Untergang der alten und zur Errichtung einer neuen Dienstbarkeit.

107 Der gesetzliche Verlegungsanspruch, der dem Eigentümer des belasteten Grundstückes zusteht und sich gegen den am Grundstück dinglich Berechtigten richtet, der im Grunddienstbarkeitsverhältnis der Eigentümer des herrschenden Grundstückes ist, hat den gleichen rechtlichen Charakter wie der gesetzliche Anspruch des Grundeigentümers gegenüber seinem Nachbarn auf Einräumung einer Legalservitut. Er hat eine Leistung zum Gegenstand, nämlich die Durchführung der Verlegung, wenn Verlegungsarbeiten erforderlich sind oder, wo dies nicht der Fall ist, die Abgabe einer Willenserklärung als Ausdruck der Zustimmung zum Vorschlag, die Dienstbarkeit künftig an der neuen Stelle auszuüben. Die Verpflichtung des Berechtigten zur Verlegung unter den gesetzlichen Voraussetzungen ist eine Realobligation.

108 Die Verpflichtung zur Bezahlung der Kosten, welche sich aus der gesetzlichen Regelung für den einen oder anderen der Beteiligten oder für beide ergibt, ist ebenfalls eine Realobligation. Urs NEUENSCHWANDER, Die Leistungspflichten der Grundeigentümer, Diss. iur. Bern 1966, S. 566f. Ist die Kostenforderung gegenüber dem einen oder dem anderen der Beteiligten entstanden, ist sie dessen persönliche Schuld, die nicht auf seinen Singularsukzessor im Eigentum am Grundstück oder in der Dienstbarkeitsberechtigung übergeht. Vgl. N. 163 der Einleitung und N. 232 zu Art. 730.

109 In Deutschland wird betont, daß nicht das Grundstück (wie nach § 1021, wonach auf die Haftung für die Erfüllung der Unterhaltspflichten die Vorschriften über die Reallasten entsprechende Anwendung finden), sondern nur der Eigentümer des belasteten Grundstückes, der die Verlegung verlangt hat, persönlich hafte. PLANCK-STRECKER, Erl. 7 zu § 1023, STAUDINGER-KOBER, Erl. 2e zu § 1023; BIERMAN, Erl. 1d zu § 1023 BGB. Dies braucht auf Grund unseres Rechtes nicht hervorgehoben zu werden, da der Schuldner aus einer Realobligation, auch der Eigentümer des belasteten Grundstückes, der sich zum Unterhalt der Dienstbarkeitseinrichtungen verpflichtet hat (Art. 730 Abs. 2), überhaupt nur persönlich haftet. NN. 225–228 zu Art. 730. In unserem Recht besteht Übereinstimmung in der Behandlung der Verpflichtungen aus der Verlegung von Dienstbarkeiten einerseits und der mit der Dienstbarkeit nebensächlich verbundenen Unterhaltspflichten. Diese Verpflichtungen verlieren ihren realobligatorischen Charakter auch nicht, wenn sie durch Vertrag in Abweichung von der gesetzlichen Regelung festgelegt werden. NN. 40 und 66ff. zu Art. 741. Ausführlich behandelt diese Frage Urs NEUENSCHWANDER, Die Leistungspflichten der Grundeigentümer, rechtsvgl. Diss. Bern 1966, S. 530ff., und kommt zum gegenteiligen Ergebnis: Die Unterhaltspflicht des Dienstbarkeitsberechtigten könne nicht vertraglich mit realobligatorischer Wirkung erweitert werden.

IX. Intertemporales Recht

Der Verlegungsanspruch ist dem Belasteten in seinem und nicht im öffentlichen 110
Interesse gegeben. Unverzichtbar ist er nur insofern, als seine Ablehnung durch den Berechtigten ein Rechtsmißbrauch wäre. Im übrigen kann auf ihn gegen Entschädigung gültig verzichtet werden.

Ist die Verlegung in einem altrechtlichen Dienstbarkeitsvertrag wegbedungen worden, ist nach altem Recht zu entscheiden, ob dies in gültiger Weise geschehen ist, wobei, wie bemerkt, die Beurteilung unter dem Gesichtspunkt des Rechtsmißbrauchsverbotes, das rückwirkende Kraft hat, vorbehalten bleibt.

Abgesehen von einer solchen vertraglichen Bestimmung, die sehr selten sein 111
dürfte, also soweit der Inhalt des Rechtsverhältnisses unabhängig vom Willen der Parteien durch das Gesetz bestimmt wird, ist das neue Recht anwendbar. Es ist der Inhalt der Dienstbarkeit, der durch die Verlegung modifiziert wird. Die Anwendbarkeit des neuen Rechts ergibt sich deshalb nicht nur aus Art. 3, sondern auch aus Art. 17 Abs. 2 SchlT. AppH Bern, ZBJV 49 Nr. 16, S. 403 = ZBGR 6 (1925) Nr. 47, S. 150. Zur näheren Begründung ist auf die NN. 27ff. zu Art. 737 zu verweisen.

X. Öffentlich-rechtliche Verlegungsbestimmungen

Auch zur Erfüllung einer öffentlichen oder einer im öffentlichen Interesse liegen- 112
den Aufgabe (Wegbauten, Wasser-, Gas- und Elektrizitätsversorgung) kann das Recht der Benutzung fremden Bodens durch die Begründung privatrechtlicher Dienstbarkeiten erworben werden. Wird zu diesem Zweck Grundeigentum erworben, ist es in den öffentlichen Dienst gestelltes oder dem Gemeingebrauch gewidmetes privates Eigentum. Ein eigentliches öffentliches Eigentum im Sinne des französischen Rechtes und der Theorie, welche in Deutschland von Otto Mayer vertreten wurde, gibt es bei uns nicht. Es kann deshalb auch öffentlich-rechtliche Dienstbarkeiten nicht geben.

Steht fest, daß ein öffentliches Weg- oder Leitungsrecht eine Dienstbarkeit ist, 113
kann es nur eine privatrechtliche Dienstbarkeit sein, die im öffentlichen Interesse ausgeübt wird oder dem Gemeingebrauch gewidmet ist. Dies ist in der Einleitung, NN. 106ff., ausgeführt. Der Haupttypus der überkommenen Gemeindedienstbarkeit ist die irreguläre Personaldienstbarkeit gemäß Art. 781, deren privatrechtlicher Charakter außer jedem Zweifel steht. Es ist deshalb unrichtig, wenn gesagt wird, weil ein öffentlicher Weg auf privatem Boden in Frage stehe, liege eine öffentlich-rechtliche Dienstbarkeit vor, auf die hinsichtlich der Verlegung nicht der Art. 742 anwendbar sei, weshalb zur Beurteilung des Verlegungsbegehrens auch nicht der Zivilrichter, sondern die Verwaltungsbehörde zuständig sei. Aarg. Vjschr. 19, S. 114; 26, S. 35.

Von einer «öffentlich-rechtlichen Dienstbarkeit» könnte gesprochen werden, 114
aber nur in übertragenem Sinne, wenn das öffentliche Weg- oder Leitungsrecht auf

Grunddienstbarkeiten

einer unmittelbaren öffentlich-rechtlichen Eigentumsbeschränkung beruht. Diese begründet aber eben nicht eine Dienstbarkeit.

115   Im einzelnen Falle muß untersucht werden, ob der öffentliche Weg oder die öffentliche Leitung in privater Liegenschaft kraft einer solchen Norm des öffentlichen Rechtes besteht oder ob ihr eine vertragliche oder ersessene oder wegen unvordenklicher Ausübung als bestehend angenommene Dienstbarkeit zugrundeliegt. EBG **74** I 41ff., bes. S. 46f. = Pr. **37** Nr. 49 und dazu NN. 146f. zu Art. 731. Siehe auch EBG **91** II 281ff. = Pr. **55** Nr. 2 = ZBGR **47** (1966) Nr. 69, S. 304ff. Mit der Widmung eines Weges über private Liegenschaften zum Gemeingebrauch auf Grund eines durch Enteignung, Vertrag oder Ersitzung entstandenen Eigentums- oder Dienstbarkeitsrechts befaßt sich EBG **71** I 433ff. = Nr. 76 der Schweiz. Verwaltungsrechtsprechung von Imboden, 2. Aufl. 1964, von mir besprochen in der ZBJV **101** (1965) S. 298.

Auch der öffentlich-rechtliche Entstehungsgrund macht die Dienstbarkeit nicht zu einem öffentlich-rechtlichen Verhältnis. Das durch Expropriation erworbene Wegrecht oder Durchleitungsrecht ist eine privatrechtliche Dienstbarkeit. Siehe N. 19 zu Art. 731 und die dort zitierte Literatur und Praxis.

116   Wenn für Dienstbarkeiten und für Beschränkungen des Grundeigentums kraft der sie unmittelbar bewirkenden öffentlich-rechtlichen Normen keine Bestimmungen über die Verlegung der Ausübung im öffentlichen Recht bestehen, ist diese Lücke durch Anwendung der gleichen Regeln zu schließen, welche für die Verlegung privatrechtlicher Dienstbarkeiten, Legalservituten und Rechte, die als unmittelbare Eigentumsbeschränkungen bestehen, gelten (Art. 696 und NN. 20ff. zu Art. 740). So für das Recht Deutschlands P. Gieseke, Leitungen auf fremden Grundstücken, Festschrift Hedemann (1958) S. 120. Die Zuständigkeit des Zivilrichters ist immer dann gegeben, wenn das Recht auf einer Dienstbarkeit und nicht auf einer öffentlich-rechtlichen Eigentumsbeschränkung beruht.

117   In einer ganzen Anzahl von öffentlich-rechtlichen Gesetzeserlassen finden sich besondere Bestimmungen über die Verlegung. Sie haben verschiedene Rechtsverhältnisse zum Gegenstand, nämlich:

a) Das Verhältnis zwischen dem Grundeigentümer und der Unternehmung oder dem Gemeinwesen als Durchleitungs- oder Wegrechtsberechtigtem;

b) Das Verhältnis zwischen den Unternehmungen oder Gemeinwesen, welche Leitungen oder Verkehrsanlagen auf dem gleichen Grundstück erstellt haben und betreiben, untereinander.

Folgende Erlasse kommen in Betracht:

1. Bundesgesetz über die elektrischen Schwach- und Starkstromanlagen (Elektrizitätsgesetz) vom 24. Juni 1902

a) Schwachstromleitungen der PTT.

118   Zugunsten des Bundes (PTT) besteht eine gesetzliche öffentlich-rechtliche

Beschränkung des Grundeigentums, kraft deren er für seine Anlagen sowohl öffentlichen als privaten Boden unentgeltlich in Anspruch nehmen kann, bloß gegen Ersatz des Kulturschadens, jedoch nur unter der Voraussetzung, daß der öffentliche Boden in seiner Zweckbestimmung nicht beeinträchtigt wird und daß der private Boden, der durch die Leitungsdrähte überspannt wird, vom Eigentümer zweckentsprechend benutzt werden kann. ElG Art. 5 und 6. Auf Liegenschaften, die zu Bahnzwecken benutzt werden, dürfen ebenfalls Telephonleitungen montiert werden, allerdings nur gegen Ersatz des Schadens, der daraus einer Bahngesellschaft (Privatbahnen) erwächst. Art. 9 ElG.

In allen diesen Fällen hat der Bund (PTT) seine Leitungen auf eigene Kosten zu verlegen, wenn die zweckgemäße Überbauung des privaten Bodens dies nötig macht (Art. 8 ElG) oder bahndienstliche Einrichtungen verändert oder neu erstellt werden, und die Leitungen der PTT dem hinderlich sind.

b) Starkstromleitungen.

Für die Erstellung von Starkstromleitungen hat das Bundesgesetz das Grundeigentum nicht unmittelbar beschränkt. (Dies ist vereinzelt in der kantonalen Gesetzgebung für kantonale Stromerzeugungs- oder Verteilungswerke, z.B. im Kanton Zürich, geschehen.) Das Durchleitungsrecht muß durch Dienstbarkeitsvertrag oder Expropriation erworben werden (Art. 43 ElG). 119

Will der Eigentümer auf dem belasteten Grundstück Änderungen vornehmen (Erstellung oder Änderung baulicher Anlagen oder Änderung der Nutzung, z.B. Übergang zur Ausbeutung von Bodenbestandteilen), für welche die bestehenden Starkstromanlagen ein Hindernis bilden, kann er deren Verlegung verlangen. In vielen, wohl in den meisten Fällen, stünden indessen die Kosten der Verlegung in einem Mißverhältnis zum Schaden, der dem Grundeigentümer durch die Behinderung der Ausführung seiner Pläne entsteht. In diesem Falle zieht es die Elektrizitätsunternehmung vor, auf dem Expropriationsweg das Recht zu erwerben, kraft dessen dem Grundeigentümer die Ausführung seiner Pläne verboten ist. Dies ist nur dann nötig, wenn dieses Recht nicht bereits mit dem Durchleitungsrecht erworben ist, besonders das Recht, jede Baute, jede Pflanzung, jede Grabung nach Kies, Sand, Lehm zu verbieten. Ist für den Entzug aller dieser Nutzungsmöglichkeiten beim Erwerb der Dienstbarkeit durch Vertrag oder durch Expropriation Ersatz geleistet worden, kann um deretwillen auch keine Verlegung mehr verlangt werden. Fr. HESS, Das Enteignungsrecht des Bundes, Kommentar, 1935, NN. 73ff. zu Art. 50 ElG, S. 406ff. EBG Pr. **59** Nr. 82 (95 I 602 Kurzer Auszug ohne Tatbestand).

Treffen Starkstromleitungen verschiedener Unternehmungen oder Starkstromleitungen mit Schwachstromleitungen so zusammen, daß Sicherungsmaßnahmen durchgeführt oder öffentliche Telephonleitungen verlegt werden müssen, sind die Kosten von allen Beteiligten gemeinsam zu tragen. Art. 17 ElG. 120

c) Telephonleitungen.

Soweit für die Erstellung von Telephonleitungen Grundstücke in einer über die 121 gesetzliche Eigentumsbeschränkung der Art. 5 und 6 ElG hinausgehenden Weise in Anspruch genommen werden müssen, muß das Recht dazu ebenfalls durch Vertrag oder Expropriation erworben werden, insbesondere also für die Erstellung baulicher Anlagen, die mit dem Grund und Boden verbunden sind. Art. 12 ElG. Auch das Verlegungsrecht des Grundeigentümers untersteht dann den gleichen Regeln wie die Verlegung von Starkstromanlagen. Ausgenommen ist davon das Empfangsgrundstück. Der Bewerber um einen Telephonanschluß hat die ungehinderte und unentgeltliche Benutzung des Grundstückes zu gestatten und alle Kosten, welche durch spätere bauliche Neuerungen oder durch die Erstellung von Starkstromanlagen entstehen, zu tragen. Telegraphen- und Telephonverkehrsgesetz (1922) Art. 17 und 18.

122   Das Eigentum an der Leitung auf dem Empfangsgrundstück steht nicht dem Eigentümer der Liegenschaft, sondern der PTT-Verwaltung zu, geht aber ins Eigentum des Teilnehmers über, wenn er alle Kosten (einschließlich besonderer Mehrkosten der Erstellung) bezahlt hat (§ 13 Abs. 5 der Telephonordnung 1923 mit seitherigen Änderungen). Die Leitungen im Gebäudeinnern werden von vorneherein nur auf Kosten des Teilnehmers erstellt und sind dessen Eigentum (§ 14 der Telephonordnung). Außerhalb des Empfangsgrundstückes steht das Eigentum der Verwaltung (d.h. dem Bund) zu. Das Durchleitungsrecht begründet, sei es durch Vertrag oder durch Expropriation oder durch unmittelbare gesetzliche Eigentumsbeschränkung entstanden, Sondereigentum an den Anlagen, die als Zugehör der Zentrale gelten, von der sie ausgehen, obwohl keine subjektiv dingliche Verknüpfung mit dem Eigentum am Grundstück besteht, auf dem sich die Zentrale befindet. Diese kann sich in einem gemieteten Gebäude befinden oder in einem Gebäude, das auf Grund eines nicht «als Grundstück» ins Grundbuch aufgenommenen Baurechtes erstellt worden ist. Als Dienstbarkeit gehört das Durchleitungsrecht der PTT-Verwaltung zu den irregulären Personaldienstbarkeiten (siehe N. 113 hievor). Vgl. über das Durchleitungsrecht und über das Eigentum an den Schwachstromanlagen der PTT: Werner MEIER, Das Telephonregal nach schweizerischem Recht, Diss. iur. Bern 1928, S. 116ff., und auch HAAB, Kommentar, N. 7 zu Art. 676.

2. Eisenbahngesetz vom 20. Dezember 1957

123   In den Art. 22, 23, 29 und 30 wird die Verteilung der Kosten geregelt, die an Kreuzungen entstehen: a) Zwischen Bahnen und Straßen; b) zwischen Bahnen und öffentlichen oder privaten Gewässern, Transmissionen, Transportanlagen, Leitungen und ähnlichen Anlagen. Im ersten Fall hat die Kosten das Gemeinwesen zu tragen, das den neuen Verkehrsweg erstellt und bei Änderungen bestehender Kreuzungen die Unternehmung, auf deren Bedürfnisse die Änderung zurückzuführen ist. Die andere Partei hat einen dem ihr erwachsenden Vorteil entsprechenden Kostenbeitrag zu leisten. Im zweiten Fall gehen die Kosten der Erstellung, des Unterhaltes, der Erneuerung aller Anlagen und Sicherheitsmaßnahmen, welche die neue Kreuzung oder die Änderung der bestehenden verursacht, zu Lasten des jeweiligen

Bauherrn. In der Botschaft vom 3. Februar 1956 wird diese Kostenverteilung, die Platz greift, wenn nicht eine vertragliche Regelung zustande kommt, zurückgeführt auf das **Verursachungsprinzip**, mit dem die Vorteilsanrechnung verbunden wird. Es wird da auch Bezug genommen auf analoge Vorschriften des Luftfahrtgesetzes vom 21. Dezember 1948.

3. Das Bundesgesetz über die Nationalstraßen vom 8. März 1960

Der Art. 45 lautet: 124

> Beeinträchtigt eine neue Nationalstraße bestehende Verkehrswege, Leitungen und ähnliche Anlagen oder beeinträchtigen neue derartige Anlagen eine bestehende Nationalstraße, so fallen die Kosten aller Maßnahmen, die zur Behebung der Beeinträchtigung erforderlich sind, auf die neue Anlage.

Dieser Bestimmung liegt das gleiche Prinzip zugrunde wie den entsprechenden Bestimmungen des Eisenbahngesetzes. Auf diese wird denn auch in der Botschaft verwiesen. Wenn also der Bau einer Nationalstraße, auch der Ausbau einer bestehenden Kantonsstraße zur Nationalstraße, die Verlegung von Leitungen, die sich auf Grund einer gesetzlichen Eigentumsbeschränkung, einer Dienstbarkeit oder einer Konzession im Straßenareal befinden, verlangt, gehen die Kosten zu Lasten des Nationalstraßenbaues, während umgekehrt die Kosten jeder Änderung an der Nationalstraße, die infolge der Erstellung von anderen Verkehrs- oder Transportanlagen nötig wird, vom Ersteller dieser Werke zu tragen sind. Auf die Änderungen bestehender Kreuzungen sind die Bestimmungen des Eisenbahngesetzes laut ausdrücklichen Hinweises anzuwenden.

4. Das Bundesgesetz über Rohrleitungsanlagen zur Beförderung flüssiger oder gasförmiger Brenn- oder Treibstoffe vom 4. Oktober 1963

In diesem Gesetz (Art. 29) ist der wiedergegebene Art. 45 des Nationalstraßengesetzes wiederholt. Der Rohrleitungskonzessionär bedarf zur Kreuzung von Verkehrswegen, Gewässern, unterirdischen Leitungen und ähnlichen Anlagen der Bewilligung der Aufsichtsbehörde und hat alle Maßnahmen zur Sicherstellung der Funktion und des Betriebes dieser Anlagen auf eigene Kosten zu treffen. Das Durchleitungsrecht ist, wie dasjenige für Starkstromleitungen nach dem Elektrizitätsgesetz, eine Dienstbarkeit, und zwar eine irreguläre Personalservitut, zu deren Erwerb dem Konzessionär das Enteignungsrecht erteilt werden kann, wenn die Leitung im öffentlichen Interesse liegt (Art. 10). Die Rohrleitungen stehen, sofern es nicht anders geordnet ist, im Eigentum des Konzessionärs (Art. 14). 125

5. Das Bundesgesetz über die Nutzbarmachung der Wasserkräfte (WRG) vom 22. Dezember 1916

Mit der Konzession, welche das Wasserkraftrecht als wohlerworbenes Recht (Sondernutzungsrecht) begründet, wird dem Konzessionär das Recht gegeben, den 126

Grunddienstbarkeiten

Boden samt seinen Bestandteilen, der dem verleihenden Gemeinwesen gehört, für die Erstellung und den Betrieb der Wasserwerkanlagen zu benutzen (für Wasserfassungen, Wasserleitungen in Kanälen, Stollen, Röhren und für Schächte, Staubecken, Zentralen usw.). Dieses Recht ist ein öffentliches Baurecht. Liegt die Erstellung des Werkes im öffentlichen Interesse, wird dem Konzessionär von der Verleihungsbehörde das Enteignungsrecht zum Erwerb und zur Aufhebung aller bestehenden privaten und öffentlichen Rechte, die der Ausführung des Projektes entgegenstehen, erteilt. Für die Erstellung der Wasserwerkanlagen erwirbt der Konzessionär in der Regel den dafür notwendigen Boden zu Eigentum. Ausnahmsweise erwirbt er indessen auch Dienstbarkeiten, wie Baurechte, Durchleitungsrechte, Wegrechte. Eine Verlegung von solchen Anlagen kommt indessen kaum je vor, weil sie, sofern sie durchführbar ist, unverhältnismäßig viel kosten würde. Das Verlegungsrecht kann auch hier dadurch ausgeschlossen sein, daß mit der vertraglich vereinbarten oder im Expropriationsverfahren festgesetzten Entschädigung für die Nachteile, zu deren Behebung die Verlegung verlangt wird, Ersatz geleistet wurde.

Auf die Anlagen zur Fortleitung der elektrischen Energie findet nicht das WRG Anwendung, sondern das Elektrizitätsgesetz.

6. Kantonale Wassernutzungsgesetze

127 Die meisten kantonalen Wasserrechtsgesetze haben ausschließlich die Nutzbarmachung der Wasserkräfte zum Gegenstand, wie das eidgenössische WRG.

Einzelne regeln aber auch die Nutzung des Wassers der öffentlichen ober- und unterirdischen Gewässer zu anderen Zwecken. Zu ihnen gehört das bernische WNG vom 3. Dezember 1950, das deshalb auch den allgemeineren Titel trägt: Gesetz über die Nutzung des Wassers. Durch Ergänzung des Gesetzes vom 6. Dezember 1964 wurde das Durchleitungsrecht für Wasserversorgungs- und Abwasseranlagen den Grundeigentümern als öffentlich-rechtliche Eigentumsbeschränkung auferlegt. Für den ihnen durch die Erstellung, den Betrieb und Unterhalt der Leitungen entstehenden Schaden ist voller Ersatz zu leisten. Zur Behebung von Nachteilen, für die Ersatz geleistet worden ist, haben die Grundeigentümer keinen Verlegungsanspruch. Soweit dies nicht zutrifft, kann die Verlegung abgewendet werden durch Ergänzung des Schadenersatzes. Die Entschädigung wird nach Maßgabe des Enteignungsgesetzes festgesetzt. Diese Regelung entspricht dem, was für Elektrizitätsleitungen gilt. Siehe NN. 118ff. hievor.

128 Ebenfalls als gesetzliche Eigentumsbeschränkung ist das Durchleitungsrecht für Leitungen der öffentlichen Wasserversorgung innerhalb des Baugebietes vorgesehen im § 31 des solothurnischen Gesetzes über die Rechte am Wasser vom 27. September 1959. Die Beschränkung auf das Baugebiet und die Festsetzung der Leitungslinie durch die Gemeinde ist deshalb auffallend, weil im § 267 EGzZGB vom 4. April 1954 für alle öffentlichen und privaten Trinkwasserleitungen das Durchleitungsrecht als gesetzliche Eigentumsbeschränkung, und zwar als öffentlich-recht-

liche, statuiert ist. Sie steht unter diesem Obermarginale und ist mit dem Hinweis auf Art. 702 ZGB versehen. Sie nimmt in der Klammer auf Art. 680 Abs. 1 ZGB Bezug, was auf einem Irrtum beruht, da diese Bestimmung nicht öffentlich-rechtliche, sondern nur unmittelbare privatrechtliche Eigentumsbeschränkungen zum Gegenstand hat.

7. Hinweis auf das Recht Deutschlands

Das deutsche BGB enthält keine besonderen Vorschriften über das Durchleitungsrecht und die Leitungen. 129

Die gelegentliche Anwendung der Bestimmungen über den Notweg auf den Durchleitungsanspruch vermochte die Lücke nicht zu schließen. Deshalb wurde die Einführung des Durchleitungsrechtes als gesetzliche Eigentumsbeschränkung ins Bundesbaugesetz vorgeschlagen. H. WESTERMANN, Bauliches Nachbarrecht, Bd. 4 der Schriftenreihe des Bundesministers für Wohnungsbau, 1954, S. 25ff. Das Bundesbaugesetz vom 23. Juni 1960 sieht im § 42 die Festsetzung von Flächen für Leitungen samt Schutzstreifen im Bebauungsplan vor. Die Belastung kann dann durch Begründung einer beschränkten persönlichen Dienstbarkeit auf dem Wege der Enteignung erfolgen. Kommentar zum Bundesbaugesetz von HEITZER und OESTREICHER (Guttentagsche Sammlung) 1962, zu § 42.

Von jeher war die Regelung der Durchleitung von Wasser den Ländern überlassen, die zum Teil von dieser Befugnis Gebrauch gemacht haben. Eingehende Vorschriften enthielten namentlich die Wassergesetze von Preußen, Baden, Württemberg und Bayern. Das Wasserhaushaltsgesetz des Bundes vom 27. Juli 1957 hat daran nichts geändert. P. GIESEKE, Leitungen auf fremden Grundstücken, a.a.O., S. 104. 130

Unter den in Anpassung an das Bundesgesetz in den Ländern erlassenen Wassergesetzen sei das von Baden-Württemberg am 25. Februar 1960 erlassene erwähnt, das im § 88 eine sehr eingehende Regelung enthält. Die Verpflichtung zur Duldung der Durchleitung wird durch Verfügung der Wasserbehörde begründet. Geregelt ist auch die Verlegung von Leitungen, und zwar im Abs. 6 mit folgender Bestimmung: 131

«Der Eigentümer des Grundstücks, der nach den Abs. 1–3 Anlagen zu dulden hat, kann deren Verlegung auf eine andere geeignete Stelle des gleichen oder eines anderen ihm gehörenden Grundstückes verlangen, wenn die Durchleitung an der bisherigen Stelle für ihn besonders nachteilig ist oder er bei Verlegung der Anlagen den belasteten Grundstücksteil mit erheblich größerem Vorteil verwenden oder verwerten könnte.

Die Kosten der Verlegung hat der Eigentümer des belasteten Grundstückes zu tragen; der Berechtigte hat dazu entsprechend beizutragen, wenn die Verlegung auch für ihn Vorteil bringt. Ist die Verlegung der Zu- oder Ableitungseinrichtungen auf Grundstücke des belasteten Eigentümers nicht möglich oder nicht zweckmäßig, so kann er die Aufhebung der Belastung verlangen, wenn die Zu- oder Ableitung über Grundstücke Dritter ohne erhebliche Nachteile möglich ist und er die Kosten der Verlegung übernimmt.»

Grunddienstbarkeiten

132   Diese Regelung ist nicht neu, sondern war schon im Badischen Wassergesetz vom 26. Juni 1899 enthalten. Karl SCHENKEL bemerkt in seinem Kommentar (2. Aufl. 1902) S. 318, das Vorbild habe neben dem preußischen Entwurf (siehe Preußisches WG § 332 und dazu den Kommentar von HOLTZ-KREUTZ-SCHLEGELBERGER, 4. Aufl. 1931) das französische Gesetz vom 29. April 1845 und 10. Juni 1854 gebildet (siehe die in den Ausgaben von Dalloz des C.c. zu Art. 644 angeführten Erlasse).

133   Die hievor wiedergegebene Bestimmung des Badisch-Württembergischen WG ist eine Ausprägung des Veranlassungsprinzips, verbunden mit Vorteilsausgleichung. Sie kann als beispielhaft gelten für die öffentlich-rechtliche Regelung der so mannigfachen Tatbestände der Inanspruchnahme von Grund und Boden durch Leitungen, welche Bestandteile vieler moderner technischer Einrichtungen sind, und der Regelung des Verhältnisses zwischen den Eigentümern solcher Leitungen untereinander nach dem Prinzip der Veranlassung mit Vorteilsausgleichung. P. GIESEKE, Leitungen auf fremden Grundstücken, Festschrift Hedemann, S. 121ff.

XI. Schlußbemerkungen

134   Der Einblick in das öffentliche Recht läßt uns noch deutlicher erkennen, wie einseitig das Recht der Verlegung einer Legalservitut im Art. 693 und dem für vertragliche Durchleitungsrechte auf diese Bestimmung verweisenden Art. 742 Abs. 3 geregelt ist. Unter diese Regelung fallen auch weitaus die meisten Leitungen, die im öffentlichen Interesse erstellt werden, wofür deshalb nötigenfalls das Durchleitungsrecht expropriiert werden kann. Hinsichtlich der Entstehung sind sie in Parallele zu stellen zu den Legalservituten des privaten Rechtes, die ebenfalls zwangsweise gegen volle Entschädigung errichtet werden können. Im einen wie im anderen Falle entsteht dadurch eine Dienstbarkeit, im Nachbarrecht eine Grunddienstbarkeit, im öffentlichen Recht regelmäßig eine irreguläre Personaldienstbarkeit.

135   Wo im öffentlichen Recht Bestimmungen über die Verlegung fehlen, wären die gleichen Grundsätze wie im privaten Nachbarrecht anzuwenden. Indessen zeigt sich, daß der Grundsatz des Art. 693 Abs. 2 unanwendbar ist, weil er den Grundsatz der Proportionalität insofern mißachtet, als nach ihm die Verlegung verlangt werden kann, auch wenn sie nur mit unverhältnismäßig hohen Aufwendungen des Berechtigten im Vergleich zum Vorteil des Belasteten möglich ist. Dieses Mißverhältnis entsteht insbesondere durch die einseitige Verlegung der Kosten, die mit Rücksicht auf die finanzielle Leistungsfähigkeit im Hinblick auf das Verhältnis zwischen dem Grundeigentümer und einer großen finanzkräftigen Unternehmung getroffen worden ist. Im öffentlichen Recht, wie es hier skizziert wurde, ist der eine Haupttatbestand das Zusammentreffen von Leitungen und anderen Anlagen öffentlicher und privater Unternehmungen. Auf ihn könnte nicht die Regel des Art. 693 Abs. 2 angewendet werden, sondern nur der Grundsatz der Veranlassung oder der Kostenteilung nach Maßgabe der Interessen der Beteiligten.

In diesem Sinne wurde z. B. auf Grund des Gutachtens eines Sachverständigen in **136** folgendem Fall entschieden:

<small>Eine Fabrikunternehmung, welche mit ihrer Seilbahn die Bahnlinie kreuzte, hatte zu deren Schutz die erforderlichen baulichen Vorrichtungen anbringen müssen, die, wie es scheint, auf dem Areal der Staatsstraße abgestützt waren. Als diese verbreitert werden sollte, verlangte die Baudirektion, gestützt auf den Art. 742 ZGB, den Umbau zur Anpassung an die Straßenkorrektion auf eigene Kosten der Firma. Das Gutachten kam zum Schluß, die Kosten sollten zwischen den Parteien geteilt werden, und zwar aus folgenden Erwägungen: Einmal sei der Art. 693 ZGB in erster Linie auf kleinere Leitungen zugeschnitten; entscheidend falle aber in Betracht, daß die beiden kollidierenden Unternehmungen solche des öffentlichen Rechtes seien. Aus diesem Grund dränge sich die analoge Anwendung der Prinzipien auf, die durch die Gesetzgebung und die Gerichtspraxis über die Kollision elektrischer Leitungen aufgestellt worden seien. Nach Art. 17 Abs. 4 dieses Gesetzes, dessen Ziff. 2 auf den vorliegenden Fall zutreffe, seien die Kosten ohne Rücksicht auf die Priorität des Unternehmens im Verhältnis der wirtschaftlichen Bedeutung der Anlage zu verteilen. Rechenschaftsbericht des aargauischen RR 1940, S. 272 = ZBGR **23** (1942) S. 142.

(Die da zitierte Bestimmung des ElG hat die Kosten der Sicherungsmaßnahmen und der gegebenenfalls nötigen Verlegung von öffentlichen oberirdischen Telephonleitungen beim Zusammentreffen von Stark- und Schwachstromleitungen oder von Starkstromleitungen unter sich zum Gegenstand.)</small>

Ebensowenig kann der Art. 693 Abs. 2 im Verhältnis zwischen der Leitungsunter- **137** nehmung und dem Eigentümer des Durchleitungsgrundstückes als feste Regel angewendet werden. Wo das öffentliche Recht besondere Bestimmungen über die Verlegung getroffen hat, befolgt es im allgemeinen im Gegensatz zum Art. 693 das Veranlassungsprinzip (das ja auch dem Art. 742 zugrunde liegt), aber mit der durch die Vorteilsausgleichung gebotenen Milderung.

Wo auch im öffentlichen Recht dem belasteten Grundeigentümer das Recht **138** gegeben wird, die Verlegung der Leitung auf Kosten des Berechtigten zu verlangen, steht dieses Recht unter der Voraussetzung, daß bei der Bestellung des Durchleitungsrechtes durch Vertrag oder Enteignung für den Nachteil, zu dessen Behebung die Verlegung verlangt wird, nicht Entschädigung geleistet worden ist, oder daß diese Entschädigung nicht nachträglich durch Vertrag oder in einem neuen Enteignungsverfahren erfolgt. Dadurch kann eine Verlegung, deren Kosten in einem Mißverhältnis zu dem Vorteil stehen, der mit dem Verlegungsbegehren erstrebt wird, vermieden werden, und zwar ohne daß der Belastete zu Schaden kommt. Die nachträgliche Entschädigung kommt auch da in Betracht, wo die Verlegung aus technischen Gründen gar nicht durchführbar ist.

Aus dieser Regelung ist auch deutlich zu erkennen, daß der Verlegungsanspruch **139** nicht unabdingbar sein kann. Den Verzicht auf ihn kann der Berechtigte dem Belasteten nur dann nicht entgegenhalten, wenn die Verlegung für ihn keinen Nachteil in der Ausübung der Dienstbarkeit und keine Aufwendungen zur Folge hat, weil die Verweigerung der Verlegung in diesem Falle rechtsmißbräuchlich wäre. Im übrigen aber kann der Verlegungsanspruch durch die volle Entschädigung des belasteten Grundeigentümers für die Einräumung des Durchleitungsrechtes ausgeschlossen werden, insbesondere auch durch die Expropriation des Leitungsrechtes samt ausreichender Schutzzone für die Leitung.

Art. 743

2. Teilung.
a) Des berechtigten Grundstückes.

Wird das berechtigte Grundstück geteilt, so besteht in der Regel die Dienstbarkeit zugunsten aller Teile weiter.

Beschränkt sich die Ausübung der Dienstbarkeit jedoch nach den Umständen auf einen Teil, so kann der Belastete verlangen, daß sie in bezug auf die andern Teile gelöscht werde.

Der Grundbuchverwalter teilt dem Berechtigten das Begehren mit und nimmt die Löschung vor, wenn dieser binnen Monatsfrist nicht Einspruch erhebt.

Materialien: VE (1900) Art. 736; Erl. II S. 147f.; Prot. ExpKomm. 11. November 1902, S. 11f.; 30. April 1903, S. 6; E (1904) Art. 734; Botschaft, S. 73; Amtl. sten. Bull. NR 16 (1906) S. 574 (Referat Huber, keine Diskussion), StR 16 (1906) S. 1360 (Referat Hoffmann, keine Diskussion).

Ausführungsbestimmungen: GBVo Art. 85ff.; 106.

Ausländisches Recht. BGB § 1025; ABGB § 844, 847 und 848a (Novelle III), Bundesgesetz vom 19. Dezember 1929 über grundbücherliche Teilungen, Ab- und Zuschreibungen (Liegenschaftsteilungsgesetz); C.c.fr. art. 700; C.c.it. art. 1071.

Literatur. H.F. HITZIG, Die Grunddienstbarkeit im Vorentwurf eines schweizerischen Civilgesetzbuches, ZSR n.F. 19 (1900) S. 385f.; Vital SCHWANDER, Die Grunddienstbarkeiten, Diss. iur. Bern 1910, S. 239ff.; Peter LIVER, Die Löschung infolge Unterganges des dinglichen Rechts, ZBGR 39 (1958) S. 336f. und Privatrechtliche Abhandlungen (1972) S. 349ff.; Otto SCHEIDEGGER, Die Veränderungen im Bestande der Grundbuchparzelle (unter Berücksichtigung des deutschen Rechts), Diss. iur. Basel 1936 (Maschinenschrift); Heinrich NUSSBAUM, Dienstbarkeiten und Grundlasten in Konkurrenz mit Grundpfandrechten, ZBGR 19 (1938) S. 1ff., 65ff., bes. S. 70f.; A. GONVERS-SALLAZ, Commentaire de l'ordonnance fédérale sur le registre foncier, 1938; Heinrich DERNBURG, Das Bürgerliche Recht Deutschlands und Preußens III, 3. Aufl. 1904, § 167, S. 501ff., daselbst auch § 91, S. 278ff.; MEISNER-STERN-HODES, Nachbarrecht im Bundesgebiet, 3. Aufl. 1956, § 31 VIII; MEISNER-RING, Das in Bayern geltende Nachbarrecht, 4. Aufl. 1951, § 28 VIII, S. 416ff.; BAUDRY-LACANTINERIE et CHAUVEAU, Traité théorique et pratique, 3e éd. 1905, tome VI (Les biens) n° 1138, p. 870 et suiv.; FUZIER-HERMAN, Code civil annoté (1936) ad art. 700.

Inhaltsübersicht

I. Die Eintragung auf den Blättern der durch Teilung des berechtigten Grundstückes entstandenen Parzellen

    1. Teilung von Liegenschaften
        a) Freies Teilungsrecht. NN. 1–8
        b) Beschränkungen. NN. 9–12

c) Unteilbarkeit von «Grundstücken», die nicht Liegenschaften, aber Objekte von Grunddienstbarkeitsrechten und -lasten sind. NN. 13–14

d) Teilung als Verfügung. NN. 15–16

2. Fortbestand der Dienstbarkeitsrechte als Rechte zugunsten der einzelnen durch Teilung entstandenen Parzellen. NN. 17–19
3. Vervielfältigung der Dienstbarkeit. NN. 20–23
4. Die Ausübung der Dienstbarkeitsrechte durch die Eigentümer der einzelnen Parzellen
   a) Selbständigkeit, aber inhaltliche Begrenzung jeder Dienstbarkeit. NN. 24–25
   b) Teilung nach dem Umfang, wenn eine gemessene Dienstbarkeit vorliegt. NN. 26–30
   c) Belastung jeder Parzelle mit der ungemessenen Dienstbarkeit. NN. 31–36
   d) Eigentum an den Dienstbarkeitsanlagen und Unterhalt. NN. 37–44
   e) Unmöglichkeit der Ausübung ohne Belastung eines Teilstückes der herrschenden Liegenschaft. NN. 45–49
5. Die grundbuchliche Verteilung und die Folgen ihrer Unterlassung. NN. 50–54

II. Die Löschung des Dienstbarkeitsrechtes auf den Blättern von durch die Teilung gebildeten Parzellen (Abs. 2 des Art. 743)

1. Durch die Teilung gebildete Parzellen, zu deren Gunsten die Dienstbarkeit nicht ausgeübt werden kann. NN. 55–57
2. Der Untergang der Dienstbarkeit zugunsten der Parzellen, auf welche sich die Ausübung nicht erstreckt. NN. 58–65
3. Das Löschungsverfahren (Abs. 3). NN. 66–81
4. Die Nichtübertragung von Dienstbarkeitsrechten auf Teilstücke der Liegenschaft nach Art. 743 im Verhältnis zur Löschung nach Art. 976. NN. 82–84

I. Die Eintragung auf den Blättern der durch Teilung des berechtigten Grundstückes entstandenen Parzellen

1. Teilung von Liegenschaften

a) Freies Teilungsrecht.

Das Eigentum umfaßt auch die Befugnis, die Sache, sei sie Fahrnis oder Grundstück, aufzuteilen und damit aus einem mehrere Eigentumsobjekte zu schaffen.

Gegenstand des Art. 743 können nur Grundstücke sein, zu deren Gunsten Dienstbarkeiten, also Grunddienstbarkeiten bestehen. Sie müssen auch teilbar sein, um unter diesen Artikel zu fallen. Teilbar sind die Grundstücke im eigentlichen Sinn, welche das Gesetz Liegenschaften nennt. Die im Art. 655 ebenfalls als Grundstücke bezeichneten in das Grundbuch aufgenommenen selbständigen und dauernden Rechte, die Bergrechte sowie die nach kantonalem und eidgenössischem öffentlichem Recht ihnen gleichgestellten Wasserrechte und Korporationsteilrechte sind nicht oder nur beschränkt teilbar. Im besonderen sind Stockwerke nur beschränkt teilbar; sie sind zwar nicht Gegenstand von Sondereigentum, aber wichtiger Sonderrechte. Die Teilung im Sinne des Art. 743 ist nicht eine Rechtsteilung, sondern eine Sachteilung.

Indessen kann der Miteigentumsanteil an einem Grundstück (Art. 655 Abs. 2 Ziff. 4) sehr wohl geteilt werden; er kann aber nur unter besonderen Voraussetzungen mit einer Grunddienstbarkeit belastet werden (Einleitung N. 19, Art. 730 NN. 22 und 48; A. MEIER-HAYOZ, Art. 646, NN. 41ff.). Die Möglichkeit der subjektiv dinglichen Verknüpfung der Dienstbarkeit an einem anderen Grundstück mit dem Miteigentumsanteil als herrschendem Grundstück wird vereinzelt bejaht (STAUDINGER-KOBER, Erl. 2a zu § 1018), im allgemeinen aber abgelehnt (PLANCK-STRECKER, Erl. 2 zu § 1018; WOLFF § 106 I 1, S. 433; GROSSO in Grosso e Dejana, Le servitù prediali, I, 3ᵃ ed. 1963, n. 27, p. 80). Der Miteigentumsanteil würde als herrschendes Grundstück einen «Bestandteil» (N. 37 zu Art. 730) aufweisen, hinsichtlich dessen er ein Recht an einem vom Miteigentumsgegenstand geschiedenen Objekt wäre, das der Miteigentumsordnung entzogen wäre (N. 44 zu Art. 730). Wenn aber dadurch kein anderer Miteigentümer und auch die Miteigentumsgemeinschaft in keiner Weise in ihren Rechten beschränkt werden, ist dagegen nichts einzuwenden. Siehe m. Eigentum, S. 61 N. 27. Aber der Art. 743 hat nur die Teilung von Liegenschaften zum Gegenstand.

3 Der häufigste und wirtschaftlich bedeutendste Fall der Teilung ist die Parzellierung einer Liegenschaft zum Zwecke der Überbauung. Siehe dazu die NN. 13ff. zu Art. 733. Die vielerorts sehr weit getriebene Zerstückelung des landwirtschaftlich genutzten Bodens ist zur Hauptsache die Folge von Erbteilungen. Wie die Aufhebung der Erbengemeinschaft durch Teilung, kann auch die Aufhebung einer anderen Gemeinschaft und namentlich auch des Miteigentumsverhältnisses zur körperlichen Teilung gemeinschaftlicher Sachen führen. Häufig ist auch die Abtrennung eines Bodenstückes durch die Expropriation für die Erstellung öffentlicher Anlagen, namentlich von Straßen.

4 Die Teilung kann als selbständiger Akt durchgeführt werden, oder sie wird zur Vollziehung einer Eigentumsübertragung vorgenommen. Die Veräußerung eines Teilstückes einer Liegenschaft kann durch Eintragung im Grundbuch erst vollzogen werden, wenn dieses Objekt wenigstens provisorisch abgegrenzt und vermessen ist, so daß es als Parzelle ins Grundbuch aufgenommen werden kann.

Wird eine Liegenschaft parzelliert, wird das Blatt dieser Liegenschaft geschlossen und für jedes Teilstück wird im Grundbuch ein neues Blatt eröffnet, wodurch es als Parzelle zum selbständigen Objekt des Rechtsverkehrs wird. Dieses grundbuchliche Verfahren kann nur auf Grund der Messurkunde des Nachführungsgeometers durchgeführt werden. Vgl. dazu die Vorschriften über die Nachführung in der Vermessungsinstruktion des Bundesrates vom 10. Juni 1919 Art. 65ff. Die Aufnahme der neuen Parzellen in das Grundbuch erfolgt gemäß den Art. 1–6 der GBVo (GBVo Art. 85).

5 Von einer Parzelle kann ein Teilstück auch abgetrennt werden, um einer anderen Liegenschaft zugeschieden zu werden. Dies kann geschehen auf Grund freier Vereinbarung oder auch im Grenzregulierungsverfahren, das für sich (Eidg. Landwirtschaftsgesetz vom 30. März 1952, Art. 81 über die Grenzverbesserung; EGzZGB St. Gallen Art. 158) oder als Bestandteil des baurechtlichen Umlegungs- oder

Quartierplanverfahrens (Zürcherisches Baugesetz Art. 18 und 24; Bern. Umlegungsdekret 1965 Art. 68ff.) durchgeführt werden kann. Die Vereinigung des abgetrennten Stückes mit einer anderen Liegenschaft ist aber nur zulässig, wenn es nicht oder nicht mit anderen Dienstbarkeiten belastet ist als die letztere. Diese Voraussetzung muß dadurch geschaffen werden, daß die Beteiligten entweder das abgetrennte Stück von allen Belastungen befreien oder diese auf das vereinigte Grundstück übertragen (GBVo Art. 91).

Besteht an einem Teilstück einer Liegenschaft ein Vorkaufsrecht, wird die Teilung vorgenommen, wenn das Recht ausgeübt wird. Dies ist ein Tatbestand, der im Art. 682 Abs. 2 (Vorkaufsrecht des Bauberechtigten an der Liegenschaft, «soweit diese durch die Ausübung des Baurechtes in Anspruch genommen wird») erwähnt wird. Das Bundesgericht hat sich mit ihm im Urteil EBG **81** II 502ff. = Pr. **45** Nr. 9 eingehend befaßt («Vorkaufsrecht an der südlich angrenzenden Parzelle im Umfange einer Teilfläche von 700 m²»). 6

Die GBVo unterscheidet zwischen Zerstückelung einerseits (Art. 85) und Abtrennung eines Stückes von der Liegenschaft anderseits (Art. 90). Für den ersten Vorgang gilt, was hievor über die Parzellierung gesagt wurde. Für den zweiten wird angeordnet, daß das ursprüngliche Blatt der Liegenschaft weitergeführt werden könne, wenn eine Übertragung von Berechtigungen oder Belastungen nicht notwendig sei. Auf diesem Blatt seien bloß Umfang und Datum der Abtrennung unter «Flächeninhalt» und die Pfandentlassung, sofern Grundpfandrechte eingetragen sind, in den «Bemerkungen» zu ihnen und gegebenenfalls in den Pfandtiteln anzugeben. Über den Grund der Abtrennung seien nähere Angaben in der Liegenschaftsbeschreibung oder in einem besonderen Beleg zu geben. Als Grund kommt die Grenzregulierung in Frage und dann vor allem der Übergang kleinerer Teilstücke ins Eigentum des Gemeinwesens infolge der Expropriation für den Bau, die Erweiterung und Korrektion von Straßen. 7

Die Auswirkungen der Zerstückelung und der Abtretung kleiner Teilstücke auf die Pfandbelastung sind in den Art. 811, 833 und 846 geregelt. 8

Das grundbuchliche Verfahren wird in den Kommentaren zum Grundbuchrecht (Art. 945 Abs. 2) und zur GBVo dargestellt. Vgl. insbesondere A. GONVERS-SALLAZ, Commentaire de l'ordonnance fédérale sur le registre foncier (1938), mit instruktiven Planskizzen.

b) Beschränkungen.

Im ZGB wurde die Aufteilung von Liegenschaften in allzu kleine Teile als Übel zunächst im Erbrecht ins Auge gefaßt und den Kantonen die Kompetenz gegeben, je nach der Bodenkulturart die Mindestflächen der Teilstücke festzusetzen. Der Hinweis auf die Kulturart zeigt, daß sich diese Bestimmung nur auf land- und forstwirtschaftliche Liegenschaften beziehen sollte und nach ihrer Zuweisung zum Abschnitt «Erbteilung» nur auf Nachlaßgrundstücke Anwendung findet. In der Mehrzahl haben die Kantone in ihren EGzZGB solche Vorschriften erlassen (K. A. BRODT- 9

BECK, Das kantonale Einführungsrecht, 1912, S. 96f.). Graubünden hat diese Vorschriften aus dem Erbrecht ins Sachenrecht hinübergenommen und ihren Geltungsbereich damit erweitert (rev. EG 1944). Wenn damit der Vorbehalt des Art. 616 ZGB überschritten sein könnte, wären diese Bestimmungen doch jedenfalls als öffentlich-rechtliche Eigentumsbeschränkungen (Verfügungsbeschränkungen) gültig. Der Art. 702 ZGB weist denn auch als unechter Vorbehalt auf die Zuständigkeit der Kantone hin, solche Beschränkungen aufzustellen «betreffend ... die Zerstückelung der Güter».

10 Im Interesse der rationelleren landwirtschaftlichen Bodennutzung und zum Schutz der zu diesem Zweck mit hohen staatlichen Beiträgen durchgeführten Güterzusammenlegungen sind dann die Mindestflächenmaße erhöht worden (St. Gallen, EGzZGB 1942, Art. 146 Abs. 4; Graubünden EGzZGB 1944, Art. 112 Abs. 1). Der Bund hat im Art. 86 des Landwirtschaftsgesetzes die erneute Zerstückelung zusammengelegten Bodens von der Bewilligung der zuständigen kantonalen Behörde abhängig gemacht, die nur aus wichtigen Gründen soll erteilt werden dürfen (übernommen aus den BRB der Jahre 1941 und 1942). Auch die Verfügungsbeschränkungen des BG über die Erhaltung des bäuerlichen Grundbesitzes vom 12. Juni 1951, rev. 23. März 1961, BB 30.9.1965 und 21.3.1973, wirken insofern einer Teilung von landwirtschaftlichen Heimwesen entgegen, als auch die Veräußerung von Teilen dazu gehörender Liegenschaften dem gesetzlichen Vorkaufsrecht unterliegt und von den Kantonen dem Einspracheverfahren unterstellt werden kann.

11 Viel größere Bedeutung kommt aber dem bäuerlichen Erbrecht zu, welches dem geeigneten Anwärter den Anspruch auf ungeteilte Zuweisung des Heimwesens zum Ertragswert gibt (Art. 620ff.). Bei der Revision (1940) ist statt der beabsichtigten Verschärfung dieses Grundsatzes infolge einer unzulänglichen Gesetzesredaktion (EBG **80** II 208 = Pr. **44** Nr. 20) das Gegenteil herausgekommen. Den Kantonen wurde aus Gründen, deren Haltlosigkeit sich im Laufe der seither verflossenen Zeit immer deutlicher herausgestellt hat, die Befugnis gegeben, «in Gebirgsgegenden» die Zuteilung der Grundstücke eines Heimwesens an verschiedene Erben zu gestatten; «doch dürfen diese Liegenschaften in der Regel nicht zerstückelt werden». Davon haben verschiedene Kantone Gebrauch gemacht: der Kanton Bern (EG vom 19. Dezember 1948 zum EntschG Art. 15) für das Oberland und den Jura, der Kanton Graubünden (Provisorische Vo 1946, EG zum BG über die Erhaltung des bäuerlichen Grundbesitzes vom 27. September 1953, Art. 17) für sein ganzes Gebiet. Das Zerstückelungsverbot erhält damit selbständige Bedeutung, allerdings nur für die Erbteilung. Ebenfalls im Erbteilungsrecht, aber nicht bloß im bäuerlichen, gilt der Grundsatz des Art. 612: «Eine Erbschaftssache, die durch Teilung an ihrem Werte wesentlich verlieren würde, soll einem der Erben ungeteilt zugewiesen werden.»

12 Ihren eigenen, besonderen Zweck erfüllt die Teilungsbeschränkung, welche sich aus Art. 712b ergibt: Ein Stockwerk kann geteilt werden, aber nur so weit, als die

Teilstücke in sich abgeschlossene Wohnungen mit eigenem Zugang sind. Jede weitere Aufteilung wäre unvereinbar mit dem Begriff des Stockwerkes, der im Gesetz so umschrieben ist, daß der Eigentümer die erforderliche Unabhängigkeit in der Benutzung, im Ausbau und Unterhalt behält und Konflikte mit anderen Stockwerkeigentümern aufs möglichste vermieden werden.

c) Unteilbarkeit von «Grundstücken», die nicht Liegenschaften, aber Objekte von Grunddienstbarkeitsrechten und -lasten sind.

13 Die Teilung von Rechten, welche gemäß Art. 655 Abs. 2 als «Grundstücke» gelten, d. h. im Rechtsverkehr unter den Bestimmungen über Grundstücke stehen, wenn sie in das Grundbuch aufgenommen sind (selbständige und dauernde Rechte, Bergrechte, Wasserrechte, Korporationsteilrechte), ist nach den Bestimmungen zu beurteilen, die für sie nach ihrer rechtlichen Natur gelten. Auf Wasserrechte ist das eidgenössische und kantonale Wasserrecht, auf Bergrechte das kantonale Bergrecht anzuwenden. Soweit es öffentliches Recht ist und diese Rechte durch Konzession begründet werden, ist eine Teilung, welche als Teilübertragung zu gelten hätte, ohne die Zustimmung der verfügungsberechtigten Behörde ausgeschlossen (Eidg. WRG Art. 59 betr. Aufnahme in das Grundbuch; Art. 42 betr. Übertragung). Die privaten selbständigen und dauernden Rechte gemäß Art. 655 Abs. 2 Ziff. 2, als deren wichtigste die GBVo im Art. 7 Baurechte und Quellenrechte anführt, sind irreguläre Personalservituten.

Dienstbarkeiten sind nicht teilbar. Sie können mehreren Personen gemeinsam (als Miteigentümern oder Gesamteigentümern) zustehen, aber nicht geteilt sein. Dieser Grundsatz ist in den NN. 43–48 zu Art. 730 erläutert. Wer ein Baurecht oder ein Quellenrecht hat, kann dieses «Grundstück» nicht «parzellieren» und die einzelnen Teile veräußern. Wohl aber kann er es mit Bau- oder Quellenrechten belasten, so daß Unter-Bau- oder -Quellenrechte entstehen, deren Ausübung auf bestimmte Teilflächen der Liegenschaft beschränkt sein kann.

14 Dies ist das rechtliche Mittel der Parzellierung des Baurechtsgrundstückes. Daß der Baurechtsinhaber das Baurecht oder gar die Liegenschaft aufteilen könnte, was in Deutschland diskutiert und von einzelnen Autoren auch als zulässig betrachtet wurde (WOLFF-RAISER, § 104 IV Anm. 21), ist ausgeschlossen. An der bei Wolff-Raiser zitierten Stelle (Juristische Wochenschrift 1920, S. 134f.) hat sich KRETZSCHMAR hiezu durchaus kritisch geäußert, und ablehnend ist dazu Stellung genommen im STAUDINGERschen Kommentar, 10. Aufl. von KOBER, 11. Aufl. (1963) von SPRENG, Bem. 9 zu § 11 der ErbbauVo. Für eine solche Teilung besteht auch kein Bedürfnis; einmal deshalb nicht, weil die Liegenschaft parzelliert und jede Parzelle mit dem Baurecht belastet werden kann, dann auch, weil die Liegenschaft mit mehreren Baurechten belastet werden kann, von denen jedes der Ausübung nach auf eine bestimmte Fläche begrenzt ist; endlich weil der Erwerber eines Baurechtes an der ganzen Liegenschaft seinerseits durch die Vergebung von Unterbaurechten, deren Ausübung räumlich genau begrenzt wird, parzellieren kann, sofern der Inhalt

seines Baurechtes, wie er sich aus dem Baurechtsvertrag ergibt, dies zuläßt. Vgl. zum Unterbaurecht die Botschaft zur Revision des ZGB (Art. 779ff.) vom 9. April 1963, S. 25f. und EBG **92** I 539 = Pr. **56** Nr. 81.

d) Die Teilung als Verfügung.

15   Wird eine bewegliche Sache zerstückelt, ohne daß damit die Übertragung des Eigentums an den einzelnen Stücken vollzogen wird, ist dies kein Rechtsgeschäft, sondern eine Tathandlung. Die Teilung einer Liegenschaft kann dagegen nicht eine bloße Tathandlung sein. Die Liegenschaft ist ein Körper, den man nicht in Teile zerlegen kann, die auseinander genommen werden könnten. Die Teilung kann nur vorgenommen werden durch die Festlegung von Grenzlinien und durch die grundbuchliche Konstituierung der daraus sich ergebenden Parzellen oder durch Ab- und Zuschreibung abgetrennter Bodenstücke. Diese Wirkung kann der Grundeigentümer nur herbeiführen durch Willenserklärungen, mit denen das Vermarkungs-, Vermessungs- und Grundbuchverfahren eingeleitet wird. Diese Willenserklärung ist eine Verfügung. WOLFF, Sachenrecht, § 37 II 2, S. 115; VON TUHR, Allgemeiner Teil des BGB II 1, S. 240, Anm. 20.

16   Der Grundbuchverwalter, dem eine Teilungsverfügung eingereicht wird, hat zu prüfen, ob die sie anmeldende Person verfügungsberechtigt und verfügungsfähig ist.

2. Fortbestand der Dienstbarkeitsrechte als Rechte zugunsten der einzelnen Parzellen

17   Jede Dienstbarkeit belastet das ganze Grundstück. Jede Grunddienstbarkeit besteht zugunsten des ganzen herrschenden Grundstückes. Objekt dinglicher Rechte und Lasten ist die Liegenschaft als Grundbuchparzelle. Alle Eintragungen berechtigen und belasten die ganze Parzelle. Für die schweizerische Lehre und Praxis steht dies unanfechtbar fest. N. 24 zu Art. 730, NN. 1ff. zu Art. 742; Freiburgische Aufsichtsbehörde im Grundbuchwesen ZBGR **37** (1956) Nr. 68, S. 292ff. Die Ausübung der Grunddienstbarkeit kann dagegen tatsächlich oder rechtlich (gemäß dem Begründungsakt) beschränkt sein auf einen Teil oder eine bestimmte Stelle des herrschenden oder des dienenden Grundstückes oder auch beider Grundstücke. Steht dies nicht zweifellos fest oder wird dies nicht geltend gemacht, wird angenommen, daß die Grunddienstbarkeiten zugunsten und zu Lasten des ganzen Grundstückes ausgeübt werden können. In vielen Fällen erweist sich diese Annahme auch als richtig, häufiger hinsichtlich der Belastung. Aber auch die Berechtigung kann zum Vorteil aller Teile des herrschenden Grundstückes bestehen, wie etwa das Bewässerungsrecht, die Bauverbotsdienstbarkeit, das Näherbaurecht, das Wegrecht, die Villendienstbarkeit, das Immissionsverbot und das Immissionsrecht gegenüber dem Nachbarn.

18   Wird das berechtigte Grundstück geteilt, ist die Grunddienstbarkeit auf den Blättern aller neu gebildeten Parzellen als Recht einzutragen.

Dies ist jedoch nicht eine Vorschrift zwingenden Rechtes. Der Grundeigentümer, der seine Liegenschaft parzelliert, kann mit seiner Verfügung bestimmen und in der grundbuchlichen Anmeldung verlangen, daß das Dienstbarkeitsrecht auf die Blätter einzelner Parzellen nicht zu übertragen sei. Er wird dazu namentlich veranlaßt sein, wenn das abgetrennte Stück der angrenzenden Liegenschaft zugeschieden werden soll. Er kann damit auch die Dienstbarkeit, etwa das Wasserbezugsrecht, sich selber vorbehalten. Es wird dann nur auf dem Blatt der Parzelle, die er in seinem Eigentum zu behalten gedenkt, eingetragen, auf den übrigen aber nicht. Wenn diese Parzellen infolgedessen stark entwertet würden, müßte der Grundbuchverwalter die Nichtübertragung von der Zustimmung «der aus dem Eintrag berechtigten Personen» abhängig machen (Art. 964).

Dieses Erfordernis, das grundsätzlich auch zur Geltung kommen kann, wenn die Übertragung auf Teilstücke wegbedungen oder zu Unrecht unterlassen wird (Eidg. GB-Amt 1937, VerwEntsch. **11** Nr. 68, S. 85 = ZBGR **22**, 1941, S. 95f.), ist eingehend erörtert in den NN. 29ff. zu Art. 734. Ob mit einer Benachteiligung zu rechnen ist, welche die Zustimmung nötig macht, ist vom Grundbuchverwalter, wie an der angegebenen Stelle ausgeführt wurde, verständig zu prüfen, damit die Löschung (hier die Nichtübertragung) nicht unmöglich wird, obwohl durch sie nach dem gewöhnlichen Lauf der Dinge und der Erfahrung des Lebens niemand zu Schaden kommen wird. 19

3. Vervielfältigung der Dienstbarkeit

Wenn die Dienstbarkeit auf den Blättern der durch die Teilung entstandenen Parzellen eingetragen wird, steht sie jedem Eigentümer einer solchen Parzelle zu. Es stellt sich dann die Frage, ob sie diesen Eigentümern gemeinsam zustehe oder jedem von ihnen unabhängig vom anderen. Der Grundsatz der Unteilbarkeit der Dienstbarkeit scheint für die erste dieser Möglichkeiten zu sprechen. Aber deren Konsequenzen würden im Widerspruch zu der tatsächlichen Sach- und Interessenlage stehen. Die Erwerber der einzelnen Parzellen sind in keiner Weise miteinander verbunden, sondern stehen in bezug auf das belastete Grundstück unabhängig nebeneinander. Jedem von ihnen steht es frei, ob er die Dienstbarkeit aufrechterhalten oder ob er auf sie zugunsten des Eigentümers des belasteten Grundstückes verzichten will, so daß sie für seinen Teil erlischt. Verliert die Dienstbarkeit für eines der berechtigten Grundstücke alles Interesse, so kann der Belastete gegenüber dem Eigentümer dieses Grundstückes die Löschung verlangen (Art. 736). Über die entsprechenden Konsequenzen des italienischen Rechts: Carmelo Scuto, Delle servitù prediali, 2ᵃ ed. Napoli 1954, p. 336 seg. 20

Diese Auswirkungen der Teilung lassen sich nur zurückführen auf die dogmatische Ansicht, daß durch die Teilung so viele Dienstbarkeiten entstehen, wie neue Parzellen gebildet worden sind. Diese Auffassung wurde bereits in den Ausführungen zum Grundsatz der Unteilbarkeit der Dienstbarkeiten in den NN. 40ff. zu Art. 730, besonders in N. 46, vertreten. Mit dem Grundsatz der Unteilbarkeit der Dienst- 21 barkeit ist sie insofern vereinbar, als diese in dem Sinne verstanden wird, daß von der Dienstbarkeit einzelne Befugnisse nicht abgetrennt und einem anderen nicht übertragen werden können, weder zu einem persönlichen Recht (zur Pacht, Miete, Leihe) noch zu einem dinglichen Recht. Dies wurde in N. 42 zu Art. 730 gegenüber LEEMANN, N. 12 zu Art. 730, dargetan, und zwar in Übereinstimmung mit maßgebenden Autoren, wie WINDSCHEID, Pandekten I, § 209, Ziff. 7, S. 1065; KOHLER, Arch. f.d.civ. Pr. 87 (1897) S. 226; GROSSO (GROSSO e DEJANA, Le servitù prediali I, 3ª ed. 1963, n. 63ss., p. 205ss.): «Inseparabilità della servitù dal fondo dominante»; A. BUTERA, Commentario, Proprietà, II, p. 178ss.; B. BIONDI, Le servitù (1967) n. 54, p. 122.

22 Durch die Teilung des herrschenden Grundstückes «vervielfältigt» sich die Servitut, ohne daß irgendeine zu ihrem inhaltlichen Bestande gehörende Befugnis auf eine Person überginge, welche nicht Eigentümer eines der herrschenden Grundstücke wäre. Wenn auch von einer Teilung der Servitut unter die Eigentümer der Teilstücke gesprochen werden kann, ist dies doch nicht ein Vorgang, der durch den Grundsatz der Unteilbarkeit, wie er hier und in den NN. 40ff. zu Art. 730 umschrieben wurde, ausgeschlossen wäre. In diesem Sinne auch C. SCUTO, a.a.O., p. 340.

23 Daß diese Vervielfältigung der Servitut durch die Teilung des berechtigten oder des belasteten Grundstückes eintritt (N. 46 zu Art. 730), ist in der herrschenden Lehre anerkannt: A. VON TUHR, Allgemeiner Teil des BGB I S. 86; M. WOLFF, Sachenrecht, § 108 II 1, S. 444; BAUDRY-LACANTINERIE-CHAUVEAU VI (1905) nº 1138, p. 871; B. BIONDI, Le servitù (1967), p. 489; Carmelo SCUTO, Delle servitù prediali, 2ª ed. Napoli 1954, p. 333 seg.: «La cosiddetta moltiplicazione della servitù prediale.»

4. Die Ausübung der Dienstbarkeitsrechte durch die Eigentümer der einzelnen Parzellen

a) Selbständigkeit, aber inhaltliche Begrenzung jeder Dienstbarkeit.

24 Jeder Eigentümer eines berechtigten Grundstückes hat alle Befugnisse, welche den Inhalt der Dienstbarkeit ausmachen. Aber alle zusammen dürfen sich das belastete Grundstück nicht intensiver und ausgedehnter nutzbar machen, als es der Eigentümer des berechtigten Grundstückes vor der Teilung hätte tun dürfen. Auszugehen ist also von der ursprünglichen Dienstbarkeit, deren Inhalt und Umfang nach den Art. 737 und 738 zu bestimmen ist. Siehe insbesondere die Ausführungen in den NN. 1ff. zu Art. 738. Die Eigentümer der berechtigten Grundstücke sind in der Ausübung ihrer Dienstbarkeit so weit beschränkt, daß sie die sich aus den Art. 737 und 738 ergebenden Grenzen nicht überschreiten dürfen. Diese Überschreitung würde zu einer Mehrbelastung führen, die dem Eigentümer des belasteten Grundstückes nach Art. 739 «nicht zugemutet werden darf». Siehe die NN. 1ff. zu Art. 739.

Zur Abwehr einer diese Grenzen überschreitenden Inanspruchnahme seines 25
Grundstückes steht dem Eigentümer die actio negatoria zu. Siehe die NN. 42ff. zu
Art. 739. Die Klage richtet sich gegen den Grundeigentümer, welcher die bezeichnete Grenze überschreitet, gegebenenfalls gegen alle Berechtigten; diese bilden eine einfache Streitgenossenschaft.

b) **Teilung nach dem Umfang, wenn eine gemessene Dienstbarkeit vorliegt.**

Siehe über die Unterscheidung zwischen gemessenen und ungemessenen Dienstbarkeiten die NN. 19 und 20 zu Art. 737. Die gemessenen Dienstbarkeiten sind in 26
der Minderzahl. Im Zweifel ist die Dienstbarkeit ungemessen, so daß sich der Inhalt und der Umfang in erster Linie nach den Bedürfnissen des herrschenden Grundstückes richten. N. 20 zu Art. 737, NN. 40ff. zu Art. 738.

Gemessen ist die Dienstbarkeit insbesondere, wenn die Belastung zahlenmäßig 27
bestimmt ist: Der Quelle auf dem belasteten Grundstück dürfen 50 l/min Wasser entnommen werden; es dürfen jährlich 20 fm Holz geschlagen werden; das Weiderecht darf mit 15 Stück Großvieh vom 1. bis 15. Juni ausgeübt werden.

Zwischen den Berechtigten kann dann vereinbart werden, daß jeder 10 l/min Wasser beziehen, 4 fm Holz schlagen, 3 Stück Großvieh weiden lassen darf.

Aber auch in diesen Fällen kann es den Berechtigten, die insgesamt das ursprüng- 28
lich festgesetzte Maß nicht überschreiten dürfen, überlassen bleiben, wie sie es unter sich verteilen wollen. Wenn das Wasserbezugsrecht zugunsten des ganzen ungeteilten Grundstückes bestanden hat, die Quelle gefaßt und das Wasser einem Brunnen auf jenem Grundstück zugeleitet worden ist, welches dann geteilt wird, wobei zugunsten des Eigentümers jeder neuen Parzelle das ungeteilte Quellenrecht eingetragen wird, ist der Eigentümer des belasteten Grundstückes benachteiligt, weil dann die Dienstbarkeit im vollen Umfang weiterbesteht, solange auch nur einer der Berechtigten das Interesse an ihrer vollen Ausübung behält. Der Schwund des Interesses aller übrigen und auch deren Verzicht auf das Recht bleiben dann für den Belasteten wirkungslos. Dies wäre auch nicht wohl vereinbar mit der Vervielfachung der Dienstbarkeit. Der Eigentümer des belasteten Grundstückes sollte deshalb verlangen dürfen, daß das Maß einer Dienstbarkeit immer dann, wenn diese zugunsten mehrerer Grundeigentümer eingetragen wird, auf sie verteilt werde.

Die in der Literatur hierüber vertretenen Auffassungen gehen auseinander. In 29
Deutschland wird die Ansicht, daß die Ausübung der Dienstbarkeit durch die Eigentümer mehrerer berechtigter Grundstücke nach den Vorschriften über die Gemeinschaft (§§ 741ff.) zu beurteilen sei (nach dem ZGB wäre dies die Miteigentumsordnung), vertreten von PLANCK-STRECKER, Erl. 1c zu § 1025; VON TUHR, Allgemeiner Teil des BGB I, S. 86; WESTERMANN, Sachenrecht, 5. Aufl. 1966, § 122 III, S. 612.

Dagegen werden die verschiedenen Dienstbarkeiten von anderen Autoren als 30
selbständig nebeneinander stehende Rechte betrachtet, deren Verhältnis zueinander

sich nach § 1024 (Zusammentreffen einer Grunddienstbarkeit mit einer anderen Grunddienstbarkeit oder einem sonstigen Nutzungsrecht an dem gleichen Grundstück) bestimmt: WOLFF, Sachenrecht, § 108, II, S. 444; STAUDINGER-KOBER-RING (11. Aufl.), Bem. zu § 1025, wo daraus auch die Konsequenz gezogen ist, daß die Stückzahl, mit welcher das Weiderecht ausgeübt werden darf, auf die Eigentümer der berechtigten Parzellen nach deren Größe zu verteilen sei; ebenso K. ENGLÄNDER, Die regelmäßige Rechtsgemeinschaft (1914), S. 333ff., mit der eingehendsten Begründung. Ebenso schon für das frühere österreichische und für das Gemeine Recht A. VON RANDA, Der Besitz, 4. Aufl. 1895, S. 790, Anm. 36; ihm pflichten für das neue Recht (Novelle III, nach dem Vorbild des deutschen BGB) bei: (KRAINZ-PFAFF)-EHRENZWEIG, System I 2 § 249 IV, S. 313, Anm. 27. In Frankreich und Italien ist dies durchaus herrschende Ansicht: BAUDRY-LACANTINERIE-CHAUVEAU, VI, n° 1138, p. 870s.; G. BRANCA, Commentario, 2ᵃ ed. 1954, ad art. 1071, p. 606/07; Fr. MESSINEO, Le servitù (1949) n. 86, p. 171; B. BIONDI, Le servitù (1967) n. 200/01, p. 487ss. Diese Lehre verdient auch für unser Recht den Vorzug. So auch mit Bezug auf die Teilung dem Umfang nach: LEEMANN, N. 7, und WIELAND, Bem. 2 zu Art. 743.

c) Belastung jeder Parzelle mit der ungemessenen Dienstbarkeit.

31 Ist die Dienstbarkeit ungemessen, so daß sie sich in erster Linie nach den Bedürfnissen des herrschenden Grundstückes richtet, ist sie auf das Blatt jeder durch Teilung entstandenen Parzelle unverändert zu übertragen und kann von jedem Eigentümer einer solchen Parzelle nach Maßgabe ihres Inhaltes und Umfanges ausgeübt werden. Eine Beschränkung der Intensität und Ausdehnung ergibt sich daraus, daß die Inanspruchnahme des belasteten Grundstückes durch alle Berechtigten sich in den Grenzen zu halten hat, die dem Eigentümer der ungeteilten Liegenschaft nach den Kriterien der Art. 737 und 738 gesetzt waren. Das Wasser-, Holz- und Sandbezugsrecht, das zugunsten einer landwirtschaftlichen Liegenschaft besteht und auf die neue Parzelle, die durch die Teilung der Liegenschaft in zwei Teile, von denen jeder in eigenem Betrieb landwirtschaftlich genutzt wird, übertragen wird, behält den bisherigen Umfang, so daß, vorbehältlich abweichender Parteivereinbarungen, das Quantum dieser Materialien unverändert bleibt und sich auf die beiden berechtigten Liegenschaften verteilt.

32 Der Bedarf kann sich infolge der Erstellung neuer Wohn- und Wirtschaftsgebäude auf der neuen Liegenschaft verdoppelt haben. Wenn sich daraus eine Mehrbelastung des dienenden Grundstückes im Sinne des Art. 739 ergäbe (N. 10 zu Art. 739), könnte der Eigentümer die Entnahme des entsprechenden Mehrquantums verbieten. NN. 42ff. zu Art. 739.

33 Die Klage müßte sich gegen beide Eigentümer der berechtigten Liegenschaften richten. Jeder von ihnen ist verpflichtet, sich die Beschränkung aufzuerlegen, welche erforderlich ist, damit der Umfang der ursprünglichen Dienstbarkeit nicht überschritten wird. Unter sich können sie aber die Verteilung des ihnen zur Verfügung

stehenden Quantums an Materialien beliebig regeln. Wenn sich der Eigentümer der ganzen Liegenschaft bei der Teilung dieses Quantum ganz oder zu drei Vierteln vorbehält, ist der Eigentümer der neuen Liegenschaft gar nicht oder nur zu einem Viertel bezugsberechtigt. Diese Verteilung berührt den Eigentümer des belasteten Grundstückes nicht. Wenn sie vorgenommen worden ist, muß er sie kennen, um gegen den, der sich nicht an sie hält, vorgehen zu können. Ist aber eine Verteilung nicht vorgenommen worden, müssen mit der Besitzesschutz- oder Eigentumsklage, wie gesagt, beide berechtigte Grundeigentümer ins Recht gefaßt werden.

Das mit der Novelle III revidierte ABGB gibt im § 848a jedem Berechtigten bei 34 der Teilung des herrschenden und jedem Belasteten bei der Teilung des dienenden Grundstückes das Recht, die gerichtliche Regelung der Ausübung zu verlangen. Diese Regelung wird im Verfahren außer Streitsachen getroffen; sie ist im Grundbuch anzumerken.

An einer solchen Regelung ist auch der Eigentümer des belasteten Grundstücks 35 interessiert. (KRAINZ-PFAFF)-EHRENZWEIG, System I 2 (1957) § 249 IV 3, S. 314. Ist er genötigt, wegen der Mehrbelastung zu klagen, kann er damit das Rechtsbegehren auf Feststellung der Anteile der Beklagten an der Ausübung verbinden.

In Fällen wie dem hier abzuklärenden, in denen von vorneherein feststeht, daß 36 die Dienstbarkeit nicht von jedem Beteiligten im vollen Umfang ausgeübt werden kann, darf der Grundbuchverwalter die Vollziehung des Teilungsbegehrens davon abhängig machen, daß die Ausübung im Verhältnis zwischen den berechtigten Parzellen geregelt sei. Siehe NN. 76ff. hienach.

d) Eigentum an den Dienstbarkeitsanlagen und Unterhalt.

Die Dienstbarkeitsanlagen (Bauwerke wie Straßen, Wege, Brücken, Kanäle und 37 Leitungen, Quellfassungs- und Grundwasserpumpeinrichtungen, Wassertürme, Vorrichtungen zum Schutz gegen Lawinen, Steinschlag, Überschwemmungen, Wind usw.) stehen im Eigentum des Dienstbarkeitsberechtigten. Dies ergibt sich aus Art. 675. Vgl. dazu die NN. 18ff. zu Art. 741.

Sobald die Dienstbarkeitsanlage als ein «Werk» gelten kann (ein bloß ausgetretener 38 oder ausgefahrener Weg ist kein Werk, wohl aber eine Straße, deren Körper künstlich geschaffen wurde), besteht Sondereigentum des Dienstbarkeitsberechtigten an ihr. Daß der Dienstbarkeitsberechtigte als Werkeigentümer haftet, entsprach seit langem der Praxis im Prozeß gegen das Gemeinwesen als Straßeneigentümer; es ist vom Bundesgericht auch in einem Falle anerkannt worden, in dem die Vorrichtung in einem Steg über fremden Boden zum Sprungbrett in einer Badeanstalt bestand, der auf Grund einer prekaristischen Gestattung errichtet worden war (EBG 74 II 155ff. = Pr. **38** Nr. 3, zit. in N. 21 zu Art. 741); seither hat es gleich entschieden, indem es den Dienstbarkeitsberechtigten als haftbar für einen Schaden erklärte, welcher die Folge des Mangels eines ausgebauten Weges auf dem belasteten Grundstück war (EBG **91** II 281ff. = Pr. **55** Nr. 2).

39 Das Bundesgericht glaubte, sich von der sachenrechtlichen Ordnung distanzieren zu müssen, um zu diesem Ergebnis zu gelangen; es hat den Dienstbarkeitsberechtigten mit Bezug auf die Haftung als «Werkeigentümer» behandelt, nicht aber als eigentlichen Eigentümer der Dienstbarkeitsanlage. Diese Betrachtungsweise läßt sich nicht rechtfertigen. Entweder ist der Dienstbarkeitsberechtigte Werkeigentümer im Sinne des Sachenrechtes (ein anderes «Eigentum» gibt es nicht), oder er ist nicht Werkeigentümer und haftet trotzdem, kraft richterlichen Rechtes. Aber die Unterscheidung zwischen einem haftpflichtrechtlichen und einem sachenrechtlichen Eigentum ist verwerflich und begünstigt eine gefährliche Rechtsunsicherheit (siehe H. Merz, Besprechung in der ZBJV **103** [1967] S. 36f.). Sie ist auch unnötig.

40 Vielmehr drängt sich eine Erweiterung der Voraussetzungen des Sondereigentums an einem Bauwerk gemäß Art. 675 auf. Es kann ja ohnehin keine Rede davon sein, daß dieses nur besteht, wenn im Grundbuch eine Dienstbarkeit eingetragen ist. Die häufigste und wichtigste Erscheinung des Sondereigentums an Bauten auf fremdem Boden sind die Leitungen. Dieses Sondereigentum besteht durchaus, ohne daß ein Durchleitungsrecht im Grundbuch eingetragen wäre. Es besteht, wenn das Durchleitungsrecht kraft unmittelbarer gesetzlicher Eigentumsbeschränkung oder kraft mittelbarer gesetzlicher Eigentumsbeschränkung entstanden ist (Art. 691 Abs. 3). Es besteht auch, wenn das Durchleitungsrecht eine gewöhnliche privatrechtliche Dienstbarkeit ist, die durch Expropriation begründet wurde, aber auch wenn es durch Dienstbarkeitsvertrag errichtet wurde, die Leitung aber äußerlich wahrnehmbar ist (Art. 676 Abs. 3). Daß Sondereigentum an Leitungen und anderen Bauwerken durch Konzession zur Benutzung von Grundstücken des Verwaltungsvermögens und an im Gemeingebrauch stehenden Liegenschaften entsteht, dürfte unbestritten sein. Wir haben also mehr als genug Anhaltspunkte für die Notwendigkeit einer sehr starken Erweiterung der im Art. 675 genannten Voraussetzungen des Sondereigentums an Bauten auf fremdem Boden. Diese Erweiterung würde die bundesgerichtliche Unterscheidung von «Haftpflichteigentum» und «sachenrechtlichem Eigentum» überflüssig machen.

41 Wenn Sondereigentum mehrerer Dienstbarkeitsberechtigter an den gleichen Dienstbarkeitsvorrichtungen besteht, kann dies nur Miteigentum sein.

Daraus darf aber nicht der Schluß gezogen werden, daß zwischen den Dienstbarkeitsberechtigten auch hinsichtlich der Benutzung des belasteten Grundstückes ein Gemeinschaftsverhältnis bestehe, das den Regeln der Miteigentumsordnung unterstehen würde. Es bleibt vielmehr dabei, daß so viele Dienstbarkeiten wie berechtigte Grundstücke bestehen. Es liegt das Verhältnis vor, welches bestehen würde, wenn der Eigentümer des belasteten Grundstückes den Eigentümern verschiedener Liegenschaften je eine Dienstbarkeit gleichen Inhaltes und Umfanges eingeräumt hätte, zu deren Ausübung die gleichen baulichen Anlagen (Quellfassung, Leitung, Kanal, Schleuse, Wehr, Ausgleichsbecken usw.) benutzt werden müßten. Bestehen in diesem Fall solche Anlagen schon vor der Errichtung der Dienstbarkeiten, kauft sich jeder Erwerber der Dienstbarkeit ein, wodurch Miteigentum entsteht.

Das ist ein oft vorkommendes Rechtsverhältnis. Man denke nur an die Parzellierung und Aufschließung von Bauland. Der Eigentümer des ganzen Komplexes erstellt die erforderlichen Wege und Leitungen und errichtet die Dienstbarkeiten zugunsten aller Bauparzellen zur Benutzung dieser Anlagen und zu Lasten der Parzellen, in deren Boden sie sich befinden. Mit dem Grundstück erwirbt jeder Käufer einer Parzelle die nötigen Weg- und Durchleitungsrechte als Grunddienstbarkeiten, verpflichtet sich aber auch, sich in diese Anlagen einzukaufen und seinen Beitrag an die Kosten des Unterhaltes und der Erneuerung zu leisten. Jeder hat seine eigenen, selbständigen Dienstbarkeitsrechte, aber Miteigentum an den Dienstbarkeitsvorrichtungen mit allen daraus sich ergebenden Rechten und Pflichten. Siehe dazu außer den NN. 11ff. zu Art. 733 namentlich die NN. 156ff. zu Art. 730, wo die Einkaufs- und Unterhaltspflicht des Dienstbarkeitsberechtigten erörtert ist. **42**

Es ist nicht zu verkennen, daß die Parzellierung und jede Teilung des berechtigten Grundstückes mit Übertragung der Dienstbarkeit in ihrem ganzen Umfang auf die Blätter der neuen Grundstücke für den Belasteten gewisse Nachteile mit sich bringt. Die Gefahr einer Mehrbelastung ist größer; die Wahrung der eigenen Rechte ist schwieriger gegenüber mehreren Grundeigentümern als gegenüber einem einzigen; im besonderen hält es schwerer, den Anspruch auf den guten Unterhalt der Dienstbarkeitseinrichtungen, gegebenenfalls die Kostenbeiträge und Schadenersatzforderungen aus der Haftung des Werkeigentümers gegen mehrere Schuldner durchzusetzen, wenn diese, wie hier, nicht solidarisch, sondern anteilsmäßig haften. Siehe die Botschaft über die neue Miteigentumsordnung des ZGB und die Einführung des Stockwerkeigentums (vom 7. Dezember 1962) S. 40ff., besonders S. 42 und dortige Zitate sowie, teilweise abweichend, A. MEIER-HAYOZ, Kommentar, 4. Aufl. 1966, NN. 78ff. zu Art. 646. **43**

Ist dagegen die Unterhaltspflicht im Dienstbarkeitsvertrag im Sinne der nebensächlichen Verbindung mit der Last gemäß Art. 730 Abs. 2 (NN. 194–245 zu Art. 730) dem Eigentümer des dienenden Grundstückes überbunden, kann jeder Eigentümer eines berechtigten Grundstückes ihre Erfüllung verlangen und ist zur Geltendmachung dieses Anspruches im Prozeß legitimiert. LEEMANN, N. 4 zu Art. 743. **44**

e) Unmöglichkeit der Ausübung ohne Belastung eines Teilstückes der herrschenden Liegenschaft.

Wenn das berechtigte Grundstück durch eine Linie geteilt wird, die parallel zu der Grenze verläuft, die es vom angrenzenden belasteten Grundstück trennt, kommt das eine Teilstück hinter das andere zu liegen und ist durch dieses, das zwischen ihm und dem belasteten Grundstück liegt, von diesem letzteren getrennt. Ist die Dienstbarkeit, die bei der Teilung zugunsten beider neuen Parzellen eingetragen wird, ein Wegrecht oder ein Durchleitungsrecht oder eine Aussichtsdienstbarkeit, kann der **45**

Eigentümer der vorderen Parzelle dem der hinteren die Ausübung unmöglich machen, indem er ihm die Inanspruchnahme seines Grundstückes verweigert oder sein Grundstück so überbaut, daß von der hinteren Parzelle keine Aussicht mehr über das belastete Grundstück hin besteht.

46 In diesen Fällen erweist es sich als notwendig, daß das vordere Grundstück zugunsten des hinteren, wenn diesem die Dienstbarkeit erhalten bleiben soll, bei der Teilung belastet wird. Wenn dies unterlassen wird, können Schwierigkeiten entstehen. Vgl. auch N. 188 zu Art. 737.

47 Am geringsten und leicht zu überwinden sind sie, wenn die Dienstbarkeit ein Durchleitungsrecht ist, weil dieses (als nachbarrechtliches Notleitungsrecht gemäß Art. 691) ohne Eintragung im Grundbuch (Art. 691 Abs. 3) entstehen kann und auch ohne schriftlichen Dienstbarkeitsvertrag (NN. 7 und 67 zu Art. 732; Pr. des KtG Graubünden **1958** Nr. 31, S. 87ff.; AppH Bern, ZBJV **68**, S. 545 = ZBGR **23** Nr. 59, S. 136f.); die erforderliche «Gestattung» des Nachbarn liegt in der Einwilligung zur Übertragung des Dienstbarkeitsrechtes auf die hintere Parzelle bei der Teilung.

48 Ist die Dienstbarkeit ein Wegrecht, zu dessen Entstehung auch als Notwegrecht der schriftliche Vertrag und die Eintragung in das Grundbuch erforderlich ist (Art. 694 in Verbindung mit den Art. 695 und 696; Einleitung NN. 87ff., N. 71 zu Art. 731; NN. 6, 39, 67 zu Art. 732), besteht es zu Lasten des Zwischengrundstückes nicht, wenn dieses mit ihm bei der Teilung nicht belastet wurde. Diese Belastung dürfte auch dann nicht als zustandegekommen betrachtet werden, wenn die Teilung durch Veräußerung des hinteren Grundstückes mit öffentlich beurkundetem Vertrag und Eintragung vollzogen worden ist, da auch darin nur das bisher belastete Grundstück als solches erscheint. Dahingefallen ist zwar das Recht für das hintere Grundstück doch nicht, solange seine Ausübung auf der vorderen Parzelle (prekaristisch) gestattet wird oder mit der praktischen Möglichkeit gerechnet werden kann, daß das Wegrecht an dieser Parzelle erworben werden kann. N. 58 der Einleitung, N. 86 zu Art. 730.

49 Besteht diese Möglichkeit nicht mehr, z. B. wenn das vordere Grundstück so überbaut ist, daß man über es gar nicht mehr vom belasteten Grundstück zur hinteren Parzelle gelangen kann, ist das Wegrecht zugunsten dieser Parzelle untergegangen. Das gleiche ist über die Aussichtsdienstbarkeit zu sagen. Wenn diese bei der Teilung zugunsten der hinteren Parzelle eingetragen wird, muß, soll sie nicht wegen Unmöglichkeit der Ausübung illusorisch gemacht werden können, eine Regelung der Überbauung der vorderen Parzelle getroffen werden. Der Grundbuchverwalter sollte die Parteien darauf aufmerksam machen. Wird die Teilung durch die Veräußerung von Teilstücken vollzogen, hat der Notar als Urkundsperson diese Pflicht.

In der Literatur hat dieser Sachverhalt namentlich die Beachtung von DEJANA gefunden (GROSSO e DEJANA, Le servitù prediali [1963] II, n. 178, p. 885).

5. Die grundbuchliche Verteilung und die Folgen ihrer Unterlassung

Der Grundbuchverwalter hat die Grunddienstbarkeiten auf die Blätter der durch die Teilung des berechtigten Grundstückes gebildeten Parzellen von Amtes wegen zu übertragen. Im Art. 85 GBVo ist dies ausdrücklich verlangt. Es gilt, soweit durch Verfügung des Eigentümers oder durch die Verträge, mit denen die Teilung vollzogen wird (Kaufverträge, Erbteilungsverträge usw.), nicht eine andere Regelung getroffen wird. **50**

Nur wenn eine solche Regelung ausdrücklich getroffen und dem Grundbuchverwalter vorgelegt wird, darf dieser nach ihr verfahren und von der Verteilung gemäß Art. 743 Abs. 1 abweichen. KtG Freiburg ZBGR **37** (1956) Nr. 69, S. 296ff., Regest in der SJZ **51** (1955) S. 111. Wenn der Grundbuchverwalter Anhaltspunkte dafür hat, daß die Dienstbarkeit zugunsten einer Parzelle nicht besteht, «hat er den Eigentümern der belasteten Grundstücke Gelegenheit zu Löschungsbegehren zu geben; diesen würde, wenn der Eigentümer der in Frage stehenden Parzelle binnen Monatsfrist Einsprache erhebt, die Klägerrolle zufallen». So EBG in der ZBGR **35** (1954) Nr. 32, S. 112ff. in einem Beschwerdefall aus dem Kanton Obwalden, in dem Unklarheit bestand über die Ausdehnung der mit einem Wegrecht belasteten Liegenschaft und über die Teilung der berechtigten Liegenschaft, als deren Teil der Beschwerdeführer seine Parzelle betrachtete. Nach diesem Entscheid hat der Grundbuchverwalter die Verteilung auch im Zweifelsfalle vorzunehmen und dem Eigentümer der belasteten Liegenschaft Gelegenheit zur Löschungsklage zu geben, entsprechend dem Abs. 3 des Art. 743, der sich nach seinem Wortlaut auf den Abs. 2, nicht auch auf den Abs. 1, bezieht. **51**

Unterläßt der Grundbuchverwalter aus Versehen oder Nachlässigkeit die Übertragung auf eines dieser Blätter, geht dadurch die Dienstbarkeit nicht etwa unter, sondern das Grundbuch ist unrichtig geworden. Der Eigentümer der berechtigten Parzelle kann jederzeit die Berichtigung verlangen. Dazu bedarf es nicht etwa einer Grundbuchberichtigungsklage im Sinne des Art. 975, da die Unterlassung ja am Bestande und Inhalt des Rechtes nichts geändert hat und als Amtspflichtvernachlässigung zu betrachten ist. Würde dem Begehren auf Berichtigung nicht stattgegeben, wäre dies ein Beschwerdegrund im Sinne von Art. 104 GBVo (unbefristete allgemeine Aufsichtsbeschwerde). **52**

Auch einem Singularsukzessor, der die Eintragung der Grunddienstbarkeit verlangt, könnte der Eigentümer des belasteten Grundstückes nicht entgegenhalten, er habe das Grundstück mit dem Rechtsbestand erworben, der sich aus dem Grundbuchblatt ergeben habe; er habe deshalb das Grundstück ohne die Dienstbarkeit erworben, die für ihn untergegangen sei. Dies würde zutreffen, wenn das belastete Grundstück geteilt worden wäre, ohne daß die Dienstbarkeit auf das Blatt einer durch die Teilung gebildeten Parzelle übertragen worden wäre. Der gutgläubige Dritte würde diese Parzelle ohne die Belastung erwerben, und zwar selbst dann, **53** wenn die Dienstbarkeit auf dem Blatt des berechtigten Grundstückes eingetragen wäre.

54 Diese Eintragung hat, wie in den NN. 55ff. zu Art. 731 ausgeführt ist, keine selbständige Bedeutung. Konstitutiv wirkt nur die Eintragung auf dem Blatt des belasteten Grundstückes. Nur als Hinweis auf diese Eintragung ist die Erwähnung auf dem Blatt des berechtigten Grundstückes aufzufassen. Sie hat deshalb nur die Bedeutung einer **Anmerkung** (GBVo Art. 39 für die Realgrundlasten im Widerspruch zu Art. 35, wo wie im Art. 39 gemäß Art. 968 des Gesetzes für die Grunddienstbarkeiten die Eintragung vorgesehen werden mußte). Siehe auch Art. 82 GBVo. Die **Anmerkung** nimmt am öffentlichen Glauben des Grundbuches nicht teil. Siehe dazu meine Besprechung von EBG **89** II 203 = Pr. **52** Nr. 156 in der ZBJV **100** (1964) S. 463ff., besonders S. 466. P. LIVER, Die Anmerkung, ZBGR **50** (1969) S. 1ff.

II. Die Löschung des Dienstbarkeitsrechtes auf den Blättern von durch die Teilung gebildeten Parzellen (Abs. 2 des Art. 743)

1. Durch Teilung gebildete Parzellen, zu deren Gunsten die Dienstbarkeit nicht ausgeübt werden kann

55 Wie hievor (N. 17) festgestellt wurde, ist belastetes Grundstück die **ganze Liegenschaft**, auf deren Grundbuchblatt die Dienstbarkeit eingetragen ist, und berechtigtes Grundstück ist ebenfalls die **ganze Liegenschaft**, auf deren Grundbuchblatt das Dienstbarkeitsrecht eingetragen ist. Aber ein Teil aller Dienstbarkeiten – es ist wohl der größere Teil – kann nur **ausgeübt** werden, um einem bestimmten, örtlich mehr oder weniger eng begrenzten Teil des Bodens oder einer mit diesem verbundenen Anlage oder Einrichtung Bestand, Funktion oder Wert zu ermöglichen, zu sichern oder zu verbessern. Für die Erwerber anderer Teilstücke ist die Ausübung der Dienstbarkeit unmöglich oder ohne Interesse. Dafür lassen sich viele Beispiele anführen.

56 Es sind einmal alle die Dienstbarkeiten, deren Zweck darin besteht, den Bestand oder die Benutzung eines Gebäudes oder einer anderen baulichen Anlage auf dem berechtigten Grundstück zu gewährleisten, wie das Überbaurecht und das Näherbaurecht, die servitus oneris ferendi (NN. 57ff. zu Art. 741), das Traufrecht, das Recht zur Durchleitung des Abwassers bestimmter Gebäude, das Recht der Entnahme und Zuleitung von Wasser für ein Haus, eine Tränke, einen Brunnen, für eine Wasserkrafteinrichtung, das Recht zu Einwirkungen eines Gewerbebetriebes auf das Nachbargrundstück, die nach Art. 684 als übermäßig angesehen und verboten werden könnten.

57 Aber auch die Ausübung von Grunddienstbarkeiten, deren Beschränkung sich nicht aus den bestehenden Verhältnissen und dem durch sie bestimmten Zweck ergibt, kann durch den Errichtungsvertrag und den ihn vollziehenden Grundbuch-

eintrag innerhalb des berechtigten Grundstückes lokalisiert sein. Soweit damit der Ort der Ausübung nicht bestimmt werden kann, kommt der Art, wie die Dienstbarkeit während längerer Zeit unangefochten und in gutem Glauben ausgeübt worden ist (Art. 738), maßgebende Bedeutung für die Lokalisierung zu.

2. Der Untergang der Dienstbarkeit zugunsten der Parzellen, auf welche sich die Ausübung nicht erstreckt

58 Kann eine Dienstbarkeit zugunsten eines Grundstückes bestehen, dem sie nicht dient und dessen Eigentümer sie gar nicht ausüben kann oder dem als solchem jedes Interesse an der Ausübung fehlt? Sicher nicht! Werden solche Parzellen durch Teilung des berechtigten Grundstückes gebildet, sind sie nicht «berechtigte» Grundstücke, d. h. ihr Eigentümer ist nicht dienstbarkeitsberechtigt. Das Dienstbarkeitsrecht hat sich auf das Teilstück konzentriert, von dem aus und für das es ausgeübt wird.

59 In unseren Nachbarstaaten ist dies im Gesetz ausgesprochen. Nach dem BGB (§ 1025) erlischt die Dienstbarkeit für die übrigen Teile, wenn sie nur einem Teile zum Vorteile gereicht, ebenso nach § 847 ABGB (Novelle III, § 28). Den gleichen Sinn hat der Art. 1071 C.c.it.: «le altre parti sono liberate.» Auch nach französischem Recht hat die Teilung in diesem Falle die gleiche Wirkung (PLANIOL-RIPERT-PICARD, n° 977, p. 910; FUZIER-HERMAN, Code civil annoté [1936] art. 700 n° 13).

60 Bei uns, sagt man, sei es ganz anders: Die Dienstbarkeit bestehe weiter zugunsten aller Parzellen, bis der dazu berechtigte Eigentümer die Löschung erwirke. LEEMANN, N. 8; WIELAND, Bem. 3a; SCHEIDEGGER, S. 37; auch A. GONVERS-SALLAZ (Bem. 8 zu Art. 86 GBVo), der aber dem System des BGB den Vorzug geben würde. Eine Dienstbarkeit, die gar nicht ausgeübt werden kann oder für die kein Bedürfnis und kein Interesse besteht, kann jedoch nach keinem Recht, auch nicht nach dem schweizerischen, existieren. Ist sie trotzdem im Grundbuch eingetragen, ist der Eintrag unrichtig. Seine Löschung hat lediglich eine berichtigende Funktion. Sie ist eine sowohl materiell als auch formell bloß berichtigende Löschung. NN. 113ff. zu Art. 734. Zu dieser Kategorie gehören insbesondere die Löschungen wegen Unmöglichkeit der Ausübung (NN. 117ff. zu Art. 734) und die Löschungen wegen Wegfalles des Zweckes (NN. 123ff. zu Art. 734). Das Aufhebungsurteil auf Grund des Art. 736 ist ein Feststellungsurteil, weil die Dienstbarkeit auch in diesem Falle materiell untergegangen ist, da alles Interesse an ihrer Ausübung dahingefallen ist, während sie formell noch besteht, da der Eintrag zugunsten des gutgläubigen Erwerbers des herrschenden Grundstückes wirksam geblieben ist. NN. 100ff. zu Art. 736. Im hier vorliegenden Fall hat der Eintrag diese Wirkung nicht, weshalb die Löschung auch formell lediglich berichtigend, nicht gestaltend wirkt. P. LIVER, Die Löschung infolge Unterganges des dinglichen Rechtes, ZBGR 39 (1958) S. 321ff., besonders S. 335f., in den Privatrechtl. Abh. S. 349ff.

Grunddienstbarkeiten

61 Wird die Dienstbarkeit auf das Blatt einer neugebildeten Parzelle nicht übertragen oder auf ihm gelöscht, scheidet der Eigentümer dieser Parzelle aus dem Dienstbarkeitsverhältnis aus. Er ist an den Dienstbarkeitsanlagen nicht als Miteigentümer beteiligt und frei von jeder Unterhaltspflicht und Werkeigentümerhaftung.

Im allgemeinen ist sein Ausscheiden für den Eigentümer des belasteten Grundstückes von Vorteil. Die Gefahr der Mehrbelastung infolge Erhöhung der Zahl von Berechtigten ist kleiner geworden. Die Aussicht, die Dienstbarkeit einmal ablösen oder ihre Aufhebung auf Grund von Art. 736 verlangen zu können, hat sich etwas verbessert. Davon geht auch das Gesetz aus, indem es dem Belasteten das Recht gibt, die Löschung zu verlangen.

62 Der Belastete ist indessen nicht so eindeutig und erheblich an der Löschung interessiert, auch dann nicht, wenn er keinen Anspruch auf ein Entgelt für die Benutzung seines Grundstückes hat (N. 159 zu Art. 730). Dies bemerken auch BAUDRY-LACANTINERIE und CHAUVEAU (n° 1138, p. 872): «L'avantage, toutefois, est assez douteux.»

Er verliert den Anspruch auf Unterhaltsleistungen dieses Eigentümers eines herrschenden Grundstückes. Er erfährt ferner eine Beschränkung seines Verlegungsanspruches (Art. 742), denn die Verlegung auf die Liegenschaft eines Dritten ist nur mit dessen Zustimmung möglich. NN. 44–46 zu Art. 742.

63 Zum ersten dieser beiden Fälle ist vor allem hinzuweisen auf EBG **67** I 124ff. = Pr. **30** Nr. 113 und auf die Bemerkungen zu diesem Entscheid in den NN. 14–17, 43/44, 76 und 82/83 zu Art. 741. Mit ihm anerkannte das Bundesgericht, daß die Unterhaltspflicht des Berechtigten nicht dinglichen Charakter hat, das berechtigte Grundstück also nicht belastet, weshalb der Eigentümer des belasteten Grundstückes gegen die Löschung der Grunddienstbarkeit auf dem Blatt des berechtigten Grundstückes nicht Einsprache erheben kann, um sich die fernere Unterhaltspflicht des Eigentümers zu erhalten.

64 Aber auch als persönliche Verpflichtung erlischt die Unterhaltspflicht des Berechtigten mit der Löschung seines Dienstbarkeitsrechtes. Dieser haftet nur für Beiträge an Unterhaltskosten, die vor der Löschung fällig geworden sind, sowie für den Ersatz von Schäden, welche als Folge von Werkmängeln der Dienstbarkeitsanlagen vor der Löschung entstanden sind. Im übrigen sind fortan die Eigentümer der Grundstücke, auf deren Blättern die Dienstbarkeit eingetragen bleibt, allein unterhalts- und schadenersatzpflichtig. Dies wurde (gegen EBG **82** I 36 = Pr. **45** Nr. 76) in N. 83 zu Art. 741 bemerkt.

65 Zum zweiten der beiden Fälle ist zu sagen, daß die Verlegungsmöglichkeit überhaupt auf die Fläche der berechtigten Liegenschaft räumlich begrenzt ist. Aus ihr darf nicht, wie dies vielfach in der italienischen Literatur geschieht, geschlossen werden, daß auf dem berechtigten wie auf dem belasteten Grundstück nur das Bodenstück, für welches (bzw. auf welchem) die Grunddienstbarkeit ausgeübt werden könne, auch allein das berechtigte (bzw. belastete) sei, also nicht die ganze Liegenschaft berechtigt oder belastet sei, wenn die Ausübung auf bestimmte Teile beschränkt sei. So insbesondere G. BRANCA, Rivista trimestrale 4 (1952) p. 583ss. und Commentario, 4ᵃ ed. 1967 ad art. 1071 C.c., p. 415s. Für unser Recht bleibt es dabei, daß berechtigtes und belastetes Grundstück nur die Grundbuchparzelle als solche und als ganze berechtigtes und belastetes Grundstück sein kann.

3. Das Löschungsverfahren (Abs. 3)

Nur das Verfahren hat in der Beratung des Vorentwurfes Anlaß zur Diskussion gegeben, die zu einer Änderung führte. Die Vorschrift des Vorentwurfes (Art. 736) lautete wie folgt:

> «Beschränkt sich die Ausübung der Dienstbarkeit jedoch nach den Umständen auf einen Teil, so hat sie der Grundbuchverwalter in bezug auf die anderen auf Verlangen des Belasteten oder von Amtes wegen zu löschen.
> Eine solche Anordnung des Grundbuchverwalters kann der Berechtigte innerhalb zehn Tagen beim Richter anfechten.»

In der Großen Expertenkommission (Sitzung vom 11. November 1902) wurden Bedenken erhoben gegen die Entscheidungsbefugnis des Grundbuchverwalters und gegen eine Löschung von Amtes wegen überhaupt. Die Löschung sollte nur erfolgen dürfen, wenn kein Einspruch gegen sie erhoben wurde; andernfalls sollte der Belastete an den Richter verwiesen werden. Die Frist von zehn Tagen wurde als zu kurz erachtet und auf einen Monat erhöht. Es wurde die Ansicht vertreten, der Grundbuchverwalter werde die Verantwortung für eine Löschung von Amtes wegen nicht übernehmen und diese deshalb unterlassen. Dem wurde immerhin entgegengehalten, daß dem Grundbuchverwalter die Befugnis, ganz unsinnige Dienstbarkeiten zu streichen, vielleicht doch gegeben werden dürfte. Bezüglich der Mitteilung an den Berechtigten verwies Eugen Huber auf den Art. 1011. Dies ist die Bestimmung über die Anzeigen, welche der Grundbuchverwalter den Beteiligten von allen Verfügungen und Anordnungen zu machen hat, die ohne ihr Vorwissen erfolgen.

Im Gesetz ist daraus der Art. 969 (Anzeigepflicht) geworden. Bei der Beratung dieser Bestimmung in der Großen Expertenkommission (Sitzung vom 30. April 1903) sagte Eugen Huber, daß sie hauptsächlich auf die Fälle berechnet gewesen sei, in denen der Grundbuchverwalter von Amtes wegen handle. Diese seien nun zur Hauptsache gestrichen worden, womit der Artikel seine wesentliche Bedeutung verloren habe.

Infolge dieser Änderung gingen die im VE vorgesehene Einfachheit des Verfahrens und die Übereinstimmung mit dem Art. 976 (im VE Art. 1018) verloren.

Nach dem Art. 743 Abs. 3 hätte nun der Grundbuchverwalter die Übertragung der Dienstbarkeit auf alle Blätter der durch die Teilung des berechtigten Grundstückes gebildeten Parzellen unbesehen vorzunehmen, auch wenn für ihn feststeht, daß die Ausübung der Dienstbarkeit sich auf einzelne von ihnen gar nicht erstrecken kann. Wenn dann der Eigentümer des belasteten Grundstückes, dem diese Über-

Grunddienstbarkeiten

tragung nach Art. 969 anzuzeigen ist, die Löschung der Dienstbarkeit auf dem Blatt der einen oder anderen Parzelle verlangt, hat der Grundbuchverwalter dem Eigentümer einer solchen Parzelle vom Löschungsbegehren und der gesetzlichen Frist von einem Monat für die Erhebung der Einsprache Mitteilung zu machen. Erfolgt innert dieser Frist keine Einsprache, gibt er dem Löschungsbegehren statt, andernfalls bleibt der Eintrag bestehen. Dem Belasteten bleibt es überlassen, auf Feststellung des Unterganges der Dienstbarkeit zugunsten des Beklagten und auf Anordnung ihrer Löschung zu klagen.

Dies ist die gleiche Klage wie diejenige auf Grund des Art. 736 Abs. 1. In den Voraussetzungen besteht lediglich der Unterschied, daß das Interesse an der Ausübung nicht geschwunden ist, sondern nie bestanden hat.

70   Eine kleine Vereinfachung des Verfahrens läßt der Art. 86 GBVo zu: Wenn der Grundbuchverwalter erkennt, daß eine neugebildete Parzelle nicht berechtigtes Grundstück sein kann, soll er die Übertragung auf ihrem Blatt nur mit Bleistift vornehmen und diesen Eintrag ausradieren, wenn der Belastete die Löschung verlangt und dagegen nicht Einspruch erhoben wird. Ob der Bleistifteintrag bestehen bleibt oder zum Tinteneintrag gemacht werden muß, wenn Einsprache erhoben worden ist, sagt die GBVo nicht.

71   Es ist etwa die Ansicht vertreten worden, in diesem Falle habe der Grundbuchverwalter dem Belasteten Frist zur Löschungsklage anzusetzen. HOMBERGER, N. 11 zu Art. 945; WIELAND, Bem. 4 zu Art. 743; WIELAND beruft sich dafür auf das Referat Eugen Hubers im Nationalrat (Amtl.sten.Bull. XVI, 1906, S. 575), aber zu Unrecht. Dem Eigentümer des belasteten Grundstückes muß es überlassen bleiben, ob und wann er die Löschungsklage erheben will. Deshalb ist ihm hiefür keine Frist anzusetzen. So auch LEEMANN, N. 16 zu Art. 743. Würde sie ihm doch angesetzt, könnte er sie verstreichen lassen und dann die Klage doch erheben. Es ist auch möglich, daß er darauf verzichtet zu klagen. Dies ist um so wahrscheinlicher, als er ja durch den Eintrag nicht belastet wird, wenn die Dienstbarkeit vom «Berechtigten», der Einsprache erhoben hat, doch nicht ausgeübt werden kann.

72   Wenn der Belastete die Löschung nicht verlangt hat, bleibt der Eintrag bestehen, und wenn er trotz der Einsprache des «Berechtigten» nicht klagt, ebenfalls. Deshalb sollte der Eintrag mit Tinte ausgezogen werden, nachdem der Einspruch erfolgt ist.

73   Ist die Dienstbarkeit zu Unrecht gelöscht worden, kann der Berechtigte, obwohl er keinen Einspruch erhoben hatte, die Eintragung verlangen. Er muß jedoch die Grundbuchberichtigungsklage gemäß Art. 975 durchführen, wenn die Löschung nicht nur auf dem Blatt seines, des berechtigten Grundstückes, vorgenommen wurde (auf dem sie bloß die Bedeutung einer Anmerkung hat), sondern auch auf dem Blatt des belasteten Grundstücks. Dann erscheint sein Grundstück nicht mehr als berechtigte Parzelle. Die Grundbuchberichtigungsklage bleibt auch gegenüber dem Verfahren nach Art. 976 immer vorbehalten, auch wenn dieses eine gerichtliche Anfechtung umfaßt hat, über welche im summarischen Verfahren zu entscheiden

ist. Vgl. dazu meine Abhandlung: Die Löschung infolge Unterganges des dinglichen Rechtes, ZBGR **39** (1958) S. 337f., S.A. 19f. Siehe EBG 6.2.1964 und 26.11.1964 i.S. Lauber, Root-Michaelskreuz betreffend Brunnenrecht (nicht veröffentlicht). Im ersten dieser Urteile werden auch die Voraussetzungen des guten Glaubens des Erwerbers des Teilgrundstückes, auf dessen Blatt die Dienstbarkeit zu Unrecht gelöscht worden war, in grundsätzlich zutreffender Weise bestimmt (N. 55 zu Art. 738 – natürliche Publizität von Anlagen oder Vorrichtungen, die eindeutig als Dienstbarkeitseinrichtungen in Erscheinung treten). Urteil der Vorinstanz (ObG Luzern) ZBGR **47** (1966) Nr. 3, S. 15ff.

Mit dieser Bestimmung des Verfahrens fallen die mehrfach, zuletzt von TEMPERLI, S. 172, geäußerten Bedenken gegen die kurze Frist von 10 Tagen dahin. Siehe dazu auch P. LIVER, Die Löschung infolge Unterganges des dinglichen Rechts, ZBGR **39** (1958) S. 337ff., in den Privatrechtl.Abh. (1972) S. 369ff.

74 Trotzdem der Grundbuchverwalter jeder eigenen Entscheidung enthoben ist und sich bloß an die Verfahrensvorschriften des Gesetzes und der GBVo zu halten hat, ist es immer wieder vorgekommen, daß Grundstücksteilungen grundbuchlich falsch behandelt wurden und daraus Schaden entstanden ist.

In einem Freiburger Fall, der schiedsgerichtlich erledigt wurde, ist eine große Liegenschaft, die zugunsten der Gemeinde für die öffentliche Wasserversorgung mit dem Recht zur Fassung alles vorhandenen Quellwassers belastet war, parzelliert worden, wobei das Quellenrecht nicht auf alle Parzellen übertragen wurde, sondern nur auf diejenigen, auf denen sich bereits Wasserschächte befanden. Die Käufer der übrigen Parzellen erwarben diese ohne jede Belastung, überbauten sie und beeinträchtigten durch Grabungen sowie durch das Abwasser ihrer Gebäude die Wasserversorgungsanlage der Gemeinde dermaßen, daß sie aufgegeben werden mußte.

75 Einen ähnlichen, allerdings wirtschaftlich weniger folgenschweren Fall hatte das Freiburger Kantonsgericht ein paar Jahre vorher beurteilt. In einer Erbteilung wurde ein Quellenrecht auf ein kleineres Grundstück mit Wohnhaus und Schreinerwerkstatt, bezeichnet als «immeuble en construction de J.B.», übertragen. J.B. erstellte auf diesem Grundstück ein Wohnhaus und daneben ein Schreinereigebäude. Nach seinem Tode wurde das Grundstück geteilt. Das Quellenrecht wurde lediglich zugunsten der Parzelle mit dem Wohnhaus eingetragen, nicht dagegen zugunsten der Parzelle mit der Schreinerei. Als der Eigentümer dieser Parzelle die Eintragung verlangte, widersetzten sich ihr die Eigentümerinnen der Parzelle mit dem Wohnhaus, welche behaupteten, allein zur Nutzung des Quellwassers berechtigt zu sein, obwohl dieses immer auch für die Schreinerei verwendet worden war. Die Klage auf Eintragung des Rechtes wurde mit folgender Begründung gutgeheißen:

a) Die gesetzliche Vermutung geht dahin, daß die Grunddienstbarkeit zugunsten aller durch die Teilung des berechtigten Grundstückes gebildeten Parzellen weiterbesteht.
b) Nur eine ausdrückliche Vereinbarung vermag diese Vermutung zu entkräften.

Grunddienstbarkeiten

c) Hält der Grundbuchverwalter dafür, daß eine Parzelle nicht belastet sei, hat er nach Art. 86 GBVo zu verfahren.

d) Die Nichtübertragung in Verletzung des Gesetzes bewirkt nicht den Untergang des Rechtes. Dessen Eintragung kann jederzeit verlangt werden.

KtG Freiburg, AppH 16.1.1956, ZBGR **37** (1956) Nr. 69, S. 296ff.

76 In einem Kreisschreiben der bernischen Justizdirektion vom 4.6.1913 (MBVR **11**, S. 391) heißt es, das in den Art. 743/44 vorgesehene Verfahren werde viel zu wenig beachtet. Am besten sei den daraus sich ergebenden Erfordernissen zu genügen, wenn mit der Anmeldung des Teilungsaktes von den Beteiligten die nötigen Erklärungen darüber verlangt würden, welche Einträge zu löschen bzw. nicht zu übertragen seien.

77 Im gleichen Sinne hat sich auch das Eidg. Grundbuchamt geäußert (VerwEntsch. **11** Nr. 68, S. 85 = ZBGR **22**, 1941, S. 95f.) und neuerdings die Justizkommission des luzernischen ObG in ihren Weisungen vom 4. Dezember 1963 (ZBGR **47**, 1966, S. 52ff.), wo gesagt wird, der Grundbuchverwalter könne, obwohl er von Amtes wegen zu handeln habe, verlangen, daß die Parteien im Parzellierungsbegehren im einzelnen angeben, welche Teilgrundstücke von den Dienstbarkeiten des ursprünglichen Grundstückes betroffen werden; dementsprechend seien detaillierte Anträge auf Eintragung oder Löschung zu stellen.

78 Auf diese Weise kann in der Tat die Abklärung der Rechtsverhältnisse und ihrer grundbuchlichen Darstellung am einfachsten und sichersten herbeigeführt werden, ohne daß das doch recht umständliche vorgeschriebene Verfahren durchgeführt wird. Ebenso JDir. Bern, VerwBer. 1955, ZBGR **38** (1957) S. 183. Auch HEINRICH NUSSBAUM ist für diese Art der Abklärung eingetreten, ZBGR **19** (1938) S. 70f.

79 Anerkannt ist auch, daß es Fälle gibt, und sie sind gar nicht so selten, in denen der Grundbuchverwalter befugt, ja gehalten ist, von Amtes wegen eine Eintragung oder Übertragung abzulehnen. Dies soll dann geschehen, wenn die Ausübung der Grunddienstbarkeit zugunsten einer der neuen Parzellen ausgeschlossen ist. Solche Fälle sind etwa gegeben, wenn das Überbaurecht im Sinne von Art. 674 Abs. 3, das Traufrecht oder die zugunsten eines bestimmten bestehenden Gebäudes begründeten Grunddienstbarkeiten in Frage stehen. Es sind überhaupt die Fälle der Unmöglichkeit der Dienstbarkeitsausübung, welche in den NN. 117ff. zu Art. 734 genannt sind, dann auch die Fälle, in denen die Ausübung völlig zwecklos ist. Für die Parzelle, welche mit einem modernen Wohnblock überbaut ist, haben das Weiderecht, das Holzbezugsrecht und das Recht des Viehtriebs keinen Zweck.

80 Daß der Grundbuchverwalter in solchen Fällen die Übertragung der Dienstbarkeit aus eigener Kenntnis und Entschließung unterlassen darf und soll, wird niemand bestreiten. Auch der Bericht des Eidg. Grundbuchamtes vom 15. Februar 1937 (VerwEntsch. **11** Nr. 68, S. 485 = ZBGR **22**, 1941, S. 95f.) räumt ein, daß der Grundbuchverwalter «bei voller Offenkundigkeit» von Amtes wegen dementsprechend zu handeln befugt sei. H. NUSSBAUM, a.a.O., S. 70, bekräftigt diese Ansicht:

«In Fällen, wo es nach den Begründungsakten sicher ist, auf welche Teilstücke die Rechte und Lasten zu verlegen sind, darf u. E. die vorgeschriebene Mitteilung an die Berechtigten füglich und risikolos unterlassen werden.»

Wenn die Dienstbarkeit für ein «berechtigtes» Grundstück alles Interesse verloren hat, sei es daß sie zwecklos geworden oder gar nicht ausgeübt werden kann, liegt der Tatbestand des Art. 736 vor. Ist dieser Tatbestand offensichtlich gegeben und jede gegenteilige Behauptung völlig haltlos, hat der Grundbuchverwalter also die Eintragung oder Übertragung abzulehnen. Wird dagegen Beschwerde geführt, fragt sich, ob die Aufsichtsbehörde zu prüfen hat, ob die Voraussetzungen für die Ablehnung gegeben waren. Der bernische Regierungsrat hat diese Prüfung 1913 vorbehaltlos von sich gewiesen. MBVR 11 Nr. 133, S. 327 = ZBGR 6 (1925) S. 147. Der Beschwerdefall ist denn auch nicht gegeben. Es müßte nach Art. 976 vorgegangen werden. NN. 16/17 zu Art. 736.

4. Die Nichtübertragung von Dienstbarkeitsrechten auf Teilstücke der Liegenschaft nach Art. 743 im Verhältnis zur Löschung nach Art. 976

Die hier vertretene Auffassung, daß der Grundbuchverwalter in klaren Fällen von sich aus die Übertragung auf Teilstücke der berechtigten Liegenschaft sollte unterlassen oder ablehnen können, findet ihre Bestätigung im Art. 976, als dessen Spezialfälle das Bundesgericht die Tatbestände des Art. 743 Abs. 2 und 744 Abs. 2 bezeichnet hat (EBG 6.2.1964 i. S. Lauber). Dem Art. 976 liegt die Auffassung zugrunde, daß ein Eintrag ohne jede rechtliche Bedeutung im Grundbuch keinen Platz haben soll. Besteht er, so kann er auf Begehren des Belasteten gelöscht werden. Wird die Löschung nicht verlangt, ist der Grundbuchverwalter berechtigt, «von Amtes wegen eine gerichtliche Untersuchung und Feststellung des Unterganges zu veranlassen und nach Verfugung des Richters die Löschung vorzunehmen» (Art. 976 Abs. 3). Damit soll eine (teilweise) Bereinigung des Grundbuches ermöglicht werden. Das Bedürfnis hiezu verstärkt sich im Laufe der Zeit. Eine umfassende Bereinigung ist in der Gesetzgebung aber nur vorgesehen als Bestandteil des Verfahrens zur Einführung des Grundbuches, kantonaler Grundbücher und des eidgenössischen Grundbuches. Eine später sich aufdrängende Bereinigung kann, allerdings nur in sehr beschränktem Umfang, auf Grund des Art. 976 durchgeführt werden. Damit dies von Amtes wegen geschehen könnte, müßten die Kantone das Verfahren regeln, was bisher in allen Kantonen außer dem Kanton Waadt unterlassen wurde. Die einzige genügende Regelung findet sich im EGzZGB des Kantons Appenzell-Außerrhoden vom 27.4.1969, Art. 252–254.

Wenn die Löschung von Einträgen ohne jede rechtliche Bedeutung erwünscht und nötigenfalls von Amtes wegen herbeigeführt werden soll, muß es als gesetzlich geboten erscheinen, daß solche Einträge auch nicht neu zustande kommen sollen. Dieser Konsequenz, die übrigens auch als selbständiger Grundsatz gelten würde, entsprach die Regelung des Entwurfes, welche hievor wiedergegeben wurde. Ihre

Grunddienstbarkeiten

Änderung auf Grund der Beratungen der Großen Expertenkommission hat die Übereinstimmung mit dem Art. 976 unnötigerweise, und ohne daß dies bemerkt worden wäre, aufgehoben.

84 Ein äußerer, formeller Widerspruch ist dadurch zwar nicht entstanden. Der Art. 976 hat die **Löschung** von Einträgen zum Gegenstand, die ehemals zu Recht bestanden, aber infolge Unterganges des eingetragenen Rechtes jede rechtliche Bedeutung verloren haben. Der Art. 743 hat die **Eintragung** von Rechten zum Gegenstand. Soweit diese keine rechtliche Bedeutung haben können, weil sie vom Eigentümer einer durch die Teilung entstandenen neuen Parzelle gar nicht ausgeübt werden können oder nach der zwischen den Eigentümern der neuen Parzellen getroffenen Vereinbarung nicht ausgeübt werden dürfen, sollen sie auch nicht eingetragen werden. Das daraufhin tendierende, hievor skizzierte, auch von anerkannten Praktikern empfohlene vereinfachte, aber etwas mehr Selbständigkeit und Initiative des Grundbuchverwalters verlangende Verfahren findet im Art. 976 eine gesetzliche Stütze. Über das Vorgehen gemäß Art. 976 verweise ich auf meinen Vortrag «Die Löschung infolge Unterganges des dinglichen Rechtes», ZBGR **39** (1958) S. 321ff., in den Privatrechtl. Abh. S. 349ff.

84a In den Art. 743 und 744 ist vorausgesetzt, daß die Dienstbarkeit vor der Teilung eingetragen ist. Die Folgen, welche sich ergeben können, wenn Teilstücke zu Unrecht nicht belastet werden (N. 50ff. hievor), treten auch ein, wenn bei der Teilung für Anlagen, die sich auf beide Teilstücke erstrecken, zu Lasten des einen oder anderen von ihnen, das die Hand ändert, die Begründung und Eintragung eines Baurechts unterlassen wird. EBG **97** III 89 = ZBGR **53** Nr. 26, S. 303ff. Dazu P. Liver, Die Entstehung und Ausbildung des Eintragungs- und des Vertrauensprinzips, ZBGR **60** (1979) S. 150f.

Art. 744

b) Des belasteten Grundstückes. **Wird das belastete Grundstück geteilt, so besteht die Last in der Regel auf allen Teilen weiter.**

Wenn jedoch die Dienstbarkeit auf einzelnen Teilen nicht ruht und nach den Umständen nicht ruhen kann, so ist jeder Eigentümer eines nicht belasteten Teiles berechtigt, zu verlangen, daß sie auf seinem Grundstücke gelöscht werde.

Der Grundbuchverwalter teilt dem Berechtigten das Begehren mit und nimmt die Löschung vor, wenn dieser binnen Monatsfrist nicht Einspruch erhebt.

Materialien: VE (1900) Art. 737; Erl. II S. 147f.; Prot. der Expertenkommission 11. November 1902, S. 11; 30. April 1903, S. 6; E. (1904) Art. 735, Botschaft S. 73; Amtl. sten. Bull. NR 16 (1906) S. 574, StR 16 (1906) S. 1360.

Ausführungsbestimmungen: GBVo Art. 85ff., 106.

Ausländisches Recht. BGB § 1026; ABGB § 848a (Novelle III § 30), BG vom 19. Dezember 1929 über grundbücherliche Teilungen, Ab- und Zuschreibungen (Liegenschaftsteilungsgesetz); C.c.fr. art. 700 erwähnt die Teilung des belasteten Grundstückes nicht; C.c.it. art. 1071, comma 2.

Inhaltsübersicht

Einleitung. Das Verhältnis zu Art. 743. NN. 1–4

I. **Dienstbarkeiten, mit deren Ausübung das ganze belastete Grundstück in Anspruch genommen werden darf**
  1. Tatbestände. NN. 5–7
  2. Übertragung auf die Teilstücke
      a) Übertragung mit Umfangsteilung. NN. 8–11
      b) Übertragung in ungeteiltem Umfang. NN. 12–13
      c) Vervielfältigung der Dienstbarkeit. NN. 14–17
  3. Entlastung eines Teilstücks wegen Unmöglichkeit der Ausübung. NN. 18–19
  4. Entlastung des enteigneten Teilstücks. NN. 20–23

II. **Dienstbarkeiten mit einem innerhalb des belasteten Grundstücks räumlich beschränkten Ausübungsbereich**
  1. Tatbestände. NN. 24–29
  2. Teilung der belasteten Liegenschaft.
      a) Motive. NN. 30–31
      b) Teilungsvereinbarung. NN. 32–33
      c) Befreiung von der Belastung. NN. 34–35
  3. Unterhalt der Dienstbarkeitseinrichtungen. NN. 36–44
  4. Folgen der Nichtübertragung. NN. 45–49

III. **Das grundbuchliche Verfahren.** NN. 50–59

IV. **Anwendungsbereich.** NN. 60–62

Einleitung. Das Verhältnis zu Art. 743

Die Folgen der Teilung der belasteten Liegenschaft für die Dienstbarkeiten sind 1 in genauer Analogie zur Teilung des berechtigten Grundstückes geregelt. ROSSEL et MENTHA III nº 1384, p. 23: «Parallélisme parfait.» Im französischen Code civil (art. 700) und im entsprechenden Artikel des italienischen Codice civile von 1865 ist überhaupt nur die letztere behandelt. Ihre Regelung wird in der Lehre und Praxis Frankreichs auf die Teilung des belasteten Grundstückes analog angewendet (BAUDRY-LACANTINERIE et CHAUVEAU, nº 1139, p. 872; PLANIOL-RIPERT-PICARD, Traité pratique nº 977, p. 909s). Dasselbe geschah in Italien vor 1942 (A. BUTERA, Delle servitù stabilite per fatto dell'uomo, 2ª ed. 1923, n. 265, p. 511).

Im Art. 1071 des neuen C.c. ist im 2. Abs. bestimmt: «Se il fondo servente viene 2 diviso e la servitù ricade su una parte determinata del fondo stesso, le altre parti sono liberate.» In den Gesetzesmaterialien wurde einerseits Bezug genommen auf das deutsche Vorbild (BGB § 1026), anderseits auf 1.6 § 1a D. VIII 6, wo Celsus von der Teilung der mit einem Wegrecht belasteten Liegenschaft spricht. Celsus vertritt (so wie er bei der Ausarbeitung des Art. 1071 verstanden wurde) nach BRANCA (Commentario ad art. 1071, n. 2c, p. 415) die Ansicht, es liege das gleiche Dienstbarkeitsverhältnis vor, wie wenn die Teilstücke schon bei seiner Begründung als Liegenschaften bestanden hätten. Vgl. dazu auch B. BIONDI, Le servitù (1967) p. 495. Nach Celsus führt die Teilung zur Befreiung des einen Teilstückes, wenn die Teilungslinie parallel zum Weg verläuft, und läßt beide Teile belastet bleiben, wenn sie quer zum Weg verläuft. Siehe auch B. BIONDI, Le servitù prediali nel diritto romano, 2ª ed. 1954, n. 62, p. 173.

3   Wird die Dienstbarkeit auf ein Teilstück der belasteten Liegenschaft zu Unrecht nicht übertragen, so hat dies meist schwerere Folgen, als wenn es bei der Teilung des berechtigten Grundstückes geschieht, weil der Fehler durch die Benutzung des Teilstückes irreparabel werden kann, wie in dem in N. 74 zu Art. 743 erwähnten Quellenrechtsfall, sodann auch, weil für die Existenz der Dienstbarkeit die Eintragung auf dem Blatt des belasteten Grundstücks maßgebend ist. Die im Verfahren nach Art. 744 unterlassene Eintragung kann nachher nur mit der Grundbuchberichtigungsklage erwirkt werden, und diese versagt gegenüber einem gutgläubigen Erwerber. Vgl. dazu und besonders auch zu den Voraussetzungen der Gutgläubigkeit die EBG vom 6.2. und 26.11.1964 i. S. Lauber, die leider nicht veröffentlicht wurden.

4   Es ist aber auch in den meisten Fällen leichter und sicherer zu beurteilen, ob die Grunddienstbarkeit zu Lasten, als ob sie zugunsten eines Teilstückes weiterbesteht.

I. Dienstbarkeiten, mit deren Ausübung das ganze belastete Grundstück in Anspruch genommen wird

1. Tatbestände

5   Liegt ein solcher Tatbestand vor, besteht die Dienstbarkeit zu Lasten aller durch Teilung des belasteten Grundstückes gebildeten Parzellen weiter. Dies ist nach Art. 744 Abs. 1 der Normalfall. Tatsächlich aber sind die Dienstbarkeiten, deren Ausübungsbereich sich auf die ganze Fläche des belasteten Grundstückes erstreckt, in der Minderzahl.

6   Die ganze belastete Liegenschaft bildet den Ausübungsbereich namentlich für die negativen Dienstbarkeiten, welche den Eigentümer verpflichten, sein Eigentum «nach gewissen Richtungen» (Art. 730) oder «in bestimmter Hinsicht» (Art. 781) nicht auszuüben: nicht oder nur in bestimmter Weise oder in bestimmten Ausmaßen zu bauen; jede Benutzung des Grundstücks, mit welcher Immissionen verbunden sind (insbesondere auch gesetzlich zulässige), zu unterlassen; den Zustand des Grundstückes nicht durch Holzschläge, Rodungen oder Entwässerung zu verändern.

Aber auch affirmative Dienstbarkeiten können, vorbehältlich einschränkender 7
vertraglicher Bestimmungen, so ausgeübt werden, daß der Eigentümer des belasteten Grundstückes «die bestimmten Eingriffe» (Art. 730), die sich aus dem Inhalt der Dienstbarkeit ergeben, auf der ganzen Liegenschaft dulden muß: Das Weiderecht, Holzschlagsrecht, das Recht zum Bezug von Bausteinen, Kies, Sand oder anderen Bodenbestandteilen. Das ganze Grundstück kann auch durch die Ausübung des Baurechtes und der Nutznießung erfaßt sein. Die Schießservitut kann ebenfalls die Benutzung des ganzen Grundstückes beschränken und sogar ein Bauverbot in sich schließen (N. 135 zu Art. 731 und HAAB, N. 11 zu Art. 667).

2. Übertragung auf die Teilstücke

a) Übertragung mit Umfangsteilung.

Einzelne der aufgezählten Dienstbarkeiten können gemessene Dienstbarkeiten 8
sein. Dies trifft etwa zu auf das Recht zum Bezuge von Holz, Wasser, Kies, Sand, Lehm in bestimmten Quantitäten aus dem belasteten Grundstück. Die durch die Teilung gebildeten Parzellen werden dann, wenn es nicht anders vereinbart ist, alle mit der Dienstbarkeit belastet, und zwar in dem Umfang, der sich aus der Verteilung des Bezugsquantums auf sie nach Maßgabe ihrer Fläche ergibt. Da aber meistens der Vorrat der nutzbaren Materialien sich nicht gleichmäßig auf die Gesamtfläche verteilt, verlangt die sachgemäße Verteilung eine Bestimmung in der Teilungsvereinbarung oder -verfügung.

Zur quantitativen Verteilung vgl. LEEMANN, N. 3 zu Art. 744; WIELAND, Bem. 1 9
zu Art. 744; B. BIONDI, Le servitù (1967) n. 204, p. 498; BRANCA, a.a.O. Ziff. 2c ad art. 1071, p. 417s.

DEJANA (in GROSSO e DEJANA, 3. Aufl. 1963) II p. 915ff. betont, wie auch BRANCA, daß anstelle der quantitativen Teilung nach Maßgabe der Teilflächen eine andere Regelung treten müsse, nicht nur wenn die Materialien, welche Gegenstand des Bezugsrechtes sind, ungleichmäßig verteilt sind, sondern auch wenn ihre Ausbeutung an bestimmter Stelle begonnen wurde und da fortgesetzt werden sollte. Wenn also 1000 m^3 Kies oder Sand ausgebeutet werden dürfen und die Kiesgrube bereits eröffnet ist, darf die Teilung der Liegenschaft nicht dazu führen, daß auf jeder der fünf Parzellen eine neue Grube angelegt wird, aus welcher ein Quantum von 200 m^3 bezogen werden kann. Die Belastung sollte vielmehr so verteilt werden, daß die bestehende Grube erweitert werden kann, nötigenfalls auf die eine oder andere neue Parzelle, bis das Quantum von 1000 m^3 gewonnen ist.

Diese Regelung kann aber nicht von Gesetzes wegen Platz greifen, sondern bedarf 10
der Bestimmung in der Teilungsvereinbarung oder -verfügung. Kommt sie nicht zustande, muß anstelle der quantitativen Verteilung die ganze Belastung auf alle neuen Parzellen übertragen werden, da die tatsächlichen Voraussetzungen für die gleichmäßige Verteilung nach Flächeninhalt nicht gegeben sind. Dies ändert jedoch nichts an dem Grundsatz, daß bei gleichmäßiger Verteilung der nutzbaren Boden-

bestandteile und ihrer gleichmäßigen Gewinnung auf der ganzen Fläche die Belastung auf alle Teilstücke nach Maßgabe ihres Anteils an der Gesamtfläche verteilt wird. Besteht die gemessene Dienstbarkeit im Weiderecht mit 20 Stück Großvieh während 25 Tagen, wird jede der fünf Parzellen, welche durch die Teilung entstehen, entweder mit 4 Stück während 25 Tagen oder mit 20 Stück während 5 Tagen beweidet werden können.

11 Es ist allerdings nicht zu verkennen, daß die Ausübung der Dienstbarkeit dadurch erschwert wird. Wenn auch die Futtermenge, welche zur Verfügung der Dienstbarkeitsberechtigten steht, die gleiche bleibt, ist ihre Nutzung doch umständlicher, weil die Hirtschaft erschwert ist. Überhaupt werden die Tatbestände, in denen die quantitative gleichmäßige Verteilung stattfinden kann, selten sein. Viel zahlreicher als die gemessenen Dienstbarkeiten, für welche diese Aufteilung allein in Frage kommt, sind die ungemessenen Dienstbarkeiten.

b) Übertragung in ungeteiltem Umfang.

12 Alle Teilstücke werden mit der Dienstbarkeit belastet, indem diese, so wie sie auf dem Blatt der ungeteilten Liegenschaft eingetragen ist, auf die Blätter der durch die Teilung gebildeten Parzellen übertragen wird. Dadurch wird die Belastung nicht erschwert, wenn – was vorausgesetzt ist – die ungeteilte Liegenschaft durch die Ausübung der Dienstbarkeit (mit dem Inhalt und Umfang, der sich nach den Kriterien des Art. 738 bestimmt) in ihrem ganzen Flächeninhalt in Anspruch genommen werden konnte.

13 Die Hauptgruppe dieser Dienstbarkeiten sind die negativen Dienstbarkeiten: Bau- und Gewerbebeschränkungen, das Verbot bestimmter Immissionen, die gesetzlich zulässig sind. Daneben gibt es, wie vorhin bemerkt wurde (N. 7), auch affirmative Dienstbarkeiten, die hieher gehören, z.B. die Immissionsberechtigung und die Befugnis, auf dem ganzen belasteten Grundstück nach Wasser zu graben oder alle auf dem ganzen Grundstück vorhandenen Bodenbestandteile, ohne quantitative Beschränkung, zu nutzen oder abzubauen.

c) Vervielfältigung der Dienstbarkeit.

14 Wird die Dienstbarkeit auf verschiedene Teilstücke der belasteten Liegenschaft übertragen, so entstehen so viele Dienstbarkeiten wie belastete Parzellen. Diese Folge ergibt sich mit noch größerer Evidenz, wenn das belastete, als wenn das berechtigte Grundstück geteilt wird. Siehe zum letzteren Sachverhalt NN. 20–23 zu Art. 743, namentlich auch zur Frage der Vereinbarkeit mit dem Grundsatz der Unteilbarkeit der Dienstbarkeit.

15 Die Folge der Vervielfältigung (dieser Ausdruck ist schon von CARL CROME, System, III, S. 493, verwendet worden; der im Italienischen gebräuchliche Ausdruck ist «moltiplicazione») ist in der herrschenden Lehre anerkannt. In der schweizerischen Literatur wird sie zwar stillschweigend vorausgesetzt. Vgl. jedoch STAUDINGER-KOBER, Erl. zu § 1026 BGB; PLANCK-STRECKER, Erl. 1 zu § 1026 BGB; BAUDRY-LACANTINERIE et CHAUVEAU VI n° 1139 p. 872; BRANCA,

Commentario ad art. 1071 C.c.it. p. 418 s; B. BIONDI, Le servitù (1967) n. 204, p. 497; DEJANA (GROSSO e DEJANA), Le servitù prediali, 3ª ed. (1963) II, n. 179, p. 912ss.

DEJANA erwähnt auch den Fall der Entstehung zweier Servituten verschiedenen 16 Inhaltes als Folge der Teilung der belasteten Liegenschaft. Sein Beispiel ist das Quellenrecht, das ein Durchleitungsrecht in sich schließt. Das eine Teilstück bleibt mit dem Quellenrecht, das andere mit dem Durchleitungsrecht belastet. Dies ist indessen die Folge der Lokalisierung der einen wie der anderen Befugnis auf bestimmte Teile der Liegenschaft, welche geteilt wird.

Die Entstehung mehrerer Dienstbarkeiten gleichen Inhaltes wirkt sich dahin aus, 17 daß jede dieser Dienstbarkeiten unabhängig von den anderen durch Vertrag inhaltlich modifiziert, aufgehoben oder abgelöst werden kann und infolge Verzichts, Unmöglichkeit der Ausübung oder Schwundes des Interesses untergehen kann.

3. Entlastung eines Teilstückes wegen Unmöglichkeit der Ausübung

Auch wenn feststeht, daß der Berechtigte befugt ist, die Dienstbarkeit auf der 18 ganzen Liegenschaft auszuüben, kann die Übertragung auf eine abgetrennte Parzelle doch jedenfalls dann vermieden werden, wenn die Ausübung auf dieser Parzelle tatsächlich unmöglich ist oder keinem erheblichen Interesse des Berechtigten entspricht. Auch dafür kann das Quellenrecht angeführt werden, wenn es ausnahmsweise die Befugnis umfaßt, auf dem ganzen Grundstück nach Wasser zu graben.

Steht fest, daß in dem Teilstück überhaupt kein Wasser vorhanden ist, ist der 19 Eigentümer dieser Parzelle berechtigt, «zu verlangen, daß es (das Quellenrecht) auf seinem Grundstück gelöscht werde» (Abs. 2 des Art. 744). Auch durch Nichtübertragung, statt durch Löschung, kann der genannte Tatbestand seine dem materiellen Recht entsprechende grundbuchliche Erledigung finden. Er ist erörtert in den NN. 117ff. zu Art. 734 und in den NN. 94ff. und 101ff. zu Art. 736. Vgl. dazu EGB **91** II 191ff. = Pr. **54** Nr. 148. Zum Verhältnis zwischen dem Art. 744 und dem Art. 976 siehe NN. 82–84 zu Art. 743.

4. Entlastung des enteigneten Teilstückes

Die Abtrennung eines Bodenstückes einer Liegenschaft ist ein häufiger Enteig- 20 nungstatbestand. Namentlich zum Bau und zur Erweiterung von Straßen, zur Korrektion von Gewässern und zur Erstellung von Wasserwerkanlagen werden meistens nur Teilstücke einer Liegenschaft benötigt. Diese Stücke gehen als neue Parzellen ins Eigentum des Enteigners über oder werden zu Bestandteilen der diesem schon gehörenden Liegenschaft, z.B. des Straßenareals. Im letzteren Fall kann das enteignete Landstück gar nicht mehr mit einer Dienstbarkeit belastet sein, welche an der Liegenschaft besteht, von welcher es abgetrennt wurde. Es ist ja gar nicht eine besondere Parzelle geworden, sondern der schon bestehenden Parzelle des Enteigners zugeschlagen. Wenn diese mit Dienstbarkeiten belastet wäre, was nicht ausgeschlossen ist (NN. 121ff. zu Art. 731), würden sich diese auf das zugeschlagene Stück ausdehnen.

21   Im ersten Fall wird die neugebildete Parzelle in der Regel ebenfalls lastenfrei erworben. Diese Regel, die Ausnahmen zuläßt, hat ihren Grund in der Erwägung, daß im allgemeinen die Dienstbarkeiten mit dem Zweck, für welchen die Parzelle bestimmt ist, nicht vereinbar seien. Deshalb sind sie, wie das Eigentum, die Nachbarrechte und sogar die persönlichen Rechte von Mietern und Pächtern, Gegenstand der Enteignung (Eidg. EntG Art. 5). Sie werden durch diese gegen Entschädigung aufgehoben. Die Belastung des dem Enteigneten verbleibenden Teils der Liegenschaft braucht dadurch nicht berührt zu werden.

22   Es gibt aber Fälle, in denen der Dienstbarkeitsberechtigte jedes Interesse an dieser Belastung verliert, wenn das von der Enteignung betroffene Teilstück von ihr befreit wird. Ein solcher Fall ist der folgende Tatbestand: Das Grundstück des Enteigneten war zugunsten des Nachbarn mit einer Aussichtsdienstbarkeit belastet. Durch die Überbauung des enteigneten Teilstückes verliert der Nachbar die Aussicht. Die Belastung der restlichen Liegenschaft ist dadurch zwecklos geworden. Die Enteignung muß deshalb auf Begehren des Nachbarn auch auf die Dienstbarkeit ausgedehnt werden. Diese wird gelöscht.

23   Verlangt der Enteignete die Ausdehnung der Enteignung auf den vom Enteigner nicht beanspruchten Teil der Liegenschaft, weil dessen bestimmungsgemäße Verwendung unmöglich geworden oder doch unverhältnismäßig erschwert ist (Eidg. EntG Art. 12), kann dieser Teil sehr wohl mit der Dienstbarkeit belastet bleiben, wenn und so lange er nicht einem öffentlichen Zweck gewidmet wird, dessen Erreichung durch die Dienstbarkeit beeinträchtigt würde. Dies gilt unter der Voraussetzung, daß die Dienstbarkeit auf diesem Teil nicht aus dem vorhin genannten Grunde ohnehin entwertet ist. Vgl. Dazu den Abschnitt über «die Stellung der Dienstbarkeit bei Teilenteignung des belasteten Grundstücks» in der Diss. iur. Bern 1931 von Alfred LAFONT, Die Subjekte der Enteignung, S. 68ff.

II. Dienstbarkeiten mit einem innerhalb des belasteten Grundstückes räumlich beschränkten Ausübungsbereich

1. Tatbestände

24   Im Gesetz (2. Abs. des Art. 744) ist der Tatbestand so umschrieben: «Auf einzelnen Teilen des Grundstückes ruht die Dienstbarkeit nicht und kann nach den Umständen nicht ruhen.» Diese Formulierung kann zu der Ansicht verleiten, die in Italien und vereinzelt in Deutschland vertreten wird, für unser Recht jedoch nicht vertreten werden kann, die nämlich, daß eine Dienstbarkeit nicht das Grundstück als Ganzes belaste, sondern auf einem Teil der Parzelle «ruhen» könne und die übrigen Teile nicht belaste. Wir hatten schon wiederholt Anlaß, diese Ansicht entschieden abzulehnen. N. 24 zu Art. 730; NN. 1ff. zu Art. 742; N. 17 zu Art. 743.

Den da vorliegenden Sachverhalt würde die im Art. 742 stehende Formulierung 25
besser so umschreiben: «Durch die Ausübung der Grunddienstbarkeit wird nur ein
Teil des Grundstückes in Anspruch genommen.» Allerdings müßte sie dahin präzisiert werden, daß es nicht auf die tatsächliche bisherige Ausübung ankommt, sondern darauf, ob die Dienstbarkeit in ihrem Inhalt und Umfang auf der ganzen
belasteten Liegenschaft oder nur auf einer begrenzten Teilfläche ausgeübt werden
d a r f, was nach Art. 738 zu bestimmen ist, wobei die tatsächliche Ausübung an der
dritten Stelle zur Geltung kommen kann. Vernünftigerweise hätte dies mit der
Ausdrucksweise des Art. 744 Abs. 2 zum Ausdruck gebracht werden sollen.

Wie bereits bemerkt wurde, sind die Dienstbarkeiten mit diesem begrenzten 26
Ausübungsbereich zahlreicher als die anderen. Viele Beispiele können angeführt
werden, von denen einige in den Erläuterungen zu den Art. 742 und 743 genannt
wurden. Zum größten Teil gehören sie zur Gruppe der affirmativen Dienstbarkeiten:
Wegrechte, Durchleitungsrechte, Näherbaurechte, Überbaurechte. Auch die Quellenrechte sind solche Rechte. Sie geben dem Berechtigten die Befugnis, eine an
bestimmter Stelle der belasteten Liegenschaft zutage tretende Quelle zu fassen und
deren Wasser abzuleiten oder an bestimmter Stelle dem vorhandenen privaten
Grundwasservorkommen Wasser in der vereinbarten Menge zu entnehmen.

Selbstverständlich kann das Recht im Dienstbarkeitsvertrag auch ausgedehnt
werden auf die Entnahme von so viel Wasser als auf dem belasteten Grundstück
durch Grabungen und Pumpeinrichtungen überhaupt zutage gefördert werden
kann. Dies ist dann das «Quell- und Wassernachgrabungsrecht», das in der bernischen Notariatspraxis so oft erscheint. Es sollte nur errichtet werden, wenn es der
ausdrücklichen und wohlüberlegten Willensäußerung der Parteien entspricht. Denn
es führt zu einer übermäßigen Beschränkung des Eigentums und gibt dem Berechtigten die Möglichkeit des Mißbrauchs, von der auch tatsächlich Gebrauch gemacht
wird, indem etwa das Verbot jeglicher Überbauung aus diesem Recht abgeleitet wird,
auch wenn dafür ein wirkliches Interesse nicht besteht, weil die bestehende Quelle
mit ihren unterirdischen Zuflüssen durch die geplante Überbauung nicht beeinträchtigt wird. NN. 58 und 81 zu Art. 736; EBG **91** II 191ff. = Pr. **54** Nr. 148.

Ausdrücklich erwähnt ist im Gesetz das Baurecht, durch dessen Ausübung nur 27
ein kleiner Teil einer Liegenschaft beansprucht werden darf, wie das Baurecht für ein
Wochenend- oder Ferienhäuschen in der Ecke eines arrondierten landwirtschaftlichen Heimwesens. Davon ist im Art. 682 im Hinblick auf das gesetzliche Vorkaufsrecht des Bauberechtigten die Rede. Dieses wird beschränkt auf den Teil der
Liegenschaft, der durch die Ausübung des Baurechtes in Anspruch genommen wird.

Daß das vertraglich vorgemerkte Vorkaufsrecht auch zum Erwerb eines nicht 28
abgegrenzten, bloß nach dem Zweck und den lokalen Verhältnissen bestimmbaren
Stückes einer Liegenschaft ausgeübt werden kann, ist im EBG **81** II 502ff. = Pr. **45**
Nr. 9 festgestellt. Verwendet wird da zwar die mißverständliche Ausdrucksweise des
Gesetzes: «Sogar gewisse dingliche Rechte, nämlich Dienstbarkeiten, die nur auf

einem Teil des Grundstückes ruhen, können ja ohne grundbuchliche Verselbständigung eines Teils eingetragen werden; um so eher muß ein persönliches Recht im Sinne von Art. 959, das sich nur auf einen Grundstücksteil bezieht, vorgemerkt werden können.» Die gegenteilige Ansicht von HAAB (N. 31 zu Art. 681/82) schaffe unnötige Komplikationen.

29   Für die Praxis empfiehlt HAAB a.a.O. die Belastung der ganzen Liegenschaft und die Beschränkung der Ausübung auf den bestimmten Teil. Dies ist, wenn dieser Teil nicht abgetrennt wird, so daß er eine eigene Parzelle bildet, überhaupt die einzige Möglichkeit, die rechtlich besteht. Zu dieser Auffassung bekennt sich das Bundesgericht in einem neueren Urteil: EBG **87** I 311ff. = Pr. **50** Nr. 155 = ZBGR **45** (1964) Nr. 15, S. 119ff. = MBVR **60** (1962) Nr. 46, S. 165ff. Die Rosenlaui-Alp wurde mit der Dienstbarkeit verkauft, daß die Käuferin die für den Hotelbetrieb erforderlichen Parkplätze erstellen dürfe. Die dafür in Anspruch genommene Fläche sollte sich nach den jeweiligen Bedürfnissen des Hotelbetriebes richten, mit deren Zunahme gerechnet wurde. Dies, sagt das Bundesgericht, sei eine in zeitlicher und räumlicher Hinsicht ungemessene Dienstbarkeit, welche auf dem Grundstück als solchem, nicht auf bestimmt umgrenzten Teilflächen ruhe. Auch eine ungemessene Dienstbarkeit kann also der Ausübung nach auf eine bloß bestimmbare Teilfläche begrenzt sein.

2. Teilung der belasteten Liegenschaft

a) Motive.

30   Die belastete Liegenschaft wird in vielen Fällen aus den gleichen Gründen geteilt wie die berechtigte Liegenschaft: Parzellierung zum Zwecke der Überbauung, Erbteilung, Aufhebung des Miteigentums, freiwillige oder zwangsweise Abtretung kleinerer Stücke für öffentliche Anlagen und Einrichtungen.

31   Das Motiv der Teilung kann aber auch gerade darin bestehen, eine oder mehrere der damit gebildeten neuen Parzellen von der Dienstbarkeit zu befreien, um sie leichter und vorteilhafter verwerten zu können, sei es durch Veräußerung, sei es durch Baurechtsbestellung.

b) Teilungsverfügung oder -vereinbarung.

32   Mit der Teilung unter Befreiung einzelner Parzellen oder aller Parzellen bis auf eine von Dienstbarkeit entstehen Wertunterschiede, die bei der Zuteilung der Parzellen zu berücksichtigen sind und bei der Verwertung sich auswirken. Die Parzelle, welche allein belastet bleibt, ist im Verhältnis zu den übrigen entwertet, besonders stark dann, wenn mit der Dienstbarkeit die Verpflichtung zum Unterhalt von Anlagen und Vorrichtungen, die der Ausübung des Rechtes dienen, entweder nebensächlich (Art. 730 Abs. 2) oder als Grundlast verbunden ist. NN. 194ff. und besonders NN. 218ff. zu Art. 730 sowie EBG **93** II 71ff.

33   Wenn die Teilung durch Vereinbarung vorgenommen wird, ist in dieser wohl regelmäßig auch bestimmt, welche Parzellen belastet bleiben, welche anderen von der Belastung befreit werden. Wenn die Ausübung der Dienstbarkeit nach ihrem

Inhalt und Umfang gemäß Art. 738 nicht eindeutig auf die letzteren Parzellen beschränkt ist und eine weitere Parzelle von ihr befreit sein soll, bedarf es dazu der Zustimmung des Berechtigten sowie von weiteren der aus dem Eintrag berechtigten Personen im Sinne des Art. 964 (NN. 29ff. zu Art. 734).

c) Befreiung von der Belastung.

Steht einwandfrei fest, daß die eine oder andere der durch die Teilung entstandenen Parzellen eine Fläche umfaßt, auf welcher die Dienstbarkeit auch vor der Teilung nicht ausgeübt werden durfte, soll der Eintrag auf das Blatt dieser Fläche nicht übertragen werden. Würde dies doch geschehen, wäre der Eintrag gegenstandslos. Der Eigentümer der neuen Parzelle könnte jederzeit die Löschung auf Grund des Art. 976 verlangen, und der Grundbuchverwalter wäre nach Abs. 3 dieses Artikels auch befugt, von Amtes wegen die Löschungsverfügung des Richters zu erwirken. Siehe dazu die näheren Ausführungen zu Art. 743 (NN. 82ff.). Ob die Voraussetzungen hiefür gegeben sind, ist für den Grundbuchverwalter meistens leichter zu erkennen als in bezug auf ein Teilstück des berechtigten Grundstückes. Gegen eine Übertragung der Last auf eine außerhalb des Ausübungsbereichs der Dienstbarkeit liegende Parzelle wird sich deren Eigentümer sicher eher wehren als gegen die Übertragung der Berechtigung auf eine durch Teilung des herrschenden Grundstückes entstandene Parzelle, von der aus eine Ausübung des Rechtes gar nicht möglich oder doch nicht zu befürchten ist. **34**

Die Gerichte haben sich denn auch nur ganz selten mit dieser Streitfrage zu befassen. Die wenigen Entscheide, welche veröffentlicht sind, haben klare Fälle zum Gegenstand: ein Wohnrecht, das eine abgetrennte unüberbaute Parzelle nicht belasten kann (ZBGR **15**, 1934, S. 200, Weisung der Justizkommission des ObG Luzern); ein Quellenrecht an der Allmende der Ortsbürgergemeinde Baden, von welcher eine Bauparzelle abgetrennt wird (Aarg. Vjschr. **46**, 1946, Nr. 2, S. 4ff., ObG 15.3.1946). **35**

3. Unterhalt der Dienstbarkeitseinrichtungen

Unterhaltspflichtig ist nach Art. 741 der Berechtigte. Vertraglich kann diese Pflicht vom Belasteten übernommen werden und entweder mit der Dienstbarkeit nebensächlich verbunden werden (Art. 730 Abs. 2) oder zum Gegenstand einer Grundlast gemacht werden. Siehe NN. 218ff. zu Art. 730; EBG **93** II 71ff. = Pr. **56** Nr. 131. Im ersten Fall geht sie nicht auf den Erwerber der durch die Teilung gebildeten Parzellen über, auf welche die Dienstbarkeit nicht übertragen wird, denn sie ist als Realobligation mit der Dienstbarkeit derart verbunden, daß sie deren Schicksal teilt. **36**

Entledigt sich der Eigentümer der Dienstbarkeitsverpflichtung, indem er die belastete Parzelle derelinquiert, wird er auch von der Unterhaltsverpflichtung frei. NN. 94ff., 218ff., 225ff. und 232ff. zu Art. 730. **37**

Dasselbe gilt auch, wenn die Unterhaltspflicht zum Inhalt einer Grundlast gemacht ist. Die Grundlast ruht auf dem mit der Dienstbarkeit belasteten Grund- **38** stück. Wird dieses zu einer von mehreren durch die Teilung entstandenen Parzellen, ist nur diese eine Parzelle, mag sie auch noch so klein sein, Objekt der Grundlast. So verhält es sich deshalb, weil die Grundlast der Ausübung der Dienstbarkeit dient, mit dieser steht und fällt, auch nicht abgelöst werden kann, solange die Dienstbarkeit besteht. Dies ist der Tatbestand des Art. 788 Abs. 3. EBG **93** II 71ff. = Pr. **56** Nr. 131.

39 Wäre die Grundlast nicht derart mit der Dienstbarkeit verbunden, wäre sie auf alle Parzellen zu übertragen, welche durch die Teilung entstehen. Wenn jedoch die Erbringung der positiven Leistung, welche sie zum Inhalt hat, nur durch die Nutzung der belasteten Liegenschaft an bestimmt umgrenzter Stelle erbracht werden kann, bleibt nur die Parzelle belastet, auf welche diese Stelle zu liegen kommt. Besteht diese Leistung in der Lieferung von Bodenbestandteilen, die nur an dieser Stelle vorkommen, ist von den Teilstücken nur die Parzelle, innerhalb welcher diese Stelle sich befindet, Objekt der Grundlast.

40 Die Leistungspflicht des Grundlastschuldners ist eine Realobligation wie die mit der Dienstbarkeit verbundene obligatorische Verpflichtung zur Vornahme von Handlungen im Sinne von Art. 730 Abs. 2. Von dieser unterscheidet sie sich dadurch, daß für ihre Erfüllung das belastete Grundstück haftet. Als dingliches Recht ist die Grundlast ein Wertrecht. Von den übrigen Wertrechten, den Pfandrechten, unterscheidet sie sich dadurch, daß das Grundstück nicht für eine Geldschuld, jedenfalls nicht für eine Kapitalschuld haftet, sondern für die Leistung von Arbeit oder von Erzeugnissen und Erträgnissen des belasteten Grundstückes.

41 Geldleistungen ergeben sich weder aus der wirtschaftlichen Natur des belasteten Grundstücks, noch sind sie für die wirtschaftlichen Bedürfnisse eines berechtigten Grundstückes bestimmt. Sie werden geleistet und erfüllen ihren Zweck ganz unabhängig von der wirtschaftlichen Natur des einen wie des anderen Grundstückes. EBG **93** II 81, wo auch auf EBG **52** II 27ff. verwiesen ist, während EBG **53** II 386ff. = Pr. **17** Nr. 8 (Erhebung und Ablieferung der Kurtaxe durch die Gasthofbesitzer) damit schwerlich vereinbar ist.

42 Da die eigentlichen Grundlastleistungen durch die Nutzung des belasteten Grundstücks erbracht oder in der Aufwendung von Material oder Arbeit für das berechtigte Grundstück bestehen, können sie räumlich lokalisiert sein wie die Ausübung der Dienstbarkeiten. Deshalb bestimmen sich die Folgen der Teilung des berechtigten und des belasteten Grundstückes für sie, wenn sie der Ausübung einer Dienstbarkeit dienen, nicht nach den pfandrechtlichen Bestimmungen über die Zerstückelung der belasteten Liegenschaft (Art. 833 und 852, GBVo Art. 88), sondern nach den Art. 743 und 744.

43 Besteht dieser Zusammenhang mit der Dienstbarkeit nicht, wird die Grundlast gleich behandelt wie die Gült (Art. 852) und wie die Grundpfandverschreibung (Art. 833). Leemann, N. 58 zu Art. 782 und NN. 9ff. zu Art. 792. Den hier erörterten Tatbestand hat Leemann nicht in Betracht gezogen. Dagegen hat sich Wieland

unter Ziff. 2 seiner Erläuterungen des Art. 792 zu ihm geäußert. Er würde die Leistungspflicht (und auch die Grundlastforderung des Eigentümers des berechtigten Grundstückes) nur auf diejenige durch Teilung entstandene Parzelle übertragen, auf welche sie lokalisiert ist, dagegen die Haftung auf alle Teilstücke der Liegenschaft verteilen. Damit kämen wir zu einer Haftung von Grundstücken ohne Schuld, entsprechend dem Eigentum eines Dritten an der Pfandsache. Dies ist jedoch ein Verhältnis, das mit der Grundpfandverschreibung (Art. 827) und mit dem Schuldbrief (Art. 845), nicht aber mit der Grundlast und Gült vereinbar ist.

Rossel et Mentha, III, n° 1450, p. 84, schließen sich, wenn auch mit etwelchen Bedenken, der Auffassung Leemanns an, ohne aber dabei den Tatbestand des Art. 788 Abs. 3 ins Auge zu fassen.

Das deutsche BGB unterstellt die mit der Dienstbarkeit verbundene Verpflichtung zum Unterhalt der Dienstbarkeitsanlagen im § 1021 den Vorschriften über die Reallasten. Sie obliegt aber nur dem Eigentümer derjenigen durch Teilung des belasteten Grundstückes entstandenen Parzelle, welche mit der Dienstbarkeit belastet bleibt, während die Eigentümer der übrigen Parzellen von ihr befreit sind. Staudinger-Kober, Erl. 3 zu 1026 BGB; Strecker in Plancks Kommentar, Erl. 3 zu § 1026 BGB, begründet dies wie folgt: **44**

> «Befindet sich die Anlage nur auf einem derjenigen Teile, in welche das belastete Grundstück zerlegt ist, so liegt die Unterhaltspflicht nur dem Eigentümer dieses Teiles ob...Die für die Unterhaltspflicht im § 1021 Abs. 2 und im § 1022 bestimmte Anwendung der Vorschriften über die Reallasten würde zwar zu einem anderen Ergebnis führen, weil die Reallast im Falle einer Teilung des belasteten Grundstückes immer auf allen Teilen haften bleibt. Die Anwendung dieser Vorschriften ist hier aber wegen der untrennbaren Verbindung der Unterhaltspflicht mit der Dienstbarkeit ebenso ausgeschlossen wie in den Fällen des § 1025 (Teilung des Grundstückes des Berechtigten).»

Dies ist die richtige Ansicht.

4. Folgen der Nichtübertragung

Die Befreiung eines oder mehrerer Teilstücke der belasteten Liegenschaft, welche durch die Teilung zu besonderen Parzellen geworden sind, bringt für den Eigentümer der Parzelle, welche belastet bleibt, und besonders für den Berechtigten Nachteile mit sich. Der Belastete erfährt eine Beschränkung seines Verlegungsrechtes, wenn die übrigen Teilstücke in andere Hände übergehen. Aber meistens ist er es selbst, der die Teilung durchführt und daran interessiert ist, die übrigen Teilstücke von der Belastung freizubekommen, um sie vorteilhafter verwerten zu können. Dieser Vorteil überwiegt den Nachteil, der im Verlust oder in der Beschränkung des Verlegungsrechtes liegt, bei weitem. Nicht selten übt der Eigentümer des belasteten Grundstückes vor der Teilung das Verlegungsrecht aus, um eine möglichst große Fläche durch die Parzellierung von der Belastung befreien zu können. Berücksichtigt man dies, wird man den Nachteil für den Belasteten nicht als erheblich ansehen. **45**

Grunddienstbarkeiten

46 Dagegen sind die Nachteile für den Berechtigten eher erheblich. Sie bestehen in folgenden Auswirkungen der Teilung: Das Haftungssubstrat vermindert sich stark. Wenn es zur Zwangsverwertung des belasteten Grundstückes kommt und die Dienstbarkeit im Interesse der Gläubiger mit besserem Rang gelöscht wird (Einl. N. 49 und Art. 734 N. 96a), ist die ohnehin geringe Aussicht auf einen Anteil des Dienstbarkeitsberechtigten am Verwertungserlös noch geringer, weil dieser um so geringer ist, je kleiner das Grundstück ist, wenn auch die Pfandbelastungen bei der Teilung richtig verteilt worden sind. Aber diese Verschlechterung der in dieser Hinsicht ohnehin schlechten Rechtsstellung fällt praktisch auch kaum ins Gewicht.

47 Wenn der Belastete den Unterhalt der Dienstbarkeitsanlagen übernommen hat, kann sich seine Leistungskraft und -bereitschaft vermindern, ja er kann, wenn er es durch Verlegung der Dienstbarkeit und Aufteilung der Liegenschaft zustande gebracht hat, daß die Dienstbarkeit nur mehr auf einer Restparzelle ruht, die für ihn geringen Wert hat, versucht sein, diese Parzelle zu derelinquieren und sich damit auch von der Unterhaltspflicht zu befreien. NN. 232ff. zu Art. 730.

48 Die Dienstbarkeit geht dadurch zwar nicht unter. Sie besteht auch am herrenlosen Grundstück weiter. Dieses kann sich der Dienstbarkeitsberechtigte aneignen. Den Unterhalt der Anlagen muß er auf jeden Fall selber übernehmen. Ist die Unterhaltspflicht zum Inhalt einer Grundlast gemacht worden, haftet für ihre Erfüllung nur das Grundstück. Daß dann die Aufteilung zu einer Verminderung des Haftungssubstrates führt, liegt auf der Hand.

49 Diese Nachteile und Risiken, die sich, wie bemerkt, in der Praxis nur ganz selten verwirklichen, muß der Dienstbarkeitsberechtigte in Kauf nehmen. Das Gesetz gibt ihm zwar alle Gewähr für den Bestand und für die ungehinderte Ausübung der Dienstbarkeit. Aber es schützt ihn nicht vor Einbußen, welche sich aus der Verwertung des belasteten Grundstückes im Interesse von Gläubigern mit besserem Rang ergeben, und auch nicht vor der Schwächung seiner vertraglich begründeten Stellung als Gläubiger von Unterhaltsleistungen durch Verfügungen, welche der Belastete in Ausübung seines Grundeigentums trifft. Hierin soll der Grundeigentümer durch die Dienstbarkeit nicht stärker beschränkt sein, als zur Aufrechterhaltung und Ausübung der Dienstbarkeit selber notwendig ist. Siehe hiezu STRECKER im Planckschen Kommentar, Erl. 2d und 3 zum § 1026 BGB. Er spricht von der natürlichen Schwäche einer Dienstbarkeit, deren Ausübung auf einen bestimmten Teil beschränkt ist. BRANCA (Commentario, 4ᵃ ed. 1967, ad art. 1071, p. 417) begründet die umschriebene Freiheit der Verfügung des Eigentümers des belasteten Grundstückes mit dem das Sachenrecht beherrschenden favor libertatis des Gesetzgebers.

III. Das grundbuchliche Verfahren

50 Wird das belastete Grundstück geteilt, gelten für das grundbuchliche Verfahren die wörtlich gleichen Bestimmungen (Art. 744 Abs. 3), wie wenn das berechtigte

Grundstück geteilt wird (Art. 743 Abs. 3). Auch in der Grundbuchverordnung sind beide Tatbestände im Art. 86 unter die gleiche Vorschrift gestellt.

Dieses Verfahren braucht nicht nochmals dargestellt zu werden, sondern es kann auf seine Behandlung in den Ausführungen zu Art. 743 verwiesen werden. N. 66ff. Ergänzungsweise mögen noch einige Entscheide, Weisungen und Stellen aus der Literatur angegeben werden, die sich auf dieses Verfahren beziehen.

In der ersten Zeit nach 1912 wird meistens die genaue Einhaltung der Verfahrens- 51 vorschrift des Art. 744 Abs. 3 verlangt und dem Grundbuchverwalter zur Pflicht gemacht, dem Berechtigten Gelegenheit zur Einsprache gegen die Löschung zu geben und diese zu unterlassen, wenn eine Einsprache erfolgt, auch wenn sie darin besteht, daß der Berechtigte sich Bedenkzeit vorbehält.

Die Justizkommission des ObG Luzern hat in ihrem Entscheid vom 24. Juni 1942 52 (Maximen **9,** Nr. 82, S. 78 = ZBGR **30,** 1949, Nr. 7, S. 28) die Durchführung dieses Verfahrens verlangt, und die Erörterung darüber, ob es zweckmäßig sei, abgelehnt.

Sie hielt die Unterscheidung für wesentlich, ob im Kaufvertrag über die abge- 53 trennte Parzelle der lastenfreie Übergang dieser Parzelle oder aber, was hier zutraf, vereinbart werde, es sei das Verfahren nach Art. 743/44 durchzuführen, da die Dienstbarkeiten und Grundlasten die Kaufsparzelle nicht berühren könnten. Die beiden Fälle wären indessen nur mit Bezug auf die Zustimmung weiterer aus dem Eintrag berechtigter Personen (Art. 964 ZGB) verschieden zu behandeln. Diese Zustimmung wäre beizubringen, wenn die abgetrennte Parzelle im Ausübungsbereich der Dienstbarkeit läge, aber die Befreiung von der Belastung von den Kaufsparteien vereinbart ist. LEEMANN, N. 14 zu Art. 744 und N. 19 zu Art. 743.

Im übrigen aber, d.h. wenn die Voraussetzung des 2. Abs. von Art. 744 gegeben 54 ist, kann es nicht darauf ankommen, ob im Kaufvertrag gesagt wird, die abgetrennte Parzelle gehe lastenfrei auf den Erwerber über, oder die Dienstbarkeit sei auf diese Parzelle nicht zu übertragen, weil sie auf ihr nicht ausgeübt werden könne oder dürfe. In diesem Sinne ist auch der Entscheid der Justizkommission des KtG Schwyz (ZBGR **48,** 1967, Nr. 4, S. 5ff.) zu verstehen, nach dem nach provisorischer Übertragung die Zustimmungserklärungen gemäß Art. 964 beizubringen sind, wenn die Vertragsparteien die Löschung der Dienstbarkeit **vereinbart** haben.

Wiederholt wurde entschieden, daß der Grundbuchverwalter die Monatsfrist für 55 den Einspruch gegen die Löschung nicht verkürzen dürfe. Bericht des ObG Solothurn 1926 in der ZBGR **9** (1928) S. 103 Ziff. 4. Eine Verlängerung der Frist kommt auch nicht in Betracht, da die Eigentümer der neuen Parzellen Anspruch darauf haben, daß die Löschung nach unbenütztem Fristablauf erfolgt und der Dienstbarkeitsberechtigte ohne Einhaltung einer Frist mit der Grundbuchberichtigungsklage die Wiedereintragung verlangen kann.

Im umgekehrten Fall, d.h. wenn der Berechtigte gegen die Löschung bzw. 56 Nichtübertragung der Dienstbarkeit Einsprache erhoben hat, und infolgedessen die Dienstbarkeit auf alle durch die Teilung gebildeten Parzellen übertragen worden ist, steht jedem Eigentümer einer solchen Parzelle ebenfalls die Grundbuchberichtigungsklage ohne Einhaltung einer Frist zu. Wie zu Art. 743 (NN. 71f.) ausgeführt wurde, kann diese gar nicht an die Einhaltung einer vom Grundbuchverwalter bestimmten Frist gebunden sein. Von der Eintragung ist den Eigentümern solcher Parzellen bloß Mitteilung zu machen. Es bleibt ihnen überlassen, ob und wann sie auf Berichtigung des Grundbuches durch Löschung klagen wollen. Nur in diesem Sinne verstanden werden kann der Entscheid der Justizkommission des ObG Luzern vom 17. Juni 1949, Maximen **9**, S. 561 Nr. 653 = ZBGR **31** (1950) Nr. 107, S. 346, in dem es heißt, «der Grundbuchverwalter habe den belasteten Eigentümer von der Eintragung in Kenntnis zu setzen, um ihm Gelegenheit zur Erhebung der Löschungsklage zu geben».

57 Im Laufe der Zeit hat man den Zusammenhang des Art. 744 Abs. 2 mit dem Art. 736 und mit dem Art. 976 besser erkannt und mehr Gewicht gelegt auf die Vermeidung von Eintragungen oder Übertragungen von Dienstbarkeiten auf Parzellen, auf denen sie offensichtlich nicht ausgeübt werden können oder dürfen. Siehe dazu die Ausführungen zu Art. 743 (NN. 58ff. und 82ff.). Hiefür mag hier noch die einschlägige Stelle aus dem Verwaltungsbericht der bernischen Justizdirektion über das Jahr 1955 wiedergegeben sein:

«Der Grundbuchverwalter darf es nicht dabei bewenden lassen, das Verfahren nach Art. 743 und 744 durchzuführen. Er hat im Interesse einer klaren Grundbuchführung dafür zu sorgen, daß das Grundbuch nicht mit überflüssigen oder gar unrichtigen Einträgen belastet wird. Er muß daher z.B. die Übertragung einer Dienstbarkeit auf einen offensichtlich nicht betroffenen Grundstücksteil ablehnen und nötigenfalls eine Parzellierung mangels bereinigter Dienstbarkeiten abweisen.

Die Parteien sind verpflichtet, dem Grundbuchamte rechtlich und inhaltlich klare Rechtsgrundausweise abzugeben.

Oftmals genügt auch ein Hinweis an die Parteien auf Art. 736 und schließlich steht dem Grundbuchverwalter noch der Weg des gerichtlichen Löschungsverfahrens im Sinne von Art. 976 Abs. 3 offen.»

58 Es wird auch nicht durchwegs verkannt, daß die Einträge von Dienstbarkeiten, die gegenstandslos geworden sind, namentlich infolge von Überbauungen und Änderungen der Kulturart, zahlreich geworden sind und daß sie nicht noch durch Übertragungen auf durch Teilung gebildete neue Parzellen vermehrt werden sollten. Dies bestätigt auf Grund praktischer Erfahrung C. Besson, 50 ans de registre foncier fédéral, ZBGR **42** (1961) S. 345f.

59 Eine teilweise Bereinigung des Grundbuches durch Löschung bzw. Nichteintragung oder Nichtübertragung solcher Dienstbarkeiten kann, wie ich zu Art. 743 (NN. 82ff.) unter Hinweis auf meine Abhandlung in der ZBGR **39** (1958) S. 321ff. über die Löschung infolge Unterganges des dinglichen Rechtes ausgeführt habe, durch eine zielbewußte und initiative Anwendung des Art. 976 erreicht werden, woran es bisher gefehlt hat. Damit Löschungen gegenstandsloser Einträge auf Antrag des Grundbuchverwalters vom Richter in einem Maße angeordnet werden könnten, daß damit eine Bereinigung des Grundbuches erzielt würde, müßten die

Kantone sich endlich einmal der Aufgabe unterziehen, die dafür erforderlichen Verfahrensbestimmungen aufzustellen. Als Beispiel einer solchen Regelung habe ich schon in N. 82 zu Art. 743 das neue EGzZGB des Kantons Appenzell-Außerrhoden vom 27. April 1969 genannt.

IV. Anwendungsbereich

Der Art. 744 hat einen sehr viel weiteren Anwendungsbereich als der Art. 743. In seinen Bereich fallen nicht nur Grunddienstbarkeiten und Realgrundlasten, sondern alle Dienstbarkeiten und die Grundlasten, welche den Zweck haben, die Ausübung einer Dienstbarkeit zu ermöglichen oder zu erleichtern. 60

Daß die Teilung des belasteten Grundstückes wie die meisten anderen wesentlichen Tatbestände des gesamten Dienstbarkeitsrechtes nur im Abschnitt «Grunddienstbarkeiten» geregelt sind, beruht auf der vom Gesetzgeber bewußt angewendeten Methode, nicht allgemeine Bestimmungen für die verschiedenen Kategorien eines Rechtsinstituts aufzustellen, sondern die wichtigste oder gebräuchlichste oder bekannteste Kategorie verhältnismäßig ausführlich zu regeln und dieser Regelung auch die anderen Kategorien zu unterstellen, soweit für sie nicht abweichende Bestimmungen aufgestellt sind oder sich aus ihrer Besonderheit ergeben. Siehe dazu die NN. 18 und 19 der Vorbemerkungen vor Art. 730; NN. 30ff. zu Art. 733; NN. 21f. zu Art. 735; NN. 185–191 zu Art. 736. Dasselbe gilt auch für alle übrigen Artikel mit Ausnahme der Art. 732 und 743. 61

Im Recht der Grunddienstbarkeiten haben wir deshalb den allgemeinen Teil des Dienstbarkeitsrechtes überhaupt vor uns und in seiner Darstellung den allgemeinen Teil der Dienstbarkeitslehre. 62

Sachregister

E = Einleitung; VB = Vorbemerkungen vor Art. 730; fette Ziffern = Artikelzahl; übrige Ziffern = Randnummern; Grdst = Grundstück; Dbkt = Dienstbarkeit

Ablösbare Rechte, von Gesetzes wegen 734, 82ff., 152; **736**, 30ff., 95ff., 170ff., 191; **740**, 36f.
Ablösung durch den Richter (Marginale zu Art. 736) **736**, 99ff.
Untergang wegen Wegfalles allen Interesses für das berechtigte Grundstück **736 Abs. 1**
Ablösung wegen des Mißverhältnisses zwischen geringem Interesse und schwerer Belastung **736 Abs. 2**
– Wortlaut fehlerhaft **736**, 13ff., 158
– Verhältnis zur Verjährung (rechtsvgl.) **736**, 1ff.
Entstehung des Art. 736 **736**, 7ff.
– – Vorbilder im früheren kantonalen Recht **736**, 30ff.
– – Mangelhafte Formulierung des Textes von Abs. 2 **736**, 15, 158
– Ablösung und Verlegung **736**, 21ff., 182ff.; **742**, 73ff.
– zugrundeliegender Reformgedanke **736**, 43ff.
– allgemeiner Zweckgedanke (Crome) **736**, 171
Mißverhältnis zwischen Vorteil und Nachteil
– Voraussetzungen, die sich aus Abs. 1 ergeben **736**, 126ff., 134ff.
– Geringfügigkeit des Interesses **736**, 157, 159; **737**, 63
– – im Verhältnis zu der schwerer gewordenen Belastung **736**, 157ff., 165; **742**, 76f.
– – – Ermöglichung von Meliorationen und besserer Nutzung des belasteten Grundstückes **736**, 160ff.; **737**, 91ff.
– – Unverdienter Schutz des Berechtigten **736**, 162
Praxis
– des Bundesgerichts
– – anfängliche **736**, 45
– – neuere **736**, 48ff., 178
– – neueste, Rückkehr zur anfänglichen **736**, 43ff., 58ff., 103, 155; **742**, 77
– kantonaler Gerichte **736**, 88ff.
– Aufhebungsurteil als Feststellungsurteil **736**, 98ff.
– – Berichtigung des nachträglich unrichtig gewordenen Grundbuches **736**, 102
– – Ablösungsurteil **736**, 174ff.
– Anwendung auf andere als Grunddienstbarkeiten **736**, 185ff.
– teilweise Aufhebung oder Ablösung **736**, 103, 130ff. s. auch Beschränkung
Zuständigkeit und Verfahren **736**, 192ff.; **742**, 49
Anwendung des Art. 736 im Verfahren der Grundbuchbereinigung, Grenzbereinigung, baurechtlichen Umlegung, im Quartierplanverfahren, in der landwirtschaftlichen Güterzusammenlegung **730**, 89; **734**, 78ff.; **736**, 95
Ablösungs- und Aufhebungsbestimmungen des öffentlichen Rechts **736**, 95, 170, 188ff; **740**, 35ff.
abusus 730, 130
actio confessoria E 74, 77; **737**, 173ff.
– und Klagen aus Art. 641 Abs. 2 und 679 **737**, 196
– und Feststellungsklage **737**, 174ff.
– als Grundbuchberichtigungsklage **737**, 176ff.
– ist den Bestimmungen über das Grundeigentum unterstellt **737**, 179
– – Gegenstand und Zweck **737**, 180ff.

Sachregister

- – Aktivlegitimation **737**, 183ff.
- – – von am herrschenden Grundstück dinglich Berechtigten **737**, 184ff.
- – Passivlegitimation **737**, 192ff.
- – Verjährung und Verwirkung **737**, 213ff.

actio negatoria E 76, 79; **737**, 173; **739**, 42ff.; **743**, 25
adminicula servitutis 737, 11ff.; **738**, 74
Affirmative Dienstbarkeiten 730, 4; **744**, 7, 13
Alprustigenrechte (Uri) **730**, 186
Alterspriorität E 37ff.; **737**, 97ff.
Altrechtliche Dienstbarkeiten
- Beurteilung ihrer Entstehung **731**, 149ff.
  ihres Unterganges **734**, 179, 180, 210ff.
  – in der Zwangsvollstreckung **734**, 212, 219ff.
- ihres Inhalts **738**, 56ff.
- – nach kantonalem Recht **740**, 1ff.
- Nicht eingetragene **734**, 179f., 180, 218; **738**, 4; **740**, 11
- – Unwirksam gegenüber gutgläubigen Dritten **734**, 211

Analoge Anwendung von Ausnahmebestimmungen und «neuere Methodenlehre» **742**, 40, von Art. 674 Abs. 3 **733**, 62f.; **738**, 36, 133f.; **742**, 40
Aneignungsrechte E 16
Anerkenntnis
- Anerkennung der Dienstbarkeit **732**, 60ff.; **738**, 36, 132f.; **740**, 10
- Anerkennung der Verpflichtung zur Bestellung der Dienstbarkeit **732**, 66; **738**, 36, 133

Anmerkung im Grundbuch
- nicht eintragungsfähige Rechte
- – unmittelbare gesetzliche Eigentumsbeschränkungen (Art. 680 Abs. 1), Wegrechte Art. 696, GBVo 79 E 86
- – altrechtliche Dienstbarkeiten **731**, 152f.; **738**, 4; **740**, 11
- die Funktion der Anmerkungen haben die Eintragungen von Grunddienstbarkeiten und Realgrundlasten auf dem Blatt des berechtigten Grundstücks **731**, 48, 59ff.; **738**, 21; **743**, 54
- des Eigentums oder eines beschränkten dinglichen Rechtes, das dem jeweiligen Eigentümer eines anderen Grdsts zusteht, auf dem Blatt dieses Grdsts **731**, 60

Anwartschaftsrechte E 16 **731**, 78
Aufnahme ins Grundbuch 731, 116, 124ff.; **737**, 110
Ausgleich statt Schadenersatz **737** N. 207, 211; **739**, 49ff.; ZBJV 95 (1959) S. 24f.
Auskündung 731, 94; **734**, 179
Auslegung s. Dbkts-Vertrag, Eintrag
Aussichtsdienstbarkeit 744, 22; **736**, 92, 130; **739**, 41; **743**, 55ff.
Ausübung
- Maßgebende Grundsätze **737**, 1ff.
- Befugnisse des Berechtigten **737**, 10ff.
- Räumliche Beschränkung innerhalb des belasteten Grundstückes **742**, 1ff.
- – Steigerung der Bedürfnisse des herrschenden Grundstückes **737**, 19ff.; **739**, 15ff., 41
- – Änderungen in der Zweckbestimmung des herrschenden Grundstückes **737**, 22ff.
- – Änderung der landw. Kulturart **737**, 27; **739**, 16f.; **738**, 76
- – – Ausübung des Fahrwegrechtes mit Motorfahrzeugen **730**, 168; **737**, 33ff.
- Schonende Ausübung (civiliter uti) **737**, 43ff., 52ff., 78ff.; **742**, 10
- Mißbräuchliche Ausübung **737**, 46f. 52ff.
- Widerrechtliche Erschwerung durch den Belasteten **737**, 73ff.

Sachregister

– Duldung oder Gestattung einer die Ausübung hindernden Baute **733**, 67f., 59ff.; **734**, 107; **737**, 221ff.; **738**, 129

Ausübungsbereich
– beschränkt
– – innerhalb des berechtigten Grdsts **743**, 55ff, 58
– – innerhalb des belasteten Grdsts **744**, 24ff.
– Ausdehnung nach den Bedürfnissen des berechtigten Grdsts (Rosenlaui-Alp) **744**, 29

Bartolus 733, 51
Baubewilligung und privates Recht **734**, 131f.; **737**, 191
Baueinsprache
deren Unterlassung als Verzicht auf das Recht **734**, 107; **737**, 221ff.
Analoge Anwendung der Bestimmungen betr. den Überbau **734**, 109; **737**, 202ff.; **742**, 85
Bäuerliches Erbrecht 743, 11
Bauhandwerkerpfandrecht E 157, 165a; **731**, 80
Bauliche Anlagen (s. auch Vorrichtungen)
731, 9ff., 105ff.; **732**, 15; **733**, 5ff., 58ff.; **734**, 175, 181ff., 194; **737**, 106, 221ff.; **738**, 55, 131ff.; **740**, 34; **741**, 18ff.; **742**, 78ff.; **743**, 37ff.; **744**, 36ff.
– als Zeugen für Art und Umfang der Ausübung der Dienstbarkeit **738**, 131ff.
– Sondereigentum **737**, 106; **743**, 37ff.
– Miteigentum mehrerer Dienstbarkeitsberechtigter **743**, 41; **744**, 36ff.
– Haftung des Werkeigentümers s. Haftung
– Unterhalt (s. Vorrichtungen) **741**, 1ff., 83; **743**, 63f.
Bauordnung, private, s. Eigentümerdienstbarkeiten
Baurechtsdienstbarkeit 730, 15; **738**, 101; **741**, 21; **743**, 40; **744**, 27
– öffentlich-rechtliche **742**, 126
Baurechte und Baubeschränkungen
(Übersicht über die Praxis) **730**, 185ff.
Bedingte Dienstbarkeitserrichtung
Suspensivbedingung **730**, 64f.
Resolutivbedingung **730**, 66ff.
Bedürfnisse des herrschenden Grundstückes
736, 53ff., 70, 79, 91, 141–151; **738**, 16, 42ff.; **739**, 8ff.
– der berechtigten Person **738**, 47ff.
Befristung 730, 52ff.
Begriffs- und Interessenjurisprudenz 737, 89
– Folgerungen aus dem Begriff eines Instituts **739**, 4
Beistand f. d. derelinquierte Grdst. **734**, 141
Belastetes Grundstück
– Bezeichnung als solches im Dbkts-Vertrag **732**, 17ff.
– immer als ganzes belastet **730**, 24; **742**, 2; **743**, 17
– Vertrag über die Belastung des Grdsts eines Dritten **730**, 53
– Unterlassungspflichten des Eigentümers **737**, 76f.; **744**, 47 (Verfügung über das Grundstück)
– Umfang der Benutzung durch den Berechtigten **737**, 94ff.
– Fläche, auf welche die Ausübung beschränkt ist **730**, 24; **734**, 121; **736**, 103; **737**, 19; **738**, 47; **744**, 24ff.
s. Teilung
Belege, grundbuchliche,
– Heranziehung zur Bestimmung des Dienstbarkeitsinhaltes **738**, 8, 88

Sachregister

Berechtigtes Grundstück 730, 28ff. u N
- im gemeinschaftlichen Eigentum **E** 43, 49
- Miteigentumsanteil? **730,** 44
- – Ersatzform f. Stockwerkeigentum **E** 19; **730,** 22, 48
- Bezeichnung als solches im Dbkts-Vertrag **732,** 17ff.
- Vorteil für das berechtigte Grundstück (Utilität) **VB** 8–11; **730,** 87ff., 103ff.; **736,** 143ff.
- Bedürfnisse des berechtigten Grundstücks **736,** 53ff., 70, 79, 91, 141–151; **738,** 47; **739,** 8ff.
- berechtigt als ganzes, auch wenn die Ausübung enger lokalisiert **743,** 55ff.
- Dereliktion **734,** 135ff.; **741,** 84
- – bewirkt materiell den Untergang der Dbkt **E** 24; **734,** 142f.
- Untergang **734,** 113ff.
- s. Teilung

Bereinigung der eingetragenen Dienstbarkeiten 734, 53; **736,** 95; **743,** 82ff.; **744,** 59
- durch Aufhebung von Dienstbarkeiten, die nicht eingetragen sind (Art. 44 Abs. 2 SchlT) **734,** 179f.
  Unanwendbarkeit von Art. 44 Abs. 2 SchlT auf die Rechte gemäß Art. 45 SchlT **734,** 180, 218

Beschränkte dingliche Rechte
Terminologie der Kodifikationen **E** 1
Begriff und Einteilung **E** 4, 5
Beschränkung, nicht Teilung des Eigentums **E** 6ff.
- an dingl. Rechten und Forderungen **E** 20f.
- an eigener Sache **E** 28ff.
- Rangordnung **E** 35ff.
- Entstehung **731,** 1–4

Beschränkung der Dienstbarkeit
- Begrenzung des räumlichen Ausübungsbereichs **737,** 103ff.
- Beschränkung des Inhaltes oder Umfanges **736,** 171a; **737,** 59ff., 97ff.

Besitz als dingliches Recht **E** 15
- Besitzesschutz u. Rechtsschutz **E** 71ff.; **737,** 126ff.; **739,** 57
- Besitzesschutz f. d. Dienstbarkeitsberechtigten im bes. **E** 71–73; **737,** 126–153
- Besitzesstörung und Besitzesentziehung **E** 71ff.; **737,** 126ff., 146ff.
- – Aktivlegitimation **737,** 156ff.
- – Passivlegitimation **737,** 160ff.
- – Verfahren **737,** 168ff.
- – – Verbindung der Schadenersatz- mit der Besitzesschutzklage **737,** 172

Beweislast desjenigen, der eine Beschränkung des Eigentums geltend macht **E** 80ff.; **738,** 14; **739,** 4
- Besitzesschutz gegen Überschreitung des Dienstbarkeitsrechtes **739,** 57ff.

Bierservitut 730, 114ff.; **734,** 217
Blumenweg 738, 33; **740,** 53
Bodenbestandteile, Ausbeutung **730,** 174; **744,** 8

Causa perpetua 730, 111ff.
Causa possessionis 731, 132
Caepolla Barth. 742, 21
Civiliter uti! 737, 43ff., 52ff., 78ff.; **742,** 10, 40, 42
Clausula rebus sic stantibus 734, 89; **736,** 36ff.
- und richterl. Aufhebung **736,** 48
- weiterer Anwendungsbereich des Grundsatzes von Treu und Glauben **736,** 117, 171a; **737,** 59ff.; **739,** 10f.

Sachregister

Dachvorsprung
Duldung ist Gegenstand der Grunddienstbarkeit **732**, 38
Dauerschuldverhältnisse
Höchstdauer, Beendigung **E** 142ff.
deductio servitutis 732, 9ff.
– Eintragung (Legitimation zur Anmeldung) **732**, 13
– – Bedingte Anmeldung **732**, 14
Démembrement E 9
Dereliktion des belasteten Grundstückes
E 22, 164; **730**, 19, 232ff.; **734**, 113f., 135; **741**, 81; **744**, 37
– des berechtigten Grundstückes **730**, 20; **734**, 115, 135ff.; **741**, 84ff.
Destination du père de famille
siehe Selbstverständliche Dienstbarkeiten
Deutschstämmige Familien
Keine anderen dürfen in staatlich subventionierte Landarbeiterwohnungen aufgenommen werden (Preußen) **730**, 139
Dienstbarkeit
Begriff **E** 56ff.
Arten **E** 59ff.
Typenzwang **E** 61ff.
und obligat. Rechte gleichen Inhalts **E** 129ff.; **732**, 34ff., 52
Dienstbarkeitsgrenzen 730, 24; **731**, 70, 72; **742**, 3, 59
Dienstbarkeitsverhältnis
– kein Vertragsverhältnis **736**, 39, 180; **737**, 5ff., 112f.
Dienstbarkeitsvertrag
– als Erwerbstitel **732**, 1ff.; **738**, 83ff.
– – das Verpflichtungsgeschäft
 – Arten **732**, 3ff.
 – als Erwerbstitel von Legalservituten **732**, 6
 – – des Durchleitungsrechtes **732**, 7
– – Der Dienstbarkeitsvertrag als Bestandteil anderer Verträge **732**, 8ff.
– Inhalt (notwendiger) **732**, 16
– – Gegenleistung ? **732**, 42ff.
– – Bestimmung des Inhaltes im Vertrag **732**, 20ff.
– – Auslegung **738**, 37ff., 91ff.
– – ergänzende **737**, 67; **738**, 97ff.
– als Innominatkontrakt **E** 134; **732**, 54
– Form **732**, 69ff.
Einfache Schriftlichkeit als Ausnahme vom Erfordernis der öffentlichen Beurkundung
– – Entstehungsgeschichte **732**, 69ff.
– – Zweck der öffentlichen Beurkundung **732**, 73
– – Erfordernisse und Anwendungsbereich der Schriftform **732**, 76ff.
– – Vorbehalt einer qualifizierten Form **732**, 95ff.
– – Dienstbarkeitsverträge, für die zu Unrecht eine qualifizierte Form verlangt wird **732**, 95ff.
– – – vom Gesetz (680 Abs. 2) **732**, 103ff.
– – – in der Praxis **732**, 108ff.
– Dienstbarkeitsvertrag und Kauf **732**, 49ff.
– Dienstbarkeitsvertrag und Schenkungsversprechen **732**, 82, 108ff.
Dienstbarkeitsvorvertrag **732**, 16, 94

- Formmangel
- - Folgen **732**, 97ff.
- - - Ungültigkeit oder Nichtigkeit? **732**, 101

Dingliche Rechte
- Begriff E 2; **737**, 5ff.

Dingliches oder obligatorisches Verhältnis mit Dienstbarkeitsinhalt?
- muß aus dem Dienstbarkeitsvertrag hervorgehen **731**, 71; **732**, 32ff.

Doppelbelastung und -berechtigung 730, 56; **736**, 17, 87; **737**, 91–105; **743**, 20ff., 29ff.; **744**, 14ff.

Durchleitungsrechte E 91; **730**, 181
- Begründung **731**, 9ff., 14ff.; **732**, 7, 67; **734**, 173ff.; **742**, 79; **743**, 47
- Untergang
- - des gewillkürten, wenn die Leitung äußerlich sichtbar ist **734**, 167ff.
- - des gesetzlichen Durchleitungsrechtes **734**, 173ff., 175
- Öffentliches Recht **742**, 112ff.

Ehehafte Wasserrechte E 27; **737**, 32; **738**, 132

Eigentümergrunddienstbarkeiten und -pfandrechte E 28ff.; VB 17
- Begriff und rechtl. Natur **733**, 1ff.
- - Rangordnung E 43
- Begründung **732**, 10, 25; **733**, 11ff., 25ff.
- Entstehung durch Vereinigung **735**, 11ff.
- Untergang **733**, 28f.
- Praktische Bedeutung **733**, 13ff.; **735**, 11ff.
- - Antizipation der Dienstbarkeitsform **733**, 4, 10
- - Dienstbarkeitswirkung tritt ein mit der «Zweiung der Subjekte» **733**, 4
- - Sicherung des Vorranges **733**, 16ff.
- - Veräußerung des belasteten Grundstückes deducta servitute **733**, 14
- - Privatrechtl. Quartierordnung **733**, 19ff.
- - Anschluß an die Wasserzu- und -ableitung **731**, 158
- als Mittel zur Herstellung einer privaten Bauordnung **733**, 19ff.
- - Ersetzung durch die öffentlich-rechtliche Bauordnung **733**, 23
- - Bestand und Bedeutung innerhalb der öffentlich-rechtlichen Bauordnung **733**, 24

Eigentümerpersonaldienstbarkeiten E 18, **733**, 30ff.
- - selbständige und dauernde Rechte **733**, 32ff.
- - auch unselbständige Rechte **733**, 37ff.
- - - Wohnrecht (Gutsabtretung) **733**, 42

Eigentum
- Begriff, Beschränkungen E 80ff.
- öffentliches E 111; **742**, 112
- Eigentumssplitter E 7
- qualitative Teilung E 9

Eigentumsbeschränkungen i.w.S. (einschließlich der Grunddienstbarkeiten)
- Einteilung nach ihrer Funktion **736**, 24ff.; **740**, 21ff.
- Wirtschaftliche und soziale Funktion **736**, 24ff.
- Inhaltliche Identität von gesetzlichen Eigentumsbeschränkungen mit Dienstbarkeiten E 80ff.; **730**, 93ff.; **734**, 123ff., 152; **740**, 20

Eigentumsbeschränkungen i.e.S.
- unmittelbar gesetzliche, dem Eigentumsbegriff immanent? E 80ff.
- mittelbar gesetzliche, privatrechtl. E 87ff.

Sachregister

– – Verpflichtung zur Errichtung einer Grunddienstbarkeit durch Vertrag und Eintragung E 91ff.; **731**, 6, 67; **732**, 6f., 39
– – durch Urteil **731**, 29ff.
– Rang E 103
– Besonderheit gegenüber anderen Grunddienstbarkeiten E 96, 104; **734**, 177
– mittelbar gesetzliche öffentlich-rechtliche E 109, 110
– und Dienstbarkeiten gleichen Inhaltes **740**, 20ff.
Aufhebung oder Abänderung (680 Abs. 2) **732**, 103ff.; **736**, 75
– – Erweiterung fällt nicht unter Art. 680 Abs. 2 **732**, 104
– – – Ebenfalls nicht: Abänderung von Verfügungsbeschränkungen (682 Abs. 3) **730**, 23; **732**, 103
– – – Vormerkung **734**, 27, 75

Eigentumsfreiheitsersitzung
vom Gesetzgeber abgelehnt **734**, 196ff.

Eigentumsvorbehalt E 16

Einfriedigung des belasteten Grundstückes **730**, 95, 208; **737**, 78ff.

Eingetragene und nicht eingetragene
Dienstbarkeiten **731**, 1ff., 94, 155, 163; **734**, 155, 214ff.; **738**, 46; **740**, 11

Einkauf in Dienstbarkeitsanlagen **730**, 156ff.; **733**, 11ff.; **741**, 55f.; **743**, 42

Einteilung der Grunddienstbarkeiten nach ihrem Inhalt **730**, 161ff.
– Übersicht **730**, 167ff.

Eintrag
Aussagevermögen und rechtliche Wirkung **738**, 19ff.
Auslegung **738**, 9, 14ff., 37ff.
Eintrag ohne jede rechtliche Bedeutung (Art. 976)
– wegen Unmöglichkeit der Ausübung der Dienstbarkeit **734**, 120ff.
– wegen Wegfalles des Zwecks **734**, 123ff.; **736**, 18, 95
– – wegen inhaltlicher Identität mit einer gesetzlichen Eigentumsbeschränkung **734**, 127ff.
– – – Grenzabstand **734**, 130
– – – Näherbaurecht **734**, 133f.
– durch Grundstücksteilung entstandene Unmöglichkeit der Ausübung **743**, 58ff., 82ff.; **744**, 57ff.

Eintragung
auf dem Blatt des belasteten und auf dem Blatt des berechtigten Grundstückes **731**, 47ff.
Maßgebend ist die erste **731**, 55ff.
die zweite ist von Amtes wegen vorzunehmen, hat aber nur die Bedeutung einer Anmerkung **731**, 48ff., 59ff.; **738**, 21; **743**, 54
– Fehlen der Eintragung auf dem Blatt des berechtigten Grundstückes
– – Berichtigung **731**, 50
– – Keine Befreiung des Erwerbers des belasteten Grundstückes **731**, 54
– – Dagegen Befreiung des Erwerbers des belasteten Grundstückes, wenn die Eintragung auf dessen Blatt fehlt **731**, 57
– auf dem Kollektivblatt **731**, 63
– Art der Eintragung **731**, 64ff.
– Inhaltsbezeichnung durch Stichwort **731**, 65ff.; **738**, 24ff.
– Grundbuchpläne, Planskizzen **731**, 70, 72ff.; **738**, 8
– Kennzeichnung der Legalservituten als solche **731**, 71; **732**, 39
– Angabe des Gesamtwertes **731**, 76
– Zustimmung von Inhabern dingl. Rechte am zu belastenden Grundstück? **731**, 84ff.

Eintragungsprinzip VB 13ff., s. auch unter Verjährung

– Verpflichtungs- und Verfügungsgeschäft **731**, 1–4
– – Arten der Verpflichtungsgeschäfte (Grundgeschäfte) **731**, 5–8
– Ausnahmen vom Eintragungsprinzip (Geltungsbereich des relativen Eintragungsprinzips) **731**, 9–46

Eisenbahnen
Grunddienstbarkeiten zu Lasten von E. **731**, 62
Verlegung von Leitungen **742**, 123

Elastizität des Eigentums E 8; **742**, 9

Enteignung und enteignungsähnliche Tatbestände
als Grund der Entstehung von Dienstbarkeiten E 113ff.; **730**, 100; **731**, 15ff.
– von Legalservituten E 54, 103; **739**, 39
als Untergangsgrund **734**, 66ff.
als Grund der Teilung des belasteten Grundstückes **744**, 20–23

Entschädigung
– für die Einräumung einer Legalservitut E 88
– – Rückerstattung infolge Aufhebung **736**, 179ff.
– – als Urteilsbedingung **731**, 35ff.
– – als Ablösungssumme **736**, 178ff.
– – bei teilweiser Ablösung durch Verlegung **736**, 21ff., 182ff.; **742**, 73ff.
– wegen Verletzung der Dienstbarkeit **737**, 154f.
– als Ausgleich der Mehrbelastung **739**, 35ff., 49ff.
– als Ausgleich für den Verlegungsanspruch **742**, 36, 127
– Werkeigentümerhaftung des Dienstbarkeitsberechtigten **737**, 37ff., 106; **741**, 21, 33ff., 44
– widerrechtliche Verlegung, die nicht rückgängig gemacht werden kann **742**, 72
– für alle Nachteile bei der Begründung des Durchleitungsrechtes; kann den Verlegungsanspruch ausschließen **742**, 102ff., 127, 131, 138f.

Erfüllungsübernahme **730**, 228

Erhaltung der Dienstbarkeit **737**, 37ff.

Ersitzung von Dienstbarkeiten **731**, 91ff.
– ordentliche **731**, 92f.
– – der gute Glaube **731**, 92f.
– die außerordentliche **731**, 94ff.
– – Wirkungen **731**, 95ff.
– – Eintritt von Gesetzes wegen mit der Verwirklichung des Tatbestandes **731**, 101
  Einspruch **731**, 102
  Fristansetzung zur Klage **731**, 101
– – Feststellungsurteil, Eintragung auf Grund des Urteils ohne «amtliche Auskündung» und «richterliche Anordnung» **731**, 101; **738**, 12
– von Grundlasten? **730**, 225; **731**, 94
Ersitzung und Grundbuch **731**, 104ff.
Grundstücke, zu deren Lasten Dienstbarkeiten ersessen werden können
a) private Grundstücke **731**, 116ff.
b) Grundstücke, die zu den öffentlichen Sachen gehören **731**, 121ff.
Ersitzungsbesitz
– – – im allgemeinen **731**, 131ff.
– – – bei negativen Dienstbarkeiten **731**, 134ff.
– – Kein Ersitzungsbesitz ist die Ausübung der persönlichen Betätigungsfreiheit, sog. «echte Befugnisse», res merae facultatis **731**, 133
Ersitzung von Gemeindedienstbarkeiten zugunsten von Gemeindegrundstücken **731**, 139, 140

Sachregister

Erweiterung des Inhaltes und Umfanges durch Ersitzung **738**, 119ff.
Verminderung des Inhaltes und Umfanges durch Ersitzung? **738**, 122ff., 128
Intertemporales Recht **731**, 157ff.
Erwerb und Errichtung der Dienstbarkeit **731**, 1ff.
– Erwerbsgrund **738**, 8, 83ff.
s. auch Rechtsgrund und Dienstbarkeitsvertrag
Erwerbsrechte, dingliche. Aneignungs-, Anwartschaftsrechte E 16
«**Expropriation, private**» (siehe Enteignung)
Zwangsweise Einräumung von
Legalservituten E 54, 88, 103; **VB** 6; **731**, 6; **732**, 6, 67; **736**, 28, 164, 170; **742**, 134
– Erweiterung der Dbkt durch Einräumung einer Legalservitut **739**, 39
– – eines Quellenrechtes **739**, 50
Ablösung durch den Richter? **736**, 164, 170, 176
Expropriationsvertrag **734**, 198ff.

Facultativa, «in facultativis (res merae facultatis) non datur praescriptio» **731**, 132f.
Fahrweg
– Fuß- und Fahrwegrecht **730**, 167; **739**, 40/41; **740**, 44, 53
– Fahrwegrecht schlechthin **730**, 168; **738**, 75f.
– Beschränktes Fahrwegrecht **730**, 169
– – gebahnter Fahrweg **737**, 12, 24ff.; **739**, 45
– – «unbeschränktes», «unbedingtes» **737**, 86ff.
– Ausübung mit Motorfahrzeugen **737**, 24, 33ff.; **738**, 18, 76f., 117
– – Gesamteigentum nach zürch. LdwG **740**, 53
Fernheizungsdienstbarkeit 730, 182
Feststellung des Inhaltes und Umfanges der Dienstbarkeit
– des Umfanges (737) setzt die Feststellung des Inhalts voraus **738**, 1ff.
– – des Inhaltes und Umfanges als Aufgabe der Auslegung **738**, 6ff.
– des Inhaltes
– – Bestimmungsgründe
– – – Vorrang des Eintrages **738**, 19ff.
– – – – Schutz des gutgl. Dritten im Vertrauen auf den Eintrag auf dem Blatt des belasteten Grundstücks **738**, 19—21, 27ff.
– – – – Inhaltsangabe durch Stichwort **731**, 65ff.; **738**, 24ff.
– – – – Berichtigung der Inhaltsangabe **738**, 26
– – – – Widerlegung des guten Glaubens des Dritten **738**, 30
– – – – – Pflicht zur Abklärung der Bedeutung des Eintrages **738**, 32ff.
– – – – Auslegung des Eintrages **738**, 6ff.
   – aus sich selbst? **738**, 37, 51f.
   – allgemeine Auslegungskriterien **738**, 38ff.
   – nach dem Bedürfnis des herrschenden Grundstücks **738**, 40ff., 47
   – nach den «gewöhnlichen Bedürfnissen des Berechtigten» **738**, 47
   – – dies sowohl zur Bestimmung des Maßes wie des Inhaltes **738**, 45
   – objektivierende Auslegung **738**, 48
   – nach der bisherigen Ausübung **738**, 53f.
   – nach den bestehenden baulichen Anlagen auf dem belasteten (und berechtigten) Grundstück **738**, 55; **743**, 73; **744**, 3
– – – – Gerichtspraxis (Übersicht) **738**, 70ff.
– – – – Berichtigung des Eintrages **738**, 78ff.

Sachregister

- – – nach dem Erwerbsgrund (Grundgeschäft) **738**, 83 ff.
- – – – folgt in zweiter Linie **738**, 91 f.
- – – – Erwerbsgrund, Rechtsgrund, causa **738**, 83 ff.
- – – – Heranziehung der Belege in der Regel nötig **738**, 88—90
- – – – Auslegung des Erwerbstitels **738**, 91 ff.
- – – – – nach den objektiv erkennbaren Umständen **738**, 94 ff.
- – – – Ergänzende Auslegung **738**, 97 ff.
    - beschränkt durch das Formerfordernis **738**, 102
    - Sprachgebrauch **738**, 103 ff.
    - Ortsgebrauch **738**, 106 ff.; **740**, 1, 6 ff., 30 f.
    - Zweck der Dienstbarkeit **738**, 40, 109 ff.
- – – nach der Art der Ausübung **738**, 114 ff.
    - Ausdruck des Willens der Parteien **738**, 114
    - Vermutung der Rechtmäßigkeit **731**, 141 ff.; **738**, 117
- – – Vernünftige Würdigung aller Umstände, wie sie zur Zeit des Vertragsabschlusses gegeben waren **738**, 113

Feststellungsklage E 78; **736**, 102, 176 f., 196; **737**, 174 ff.
Fischereirechte, ehehafte E 27; **730**, 179; **734**, 87
Floskeln, «clauses de style», «clausole di stile» **732**, 29 ff.
Formvorschriften s. Dienstbarkeitsvertrag
«Frei, ledig und los» **732**, 29 ff.
Freiheit des Eigentums
- Vermutung hiefür E 36, 84 f., 150; **736**, 110; **742**, 9
- Beweislast trägt, wer die Beschränkung behauptet E 84; **732**, 38; **737**, 3; **738**, 14; **742**, 9
- Kant. Vorschrift, welche die Beweislast umgekehrt verteilt, ist ungültig **740**, 61

Fußwegrecht **730**, 170; **737**, 26, 34; **738**, 75 ff.; **740**, 42

Gastwirtschaft **730**, 84, 100, 131
Gatafelrecht (Holzlaß, droit de dévalage) **730**, 169; **738**, 33; **740**, 53
Gebahnter Weg **737**, 12; **740**, 45
Gegenleistung, Verpflichtung dazu
- für die Einräumung der Dienstbarkeit **730**, 156
- Einkauf in Dienstbarkeitsanlage **730**, 158; **733**, 11; **741**, 55 f.; **743**, 42
- für die Benutzung des belasteten Grundstückes **730**, 159; **741**, 55 f.
- als essentiale des Dbkts-Vertrages? **732**, 42 ff.
- als Auslegungskriterium **738**, 135 ff.

Gegenseitige Grunddienstbarkeiten **730**, 54
Gemeinatzung («allgemeiner Weidgang», «Tratt», vaine pâturage, vago pascolo, trasa generale, pasculaziun cumina) **734**, 88; **740**, 37 f.
Gemeindedienstbarkeit E 114; **730**, 100, 186; **731**, 139
Gemeinschaft, nachbarrechtliche **736**, 24 ff.; **737**, 71; **738**, 49 ff.
Gemeinschaftliches Eigentum am belasteten oder am berechtigten Grundstück **730**, 43 f.
Gemeinschaftl. Dbkten, Kauf- und Vorkaufsrechte **730**, 44; **743**, 41; **744**, 36 ff.
Gemessene und ungemessene Dbkten **737**, 19 ff.; **739**, 5—10; **743**, 26 ff.; **744**, 8
Genehmigung des Vertrages nach erlangter Handlungsfähigkeit **738**, 102
Genossenschaften mit Teilrechten E 122 f.
Gesetzesvorschrift
begründet keine Grunddienstbarkeit, sondern nur den Anspruch auf ihre Einräumung **731**, 45 f.
Gesetzliches Schuldverhältnis **737**, 7 ff.

Sachregister

Gewährleistung des Bestellers der Dienstbarkeit
- Rechtsmängel **732**, 57f.
- Sachmängel **732**, 58f.

Wegbedingung
- «Nachwährschaft ist wegbedungen» (BlZR **42** Nr. 105; Aarg. GVE **1966**, S. 13); **732**, 29

Gewerbebeschränkungen
- als Inhalt von Dienstbarkeiten **730**, 118ff.
- Übersicht über die Praxis **730**, 193
- Auslegung des Eintrages **738**, 32ff.

Gewerbekanal
Die Kosten der Verlegung können für den Berechtigten untragbar sein **742**, 94

Glöggliprozeß 730, 186
s. Gemeindedienstbarkeit

Grabstellenrechte E 24ff.

Grenzregulierung
als selbständiges Verfahren oder als Bestandteil des baurechtlichen Umlegungs- oder Quartierplanverfahrens **743**, 5

Grundbuch, Bestandteile **738**, 8ff.

Grundbuchbereinigung 732, 60ff.; **736**, 95; **738**, 11; **740**, 11; **743**, 82
- Aufhebung aller nicht zur Eintragung gelangten Rechte (SchlT Art. 44 Abs. 2) **734**, 179
- – bezieht sich nicht auf Rechte, die nicht eingetragen werden müssen oder nicht eingetragen werden können **734**, 180
- Anwendung von Art. 736; **736**, 95
- durch Löschung von Einträgen ohne jede rechtl. Bedeutung **734**, 118, 121, 123; **736**, 96; **743**, 58ff., 82ff.; **744**, 57ff.

Grundbuchberichtigungsklage
- Voraussetzungen im allgemeinen **737**, 176
- auf Wiedereintragung wegen ungerechtfertigter Löschung **734**, 60; **743**, 73
- wegen anfänglicher Unrichtigkeit des Grundbuches **734**, 64
- wegen Löschung ohne Zustimmung der aus dem Eintrag berechtigten Personen **742**, 70ff.
- wegen nachträglich eingetretener Unrichtigkeit des Grundbuches **734**, 65, 94, 101; **736**, 103; **737**, 176
- als Feststellungsklage **736**, 102, 176ff.; **737**, 174ff.
- als negatorische Klage **E** 79; **737**, 177; **739**, 62f.
- als confessorische Klage **737**, 177
- Unverjährbarkeit **737**, 176

Grundbuchliche Publizität E 93; **VB** 12; **731**, 15, 106ff.; **733**, 45ff.; **734**, 185ff.; **735**, 27f.; **738**, 19ff.

Grundbuchliche Publizität und natürliche Publizität (insbes. baulicher Zustand des Grundstücks) **731**, 9ff.; **733**, 6f., 58, 61ff.; **734**, 175, 181ff., 194; **737**, 219ff.; **738**, 55, 131f.; **743**, 43; **744**, 3
- Erwerb des überbauten, mit einem als Eigentümerdienstbarkeit errichteten Bauverbot belasteten Grundstückes **733**, 6ff., 61; **738**, 55

Grunddienstbarkeit
- Begriff **730**, 1ff.
- Dienstbarkeitskategorien **E** 59f.
- – welche vorliegt, muß aus dem Dienstbarkeitsvertrag hervorgehen **730**, 29ff.
- – – ist vom GBVerw. zu prüfen **730**, 29ff.; **731**, 49ff.
- Begrenztheit nach Inhalt und Umfang **730**, 10, 15, 100
- Funktion, wirtschaftl. u. soziale Bedeutung **VB** 1ff.
- Neuerungen des ZGB **VB** 7ff.

- Unteilbarkeit **730,** 47; **743,** 14
- Unübertragbarkeit, auch der Ausübung nach **730,** 42; **739,** 27

s. Inhalt

Grunddienstbarkeitsrecht

als allg. Teil des Dienstbarkeitsrechts und Grundlastrechts **VB** 18; **733,** 30; **744,** 62

Grundeigentumsrecht

- Anwendung auf Dienstbarkeiten **E** 68ff., **VB** 18f.; **736,** 28; **744,** 52
- - auf den Erwerb von Dienstbarkeiten **731,** 1ff.; **732,** 53
- - die Haftung des Dienstbarkeitsberechtigten **737,** 106
- - den Rechts- und Besitzesschutz **737,** 179
- - die Zusprechung von Servituten durch Gestaltungsurteil **E** 99; **731,** 29, 31ff.
- - die Zusprechung der verlegten Dienstbarkeit **742,** 50

Grundlast, rechtliche Natur **E** 5, 55; **730,** 218ff.; **744,** 39ff.
- Verbindung mit einer unablösbaren Dienstbarkeit (788 Abs. 3) **730,** 212, 221ff.; **744,** 38ff.
- Grundlast am eigenen Grundstück **733,** 43
- Geldleistung als Inhalt der Grundlast? **744,** 41
- Löschung mit der Dbkt zu Lasten von Teilparzellen, die außerhalb des Ausübungsbereiches liegen **744,** 38ff.
- Ersitzung **730,** 225; **731,** 94

Grundpfandverwertung E 49

«**Grundstück**», als solches ins Grundbuch aufgenommenes selbständiges und dauerndes Recht **E** 20; **731,** 121; **737,** 110

Grundwasser
- Senkung des Grundwasserspiegels **737,** 69

Guter Glaube
- des Ersitzenden **731,** 92, 92a
- des Dritten im Vertrauen auf das Grundbuch **731,** 56f.
- - hat den Untergang der nicht eingetragenen Dienstbarkeit zur Folge **734,** 157ff.
- - ausgeschlossen wegen Unterlassung der Abklärung der Bedeutung des Grundbucheintrages **738,** 32ff.
- - ausgeschlossen durch die natürliche Publizität (eindeutig in Erscheinung tretende Dienstbarkeitsanlagen) s. Selbstverständliche Dienstbarkeiten sowie Grundbuch und natürliche Publizität

Güterzusammenlegung 731, 27f.; **734,** 80f.; **736,** 96

Haftung
- für Werkmängel der Dienstbarkeitsanlagen **737,** 37ff., 106f.; **741,** 21, 33ff.; **743,** 38ff.
- wegen Überschreitung der Dbkt **E** 70; **737,** 106ff.
- wegen Absenkung des Grundwassers **737,** 69ff.
- selbständige Haftung des Dienstbarkeitsberechtigten **737,** 112ff.
- - für seine Mieter und Pächter **737,** 116
- gegenüber Nachbarn einerseits, den am belasteten Grundstück dinglich Berechtigten andererseits **737,** 70, 121ff.
- des Veräusserers wegen Nichtüberbindung der mit der Dbkt verbundenen persönlichen Verpflichtung **730,** 236

Haftung ohne Leistungspflicht **744,** 43

«Haftungseigentum» **743,** 37ff.

Herrenlose Sachen

als Objekte beschränkter dingl. Rechte **E** 22ff.; **730,** 19

615

Sachregister

Herrenlosigkeit des derelinquierten berechtigten Grundstückes **734,** 135ff.
Holzlaß 730, 169; **740,** 53
Holznutzungsrechte 730, 173; **740,** 51, 56

Identität
– Grundsatz der Identität der Dienstbarkeit **736,** 63, 155f.; **738,** 16
Immemorabile 730, 141
Indirekte Dienstbarkeiten 730, 40; **737,** 187
Inhalt der Grunddienstbarkeit (siehe auch Umfang)
– nur Beschränkung der Eigentumsausübung, nicht der persönlichen Handlungsfreiheit **730,** 106ff.
– nur Benutzungshandlungen **730,** 23, 140ff.
– Eigenart des dienenden Grundstückes maßgebend **730,** 113
– Inhaltliche Identität mit gesetzl. Eigentumsbeschränkungen **730,** 93ff.
– – mit solchen von sicherem und dauerndem Bestand **730,** 93—95
– – mit anderen, bes. öffentlich-rechtlichen **730,** 96
– Öffentliche Interessen **730,** 100—102
– – Gewerbebeschränkungen mit dem Zweck von Konkurrenzverboten **730,** 118ff.
– – Bierservitut **730,** 114ff.
– – Tankstellenservitut **730,** 133ff.
– Ausgeschlossen auch
– – Verfügungsbeschränkungen **730,** 140ff.
– – Verpflichtungen zu pos. Leistungen **730,** 154ff., 194ff.
– – Verpflichtung zum Ersatz von Schaden und Verzicht auf Schadenersatz **730,** 150f.
– Unmöglichkeit und Widerrechtlichkeit des Inhalts **730,** 82ff.
– – Forstpolizei **730,** 83
– – Baupolizei **730,** 84
– Unmöglichkeit der Ausübung, Zwischengrundstück eines Dritten **730,** 85
– Einmalige Benutzungshandlungen? **730,** 91f.
– Bestimmung des Inhaltes aus dem Eintrag und aus dem Dienstbarkeitsvertrag **738,** 6ff.
– – Nähere Bestimmung im kant. Recht **737,** 50; **740,** 1ff., Übersicht 42ff.
Innominatkontrakte
– Dazu gehört der Dienstbarkeitsvertrag **E** 134; **732,** 54
Interesse an der Dienstbarkeit
– vernünftiges **730,** 87/88, 88a; **736,** 91, 147
– mangelndes z. Zt. der Bereinigung der dinglichen Rechte **730,** 89f.
– für das berechtigte Grundstück **736,** 91, 148ff.
– persönliches **736,** 53ff., 70, 79, 91, 141ff.; **737,** 15
– Schwund des Interesses als Voraussetzung der Aufhebung oder Ablösung
– – eines vernünftigen? **736,** 53ff., 91
– – nur des ursprünglichen **736,** 58ff., 146ff.; **737,** 15, 75
– – nicht künftiges, möglicherweise sich einstellendes **736,** 70ff.
– – wegen Wegfalles der Notlage **736,** 75
– Fehlen des Interesses von Anfang an **736,** 81f.
Intertemporales Recht
– im allgemeinen **E** 105, **VB** 20; **740,** 59
– – Begründung von Dienstbarkeiten **731,** 149ff.
– – – Ersitzung im besonderen **731,** 157ff.
– – Untergang **734,** 179, 180, 210ff.

Sachregister

– – – Unwirksamkeit gegenüber gutgläubigen Dritten **734,** 211
– – – Aufhebung und Ablösung **736,** 200
– – Ausübung nach Inhalt und Umfang **737,** 227ff.
– Bestimmung des Inhaltes und Umfanges **738,** 56ff.
– – Mehrbelastung: Anwendung neuen Rechtes **739,** 64
– – Anwendung auf Dienstbarkeiten des kantonalen Rechtes **740,** 57ff.
– – Unterhalt von Dienstbarkeitsanlagen **741,** 92ff.
– – – der Beurteilung nach neuem Recht steht in den Kantonen Appenzell und St. Gallen der Grundsatz der Nichtrückwirkung entgegen **741,** 95
– Verlegungsanspruch **742,** 110f.

Kanalisation, Einkauf **730,** 158f.; **741,** 55f.; **743,** 42
Kantonales Dienstbarkeitsrecht 740, 1ff.
Literatur S. 481f.
– Vorbehalt, echter
– – zuteilender (die Kantone sind befugt, neues Recht zu setzen) **740,** 1, 58
– – den ermächtigenden Vorbehalten nahestehend **740,** 4
– – kantonales Gewohnheitsrecht **740,** 5
– – ergänzender Ortsgebrauch **740,** 6ff.
– rechtspolit. Grund des Vorbehalts **740,** 12ff.
Geltung innert der Schranken des eidg. Rechts **740,** 4, 8
– beschränkt auf den Dienstbarkeitsinhalt **740**
– Nachgiebigkeit gegenüber rechtsgeschäftlichen Inhaltsbestimmungen **740,** 10
– Inbegriff der dem kant. Recht unterstellten Dienstbarkeiten **740,** 16ff.
- Überschreitung des Vorbehaltes durch Vorschriften, welche nicht bloß den Inhalt bestimmen **740,** 3, 33ff.; 61ff.
– – ihre Geltung als nachbarrechtliche oder öffentlich-rechtliche Vorschriften **740,** 34—36
– Übersicht über die kant. Vorschriften **740,** 42ff.
– über ihre Anwendung in der Rechtsprechung **740,** 52ff.
– Anwendbarkeit der Grundsätze des intertemporalen Rechtes **740,** 57ff.
Kantonalrechtliche Dienstbarkeiten s. Landwirtschaftl. Dienstbarkeiten
– hervorgegangen aus der historischen Bodennutzungsordnung **740,** 12ff., 16ff.
– zur Hauptsache landwirtschaftliche Dienstbarkeiten **740,** 16ff.
– dem Ursprung nach gesetzliche unmittelbare und mittelbare Eigentumsbeschränkungen **740,** 20ff.
– notrechtlicher Ursprung im bes. **740,** 28
– Abgang und Verkümmerung infolge des Überganges zur modernen Bodennutzungsweise **740,** 19
– Übersicht über die kant. Vorschriften **740,** 42ff.
 ihre Anwendung in der Rechtsprechung **740,** 52ff.
Kapprecht
Ausschluß durch Ersitzung einer Grunddienstbarkeit **740,** 56
Kellerrecht 730, 189
Kirche, evangelisch-reformierte
Das belastete Grundstück darf nur mit einer solchen Kirche überbaut werden **730,** 138
Kirchenfeldservitut (Bern) **738,** 98
Kirchenstuhlrechte E 124ff.
Kirchweg als Gemeindedienstbarkeit **734,** 125
Klauseln unbestimmten Inhalts gemäß alter Übung (clauses de style) **731,** 164; **732,** 29
Konfusion s. Vereinigung

Sachregister

Konkurrenzverbot als Zweck der Dienstbarkeit **730**, 118 ff.
Konsolidation oder Konfusion ? **735**, 31 ff.
Konventionalstrafe — persönliche Verpflichtung, ohne Haftung des Grundstückes **730**, 160
Konversion
der ungültigen Dienstbarkeiten in ein gültiges obligatorisches Rechtsverhältnis **E** 130 f.; **732**, 100
Korporationsteilrechte
von Alp-, Wald-, Wassergenossenschaften des kant. Privatrechts **E** 122
Kündigung, Vorbehalt im Dienstbarkeitsvertrag **730**, 76 ff.

«**Landeskultur**» **736**, 30 f., 170; **742**, 14, 17
Landwirtschaftl. Dienstbarkeiten des kant. Rechts **740**, 16 ff.
– zum größeren Teil entstanden durch Ersitzung oder hervorgegangen aus gesetzlichen Eigentumsbeschränkungen **736**, 180 a.E.; **740**, 20, 27 ff.
Lastenverzeichnis **731**, 41; **734**, 92 ff.; **734**, 212 ff.; **738**, 22
Legalservituten **E** 80 ff., 157 ff.; **740**, 20 ff.; **742**, 79, 83 ff., 107
– Rang **E** 103; **731**, 33 f., 71, 90; **732**, 40
– Klage auf Einräumung **731**, 33; **739**, 48
– Eintragung **E** 93; **731**, 71; **732**, 39; **734**, 173 ff.
– Entschädigung **E** 88
– Vormerkung des gesetzlichen Anspruchs **731**, 80 f.
– Vormerkung der vorläufigen Eintragung **731**, 79
– Dienstbarkeitsvertrag **732**, 6, 39, 67
– Aufhebung und Ablösung **E** 104; **736**, 75, 180, 186 f.
Leistungen, positive
als Nebensache mit der Dienstbarkeit verbunden **730**, 194 ff.; **743**, 44; **744**, 36 ff.
– Nebensächlichkeit **730**, 202 ff.
– Einfluß auf die Dienstbarkeit, wenn nicht nebensächlich **730**, 210 ff.
– Inhalt der Verpflichtung **730**, 212 ff.; **744**, 37 f.
– Abgrenzung gegenüber der Grundlast **730**, 218 ff.
– Befreiung durch Dereliktion des belasteten Grundstückes **730**, 232 ff.
– Vor der Eigentumsübertragung fällig gewordene Forderungen **E** 163 ff.
– Ablösbarkeit **730**, 239 ff., 243
– Verpflichtung, sein Haus in weißer Farbe zu streichen ? **730**, 216
Leitungen
– Sonderstellung im Dienstbarkeitsrecht **742**, 78 ff.
– äußerlich wahrnehmbare (Ausnahme vom Eintragungsprinzip) **731**, 9—13
– Eigentum **741**, 18 ff.; **743**, 37 ff.
– Werkzugehör **742**, 80
Liegenschaft
Untergang **734**, 113
Liegenschaftsbeschreibung **731**, 75; **738**, 8
Loeb-Haus, Bern
Beteiligung am Erlös aus der Einräumung des Baurechtes (ZBJV **94**, 23 ff.) **738**, 101
Löschung, gestaltende
– materiell und formell **734**, 9 ff.
– – Löschungsverfügung des Dienstbarkeitsberechtigten **734**, 10—14
– – Verpflichtung zur Löschungsbewilligung **734**, 15—18
– – Legitimation zum Löschungsbegehren **734**, 19 ff.
– – Löschungsklage **734**, 26

– – Zustimmung der aus dem Eintrag berechtigten Personen **730**, 38, 75; **734**, 29ff.
– – – nur der möglicherweise effektiv benachteiligten **734**, 32
– – – nur derjenigen, die ihre Rechte nach der Begründung der zu löschenden Dienstbarkeit erworben haben **734**, 36ff.
– – Bewilligung des Betreibungsamtes oder der Konkursverwaltung **734**, 45
Durchführung der Löschung **734**, 46
Ungerechtfertigte Löschung
– absolute Ungültigkeit **734**, 54ff.
– relative Ungültigkeit **734**, 58f.
– Klage auf Wiedereintragung (Grundbuchberichtigungsklage) **734**, 58ff.
materiell bloß berichtigende, nur formell gestaltende **734**, 64ff.
– Das Recht ist materiell untergegangen, hat aber noch seine buchmäßige Existenz **737**, 66ff.
– – Untergang durch Enteignung **731**, 15ff.; **734**, 66—77
– – durch enteignungsähnliche Tatbestände **734**, 78—81
– – durch richterliches Urteil **734**, 82ff.
– – auf Grund der clausula rebus sic stantibus **734**, 89
– – Zusprechung der Dienstbarkeitsfreiheit auf Grund bestehender Verpflichtung zur Löschungsbewilligung **734**, 90f.
– – Zwangsverwertung **734**, 92
– – Verzicht **734**, 97ff.
bloß berichtigende, sowohl materiell als auch formell **734**, 113ff.
– – Untergang des berechtigten oder des belasteten Grundstückes **734**, 113—116
– – Unmöglichkeit der Ausübung **734**, 117
– – Wegfall des Zweckes **734**, 123ff.
– – Dereliktion des berechtigten Grundstückes **734**, 135ff.
– – Ablauf der Dauer, auf welche das Recht errichtet wurde **734**, 145ff.
– – Das eingetragene Recht ist nicht eintragungsfähig **734**, 148ff.
– – Gesetzliche Aufhebung **734**, 152f.
– – Befreiung einer durch Teilung entstandenen Parzelle (s. Teilung) **734**, 154
Löschung bedeutungslos gewordener Einträge
– auf Begehren des Belasteten oder von Amtes wegen (976) **734**, 118, 121, 123, 131; **736**, 96; **743**, 58ff., 73, 82ff.; **744**, 57ff.
– Verfahren **743**, 66ff.
s. Grundbuchbereinigung

Maß (das Maß eines rechtlichen Faktors, einer Folge oder Wirkung)
– nicht exakt zu bestimmen, «poiché il nullo ed il poco sono da equipararsi» **736**, 127; **742**, 32
– – Erheblichkeit (der Mehrbelastung) **739**, 31ff.
– Zeitmaß (mathematische, logische, juristische Sekunde) **732**, 11
Mehrbelastung
Grundlage der Beurteilung (Art. 738, 737) **739**, 1—4
Begriff: Verstärkung der Belastung durch Überschreitung des Dienstbarkeitsrechtes **739**, 5ff.
– gemessene Dienstbarkeiten **739**, 5–7
– ungemessene Dienstbarkeit **739**, 8–10
– clausula rebus sic stantibus **739**, 11
– Änderung, nicht bloß Steigerung der Bedürfnisse des berechtigten Grundstückes **739**, 12ff.
Tatbestände:
Das berechtigte Grundstück wird einem anderen Zweck dienstbar gemacht **739**, 15ff.
– nicht, wenn Wiese zu Ackerland gemacht wird **737**, 27; **739**, 16ff.

Sachregister

- Vergrößerung des herrschenden Grundstückes oder des auf ihm befindlichen Gebäudes **739**, 19 ff.
- – Grenzbereinigung **739**, 21
- – Vereinigung mit einer anderen Parzelle **739**, 22
- – – wegen Erschwerung des Unterganges der Dienstbarkeit infolge Unmöglichkeit der Ausübung oder Wegfalles des Zweckes **739**, 23
- – Übertragung der Dienstbarkeit zur Ausübung an Dritte (ohnehin unzulässig **730**, 42) **739**, 27
- – – nicht Vermietung oder Verpachtung des herrschenden Grundstückes **739**, 28 ff.
- Erheblichkeit der Mehrbelastung **739**, 33 f.
- Ausgleich der Mehrbelastung durch Entschädigung **739**, 35 ff., 49 ff., 53 N
- Gerichtspraxis (Übersicht) **739**, 40 f.
  Mehrbelastung bejaht **739**, 40
  verneint **739**, 41
- Abwehr der Überschreitung des Dienstbarkeitsrechtes wegen Mehrbelastung **739**, 42 ff.
- – actio negatoria **739**, 43
- – – Unterlassungs- und Beseitigungsklage **739**, 44
- – – Klage auf Schadenersatz durch Naturalleistung (Wiederherstellung) **739**, 45
- – – Klage auf Anordnung von Maßnahmen **739**, 47
- – – Widerklage auf Einräumung einer Legalservitut **739**, 48
- – – Zusprechung einer Entschädigung als Maßnahme des Ausgleichs **739**, 49 ff., 53
- – Gutheißung der actio negatoria mit der Folge, daß die Dienstbarkeit nicht mehr ausgeübt werden kann **739**, 54 f., 55
- – Besitzesschutzklage **739**, 57
- – – im summarischen Verfahren **737**, 126 ff.; **739**, 59
- – – Baueinsprache **737**, 153; **739**, 58
- – Urteil begründet die Einrede der res iudicata gegenüber dem Erwerber **739**, 60 f.
- – – begründet Anspruch auf Berichtigung des Grundbuches **739**, 62 f.

Mißbräuchliche Ausübung **737**, 47, 52 ff., s. Ausübung, Schikane, Treu und Glauben
Miteigentum
mehrerer Dienstbarkeitsberechtigter an den gleichen Dienstbarkeitsanlagen **743**, 41
Miteigentumsanteil
als belastetes Grundstück? **E** 18 f.; **730**, 22, 48; **743**, 2
als berechtigtes Grundstück? **E** 19; **730**, 44; **743**, 2
Motorfahrzeuge
Ausübung von Wegrechten mit M. **730**, 168; **737**, 33 ff., 81; **738**, 18, 76

Nachbarrecht
- Stellung des Dienstbarkeitsberechtigten im Nachbarrecht **E** 68 ff.; **737**, 106 ff.
- – der nachbarrechtliche Grundgedanke des Dienstbarkeitsrechtes **736**, 24 ff.; **739**, 52; **742**, 102, 104
- – nachbarrechtliche Gemeinschaft **737**, 71; **738**, 49 ff.
- Anwendung auf Durchleitungsdienstbarkeiten **742**, 83 ff.
- – insbes. auf die Verteilung der Verlegungskosten **742**, 83 ff.
  s. auch Haftung

Nationalparkvertrag 730, 10, 100
Natürliche Publizität (insbes. baulicher Zustand des Grundstückes)
s. Grundbuchliche Publizität
Nec vi nec clam nec precario (Ersitzungsbesitz) **731**, 132
Negative Dienstbarkeiten 730, 4; **744**, 6, 13
- dem Besitz gleichgestellte Ausübung **731**, 134 ff.; **737**, 140 ff.

Nemini (oder nulli) res sua servit
- evidente Rechtswahrheit **732**, 10; **733**, 3

Nemo sibi ipse causam possessionis mutare potest (Ersitzungsbesitz) **731**, 132

Neuerungen gegenüber dem gemeinen Recht **VB** 1ff.; **730**, 165

Notrechte E 87ff., 89, 104, 157; **731**, 6; **734**, 177; **736**, 75, 180 a.E., 186; **740**, 28; **742**, 83; **743**, 48

Notwegrecht 743, 48

Numerus clausus s. Typizität

Nützlichkeit
- Wesenselement der Dienstbarkeit **736**, 41ff., 129
- volkswirtschaftliche **737**, 64ff.

Nutzung, familienrechtliche **E** 14

Obligatorische Vorbehalte
im Dienstbarkeitsvertrag **730**, 73ff.
Kündigung **730**, 76ff.
Befristung selbständiger und dauernder Rechte, die in das Grundbuch aufgenommen werden. Unwirksamkeit gegenüber den Grundpfandgläubigern **730**, 80f.
Obligatorische Verpflichtung mit Dienstbarkeitsinhalt kann formfrei begründet werden **732**, 52

Offenkundige Dienstbarkeiten 733, 6ff., 52ff.

Öffentliche Beurkundung 732, 69ff., 95f., 102ff.
s. Dienstbarkeitsvertrag

Öffentliche Sachen
als Objekte beschränkter dinglicher Rechte **E** 25ff.; **731**, 121ff.

Öffentliches Eigentum E 106, 111ff.; **742**, 112ff.

«Öffentlich-rechtliche Dienstbarkeiten»
- auferlegte **E** 106ff., 116
- öffentlich-rechtliche Zweckbestimmung privater Dienstbarkeiten **E** 111ff.; **730**, 100ff.; **742**, 112ff.
- öffentlich-rechtlicher Entstehungsgrund privater Dienstbarkeiten **742**, 115
- – Ausgleich des Vorteils von Nachbarn aus Bau- und Gewerbebeschränkungsdienstbarkeiten des Gemeinwesens durch Erhebung von Grundeigentümerbeiträgen? **730**, 102
- – Ablösung **736**, 188ff.

Öffentlich-rechtliche Verlegungsbestimmungen 742, 112ff.
- Dienstbarkeiten mit öffentlicher Zweckbestimmung, unmittelbare und mittelbare öffentlich-rechtliche Eigentumsbeschränkungen **742**, 112ff.
- – Schwachstromleitungen der PTT **742**, 118
- – Starkstromleitungen **742**, 119ff.
- – Kreuzungen mit Eisenbahnen **742**, 123
- – Nationalstraßen **742**, 124
- – Rohrleitungen **742**, 125
- – Wasserwerkanlagen **742**, 126
- – kantonsrechtliche Durchleitungen für öffentliche Zwecke **742**, 127f.
- Hinweis auf das Recht Deutschlands **742**, 129ff.
- – Beispiel des Wassergesetzes von Baden-Württemberg vom 25.2.1960 **742**, 131
- Veranlassungsprinzip **742**, 123, 137
- – Milderung nach Maßgabe des Interesses und der Leistungsfähigkeit **742**, 133
- Subsidiäre Anwendung der privatrechtlichen Bestimmungen **742**, 135

Ortsgebrauch 738, 106ff.; **740**, 1, 6ff., 30f.
gesetzlicher und rechtsgeschäftlicher Geltungsgrund **740**, 7

Sachregister

Pacta sunt servanda
und «richterliche Ablösung» **736**, 48, 117, 163, 172
s. auch Vertragsfreiheit
Parzellierung 733, 19ff.; **743**, 3ff., 42ff.; **744**, 30
Pecchius 742, 21
Pfandrecht E 5
– Eigentümerpfandrecht **E** 33
– Rang nach dem System der festen Pfandstelle **E** 44ff.
Pflanzensuperficies 730, 173; **734**, 86, 180; **740**, 56
Platzrechte 730, 192
praescriptio immemorialis
(prescrizione immemorabile) **731**, 141 ff.
Prekaristische Gestattung 730, 59; **732**, 99
Proportionalität
VB 6; **736**, 28, 129, 159, 171f., 182; **737**, 43, 59ff., 70; **738**, 16, 41; **739**, 52; **742**, 11, 14, 54, 93
Publizitäts- oder Vertrauensprinzip s. Grundbuchliche Publizität

Quellenrechte 730, 180
– am eigenen Grundstück **733**, 32; **735**, 19f.
– Quelle auf Gemeindeboden **731**, 130
– Ausübung auf dem belasteten Grundstück räumlich begrenzt **734**, 121, 123; **744**, 19, 26
– Verminderung der Wassermenge **737**, 59ff.
– Einräumung des Quellenrechts und Abgrabung der Quelle vom Nachbargrundstück aus **737**, 199ff.
– Der gutgläubige Dritte erwirbt es nach Maßgabe des Eintrages **738**, 93
– Ausübung in reduziertem Umfang **738**, 117
– Feststellung des Umfanges **738**, 131 ff.
– «Quellen- und Wassernachgrabungsrecht» der bernischen Notariatspraxis **744**, 26

Rangordnung der beschränkten dinglichen Rechte **E** 35ff.; **734**, 36; **735**, 11 ff.
– Alterspriorität **E** 37 ff.
– System der festen Pfandstelle **E** 44 ff.
– der vorgemerkten persönlichen Rechte **E** 50ff.
– Auswirkung in der Zwangsverwertung **E** 49; **732**, 28; **734**, 96a
– zwischen Dienstbarkeiten und anderen dinglichen Rechten **737**, 97ff.
– bei der Verlegung der Dbkt auf ein anderes Grundstück **742**, 43
Realobligationen
– Begriff und Anwendungsbereich **E** 148ff.; **730**, 157
– gesetzliche **E** 157; **731**, 33, 71; **732**, 39, 67; **734**, 173ff.; **740**, 53; **741**, 14ff., 43; **742**, 106ff.
– vertragliche (gesetzlich vorgesehene) **E** 150, 152ff.; **730**, 194ff.; **741**, 66, 67ff.; **743**, 43f.; **744**, 36ff.
  durch Vormerkung verstärkte persönliche Rechte **E** 148ff., 152ff.
– Befreiung durch Dereliktion des belasteten Grundstückes oder Aufgabe des dinglichen Rechts, mit dem die Realobligation verbunden **E** 164; **730**, 232ff.; **744**, 37
– – – durch Veräußerung **E** 163; **741**, 26; **742**, 108
Rechte und Lasten, wie sie bisher genossen und getragen wurden **731**, 164; **732**, 29ff.; **733**, 6
Rechte und Forderungen als Objekte dinglicher Rechte **E** 21 ff.
Rechtsbesitz 737, 127, 130ff.
Rechtsgrund (Erwerbsgrund, Rechtstitel) **734**, 12; **738**, 83ff.

622

Sachregister

Rechtsmißbrauch
und unerlaubte Handlung E 83; **736**, 140; **737**, 46 ff.
- – rechtsmißbräuchliches Abgraben einer nachbarrechtlich nicht geschützten Quelle **737**, 199 ff.
- – Festhalten an der Dienstbarkeit trotz konkludenten Verzichts **738**, 130
- – Dem Dienstbarkeitsberechtigten wird verboten, den nicht verwendeten Überlauf der Quelle zu nutzen **739**, 50
- – Ablehnung des Verlegungsbegehrens **742**, 12, 15

Rechts- und Besitzesschutz E 71 ff.; **737**, 126 ff.
- Unabhängigkeit des Dienstbarkeitsberechtigten vom Eigentümer des belasteten Grundstückes im Vorgehen gegen Dritte **737**, 76

s. Besitz,
- actio confessoria,
- Feststellungsklage

Reistweg 740, 47

Res merae facultatis (les actes de pure faculté, atti meramente facoltativi) geben keinen Ersitzungsbesitz (s. daselbst) **731**, 133

Resolutivbedingung 730, 66 ff.
- vermeintliche **742**, 18

Revers als Anerkennung der Widerruflichkeit **730**, 61

Rosenlaui-Alp
- Beanspruchung für Parkplätze nach den Bedürfnissen des berechtigten Grundstückes (Hotelliegenschaft) **732**, 25; **737**, 19; **738**, 47; **744**, 29

Sache
Begriff **734**, 113

Saumweg, Fußweg, Reitweg und «geführter Hand-Recht» (Appenzell IRh.) **730**, 169; **738**, 33; **740**, 42, 62

Schadenersatz
- Verpflichtung zu Schadenersatz und Verzicht auf Schadenersatz können nicht zum Inhalt einer Dienstbarkeit gemacht werden **730**, 150
- – Schadenersatzbegehren in Verbindung mit der Besitzesschutzklage **737**, 172
- – – mit der Unterlassungs- und Beseitigungsklage aus Art. 679 **737**, 196
- – Schadenersatz durch Naturalleistung **739**, 45

s. im übrigen Entschädigung

Schenkung einer Dienstbarkeit **732**, 52 ff., 82, 108 ff.

Schießservitut 730, 192; **731**, 128, 135; **737**, 128; **744**, 7

Schikane 736, 40, 77, 109, 114, 123; **737**, 46 ff.

Schneefluchtrecht 730, 173; **736**, 87a; **737**, 128, 135; **740**, 55

Schonende Ausübung der Dienstbarkeit (civiliter uti) **737**, 43 ff.
- Gerichtspraxis **737**, 52 ff.
- Mißachtung des Gebotes **737**, 78 ff.

Schriftlichkeit als Form des Grunddienstbarkeitsvertrages **732**, 69 ff., 76 ff.

s. Dienstbarkeitsvertrag

Schulweg als Gemeindedienstbarkeit **734**, 25

Schutzmaßnahmen
- zugunsten des Dienstbarkeitsberechtigten **737**, 146 ff.
- anstatt Gutheißung der Verlegungsklage **742**, 54 f.
- zugunsten des Belasteten wegen Überschreitung der Dienstbarkeit **739**, 47

Sekunde, juristische 732, 11

Sachregister

Selbständige und dauernde, in das Grundbuch aufgenommene Rechte
sind nicht Eigentumsobjekte E 20; **737**, 110
Selbstverständliche Dienstbarkeiten (Widmung, destination du père de famille) **732**, 15
Geschichte und Rechtsvergleichung **733**, 45 ff.
Tatbestände **733**, 50, 62 ff.
Der Ausschluß durch das ZGB ein gesetzgeberischer Mißgriff **733**, 60
Analoge Anwendung des Art. 674 auf einzelne Tatbestände **733**, 62
Servitù coattive des italienischen Rechts E 100
Servitus in faciendo consistere nequit E 161 ff.; **730**, 1—4, 154 f.
Servitus stillicidii recipiendi (Last der Dachtraufe) **734**, 122
Servitus tigni immittendi, oneris ferendi 730, 96; **734**, 122; **741**, 57 ff.
Servitutenprotokoll 738, 32, 59
Servitutenregister 731, 154; **738**, 8, 59
Seyrechte E 122
Simulation
– Beurkundung eines unrichtigen Kaufpreises **732**, 101
Ski, Dbkt f. Übung u. Abfahrt **731**, 139
Sperrwirkung
kein schutzwürdiges Dienstbarkeitsinteresse **736**, 58 ff.; **737**, 90
Staatsdienstbarkeit E 117 f.; **736**, 138
Stichwort
zur Bezeichnung des Inhaltes der Dienstbarkeit im Grundbuch **731**, 65 ff.; **738**, 24 ff.
Stockwerkeigentum E 19; **737**, 197; **743**, 12
Subjektiv-dingliches Recht E 155; **730**, 2
Sukzession, konstitutive E 6
Suspensivbedingung 730, 64 ff.
vermeintliche **730**, 65

Tankstellenservitut 730, 133 ff.; **738**, 32
Tavernenrechte, ehehafte, Realwirtsrechte E 127; **734**, 87
Teilung eines Grundstückes **743**, 1 ff.
– Teilung als Verfügung **743**, 15 f.
– Teilung durch Urteil **731**, 31
– Grundsatz der Teilbarkeit von Liegenschaften und Miteigentumsanteilen an Grundstücken **743**, 1—2
– Unteilbarkeit der als Grundstücke in das Grundbuch aufgenommenen selbständigen Rechte **730**, 43 ff.; **743**, 13
– – insbesondere des Baurechtsgrundstücks **743**, 14
– Gesetzliche Beschränkungen der Teilbarkeit
– – verliehene Wasserkraftrechte, Korporationsteilrechte, Stockwerke **743**, 1, 12
– – Zerstückelung von Liegenschaften, besonders zusammengelegter Güter **743**, 9 f.
– – Erbteilungsrecht: bäuerliches Heimwesen **743**, 11
– Parzellierung zur Überbauung **733**, 13 ff.; **743**, 7
– Abtrennung eines Teilstückes **743**, 5 ff.
– – Erwerb durch Kauf oder Tausch, Ausübung des Vorkaufsrechts, Enteignung und enteignungsähnliche Tatbestände **743**, 3, 5, 6
– – Grundbuchliche Behandlung **743**, 4 f., 7
Teilung des belasteten Grundstücks 744, 1 ff.
– Regelung in genauer Analogie zur Teilung des berechtigten Grdsts **744**, 1

Sachregister

- Auf alle Dienstbarkeiten und Grundlasten anwendbare Regelung **744**, 60
- – C.c.it. und seine Vorbilder (BGB § 1026, Celsus, 1. 6 § 1a D. VIII 6) **744**, 2
- – Motive der Teilung **744**, 30
- – Ungerechtfertigte Nichtübertragung bewirkt Untergang der Dbkt gegenüber dem gutgläubigen Erwerber **743**, 74; **744**, 3
- – Regel (praktisch Minderzahl der Fälle): Übertragung auf alle Teilstücke, weil die Dbkt auf dem ganzen Grdst ausgeübt werden kann **744**, 5ff.
- – – Teilung nach dem Umfang **744**, 8f., 11
- – – – gebotene Teilungsvereinbarung (Ausbeutung von Bodenbestandteilen) **744**, 9f.
- – – Übertragung in ungeteiltem Umfang
- – – Vervielfältigung der Dbkt (Entstehung voneinander unabhängiger Dbkten) **744**, 14ff.
- – – – mit verschiedenem Inhalt **744**, 16f.
- – – Entlastung eines Teilstücks wegen Unmöglichkeit der Ausübung **744**, 18f.
- – – Entlastung des enteigneten Teilstücks **744**, 20ff.
- – Befreiung einzelner Teilparzellen oder aller bis auf eine durch Rechtsgeschäft (Verfügung, Vereinbarung) **744**, 32f.
- – Löschung auf den Blättern einzelner Teilparzellen oder Nichtübertragung auf sie, weil diese Parzellen außerhalb des Ausübungsbereichs der Dbkt liegen **744**, 24ff.
- – – und zwar des zulässigen Ausübungsbereichs **744**, 25
- – – Beispiele (Quellenrecht, Baurecht, Vorkaufsrecht) **744**, 26ff.
- – – Erweiterung des Ausübungsbereichs nach den Bedürfnissen des berechtigten Grundstücks (Parkplätze auf der Rosenlaui-Alp) **744**, 29
- – – Nichtübertragung, wenn dem Eintrag jede rechtliche Bedeutung fehlen würde (976) **744**, 34f.
- – – Nachteile für den Belasteten und besonders für den Berechtigten und ihre Rechtfertigung **744**, 45ff.
  Unterhalt der Dienstbarkeitseinrichtungen
- – – Übernahme durch den Belasteten **744**, 36ff.
- – – Realobligation, wenn nebensächlich mit der Dbkt verbunden (730 Abs. 2) oder als Grundlast konstituiert **744**, 36, 38ff.
- – – Grundlast bei der Teilung gleich zu behandeln wie die Dienstbarkeit, mit der sie verbunden ist: Löschung zugunsten von Parzellen außerhalb des Ausübungsbereichs der Dbkt **744**, 42ff.
- – Grundbuchliches Verfahren entspricht demjenigen nach Art. 743 **744**, 50ff.
- – – Lockerung. Vermeidung von Eintragungen ohne rechtliche Bedeutung (976) **744**, 57f.
- – – Vorgehen im Sinne des Art. 976 **744**, 59
- **Teilung des berechtigten Grundstücks 743**, 1ff.
- – Regel: Fortbestand der Dienstbarkeitsrechte zugunsten aller Teilparzellen **743**, 17
- – – Abweichende Verfügung des Grundeigentümers **743**, 18
- – – Zustimmung der aus dem Eintrag berechtigten Personen **743**, 19
- – – Vervielfältigung der Dienstbarkeit (so viele Dienstbarkeiten wie neue Parzellen) **743**, 20ff.
- – – Reduktion der Ausübung auf den ursprünglichen Inhalt und Umfang (737, 738, 739) **743**, 24
- – – Teilung nach dem Umfang gemessener Dbkten **743**, 26ff.
- – – Keine Nutzungsgemeinschaft **743**, 29, 30
- – – Unveränderte Übertragung der ungemessenen Dbkt auf alle Teilparzellen **743**, 31
- – – Regelung der Ausübung unter den Berechtigten zur Vermeidung einer Mehrbelastung **743**, 32f.
- – – Anspruch des Belasteten auf Vornahme dieser Regelung **743**, 35
- – – – Der GB-Verw. kann sie verlangen **743**, 36
- – – Eigentum an den Dienstbarkeitsanlagen **743**, 37ff.
- – – Werk; Haftung des Werkeigentümers **743**, 38ff.

Sachregister

– – – Anteilmäßige Haftung mehrerer Berechtigter **743**, 43
– – Zur Ausübung kann die Belastung der vorderen zugunsten der hinteren Teilparzelle nötig sein **743**, 45ff.
– – Eintragung auf den Blättern der neuen Parzellen von Amtes wegen **743**, 50
– – – Vorbehalt abweichender Vereinbarungen **743**, 51
– – – Versehentliche Unterlassung einer Übertragung kann von Amtes wegen berichtigt werden **743**, 52ff.
– Wegfall des Eintrages zugunsten einzelner Teilparzellen **743**, 55ff.
– – Lokalisierung der Ausübung innerhalb der Liegenschaft **743**, 55—57
– – Untergang der Dbkt zugunsten von Parzellen, von denen aus sie nicht ausgeübt werden kann **743**, 58ff.
– – – Löschung wirkt sowohl materiell als formell bloß berichtigend **743**, 60
– – Vor- und Nachteile für den Belasteten **743**, 62ff.
– – Das Löschungsverfahren **743**, 66ff.
– – – Übertragung, Einsprache, Klage ohne Einhaltung einer Frist **743**, 66—72
– – – Scheitern der Löschungsklage an der natürlichen Publizität der Dbkt **743**, 73
– – – Unterlassung der Übertragung. Fall aus der Praxis **743**, 75
– – Ablehnung der Eintragung oder Übertragung von Amtes wegen (Vorgehen nach Art. 976) **743**, 81
– – Nichtübertragung im Verhältnis zur Löschung gemäß Art. 976 **743**, 82ff.
Teilungsurteil 731, 31
Telephonleitungen 742, 121f.
Tränkeweg (Hof Dutgien) **736**, 89, 91
– nach kantonalem Recht **740**, 48
– rechtsmißbräuchliche Ausübung **737**, 47
Tret- und Streckrecht 736, 191
Treu und Glauben
– Auslegung nach Treu und Glauben **738**, 97ff.
– Mißachtung durch den Gesetzgeber **732**, 71; **733**, 64
– und Rechtsmißbrauch **736**, 165; **738**, 130
– und Schikane **736**, 40, 117, 165f., 172; **737**, 46ff.
– – darüber hinausreichendes allgemeines Prinzip **737**, 64
– – Verletzung durch Ablehnung des Verlegungsanspruchs **742**, 15
Beeinträchtigung durch Formvorschriften **732**, 71
Tschifferlirecht 730, 174
Typizität der Dienstbarkeitskategorien (numerus clausus) **E** 12, 61ff.; **VB** 7; **730**, 7ff., 161ff.; **738**, 3; **740**, 39f.

Überbaurechte (Übersicht) **730**, 13ff., 189
– nachbarrechtliche **E** 91ff.
– – analoge Anwendung auf rechtmäßig vorgenommene bauliche Änderungen **733**, 62f.
– – analoge Anwendung auf Bauten, die eine Dienstbarkeit verletzen **734**, 109; **737**, 202—212; **742**, 85
Übertragung
selbständiger Dienstbarkeiten und Grundlasten **731**, 1ff.; **732**, 54, 113
Umfang der Berechtigung 737, 73ff.
teilweise Ausübung bewirkt keine Verminderung durch Verjährung, aber möglicherweise durch Verzicht **737**, 218ff.
Umfang der Belastung durch die Dienstbarkeit (s. auch Inhalt)

Sachregister

- – Beschränktheit **730**, 10
- – – Safe-Anlage einer Bank im anstoßenden Gebäude **730**, 13
- – – Baurecht als Ausnahme **730**, 15
- – umfaßt auch die Nutzung der zugunsten des belasteten Grundstücks bestehenden Rechte **730**, 40
- – Bestimmung des Umfanges **730**, 6ff.
- – Räumliche Beanspruchung des belasteten Grundstückes **730**, 24; **734**, 121; **736**, 103; **737**, 19; **738**, 47; **742**, 1ff.; **744**, 5, 24ff.
- – Reduktion des Umfanges **736**, 171a; **737**, 59ff.

Umlegung von Bauland und Quartierplanverfahren **731**, 22ff.; **734**, 78f.
Umwandlung der Grunddbkt in eine irreg. Pers.-Dbkt **730**, 36, 39
Unmittelbarkeit der Sachherrschaft als Wesensmerkmal des dinglichen Rechts E 2; **737**, 5ff.
Unmöglichkeit der Ausübung 734, 117ff.; **736**, 16f.; **739**, 56; **743**, 79; **744**, 18
Unrichtigkeit des Grundbuches
anfängliche **734**, 64
nachträgliche **734**, 65, 101; **736**, 102; **737**, 176
Unselbständigkeit der Grunddienstbarkeit
(Quasi-Bestandteil des herrschenden Grundstücks) **730**, 37f., 50
- – Verselbständigung durch Umwandlung in eine irreguläre Personaldienstbarkeit **730**, 36, 39

Unteilbarkeit der Grunddienstbarkeit **730**, 47; **743**, 14, 21
Untergang der Dienstbarkeit und Untergangsgründe **734**, 1ff.
- eingetragener Dienstbarkeiten **734**, 9ff.
- nicht eingetragener **734**, 155ff.
- – altrechtliche Dienstbarkeiten **734**, 210

Unterhalt der Vorrichtungen und baulichen Anlagen zur Ausübung der Dienstbarkeit **741**, 1ff., als akzessorische obligatorische Verpflichtung **741**, 77, Befreiung durch Dereliktion des belasteten oder des berechtigten Grundstücks **730**, 232ff.; **741**, 81ff.; **744**, 36ff.
s. Vorrichtungen sowie Teilung des berechtigten und des belasteten Grundstücks

Unübertragbarkeit der Grunddienstbarkeit **730**, 40
- auch der Ausübung nach **730**, 42, 51; **743**, 14

Unvordenklichkeit 731, 141ff.
Unwiderruflichkeit 730, 60
Urteil, richterliches
Begründung von Dienstbarkeiten i.e.S. und von Legalserviluten E 97ff.; **731**, 29ff.
Untergang der Dienstbarkeit
- Ablösungsentscheid **734**, 82ff. (s. auch Ablösung durch den Richter)
- Clausula rebus sic stantibus **734**, 89 (s. auch dieses Stichwort)
- Zusprechung der Dienstbarkeitsfreiheit **734**, 90f.
- Ergänzung und Berichtigung des Eintrages durch richterliches Urteil **738**, 78ff.
- – über das Verlegungsbegehren **742**, 49ff., 62ff.

Utilität VB 8ff.; **730**, 87–89, 103–105, 165; **734**, 15; **736**, 91, 143ff.; **738**, 48

Vaine pâture, droit de parcours ou d'entrecours **730**, 55; **740**, 37
Veranlassungsprinzip 742, 133
Vereinigung (Konfusion)
bewirkt keinen Untergang der Dienstbarkeit **735**, 1ff.
- Begriff **735**, 3
- Zweck **735**, 11ff.
- Anwendungsbereich (übrige Dienstbarkeiten und Grundlasten) **735**, 21ff.

627

Sachregister

– Grundbucheintrag als notwendige Voraussetzung der Weiterexistenz (Buchexistenz) **735**, 23ff., 35ff.
– Beschränkung des Rechtes des Eigentümers, die Löschung zu verlangen **735**, 29f.
– Auch nicht eingetragene Rechte können aus bes. Gründen weiterbestehen **735**, 41

Verfügungsbeschränkungen
können nicht den Inhalt von Dienstbarkeiten bilden **730**, 140ff.
– insbesondere auch nicht die Verpflichtung, eine Dienstbarkeit nicht löschen zu lassen **730**, 153

Verfügungsmacht, dingliche (ohne dingliches Recht) **E** 13

Verjährung der Dienstbarkeiten
– vom Gesetzgeber ausgeschlossen **734**, 181ff.; **736**, 7ff., 45ff., 73, 137
– – selbst wenn eine Baute auf dem belasteten Grundstück die Ausübung unmöglich macht **731**, 115; **734**, 200; **737**, 225
– vermeintliche Ersetzung durch die sogenannte richterliche Ablösung **734**, 187ff.; **736**, 47, 131ff.
– Verkennung ihrer Unentbehrlichkeit **734**, 183
– Gegenüber Österreich und auch Deutschland zur Absolutheit gesteigertes Eintragungsprinzip **734**, 184ff.
– Daraus sich ergebende Mißstände **734**, 193ff.
– Eigentumsfreiheitsersitzung vom Gesetzgeber ebenfalls ausgeschlossen **734**, 196ff.
– Mißliche Konsequenzen **734**, 206

Verjährung
der Schadenersatzklage wegen Überschreitung des Eigentums oder der Dienstbarkeit **737**, 217

Verlegung der Dienstbarkeit 742, 1ff.
– (franz. und ital. Text **742**, 5)
– Grundlagen
– – Ausübung innerhalb des belasteten Grundstücks räumlich beschränkt, lokalisiert **742**, 2ff.
– – ratio legis **742**, 9ff., 40
– Unabdingbarkeit? **742**, 14ff.
– Entstehungsgeschichte der Regelung **742**, 21ff.
– – Gem. röm. R; C.c.fr., kant. R **742**, 21, 22
– – Erweiterung im Zürcher. PrGB 1888 **742**, 23f.
    Vorentwurf; Eidg. Räte (Leitungen) **742**, 25f.
    Unstimmigkeit im Text **742**, 27
– Verlegung innerhalb des belasteten Grundstücks **742**, 28ff.
– auf ein anderes Grundstück des Belasteten **742**, 37ff.
– auf das Grundstück eines Dritten **742**, 44f.
– – Beachtung der Rangordnung **742**, 43
– Anspruch auf Verlegung **742**, 28ff.
– – Subjekt des Anspruchs: Der Belastete **742**, 28
– – unter besonderen Voraussetzungen: Berechtigter **742**, 29
– Anspruch, nicht Befugnis, die V. selber vorzunehmen **742**, 106
– – jedes erhebliche, auch ein ästhetisches Interesse genügt **742**, 30f.
– – Notwendige Voraussetzung: Keine Benachteiligung des Berechtigten **742**, 32f.
– – – Übernahme der Kosten durch den, der die Verlegung verlangt **742**, 91, 101ff.
– – – Kostenpflicht ist Realobligation **742**, 106ff.
– Undurchführbarkeit, technisch oder finanziell **742**, 35f., 89f.
– Durchführung **742**, 47ff.
– – Verlegungsvereinbarung **742**, 47
– – Aufhebung und Neubegründung **742**, 47
– – Stillschweigende Übereinkunft durch entsprechende Ausübung **742**, 48

– – Vollziehung durch Urteil **742**, 49ff.
– – – Zuständigkeit **742**, 49
– – Gestaltungsurteil **742**, 50f.
– – Leistungsurteil **742**, 52
– – Feststellungsurteil **742**, 53
– – Anordnung baulicher Schutzmaßnahmen anstelle der Verlegung **742**, 54f.
– – Vollziehung durch Verwaltungsverfügung **742**, 58
– Grundbuchliche Behandlung **742**, 59ff.
– – Verlegung innerhalb des belasteten Grundstücks **742**, 59
– – Verlegung auf ein anderes Grundstück
– – – Vereinbarung über Löschung und Neuerrichtung, gegenseitig bedingt **742**, 60f.
– – – auf Grund eines Gestaltungs- oder Leistungsurteils **742**, 62f.
– – – auf Grund eines Feststellungsurteils **742**, 64
– – – auf Grund einer Verwaltungsverfügung **742**, 65
– Verlegung gegen Entschädigung als teilweise Ablösung **736**, 21ff., 182ff.; **742**, 73ff.
Verlegung von Leitungen 742, 78ff.
Sonderstellung, s. auch Leitungen
– Motive der Sonderstellung **742**, 26f., 81f.
– Unterstellung unter die nachbarrechtlichen Vorschriften in der Kostenfrage **742**, 83ff.
– Kostenverteilung **742**, 89ff.
– – Grundsatz der Proportionalität **742**, 93
– – Die Auferlegung der Kosten müßte den Berechtigten unter Umständen zum Verzicht auf sein Recht zwingen (Gewerbekanal) **742**, 94
– – Bedeutung der Unentgeltlichkeit der Einräumung des Durchleitungsrechtes **742**, 95f., 104
– – Abschwächung der verfehlten gesetzlichen Regelung in der Lehre und Praxis **742**, 97ff.
– – Die Lösung **742**, 100ff.
– öffentlich-rechtliche Verlegungsbestimmungen **742**, 112ff.
s. daselbst
Vernünftiges Interesse an der Dienstbarkeit **730**, 87ff.; **736**, 145ff.
Verpflichtung zu einem Tun oder Handeln
s. Servitus in faciendo consistere nequit
s. Leistungen, positive
«**Verpflichteter**» im Dbkts-Verhältnis **737**, 5f.
Verselbständigung der Grunddienstbarkeit **730**, 36, 39
Vertragsfreiheit
– beschränkt durch die Typizität der Dienstbarkeitskategorien (numerus clausus) **E** 61ff.
– durch das Erfordernis der Nützlichkeit (Zweckdienlichkeit) **736**, 28, 41, 43ff., 49
Vertrauenstheorie 738, 94
Vervielfältigung der Dienstbarkeit **743**, 20ff.; **744**, 14ff.
Verwaltungsvermögen E 26, 106ff.; **731**, 121ff.
Verwaltungsverfügung
Enteignung und enteignungsähnliche Tatbestände **731**, 15ff.; **734**, 66ff.; **742**, 58, 65
Verzicht auf die Dienstbarkeit **730**, 73; **734**, 11ff., 142; **741**, 87ff.
– Verzicht als Verfügung **734**, 97ff.
– – macht das Grundbuch unrichtig **734**, 98
– – Grundbuchberichtigungsklage **734**, 101
– – Verzichtserklärung **734**, 100
– – Verzichtstatbestände **734**, 103ff.; **737**, 218ff.; **738**, 129; **741**, 87ff.
– Verzicht als Verpflichtung, die Dienstbarkeit löschen zu lassen **734**, 8, 15f., 97

Sachregister

– Verzicht auf die Ausübung **734**, 111f.
Verzicht auf das Recht, mit dem die Verpflichtung als Realobligation verbunden ist E 164
Via, iter, actus 740, 40
Viehtrieb (actus) **730**, 171; **738**, 77; **740**, 43, 54
«Geführter Hand-Recht», Saumweg, Faselweg, Senntumsrecht (App. IRh.) **740**, 43, 61
Villenbauservitut VB 17; **730**, 190; **733**, 19ff.; **737**, 36; **738**, 98
Vizinität als Voraussetzung der Grunddienstbarkeit **730**, 57f.
Vorkaufsrecht E 139, 154; **730**, 44; **743**, 6
Vormerkung E 137ff., 152ff.; **731**, 78ff.
Vorrichtungen zur Ausübung der Dienstbarkeit
– Begriff und Eigentumszuständigkeit
  (s. auch Bauliche Anlagen) **737**, 107; **741**, 18ff.; **743**, 37ff.
– Unterhalt
– – Allgemeine Regel: Unterhaltspflichtig ist der, dem die Vorrichtung dient und zwar nach Maßgabe seines Interesses (entsprechend Art. 698) **741**, 1–3
– – – Beitrag des Eigentümers des belasteten Grundstücks **741**, 45ff.
– – – gegenteilige Regel (Allg. PrLR, beide Appenzell und St. Gallen bis 1912) **741**, 4–8
– – – Rechtliche Natur der Unterhaltspflicht (Realobligation) **741**, 14ff., 43
– – Gläubiger der Realobligation **741**, 23; **744**, 36ff.
– – Schuldner der Realobligation **741**, 24f.; **743**, 43f.; **744**, 36f.
– – – sein Rechtsnachfolger **741**, 26f.
– – Inhalt und Umfang der Unterhaltspflicht **741**, 28ff.
– – Befreiung durch definitive Aufgabe der Anlage **741**, 34
– – – durch Dereliktion des belasteten Grundstücks **741**, 81ff.
– – – durch Dereliktion des berechtigten Grundstücks **741**, 84ff.
– – – durch Verzicht auf die Dienstbarkeit **741**, 87ff.
– – – aber Haftung für Schaden aus dem Zerfall der Anlage **741**, 35, 44, 83, 91
– – – Ausführung der Unterhaltsarbeiten **741**, 36
– – – – Avisierung des Eigentümers des belasteten Grundstücks **741**, 37f.
– – – – – in dringenden Fällen **741**, 39
– – – – Folgen der Nichterfüllung oder Schlechterfüllung **741**, 40ff.
– – – Ersatzvornahme, gegebenenfalls ohne Ermächtigung **741**, 40f.
– – – persönliche Haftung, keine Belastung des berechtigten Grundstückes **741**, 43
– – – Haftung des Unterhaltspflichtigen als Werkeigentümer **741**, 22, 44
– – – Mitbenutzung der Dienstbarkeitsanlagen durch den Eigentümer des belasteten Grundstücks **741**, 45ff.
– – – – Höhe des Beitrages **741**, 52ff.
– – – – dadurch entstehende außerordentliche Reparaturkosten **741**, 50
– – – – Einkauf des Belasteten in die Dienstbarkeitsanlagen **741**, 55f.
– – – Beteiligung des Berechtigten am Unterhalt von Bauwerken des Belasteten, welche Dienstbarkeitsvorrichtungen stützen oder tragen (Servitus oneris ferendi) **741**, 57ff.
– – – Übernahme der Unterhaltspflicht durch den Eigentümer des belasteten Grundstücks (Art. 730 Abs. 2, NN. 194–245) **741**, 66
– – – Übernahme einer zusätzlichen Unterhaltspflicht durch den Dienstbarkeitsberechtigten **741**, 67ff.
– – – – es entsteht nicht eine Grundlast **741**, 69, 80
– – – – gleich zu behandeln wie die Übernahme der Unterhaltspflicht durch den Belasteten (nach Art. 730 Abs. 2) **741**, 71, 79

Waldschädliche Dienstbarkeiten 730, 83; **734**, 85; **736**, 30f., 170; **740**, 51
Wassernutzungsrechte 730, 175ff.
– Verpflichtung zur Duldung der Wasserentnahme und zur Wasserlieferung **730**, 205, 222
– Unterstellung des Gewässers unter das öffentliche Recht **734**, 153
Wässerungsrechte 740, 50
Wegrechte
– Übersicht **730**, 167–171
– des kantonalen Rechts **736**, 91; **740**, 42ff., 52ff.
– – «Geführter Hand-Recht», Saumweg, Faselweg, Senntumsrecht **738**, 33; **740**, 43, 61ff.
– – Holzlaß (Gatafelrecht) **730**, 169
– via, iter, actus **740**, 40
– Ausübung mit Motorfahrzeugen **730**, 168; **737**, 33ff.; **738**, 76; **740**, 53
– Wegunterhaltspflicht **730**, 214
s. im übrigen unter Vorrichtungen
Weiderechte
Übersicht **730**, 172
– des kantonalen Rechtes **740**, 37, 55
– – Weiderecht, Beholzungs- und Waldstreuerecht **730**, 83; **734**, 85f.; **736**, 30f., 170; **740**, 51
v. **Werdt-Passage**, Bern
«Magazine» **738**, 105
Ortsgebrauch **738**, 107
Mehrbelastung? **737**, 31; **739**, 8, 14, 41 a. E.
Werkeigentümer, Haftung **737**, 106ff.; **741**, 33ff.; **743**, 38ff.
Werkzugehör (Leitung) **730**, 24; **742**, 80
Widmung (destination du père de famille) **733**, 45ff.
s. Selbstverständliche Dienstbarkeiten
Widmung einer Sache zum Gemeingebrauch E 114; **731**, 147
Winterweg, Winterschlittweg und -schleifweg **730**, 169; **740**, 46
Vorkaufs-, Kaufs- und Rückkaufsrecht
Begründung auf unbeschränkte Dauer E 137ff.
Vereinbarung der Erneuerung der Vormerkung zum voraus E 141

Zaunpflicht 730, 208
Zelgweg 740, 49
Zustimmung der aus dem Eintrag berechtigten Personen zur Löschung einer Dienstbarkeit **734**, 29ff.; **736**, 198f.
– zur Löschung oder Änderung des Eintrages in Erfüllung des Verlegungsanspruchs nicht erforderlich **742**, 66
– – wohl aber zur Löschung auf Grund freier Vereinbarung, namentlich gegen Entschädigung (Ablösung) **742**, 67ff.
– Verpflichtung des Grundbuchverwalters zur Einholung der Zustimmung nach Maßgabe ihrer praktischen Bedeutung **734**, 29, 32; **742**, 68ff.
Zwangsverwertung
Entstehung einer Dienstbarkeit durch Erwerb des belasteten Grundstückes gemäß Lastenverzeichnis **731**, 41
– nicht durch Erwerb des berechtigten Grundstückes **731**, 42
Untergang der Dienstbarkeit **734**, 92ff., 161ff., 212ff.
– – Untergang in der Zwangsverwertung infolge schlechten Ranges E 49; **734**, 96a
– – Intertemporales Recht **734**, 219ff.

Sachregister

Zweck
Wegfall des Zweckes **734,** 123ff.
Ursprüngliche, der Errichtung der Dienstbarkeit zugrundeliegende Zweckbestimmung ist maßgebend für den Inhalt und Umfang **737,** 15; für die Klassifikation **730,** 35; **738,** 39ff., 80, 97ff.
– für die Beurteilung der Mehrbelastung **739,** 2
– für die Beurteilung des Aufhebungs- oder Ablösungsbegehrens **736,** 62, 66, 146ff., 153, 155ff.
Zwischengrundstück 730, 53, 85f.; **743,** 48